IM SCHRIFTENTAUSCH 2018

D1929032

Objekte, Lebensformen, Volksbräuche

Thematische volkskundliche Abhandlungen

Umschlagbild vorne:

1. Lebensmittelverkäuferinnen vor dem Székesfehérvárer Rathaus in der ersten Hälfte der 1930er Jahre
2. Wohnhäuser in der József Havranek Straße, Székesfehérvár – Oberstadt, 1921

Umschlagbild hinten:

1. Umzug am Faschingsdienstag. Veranstaltet von der Feuerwehr, Székesfehérvár um 1900
2. Frauen mit am Sankt Urbanstag geweihten Blumen auf dem Weinberg von Adony (Kom. Fejér). Aufnahme von László Lukács, 1975

László Lukács

Objekte, Lebensformen, Volksbräuche

Thematische volkskundliche Abhandlungen

Székesfehérvár
2016

SZENT
ISTVÁN
KIRÁLY
MÚZEUM

Mitteilungen des König Sankt Stephan Museums
Bulletin du Musée Roi Saint Etienne
Serie A, Nr. 49

HU ISSN 1216-7967
HU ISBN 928615-5413-12-4

Redakteur der Serie / Redakteur du série
Mihály Kulcsár

Aus dem Ungarischen übersetzt von / Traduit du hongrois par
Mátyás Esterházy
Miklós Lukács

Druckvorlage / Traitment de Texte
Beáta Ladányi

Zeichnungen / Dessins
Monika Demény

Gedruckt mit Unterstützung der Alexander von Humboldt-Stiftung, Bonn

Unterstützt von / Supported by

Alexander von Humboldt
Stiftung / Foundation

Das König Sankt Stephan Museum ist eine Institution der Stadt Székesfehérvár (Stuhlweissenburg)

INHALTSVERZEICHNIS

EINLEITUNG

Es gehört zur Geschichte der wissenschaftlichen Volkskunde, dass die ungarischen Forscher ihre Ergebnisse früher in deutschen oder französischen, heute in englischen Publikationen veröffentlichten. Außer dem Kampf gegen die sprachliche Isolation diente ihre Bestrebung der wissenschaftlichen Zusammenarbeit in Ost- und Mitteleuropa, sowie der Vertiefung der komparativen volkskundlichen Untersuchungen. Die mit Hilfe des Akademie-Verlages erschienenen deutschsprachigen Studien über die Viehzucht und Hirtenkultur (1961, 1969) oder über den Getreidebau (1972) wurden in diesem Sinne geschrieben (Földes Hg. 1961; 1969; Balassa Hg. 1972). Neben diesen Sammelschriften, arbeiteten auch einige ungarische Forscher daran, ihre Abhandlungen nicht nur in der ungarischen Sprache, sondern auch in Weltsprachen zu veröffentlichen. So veröffentlichte mein Lehrer, der Volkskundeprofessor Béla Gunda, seine Abhandlungen über die Volkskultur der Karpaten und des Balkans in deutscher, englischer und französischer Sprache (1979); aber ich könnte auch den Band von Attila Paládi-Kovács mit seinen Abhandlungen über sozio-kulturelle Verhältnisse in englischer Sprache (1996) erwähnen.

In diesem Buch nun trete ich in die Fußstapfen von Béla Gunda und Attila Paládi-Kovács und veröffentliche 31 volkskundliche Abhandlungen von mir in deutscher Sprache. Der Titel besagt, dass meine Forschungsthemen ziemlich weitverzweigt sind. Ich habe diese thematische Vielfalt von meinem Meister Béla Gunda geerbt, der Forschungen auf ganz unterschiedlichen Feldern angestellt hat. An meinem Arbeitsplatz im König Sankt Stephan Museum Székesfehérvár musste ich mich mehreren Sachgebieten widmen, da dort zu jeder Zeit nur zwei Volkskundler-Museologen arbeiteten. Wir zwei mussten in der wissenschaftlichen Forschung und in der Präsentation für die Allgemeinheit den gesamten volkskundlichen Kanon bearbeiten. So lernte ich in den fast 50 Jahren meiner volkskundlichen Forschungsarbeiten immer wieder neue Themen kennen, die ich zu bearbeiten hatte. Im Glücksfall konnte ich über meine Forschungsergebnisse in Monographien, Aufsätzen und Vorlesungen berichten.

Das Material für die „älteste" Abhandlung dieses Bandes habe ich als Herder-Stipendiat 1978/79 in Wien gesammelt. Diese Studie über die österlichen Rutenzüchtigungen ist später in ungarischer, deutscher, englischer und slowakischer Sprache erschienen. Ich konnte meine achtjährigen Forschungen in den 1980er Jahren über die Feuerstätten der Wohnhäuser im Káler-Becken (Plattensee-Oberland) in einer Abhandlung über volkstümliche Architektur niederlegen. Das Thema meiner Dissertation zur Erlangung des Doktorgrades der Ungarischen Akademie der Wissenschaften war der Christbaum. Viele meiner Abhandlungen sind für Festschriften oder für Konferenzvorträge entstanden. Letztere hängen mit der wissenschaftlichen Zuarbeit zur Ethnographia Pannonica in den 1970er-1980er Jahren oder mit der Arbeitsgemeinschaft der Donauländer für Kultur und Wissenschaft zwischen 1991-2004 zusammen. Im erstgenannten Unternehmen war ich Sekretär der ungarischen Sektion, im letzten Abgeordneter vom Komitat Fejér (Weißenburg). Während unserer 30jährigen Zusammenarbeit habe ich gute Beziehungen zu Olaf Bockhorn, dem seinerzeitigen Volkskundeprofessor der Universität Wien, und zu Eugen Scherer, dem Mitarbeiter des Amtes der Niederösterreichischen Landesregierung, Abteilung Kultur und Wissenschaft, aufgebaut.

Ich habe alle Abhandlungen des vorliegenden Bandes überarbeitet und erweitert. Ich habe versucht, die aktuelle wissenschaftliche Literatur einzuarbeiten. Nach der ersten Fertigstellung einer Studie behielt ich diese auch weiter im Auge und ergänzte sie nach Möglichkeit mit neuen Materialien, Literatur und Illustrationen. Für meine früheren Themen habe ich auch 30-40 Jahre nach ihrer ersten Veröffentlichung Material gesammelt. Die Publikation des vorliegenden Bandes gab mir die Möglichkeit, meine Erkenntnisse zu erweitern. Ich wollte erreichen, dass die Abhandlungen über Sachvolkskunde, Erzählforschung (Folklore) und sozio-kulturelle Verhältnisse in einer ausgewogenen Proportion erscheinen. Mein Buch dokumentiert nicht nur meine Themen, sondern auch den regionalen Umgriff meiner volkskundlichen Forschungsreisen. Man kann erkennen, über welchen Zeitraum hinweg die jeweiligen Kulturphänomene im Forschungsgebiet oder in der Fachliteratur verfolgt werden konnten, wo sie auftauchten oder aus unserem Blick verschwanden. Sie sind nicht selten über ein großes Gebiet hinweg verbreitet und überschreiten sogar gelegentlich mehrere Sprachgrenzen.

Meine Studien sind als Ergebnis meiner im König Sankt Stephan Museum Székesfehérvár seit 1974 geleisteten Arbeit entstanden. Meine Feldforschungen wurden außerdem vom Dobó István Burgmuseum Eger, vom Laczkó Dezső Museum Veszprém, von der Ungarischen Akademie der Wissenschaften, vom Ungarischen Wissenschaftlichen Forschungsfond und vom Kulturverein der Ungarn in der Tschechoslowakei, Komitee des Bezirks Érsekújvár, unterstützt worden. Ich konnte die ausländische Fachliteratur und parallele Verläufe zu meinen Themen im Rahmen des Wiener Herder-Stipendiums (1978/79) sowie des Humboldt-Stipendiums in München (1990/91, 1993) und Freiburg (2008, 2014) kennenlernen. Ich erhielt von meinen Kollegen in Ungarn und im Ausland viele Materialien, Hinweise zur Fachliteratur und Fotos, wofür ich ihnen sehr dankbar bin. Ich erhielt selbstlose freundschaftliche Hilfe von meinem Freiburger Betreuungsprofessor Michael Prosser und von Professor Walter Hartinger (Passau/Regensburg), der das Lektorat meiner Abhandlungen in deutscher Sprache übernommen hat.

Ich bedanke mich bei den deutschen Übersetzern meines Bandes: Mátyás Esterházy (1919-1998) und meinem Sohn Miklós Lukács für ihre selbstlose und umsichtige Arbeit.

Die Herausgabe meines Buchs wurde von der Alexander von Humboldt-Stiftung, Bonn und von der Selbstverwaltung der Stadt Székesfehérvár (Stuhlweißenburg) ermöglicht, auch ihnen bin ich sehr dankbar. Ohne die Zurede und Unterstützung des Bürgermeisters András Cser-Palkovics wäre dieses Buch nicht entstanden.

Mein Themen-Band mit 24 Abhandlungen in ungarischer Sprache ist als der dritte Teil meiner Büchertrilogie schon 2012 erschienen. Er folgte dem Leitfaden der Gebiets- und Volksforschung (2009) und dem Band von 2011, der aus den Abhandlungen zur volkskundlichen Allgemeinbildung besteht. Schon bei der Veröffentlichung meiner zwei früheren Bände habe ich auf die in diesem neuen Band niedergelegten Studien Rücksicht genommen, da ich die Behandlung des volkskundlichen Kanons als die Grundlage dieses Wissenschaftszweiges betrachte, wo der Forscher seine Kenntnisse über das Material sowie über die ungarische und ausländische Fachliteratur unter Beweis stellen kann. Weiterführung der traditionellen volkskundlichen Themen und deren Analyse auf dem gegenwärtigen Stand der Wissenschaft sind wir auch unseren Vorfahren und Lehrmeistern schuldig, denn sie haben mit ihrer Arbeit die Basis und die Erkenntnisgrundlage unserer Wissenschaft vom „Volk" geschaffen. Sie haben in vielen Fällen die Ergebnisse der akademischen Disziplin „Volkskunde" in Deutschland kennengelernt und ihre theoretisch-praktischen Grundlagen genutzt, um die ungarische Volkskunde erfolgreich in den Kreis der europäischen Volkskunde einzubeziehen. Ich widme diesen Band meiner thematischen Abhandlungen ihrem Andenken.

Székesfehérvár, am Tag von Sankt Nikolaus, 2015

László Lukács

Literatur

BALASSA, Iván Hg.

1972 *Getreidebau in Ost- und Mitteleuropa.* Budapest

FÖLDES, László Hg.

1961 *Viehzucht und Hirtenleben in Ostmitteleuropa. Ethnographische Studien.* Budapest

1969 *Viehwirtschaft und Hirtenkultur. Ethnographische und ethnologische Studien.* Budapest

GUNDA, Béla

1979 *Ethnographica Carpatho-Balcanica.* Budapest

LUKÁCS, László

2009 *Sárfőtől Mezőföldig. Táj- és népkutatás Fejér megyében.* [Von Sárfő bis Mezőföld. Landschafts- und Volksforschung in Komitat Weißenburg]. Budapest

2011 *Néprajzi látásmód az ezredfordulón.* [Volkskundliche Sichtweise an der Jahrtausendwende]. Székesfehérvár

2012 *Tárgyak, életformák, népszokások. Tematikus néprajzi tanulmányok.* [Objekte, Lebensformen, Volksbräuche. Thematische volkskundliche Abhandlungen]. Székesfehérvár

PALÁDI-KOVÁCS, Attila

1996 *Ethnic Traditions, Classes and Communities.* Budapest

KULTURGRENZEN IN WESTUNGARN

Vor anderthalb Jahrzehnten hielt anlässlich des IV. Internationalen Kongresses für Finnougristik (Budapest 1975) der finnische Gelehrte Kustaa Vilkuna unter dem Titel *Sprachgrenze, ethnische Grenze, kulturelle Grenze* einen Vortrag, den er hauptsächlich mit Beispielen aus Finnland, Skandinavien und dem Baltikum illustrierte (1975a, 49-58; 1975b, 752-760). Wir wollen uns nun dieser Problematik zuwenden, denn in den letzten Jahren hat die skandinavische und ungarische Volkskunde auch in der Erkenntnis der kulturellen Grenzen beachtliche Erfolge erzielt.

Modellwert bei der Erforschung des Themas hat für mich vor allem die Abhandlung von Ilmar Talve, *Kulturgrenzen und Kulturgebiete Finnlands*, erschienen 1974. In Talves Synthese wurden auch die früher und neuerdings herausgegebenen volkskundlichen Karten beachtet. Zunächst wurde aufgrund der volksgeschichtlichen und mundartlichen Fakten die Grenze zwischen dem westlichen und dem östlichen Kulturgebiet Finnlands gezogen, sodann wurden - nach einer kartographischen Bestätigung der Differenzen zwischen diesen beiden Kulturgebieten – je drei Subgebiete in Ost und West abgegrenzt und diese teilweise noch weiter untergeteilt. Bei der Grenzziehung hielt Talve bei der Auswahl der Kulturerscheinungen das Alter für das wichtigste Kriterium. Zum Schluss folgte eine Überblick über die naturgeographischen und die Religions- und ehemaligen Staatsgrenzen, die die Entwicklung der finnischen Kulturgrenzen maßgeblich beeinflusst haben (1974, 55-103; 1986, 25-81). Auch der Skandinavische Ethnologische Kongress 1972 befasste sich mit dem Fragenkomplex der Kulturgrenzen. Die hier gehaltenen Vorlesungen wurden zum Teil 1973 in *Ethnologia Scandinavica* veröffentlicht; die Untersuchungen von Knut Kolsrud, Lauri Honko, Harald Hvafner und Asko Vilkuna sind auch aus methodologischer Sicht bemerkenswert. Mit dem Titel *Kulturgrenzen und nationale Identität* wurde in Bad Honeff (Nordrhein-Westfalen) das Symposium der Internationalen Europäischen Ethnokartographischen Arbeitsgruppe organisiert. Die hier gehaltenen Vorträge behandelten die Fragen der Kulturgrenzen von West-, Mittel- und Südosteuropa, ihre Texte sind im 30. Band des *Rheinischen Jahrbuches für Volkskunde* (1993/94) erschienen.

In der ungarischen Volkskunde wurde das Problem der Kulturgrenzen früher von Károly Viski und Zsigmond Bátky behandelt, wobei Károly Viski 1939 bereits eine wichtige theoretische Feststellung formulieren konnte: „In Wirklichkeit haben nur einzelne Erscheinungen ihre Grenzen, die nicht nur durch einzelne Gruppen, sondern auch durch Gebiete anderer Sprachen – gar oft als grenzbestimmend betrachtet – verlaufen, sich allmählich verändern oder in Nichts auflösen." (1939, 350-351). Demnach sind die *Erscheinungsgrenzen* im Allgemeinen nicht mit den Grenzen der ethnischen Gruppen gleichzusetzen, man muss vielmehr auch mit Übergangsgebieten, mit *Kontaktzonen,* zwischen den ihnen rechnen. In seiner Abhandlung *Siedlungen und ihrer Verteilung in*

Transdanubien (1926) stellte Zsigmond Bátky fest, dass das transdanubische Mittelgebirge den transdanubischen Raum in zwei verschiedene Kulturgebiete teilt. Der Unterschied spiegelt sich in der geographischen Umwelt sowie in der Lebensweise, den Siedlungen, der Bauweise, der Tracht, "der ganzen ethnographischen Determiniertheit" des Volkes wider (1926, 2). Laut Attila Paládi-Kovács ist als *kulturelle Region* jene geographisch umgrenzbare Großregion zu bezeichnen, in der eine geschichtlich relativ stabile, kontinuierliche, von der Umgebung abweichende, eigenständige Struktur der Volkskultur nachzuweisen ist. So können das Karpatenbecken, der Balkan und Skandinavien in kulturelle Regionen aufgeteilt werden, die sich ihrerseits aus mehreren Kleinregionen zusammensetzen. Das *kulturelle Areal* ist das Verbreitungsgebiet bestimmter Kulturerscheinungen. Das *Kulturgebiet* ist – laut Attila Paládi-Kovács – als ein lockerer Begriff aufzufassen, der zur Bezeichnung von Gebieten verschiedener Größenordnung dienen kann. Die *kulturelle Grenze* ist die Trennungslinie zwischen den charakteristischen Kulturgebieten. Als *Erscheinungsgrenze* wird die Grenze der geographischen Verbreitung einer Kulturerscheinung, eines Kulturelementes bezeichnet. Scharfe kulturelle Grenzen gibt es nicht, oft sind sogar auch die Erscheinungsgrenzen verschwommen. Die *Kontaktzone* ist das Berührungsfeld von zwei benachbarten Sprach-, oder Kulturgebieten, in der die sprachlichen, ethnischen und kulturellen Wechselwirkungen besonders stark sind. Die Zahl der Erscheinungsgrenzen nimmt ständig zu, auch Überdeckungen kommen häufig vor (Paládi-Kovács 1980, 67-68; 62-63).

Die Verbreitung und die Erscheinungsgrenzen zahlreicher, für typisch transdanubisch gehaltener Kulturelemente waren uns aus der ungarischen volkskundlichen Fachliteratur schon bisher gut bekannt. Wir wussten, wo die Grenze der Verbreitung des rauchfanglosen Rauchküchenhauses, des Dachgerüsts mit Querbalken oder des Hauses mit Vorkammer verlief. Wir kannten die Erscheinungsgrenzen der auf dem Grundstück frei stehenden Mehrzweck-Kammer (ung. *kástu*), der auf die Bodenfläche gebauten Kelterhäuser mit Strohdach und Weinkeller oder der von Spruchsängern vorgeführten Regös-Lieder zum St. Stephanstag. Milovan Gavazzi lenkte unsere Aufmerksamkeit auf die Kulturströmungen, die vom Westen und Süden her auf Transdanubien einwirkten und stellte fest, dass die vom deutschen und südslawischen Volksgebiet kommenden Kulturströmungen seit dem Mittelalter die Entwicklung der Volkskultur Transdanubiens beeinflusst haben (1947, 151). Ausführlicher schilderte Béla Gunda die West-Ost-Strömung der Kulturelemente in seiner Abhandlung *Kulturverbindungen zwischen dem Vorraum der Ostalpen und dem ungarischen Transdanubien* (1969, 145-154) und stellte fest, zwischen dem ungarischen Transdanubien sowie den benachbarten österreichischen und slowenischen Gebieten seien jahrhundertealte, tief verwurzelte kulturelle Verbindungen nachzuweisen. In der Tat ist die ungarische Bevölkerung Transdanubiens durch eine ganze Reihe gemeinsamer Kulturelemente mit dem österreichischen und dem slowenischen Nachbarvolk verbunden.

Ein hochbedeutendes Ereignis auch für das hier behandelte Thema: Redigiert von Jenő Barabás erschienen 1988 die ersten drei Bände des *Atlas der ungarischen Volkskultur (AdUV)* mit 220 Kartenblättern zu den Themen Siedlungswesen, Ackerbau, Viehhaltung, Verkehr und Lastentragen (Barabás 1988). Vom bereits druckfertigen, doch erst zu einem Drittel herausgegebenen Atlas versprechen wir uns die Möglichkeit, die typischen Kulturgebiete, Erscheinungsgrenzen, kulturellen Grenzen und Kontaktzonen des ungarischen Volksgebietes leichter erkennen zu können. Den ersten Schritt in dieser Richtung unternahm ebenfalls Béla Gunda, als er aufgrund der drei ersten Atlas-Bände die Kulturströmungen schilderte, die in der Prägung der Volkskultur des ost-transdanubischen Mezőföld-Gebietes eine Rolle spielten. Dazu Béla Gunda: "Die ethnographischen Erscheinungen, Gegenstände und Terminologien des Mezőföld-Gebietes überschreiten die geographischen Grenzen und unterstreichen den mit kulturellen Übergangserscheinungen gesättigten Charakter dieser Landschaft. Es gibt zwar Verbreitungsgrenzen, die sich aber nicht bündeln, weshalb wir vom Mezőföld als einem einheitlichen ethno-geographischen Gebiet nicht sprechen können."(1989, 68-69). In dieser Abhandlung bezeichnet Béla Gunda die von Zsigmond Bátky bereits 1926 erwähnten beiden großen transdanubischen Kulturgebiete als *ost- und westpannonisches Areal* (1989, 66-67).

Betrachten wir die bisher herausgegebenen Kartenblätter des AdUV, so können wir sehen, dass auch die durch Transdanubien laufenden Erscheinungsgrenzen nicht gebündelt zusammentreffen, einander nicht überdecken und sich nur sehr selten zu einem gemeinsamen Bündel einigen. Die Vermutung von Zsigmond Bátky, wonach das Transdanubische Mittelgebirge den transdanubischen Raum in zwei Kulturgebiete teilen würde, wird von diesen Kartenblättern nicht bestätigt. Vielmehr erscheinen West-, Südwest-, Süd- und Ost-Transdanubien als je ein eigenständiges kulturelles Areal. Diese Gebiete werden von den benachbarten Regionen Transdanubiens, der Kleinen und Großen Tiefebene, Slawoniens und des alpinen Raumes durch zahlreiche Erscheinungsgrenzen getrennt, bzw. mit diesen durch viele Kontaktzonen verbunden.

Es gibt nur wenige Erscheinungsgrenzen, die fast das ganze Transdanubien umfassen, so etwa die Verbreitungsgrenze des Saattuches, eines Gerätes der manuellen Getreide-Aussaat. Um 1900 wurde das Saattuch in Transdanubien, der Kleinen Tiefebene und einem beachtlichen Teil des Oberlandes benützt, während in der Großen Ungarischen Tiefebene das Getreide aus dem Streusack gesät wurde.

Als einheitliches Gebiet erscheint Transdanubien bzgl. der Verbreitung der Getreidesicheln. Fast in ganz Transdanubien sowie in der Kleinen Tiefebene werden glatte Sicheln benützt, nur in Süd-Transdanubien, im Komitat Baranya, kommt ab und zu auch die gezähnte Sichel vor. In Ost-Transdanubien, in den Komitaten Komárom und Esztergom sowie im Mezőföld-Gebiet wurde die Sichel – wie auch in der Großen Tiefebene – seit Menschengedenken nicht zur Ernte gebraucht, zum

Garbenbinden hatte aber auch hier die Sichel eine glatte Schneide. Die Getreidesichel wurde in Mittel-Transdanubien in den Jahren 1860-1880, in West- und Süd-Transdanubien von 1880 bis 1900 durch die Sense verdrängt.

Bis auf einen kleinen nordöstlichen Teil war auch das Kopftragen um 1900 in ganz Transdanubien unter den Frauen allgemein verbreitet. In Nordost-Transdanubien, bei der Linie der Gebirge Vértes und Gerecse, in den Komitaten Fejér, Komárom und Esztergom, war statt dessen das Rückentragtuch gebräuchlich.

Hinsichtlich der Sensenstiele ist Transdanubien schon nicht mehr so einheitlich. Mitte des 20. Jahrhunderts wurden im östlichen und mittleren Teil sowie in der östlichen Hälfte der Kleinen Tiefebene und im Oberland bei der Ernte Getreidesensen mit einem Handgriff benützt, während in West-Transdanubien die Sensen mit zwei Handgriffen üblich waren. Die Erscheinungsgrenze der beiden Stielformen verläuft bei Győr (Raab) entlang einer Nord-Süd-Linie.

Der östliche Teil Transdanubiens, der Kleinen Tiefebene und des Oberlandes ist das Verbreitungsgebiet der Holzgabeln mit verlängerten Zinken, welches auch den westlichen Teil der Großen Tiefebene, das Zwischenstromgebiet Donau–Theiß, einschließt. Nur in Südwest-Transdanubien, im Komitat Zala, werden neben diesem Gabeltyp auch die primitiveren, natürlichen Astgabeln benützt. Fast überall in Transdanubien und in der Kleinen Tiefebene kommen vereinzelt auch die Spreugabeln des sog. *jaba*-Typs südost-europäischer Provenienz vor, am stärksten in Süd-Transdanubien.

Hinsichtlich der Formen des Pferdegeschirrs gehört ganz Transdanubien mit der Großen Tiefebene und dem östlichen Oberland zum Verbreitungsgebiet des Brustgeschirrs. Nur in einer schmalen west-transdanubischen Zone und im westlichen Oberland erscheint außerdem auch das Halsgeschirr (Kummet). In West-Transdanubien wird das Fuhrwerk für den Lastenverkehr *szekér* und jenes für den Personenverkehr *kocsi* genannt, während in den übrigen Teilen Transdanubiens *szekér* den Ochsenwagen und *kocsi* den Pferdewagen meint.

Parallel mit der von Zsigmond Bátky vermuteten transdanubischen kulturellen Grenze verläuft auf den bisher erschienenen Karten eine einzige Erscheinungsgrenze, welche die Verbreitungsgebiete der zur Bezeichnung des Wagenkorbes dienenden Worte *kocsikas* und *cserény* voneinander trennt und Transdanubien in der Linie des Plattensees zweiteilt. Es ist schon bemerkenswert, dass die von Zsigmond Bátky vermutete transdanubische kulturelle Grenze im 16.-17. Jahrhundert auch die Grenze des türkischen Besatzungsgebietes war, diese alte politische Grenze sich aber dennoch nicht im Verlauf der Erscheinungsgrenzen ungarischer Volkskultur des 19.-20. Jahrhunderts widerspiegelt. Ja, zahlreiche Erscheinungsgrenzen kreuzen die von Bátky angedeutete kulturelle Grenze im rechten Winkel. Dies gilt etwa in West- und Südwest Transdanubien für die Verbreitung der Stangen zum Bottichtragen sowie der vorwiegend in Scheunen stattfindenden Heuspeicherung. Demgegenüber fehlen in diesen Gebieten die Getreidegruben, die wir nur in Teilen Transdanubiens und der Kleinen Tiefebene nordöstlich der Linie Sopron–

Tihany–Szekszárd finden. Hinsichtlich der Getreidespeicherung ist Südwest-Transdanubien das Verbreitungsgebiet des sog. *kástu*, eines auf dem blanken Boden freistehenden und auch zum Aufspeichern von Getreide benützten Baus, während in Süd-Transdanubien der nur für Getreide verwendete Speicher mit Schlittenkufen verbreitet ist.

Wie aus den angeführten Beispielen ersichtlich, wird die Erkenntnis der kulturellen Gliederung des ungarischen Volksgebietes durch die bisher erschienenen Bände des Atlas der Ungarischen Volkskultur erheblich gefördert. Nach erfolgter Herausgabe werden auch die weiteren Atlas-Bände einen ähnlichen Beitrag zur Erschließung der Erscheinungsgrenzen leisten. Ich bin mir darüber im Klaren, dass wir aufgrund der volkskundlichen Atlanten bestimmte Gebiete und Erscheinungsgrenzen verschiedener Elemente der Volkskultur entdecken können, dass es aber zu deren Deutung noch umfangreicher Forschungen in den Bereichen Kulturgeographie, Dialektologie sowie Kultur-, Wirtschafts-, Gesellschafts- und Volksgeschichte bedarf.

[Vortrag gehalten am VII. Internationalen Kongress für Finnougristik 1990 in Debrecen, erschienen sowohl in ungarischer als auch in deutscher Sprache:
Lukács, László: Kulturális határok a Dunántúlon. Komárom-Esztergom Megyei Néprajzi Füzetek IV. 1990. 53-58. Tata
Lukács, László: Kulturgrenzen in Westungarn. Congressus Septimus Internationales Fenno - Ugristarum 4. Sessiones Sectionum. Hg. von Elek Bartha, Keresztes László, Maticsák Sándor, Ujváry Zoltán. 1990. 294-299. Debrecen]

Literatur

BARABÁS, Jenő (Hrsg.von)
1988 *Magyar Néprajzi Atlasz* [Atlas der ungarischen Volkskultur]. I-III. Budapest
BÁTKY, Zsigmond
1926 *Telepek és eloszlásuk a Dunántúlon* [Siedlungen und ihre Verteilung in Transdanubien]. Föld és Ember VI. 1-13.
BORSOS, Balázs
2013 *Kulturregionen des ungarischen Sprachgebietes. Der Volkskunde-Atlas von Ungarn und die Methode der Clusteranalyse.* Jahrbuch für Europäische Ethnologie VIII. 17-54. Paderborn-München-Wien-Zürich
COX, H. L. (Hrsg. von)
1993/94 *Kulturgrenzen und nationale Identität.* Rheinisches Jahrbuch für Volkskunde XXX. Bonn
GAVAZZI, Milovan
1947 *Kulturáramlatok Pannóniában* [Kulturstörmungen in Pannonien]. Ethnographia LVIII. 149-153.

1988 *Zu einigen Problemen der Volkskulturforschung im pannonischen Raum.* Märkte und Warenaustausch im pannonischen Raum. Hrsg. von LUKÁCS, László. Székesfehérvár, 15-25.

GUNDA, Béla

1969 *Kulturverbindungen zwischen dem Vorraum der Ostalpen und dem ungarischen Transdanubien.* Kontakte und Grenzen. Festschrift für Gerhard Heilfurt. Göttingen, 145-154.

1979 *Ethnographica Carpatho-Balcanica.* Budapest

1989 *Műveltségi áramlatok a Mezőföldön* [Kulturströmungen im Mezőföld-Gebiet]. Fejér Megyei Szemle 1989. 1. Székesfehérvár, 43-73.

HONKO, Lauri

1973 *Tradition Barriers and Adaptation of Tradition.* Ethnologia Scandinavica 1973. Lund, 30-46.

HVAFNER, Harald - VILKUNA, Asko

1973 *Tornedalen – a Divided Entity: A Model for Boundary Research.* Ethnologia Scandinavica 1973. Lund, 49-66.

KOLSRUD, Knut

1973 *On Cultural Boundaries as an Ethnological Problem.* Ethnologia Scandinavica 1973. Lund, 5-29.

KÓSA, László

1988 *A Dunántúl néprajzi határai* [Volkskundliche Grenzen von Transdanubien]. Komárom Megyei Néprajzi Füzetek III. Hrsg. von KÖRMENDI, Géza. Tatabánya, 9-18.

PALÁDI-KOVÁCS, Attila

1980 *A kulturális régiók néprajzi vizsgálata* [Volkskundliche Untersuchung der kulturellen Regionen]. Néprajzi csoportok kutatási módszerei. Hrsg. von PALÁDI-KOVÁCS, Attila. Előmunkálatok a Magyarság Néprajzához VII. Budapest, 57-75.

1984 *Kulturális határok és kontaktzónák Észak-Magyarországon* [Kulturgrenzen und Kontaktzonen in Nordungarn]. Interetnikus kapcsolatok Északkelet-Magyarországon. Hrsg. von KUNT, Ernő - SZABADFALVI, József - VIGA, Gyula. Miskolc, 61-73.

TALVE, Ilmar

1974 *Kulturgrenzen und Kulturgebiete Finnlands.* Ethnologia Europaea VII. 55-103.

1985 *Finnország kultúrhatárai és kultúrterületei* [Kulturgrenzen und Kulturgebiete Finnlands]. Néprajzi szöveggyűjtemény II. Hrsg. von KOVÁCS, Emese. Budapest, 25-81.

VILKUNA, Kustaa

1975a *Sprachgrenze, ethnische Grenze, kulturelle Grenze.* Congressus Qartus Internationalis Fenno-Ugristarum. I. Hrsg. von ORTUTAY, Gyula. Budapest, 49-58.

1975b *Nyelvhatár, etnikai határ, kulturális határ* [Sprachgrenze, ethnische Grenze, kulturelle Grenze]. Magyar Tudomány LXXXII. 752-760.

VISKI, Károly

1939 *A magyar jelleg a néprajz tükrében* [Typisch „Ungarisches“ im Spiegel der Volkskunde]. Mi a magyar? Hrsg. von SZEKFŰ, Gyula. Budapest, 341-378.

NORD-SÜD BEZIEHUNGEN
TRANSDANUBIEN - OBERLAND

Bei meinen Forschungen über die Volksbräuche im Komitat Fejér habe ich bemerkt, dass besonders von den im nördlichen Teil des Komitats beobachtbaren Festbräuchen viele auch in den Komitaten Komárom, Esztergom, Bars, Nyitra und Pozsony am Leben sind. So etwa die Rolle der maskierten Luzienfrau am Luzientag, die Hirtenrute zu Weihnachten oder die österliche Rutenzüchtigung (Gelencsér-Lukács 1991, 82, 158-159, 227-239). Bei der Erklärung einer derart großen Ähnlichkeit der Volksbräuche rückt die Analyse siedlungsgeschichtlicher Fragen sowie der Migrationsprozesse zwischen den zwei Gebieten in den Vordergrund (Ujváry 1969, 182-192; 1994a; 1994b; 39-48; Viga 1990; Frolec 1994, 15-37). László Kósa hat in seinem Buch *Paraszti polgárosulás és a népi kultúra táji megoszlása Magyarországon (1880-1920).* [Die Verbürgerlichung der Bauern und die regionale Gliederung der Volkskultur in Ungarn (1880-1920)] gezeigt, dass das Oberland zwischen zwei geographischen und wirtschaftlichen Zonen liegt, die sehr verschieden von ihm sind. Nördlich von dem von Ungarn bewohnten Gebiet des Oberlandes befinden sich archaischere, von Slowaken oder Deutschen bewohnte Großgebiete, die einem früheren Stadium der Verbürgerlichung stecken geblieben sind. Südlich des Oberlandes sind jedoch die schon mehr verbürgerlichten Großgebiete der Tiefebene und Transdanubiens zu finden (Kósa 1998, 257-259). Zwischen dem Oberland und Transdanubien gab es bedeutende Siedlungsvorgänge von Nord nach Süd, Warenaustausch und Arbeitsmigration von der Türkenherrschaft bis zum 20. Jahrhundert.

Vor der Türkenexpansion haben sich die ungarischen staatlichen und kirchlichen Institutionen ins türkenfreie Oberland zurückgezogen. Die Ungarische Kammer ist schon 1529 aus Buda geflohen und wurde vom König 1531 von Pozsony aus neu organisiert. Nach der türkischen Eroberung Esztergoms sind Ungarns höchster kirchlicher Würdenträger, der Erzbischof und das Domkapitel Esztergoms, 1543 nach Nagyszombat geflohen. Die Adeligen, die in den türkenbesetzten Gebieten Land besaßen, sowie die Komitate haben sich ins Oberland oder nach Siebenbürgen zurückgezogen. Von hier aus haben sie versucht, die Steuern ihrer Ländereien einzusammeln und ihre Besitzrechte im türkenbesetzten Ungarn zu wahren. Auch die reichen Bürger der türkenbesetzten Städte sind ins Oberland geflohen, samt ihrem Vermögen, wenn es ging. Die Mehrheit der Bewohner Komároms ist 1594 vor der Belagerung der Stadt nach Nagyszombat geflohen (Mácza 1992, 7). „Die Bewohner der Stadt Tolna siedelten sich 1594 in der Gegend Esztergoms an. Ein Teil von ihnen zog nach Komárom, wo es immer noch eine Tolna Straße gibt." – berichtet Sándor Takáts (1979, 91). Oft sind auch die Bewohner der türkenbesetzten Dörfer nach Norden geflohen. Die Bewohner von Kajászószentpéter (Kom. Fejér) sind vor der, von den aus Wien zurückkehrenden Türken verursachten Zerstörung nach Tata geflohen. Darüber hat der 60jährige Augenzeuge György Byssits 1721 Folgendes gesagt: „...als der Türke hierher kam, ist das ganze Dorf nach Tata geflohen. Sie haben auch die Glocken mitgenommen, die sie selbst in Nagy Szombat für 60 Forint hatten machen lassen. Die Glocken wurden zum Haus von István Juhász in Tata gebracht, dort wurden sie vom Tataer Kommandanten beschlagnahmt und den Leuten von Szentpéter bis heute nicht zurückerstattet." Die Bevölkerung kehrte drei Jahrzehnte lang nicht nach Kajászószentpéter zurück. Nachdem die Gefahr vorüber war, sind sie in mehrere Siedlungen des Komitates Komárom umgezogen. Ihre größte Gruppe lebte in Bokod, aber die Familiennamen der zurückgekehrten Familien *Komáromi, Búcsi, Kamocsai* zeigen, dass sie sich auch in diesen Ortschaften aufgehalten hatten (Farkas-Somkúti 1987, 362-363; Czanik 2001, 19, 22). Sándor Csoóri hat mir gezeigt, dass der oft benutzte Familienname *Zólyomi* in unserem Geburtsdorf Zámoly (Kom. Fejér) auch auf Beziehungen zum Oberland hinweist. Alte Augenzeugen aus Csákberény (Kom. Fejér) haben 1752 gesagt, „als die Christen die Städte Buda und Székesfejérvár von den Türken zurückerobert hatten, sind die Dörfer in der Gegend zerstört worden und die Bewohner sind geflohen." Die Bewohner von Csákberény sind mitsamt ihrem reformierten Prediger Gáspár Szőnyi nach Lovászpatona (nördlicher Teil von Komitat Veszprém) geflohen. Der Csákberényer István Fodor hat bestätigt, dass er während dieser Flucht in Lovászpatona geboren wurde und dass er 1690 samt seinen Eltern in seinem 7. Lebensjahr nach Csákberény zurückgekehrt ist. Der Prediger Gáspár Szőnyi ist mit seinen Gläubigen schon früher, nämlich 1690 nach Csákberény zurückgekehrt (Vadász 1982, 9-10). Die Einwohner von Zámoly mussten im Herbst 1683 wieder nach Norden fliehen. Imre Csanádi (1920-1991), der andere in Zámoly geborene Dichter, hat über die Beziehungen zwischen seinem Geburtsdorf und den nördlichen Gebieten bezüglich der Familiennamen Folgendes gesagt: „Manchmal habe ich darüber nachgegrübelt, ob nicht viele alte (teilweise auch heute noch lebende) Familiennamen, die aus Ortschaftsnamen gebildet sind, auf Gebiete in Nordkomárom und Südnyitra hinweisen: Namen wie Csitári, Udvardi, Liszi und noch einige, wie zum Beispiel der Familienname meiner Mutter, *Bagotai*. Was soll ich darüber denken? Dass die in den königlichen Gebieten wegen ihres Glaubens ständig schikanierten kalvinistischen Leibeigenen sich lieber in die türkenbesetzten Gebiete zurückzogen? Wo sie von den Türken auch nicht viel Gutes erhoffen konnten, aber ihnen wenigstens mehr „Gewissensfreiheit" gewährt wurde als bei den romtreuen Katholiken? Zámoly hatte (um 1680) einen Prdeiger namens György Alistáli, der aus der Galeerensklaverei befreit wurde. Alistál ist ein Ort im Komitat Pozsony – damals mochte Reihe gehört auch der Name Marczelházi bei der Volkszählung von Zámolys Bewohnern 1696 und 1715, da Marczelháza im Komitat Komárom, Landkreis Udvard, liegt (Biczó 1896, 12).

Wegen des Anstiegs der Bevölkerungszahlen ist die Unterhaltungsfähigkeit des Oberlandes, besonders in den von Slowaken bevölkerten Bergdörfern, gesunken. In den Komitaten Nyitra, Bars, Hont und Nógrád haben die Slowaken am Ende des 17. Jahrhunderts die Sprachgrenze nach Süden erweitert, im 18. Jahrhundert ist die überflüssige Bevölkerung geradezu explosionsartig nach Süden umgezogen (Rácz 1995, 134). Slowaken siedelten aus den Gebieten westlich der Besztercebánya-Rózsahegy Linie nach Transdanubien um, während diejenigen östlich der Linie in die Große Ungarische Tiefebene gezogen sind (Fügedi 1966, 317). In Nordtransdanubien, in den Komitaten Komárom, Esztergom, Pest, Fejér und Veszprém, entstanden slowakische Dörfer zwischen den ungarischen und deutschen Gemeinden; andere Gemeinden waren mit Ungarn und/oder Deutschen und Slowaken bewohnt. Die kirchlichen und weltlichen Landbesitzer der von den Türken befreiten Gebiete haben bei der Besiedlung eine wichtige Rolle gespielt.

Das Ordenshaus der Komáromer Jesuiten besaß schon seit 1630 die Dörfer Sóskút, Etyek, Vál, Vereb, Sukoró, Pákozd, Gyúró, sowie die Einöden Pázmánd und Agárd (nördliche Teile von Komitat Fejér). Es hat auf seine Länder Ungarn und Slowaken aus den westlichen Komitaten des Oberlandes siedeln lassen. In Sóskút, Vál, Gyúró und Pázmánd wurden viele Elemente der Festbräuche entdeckt (Luzienfrau, Hirtenrute zu Weihnachten, österliche Rutenzüchtigung), die auch im westlichen Oberland, in den ungarischen Dörfern der Komitate Pozsony, Nyitra, Bars und Nógrád von János Manga und Zoltán Ujváry aufgezeichnet worden waren (Manga 1941, 200; 1942, 23; 1968, 42-67; Ujváry 1964, 451-453; 1975, 14-35). Aus dem westlichen Oberland siedelten sich Slowaken in den Bakonyer Dörfern (Bakonycsernye, Jásd, Öskü, Súr, Szápár) an. 1724 hat Graf János Zichy, Gutsbesitzer von Várpalota, nach Bakonycsernye, das unter den Türken zur Einöde geworden war, slowakische Leibeigenen aus dem Komitat Nyitra geholt (Heiczinger 1974, 13-34). Nach Öskü, auf die andere Einöde der Palotaer Burg, wurden im Rahmen der großen Aufsiedlungsaktion der Familie Zichy 1718 slowakische Leibeigenen aus der Gegend von Besztercebánya, sowie aus den Komitaten Pozsony und Nyitra gebracht (Ila–Kovacsics 1964, 307). Aus dem lateinischen Manuskript des Szápárer evangelischen Pfarrers József Dérer von 1820 stellt sich bezüglich Ursprung und Lage der Gemeinde Folgendes heraus: „Der Ursprung der Gemeinde lässt sich bis 1740 zurückführen. In diesem Jahr hat der Herr Graf József Szapáry neue Bewohner in die Gemeinde siedeln lassen, da die alte Bevölkerung vor zweihundert Jahren völlig ausgerottet worden war. Die neuen Siedler sind slowakische Muttersprachler, ihr Geburtsort ist der benachbarte Teil von Mähren und das Komitat Trencsén." (Faller 1934, 13.) Der Gemeindevorsteher von Nagyveleg (Kom. Fejér) hat für den Sammler von geographischen Namen, Frigyes Pesty, 1865 Folgendes geschrieben: „Zuerst lebten Slowaken in Veleg, sie stammten aus den Komitaten Ober-Nyitra und Trencsén. Es werden Namen wie Csincsura und Válik erwähnt, später ungarische Familien mit Namen wie Némedi, Ferenci und Tót, Molnár, Szabó, Pap und Nagy, besonders aus der Gegend von Pápa, Szt. László und Varsány (Komitat Veszprém), jetzt sind sie reine Ungarn..." (Pesty 1977, 293.) Slowaken haben sich in Martonvásár 1763 aus den Komitaten Pozsony, Nyitra und Hont, in Tordas 1713 aus Pozsony, Nyitra und Turóc, in Tárnok 1739 aus Trencsén, in Sóskút aus Esztergom, Komárom, und Nyitra angesiedelt (Pesty 1977, 238, 272, 285, 287; Garády 1859, 538-540; Wünscher 1943, 47-49). In diesen Gemeinden, in den Komitaten Fejér und Pest, ist der Brauch der österlichen Rutenzüchtigung (ung. *sibálás*) auch heute noch am Leben. Dieser Brauch ist im West-Oberland identisch mit dem *veľkonočná šibačka* (Lukács 1981; 1986; 1994).

Mein Lehrer, der Debrecener Geschichtsprofessor István Rácz, hat betont, dass bei der Umsiedlung vom Oberland nach Transdanubien oder in die Tiefebene auch der Saugeffekt der Verwandtschaft eine Rolle gespielt haben muss: die Familienmitglieder, die vorteilhafte Lebensbedingungen gefunden haben, haben die Daheimgebliebenen zu sich gelockt (Rácz 1995, 109). Diese Familienkontakte haben oftmals mehrer Komitate überspannt, was von der Geschichte, die ich in 1987 in Kicsind (Kom. Esztergom) von den Nachkommen der Familie Jarábek (Jarabik, Jerábek) gehört und notiert habe, bestätigt wird: Lajos Kotolácsi (geb. 1902) und seine Frau Róza Ölvedi (geb. 1908) haben mir von ihren familiären Beziehungen in Kicsind (Kom. Esztergom) und Lovasberény (Kom. Fejér) Folgendes erzählt: „Ferenc Jarábek ist von Lovasberény hierher nach Kicsind umgezogen. Er war ein wohlhabender Mensch; sein Geld füllte eine ganze Kiste. Sein Bruder blieb in Lovasberény. Ferenc Jarábek hatte keine Kinder, deshalb ging er zu seinem Bruder in Lovasberény, der viele Kinder hatte. Sie spielten auf der Straße im Sand. Er hat seinen Bruder gefragt, ob er Kinder habe. Sein Bruder sagte, dass unter den Kinder auf der Straße nur drei nicht ihm gehörten, alle anderen schon.

Ferenc Jarábek blieb eine Woche lang bei seinem Bruder in Lovasberény. Er hat die Kinder seines Bruders beobachtet, wer von ihnen geschickt sei, und wer von ihnen fleißig arbeiten wird. Er hat Imre Jarábek gewählt. Er hat seinen Bruder gesagt, er nehme Imre mit sich nach Kicsind. Er hat ihn mitgenommen, ihn adoptiert und erzogen.

Imre Jarábek hatte drei Kinder. Eines ist gestorben, zwei – der Ferenc und der Márk – sind am Leben geblieben. Vom Ferenc stammten Borbála, Károly, Gáspár, Ágota und Mária Jarábek. Ferenc hatte fünf Kinder. (Mária war die Mutter des Informanten Lajos Kotolácsi.) Ferenc Jarábek hat zweimal geheiratet. Aus seiner ersten Ehe stammte Borbála, aus seiner zweiten Károly, Gáspár, Ágota und Mária.

Die Familie Jarábek war eine Adelsfamilie mit Landbesitz. Als sie aus Lovasberény hierher kam, hat sie Geld mitgebracht und Landbesitz gekauft. Ferenc Jarábek ist vor dem französischen Krieg geflohen. Bei Komárom suchte er sich einen Weg durch die Reede, das Pferd schwamm neben der Fähre über die Donau, da es noch keine Brücke gab. Er flüchtete im Krieg gegen Napoleon 1809. Er hat eine ganze Kiste voll Geld mitgebracht. Er kam hierher nach Kicsind, wo damals nur fünf Häuser standen: Die Familien Gábor, Hegedüs und Bernáth haben sie bewohnt. Ihm gefiel das Dorf, so ließ er sich hier nieder. Ihm gefielen auch der Wein und die guten Weingärten. Er hat sofort Landbesitz gekauft und Weinstöcke gepflanzt. Er war ein wohlhabender Mensch, doch er hatte keine Kinder. Deshalb ging er nach Lovasberény, um verwandte Kinder zu finden. Er heiratete ein Mädchen namens Örzsébet Farkas aus Damásd, doch sie konnte keine Kinder gebären. Er errichtete eine Stiftung: Einen Weingarten hat er der Kirche übertragen, damit sie für ihn jährlich eine Messe lese.

Sie flohen vor dem französischen Krieg, so gelangten sie nach Kicsind. Auch sein Kamerad mit dem Namen Cimer siedelte hier an. Die zwei wurden Gevattern. Cimer bekam Kinder und war Gevatter zu Jarábek.

Von Márk Jarábek stammen István, Mihály und Imre Jarábek. Mihály Jarábek hatte vier Kinder: István, Imre, Emerencia und Terézia. (Terézia war die Mutter der Informantin Róza-Kotolácsi-Ölvedi.) Der Name Jarábek ist tschechisch. Er kam mit dem Schatz von Lovasberény, er brachte das Geld in einer Kiste."

Ein anderer Nachkommen, Lajos Sáska (geb. 1921), hat die Geschichte der Familie Jarábek so erzählt: „In den napoleonischen Kriegen, nach der Schlacht von Győr, als Napoleons Armee den Aufstand niedergeschlagen hat, nahm Ferenc Jarábek, der Etappenoffizier der kaiserlichen Armee, die Kriegskasse an sich und reiste nicht zurück nach Böhmen, da dort Napoleon war, sondern siedelte sich in Lovasberény an. Später nahm er seinen Neffen József Jarábek aus Böhmen mit und kaufte ihm aus der Kriegskasse Landbesitz von 180 Katastraljoch in Kicsind. 1849 sind die Kosaken ins Dorf eingefallen und haben hinter der Ofenwand von Jarábek eine Kiste voller Silbergeld gefunden, die sie mitnahmen. Er war wohlhabend, das beweist sein Landbesitz von 10-12 Hektar, das im Grundbuch eingetragen war. Meine Mutter ist Margit Jarábek, mein Großvater ist Gáspár Jarábek, mein Urgroßvater Ferenc Jarábek und mein Ur-Urgroßvater war József Jarábek, für den das Land in Kicsind gekauft worden war.

In Naszvad lebte im vorigen [19.] Jahrhundert auch ein guter Lehrer namens Jarábek. Heute gibt es einige Jarábek-Familien, sie sind alle miteinander verwandt. Ferenc Jarábek hatte zwei Frauen. Seine erste Frau bekam eine Tochter, Borbála. Sie heiratete einen Knecht namens Kotolácsi. Seine zweite Frau hatte vier Kinder, darunter zwei Töchter, eine von ihnen hieß Mária. Borbála hatte mit Kotolácsi zwei Söhne, Gáspár und Károly. Károly heiratete Mária, die von der zweiten Ehefrau stammte, also war sie seine Halbschwester. Ferenc Jerábek ist in Lovasberény geblieben."

In der Matrikel des Marktfleckens Lovasberény habe ich die Familie Jarabek gefunden. József Jarabek (1751-1789) hatte zwei minderjährige Kinder, Imre (geb. 1784) und Julianna (geb. 1786) zurückgelassen, sein drittes Kind, Anna (geb. 1788), war vier Tage nach der Geburt gestorben. Es ist vorstellbar, dass der Onkel in Kicsind, der kinderlose József Jarábek, den in seinem fünften Lebensjahr Waise gewordenen Imre zu sich genommen und adoptiert hat. Im Gegensatz zu den Erinnerungen der Nachkommen war es wahrscheinlich nicht Ferenc, sondern der 25 jährige Imre, der 1809 in der Győrer Schlacht teilgenommen hat.

Die Wanderungen der Handwerkerburschen haben wahrscheinlich auch zu der Entstehung von Kontakten zwischen sehr entfernten Gebieten beigetragen. Der kleine Bruder meiner Urgroßmutter Erzsébet Taposka (geb. 1866), der Schuster János Taposka, ist von Zámoly bis nach Kassa gewandert, dort hat er eine Familie gegründet und sich niedergelassen. Eines seiner Kinder, der kleine János, wurde von seiner kinderlosen Tante, der Zámolyer Éva Taposka, in den 1890er Jahren adoptiert. János ist kurze Zeit später in seinem sechsten Lebensjahr an Diphterie gestorben. Wegen diesem unglücklichen Vorfall wurde der Familienkontakt zu den Verwandten in Kassa unterbrochen. Der Csákvárer Wagnerbursche András Harangozó (geb. 1880) hat sich vor dem Ersten Weltkrieg nach einer 14jährigen Wanderung in Nemesócsa (in der Großen-Schütt-Insel) niedergelassen, wo er zuerst als Gutshofwagner, dann als Gemeindewagner gearbeitet hat. Beim Ausbruch des Krieges haben drei Dörfer um seinen militärischen Entsatz gebeten, damit sie nicht ohne Wagner bleiben müssten. Nach dem Friedensvertrag von Trianon 1920 wurde er von den tschechischen Behörden über die neue Grenze ausgewiesen, deshalb ist er zurück nach Csákvár gekommen. Er hat mir das zwanghafte Ende seiner Wanderungen in der Großen-Schütt-Insel in seinem 99. Lebensjahr erzählt.

In den Beziehungen zwischen Transdanubein und dem Oberland spielte auch die sich jährlich wiederholende landwirtschaftliche Saisonarbeit eine große Rolle. Viele, meist junge Saisonarbeiter (*summás*) blieben und heirateten in Transdanubien auch vor dem Zweiten Weltkrieg. Im Sommer 1945 haben 161 ehemalige Bodonyer Saisonarbeiterfamilien Land in Besnyőpuszta (Kom. Fejér) erhalten und haben so die Gemeinde Besnyő gegründet. Im Juli 1946 haben sich 130 Familien aus Mezőkövesd und 10 Familien aus Szentistván – allesamt ehemalige Saisonarbeiter - in Vértesacsa niedergelassen und somit den Platz der nach Deutschland umgesiedelten Deutschen gefüllt. Die Mehrheit der Saisonarbeiterfamilien zog nach einigen Jahren wieder in ihre ehemaligen Heimatdörfer um, nur 20-25 Familien aus Mezőkövesd und zwei Familien aus Szentistván konnten in Vértesacsa Wurzeln schlagen (Kasó 1991, 149-150). 40 Familien sind aus Bükkzsérc in den mit Bicske benachbarten Gutshof Nagynémetegyháza umgesiedelt (Farkas 1995, 12). An der Gemarkung von Hercegfalva (heute Mezőfalva) stehen einige ehemalige Gesindehäuser. In ihnen lebten im Sommer 1947 22 Siedlerfamilien aus Bükkszenterzsébet, 16 aus Fedémes, 7 aus Kisfüzes, 12 aus Szuha, sowie 18 aus Szajla und Recsk. Sie waren allesamt ehemalige Saisonarbeiter, viele von ihnen lebten auch in Mélykútpuszta, Kisvenyim und Felsőkisvenyim (Erdős Hg. 1989, 176). Zwei ehemalige Saisonarbeiter, Imre Kós aus Ostoros und Margit Gari aus Mezőkövesd, haben das Leben und die Arbeit der Saisonarbeiter glaubhaft beschrieben (Kós 1960; Gari 1983). Katalin Petánovics hat in der volkskundlichen Monografie von Vállus, einem Saisonarbeiterdorf im Komitat Zala, ihre Lebensverhältnisse und ihre Arbeit in den entfernten Gutshöfen dargestellt (Petánovics 1987, 121-151).

Slowaken kamen nicht nur als landwirtschaftliche Saisonarbeiter, sondern auch als Flößer von Norden in den Süden. Für die Sicherung des Floßverkehrs im Oberland wurde Artikel Nr. 52 des Gesetztes VII/1596 in Pozsony von Kaiser und König Rudolf erlassen: „Mühlen am Wasser des Gran-Flusses müssen so benutzt werden, dass alle Arten von Schiffen und Flößen ohne Gefahr auf- und abwärts reisen können." (Szále 1847, 214.) Der Floßverkehr auf dem Waag-Fluss in Richtung Komárom ist aus den Schriften von Alajos Mednyánszky und József Liszka wohlbekannt (Mednyánszky 1981; Liszka 1988, 66; 1990, 225; 1992, 20-22;

1995, 46-51). Der im Oberland lebende István Gáspár schrieb über die slowakischen Flößer des Gran-Flusses, deren Endstation meistens Gramkövesd war, Folgendes: „Bis 1945 und sogar bis 1950 haben slowakische Holzfäller Bauholz auf dem Gran von der Gegend von Zsarnóca schwimmen lassen. Sie haben Bretter, Schindeln und Werkzeugholz auf ihren Flößen aus Rundholz mitgebracht. 3-4 Leute konnten auf dem Floß sein, sie wurden Flößer (ung. *talpasok*) genannt. Die Flößer kamen immer im Frühling, sie haben Holz nach Kéménd, meistens auf Bestellung, transportiert, aber sie konnten das Holz auch ohne Bestellung bis zum letzten Stück verkaufen. Einer meiner Informanten hat mir ein Steuerruder gezeigt, das in die Balken des Presshauses eingebaut war." (Gáspár 1988, 93.) József Liszka hat etwas Ähnlichen neben dem Waag-Fluss erlebt: „Die alten Leute von Kamocsa haben mir erzählt, dass die auf dem Waag-Fluss reisenden slowakischen Flößer dort einen Hafen haben. Da sie üblicherweise das Holz nur bis Komárom (oder auf Bestellung bis Pest) schwimmen ließen, versuchten sie hier all ihre kleinen Holzsachen zu verkaufen (selbst die Steuerruder wurden als Brennholz angeboten), sie machten ja den Rückweg meistens zu Fuß. Eine jüdische Händlerfrau hat hier sogar ein kleines Holzdepot aufgestellt und sie hat versucht, alles von ihnen abzukaufen, um die Sachen dann mit Zuschlag weitergeben zu können." (Liszka 1990, 225.)

Es kamen jährlich 18-20 000 Flöße nach Komárom, ein Teil von ihnen wurde von Győrer Händlern gekauft. Die Einheit von 20 Flößen (auch *cukk* genannt) wurde dann von den Komáromer Wagenbesitzern oder von den Győrer Schiffschleppern mit Pferden und Ochsen auf der Groß-Donau, dann der Mosoner-Donau nach Győr geschleppt (Kecskés 1978, 215-216).

Auf der Donau wurden Flöße in südlicher Richtung bis Pest, Adony, Dunavecse, Dunaföldvár und Tolna benutzt. Über den Floßverkehr gibt es Archivdaten und Volkserinnerungen. Der Großvater des Tabajder Wagnermeisters János Béllei (geb. 1899) war ein Holzschnitzer, vor dem Hausbau ging er nach Trencsén, um Holz zu kaufen. Aus dem Holz bauten sie ein Floß, er und der Verkäufer reisten damit auf dem Waag und auf der Donau nach Ercsi. Von Ercsi transportierten sie das Holz mit Wagen nach Tabajd. Die auf der Donau benutzten Flöße wurden dann auf dem Sárvíz-Fluss und dem Sió-Fluss wieder ins Mezőföld geschleppt. Darüber erzählt das Briefverkehrsbuch des Enyinger Batthyány-Gutshofs in 1856: „Wegen dem seichten Wasser kann vor Ende Mai kein Bauholz von der Donau auf dem Sárvíz transportiert werden. Einige Transport- oder Schleppleute sind bereit für diese Arbeit, sie bitten nur um die Transportabmachung letzten Jahres." „Das Bauholz kann schon auf dem Wasser transportiert werden, der Heiduck von Potol wird es in Dunaföldvár abnehmen und begleiten. Alle Kreise arbeiten mit halber Kraft, sobald das Holz für den Transport aus Ozora ankommt" (Archiv von Komitat Fejér, Dokumente des Batthyány-Gutshofes). In Bogyiszló (Kom. Tolna) hat sich 1951 der 79jährige Sándor Ábrahám folgender Weise an die Arbeit der hiesigen Schiffschlepper erinnert: „Als noch die Tolnaer Donau existierte, schleppte man die Flöße. Das war Bauholz. Die Slowaken zogen die Flöße bis zur Mündung der Donau, dann zogen sie sie in die

Tolnaer Donau hinein. Sándor Németh war der Schiffschlepper in Bogyiszló. Er spannte seine 3-4 Pferde an der Mündung vor die Flöße und zog sie auf dem Sió-Fluss bis hin zum Plattensee." (Csermák 1951, 5.)

Der nördliche Teil unseres Gebietes liegt in der Nähe von Komárom, deshalb wurde das Bauholz hierher direkt aus Komárom transportiert. In der Chronik des Mórer Lamberg-Gutshofes ist zu lesen: „Jahr 1755. Im Juli wurde der Bau des Moórer Schüttkastens beendet, was gerade in einem Jahr geschah, denn im Juli 1754 wurde das Bauholz dazu in Comorn erkauft." (Seidel 1898, 12.) Nach dem Bau der Eisenbahnlinien wurde das Holz auch mit der Eisenbahn aus Komárom in unser Gebiet transportiert. Darüber hat der Kővágóörser András Bárány das Folgende in seinem Wirtschaftstagebuch 1863 geschrieben: „Ich war Mitte September des letzten Jahres in Révkomárom, um Bauholz zu kaufen. Ich habe es mit dem Zug transportieren lassen, aber ich konnte nicht genügend Holz mitbringen, weil der Transport mit dem Zug und am Plattensee genauso viel kostete, wie das Holz selbst." (Archiv der Kővágóörser Evangelischen Gemeinde). Die Wichtigkeit des aus den Nordwest-Karpaten auf den Flüssen geschwemmten Bauholzes sank in Proportion mit der Entfernung von der Donau in den Komitaten Veszprém und Somogy, westlich des Mezőföld-Gebietes. Dieses Gebiet wurde mit Bauholz aus den östlichen Alpen durch Lieferanten hienzischer, steirischer und Obere-Warter ungarischer Abstammung versorgt (Lackovits-Lukács 1987, 5). An die slowakischen Flößer erinnert auch der volkstümliche Name einer alten, heute teilweise verlassenen Strecke des Verkehrsweges Adony, Seregélyes, Székesfehérvár, Komárom. Diese Strecke, die den Weg zwischen Zámoly und Csákberény mit der Berührung von Seregélyes, Börgönd, Kisfalud, Pénzverőpuszta, Máriamajor und Borbálamajor erreicht und danach durch Csókakő nach Mór, Kisbér und Komárom geführt hat, wird heute noch *Tschechischer Weg* genannt. Dieser Weg hat um Székesfehérvár ostwärts herumgeführt, auf ihm haben die slowakischen Flößer von Adony ihren Wohnort im Oberland am schnellsten erreicht (Gelencsér 1976, 4). Der Name *Tschechischer Weg* ist auch in der Gegend von Érsekújvár und Udvard bekannt. Der sogenannte „Große Tschechische und Esztergomer Weg", der zur Salzlieferung aus Polen benutzt wurde, hat den Zsitva-Fluss von Esztergom aus, dann den Nyitra-Fluss bei Nyárhíd (neben Érsekújvár) überquert (Angyel 1993, 82).

Die traurigste Zeit der Nord-Süd Beziehungen hat mit der Ungarnverfolgung in der Tschechoslowakei 1945 begonnen. Tausende von Ungarn sind aus der Südslowakei vor den gewaltsamen tschechischen Deportationen 1946-47 nach Süden durch die Donau und durch den Ipoly-Fluss geflohen. Im Mai 1947 haben sich nur im Komitat Komárom-Esztergom 1860 ungarische Flüchtlinge aus dem Oberland aufgehalten (Balogh 1995, 8). Der Landwirt Sándor Nagy ist 1947 vor der Deportation von Ipolynyék (Kom. Hont) nach Mór (Kom. Fejér) geflohen. Sein Wirtschaftstagebuch, das er in Ipolynyék angefangen und in Mór beendet hat und in dem er auch über die Verhältnisse der Flucht nach Ungarn berichtet hat, wurde von Tamás Mohay analysiert (Mohay 1994, 60-63).

Im Rahmen einer tschechoslowakisch-ungarischen Abmachung 1947 haben etwa 70 000 Ungarn aus der Südslowakei den Platz der deportierten Deutschen in den Komitaten Somogy, Baranya und Tolna eingenommen (Dankó 1982, 349-350). Viele der umgesiedelten Ungarn haben sich in der Umgebung von Győr, Komárom, Tata und Tatabánya niedergelassen, sie haben nicht einmal auf die offizielle Markierung ihrer Siedlungsstelle gewartet, sie haben die Ortschaften bevorzugt, die nahe an ihrem Geburtsort waren. Im Dezember 1947 lebten in Mór an der Stelle der vertriebenen Deutschen 102 ungarische Flüchtlinge und Neusiedler (Bröstl 1977, 432-433). Nach Vértesacsa sind Ungarn aus den Gemeinden Buzita, Felsőlánc, Hím, Migléc, Perény (allesamt Kom. Abaúj-Torna) sowie aus Udvard (Kom. Komárom) gekommen (Kasó 1991, 152). Aus Udvard wurden 700 Ungarn nach Tschechien deportiert, 500 ungarische Personen sind nach Ungarn umgesiedelt. Ihr Platz wurde von 201 slowakischen Familien zumeist aus Oroszlány, Vértesszőlős und Bakonycsernye eingenommen (Angyel 1993, 66-67). Anstelle der vertriebenen Deutschen in Mezőfalva sind neue Einwohner aus Dévaványa (Kom. Békés) und Kisújfalu (Kom. Esztergom) gekommen. Fast 500 Ungarn haben hier ihr neues Zuhause gefunden und die reformierte Filialkirche von Hercegfalva gegründet (Erdős Hg. 1989, 177). Aus dem Komitat Békés sind 11 456 Personen in die Slowakei umgezogen, ihr Platz wurde von 1703 Ungarn eingenommen (Szabó 1993, 53), viele von ihnen sind dann weiter nach Székesfehérvár umgesiedelt. Unter ihnen waren hauptsächlich Leute aus Komárom und Érsekújvár, denn die äußere Erscheinung und gesellschaftliche Struktur von Székesfehérvár war ihren Heimatstädten sehr ähnlich (siehe dazu Luzsicza 1989). Székesfehérvár lag ziemlich nahe an diesen Städten, zwischen ihnen kam nach der Wiedererrichtung der im Zweiten Weltkrieg gesprengten Komáromer Donau-Brücken (1955, 1968) sehr guter Eisenbahn- und Straßenverkehr zustande.

Die ungarischen Familien, die zuhause im nördlichen Teil von Komitat Esztergom ihre Religion nicht öffentlich praktizieren konnten (z.B. Pädagogen-Familien), sind in den 1960-70er Jahren nach Székesfehérvár gereist, um zu beichten, die Kommunion zu empfangen und um ihre Kinder zur Erstkommunion zu bringen. Die Ungarn aus dem Oberland haben mindestens einmal im Jahr in den Kirchen von Székesfehérvár, besonders in der bischöflichen Kathedrale, gebeichtet und an der Kommunion teilgenommen. Sie haben ihre Kinder zuhause auf die Erstkommunion vorbereitet, aber die Zeremonie der Erstkommunion hat in Székesfehérvár stattgefunden. Die Verhältnisse und Bedingungen der Zeremonie haben die Eltern mit den Pfarrern von Székesfehérvár schon im voraus besprochen. Auf meine Frage, warum sie nicht ins naheliegende Esztergom gereist sind, haben sie gesagt, viele ihrer Bekannten und Kollegen leben im ehemaligen Komitatssitz, vor denen sie die Ausübung ihrer Religion geheim halten müssen. In Székesfehérvár haben sie sich in dieser Hinsicht sicherer gefühlt. Für den Kirchenbesuch und die Erstkommunion ist die ganze Familie nach Székesfehérvár gereist. Nach der Zeremonie haben sie die historischen Denkmäler der Stadt besichtigt, was zur Stärkung ihres nationalen Selbstbewusstseins geführt hat.

Als Zusammenfassung möchte ich betonen, dass die Umsiedlung, Bevölkerungsbewegung, der Warenaustausch und die Arbeitsmigration von Norden nach Süden zwischen dem Oberland und Transdanubien von der Türkenbesetzung bis zum letzten Jahrhundert sehr bedeutend waren. Diese vielseitige Kooperation wurde Jahrhunderte lang in Beziehungen zwischen Ungarn und Ungarn, Slowaken und Ungarn, sowie Russinen und Ungarn verkörpert. Unter den ungarisch-ungarischen Beziehungen möchte ich die bisher vernachlässigten familiären Kontakte hervorheben. Slowakisch-ungarische Beziehungen sind hauptsächlich während des Warenaustausches (Wanderhändler, Wanderhandwerker, Flößer) und der Arbeitsmigration (landwirtschaftliche Saisonarbeiter) entstanden. Die russinisch-ungarischen Kontakte sind auch durch die landwirtschaftlichen Saisonarbeiter entstanden, die zwischen 1939-44, in der Zeit, als die Karpatoukraine zu Ungarn zurückkehrte, wieder auferstanden sind. Die früheren slowakisch-ungarischen Kontakte wurden wegen der neuen Grenzen im Friedensvertrag von Trianon geschwächt. Jedoch wurden die Beziehungen zwischen Ungarn und Ungarn durch die Flucht und Umsiedlung nach Transdanubien nach 1920 und 1945 gestärkt.

[Die erste Version dieser Studie war ein Vortrag auf der Konferenz *Die neuesten Ergebnisse in der Forschung von interethnischen Beziehungen* in Mályi 1995. Der Text wurde in ungarischer und slowakischer Sprache veröffentlicht:
Lukács, László: *Észak-déli kapcsolatok.* Az interetnikus kapcsolatok kutatásának újabb eredményei. Hg.: Judit Katona, Gyula Viga. 1996. 79-89. Miskolc
Lukács, László: *Etnokultúrne kontakty medzi severom a juhom.* Acta Ethnologica Danubiana, I. 1999. 39-49. Révkomárom]

Literatur

ANGYEL, Miklós
1993 *Udvard múltja és jelene* [Udvards Vergangenheit und Gegenwart]. Pozsony

BALOGH, Béni
1995 *Felvidéki menekültek Komárom-Esztergom megyében (1946-47)* [Flüchtlinge aus dem Oberland im Komitat Komárom-Esztergom (1946-47)]. Limes VII. 18. 5-17. Tatabánya

BÁTKY, Zsigmond
1918 *Néhány vonás Fejérmegye népességének tömörüléséhez* [Einige Merkmale zur Volksansiedlung des Komitats Fejér]. Földrajzi Közlemények XLVI. 119-128.

BICZÓ, Pál
1896 *A zámolyi ev. reformált egyház története* [Geschichte der reformierten Kirche von Zámoly]. Nagy-Kőrös

BRÖSTL, Sarolta
1977 *A népi demokratikus átalakulás eseményei (1945-1948)* [Die Ereignisse der volksdemokratischen Umgestaltung (1945-1948)]. Mór története. Hg.: Gábor Farkas. 425-443. Mór

CZANIK, Béla
2001 *Kajászó(szentpéter) község és református egyháza története* [Geschichte von Kajászó(szentpéter) und ihrer reformierten Kirche]. Kajászó
CSANÁDI, Imre
1975 *Vázlat a szülőföldről* [Skizze vom Heimatland]. Kortárs, XIX. I. 70-82.
CSERMÁK, Géza
1951 *Hajóvontatás, halászat, Tolna, Bogyiszló* [Schiffschleppen, Fischerei, Tolna, Bogyiszló]. Manuskript. Museum für Volkskunde Ethnologische Datensammlung, Budapest. Inv.-Nr.: EA. 2605.
DANKÓ, Imre
1982 *Szlovákiai magyarok Délkelet-Dunántúlon* [Ungarn aus der Slowakei in Südost-Transdanubien]. A Magyar Tudományos Akadémiai Pécsi és Veszprémi Akadémiai Bizottságának Értesítője. 347-355. Veszprém
DEMETER, Zsófia
1984 *Summások Fejér megyében* [Landwirtschaftliche Saisonarbeiter in Komitat Fejér]. Alba Regia, XXI. 221-234. Székesfehérvár
ERDŐS, Ferenc (Hg.)
1989 *Mezőfalva története.* [Geschichte von Mezőfalva] Mezőfalva
FARKAS, Gábor
1965 *Az előszállási uradalom munkaerőellátottsága a tőkés gazdálkodásra való áttérés idején.* [Die Arbeitskraftausstattung des Előszálláser Gutshofes zur Zeit des Übertritts zur Kapitalwirtschaft]. Alba Regia IV-V. 147-153.
1971 *Nagybirtokosok Fejér megyében a török kiűzése után* [Großgrundbesitzer in Komitat Fejér nach der Türkenvertreibung]. Fejér Megyei Történeti Évkönyv V. 171-176. Székesfehérvár
FARKAS, Gábor - SOMKÚTI, Éva
1987 *Kajászó.* Fejér Megyei Történeti Évkönyv XVII. 359-400.
FROLEC, Vacláv
1994 *O povaze kulturní tradice Čechů, Slováků, Maďarů.* Acta Museologica, I-II. 15-37. Komárom-Dunaszerdahely
FÜGEDI, Erik
1966 *Agrár jellegű szlovák település a török alól felszabadult területen* [Slowakische Agrarsiedlung im vom Türken befreiten Gebiet]. Agrártörténeti Szemle VIII. 313-311.
GARÁDY
1859 *Tordas megtelepítése* [Die Besiedlung von Tordas]. Új Magyar Múzeum IX. 538-540.
GARI, Margit
1983 *Le vinaigre et le fiel. La vie d´une paysanne Hongroise.* Budapest
GÁSPÁR, István
1988 *Árucsere Keménden* [Warenaustausch in Keménd]. Új Mindenes Gyűjtemény VII. 84-93. Pozsony
GELENCSÉR, József
1976 *Sárkeresztes földrajzi nevei* [Die geographischen Namen von Sárkeresztes]. Manuskript. König Sankt Stephan Museum Volkskundliche Datensammlung, Székesfehérvár, Inv.-Nr.: 76.7.

GELENCSÉR, József - LUKÁCS, László
1991 *Szép napunk támadt. A népszokások Fejér megyében* [Unser schöner Tag ist entstanden. Volksbräuche im Komitat Fejér]. Székesfehérvár
HELLER, András
1941 *A sommások munkabére* [Der Arbeitslohn der Saisonarbeiter]. Magyar Statisztikai Szemle XIX. 381-401.
KASÓ, Katalin
1991 *Vértesacsa.* Vértesacsa
KECSKÉS, László
1978 *Komáromi mesterségek* [Gewerbezweige in Komárom]. Pozsony
KOÓS, Imre
1960 *Sommásélet* [Saisonarbeiterleben]. Miskolc
KORIZMICS, László - BENKŐ, Dániel - MÓROCZ, István
1855 *Mezei gazdaság könyve* [Buch der Landwirtschaft]. I-IV. Pest
KÓSA, László
1998 *Paraszti polgárosulás és a népi kultúra táji megoszlása Magyarországon (1880-1920)* [Die Verbürgerlichung der Bauern und die regionale Verteilung der Volkskultur in Ungarn (1880-1920)]. Budapest
LACKOVITS, Emőke - LUKÁCS, László
1987 *A vásárok és az árucsere néprajza Közép-Dunántúlon. Volkskunde der Märkte und des Warenaustausches in Mittel-Transdanubien.* Székesfehérvár
LENCSÉS, Ferenc
1964 *A summásgazda* [Der Saisonarbeiterwirt]. Agrártörténeti Szemle VI. 476-487.
1965 *Az idénymunkások helyzete az előszállási uradalomban 1940-1944* [Die Lage der Saisonarbeiter im Előszálláser Gutshof 1940-1944]. Agrártörténeti Szemle II. 571-587.
1982 *Mezőgazdasági idénymunkások a negyvenes években* [Landwirtschaftliche Saisonarbeiter in den vierziger Jahren]. Budapest
LISZKA, József
1988 *Warenaustausch und Wanderhändler im slowakischen Teil der Kleinen Tiefebene.* Märkte und Warenaustausch im pannonischen Raum. Hg.: László Lukács. 64-68. Székesfehérvár.
1990 *Kultúrák találkozása. Adalékok a magyar-szlovák etnokulturális kapcsolatok ismeretéhez* [Die Begegnung der Kulturen. Beiträge zur Kenntnis der ungarisch-slowakischen ethnokulturellen Beziehungen]. Régió I. 220-230. Budapest
1992 *Fejezetek a szlovákiai Kisalföld néprajzából* [Kapitel aus der Volkskunde der slowakischen Kleinen Tiefebene]. Budapest
1995 *A folyók szerepe az árucsere-kapcsolatok lebonyolításában* [Die Rolle der Flüsse im Verlauf der Warenaustausch-Beziehungen]. Új Forrás 8. 43-51. Tatabánya
1997 *Ethnische und kulturelle Prozesse im nördlichen Randgebiet des pannonischen Raumes.* Evropský kulturni prostor - jednota v rozmanitosti. Hg.: Josef Vařeka, Markéta Holubová, Lyolia Petránová. 114-119. Praha
LUKÁCS, László
1981 *Húsvéti korbácsolás* [Österliche Rutenzüchtigungen]. Ethnographia XCII. 374-399.
1986 *Veľkonočná šibačka.* Národopis Slovákov v Maďarsku VI. 77-118. Budapest

1994 *A húsvéti korbácsolás interetnikus vonatkozásai* [Die interethnischen Beziehungen der österlichen Rutenzüchtigung]. Acta Museologica I-II. 119-152. Komárom-Dunaszerdahely

MANGA, János

1941 *A téli ünnepkör hagyományai a nyitramegyei Menyhén* [Die Traditionen der Winterfeste in Menyhe (Komitat Nyitra)]. Ethnographia LII. 189-217.

1942 *Ünnepi szokások a nyitramegyei Menyhén* [Festliche Bräuche in Menyhe (Komitat Nyitra)]. Budapest

1968 *Ünnepek, szokások az Ipoly mentén* [Feste, Bräuche entlang des Ipoly-Flusses]. Budapest

MÁCZA, Mihály

1992 *Komárom. Történelmi séták a városban* [Komárom. Historische Spaziergänge in der Stadt]. Pozsony

MEDNYÁNSZKY, Alajos

1981 *Festői utazás a Vág folyón, Magyarországon (1825)* [Eine malerische Reise auf dem Vág-Fluss in Ungarn (1825)]. Budapest

MOHAY, Tamás

1994 *Egy naplóíró parasztember. Nagy Sándor élete és gazdálkodása a 20. század első felében Ipolynyéken* [Ein Bauer, der ein Tagebuch schreibt. Das Leben und die Wirtschaft von Sándor Nagy in Ipolynyék in der ersten Hälfte des 20. Jahrhunderts]. Budapest

PESTY, Frigyes

1977 *Helységnévtár. Fejér megye* [Ortnamenregister. Komitat Fejér]. Fejér Megyei Történeti Évkönyv XI. 161-305.

PETÁNOVICS, Katalin

1987 *Vállus. Egy summásfalu néprajza* [Vállus. Volkskunde eines Saisonarbeiterdorfes]. Budapest

RÁCZ, István

1995 *A török világ hagyatéka Magyarországon* [Der Nachlass der türkischen Welt in Ungarn]. Debrecen

SÁRKÖZI, Zoltán

1972 *A summások* [Die Saisonarbeiter]. A parasztság Magyarországon a kapitalizmus korában 1848-1914. Hg.: István Szabó. II. 321-381. Budapest

SEIDEL, Ignaz

1898 *Chronologische Erzählung der Ereignisse und Begebenheiten in der Herrschaft Csókakő-Moor im Stuhlweißenburger Comitat Ungarn.* Steyr

STADER, Stefan

1993 *Familienbuch der katholischen Pfarrgemeinde Lauschbrünn=Lovasberény im Schildgebirge 1720-1800.* Sindelfingen

SZABÓ, László

1993 *A város paraszti társadalma* [Die Bauerngesellschaft der Stadt]. Békéscsaba néprajza. Hg.: Igor Grin, András Krupa. 37-112. Békéscsaba

SZÁLE, Antal

1847 *Magyarország összes törvényei fölzetekben* [Alle Gesetze Ungarns]. Pozsony

TAKÁTS, Sándor

1979 *Buda két árulója* [Die zwei Verräter von Buda]. Budapest

UJVÁRY, Zoltán
1964 *Luca-asszonyok Csallóközben és Nyitra környékén* [Luzienfrauen in der Großen-Schüttinselund in der Gegend von Neutra]. Ethnographia LXXXV. 451-453.
1969 *Az agrárkultusz kutatása a magyar és az európai folklórban* [Die Erforschung des Agrarkultes in der ungarischen und europäischen Folklore]. Debrecen
1975 *Varia folkloristica. Írások a néphagyomány köréből* [Schriften aus der Volkstradition]. Debrecen
1994a *Kapcsolatok és párhuzamok* [Beziehungen und Parallelen]. Debrecen
1994b *A népszokások interetnikus kapcsolatai a Kárpátok és az Alföld találkozásának övezetében* [Die interethnischen Beziehungen der Volksbräuche in der Begegnungszone der Karpaten und der Großen Ungarischen Tiefebene]. Acta Museologica I-II. 39-58.
VADÁSZ, Géza
1982 *Csákberény története* [Die Geschichte von Csákberény]. Székesfehérvár
VIGA, Gyula
1990 *Árucsere és migráció Észak-Magyarországon* [Warenaustausch und Migration in Nordungarn]. Debrecen-Miskolc
WÜNSCHER, Frigyes
1943 *Tordas a Balogh Elemér szövetkezeti mintafalu* [Tordas, ein genossenschaftliches Musterdorf. Budapest-Debrecen

DER WEG EINER WANDERNDEN KIRCHE VON MODERSDORF BIS RÁCKEVE

Sagen über wandernde Kirchen kennen wir bereits aus schriftlichen Aufzeichnungen und aus Archivmaterial des 18. und 19. Jahrhunderts. In Pressburg (Pozsony, Bratislava) befindet sich im Archiv der Familie Brunswick, die Güter in Martonvásár und Umgebung (Kom. Fejér/Weißenburg) besaß, das Protokoll einer Zeugenvernehmung aus dem Jahre 1732, wo eine derartige Sage auftaucht.[1] Laut einer örtlichen Überlieferung ist eine Kirche der Ortschaft Ráckeve (Kom. Pest) über das Schildgebirge (Vértes), das Mezőföld-Gebiet und die Donau bis zu ihrem heutigen Standort gekommen. Unterwegs zog sie einen tiefen und breiten Graben durch die Fluren der Ortschaften Gyúró, Kuldó, Tordas, Kálozd-puszta, Martonvásár, Szent László-puszta, Szent Miklós-puszta und Ercsi. Im Laufe der Vernehmung wurden zehn Einwohner der betroffenen Siedlungen über diesen Graben und die Fortbewegung der Kirche befragt. Von diesen Zeugenaussagen möchten wir hier einige anführen:

György Gárdonyi, 60 Jahre alt, wohnhaft in Etyek, Fronbauer der Jesuiten von Komorn (Komárom): »Von seinem Vater, der im Alter von 103 Jahren gestorben ist, habe er es 8 Jahre vor dessen Tod gehört. Sie gingen einmal nach Ráczkeve, um vier Ochsen zu kaufen, und als sie im Schatten der beiden Kirchen auf der Donauinsel ruhten, sagte ihm der Vater: „Mein Sohn, diese Kirche mit dem Turm gen Osten ist von dort oben über das Schildgebirge und die Donau hergekommen.“« István Dubowszky, 60, wohnhaft in Tordas: „Der Herr Fatens, der bei der Belagerung von Tokaj in diese Gegend nach Gyúró kam, habe von sehr alten Leuten gehört, dass eine Kirche noch vor der Zeit der Kurutzen über das Schildgebirge geradeaus durch den Flurteil Haraszt bei Gyúró und Tordas bis zur Ofner (Budaer) Straße ging und den bis heute sichtbaren Graben hinter sich ließ. Immer habe er gehört, dass dieser Graben den Gang der Kirche darstellte und dass eine der beiden Kirchen auf der Donauinsel für diese Kirche gehalten wurde." György Kalkó, 29, Fronbauer aus Tordas: „Dieser Fatens wurde in Gyúró geboren und ist von dort nach Tordas übersiedelt. Hier habe er gehört, dass jene Kirche aus Moderdorf bei Tyrnau (Nagyszombat, Trnava) über das Schildgebirge und den Flurteil Haraszt bei Gyúró und Tordas bis Ercsi gekommen sei und von dort geradeaus über die Donau, wo der Graben ihres Weges noch heute zu sehen ist." György Fehér, 65, Edelmann, wohnhaft in Martonvásár: „Er habe von seinem Vater, Gergely Fehér, der die Gehöfte Szent Iván, Szent László und Szent Miklós besaß, sowie von anderen dort versammelten alten Leuten gehört, als sich der Vater über die Überquerung der Donau durch jene Kirche erkundigte, dass diese wiederum von ihren Vätern gehört hätten, dass der über den Flurteil Haraszt zur Donau führende Graben durch den Fortgang der Kirche entstanden sei ... Er habe in jener Versammlung auch gehört, dass die Kirche damals mit lautem Glockenklang sich fortbewegt hätte." György Kónya, 63, Edelmann, wohnhaft in Kuldó: „Lebt seit 36 Jahren in Kuldó, wo er insbesondere von János Kiss, einem alten

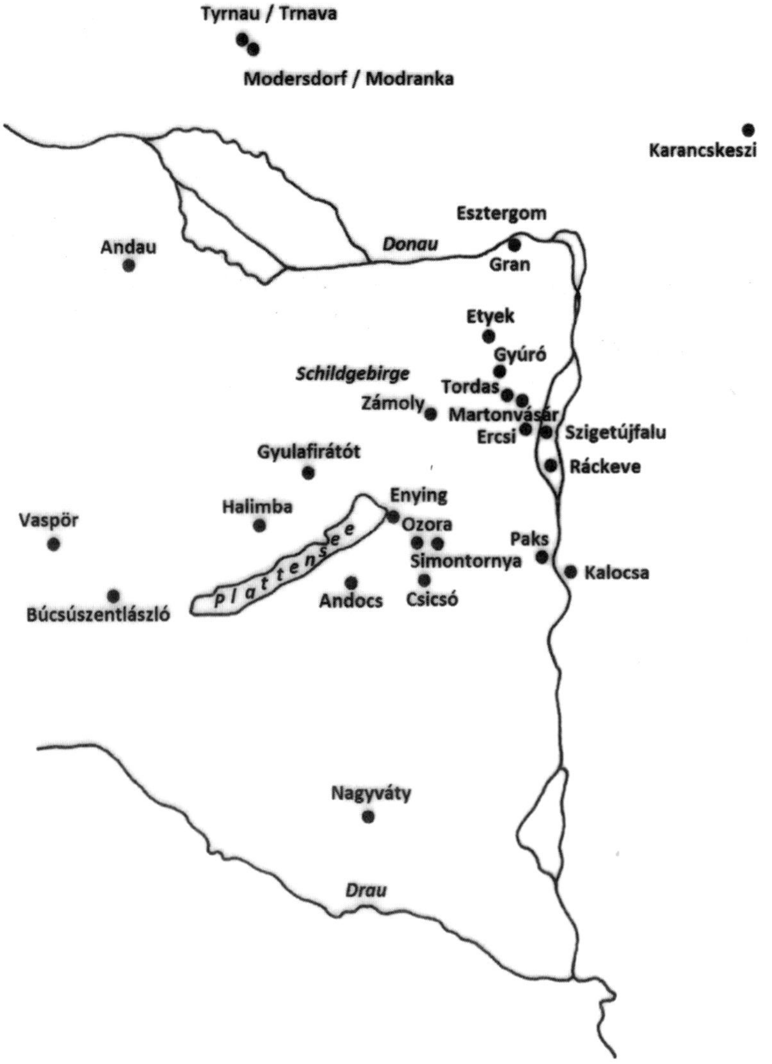

Karte mit Angabe der im Aufsatz erwähnten Siedlungen

Mann, der noch zur Türkenzeit hier in Gyúró wohnte, sowie von mehreren alten Leuten gehört habe, was auch jetzt noch den Hirtenknaben allgemein bekannt sei, dass nämlich die in Frage stehende Kirche über den Flurteil Haraszt bei Gyúró und Tordas die Donau erreicht und diese überquert habe, hinter sich ein Zeichen, einen Graben lassend."

Dem Protokoll der Zeugenvernehmung wurde eine von Hand gezeichnete Kartenskizze beigelegt, die das Gebiet zwischen dem Schildgebirge und der Donau darstellt. Hier war der Graben zwischen Zámoly und Ercsi – der von der Kirche zurückgelegte Weg – mit einer gestrichelten Linie angezeigt, mit der Unterschrift:

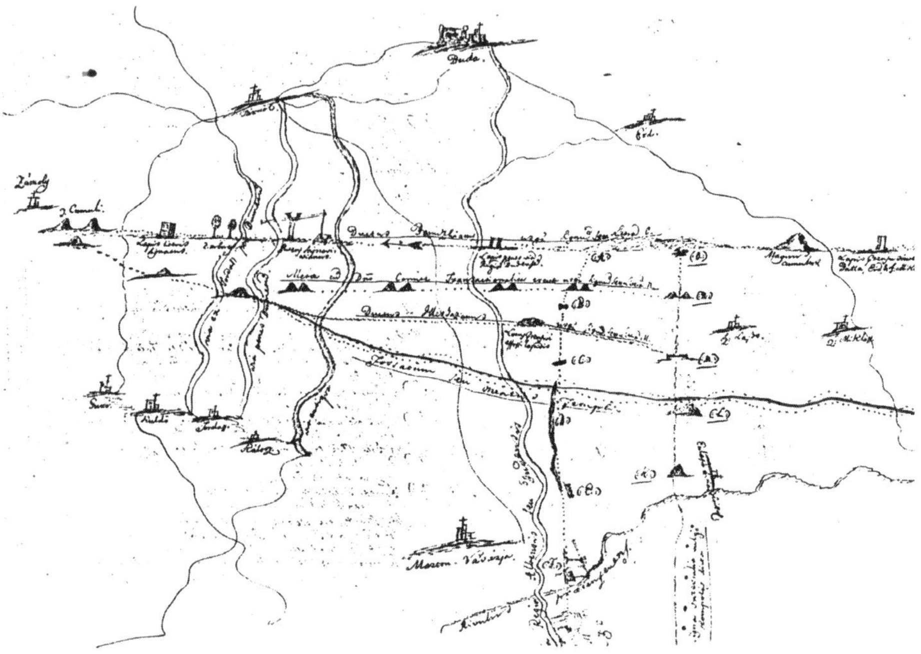

Fossatum seu meatus templi, 1732 – Graben oder der Weg der Kirche, 1732

„Fossatum seu meatus templi" (Graben oder der Weg der Kirche). Die Sage wurde auch von Zsigmond Rosty, Archivar des Komitats Weißenburg, in seinem Artikel *Egy templomjárás Fejér megyében* (Ein Kirchengang im Komitat Weißenburg) beschrieben.[2] Laut Rosty war die Sage noch gegen Mitte des 19. Jahrhunderts unter den Einwohnern von Szigetújfalu allgemein bekannt; sie behaupteten allerdings, die Kirche sei aus dem Osten, von der Großen Ungarischen Tiefebene hergekommen. Drei Jahre später hat Dénes Petheő in seiner in der *Vasárnapi Ujság* (Sonntagsblatt) veröffentlichten Artikelserie die Kirche aus der Sage wie folgt zur Sprache gebracht: „Sie stand am Fuße des Schildgebirges, eines Tages aber ist sie aufgebrochen und, ohne sich verabschiedet zu haben, hat sie sich auf den Weg über Berg und Tal, über die Donau hin zur Insel Csepel gemacht."[3] Einer der Zeugen hat als Ursprungsort Moderdorf in der Nähe von Tyrnau erwähnt. Im 1851 erschienenen Ortslexikon von Elek Fényes taucht ein von Tyrnau eine halbe Stunde entferntes, mit slowakischer Bevölkerung besiedeltes, katholisches Dorf namens Modersdorf auf.[4] In dem im Komitat Pozsony/Pressburg liegenden Dorf Vágmagyarád (Magyarád, Modorfalva, Moderdorf, Modersdorf) lebten nach der Volkszählung von 1910 1662 slowakische und ungarische Einwohner.[5] Auf der 1984 herausgegebenen Slowakeikarte wird das Dorf unter dem Namen Modranka südlich von Tyrnau angeführt. Seit der Mitte des 17. Jahrhunderts war das Dorf als berühmter Marien-Gnadenort bekannt geworden, was zur Verbreitung des mit der wandernden Kirche zusammenhängenden Sagenkreises beigetragen haben könnte. Anhand des Bildes von der Heiligen Jungfrau aus Modordorf schreibt Elek

Jordánszky 1863 Folgendes: „Es gibt in der Nähe der Stadt Tyrnau ein Dorf namens Modordorf; in der Nähe des Sarges von unserem toten Herrn Christus wurde 1654 ein lauretanisches Haus gebaut, während die vielen Wallfahrer durch die Leiden der Heiligen Mutter von Gott ebenfalls Gnade empfingen... Die Wartung der Kirche hat Ádám Szalkovics, Domherr in Gran (Esztergom), der aber in Tyrnau gewohnt hat, den Brüdern des ungarischen Pauliner Ordens überlassen, der in der Stadt eine Kirche und ein Kloster besaß. Diese wurden auch mit der Pflege des aus Holz geschnitzten schwärzlichen Bildes der Heiligen Jungfrau und des seitlich aufgestellten Loretohauses der Modordorfer Kirche beauftragt. Die Andachtsübung wurde an dieser Stelle von den Wallfahrern so lange ausgeübt, bis die Pauliner 1786 aufgehoben wurden, und dauerten auch noch darüber hinaus an, bis das Graner Domkapitel sein Versteck, sprich die Stadt Tyrnau, verlassen hatte."[6]

Gnadenstatue der Heiligen Jungfrau aus Modersdorf (Kom. Pozsony/Preßburg) (Jordánszky 1836, 18).

Eine ähnliche Legende fanden wir in der handschriftlichen Ortsnamensammlung von Frigyes Pesty aus dem 19. Jahrhundert. Pesty, der Flurnamen sammelte, bekam im Jahre 1864 aus der Ortschaft Halimba (Kom. Veszprém) folgende Auskunft vom Dorfrichter István Vajai und dem Notar József Rauzli: „...auch der achte Flurteil wird als Weide benutzt. Hier ist eine Art Schanze, ein Graben zu sehen, von dem es heute noch im Volksmunde heißt, die Engel hätten aus Andocs im Komitat Somogy eine Kapelle nach Szentlászló im Komitat Zala gebracht, und diese Kapelle hätte hinter sich diesen Graben von Andocs bis Szentlászló hinterlassen."[7] Räumlich lenkt diese Angabe unsere Aufmerksamkeit auf zwei berühmte Wallfahrtsorte Transdanubiens, Andocs und Búcsúszentlászló, zeitlich aber auf die Türkenbesatzung. Als nämlich das siegreiche türkische Heer das Komitat Zala erreicht hatte, so lautet die Legende von Búcsúszentlászló, hätten sich

Gnadenstatue der Heiligen Jungfrau aus Andocs (Kom. Somogy) (Jordánszky 1836, 152).

Die Gnadenkirche von Andocs.
Aufnahme von László Lukács, 2003

die Flüchtlinge an diesem entlegenen Ort versteckt; um sie zu trösten, brachten ihnen die Engel eine Kapelle. Tatsächlich wurde in Búcsúszentlászló die Heilige Jungfrau von Loreto als Symbol des Kampfes gegen die Türken verehrt.[8] Die Legende von Andocs wurde 1845 von J. P. Kaltenbaeck folgendermaßen beschrieben: „Zu Andocs in Ungarn wird seit uralten Zeiten eine Marienstatue verehrt, welche unter dem Namen Königin der Engel allgemein bekannt ist. Die seligste Jungfrau hält auf ihrem rechten Arme das Jesukindlein, und zu beiden Seiten stehen die jungfräulichen Märtyrerinnen, die heilige Agatha und die heilige Dorothea. Die alte Kapelle bildet das Sanktuarium der gegenwärtigen Kirche, welche im Jahre 1725 erbaut worden ist. Von jener wird erzählt, dass sie einst samt dem heiligen Bilde, wie das Haus von Nazareth nach Tersatto, durch Engel hieher gebracht worden sey."[9]

Laut einer anderen Variante der Legende von Andocs haben die Engel die Kapelle und die Statue noch vor dem Türkeneinfall, zu Beginn des 16. Jahrhunderts aus Kalocsa nach Andocs gebracht.[10] Die Legende wurde in den dreißiger Jahren des vorigen Jahrhunderts von Frau Julis Lüdvérc (Kalocsa) folgendermaßen erzählt: „In der Kirche von Kalocsa banden die Türken ihre Pferde an die Marienstatue. Der eine schlug ihr sogar mit seinem Säbel ins Gesicht, die Narbe sieht man heute noch. In der Nacht machte sich Maria auf den Weg, sie überquerte die Donau bei Paks; zwei riesengroße Engel trugen sie auf einer Stange hinüber. Sie gingen in Richtung Gyapány (Gyapa), Kél (Németkér), Uzora (Ozora) Simontornya, Szakál (Szakály), Nagynémeti (Tolnanémedi). Wo sie sich unter einem Baum niedersetzten, um sich auszuruhen, neigten sich die Äste zusammen und eine Quelle entsprang dem Boden. An die Kapelle wollte man eine Kirche anbauen, aber vergeblich: sie hielten nicht zusammen."[11]

Die Legende der Kapelle aus Andocs ist auch im Mezőföld-Gebiet wohl bekannt. Das ist naheliegend, da diese Gegend sowohl in der Nähe von Kalocsa als auch von Andocs liegt und ihr katholisches Volk als eifriges Wallfahrervolk galt.[12] Die Wallfahrten nach Andocs haben diese Legende noch gefestigt. Die in Ozora 1906 als Veronika Szűcs Farkas geborene Frau Pál hat erzählt, dass sie mit dem berühmten ungarischen Schriftsteller Gyula Illyés (1902–1983) gemeinsam gefirmt worden sei. Auf meine Bitte hin hat sie über die Legende von Andocs wie folgt geschrieben: „Ich, verwitwete Frau Pál, habe in Ozora gewohnt; dort habe ich von meinem Schwiegervater in den 20er Jahren gehört: Eines Tages waren wir am Rande des Waldes bei der Ernte, und mein Schwiegervater hat mich zum Keresztvölgy (Kreuztal) geschickt, Wasser zu holen. Beim Rückweg ist mir aufgefallen, dass auf den Weizenäckern die Weizenähren in zwei Reihen stark gebeugt waren. Ich habe gefragt, warum sie so gebeugt seien. Mein Schwiegervater hat gesagt, dass dies ein Engelspfad ist. Die Kapelle wurde aus Kalocsa von Engeln hierhergebracht, und sie haben sie am Ende des Dorfes Ozora für eine Ruhepause hingestellt. Dort gab es auch einen Brunnen, der der heilige Brunnen genannt wurde. Samstag abends sind die Leute zum Beten und Singen hingegangen. In der zweiten Flur haben wir Roggen geerntet, und die Roggen waren gleichermaßen gebogen. Darauf hat mein Schwiegervater mir gesagt, das dies auch ein Engelspfad sei, sie sind hier vorbeigegangen. Im Gutshof von Csicsó haben sie wieder eine Pause eingelegt, es wurde ganz hell. Die Hirten sind erschrocken, aber es wurde ihnen gesagt, dass sie sich nicht zu fürchten brauchten. Von dort aus wurde sie weiter nach Andocs gebracht. Als ich in Andocs war, habe ich im Garten der Mönche die beiden Enden der Eisenstangen unter der Kapelle gesehen." István Hajdú schrieb 1987 in seiner Preisschrift über die Volksbräuche in Enying: „Mit der Wallfahrtsfrömmigkeit haben sich in jener Zeit abergläubische Erscheinungen vermischt. Laut der frommen Legende ist die Gnadenkapelle von Engeln aus Kalocsa nach Andocs gebracht worden. Im Tal hinter der Kirche war auch ein seltsam gewachsener Baum zu sehen. Als er aus der Erde hinauswuchs, zog sich sein Stamm in einer Höhe von einem Meter mehrere Meter lang in eine waagerechte Richtung, um dann emporzuwachsen. Die Engel haben die Kapelle darauf gestellt, so beugte er sich. Aus der Rinde des Baumes haben einige Leute Zahnstocher gemacht, die sie für ein Mittel gegen Zahnschmerzen gehalten haben... Der wundersame Baum wurde später entfernt."[13]

Bei der wundersamen Übersiedlung dieser Kapellen und Gnadenbilder spielte die

Gnadenstatue der Heiligen Jungfrau aus Andocs. Aufnahme von László Lukács, 2003

Die 16 meter hohe Mariensäule von Erz am Platz am Eisernen Tor in Graz, aufgestellt zur Erinnerung an die siegreiche Schlacht bei Szentgotthárd gegen die Osmanen, 1670. Aufnahme von László Lukács, 2003

Türkennot eine ebenso bedeutungsvolle Rolle wie bei der Überführung des Hauses Mariae aus Nazareth nach Tersatto bei Fiume und sodann nach Loreto bei Ancona. Laut Legende wurde auch das Marienhaus von Nazareth vor den türkischen Eroberern des Heiligen Landes gegen Ende des 13. Jahrhunderts von Engeln nach Dalmatien und sodann nach Italien getragen.[14] Der erste ungarische Chronist des Heiligen Landes, Gergely Pécsváradi, ein Franziskanermönch, berichtet über diese Ereignisse in seiner um 1419 in Wien erschienenen lateinischen Reisebeschreibung: „Über die heiligen Stadt Nazareth. Der Platz, wo der Engel die betende Jungfrau begrüßte, liegt unter der Erdoberfläche. Das Gebäude oder Häuschen, wo die Jungfrau ihre Zeit im Gebet und Nachdenken verbrachte wurde wegen der sündigen Bewohner jenes Landes nach Dalmatien getragen. Von dort wurde es wegen gleicher Ursache übers Meer nach Loreto getragen, wo es jetzt in großer Verehrung gehalten wird."[15]

Die dalmatinische Stadt Tersato (heute Trsat, Kroatien) gehörte vom 11. Jahrhundert bis zum Ende des Ersten Weltkrieges zum Königreich Ungarn, welches im 15.-17. Jahrhundert ununterbrochen gegen die türkische Ausbreitung auf dem Balkan, in Südost- und Mitteleuropa kämpfte. Die Ungarn riefen bei ihren Kämpfen gegen die Türken zur Jungfrau Maria als Helferin der Christen (Auxilium Christianorum) um Hilfe: „Größtenteils auf Einfluss des Habsburger Hofes entstand im 17.-18. Jahrhundert in West- und Oberungarn, bzw. in den österreichischen Ländern, eine ganze Reihe von Loretokapellen, die sich – entsprechend der Absicht der Erbauer – wie eine mystische Verteidigungslinie an der Grenze des türkischen Eroberungsgebietes hinzog und der islamischen Bedrohung entgegentrat."[16]

Auch gibt es von der Türkennot unabhängige örtliche Legenden der wundersamen Kirchenübersiedlung. Laut der dritten Variante der Legende von Andocs hatte ein Protestant aus der Theißgegend in der Türkenzeit seine Ochsen vor dem Sturm in eine Kapelle getrieben, worauf sie von himmlischen Kräften aus dem Boden herausgerissen und nach Andocs gebracht wurde.[17] Am Fuße des Weinberges Csatár der Ortschaft Vaspör im Komitat Vas/Eisenburg stand eine Kirche, die – da vom Hochwasser bedroht – abgerissen und oben auf dem Berg wieder aufgebaut werden sollte. Die Arbeit wurde angefangen, doch was man tagsüber abgerissen und auf den Berg geschleppt hatte, wurde in der Nacht von den Engeln zurückgetragen und wiederaufgebaut. In Erinnerung an dieses Wunder wird jedes Jahr am Fest Mariä Himmelfahrt (15. August) die Wallfahrt nach Csatár mit der Beteiligung von Pilgern auch aus weit entfernten Gegenden veranstaltet.[18] Die Kapelle von Karancs-Berg bei Karancskeszi (Kom. Nógrád) wurde laut Legende so gebaut, dass das zusammengetragene Baumaterial und die halbfertigen Mauern in einer Nacht von den Engeln auf einen anderen Berg hinüber getragen wurden. Das Wunder soll sich zur Zeit der heiligen Margarethe aus dem Hause der Árpáden im 13. Jahrhundert ereignet haben.[19] Die letzteren Beispiele gehören zu den Sagentypen mit den Motiven *Von den Engeln in der Nacht verschlepptes Baumterial* und *Am Tage erbaut, in der Nacht von den Engeln niedergerissen*. Wir finden Varianten dieses Sagentyps auch in der deutschen und finnischen Volksüberlieferung.[20] Typische

Wendung dieser Sagen: der Mensch plant den Platz der Kirche, Kapelle, Burg, aber Gott lässt das menschliche Bauvorhaben verändern, anderswo lässt er bauen. Ein Beweis, dass der Bau, besonders der Bau der Sakralbauten wie Kirche oder Kapelle, zum Wirkungskreis jenseitiger Mächte gehört: Gott hilft, der Teufel hindert am menschlichen Bauvorhaben.[21]

Schließlich möchte ich die schwankhaften Erzählungen erwähnen, die von der Fortbewegung von Kirchen handeln. Ein Schwank dieses Typs wurde in Nagyváty im Komitat Baranya von János Berze Nagy, ein anderer in Mosontarcsa (Andau) im nördlichen Burgenland von Károly Gaál gesammelt.[22] Letzterer lautet wie folgt: „Das waren halt die Leute von Tarcsa. Jetzt heißt der Ort Andau. Ihnen gefiel nicht, wo die Kirche stand. Weiter damit – sagten sie. Da kam der Richter und legte seinen Mantel auf den Boden. Bis daher schieben wir sie – sagte er. Daraufhin begannen alle, die Kirche wegzuschieben. Ein Zigeuner kam vorbei und stahl den Mantel. Ist schon gut – sagte er –, sie steht schon richtig, wir haben sie draufgeschoben!" Im Komitat Veszprém erzählt man, dass die Bewohner des Dorfes Gyulafirátót ihre Kirche auf Erbsen wegschieben wollten.[23] Die Erzählung über die Kirchenschieber ist im ungarischen Sprachgebiet sehr verbreitet (Berze Nagy* 1299).[24] Béla Gunda schrieb in seiner Abhandlung über die Ortsneckereien, dass deren Varianten in beinahe ganz Europa, von den Kroaten bis zu den Katalanen zu finden seien (Aarne-Thompson 1326).[25]

Der Sage über die wandernde Kirche aus der Gegend von Martonvásár können wir auch eine symbolische Bedeutung beimessen. Nach dem Befreiungskrieg gegen die Türken (1683-99) kehrt die nach Oberungarn geflohene Bevölkerung in das vormals besetzte Gebiet zurück, alte und neue Gutsbesitzer kommen, die ehemaligen Komitate und die kommunalen und kirchlichen Organisation werden wieder hergestellt. Ebenso wie der höchste kirchliche Würdenträger Ungarns, der Erzbischof von Gran, aus Tyrnau 1820 in seine befreite Residenz heimkehrt, wandert – laut Sage – auch die Kirche von Ráckeve aus einem Dorf bei Tyrnau wieder heim.[26] Auch die Bevölkerung der Ortschaften, in denen die Sage weiterlebt, stammt zum Teil aus dem ehemaligen Oberungarn. Nach Tordas kamen im Jahre 1713 Siedler aus den Komitaten Pressburg (Pozsony), Neutra (Nyitra) und Turóc, nach Martonvásár 1763 aus den Komitaten Pressburg, Hont und Neutra.[27]

[Die Studie ist in ungarischer, deutscher und slowakischer Sprache erschienen:
Lukács, László: *Egy vándorló templom útja Vágmagyarádtól Ráckevéig.* Acta Ethnologica Danubiana IV. 2002. 23 – 30. Komárom – Dunaszerdahely
Lukács, László: *Der Weg einer wandernden Kirche von Modersdorf bis Ráckeve.* Acta Ethnographica Hungarica XLVI. 2001. 229-241. Budapest
Lukács, László: *Osudy putujúceho kostola z Modranky do Ráckeve.* Hieron VIII – IX. 2003 – 2004. 115 – 122. Bratislava]

Anmerkungen

[1] Zentralarchiv der Slowakei, Pressburg, Archiv der Familie Brunswick–Chotek, X, 7, Lad.K. Fasc.2. No.3.
[2] ROSTY 1859, 123-124.
[3] PETHEŐ 1862, 567.
[4] FÉNYES 1851, III. 108.
[5] LELKES 1992, 409.
[6] JORDÁNSZKY 1863, 46-49.
[7] PESTY, Frigyes: Sammlung der Flurnamen. Komitat Veszprém. Széchényi Nationalbibliothek Budapest, Handschriftensammlung, Fol. Hung. Nr. 1114.
[8] BANGÓ 1978, 57; ADRIÁNYI 1986. 67. HARTINGER 1985, 16-17; HARTINGER 2000, 27-30.
[9] KALTENBAECK 1845, 66.
[10] BANGÓ 1978, 57; BÁLINT–BARNA 1994, 100.
[11] ECKERT 1937, 34.
[12] GELENCSÉR–LUKÁCS 1991, 57–62.
[13] König Sankt Stephan Museum Székesfehérvár (Stuhlweißenburg), Volkskundliche Datensammlung, Inv.-Nr. 87. 14. S. 12; ADRIÁNYI 1986, 67.
[14] KALTENBAECK 1845, 66-69; MOHL 1894, 5-9; BÁLINT 1944, 28-35; SCHMIDT 1953, 53; GAÁL 1983, 22-28; BEINERT–PETRI 1984, 781, 867, 903-904; FLÖGEL 1984, 176-177; PÖTZL 1984, 368-382; RAFF 1984, 206-223; HÜTTL 1985, 150-151; GIURIATI–LANZI 1992, 16.
[15] PÉCSVÁRADI 1983, 203-204.
[16] BARNA 1997, 56.
[17] ADRIÁNYI 1986, 67.
[18] NAGY 1892, 66-67.
[19] Freudliche Mitteilung von Gábor Barna, Budapest. – Vincze BORBÁS schrieb über die Kapelle vom Karancs-Berg: „Die, heute schon ruinierte, Kapelle der Schutzengel auf dem Gipfel des Karancs-Berges wurde nach dem Volksglauben mit Hilfe göttlicher Arbeit in einer Nacht aufgebaut." BORBÁS 1893, 96; LENGYEL 1988, 156.
[20] HOFFMANN-KRAYER–BÄCHTOLD-STÄUBLI, 1931/32, 1399; DEPINY 1932, 321-324; HAIDING 1969, 49; SIMONSUURI 1961, 131-133; SIMONSUURI–RAUSMAA 1968, 311.
[21] LENGYEL 1988, 156.
[22] BERZE NAGY 1940, II. 399-400; GAÁL 1985, 329; B. KOVÁCS 1994, 171.
[23] SEBESTYÉN 1906, 596.
[24] BERZE NAGY 1957, II. 2. 488-489.
[25] GUNDA 1989, 172-173; AARNE–THOMPSON 1961, 394; HAIDING 1965, 215-217; BENZEL 1978, 198.
[26] HERMANN 1973, 393.
[27] WÜNSCHER 1943, 47-49; PESTY 1977, 287, 237.

Literatur

AARNE, Antti–THOMPSON, Stith

1961 *The Types of the Folktale.* FF Communications 184. Helsinki

ADRIÁNYI, Gabriel

1986 *Das Wallfahrtswesen in Ungarn.* In: Derselbe: Beiträge zur Kirchengeschichte Ungarns. Studia Hungarica XXX. 61-71. München

BANGÓ, Jenő

1978 *Die Wallfahrt in Ungarn.* Wien

BARNA, Gábor

1984 *Búcsújáró és kegyhelyek Magyarországon* [Wallfahrts- und Gnadenorte in Ungarn]. Budapest

BARNA, Gábor

1997 *A Lorettói Boldogasszony tisztelete Magyarországon* [Die Verehrung der Maria Loreto in Ungarn]. In: Kapcsolatok és konfliktusok Közép-Európa vidéki életében. Hg. von CSOMA Zsigmond, GRÁFIK Imre. 41-56. Szombathely

BÁLINT, Sándor

1944 *Loretto és hazánk* [Loreto und unsere Heimat]. In: Derselbe: Sacra Hungarica. 1944. 28-35. Kassa

BÁLINT, Sándor–BARNA, Gábor

1994 *Búcsújáró magyarok. A magyarországi búcsújárás története és néprajza* [Ungarische Wallfahrer. Geschichte und Volkskunde der Wallfahrt in Ungarn]. Budapest

BEINERT, Wolfgang–PETRI, Heinrich (Hg.)

1984 *Handbuch der Marienkunde.* Regensburg

BENZEL, Ulrich (Hg.)

1978 *Märchen, Legenden und Sagen aus der Oberpfalz.* II. Kallmünz

BERZE NAGY, János

1940 *Baranyai magyar néphagyományok* [Ungarische Volksüberlieferungen aus dem Komitat Baranya]. II. Pécs

BERZE NAGY, János

1957 *Magyar népmesetípusok* [Typenverzeichnis der ungarischen Volksmärchen]. II. Pécs

B. KOVÁCS, István

1994 *Baracai népköltészet* [Volksdichtung in Baraca]. Pozsony–Budapest

BORBÁS, Vince

1893 *A vakondakfa vagy csodafa* [Maulwurfsbaum oder Wunderbaum]. Természettudományi Közlöny XXV. Supplement-Heft 2. 95-96.

DEPINY, Adalbert (Hg.)

1932 *Oberösterreichisches Sagenbuch.* Linz

ECKERT, Irma

1937 *A kalocsa vidéki magyarság vallásos népköltészete* [Die religiöse Volksdichtung der Ungarn in der Umgebung von Kalocsa]. Ethnographia XLVIII. 30-39, 167-181, 424-442.

FÉNYES, Elek

1851 *Magyarország geographiai szótára* [Ortslexikon von Ungarn]. I-IV. Pest

FLÖGEL, Evelin
1984 *Die Loretokapellen in Baden-Württemberg, Bayern und der Republik Österreich.* München
GAÁL, Károly
1983 *Auxilium Christianorum. A lorettói szűz tisztelete Kelet-Közép-Európában* [Die Verehrung der Madonna von Loreto in Ostmitteleuropa]. Szolgálat, Heft 58. 22-28. Eisenstadt
1985 *Kire marad a kisködmön? Adatok a burgenlandi uradalmi bérsek elbeszélő kultúrájához* [Wer erbt das Jankerl? Über die Kommunikationskultur der Gutshofknechte im Burgenland]. Szombathely
GELENCSÉR, József–LUKÁCS, László
1991 *Szép napunk támadt. A népszokások Fejér megyében* [Unser schöner Tag ist entstanden. Die Volksbräuche im Komitat Weißenburg]. Székesfehérvár
GIURIATI, Paolo–LANZI, Arzenton Gioia
1992 *Le sens du chemin. Les pèlerinages marials. Analyse comparative de l'expériences des pèlerins de Lourdes, Fatima, Medjugorje, Lorette et Our Lady of the Snows-Belleville (U.S.A).* Padova
GUNDA, Béla
1989 *A rostaforgató asszony* [Die Frau, die mit dem Sieb zaubert]. Budapest
HAIDING, Karl
1965 *Österreichs Sagenschatz.* Wien
1969 *Sagen aus dem Hausruckviertel.* Oberösterreichische Heimatblätter XXIII. 44-67.
HARTINGER, Walter
1985 *Mariahilf ob Passau. Volkskundliche Untersuchung der Passauer Wallfahrt und der Mariahilf-Verehrung im deutschsprachigen Raum.* Passau
2000 *Mariahilf ob Passau. Egy népszerű búcsújáróhely kialakulása és a kapcsolódó ájtatossági forma elterjedése* [Mariahilf ob Passau. Entstehung und Verbreitung einer volkstümlichen Wallfahrt und Andachtsform]. Acta Ethnologica Danubiana I. 25-37. Dunaszerdahely–Komárom
HERMANN, Egyed
1973 *A katolikus egyház története Magyarországon 1914-ig* [Geschichte der katholischen Kirche in Ungarn bis 1914]. München
HOFFMANN-KRAYER, Eduard–BÄCHTOLD-STÄUBLI, Hans (Hg.)
1931/32 *Handwörterbuch des deutschen Aberglaubens.* IV. Berlin–Leipzig
HÜTTL, Ludwig
1985 *Marianische Wallfahrten im süddeutsch-österreichischen Raum. Analysen von der Reformations bis zur Aufklärungsepoche.* Köln–Wien
JORDÁNSZKY, Elek
1863 *Boldogságos Szűz Mária kegyelemképeinek rövid leírása* [Kurze Beschreibung der Gnadenbilder der Heiligen Jungfrau]. Pest
KALTENBAECK, J. P.
1845 *Die Mariensagen in Oesterreich.* Wien
LELKES, György
1992 *Magyar helységnév-azonosító szótár* [Identifikationswörterbuch der ungarischen Orts- und Ortschaftsnamen]. Budapest

LENGYEL, Dénes
1988 *Történeti monda* [Historische Sage]. Magyar Néprajz V. Folklór. Hg. von VARGYAS Lajos. 148-166. Budapest
MOHL, Adolf
1894 *Der Gnadeort Loreto in Ungarn.* Eisenstadt
NAGY, József
1892 *Hegyhát vidéki hangutánzók, mondák és babonák* [Sagen und Aberglauben der Hegyhát-Gegend]. Ethnographia III. 66-67.
PESTY, Frigyes
1977 *Helységnévtár. Fejér megye* [Ortsnamenslexikon des Komitats Weißenburg]. Fejér Megyei Történeti Évkönyv XI. 161-567.
PETHEŐ, Dénes
1862 *A Tárnokvölgye és vidéke* [Das Tárnok-Tal und seine Umgebung]. Vasárnapi Ujság IX. 546-547, 556-558, 566-567.
PÉCSVÁRADI, Gábor
1983 *Jeruzsálemi utazás* [Eine Reise nach Jerusalem]. Budapest
PÖTZL, Walter
1984 *Santa-Casa-Kult in Loreto und in Bayern.* In: Wallfahrt kennt keine Grenzen. Themen zu einer Ausstellung des Bayerischen Nationalmuseums. Hg. von KRISS-RETTENBECK Lenz, MÖHLER Gerda. 368-382. München–Zürich
RAFF, Thomas
1984 *Loreto.* In: Wallfahrt kennt keine Grenzen. Katalog der Austellung im Bayerischen Nationalmuseum. 206-223. München
ROSTY, Zsigmond
1859: *Egy templomjárás Fejér megyében* [Ein Kirchengang im Komitat Weißenburg]. Delejtű II. Nr. 16. 123-124. Temesvár
SCHMIDT, Leopold
1951 *Volkskult und Wallfahrtswesen im nördlichen und mittleren Burgenland.* Burgenländische Beiträge zur Volkskunde. Hg. von SCHMIDT Leopold. 45-60. Eisenstadt
SEBESTYÉN, Gyula
1906 *Dunántúli gyűjtés* [Transdanubische Sammlung]. Magyar Népköltési Gyűjtemény VIII. Budapest
SIMONSUURI, Lauri
1961 *Typen- und Motivverzeichnis der finnischen mythischen Sagen.* FF Communications 182. Helsinki
SIMONSUURI, Lauri–RAUSMAA, Pirkko Liisa
1968 *Finnische Volkserzählungen.* Supplement-Serie zu Fabula Zeitschrift für Erzählforschung. Hg. von RANKE Kurt. Reihe A: Texte, Bd. 7. Berlin
WÜNSCHER, Frigyes
1943 *Tordas a Balogh Elemér szövetkezeti mintafalu* (Tordas, ein genossenschaftliches Musterdorf). Budapest–Debrecen

WANDERGESTALTEN, WANDERARBEITER UND REGIONALE ARBEITSTEILUNG IN OST-TRANSDANUBIEN

Gyula Illyés, die überragende Persönlichkeit der ungarischen Gegenwartsliteratur, schildert in seinem berühmten Buch *Pusztavolk* die in der ersten Hälfte des 20. Jahrhunderts auf den Herrschaftsgütern des östlichen Transdanubiens auftauchenden Wandergestalten, die aus weit entfernten Gegenden kommenden Saisonarbeiter (1936, 215-244). Die Rolle der Wanderarbeiter in der Vermittlung von Kulturgütern und kulturellen Elementen innerhalb des Karpatenbeckens wurde bereits vor einiger Zeit von Béla Gunda betont: „In den Karpatenlandschaften tauchen hier und dort eigenartige Wandergestalten auf, die überzeugend und mehr als alles andere die Zusammengehörigkeit der Völker und Landschaften versinnbildlichen. Durch die Täler strömen ohne Unterlaß verschiedene Völkerschaften in die ungarische Tiefebene. Der ungarische Landwirt überläßt den Schafen des Rumänen seine Weide, übernimmt dessen Holzwaren, tauscht gegen sein Getreide die Wirtschaftsgeräte des Slowaken ein, und wie die Gebirgsweiden der Karpaten die Wirtschaftgebiete der Ruthenen und Rumänen bilden, treibt auch der ungarische Bauer sein Vieh zu ihnen hinauf und sucht stets die Weiden der Moldau, der Walachei und die Eichenwälder von Slawonien auf. Wanderer setzen sich aus den kleinen Dörfern Karpaten-Europas nach den verschiedensten europäischen Ländern in Bewegung, bringen und tragen Kunde, führen die verschiedensten Produkte des Volksgewerbes Karpaten-Europas in alle Welt und verbreiten überall die verschiedensten Bestände der volklichen Kultur." (1943, 249). Das Erscheinen der Wanderarbeiter ist eng mit der Entwicklung der regionalen Arbeitsteilung verbunden: Sie vermittelten und tauschten vor allem die Kulturgüter, die in einem System der regionalen Arbeitsteilung erzeugt wurden. In meiner Abhandlung möchte ich mich mit der regionalen Arbeitsteilung, mit den Wandergestalten und Wanderarbeitern Ost-Transdanubiens, einer Großlandschaft im ethnographischen Sinn, beschäftigen. Laut Bertalan Andrásfalvy fasst die im enthnographischen Sinn verstandene Großlandschaft geographische und ökologische Unterschiede in einer Einheit zusammen (1978, 240-241; 1980, 39-58). In Ost-Transdanubien werden diese geographischen Unterschiede durch das Transdanubische Mittelgebirge und das weiter südlich liegende Flachland, Mezőföld genannt, repräsentiert.

János Liszkai Fejes (1903-1969) Bodonyer Wirt von Saisonarbeitern hat Gruppen von Saisonarbeitern für die Gutshöfe im Mezőföld-Gebiet in der Zwischenkriegszeit rekrutiert

Einer meiner Gewährsleute schilderte die Arbeitsteilung zwischen den beiden Gebieten wie folgt: „Mezőföld, die Gegend von Enying, war das Getreideland des Komitats Veszprém. Von hier brach-

Ernte im Gutshof von Ercsi in den 1930er Jahren. Aufnahme des Ungarischen Filmamtes

te man am Freitag Weizen und Mais zum Wochenmarkt nach Veszprém. Dorthin brachten die Leute aus Szentgál Holz, Heugabeln, Rechen, Kalk und Holzkohle aus dem Bakonyerwald." Die in der regionalen Arbeitsteilung wichtige Rolle gewisser Siedlungen wird auch durch deren Spottnamen angedeutet. So wurden die Bewohner des Bergdorfes Dudar Besenbinder und Kalkbrenner (ung. *söprűs* und *meszes*), die von Várpalota Kalkbrenner und Eseltreiber (ung. *meszes* und *szamaras*), die von Borzavár Rußige und Kohlenbrenner (ung. *kormos* und *szenes*), die von Fehérvárcsurgó im Flachland Kohlbauer (ung. *pulutykás*), die von Magyaralmás Krenbauer (ung. *tormás*), die von Sárkeresztes Molker (ung. *savós*) und die von Csákvár Töpfer (ung. *köcsögös*) genannt. Auch diese Spottnamen zeigen, daß die Bewohner des Transdanubischen Mittelgebirges sich vor allem mit Wald- und Holzarbeit, Bergbau, Kalk- und Kohlenbrennerei beschäftigten, während die Bewohner des fruchtbaren Mezőföld hauptsächlich Getreidebau oder bestimmten Kulturpflanzenbau (Kohl, Paprika, Kren, Sellerie, Tabak) betrieben. Die Viehhaltung war in beiden Gebieten recht bedeutend. Im Bergland standen Waldweiden und felsige Schafweiden für die Viehzucht im Vordergrund, daneben auch die Eichelmast, in Mezőföld waren die üppigen, feuchten Wiesen und Weiden prädestiniert für den Kraftfutteranbau.

Verfasser geographisch-statistischer Arbeiten des 19. Jahrhunderts listeten zahlreiche Ortschaften des Komitats Fejér (Mezőföld) auf, die für ihre ertragreichen Mais- und Getreidekulturen bekannt waren. Laut Elek Fényes ist hier „der Weizen berühmt wegen seines hohen Ertrages und seines Klebergehalts und ist deshalb bei den Bäckern sehr gefragt; besonders viel und schöner Weizen wird im nördlichen und mittleren Teil des Komitats geerntet. Auf den schwarzen Sandböden der südlichen Ortschaften gedeiht ebenfalls ein guter Weizen, doch sind hier der Doppelweizen und der Roggen am meisten verbreitet. Gerste, Hafer und Hirse werden überall reichlich angebaut, ebenso auch Mais" (1847, I. 35).

Erntearbeiter mit dem Erntekranz. Antal Király und seine Erntemitarbeiter in Ráckeresztúr in 1932

Als berühmte Weizenproduzenten galten die Ortschaften Fehérvárcsurgó, Magyaralmás, Zámoly, Székesfehérvár, Tabajd, Martonvásár, Enying und Perkáta. Es wurde also auch in den Dörfern der Tälern und Mulden an der Grenze des Mezőföld und des Mittelgebirges ein beachtlicher Weizenanbau betrieben (Mórer Tal, Zámolyer Becken, Váler Tal). Ende des 19. Jahrhunderts bescheinigt Sándor Wekerle der Ortschaft Perkáta eine „blühende Landwirtschaft; hier soll angeblich die härteste Sorte des ohnehin berühmten Weizens dieses Komitats geerntet weden." (1896, 573.) Bis zur Mitte des 20. Jahrhunderts galt in Székesfehérvár das sog. Weizenfeld (ung. *búzaföld*) als Maßeinheit der Ackerfelder. Ein Weizenfeld entsprach 4000 Quadratklafter (ca. 1,5 Hektar) (Lukács 1981, 29; Gelencsér 1980, 25). Je nach der Besitzgröße sprach man von Bauern mit einem zwei, drei oder mehr Weizenfeldern. Auch Töchter wohlhabender Familien erhielten gelegentlich ein Weizenfeld als Mitgift (Lukács 1981, 29, 47).

Saisonarbeiter von Matyóföld im Téser Gutshof des Bistums Székesfehérvár in den 1930er Jahren

In den großen Herrschaftsgütern des Mezőföld-Gebietes war das Niveau der Getreide-, Mais- und Futterkulturen sowie der Viehhaltung viel höher als in den Bauernwirtschaften; neben den fest angestellten Knechten arbeiteten hier auch Schnitter und Drescher, die zum Teil aus den umliegenden Ortschaften, zum Teil auch aus entlegenen Gegenden kamen, sowie verschiedene Saisonarbeiter (Hofgänger, Deputatarbeiter) aus den Komitaten Nordungarns, Rutheniens und Westungarns. Aus den Dörfern des Transdanubischen Mittelgebirges kamen Kleinhäusler zur Ernte und Bauern mit Pferden zum Dreschen. Aus Fehérvárcsurgó kamen Schnitter nach Nagyláng, Seregélyes, Báránd und Csala, aus Csór bis zu 200 Paar

Schnitter zur Ernte in den Herrschaftsgütern bei Enying und Iváncsa. Kleinlandwirte aus den Dörfern des Váler Tals (Vál, Tabajd) gingen zum Dreschen in die Herrschaftsgüter von Mezőföld, nachdem sie bereits ihr eigenes Getreide gedroschen hatten. In den zwanziger Jahren des 20. Jahrhunderts wurde in den Gütern bei Martonvásár und Ercsi (z. B. im Szent László-Meierhof der Dreher'schen Herrschaft bei Ráckeresztúr) auch mit Wagen ohne Leitern gedroschen. Vom Herbst bis zum Frühjahr kamen Drescher auch aus den entfernten Dörfern des Bakonyerwaldes. In seiner Autobiographie beschreibt der Revolutionär Mihály Táncsics, wie er um 1810 mit seinem Vater aus dem Heimatdorf Ácsteszér nach Nagyenyim dreschen ging: „...mein Vater ging ins Flachland zum Drusch und nahm mich als Rosstreiber mit. In unserem Dorf und im Allgemeinen im Bakonyer Bergland nannte man die fruchtbare Ebene im Komitat Fejér das Flachland, wohin im Sommer nach der Ernte jeder, der einen Wagen und Pferde hatte, zum Drusch eilte, um den spärlichen Getreideertrag unserer Gegend mit dem Druschanteil zu ergänzen." (1978, 20-21.) Vater und Sohn betätigten sich auch in den Herrschaftshöfen in der Gegend von Székesfehérvár (Stuhlweißenburg), wo sie nicht nur ihren Pferden das Futter,

Erntearbeiter aus Füle im Téser Gutshof des Bistums Székesfehérvár in den 1920er Jahren. Aufnahme von Gutsverwalter László Krép

Dreschen mit Dampfmaschine im Gutshof von Pusztaszabolcs im August 1936. Aufnahme von István Havay

sondern auch sich selbst genug Getreide verschafften, um damit ihren Lebensunterhalt zu bestreiten. Das gestohlene Getreide wurde nachts gereinigt und am Sonntag nach Székesfehérvár gebracht, wo sie dafür von den Bäckersfrauen Brot, Geld für Speck sowie ein Mittagessen bekamen (Táncsics 1978, 35-36).

Die Wassermühle in Nádasdladány. Aufnahme von László Lukács, 1975

Das Roggenstroh zum Dachdekken haben die Drescher aus den deutschen Dörfern des Mittelgebirges (Vértesacsa, Szár, Etyek) in den Dörfern des Váler Tales gedroschen. Die ungarischen Bewohner jener Dörfer benützten nicht den Dreschflegel, nur die Drescher aus den genannten Dörfern arbeiteten damit bis Ende der dreißiger Jahre des 20. Jahrhunderts.

Angaben über die Landwirtschaftlichen Saisonarbeiter, die aus weit entfernten Gegenden in die Herrschaftsgüter von Mezőföld kamen, stehen uns bereits aus dem zweiten Jahrzehnt des 19. Jahrhunderts zur Verfügung. In den Ländereien des Zisterzienserordens in Előszállás (34.000 Katastraljoch = 19.450 Hektar) wurden im Jahre 1814, 88 slowakische Saisonarbeiter aus Oberungarn zur Heumahd angestellt. Sie wurden nach Beendigung der Arbeit mit einem Betrag ausbezahlt, am letzten Tag mit einem Festessen bewirtet, und anschließend wurde mit ihren Anführern gleich der Vertrag über die Heuarbeiten des kommenden Jahres geschlossen. In den Jahren 1814 und 1815 arbeiteten die Slowaken jeweils zwei Monate lang in der Herrschaft. Nach der Einbringung wurden sie entlassen, bei der Ernte also nicht mehr angestellt. Auch ist uns bekannt, dass sie von der Herrschaft bis Dunapentele per Schiff und von dort im Wagen transportiert wurden (Farkas 1965, 150). In den Jahren 1848-49 arbeiteten slowakische Saisonarbeiter aus den Komitaten Árva und Trencsén und Deutsche aus dem böhmischen Reichenberg in Meierhöfen zwischen Adony und Ercsi. Namen und Herkunftsort der hier gestorbenen Saisonarbeiter und ihrer hier geborenen Kinder sind in der Matrikel des römisch-katholischen Pfarramtes von Adony zu finden. Seit dem letzten Drittel des 19. Jahrhunderts stützten sich die Herrschaftsgüter in ihren großangelegten Zuckerrüben- und Maiskulturen vor allem auf die Saisonarbeiter (ung. *summás*, *hónapos*) aus den nördlichen und westlichen Randgebieten des Karpatenbeckens (Oberungarn, Ruthenien, Komitate Vas und

Die Schafherde von Ferenc Lajkó beim Stoppelgang in Dunaföldvár. Aufnahme von Ferenc Gelencsér, 1979

Zala). Ihre ungarische Bezeichnung stammt aus dem lateinischen Wort *summa* und sollte andeuten, daß sie ihren Lohn in größeren Zeitabständen auf einmal erhielten: Geld und Nahrungsmittel einmal im Monat, die Naturalien am Ende der Arbeit (Sárközi 1972, 341). Zsigmond Bátky schreibt darüber Folgendes: „Wenn wir im Sommer in der fruchtbaren Ebene wandern, sehen wir zu Hunderten die aus anderen Komitaten stammenden, hauptsächlich slowakischen Taglöhner, die in den Hauptarbeitszeiten die fehlenden Arbeitskräfte ersetzen. Denn es gibt hier einen echten Arbeitermangel. Diese leben hier vom Frühjar bis zum Herbst und kehren für den Winter in ihre ärmere Heimat zurück. Viele kommen auch aus Mezőkövesd; aus diesem arbeitsamen Matyódorf schwärmt das Volk zu Tausenden auseinander, um sich als *summás* für halbjährige Arbeit zu verdingen." (Bátky 1918, 127.) Vor dem Ersten Weltkrieg kamen die *summás* aus den Komitaten Borsod, Heves, Nyitra, Trencsén, Ung, Bereg, Csongrád, Békés, Vas und Zala in das Mezőföld. Da durch den Friedensvertrag nach dem Ersten Weltkrieg ein Großteil jener Randgebiete, aus denen die Saisonarbeiter stammten, von Ungarn abgetrennt wurde, mussten die verbliebenen Gebiete eine größere Zahl an Saisonarbeitern stellen als bisher. In der Zwischenkriegszeit kamen die meisten *summás* aus drei Dörfern des Matyólandes in das Mezőföld-Gebiet: aus Mezőkövesd, Tard, Szentistván. Arbeitergruppen kamen außerdem auch aus manchen Dörfern der Komitate Borsod, Heves, Nógrád, Békés, Zala und Vas. Noch im Jahre 1920, als das Burgenland entstand, arbeiteten 60 *summás* aus Alsóőr (Unterwart) in Feketepuszta bei Enying (Demeter 1981, 58-59). Außer aus den erwähnten drei Matyódörfern kamen im Komitat Borsod die meisten *summás* aus den Dörfern Szomolya, Bogács, Tibolddaróc Domaháza, im Komitat Heves aus Noszvaj, Ostoros, Bodony, Mátraderecske, im Komitat Nógrád aus Hollókő, Nagylóc, Rimóc, Varsány, Magyarnándor, Herencsény, im Komitat Békés aus Gyoma, Endrőd, und im Komitat Zala aus Mindszentkálla,

Wanderschafhirt aus der Großen Ungarischen Tiefebene bei Zámoly-Forráspuszta, 1960

Bauer-Gärtnerfamilie aus der Székesfehérvárer Rác Straße in 1930: Ferenc Tiringer mit seiner Frau und seinen Kindern

Wirte im Weingarten, Nadap. Aufnahme von Károly Baumgartner, 1937

Paprikaernte in Cece. Aufnahme von Ferenc Gelencsér, 1979

In Bakonybél wird eine Leiter hergestellt. Aufnahme von László Lukács, 1980

Der Székesfehérvárer Wochenmarkt in den 1910er Jahren

Barabásszeg, Zalabaksa und Pórszombat. In den Jahren des Zweiten Weltkrieges arbeiteten in der Herrschaft Előszállás 220 *summás*, die für sechs Monate zum Hakken, zur Getreideernte, zum Drusch sowie zur Rüben- und Maisernte verpflichtet wurden, ferner 500, die im Frühjahr und 320, die im Herbst zum Hacken und Ernten der Zuckerrüben für jeweils einen Monat verdingt waren. Im Jahre 1944 ließ die Herrschaft außerdem *summás* aus Terpes, Fedémes (Kom. Heves), Mezőkövesd (Kom. Borsod), Tarpa (Kom. Bereg), Pórszombat (Kom. Zala) und aus Ruthenien kommen (Lencsés 1964, 477; 1965, 579). Im Jahre 1940 waren unter den Komitaten der hier untersuchten Großlandschaft in Fejér 6.993, in Veszprém (hauptsächlich im Enyinger Bezirk im Mezőföld-Gebiet) 3.529, in Tolna 2.761, insgesamt also 13.273 *summás* beschäftigt. Im selben Jahr waren in ganz Ungarn 51.396 *summás* vertraglich angestellt (Heller 1941, 393).

Schon vor dem Zweiten Weltkrieg sind viele von ihnen in Ost-Transdanubien geblieben. Anlässlich der Bodenreform 1945 erhielten 161 *summás*-Familien aus Bodony Grund- und Boden in Besnyőpuszta (Kom. Fejér) und gründeten hier die Gemeinde Besnyő (Farkas 1969, 128).

Zwei besondere Gruppen der Saisonarbeiter, beide mit speziellen Fachkenntnissen, waren die Melonen- und Tabakgärtner. Erstere kamen aus Csány, letztere aus Verpelét (beide Kom. Heves).

Als echte Wandergestalten galten die von einem Gut zum anderen ziehenden sog. *vendel.* Gyula Illyés nannte sie *vándolló* (aus: *vándorló*=Wanderer): „Sie kamen abends und baten nur im Unterkuft. Sie hatten ihren gewohnten Platz in einer kleinen Scheune hinter dem Kälberstall. Hierher wurden sie vom Oberknecht geführt, nachdem er sie sorgfältig gefilzt und ihnen Zündhölzer, Pfeife und Messer weggenommen hat. Es waren gesunde, kräftige Menschen, manche nach Herrenart angezogen, sofern solches nach den Fußmärschen durch die Gutshöfe noch erkennbar war. Sie setzten sich vor die Tür und erzählten von der Welt... Wir hörten gar furchtbare Fälle von leichtlebigen Frauen, erbarmungslosen Geschwistern, herzlosen Stadtmenschen und Gefängnissen. Die Knechte schüttelten den Kopf und fühlten sich glücklich, wenigstens ein Dach über dem Kopf zu haben. Der Wanderer seufzte und nahm mit einem langen, stummen Blick den Topf mit sauerer Milch oder Suppe entgegen, den ihm eine der Frauen schließlich immer anbot." (1936, 215-216.) In Szolgaegyháza (heute: Szabadegyháza, Kom. Fejér) lebten in den dreißiger Jahren in der Wirtschaft von István und Ferenc Elek 10 bis 12 *vendel.* Der ehemalige Schweinehirt Ferenc Erdélyi (geb. 1925) wusste von ihnen Folgendes zu erzählen: „Die *vendel* hatten niemanden, sie gingen halt von einem Gutshof zum anderen. Sie verdingten sich als Feldhüter oder weideten und fütterten die Kälber. Sie bekamen dafür einiges Geld und gesalzenen Speck sowie einen halben Laib Brot, genannt *lacikenyér*... Am Sonntag gingen sie ins Dorf und versoffen, was sie in der ganzen Woche verdient hatten. Sie hatten keine Familie und die meisten besaßen nur einen Anzug, den sie anhatten. Die *vendel* waren ausschließlich Männer, junge und auch alte. Einer, der Virág hieß, war früher katholischer Geistlicher. Sie kamen aus aller Herren Länder, blieben hier eine Woche oder auch ein bis zwei Monate lang und gingen dann weiter. Ein älterer Mann namens József Tóth brachte den Schnittern das Essen und das Wasser in einem Karren, den zwei Büffel zogen. Er hatte eine Tochter, die einen *Vendel* namens József Bordás heiratete. An einem Sonntag hatten die *vendel* getrunken, es gab eine Schlägerei mit den *summás,* auch die Bordás wurde ganz schön hergerichtet. Daraufhin packten die *vendel* ihre sieben Sachen zusammen – und weg waren sie. Der *vendel* György Czibula heiratete die vierzigjährige Tochter des alten János Fóris. Sie bekamen von der Herrschaft eine Wohnung, wo sie eine Weile lebten, gingen dann aber fort. In Felső-Szolgaegyháza, im Elek-Gut, gab es in den dreißiger Jahren 10 bis 12 *vendel;* einige arbeiteten ein wenig, andere nicht einmal das. Manche sparten auch ein bisschen Geld zusammen. Keiner von ihnen verdingte sich als ständiger Arbeiter. Einer, namens Császár, arbeitete einige Jahre hindurch bei den Mastschweinen. Er hatte eine kleine Truhe und schlief in einem Stall. Er trank nicht so viel wie die meisten. Dann, eines Tages, war er weg." In Sárosd erzählte Károly Gyimesi (geb. 1924), Sohn eines ehemaligen Gutsbesitzers, von den *vendel:* „Sie lebten im allerärmsten Bettlerstand. Es gab auch herabgekommene Herrenleute unter ihnen... Manche hausierten mit Ölbildern, die sie von Malern übernommen haben. Einige hatten ganz beachtliche geistige Fähigkeiten und konnten unzählige Witze erzählen. Sie wurden auch Gaukler genannt. Sie waren ordentlich angezogen, mancher hatte sogar eine Schleife... Einige hatten einen Regenschirm oder einen Spazierstock, den sie mit Geschick im Kreis herumdrehten, was den Gutshofkindern sehr gefiel. Sie konnten viele Märchen erzählen und wussten ganz lange Gedichte auswendig, z. B. Toldi von János Arany. Der eine oder andere vermochte sich mit seinen höflichen Manieren bei den Familien einzuschmeicheln, was ihm unverzüglich ein Mittagessen einbrachte.

Lebensmittelverkäuferinnen vor dem Székesfehérvárer Rathaus in der ersten Hälfte der 1930er Jahre

Für ein Bild auf Leinwand bekamen sie zwischen 5 und 20 Pengő. Selbst in ihrer zerknitterten Kluft wirkten sie elegant. Sie lebten im Ochsenstall, lauter Männer um 35 bis 45 Jahre. Sie tranken viel, gingen von einem Wirtshaus ins andere, hatten ihren Willen völlig verloren. Manchmal baten sie die Gutsbesitzerin um Geld: ‚Gnädige Frau, ich bitte Sie inständigst, geben Sie mir fünf Pengő, ich möchte mir ein neues Hemd kaufen!' Der Mann trug gelbe Halbschuhe mit verschlissener Sohle, hätte aber nie Schnürstiefel angezogen... Diebstahl und Betrug lag ihnen fern. Sie hatten keine ständige Wohnung, waren unverheiratet, viele auch mehrfach geschieden. Frauen gab es keine unter ihnen. Sie spielten oft den Gecken, trugen ein buntes Taschentuch in der Tasche und steckten sich die schönste Nelke des Blumengartens ins Knopfloch. Sie kamen bis 1945. Im Jahre 1944 kam ein *vendel* zur Dreschmaschine und hielt eine pazifistische Rede: ‚Jedermann ist verarmt, ich bekomme von niemandem etwas!' Zum Militär wurden sie nicht einberufen. Die Gendarmerie ging mit ihnen streng um, sie hatten auch gehörige Angst vor den Ohrfeigen der Gendarmen und hüteten sich daher, mit dem Gesetz in Konflikt zu geraten."

Lebensmittelmarkt am Székesfehérvárer Rathausplatz. Aufnahme von Géza Tóth, 1935. Geschichtliches Fotoarchiv des Ungarischen Nationalmuseums, Budapest. Inv.-Nr.: 2004. 163. 36.

Auch der Ortsgeschichtsforscher Gyula Fűrész erwähnte in seinen Publikationen die *vendel* von Mezőföld, namentlich die der Meierhöfe in der Gegend von Adony, Iváncsa und Ercsi (1981a, 7; 1981b, 72-74). Sie waren meist seelisch verletzte Menschen über dreißig Jahre, mit verwahrlostem Äußeren, die keiner regelmäßigen Arbeit nachgingen und sich von ihrer Familie getrennt hatten. Es gab unter ihnen auch einen gefeuerten Dorfnotar, aber die meisten waren einfache Leute. In Hypolitpuszta wohnten sie im Schafstall. Sie lebten von

Gelegenheitsarbeiten, manchmal wurden sie in Herrschaftsgütern als Wochenlöhner angestellt. Oft halfen sie den Familien der Gutsarbeiter beim Holzhacken oder bei der Maisernte, besorgten ihre Einkäufe in den Dörfern Adony und Ercsi. Auch im Haushalt des Gutsverwalters halfen sie gelegentlich aus. Die Gutshof-Knechtfamilien entlohnten sie für ihre Hilfe mit warmer Speise, die Gutsverwalter mit gebrauchten Kleidern. Wenn sie sich etwas Geld verschafft hatten, zechten sie am Samstag und Sonntag in den Kneipen der Gegend. Nie sah man sie betteln.

An Winterabenden führten sie im Schafstall heftige politische Diskussionen. Sie gingen recht oft in die umliegenden Dörfer, gewönlich bei ihrem Spitznamen gerufen: Pista *Ruzsás* (etwa: Rosensteffl) - dieser trug einen Stock, worauf eine Blume befestigt war; József *Futó* (der Läufer) lief vom Meierhof ins Dorf, ohne Halt zu machen; Pista *Csendőr* (der Gendarm) hatte ursprünglich bei der Gendarmerie gedient, wurde aber entlassen und landete schließlich unter den *vendel*; *Bolond Báró* (der tolle Baron) war tatsächlich ein herunter gekommener Baron; mit seinem unabdingbaren Regenschirm am Arm sprach er bei Gutbesitzern, Dorfnotaren oder Lehrern vor und duzte jeden: „Servus, heute bin ich Dein Mittagsgast!" Der „Gastgeber" konnte nur nach Überreichung von zwei bis drei Pengő seinen ungebetenen Gast loswerden, der das Geld gleich im nächsten Wirtshaus flüssig machte... Im Mezőföld-Gebiet sagte man zu einem Menschen, der sein Vermögen verschwendet oder seine Wirtschaft zugrunde gerichtet hatte, er benehme sich wie ein *vendel*. „Er sieht aus wie ein *vendel*," „er kleidet sich wie ein *vendel*", das sind auch heute noch gebräuchliche Ausdrücke zur Bezeichnung von verwahrlosten, herunter gekommenen Menschen.

Die Bettler der ungarischen Dörfer wurden bereits in einer bemerkenswerten Abhandlung von *Béla Gunda* beschrieben (1972, 625-634). Diesmal möchte ich mich lediglich auf ihre kommunikative Funktion beschränken, die sie zwischen den entlegenen Meierhöfen und der Außenwelt erfüllten. In den Meierhöfen des Mezőföld-Gebietes erwartete man die Bettler um den Allerheiligentag. Im Ochsenstall richteten ihnen die Knechte ein Bett (*kolesz*), wo sie übernachten konnten. Im Winter gingen sie in die Dörfer und Gehöfte der Umgebung betteln. Abends im Ochsenstall hörte das Gesinde – manchmal auch der Sohn des Gutsbesitzers – den Erzählungen der von weit her gekommenen Bettler gerne zu.

Je nach den ökologischen Verhältnissen konnte sich der Ackerbau der verschiedenen Siedlungen auf die eine oder die andere Pflanzengattung spezialisieren. Die Einwohner dieser Dörfer brachten ihre Feldfrüchte in großen Mengen auf den Markt und fuhren oft in weit entfernte Ortschaften, um sie vorteilhaft zu vermarkten, oder es kamen Händler und sonstige Käufer aus anderen Gegenden zu ihnen, um die Ware abzuholen. In unserem Gebiet haben sich zahlreiche Siedlungen auf bestimmte Pflanzenkulturen spezialisiert. Erwähnenswert sind vor allem die Kartoffeln aus Zirc und Balinka, der Kohl aus Balinka, Fehérvárcsurgó und Csór, Kren aus Nagyveleg, Magyaralmás und Perkáta, Gemüse, Salat und Sellerie aus Székesfehérvár, Tomaten aus Pákozd, Paprika aus Aba und Cece, Tabak aus Alap und Fadd. Die

Eine Bürgerin kauft Lebensmittel auf dem Wochenmarkt des Székesfehérvárer Rathausplatzes. Aufnahme von Géza Tóth, 1935. Fotoarchiv des Ungarischen Nationalmuseums, Budapest. Inv.-Nr.: 2004. 163.16.

Ein Gänseviertel bitte! Aufnahme von Géza Tóth, Székesfehérvár, 1935. Fotoarchiv des Ungarischen Nationalmuseums, Budapest. Inv.-Nr.: 2004. 163. 19.

Gänseviertelverkäufer auf dem Székesfehérvárer Markt. Aufnahme von Marianna Varga , 1954

Gänseviertelverkäuferin mit Milchkarren in Székesfehérvár. Aufnahme von Marianna Varga, 1954

Melonenverkäuferin auf dem Wochenmarkt am Székesfehérvár. Aufnahme von Marianna Varga, 1954

Töpferwarenverkäufer auf dem Székesfehérvárer Markt. Aufnahme von Marianna Varga, 1954

berühmten Gemüsesorten aus Székesfehérvár, vor allem Salat und Sellerie, wurden in der westlichen Vorstadt Palotaváros gezüchtet, weshalb diese Gärten auch Aranykert (Goldgärten) genannt wurden. Die großen Gemüsemengen wurden auf den Märkten von Székesfehérvár, Várpalota und Veszprém abgesetzt, gegen Ende des 19. Jahrhunderts sogar auch in Budapest (Gelencsér 1980, 28-35; Wekerle 1896, 552).

Eine süße, dünnblättrige und nicht geäderte Kohlsorte wurde in Balinka und Fehérvárcsurgó entlang des Gaja-Baches sowie in Csór auf den Feldern im Sárrét-Gebiet gezüchtet und im Herbst auf den Märkten von Mór, Székesfehérvár und Várpalota verkauft. Aus Budapest und Győr (Raab) kamen Händler, die den Kohl waggonweise übernahmen. In der Zwischenkriegszeit wurden allein aus Fehérvárcsurgó 80 bis 100 Waggon Kohl jährlich nach Budapest transportiert. Aus Bicske kamen die Käufer mit Wägen, mancher machte den Weg acht- bis zehnmal, um den begehrten Kohl abzuholen. Auch die Kohlbauern fuhren ihre Ware in die Dörfer und Gehöfte des Schildgebirges (Vértes), der Velencer und Ofner Berge sowie des Mezőföld-Gebietes und fanden auch immer ihre Abnehmer. In allen drei Dörfern war auch der Kohlsamen ein gefragter Artikel, den Gärtner und Händler aus Budapest, Székesfehérvár und Zalaegerszeg kauften, und der auch von den Bauern auf dem Markt von Székesfehérvár feilgeboten wurde.

Eine ähnliche Spezialisierung ist auch in den verschiedenen Obst- und Weinkulturen zu beobachten. Im Weinbau zeichneten sich besonders die Siedlungen im östlichen Bakonyerwald, im Schildgebirge, in den Velencer und Ofner Bergen, im Váler Tal sowie im Hügelland an der Donau aus; für den Hausbedarf reichte der Wein in den Dörfern des Mezőföld-Gebietes. Mitte des 19. Jahrhunderts hielt Elek Fényes die Weine von Csókakő, Mór, Kincses, Isztimér, Vál, Diósd, Érd, Velence, Nadap, Tordas, Sóskút und Zámoly für die besten. Im Bergland herrschten die Weißweine vor, während im Hügelland an der Donau (Érd, Ercsi, Adony, Rácalmás, Dunapentele, Dunaföldvár, Paks) im 19. Jahrhundert noch Rotweine erzeugt wurden. Damals brachten die Weinhändler aus Komorn, Pressburg und Tyrnau die Weißweine aus dem östlichen Bakonyerwald, dem Schildgebirge und einem Teil des Mezőföld unter dem Namen Mórer Wein in Oberungarn in Umlauf (Fényes 1847, 36). Die Weiß- und Rotweine aus den Velencer und Ofner Bergen, dem Valer Tal und dem Hügelland an der Donau kauften vor allem die Weinhändler und Gastwirte aus Buda (Ofen) und Pest auf. In Gyúró galt der Tag der Weinlieferung jedes Jahr als ein großes Ereignis. Nach dem ersten Abzug kauften die Gastwirte aus Ofen und Pest eine große Menge Wein, den die Weinhauer an einem bestimmten Tag auf einmal in die Hauptstadt lieferten. Bei dieser Gelegenheit brachten sie dann immer den Frauen und Kindern irgendein Geschenk mit (Fényes 1847, 38; Bogár 1978, 38). In der zweiten Hälfte des 19. Jahrhunderts stieg die Mórer Weingegend (Mór, Pusztavám Csókakő, Csákberény, Söréd) in die Reihe der qualitativ hochwertigen Weinbaugegenden auf. Bis zum Ende des Ersten Weltkreiges kamen die Weinhändler aus Deutschland, Böhmen und vor allem aus Österreich hierher. Während der Monarchie gab es in Wien eine eigene Mórer Weinstube (Hambuch 1981, 70-71). Allein aus Mór wurde vor der

Milchproduktverkäuferin auf dem Székesfehérvárer Markt. Aufnahme von József Gelencsér, 1983

Phylloxera-Seuche im 19. Jahrhundert jährlich eine Weinmenge von über 50.000 Hektolitern ausgeführt (Wekerle 1896, 558-559). Die österreichischen Weinhändler bestellten bei den Mórer Böttchern oft auch Transportfässer (Schindele 1978, 36). In den Weindörfern entwickelte sich eine eigene Schicht von Agenten, Maklern und Fuhrleuten. Manchmal wurden auch im Weinbau fremde Saisonarbeiter eingesetzt. Die Mädchen von Tabajd gingen im Sommer für zwei Wochen zur Weingartenarbeit ins deutschbewohnte Dorf Budaörs.

Der Obstbau war vor allem für die Siedlungen im östlichen Bakonyerwald sowie im Schild- und Velencer Gebirge charakteristisch. In der ersteren Gegend, namentlich in Dudar und Bakonycsernye, finden wir Obstgärten, in den übrigen Gebieten wurden Obstbäume in den Weingärten als Zwischenfrucht gepflanzt. Die Obstgärten von Bakonycsernye wurden bereits im Urbarium des Grafen Ferenc Zichy aus dem Jahre 1775 erwähnt. Im Jahre 1797 erhielten die Leibeigenen von Bakonycsernye 600 Quadratklafter Pflaumengärten, der wegen des üppigen Graswuchses zugleich als eine Heuwiese ersten Ranges galt (Heiczinger 1974, 76, 171). Die Dorfbewohner trugen das Obst auf die Märkte der umliegenden Ortschaften. So erschienen in der Zwischenkriegszeit die verschiedenen Obstsorten aus Csókakő regelmäßig auf dem Markt von Székesfehérvár. Aus entlegenen Dörfern kamen oft die Käufer mit Wägen in diese Dörfer und fuhren das Obst nach Hause. Mihály Táncsics erwähnt einen Bekannten seines Vaters aus Nagyimánd (Kom. Komárom), der in Dudar oder Csesznek im östlichen Bakonyerwald einen Wagen voll Äpfeln kaufte (1978, 15). Aus Zámoly (Kom. Fejér) fuhren die Leute nach Dudar, um Pflaumen, und nach Csókakő, um Birnen zu kaufen. Eine Wagenladung Pflaumen reichte nach dem Einkochen und dem Dörren auch zum Verkauf an andere Dorfbewohner und Bewohner der Meierhöfe. In den Weinbergen bei Sukoró (Südhang des Velencer Gebirges) reiften die Kirschen schon Anfang Mai; die Frauen trugen sie in kleinen Bündeln auf die Märkte der Umgebung, vor allem nach Székesfehérvár.

Im Bereich der Viehzucht war die Schafzucht am häufigsten mit Wanderungen verbunden. Mit Schafzucht befasste man sich gleichermaßen im Bakonyerwald, im Schildgebirge und im Mezőföld-Gebiet, doch seit dem letzten Drittel des 18. Jahrhunderts florierte vor allem die Schafzucht in den Herrschaftsgütern des Mezőföld. Damals wurden die Weiden der Großgrundbesitzer vor allem von deutchen Schäfern gepachtet, die hier die feinwolligen westeuropäischen Schafsorten einführten. Seit den zwanziger Jahren des 19. Jarhunderts bewirkte die Wollkonjunktur eine großangelegte Schafzucht in Eigenregie der Großgrundbesitzer: „Der wichtigste und meistverbreitete Zweig der Viehhaltung ist jedoch die Schafzucht, die im Komitat Fejér schon seit langem betrieben wird. Doch gehörten noch lange Zeit die Schafe größtenteils der gemeinen ungarischen Rasse an, auch die Herrschaftsgüter nicht ausgenommen. Heute sind sie aber zumeist durch spanische und sächsische Widder veredelt, ja es wurden sogar Merino- und Electoral-Herden aufgestellt. Kurzum, weder die großen noch die kleineren Gutsbesitzer scheuen die Kosten, nur um ihre Schafe veredeln und vermehren zu können." (Fényes 1836, 69.) Der Rassenwechsel bewirkte die Ansiedlung zahlreicher deutschstämmiger Schäfer, vor allem aus Mähren, da mit den eingeführten Herden oft auch sachkundige Schäfer mitkamen. Diese gründeten wahre Schäferdynastien: ihre Söhne wurden ebenfalls Schäfer, ihre Töchter heirateten Schäfer. Die meisten blieben bis zur Mitte des 20. Jahrhunderts in ihrem ursprünglichen Beruf. Im Wortschatz der Schäferei des Mezőföld finden wir ebenso Ausdrücke deutscher Provenienz wie in dem anderer Gewerbe. Neben den Schäfern aus Deutschland kamen Schäfer auch aus dem Zwischenstromgebiet Donau–Theiss sowie aus den Komitaten Somogy und Tolna und dem Bakonyerwald. Bis zum Ersten Weltkrieg versammelten sich jedes Jahr am St. Michaelstag in Székesfehérvár die aus dem östlichen Transdanubien und dem Zwieschenstromgebiet Donau–Theiß herbeikommenden Schäfer. In der sog. Schäferkirche (St. Sebastianskirche), in der Oberstadt wohnten sie einer Messe und unter der Schäferfahne einer Prozession bei. Sodann veranstalteten sie das dreitägige Schäferfest (*lakozás*) in den Gastwirtschaften „Zum Schaf" (Bárány), „Zur Krone" (Korona), „Zum Stern" (Csillag), und „Zum Goldenen Adler" (Aranysas). Hier warben die Schäfermeister der großen herrschaftlichen Schafherden die Schäferknechte an. Bei dieser Gelegenheit wurden auf dem Wochenmarkt oder bei den städtischen Händlern und Handwerkern die während des ganzen Jahres benötigten Waren (Schäferausrüstung, Bekleidung, Schuhwerk) gekauft. Im Jahrgang 1856 der Zeitung *Vasárnapi Ujság* (Sonntagszeitung) lesen wir Folgendes: „Wäre irgendwo in diesem Lande ein geplanter Schäferkalender für 1857 tatsächlich fertig gestellt, so würde der Verleger damit am kommenden Sonntag fürwahr ein gutes Geschäft machen; denn gewiss würde jeder Schäfer gleich mehrere Exemplare des neuen Kalenders für seine Geliebte oder für andere erwerben." Ähnliche Schäferfeste fanden bis zum Ersten Weltkrieg auch in Sárbogárd statt. Diese Zusammenkünfte bedeuteten für die Schäfer der weit enfernten Gegenden eine vorzügliche Gelegenheit zur Kommunikation: „Da aus diesem Anlass die ganze Zunft der Schäfer aus weit entfernten Gegenden beisammen ist, werden gar manche geheime Vereinbarungen getroffen, z.B. dass es nicht erlaubt sei, aus der Schäferei auszutreten und erneut als Ackerknecht oder in einem anderen niederen Stand zu arbeiten." (Vasárnapi Ujság 1856, Nr. 42, 371.) Da die Schäfer auch ihre Töchter mitbrachten, hatten diese Zusammenkünfte gewissermaßen den Charakter einer Brautschau, was auch zur Aufrechterhaltung der beruflichen Endogamie beigetragen haben dürfte (Ditz 1869, 267; Wekerle 1896, 540; Károly 1898, 213-216; Csatkai 1969, 173-174; Gémes 1977, 173-197; Demeter – Lukács 1980, 39-40).

Blechgeschirr auf dem Székesfehérvárer Wochenmarkt. Aufnahme von Géza Tóth, 1935. Fotoarchiv des Ungarischen Nationalmuseums, Budapest. Inv.-Nr.: 2004. 163. 29.

Als nach dem Zweiten Weltkrieg die ausgedehnten Weiden zwischen Donau und Theiß andere Nutzungen fanden, kamen viele Schäfer ins Mezőföld-Gebiet, wo sie entweder von Produktionsgenossenschaften eine Weide pachteten oder ihre Herde wandernd weideten. Schäfer aus Kecskemét blieben in den fünfziger und sechziger Jahren im Sommer oder Winter mit ihren Herden regelmässig auf den Weiden des Mezőföld (Szabadfalvi 1970, 98-99). Viele ließen sich in den dortigen Dörfern nieder. Auch heutzutage betätigen sich viele Schäfer „von jenseits" im Mezőföld-Gebiet, die hauptsächlich aus Solt und Kecskemét stammen.

Die aus den Schäfersfrauen bestehenden Schurtruppen wurden von einem Dorf oder Gehöft zum anderen zur Schur gebracht. Der Umkreis einer aus Szentgál stammenden und in Lepsény lebenden Frau umfasste in den sechziger Jahren im Mezőföld die Dörfer Ozora, Fürged, Felsőnyék, Mezőkomárom, Szabadhidvég, Enying, Lepsény, Balatonfőkajár, Küngös, Pálhalma, Bodakajtor, Kisláng, Szabadbattyán, Kőszárhegy, Füle, Berhida, Balatonszabadi, und im Bakonyerwald Hajmáskér, Sóly, Rátót, Kádárta, Jutas, Veszprémvámos, Veszprémfajsz, Herend, Városlőd und Szentgál (Sammlung von Gémes, Balázs. Volkskundliche Datensammlung des König Sankt Stephan Museums, Székesfehérvár. Inv.-Nr.: 68. 5).

Auch die im Viehhandel tätigen Bauern suchten die Märkte großer Gebiete auf. Die Viehhändler der Dörfer aus der Gegend von Székesfehérvár brachten Jungvieh oder Rinder minderer Qualität aus dem Bakonyerwald oder den Gebieten östlich der Donau. Diese Tiere wurden aufgefüttert und sodann für höhere Preise auf den Märkten von Székesfehérvár, Bodajk, Mór, Kisbér, Lovasberény, Csákvár, Seregélyes und Sárosd verkauft. Die Landwirte von Sárkeresztes kauften die Rinder in Bakonycsernye (Kom. Fejér), Kisbér, Nagyigmánd (Kom. Komárom), Zirc, Veszprém, Nagyvázsony, Tótvázsony, Somlóvásárhely, Kerta (Kom. Veszprém), die von Fehérvárcsurgó in Tököl, Taksony, Nagykőrös (Kom. Pest), Dunapataj, Kalocsa (Kom. Bács-Kiskun). Viehhandel betrieben gewöhnlich solche Bauern, die aus der Armut aufwärts strebten und schon einige Morgen Feld besaßen, doch waren machmal auch wohlhabende Bauern durch schwere Steuerlasten dazu gezwungen (Gelencsér 2009, 184-185).

Im Zusammenhang mit dem Viehhandel sind auch die Märkte der Großlandschaft zu erwähnen, zumal hier nicht nur materielle Güter, sondern auch

Nachrichten, geistige Produkte (Kalender, Kolportageliteratur), Kenntnisse und Kulturelemente vermarktet bzw. ausgetauscht wurden (Dankó 1977, 375). Diese Märkte spiegelten deutlich die interregionale Arbeitsteilung wider und zogen auch verschiedenee Wandergestalten an. Wie sehr die Märkte auch als Kommunikationsgelegenheiten galten, zeigt die Tatsache, dass Dorfburschen, die in größeren Städten ihren Militärdienst leisteten, jeden Jahrmarkt aufsuchten, da sie mit Gewissheit damit rechnen konnten, dort Landsleute oder Verwandte zu treffen. Die Zeit der Jahrmärkte war für die Schulkinder unterrichtsfrei.

Die wichtigsten Marktorte der Großlandschaft waren Székesfehérvár und Veszprém. Die fünf Jahrmärkte von Székesfehérvár waren tatsächlich von landesweiter Bedeutung, während die Wochenmärkte am Mittwoch und Samstag von kleinregionaler Bedeutung waren. Erwähnenswert sind vor allem die Pferde- und Rindermärkte, aber auch Getreide- und Krämermärkte. Gegen Ende des 19. Jahrhunderts beschreibt Alexander Wekerle den Székesfehérvárer Markt wie folgt: „Außer dem Hengstendepot tragen noch die berühmten Jahrmärkte dazu bei, Stuhlweißenburg zu einem bedeutenden Zentrum der ungarischen Pferdezucht zu machen. Die Stuhlweißenburger Jahrmärkte gehören zu den größten derartigen Veranstaltungen. Der Markt gibt der ganzen Stadt ein anderes Gesicht. Endlose Wagenreihen erfüllen in dichtem Nacheinander die Straßen, so dass es kaum möglich ist, von dem einen Bürgersteig auf den anderen hinüber zu gelangen. Herrliche Gespanne brausen vorüber, Prachtexemplare von Pferden tänzeln in der Reihe dahin, so dass der Wagenzug immer neues Aufsehen erregt. Der Sthulweißenburger Pferdemarkt gehört nicht nur zu den bedeutendsten, sondern er zeichnet sich auch durch die Vorzüglichkeit der dort erscheinenden Pferde aus. Scharenweise strömen in- und ausländische Käufer herbei, in dem sicheren Bewusstsein, dass hier nicht die Pferde eines einzigen Comitates, sondern die eines ganzen, auf dem Gebiete der Pferdezucht weit fortgeschrittenen Landestheiles zu ihrer Auswahl bereit stehen. Auch die mit den Pferdemärkten gleichzeitig abgehaltenen Viehmärkte sind sehr lebhaft. Auch diese haben keinen localen Charakter, sondern eine über Zucht und Bedarf der Stadt wie des Comitats weit hinausreichende Wichtigkeit. Selbst aus dem Alföld [Große Ungarische Tiefebene], ja aus Siebenbürgen gelangt hier viel Vieh von ungarischer Race, insbesondere Ochsen, zum Auftrieb. Viel Leben herrscht ferner in der Regel auf dem Warenmärkte. Die in gutem Rufe stehenden Gewerbetreibenden von Stuhlweißenburg haben hier Gelegenheit, wenigstens zur Marktzeit sich nicht bloß auf die Befriedigung des örtlichen und Comitatsbedarfs zu beschränken, sondern ihre Waren auch den Ankömmlingen aus weiterer Ferne, aus fremden Comitaten zu verkaufen; an solchen fehlt es ja nicht, da die Stuhlweißenburger Frühjahrs- und Herbstmärkte im ganzen Lande jenseits der Donau berühmt sind." (1896, 550-551.)

Zur Zeit der Doppelmonarchie hielten bekanntlich Österreich, Italien und die Türkei ständig Remontierungskommissionen bei den Pferdemärkten von Székesfehérvár (Vértes 1938, 179). Von den Rindermärkten wurde haupt-

Siebe auf dem Székesfehérvárer Wochenmarkt. Aufnahme von Géza Tóth, 1935. Fotoarchiv des Ungarischen Nationalmuseums, Budapest. Inv.-Nr.: 2004. 163. 34.

sächlich Wien mit Schlachtvieh beliefert; zum Teil kamen diese Tiere aus dem Zwischenstromgebiet Donau–Theiß. In den neunziger Jahren des 19. Jahrhunderts gab es in Kleinkumanien mehrere Landwirte, die bis zu 70 oder 80 Kälber auf den Sommermarkt von Székesfehérvár trieben (Tálasi 1936, 204). Die Wochenmärkte waren in Bezug auf Getreide, Holz und die im regionalen Arbeitsteilungssystem erzeugten Produkte von großer Bedeutung. Mitte des 19. Jahrhunderts wurde das Getreide von vielen Meierhöfen direkt eingeschifft, andere transportieren es per Achse nach Veszprém, Székesfehérvár oder Buda (Fényes 1847, 38). Brennholz und sonstige Holzwaren aus den Dörfern des Bakonyerwaldes und des Schildgebirges kamen auf den Wochenmarkt. Molkereiprodukte kamen aus Székesfehérvár-Felsőváros, Sárkeresztes und Úrhida, während eine örtliche Spezialität, das gebratene Gänse- und Entenviertel, die gastronomische Fertigkeit der Frauen von Székesfehérvár-Felsőváros und Úrhida bekannt machte. Auf den Wochenmärkten waren sämtliche im regionalen Arbeitsteilungssystem erzeugten Waren erhältlich – von Paprika aus Cece bis zu den Csákvárer Töpferwaren (Lukács 1988, 183-191).

In Veszprém fanden jährlich vier Jahrmärkte statt. Laut Fényes war allerdings in Bezug auf Getreide der Wochenmarkt am Freitag viel wichtiger: „der Veszprémer Getreidemarkt gehört zu den ersten in diesem Lande" (1851, IV. 297). Der Veszprémer Wochenmarkt wird übrigens auch im Reisebericht des englischen Arztes und Geologen *Richard Bright* erwähnt, der sich während des Wiener Kongresses in Ungarn aufhielt: „Der Wein- und Getreidemarkt von Veszprém ist bedeutend, vielleicht sogar frequentierter als der von Székesfehérvár." (1815, 85.) Vor dem Bau des Eisenbahnnetzes wurde das Getreide aus sieben Komitaten nach Veszprém zum Verkauf gebracht (Ila–Kovacsics 1964, 398). Neben der Versorgung des an Getreide armen Bakonyerwaldes spielte der Veszprémer Getreidemarkt auch eine Vermittlerrolle im Hinblick auf Győr und Graz. Nachdem die Eisenbahnlinien gebaut worden waren, übernahmen andere Verkehrszentren (Tapolca, Nagykanizsa) die Handelsrolle Veszpréms.

Auch zu den anderen Märkten im Mezőföld-Gebiet (z.B. Paks, Dunaföldvár, Adony, Sárosd, Seregélyes) wurden aus dem Zwischenstromgebiet Donau–Theiss Tiere gebracht. Dabei spielten die Fähren und die Viehtreiberwege eine bedeutende Rolle. Im Komitat Fejér, dem Kerngebiet der hier untersuchten Großlandschaft, gab es im Jahre 1889 35 Viehtreiberwege; am wichtigsten war die sog. Metzger-Straße zwischen Budapest und Wien, die die Großlandschaft am Nordrand bei Bicske berührte. Auf regionaler Ebene führten die wichtigsten Wege von Budapest nach Székesfehérvár und von hier weiter über den Bakonyerwald nach Veszprém, am Nordufer des Balaton (Plattensee) nach Keszthely und Tapolca, am Südufer nach Nagykanizsa, im Mórer Tal zwischen Bakonyerwald und Schildgebirge nach Győr und Komárom, südlich von Székesfehérvár über das Mezőföld-Gebiet zu den Donaufähren und später zur Donaubrücke bei Dunaföldvár. Auch Ortsnamen deuten auf die ehemaligen Viehtreiberwege hin, z.B. *Göböljárás* (etwa: Weg der Mastochsen)-Puszta, südlich von Bicske bei der Metzger-Straße. Die Verbindung zwischen dem Mezőföld-Gebiet und dem Land östlich der Donau wurde durch sieben Donaufähren hergestellt, und zwar zwischen Százhalombatta und Tököl, Ercsi und Szigetújfalu, Adony und Lórév, Baracs und Dunaegyháza, Dunaföldvár und Révbérmajor (Solt), Paks und Zádor-Puszta sowie Paks und Dunaszentbenedek. Die Geschichte der beiden letztgenannten Fähren wurde im hervorragenden Werk von János Bárth aufgearbeitet (1978, 97-142).

Seiler auf dem Székesfehérvárer Wochenmarkt. Aufnahme von Géza Tóth, 1935. Fotoarchiv des Ungarischen Nationalmuseums, Budapest. Inv.-Nr.: 2004. 163. 40.

Wie bereits erwähnt, zogen die Märkte auch die verschiedenen Wandergestalten an. Auf den Märkten von Székesfehérvár waren vor dem Ersten Weltkrieg die aus Oberungarn kommenden slowakischen Drahtbinder (ung. *drótos*), Glaser (ung. *ablakos*) und Ölhändler (ung. *olejkár*) zu sehen; aus der Gottschee kamen Wanderhändler (ung. *kucséber*), auf ihrem Tablett, das sie um den Hals gehängt trugen, befand sich allerlei Kram, von Taschenmessern bis zur Bartwichse. Vor dem Gasthof „Zum Karpfen" am Marktplatz konnten die Bauern die bosniakischen Verschneider und Gelter anwerben. Rumänische Bärenführer und verschiedene Zigeunergruppen traten ebenfalls in Erscheinung (Lukács 1981, 38-39). Die Mitglieder der 1712 gegründeten Handelsvereinigung von Székesfehérvár waren in ständigem Streit mit den Wanderkrämern aus der Gottschee und mit den nordungarischen Leinenwarenhändlern. In ihrem, noch von Karl III. erhaltenen Freibrief ließen sie sich bestätigen, dass die Wanderhändler nur auf den Jahrmärkten verkaufen durften, und behaupteten, dass die Krämer aus der Gottschee ausschließlich mit

Schuhmacherzelt auf dem Székesfehérvárer Wochenmarkt. Aufnahme von László Lukács, 1975

Zitronen hausieren durften. Im Jahre 1802 meldete ihre Delegation dem städtischen Magistrat, dass die Krämer (*pomorum citri quaestores vulgo kutseber*) trotz Verbotes auch andere Waren feilboten. Im Jahre 1806 beschwerten sie sich erneut: „Die Zitronenverkäufer und slowakischen Leinenhändler sowie andere ähnliche Krämer unterstehen sich, trotz Verbotes des hochlöblichen Magistrats ihre Waren frei zu vermarkten." (Vértes 1910, 88-91; 1938, 134.) Die Proteste waren jedoch vergeblich, die Wanderhändler zogen durch die ganze Großlandschaft. Ihr Andenken wurde zuweilen auch in Ortsnamen festgehalten. Als die Ortsnamen der Gemeinde Zámoly bei Székesfehérvár registriert wurden, schrieb der Dorfmagistrat im Jahre 1864 an Frigyes Pesty: „...der Flurteil *Csipketemető* (Spitzengrab) war einst Wald und ist jetzt Acker; hier wurde ehemals ein slowakischer oder kroatischer Spitzenhändler begraben." (1977, 302.)

Slowaken kamen nicht nur als Wanderhändler, sondern auch als Flößer in das hier beschriebene Gebiet. Aus Oberungarn brachten sie auf der Waag und der Donau bis Adony Bauholz, Bretter, Latten und Holzschindeln in das unbewaldete Mezőföld. In Archiven werden Angaben über diese Art des Holztransportes ebenso aufbewahrt wie in der Erinnerung des Volkes. Während des Freiheitskrieges unter Franz II. Rákóczi wurde die Brauerei von Székesfehérvár arg beschädigt. Das Holz zum Wiederaufbau wurde in Ofen gekauft, auf der Donau bis Adony geflößt und von dort in Wagen bis Székesfehérvár transportiert (Kállay 1971, 57). Im Jahre 1823 wurde in Székesfehérvár der Dachstuhl der griechisch-orthodoxen Kirche während eines Sturmes beschädigt. Die Kirchengemeide beauftragte daraufhin den Kurator, mit dem Zimmermann nach Komárom oder Dunavecse zu fahren, um dort das notwendige Holz zu kaufen, welches dann auf der Donau bis Adony geflößt werden sollte (Jaksity 1962). Als 1872 in Polgárdi die Schule, die Kirche und das Gemeindehaus gebaut werden sollten, begaben sich die Beauftragten der Gemeide nach Révkomárom, wo sie eines der Waag-Flöße kauften. Sie heuerten einen Flößer an und setzten auch ihren eigenen Mann auf das Floß, welches bis Adony getrieben wurde. Von dort brachte man das Holz in 67 Wagen über Székesfehérvár nach Polgárdi. Das besagte Floß bestand aus 28 Rundhölzern, 300 Brettern, 100 Latten und 60.000 Holzschindeln. Von dieser großen Menge blieb nach Errichtung der öffentlichen Bauten noch einiges Holz übrig, welches von den Dorfbewohnern gekauft wurde (Archiv der Reformierten Kirchengemeinde Polgárdi, Rechenschaftsberichte des Kurators seit 1843). Der Großvater von János Béllei (geb. 1899), Wagnermeister in Tabajd, war ein Spezialist der Holzschnitzerei; bevor er ein Haus baute, fuhr er nach Trencsén (Trentschin), um Holz zu kaufen. Aus dem

Holz wurde ein Floß gebaut, welches mit dem Verkäufer auf der Waag und der Donau bis Ercsi getrieben wurde. Anschließend wurde das Holz auf dem Wagen nach Tabajd befördert. Im nördlichen Teil unserer Großlandschaft brachte man das Bauholz direkt aus Komárom (Komorn), da diese Stadt näher lag. In der Chronik der gräflichen Herrschaf Lamberg in Mór ist Folgendes zu lesen: „Jahr 1755. Im Juli wurde der Bau des Moórer Schüttkastens beendet, was gerade in einem Jahre geschah, denn im Juli 1754 wurde das Bauholz dazu in Comorn erkauft." (Seidel 1898, 12.)

In Adony entwickelten sich ein beachtlicher Holzhandel und ein nennenswertes Zimmermann-Gewerbe. Aus dem Jahre 1801 sind uns drei Holzhändler bekannt, 1850 eröffneten hier auch die Gebrüder Deutsch aus Székesfehérvár eine Filiale. Letztere galt in der zweiten Hälfte des 19. Jahrhunderts als das angesehenste Handelshaus Transdanubiens (Kállay 1979, 51; Somkúti 1978, 150). Im 19. Jahrhundert sind auch in geographisch-statistischen Arbeiten Daten über die Adonyer Holzlager erschienen (Fényes 1847, 40; 1851, 11; Ballagi–Király 1877, 76). Auch ein Teil des zum Brücken- und Straßenbau des Komitats Fejér erforderlichen Holzes kam aus Adony; die hiesigen Zimmerleute arbeiteten im Auftrag des Komitats (Kállay 1979, 51). Adony ist mit Székesfehérvár durch zwei Sraßen verbunden, die eine mündet bei Kápolnásnyék in die Straße Budapest–Székesfehérvár, die andere führt über Seregélyes direkt nach Székesfehérvár. Als diese im Jahre 1810 verbessert werden sollte, bat Adony um die Hilfe anderer Ortschaften, und zwar mit der Begründung, dass auf dieser Route nicht nur der Postverkehr, sondern auch die Bauholztransporte in die Komitate Veszprém, Zala, Somogy und Tolna sowie die Getreidelieferungen zur Donau abgewickelt werden würden (Kállay 1979, 45). Hier sei bemerkt, dass in den erwähnten Komitaten das auf der Donau geflößte Bauholz mit der zunehmenden Entfernung von der Donau an Bedeutung verlor. Das westliche Transdanubien wurde vor allem durch die Fuhrleute aus der Oberen Wart (Ungarn, Heanzen) sowie aus der Steiermark mit Bauholz aus den Ostalpen versorgt (Csoma 1983, 183-197). An die slowakischen Flößer erinnert auch der volkstümliche Name einer alten, zum Teil schon unbrauchbaren Strecke der Straße Adony–Seregélyes–Székesfehérvár–Komárom. Diese Strecke, die über Seregélyes–Börgönd–Kisfalud–Pénzverő-puszta–Máriamajor–Borbálamajor die Straße Zámoly–Csákberény erreicht und dann über Söréd nach Mór–Kisbér-Komárom führt, wird auch heute *Cseh-út* (Böhmenweg) genannt. Der „Böhmenweg" führt östlich an Székesfehérvár vorbei und war für die slowakischen Flößer der kürzeste Weg von Adony nach ihrem Wohnsitz in Oberungarn (Gelencsér 1976).

Auch drei weitere Bereiche der regionalen Arbeitsteilung waren zum Teil mit der Donau verbunden: das Seilergewerbe, der Fischfang und das Müllergewerbe. Das Seilergewerbe wurde vor allem von den Schleppern aus Tolna und Iváncsa betrieben, die auf ihren mit Pferden bespannten Schleppern hauptsächlich Getreide zwischen Eszék und Budapest transportieren (Baksay 1896, 278-282). In der ortsgeschichtlichen Sammlung von Iváncsa ist auch heute noch ein dickes Schlepptau zu sehen, welches ei ner örtlichen Schlepperfamilie gehörte. Am Donauufer bei Ercsi hatten die Schlepper einen Wallfahrsort: über einer Quelle wurde in der ersten Hälfte des 18. Jahrhunderts eine Marienstatue aufgestellt (Károly 1901, 96; Bangó 1978, 69-70).

Die Donaufischer waren zwischen Érd und Tolna in den Fischerinnungen von Ráckeve, Paks und Tolna vereinigt. Besonders vor der Donauregulierung betätigten sich in allen Ufersiedlungen zahlreiche Fischer. Aus jenen Zeiten sind uns zwei Beschreibungen des Hausen-Fanges in Dunaföldvár (1702) bzw. Tolna (1800) bekannt (Solymos 1965, 211-213). Auch Losonczi erwähnt in seinem Lehrbuch *Hármas Kistükör*, dass bei Dunaföldvár „große Hausen aus der Donau gefangen" werden. Fényes berichtet vom Hausen-Fang an der Donaustrecke des Komitats Fejér (1847, 34). Die Fangmenge der Adonyer Fischer betrug im Jahre 1863 1.300 und 1864 gar 2.000 Doppelzentner (Kállay 1979, 56). Vor den Entwässerungen und Kanalisationen waren auch die Bäche und Teiche des hier erörterten Gebietes reich an Fischen und Krebsen. In der Beschreibung des Komitats Fejér von Mátyás Bél aus der ersten Hälfte des 18. Jahrhunderts steht unter anderem Folgendes: „Die Flüsse sind voller Fische. Die Bauern fangen zahlreiche Arten. Im Sommer gehen sie mit dem Fangkorb in die zugänglichen Gewässer, im Winter fangen sie den Fisch bei Fackellicht unter dem Eis. Fische, Krebse und Schildkröten gibt es in solchem Überfluss, daß viele Leute sie nach Raab, Pressburg und sogar nach Wien bringen, um daraus zu profitieren. Der Pfuhlfische gibt es so viele, dass die Ortschaft Csíkvár nach ihnen bennant wurde (Pfuhlfisch= ung. *csík*)" (1977, 88). Im Pátkaer, Velencer, Nádas-, Kajtor- und dem Sós-Teich in Székesfehérvár fing man Hechte, Karpfen, Karauschen und Barsche, im Sárvíz Pfuhlfische, im Gaja-Bach Krebse und in den Sümpfen des Sárvíz Schildkröten. Die Stadt Székesfehérvár verpachtete im 18. Jahrhundert regelmäßig das Fischereirecht (einschließlich Krebsfang) in ihren Gewässern (Fényes 1847, 35, 37; Szabó 1931, 239). Die im Velencer und Pátkaer Teich gefangenen Fische wurden hauptsächlich nach Buda-Pest transportiert (Solymos 1958, 23). Der Gutsverwalter der Herrschaft Mór schreibt über den letzteren Teich wie folgt: „Dieser Teich war so fischreich, dass er in früheren Jahren mehrere Tausend Gulden Nutzen eingebracht hat. Die Fische daraus waren in der ganzen Umgebung als besonders wohlschmeckend bekannt und gesucht. Dieselben wurden in großer Quantität viele Jahre hindurch nach Ofen-Pest geführt, wo besonders die Karpfen denen aus der Donau vorgezogen wurden. Hechte bis 20 Pfund waren keine Seltenheit. Im Jahre 1833 wurde ein Hecht, der sogar 24 Pfund wog, nach Wien gesendet." (Seidel 1898, 32.)

Das Schilfrohr des Velencer Sees wurde in der nördlichen Hälfte des Komitats Fejér zum Bedecken der Häuser benützt (Barabás 1951, 145).

Bis Mitte des 20. Jahrhunderts waren die Donaumühlen in Érd, Százhalombatta, Ercsi, Adony, Rácalmás, Dunapentele, Dunaföldvár, Madocsa und Paks in Betrieb. In Adony arbeiteten im Jahre 1828 13 und 1863 27 Müller; im Jahre 1846 gab es hier 22, 1880 31, 1930 4 Schiffmühlen (Kállay 1979, 51, 57). Die letzten wurden 1940 durch die Eisschollen des Hochwassers zertrümmert. In Dunapentele waren 1864 64 Müller gemeldet (Pesty 1977, 199). Mitte des 19. Jahrhunderts waren in Dunaföldvár 40 und in Paks 25 Schiffmühlen in Betrieb (Fényes 1851, II, 22, III, 185). Aus dem Váler Tal und dem östlichen Teil des Mezőföld-Gebietes brachte man das Getreide in die Donaumühlen. Auch die Tabajder ließen ihr Getreide in Ercsi mahlen, wenn sie gutes Mehl haben wollten. Von den Adonyer Müllern arbeiteten bis 1940 Ferenc Virág für die Ortschaften Iváncsa und Perkáta, József Gévaj für Perkáta, die Gebrüder Gévaj und Szeitl für Adony und Kulcs. Die Bachmühlen versorgten große Gebiete. An den Gewässern, die aus dem Bakonyerwald und dem Schildgebirge flossen (Séd, Gaja, Mórer Kanal und ihre Nebenzweige), standen die Mühlen dicht nebeneinander. Um die Jahrhundertwerde gab es am Séd-Bach zwischen Veszprém und Nádasladány 23 größere Mühlen, am Gaja-Bach zwischen Bakonynána und Székesfehérvár 22, am Mórer Kanal zwischen Mór und Székesfehérvár 11. Der in der ersten Hälfte des 19. Jahrhunderts ausgehobene westliche Zweig des Sárvíz wurde Mühlenkanal (ung. *Malom-csatorna*) genannt, an dem zwischen Nádasdladány und Simontornya sieben große Mühlen standen. Die Einwohner jener Dörfer, die keine eigene Mühle hatten, mussten ihr Getreide in die nächstgelegene Mühle bringen. Táncsics erwähnt im seinem Werk, dass die Bauern von Ácsteszér ihr Getreide in den Mühlen am Gaja-Bach, in Gyón und Mecsér mahlen ließen (1978, 14). Im nordöstlichen Teil der Dorfflur von Zámoly zweigen vom Weg Csákvár–Söréd in Richtung Magyaralmás der sog. Mahlerweg (ung. *Őrlő út*) und der Mühlenweg (ung. *Malomi dülő*) ab; diese Benennungen lassen darauf schließen, dass die Bauern aus dem Schildgebirge auf diesen Wegen ihr Getreide zu den Mühlen am Gaja-Bach beförderten (Karte der Gemeinde Zámoly, gezeichnet von Gyula Viklida, Archiv des Komitats Fejér, Székesfehérvár U-55-A,C). Laut der Volksüberlieferung gibt es auch im südlichen Teil der Flur von Zámoly einen „Mahlerweg" (ung. *Öllő út*), auf dem die Bauern aus Pátka über Talliánmajor und Szarkahegy zu den Mühlen von Sárkeresztes fuhren. In die Gebirgsdörfer, die von den Tälern des Gaja und Séd weit entfernt lagen, schickten die Müller die fest angestellten „Müllerkutscher" (ung. *molnárkocsis*), die das Getreide zur Mühle fuhren und nach dem Mahlen das Mehl zurück transportieren. Diese Dienstleistung der Mühlen wird *csuvározás* genannt (Hegyi 1959, 216-221). Mit demselben Wort wird auch in der Großen Ungarischen Tiefebene die Beförderung des zum Mahlen bestimmten Getreides und des Mehls bezeichnet (Neues Ungarisches Dialekt-Wörterbuch I. 932).

Wagenlager auf dem Markt in Cece. Aufnahme von Béla Czanik, 1940

Mit der volkstümliche Forstwirtschaft des Bakonyerwaldes und den diesbezüglichen Wanderarbeitern befasste sich eingehend Imre Hegyi (1978), weshalb ich dieses Thema nur ganz kurz erörtern möchte. In den Wäldern im östlichen Bakony schnitzten bis zum Ersten Weltkrieg Böttcher aus Slawonien und Kroatien die Fassdauben. Von den achtziger Jahren des 19. Jahrhunderts bis zum Zweiten Weltkrieg fertigten Holzarbeiter aus dem Komitat Zala Eisenbahnschwellen an.

Garküche auf dem Markt in Cece. Aufnahme von Béla Czanik, 1940

In den Wäldern der Herrschaft Várpalota produzierten Holzschnitzer aus Olaszfalu und Bakonybél Heugabeln und Rechen (Hegyi, 1978 72-78). Hersteller von Heugabeln aus Lókút und Bakonybél arbeiteten um die Jahrhundertwende auch in der Steiermark, in Kroatien, Serbien, Rumänien und Bulgarien (Erdélyi 1959, 11-12). Auch die Daheimgebliebenen boten ihre Holzwaren und Holzgeräte fast überall in Transdanubien und in der Kleinen Tiefebene zum Verkauf an. Das Holzgewerbe des östlichen Bakonyerwaldes diente auch zur Versorgung des Mezőföld-Gebietes. Die einschlägigen Produkte (Heugabeln, Rechen, Holzschaufeln, Joche, Sensenschäfte, Schubkarren, Schlitten, Holzlöffeln, Birkenbesen, Körbe, Bienenkörbe usw.) boten ihre Hersteller auf den hiesigen Märkten oder ambulant feil. In Dudar und Gánt (Schildgebirge) wurden aus Eichenholz zusammenstellbare Koben für Mastschweine (ung. *hidas*) hergestellt und ebenfalls auf den Märkten verkauft. Leute aus Gánt, Zámoly und Mór brachten aus den Wäldern des Schildgebirges große Mengen von Brennholz auf den Wochenmarkt von Székesfehérvár. Sie verkauften es wagenweise oder in *csille*. Dieser Ausdruck, der 25 bis 40 Stück mit Strohseilen zusammengebundene Kleinholzbündel bedeutete, wurde auch von Mihály Táncsics benützt: Sein Vater habe aus einem Klafter Holz vier *csille* oder Wagenladungen gemacht und auf dem Markt in Győr verkauft. In Szentgál bedeutet *csille* eine kleine Wagenladung Holz oder Heu. In Debrecen (Ostungarn) wird das Wort *csihe* (kleines Bündel) als Maßeinheit für klein gehacktes Holz gebraucht (Neues Ungarisches Dialekt-Wörterbuch I. 837). Eggen aus Weißdornzweigen wurden in Magyaralmás hergestellt und auf dem Markt von Székesfehérvár verkauft (Gelencsér 1978, 18).

Wandernde Kohlenbrenner aus Bakonycsernye, Borzavár, Bakonyszentlászló, Csesznek, Dudar und Fenyőfő brachten die in den Wäldern des östlichen Bakony gebrannte Holzkohle ins Mezőföld-Gebiet, Kalkbrenner aus Várpalota fuhren mit ihrer Ware durch das Land. Der Weg zwischen Lepsény und Enying wird heute noch *Meszes út* (Kalkbrenner Straße) genannt. Auch Bausteine wurden aus dem Mittelgebirge ins Mezőföld befördert, obwohl hier die Lehmbauten vorherrschten. Auch auf dem Eis des zugefrorenen Velencer Sees „wurden Steine aus Velence, Sukoró und Pátka mit großer Leichtigkeit auf das jenseitige Ufer befördert..." (Boldogréti Víg 1817, 79). Ebenso wurden im 19. Jahrhundert Mühlsteine im Velencer Gebirge angefertigt (Károly 1896, 9). Im nördlichen Teil des Komitats Fejér, im Zámolyer Becken, im Váler Tal, aber vereinzelt auch anderenorts, sind schöne, aus rotem Kalkstein gemeißelte Torsäulen zu finden. Diese stammen aus den Steingruben des Gerecse Gebirges (Tardosbánya, Piszke, Dunaalmás) und wurden von dortigen Steinmetzten hergestellt.

Da die Untersuchung der Wallfahrten und einiger mit der Wanderung einhergehender Folklore-Erscheinungen den Rahmen dieses Beitrags sprengen würde, möchte ich zum Abschluss nur noch die kulturformende Rolle der Wandergestalten erwähnen (Voigt 1988, 144-149). Die hier geschilderten Wandergestalten haben in der Tat durch die Verbreitung althergebrachter und das Kennenlernen neuer Kulturelemente in der Erhaltung bzw. Gestaltung der Volkskultur eine bedeutende Rolle gespielt. Die Wanderungen hinterließen in der kulturellen Entwicklung sowohl des Einzelnen als auch – durch ihn – der Gemeinschaft unauslöschliche Spuren. Die Saisonarbeiter verließen gezwungenermaßen ihren ständigen Wohnsitz für kürzere oder längere Zeit, und während sie in fremden Gegenden arbeiteten, waren sie bedeutenden kulturellen Einwirkungen ausgesetzt. Schon durch die Reise erweiterte sich ihr Horizont: sie lernten andere Gegenden, Siedlungen, Wirtschaftssysteme, Arbeitsmethoden und Verhaltensformen kennen. In Alsóőr (Unterwart, Burgenland), Mindszentkálla (heute Kom. Veszprém) und Hollókő (Kom. Nógrád) konnte ich mit einigen ehemaligen *summás* aus dem Mezőföld sprechen. Auch heute noch sprechen sie lebhaft von der Gegend, wo sie vor etlichen Jahrzehnten arbeiteten und zählen all die Unterschiede zwischen ihrer engeren Heimat und dem Mezőföld auf, die sie während ihres dortigen Aufenthaltes in Bezug auf Landschaft, Bodenverhältnisse, Agrarproduktion, Besitzverhältnisse, Siedlungsformen und Ernährung beobachten konnten.

Der Wanderarbeiter kann auch bislang völlig unbekannte Kulturelemente kennenlernen. Táncsics hat in Nagyvenyim, wo er mit dem Vater zum Dreschen war, zum erstenmal in seinem Leben Akazienbäume und unterirdische Wohnungen gesehen; in Csákvár beeindruckte ihn das Volkslied, welches die Mädchen aus dem Fenster des Gasthofes sangen, denn „die Mädchen waren gar schön und sangen das Lied so harmonisch, wie das bei uns gar nicht gebräuchlich ist." (1978, 21, 36.)

Ein Wanderhändler verkauft Kleider in Sárosd.
Aufnahme von László Lukács, 1982

Für die *summás* und die Bewohner der Gutshöfe waren die gemeinsam veranstalteten Tanzfeste am Samstag vorzügliche Gelegenheiten zur Kommunikation. Die Gutshofarbeiter übernahmen viele Lieder von den *summás*, diese wiederum vereinfachten ihre Kleidung unter dem fremden Einfluss, wie dies István Sándor nach dem Bericht einer ehemaligen *summás*-Frau aus Mezőkövesd schildert (1956, 193-194). Um mit den Worten von Zoltán Szabó zu sprechen, war die Bekleidung der Mezőkövesder in den dreißiger Jahren des 20. Jahrhunderts „durch bäuerliche Erinnerungen und proletarische Kleidungsstücke" geprägt (1938, 80).

Infolge der Wanderungen der Schafherden, der Schäfertreffen und der häufigen Begegnungen auf den Märkten waren zahlreiche Elemente der Schafzucht im Mezőföld ebenso auch im Zwischenstromgebiet Donau–Theiß zu finden. Laut István Györffy waren die bestickten Hirtenmäntel aus den Komitaten Veszprém und Somogy auf dem Markt von Székesfehérvár nicht gefragt, da die Schäfer hier bereits die in der Tiefebene übliche Form trugen (1930, 196). In der Schäfertracht der beiden Gebiete sind die Westen mit Silberknöpfen sowie die hohen, spitzen, breitkrempigen Hüte (ung. *izsáki kalap*) gleichermaßen zu finden.

Die Wanderungen dürften auch die Ernährungsgewohnheiten des Volkes beeinflusst haben. In Bakonycsernye lernte man das Feinmehl um 1860 kennen, als die Korbbinder ihre Körbe und Bienenkörbe nach Pest brachten und dort für den Erlös in einer „modernen" Walzmühle feingesiebtes Mehl kauften; bislang war ihnen nur das in den Wassermühlen am Gaja-Bach grob gemahlene Mehl (Bauernmehl) bekannt (Hegyi 1979, 98).

Unsere Angaben lassen den Schluss zu, dass die Untersuchung der Wandergestalten und der Wanderungen uns auch zum Kennenlernen der Änderungen und Innovationen innerhalb der Volkskultur verhelfen kann.

[Die Studie ist sowohl in ungarischer als auch in deutscher Sprache erschienen:
Lukács, László: *Vándoralakok, vándormunkások és a területi munkamegosztás Kelet-Dunántúlon.* Alba Regia XX. 1983. 185-199. Székesfehérvár
Lukács, László: *Wandergestalten, Wanderarbeiter und regionale Arbeitsteilung in Ost-Transdanubien.* Gutshofknechte und Saisonarbeiter im pannonischen Raum. Hg. von Olaf Bockhorn, Wolfgang Slapansky. 1999. 97-103. Wien]

Literatur

ANDRÁSFALVY, Bertalan

1978 *A táji munkamegosztás néprajzi vizsgálata* [Volkskundliche Untersuchung der regionalen Arbeitsteilung]. Ethnographia LXXXIX. 231-243.

1980 *Néprajzi csoport, kistáj és régió* [Ethnische Gruppe, Kleinlandschaft, Region]. Népi Kultúra - Népi Társadalom XI-XII. 39-58.

BALLAGI, Károly - KIRÁLY, Pál

1877 *A Magyar Birodalom leírása* [Beschreibung des Ungarischen Reiches]. Sonderabdruck aus: Egyetemes Földrajz. III. Bd. Budapest

BAKSAY, Alexander

1896 *Das Tolnaer Comitat.* Die österreichisch-ungarische Monarchie in Wort und Bild. Ungarn IV. 276-299. Wien

BANGÓ, Jenő

1978 *Die Wallfahrt in Ungarn.* Wien

BARABÁS, Jenő

1951 *A velencei nád felhasználása* [Die Verwendung des Rohres von Velence]. Ethnographia LII. 145-155.

BÁRTH, János

1978 *A dunai átkelés és révjog bérbeadásának néhány kérdése* [Einige Fragen über die Überquerung der Donau und die Vermietung des Fährenrechts]. Cumania VI. 97-142. Kecskemét

BÁTKY, Zsigmond

1918 *Néhány vonás Fejérmegye népességének tümörüléséhez* [Einige Merkmale zur Volksansiedlung im Komitat Weißenburg]. Földrajzi Közlemények XLVI. 119-128.

BÉL, Mátyás

1977 *Fejér vármegye leírása* [Beschreibung des Komitats Weißenburg]. Fejér Megyei Történeti Évkönyv XI. 83-117. Székesfehérvár

BOGÁR, János

1978 *Népszokások Gyúrón* [Volksbräuche in Gyúró]. Néprajzi pályamunkák Fejér megyéből I. Hg. László LUKÁCS. 37-52. Székesfehérvár

BOLDOGRÉTI VÍG, László

1817 *Velentzei tó Székes Fehérvármegyében* [Der Velencer See im Komitat Stuhlweißenburg]. Tudományos Gyűjtemény I. 77-81. Pest

BRIGHT, Richard

1970 *Utazásai a Dunántúlon 1815* [Reisen in Transdanubien 1815]. Veszprém

CSATKAI, Endre

1969 *Régi pásztorélet és a székesfehérvári juhász szegődtetés* [Altes Hirtenleben und die Schäferverdingung in Stuhlweißenburg]. Alba Regia X. 173-174. Székesfehérvár

DANKÓ, Imre

1971 *The Functions of Hungarian Fairs.* Műveltség és Hagyomány XIII-XIV. 607-617.

1977 *Opuscula Ethnographica.* Debrecen

DEMETER, Zsófia - LUKÁCS, László

1980 *A puszták népe a Mezőföld története. Das Volk der Pußta, Geschichte des Mezőföld-Gebietes.* Székesfehérvár

DEMETER, Zsófia

1981 *Beszélgetések Mátyásdombról* [Gespräche über Mátyásdomb]. Fejér Megyei Szemle 1981. 2. 55-59. Székesfehérvár

DITZ, Henrik

1869 *A magyar mezögazdaság* [Die ungarische Landwirtschaft]. Pest

ERDÉLYI, Zoltán

1959 *A bakonybéli villakészítők balkáni útjai* [Die Heugabelhersteller von Bakonybél auf dem Balkan]. Néprajzi Közlemények IV. 4. 8-18. Budapest

FARKAS, Gábor

1965 *Az előszállási uradalom munkaerőellátottsága a tőkés gazdálkodásra való áttérés idején* [Der Arbeitskräftebedarf des Herrschaftsgutes Előszállás in der Übergangszeit zum Kapitalismus]. Alba Regia IV-V. 147-153.

FÉNYES, Elek

1836 *Magyar országnak, 's a' hozzá kapcsolt tartományoknak mostani állapotja statisztikai és geographiai tekintetben* [Statistik und Geographie Ungarns und seiner Nebenländer]. Pest

1847 *Magyarország leírása* [Beschreibung Ungarns]. Pest

1851 *Magyarország geographiai szótára* [Geographisches Wörterbuch Ungarns]. I-IV. Pest

FŰRÉSZ, Gyula

1981a *Kik voltak a vendelek?* [Wer waren die *vendel*?]. Fejér Megyei Hírlap XXXVIII. 13. 7.

GELENCSÉR, József

1976 *Sárkeresztes földrajzi nevei* [Ortsnamen der Gemeinde Sárkeresztes]. Manuskript. König Sankt Stephan Museum Volkskundliche Datensammlung, Székesfehérvár. Inv. Nr.: 76.7.

1978 *A tövisborona készítése és használata Sárkeresztes községben* [Herstellung und Benützung der Strauchegge in Sárkeresztes]. Néprajzi pályamunkák Fejér megyéből I. 12-18.

1980 *Adalékok Székesfehérvár–Palotaváros néprajzához* [Beiträge zur Volkskunde der Palotaer Vorstadt von Székesfehérvár]. Fejér Megyei Szemle 1980. 2. 21-50.

2009 *A sárkeresztesiek szerepe az árucserében a XX. század első felében* [Die Rolle der Bauern von Sárkeresztes im Warenaustausch in der ersten Hälfte des 20. Jahrhunderts]. Alba Regia XXXVIII. 181-189.

GÉMES, Balázs

1977 *A juhászok ládái és a juhászcéh kérdése a Mezőföldön a XVIII-XIX. században* [Schäfertruhen und Schäferzunft im Mezőföld im 18. und 19. Jahrhundert]. A szekszárdi Béri Balogh Ádám Múzeum Évkönyve VI-VII. 173-197. Szekszárd

GUNDA, Béla

1941 *Az erdélyi pásztorvándorlások* [Siebenbürgische Hirtenwanderungen]. Földrajzi zsebkönyv 1941. 52-56. Budapest

1943 *Wanderer Karpaten-Europas.* Ungarn IV. 249-253. Budapest-Leipzig

1949a *A magyar népi műveltség kelet-európai helyzete* [Die osteuropäische Lage der ungarischen Volkskultur]. Néprajzi Tanulmányok I. 3-19. Budapest

1949b *Vándor román füvesek Erdélyben* [Wandernde rumänische Kräutersammler in Siebenbürgen]. Magyar Nyelvőr LXXIII. 86-88.

1953 *Ethnographische Beziehungen des russischen Wortes „vengerec" („Wanderer, hausierende Händler").* Acta Ethnographica III. 420-435.

1956 *Néprajzi gyűjtőúton* [Auf volkskundlicher Feldforschung]. Debrecen

1972 *Die Bettler in der Gesellschaft eines Dorfes.* Festschrift für Matthias Zender. Studien zu Volkskultur, Sprache und Landesgeschichte. Hg. von Edith ENNEN, Günter WIEGELMANN 625-634. Bonn

1979 *Ethnographica Carpatho-Balcania.* Budapest

1983 *Vándorok a pusztán* [Wandergestalten im Meierhof]. Fejér Megyei Szemle 1983. 1. 7-18. Székesfehérvár.

GYÖRFFY, István
1930 *A cifraszűr* [Verzierter Bauernmantel]. Budapest
HAMBUCH, Wendel
1981 *Der Weinbau von Pusztavám*. Budapest
HEGYI, Imre
1959 *A gajai malmok csuvározásához* [Zur Dienstleistung der Mühlen am Gaja-Bach]. Néprajzi Közlemények IV. 1-2. 216-221.
1978 *A népi erdőkiélés történeti formái (Az Északkelet-Bakony erdőgazdálkodása az utolsó kétszáz évben.)* [Die geschichtlichen Formen der bäuerlichen Waldnutzung im nordöstlichen Bakonyerwalde in den letzten 200 Jahren]. Budapest
HEICZINGER, János
1973 *Bakonycsernye múltja a telepítéstől 1848-ig* [Vergangenheit von Bakonycsernye von der Besiedlung bis 1848]. Bakonycsernye
HELLER, András
1941 *A sommások munkabére* [Arbeitslohn der Saisonarbeiter]. Magyar Statisztikai Szemle XIX. 381-401.
ILA, Bálint - KOVACSICS, József
1964 *Veszprém megye helytörténeti lexikona* [Ortsgeschichtliches Lexikon des Komitats Veszprém]. Budapest
ILLYÉS, Gyula
1936 *Puszták népe* [Pußtavolk]. Budapest
1947 *Pusztavolk. Roman einer Volkskaste*. München
JAKŠIĆ, Ivan
1962 *Srbi u Stolnom Beogradu*. Novi Sad
KÁLLAY, István
1971 *Székesfehérvár haszonvételei 1688-1790* [Die Regalien der Stadt Stuhlweißenburg 1688-1790]. Fejér megye Történeti Évkönyv V. 45-102.
1979 *Adony*. Fejér megyei Történeti Évkönyv XIII. 41-72.
KÁROLY, János
1896-1904 *Fejér vármegye története* [Geschichte des Komitates Weißenburg]. I-V. Székesfehérvár
LENCSÉS, Ferenc
1964 *A summásgazda* [Wirt der Saisonarbeiter]. Agrártörténeti Szemle VI. 476-487.
1965 *Az idénymunkások helyzete az előszállási uradalomban 1940-1944* [Die Lage der Saisonarbeiter im Herrschaftgut Előszállás 1940-1944]. Agrártörténeti Szemle VII. 571-587.
1982 *Mezőgazdasági idénymunkások a negyvenes években* [Landwirtschaftliche Saisonarbeiter in den 1940er Jahren]. Budapest
LOSONCZI, István
1848 *Hármas kistükör* [Lehrbuch der Geographie, des Rechts und der Geschichte des Ungarischen Königreiches]. Pest
LUKÁCS, István
1981 *A székesfehérvári Palotai városrész* [Die Palotaer Vorstadt von Stuhlweißenburg]. Székesfehérvár

LUKÁCS, László

1988 *Märkte in Székesfehérvár.* Műveltség és Hagyomány XXIII-XXIV. 183-191. Debrecen

2013 *Puszták népe és a néprajz* [Das Pußtavolk und die Volkskunde]. Néprajzi Hírek XLII. 2. 26-34.

PESTY, Frigyes

1977 *Helységnévtár. Fejér megye* [Ortsnamenlexikon des Komitats Weißenburg]. Fejér Megyei Történeti Évkönyv XI. 161-305.

SÁNDOR, István

1956 *Otthon és summásság a mezőkövesdi matyók életében* [Zuhause und Saisonarbeit im Leben der Bewohner von Mezőkövesd]. Néprajzi Értesítő XXXVIII. 185-196.

SÁRKÖZI, Zoltán

1972 *A summások* [Die Saisonarbeiter]. A parasztság Magyarországon a kapitalizmus korában 1848-1914. Hg. István SZABÓ. II. 321-381. Budapest

SCHINDELE, Ildikó

1978 *A móri kádárok élete és munkája* [Leben und Arbeit der Mórer Fassbinder]. Néprajzi pályamunkák Fejér megyéből I. 24-37.

SEIDEL, Ignaz

1898 *Chronologische Erzählung der Ereignisse und Begebenheiten in der Herrschaft Csókakő-Moor im Stuhlweißenburger Comitat in Ungarn.* Steyr

SOLYMOS, Ede

1958 *Rekesztő halászat a Velencei-tavon* [Speerfischerei auf dem See von Velence]. Székesfehérvár

1965 *Dunai halászat. Népi halászat a Magyar Dunán* [Donaufischerei. Volksfischerei der ungarischen Donau]. Budapest

1996 A Velencei-tó halászata [Fischerei auf dem See von Velence].

SOMKÚTI, Éva

1978 *Székesfehérvár kereskedelmi élete a XIX. század közepén* [Der Handel in Stuhlweißenburg in der Mitte des 19. Jahrhunderts]. PAB-VEAB Értesítő. 149-156. Székesfehérvár

SZABADFALVI, József

1970 *Az extenzív állattenyésztés Magyarországon* [Extensive Viehzucht in Ungarn]. Debrecen

SZABÓ, István

1931 *Fejérvármegye és Székesfehérvár szab. kir. város törvényhatóságainak almanachja* [Almanach der Munizipalbehörden des Komitats Weißenburg und der königlichen Freistadt Stuhlweißenburg]. Székesfehérvár

SZABÓ, Zoltán

1938 *Cifra nyomorúság. A Cserhát, Mátra, Bükk földje és népe* [Glänzendes Elend. Land und Volk der Gebirge Cserhát, Mátra und Bükk]. Budapest

TAKÁCS, Imre

1972 *Vallomás a búcsúról* [Geständnis über Wallfahrt]. A csönd órái. Fejér megyei írók antológiája. 303-316. Székesfehérvár

TÁLASI, István

1936 *A Kiskunság népi állattartása* [Tierhaltung der Einzelbauern in Kleinkumanien]. Budapest

TÁNCSICS, Mihály
1978 *Életpályám* [Mein Lebenslauf]. Budapest
VÉRTES, József
1910 *Kétszáz esztendő. A székesfehérvári Kereskedelmi Társulat története az 1712. év óta* [Zweihundert Jahre. Geschichte der Handelsvereinigung von Stuhlweißenburg seit 1712]. Székesfehérvár
1938 *Székesfehérvár szab. kir. város kereskedelmének története* [Geschichte des Handels der königlichen Freistadt Stuhlweißenburg]. Székesfehérvár és Fejérvármegye ipara és kereskedelme Szent István évében. 99-187. Székesfehérvár
VOIGT, Vilmos
1988 *Pannonischer Folklorewarenaustausch.* Märkte und Warenaustausch im pannonischen Raum. Hg. von László LUKÁCS. 144-149. Székesfehérvár
WEKERLE, Alexander
1896 *Das Weißenburger Comitat.* Die österreichisch-ungarische Monarchie in Wort und Bild. Ungarn IV. Band. 525-576.

Der Innenmarkt von Székesfehérvár auf dem Rathausplatz. Zeichnung von Gusztáv Zombory, 1868

ALTHERGEBRACHTE BEZIEHUNGEN DES VOLKES DER OBEREN WART ZU TRANSDANUBIEN

Als Herder-Stipendiat an der Universität Wien hatte ich 1978-79 wiederholt die Gelegenheit, die ungarischen Siedlungen der burgenländischen Oberen Wart – Felsőőr (Oberwart), Alsóőr (Unterwart) und Őrisziget (Siget in der Wart) – aufzusuchen. Diese ersten kurzen Besuche ergaben bloß eine flüchtige Bekanntschaft und eine Ortsbesichtigung. Eine echte volkskundliche Feldforschung konnte ich erst im Mai 1981 aufnehmen, als ich mit der Unterstützung der Ungarischen Akademie der Wissenschaften sowie meines Arbeitgebers, des König Stephan Museums in Székesfehérvár, eine Woche in der Oberen Wart verbringen konnte. Schon früher habe ich an den Vorlesungen, im Seminar von Professor Károly Gaál die volkskundlichen Forschungsergebnisse und die wichtigsten Publikationen in Bezug auf das burgenländische Ungartum kennengelernt.[1] Bei meiner Feldforschung in der Oberen Wart war ich hauptsächlich an den Fragen der Volksbräuche, Volkslieder, Balladen sowie der Volksarchitektur interessiert. Die Forschungen brachten auch Licht in die althergebrachten Kontakte des Volkes der Oberen Wart mit Transdanubien. Die Hauptformen dieser Beziehungen realisierten sich in der Beförderung von Bauholz und Obst in den westlichen und mittleren Teil Transdanubiens, bzw. von Wein und Getreide auf dem Rückweg, im Viehhandel sowie in landwirtschaftlichen Saisonarbeiten in den transdanubischen Herrschaftsgütern.[2]

Von Fuhrleuten, die aus der Oberen Wart Bauholz und Bretter brachten, hörte ich zum ersten Mal in den Dörfern des Káler Beckens, im westlichen Teil des Komitates Veszprém. Hier erzählen alte Leute auch heute noch von westungarischen Hienzen und Ungarn aus der Wart, die mit schweren Zugpferden Wagenladungen von Balken, Brettern und leeren Weinfässern herbrachten. Das Holz tauschten sie gegen Wein und Getreide. Dazu mein Gewährsmann aus Köveskál, Károly Mohos (geb.1901): „Die steierischen Hienzen kamen mit Wagen, mit großen Kummetpferden, die hatten ein Kummetgeschirr um den Hals. Die Seite des Wagens bestand aus zwei Fichtenstangen, der Wagen hatte vier Kipfen, dazwischen waren Bretter, Latten, Balken, Sperrholz. Nur der Fuhrmann hatte einen Stroh- oder Heusitz, seine Beine hingen herab auf die Wagenstange. Hinten war ein riesiger Schragen aus drei Latten, darin hielten sie das Heu für die Pferde. Oft kamen bis zu zehn Wagen hintereinander. Oben auf dem Holz standen die leeren Fässer, manchmal waren es sogar vier, und da konnten sie in einem Wagen zwanzig bis fünfundzwanzig Hektoliter Wein mitnehmen. Bis in die 1920er Jahren kamen sie hierher. Sie kamen aus der Richtung von Tapolca, über Mindszentkálla. Sie stiegen beim großen Wirtshaus ab. Wenn sie abends eintrafen, so übernachteten sie auch dort. Sie fuhren nach Tagyon, Zánka, Antalfa. Im Stall des Wirtshauses war Platz für dreißig Pferde, den Wagen stellten sie unter den Wagenschuppen. Am Morgen fuhren sie weiter. Auch auf dem Rückweg übernachteten sie hier. Wer Holz brauchte, bestellte es bei ihnen. Manchmal konnte man es auch frei kaufen. Auch

Der Weinkeller der Oberwarter Weinhändlers Sándor Pál auf dem Weinberg von Köveskál (Kom. Veszprém). Baujahr 1901. Aufnahme von László Lukács, 1982

für Wein konnte man Holz kaufen. Den Wein verluden sie oben auf dem Weinberg. Sie brachten auch Kisten voll mit roten Äpfeln, die waren auch innen rot. Die verkauften sie für Geld, sehr billig. Sie kamen aus Felsőőr, Pinkafő, Zalalövő. Das Holz holten sie aus der Steiermark. Die Hienzen konnten ungarisch, sie sprachen fehlerhaft, wie die hiesigen Schwaben." Mein Gewährsmann erwähnte auch Felsőőr (Oberwart) als Herkunftsort der Fuhrleute. Die aus den Forschungen von Samu Imre bekannte Form des zum Holz- und Weintransport benützten Wagens hat er in seinem Gedächtnis genau behalten. In seiner Abhandlung *A felsőőri földművelés* [Ackerbau in Oberwart] schrieb Samu Imre im Jahre 1941, in Oberwart gelte das Fuhrwesen gleichsam als Zweitberuf; vor dem Ersten Weltkrieg habe ein beachtlicher Teil der Dorfbevölkerung davon gelebt.[3] In seiner Vorlesung anlässlich der Hungarologischen Tage (Pädagogische Hochschule Szombathely, 1986) erwähnte Samu Imre, gebürtig aus Oberwart, dass sein Großvater mütterlicherseits in Oberwart zu seinem Familienname *Varga* das Attribut *Fa* (=Holz, der Hölzerne) bekam und fortan „Fa Varga" genannt wurde, da er Bretthändler (ung. *deszkás*) war. Im Dialektwörterbuch von Oberwart (*Felsőőri tájszótár*) von Samu Imre informieren uns die Stichwörter *borfás szekér* (Weinwagen) und *deszkás szekér* (Bretterwagen) über die Form des Wagens, der zum Wein- bzw. Holztransport benützt wurde.[4] Der Weinwagen ist uns auch aus der Abhandlung von Zsigmond Csoma und dem Buch von Károly Gaál bekannt.[5] An den vier Ecken des Bretterwagens stand je eine senkrechte Stange, Kipf (ung. *rakonca*) genannt, der Boden bestand aus zwei starken Brettern. Auf dem Weinwagen waren diese Bodenbretter durch das sog. Fassgestell (ung. *borfa*) ersetzt, ein Gestell aus zwei starken Stangen für den Transport von Weinfässern. Das einzige erhalten gebliebene Fassgestell aus der Oberen Wart ist heute in Unterwarter Heimathaus zu sehen. Auf den Weinwagen wurden gewöhnlich 2-3 große Transportfässer aufgeladen, die nicht größer als 700 Liter sein durften, da größere Fässer die Stabilität des Wagens gefährdet hätten. Zum Wagentransport sollen sich am besten die Fässer bis zu 500 Liter geeignet haben. Somit bestand eine Wagenladung (ung. *kocsiterhe*) aus 2 Fässern zu 700 oder 3 Fässern zu 500 Liter das Stück. Die auf dem Fassgestell ruhenden Fässer wurden auch mit einer Kette fixiert.

Ausführlich bekannt ist uns die Tätigkeit eines Weinhändlers aus Oberwart, der sich später im Káler Becken niedergelassen hat. Sándor Pál wurde in der Zwischenkriegszeit der Retter von Köveskál genannt, weil er den Weinhandel zwischen dem Káler Becker und dem westlichen Grenzgebiet, dem Burgenland, auch dann fortsetzte, als die übrigen Weinhändler infolge der neuen Staatsgrenze und der Weltwirtschaftskrise nur viel weniger oder gar keinen Wein mehr kauften. Sándor Pál kam in den 1870er Jahren nach Köveskál, wo er 1901 einen auch heute bestehenden, mächtigen Keller am Weinberg bauen ließ, und später noch zwei weitere. In seinen Kellern lagerte er die guten Weine, die er im Káler Becken aufkaufte, und ließ sie auch nach 1921 nach Oberwart transportieren. Auf dem Rückweg brachten seine Wagen Bauholz, Weinpfähle und Latten.

In seinem Buch *Gemälde von Ungern*, herausgegeben 1829 in Pest, schreibt Johann von Csaplovics, die Leute aus der Wart und Kemenesalja im Komitat Vas (Eisenburg) seien wackere Fuhrwerker.[6]

Über den Bretter-, Apfel- und Getreidetransport aus der Steiermark lesen wir Folgendes im Jahrgang 1885 der Zeitschrift *Magyar Nyelvőr* [Ungarischer Sprachwächter] in einem Gespräch zwischen zwei Männern aus Siget in der Wart:

- Guten Morgen!
- Grüß Gott!
- Wo eilst du denn hin?
- Ich möchte meine Pferde zum Schmied bringen, will aber zuerst schauen, ob er zu Hause ist. Die brauchen schon wieder neue Hufeisen.
- Ja, ja. Ich war weg, um Bretter zu holen, bin erst in der Nacht nach Hause gekommen. Der Weg war schlecht, die Fracht war schwer. Auch Äpfel habe ich gebracht.
- Jetzt gebe ich sie hinauf auf den Dachboden; wenn ich dann einmal nach Zala fahre, nehme ich's mit und vertausche es für Getreide."[7]

István Kincs, geboren in Oberwart, Schriftsteller und Pfarrer von Kőszeg (Güns), schreibt Ende des 19. Jahrhunderts in zwei Erzählungen über die Oberwarter Bretterhändler. In seiner Erzählung *Az országút statutumai* [Statuen der Landstraße] ergibt sich ein Konflikt daraus, dass die Oberwarter Bretterhändler auf der Landstraße Kraft Gesetz selbst der Kutsche des Stuhlrichters nicht auszuweichen haben. Die Tätigkeit der Bretterhändler wird folgendermaßen geschildert: „Die kommen und gehen immerfort. Am längsten sind sie vielleicht nur dann zu Hause geblieben, als sie geboren wurden. Vor ein paar Jahrzehnten durchwanderten sie nicht nur Transdanubien, sondern gelangten etliche Male über das Donaueis auch in die Theißgegend. Bretter hätten sie sogar in die Hölle gebracht, wenn nur eine Landstraße hingeführt hätte… Auf der Straße nach Szombathely (Steinamanger) fahren sie so oft, dass sie selbst die Eisenbahn übertreffen." In seiner Erzählung *Az utolsó deszkás* [Der letzte Bretterhändler] beschreibt István Kincs seine Begegnung mit einem Oberwarter Bretterhändler bei der Burg Tátika unweit vom Plattensee: „Ich erkannte den gedrungenen Typ, mit seinem kurzgeschnittenen Schnurrbart… Er trug eine geschnürte blaue Jacke, eine Weste mit Silberknöpfen, die aus Blech waren, und eine geschnürte Lederhose.

– Sie sind wohl aus Oberwart? – frage ich ihn freundlich. Zunächst schien er erstaunt zu sein, dass ich ihn erkannt habe. Doch fiel ihm dann ein, dass es Zeiten gegeben hatte, in denen man den Warter Fuhrmann in ganz Transdanubien erkannte. Stolz hob er seinen Kopf und sagte selbstbewusst:

– Jawohl, mein Herr, ich bin aus der OberenWart.
– Und wie sind Sie hergekommen?
– Wie?! – fragte er erstaunt – habe halt Bretter hergebracht und werde Wein mitnehmen.
– Und Ihr seid noch immer Fuhrleute?
– Nun, wir sind eben dazu geboren."[8]

In seiner Arbeit *A Felső Őr-vidék népe és nyelve* [Volk und Sprache der Oberen Wart, 1903] schildert Ignác Varga die verschiedenen Arbeiten der Warter in Transdanubien: „Die findigen und unternehmungslustigen Menschen aus der Wart gehen nach wie vor vier, fünf verschiedenen Gewerben nach: sie bestellen den Acker, schnitzeln und basteln, betreiben ein Wirtshaus und treiben außerdem auch Handel, sie fahren ‚hinunter' nach Ungarn mit Brettern, Sieben und dergleichen, gelangen in die übrigen Teile des Komitates Vas sowie in die Komitate Sopron, Zala, Somogy, Veszprém und noch weiter, bringen auf dem Rückweg Wein, Getreide und Obst. Selbst wenn man noch so viel sucht, findet man unter ihnen keinen Erwachsenen, der das halbe Transdanubien nicht Ort für Ort kennen würde. Auch zur Ernte und zu sonstigen Arbeiten gehen sie nach Ungarn, so dass eine ständige Verbindung zwischen den eingekeilten Bewohnern der gebirgigen Wart und den übrigen Ungarn des Flachlandes erhalten bleibt."[9]

In seinem Buch *A Felsőőri magyar népsziget* [Ungarische Sprachinsel in der Oberen Wart] erwähnt Márton Kovács, dass das Klima des Pinka-Tales überaus günstig für die Forst- und Wiesenwirtschaft ist. Als Folge der vielen Wälder entwickelte sich die Holzindustrie, während die vielen Wiesen die Viehzucht förderten. Im 19. Jahrhundert galten die Warter als berühmte Holz- und Viehhändler.[10] Aus dem Nachlassinventar des György Horváth (Unterwart) und seiner Frau Zsuzsanna Seper aus dem Jahre 1770 erfahren wir, dass zum Hause der Erblasser Weinfässer gehören nach Ungarland; der Erbe, der sie „hinunter transportiert", bekommt von seinen Miterben einen Groschen je Eimer. Anhaltspunkte für die „Handelsrouten" des György Horváth: In Szombathely war man ihm den Preis von Brettern, 9 Gulden und 50 Groschen, schuldig, in Veszprém schuldete er dem Eisenhändler 83 Gulden.[11] In seinem Unterwarter Heimatbuch (1976) schreibt Károly Seper, der letzte Unterwarter Fuhrmann sei János Farkas gewesen, der in den 1930er Jahren Bretter und Bauholz nach Transdanubien transportierte. Sein Sohn Ferdinand Farkas ist heute Holzhändler und Eigentümer einer Sägemühle. Viele Unterwarter trieben einen regen Tauschhandel mit Obst aus der Steiermark, welches sie in Transdanubien für Getreide und Mehl eintauschen. Ein bekannter Schweinehändler war Károly Ferber, der Unterwart und die Umgegend mit den kraushaarigen und fetten Pogaunerferkeln und Frischlingen aus der Balaton-Gegend belieferte.[12]

Es stellt sich nun die Frage, seit wann sich die Warter dem Zwischenhandel zwischen den Großlandschaften widmeten. Ihre geographische Lage im Grenzgebiet Transdanubiens, der Steiermark und Niederösterreichs begünstige zweifellos ihre Vermittlerrolle. Als Grenzer seit dem Mittelalter dem Kleinadel angehörend, brachte ihnen ihre priviligierte Rechtsstellung die Zollfreiheit ein, ebenfalls ein nicht unwesentlicher Grund zu ihrer aktiven Beteiligung am Zwischenhandel. Im 16.-17. Jahrhundert trieben sie Viehhandel aus Transdanubien – damals noch unter türkischer Besatzung – nach der Steiermark und Niederösterreich.[13] Nach der Befreiung Transdanubiens von der Türken (1683-1688) nahm im 18.-19. Jahrhundert sowie in den beiden ersten Jahrzehnten des 20. Jahrhunderts neben dem Viehhandel der bereits geschilderte Holz-, Wein- und Getreidehandel immer mehr zu. Die daraus erzielten Einkünfte stellten eine willkommene Ergänzung der schwachen Ernteerträge dar, die von den Oberwarter Feldern mittlerer oder schlechter Qualität eingebracht werden konnten. Demselben Zweck dienten in der zweiten Hälfte des 19. und in den beiden ersten Jahrzehnten des 20. Jahrhunderts die Erntearbeit und die verschiedenen landwirtschaftlichen Saisonarbeiten in den transdanubischen Herrschaftsgütern.

Während meiner volkskundlichen Feldforschung lernte ich in Unterwart Ferenc Palank kennen, der im Herbst 1920 in Feketepuszta (heute: Mátyásdomb) bei Enying (Kom. Fejér/Weißenburg) mit sechzig seiner Dorfleute als Saisonarbeiter tätig war. Aus der Entfernung von sechs Jahrzehnten erinnerte er sich daran wie folgt: „Wir sind eigentlich für die Maisernte, nur für zwei Monate, hingegangen. Aber wenn es mit dem Mais gerade nichts zu tun gab, dann fütterten wir das Vieh, pflügten, hoben Zuckerrüben aus – wir taten eben, was es zu tun gab. Mit vier Ochsen pflügten wir die Ecken und Enden der Äcker, die der Dampfpflug nicht erfassen konnte; wir pflügten mit dem Doppelpflug, einen halben Meter tief. Der Lohn betrug 700 Kronen und 7 Doppelzentner Mais in der ersten, 600 Kronen und 6 Doppelzentner Mais in der zweiten Klasse, das wurde alles per Eisenbahn heimgebracht, zur Rotenturmer Station. Wir wohnten mit den Wenden im Stall. Die Herrschaft bezahlte die Köchin für uns, auch der Bäcker kam aus Unterwart. Der hat jeden Tag zweimal Brot gebacken. Zu essen gab es, soviel wir brauchten – ein so gutes Schafsgulasch habe ich seither nie gegessen. Damals war die Herrschaft hauptsächlich mit der Mast von Rindern beschäftigt. Auch das Jungvieh und die zu alten Stücke wurden gemästet und als Mastvieh verkauft. Auch den Abfall aus der Schnapsbrennerei verfütterte man dem Vieh. Wir waren im Herbst dort, sechzig Männer aus Unterwart. Ich war mit meinen siebzehn Jahren ein kräftiger Junge und leistete gute Arbeit, so dass ich in der ersten Klasse bezahlt wurde. Der Lohn hing von der geleisteten Arbeit ab. Ich kann mich auch heute noch, nach sechzig Jahren, so gut an Feketepuszta erinnern, als wäre es vor zwei Jahren gewesen. Käme ich wieder hin, ich würde gewiss alles wieder erkennen."

Infolge der veränderten geschichtlichen Umstände haben sich die aus wirtschaftlicher Notwendigkeit hergestellten transdanubischen Kontakte der Oberwarter Ungarn nach dem Ersten und erst recht nach dem Zweiten Weltkrieg merklich gelockert. Mit der Aufdeckung und Schilderung dieser althergebrachten Beziehungen verfolgte ich vor allem das Ziel, aufgrund dieser langjährigen Tradition die Festigung und Vertiefung der heutigen wirtschaftlichen, kulturellen, wissenschaftlichen, beruflichen und menschlichen Kontakte zwischen Transdanubien und dem Burgenland zu fördern.

[Die Studie ist in ungarischer und deutscher Sprache erschienen:
Lukács, László: *Felső-Őrség népének régi kapcsolatai a Dunántúllal.* Hungarológiai Napok I. Hg. von László Szalay. 1986. 223-230. Szombathely
Lukács, László: *Althergebrachte Beziehungen des Volkes der Oberen Wart zu Transdanubien.* Burgenländische Heimatblätter XLVIII. 1986. 191-197. Eisenstadt]

Anmerkungen

1 Siehe dazu: Zs. Csoma: *A magyar anyagi kultúra és népi társadalom kutatása Ausztriában (1970-1981)* [Die Erforschung der ungarischen materiellen Kultur und volkstümlichen Gesellschaft in Österreich]. A határainkon kívüli magyar néprajzi kutatások. Hg. von M. R. Szabó, Budapest 1984, S. 199-207; L. Lukács: *A magyar szellemi néprajz kutatása Ausztriában* [Die Erforschung der ungarischen Folklore in Österreich]. A határainkon kívüli magyar néprajzi kutatások. Budapest 1984, S. 208-218.

2 Zs. Csoma: *Adatok a Kál-völgyi ceregyerek-rendszerhez. (Ceregyerekek és a borkereskedelem kapcsolata a 19. század végén - 20. század elején)* [Angaben zum Tauschkind-System im Káler-Becken. (Die Verbindung zwischen Tauschkindern und dem Weinhandel am Ende des 19. und Anfang des 20. Jahrhunderts)]. A Veszprém Megyei Múzeumok Közleményei Bd. 16, 1982, S. 331-341.; L. Lukács: *Vándoralakok, vándormunkások és a területi munkamegosztás Kelet-Dunántúlon* [Wandergestalten, Wanderarbeiter und die territoriale Arbeitsteilung in Ost-Transdanubien]. Alba Regia Bd. 20, Székesfehérvár 1983, S. 185-199. Zs. Demeter: *Summások Fejér megyében* [Landwirtschaftliche Saisonarbeiter im Komitat Weißenburg]. Alba Regia Bd. 21, Székesfehérvár 1984, S. 221-234.; Zs. Csoma: *Beschaffung von weichem Bauholz (Nadelholz) in Mittel-Transdanubien.* Ideen, Objekte, Lebensformen. Gedenkschrift für Zsigmond Bátky. Hg. von B. Gunda, L. Lukács, A. Paládi-Kovács. Székesfehérvár, 1989. 227-236.; Zs. Csoma: *Bäuerlicher und kleinadeliger Weintransport und Fuhrleute zwischen dem Vorraum der Ostalpen und dem ungarischen Transdanubien.* A Magyar Mezőgazdasági Múzeum Közleményei 1992-1994. 59-87. Budapest

3 S. Imre: *A felsőőri földművelés* [Ackerbau in Oberwart] Debrecen 1941, S. 6-7.

4 S. Imre: *Felsőőri tájszótár* [Dialektwörterbuch von Oberwart] Budapest 1973, S. 35, 46.

5 Zs. Csoma: *A hagyományos borértékesítés rendszere és felbomlása a Káli-medencében* [Das System und die Auflösung des traditionellen Weinhandels im Káler-Becken] A Veszprém Megyei Múzeumok Közleményei Bd. 16, Veszprém 1982, S. 336. Károly Gaál: *Zum bäuerlichen Gerätebestand im 19. und 20. Jahrhundert.* Wien 1969, S. 84 Taf. 9/3.

6 J. v. Csaplovics: *Gemälde von Ungern.* Pest 1829, Bd. 2. S. 112.

7 J. Luka: *Népnyelvhagyományok* [Mundartliche Traditionen] Magyar Nyelvőr Bd. 16. Budapest 1885, S. 518.

8 I. Kincs: *Tarka világ* [Bunte Welt]. Szombathely 1895, S. 78-88, 155-161.

9 I. Varga: *A Felső Őrvidék népe és nyelve* [Volk und Sprache der Oberen Wart]. Nyelvészeti Füzetek. Hg. von Zs. Simonyi. Nyelvjárási Tanulmányok Bd. 1, Budapest 1903, S. 7.

[10] M. Kovács: *A felsőőri magyar népsziget* [Die ungarische Sprachinsel in Oberwart]. Település- és Népiségtörténeti Értekezések Bd. 6, Budapest 1942, S. 754.

[11] K. Gaál: *Zum bäuerlichen Gerätebestand im 19. und 20. Jahrhundert*. Wien 1969, S. 38-42.

[12] K. Seper: *Unterwarter Heimatbuch. Geschichte, Kultur und Wirtschaft einer südburgenländischen Gemeinde*. Unterwart 1976, S. 72.

[13] E. Deák: *Wirtschaftshistorische und soziale Aspekte in der Neuzeit (1574 –1848)*. Die Obere Wart. Hg. L. Triber. Oberwart 1977, S. 203-205.

Der untere Stadtteil von Oberwart mit der Hauptstraße und der katholischen Kirche. *Vasárnapi Ujság* [Sonntagszeitung] 1857. 88.

DIE SPÄTENTSTEHUNG DES FARMGEHÖFT-SYSTEMS AUSSERHALB DER GROSSEN UNGARISCHEN TIEFEBENE

ENTSTEHUNG UND UNTERGANG BÄUERLICHER FARMGEHÖFTE IM MEZŐFÖLD

Das *tanya*-System, wie die ungarische Fachliteratur die neuzeitlichen sekundären Streusiedlungen – einschließlich der Bewirtschaftung der landwirtschaftlichen Bodenflächen – nennt ist ein System, welches historisch bedingten Veränderungen ausgesetzt war. Es ist in der Tat ein – traditionell bedingt – häufiges Thema der ungarischen Volkskunde, der Geschichtswissenschaft, der Soziographie, der Soziologie und der modernen Siedlungsplanung, vor allem deshalb, weil ein beträchtlicher Teil der Bevölkerung der Großen Ungarischen Tiefebene in der Neuzeit in Einzelhöfen lebte, bis das *tanya*-System seit den 1960er Jahren auf Anregung der Zentraldirigierung abgebaut wurde. Eine Spätentstehung des *tanya*-Systems erfolgte auch außerhalb der Tiefebene, ist aber bisher nur unzureichend bekannt. Die vorliegende Arbeit soll einen derartigen Fall aus dem transdanubischen Mezőföld-Gebiet schildern.

Tanya-System in der Tiefebene

In der Tiefebene, einer der vier großen Regionaleinheiten Ungarns östlich der Donau, begannen seit Anfang des 19. Jahrhunderts ganze Familien, ihren ständigen Wohnsitz aus geschlossenen Siedlungen (Agrarstadt) in Einzelhöfe in der Flur (b) zu verlegen. Die Kernfamilien verbrachten nur eine bestimmte Phase ihres Lebens in diesen Gehöften, die der aus mehreren Generationen bestehenden Großfamilien gehörten, kehrten sodann in die Stadt, in den Hof der Familie zurück und wurden im *tanya*-Gehöft von einer anderen Generation der Familie abgelöst. Das Gehöft in der Flur heißt auf ungarisch *tanya* und das einschlägige Wirtschaftssystem *tanya*-Wirtschaft. Die letzte Stufe des Systems ist die Farm-*tanya* (c), die seit der zweiten Hälfte des 19. Jahrhunderts in Erscheinung trat und eine echte Agrarfarm ist, wo der Eigentümer Zeit seines Lebens ständig wohnte, da er in der geschlossenen Siedlung seiner Herkunft kein Wohnhaus mehr besaß. Die *tanya*-Typen (b) und (c) existierten lange Zeit parallel nebeneinander.

Den Rahmen dieser Entwicklung bildete in der Großen Ungarischen Tiefebene der Umstand, dass dieses Tiefland eines jener Gebiete Europas war, wo die Siedlungsstruktur praktisch nur aus Agrarstädten ohne Dörfer bestand (Hofer 1987). Den Agrarstädten wurden die Dorffluren des im Spätmittelalter zerstörten – und nie wieder rekonstruierten – Dorfsystems angeschlossen, wodurch die Städte über höchst umfangreiche Gemarkungen verfügten. Diese wurden Jahrhunderte hindurch mittels einer Viehzucht im *ranch*-System nutzbar gemacht. Vom Spätmittelalter bis zur Mitte des 18. Jahrhunderts war dieses Gebiet die Basis des beachtlichen ungarischen Rinderexports, so dass Tamás Hofer die hiesige Wirtschaft als „Rinderzucht-Monokultur" bezeichnete (1985).

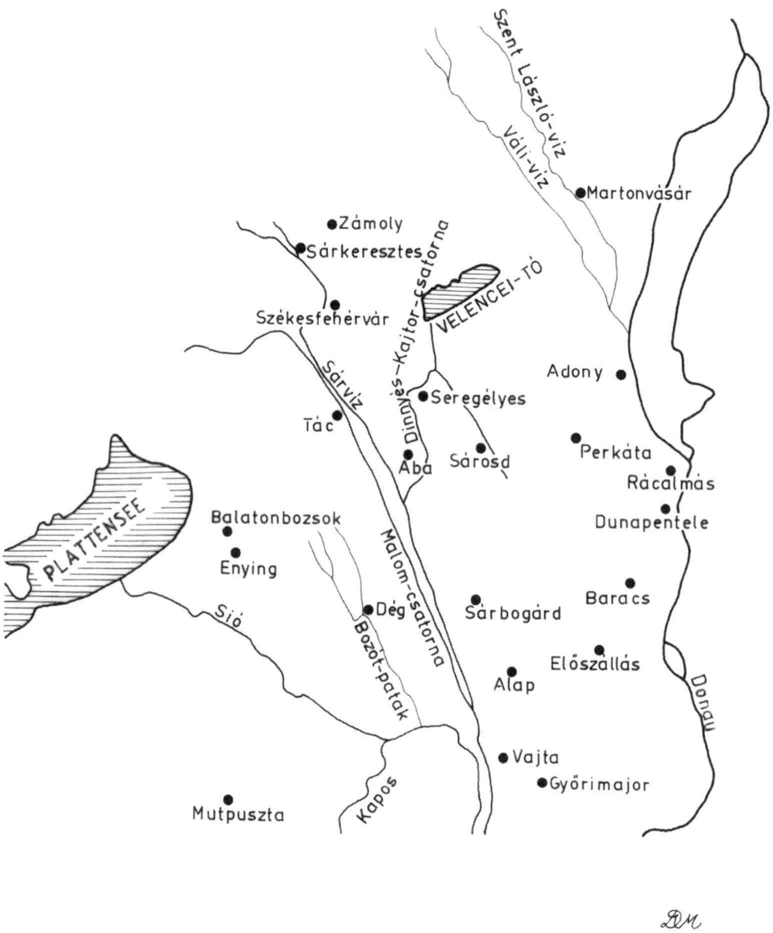

Farmgehöft-Siedlungen im Mezőföld in der ersten Hälfte des 20. Jahrhunderts

Gleichlaufend mit der Umschaltung auf die Getreide-Monokultur veränderte sich auch die Siedlungsstruktur des Raumes. Während in den entlegenen Flurteilen früher nur die der Viehhaltung dienenden einfachen Bauten standen, erschienen seit der zweiten Hälfte des 18. Jahrhunderts *tanya*-Häuser (a), die immer mehr mit dem Getreidebau verbunden waren. Die Entwicklung des *tanya*-Systems wurde in der Großen Ungarischen Tiefebene durch den bäuerlichen Grundbesitz, die freie Nutzung der Felder und die Flurbereinigung ermöglicht.

Bei der Untersuchung des *tanya*-Systems der Tiefebene kommen manche Fragen häufig vor: spontane Entwicklung, rationelle Bewirtschaftung, Gegentrends zum Zentraldirigismus des 18.-19. Jahrhunderts, Beziehung der im Einzelhof Lebenden zur Agrarstadt ihrer Herkunft. Gewiss wurde die vorliegende Arbeit über das Mezőföld-Gebiet auch durch Gesichtspunkte beeinflusst, die bei der Erforschung des klassischen *tanya*-Raumes, der Tiefebene, auftauchten.

Tanya-System außerhalb der Tiefebene

Der hervorragende österreichische Forscher Arthur Haberlandt schrieb in seiner Abhandlung *Kulturgeographische Aufgaben der Volksforschung im pannonischen Raum*, die Gehöfte östlich der Donau bis Siebenbürgen seien für die ungarische Kulturlandschaft bezeichnend (Haberlandt 1938, 77). In ihrer Antwort erwähnte Edit Fél, die Gehöfte (*tanya*) kämen auch in Transdanubien vor (1938, 66). In der ungarischen volkskundlichen Literatur sind sekundäre Streusiedlungen nur aus zwei Gegenden Transdanubiens bekannt. Edit Fél beschrieb in ihrer volkskundlichen Dorfmonographie die Gehöfte bei Kocs (Kom. Komárom) und Aurél Vajkai die von Szentgál (Kom. Veszprém) (Fél 1941, 45-46; Vajkai 1959a, 223-227; 1959b, 80-81). Die Entstehung der Gehöfte bei Szentgál sowie ihren Untergang in den 1950-60er Jahren schilderte Márta Tamás in ihrem Buch (2012). Über die Gehöfte von Gúta (Kom. Komárom) und deren benachbarten Dörfer hat Béla Angyal eine vorbildliche Zusammenfassung erstellt (2012).

In der Siedlungsstruktur des Mezőföld-Gebietes im östlichen Transdanubien traten neben den herrschaftlichen Meierhöfen erst in der zweiten Hälfte des 19. und noch mehr in der ersten Hälfte des 20. Jahrhunderts die Farmgehöfte der Kleinbauern in Erscheinung. Ihre Entwicklung wurde durch die Kommassierung der Bauernbesitzungen und die Parzellierung der mittleren und großen Grundbesitze ermöglicht.

Die in der Entwicklung der ungarischen Landwirtschaft bedeutenden Modellwirtschaften (z. B. die Herrschaftsgüter des Barons Josef Lilien in Ercsi oder der Familie Brunswick in Martonvásár) sowie die soziographische Literatur des 20. Jahrhunderts (vor allem das Werk *Pußtavolk* von Gyula Illyés) stellten das Mezőföld-Gebiet im öffentlichen Bewusstsein als die typische Gegend des Großgrundbesitzes dar. Zweifellos war in ihrer Landwirtschaft die auf einem wohl organisierten System der Meierhöfe beruhende „herrschaftliche Wirtschaft" die wichtigste, aber doch nicht die einzige Form der Bewirtschaftung. Neben den großen und mittleren Domänen existierten in den Marktflecken und Dörfern der Gegend auch Bauernwirtschaften, die als Ergebnis der Abschaffung der Leibeigenschaft entstanden waren (nach 1848). Im 19. Jahrhundert entwickelten sich diese nur selten in Richtung Farm-Bildung. In der Gemarkung der meisten Siedlungen war bis Mitte des 20. Jahrhunderts nicht einmal die Kommassierung durchgeführt, und so fehlte eine der wichtigsten Voraussetzungen zur Entwicklung des Gehöftsystems.

Gemälde des Einzelhofes von János Mészáros P. in der Gemarkung von Sárkeresztes, 1944

Kommassierung und Farm-Bildung

Die Kommassierung oder Flurbereinigung besteht darin, die aus vielen kleinen, zerstreuten Teilen bestehenden Besitzungen der Bauern – ein Überbleibsel der Dreifelderwirtschaft aus der Zeit der Leibeigenschaft – zusammenzulegen; somit bekam dann jeder seinen Anteil in einem Stück oder vielleicht in zwei oder drei Teilen. In den meisten Ortschaften der Tiefebene fand die Kommassierung in der zweiten Hälfte des 19. Jahrhunderts oder um die Jahrhundertwende statt – hier ist eine rasche Entwicklung des Gehöftsystems zu beobachten. Einige Jahre nach der 1895-96 durchgeführten Kommassierung wurden in der Gemarkung von Végvár (Tormac, Kom. Temes) im Banat mehr als 200 Einzelgehöfte gebaut (Paládi-Kovács 1973, 304). Desgleichen entwickelte sich das Gehöftsystem in Mezőkeresztes (Kom. Borsod), wo die Kommassierung 1910 erfolgte, in wenigen Jahren (Györffy 1942, 252).

Im Mezőföld-Gebiet, in der Gemarkung des Marktflekkens Dunapentele (Kom. Fejér), schuf die frühzeitige (1859) Kommassierung die Voraussetzungen für die Farm-Bildung. Auf den kommassierten Feldern wurden die Gehöfte im letzten Drittel des 19. Jahrhunderts gebaut. Schon damals wurden östlich und westlich der Landstraße, die nach Dunaföldvár führte, rund 20 Gehöfte errichtet. Heute stehen an der rechten Seite der Straße nur mehr die Gehöfte der Familien Nyuli und Oroszi, an der linken Seite der Leitner-Hof. János Leitner (der den letzteren errichten ließ) galt – als Eigentümer von 3 1/4 Lehen – als der reichste Bauer von Dunapentele. Noch in den Tagen der Kommassierung kaufte er Felder dazu. Mehr als ein Lehen besaß auch die Familie Nyuli, die sich ebenfalls der Farmwirtschaft zu widmen begann (Farkas 1975, 164-169).

Wo die Gemeinde in den Zwischenkriegsjahren die Kommassierung durchführen konnte, setzte anschließend die Farm-Bildung ein. Eine derartige Siedlung ist Enying (Kom. Fejér), wo man den infolge der 1927 durchgeführten Kommassierung entstehenden Prozess beobachten kann. In Enying begann die Errichtung der Gehöfte 1-2 Jahre nach der Kommassierung, vorzugsweise auf den vom Dorf weitentfernten Feldern, in den Flurteilen Szilasi út und Szélescsapás. Viele bauten auf dem kommassierten Feld nur eine Hütte als provisorische Unterkunft, so etwa der Bauer József Győri (Eigentümer

Sándor Tolnai Farmgehöft-Landwirt in Aba, in den 1930er Jahren

Frau Tolnai mit ihrer Tochter, Paßphoto 1916, aus Anlaß eines Besuchs bei ihrem Mann an der Front in Bosnien

Ádám Tolnai Farmgehöft-Landwirt in Aba, mit seiner Frau und seinem Sohn in der Zeit des Ersten Weltkriegs

von 40 Katastraljoch) auf seinem Acker (30 Katastraljoch) in Flurteil Szilasi út. Unmittelbar neben dem Feldweg gelegen, nahm der Hof eine Fläche von ca. 50 Quadratklaftern ein, so dass der Wagen um das Gebäude herumfahren und umkehren konnte. Den Hof trennten Akazien (Robinien) vom Feldweg, und Obstbäume vom Acker. Die Hütte (Grundfläche: 6x5 m) wurde in der Nähe des Feldweges errichtet. Sie ruhte auf Pfosten und war mit Stroh gedeckt. An einem Ende war das Gebäude nur bis zur Hälfte zugebaut; dieser Eingang ohne Tür war so breit, dass der Wagen oder die Sämaschine hineingeschoben werden konnten. Der einzige „Einrichtungsgegenstand“ der Hütte war die Krippe. Diese kleinen Häuser dienten vor allem als Zufluchtssort für Menschen, Tiere und Wirtschaftsgeräte vor Wind und Regen. Nebenan wurde ein Brunnen mit einer Tränke für das Vieh geschlagen. Auch der benachbarte Pächter durfte sein Vieh hier füttern und tränken. Außer zum kurzfristigen zeitweiligen Aufenthalt während der Arbeit dienten diese Gebäude im Sommer nur zur Aufbewahrung der Wirtschaftsgeräte (Pflug, Egge, Sämaschine, Walze); hatten sie eine verschließbare Tür, dann blieben diese Geräte auch über den Winter hier, wenn nicht, so wurden sie nach Hause gebracht.

Das ehemalige Wohnhaus auf dem Farmgehöft von Sándor Tolnai in Kajtor. Aufnahme von Ferenc Gelencsér, 1983

Die geschilderte Hütte war die einfachste Variante im Prozess der Farm-Bildung. Nur zum zeitweiligen Aufenhalt wurden auch Lehmbauten – aus feuchtem Lehm aufgestapelt, oder aus ungebrannten Lehmziegeln – errichtet, mit Stroh- oder Ziegeldach, oft zweiteilig (Stube und Stall) gestaltet. Ihre Verwendung war höchst abwechslungsreich. Im Gehöft des József Vida wohnte dort sein unverheirateter Sohn – dieser betreute die Kühe, die auf der Wiese um das Gehöft weideten. Im Gehöft des Lajos F. Tóth hauste der Halbpächter, ein Melonengärtner darin, während die Gehöfte von Lajos Paksi und István Tóth nur während der größeren Feldarbeiten bewohnt waren. Im Stall des letzteren konnten 4-5 Zugtiere eingestellt werden. Im Gehöft des reformierten Pastors Imre Balogh wohnte der Halbpächter. Im Flurteil Szélescsapás lebten zwei junge Bauern, József Kovács und István F. Tóth (Besitzer von je 100 Katastraljoch Feld) ständig im Gehöft. In beiden Höfen gab es auch eine Gesindewohnung für die Knechte. Die Überwinterung war wegen der Viehhaltung notwendig. Die Eltern und die schulpflichtigen Kinder der beiden Bauern wohnten im Dorf. Im selben Flurteil besaßen noch Péter Balogh,

Die Getreideschober auf dem Schoberhof von Sándor Tolnai

József Kiss und János Simon je ein zeitweilig bewohntes Gebäude mit Lehmmauer und Ziegeldach. Außerdem gab es hier noch viele auf Pfosten gebaute Hütten mit Strohdach, zum vorübergehenden Aufenthalt während der Arbeit. Rings um die Gehöfte oder Hütten pflanzten die meisten Besitzer Obstbäume oder Weinstöcke. Ein Brunnen wurde in jedem Fall geschlagen, wo auch ein Nachbar, der keinen hatte, sein Vieh tränken durfte.

Sándor Tolnai mit seinen Schafen auf dem Farmgehöft, im Hintergrund der Schoberhof, um 1938

Weinlesevorbereitungen auf dem Fargehöft: Sándor Tolnai bemalt die Weinfaßreifen

In Enying galt es als Seltenheit, wenn jemand nur ein Farmhaus – draußen in der Flur – hatte, natürlich ungeachtet der Pächter und Knechte, die dort wohnten. Dies galt etwa für die Familie des Gyula Szabó, der gegen Ende der 20er Jahre von der Gemeinde enteignet wurde, da sein Haus beim Straßenbau im Wege stand. Mit dem Geld, das er für das Haus bekam, baute er für sich und die Familie auf seinem Feld am Mezőszilaser Weg ein Gehöft mit Lehmmauer und Ziegeldach, bestehend aus Stube, Küche und Stall. Von hier aus bestellten sie ihr Feld (20 Katastraljoch). Neben dem Gehöft entstanden ein Obst- und Weingarten.

In Sárkeresztes (Kom. Fejér) fand die Kommassierung im Herbst 1942 statt, nach dem Prinzip, dass die Besitzer größerer Felder erst später unter den kommassierten Feldern wählen konnten, somit lagen ihre neuen Felder immer weiter vom Dorf entfernt. Manche der Großbauern bauten auf ihrem entlegenen kommassierten Feld eine Hütte, bestehend aus Firstsäule, Pfette, darauf ein Dach aus Stroh oder Maisstroh, die Seiten mit Maisstroh oder Sonnenblumenstauden belegt. Diese Hütten dienten zur Aufbewahrung der Wirtschaftsgeräte oder als Zuflucht, falls es während der Arbeit zu regnen begann. Vor dem Zweiten Weltkrieg wurden in der Flur von Sárkeresztes 10-15 solcher kleinen Häuschen gebaut. Infolge der Bodenreform nach dem Zweiten Weltkrieg stieg ihre Zahl merklich an.

In Sárkeresztes baute nur Péter János Mészáros, Besitzer von 38 Katastraljoch Feld, im Jahre 1943 ein Wohnhaus auf das durch die Kommassierung zugewiesene Feld ziemlich weit vom Dorf entfernt, am Treffpunkt der Gemarkung von Sárkeresztes, Zámoly und Székesfehérvár, westlich vom Farkas-Gehöft. Es bestand aus Stube und Küche sowie einem Vieh- und Hühnerstall. Da um Weihnachten 1944 die ganze Umgebung von Sárkeresztes in die Frontlinie geriet, waren weitere Bauarbeiten nicht mehr möglich.

Mészáros übersiedelte mit seiner Frau 1943 ins Gehöft, während die Eltern im Familienhaus im Dorf blieben. Ab und zu arbeitete auch ein Knecht hier. Zur Wirtschaft gehörten zwei Pferde, 4-5 Rinder, zeitweilig auch zwei Ochsen. Im Sommer 1944 wurde das Gehöft von einem Maler aus Székesfehérvár, namens Zsuppán, abgebildet: neben dem Wohnhaus und den Ställen ist auch der Sommerstall (vier Firstsäulen, Dach aus Maisstroh) zu sehen, darunter vier Rinder; im Wirtschaftshof stehen fünf Stroh- bzw. Heuschober, rings um das Gehöft will der Maler zahlreiches Federvieh gesehen haben. Dem Bild ist zu entnehmen, dass das Gehöft erst vor kurzem errichtet wurde – die Bäume hatten noch keine Zeit zu wachsen. Im Winter 1944-45 wurde das Gehöft des Péter János Mészáros infolge der Kriegsereignisse vollständig zerstört.

Ausfahrt zur Weinlese auf dem Tolnai-Farmgehöft

Kinder der Farmgehöfte Tolnai und Wittmann im Schoberhof des Tolnai-Farmgehöfts, 1938

Parzellierung und Farm-Bildung

In manchen Teilen des Mezőföld-Gebietes ergaben sich weiter Möglichkeiten zur Entstehung von Farmgehöften aus dem Verkauf bzw. der Parzellierung von mittelgroßen und großen Grundbesitzen in der Zeit von der Jahrhundertwende bis zum Zweiten Weltkrieg. In Aba (Kom. Fejér) musste der verarmte Baron Imre Fiáth 500 Katastraljoch von seinem Gut (888 Katastraljoch) an unternehmungslustige Kleinbauern verkaufen (Kállay 1979, 20). In diesem Flurteil, genannt Kajtorhídi dűlő, stand laut Bodenkataster der Gemeinde Aba (1881) nur eine einzige Farm: das Tolnai-Gehöft. Nach der Parzellierung wurden auf den veräußerten Parzellen (10-60 Katastraljoch) zum Teil Farmgehöfte (*tanya*) gebaut. Hier entstand der Flurteil, der nach den benachbarten herrschaftlichen Meierhöfen *Gräber-Kajtor* und *Detrich-Kajtor* nunmehr *Paraszt-Kajtor* (*paraszt* = Bauer) genannt wurde. Insgesamt standen hier 16 Farmgehöfte, von denen das älteste in den 1890er Jahren, das jüngste 1945 errichtet wurde. Bis auf eine einzige Ausnahme waren alle ständig bewohnt. Nur der Bauer József Dobos, Besitzer von 99 Katastraljoch, hatte auch im Dorf ein Haus, während in seinem Gehöft nur zwei Lohnarbeiter wohnten. Laut Angaben der Volkszählung 1930 lebten in den sog. *Kajtor-Gehöften* insgesamt 98 Personen.

Die Gebäude der Tolnai-Farm scheinen schon im Katasterplan von 1881 auf. Im Jahre 1893 besaß Sándor Tolnai d. Ä. 191 Katastraljoch Feld (Kállay 1979, 20). Laut Angaben des Landwirte-Registers befanden sich 1895 180 Katastraljoch im Besitz von Sándor Tolnai, davon wurden 142 als Acker, 1 als Garten, 10 als Wiese, 1 als Weingarten und 11 als Röhricht genutzt. 15 Katastraljoch waren nicht grundsteuerpflichtig. Insgesamt wurden nur drei Knechte beschäftigt. Zur Farm gehörten 1 Sämaschine, 1 Getreidesieb, 6 Pflüge, 1 Häckselmaschine, 1 Walze, 4 Lastwagen. Der Viehbestand setzte sich aus 16 Stück Hornvieh, 3 Pferden und 60 Schweinen zusammen (Landwirte-Register 1897, 78-79). Seine beiden Söhne teilten das Gut nach dem Ersten Weltkrieg (1922) untereinander auf. Sándor

Kinder der Familien Tolnai und Wittmann im Mummenschanz auf dem Wittmann-Farmgehöft

behielt das alte Gehöft mit 86 Katastraljoch Feld, Ádám baute sich weiter südwärts eine neue Farm. Sándor Tolnai (geb. 1881) hatte schon seine Kindheit in der Farm verbracht. Diese umfasste eine Fläche von ca. 3.000 Quadratklaftern. Das Wohnhaus bestand aus 2 Stuben und einer Küche. Am Ende eines kleineren Wirtschaftsgebäudes wurden noch eine Sommerküche und eine kleine Stube eingerichtet. Im Vergleich zu den stattlichen Wirtschaftsgebäuden schienen die Wohngebäude eher bedeutungslos zu sein. Hinter der Dachtreppe des Wohnhauses stand der Stall für Pferde, Kühe und Kälber, daneben der Futterschuppen. Dann folgte die Scheune mit einem angebauten Schuppen, wo die Häckselmaschine und die Maismühle betrieben wurden. Im rechten Winkel zum Wohngebäude erstreckte sich eine lange Reihe von Wirtschaftsgebäuden mit Sommerküche, Stube, Vorratskammer, Abort, Tränkeküche, Keller, Presshaus, Wagenscheune und Hühnersteige. In der Tränkeküche wurden die Kartoffeln für die Schweine in einem Kessel auf einer einfachen Feuerstätte aus Lehm (ung. *katlan*) gekocht. Vorne befand sich der Brunnen, diesem gegenüber der große Schweinestall (für 10 Mutterschweine, die Jungschweine und 20 Mastschweine) sowie die Maisscheuer mit einem Fassungsvermögen von 5 Waggon Mais. Hinter dem Schweinestall lagen die Düngegrube, der Sommerstall für das Jungvieh und die Fohlen sowie der Wirtschaftshof mit Maisstroh-, Heu- und Strohschobern. Das Knechtehaus war für vier Familien gebaut. Zwei Wohnungen bestanden aus je einer Stube und einer Küche, zwei weitere aus je einer Stube mit einer gemeinsamen Küche für beide. Daneben stand der Schweinestall der Knechte.

Zwischen der Farm und dem Kanal Dinnyés-Kajtor erstreckte sich die Wiese; daran reihten sich der Weingarten (er reichte bis zur Eisenbahn Székesfehérvár–Sárbogárd) und die Ackerfelder. In nordöstlicher Richtung reichte der Acker bis zur Dorfflur von Seregélyes.

Hochzeitsbild von Éva Tolnai und Dezső Arany auf dem Tolnai-Farmgehöft, 7. Oktober 1942. Rechts von der Braut: Sándor Tolnai und seine Frau, Besitzer des Farmgehöfs

Ehemaliges Wohnhaus auf dem Farmgehöft von Ádám Tolnai in Kajtor. Der rechtseitige Anbau wurde von der lanwirtschaftlichen Produktionsgenossenschaft errichtet. Aufnahme von Ferenc Gelencsér, 1983

Auf den eigenen Feldern (86 Katastraljoch, sowie auf den bis 1927 von Béla Herczeg (165 Katastraljoch) und den von den Gebrüdern Sárközy gepachteten (120 Katastraljoch) Feldern züchtete Tolnai Getreide, Mais und Futterpflanzen (Radenich 1924, 64; F. Szabó 1932, 267; Protokoll der Gemeinderatssitzungen der Gemeinde Aba, 5. Juli 1928. Archiv des Komitats Fejér). Am Kanalufer wurde auf den Pachtfeldern eine bulgarische Gärtnerei angelegt, die von einem Bulgaren für den halben Ertrag gepflegt wurde. Das Feld wurde mit Hilfe einer Motorpumpe aus dem Kanal bewässert. Ebenfalls für den halben Ertrag arbeiteten dort auch Melonengärtner aus Csány (Kom. Heves). Der Eigentümer ließ das Feld düngen und pflügen, nach Möglichkeit auch mit dem Hackpflug, sämtliche andere Arbeiten oblagen dem Melonengärtner, der den ganzen Sommer über in einer Erdhütte wohnte. Der Ertrag des Melonenfeldes (40 Katastraljoch) wurde per Eisenbahn nach Budapest befördert und dort verkauft.

In den 1930er Jahren setzte sich der Viehbestand der Farm aus 8 Ochsen, 5 Pferden, 5-6 Kühen, 10 Mutterschweinen und 20 Mastschweinen zusammen. Die Mastschweine wurden durch Vermittlung von Unterhändlern aus Aba und Sárkeresztúr Budapester Händlern oder auf dem Markt von Székesfehérvár verkauft. Die Händler aus der Hauptstadt holten die Mastschweine mit einem Lkw. ab. Hühner und Mastenten kamen auf den Markt von Székesfehérvár. Gänse hielt man nur solange man die Federn für die Aussteuer der Töchter benötigte. Die Eier holte eine Frau aus Sárkeresztúr mit einem Wagen ab. Auch die Geschäfte von Székesfehérvár wurden mit Eiern und Butter beliefert. Die Milch wurde mit einem Einspänner in die Milchhalle von Aba gebracht. Drei Pferde zogen die Sämaschine mit 24 Reihen. Gepflügt wurde mit 2 Paar Pferden und zweimal vier Ochsen. Auch die Einfuhr der Korngarben wurde auf diese Weise bewältigt. In den 30er Jahren kaufte Sándor Tolnai mit einem Dorfschmied und dem Eigentümer einer Dreschmaschine einen Traktor, verkaufte ihm aber alsbald, da er damit nicht umgehen konnte. Er besaß je 2 Pferde- und Ochsenwagen sowie eine Kalesche. Zu den Geräten gehörten Einzel- und Doppelpflüge, Hackpflüge, Eggen usw. Die Häckselmaschine und die Maismühle wurde anfangs mit einer Pferdehaspel, sodann mit einem Benzinmotor angetrieben.

Sándor Német mit seiner Frau und Tochter auf dem Farmgehöft in Kajtor, 1965

In der Farm arbeiteten 5 Knechte: 1 Kutscher, 1 Kuhhirt, 1 Schweinehirt und 2 Lohnarbeiter. Letztere wohnten im Knechtehaus des Sárközy-Hofes im Dorf. Ihr Arbeitsbereich umfaßte die Bestellung der Felder sowie die Fütterung der Tiere. In manchen Jahren wurden in der Scheune 400-500 Schafe gehalten – dazu wurde ein Schäfer angestellt. Zu den Naturalbezügen der in der Farm wohnenden Knechte gehörte auch ein Mutterschwein mit Nachwuchs, die auf die farmeigene Weide getrieben werden durften. Der Melonengärtner fütterte seine Schweine mit den unverkäuflichen, unreifen Melonen. Zu den Naturalien der Knechte sowie des Melonengärtners und des bulgarischen Gemüsegärtners gehörte überdies je 1 Liter Milch pro Tag.

Neben den ständigen Angestellten wurden auch 5 Paar Deputatschnitter beschäftigt. Außer der Ernte beteiligten sie sich an verschiedenen Feldarbeiten (Hacken, Ernteeinfuhr usw.) für Tagelohn. Im Winter arbeiteten sie an der Maisentkörnung. Für einen vereinbarten Anteil nahmen sie auch an der Kartoffel- und Maisernte teil. Den Drusch verrichtete die Drescherbande, nachdem sie mit dieser Arbeit im Dorf fertig war.

Den Weingarten (1 Katastraljoch) pflegten die Schnitter, das Binden der Reben verrichteten die Frauen der Kenchte für Tagelohn, unter Mitwirkung der Eigentümerin.

Sándor Tolnai lebte und arbeitete mit seiner Familie auf der Farm. Er lenkte die Wirtschaft, besorgte die Einkäufe und die Vermarktung der Erzeugnisse. Das ganze Jahr hindurch stand er um eine halbe Stunde früher auf als seine Knechte, er gab den Pferden jeden Morgen ihre Portion Hafer; den ganzen Tag wurde auf der Farm unter seiner Mitwirkung gearbeitet.

Die Németh-Farm gehörte in die Kategorie der kleinbäuerlichen Farmgehöfte. Sándor Németh d. Ä. verkaufte 1924 sein Sessionsgut und sein Haus in Csór (Kom. Fejér), um das parzellierte Stück von 11 Katastraljoch kaufen zu können. Noch im Jahre 1924 wurde das Gehöft im Stampflehmbau, mit Backsteinfundament, errichtet. Das Wohnhaus bestand aus Stube, Küche und Vorratskammer.

Damals standen schon entlang des zum Äußeren Kajtor (*Külső-Kajtor*) führenden Feldweges die Gehöfte des Flurteiles Bauern-Kajtor (*Paraszt-Kajtor).* Auf beiden benachbarten Grundstücken wurde bereits zum Jahrhundertbeginn je ein Wohnhaus errichtet: das schilfgedeckte Gehöft des István Csuti (1900) und das des László Csizmadia (1907). Ersterer bewirtschaftete 10 Katastraljoch, letzterer 20. Die Farm des György Csép (60 Katastraljoch) wurde um 1890, die des János Borbély (20 Katastraljoch) um 1920 errichtet. Zwischen den Gehöften befanden sich auch die Felder der im Dorf wohnenden Landwirte (10-60 Katastraljoch). Gemeinsam mit den Farmfeldern bildeten diese den sog. *Paraszt-Kajtor.*

Ein typisches Farmgebiet erstreckte sich östlich vom Sárvíz-Fluss im südlichen Teil der heutigen Gemarkung von Székesfehérvár und im nordöstlichen Flurteil von Tác. Bei Tác wurde in den 1920er Jahren ein beachtlicher Teil der Liegenschaften von Graf János Zichy verkauft bzw. parzelliert. Ein Teil von Fövenypuszta (813 Katastraljoch) wurde 1927 vom früheren Pächter István Witz, ein anderer Teil von Külső-Fövenypuszta (394 Katastraljoch) 1925 vom Rechtsanwalt Dr. János Molnár (Székesfehérvár) erworben. Nach dem ersten Weltkrieg wurden wiederholt Gebiete des Gutes Föveny- und Pötöllepuszta (6096 Katastraljoch) des Grafen János Zichy parzelliert (Radenich

Das Gebäude der ehemaligen Volksschule in Kajtor, später Lagerhaus für Chemi-kalien der landwirtschaftlichen Produktions-genossenschaft Aba. Aufnahme von Ferenc Gelencsér, 1983

Das Zádori-Farmgehöft in Sárbogárd, umgebaut aus einem alten Gutshofknechtehaus. Aufnahme von László Lukács, 1987

Wohnhaus auf dem Zádori-Farmgehöft in Sárbogárd, umgebaut aus einem neueren Gutshofknechtehaus. Aufnahme von László Lukács, 1987

Das Harangozó-Farmgehöft im Flurteil Alsókörtvélyes von Sárbogárd. Aufnahme von László Lukács, 1987

Wohnhaus auf dem Fisi-Farmgehöft im Flurteil Vigyázó-dűlő, Tác, Föveny. Aufnahme von László Lukács, 1985

Hofseite des Fisi-Farmgehöfts. Aufnahme von László Lukács, 1985

1924, 89; F. Szabó 1932, 330; Landwirte-Register 1937, 103). In Fövenypuszta wurde 8 Kriegsveteranen aus Tác, die in den sog. Heldenorden aufgenommen wurden, das ihnen für Kriegsverdienste gebührende Grundstück von je 15 Katastraljoch zugeteilt. In den darauffolgenden Jahren wurden noch folgende Flurteile parzelliert: *Murvás* (300 ungarisches Joch. – 1 ung. Joch: 1.200 Quadratklafter), *Rokkantdűlő* (100 ung. Joch), *Telepi szőlő* und *Körtélesi dűlő* (200 ung. Joch). Die Bodenkreditbank AG verkaufte 1927 in der Gegend *Vigyázó-dűlő* von Fövenypuszta 100 ung. Joch zu Stücken von 2-50 ung. Joch. Auch Rückwanderer aus Amerika erwarben bei dieser Gelegenheit Felder, die sodann im Volksmund „amerikanische Felder" genannt wurden.

Anschließend wurden im Flurteil *Vigyázó-dűlő* drei Farmen gebaut. Sándor Fisi (geb. 1887), Eigentümer der ersten Farm, hatte ebenfalls in Amerika, in einer Gummifabrik bei New York, einen Teil des Kaufpreises verdient (1913-20). Er wanderte aus der Gemeinde Kisláng (Kom. Fejér), welche im Jahre 1904 auf einem ehemaligen Zichy-Gut angesiedelt wurde, in die Vereinigten Staaten aus. Wieder zurückgekehrt arbeitete er dort bis 1927. Die Hälfte des Kaufpreises für 22 ung. Joch Feld im Flurteil *Vigyázó-dűlő* war beim Kauf fällig, die andere Hälfte war der Bodenkreditanstalt in 25 Jahresraten zahlbar.

Sándor Fisi ließ die noch heute bestehende Farm im Jahre 1928 errichten. Für seine Schwägerin, die mit der Familie im L-förmigen Wohngebäude zusammen wohnte, wurde ein Geschäft eröffnet. Die Eigentümer der beiden anderen Farmen stammten aus der Ortschaft Seregélyes (Kom. Fejér), wo János Csetényi sein Haus und 8 ung. Joch Sessionsgut, József Szűcs 15 ung. Joch Feld, Haus und Weingarten verkauften, um die Parzellen in Fövenypuszta kaufen zu können. Der Csetényi-Farm gehörten 22 ung. Joch, der Szűcs-Farm 50 ung. Joch Feld an.

Da es in der Gemarkung von Székesfehérvár keine Großgrundbesitzungen gab, kauften die Landwirte der Oberen und Unteren Stadt in der benachbarten Flur von Tác, in Külső-Fövenypuszta, die Landparzellen, wo auch sie Farmen bauen konnten. Einige hatten Haus und Grundbesitz in der Stadt, so dass nur die Knechte ständig auf der Farm wohnten. István und József Szatmári, Großbauern von Székesfehérvár, hatten auch im Einzelhof eine Wohnung, wo sie während der größeren Feldarbeiten hausten; sonst lebten dort nur die Knechte. Imre Fodor Pap hatte ein Haus in der Stadt, seine Farm bestand nur aus einer Stube und einem Stall; auch er wohnte dort nur während der mehrtägigen Arbeiten. Manche verkauften ihren Grundbesitz in der Gemarkung der Stadt und kauften sich dafür Parzellen in der Flur von Tác, so z. B. József Langmár, der in Pötöllepuszta 20 ung. Joch Feld erwarb, dort einen Einzelhof errichtete und fortan dort lebte.

Außer aus Székesfehérvár und den umliegenden Siedlungen (Sárbogárd, Seregélyes, Kisláng, Szabadbattyán) kamen Siedler auch aus weiteren Landesteilen nach Tác, so etwa Mihály Csőke aus Szolnok, der zunächst in Halbpacht als Tabakgärtner in der Herrschaft Fövenypuszta arbeitete und später eine Farm auf 12 ung. Joch baute. Der Erdarbeiter Béla Kis kam aus Öttömös (Kom. Csongrád, Südost-Ungarn) zu den Bauarbeiten des Flugplatzes Tác und kaufte ein Gehöft mit 5 ung. Joch Feld, wo er einen Obstgarten anlegte.

Ein umfangreiches, zusammenhängendes Einzelhofgebiet entstand in der Flur von Perkáta (Kom. Fejér). Im nördlichen Flurteil ließ die Bodenkreditbank AG 1926

Wirtschaftsgebäude auf dem Fisi-Farmgehöft. Aufnahme von László Lukács, 1981

Ein unbewohntes Farmgehöft im Flurteil Vigyázó-dűlő, Föveny. Aufnahme von László Lukács, 1985

das Gut des Grafen László Szapáry (4724 Katastraljoch) parzellieren (Radenich 1924, 92). Durch Zeitungsannoncen wurde das Verfahren landesweit bekannt, und so kamen Käufer nicht nur aus der Umgebung (Rácalmás, Dunapentele, Baracs, Dunaföldvár), sondern auch aus der Tiefebene (Gödöllő, Tass, Soltvadkert). In den Szapáry'schen Gutsteilen Forráspuszta, Kisperkáta-puszta und Zsidókalap-major wurden Parzellen von 5-500 Katastraljoch veräußert. Das größte Grundstück erwarb der Offizier Ernő Paukovics (541 Katastraljoch), doch die meisten Parzellen lagen in der Größenordnung von 10-50 Katastraljoch. Auf den meisten Neuerwerbungen wurden Einzelgehöfte gebaut, so dass in den 30er Jahren in der Flur von Perkáta rund 70 Familien auf Farmen lebten.

György Tagai d. Ä. erfuhr von der Parzellierung aus einer Zeitungsannonce. Wohnhaft in Soltvadkert in der Tiefebene, verkaufte er sein Haus, seinen Weingarten und 10 ung. Joch Feld, und kaufte sich dafür eine Parzelle von 40 Katastraljoch in Forráspuszta bei Perkáta. György, der älteste seiner fünf Söhne (geb. 1911) war sofort arbeitsfähig, und in einigen Jahren konnte er auch mit der Hilfe der anderen Söhne rechnen. Sein Entschluss wurde auch dadurch bestimmt, dass sich seine Söhne nicht als Tagelöhner usw. verdingen mussten, sondern in der neuen, eigenen Farm Arbeit fanden. Der Kaufpreis (800 Pengő je Katastraljoch) wurde zur einen Hälfte sofort, zur anderen in Raten - bis zu Beginn der 40er Jahre - bezahlt. Die Familie übersiedelte im Sommer 1927 auf die Farm in Forráspuszta. Da sie sich durch den Kauf völlig verausgabt hatte, war das erste Gehöft nur ein sehr einfacher Bau, bestehend aus einer Stube und einem Viehstall sowie Hühnersteigen und Schweinekoben im Hof.

Im darauffolgenden Jahr wurde vor der Stube eine Küche mit Halbdach errichtet, 1929 ein 30 m langes Wirtschaftsgebäude - im Stampflehmbau - mit Ziegeldach, darin ein großer Geflügelstall mit Ofen, ein Schuppen und eine eingebaute Sommerküche mit Sparherd. Das Farmgebäude wurde 1937 vergrößert: es bestand nunmehr aus 3 Stuben, einer Küche, einer Vorratskammer, einem Badezimmer, einem Vorzimmer, einer Veranda und einer offenen Terrasse. Die Küche mit dem Halbdach wurde abgerissen, das alte Gebäude diente nur mehr als Stall. An den Stall wurde ein Maschinenschuppen angebaut, wo der mit Pferdekraft betriebene Göppel und später auch der Benzinmotor untergebracht wurden.

Zubereitung des Silofutters auf dem Tagai-Farmgehöft. Die Häckselmaschine wird von einem Benzinmotor angetrieben, 1941

Drusch auf dem Tagai-Farmgehöft in Perkáta, Ende der 30er Jahre

Gegenüber dem Stall war der Sommerstall für das Rindvieh, daneben zwei Kukuruzscheunen, zwischen denen ein Wagenschuppen für vier Wägen stand. Hinten war der Hof durch einen vierteiligen Schweinestall abgeschlossen. Rings um den Hof lagen der Gemüse-, der Obst- und der Weingarten; dann folgte das Ackerfeld. Anfangs wurden außer Weizen und Mais noch viele Futterpflanzen (Kleberklee, Luzerne, Wicke) angepflanzt. Im Jahre 1940 baute György Tagai d. J. zwei Silofuttergruben (Durchm.: 3 m, Tiefe: 8 m); danach wurde aus Silomais, Rüben und Maisstroh viel Silofutter zubereitet. Neben dem Eigenbesitz von 40 Katastraljoch wurden noch 35 Katastraljoch zugepachtet; dieses Feld lag neben dem Kanal und lieferte viel Heu, Futterrüben und Silokukuruz.

In den Jahren 1936-50, als schon der älteste Sohn, György Tagai d. J., die Farm leitete, gehörten zum Viehbestand 6 Pferde, 5 Füllen, 6 Milchkühe und 6-7 Kälber. Zu den Geräten gehörten Einzel- und Doppelpflüge, ein Pflughaupt für Stoppelsturz, eine Sämaschine mit 16 Reihen. Manchmal ließ die Herrschaft die Felder der Farm mit ihrem Dampfpflug umackern und vermietete auch ihre Mähmaschine. Der Tränktrog wurde mit einer Pferdehaspel, später mit einem Benzinmotor gefüllt, Kornfrüchte wurden damit gemahlen und das Holz wurde gesägt. Die Tagais besassen zwei Wagen, einen Gummiradler und einen Schlitten. Pferde, Rinder und Schweine verkauften sie auf den Märkten in Adony, Dunapentele, Szabadegyháza, Érd oder Székesfehérvár. Schweinehälften lieferten sie auch an einen Budapester Kommissionär. Die Milch kam in die Milchhalle von Perkáta, der Milchmann fuhr jeden Morgen an den Gehöften vorbei. Die Eier wurden in Budapest in der Großen Markthalle verkauft. Das Obst (Sauerkirschen, Aprikosen, Pfirsiche) wurden im Wagen nach Adony gebracht, dort eingeschifft und in Budapest vom Kommissionär abgeholt. Die Erdbeeren – der Ertrag von 3 Katastraljoch – wurden im Gummiradler nach Budapest gebracht.

Mit dem Beginn der Wirtschaftlichkeit des Unternehmens fiel auch die Weltwirtschaftskrise (1929-33) zusammen, wodurch es praktisch ruiniert wurde. Die Preise der Feldfrüchte fielen so sehr, dass der Ertrag kaum zur Tilgung der fälligen Raten reichte. Oft hatte die Familie kaum etwas zum Essen, da selbst das Brotgetreide und die Milch verkauft wurden, um das erforderliche Geld zu beschaffen. Von den Krisenjahren abge-

Gebäude der landwirtschaftlichen Winterschule in Székesfehérvár, gebaut 1928. Aufnahme von László Lukács, 1983

Kunstdüngerversuch von Ernő Kiss, Tabajd, Klassenkamerad von István Tagai in der landwirtschaftlichen Winterschule, photographiert von István Tagai

György Czinger und sein Sohn mit den Pferden im Hof des Farmgehöfts in Perkáta, in den 1930er Jahren

Geflügelfütterung auf dem Czinger-Farmgehöft, Perkáta

sehen, ging jedoch die Rechnung des György Tagai d. Ä. auf. An seinem neuen Wohnsitz galt er gegen Mitte der 30er Jahre als angesehener Landwirt, eine Weile war er sogar Gemeinderepräsentant. Alle fünf Söhne absolvierten in Székesfehérvár die landwirtschaftliche Winterschule und waren als geschulte Landwirte qualifiziert, drei waren sogar im *Buch der geschulten Landwirte 1943* angeführt. Über György, den ältesten, steht darin u. a. Folgendes: „Absolvierte in Székesfehérvár die landwirtschaftliche Winterschule 1935 mit gutem Ergebnis. Erhielt auch eine Belohnung. Kenntnisreicher, fleißiger Landwirt. Erzielte schöne Erfolge in landwirtschaftlichen Zweigen. Züchtet Ölsamen, Sonnenblumen, Sojabohnen, Luzernensamen. Befasst sich auch mit Gartenbau, sowie Obst- und Weinbau. Besitzt eine mustergültige Dungstätte. Hervorragend sind seine Imkerei, seine Geflügelzucht und seine im Stammbuch registrierten Kühe. Im Jahre 1937 gewann er in Adony mit seinen Stuten den II. Preis. Sein Gut ist eine Musterwirtschaft." István hat nach der landwirtschaftlichen Winterschule auch die landwirtschaftliche Fachschule in Békéscsaba absolviert. Vorsitzender des Vereins der geschulten Landwirte in Perkáta, Fachschriftsteller. Preisträger am Wettbewerb der Landwirtschaftlichen Kulturgesellschaft, Verfasser aufsehenerregender landwirtschaftlicher Artikel. In Tabajd entdeckte ich 1981 bei Ernő Kiss, einem Klassenfreund von István Tagai an der Winterschule, eine

György Tagai, geschulter Landwirt, Zeitungsphoto aus Anlaß seiner Auszeichnung, 1943

Schüler der landwirtschaftlichen Winterschule Székesfehérvár vor dem Thermometrograph der Lehranstalt, in der Mitte stehend: István Tagai, Perkáta

Photographie, aufgenommen von István Tagai. Das Bild zeigt Ernő Kiss an der Grenze von zwei Kornfeldern stehend; in beiden Händen hält er je eine Tafel mit der Aufschrift: „Mit Kunstdünger" bzw. „Ohne Kunstdünger". Dem Düngerversuch wohnte auch Tagai bei.

György Tagai d. J. nahm in der ersten Hälfte der 1930er Jahre mit seinen Feldfrüchten an allen landwirtschaftlichen Ausstellungen teil und erntete überall Anerkennung. Auch die von ihm errichteten Kukuruzscheunen, Silogruben und Geflügelställe wurden prämiert, wobei ihm die Landwirtschaftliche Kammer einen Teil einschlägigen Kosten vergütete. Anlässlich einer Ausstellung der Landwirtschaftlichen Winterschule und der Landwirtschaftlichen Fachberatungsstelle von Székesfehérvár im Jahre 1943 erhielt er vom Landwirtschaftsministerium eine Prämie von 100 Pengő und ein landwirtschaftliches Fachbuch. Im Jahre 1939 absolvierte er auch einen Ausbildungskurs für Traktorführer und Dreschmaschinenwärter.

Ein typisches Einzelhof-Gebiet ist die Dorfflur der Ortschaften Adony, Kulcs, Rácalmás, Dunapentele und Baracs, im östlichen Mezőföld entlang der Donau gelegen. Hier entwickelte sich zu beiden Seiten der Eisenbahnlinie Pusztaszabolcs–Paks bzw. der Landstraße Nr. 6 ein Farmgebiet mit einer Dichte von Gehöften, die an die der Großen Tiefebene erinnert. Dieses Areal am rechten Donauufer war auf der Landkarte *Die Tiefebene als Landschaft* von Pál Teleki als Einzelhof-Gebiet angeführt (1936, I. 293). Lajos Thirring wurde darauf aufmerksam, als er 1938 die Population des Komitats Fejér untersuchte: „Besonders in den Teilen nahe der Donau gibt es viele Gemeinden mit umfangreicher Flur: ebendort ist auch der Peripherie-Quotient der Bevölkerung recht hoch. Insgesamt lebten im Jahre 1930 29,5% der Bevölkerung des Komitats an der Peripherie. Mit diesem Quotienten erinnert das Komitat Fejér an die tiefländischen Einzelhof-Komitate, ja es überholt sie sogar zum Teil. Es scheint also, dass sich das Einzelhofsystem gerade an der hiesigen Donaustrecke, zuweilen auch weiter südlich, bis nach Transdanubien erstreckt, obwohl feststeht, dass die Streusiedlungen am rechten Donauufer vorwiegend den herrschaftlichen Meierhöfen gleichen und selbst an der nicht herrschaftlichen Peripherie ziemlich geschlossen sind." (1938, 223.) Imre Gróf und Péter Niklai bezeichnen 1941 das Einzelhofsystem bereits als ein typisches Element der Mezőföld-Gegend: „Das Mezőföld-Gebiet hat einen ganz eigenartigen landschaftlichen Charakter; die pannonischen Bodenschichten wurden von einer zusammenhängenden und stellenweise recht dicken Lössdecke überlagert. Die Gegend unterscheidet sich merklich vom Siedlungstyp Transdanubiens: wir finden hier zerstreute Siedlungen mit umfangreicher Flur und hoher Bevölkerungszahl, mit den deutlichen Merkmalen des für die Tiefebene bezeichnenden tanya-Systems." (1941, 7.)

Infolge der Parzellierungen entstanden zahlreiche Farmen im Adonyer Flurteil *Daja*, nordwestlich von Rácalmás, in der Flurteilen *Radicsa, Kishalom, Doboka, Szlatina* sowie zwischen Rácalmás und Dunapentele. Auf der Katasterkarte des Dorfes Rácalmás aus dem Jahre 1881 ist noch kein Einzelhof verzeichnet, während bei der Korrektur der Karte in der Zwischenkriegszeit bereits viele Wohn- und Wirtschaftsgebäude dieser Art angeführt werden. Auf der nachstehenden Tabelle 1 wird die Bevölkerungszahl der peripherischen Einzelhof-Siedlungen im Adonyer Bezirk angeführt (an Hand der Volkszählung 1930).

Gemeinde,	Peripherie mit Einzelhöfen	Anwesende Bewohner
	Adony	
	Daja	114
	Rácalmás	
	Doboka	55
	Radicsa	88
	Szlatina	117
	Dunapentele	
	Bácskaer Einzelhöfe	58
	Dunadűlő	44
	„Obere Gehöfte"	41
	Perkáta	
	Forrásmajor	101
	Külsőkisperkáta-puszta	55
	Zsidókalap-major	79

Tabelle 1:
Bevölkerungszahl der peripheren Einzelhof-Siedlungen im Adonyer Bezirk im Jahre 1930

In einem Einzelhof-Gebiet wurde in den angehenden 1950er Jahren die Stadt Sztálinváros (Dunaújváros), einschließlich des Eisenwerkes, aufgebaut. Während der Bauarbeiten wohnten die aus der Tiefebene herangezogenen Erdarbeiter mitsamt ihren Zugkarren in den enteigneten Farmgebäuden. Auch ihre Pferde wurden in den Farmställen untergebracht.

Familie von István Gecseg auf dem Gecseg-Farmgehöft, Perkáta, 1925

Dreschmaschine und Traktor von János Schneider gegen Ende der 30er Jahre. Im Vordergrund János Schneider und Familie, im Hintergrund des ausgedroschene Stroh und der Stall auf dem Farmgehöft in Rácalmás

János Schneider, Gründer des Farmgehöfts in Rácalmás, und seine Familie, um 1928

Katalin Schneider, Besitzerstochter zu Pferde sitzend

Dreschmaschine von János Schneider, Drusch auf dem Farmgehöft in Rácalmás in den 1940er Jahren

Schneiders Vieh auf der Weide des Farmgehöfts um 1942. Im Hintergrund der Schobergarten, die Maisscheune und das mit Akazien umpflanzte Farmgehöft

Die Kutsche im Hof des Farmgehöfts Sonntag Vormittag vor der Kirchfahrt

Nachstehend seien die Farmen entlang der Donau – die Schneider Farm, Rácalmás Szlatina-puszta (62 Katastraljoch) – geschildert. János Schneider (geb. 1888), Ackerbauer in Hercegfalva (Mezőfalva, Kom. Fejér), geriet im Ersten Weltkrieg in russische Gefangenschaft und arbeitete in Sibirien in der Gegend von Tjumen, Omsk und Tomsk bei russischen Bauern. Die sibirische Farmwirtschaft betrachtete er als mustergültig (Hofer 1980, 39, 41). Nach seiner Heimkehr bewirtschaftete er in Hercegfalva 20 Katastraljoch Feld in mehreren Teilen. Im Jahre 1928 kaufte er für den Preis dieser Felder, eines Weingartens und eines Hauses die Szlatina-puszta bei Rácalmás von den Erben des Gyula Pajzs gemeinsam mit seinem Schwager Ferenc Müller – beide je 62 Katastraljoch. Zu seinem Entschluss spornte ihn auch der Umstand an, dass er bereits 6 Kinder (4 Söhne, 2 Töchter) hatte. Die älteste Tochter (19jährig) und die beiden darauffolgenden Söhne (17- und 14jährig) kamen bei der Arbeit schon in Betracht. Mit der Erwerbung des Gehöfts wollte der damals 40jährige Vater die Zukunft seiner Kinder sichern. Auch hier war die eine Hälfte des Kaufpreises sofort fällig, die andere wurde in Raten bezahlt.

Zunächst teilten die beiden Eigentümer den Gutshof in zwei Teile auf. Die beiden alten Gesindehäuser wurden in Wohnhäuser umgebaut. Bis 1935 benützte Schneider den etwa 100 m langen ehemaligen herrschaftlichen Viehstall gemeinsam mit seinem Schwager. Kleinere Wirtschaftsgebäude und Koben mussten freilich beide errichten. Aus dem ehemaligen herrschaftlichen Meierhof entstanden also zwei Farmgehöfte. Das Wohnhaus war 1930 fertig. Es bestand aus vier Stuben, aus Küche, Vorratskammer, Kammer und Sommerküche. Da noch im Kaufjahr Reben gepflanzt wurden, musste im Jahre 1931 ein Kelterhaus mit Keller gebaut werden. 1935 wurde die Hälfte des ehemaligen herrschaftlichen Stalles abgerissen und aus dem Baumaterial ein neuer Stall errichtet.

Hochzeitsbild von Katalin Schneider auf dem Farmgehöft 1953. Rechts der Braut sitzt der Vater, der Gehöftsgründer

In der Pflanzenzucht strebten die Neusiedler Autarkie an und bemühten sich, die Nahrung für sich selbst und für den Viehbestand selbst zu erzeugen. Die Felder wurden im Vierjahressystem genützt: 1. Herbstsaat (Weizen, Gerste, Roggen), 2. Futterpflanzen (Luzerne, Süßklee, Rüben, Kohl), 3. Mais, 4. Heuwiese, Silomais. Es wurde immer viel Roggen angebaut, um genügend Stroh für die Streu der Tiere zu haben. Dadurch wurde die Düngermenge erhöht. Auf einem Landstück von 20 Katastraljoch wurde Mais gesät, das Saatgut lieferte eine Budapester Maisveredelungsfirma, die das Maisfeld regelmäßig kontrollierte, unentgeltlich. Der Maisertrag wurde der Firma zugestellt, die ihn als veredeltes Saatgut vermarktete und der Familie Schneider dafür das Doppelte an gemeinem Mais lieferte. In einigen Jahren benützte schon das ganze Dorf das hier veredelte Saatgut, denn der Tausch fand auch mit den Dorfbewohnern statt.

Als wichtigste Einnahmequelle galt die Viehzucht. Aus Hercegfalva wurden je 2 Pferde und Kühe mitgebracht. In den 30er Jahren gab es auf der Farm bereits 4-5 Pferde, über 30 Stück Hornvieh, 5-6 Mutterschweine und einen Eber. Der Schweinezuwachs wurde verkauft; so konnten jeweils 10-15 Stück – bereits zerteilt – auf einem Donauschiff an die Budapester Markthalle geliefert werden. Jedes Jahr wurden trächtige Färsen, Kühe mit Kälbern den Bauern der umliegenden Ortschaften verkauft. Die Milch der 15-20 Milchkühe wurde per Eisenbahn nach Budapest befördert. Ein Eisenbahner der Station Rácalmás schuf eine Verbindung mit Kollegen in Budapest-Kelenföld und am Südbahnhof, die die Milchkannen in einer Kiste täglich im Gepäckwagen zurückschickten. Die Schneiders brachten (im Wagen oder auf dem Fahrrad) 2-4 Kannen zu je 25 Litern zur Station wo der Eisenbahner die Milch in die Milchkannen goss und mit der Bahn nach Budapest schickte. Blieb noch etwas Milch übrig, so wurde es vom Wagen der Milchhalle auf der Farm übernommen. Geflügel wurde nur für den Eigenbedarf gezüchtet.

Außer dem Eigentümer und seiner Familie nahm an der Arbeit nur ein alleinstehender, älterer Mann teil. Er wohnte auf der Farm und hütete hauptsächlich das Rindvieh. Das Getreide wurde teils von zwei Deputatschnittern und ihren Familien, teils von den vier Söhnen eingebracht.

Gegen Ende der 30er Jahre war das Hauptziel die Mechanisierung. 1940 wurden ein Traktor der Marke Hofherr-Schrantz und eine Dreschmaschine gekauft. Drei der Söhne absolvierten deshalb in Székesfehérvár einen Ausbildungskurs für Traktorführer und Landmaschinenwärter. Ihr Zeugnis berechtigte sie auch zu Lohnarbeiten, die sie – neben dem eigenen Drusch – in anderen Gehöften und im Dorf verrichteten. Der Maisschäler, die Graupenmühle, die Häckselmaschine und die Säge wurden mit einem Benzinmotor angetrieben. Für die Viehtränke stand eine Motorpumpe (Marke Kiefer) zur Verfügung. Zur Farm gehörten drei Wagen, eine Kalesche und ein Schlitten, 3-4 Einzel- und Doppelpflüge, 10 Eggen, 3-5 Hack- und Häufelpflüge, 2 Sämaschinen mit 13 bzw. 18 Reihen. Zum Traktor gehörten ein dreischariger Pflug und eine große Zudeckscheibe.

Als der Zweite Weltkrieg ausbrach, waren schon die Elektrifizierung, der Bau von Silogruben und der Kauf einer Einballungsmaschine geplant. Den Strom hätte man aus einer Entfernung von 800 m in die Farm zugeleitet. Der Elektromotor – anstelle der schwerfälligen Benzinmotoren – hätte die weitere Mechanisierung der Wirtschaft erheblich gefördert. Mit den Silogruben wäre die Fütterungsstruktur des Rinderbestandes verändert worden. Die Einballungsmaschine hätte die Einlagerung erleichtert und infolge der neuen Lagerungstechnik die Brandgefahr verringert. Die

Ferenc Schneider und Familie im Hof des Farmgehöfts, 1953

letzteren Neuerungen, die wegen des Kriegsausbruches nicht realisiert wurden, hatten schon die erwachsenen Söhne geplant. István, der älteste, war bereits geschulter Landwirt, und auch Ferenc besuchte die landwirtschaftliche Winterschule in Székesfehérvár.

Einige Jahre nach dem Krieg kam die Farmwirtschaft erneut in Schwung, um nach 1949 immer mehr zu verfallen. Ein besonderes Unglück bedeutete für die Familie Schneider, dass in den Jahren 1948-49 die neue Strecke der Hauptverkehrsstraße Nr. 6 durch ihre Farm geführt wurde. Dadurch ging ein großer Teil des Weidelandes verloren und das ganze Gut wurde solcherart entzweigeschnitten, so dass die Viehzucht praktisch unmöglich wurde. 1949 teilte der betagte Vater den Besitz auf die verheirateten Söhne auf, die aber der damaligen Kulakenverfolgung nicht entgehen konnten. Das väterliche Erbe von Ferenc gelangte 1956, von István 1958 in den Besitz der Produktionsgenossenschaft.

Zusammenfassung

Im allgemeinen Bewusstsein ist der *tanya*-Begriff mit der Großen Ungarischen Tiefebene verbunden, obwohl Ferenc Erdei darauf verwies, dass es auch in Transdanubien derartige Siedlungsformationen gab (1942, 151). Auch István Györffy bemerkte, dass sich die Westgrenze des *tanya*-Systems über die Donau hinweg verschob und sich das System auch im Flachland am rechten Donauufer, im Mezőföld-Gebiet, ausbreitete (1943, 49). Hierher gehören namentlich die Einzelhöfe im Mezőföld, ein typisches Gebiet mit Großgrundbesitzen und Herrschaftsgütern. Bei einigen Siedlungen (Dunapentele, Enying, Sárkeresztes) schuf die Flurbereinigung die Voraussetzungen für die Einzelhof-Bildung, in den meisten Ortschaften (Aba, Sárbogárd, Perkáta, Rácalmás, Dunapentele, Baracs, Tác) ermöglichte dies die Parzellierung von Mittel- und Großgrundbesitzen (zweite Hälfte des 19., erste Hälfte des 20. Jahrhunderts). In der kommassierten Flur wurden in den meisten Fällen nur Hütten, die für Kurzaufenthalte geeignet waren, und nur wenige vorübergehend oder gar ständig bewohnte *tanya*-Häuser gebaut. Weitaus intensiver erfolgte die Einzelhof-Bildung im Falle der Parzellierung, vor allem als Kleinbauern Farmgehöfte bauten. Durch diese Parzellierungen wurde auch die Besitzstruktur maßgeblich zugunsten der Bauernschaft verändert. In manchen Siedlungen erreichte der Anteil der Kleinbesitze fast oder ganz den der Mittel- und Großgrundbesitze oder überstieg ihn sogar.

Gemeinde	Gesamtfläche (Katastraljoch)	davon Kleinbesitz	Mittel- und Großgrundbesitz
Adony	10.608	4.538	6.070
Baracs	10.137	5.244	4.893
Dunapentele	8.837	4.427	4.410
Perkáta	10.132	6.683	6.287
Rácalmás	9.208	4.775	4.433
Sárbogárd	9.014	7.038	1.976
Aba	15.507	6.421	9.086
Tác	10.415	5.587	4.826

Tabelle 2:
Grundfläche des Klein-, Mittel- und Großgrundbesitzes in einigen Ortschaften des Mezőföld-Gebietes mit Farmgehöften in ihrer Flur, im Jahre 1930

Das Mezőföld-Gebiet wurde erst spät in die Entwicklung des *tanya*-Systems einbezogen, ohne dessen tiefländische Entwicklungsetappen mitgemacht zu haben. Vielmehr wurde hier die in der ersten Hälfte des 20. Jahrhunderts bereits meistverbreitete Spätform – das Farmgehöft – adaptiert. Es entwickelte sich nicht mehr die räumliche Teilung des Wohnsitzes und des Wirtschaftszentrums, was ein typisches Merkmal der klassischen Periode des tiefländischen *tanya*-Systems darstellt. Daher ist die späte Farm-Bildung des Mezőföld-Gebietes als eine Sonderform in der Geschichte des *tanya*-Systems anzusehen. Gleichzeitig – in der 1. Hälfte des 20. Jahrhunderts – entstanden allerdings auch in der Tiefebene bereits zahlreiche Farmgehöfte, die von Ferenc Erdei als ein

Ferenc Schneider und seine Töchter auf dem Farmgehöft in Rácalmás, 1955

Weinlese-Gruppenbild auf Schneiders Hof um 1965. In der hinteren Reihe der Dritte links János Schneider Gehöftsgründer

eigener Typ unter den ungarischen Einzelhöfen behandelt werden: „Der Eigentümer des Gehöfts siedelte sich dort in der Absicht an, voll und ganz für immer dort zu wohnen, in der Stadt hat er also keine besonderen Zubehöre mehr.“ (1942, 148.) Es ist bemerkenswert, dass in der ersten Hälfte des 20. Jahrhunderts im Mezőföld-Gebiet, welches zahlreiche geographische, geschichtliche und volkskundliche Parallelen mit der Großen Ungarischen Tiefebene aufweist, die Entwicklung der für die Siedlungs- und Wirtschaftsform der letzteren bezeichnenden *tanya*-Siedlung und *tanya*-Wirtschaft begann.

[Die Studie ist sowohl in ungarischer als auch in deutscher Sprache erschienen:
Lukács, László: *A mezőföldi tanyák néprajza. A farmtanyák kialakulása és pusztulása a Mezőföldön a XIX-XX. században.* Székesfehérvár, 1998. 96 p.
Lukács, László: *Spätentstehung des Tanya-Systems außerhalb der Tiefebene in Ungarn. Das Mezőföld-Gebiet.* Acta Ethnographica Hungarica XXXV. 1989. 117-145. Budapest]

Literatur

ANGYAL, Béla
2012 *Kisalföldi tanyák. Gúta és vonzáskörzetének településnéprajza* [Einödhöfe in der Kleinen Ungarischen Tiefebene. Siedlungskunde von Gúta und deren Einzugsgebiet]. Somorja–Komárom

ANGYAL, Béla - FEHÉRVÁRY, Magda
1992 *A vizsgált település* [Die untersuchte Siedlung]. Gúta hagyományos gazdálkodása a XX. század első felében Hg. von FEHÉRVÁRY, Magda. 13-30. Komárom

BÁRTH, János
1993 *A tartozéktanyák kutatásának néhány kérdése* [Einige Fragen zur Erforschung der Einödhöfe]. Ethnographia CIV. 405-413.
1996a *Szállások, falvak, városok. A magyarság települési hagyománya* [Einödhöfe, Dörfer, Städte. Siedlungstradition des Ungartums]. Kalocsa
1996b *Adatgyűjtési útmutató a Duna-Tisza közi tanyák néprajzi jelenkutatásához* [Fragebogen zur Einödhofforschung im Zwischenstromgebiet Donau–Theiß in der Gegenwart]. Tanyák a változó időben 1. Kecskemét
1997 *Település* [Siedlungskunde]. Magyar Néprajz IV. 7-88. Budapest

BÁTKY, Zsigmond
1918 *Néhány vonás Fejérmegye népességének tömörüléséhez* [Einige Charakteristiken zur Ansiedlung der Bevölkerung in Komitat Weißenburg]. Földrajzi Közlemények XLVI. 119-128.
1922 *Néhány vonás Fejérmegye településföldrajzához* [Einigen Charakteristiken der Siedlungsgeographie des Komitats Weißenburg]. Föld és Ember II. 185-191.

BÓNA, István
1991 *Dunapentele története* [Geschichte von Dunapentele]. Dunaújváros

BRIGHT, Richard
1970 *Utazásai a Dunántúlon 1815* [Seine Reiseberichte von Transdanubien 1815]. Veszprém

CHOLNOKY, Jenő
1910 *Az Alföld felszíne* [Die Oberfläche der Großen Ungarischen Tiefebene]. Földrajzi Közlemények XXVIII. 413-436.
DEMETER, Zsófia – LUKÁCS László
1980 *A puszták népe, a Mezőföld története. Das Volk der Pußta, Geschichte des Mezőföld-Gebietes.* Székesfehérvár
ERDEI, Ferenc
1942 *Magyar tanyák* [Ungarische Einödhöfe]. Budapest
FARKAS, Gábor
1975 *Dunapentele története a kapitalizmus korában 1850-1950* [Geschichte von Dunapentele zur Zeit des Kapitalismus 1850-1950]. Fejér Megyei Történeti Évkönyv IX. 163-216. Székesfehérvár
FEHÉRVÁRYNÉ NAGY, Magda
1988 *Parasztgazdaság a XX. század első felében. A gútai példa* [Bauernwirtschaft in Gúta in der ersten Hälfte des 20. Jahrhunderts]. Budapest
FÉL, Edit
1939*a* *A népkutatás kultúrföldrajzi feladatai a pannoniai térben* [Die kulturgeographischen Aufgaben der Volksforschung im pannonischen Raum]. A Néprajzi Múzeum Értesítője XXXI. 65-72.
1939b *Kocs.* A közigazgatás és az emberek. Ténymegállapító tanulmány a tatai járás közigazgatásáról. Hg. von MAGYARY, Zoltán. 77-92. Budapest
1941 *Kocs 1936-ban. Néprajzi monográfia* [Kocs im Jahr 1936. Eine volkskundliche Monographie]. Budapest
F. SZABÓ, Géza
1932 *Fejér vármegye és Székesfehérvár szabad királyi város általános ismertetője és címtára az 1931-32. évre* [Allgemeine Beschreibung, Amts- und Firmenregister des Komitats Weißenburg und der königlichen Freistadt Stuhlweißenburg 1931-32]. Budapest
FÜR, Lajos
1980 *A „belterjes" tanya* [Der „intesive" Einödhof]. A magyar tanyarendszer múltja. Hg. von PÖLÖSKEI, Ferenc, SZABAD, György. 216-271. Budapest
1983 *Kertes tanyák a futóhomokon. Tájtörténeti tanulmány* [Garteneinödhöfe auf dem Treibsand]. Budapest
GALGÓCZI, Károly
1855 *Magyarország-, a Szerbvajdaság s Temesi Bánság mezőgazdasági statisticája* [Landwirtschaftliche Statistik von Ungarn, der serbischen Woiwodschaft und des Temescher Banats]. Pest
GELENCSÉR, József
1978 *A gépi cséplés Sárkeresztesen* [Maschienendrusch in Sárkeresztes]. Alba Regia XVI. 345-350. Székesfehérvár
GRÓF, Imre – NIKLAI, Péter
1941 *Magyarország tájegységei* [Ungarns Landschaften]. Budapest
GYÖRFFY, István
1937 *A magyar tanya* [Der ungarische Einödhof]. Földrajzi Közlemények LXV. 70-93.
1939 *A néphagyomány és a nemzeti művelődés* [Volkstradition und nationale Bildung]. Budapest

1942 *Magyar nép, magyar föld* [Ungarisches Volk, ungarisches Land]. Budapest
1943 *Magyar falu, magyar ház* [Ungarisches Dorf, ungarisches Haus]. Budapest

HABERLANDT, Arthur
1938 *Kulturgeographische Aufgaben der Volksforschung im pannonischen Raum.* Wiener Zeitschrift für Volkskunde XLIII. 77-86.

HOFER, Tamás
1980 *A hazai tanyarendszer és a másodlagos településszóródás külföldi példái* [Unsere Einödhöfe und ihre ausländische Parallele]. A magyar tanyarendszer múltja. 9-60. Budapest
1985 *Europäische Analogien der Entwicklung von Rinderzuchtmonokulturen in der Großen Ungarischen Tiefebene.* Studien zur deutschen und ungarischen Wirtschaftsentwiklung (16-20. Jahrhundert). Hg. von ZIMÁNYI, Vera. 89-102. Budapest
1987 *Agro-Town Regions of Peripheral Europe. The Case of the Great Hungarian Plain.* Ethnologia Europaea XVII. 69-95.

HOFER, Tamás - KISBÁN, Eszter - KAPOSVÁRI, Gyula Hg.
1974 *Paraszti társadalom és műveltség a 18-20. században. Faluk, mezővárosok, tanyák* [Bauerngesellschaft und Kultur im 18.-20. Jahrhundert. Dörfer, Marktflecken, Einödhöfe]. I-IV. Budapest–Szolnok

ILLYÉS, Gyula
1936 *Puszták népe* [Pusztavolk]. Budapest
1947 *Pusztavolk. Roman einer Volkskaste.* München

JUHÁSZ, Antal
1993 *Település és közösség* [Siedlung und Gemeinschaft]. Debrecen

KÁLLAY, István
1979 *Aba.* Fejér Megyei Történeti Évkönyv XIII. 7-35.

KOGUTOWICZ, Károly
1921 *Zsebatlasz az 1922. évre* [Taschenatlas für das Jahr 1922]. Hg. von BÁTKY, Zsigmond, KOGUTOWICZ, Károly. Budapest

KOVÁCS, Alajos
1938 *Száz év Fejér vármegye községeinek népesedéstörténetéből* [Hundert Jahre Bevölkerungsentwicklung der Gemeinden im Komitat Weißenburg]. Magyar Statisztikai Szemle XVI. 248-265. Budapest

KÖRMENDI, Géza
1992 *Komárom megye településnéprajza, népi építkezése* [Siedlungskunde, Volksarchitektur des Komitats Komorn]. Paraszti élet a Duna két partján I. Hg. von KÖRMENDI, Géza. 25-57. Tatabánya

LUKÁCS, László
1989 *Sárbogárd néprajza* [Volkskunde von Sárbogárd]. Sárbogárd város története. Hg. von FARKAS, Gábor. 479-520. Sárbogárd

MILLE, Géza
1927 *Gyakorlati gazdalexikon* [Praktisches Landwirtslexikon]. I-II. Budapest

MÓRICZ, Zsigmond
1952 *Gyalogolni jó* [Zu Fuß gehen tut gut]. Budapest

NAGYMIHÁLY, Ferenc
1936 *Enying nagyközség tagosítása* [Die Flurbereinigung der Großgemeinde Enying]. Veszprém

ORMÁNDY, János
1937 *Országos mezőgazdasági címtár III. Felsődunántúl* [Landwirtschaftsregister Ungarns III. Obertransdanubien]. Kaposvár
OROSZ, István
1980 *A „rideg" tanya* [Der "extensive" Einödhof]. A magyar tanyarendszer múltja. 170-215. Budapest
ÖRSI, Julianna
1994 *Földközelben* [In Bodennähe]. Túrkeve
PALÁDI-KOVÁCS, Attila
1973 *Az anyagi kultúra alakulása néhány dél-alföldi (bánsági) magyar faluban* [Die Entwicklung der materiellen Kultur in einigen ungarischen Dörfern im südlichen Teil der Großen Ungarischen Tiefebene (Banat)]. Népi Kultúra – Népi Társadalom VII. 291-326. Budapest
PESTY, Frigyes
1977 *Helységnévtár* [Ortsnamenregister]. Fejér Megyei Történeti Évkönyv XI. 161-305. Székesfehérvár
PRINZ, Gyula
o. J. *Magyar földrajz.* II. *A magyar munka földrajza* [Ungarische Geographie II. Geographie der ungarischen Arbeit]. Budapest
RADENICH, György
1924 *Magyarország vármegyéinek általános ismertetője.* V. *Fejér vármegye és Székesfehérvár szab. kir. város* [Die allgemeine Beschreibung der Komitate Ungarns V. Komitat Weißenburg und königliche Freistadt Stuhlweißenburg]. Budapest
RÁCZ, István
1980 *A tanyarendszer kialakulása* [Die Entstehung des Einödhof-Systems]. A magyar tanyarendszer múltja. 97-169. Budapest
1995 *A török világ hagyatéka Magyarországon* [Nachlass der türkischen Welt in Ungarn]. Debrecen
SCHNEIDER, Miklós – JUHÁSZ Viktor
1937 *Fejér vármegye* [Komitat Weißenburg]. Magyar városok és vármegyék monográfiája XXII. Budapest
SÓFALVINÉ TAMÁS, Márta
2012 *A szentgáli tanyavilág kialakulása és pusztulása* [Entstehung und Untergang der Szentgáler Einödhöfe]. Szentgál
STEPHENS, Henry
1855 *Mezei gazdaság könyve* [Buch der Landwirtschaft]. II. Pest
SZABAD, György
1980 *A tanyára telepedés feudalizmus kori korlátai és felszámolásuk* [Die Hürden der Einödhofsiedlung im Feudalismus und deren Auflösung]. A magyar tanyarendszer múltja. 149-169.
TAMÁS, Márta
1988 *A szentgáli tanyavilág kialakulása és pusztulása* [Entstehung und Untergang der Szentgáler Einödhöfe]. Veszprém Megyei Honismereti Tanulmányok XIII. 73-76. Veszprém

TELEKI, Pál
1936 *A gazdasági élet földrajzi alapjai* [Die geographischen Grundlagen des Wirtshaftslebens]. I-II. Budapest
THIRRING, Lajos
1938 *Székesfehérvár s Fejérmegye népességének fejlődése és összetétele* [Die Entwicklung und Zusammensetzung der Bevölkerung von Stuhlweißenburg und Komitat Weißenburg]. Magyar Statisztikai Szemle XVI. 207-232.
VAJKAI, Aurél
1959a *Szentgál. Egy bakonyi falu néprajza* [Szentgál. Volkskunde eines Dorfes im Bakonyerwalde]. Budapest
1959b *A Bakony néprajza* [Volkskunde des Bakonyerwaldes]. Budapest
ZÁBORSZKY, Miklós
1979 *Baracs.* Fejér Megyei Történeti Évkönyv XIII. 409-439. Székesfehérvár

Bewohner und Viehbestand des Gecseg-Farmgehöfts in Perkáta (Kom. Fejér) in der 1930er Jahren

SIEDLUNGEN AN BEIDEN UFERN DER DONAU IN UNGARN VOR 1920

Siedlungsforscher, Städtebauer, Fremdenverkehrsfachkräfte, aber auch ganz gewöhnliche Touristen vergleichen Budapest oft mit Wien. Sie stellen fest, dass die Donau eine führende Rolle im Stadtbild von Budapest spielt, dass sie ein Pfeiler der Stadtstruktur ist. In Wien spielt die Donau lediglich eine Episodenrolle, der Donaukanal, aber nicht die Donau selbst nimmt einen zentralen Platz in der Siedlungsstruktur ein. Josef August Lux sagt in seinem Werk *Ungarn, eine mitteleuropäische Entdeckung*, herausgegeben 1917 in München, über das Stadtbild von Budapest Folgendes: „Das ist das Unvergleichliche dieser Donaustadt, dass sie nicht hinter dem Strom liegt wie Wien, das mit dem Donauarm sozusagen nur ein Fenster nach dem Kahlenberg öffnet, sondern dass der Strom hier mitten durch fließt. Ihre vornehmste Fassade wendet die Haupstadt diesem Canal grande zu, der nach den realistischen Phantasien und Wirklichkeitsträumen Széchenyis das Weltfenster Budapests als Hafenstadt ist. Hier stehen die Paläste: das neugotische Filigran des Parlaments, des dem mit dem Schiff Ankommenden ein Themsebild vorzaubert, diese steinerne Magna Charta, ein Leuchter der Volksidee; jenseits der Kettenbrücke das Architekturschaustück der neuromantischen Fischerbastei als Illustration der tausendjährigen Idee Ungarns: darüber das Spitzengewebe der Matthiaskirche, Leuchter der Gottesidee; und weiter auf dem Ofner Berg die Burg mit der Kuppelkrone. Leuchter der Königsidee."[1]

Der Vergleich der beiden Hauptstädte lenkte die Aufmerksamkeit auf die Prüfung der Heranbildung, der Entwicklung der Siedlungen an beiden Ufern der Donau. Bei der Heranbildung der Zweiuferbesiedlung von Wien brachte die Errichtung des Donauturmes (1964), des Donauparkzentrums (UNO City, 1979) im letzten Drittel des letzten Jahrhunderts eine erhebliche Veränderung. Die Neugestaltung des Flussbettes (Neue-Donau), Autobahnen, Schnellstraßen, Überführungen, Brücken und U-Bahnlinien schlossen sich dieser Siedlungsentwicklung an, wodurch die österreichische Bundeshaupstadt am linken Ufer der Donau einen neuen, sehenswerten Stadtteil (*Donaustadt*) gewann.

Es entstanden nicht nur Siedlungen und Städte an beiden Donauufern, sondern auch in den räumlichen Einheiten der kirchlichen und staatlichen Verwaltung kam es zur „Zweiufrigkeit". In der Kirchenverwaltung der reformierten Kirche Ungarns gibt es heute noch eine reformierte Diözese entlang der Donau, die die an beiden Ufern der Donau liegenden Dekanate umfasst und deren Bischofssitz Budapest ist. Zu den Diözesen entlang des Donau-Oberlaufes gehörten die Pfarren und Seelsorger der reformierten Kirche der Komitate Moson, Pozsony, Komárom, Nyitra, Bars, Hont und Nógrád, mit den Bischofssitzen Somorja, Komárom, Óvár und Halászi. Diese Diözese wurde 1734 mit der reformierten Diözese von Transdanubien vereint, erstreckte sich jedoch nach wie vor zu beiden Seiten der Donau, bis zum Ende des Ersten Weltkrieges. Es ist interessant, dass in der Verwaltung der reformierten

Kirche die Theiß – im Gegensatz zur Donau – die die Diözese trennende Grenze ist: dies wird durch die Bezeichnungen der Diözesen der reformierten Kirche diesseits und jenseits der Theiß angezeigt. Der Bischofsitz der ersten ist Miskolc, der zweiten Debrecen, „das Rom der Kalvinisten".

In der Reihe der tausendjährigen räumlichen Einheiten der ungarischen Staatsverwaltung entstanden auch Komitate an beiden Seiten des Flusses, mit denen sich die volkskundliche, siedlungsgeographische, historische und geographische Forschung häufig befasste. Die Reihe *Bäuerliches Leben an beiden Seiten der Donau* von Géza Körmendi erschien in vier Bänden (1992, 1994, 1996, 1999) und unternahm unter Mitwirkung ungarischer Forscher aus Ungarn und aus der Slowakei den Versuch, die Volkskultur der ab 1920 von der Donau als Grenzfluss getrennten, zuvor jedoch an beiden Ufern des Flusses liegenden, zusammengehörenden Komitate Komárom und Esztergom zu präsentieren. Von der Buchreihe wird die kulturelle Identität der beiden Uferzonen des Flusses gut dokumentiert und ist auch der Beweis dafür, dass die Elemente, die Fäden der Volkskultur noch heute die beiden Ufer der Donau verbinden.

Ernő Pápay behauptete in seiner Studie *Das Volk des Komitates Komárom* das Gegenteil: „Die Donau schneidet das Komitat gerade in der Mitte entzwei und teilt es dadurch ein für allemal in zwei volkskundliche Hälften. Transdanubien ist anders, ebenso Cisdanubien. Das Donautal ist eine augenscheinliche volkskundliche Trennlinie, die Bewohner der beiden Ufer haben keine Verbindung miteinander, sie heiraten nicht, einige spärliche Fälle ausgenommen."[2] Ich dagegen habe den Eindruck, dass nicht nur die beiden Donauufer betreffend, sondern auch im Verhältnis zwischen Oberland und Transdanubien die nord-südlich ausgerichtete Besiedelung, der Warenaustausch und die Freizügigkeit der Arbeitskräfte ab der Türkenzeit ganz bis zum 20. Jahrhundert ziemlich bedeutend waren. All das schließt aus, dass im Komitat Komárom der Verlauf der Donau eine starke kulturelle Grenze bildet. Es soll als Beispiel angeführt werden, dass unter den in der nördlichen Hälfte des Komitates Fejér herrschenden Festbräuchen zahlreiche auch in den Komitaten Komárom, Esztergom, Bars, Nyitra und Pozsony lebendig waren. Einer dieser Bräuche war zum Beispiel die Figur der Lucia am Tag der Lucia, das Umhertragen der weihnachtlichen Hirtenrute oder die Geißelung am Ostermontag.[3]

Zu ähnlichen Ergebnissen kam auch Iván Balassa, der auf Grund der Analyse einiger Karten im *Atlas der Ungarischen Volkskultur* 1995 in seinem Vortrag, den er ausgerechnet in Komárom am VII. Ethographischen Seminar hielt, Folgendes darlegte: „Es lässt keinen Zweifel zu, dass die Donau stellenweise für die Grenze volkskundlicher Phänomene steht. Dies jedoch bei weitem nicht in so hohem Ausmaß und auch nicht so gleichförmig, wie ich das früher dachte. Ich glaube, dass der nord-südliche Abschnitt des Flusses viel eher eine Kulturscheide ist als der nördliche, der heute die Staatsgrenze bildet. Im ersteren Fall sind die Abweichungen unter den Ungarn innerhalb der früheren Siedlungsgebiete der Kumanen verhältnismäßig größer als in wirtschaftlicher und geistiger Hinsicht. Am rechten Donauufer kamen die westlichen deutschen (österreichischen) und die südlichen slawischen Wirkungen stärker zur Geltung. In nördlicher Richtung bedeutet die mehrfach verzweigte Donau in den meisten Fällen kaum eine Abgrenzung für die ethnischen Phänomene. Zeigt sich doch noch irgend eine Abweichung, dann ist dies darauf zurückzuführen, dass die westslowakischen Ungarn nicht nur mit den von ihnen südlich wohnenden Ungarn, sondern auch mit den westlichen Palócen engere Kontakte pflegten."[4]

Früher warf Zsigmond Bátky genau im Zusammenhang mit diesem Gebiet diese wichtige Donautalfragen auf. In seiner Studie mit dem Titel *Einige Worte zur Anthropogeographie der Donauenge bei Esztergom–Vác* wurde Bátky auf die volkskundliche und kulturelle Bedeutung des Donautales aufmerksam: „Befasst man sich mit der mitteleuropäischen Prähistorie, so sieht man mit Verwunderung, welchen uralten, regen Verkehr das lange Donautal, als naturgegebene west-östliche Route hatte, das heißt, welche kulturelle Bedeutung. Gleichzeitig kann jedoch auch festgestellt werden, dass sie so Volks- und Länderscheider war."[5] Der bedeutendste Knotenpunkt des Donautales ist im Karpatenbecken die Donauenge bei Esztergom und Vác, die von König Stephan I., dem Heiligen, zu Bischofsitzen erhoben wurden, ungeachtet dessen, dass sie aufs engste benachbart sind. Bátky bemerkte auch, dass in dieser Donauenge drei Diözesen (Esztergom, Veszprém und Vác) und vier Komitate (Esztergom, Pilis, Hont und Nógrád) aufeinander treffen, jedoch keines von ihnen – abgesehen von einer winzigen Fläche der Erzdiözese Esztergom – die Linie der Donau überragt. Westlich und südlich der Donauenge sind jedoch Komitate, die sich zugleich an beiden Ufern der Donau erstrecken, charakteristisch. Es wurde bereits vom Historiker Bálint Hóman festgestellt, dass die ungarischen Stämme bei der Landnahme mit Vorliebe an gegenüberliegenden Ufern der Flüsse sich niederließen, dass Flüsse unter den Stämmen nie eine Grenze bildeten, ein Umstand, der sich auch bei der Entstehung der Komitate an den beiden Ufern eines Flusses auswirkte.[6] Die Komitate Győr, Komárom und Esztergom waren bis zum Friedensvertrag von Trianon (1920), das Komitat Fejér bis Ende des 16. Jahrhunderts Komitate, die sich zugleich an beiden Ufern eines Flusses ausdehnten.[7] Die Feststellungen Hómans wurden durch Bátky dadurch ergänzt, dass die Komitate an beiden Ufern eines Flusses vor allem für solche flache Gebiete charakteristisch sind, die einander geographisch an beiden Ufern ähneln und wo ein Übersetzen des Flusses auf keine Schwierigkeiten stößt. Er wies bei den Komitaten Komárom und Esztergom darauf hin, dass hier die beiden Ufer des Flusses landschaftlich erheblich voneinander abweichen, und deshalb die Gelegenheiten, wo der Fluss überquert werden kann, umso wichtiger sind, (Komárom – Újszőny, Esztergom – Párkány), je weniger davon vorhanden sind.[8] Bátky zählte nicht nur die an beiden Seiten der Donau liegenden Komitate und Städte auf, sondern führte auch zahlreiche Gemeinden aus der Arpadenzeit von der Großen Schütt, dem Komitat Komárom an, deren Grenzen sich an beiden Ufern des Stromes erstrecken.[9] Solche Gemeinden kommen entlang der Donau auch im Abschnitt zwischen Budapest und Mohács und auch in den späteren historischen Zeiten vor. Budafok (Promontor) war in der ersten Hälfte des 18. Jahrhunderts der

Weinberg der Einwohnerschaft von Csepel. Zur Bebauung des Bodens setzten die Leibeigenen von Csepel mit einer Fähre über die Große-Donau.[10] Der überwiegende Teil der Grenze von Dunaegyháza (Komitat Bács-Kiskun) verlief im 18. Jahrhundert am rechten Ufer der Donau, im Komitat Fejér.[11] Die Einwohner von Mohács hatten bis zu den 1960er Jahren auf der Insel bei Mohács noch Wälder und Wiesen, sowie Weiler für Tierhaltung, die ab der zweiten Hälfte des 19. Jahrhunderts für Bodenbau.[12] Wirtschaftsführung, Tierhaltung, Wiesenbebau und Obstzucht mit dem Übersetzen des Wassers auf Booten und Fähren verbunden waren, bzw. durch Schwimmenlassen der Rinderherden.[13]

László Kósa behandelte in seinem Buch *Paraszti polgárosodás és a népi kultúra táji megoszlása Magyarországon (1880-1920)* [Bäuerliche Verbürgerlicherung und territoriale Verteilung der Volkskultur in Ungarn (1880-1920)] auch die Frage der Entstehung der Siedlungen, der Städte gleichzeitig zu beiden Seiten der Donau, auch wenn nur Buda und Pest zu einer einzigen Siedlung zusammenwuchsen, gab es auch noch bei Esztergom und Párkány, Komárom und Újszőny, Pozsony und Pozsonyligetfalu und beim über die entsprechende Fährenverbindung verfügenden Visegrád und Nagymaros, alle mit einer Brücke verbunden, noch eine Möglichkeit ähnlicher Entwicklungen. Komárom wurde 1896 mit Újszőny vereint, die Siedlungsgemeinschaften wurden aber 1920 durch den Friedensvertrag von Trianon wieder getrennt.[14]

Pozsonyligetfalu gehörte zwischen 1938 und 1945 zu Deutschland. Es wurde bei der Schaffung von Groß-Pressburg 1946 an die slowakische Haupstadt angegliedert. Es wurde in Wirklichkeit erst nach der Errichtung der zweiten und dritten Brücke von Pressburg (1972, 1983) und einer riesigen Wohnsiedlung (*Luky*) vollkommen in Pressburg integriert.[15] Über die von Komárom und Pressburg abweichende Entwicklung der Städte Visegrád und Nagymaros schreibt Gyula Prinz Folgendes: „Das an erster Stelle stehende heimische Beispiel für historisch erstarrte Städte ist Visegrád. Diese in der Schlucht, im finstersten Winkel des Burgbergfußes versteckte, vor sämtlichem Verkehr versperrte Stadt wurde ebenso wie ihre Zwillingsschwester am linken Ufer, Nagymaros zu Dorfstätten, obwohl sie auf eine bis zur Zeit vor der Landnahme zurückreichende Vergangenheit zurückblicken können."[16] Beide Kleinstädte wurden in den Jahren um 1930 zu Erholungsstätten. In Visegrád wurde der Palast des Königs Matthias freigelegt, aber die beiden Siedlungen wurden durch keine Brücke verbunden, und bei Nagymaros wurde auch das Wasserkraftwerk nicht errichtet.[17]

Südlich von Budapest findet man ganz bis Újvidék – Pétervárad, bzw. Zimony – Belgrad keine sich integrierenden gleichzeitig an beiden Ufern des Flusses sich erstreckenden Siedlungspaare. László Kósa wurde durch diese Fakten darauf hingewiesen, dass die durch die Kleine Tiefebene dahinfließende Donau weniger oder vielleicht überhaupt keine kulturelle Grenze bildet, wie jener Donauabschnitt, der die Große Tiefebene von Transdanubien trennt.[18] Hier ist das rechte Ufer der Donau öfters ein zerrissenes Steilufer, so zum Beispiel bei Ercsi, Rácalmás, Dunaújváros, Földvár und Paks. Der Fluss wusch aus dem linken Ufer aus der Lößplatte einen 20-30 km breiten Streifen aus und baute dort aus den Ablagerungen seine Terrasse. Bis Solt fließt er mit einem engen Überschwemmungsgebiet durch seine Terrasse, dann wird das Überschwemmungsgebiet breiter, um unterhalb von Tolna sich ansehnlich auszudehnen.[19] Ein Blick auf die Landkarten des 18. und 19. Jahrhunderts, zur Zeit vor der Donauregulierung, zum Beispiel auf den Karten von Mikoviny, reicht aus, um feststellen zu können, dass sie launisch gewundene Seitenarme, Bächlein, Moore und Inseln darstellen, zwischen denen ein Übersetzen der Gewässer alles andere als leicht gewesen sein musste.[20] Größere, konstante Siedlungen, Übersetzstellen wurden an beiden Ufern, in Gebieten außerhalb der Überschwemmungsgebiete errichtet. Das ist die Erklärung dafür, weshalb die Siedlungen einander gegenüber liegender Fährenübergänge (z.B. Ercsi – Szigetújfalu, Dunaújváros – Szalkszentmárton), aber auch Städte, die eine Brücke haben, (Dunaföldvár – Solt, Bátaszék – Baja) sich in erheblicher Entfernung voneinander befinden, wodurch die Bildung einer Siedlung gleichzeitig an beiden Ufern eines Flusses an und für sich erschwert, ja unmöglich gemacht wird. Hier ist die Feststellung von Pál Teleki zu erwähnen, wonach unsere Flüsse die Besiedlung nicht magnetisch anziehen, deshalb haben sie (die Flüsse) auch so wenige Brücken.[21] Südlich von Budapest gesellte sich zu den vorhandenen zwei – innerhalb der Landesgrenze bis 1930 – keine weitere Donaubrücke. Ab 1990 nahm die Debatte kein Ende, die entscheiden sollte, ob die neue Brücke bei Dunaújváros, bei Szekszárd oder bei Mohács gebaut werden sollte. Inzwischen erhielten die zahlreichen Brücken in Budapest noch drei weitere Gefährten (Brücke bei Megyer, Rákóczi-Brücke bei Lágymányos und die Brücke der Autobahn-Tangente M0), die ihre Entstehung dem angewachsenen Verkehr zu verdanken haben. Gleichzeitig bedeutete die Errichtung der neuen, südlich von Budapest geplanten Brücken nicht allein vom Standpunkt des örtlichen Verkehrs, sondern auch von dem der regionalen Zusammenarbeit, der West-Ostverbindung innerhalb des Karpatenbeckens in Richtung Österreich, Slowenien, Kroatien, Serbien, Rumänien und der Ukraine eine dringende Notwendigkeit.[22] 2003 wurde die neue Sankt-Ladislaus-Donaubrücke bei Szekszárd dem west-östlichen Verkehr übergeben. Die Pentele-Brücke bei Dunaújváros wurde 2007 eröffnet.

Der Münchner und Wiener Verlag Carl Hanser ließ 1988 ein Buch des italienischen Autors Claudio Magris *Donau. Biographie eines Flusses* erscheinen. Der Autor ist Professor für Germanistik an der Universität von Triest, dessen Fachgebiet – nach seinen eigenen Angaben – die Literatur der Völker entlang der Donau ist. Sein Buch ist einerseits eine unterhaltsame, geistreiche, literarische, kulturhistorische Reise entlang der Donau, andererseits ein vom Standpunkt der Gegenwart und der Zukunft der Region aus schicksalsträchtige Probleme aufzeigendes Werk, ungeachtet dessen, dass seit seiner Sammlung der Daten und Fakten in den Donauländern zahlreiche politische, wirtschaftliche und soziale Fragen eine andere Betonung erhielten. Magris weist zwar in seinem in ungarisch gehaltenen Nachwort darauf hin, dass sein Buch nicht allein die Geographie und Geschichte der Donau von Mittel- und Osteuropa beschreibt, das Werk spiegelt auch die bei seinen Donaureisen in der ersten Hälfte der 80er Jahre angehäuften Geschichts-, Erdkunde-, ja sogar volkskundlichen Kenntnisse reichlich wider. Für Magris ist die Donau eine Metapher, „die Metapher einer zusammengesetzten und widersprüchlich geschichteten modernen Identität, ja jedweder Indentität, denn sie kann nicht mit einem einzigen Volk oder nur einer Kultur identifiziert werden, durchfließt sie doch so viele Länder, verbindet sie doch so viele Völker, Nationen, Kulturen, Sprachen, Traditionen, politische und gesellschaftliche Systeme."[23]

Bei einer vier Sommerferien in Anspruch nehmenden Donaureise kann man – vom Ursprung bis zum Ende – vor allem über die Kulturgeschichte der Städte (Donaueschingen, Ulm, Regensburg, Passau, Linz, Wien, Győr, Komárom, Esztergom, Budapest, Belgrad, Vidin, Ruse, Brăila, Galaţi) erquickliche Beschreibungen lesen. Aus dem Buch geht auch hervor, dass das Donautal keineswegs einheitlich ist. Jede Stadt ist individuell, hat eine reiche Vergangenheit, Traditionen, und angesichts ihrer derzeitigen Entwicklung, verschiedenste Möglichkeiten. Bis Belgrad war bei der Bildung, der Wissenschaft und den Gewerben der deutsche Einfluss bedeutend, ein Umstand, der von Magris auch entsprechend gewürdigt wird. Ab Belgrad bis zum Meer hat man mit dem türkischen Einfluss zu rechnen. Im Donautal zieht sich bei Belgrad die bedeutendste Kulturgrenze hin, der Fluss ist hier zugleich die Grenze zwischen der österreichisch-ungarischen Monarchie und dem Königreich Serbien und bedeutete auch Trennung des von der Reformation berührten westlichen Christentums und der unnachgiebig orthodoxen Ostkirche von der ab dem 19. Jahrhundert vom Balkan sich zurückziehenden islamischen Welt – all das bis zum Ende des Ersten Weltkrieges. Magris konnte nicht ahnen, dass einige Jahre nach seiner Donautalforschung beim südslawischen Krieg ab dem Augenblick, als eine gegenseitige Bedrohung sich zu bilden begann, die bis zu diesem Augenblick lediglich zwischen kulturgeschichtlichen, als volkskundliche Tatsache behandelten kulturellen Grenzen lebenden Menschen, Serben, Kroaten, Bosnier, Albaner und die Ungarn in der Woiwodina und in Kroatien zu mehrere hunderttausend Opfer fordernden, bis zu ethnischen Säuberungen reichenden Zusammenstößen fordern würden. Die zum besseren Verständnis der Bildung, der Spurenverfolgung ihrer Elemente und der Prüfung ihrer Intensität benützten kulturellen Grenzen wurden im letzten Jahrzehnt des 20. Jahrhunderts auf dem Balkan abermals zu echten Frontlinien.

„Wie Perlen reihen sich die Städte an der Donau auf" – stellt Magris gerade bei der Präsentation der Städte Győr und Komárom fest.[24] Wüsste man nicht, dass seine Feststellungen vor allem ästhetischen Inhaltes sind und auf die Schönheit der Städte entlang der Donau hinweisen, so könnte man sich mit ihm glatt anlegen, wobei man sich vor allem auf die oben erwähnte Meinung von Pál Teleki beziehen könnte. Um nachzuweisen, dass die Auswahl einer hochwassersicheren Niederlassung für die betroffenen Städte, die Gewährleistung einer sicheren Übersetzung über einen ungezähmten Fluss keineswegs so leicht gewesen sein konnte, wie das Auffädeln von Perlen für kleine Mädchen, soll nun wieder Zsigmond Bátky zu Wort kommen: „Unmittelbar am Ufer der Alten-Donau gibt es von Pressburg bis Komárom nur wenige Gemeinden, und auch diese leiden viel am Hochwasser, manche von ihnen wurden auch mit der Zeit zum Teil ganz oder teilweise zu Grunde gerichtet (z. B. Körtvélyes, Doborgaz), andere verlegten sich wieder mehr ins Landesinnere (z. B. Aranyos), entlang der ganzen Linie konnte jedoch keine einzige bedeutsame Niederlassung entwickelt werden, weil der Wasserlauf so launisch ist. Hier fällt allein Somorja mehr ins Gewicht, obwohl es auch 2 km vom Fluss entfernt liegt, eine alte Handelsstadt, Markt, Trockenzoll- und Freistadt. Pressburg und Komárom liegen zwar beide am linken Ufer der Donau und ähneln einander zwar wegen ihrer Lage, sind jedoch hinsichtlich ihrer geographischen Lage in vieler Hinsicht zwei verschiedene alte Städte. Auch entlang der Kleinen-Donau findet man auffallend wenige Gemeinden, und ein Teil derer, die man findet, lokalisiert sich auf einzelne Abschnitte des Flusses, so dass vielerorts der Fluss sich kilometerlang zwischen verwilderten Galeriewäldern oder siedlungslosen Wiesen und Weiden dahinwindet, ebenso wie die Alte-Donau auf der 25 km langen Strecke zwischen Gönyű und Komárom."[25] Sándor Takáts charakterisierte zwei Jahrzehnte zuvor in seinem Schreiben diesen Flussabschnitt folgendermaßen: „Überhaupt ist die Ufergegend der Donau längs der Schütt sehr interessant gestaltet. Von Komorn bis Pressburg bedecken dichte Weidenbestände und Pappelwälder die unzählbaren Sandbänke und Inseln, sowie die Ufersäume. Die Abzweigungen und Seitenarme der Donau stürzen beim Sinken des Wasserstandes gleich vielen kleinen Wasserfällen rauschend über die Steinwürfe zurück ins Hauptbett. Längs des langen linken Ufers ist keine Spur menschlichen Lebens; man glaubt, einem ausgestorbenen entvölkerten Gebiet entlang zu fahren, kein Dorf, keine Stadt ist in der Nähe zu sehen, höchstens hie und da eine verlassene Fischerhütte."[26]

Zwischen Pressburg und Komárom, im Raum der Stadt Győr, zwischen Vámosszabadi und Medve, gibt es auch eine Brücke über die Alte-Donau auf der Großen Schütt, die ist jedoch neueren Datums. Sie wurde 1941 errichtet. Die beiden Endpunkte der Großen Schütt sind deswegen derart namhafte Übersetzstellen, weil bei Pressburg noch sämtliche Donauarme beisammen sind und bei Komárom schon wieder.[27] Das Flusstal bietet sich an und für sich schon für Wege an, und eine gute Übersetzstelle zieht an beiden Ufern zahlreiche Wege an sich. An den gleichen Stellen können „zweiuferige" Siedlungen und Städte entstehen, aber ihre Entstehung hat nicht nur verkehrsgeographische, sondern auch Siedlungsentwickungs- und Verwaltungskomponenten.

Die günstige geographische Energie der Stadt Komárom beruht in der Tatsache, dass sie eine gute Übersetzstelle des Flusses ist. Vor der Regulierung waren die unbegrenzten Überschwemmungsgebiete der auf den riesigen Geröllkegeln der Kleinen Tiefebene sich verzweigenden Nebenarme der Donau (Alte-Donau, Donau bei Moson, Kleine-Donau, Császta, Csiliz) ungeeignet, um den Fluss gut überqueren zu können. Bei Komárom, am östlichen Ende des Geröllkegels, ändert sich die Donau: „Hier verzweigt sie sich nicht mehr in so zahllose Nebenarme wie in den Komitaten Győr und Pozsony, sondern fließt vielmehr zusammen, hingegen verursacht sie, da ihr rechtes Ufer überall höher ist als das linke, durch die Überschwemmung dieses Teiles erhebliche Schäden."[28] In der Umgebung von Komárom fließen auch sämtliche Flüsse vom linken Ufer (Vág, Nyitra, Zsitva) in die Donau. Diese zwei hydrogeographischen Faktoren sind die Sicherheit dafür, dass Komárom tatsächlich eine ausgezeichnete Stelle zum Übersetzen ist, die die Wege im Donautal und jene diese schneidenden Straßen zu einem Knotenpunkt zwingt. Dieser Straßenknotenpunkt der Übersetzstelle wird von einer strategischen Burg geschützt.[29]

Die Burg Komárom wurde auf der beim Zusammenfluss der Donau und der Vág-Donau entstandenen Spitze errichtet.[30] Auch Viktor Szombathy vermerkte dieses Wort deutschen Ursprunges: »Auch heute nennt man die außerhalb der Mauern der Festung liegenden Äcker Burgboden, wie zur Zeit der Burgleibeigenen, aber der volkstümliche Name der Festung mit starken Mauern heißt bereits „Werk" – wie das von den Österreichern auf ihren Landkarten bei ihren Angaben über die Burgmauer von Komárom vermerkt wurde. Die Spitze der Großen Schütt, das Bollwerk, wird von den Menschen in Komárom ebenfalls als „Spitz" bezeichnet...«[31] Elek Fényes schrieb noch 1848 über diese Stelle, dass sich die Alte-Donau „mit ihrem nahezu 150 Klafter breiten Graben bei der Bastei der Burg von Komárom in die Donau ergießt."[32] Die geographischen Namen wie Spitz oder Spitze findet man ebenso in Wien, wie in Passau. In Wien trennt sich unterhalb der Schiffsstation in Nussdorf, nämlich in der Brigittenau, der Donaukanal bei der Landzunge, genannt Brigittaspitz, von der Donau. In Passau ergießt sich der Inn in der Altstadt bei der als Ortsspitze bezeichneten Landzunge in die Donau. In der Sprache der Völker entlang der Donau bekräftigen die auf den Fluss betreffenden geographischen Namen und Berufe (Schiffahrt, Schlepper, Fischerei, Schiffmühle) bezogene Lehnwörter die Feststellungen Béla Gondas im 19. Jahrhundert: „Mit dem Anfang dieses Jahrhunderts, als sich die politischen wie die wirtschaftlichen Zustände des Donauthales gleichermaßen festigten, wuchs auch die Wichtigkeit der Donauschiffahrt immer mehr; dann, als die Dampfschiffahrt ins Leben trat, wurde der Donaustrom eine der mächtigsten, weil natürlichsten Lebensadern im friedlichen Wechselverkehr der anwohnenden Völker, eine der Hauptstraßen für den Handelsverkehr zwischen West und Ost, für den Austausch der beiderseitigen wirtschaftlichen und culturellen Kräfte, er wurde das Verbindungsglied zwischen der Bildung des Westens und den Naturschätzen des Ostens."[33]

Unter den verkehrsgeographischen Faktoren bei der Ausbildung der Siedlungen an beiden Seiten der Donau zu „zweiuferigen" Städten sollte man einen Blick auf die Festlandstraßen, auf die schiffbaren Flüsse und schließlich auf die Eisenbahnlinie bei Komárom werfen. In der Umgebung von Komárom ist eine der verkehrsreichsten und bekanntesten Hauptstraßen bereits im Mittelalter die Wiener Straße, die am rechten Ufer der Donau bei Szőny nach Hainburg bzw. nach Bruck/Leitha führte. Auch die Straße Pressburg – Komárom – Tata – Buda spielte eine bedeutende Rolle, die bei Bánhida (heute: Tatabánya) von der „Straße der Metzger" abzweigte und über die Große Schütt bei der Fähre bei Csalló Pressburg erreichte.[34] Nach der Beschreibung von Elek Fényes verhielt sich die Sache auch in der Mitte des 19. Jahrhunderts folgendermaßen: „Die Hauptstraße der Stadt führt über die Kleine-Donau und über die Alte-Donau hinweg zur nach Új-Szőny führenden Buda – Wien – Landstraßer Hauptstraße hin, und dieselbe Straße zieht sich in gerader Richtung auch nach Veszprém und nach Fejérvár... Eine andere Hauptlandstraße der Stadt führt in den Westen unter dem gewölbten Tor der steinernen Basteien der Befestigungslinien des Palatins und zwischen den Schanzen hindurch in Richtung des Flusses Aranyos nach Pressburg; eine dritte Linie führt in den Norden, ebenfalls unterhalb der Befestigungslinie des Palatins in Richtung Gúta und weiter in die nördlichen Gebiete; die vierte zieht sich bei der nordwestlichen Bastei der Burg zwischen den Erdschanzen über die 150 Klafter lange Standbrücke über die Vág-Donau, von der einen Seite entlang der Donau durch das Komitat Hont nach Vác und nach Pest, mit einer anderen Abzweigung nach Érsekújvár, Verebély zu den Bergbaustädten."[35]

Abgesehen von der Alten-Donau ist noch die Vág-Donau bis Gúta bei günstigem Wasserstand ein schiffbarer Fluss bzw. die Vág bis Negyed und bis Vágfarkasd. Für Floßfahrten ist die Vág am geeignetsten, über sie ließ man aus den Karpaten große Mengen Holz nach Komárom flößen, um sie von dort über die Donau nach Pest bzw. nach Győr zu schleppen.[36]

Eine Überquerung der Donau, eine Annäherung der Insel wurde bis 1780 von Fähren, anschließend dann von einer Pontonbrücke und schließlich von einer Rollbrücke ermöglicht. 1838 ließ die Stadt eine 337,6 m lange Pontonbrücke aus 33 Eichenschiffen über die Alte-Donau schlagen, bis zum Ufer von Újszőny. Die Fährleute öffneten, sobald sich ein Schiff näherte, die Mitte der Pontonbrücke. In Winterszeiten, wenn die Eisschollen auf dem Fluss auftauchten, wurde die Pontonbrücke zerlegt und in jeweils aus drei Schiffen bestehenden Einheiten (Glieder) in den Klein-Donau-Arm geschleppt. Solange, bis das Eis die Donau bedeckte, konnte man mit den Fährschiffen und mit einem kleinen Schraubendampfer über das Wasser setzen. War das Eis auf dem zugefroreren Fluß bereits stark genug, so konnten die Fußgänger den von der Behörde gekennzeichneten Übergang, der vom Schnee reingefegt und mit Stroh bestreut worden war, benutzen, ja, wenn der Winter sehr streng war, konnten dort sogar Kutschen und Fuhrwerke übersetzen.[37]

Auf der durch die Brücke erreichbaren Insel von Komárom erstreckten sich die Obstgärten der Bürger. Die reiche Flora, die klappernden Schiffmühlen und die Ansicht der in rascher Folge vorbeiziehenden Schiffe machten die Insel zur beliebten Promenade der Einwohner von Komárom, wo sie sich auch in der nahe der Brücke errichteten Csárda (Gasthaus) amüsieren konnten. 1797 weilte Mihály Csokonai Vitéz, als er sich in Komárom aufhielt, an dieser Stelle mit seiner Geliebten, der Lilla aus seinen Gedichten. Der Anblick der Insel inspirierte ihn zu seinem Gedicht mit dem Titel *Die Donaunymphe*:

Dort, im Schatten der Pappel
    zwischen den Weiden
findet man auf der Insel
    eine kleine Lichtung.
Hier fallen einem die Lichtungen der Faune
    ins Blickfeld:
die schönen Töchter der altersgrauen Donau
    pflegen hier zu baden.
Öfters umspülen die Wellen
    ihre Spiele,
Und um sie herum singen Buchfinken
    im Busch.

Auf der Insel hatte auch die Familie Jókai ihren Obstgarten mit einer kleinen Holzhütte, in der der erste Roman des jungen Schriftstellers entstand. Mór Jókai verewigt in seinem Buch *Die Dame mit den meergrünen Augen* den Garten auf der Insel: „Als ob von mir noch immer die weitausladenden Reine-Claude-Bäume stünden, bis zum Brechen mit überreifen Früchten beladen, die auch die kleine Hütte verbargen; etwas weiter steht ein Apfelbaum mit blutroter Frucht, dann wieder ein anderer, eine weiße Sorte, dahinter ein dritter mit gestreiften Äpfeln, aus der offenen Türe der Hütte blickt man auf den grasbewachsenen Weg, der zu beiden Seiten mit Weinranken gesäumt ist. Durch das verspielte Laub schimmert der warme sommerliche Sonnenschein durch, er erweckt den Anschein, als ob jeder Schatten aus grünem Gold bestünde. Aus großer Entfernung konnte man über die Donau das Summen der Militärkapelle aus dem „Englischen Garten" hören, in der Nähe pfiff eine Goldamsel und einzelne Frösche quakten leise im Wassergraben vor sich hin."[38]

Um die Errichtung einer neuen, ständigen Eisenbrücke anstelle der alten Pontonbrücke nahm sich der Oberamtsdirektor der Stadt, János Tuba (1855-1924), ein Abgeordneter am Parlament, an. Die Komárom mit Újszőny über die Insel hinweg verbindende Elisabeth-Brücke wurde 1892 errichtet. Nicht allein die neue Eisenbrücke, sondern auch die Insel in Komárom trugen den Namen der Kaiserin und ungarischen Königin Elisabeth, in Erinnerung daran, dass Elisabeth auf ihrer Reise von Wien nach Buda an dieser Stelle 1857 das erste Mal ungarischen Boden betreten hatte.

Die erste Eisenbahn Ungarns, die Linie Pest–Vác–Párkánynána–Érsekújvár–Pozsony–Marchegg–Wien am linken Donauufer, die zwischen 1846 und 1851 errichtet wurde, vermied Komárom. Újszőny wurde 1856 von der am rechten Donauufer geführten Eisenbahnlinie über Wien, Bruck und Győr erreicht. Die Eisenbahnunternehmer wollten vor allem Győr mit Wien verbinden, da der Großteil der Getreide transportierenden Donauschiffe bis Győr getreidelt wurde. Wegen des niedrigen Wasserstandes und wegen der Sandbänke fuhren die Getreideschiffe, die einen ziemlichen Tiefgang hatten, nur bis Komárom oder bis Gönyű. Hier musste die ungeheure Menge an Getreide auf flache, kleinere „Burcsella" mit geringfügigem Tiefgang umgeladen werden, mit denen dann das Getreide über die Donau bei Moson bis Győr geschleppt wurde. Und aus den Lagern in Győr kam dann der Getreidevorrat erst auf den Wiener Markt, wenn die Händler den höchsten Preis dafür erzielen konnten. 1855 wurde die Eisenbahnlinie bis Győr fertiggestellt, 1856 erachteten die Aktionäre die Verlängerung der Eisenbahn wegen der Unsicherheit des Wasserstandes der Donau bis Újszőny für angebracht. Hier bot sich die Möglichkeit, je nach dem Wasserstand des Flusses das Getreide aus der Tiefebene entweder in Győr oder bereits in Újszőny von den Schiffen in die Eisenbahnwaggons umzuladen.[39]

1860 wurde die Eisenbahn am rechten Donauufer von der Linie Újszőny–Székesfehérvár mit der südlichen ungarischen Eisenbahn verbunden und durch sie noch mit dem Seehafen Triest. 1894 schließlich wurde auch die Hauptstrecke Újszőny – Tatatóváros –Budapest errichtet. Die Stadt Komárom wurde zu dieser Zeit noch immer von keiner einzigen Eisenbahnlinie berührt. Die Reisenden, die mit dem Zug in Richtung Budapest, Wien oder Székesfehérvár fahren wollten, wurden Ende des 19. Jahrhunderts bis zu den ersten Jahrzehnten des 20. Jahrhunderts aus Komárom mit einem Omnibus, der am Kossuth-Platz vom Gasthof „Zum weißen Rössel" abfuhr, über die Donaubrücke bis zum Bahnhof in Újszőny gebracht. Bis 1910 fuhren auch die Postkutschen vom „Weißen Rössel" in Richtung Érsekújvár ab.[40] Die erste Eisenbahnlinie, die auch Komárom erreichte, war damals – im Jahre 1896 – die Eisenbahn von der Großen Schütt, die über Dunaszerdahely nach Pressburg führte. Die Verbindung der Hauptbahnlinien am rechten und linken Donauufer mit der Linie Újszőny – Komárom – Érsekújvár und die Errichtung der dazu notwendigen Eisenbahnbrücke bei Komárom wurde auch von der Borovszky'schen Monographie des Komitates Komárom beschrieben: „Der Bau der Linie Komárom – Újszőny – Érsekújvár wird schon seit langem geplant, wodurch auch der Handel der Stadt Komárom erheblich in Schwung gebracht werden könnte. Diese Linie wäre nicht nur von lokaler Bedeutung, sondern könnte in kürzester Richtung die Umgebung Transdanubiens mit Oberungarn und mit den nördlichen Staaten verbinden. Diese Eisenbahn könnte von der Hauptstrecke Budapest–Wien abzweigen und über die neu zu errichtende Eisenbahnbrücke über die Donau bis Érsekújvár führen. Das amtliche Abschreiten der Strecke erfolgte bereits 1894, aber die Ausführung wurde durch aufgetretene Hindernisse hintangehalten."[41] Die Eisenbahnbrücke von Komárom und die geplante Verbindungslinie wurden 1910 errichtet.

Unter den Entwicklungsfaktoren der Siedlungsgruppe bei Komárom wurden hier vor allem die sich der guten Flußüberquerungstelle anschließenden verkehrsgeographischen Komponenten aufgezeigt. Die Bedeutung der Fähre bei Komárom wird dann erst richtig gewürdigt, wenn man weiß, dass eine Überquerung des Flusses auch östlich von Komárom auf zahlreiche Hindernisse stieß. Im Dreieck Szőny, Tata, Dunaalmás erschwerten eine Moorlandschaft, zwischen Dunaalmás und Budapest. die eng zur Donau herabfallenden Berge (Gerecse, Pilis) und damit auch die Verknotung der das Flussbett kreuzenden Straßen die Überquerung. Bei Komárom trafen hingegen die neben den Flüssen Donau, Kleine-Donau, Vág, Nyitra und Zsitva seit uralten Zeiten verlaufenden alten Straßen aufeinander. Hier wurde die Donau von den Wegen und Straßen des Bakonywaldes und des Vértesgebirges sowie von den Tälern zwischen Vértes und Gerecse (Tal von Mór, Tata-Bicskei-Graben) gekreuzt. Komárom liegt am Treffpunkt der Großen Schütt, von Transdanubien und Mátyusföld und verbindet drei Landschaftseinheiten.[42]

Die großzügige Siedlungsentwicklung von Komárom setzte nach der Türkenbefreiung, zu Beginn des 18. Jahrhunderts mit einer sprunghaften Bevölkerungszunahme ein. 1715 hatte Komárom 8.321 Einwohner, also mehr als Pest, Pressburg, Pécs, Győr oder Kassa. Zu dieser Zeit erreichten die Gewerbetreibenden von Komárom das höchste, auf einen Meister berechnete Einkommen in ganz Ungarn, jährlich 22,3 Goldstücke.[43] Von der ungarischen Königin Maria Theresia erhielt Komárom 1745 den Rang einer freien königlichen Stadt. Zu Beginn des 19. Jahrhunderts wurde die Stadt zum Zentrum des Getreide- und Holzhandels an der Donau, zum Zentrum der Handwerker, und ihre Einwohnerzahl erreichte nahezu 18.000.[44] Über die äußere Erscheinung von Komárom gab Elek Fényes 1848 eine anschauliche Beschreibung: „Die Stadt besteht derzeit aus einer Burg, einer Burgbefestigung und aus der eigentlichen Stadt. Die Burg liegt im östlichen Teil der Stadt, gerade an der Stelle, wo die Waag-Donau in die Alte-Donau fließt und ist infolgedessen an drei Seiten von Wasser umgeben, wobei sie von der Stadt durch eine baumbestandene Promenadestraße getrennt wird. In der Stadt selbst stechen einem vor allem die äußerst zahlreichen, mit dem doppelköpfigen Adler geschmückten Tore ins Auge: Diese sind samt und sonders Adelshof-Grundstücke, deren Zahl mit 72 angegeben wird, auf diesen stehen ungefähr 400 Adelshäuser. Die Zahl der Bürgerhäuser beläuft sich auf 1.325, deren Grundstücke in der Stadt 128 Joch und 503 Klafter umfassen. Die Häuser sind zumeist ebenerdig, mit Ziegeln oder Holzschindeln gedeckt, aber an den Rändern der Stadt können auch schilfgedeckte Gebäude gefunden werden. Im allgemeinen sind sie einfach altertümlich und von außen besser anzusehen. Es gibt jedoch auch zahlreiche Stockhäuser im zur Burg hin sich erstreckenden Teil der Stadt, einige am Donauufer, die meisten in der Raizenstraße, um die Kirche des Hl. Andreas und des Hl. Johannes und am Hauptplatz vor dem Rathaus. Der Hauptplatz und die wichtigeren Straßen sind schlecht gepflastert, die weiter weg liegenden sind ungepflastert und sind samt und sonders äußerst kotig."[45]

Komárom wurde in der zweiten Hälfte des 18. Jahrhunderts von zahlreichen elementaren Katastrophen, wie Erdbeben, Hochwasser und Feuersbrunst heimgesucht, deshalb wollte Kaiser Joseph II. die Bevölkerung an das rechte Donauufer umsiedeln. Mór Jókai gibt in seinem Buch *Politikai divatok* [Politische Moden] (1862/63) die Antwort darauf, weshalb dieser kaiserliche Plan nicht zur Ausführung gelangte: „Vor 85 Jahren wurde sie durch ein Erdbeben in Trümmer gelegt: Auf den Resten wurde die neue Stadt errichtet. Vor 52 Jahren verwüstete ein Hochwasser die Stadt; dann erhielt die Ödung neuerlich Einwohner. Vor dreißig Jahren wurde die Stadt von einer Feuersbrunst verschlungen; sie erstand aus der Asche erneut. Vor zwanzig Jahren musste ein ganzes Viertel der Burgfestung weichen und einer Weide Platz machen, die Stadt zog zur Seite und erstand von neuem. Die Einwohner dieses kleinen Gebietes wurden von sämtlichen Schicksalsschlägen heimgesucht, sogar noch von der Erde, auf der sie standen, wurden sie zu Schaden gebracht. Aber sieh da, diese Häuserzeilen, diese Kirchen erzählen davon, dass dieses Volk seine Stadt sogar noch in Ruinen liebt und dafür schwärmt und ihren Geburtsort um keinen Preis verlässt."[46]

Das Überleben der Bürger dieser eine ganze Reihe von Schicksalsschlägen erduldenden Stadt wurde in ihrer Blütezeit im letzten Jahrzehnt des 18. Jahrhunderts und in den ersten drei Jahrzehnten des 19. Jahrhunderts zum großen Teil durch mit der Donau verbundene Berufe gewährleistet (Getreide- und Holzhandel, Goldwäscherei, Schiffsmühlen, Fischerei, Schifffahrt, Schiffbau, Tischlerei, Transportunternehmen und Schleppschiffbetrieb). Weitum berühmt waren die Weber, die Posamentierer, die Stiefelmacher und auch die Goldschmiede von Komárom.[47] Elek Fényes blickt beim Zusammenzählen der Gewerbe von Komárom 1848 noch aus einer blühenden Stadt zurück, als sich bereits die ersten Anzeichen eines Rückganges meldeten: »Hauptgegenstand des Handels sind Getreide, Mehl und Bauholz. Mit Hilfe der Vágh-Donau werden große Mengen an Brettern, Latten und Stämmen aus den Komitaten Liptó und Árva hinuntergeflößt, und die Stände der Holzhändler nehmen allein am Ufer der Vágh-Donau 5 Joch und 925 Klafter ein. Der Handel mit den zu Wasser herbeigeschafften Stämmen, Brettern, Latten (zu Wasser abgewickelter Bauholzhandel) wird nicht nur hier vor Ort von zahreichen Gesellschaften (32 Gesellschaften mit mehr als 80 Mitgliedern) ausgeübt, vielmehr unterhalten diese Gesellschaften bis zur türkischen Grenze an mehreren Orten Holzlager und Verkaufsstellen. Es gibt auch mehrere Gesellschaften für Schiffbau in Komárom, die zwar auch neue Schiffe bauen, aber meist eher die alten wieder herrichten. Die Müller treiben mit ihren nahezu berühmten Mehlsorten, aus denen die Ortsansässigen die berühmten weißen Laibe backen, einen weit ins Land ausgedehnten Handel; man kann auch sagen, dass von den Einwohnern von Komárom bisher die meisten durch den Getreide-, Holz- und Mehlhandel reich wurden. Eine der wichtigsten Arten der Lebensführung ist hier für die größeren Händler aus Wien und anderen Gebieten der Beruf der Geschäftsführung. Die Zahl der Treidelschiffe auf der Donau, die früher, als es noch regen Schiffsverkehr gab, sogar 300 ausmachten, geht seit der Dampfschifffahrt zurück. Viele Bürger fristen schließlich ihr Leben auch mit Transporten, und die Fuhrleute haben schon beinahe eine Innung und pflegen im allgemeinen im Gasthof „Zum Hirschen" zusammen zu kommen.«[48]

Die Schifffahrt und der Handel auf der Donau wurden nach der Türkenbefreiung, aber noch viel mehr nach dem Freiheitskampf Rákóczis, frei. In Komárom bauten die Schiffszimmerleute (*Superen*) auf Bestellung der örtlichen Getreidehändler eine ansehnliche Handelsflotte. Die Getreidehändler ließen den wegen seiner hervorragenden Qualität berühmten Weizen der Großen Ungarischen Tiefebene, der Batschka und des Banats mit ihren von Pferden gezogenen Schiffen bis Komárom treideln, ließen ihn in Lagerhäusern unterbringen und brachten das Getreide in der Folge bei Ansteigen der Getreidepreise nach Österreich. Zu Beginn des 19. Jahrhunderts lebten in der Stadt 416 Getreidehändler, Bürger mit Unternehmungen und Kleinadelige, von denen mehrere 20-25 Eichenholzschiffe hatten. Seine erfolgreichen Geschäftsleute ließen Komárom am Ende des 18. und Anfang des 19. Jahrhunderts zum landesweiten Mittelpunkt des mit Schiffen abgewickelten Getreidetransportes werden.[49] Zur Förderung der Schifffahrt ließen die Händler das Bett der Vág-Donau ausbaggern, das Ufer der Donau regulieren und einen Treidelpfad errichten.[50] Mór Jókai nahm für seinen Helden in seinem Roman *Az aranyember* [Der Goldmensch] Mihály Tímár, einen reichen Getreidehändler aus Komárom, nämlich János Domonkos, zum Vorbild. Károly Eötvös widmete in seinem Werk *Jókay-nemzetség* [Das Jókay-Geschlecht] János Domonkos (1768-1833) ein gesondertes Kapitel und beschrieb all das, was er in Komárom von diesem Manne gehört hatte: „János Domonkos ist ein Getreidehändler, ein Schiffseigner, er hat ein Haus, einen Garten und einen großen Getreideschpeicher in Komárom. Sein Vermögen wurde auf Millionen geschätzt. Er hatte den griechisch-orthodoxen Glauben, die Gemeinde von Komárom hielt ihn für einen Raitzen oder für einen Griechen. Aber er war ein vollkommener Ungar, obwohl er deutsch, raitzisch, griechisch und türkisch ebenfalls sprechen konnte. Er hatte wegen seiner Geschäftsverbindungen mit der Gegend des unteren Donaulaufes und mit der Türkei diese Sprachen lernen müssen... János Domonkos trieb mit vielerlei Handel, aber mit allem nur im Großen. Seine wichtigste Ware war das Getreide. Sowohl auf der Donau wie auf der Theiß war er der größte Herr. Er hatte Lager von Wien abwärtst bis Galacz und Braila. Er war sowohl in Pressburg, wie auch in Magyar-Óvár, in Győr, in Pest, in Baja und Újvidék, Pancsova und Keve überall ein Herr. Der größte Herr in Komárom. Seine am Oberlauf der Theiß gelegene Niederlassung war in Mező-Tisza-Vári, aber er hatte ebensolche in Tokaj, in Szolnok und auch in Szeged. Überall hatte er Vertreter, Büros, Wohnhäuser, Lager und Pferdeherden... Er hatte in seinem Keller in Komárom 32.000 Flaschen Tokajer Wein. Dieser Goldmensch hatte insgesamt 36 große Eichenschiffe für den Getreidetransport, mindestens zehn Anlegestellen da und dort und mehr als 70 kleinere Schiffe... Einige seiner großen Schiffe fassten 10.000 Metzen Weizen. Legte das Schiff jährlich nur zwei Fahrten zurück, so bedeutete das mehrere hunderttausend Metzen, was im heutigen Geld viel mehr als 10 Millionen Kronen bedeutet. Und soviel Getreide auf den Schiffen ist, soviel liegt auch noch in den Lagern. Und all das gehört diesem Goldmenschen."[51] János Domonkos hatte im Jahre 1831 326.041 Forint reines Einkommen. Unter seinen Einnahmen schien auch eine Weizenlieferung aus dem Banat auf, die für ihn einen Gewinn von 54.939 Forint brachte.[52]

Mit der Treidelschifferei befassten sich auf einem erheblichen Abschnitt der Donau die Fuhrleute von Komárom, darüber hinaus sicherten sie sich noch mit Ackerbau und mit Transporten ihr Leben und ihr Einkommen. Samt und sonders waren sie Vertreter des ungarischen reformierten Glaubens, die während der türkischen Herrschaft als Bootsleute, als Husaren für die Verteidigung der Burg gekämpft hatten. Für ihren heldenhaften Einsatz erhielten sie Adelsbriefe, die nicht mit Güterdotation verbunden waren. Nach den Türkenkriegen ließen sie sich geschlossen am Westrand der Stadt nieder, wo sie für ihr Vieh, für ihre Gespanne und für die Futtermittel genügend Platz fanden. Zur Fütterung ihrer Pferde und ihrer Ochsen lieferten die Weiden, hauptsächlich die Wiesen der Inseln Apályi und Arany das Heu. Für die Erhaltung der Wiesen und Weiden sorgte der Fluss selbst: Die Überschwemmung der Vág-Donau überzog die Insel Jahr für Jahr mit fruchtbarem Schlamm. Nachdem sich das Hochwasser zurückgezogen hatte, wurden die Pferdeherden mit der Fähre auf die Insel Apályi gebracht, die Pferde lockerten dort mit ihren Hufen den Boden der Wiesen. Die Fuhrleute schleppten die Eichenschiffe ohne Segel und ohne Dampfmaschine gegen den Strom mit Pferden und Ochsen. Ihre Schleppeinheiten nannten sie *cukk*, die die Schiffe, im allgemeinen jeweils zu zweit zusammengebunden, schleppten. Zum Schleppen zweier mittelgroßer beladener Schiffe benötigte man 5-9 Schiffsleute, 2 anwesende Schleppmeister, einen mit einem Schiffshacken, 18-20 Treiber, 30-38 Pferde, das war notwendig, das war ein *cukk*. Vor dem Auftauchen der zwischen Wien und Pest fahrenden Dampfschiffe (1830) belief sich in Komárom die Zahl der sich auch mit der Treidelschifferei befassenden Fuhrleute auf 190 bis 300, die von der türkischen Grenze bis Komárom, bis Győr, bis Wien, manchmal bis Regensburg, ja sogar bis Ulm Schiffe schleppen ließen. Die Ladung der Schiffe war zumeist Getreide, Wein und Salz. Die Fuhrleute ließen von Komárom über die Vág-Donau die von Pest leer heimkehrenden Krautflöße nach Gúta und Kamocsa schleppen. Bei solchen Gelegenheiten zogen acht Ochsen vier Flöße.

Die Fuhrleute übernahmen auch Lastentransporte und Personenbeförderung auf den öffentlichen Straßen. In Komárom waren im Jahr 1820 43 Furhleute mit Transporten beschäftigt, aber es lebten zu dieser Zeit bereits viele Transportunternehmer am rechten Ufer in Szőny. Mit ihren schweren Salzfasswägen brachten sie das Salz von den Salzschiffen in die Salzlager des Schatzamtes, von dort dann in die einzelnen Gemeinden. Eine besondere Ladung ihrer Schiffe war der Hausen (Huchen): Die zerteilten, eingesalzenen, in Fässer gelegten Fische wurden auf den Wiener Markt gebracht, aber sie erschienen auch als regelmäßige Abgabe auf der kaiserlichen Tafel. Wein transportierten sie hauptsächlich aus Koppánymonostor, aus Neszmély und aus Mór nach Komárom.[53]

Autoren und Wissenschafter erwähnten des öfteren die Tracht der Fuhrleute aus Komárom und ebenso ihre Bruderschaften. Um nur zwei von ihnen zu erwähnen, führe ich zwei, die beide Kinder der Stadt waren, an, die diese charakteristische Gruppe der örtlichen Gesellschaft noch in ihrer Blütezeit kennengelernt hatten. Mór Jókai verewigte in seinem Roman *Az elátkozott család* [Die Verfluchte Familie] (1858) deren Gestalten: „Jene, die aus Richtung der Megyercsi-Straße kamen, waren alle in blaue Mäntel-Dolman gehüllte Männer; sie hatten große, massive Runghüte mit breiten Bändern und gute weiche, faltige Schaftstiefel aus Korduanleder; an ihrer kurzen Jacke hatten sie nicht nur schöne Silberfiligranknöpfe, sondern darüber hinaus von einer Schulter zur anderen herabhängende Ketten aus großen klingenden Gliedern und mit einem ungeheuren Medallion in der Mitte; alles aus echtem sechzenfach geläutertem Silber. Und die Gesellschaft dieser hochangesehenen Personen ist keine andere als die verdiente Zunft der Stiefelmacher, der ehrlichen Fuhrleute und der hochgeachteten Schiffsleute, die zu jener Zeit die solideste Bürgerschicht der edlen Stadt ausmachten."[54] Die Trachten dieser Schichten werden vom Historiker Sándor Takáts noch in allen Einzelheiten beschrieben: »Jene an das uralte Überwurfsfell erinnernde Tracht, die bis zu den Fünfziger-Jahren den Bewohnern Komorns so eigenthümlich war, ist also im Verschwinden begriffen. Die alte Nationaltracht samt den zugehörigen Sitten und Gewohnheiten haben bloß die Bauern bewahrt, welche „Fuhrbauern" (*szekeres gazdák*) genannt werden. Sie sind die unverfälschten Vertreter der urwüchsigen Komorner Bürgerschaft. Männlicher Ernst und Geradheit sind für sie charakteristisch: Falschheit und Heuchelei kennen sie nicht; ihr Blick ist sanft, doch hat ihr gutes magyarisches Gesicht einen gewissen schwermüthigen Ausdruck. Sie sind stramme Reiter. Bei Festlichkeiten bilden sie ein Banderium und ziehen unter Anführung ihres eigenen Hauptmannes und Fahnenträgers aus. Ihre Kleidung ist dabei sehr malerisch. Die pelzbesetzte

„Kucsma", die eine Adler- oder Reiherfeder schmückt, der mit Edelmarder verbrämte, an breiter Silberkette keck über die Schulter geworfene Dolmány, der verschnürte „mándli", die Samtweste mit Knöpfen aus Silberfiligran, ungarische Hosen und in Falten gezogene Corduanstiefel, dazu Sporen mit großen Rädern und die altererbte Klinge der „fringia". Das gibt eine prächtige Gala. Der ganze Anzug ist aus blauem Tuch. Für gewöhnlich trägt der Fuhrbauer einen mit Silberfiligran-Knöpfen besetzten „Bekecs", die Weste mit Silberknöpfen und die ungarische Hose. Sommer und Winter dieselbe Tracht.«[55] Es soll hier erwähnt werden, dass die Boden bebauenden Bürger der nördlichen und südlichen Nachbarstädte, nämlich Érsekújvár und Székesfehérvár, eine der Tracht der Fuhrleute aus Komárom ähnliche Kleidung aus blauem Tuch mit Silberknöpfen trugen.[56] In Komárom und Székesfehérvár war diese Männertracht noch um 1930 herum lebendig, in Érsekújvár hingegen nicht mehr.

Die Fuhrleute übernahmen auch das Schleppen der Flöße. Die Zahl der über die Vág aus den Komitaten Liptó, Turóc und Trencsén nach Komárom gelangten, aus Fichtenstämmen gebauten Flöße, betrug im letzten Drittel des 19. Jahrhunderts noch über 20.000 im Jahr.[57] Die von den Holzhändlern in Győr gekauften Flöße wurden von den Fuhrleuten auf dem Donauarm bei Moson hinaufgeschleppt. Ein Cukk schleppte 20 Flöße mit der Kraft von zwei Pferden und acht Ochsen.[58]

Alois Freiherr von Mednyánszky gibt in seinem 1825 erschienen Buch *Malerische Reise auf dem Waagflusse in Ungern* seine auf seine Reiseerlebnisse gestützte Schilderung über die Flößerei und über die transportierten Waren: „Nur mit Flößen geht die Fahrt auf der Waag... Der vorzüglichste Handelsgegenstand der Ausfuhr ist Holz, mit welchem alle Berge der oberen Gespanschaften reichlich besetzt sind, und der, je weiter man gegen die Ebenen kommt, desto seltener, daher desto wünschenswerther wird. Bauholz unter allen Gestalten, als Stamm, Brett, Pfosten, Latte, Schindel, erzeugt der mit Ackerbau wenig beschäftigte Oberländer, und verführt selbes bis Comorn, Pesth und weiter... Dagegen werden aus hartem Holz verschiedene, dem gemeinen Mann unentbehrliche Geräthe verfertigt... Unter diesen spielen die von 5 bis 20 Metzen fassenden Mehltruhen und die bunt bemalten Kleidertruhen eine Hauptrolle... Hierauf folgen Pfluggestelle, Schiebkarren, lange Brotschaufeln, Heu- und Mistgabeln, Futterschwingen, Wasch- und Backtröge, Theerbüchsen... Eisen und Kupfer, das erstere theils als Roh- und Stabeisen, theils verarbeitet zu den Werkzeugen des ersten Bedürfnisses; das zweite als Garkupfer in Scheiben... Schmalz, Butter und Käse, den letzteren besonders unter dem Namen Brinsa bekannt, liefert die Liptau und Thurótz in großer Menge und trefflicher Qualität... Nüsse, getrocknete Pflaumen, wohl auch frische Äpfel machen die Ladung manches Flosses aus, das im Spätherbst bei günstigem Wasser noch die Reise bis Comorn und Pesth unternimmt."[59]

Auf der Vág konnten lediglich aus 10-15 Holzstämmen gezimmerte Halbflöße hinuntergelassen werden, die bei Komárom auf der Donau jeweils zu zweit zusammengebunden und zu einem ganzen Floß wurden. Auf den Flößen wurden auch Bretter, Latten und Holzschindeln in großen Mengen transportiert. Die Holzhändler aus den Komitaten Pest, Fejér, Tolna, aus der Batschka und dem Gebiet des Unterlaufes der Donau, ja sogar noch aus Serbien, Bulgarien und der Türkei kauften das Holz in Komárom genauso wie die Bauherren. Die von ihnen ausgewählten und gekauften Flöße ließen die slowakischen Flößer aus Komárom bis zu ihrem Bestimmungsort an der nächstgelegenen Holzanlegestelle an der Donau hinunterschwimmen (z.B. Ercsi, Adony).[60] Beim Bau der Schule, der Kirche und des Gemeindehauses von Polgárdi (Kom. Fejér) fuhren die Beauftragten der Gemeinde 1872 nach Komárom, wo sie eines der auf der Vág hinuntergelassenen Flöße (Bretter und Balkenstützen) kauften. Sie heuerten einen Flößer an und setzten auch ihren eigenen Mann auf das Floß, das sie bis Adony hinunterbringen ließen. Von dort aus transportierten sie das Holz mit 67 Wägen über Székesfehérvár nach Polgárdi. Das gekaufte Floß bestand aus 28 Fichtenstämmen, 300 Brettern, 100 Latten und 60.000 Holzschindeln.[61] In den nahen Ortschaften wurde das Bauholz unmittelbar aus Komárom auf Achse transportiert. In der Chronik der Herrschaft Lamberg aus Mór (Komitat Fejér) wird beim Holzkauf in Komárom nicht die Flößerei auf der Donau erwähnt: „Jahr 1755. Im Juli wurde der Bau des Moórer Schüttkastens beendet, was gerade in einem Jahre geschah, denn im Juli 1754 wurde das Bauholz dazu in Comorn erkauft."[62]

In Anbetracht der Einwohnerzahl (1847: 20.660) und des Handelsvolumens zählte Komárom sogar noch um 1840 zu den bedeutendsten Städten Ungarns, obwohl es zu dieser Zeit im Getreidehandel bereits von Győr überholt worden war. Zwei Drittel seiner Fläche wurde am 17. September 1848 von einer Feuersbrunst vernichtet. Es brannten dabei auch die Schiffswerft des Schatzamtes ab, die Holzbrücke über die Kleine-Donau, weiters 19 auf der Donau vor Anker liegende Getreide- und Salzschiffe und im Holzlager 256 Klafter Feuerholz. Über die Inseln raste das Feuer nach Újszőny hinüber, wo 14 Häuser den Flammen zum Opfer fielen. Der Brandschaden der Einwohnerschaft von Komárom belief sich auf 1.199.650 Pengő-Forint. Nach zwei Monaten wütete eine Choleraepidemie in der Stadt, die 549 Opfer forderte. Ende Jänner 1849 überflutete ein Hochwasser mit Eisschollen die der Vág-Donau nahe gelegenen tiefen Gassen. Ab März wurden die militärischen und auch die zivilen Gebäude erst von der Artillerie des Kaisers, dann der des Zaren zusammengeschossen. Nach der Kapitulation am 27. September 1849 lag die unglaubliche Leiden erduldende, früher so blühende Stadt Komárom in Trümmern. Überdies musste auf Anordnung des kaiserlichen Platzkommandanten die Bevölkerung auch noch das ganze zur Zeit des Freiheitskampfes gültige Papiergeld, die Kossuth-Banknoten, abliefern, wovon vor Weihnachten 1849 eineinhalb Millionen Forint verbrannt wurden. Ein Teil der elend zugrunde gerichteten Bürgerschaft zog nach diesen Schicksalsschlägen aus Komárom fort. Er versuchte, vor allem in Győr und in Pest ein neues Leben zu beginnen. Mit Komárom ging es bergab. Es verlor seine frühere wirtschaftliche Handels-, Verkehrs- und gewerbliche Bedeutung und ihre in der Städtehierarchie von Ungarn gespielte vornehme Rolle.[63]

Eines der Kennzeichen des Rückganges der Siedlungsentwicklung ist, dass Komárom wegen der Flüsse und wegen des Mangels ständiger Eisenbrücken von den Eisenbahnlinien lange gemieden wurde. Diese Lage spiegelt sich auch im Werk von Albert Kenessey *A magyar Duna és melléke* [Die ungarische Donau und ihre Umgebung], der Präsentation von Rév-Komárom aus dem Jahr 1870, wieder, in dem das Andenken des zur Verkehrsbedeutung gelangten Dorfes Újszőny und des alten Ruhmes gewahrt wird: „Hier kamen wir in den Bereich der Burg von Komárom, die sowohl das rechte wie auch das linke Ufer der Donau in einer meilenlangen Linie beherrscht. Der Sandberg glättet sich vor dieser klösterlichen Festung und bildet zu beiden Seiten wieder ein Flachland. Links verdeckt uns eine Insel die Stadt, die wir erst dann erblicken, wenn wir über die Pontonbrücke gegangen sind; rechts hingegen sind zahlreiche, aus Holz und Ziegeln gemischt gebaute, kleinere und größere Häuser in Leichtstruktur in der Nähe des Ufers, wohin die Soldaten aus der Burg zeitweise wegen Luftveränderung umziehen – dann sieht man noch den Bahnhof Újszőny der Eisenbahnlinie Győr–Fehérvár, etwas oberhalb führt nach Komárom die 220 Klafter lange 1836 errichtete Pontonbrücke und in einer Höhe von 16 Klaftern die Freileitung der Telegraphen.

Újszőny ist ein aus einer Einöde hervorgegangenes Dorf. Noch 1845 hatte es kaum 700 Einwohner, aber 1860 hatte es bereits 907. Die Einwohnerschaft besteht hauptsächlich aus Handwerkern, Schiffern und Fuhrwerksunternehmen. Die Dampfschifffahrt, die hier seit 1832 bekannt ist, und die Eisenbahn, die 1856 eröffnet wurde, bereiten zuvor unbedeutenden Orten immer eine größere Zukunft. Die Bevölkerung hat auch ein hohes Einkommen durch den Warenverkehr, der der Umladung der auf der Donau bergwärts kommenden und nach Wien weitergeschickten Getreidesorten, Heizmaterialien und Bauhölzer von den Schiffen auf die Eisenbahnwaggons zu verdanken ist. 1862 machte die Holzumladung dieser Art an die 300.000 Tonnen Ladegut aus.

Sobald man von Újszőny nach Rév-Komárom hinüber geht, sieht man über den kleinen Arm der Donau eine 100 Klafter lange Holzbrücke. Auf der Insel, die zu einer schönen Promenade ausgebaut wurde, gibt es geeignete Plätze für den Schiffsbau... Aus dem Handwerkertum der Stadt kennen wir als Ausfuhrartikel lediglich die mit Tulpen bemalten Hochzeitstruhen für die Aussteuer und die Töpferarbeiten; diese sind allerdings entlang der gesamten Donau bekannt und gesucht... Den Ackerbau ausgenommen, ist einzig und allein die Fischerei, die einigermaßen mit Erfolg betrieben wird, besonders beim Stöhr und Hausenfang zu nennen. Manchmal geraten 10-20 Fuß lange, 2-8 Zentner schwere Hausen und bis 5-6 Fuß lange Stöhre ins Netz... Auch die besten der Süßwasserfische, nämlich der Wels – im allgemeinen 2-3 Fuß lang, aber nicht selten noch länger und auch schwerer als 1 Zentner –, der Karpfen, der Hecht werden reichlichst gefangen, so dass Nagy-Szombat, Pressburg und Wien und andere Märkte auch reichlich an der Fischerei von Komárom teilhaben.

In der Vergangenheit konnten der Handel, noch mehr die Geschicklichkeit der Schiffsbaumeister von Komárom und die Schönheit, die Güte und große Anzahl der von ihnen gebauten Schiffe, wohl begründet, mit Stolz Erwähnung finden; aber heutzutage findet man außer der Erinnerung an den alten Ruhm nur wenige Reste."[64] In dieser Beschreibung können bereits die Keime der Entwicklung der Siedlungsgemeinschaft zur „Zweiuferigkeit" entdeckt werden: in der Schiffsbrücke, in der Verbindung im Fernmeldewesen, in der Steigerung der Verkehrsrolle von Újszőny und in ihrem Heranwachsen zu einem Bahnknotenpunkt, dem Keim der Entwicklung einer Siedlungsgemeinschaft.

Die Aufnahme der Dampfschifffahrt auf der Donau und die Einstellung der Treidelschifferei bedeuteten für Komárom ebenfalls einen Rückfall, denn dadurch wurde der Getreidehandel auf andere Märkte, vor allem nach Győr, dirigiert. Gleichzeitig mit Beginn der Dampfschifffahrt fielen die Fuhrwerke von Komárom von der Treidelschifferei und vom Transport weg. Überdies traf eine ganze Reihe neuer elementarer Schläge die Stadt in dieser neuen Lage: Überschwemmungen mit Eisschollen (1850, 1876), eine Feuersbrunst (1858), Choleraepidemien (1866, 1873) und Hochwasser (1880). Eine neue Erwerbsmöglichkeit in der Zeit zwischen 1850 und 1877 schuf vor allem der Bau eines Komárom und Újszőny umfassenden Befestigungssystems. Nach dem Hochwasser von 1880 wurde ein Damm zur Sicherung des Gebietes der Burg am Ufer der Donau errichtet.

Trotz der mit den elementaren Schlägen und der Modernisierung der Wirtschaft verbundenen, strukturellen Änderungen ging es mit Komáron nach dem Ausgleich von 1867 wieder aufwärts. Das wichtigste Glied in der Kette der Entwicklungen war die 1892 dem Verkehr übergebene Eisenbrücke, die Brücke der Königin Elisabeth, die die Stadt mit Újszőny verband. Die ständige Verbindung gab einen neueren Anstoß zur Vereinigung der Siedlungsgemeinschaft von Komárom, um zu einer an beiden Ufern der Donau liegenden Stadt zu werden. Diese Entwicklung erfuhr nach vier Jahren, am 1. Juli 1896 durch den Anschluss der Gemeinde Újszőny an die Stadt Komárom auch seitens der öffentlichen Verwaltung ihre Anerkennung. In den Jahrzehnten vor der Vereinigung verdient vor allem die Siedlungsentwicklung von Újszőny besondere Aufmerksamkeit, denn damals entwickelten sich, nach 1896, beide Hälften der Zwillingsstadt an beiden Ufern der Donau gleichmäßig.

Újszőny entwickelte sich an der Stelle zweier früherer Siedlungen, nämlich Koppánmonostor und Rév. Koppánmonostor wurde mit der Abtei von St. Benedikt in den Türkenkriegen vernichtet, ihre Gebiet wurde der Gemeinde Szőny angeschlossen. Es wurde in der Mitte des 18. Jahrhunderts neu besiedelt. Rév ist eine nach der Vertreibung der Türken, bei der Übersetzstelle der Donau, anstelle des Brückenkopfes der heutigen Brücke am rechten Ufer entstandene Siedlung. Ähnlich wie Koppánmonostor ist Rév auch eine Szőny gehörende Ödung. Sie wurde in der Mitte des 18. Jahrhunderts von Szőny getrennt und war bis 1896 unter dem Namen Újszőny eine selbständige Gemeinde. Bei ihrer Vereinigung mit Komárom wurde auch Koppánmonostor ein Teil der Siedlungsgemeinschaft.[65]

Újszőny wird 1848 von Elek Fényes noch als besiedeltes Dorf in der Öde erwähnt, dessen Bewohner sich mit Handwerk, mit Transportunternehmungen, mit Schifffahrt und mit Taglöhnerei befassten. Die Entwicklung der neuen Siedlung kann jedoch 1848 auch bei Fényes verspürt werden: „Dieser Ort wurde lediglich vor einigen Jahrzehnten

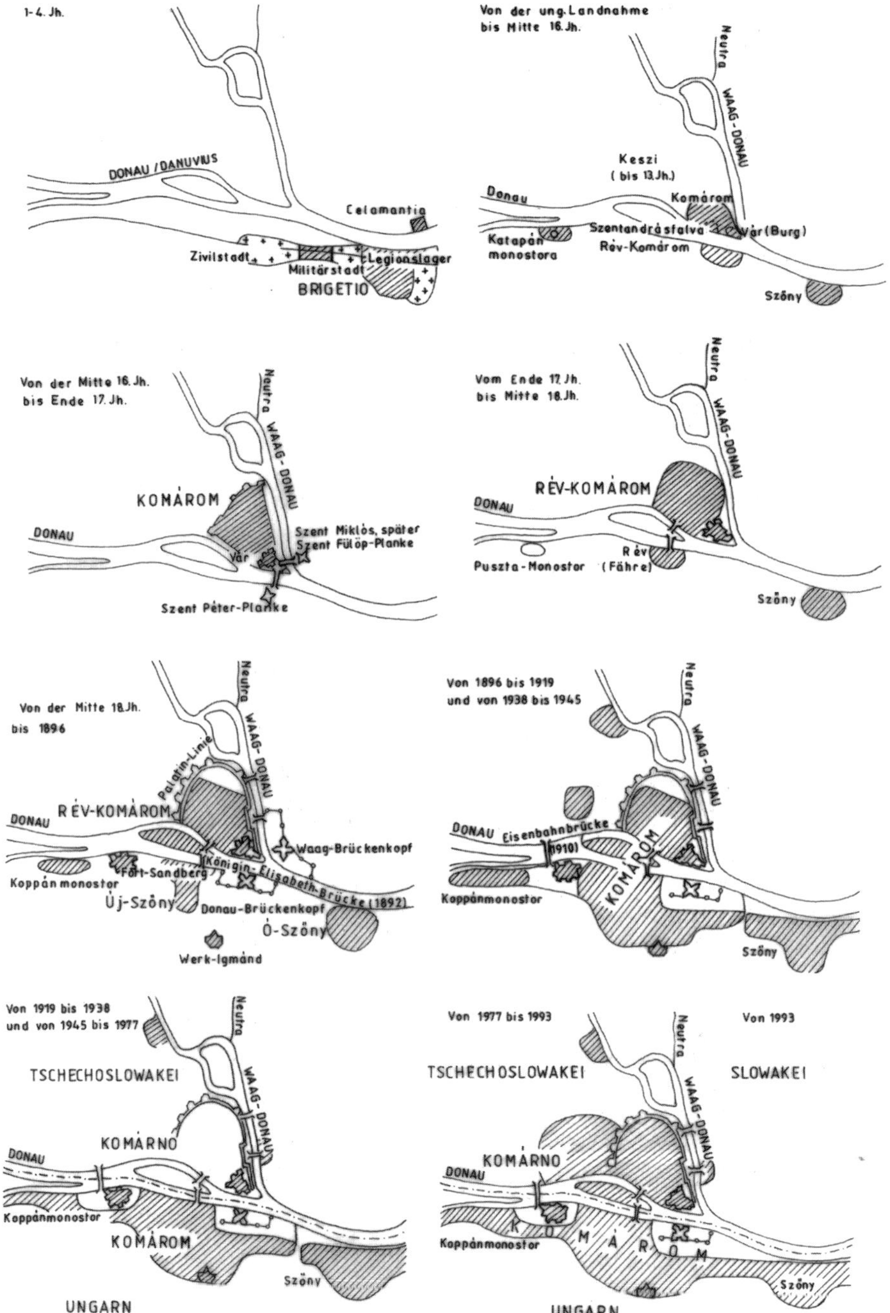

Die Entwicklung der Siedlungsgruppe bei Komárom an beiden Ufern der Donau

bevölkert und zu Beginn siedelten sich hier lediglich Bettler an, und aus diesem Grund erhielt der Ort den slowakischen Namen Nyedám, weshalb die Einwohner auch jetzt noch böse sind; später erhielten die sich hier niedergelassenen Tagelöhner und Handwerker durch die Nähe der Stadt Komárom, durch die Verbindung der Schiffbrücke eine gute Verdienstmöglichkeit, jetzt weist die Verschönerung zahlreicher Häuser bereits auf etwas Vermögen hin."[66] Újszőny wuchs sich durch die Errichtung der Hauptbahnstrecke am rechten Donauufer zu einem bedeutenden Verkehrsknotenpunkt aus, als eine Umladestation des nach Wien, nach dem Westen gerichteten Verkehrs. In Újszőny wurde das auf der Donau herangeschiffte Getreide und das mit Flößen herangeschaffte Holz in die Bahnwaggons umgeladen.[67] Nach dem Bau der ungarischen Südbahnlinie und der Eisenbahnlinie Újszőny–Székesfehérvár wurde aus Komárom sogar ins Plattenseeoberland Bauholz mit der Bahn transportiert, und zwar ziemlich umständlich: Aus Komárom wurde das Holz bis Szántód mit der Bahn, von dort mit der Fähre über den Plattensee bis zur Fähre bei Fülöp gebracht. Diesbezüglich verzeichnete András Bárány aus Kővágóörs Folgendes in seinem Wirtschaftstagebuch 1863: „Mitte September des vergangenen Jahres fuhr ich nach Rév-Komárom um Bauholz, ließ es auch über die Bahn herbringen, aber nicht ausreichend, was mich dann sehr viel kostete, denn für den Transport auf der Bahn und über den Plattensee bezahlte ich so viel wie das ganze Holz wert war."[68] Nach der Vereinigung entstanden auf der Kleinen-Donau der Winterhafen, auf der Elisabeth-Insel die Schiffswerft, Wasserwerke, im nördlichen Stadtteil die Gaswerke, die Eisfabrik, die Gießerei und die Maschinen-Reparaturwerkstätte und die Munitionsfabrik. 1914 setzte der Verkehr auf der Nebenstrecke der Bahn Komárom–Gúta ein. Im südlichen Stadtteil öffneten sich die Pforten eines Sägewerkes, einer Tischlerei, einer Leinen- und Seidenspinnerei.[69] Der wirtschaftlichen Entwicklung von Komárom folgte der demographische Zuwachs: 1891 wurden noch 13.076 bürgerliche Einwohner gezählt, im Festungssystem hielten sich 3.357 Soldaten auf, bis zur Volkszählung 1910 wuchs die Bevölkerung der Zwillingsstadt auf 22.337 an. Davon entfielen 3.526 auf den südlichen Stadtteil. Dies bedeutet einen erheblichen Bevölkerungszuwachs, hatte doch Újszőny 1850 lediglich 825 Einwohner gehabt.[70]

Der Existenz von Komárom, einer Stadt an beiden Ufern der Donau, wurde durch den Friedensvertrag von Trianon (1920) ein Ende bereitet, der Erste Wiener Schiedsspruch (1938) stellte diesen Zustand wieder her, bis schließlich der Friedensvertrag von Paris 1947 die Siedlungsgemeinschaft an beiden Seiten des Flusses wieder trennte. Die Zusammenarbeit des slowakischen Komárno mit dem ungarischen Komárom (Nord- und Südkomárom) in den neunziger Jahren ist beispielhaft und verdient nicht nur vom Standpunkt der internationalen regionalen Zusammenarbeit in kleinen Räumen, sondern auch grenzüberschreitend besondere Aufmerksamkeit.[71] Zur Heranbildung und Stärkung des örtlichen Selbstbewusstseins trug die Veranstaltungsreihe Komáromer Tage (*Komáromi Napok*) erheblich bei, die von den beiden Städten jedes Jahr gemeinsam verwirklicht wird.

Im Vorwort des mit vereinten Kräften herausgebenen Buches der Bürgermeister der beiden Städte – Gyula Krajczár und István Pásztor – mit dem Titel

Komárom –Komárno, die Stadt an beiden Ufern der Donau steht Folgendes: „Komárom ist eine beachtenswerte und hochstrebende Stadt mit einheitlichen kulturellen Gesichtszügen. Im Verlaufe ihrer Geschichte hatte sie die Kraft, nach jeder großen Naturkatasrophe, nach jedem Schicksalsschlag sich aufzurichten, sich neu zu organisieren und sich aufzubauen."[72] Die Zusammenarbeit ist an sich ein Indiz der Alltagskultur, der Mentalität. Diesbezüglich konzipierte vor kurzem József Liszka eine Frage, wodurch Komárom und Komárno betroffen werden: „Möglicherweise können die tiefergehenden volkspsychologischen, mentalitätsgeschichtlichen, soziologischen und siedlungsgeschichtlichen Forschungen die Antwort auf die Frage bringen, weshalb die Mentalität und die Verhaltenskultur der Einwohner der in Ungarn und in der Slowakei liegenden beiden Komárom so unterschiedlich sind."[73]

Esztergom bildete mit dem gegenüber liegenden Párkány niemals eine Zwillingsstadt, obwohl diese beiden Siedlungen 1895 durch die Mária-Valéria-Brücke verbunden worden waren. Die Brücke nach Esztergom teilte das Schicksal sämtlicher ungarischer Donaubrücken 1945: Sie wurde gesprengt. Die Brückenköpfe an beiden Ufern und die Bruchstücke der Pfeiler erlebten das neue Jahrtausend, zu dessen Beginn, 2002 sie im Rahmen der Zusammenarbeit zwischen Ungarn und der Slowakei, zum Teil mit Unterstützung der europäischen Union, neu gebaut wurde.

Die aus ihren Trümmern erstandene Brücke wird dann die Möglichkeit einer internationalen regionalen Zusammenarbeit schaffen.

[Die Studie ist sowohl in ungarischer als auch in deutscher Sprache erschienen:
Lukács, László: *Duna kétparti települések Magyarországon 1920 előtt.* A Dunántúl és a Kisalföld történeti földrajza. Hg. von Sándor Frisnyák, József Tóth. 2003. 279-303. Nyíregyháza–Pécs
Lukács, László: *Siedlungen an beiden Ufern der Donau in Ungarn vor 1920.* Acta Ethnographica Hungarica L. 2005. 39-66. Budapest]

Anmerkungen

1 LUX 1917: 179.
2 PÁPAY 1907: 164-165.
3 GELENCSÉR–LUKÁCS 1991: 79-86; LUKÁCS 1996: 7-15.
4 BALASSA 1996: 75.
5 BÁTKY 1918a, 36.
6 HÓMAN 1912: 89-114.
7 GYÖRFFY 1987: 207-443, 563-641; KRISTÓ 1988: 243-247; FLACH 1969.
8 BÁTKY 1918a: 40.
9 BÁTKY 1918b: 327-341; BÁTKY 1923: 49-65.
10 JOÓ–TÓTH Hg. 1988: 110-111, 123; HAMBUCH 1998: 347, 368-369.
11 TÓTH–SZŐLŐS 1968: 19.
12 ANDRÁSFALVY 1975: 317.
13 TIMAFFY 1975: 57-83, 121-127; BÁRTH 1978: 97-142; KÖVECSES VARGA 1991, 171-178.
14 MÁCZA 1992: 11-14.

[15] FOGARASSY 1995: 77, 87, 89.
[16] PRINZ–TELEKI o. J. 414.
[17] TATÁR 1996: 8.
[18] KÓSA 1998: 232.
[19] PRINZ 1925: 83.
[20] BENDEFY 1976: Landkarten Nr. II, 18, 20, 21 der Komitate Pozsony, Komárom und Pest
[21] TELEKI 1936: II, 452.
[22] BOTLIK 1998: 1; MTI-Press 1999: 13.
[23] MAGRIS 1992: 441.
[24] MAGRIS 1988: 301.
[25] BÁTKY 1918b: 333-334.
[26] TAKÁTS 1898: 246.
[27] CHOLNOKY o. J. 282.
[28] FÉNYES 1994: 13.
[29] CHOLNOKY 1922: 21, 31; CHOLNOKY o. J. 294.
[30] MÁCZA 1992: 21.
[31] SZOMBATHY 1939: 30.
[32] FÉNYES 1994: 13.
[33] GONDA 1896: 19.
[34] GLASER 1929: 145-146, 152-153.
[35] FÉNYES 1994: 119-120.
[36] BOROVSZKY Hg.1907: 241.
[37] MÁCZA 1992: 39
[38] JÓKAI o. J. 26.
[39] MAJDÁN 1987: 60-61.
[40] MÁCZA 1992: 44.
[41] BOROVSZKY 1907: 243.
[42] KECSKÉS 1984: 5-6.
[43] KECSKÉS 1978: 19.
[44] NYÁRY 1938: 629-630.
[45] FÉNYES 1994: 104-105.
[46] JÓKAI 1963: 64.
[47] TAKÁTS 1898: 232-236; KECSKÉS 1978.
[48] FÉNYES 1994: 108.
[49] BOROVSZKY 1907: 240-241; Mácza 1997: 33.
[50] MÁCZA 1992: 9-10.
[51] EÖTVÖS 1906: 237-242.
[52] MÁCZA 1995: 19.
[53] KECSKÉS 1978: 186-227; MÁCZA 197: 34.
[54] JÓKAI 1963: 15.
[55] TAKÁTS 1898: 238–239.
[56] LUZSICZA 1989: 145-146; LUKÁCS 1998: 554-555.
[57] BOROVSZKY 1907: 240.
[58] KECSKÉS 1978: 215.
[59] MEDNYÁNSZKY 1844: 9-11.
[60] LUKÁCS 1990: 114-116; LISZKA 1995: 46-51; BEKE 1999: 47-56.

[61] Archiv der reformierten Kirche in der Gemeinde Polgárdi, Rechnungsberichte des Verwalters ab 1843.
[62] SEIDEL 1899: 10.
[63] MÁCZA 1992: 10-11.
[64] KENESSEY 1870: 138-13.
[65] KECSKÉS 1984: 7-9.
[66] FÉNYES 1994: 228.
[67] GONDA 1896: 34.
[68] Archiv der evangelischen Kirchengemeinde aus Kővágóörs. Wirtschaftseintragungsbuch des Bárány András, beginnend mit dem 1.1. 1855.
[69] TAKÁTS 1898: 237-238; BOROVSZKY 1907: 152-153; NYÁRY 1938: 632; MÁCZA 1992: 12.
[70] FÉNYES 1851: IV. 157; Verzeichnis der Ortsnamen 1913: 14; NYÁRY 1938: 632; MÁCZA 1992: 13.
[71] TÓTH–GOLOBICS 1996: 116-119.
[72] BÁRDOS-KECSKÉS-MÁCZA 1994: 3.
[73] LISZKA 2000: 94.

Literatur

A Magyar Szent Korona Országainak Helységnévtára [Ortslexikon der Länder der Ungarischen Heiligen Krone]. Budapest, 1913

ANDRÁSFALVY, Bertalan
1975 *Duna mente népének ártéri gazdálkodása Tolna és Baranya megyében az ármentesítések befejezéséig* [Flutgebietswirtschaft entlang der Donau in den Komitaten Tolna und Baranya bis zur Vollendung der Flutbefreiung]. Szekszárd.

BALASSA, Iván
1996 *A Duna összeköt - a Duna elválaszt* [Die Donau verbindet - die Donau trennt]. Az interetnikus kapcsolatok kutatásának újabb eredményei. Hg.: KATONA Judit, VIGA Gyula. 67-77. Miskolc.

BALI, Mihály (Hg.)
1851 *Egyházi névtára a helvét hitvallású Dunántúli Egyházkerületnek 1851. évre* [Namensregister des Transdanubischen Kirchenkreises zum Jahr 1851]. Pápa.

BÁRDOS, István–KECSKÉS, László–MÁCZA, Mihály (Hg.)
1994 *Komárom–Komárno város a Duna két partján* [Die Stadt Komárom – Komárno an den beiden Ufern der Donau]. Komárom.

BÁRTH, János
1978 *A dunai átkelés és révjog bérbeadásának néhány kérdése* [Einige Fragen über die Überquerung der Donau und die Vermietung des Fährrechts]. Cumania VI. 97-142. Kecskemét.

BÁTKY, Zsigmond
1918a *Egy-két szó az esztergom – váczi Dunaszorulat emberföldrajzához* [Zur Anthropogeographie der Donauenge Esztergom–Vác]. Földrajzi Közlemények XLVI. 36-41.
1918b *Néhány vonás Csallóköz település-földrajzához* [Zur Siedlungsgeografie der Großen-Schüttinsel]. Földrajzi Közlemények XLVI. 327-341.

1923 *Néhány vonás Komárommegye településtörténetéhez* [Zur Siedlungsgeschichte vom Komitat Komárom]. Föld és Ember III. 49-65.

BEKE, Éva

1999 *Tutajozás a Vágon* [Die Waag-Flößerei]. Hálók. Egyetemi dolgozatok Szilágyi Miklós 60. születésnapja alkalmából. Hg.: AMBRUS Vilmos, TERBÓCS Attila. Dolgozatok a Tárgyi Néprajzi Tanszékről 2. 47-56. Budapest.

BENDEFY, László

1976 *Mikoviny Sámuel megyei térképei. Különös tekintettel az Akadémiai Könyvtár kézirattárának Mikoviny-térképeire* [Komitatskarten von Sámuel Mikoviny. In der Bibliothek der Ungarischen Akademie der Wissenschaften]. I-II. Budapest. A Magyar Tudományos Akadémia Könyvtárának Kiadványai 71.

BOROVSZKY, Samu (Hg.)

1907 *Komárom vármegye és Komárom sz. kir. város* [Komitat Komárom und königliche Freistadt Komárom]. Magyarország vármegyéi és városai. Budapest.

BOTLIK, József

1998 *Duna-híd és szociális háló* [Donau-Brücke und soziales Netz]. Magyar Nemzet LXI. 275. Régiók melléklet, 1.

CHOLNOKY, Jenő

1922 *Az emberföldrajz alapjai* [Grundzüge der Anthropogeographie]. Magyar Földrajzi Értekezések IV. Budapest.

o.J. *Magyarország földrajza* [Ungarns Geographie]. A Föld és élete. Budapest.

EÖTVÖS, Károly

1906 *A Jókay-nemzetség* [Das Jókay-Geschlecht]. Budapest.

FÉNYES, Elek

1851 *Magyarország geographiai szótára* [Ungarns geographisches Wörterbuch] I-IV. Pest.

1994 *Komárom vármegye leírása (1848)* [Beschreibung vom Komitat Komárom (1848)]. Pozsony.

FLACH, Paul

1969 *Beiträge zur historischen Geographie der ehemaligen Komitate Bács und Bodrog sowie des einstigen Solter Stuhles*. München.

FOGARASSY, László

1995 *Ligetfalu és a pozsonyi hídfő története* [Geschichte von Ligetfalu und des Pressburger Brückenkopfes]. Pozsony.

GÁLL, Imre

1999 *A Széchenyi-Lánchíd építéstörténete* [Baugeschichte der Széchenyi-Kettenbrücke]. A Széchenyi-Lánchíd és Clark Ádám. Hg. Imre GÁLL, Szilvia Andrea HOLLÓ, 121-154. Budapest.

GELENCSÉR, József–LUKÁCS, László

1991 *Szép napunk támadt. A népszokások Fejér megyében* [Unser schöner Tag ist entstanden. Volksbräuche im Komitat Fejér]. Székesfehérvár.

GLASER, Lajos

1929 *A Dunántúl középkori úthálózata* [Das mittelalterliche Straßennetz von Transdanubien]. Századok LXIII. 138-167, 257, 285.

GONDA, Béla
1898 *Die ungarische Donau.* Die österreichisch-ungarische Monarchie in Wort und Bild. Ungarn IV. 17-86. Wien.
GYÖRFFY, György
1987 *Az Árpád-kori Magyarország történeti földrajza* [Historische Geographie Ungarns in der Árpádenzeit] II. Doboka, erdélyi Fehér, Esztergom, Fejér, Fogaras, Gömör és Győr megye. Budapest.
HAMBUCH, Vendel (Hg.)
1998 *Németek Budapesten* [Deutsche in Budapest]. Budapest.
HÓMAN, Bálint
1912 *A honfoglaló törzsek megtelepedése* [Die Ansiedlung der landnehmenden ungarischen Stämme]. Turul XXX. 89-114.
JOÓ, Ernő–TÓTH, Gábor (Hg.)
1988 *Tétény-Promontor. Budapest XXII. kerületének története* [Geschichte des Budapester Gemeindebezirks XXII]. Budapest.
JÓKAI, Mór
1963 *Politikai divatok (1862-63)* [Politische Moden (1862-63)] Budapest.
1963 *Az elátkozott család (1858)* [Die verfluchte Familie (1858)]. Budapest.
1964 *Az arany ember (1872)* [Der Goldmensch (1872)]. Budapest.
o.J. *A tengerszemű hölgy* [Die Dame mit den Meeresaugen]. Budapest
KECSKÉS, László
1978 *Komáromi mesterségek* [Handwerkarten in Komárom]. Pozsony.
1984 *Komárom az erődök városa* [Komárom, Stadt der Festungen]. Budapest.
KENESSEY, Albert
1870 *A magyar Duna és melléke* [Die ungarische Donau und ihre Umgebung]. 1-5. Magyarország képekben. Honismertető album. Hg.: NAGY Miklós. 69-89, 138-159, 197-222. 261-281, 329-347. Pest.
KÓSA, László
1998 *Paraszti polgárosulás és a népi kultúra táji megoszlása Magyarországon (1880-1920)* [Bäuerliche Verbürgerlichung und die territoriale Verteilung der Volkskultur in Ungarn (1880-1920)]. Budapest.
KÖRMENDI, Géza (Hg.)
1992-99 *Paraszti élet a Duna két partján* [Bauernleben an beiden Ufern der Donau] I-IV. Tatabánya–Tata.
KÖVECSES VARGA, Etelka
1991 *Adatok a táti szigetek haszonvételeiről* [Angaben zur Nutzung der Táter Donauinseln]. A Duna menti népek hagyományos műveltsége. Tanulmányok Andrásfalvy Bertalan tiszteletére. Hg.: HALÁSZ Péter. Budapest. 171-178.
KRISTÓ, Gyula
1988 *A vármegyék kialakulása Magyarországon* [Die Entstehung der Komitate in Ungarn]. Budapest.
KÚR, Géza
1993 *A Komáromi Református Egyházmegye* [Der kalvinistische Kirchenbezirk von Komárom]. Pozsony.

LISZKA, József

1995 *A folyók szerepe az árucsere-kapcsolatok lebonyolításában* [Die Rolle der Flüsse im Warenaustausch]. Új Forrás XXVII. 8. 43-51. Tatabánya.

2000 *Újabb szempontok és közelítések az 1920 utáni magyarság néprajzi kutatásában* [Neue Aspekte in der Erforschung des Ungartums nach 1920]. Néprajzi Látóhatár IX. 1-2. 89-95.

LUKÁCS, László

1990 *Wandergestalten, Wanderarbeiter und regionale Arbeitsteilung in Ost-Transdanubien.* Gutshofknechte und Saisonarbeiter im pannonischen Raum. Hg. Olaf Bockhorn, Wolfgang Slapansky. 97-103. Wien

1996 *Dunántúl–Felföld. Észak-déli kapcsolatok* [Transdanubien–Oberland. Nord-Süd-Beziehungen]. Limes VIII. 1-2. 7-15. Tatabánya.

1998 *Székesfehérvár XVIII-XIX. századi etnikai viszonyai* [Die ethnischen Verhältnisse von Székesfehérvár im 18.-19. Jahrhundert]. Ethnographia CIX. 549-572.

LUX, Joseph August

1917 *Ungarn. Eine mitteleuropäische Entdeckung.* München.

LUZSICZA, Lajos

1989 *Ifjúságom, Érsekújvár!* [Meine Jugendzeit, Érsekújvár!] Budapest.

MAGRIS, Claudio

1988 *Donau. Biographie eines Flusses.* München–Wien.

1992 *Duna* [Donau]. Budapest

MAJDÁN, János

1987 *A „vasszekér" diadala. A magyarországi vasútépítés 1914-ig* [Der Eisenbahnbau in Ungarn bis 1914]. Budapest.

MÁCZA, Mihály

1992 *Komárom. Történelmi séták a városban* [Komorn. Historische Spaziergänge in der Stadt]. Pozsony.

1995 *Jókai komáromi „Aranyembere"* [Der Komorner „Goldmensch" von Jókai]. Limes VIII. 4. 17-26. Tatabánya.

1997 *Komárom szerepe a dunai hajózásban* [Die Rolle von Komorn in der Donauschifffart]. Limes X. 1. 31-40. Tatabánya.

MEDNYÁNSZKY, Alois Freiherr von

1844 *Malerische Reise auf dem Waagflusse in Ungern.* Pesth.

MTI-PRESS

1999 *Mikor lesznek új Duna-hidak? Ausztriában 20 kilométerenként ível híd a nagyobb folyók felett* [Wann werden neue Donaubrücken gebaut? In Österreich gibt es alle 20 Kilometer eine Brücke über die größeren Flüsse]. Fejér Megyei Hírlap LV. 214. (14. September) 13.

NYÁRY, Pál

1938 *Komárom sz. kir. város és Komáromújváros története* [Geschichte der Stadt Komorn]. Komárom és Esztergom közigazgatásilag egyelőre egyesített vármegyék múltja és jelene. Hg.: OSVÁTH Andor. 628-639. Budapest–Sashalom.

ORTUTAY, András

2003 *Komárom a XVIII. század első kétharmadában* [Komorn im ersten zwei Drittel des 18. Jahrhunderts]. Castrum könyvek 9. 35-58. Tatabánya.

PÁPAY, Ernő
1907 *Komárom vármegye népe* [Das Volk vom Komitat Komorn]. Komárom vármegye és Komárom sz. kir.város. Magyarország vármegyéi és városai. Hg.: BOROVSZKY Samu. 164-175. Budapest.
PRINZ, Gyula
1925 *Magyarország földrajza. A magyar föld és életjelenségeinek oknyomozó leírása* [Ungarns Geographie]. Pécs–Budapest.
PRINZ, Gyula–TELEKI, Pál
o. J. *Magyar földrajz* II. *A magyar munka földrajza* [Ungarische Geographie II. Geographie der ungarischen Arbeit]. Budapest.
SEIDEL, Ignaz
1898 *Chronologische Erzählung der Ereignisse und Begebenheiten in der Herrschaft Csókakő - Moór im Stuhlweißenburger Comitat in Ungarn.* Steyr.
SZOMBATHY, Viktor
1939 *Jókai városa, az ősi várföld Komárom* [Jókais Stadt, die uralte Burg Komorn]. Napkelet XVII. 1. 30-33. Budapest.
TAKÁTS, Alexander
1898 *Komorn und seine Umgebung.* Die österreichisch-ungarische Monarchie in Wort und Bild. Ungarn. V. 1. 229-252. Wien.
TATÁR, Imre
1996 *Ikerváros a Duna mentén. Visegrád második virágzása* [Zwillingsstadt an der Donau. Die zweite Blütezeit von Visegrád]. Magyar Nemzet LIX. 181. 8.
TELEKI, Pál
1936 *A gazdasági élet földrajzi alapjai* [Die geographischen Grundlagen des wirtschaftlichen Lebens]. I-II. Budapest.
THURY, Etele
1998 *A Dunántúli Református Egyházkerület története* [Geschichte des kalvinistischen Kirchenkreises von Transdanubien]. I-II. Pozsony.
TIMAFFY, László
1975 *Szigetközi krónika* [Chronik der Großen Schüttinsel]. Mosonmagyaróvár.
TÓTH, József - GOLOBICS, Pál
1996 *Régiók és interregionális kapcsolatok a Kárpát-medencében* [Regionen und interregionale Beziehungen im Karpathenbecken]. A Kárpát-medence történeti földrajza. Hg.: FRISNYÁK Sándor. Nyíregyháza. 107-119.
TÓTH-SZŐLŐS, Mihály
1968 *Dunaegyháza község története* [Geschichte der Gemeinde Dunaegyháza]. Dunaegyháza.
WINCHKLER, István
1940 *Die ungarische Donau.* Ungarn. Das Antlitz einer Nation. Hg.: BARANYAI Zoltán. 159-164. Budapest

DAS DORFTOR IN TRANSDANUBIEN, SIEBENBÜRGEN UND IN DER MOLDAU

Auf das Dorftor wurde Béla Gunda erstmals in den 1930er Jahren im südtransdanubischen Ormányság und während seiner Klausenburger Lehrtätigkeit in Siebenbürgen aufmerksam (1936, 122; 48-49; 1966, 367-370). In seinen Vorlesungen und Seminaren an der Universität Debrecen ging er häufig auf dieses von ihm so geliebte Thema ein. Auch wir als seine Studenten interessierten uns in unsereren späteren Recherchen, in unserer archivalischen Arbeit und bei Feldforschungen für diese Thematik.

Interessant ist, dass sich eine der Fragen des Fragebogens zum *Atlas der Ungarischen Volkskultur* auch auf dieses Phänomen bezog. „Gab es Dorftore, haben sie die aus dem Dorf hinausführenden Feldwege begrenzt, welche Erklärungen gibt es für die Nutzung der Dorftore?" – lautete die erste (in Bezug auf die Flurnutzung vierte) Frage des Fragebogens. Bedauerlicherweise wurden die auf diese Frage eingegangenen Antworten kartographisch nicht bearbeitet, und so gibt es im *Atlas der Ungarischen Volkskultur* auch keine Karte von Dorftoren. Einer der Gründe für diesen offensichtlichen Mangel einer volkskundlichen Karte könnte darin liegen, dass auf die Frage nach dem Dorftor nur unsichere und unvollständige Antworten vorlagen.

Allerdings gelang es aufgrund lokaler Forschungen sowie kulturgeschichtlicher und archivalischer Daten, Funktion, Struktur und gebietsmäßige Verbreitung des Dorftores schon vor der Zusammenstellung des *Atlasses* zu berücksichtigen. Im *Lexikon der Ungarischen Volkskunde* definiert János Bárth das Dorftor (unter dem entsprechenden Stichwort) als einen Aus- und Eingang, der das Kontinuum des Dorfzaunes unterbrach. Es wurde an den wichtigen, aus dem Dorf hinausführenden Wegen errichtet. Während des Mittelalters wurden europaweit Dorftore gebaut. Im Karpatenbecken, insbesondere in den Randgebieten, kamen sie sogar noch im 20. Jahrhundert vor (1979, II, 31-32; 1966, 146-149).

In dem 1992 in Calgary/Kanada erschienenen Lexikon für Hungarologie, der *Encyclopeadia Hungarica*, heißt es unter dem Stichwort „Dorftor":

„Ein zusammenhägendes Zaunsystem am unteren Teil der Dorfgärten. In mehreren Ortschaften wurde gesondert ein Zaun angefertigt, der das ganze Dorf umgab. Durch die Tore des Dorfzaunes, also die Dorftore, konnte man hinaus- oder hineingehen. Im Allgemeinen war das Dorftor eigentlich eine natürliche Hecke, doch konnte es auch ein Flechtwerk sein. Es schützte die Äcker eher vor den im Dorf frei herumlaufenden Tieren, als das Dorf selbst. Im Mittelalter war es europaweit verhältnismäßig stark verbreitet. Dass es Dorftore auch in Ungarn gab, belegen mittelalterliche Urkunden. In dem Gebiet Tiszahát kamen sie sogar noch in der Neuzeit vor." (1992, I, 530-531.)

In Kővágóörs im Balatonoberland führt links von der Hauptstraße nach Köveskál ein heute nur selten genutzter Landweg in Richtung der Wiesen. Diese kurze Strekke heißt *tanárkapu*. Mit ihrem Namen verbindet sich eine auch heute noch lebendige historische Sage. János Ujvári, ein Notar aus Kővágóörs, schrieb sie 1864 nieder:

„Es gibt noch eine Straße von altertümlicher Bedeutung, die sogenannte, 'tanárkapu', von der die Sage berichtet: Zur Zeit der Reformation wurde ein ganzes Dorf protestantisch, ein Teil der Bewohner kehrte jedoch nach kurzer Zeit wieder zu seinem ursprünglichen Glauben zurück. Sie forderten die einzige, nun von den Protestanten genutzte Kirche zurück. Um ihr Ziel zu erreichen, riefen sie die vom Priester des Paulaner Klosters betreuten Dorfbewohner aus der Gegend von Káptalan Tóti zur Hilfe. Diese wurden schon von den gut vorbereiteten Protestanten erwartet. Als sie an einer Dorfstraße einbiegen wollten, stießen einige schon auf der Lauer liegende protestantische Männer den Priester, der zugleich ein Lehrender war, von seinem Fuhrwerk, so dass er sich ein Bein brach. Daraufhin kehrten die Bauern wieder unverrichteter Dinge in ihr Dorf zurück. Nach diesem Vorfall soll die Straße auch bis heute noch den Namen 'tanár kapu' (d. h. *tanár* „Lehrer" + *kapu* „Tor" bzw. „Lehrertor") tragen. Der Wahrheitsgehalt der Sage wird jedoch von einigen angezweifelt. Sie geben zu bedenken, das Wort *tanár* habe in der alten ungarischen Sprache eine Stelle bezeichnet, die durch ein schrankenartiges Tor abgeriegelt werden konnte, um das Vieh daran zu hindern, auf die Äcker zu gelangen." (Pesthy 1864)

Dorfzaun (*Dorfetter*) und Dorftor (*Türli, Gatter*) aus Diebolds Schilling: *Berner Chronik*, 1478 (Richard Weiß 1959, 297.)

Die Zweifler haben sicher recht; das Wort *tanorok* bedeutet nämlich, 'ein um das Dorf herumführender Zaun' bzw. 'umgrenzte Stelle', und das Wort *tanorkapu* demzufolge, 'Tor am Dorfende', oder 'zum Felde führendes Tor, Dorftor, Feldtor'. Das Dorftor (*tanorok*) hatte die Funktion, die dem Dorf naheliegenden Äcker vor dem im Dorf frei herumlaufenden Vieh zu schützen. Aus den umzäunten Dörfern konnte man durch ein geflochtene Heckentor oder ein schrankenartiges Tor (*tanor*) in die benachbarte Siedlung oder zum Feld gelangen. Das Tor kam von der Oberen Wart bis zur Moldau mehr oder weniger in allen Gebieten vor, in denen Landwirtschaft und Viehzucht von fast gleichrangiger Bedeutung waren. Hierzu gehören auch das Káler-Becken und die Umgebung von Kővágóörs, wo die Viehzucht neben Landwirtschaft und Weinbau schon immer von großer Bedeutung war.

In Szabófalva in der Moldau erlebte Attila T. Szabó noch 1935 ein Dorftor: „... etwa gut 150 Meter weit von dem ersten Haus des Dorfes entfernt, erblickte ich auf der Landstraße in Richtung Roman ein einfaches Knebeltor. Sofort wusste ich, dass es sich um einen noch existierenden Vertreter des in alten Zeiten so häufigen Dorf- oder Landtores handelte." (1980, 343.) Péter Szeszka Erdős lieferte 1976 in Szabófalva eine noch detailliertere Beschreibung des Dorftores:

Dorfzaun in Trencsénteplic, R. Langs Stich, 1857 (Nagy-Láng 1857)

„Das Dorftor ist der 'Hals', d. h. der Punkt, an dem der Weg aus dem Dorf hinaus und in das Dorf hineinführte, er wird bei uns 'jitarie' (Wachstelle, Bewachung) genannt. Ein- und Ausgang mit Vieh- und Fuhrwerk waren faktisch nur durch ein Tor möglich, weil das Dorf von einem Zaun umgeben war. Dieser Zaun bestand aus angehäufter, 3 Meter hoher Erde. An seinem unteren Ende verlief eine 2-3 Meter tiefe und 3-4 Meter weite Innenschanze, dadurch war der freie Ausgang zum Acker praktisch unmöglich. An einigen Stellen waren Leitern aufgestellt, um den Ausgang zu sichern, bisweilen gab es sogar auch, wie bei den Kellern, Treppen. Auf diese Weise war es unmöglich, von jeder Stelle aus frei auf die Felder zu gelangen, Mensch und Vieh konnten nur durch ein Tor passieren. Der Zaun schützte das Dorf allerdings auch vor etwaigen Überfällen. Die Schanzen waren so tief, dass man noch nicht einmal auf einem Pferd sitzend über den oberen Rand frei in die Gegend blicken konnte. Der Zaun diente also zusätzlich dazu, sowohl Menschen als auch Tiere am freien und unkontrollierten Zugang in das Dorf zu hindern. Die Hecken- oder Brettertüren wurden nachts verschlossen gehalten. Nur ein einziges Tor blieb offen, um denen freien Ausgang zugewähren, die auch in der Nacht hinaus auf den Acker wollten. So brauchte der in einer provisorischen Hütte schlafende Wächter nicht geweckt zu werden. Sie wurden nur im Sommer aufgestellt und standen meistens am Dorfeingang. Sie bestanden aus Brettern, Hecken oder Erde und waren mit Stroh, Schilf oder Liesch gedeckt. In der Regel im Frühjahr, wurde jedem Dorfbewohner eine etwa zehn Meter lange Zaunstrecke zugeteilt, die er auszubessern hatte. Es war ein beschauliches Bild, wenn zur Frühlingszeit die Dorfbewohner, Ameisen ähnlich zu ihrem Zaunstück strömten, um die fälligen Reparaturen auszuführen. Wer dies Reparaturarbeiten verweigerte, wurde hart bestraft." (Imreh–Szeszka Erdős 1978, 200.)

Im *Historischen Wörterbuch des siebenbürgisch-ungarischen Wortschatzes* von Attila T. Szabó ist unter dem Stichwort 'Dorftor' zu lesen: „Das Innengebiet des Dorfes wurde von den Feldern durch einen Zaun abgegrenzt, Ein- und Ausgang waren nur durch das Dorftor möglich." (1982, III, 672.) Das Dorfgesetz der siebenbürgischen Dörfer Sepsiszentiván und Laborfalva von 1717 besagt: „Der Hirt soll das Vieh der Bewohner unseres Dorfes mit der gleichen Gewissenhaftigkeit, ohne Ansehen der Person des Besitzers hüten, solange es ihm das Wetter erlaubt. Wendet sich das Wetter, soll er das Vieh über die Brücke und durch das Tor (*tanorok*) nach Hause begleiten." (Imreh 1983, 325.) In seinem Werk *Metamorphosis Transylvaniae* schreibt Péter Apor im 18. Jahrhundert, dass der rumänische Hirt im Szeklerlande „das Vieh am Dorftor (*tanorok*) zusammen gehalten hat." (1978, 142.) Der siebenbürgische Hochadlige Milós Wesselényi benutzt in seinem 1833 erschienenen Buch das Wort *tanorok* sogar zweimal, und zwar in der Bedeutung 'eine für Pferde eingegrenzte Stelle' (1974, 75). Zu Beginn des 20. Jahrhunderts stieß István Györffy in ungarischen Siedlungen des Fekete-Körös-Tales auf damals noch benutzte Dorftore. In Magyarremete „gibt es außer der Hautpstraße keine weiteren Straßen, nur enge Gassen, die zum Feld führen und zum Teil durch heute noch benutzten Dorftore abgeschlossen sind." – schrieb István Györffy (1942, 322, 337). In den ungarischen und rumänischen Siedlungen des siebenbürgischen Lápos-Tales kam Béla Gunda den Dorftoren auf die Spur. In dem von Ungarn bewohnten Domokos gab es vor dem Ersten Weltkrieg sogar drei Dorftore: eins auf der Straße nach Magyarlápos, eins auf der nach Alsószőcs und das dritte stand auf der Straße nach Rogoz. Wenn die Menschen zur Arbeit gingen, machten sie hinter sich das Dorftor zu, damit das Vieh vom Feld nicht ins Dorf zurückkehren oder aus dem Dorf nicht ins Feld gelangen konnte. Donnerstags begaben sich die Bewohner der benachbarten rumänischen Dörfer über Domokos auf den Wochenmarkt in Magyarlápos. Die Kinder der am nächsten wohnenden Bauern gingen dann früh am Morgen zum Tor und öffneten es für die rumänischen Fuhrwerke. Für ihre Hilfe bekamen sie je einen Kreuzer. Auch die mit ihrer Herde wandernden rumänischen Hirten zahlten dem Richter für das Passieren von je 100 Schafen 10-20 Kreuzer Torgeld, wenn ihr Weg über Domokos führte (Gunda 1966, 367-368).

In den 1930er Jahren standen in Piskó (Ormányság) noch drei Tore am Dorfende. Es war Aufgabe des Wärters, morgens das Tor vor dem Viehaustrieb zu öffnen und danach wieder zu schließen (Kiss 1937, 14-15, 318). Das *Ormányságer Dialektwörterbuch* von Géza Kiss besagt, dass das Feldtor ein am Dorfende oder neben einem wichtigeren Feldweg aufgestelltes Brettertor war, dessen Funktion darin bestand, dem Vieh den Weg abzusperren (1952, 447). In Kemse (Ormányság) ist ein großes Grasgebiet, das als Weide diente, von Häusern und Grundstücken umgeben. „Die Alten des Dorfes behaupten, dass selbst noch Ende des vorigen Jahrhunderts die Pferde nachts auf diese Weide geführt und morgens wieder eingespannt wurden. Das Vieh weidete auf diese

Dorftor, Ausgang zur Wiese. Piskó (Kom. Baranya). Aufnahme von László Madarassy, 1932. Museum für Volkskunde Budapest. Inv.-Nr.: F. 71021

Weise die ganze Nacht." – schrieb Béla Gunda in seiner im Jahre 1939 erschienenen Forschungsarbeit zum Dorf *Elsüllyedt falu a Dunántúlon, Kemse község élete* [Das versunkene Dorf in Transdanubien. Das Leben der Gemeinde Kemse] (1936, 121). In dem slawonischen Kórógy gab es vier Dorftore, in Doroszló im Komitat Bács-Bodrog eins (Penavin 1975, 24). In Doroszló „war früher die Obere Weide von einem tiefen Graben umgeben, durch den man weder mit Tieren noch Fuhrwerken durchkam. An einer Stelle gab es ein Tor (bei Bresztovác). Es konnte sogar abgeschlossen werden. Der Schlüssel blieb stecken und derjenige, der als Letzter kam, schloss das Tor hinter sich ab und gab den Schlüssel im Hause eines Schafhirten ab, der mit dieser Aufgabe betraut war..." (Kovács–Penavin 1988, 29).

Die Ortsbezeichnung von 1691, *Mezőkapun alul* (unten am Weidentor), hält bei den Ungarn in Őrisziget, in der Oberen-Wart und die *Sorompó-dűlő* [Schrankenweide] in Alsóőr die Erinnerung an das Dorftor am Dorfausgang wach (Wallner 1926, 5). Das Dorftor *Tanárkapu* war in Kővágóörs ein Tor (*tanor*), das das Herumirren der Tiere verhinderte, man konnte durch das Tor hinaus aufs Feld, zu den Äckern gelangen, beziehungsweise zu dem Weg, der zwischen dem Bach Öregsánc und dem Kornyi-Teich gelegen war, rechts nach Köveskál, ein Beleg dafür, dass es neben dem Weg früher auch einen Acker gegeben hat. Auf den Weinberg in Köveskaál gelangte man über einen Weg, der durch das Tor Tanárkapu durch Weiden und Äcker führte.

Aus dem Protokoll der Gemeinde Kővágóörs geht hervor, dass man 1855 während der Amtszeit des Richters József Duchon vorhatte, den durch das Dorftor nach Köveskál führenden Weg zu beseitigen: „Die Landstaße vom Dorftor (*tanárkapu*) bis zur Köveskáler Steinbrücke wird ausgegraben und folglich beseitigt, statt dessen ist nur noch der Weg am oberen Dorfende begehbar." Es wurde danach sofort beschlossen, diesen zu verschanzen und ordentlich auszubauen. Trotz dieses Beschlusses blieb jedoch auch der Weg durch das Dorftor (*tanárkapu*) erhalten, er existiert auch heute noch als Feldweg. Die gleiche Herkunft wie das Kővágóörser Dorftor verrät auch die Bezeichnung *Tanárok utcája* [Straße der Lehrer] in Keszthely (Vajkai 1964, 19). 1901 stellte János Kotucs der Redaktion der Zeitschrift *Magyar Nyelvőr* [Ungarischer Sprachwart] folgende Frage:

Halboffenes Dorftor am Anfang des Gäßchens im Ostrand des Dorfes. Piskó (Kom. Baranya). Aufnahme von László Madarassy, 1932. Museum für Volkskunde Budapest. Inv.-Nr.: F.71023

„In Szemere im Komitat Győr wurde bekannt gegeben, dass jeder Einwohner den Graben 'tanárkok' um den Weinberg herum innerhalb von 8 Tagen sauber machen und in Ordnung bringen soll. Ich habe einmal nachgefragt und erfahren, dass das Wort *tanárok* den tiefen Graben um den Berg herum bezeichnet, in dem sich das Regen- und Schneewasser sammelt. Der Graben soll jährlich zweimal, im Frühjahr und Herbst, gründlich gereinigt und ausgeschaufelt werden, weil er vom herunterfließenden Wasser immer wieder verstopft wird. Warum er aber *tanárok* heißt, konnte mir niemand sagen. Wo wird dieser Ausdruck noch verwendet und wo kommt er wohl her?"

Die Frage beantwortete Zsigmond Simonyi, der Redakteur der Zeitschrift *Magyar Nyelvőr*: „Die Wörter *tanárok, tanórok, tanorok* haben ursprünglich überhaupt nichts mit dem Wort *árok* (=Graben) zu tun, sondern hießen 'Stachelpfad' und sind slawischer Herkunft (vergleiche mit dem kroatischen Ausdruck *trnik* 'Stachelgebüsch'). Das Wort ist noch in vielen Gegenden in einer großen Bedeutungs- und Formenvielfalt lebendig (vgl. *Ungarisches Dialektwörterbuch*)." (Kotucs 1901, 294.) Der slawischen Herkunft des Wortes stimmte auch István Kniezsa zu, seiner Meinung nach geht es auf das slawische Wort *travnik* 'Weide, umzäunte Stelle'. (1974, I. 516-517.)

József Szinnyei definiert das Wort *tanárok* in seinem in den Jahren 1897-1901 erschienenen *Ungarischen Dialektwörterbuch* wie folgt: *tanárok*: Graben oder Ausgrabung in der Nähe des Dorfes zum Schutz vor dem Vieh (Plattenseeoberland), Straße, Gasse (Komitat Somogy); *tanórok, tanorok*: Tor am Feldzaun (Siebenbürgen), Weg zum Feld, der mit einem Tor abzuschließen ist (Komitat Brassó), Luzernen- oder Kleefeld, von Bäumen umgeben, das vorwiegend auf einem flachen Gelände und meistens dicht neben dem Dorf liegt (Siebenbürgen) (1897-1901, 650-651). Auf das Wort wurde in Siebenbürgen auch der Dichter, Volkskundler und Unitarier-Bischof János Kriza aufmerksam. Er schrieb im *Regionalwörterbuch* seiner 1863 in Kolozsvár (Klausenburg) herausgegebenen siebenbürgischen Volksdichtungssammlung *Vadrózsák* (Heckenrosen): „tanórkapu" Ackertor am Dorfende, es wird auch als 'porgolátkapu' bezeichnet (1975, 450). Kriza schickte später der Redaktion der Zeitschrift *Magyar Nyelvőr* sogar zweimal Sammlungen von Dialektwörtern, in denen auch das Wort *tanorok* vorkommt. 1873 gab er den aus dem Marosszéker Dorf Szabéd stammenden Ausdruck *Pánczi tanórok* mit der Erklärung 'Pánczer Heiden' an (1853, 428). 1874 veröffentlichte er die in der Udvarhelyszéker Gemeinde Rava gebräuchliche Bezeichnung *Szederjeser tanárok* in der Zeitschrift *Magyar Nyelvőr* (1874, 143).

Für die Erforschung des Dorftores in Transdanubien stellen die in den letzten drei Jahrzehnten erschienenen geographischen Ortsnamensammlungen der westungarischen Komitate eine hervorragende Quelle dar. Bis in unsere Zeit sind Ausgaben erschienen, die geographischen Ortsnamen der Komitate Baranya, Somogy, Zala, Vas und Tolna wiedergeben. Bis auf den Band über Tolna kommt in jedem der geographiscen Ortsnamen *Tanárok* vor. Im Innengebiet von Patapoklosi (Kom. Baranya) ist *Tanárok* eine schöne Hügelweide (Pesti 1982, 436). In Kaposvár bezeichnet *Tanárok* ein heute bebautes Gebiet, das ursprünglich eine Weide im südlichen Teil des Innengebietes der Stadt war (Papp–Végh 1974, 469). In Kutas ist *Tanárok* die

Bezeichnung für einen Weg, der nach Böhönye führt, er wird auch *Csapás-út*, *Tsz-major* genannt. Die letzten beiden Bezeichnungen erinnern ebenfalls an die Viehzucht. Im östlichen Telil steht *Tanárok* für eine flache Heide, einen Garten. Man leitet die Herkunft des Wortes von dem Wort *tanakodás* (=nachgrübeln) ab: „Nach Meinung der älteren Menschen grübelten die Landwirte lange darüber nach, wem dieses Gebiet gehören solle." In Kutas stand also auf den beiden aus dem Dorf hinausführenden Wegen am Dorfrand je ein Dorftor (Papp – Végh 1974, 657-658). In Ötvöskónyi (Kom. Somogy) gibt es sowohl im Innen- als auch im Außengebiet je zwei *Tanárok*. *Kis-Tanárok* ist eine tief liegende, kleine Straße am westlichen Rand des Innengebietes, die auf den Felső-Berg führt, *Nagy-Tanárok* ist ebenfalls eine tief liegende Straße an der östlichen Seite des Innengebietes, sie führt nach Petenyepuszta (Petenyei-Straße). *Nagy-Tanárok* im Außengebiet ist ebenfalls eine Straße. Im nicht weit westlich vom Innengebiet liegenden *Nagy-Tanárok* soll man in den Zeiten der Türkenherrschaft den Janitscharen den Umgang mit Waffen beigebracht haben. Es gibt sogar ein Volkslied darüber. Eine Straße befindet sich noch im Außengebiet von Ötvöskónyi, *Kis-Tanárok*. Der Sage nach ist es der früher westlich vom heutigen Innengebiet liegende ursprüngliche Siedlungsort des Dorfes (Papp–Végh 1974, 676-679). *Tanárok* ist außerdem ein Straßenteil von Rinyaújlak im nordwestlichen Teil des Innengebietes. Früher soll es hier einen Graben gegeben haben, der unter Führung eines Ingenieurs namens Than ausgehoben worden ist. Im Zentrum von Kastélyosdombó erhielten auch zwei Wege den Namen *Tanárok*. *Kis-Tanárok* führt westlich nach Darány und *Nagy-Tanárok* östlich nach Zádor (Papp–Végh 1974, 817).

In Nemesapáti (Kom. Zala) ist *Tanárok* eine Hügelweide östlich vom Zentrum, direkt an dem Wege, der aus dem Dorf hinausführt (Papp–Végh 1964, 95). Im Komitat Zala wird in Vöckönd, Zalaszentmihály, Kiskomárom, Liszó, Nemespátró, Komárváros und in Sénye der geographische Ortsname *Tanárok* in der Bedeutung Straße, Gasse, Strecke, Weide, Heide und Weingarten gebraucht (Papp–Végh 1964, 79, 197, 551, 609, 615, 567, 245). In Csáford (Kom. Zala) heißt *Tanár-kapu* Eingang, Tanár-Berg ist ein Weinberg nördlich vom Zentrum. Dieser Weinberg soll einst einem Lehrer gehört haben (Papp–Végh 1982, 240). In Jánosháza im Komitat Vas steht *Tanár-kapu* oder *Tanor-kapu* für einen Dorfteil (Balogh–Végh 1982, 250). *Tanárok* ist in Gérce ebenfalls ein Dorfteil (Kossuth-telep) am östlichen Rand des Zentrums (Balogh–Végh 1982, 250). In Sárvár bezeichnet *Tanárok* eine Stachelheide zwischen den Sárer Gärten und dem ehemaligen herrschaftlichen Besitz in der nordwestlichen Ecke des Zentrums. Sári oder Sár ist heute ein Stadtteil, bis 1912 war es ein selbständiges Dorf, dessen Tor wahrscheinlich hier war (Balogh–Végh 1982, 240). In Kemenesszentmárton (Kom. Vas) stand *Tanárok* für einen abgeschlossenen, umzäunten Rinderstall südlich vom Zentrum inmitten der Weide, heute ist es Ackerland (Balogh–Végh 1982, 307). In Boba (Kom. Vas) ist *Tanárok* mit der Dániel Berzsenyi-Straße identisch, die nach Egyházashetye führt; am westlichen Ende der Straße gibt es eine holprige Heide nahe den Gärten (Balogh–Végh 1981, 332). Im Komitat Vas werden darüber hinaus die geographischen Ortsnamen *Tanár-kapu*, *Tanárok*, *Tanár út* oder *Tanároki dűlő* in Hosszúpereszteg, Egyházasrádóc, Kemenestaródfa, Olaszfa, Vép, Hegyhátszentmárton, Ivánc, Sarokpolány und Szeleste als Bezeichnung für die aus dem Zentrum herausführenden Straßen, Wege und Hotter gebraucht (Balogh-Végh 1982, 272, 419, 447, 542, 124, 468, 472, 279, 232).

Aus den erwähnten Belegen geht hervor, dass die Erinnerung an den Dorfzaun und das Dorftor in den geographischen Ortsnamen der Komitate Baranya, Somogy, Zala und Vas bis zum heutigen Tag lebendig geblieben ist. In der reichen Sammlung der geographischen Namen des Komitats Tolna konnte ich keinen einzigen Beleg finden, ebensowenig im Komitat Fejér. Es gibt allerding eine einzige Erwähnung, die hier auch angeführt werden soll. Es handelt sich um den Namen des Ortes, in dem einer der Helden im Werk *Tudósítás a toronyból* [Bericht aus dem Turm] des Herder-Preisträgers Sándor Csoóri lebt (1978, 368-371). Sándor Csoóri beschreibt hier einen einst wohlhabenden Landwirt in Zámoly, der in einer landwirtshaftlichen Produktionsgenossenschaft zum Nachtwächter degradiert wurde und der noch im Jahre 1960 auf seinen im Don-Knie verschollenen Sohn wartete. Ein weiterer Schicksalsschlag war es für ihn, als ihm eine behinderte Tochter geboren wurde. In dieser Situation flüchtete er sich nur noch in seine Arbeit. So soll er frühmorgens das Dorftor geöffnet und spätabends wieder zugeschlossen haben.

Dorftor. Fedémes (Kom. Heves). Aufnahme von Ferenc Bakó. István Dobó Burgmuseum Eger. Inv.-Nr.: 10. 344

[Die Studie ist sowohl in ungarischer als auch in deutscher Sprache erschienen:
Lukács, László: *A falukapu a Dunántúlon, Erdélyben és Moldvában.* Alba Regia XXXI. 2002. 35-45. Székesfehérvár
Lukács, László: *Das Dorftor in Transdanubien, Siebenbürgen und in der Moldau.* Zeitschrift für Balkanologie XXXVII. 2001. 160-167. Wiesbaden]

Literatur

APOR, Péter

1978 *Metamorphosis Transylvaniae.* Bukarest

BALOGH, Lajos - VÉGH, József (Hrsg.)

1982 *Vas megye földrajzi nevei* [Die geographischen Namen des Komitats Eisenburg]. Szombathely

BÁRTH, János
1979 *Falukapu* [Dorftor]. Magyar Néprajzi Lexikon II. 30. Budapest
1996 *Szállások, falvak, városok. A magyarság települési hagyománya* [Einödhöfe, Dörfer, Städte. Siedlungstraditionen Ungarns]. Kalocsa
CSOÓRI, Sándor
1978 *Tudósítás a toronyból* [Bericht aus dem Turm]. Budapest
BAGOSSY, László (Hrsg.)
1992 *Encyclopaedia Hungarica.* Calgary
GUNDA, Béla
1938 *Földrajzi megfigyelések az Ormánságban* [Geographische Beobachtungen in Ormánság]. Földrajzi Közlemények LXVI. 30-52. Budapest
1939 *Elsüllyedt falu a Dunántúlon. Kemse község élete* [Versunkenes Dorf in Transdanubien. Das Leben der Gemeinde Kemse]. Budapest.
1966 *Ethnographica Carpathica.* Budapest
GYÖRFFY, István
1942 *A Feketekörös-völgyi magyarság települése* [Die Siedlungen Ungarns im Feketekörös-Tal]. Magyar nép, magyar föld. 265-357. Budapest
IMREH, István – SZESZKA ERDŐS, Péter
1978 *A szabófalvi jogszokásokról* [Über die Rechtsgewohnheiten von Szabófalva]. Népismereti Dolgozatok. 195-207. Bukarest
IMREH, István
1983 *A törvényhozó székely falu* [Das gesetzgebende Széklerdorf] . Bukarest
KISS, Géza
1973 *Ormányság.* Budapest
1952 *Ormánysági szótár* [Ormányságer Dialektwörterbuch]. Budapest
KNIEZSA, István
1974 *A magyar nyelv szláv jövevényszavai* [Slawische Lehnwörter in der ungarischen Sprache]. I. Budapest
KOTUCS, János
1901 *Tanárok* [Dorftor]. Magyar Nyelvőr XXX. 249. Budapest
KOVÁCS, Endre – PENAVIN, Olga
1988 *Doroszló földrajzi neveinek adattára* [Geographische Namen von Doroszló]. Újvidék
KRIZA, János
1873 *Helynevek Marosszékben, Szabéd falvában* [Ortsnamen in Marosszék, im Dorf Szabéd]. Magyar Nyelvőr II. 428-429.
1874) *Helynevek Marosszékben, Udvarhelyszékben* [Ortsnamen in Marosszék, Udvarhelyszék]. Magyar Nyelvőr III. 142-143.
1975) *Vadrózsák. Székely népköltési gyűjtemény* [Heckenrosen. Sammlung von Székler Volksdichtungen]. Budapest
MADARASSY, László
1932 *A pusztakapu az Ormányságban* [Das Dorftor in Ormányság]. Néprajzi Értesítő XXIV. 63-65. Budapest

NAGY, József – LÁNG, Adolf
Magyarhoni természetbarát [Ungarländischer Naturfreund]. Nyitra
PAPP, László – GYÖRFFY, István
1942 *A Feketekörös-völgyi magyarság települése* [Die Siedlungsformen der Ungarn im Feketekörös-Tal]. Magyar nép, magyar föld. 265-357. Budapest
PENAVIN, Olga
1975 *Szlavóniai (kórógyi) szótár* [Dialektwörterbuch von Kórógy, Slawonien]. Újvidék
PESTY, Frigyes
1864 *Helynévgyűjtemény. Zala vármegye* [Ortsnamensammlung. Komitat Zala]. Széchényi Nationalbibliothek. Budapest, Handschriftensammlung, Fol. Hung. 1114/61.
PESTI, János (Hrsg.)
1982 *Baranya megye földrajzi nevei* [Die geographischen Namen des Komitats Baranya]. II. Pécs
SZABÓ T., Attila
1980 *Két falu vagy mezőkapu adat Moldvából és Erdélyből* [Angaben von zwei Dorftoren aus der Moldau und Siebenbürgen]. Nép és nyelv. Válogatott tanulmányok, cikkek IV. 342-343. Bukarest
1982 *Erdélyi Magyar Szótörténeti Tár* [Historisches Wörterbuch des siebenbürgisch-ungarischen Wortschatzes]. III. Bukarest
SZILÁDY, Zoltán
1934 *Tanórok, lésza, borona, rez, láz* [Dorftor und Dorfzaun]. Debreceni Szemle VIII. 63-257. Debrecen
SZINNYEI, József
1897-1901 *Magyar tájszótár* [Ungarisches Dialektwörterbuch]. II. Ö–Zs. Budapest
TÁLASI, István
1935 *Tanórok, tanór* [Dorfzaun]. Népünk és Nyelvünk VII. 240. Szeged
VAJKAI, Aurél
1964 *Balatonmellék* [Plattenseegegend]. Budapest
WALLNER, Ernő
1926 *A felsőőrvidéki magyarság települése* [Siedlungsformen der Ungarn in der Oberen Wart]. Földrajzi Közlemények LIV. 1–36 Budapest
WEISS, Richard
1959 *Häuser und Landschaften der Schweiz.* Erlenbach – Zürich – Stuttgart
WESSELÉNYI, Miklós
1974 *Balítéletekről* [Über die Fehlurteile]. Bukarest

ZUR REGIONALEN VERBREITUNG DES DRESCHWAGENS

Tamás Hoffman hat sich in seinem Buch *Das Austreten des Getreides in der ungarischen Bauernwirtschaft* im Laufe der nach Gegenden und Gebieten verschiedenen Techniken des Austretens und Dreschens auch mit der Variante beschäftigt, bei der das Getreide auf dem Dresch- oder Tretplatz mit Hilfe eines von Pferden oder Vieh im Kreis gezogenen Wagens ausgetreten wurde (1963, 227-244). Es ist Tamás Hoffmanns Verdienst, dass er sich über die Darstellung der damals bekannten regionalen Verbreitung des Dreschens mit Hilfe eines Wagen hinaus auch mit der Produktivität und Wirksamkeit dieser Methode beschäftigt hat. Aufgrund seiner eigenen lokalen Forschungen in der Gegend des Mezőföld und jenseits der Theiß wies er nach, dass die Effizienz des mit zwei Pferden und einem Wagen geleisteten Drusches bei weitem die Wirksamkeit des Austretens nur mit zwei Pferden überschritt und sich der Effizienz des Austretens mit vier Pferden näherte (Hoffmann 1963, 227-231).

Auf das Austreten mit Hilfe von einem Wagen machte István Györffy in seiner klassischen Studie *Ernte und Austreten auf der Großen Ungarischen Tiefebene* die ungarischen Forscher aufmerksam (1928, 14, 24-25, 29-30). Daraufhin erweiterte István Turi Mészáros durch die auf der Großen Ungarischen Tiefebene, Béla Gunda durch die auf der Gegend des Mezőföld gesammelten Angaben unsere Kenntnisse bezüglich des Dreschens mit Wägen (Turi Mészáros 1929, 3-7; Gunda 1933, 89). Die gründlichste Dokumentierung dieses Arbeitsablaufes haben wir Gyula Nagy zu verdanken. Auf seine Anregung hin wurde im Komitat Békés, auf dem Kérdő-Gehöft in Kardoskút 1951 der gesamte Arbeitsvorgang rekonstruiert. Aus diesem Anlass entstanden von dieser Arbeitsmethode detaillierte Beschreibungen, Filmaufnahmen und zahlreiche Fotos (Nagy 1954, 167-197, 484-517; 1961, 84-12). Die regionale Verbreitung des Drusches mittels spezieller Wägen wurde auf den Karten des *Atlas der ungarischen Volkskultur* unter No. 62, 64, 65, aufgrund des in der ersten Hälfte der 1960er Jahre gesammelten Stoffes von Attila Paládi-Kovács vorgestellt (Barabás 1987).

Im Folgenden möchte ich anhand der Fachliteratur und meiner eigenen Feldforschungen die regionale Verbreitung dieser Art des Austretens schildern. Ein Blick auf die erwähnten Seiten des Atlas der ungarischen Volkskultur genügt um zu sehen, dass das Dreschen mit dem Wagen in Ost-Transdanubien, im Donau-Theiß-Zwischenstromland und in Transtisien verbreitet war. In Ost-Transdanubien, im Westen der Gegend des Mezőföld kennen wir das vereinzelte Vorkommen dieser Dreschart in zwei Belegorten. In der Fotosammlung des Budapester Museums für Volkskunde befindet sich eine Aufnahme, die 1907 in Balatonkövesd (Kom. Zala) vom dieser Arbeit gemacht wurde. Demnach wurden die ringförmig abgelegten Getreidebüschel mit zwei Pferden und einem hinten mit sehr großen Steinen beschwerten Wagen ausgedroschen. Auf dem Wagen saß ein Mann, der die Pferde mit dem Zügel lenkte. Ein anderer brachte mit einer Holzgabel die Garben in die rechte Ordnung. Der zweite Belegort ist Bálványos (Kom. Somogy), wo gemäß dem Atlas der ungarischen Volkskultur das Getreide ebenfalls mit Pferd und Wagen gewonnen wurde. Auch in Bálványos

„wurde diese Methode angewendet, doch erinnert man sich an die Zurichtung des Wagens nicht mehr" - notierte 1960 Marietta Boross auf dem Fragebogen zum Atlas.

Dieses Verfahren war in der Gegend des Mezőföld sehr stark verbreitet; darüber berichtet als erster István Györffy aus dem Dorf Velence im Komitat Fejér (1928, 30). Béla Gunda hielt diesen Arbeitsvorgang in der Gegend Mezőföld 1933 folgendermaßen fest: „In dem erforschten Gebiet war das Dreschen mit Hilfe eines Wagens überall verbreitet, in jedem Dorf betreiben es auch heute noch ein Paar Bauern. Dazu wurden die Getreidebüschel ringförmig niedergelegt, das heißt, die Mitte des Platzes wurde nicht mit Garben bedeckt. Auch hinter den Wagen wurden manchmal Pferde gespannt, auf den Wagen wurden volle Säcke geladen und Kinder gesetzt, um die Wirkung zu erhöhen. Die von den Rädern befahrenen, aus der Lage geworfenen Ähren wurden von einem mit dieser Arbeit betrauten Mann zurückgeräumt. Unter einen Wagen wurden zwölf Büschel in die richtige Lage gebettet, mit der Gabel wurde dreimal umgewendet, dann wurde das Getreide von Stroh und von der Spreu getrennt und endlich *geworfelt.*" (1933, 89.) Béla Gunda nannte bezüglich des Vorkommens keine Orte, aber aus seiner kurzen Mitteilung geht hervor, dass er im Váler-Tal, zwischen Baracska und Vértesdoboz forschte. Im Laufe meiner Feldforschungen war ich in den 1980er Jahren bemüht, in den Dörfern des Váler-Tals diese Dreschmethode zu untersuchen. In Vál (Kom. Fejér) wurde diese Arbeitstechnik auch noch zwischen 1925-28 angewandt - besonders von jenen, die wenig Getreide hatten. Auch auf den Gutshöfen benützten die Leute von Vál ihre eigenen Wägen zu dieser Arbeit. Sie taten dies auf dem Dreher-Gut in Szentlászló-puszta und in Alcsút auf dem Gut des Erzherzogs Joseph, wo sie einen bestimmten Anteil am Ertrag erhielten. In einem Arbeitsgang wurden die Garben von 4-5 *Mandeln* ringförmig ausgebreitet. Zuerst ließ man die Pferde darauf herumgehen, um alles niedertreten zu lassen, dann wurde mit dem Wagen gearbeitet. Die Deichsel des Wagens wurde abgenommen, ebenso die Seitenteile, um leichter wenden zu können, und der Wagen wurde mit Steinen beschwert. In Tabajd (Kom. Fejér) erwähnte der Wagner János Béllei (geb. 1899): „Auch mit Hilfe eines Wagens wurde gedroschen. Die Seiten wurden abgenommen, ein Pferd wurde eingespannt und mit dem Zügel im Kreis herumgeführt. Die Hufe und die Radschienen druschen das Korn aus. Fast jedes Rad hatte die gleiche Wirkung wie ein Pferd. Wo es zwei Pferde gab, wurden beide an den Druschwagen gespannt." Mein Gewährsmann, Ernő Kiss, erinnerte sich folgendermaßen an das Austreten mit Wagen: „Mit einem Wagen ohne Seiten und Deichsel, den ein Pferd zog, wurde das Getreide gewonnen. Der Wagen bewegte sich im Kreis auf den ausgelegten Garben. In Tabajd ließ der Bauer Ferenc Szűcs, der ungefähr 3-4 Joch besaß, sein Getreide noch 1920 mittels Wägen dreschen. Mein Großvater János Tárnok, der 10-13 Katastraljoch besaß, ging mit mehreren Leuten von Tabajd nach dem Ende der eigenen Drescharbeit bis Ercsi auf Güter, um dort für einen gewissen Kornanteil weiter zu dreschen. Sie brachten viel Getreide heim. Das war im Jahr 1860."

In Székesfehérvár wurde bis 1925 nach der Ernte das Getreide außerhalb der Stadt auf kleinen Tretplätzen (*Kisszürük*) oder daheim auf dem Hof mit unbeschlagenen Pferden und Wagen ohne Seitenteilen gewonnen. Der hintere Teil des Wagens wurde beschwert: mit großen Steinen vom Krautpressen oder mit Mangelsteinen,

Dreschen mit Wagen. Balatonkövesd, Komitat Zala, 1907

manchmal wurde auch ein Mensch daraufgesetzt. Ein Mann saß vorne und lenkte die Pferde mit dem Zügel. Zuerst wurde die Lage von den Pferden niedergetreten, damit der Wagen nicht schleuderte. So ging auch das Dreschen mit Wagen in Aba (Kom. Fejér) vor sich (István Lukács 1976, 3-4, 10; 1981, 32). Auch in Tác (Kom. Fejér) war bis 1910 der Drusch mittels Wägen häufig. Auf die Wägen ohne Seitenteile wurden zur Beschwerung volle Säcke oder Holz geladen (Sammlung Jenő Barabás, 1959). In Cece (Kom. Fejér) wurden nicht nur Pferde, sondern auch Ochsen oder eventuell Kühe vor den Dreschwagen gespannt. Beim Drusch mit zwei Ochsen wurden zu einer Lage 10-15, je 14 Garben enthaltende *Mandeln* niedergelegt. Bei einem täglichem Drusch von zwei Lagen betrug die Leistung 280-420 Garben, d. h. 900-1350 kg Korn. Mit zwei Pferden und Wägen wurden täglich zwei Lagen mit 20 *Mandeln*, also 560 Garben, gedroschen, das ergibt ungefähr 1800 kg Korn. Ähnliche Tagesergebnisse wurden beim Getreidedrusch mit Wägen auch in Mezőszilas (Kom. Veszprém), Sárbogárd und Pusztaszabolcs (Kom. Fejér) erreicht (Hoffmann, 1963, 228). In Sárszentmiklós (Kom. Fejér) wurde vor dem Ersten Weltkrieg mit Ausnahme des Roggens alles Getreide mit Hilfe von Pferden oder Wägen ohne Seiten gedroschen. Über die Produktivität des Drusches mit Wägen sagt der 1883 geborene Pál Kaszás Nagy: „Mit dem Wagen konnte man schneller dreschen, denn wenn mit zwei Pferden und zwei Wägen gedroschen wurde, bedeutete das soviel, wie wenn man ohne Wagen mit vier Pferden gedroschen hätte." (Lukács 1989, 486.) In Dunapentele erinnerte sich 1951 die 63jährige Frau Dér an diese Arbeitsmethode: „Das Dreschen dauerte oft zwei Wochen lang. Mein Vater legte ringförmig an. Er sagte: Mädel, steig auf den Wagen! Das Pferd und der Wagen gingen im Kreis. Als ich fünfzehn war, wurde bei uns 1903 noch mittels Wagen gedroschen." (Veres 1951, 37.) Ebenfalls in Dunapentele sprach Márton Rekenye über den Unterschied der bäuerlichen und gutsherrlichen Dreschtechnik: „Bis 1907, 1908 wurde mit dem Pferd, aber meistens mit dem Wagen gedroschen. Wenn die Pferde kein Futter mehr hatten, legten wir eine Lage Garben nieder und ließen sie auf diese

Dreschen mit Wagen. Hódmezővásárhely, Kom. Csongrád. Aufnahme von József Plohn, um 1907. János Tornyai Museum Hódmezővásárhely, Inv.-Nr.: TJM FA 740

Weise ausdreschen. 1905 brauchten wir hier im Hof für eine Lage 15 *Mandeln* Gerste, spannten die Pferde ein und nach ihnen die Füllen und ließen diese ausdreschen. Man konnte an einem Tag 45 *Mandeln* austreten. Im Allgemeinen wurde mit Wägen gedroschen. Wo viel Platz war, wurden die Pferde eingespannt und so über die Lage geführt (in deren Mitte der Platz frei gehalten wurde), dass der Wagen wenden und beidrehen konnte. Ein Mann setzte sich auf den Wagen und ließ ihn im Kreis fahren. Auf den kirchlichen Gutshöfen (Gut des Zisterzienserordens in Előszállás) wurde nur mit dem Pferd gedroschen; dies dauerte den gesamten Winter und geschah in den großen Scheunen. Die Bauern gingen dorthin und arbeiteten für einen gewissen Anteil." (Sergő 1960, 6-7; Lukács 2000, 206). Die Leute von Dunapentele gingen aber zum Drusch gegen Anteil nicht nur auf die zum naheliegenden Gut in Előszállás gehörenden Besitztümer, sondern auch in die Gegend zwischen Donau und Theiß. Nach der Ernte machten sie sich auf und kamen um Allerheiligen nach Hause zurück.

Attila Selmeczi-Kovács erwähnte das Dreschen mit dem Wagen in Berhida, einem Teil des Mezőföld-Gebietes im Komitat Veszprém: „Es gibt Angaben, die besagen, dass die Landwirte, die weniger Land hatten, ihr weniges Getreide auf den Dreschplatz gelegt, dann die Seitenbretter vom Wagen genommen haben, so dass nur die Räder blieben und so ihre Pferde oder Ochsen im Kreis durch das ausgebreitete Getreide gehen ließen." (Selmeczi-Kovács 2000, 210.)

Den Angaben des Atlas der ungarischen Volkskultur zufolge wurde in der Gegend des Mezőföld noch in Sárosd (Kom. Fejér), in Miszla und Kajdacs (Kom. Tolna) mit Hilfe von Wägen gedroschen. In Miszla pflegte man nicht das eigentlich dazu benötigte Pferd vor einen Wagen zu spannen, sondern nur einen Ochsen (Sammlung Jenő Barabás, 1961).

Dreschen mit Wagen. Hódmezővásárhely, Kom. Csongrád. Aufnahme von József Plohn, um 1907. János Tornyai Museum Hódmezővásárhely, Inv.-Nr.: TJM FA 1609

Nördlich von Ost-Transdanubien ist nur ein Vorkommen des Dreschens mit Wägen bekannt, nämlich in Tardoskedd (Kom. Nyitra). Gyula Morvay erwähnte 1929, dass in Tardoskedd „in

Dreschen mit Wagen auf einer kreisförmigen Garben-Lage, Kardoskút, Kérdő-Gehöft, Kom. Békés. Aufnahme von Zsuzsanna Bene, 1951

Das Befahren des Dreschplatzes mit Pferdewagen. Kardoskút, Kérdő-Gehöft. Kom. Békés. Aufnahme von Zsuzsanna Bene, 1951

ältester Zeit" zuerst der Wagen über die Lage gezogen, später aber nur die Wagenseiten herumgezogen wurden, während „in letzter Zeit" mit Pferden, Kühen und Ochsen das Getreide gedroschen werde (1929, 52).

Zwischen Donau und Theiß kennt man, diese Dreschtechnik betreffend, nur fünf Belegorte. In Szabadszállás (Kom. Pest-Pilis-Solt-Kiskun) wurde vor allem mit Pferden gedroschen, aber im letzten Drittel des 19. Jahrhunderts gab es auch Bauern, die diese Arbeit von sechs Ochsen verrichten ließen: die Ochsen zogen einen Wagen über die Lage (Sammlung Ákos Janó, 1962). In Kiskunhalas (Kom. Pest-Pilis Solt-Kiskun) wurde mit Pferden und Vieh, „nach Vásárhelyer Art" auch mittels Wagen gedroschen (Tálasi 1977, 211-212). Im Süden der Stadt ließ der Gutsbesitzer József Zseny in Füvespuszta auf einer ringförmigen Lage mit Wägen dreschen (Györffy 1928, 30). Auf den Gehöften um Kiskunmajsa (Kom. Pest-Pilis-Solt-Kiskun) wurden täglich zwei Lagen mit je 14-16 *Mandeln* geplant, das bedeutete täglich 504-576 Garben, d. h. eine Leistung von 1260-1440 kg Getreide (Hoffmann 1963, 228). In Baks (Kom. Csongrád) erhielt 1962 Antal Juhász zwei Angaben, nach denen in der Umgebung des Ortes auch mit Wägen gedroschen wurde, was man auf der Feldmark Alsóányás beobachten konnte. Antal Juhász nimmt an, dass sich diese Arbeitsmethode von Algyő oder Hódmezővásárhely aus bis hierher verbreitet hatte. Alsóányás ist nur durch die Theiß von der Gegend um Mindszent und Hódmezővásárhely getrennt, wo die erwähnte Dreschart intensiv ausgeübt wurde. In Szeged erinnerten sich die Gewährsleute von Sándor Bálint daran, dass manchmal auch mit Pferd und Wagen gedroschen wurde (1976, I. 558).

In der Gegend südlich jenseits der Theiß wurde diese Arbeitsmethode häufig angewandt. Sie verbreitete sich schnell in Hódmezővásárhely, wurde aber erst in den 1890er Jahren dort heimisch (Györffy 1928, 29). Lajos Kiss schreibt unter Betonung der Vermögensunterschiede der Bauern: „Der Großbauer ließ auch mit 12-16 Pferden dreschen, der Kleinbauer mit so vielen, wie er hatte; der Arme mit zwei, der Ärmere mit einem Pferd und einem Wagen. Dieses Druschverfahren kam in den 1890er Jahren auf." (1981, I. 201). Diese Dreschtechnik sowie Details dabei hielt Gyula Nagy fest (1963a, 69-70). Ernő Tárkány Szűcs sah bei Hódmezővásárhely, auf dem Gorzsa-Gehöft, noch 1938 den Drusch mit Wägen. In Mindszent (Kom. Csongrád) wurde bis 1910 auf kreisförmigen Garben-Lagen mit Pferdewägen gedroschen (Sammlung Ilona Nagy, 1964). In Szentes kennt man die erwähnte Technik aus der Beschreibung des Landwirts Imre Papp: „Es gab Jahre, in denen auch mein Vater, wie andere, den Wagen einspannte, um so leichter das Korn gewinnen zu können. Dabei wurde der Wagen stark beansprucht: man nahm die Leisten heraus, die nach hinten in den Wagen geworfen wurden. Aber ich kenne Fälle, in denen auch die ganze Wagenseite abgenommen wurde, so dass die Pferde nur die vier Räder auf der vorderen und hinteren Achse zogen. Wenn mehr Pferde vorhanden waren, wurden sie gewöhnlich hinten an den großen Schragen gebunden (1968, 128). In Fábiánsebestyén (Kom. Csongrád) wurde das Dreschen mit Wägen von jenen Bauern betrieben, die wenig Zugtiere hatten: „Der Wagen ersetzte zwei Pferde“ schrieb 1966 Zsolt Csalog auf dem Fragebogen des Atlas der ungarischen Volkskultur.

Gunda Béla schrieb über Makó und die Makóer Gehöftwelt in seinem Bericht über seine Feldforschung entlang der Mieresch in 1934 Folgendes: „Das Dreschen mit dem Wagen ist ziemlich neu, angeblich hat man es in der Umgebung von Hódmezővásárhely und Szentes gelernt.“ (Gunda 2011, 72.)

In Orosháza wurde nur von einigen Bauern mit Hilfe eines Wagens gedroschen (Nagy 1963, 162; 1965, 157). Die genaueste Beschreibung dieser Technik ist aus Kardoskút (Kom. Békés) durch die in ungarischer und deutscher Sprache erschienenen Studien von Gyula Nagy bekannt geworden (1954, 499-509; 1961, 104-107). Auf den Gehöften der Umgebung von Kardoskút begann man mit dieser Arbeitsmethode anfangs der 1900er Jahre. Sie kam von Hódmezővásárhely, wo die Kleinbauern keine Pferde hatten, sich deshalb zusammenschlossen und auf einem gemeinsamen Dreschplatz vor allem durch Fuhrleute mit Hilfe von Wägen dreschen ließen. Anfangs wurde diese Technik auch auf den Gehöften der Gegend von Kardoskút nur von Kleinbauern angewendet. Nach dem Ersten Weltkrieg dagegen wurde eher mit Hilfe von Wägen als mit Hilfe von Pferden gedroschen (Nagy 1954, 500; 1961, 104). Wer in Békéssámson nur zwei Pferde hatte, ließ mit Wägen dreschen, was mehrheitlich vorkam (Sammlung Zsolt Csalog, 1966; Nagy 1957, 1). Gemäß dem Atlas der ungarischen Volkskultur wurde auch in Csorvás (Kom. Békés), Makó und Apátfalva (Kom. Csongrád) mit Pferdewägen gedroschen.

In den Siedlungen entlang der Flüsse Körös wurde diese Dreschmethode ebenfalls angewendet. In Doboz (Kom. Békés) war dies nach 1910 auf den Kleingütern fast allgemein üblich. Der hintere Schragen wurde mit einer Kette an den Wagen gehängt oder in den Wagen hineingelegt und mit zwei Kindern beschwert. Der mit zwei Pferden bespannte Wagen konnte so täglich drei Lagen dreschen (Nagy 1969, 25). In Vésztő (Kom. Békés) wurde auf die gleiche Art das Getreide gewonnen (Nagy 1973, 470). In Kötegyán (Kom. Békés) wurde die Gerste mit dem Wagen bearbeitet (Sammlung Imre Dankó, 1961). In Békés berichtete der Landwirt István Szathmári über die Einführung des Drusches mit Wagen: „In den Jahren vor dem Krieg, 1910-13, begannen wir auch mit dem Wagendreschen. Wir kamen darauf, dass die Lage schneller ausgedroschen wird, wenn nicht nur die Pferde, sondern auch noch die vier Räder darüber geführt werden. Es ging schneller, aber danach war das Stroh nicht mehr so gut; es wurde sehr brüchig, wenn die

Halme trocken waren. Wir nahmen die Deichsel aus dem Wagen, damit sich das Pferd auf kleinerem Platz bewegen konnte. Wir nahmen auch die Seiten ab, und so blieb nur das untere Fahrgestell, auf das sich derjenige setzte, der die Pferde lenkte. Später hängten wir auch den Schragen an den Wagen." (Márton 1961, 77.) In Köröstarcsa (Kom. Békés) wurde bis Anfang der 1900er Jahre von einigen Bauern mit dem Pferdewagen gedroschen (Sammlung Miklós Szilágyi, 1960). In Gyoma und Endrőd (Kom. Békés) ist das Heimischwerden dieser Technik in den 80-90er Jahre des 19. Jahrhunderts festzustellen (Hoffmann 1963, 242). In Szarvas wurden zum Drusch nur zwei Räder verwendet: „Wer kein Pferd hatte, gebrauchte zum Dreschen auch Rinder und zwar so, dass der hintere Wagenteil abgekoppelt, vorne die Ochsen eingespannt und so die Lage bearbeitet wurde." (Ponyiczky 1911, 21.) Auch in Öcsöd (Kom. Békés) kam es vor, dass beim Drusch mit Wägen nur zwei Räder verwendet wurden (Sammlung Éva Pócs, 1962).

In der Gegend von Tiszazug ist die Erinnerung an das Dreschen mit Wägen noch allgemein vorhanden (Madar 1984, 124). In Csépa (Kom. Jász-Nagykun-Szolnok) wurden vor den leeren Wagen ohne Schragen zwei Pferde gespannt und wenn vorhanden, noch eines hinten angebunden. Das Wichtigste dabei war, dass „vier Räder in vier Spuren laufen und die zwölf Hufe auf zwölf Stellen gehen" (Bellon-Botka 1982, I. 166). Die Verbreitung des Dreschens mit Wägen in Csépa ist vielleicht mit der Arbeit der Leute von Csépa außerhalb des Dorfes zu erklären: sie gingen nach Szentes, Öcsöd, Szarvas und Mezőtúr zur Ernte (Magyari 1982, I. 116).

Nördlich der Körös Flüsse verbreitete sich die Dreschtechnik mittels Wägen, dem Atlas der ungarischen Volkskultur zufolge, in Furta (Kom. Bihar), in Füzesgyarmat (Kom. Békés) Túrkeve und Karcag (Kom. Jász-Nagykun-Szolnok). In Dévaványa und Mezőtúr (Kom. Jász-Nagykun-Szolnok) kam diese Arbeitsmethode in den 80-90er Jahren des 19. Jahrhunderts auf. Auf den Gehöften um Mezőtúr konnte man mit diesem Verfahren täglich auch mit drei Lagen fertig werden (Hoffmann 1963, 228-242).

Nördlich von Karcag ist nur ein Vorkommen bekannt: Wie István Györffy erfuhr, wurde in Nyirtass (Kom. Szabolcs) mit Wägen gedroschen (1928, 30). Dieses Einzelvorkommen ist vielleicht damit zu erklären, dass die Leute der Nagykunság (Großkumanien) Drescharbeiten in der Nyírség Gegend verrichteten (Bellon 1973, 154-158).

Aufgrund des oben Ausgeführten habe ich die Karte der regionalen Verbreitung des Dreschens mit Wagen erstellt, aus der ersichtlich ist, dass diese Technik in Ost-Transdanubien und dem mittleren Teil der Großen Ungarischen Tiefebene vorkam. Die Gegenden im Mezőföld und im Süden jenseits der Theiß, die in der zweiten Hälfte des 19. Jahrhunderts zu bedeutenden Getreiderproduzenten wurden, ist das Vorkommen dieser Arbeitsweise intensiver, zwischen Donau und Theiß, wo die Viehzucht weiter den Vorrang behielt, seltener. Bei der Verbreitung und Bekanntmachung spielten wohl auch diejenigen eine Rolle, die von den Stammgebieten des Dreschens mit Wägen (Mezőföld, im Süden jenseits der Theiß) zum Zweck des Lohndrusches die benachbarten oder weiter entfernten Gegenden als Wanderarbeiter aufsuchten. Die Anwendung ist aber auch in den ursprünglichen Verbreitungsgebieten nicht als dominant zu betrachten; höchstens im Kreis der Bauern, die nur ein oder zwei Zugtiere besaßen. Die dominierende Dreschtechnik war auch in der Gegend des Mezőföld und im Süden jenseits der Theiß das nur durch Pferde durchgeführte Dreschen (*tipratás*), neben dem der Drusch mit Wägen eine nur untergeordnete Rolle spielte.

Schon im Alten Testament wird das Dreschen mit Wägen erwähnt: „Denn nicht mit dem Dreschschlitten drischt man den Dill und das Wagenrad führt man nicht über den Kümmel, sondern mit dem Stabe klopft man den Dill, und den Kümmel mit dem Stocke. Zermalmt man etwa das Brotkorn? Nein, nicht immerzu drischt er drauflos und treibt er das Rad seines Wagens und seine Rosse darüber; er zermalmt es nicht." (Jesaja 28, 27-28.) Der Dreschwagen wurde auch im Buch Über die Landwirtschaft (*Rerum rusticarum libri tres*) von Terentius Varro beschrieben: „...der sogenannte Karthager Wagen besteht aus Achsen mit Zahnrädern; jemand setzt sich auf ihn und treibt die Schlepptiere an, so wie man es auch im diesseitigen Hispanien und in anderen Gebieten macht." (Varro 1971, 229.) József Kun, Varros Übersetzer und Notizenschreiber sagt: „Dieser Wagen war ein 150 cm langer und 80 cm breiter Holzrahmen, seine Seitenbretter wurden von drei starken Querbalken zusammengehalten die in gleichmäßiger Entfernung voneinander waren. An den ersten und dritten Querbalken wurden vier, an den mittleren zweiten wurden drei Eisenzahnräder montiert. Die Räder bestanden aus zwei Halbrädern, die mit Nägeln zusammengesetzt waren. Der innere Durchmesser konnte geregelt werden, da die Halbräder aneinandergeschoben waren. Alle Räder hatten ungefähr fünfzig Zähne. Auf dem Holzrahmen war ein abnehmbarer Sitz befestigt, da saß der Kutscher in 65 cm Höhe. Eine solche Konstruktion wurde selbst Anfang des 20. Jahrhunderts in Tunis noch benutzt." (Varro 1971, 486.) In seinem monumentalen Werk *Oeconomische Enckylopädie* behandelt Krünitz das Wagendreschen und teilte auch eine Zeichnung der Arbeit mit dem Dreschwagen aufgrund von Varro mit (Krünitz 1776, IX. 510-514, 504. Abbildung b). Auf der Abbildung von Krünitz wird der Dreschwagen (*Plostellum poenicum*) auf dem kreisförmigen Beet von zwei Ochsen gezogen. Die Brettkiste des Wagens, worauf der Kutscher sitzt, wurde hinten mit Steinen belastet, vorne lassen sich die Zahnräder auf der vorderen Achse gut sehen, sie dienen als Dreschzylinder. Der Kutscher kontrolliert die Tiere mit seinem spitzen Treibstock (*Stimulus boum*). Zu Krünitz' Zeiten wurde der Dreschwagen in der Türkei, in ganz Asien, in einem Teil Afrikas und in einigen Gebieten Europas benutzt (Krünitz 1776, IX. 510). Varros Beschreibung und Krünitz' Abbildung besagen, dass es sich hier um einen speziell fürs Dreschen und nur dafür benutzen Wagen handelt.

Trotz dieser frühen Mitteilungen wird das Vorkommen des Dreschens mit Wägen in dem riesigen eurasischen Gebiet kaum von der ethnologischen Fachliteratur erwähnt (Meyer-Lübke 1909, 211-244; Pamfile 1913, 201-213; Trotzig 1943; Parain 1938, 84-91; Vilppula 1955; Dias 1968, 186-202; Demtschenko, 1927: 243-277; Berg 1981, 174-186). Ähnliche Einzelvorkommen wie in Ungarn kenne ich nur aus Norditalien, Bulgarien, der Ukraine und Russland. In Norditalien, in der Po-Ebene und in der Lombardei wurden die auf dem Dreschplatz ausgelegten Garben mit schweren Ackerwägen befahren, die von Ochsen oder Pferden gezogen wurden (Scheuermeier 1938, 95). In Bulgarien beobachtete István Ecsedi im Sommer 1926

Mit Pferdewagen dreschende Bulgaren. Jenipazar (heute Novi Pazar), Bulgarien. Aufnahme von István Ecsedi, 1926

und 1927 diese Arbeitsmethode: „Es kommt vor, dass die Ähren mit dem Wagen befahren werden. Auf dem Wagen bleibt das Gestell. Seiten und Schragen werden abgenommen und zwei Pferde eingespannt. Der Kutscher setzt sich auf den Bock und befährt den Dreschplatz. Manchmal wird nicht einmal der ganze Wagen zu diesem Zweck benutzt, nur der vordere Teil. Nicht selten wird unter den Wagen oder Halbwagen die Dreschwalze gebunden und zusammen mit ihr die Lage befahren. Besonders die leicht austretbare Gerste wurde mit Wägen gewonnen." (1928, 82-83). István Ecsedi berichtet in seinen Reisebeschreibungen über das Dreschen mit Wagen auch bei den bulgarischen Türken, dies ging dort auf dieselbe Art vor sich (1929, 30). Vakarelski erwähnt das im größeren östlichen Teil Bulgariens verbreitete Dreschen mit dem Dreschschlitten (*Dikanja*) als eine Abart des Drusches mit dem Wagen. Dabei wurde der Wagen mit schweren Steinplatten oder Baumstämmen beschwert. Nach Vakarelskis Verbreitungskarte wurde östlich von Sofia, in der Gegend von Pirdop und östlich von Ruse, auf der Tiefebene der Donau auf diese Weise gedroschen (1969, 29, IV. Karte). Zelenin beschrieb das Dreschen mit Wagen bei den Ukrainern und Russen. Nordwestlich von Moskau, in Twer, wurden vor einen gewöhnlichen Wagen Pferde oder Ochsen gespannt und so der Hafer gewonnen (Zelenin 1927, 48). Der Drusch mit Wägen spielte in diesen Gebieten eine ebenso untergeordnete Rolle wie in Ungarn: Das doninierende Verfahren zur Getreidegewinnung war auch dort das nur mit Tieren durchgeführte Austreten sowie die Anwendung der Dreschwalze oder des Dreschschlittens für den Drusch.

Der Dreschwagen. Abbildung von Krünitz: Oeconomische Encyclopedie (1776)

[Die Studie ist sowohl in ungarischer als auch in deutscher Sprache erschienen:
Lukács, László: *A szekérrel nyomtatás területi elterjedéséhez.* Studia Comitatensia XXIII. 1994. 495-503. Szentendre
Lukács, László: *Beiträge zur regionalen Verbreitung des Dreschwagens.* Néprajzi Értesítő LXXI-LXXIII. 1991. 49-60. Budapest]

Karte der regionalen Verbreitung des Wagendrusches in Ungarn

Literatur

BARABÁS, Jenő (Hrsg.)

1987 *Magyar Néprajzi Atlasz* [Atlas der ungarischen Volkskultur]. Budapest. I/62, 64, 65. Karten

BÁLINT, Sándor

1976 *A szögedi nemzet. A szegedi nagytáj népélete* [Die Szögeder Nation. Das Volksleben des Szegeder Großgebietes]. Bd. I . Szeged

BELLON, Tibor

1973 *Karcag város gazdálkodása. Földművelés* [Die Wirtschaft der Stadt Karcag. Landwirtschaft]. Szolnok

BELLON, Tibor – BOTKA, János
1982 *Adatok a csépai földműveléshez* [Angaben zur Csépaer Landwirtschaft]. Csépa. Tanulmányok egy alföldi palóc kirajzás népéletéből. Hrsg. von Barna, Gábor. Bd. I. 155-175. Eger–Szolnok

BERG, Gösta
1981 *The Swedish Threshing Wagon*. Ethnologia Europaea XII. 174-186.

DEMTSCHENKO N. A.
1972 *Die moldauischen landwirtschaftlichen Geräte im 18. bis zum beginnenden 20. Jahrhundert*. Getreidebau in Ost- und Mitteleuropa. Hrsg. von Balassa, Iván. 243-277. Budapest

DIAS, Jorge
1968 *Verbreitung und Geschichte der Dreschmethoden auf der iberischen Halbinsel*. Zeitschrift für Volkskunde LXIV. 186-202.

ECSEDI, István
1928 *A bolgárok ősi földművelése* [Die uralte Landwirtschaft der Bulgaren]. Néprajzi Értesítő XX. 78-85.
1929 *A bolgárok földjén* [Im Land der Bulgaren]. Debrecen

GUNDA, Béla
1933 *Szekérrel nyomtatás a Mezőföldön. Fejér m.* [Dreschen mit dem Wagen im Mezőföld-Gebiet]. Néprajzi Értesítő XXV. 89.
2011 *Jelentés 1934. márc. 26 – ápr. 8. között Csongrád, Torontál és Csanád megyében (a Maros mentén) végzett néprajzi tanulmányutamról* [Bericht über meine Feldforschung in den Komitaten Csongrád, Torontál und Csanád (entlang des Miersch-Flusses) zwischen dem 26. März und dem 8. April 1934]. Emléktöredékek Gunda Béláról. 69-74. Székesfehérvár

GYÖRFFY, István
1928 *Takarás és nyomtatás az Alföldön* [Ernte und Dreschen in der Großen Ungarischen Tiefebene]. Néprajzi Értesítő XX. 1-46.

HOFFMANN, Tamás
1957 *Über den Gebrauch dreschschlitten- und dreschwagenartiger Geräte in Ungarn*. Acta Ethnographica VI. 219-223.
1963 *A gabonaneműek nyomtatása a magyar parasztok gazdálkodásában* [Das Dreschen des Getreides in der ungarischen Bauernwirtschaft]. Budapest

KISS, Lajos
1981 *A szegény emberek élete* [Das Leben der armen Leute]. Budapest

KRÜNITZ, Johann Georg
1776 *Oeconomische Encyclopedie*. IX. Berlin

LUKÁCS, István
1976 *Nyomtatás. Aba, Székesfehérvár* [Dreschen. Aba, Székesfehérvár]. König Sankt Stephan Museum Székesfehérvár, Volkskundliche Datensammlung, Inv.-Nr.: 76.19.
1981 *A székesfehérvári Palotai városrész* [Die Székesfehérvárer Palotaer Vorstadt]. Székesfehérvár.

LUKÁCS, László
1989 *Sárbogárd néprajza* [Volkskunde von Sárbogárd]. Sárbogárd város története. Hrsg. von Farkas, Gábor. 479-520. Sárbogárd

2000 *Dunapentele gazdasági néprajza* [Volkskunde von Dunapentele]. Dunaújváros története. Hrsg. von Ferenc Erdős, Zsuzsánna Pongrácz. 197-220, 412-413. Dunaújváros

MADAR Ilona

1984 *Aratás, hordás, szemnyerés a Tiszazugban* [Ernte, Einfahren von Getreide und Dreschen in Tiszazug]. Múzeumi Levelek Nr. 45-46. 116-126. Szolnok

MAGYARI Márta

1981 *Csépa falun kívüli kapcsolatai* [Die Beziehungen von Csépa außerhalb des Dorfes]. Csépa. Tanulmányok egy alföldi palóc kirajzás népéletéből. Hrsg. von Gábor Barna. Bd. I. 103-1037. Eger-Szolnok

MÁRTON, László

1961 *Aratás, hordás, nyomtatás Békésen* [Ernte, Einfahren von Getreide und Dreschen in Békés]. Museum für Volkskunde Budapest, Ethnologische Datensammlung, Inv.-Nr: 12998.

MEYER-LÜBKE, W.

1909 *Zur Geschichte der Dreschgeräte.* Wörter und Sachen I. 211-244.

MORVAY, Gyula

1929 *Nyomtatás Tardoskedden* [Dreschen in Tardoskedd]. Néprajzi Értesítő XXI. 51-53.

NAGY, Gyula

1954 *Takarás és nyomtatás a kardoskúti (Békés m.) Kérdő-tanyán* [Ernte und Dreschen im Kérdő-Gehöft von Kardoskút (Kom. Békés)]. Ethnographia LXV. 167-197, 484-517.

1957 *Nyomtatás Békéssámson, Pusztaföldvár és Nagyszénás községekben* [Dreschen in den Gemeinden Békéssámson, Pusztaföldvár und Nagyszénás]. Museum für Volkskunde Budapest, Ethnologische Datensammlung, Inv.-Nr.: 6179.

1957 *Adatok Doboz gabonatermesztéséhez* [Angaben zum Getreideanbau in Doboz]. Gyula

1961 *Die Arbeitsphasen des Erntens und Austretens in der mittleren Gegend der Ungarischen Tiefebene (Beobachtet auf dem Kérdő-Hof in Kardoskút, Kom. Békés).* Zeitschrift für Ethnologie LXXXVI. 84-112.

1963a *Hagyományos földművelés a Vásárhelyi-pusztán* [Traditionelle Landwirtschaft in der Vásárhelyi-Pußta]. Néprajzi Közlemények VII. Nr. 2. Budapest

1963b *A gabona nyomtatása Orosházán* [Getreidedreschen in Orosháza]. Szántó Kovács János Múzeum Évkönyve 1961-1962. 149-169. Orosháza

1965 *Földművelés* [Landwirtschaft]. Orosháza néprajza. Hrsg. von Nagy, Gyula. 109-185. Orosháza

1973 *Hagyományos földművelés Vésztőn* [Traditionelle Landwirtschaft in Vésztő]. Vésztő története. Hrsg. von Szabó, Ferenc. 437-438. Vésztő

PAMFILE, Tudor

1913 *Agricultura la români. Studiu etnografic.* București

PAPP, Imre

1968 *Mindennapi kenyerünk útja asztalunkig. A betakarítás, nyomtatás, cséplés Szentesen* [Der Weg unseres alltäglichen Brotes bis zum Tisch. Ernte, Austreten und Dreschen in Szentes]. Museum für Volkskunde Budapest, Ethnologische Datensammlung, Inv.-Nr.: 15788.

PARAIN, Charles
1938 *Les anciens Procédés de Battage et de Dépiquage en France.* Travaux du 1er Congrès International de Folklore. 84-91. Tours
PONYICZKY, Zoltán
1911 *Szarvas város települése és építkezése* [Siedlung und Architektur der Stadt Szarvas]. Budapest
SCHEUERMEIER, Paul
1938 *Les anciens Procèdès de Battage et de Dépiquage en Italie.* Travaux du 1er Congrès International de Folklore. 91-96.
SELMECZI KOVÁCS, Attila
2000 *Hagyományos építkezés és gazdálkodás* [Traditionelles Bauen und Wirtschaften]. Berhida, Koskovácsi, Peremarton története és néprajza. Hrsg. von Lichtneckert, András. 191-218. Veszprém
SERGŐ, Erzsébet
1960 *Vegyes néprajzi gyűjtés. Dunapentele* [Gemischte volkskundliche Sammlung. Dunapentele]. Intercisa Museum Dunaújváros, Volkskundliche Datensammlung, Inv.-Nr.: A. 127.
TÁLASI, István
1977 *Kiskunság* [Kleinkumanien]. Budapest
TROTZIG, Dag
1943 *Slagan och andra tröskredskap.* Stockholm
TÚRI MÉSZÁROS, István
1929 *Adatok az alföldi gazdálkodáshoz* [Angaben zur Wirtschaft in der Großen Ungarischen Tiefebene]. Néprajzi Értesítő XXI. 33-45.
VAKARELSKI, Christo
1969 *Bulgarische Volkskunde.* Berlin
VARRO, Terentius M.
1971 *A mezőgazdaságról - Rerum rusticarum Libri tres* [Landwirtschaft]. Übersetzt von József Kun. Budapest
VERESS, Éva
1951 *Vegyes néprajzi gyűjtés. Dunapentele* [Gemischte volkskundliche Sammlung. Dunapentele]. Museum für Volkskunde Budapest, Ethnologische Datensammlung, Inv.-Nr.: 4058.
VILPPULA, Hilkka
1955 *Das Dreschen in Finnland.* Kansatieteellinen Arkisto X. Helsinki
ZELENIN, Dimitrij
1927 *Russische (ostslavische) Volkskunde.* Berlin-Leipzig

ZUR REGIONALEN VERBREITUNG DES MAISHOBELS

In ihrem Werk *Alfaia agricola portuguesa* erörtern Ernesto Veiga de Oliveira, Fernando Galhano und Benjamin Pereira auch verschiedene Methoden der Maisentkörnung (1983, 314-315). In der Reihe der Geräte schildern sie den Dreschkorb (*malhador*) und ein Reibbrett namens *desbulhador*, womit die Körner vom Kolben abgerieben werden. Auf der Insel S. Miguel werden die Kolben auf einem rauchen Brett oder einer unebenen Steinplatte gerieben, damit sich die Körner loslösen. In Anlehnung an die Ergebnisse von Professor Oliveira und seiner Mitarbeiter möchte ich dieselben mit einem weiteren Gerät, dem Maishobel, ergänzen, der in Ungarn, Kroatien, im Banat und in Siebenbürgen verbreitet ist. Auch möchte ich schildern, wie ich dem Maishobel in der museologischen Praxis begegnete und unsere Kenntnisse in bezug auf sein Verbreitungsareal zu erweitern trachtete.

Im Sommer 1975 sammelte ich im ost-transdanubischen Dorf Mezőszilas Angaben zum Drehbuch eines Filmes über die Volksarchitektur des Komitats Fejér. So führte mich mein Weg zum Haus einer sehr alten Witwe, Frau Joó. Im rohrbedeckten Lehmbau mit freiem Rauchfang konnte ich am Hauptbalken der Wohnstube die Inschrift ANNO 1833 lesen. Auf dem Dachboden entdeckte ich ein ca. 80 cm langes, hobelförmiges Gerät, welches ich auf den ersten Blick als Böttcherhobel zu erkennen meinte. Umso mehr war ich erstaunt, als mir die alte Frau mitteilte, das

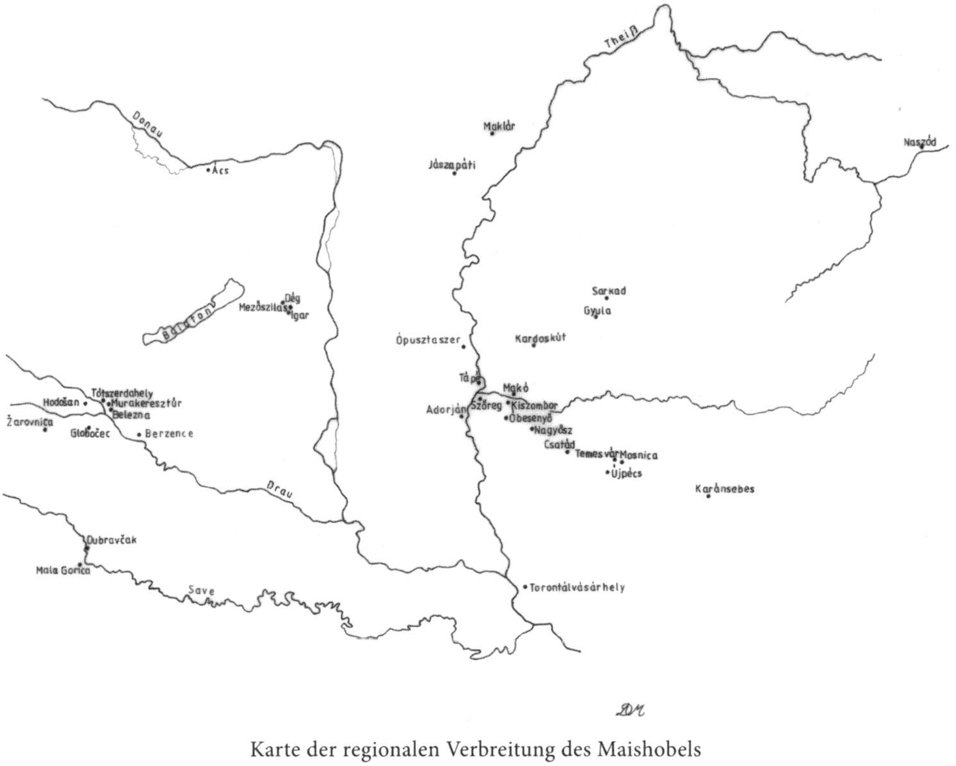

Karte der regionalen Verbreitung des Maishobels

Gerät sei ein Maishobel zum Entkörnen der Maiskolben. Ihre Definition trug ich recht unsicher in das Einnahmebuch unserer Sammlung ein.

Nach Székesfehérvár heimgekehrt, nahm ich sofort den *Wegweiser zur Organisierung ethnographischer Museen* von Zsigmond Bátky (1906) in die Hand, wo praktisch sämtliche, in Ungarn vorkommende ethnographische Objekte beschrieben und abgebildet sind, ein Maishobel jedoch nirgends erwähnt wird. Bei Jahresende war ich daher alles weniger als gewiß, als ich in das Inventarbuch des König Sankt Stephan Museums die Bestimmung „Maishobel" eintrug.

Meine Unsicherheit sollte aber nicht lange dauern: Im Band 1976 der Zeitschift *Ethnographia* der Ungarischen Ethnographischen Gesellschaft publizierte József Kücsán eine kurze Beschreibung und drei Photos des besagten Maishobels aus Igar, einem Nachbardorf von Mezőszilas. „Der Maishobel (ung. *kukoricagyalu, löködőmurzsuló*) - schreibt er in seinem Aufsatz - wird aus Hartholz, im vorliegenden Fall aus Akazienholz, angefertigt. In der Mitte des prismatischen Stückes (70-100 cm lang) befindet sich eine senkrechte Öffnung (6x6 cm), in die eine auf die Schubrichtung senkrechte, schaufelförmige Eisenklinge befestigt wird. Dank der Breite (6,5-7 cm) des prismatischen Stückes kann an der Oberfläche eine Rille zur Lenkung des Maiskolbens eingekerbt werden, während seine Dicke (4-5 cm) die Befestigung der Klinge mit Hilfe einer dornförmigen Verlängerung ermöglicht. Am oberen Ende des Gerätes, an der Gegenseite der Rille, wird ein Holzstäbchen von 10-14 cm Länge eingekeilt. Bei der Entkörnung sitzt die betreffende Person auf einem niedrigen Stuhl, stützt das Stäbchen an ihren rechten oder linken Schenkel und das untere Ende des Gerätes an den Boden, damit es sich nicht bewegt. Der Maiskolben wird dann, mit der Spitze vorwärts, in die Rille gelegt und mit beiden Händen auf die Eisenklinge geschoben. Diese konnte je nach Größe der Maiskörner eingestellt werden, so daß sie

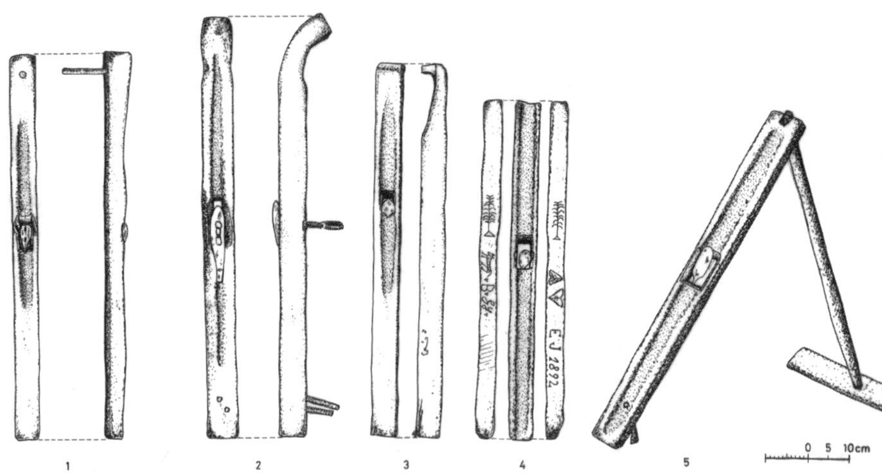

Maishobeln: 1 = Igar, König Sankt Stephan Museum, Székesfehérvár, Inv.-Nr.: 79.74.1; 2 = Mezőszilas, KSSM, Inv.-Nr.: 75.72.1; 3 = Dég, 1982, Sammlung des Freundeskreises des Landwirtschaftlichen Museums, Dég; 4 = Dég, KSSM, Inv.-Nr.: 81.136.1; 5 = Dég, SFLM.

Maisrebler aus Fuggaberg (Steiermark). Beide aus der Sammlung des Steirischen Volkskundemuseums Außenstelle Stainz. Der linke hat eine Klinge, seine Inv.-Nr. ist 3939, der rechte hat zwei Klingen, seine Inv.-Nr. ist 3355. Foto: László Lukács, 1979

Entkörnung mit dem Maishobel. Igar, Kom. Fejér. Foto: László Lukács, 1979.

diese unmittelbar über dem Kolben traf. Danach konnten die Körner schon mühelos vom Kolben getrennt werden." Der Maishobel, fuhr Kücsán fort, konnte nur im Frühling benützt werden, da der Mais erst dann vollkommen ausgetrocknet war. Um diese Zeit gingen Leute aus Igar mit dem Gerät ins benachbarte Herrschaftsgut in Simontornya, wo am Dachboden des als Kornspeicher benützten ehemaligen Festung bis zu 15-20 Personen die Maisentkörnung besorgten. In Igar wurde der Maishobel allgemein gebraucht und wird gelegentlich auch heute benutzt (1976, 195).

Das nächste Mal begegnete ich dem Gerät im Sommer 1979 in der Sammlung landwirtschaftlicher Arbeitsgeräte des Steirischen Volkskundemuseums in Stainz, wo zwei Exemplare desselben aufbewahrt sind, beide aus Dorf Fuggaberg bei Stainz. In der Stainzer Sammlung durfte ich den Maishobel photographieren. Da beide Stücke in der Ausstellung „Stainzer Haus und Hof" 1978 zur Schau gestellt wurden, ist ihre Beschreibung im Ausstellungskatalog enthalten (Kundegraber 1978, 33-34). Demnach ist das eine Stück eine glatte Hartholzlatte, mit einer Klinge in der Mitte und einem eingeschnitzten Andreaskreuz, vielleicht Eigentumszeichen, an einem Ende; Länge: 81,5 cm, Breite: 7 cm. (Inv.-Nr.: 3939). Das andere Stück ist aus dem Holz eines Obstbaumes gamacht, mit einer viereckigen Öffnung in der Mitte, darin drei stumpfe Klingen, am einen Ende ein eingekeilter Handgriff; Länge: 69 cm, Breite: 11 cm. (Inv.-Nr.: 3355). Über die Verbreitung und Benützung des Maishobels in der Steiermark bat ich 1981 Maria Kundegraber, Direktorin des Steirischen Volkskundemuseums (Graz) um Angaben. Sie informierte mich brieflich, die Suche nach dem Gerät sei in Stainz, in der Umgegend von Graz, in Ost- und Südost-Steiermark erfolglos beendet worden. In Fuggaberg erinnerte man sich lediglich daran, daß man einst den Maishobel sitzend, zwischen die Knie gepreßt, benützt habe. Maria Kundegraber nimmt an, daß die in Fuggaberg gefundenen Exemplare von Banater Deutschen angefertigt wurden, die sich nach dem Zweiten Weltkrieg in der Gegend niedergelassen haben. Infolgedessen habe ich Fuggaberg auf der Landkarte über die Verbreitung des Maishobels nicht angeführt.

Hobeln mit dem Maishobel mit umlegbarer Stütze. Dég, Kom. Fejér. Foto: László Lukács, 1989

Im Herbst 1979 habe ich in Igar Photoaufnahmen von der Entkörnung mit dem Maishobel gemacht. Damals schenkte Frau Kozma einen Maishobel der volkskundlichen Sammlung des König Sankt Stephan Museums (Inv.-Nr.: 79.74.1). Diesen sowie das Gerät aus Mezőszilas haben wir im Museum im Rahmen der Ausstellung *Pußtavolk, Geschichte des Mezőföld-Gebietes* (1979-80) zur Schau gestellt. Eine Zeichnung des Maishobels aus Igar erschien im Ausstellungskatalog (Demeter-Lukács 1980, 63). Dieses Gerät wurde vom Wagnergehilfen Mihály Kozma (geb.1871) hergestellt. In Igar gab es bei einer Familie gewöhnlich zwei solcher Geräte, womit meist die Männer arbeiteten. An Winterabenden versammelten sich 5-6 ältere Männer bei einem Haus, jeder brachte seinen eigenen Maishobel mit.

Im Jahre 1980 sah ich in der Privatsammlung von Lajos Bakó in Cece einen Maishobel aus Mezőszilas. Hier erfuhr ich, daß in der Sammlung der Déger Gruppe der Freunde des Landwirtschaftlichen Museums mehrere Stücke zu finden sind. In Dég wird das Gerät *gyeszebula* genannt; in der Déger Sammlung gab es drei, davon übergab der Sammlungsleiter Géza Verebics 1981 ein Stück der Volkskundlichen Sammlung des König Sankt Stephan Museums (Inv.-Nr.: 81.136.1). An beiden Seiten dieses Stückes Schnitzereien sowie die Jahreszahl 1892 und die Monogramme EJ und BGY zu sehen. Auch von den beiden anderen Stücken der Déger Sammlung ließ ich Zeichnungen machen. Das eine Stück hat eine hölzerne, einfaltbare Stütze, das andere stützt sich mit einer geschnitzten Aushöhlung an den Schenkel des Benutzers, dem Maishobel aus Mezőszilas ähnlich.

Die einzige bestimmte Angabe über den Gebrauch und die Verbreitung des Maishobels fand ich in der ungarischen volkskundlichen Literatur im Artikel *Speicherung der Kornfrüchte entlang der Mur* von Vilmos Seemayer (1934). In den kroatischen und ungarischen Dörfern an der Mur galt der Mais als die wichtigste Feldfrucht. In der Gegend von Murakeresztúr „...wurde der Maishobel (*ribeš*) in den 1860er Jahren zur Entkörnung des trockenen Maises im Frühling benützt. Heute kommt das Gerät nur mehr selten vor. Seine Form erinnert an die des Tischlerhobels. In der oberen Platte dient eine flache Rille zum Lenken des Maiskolbens. In der Mitte des Hobels befindet sich eine Öffnung, wo die vom Eisen losgetrennten Körner herausfallen." (Seemayer 1934, 34.) Aus kroatischen Dörfern an der Mur schilderte Edit Kerecsényi den Maishobel, den die Bauern bis zu den 1930er Jahren meist selbst angefertigt haben. Jedes Familienmitglied hatte sein eigenes, handliches Gerät, wie auch jeder seine eigene Hacke hatte: „Allgemein verbreitet ist der aus Hartholz grob geschnitzte Typ, wo in ein eckiges Loch ein Stück eines breiten Eisenmessers oder einer Sensenklinge befestigt war. Laut beiliegenden Abbildungen sind zahlreiche Varianten bekannt, manche werden an eine Bank befestigt." (Kerecsényi 1983, 246; 362; 1982, 343, 345.) Die erwähnten Zeichnungen stellen drei Maishobeln aus Belezna und einen aus Tótszerdahely dar. Letzterer wird im Winkel von 22° an eine vierbeinige Bank befestigt.

Das Thury György Museum in Nagykanizsa hat sieben Maishobel, zwei davon sind auf einen Stuhl oder auf eine Bank montiert. Fünf Maishobel stammen aus Belezna (Kom. Zala), seine zwei auf einen Stuhl montierte Varianten stammen aus Berzence (Kom. Somogy) und Tótszerdahely (Kom. Zala).

Um Informationen über die Verbreitung des Gerätes in Kroatien wandte ich mich an Professor Milovan Gavazzi, der mir 1981 die Abschrift der Beschreibung von zwei Maishobeln schickte, welche in der Gegend von Sziszek (Sisak) gefunden wurden und im Museum für Volkskunde in Zagreb aufbewahrt sind. Ferner teilte er mir mit, daß ein Stück auch in der Sammlung des Museums von Sziszek vorhanden ist und vermutlich auch in den Museen von Varasd (Varaždin) und Csáktornya (Čakovec) noch weitere zu finden wären. Ich war so gut wie überzeugt, daß das Gerät auch im Zwischenstromgebiet Mur-Drau vorkommt, da Ferenc Gönczi in seinem Buch *Muraköz és népe* (Zwischenstromgebiet Mur-Drau) die Maisentkörnung folgendermaßen schilderte: „Die Entkörnung erfolgt mit einer 'Maschine', eine örtliche Erfindung, d. h. ein Handabkörner mit Entkörner Stuhl." (1895, 127.) Allerdings konnte diese „örtliche Erfindung" auch das mit einem Riemen an die Hand befestigte, sich an die Hohlhand anschmiegende, benagelte Reibholz bedeuten, welches von Bálint Bellosics aus dem Zwischenstromgebiet Mur-Drau, namentlich aus den Ortschaften Hodosán und Csáktornya-Battyán, publiziert wurde (1911, 266-267). Die Volkskundlerin Ljubica Ramuščak teilte mir mit, dass die Sammlung des Museums von Csáktornya (Muzej Međimurja) drei Maishobeln enthält, und schickte mir auch deren Photographien und Angaben. Alle drei waren auf vierbeinige Bänke montiert; ein Stück stammt aus Hodošan (Inv.-Nr.: 965), zwei aus dem Unteren Zwischenstromgebiet (Donje Međimurje) (Inv.-Nr.: 373; 966). Die Volkskundlerin Libuše Kašpar vom Städtischen Museum Varasd (Gradski Muzej Varaždin) teilte mir mit, daß in ihrer Sammlung ein Maishobel (*runjač*) aus dem Dorf Žarovnica zu finden sei; Länge: 92 cm, Breite: 10,5 cm (Inv.-Nr.: 676).

Auch der Privatsammlung Puttar in Seketin gibt es einen Maishobel (*ruždalka*) aus dem Dorf Globočec. Zugleich schickte er mir die Photos beider Stücke. Im Museum für Volkskunde in Zagreb ist je ein Maishobel aus zwei Dörfern in der Umgegend von Sziszek aufbewahrt. Das Gerät aus Dubravčak ist aus einem schmalen Eichenholzbrett gemacht, mit einer viereckigen Öffnung in der Mitte, darüber eine Eisenklinge. Länge: 86 cm, Breite: 10 cm, Dicke: 20 cm, Öffnung: 9x7 cm, Klingenlänge: 8,5 cm (Inv.-Nr.: 18 424). Der Maishobel (*ruljača*), eingesammelt 1930 im Dorf Mala Gorica, ist 58 cm lang, mit einer viereckigen Öffnung ein wenig unter der Mitte, darüber eine starke, schmiedeeiserne Klinge (Inv.-Nr.: 7708). Über den Maishobel im Museum von Sziszek bekam ich keine Auskünfte. Meine kroatischen Kollegen, Milovan Gavazzi, Ljubica Ramuščak und Libuše Kašpar, denen ich für ihre Angaben auch an dieser Stelle danken möchte, behaupten einmütig, daß sich in der kroatischen volkskundlichen Literatur niemand mit dem hier behandelten Gerät beschäftigt hat.

Von der Verbreitung des Maishobels im Banat erfuhr ich 1980 von einem Besucher der Ausstellung *Pußtavolk, Geschichte des Mezőföld-Gebietes*, der aus Mosnica bei Temesvár nach Székesfehérvár umgesiedelt war. Demnach sei der Maishobel noch vor dem Zweiten Weltkrieg in Temesvár, Mosnica und Karánsebes regelmäßig benützt worden. Abends setzten sich 5-6 Personen um einen großen Trog zu Maisentkörnung. Eine behandelte den Maishobel, auf dem sie die Maiskolben mit 1-2 Stößen auf dem Gerät entlang schob; die dadurch gelockerten Körner rieben die anderen mit dem über die Oberhand gezogenen Entkörner ab.

Um genauere Auskünfte wandte ich mich an den Historiker Lajos Kakucs vom Museum in Temesvár (Timişoara). Dieser teilte mir brieflich mit, daß – laut Mitteilung des Volkskundlers Lepedus Entimiu – in der Sammlung des Museums vier Maishobeln zu finden seien, und zwar aus den Dörfern Csatád (Lenauheim), Nagyősz (Tomnatic) und Óbesenyő (Dudesti Vecui); das vierte Stück gelangte als Geschenk einer Familie in das Museum, die aus Naszód (Năsaud) in Siebenbürgen in das Banat umgesiedelt war. Der Volkskundler Constantin Vid aus Temesvár begegnete dem Maishobel um 1970 in Újpécs (Peciu Nou); damals gab es in dem Dorf noch mehrere Stücke.

Über das Vorkommen des Maishobels in der Gegend von Szeged informierte mich Antal Juhász. In die volkskundliche Sammlung des Móra Ferenc-Museums, Szeged, kam der erste Maishobel im Jahre 1980 aus Ópusztaszer von ehemaligen Gutsarbeitern. Das Gerät ist aus Akazienholz, Länge: 65 cm, Breite: 6 cm. In der Mitte einer ausgehöhlten Rille ist eine schmiedeeiserne Klinge mit einer Schraube befestigt, daneben eine ovale Öffnung. In der Privatsammlung von József Lelle in Tápé befinden sich zwei solcher Geräte, im Volksmund *lüggető* genannt. Beide wurden von einem örtlichen Wagnermeister in den 1920er Jahren angefertigt.

Im József-Attila-Museum zu Makó ist ein einziger Maishobel zu finden, aus Akazienholz, Länge: 70,7 cm, Breite: 7,5 cm, hergestellt in Kiszombor (Kom. Csongrád) vom Wagner György Oláh, 1958. Der Benutzer saß auf einem niedrigen Stuhl, stütze das untere Ende des Gerätes an die Wand, schob den Maiskolben in der Rille hin und her; dabei wurden die Körner von einer Metallklinge losgetrennt und fielen dann durch eine ovale Öffnung in einen Korb (Inv.-Nr.: 88.4.1).

József Kücsán erwähnte einen Maishobel in der Sammlung des Museums von Zenta (Senta) (1976, 194). Laut der Museologin Ágnes Nagy Abonyi sind in der volkskundlichen Sammlung des städtischen Museum von Zenta zwei Maishobel zu finden. Die Inventarnummer des oberen Objekts auf dem von ihr geschickten Foto ist: E-72.24.1. Ein aus Akazienholz geschnitzter Trog mit einer Eisenzunge in dem viereckigen Spalt in der Mitte. Seine Länge beträgt 76 cm, seine Breite 10 cm und seine Höhe 5,5 cm. Er gelang als Geschenk von Mihály Bánszki aus Adorján (Kom. Bács-Bodrog) ins Museum. Er wurde von László Kósa und Géza Tripolszky in 1972 gesammelt. Er war an der früheren ständigen Ausstellung des Museums ausgestellt. Der untere Gegenstand auf dem Foto stammt aus Zenta, seine Inventarnummer ist: E-191. Seine Länge beträgt 80,5 cm, seine Breite 6 cm und seine Höhe 5,5 cm.

Ein Maishobel (*csuszkia*) aus Torontálvásárhely wurde vom kalvistischen Seelsorger Attila Móricz in der Sendung des Ungarischen Kossuth-Rundfunks *Eine ungarische Insel in Serbien* am 20. Mai 2007 erwähnt.

Auf eine vierbeinige Bank montierter Maishobel, *ruždalek*. Hodošan (Hodosány, Kom. Zala). Maße: 100x50x15 cm. Muzej Međimurja, Csáktornya/Čakovec. Inv.-Nr.: 965

Auf eine vierbeinige Bank montierter Maishobel, *ruždalek*. Das Untere Zwischenstromgebiet Mur-Drau. Maße: 90x60x21 cm. Muzej Međimurja, Csáktornya. Inv.-Nr.: 966

Auf eine vierbeinige Bank montierter Maishobel, *ruždalek*. Das Untere Zwischenstromgebiet Mur-Drau. Maße: 80x30x25 cm. Muzej Međimurja, Csáktornya. Inv.-Nr.: 373

In seinem Buch *A magyar kukorica* (Der ungarische Mais) schreibt Iván Balassa, er habe eine Variante des Maishobels in Kardoskút (Kom. Békés) gesehen (1960, 323). In der volkskundlichen Sammlung des Erkel Ferenc-Museums, Gyula, ist ein Stück zu finden; das Gerät wurde von einem Wagnermeister in Gyula um 1930 hergestellt und im Hause eines Handwerkers in dem von Rumänen bewohnten Stadtbezirk von Gyula benützt. Hartholz; Länge: 75 cm, Breite: 6,5 cm (Inv.-Nr.: 67.107.1). Im Jahre 1985 konnte ich im Meierhof Szent-Benedek bei Gyula in der betriebsgeschichtlichen Sammlung der örtlichen Landwirtschaftlichen Produktionsgenossenschaft Munkácsy einen Maishobel photographieren, der hier *megkezdő* (=Anfänger) genannt wird. In der unteren Hälfte einer ausgehöhlten Rille eine festgeschraubte schmiedeeiserne Klinge, darüber eine kreisförmige Öffnung. Hartholz; Länge: 56,7 cm, Breite: 6,5 cm, Dicke: 4 cm. Laut Mitteilung eines Gewährsmannes, der aus Sarkad nach Simontornya übersiedelte, wurde der Maishobel auch in Sarkad (Kom. Bihar) benutzt. Bei der Übersiedelung 1971 wurde ein Gerät zwar mitgebracht, in Simontornya aber nicht mehr benutzt und ging daher verloren.

Sporadisch kommt das Gerät auch in anderen Teilen des Landes vor. Attila Selmeczi-Kovács entdeckte ein Stück 1981 in Jászapáti (Kom. Jász-Nagykun-Szolnok), welches Pál Farkas in den 1930er Jahren auf dem Jahrmarkt von Jászberény gekauft hat. In der Mitte des rillenförmig ausgehöhlten Rumpfes eine festgeschraubte schmiedeeiserne Klinge. Länge: 70 cm, Breite: 8 cm, Dicke: 2,5 cm. An der Rückseite eingeschnitzt: 1864 ARAD. Demnach dürfte das Gerät aus der Stadt Arad hierher gekommen sein. Laut Mitteilung des damaligen Eigentümers wurde das Gerät „dem Mädl gegeben, es preßte den Hobel zwischen die Knie und entkörnte die Kolben". In die volkskundliche Sammlung des Burgmuseums Dobó István von Eger wurde

Maishobel, *runjač*. Žarovnica, Kom. Varasd/Varašdin. Gradski Muzej, Varasd. Inv.-Nr.: 676. Foto: Tomislav Đurić

Maishobel, *ruždalka*. Globočec, Kom. Varasd. Puttar-Privatsammlung, Seketin. Foto: Davor Puttar

Maishobel. Gyula, Szent Benedekmajor. Foto: László Lukács, 1985

Maishobel. Gyula, Kom. Békés. Erkel Ferenc-Museum, Gyula. Inv.-Nr.: 67.107.1.

Maishobel, Stangenhobel. Maklár, Kom. Heves. Dobó István-Burgmuseum, Eger. Inv.-Nr.: 83.9.1.

Maishobel. Ács, Kom. Komárom. Ungarisches Landwirtschaftsmuseum, Budapest. Inv.-Nr.: 69.31.1.

Maishobel, obere Platte des trogartigen Handhobels. Jászapáti, Kom. Jász-Nagykun-Szolnok. Foto: Attila Selmeczi-Kovács, 1981

Maishobel, Rückseite des Handhobels mit der Inschrift 1864 ARAD. Jászapáti, Kom. Jász-Nagykun-Szolnok. Foto: Attila Selmeczi-Kovács, 1981

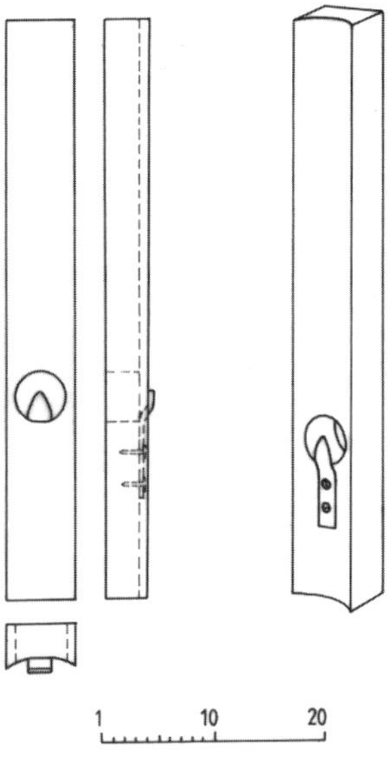

Maishobel. Gyula, Szent Benedek-major

Maishobel aus der Sammlung des Städtischen Museums Zenta. Der obere stammt aus Adorján (Kom. Bács-Bodrog). Inv.-Nr. E-72.24.1, der untere aus Zenta. Inv.-Nr.: E-191. Foto: Ágnes Nagy Abonyi, 2011

ein Maishobel aus dem Dorf Maklár im Jahre 1983 eingeliefert (ung. *rúdmorzsoló*). Hartholz, obere Fläche rillenförmig ausgehöhlt, in der Mitte eine runde Öffnung, darüber eine schmiedeeiserne Klinge, mit zwei Schrauben befestigt. Länge: 72 cm, Breite: 7,5 cm (Inv.-Nr.: 83.9.1.). In das Budapester Landwirtschaftliche Museum wurde ein Maishobel aus Ács (Kom. Komárom) im Jahre 1969 eingeliefert. Das Gerät wurde vom ehemaligen Eigentümer namens Barsi selbst angefertigt und in Ács bis Ende der 1930er Jahre benützt. In der Mitte des rillenförmig ausgehöhlten Rumpfes eine viereckige Öffnung, darüber eine kleine Eisenklinge. Den Maishobel steckte man durch die beiden Henkel eines Korbes und so fielen, die losgetrennten Maiskörner gleich in den Korb. Länge: 80 cm, Breite: 5,5 cm, Dicke: 3,5 cm (Inv.-Nr.: 69.31.1.).

Der erste Maishobel dürfte gegen Mitte des 19. Jahrhunderts als Erfindung eines einfallreichen dörflichen Handwerkers entstanden sein. In Igar, Tápé und Gyula wurde das Gerät auch im 20. Jahrhundert von Wagnern hergestellt. Die neue Erfindung wurde alsbald auch in landwirtschaftlichen Fachblättern geschildert. Im Jahrgang 1873 der Zeitschrift *Mezőgazda* (Landwirt) finden wir bereits die Beschreibung und Abbildung einer weiterentwickelten Variante: „Eine neu erfundene Maisentkörnungsmaschine. Die Bedienung dieses praktischen Handgerätes ist sehr einfach. Der mit „A" markierte Teil wird an eine circa 3 Fuß lange Latte festgeschraubt, die der Benützer, auf einem Stuhl oder einer Bank sitzend, in den Schoß nimmt, den Maiskolben darauflegt und mit dem Teil „B", wie mit einem Hobel, so rasch und mühelos entkörnt, daß wir dieses handliche Gerät getrost solchen Gutsbesitzern empfehlen können, die den Mais mit der Hand entkörnen lassen und sich keine größeren, kostspieligen Maschinen verschaffen wollen." Unter der Einwirkung solcher und ähnlicher Mitteilungen wurde der Maishobel gewiß auch in vielen anderen Teilen des Karpatenbeckens hergestellt und benützt.

Seine intensive Verbreitung, sein Gebrauch praktisch bis heutzutage, war bezeichnend für die bedeutendsten Maisanbaugebiete: Komitat Varasd, Zwischenstromgebiet Mur-Drau, Murtal, Mezőföld-Gebiet, Großregion von Szeged, Komitate Békés und Csongrád, Banat. Die genauere territoriale und zeitliche Umgrenzung der Entwicklung dieses Gerätes, die Präzisierung der hier erörterten Stammgebiete seiner Verbreitung, die Entdeckung der in einzelnen Sammlungen oder außerhalb derselben sporadisch vorkommenden Stücke – all dies ist eine Aufgabe, die uns noch bevorsteht.

[Die Studie ist sowohl in ungarischer als auch in deutscher Sprache erschienen:
Lukács, László: *A kukoricamorzsoló gyalu területi elterjedéséhez.* Arator. Dolgozatok Balassa Iván 70. Születésnapja tiszteletére. Hg. von Géza Balázs, Vilmos Voigt. 1987. 87-95. Budapest
Lukács, László: *Zur regionalen Verbreitung des Maishobels.* Estudos em homenagem a Ernesto Veiga de Oliveira. Hg. von Benjamin Pereira. 1989. 451-460. Lisboa]

Literatur

BALASSA, Iván

1960 *A magyar kukorica. Néprajzi tanulmány* [Der ungarische Mais. Volkskundliche Studie]. Budapest

1975 *Die südslawisch-ungarischen Beziehungen im Maisbau.* Ethnologia Slavica VII. 85-104. Bratislava

BÁTKY, Zsigmond

1921 *Kender és len, kukorica és burgonya elterjedése hazánkban* [Die Verbreitung des Hanfes, des Leins, des Maises und der Kartoffel in Ungarn]. Föld és Ember I. 107-104.

BELLOSICS, Bálint

1911 *Tárgyi néprajzi adalékok* [Gegenstandsvolkskundliche Ergänzungen]. Néprajzi Értesítő XII. 259-267. Budapest

DEMETER, Zsófia - LUKÁCS, László
1980 *A puszták népe, a Mezőföld története. Das Volk der Pußta, Geschichte des Mezőföld-Gebietes.* Székesfehérvár
GÖNCZI, Ferenc
1895 *Muraköz és népe* [Das Zwischenstromgebiet Mur-Drau und sein Volk]. Budapest
KERECSÉNYI, Edit
1982 *Povijest i materijalna kultúra pomurskih Hrvata.* Budapest
1983 *A muramenti horvátok története és anyagi kultúrája* [Geschichte und materielle Kultur der Kroaten am Mur]. Zalaegerszeg
KUNDEGRABER, Maria
1978 *Stainzer Haus und Hof.* Stainz
KÜCSÁN, József
1976 *A morzsológyalu* [Der Maishobel]. Ethnographia LXXXVII. 194-196.
SEEMAYER Vilmos
1934 *Szemes termények eltartása a Mura mentén* [Die Getreidespeicherung entlang der Mur]. Néprajzi Értesítő XXVI. 27-35.

Maisständer im Hof. Söréd (Kom. Fejér). Aufnahme von Sándor Ébner, 1923

SPRACHLICH-KULTURELLE PROBLEME DER HANDWERKER VON SZÉKESFEHÉRVÁR IM 18./19. JAHRHUNDERT

Eine bedeutende Persönlichkeit der ungarischen Gegenwartsliteratur, Sándor Csoóri, der große geschichtliche Erschütterungen und die daraus folgenden Sorgen unseres Landes in seinen Essays des öfteren behandelt, wurde in der Ortschaft Zámoly unweit von Székesfehérvár (Stuhlweißenburg) 1930 geboren. Seine Schuljahre verbrachte er allerdings in Pápa und lebte später in Budapest, aber das Székesfehérvár der Vorkriegszeit war ihm noch aus seiner Kindheit wohl bekannt. Treffend schildert er die Stadt in seinem Buch *A félig bevallott élet* [Das halbwegs eingestandene Leben]: „Székesfehérvár schillerte zwar nur einen Steinwurf entfernt, die ganze Entfernung betrug ja nur dreizehn Kilometer, aber es schien sich doch auf einen anderen Kontinent zu erstrecken. Seine Häuser, die 'Paläste' waren alle österreichisch gefärbt: in grellem Gelb. Auch aus den Kirchenmauern traten feiste Heilige in wallendem Gewand, mit verklärtem Gesicht in den Sonnenschein heraus..." (1982, 72). Géza Szarka, Präsident des städtischen Literatur- und Kunstvereins „Mihály Vörösmarty", fand genau in Csoóris Geburtsjahr folgende Worte zur Beschreibung der Handwerker- und Industriellengesellschaft von Székesfehérvár: „Die Entwicklung des Kleingewerbes war maßgeblich durch den Umstand beeinflusst, dass Székesfehérvár in der Vergangenheit Schauplatz von landesweit berühmten Jahr- und Wochenmärkten war, wo sich Ackerbauer und Viehzüchter von weit und breit einfanden. Deshalb blühten vor allem die marktgängigen Zweige des Kleingewerbes. Verschiedene kleingewerbliche Zweige der Lederverarbeitung sowie die Stiefelmacher, Tischler, Schneider, Kupferschmiede, Seilmacher, Korbflechter und Schmiede versorgten auch weit entfernte Gegenden mit ihren Erzeugnissen. Der eine oder andere Handwerker vermochte seine Werkstatt mit Fleiß und kreativer Kapazität in eine Fabrik weiterzuentwickeln (Schnapsbrennerei Karl, Lederfabrik Kovács, Ofenfabrik Krén); diese Handwerker- und Industriellenklasse spielt nach wie vor eine bedeutende Rolle in der Weiterentwicklung des Mittelstandes. In ihrem geistigen Habitus ist sie recht konservativ und von unbedingter nationaler Gesinnung..." (1930, 228-229.) Hinter den beiden Zitaten empfinden wir einen Widerspruch, der zwischen dem österreichisch-barocken Äußeren und der bis zu dem 20. Jahrhundert schon unbedingt national eingestellten gewerbetreibenden Bevölkerung der Stadt besteht. Diesen Widerspruch möchte ich in meinem Beitrag erläutern, indem ich die ethnischen, sprachlichen und kulturellen Probleme des gewerbetreibenden Bürgertums im Székesfehérvár während des 18.-19. Jahrhunderts zu schildern versuche.

Über ethnische Verhältnisse der unter der Türkenherrschaft lebenden alten Krönungsstadt erfahren wir Einiges aus dem Reisebericht des türkischen Geschichtsschreibers Ewlia Tschelebi, der im Jahre 1664 hier weilte: „Das Stadtvolk ist bosniakisch, doch kann man auch ungarisch und deutsch gut und schön reden, türkisch kann man aber nicht so richtig, nur eben so-so." (Karácsony 1908, 49.)

Als die Stadt im Jahre 1688 von den Türken befreit wurde, bestand ihre zahlenmäßig geringe Bevölkerung aus Ungarn und Südslawen. Die Häuser der Innenstadt wurden unter der Garnison, den deutschen Offizieren sowie den Handwerkern verteilt, die damals hauptsächlich für die Armee arbeiteten (Metzger, Bäcker, Schneider, Stiefelmacher, Schlosser, Schmiede). Aus dem Jahr der Befreiung sind uns aus der Innenstadt die Namen von 177 Bürgen bekannt (Philip 1933, 10-11), die zu zwei Drittel ungarisch, zu einem Drittel deutsch klingen und somit dem Anteil der ungarischen und deutschen Handwerker entsprechen. Die ungarischen Handwerker kamen aus den nördlichen und westlichen Komitaten Transdanubiens im Gefolge der Befreiungstruppen nach Székesfehérvár (Kom. Komárom, Győr, Veszprém, Zala, Vas). Die beiden mitterlalterlichen Vorstädte, die Palotaer und die Budaer Vorstadt, fielen 1686 einem Großbrand zum Opfer, weshalb zwei Jahre später in der Palotaer Vorstadt nur insgesamt 34 Bürger hauptsächlich ungarischen Namens lebten, während die Budaer Vorstadt unbewohnt war. Unter den Handwerkern der ersteren finden sich hauptsächlich Metzger, Bäcker, Kürschner, Schneider, Töpfer und Schmiede (Philip 1933, 41).

Das Hiemer-Haus in Székesfehérvár (Jókai Str. 1.), dessen Eigentümer der Metzgermeister und Stadtrichter Mihály Hiemer war. Aufnahme von László Lukács, 2007

Das Schlosser-Haus in Székesfehérvár (Lépcső Str. 1.), dessen Eigentümer der Lederermeister und Stadtrichter Ádám Schlosser war. Aufnahme von László Lukács, 2007

In den Jahren nach 1688 vermehrte sich die Bevölkerung der Palotaer Vorstadt vor allem durch die Ungarn, die aus den genannten Komitaten des nördlichen und westlichen Transdanubiens kamen. Gleichzeitig wanderten auch deutsche Handwerker aus Österreich, Böhmen, Mähren, Schlesien und Bayern ein, die sich in der Innenstadt und teils auch in der Palotaer Vorstadt niederließen, doch war ihre Anzahl nie so hoch, dass sie die Bevölkerungsbilanz zugunsten der Deutschen entscheidend verändert hätte. Im Jahre 1698 befanden sich in der Innenstadt 35 von 135 Häusern und in der Palotaer Vorstadt nur 17 von 122 Häusern im Besitz deutscher Eigentümer (Kállay 1976, 180).

Zur Zeit des Rákóczi'schen Freiheitskampfes spitzten sich die Gegensätze zwischen dem ungarischen und dem deutschen Bürgertum merklich zu. Als der Freiheitskampf ausbrach, beschlossen die deutschen und raitzischen Bürger, die Stadt gegen die Kurutzen zu verteidigen. Auf einer Versammlung am 2. Januar 1704 er-

Bild der Heiligen Maria, Patron des Stiefelmacherzunftes, an der Flagge des Stiefelmacherzunftes von Székesfehérvár. König Sankt Stephan Museum. Aufnahme von Ferenc Gelencsér

Bild des Heiligen Emmerich, Patron der Stiefelmacherburschen, an der Flagge des Stiefelmacherzunftes von Székes-fehérvár. König Sankt Stephan Museum. Aufnahme von Ferenc Gelencsér

klärten die ungarischen Bürger, dass sie zwar ihr Hab und Gut behalten, ihre Waffen aber nicht gegen die Kurutzen wenden wollten. Einer Delegation deutscher Bürger, die sich anschickte, in Pressburg um Schutz und Hilfe zu bitten, verweigerte der Stadtrichter András Parraghy den Reisepass. Auf der Versammlung vom 7. Januar 1704 sprachen sich die ungarischen Bürger gar für die Kapitulation aus. Der Beschluss wurde in Pápa dem General Sándor Károlyi bekanntgegeben, dessen Truppen infolgedessen am 16. Januar in Székesfehérvár einmarschierten. Am 8. April 1704 wurde die Stadt von den Kaiserlichen unter Feldmarschall Heister zurückerobert – die dadurch ausgelösten Emotionen finden sich im Protokoll des Stadtrates festgehalten: „Wer war dazumal fröhlicher als die Deutschen und trauriger als die Ungarn!" (Kállay 1973, 181; Jenei 1977, 10-11).

Während des Freiheitskampfes flohen aus den umliegenden Herrschaftsgütern etwa 50 Fronbauernfamilien, davon 9 deutsche, nach Székesfehérvár. Sie ließen sich später in der bislang spärlich bewohnten Budaer Vorstadt nieder, denn 1712 verordnete der Stadtrat, dass die in den Rebellenzeiten hergekommenen Ungarn ihre ohne Genehmigung erbauten Erdhütten abreißen müssten (Kállay 1973, 181).

Nach dem Freiheitskampf ließen sich die meisten deutschen Handwerker bis zum letzten Drittel des 18. Jahrhunderts in Székesfehérvár nieder. Der Stadtrat forderte von den neuen Bürgern die Entrichtung eines recht hohen Betrages (20-25 Gulden), den sog. Bürger-Pfennig, ferner den Kauf eines Bürgerhauses und die Aufnahme in eine Zunft. Die Zünfte der Stadt forderten ihrerseits das Zahlen einer hohen Eintrittsgebühr (63 Gulden) sowie die Bewirtung der Zunftmitglieder (Meistertisch). Infolge dieser strikten Vorschriften ließen sich die Handwerker nicht massenweise in der Stadt nieder: zur Zeit der größten Einwanderungen können wir mit der Ansiedelung von jährlich 20-30 deutschen Bürgern rechnen (Kállay 1976, 182-183).

Herkunft und Zusammensetzung des Bürgertums von Székesfehérvár sind uns am gründlichsten anhand der Forschungen von Eugen Bonomi bekannt (1943, 178-210; 1944-45, 260-361). Aus der Periode 1688-1848 kennen wir die Namen von 4167 ortsansässigen Bürgern, davon 1.779 ungarische, 1.625 deutsche, 642 slawische, 14 italienische, 11 latinisierte, 96 sonstige oder undefinierbare Namen. Da Kraft des 1703 erneuerten Freibriefes der königlichen Freistadt ein Bürger von Székesfehérvár nur römisch-katholischer Religion sein konnte, ist es nicht überraschend, dass 4.025 der 4.167 Bürger dem römisch-katholischen, 67 dem griechisch-orthodoxen, 37 dem Kalvinismus, 14 dem lutherischen und 2 dem „protestantischen" Glauben folgten. Auch die Beschäftigung von 3.558 Bürgern ist uns bekannt: 1.876 Handwerker, 1.077 Akkerbauern, 179 Händler, 149 Weinbauern. Zahlenmäßig galten also die Gewerbetreibenden als führende Schicht des Bürgertums. Den Herkunftsort kennen wir in 3.066 Fällen: 2.681 Bürger kamen aus Ungarn, 407 aus dem Ausland. 1.457 Bürger wurden schon in Székesfehérvár geboren, 215 stammen aus dem Komitat Fejér. Viele wanderten aus den benachbarten Komitaten Veszprém, Komárom, Pest und Tolna sowie aus den Komitaten Győr, Moson, Pozsony, Sopron und Vas ein. Aus den letztgenannten westungarischen Gebieten kamen auch zahlreiche deutsche Handwerker. Die österreichischen Einwanderer kamen vorwiegend aus Niederösterreich und der Steiermark, doch finden sich darunten auch nicht wenige Oberösterreicher und Tiroler. Als Herkunftsort von 12 Bürgern führt Wien die Reihe der Städte an. Aus Graz kamen 4, aus Klosterneuburg, Mödling und Oberhollabrunn (Niederösterreich) je 3, aus dem bayerischen Obergünzburg 4, aus München 3 und aus Prag 8. Aus zahlreichen anderen Siedlungen des deutschen Sprachgebietes kam meist nur je ein Bürger, sehr selten waren es zwei. Infolge der erwähnten religiösen Einschränkungen konnten sie nur aus den katholischen süddeutschen Gebieten kommen.

Die vollberechtigten Stadtbewohner, die Bürger, befanden sich zahlenmäßig in der Minderheit gegenüber den Insassen und Hintersassen. Im Jahre 1728 besaßen 453 der 5.460 Einwohner das Bürgerrecht, 1828 waren es 1.080 von 20.069 (Bácskai 1974, 351; Bonomi 1944-45, 360). In der Stadtleitung kamen nur die Bürger, im 18. und im angehenden 19. Jahrhundert vor allem die wohlhabenden deutschstämmigen Handwerksmeister, zu Wort. Der Metzgermeister Mihály Hiemer war in den Jahren 1692, 1702 und 1714-1726 Stadtrichter, seine Familie spielte im 18. Jahrhundert eine führende Rolle in der Geschichte der Stadt (Kállay 1972b, 313-317). Das Hiemer-Haus (Herrengasse 1, erbaut 1760-1770), mit einem Standbild des Hl. Sebastian in der Frontnische, gilt heute als wertvolles Baudenkmal. Der Gerbermeister Ádám Schlosser wurde in den Jaren 1731, 1733 und 1735 zum Stadtrichter gewählt. Eines der schönsten Bürgerhäuser der Innenstadt (Lépcső-Straße 1), ein Barockbau mit Mansard-Dach und einer Statue des Hl. Johannes von Nepomuk in der Frontnische, befand sich – zusammen mit den Nachbarhäusern – im Besitz des Ádám Schlosser.

Der Stadtichter stand an der Spitze des sog. Inneren Rates, der mit 12 Mitgliedern das oberste Verwaltungsorgan der Stadt war. Die Befugnisse des Inneren Rates erstreckten sich auf legislative, exekutive und rechtsprechende Tätigkeit (Kállay 1972a, 109). Je zur Hälfte waren seine Mitglieder Ende des 17. und im 18. Jahrhundert Ungarn und Deutsche. Während der Amtszeit des Stadtrichters Mihály Hiemer (1692) gehörten von ungarischer Seite János Bende, András Parraghy, András Mészeli, István Ujvári, Gergely Veress, Benedek Albert, von deutscher Seite András Payerl, András

Träxler, Gáspár János Hegh, Gergely Karner und György Erdli dem Inneren Rat an. Wie bereits erwähnt, gehörte auch die Rechtsprechung dem Wirkungskreis des Stadtrichters und des Inneren Rates als städtischem Gerichtshof an. Hierzu eine Bemerkung von Viktor Juhász, der zu Beginn des 20. Jahrhunderts Chefarchivar von Székesfehérvár gewesen ist: „Im Städtischen Archiv werden zwei Bände der österreichischen Landgerichts-Ordnung von 1657/8 aufbewahrt, die auch straf- und privatrechtliche Regeln enthalten. Eines steht fest, dass die vom städtischen Gerichtshof für verschiedene Delikte verhängten Strafen uns wiederholt an die entsprechenden Verfügungen des österreichischen Strafkodex erinnern." (1931a, 218.)

Zahlreiche Bürgerrechte nahmen die Bürger von Székesfehérvár im 18. Jahrhundert aufgrund des Gewohnheitsrechtes für sich in Anspruch. Nach einem alten Rechtsbrauch war z. B. die Kleidung der Bürger aus blauem Tuch gemacht. Diese Farbe durften Insassen und Hintersassen nicht tragen. Noch im ersten Drittel des 20. Jahrhunderts trugen die älteren Bürgersleute den blauen Anzug aus Tuch. Deshalb konnte Géza Szarka über den Rathaus-Platz, dem Schauplatz der Gesprächsrunden nach der Sonntagsmesse, Folgendes schreiben: „Hier tagt am Sonntagvormittag, als besonderes ethnographisches Kuriosum, das blau gekleidete Parlament der Bürger aus der Oberen Stadt." (1930, 228.)

Mit dem Vormund an der Spitze setzte sich der Äußere Rat ebenfalls aus 12 Mitgliedern zusammen und beteiligte sich an der legislativen Tätigkeit der Stadtverwaltung. Im Jahre 1790 konnten 10 seiner Mitglieder deutsch und ungarisch, 6 lateinisch. Acht Mitglieder waren Handwerker, je ein Gastwirt, Apotheker bzw. Postmeister (Kállay 1972a, 112-113). Der Äußere und der Innere Rat verkehrten miteinander meist durch den Austausch von Botschaften, übermittelt vom Vormund, der als Verbindungsmann zwischen beiden Räten fungierte. Im 18. Jahrhundert gab es je einen ungarischen und einen deutschen Vormund.

Die untersten Verwaltungsorgane der Stadt, Viertelmeister genannt, kamen meist aus den Reihen der Handwerker. Sie übermittelten die Anordnungen des Stadtrates an die Bevölkerung, wirkten an der Steuererhebung und der Kontrolle von Wirtshäusern mit und verrichteten feuerpolizeiliche Aufgaben. Im Jahre 1776 wurde der stadteigene Wein im Rathauskeller von den Viertelmeistern ausgeschenkt (Kállay 1971, 46). Im 18. Jahrhundert betätigten sich in jedem Stadtteil zwei, insgesamt also sechs Viertelmeister (Juhász 1931a, 182). Mit der Entwicklung von zwei neuen Vorstädten (Tóváros und Víziváros) nahm bis Mitte des 19. Jahrhunderts auch die Zahl der Viertelmeister zu: Székesfehérvár wurde damals in neun Viertel aufgeteilt und in jedem ein Viertelmeister eingesetzt (Palugyay 1853, 134).

Seit dem letzten Drittel des 18. Jahrhunderts verlangsamte sich die deutsche Einwanderung. Der Stadtrat nahm vor allem solche Handwerksmeister in die Reihe der Bürger auf, die irgendeinen Mangelberuf ausübten (Bildhauer, Perückenmacher, Drucker, Strumpfwirker, Kupferschmiede, Leimsieder) (Kállay 1977, 251-252).

Im 18. Jahrhundert war die Sprache der Bevölkerung Ungarisch und Deutsch, die der Stadtverwaltung Ungarisch, Deutsch und Latein. Im Jahre 1724 beantragten die ungarischen Bürger die Anstellung eines Vizenotars, der Ungarisch, Deutsch und Lateinisch kann (Kállay 1976, 184). Im Jahre 1790 konnte jedes Ratsmitglied sowohl Ungarisch als auch Deutsch.

Das Protokoll der wirtschaftlichen Sitzungen wurde seit 1804, das der Ratssitzungen seit 1814 in ungarischer Sprache geführt. 1843 beantragte das Bürgertum, dass „die mit dem Stadtsiegel verschlossenen ungarischen Briefe und die mit dem Stadtsiegel beglaubigten Urkunden mit einem Siegel mit ungarischer Umschrift versehen werden." Die ungarische Umschrift des Stadtsiegels (statt der lateinischen) wurde 1845 von Ferdinánd V. bewilligt (Kállay 1977, 253; 1974, 167).

Zwischen der ungarischen und deutschen Stadtbevölkerung gab es keinen religiösen Unterschied. Ihre Seelsorge wurde den Mönchen (Jesuiten, Karmeliter, Franziskaner) anvertraut, die sich nach dem Ende der Türkenherrschaft in der Stadt ansiedelten. Zur Betreuung der Pfarrei von gemischter Nationalität war der Jesuitenorden am besten geeignet, da er Mitglieder ungarischer wie auch deutscher Muttersprache hatte. Zu Beginn war der Klostervorstand der Jesuiten gewöhnlich deutscher, das andere Ordensmitglied ungarischer Muttersprache. Bis 1786 betreute der erste als Pfarrer die deutschen Gläubigen in der Grabkapelle des Königs Matthias Corvinus, die an die Nordseite der mittelalterlichen königlichen Basilika angebaut war. Die Seelsorge der ungarischen Gläubigen oblag dem Jesuitenmönch ungarischer Muttersprache in der St.Peter-und-Paulskirche, die noch unter König Béla IV. im 13. Jahrhundert erbaut wurde. Hier spielten sich bis Mitte des 16. Jahrhunderts ein Teil des Krönungsrituals, die Urteilsverkündung und die Ehebung in den Ritterstand ab. Nach der Befreiung von der Türkenherrschaft wurde die Kirche zu Ehren des heiligen Königs Stephans neu geweiht, es wurde daraus die erste Pfarrkirche der Stadt und nach der Renovierung im Barockstil (1777) der Bischofsdom. Die 1745-51 erbaute Barockkirche der Jesuiten wurde nach Auflösung des Ordens im Jahre 1773 dem ungarichen Paulinerorden, 1786 an Stelle der baufälligen Matthias-Grabkapelle den deutschen Gläubigen und schließlich 1813 dem Zisterzienserorden übergeben. Im Vertrag, der damals zwischen dem Zisterzienserabt Antal Dréta und der Stadt geschlossen wurde, verpflichtete sich der Orden, für die deutschsprachigen Gläubigen einen deutschen Kaplan zu halten. Im Volksmund hieß der heutige Bischofsdom „die ungarische Kirche" und die ehemalige Jesuitenkirche „die deutsche Kirche" (Német 1977, 12, 21; Szvorényi 1851, 417; Juhász 1931a, 202, 204; Kállay 1977, 253).

Die Karmeliten waren im angehenden 18. Jahrhundert hauptsächlich deutscher Muttersprache. Am Ordensfest, dem Tag Unserer Lieben Frau von Karmel (16. Juli), hielten sie z.B. keine Predigt in ungarischer Sprache. Der Tag wurde infolge ihrer Tätigkeit ein volkstümliches Fest in Székesfehérvár, die Zünfte nahmen mit ihren Fahnen an der Prozession teil (Németh 1977, 16). Im Jahre 1732 überließ die Stadt das alte Militärspital mit dem dazugehörenden Grundstück für die Kirche und das Kloster der Karmeliten. Als Gegenleistung stellte sie gegenüber dem Orden einige Forderungen; so musste z.B. wenigstens ein ungarischsprechender Pater im Kloster sein (Juhász 1931, 212). Die Karmelitenkirche ist übrigens eines der wertvollsten Barock-Baudenkmäler der Stadt, die Fresken sind vom großen österreichischen Maler Franz Anton Maulbertsch.

In den 1720er Jahren betätigten sich im Kreise der einfachen Ackerbauern und Handwerker überaus wirksam die Franziskaner, die sich in der Stadt ebenfalls ein Kloster und eine Kirche bauten. Besonders eifrig waren sie in der Organisierung der allgemein beliebten Prozessionen und Wallfahrten. Bis heute gelten die Gläubigen von Székesfehérvár als die aktivsten Wallfahrer Transdanubiens; in großen Gruppen sind sie an den verschiedenen Gnadenorten wie Bodajk, Csatka, Andocs, Celldömölk und Mariazell anwesend. Je eine eigene Gruppe von Ungarn und Deutschen aus Székesfehérvár begab sich zum Kirchweihfest 1751 nach Celldömölk (Kállay 1976, 184).

Möglicherweise hatte Székesfehérvár auch in der Türkenzeit eine ungarische Schule, denn der Name des Schulmeisters András Parrag erscheint bereits im Grundsücksregister 1688. Im Jahre 1728 unterrichteten in der Stadt schon zwei Lehrer. Das „Hung. Schull Haus" und die „Teutsche Schull" standen dort, wo in den 1930er Jahren der neue südliche Flügel des Rathauses errichtet wurde. Dem ungarischen Lehrer (*praeceptor*) oblag außer dem Unterricht das Glockenläuten, dem deutschen Lehrer (*Schulmeister*) das Orgelspielen in der Kirche. Die Lehrer kamen im 18. Jahrhundert meist aus den Reihen der Handwerker und verabschiedeten Soldaten. Zur Zeit Josephs II. (1786) wurden von den Lehrern der Elementarschulen deutsche und ungarische Sprachkenntnisse verlangt. „Das ist hier schon immer so gewesen", stellte dazu mit vollem Recht der Stadtrat von Székesfehérvár fest (Juhász 1931a, 196-197; Dortmuth 1937, 20-21; Kállay 1977, 253).

In der Magyarisierung der Stadt spielte auch das Gymnasium der Jesuiten (später: der Pauliner und sodann der Zisterzienser) eine bedeutende Rolle. Die Schüler des Jesuitengymnasiums führten bereits in der zweiten Hälfte des 18. Jahrhunderts Bühnenstücke in ungarischer Sprache auf. Aus dem Jahre 1767 kennen wir den Text ihres ungarischsprachigen Krippenspieles (Ethnologische Datensammlung des Museums für Volkskunde, Budapest. Inv.-Nr.: 1974). Die Pauliner gaben Ende des 18. Jahrhunderts schon ungarischen Sprachunterricht. Nach 1813 unterichteten die Zisterzienser in den unteren Klassen schon in ungarischer Sprache (Dortmuth 1936, 15, 18).

Schauspieler aus Ofen, Fünfkirchen und Agram traten erstmals im letzten Jahrzehnt des 18. Jahrhunderts in Székesfehérvár auf. Das erste ungarische Theaterensemble betrat die Bühne der Gastwirtschaft zum 'Pelikan' in der Innenstadt. In diesem Bühnensaal fand das Ungarische Theaterensemble in den Jahren 1818-24 ein vorübergehendes Heim, als es nach der Niederreißung des Theatergebäudes in Pest obdachlos wurde. Unterstüzt wurde es von den adeligen Gutsbesitzern des Komitates Fejér, zumal nur drei Bürger von Székesfehérvár bereit waren, zu den einschlägigen Spenden beizutragen. Gewiss trugen auch das ungarischsprachige Bühnenspiel sowie das hohe Niveau der Aufführungen mit dazu bei, dass die Stadt allmählich ungarisch wurde (Dortmuth 1936, 15-17; Cenner 1972, 5-60; Szabó 2013, 15-22).

Der Umstand, dass Székesfehérvár zugleich auch Komitatssitz war, dürfte ebenfalls als ein bedeutender Faktor der Magyarisierung erwähnt werden. Die Leiter und Beamten des Komitats, alle Mitglieder des ungarischen Landadels, lebten in der Stadt. In der Reformzeit war diese ungarische adelige Schicht Vorkämpfer

Flagge des Székesfehérvárer Gerberzunftes, 1854. König Sankt Stephan Museum. Aufnahme von Ferenc Gelencsér

der nationalen Erneuerung, sie war auch in der Casino-Gesellschaft vertreten, die 1838 unter dem Einfluss der Reformideen des Grafen Széchenyi gegründet wurde: „um den guten Geschmack, die kultivierte Konversation, die intellektuelle und moralische Bereicherung der Einzelnen und somit auch das allgemeinen Verstandes zu fördern". Im Gründungsjahr waren 84 der 240 Casino-Mitglieder städtische Bürger (Dormuth 1936, 18-19). Auch die überwiegend ungarische Bevölkerung des Komitates Fejér trug zur Magyariserung des deutschstämmigen Bürgertums von Székesfehérvár bei. Es gab zwar im Norden des Komitates, im Schildgebirge, eine locker zusammenhängende deutsche Sprachinsel, aber ziemlich weit entfernt von der Stadt. Rings um Székesfehérvár erstreckte sich eine geschlossene Reihe von rein ungarischen Siedlungen mit einer reformierten Bevölkerung, bestehend aus den Ortschaften Csór, Iszkaszentgyörgy, Sárkeresztes, Zámoly, Pátka, Pákozd, Seregélyes, Aba, Szabadbattyán und Sárszentmihály. Das gewerbetreibende deutsche Bürgertum von Székesfehérvár stand auf den Märkten und in den Werkstätten in regelmäßigem Kontakt mit den ungarischen Einwohnern dieser Dörfer.

Zur Zeit des Reformzeitalters und des Freiheitskampfes 1848/49 bezeugte das allmählich ungarisch werdende Bürgertum von Székesfehérvár sein Engagement für die Ideen der nationalen Erneuerung. Der Adel des Komitates Fejér und das Bürgertum von Székesfehérvár unterbreiteten 1825 ein Memorandum in ungarischer Sprache dem ersten Pressburger Reform-Landtag und beantragten, dass ihre Stadt erneut Schauplatz der Königskrönungen werde. Im Jahre 1840 bat das Bürgertum den Inneren Rat zu veranlassen, dass die reformierte Hochschule von Pápa nach Székesfehérvár versetzt werde, und stellte für die Hochschule ein unentgeltliches städtisches Grundstück, Ziegelsteine zum Vorzugspreis und eine Subvention von 10.000 Gulden in Aussicht. Die Anregung des Bürgertums wurde jedoch vom Stadtrichter István Say und dem Inneren Rat torpediert; es ginge nicht in Ordnung, befanden die Stadtoberen, dass die Vorsteher eines papistischen Volkes einer reformierten Schule solch beträchtliche Hilfe leisteten (Juhász 1931a, 199).

Am 3. Oktober 1848 zwang eine bewaffnete Gruppe von Handwerkern, Akkerbauern und Beamten die aus über 1.500 Mann bestehende Garnison des Generals Jellasich durch einen Volksaufstand zur Kapitulation. Einer der Organisatoren des Volksaufstandes war der Baumeister Ferenc Szász. Auf Bestellung des „Staatlichen Aufrüstungs-Komitees" stellte die Tuchwalkerzunft von Várpalota 20.000 Ellen Tuch her, die von den ungarischen Bauernmantelschneidern von Székesfehérvár zu Uniformen verarbeitet wurden. Drei Tage vor der Waffenstreckung in Világos empfingen die Bürger von Székesfehérvár – vor allem Handwerker und Ackerbauern, über 2.000 Mann – die in die Stadt eindringenden kaiserlichen Truppen mit einer Volkserhebung. In den Straßenkämpfen sind sieben Aufständische gefallen, 24 wurden schwer verwundet, und die Kaiserlichen steckten beinahe 70 Häuser in Brand. Mit der Waffe in der Hand wurden der Schmied Mihály Kuczka, die Kürschnermeister Mihály Varga und Pál Gánts, der Maurermeister Ignáz Uitz, die Gerbermeister András Hübner und Ferenc Havelka festgenommen und am 14. August im Pester Neugebäude hingerichtet. Die sechs Bürger von Székesfehérvár, davon zwei mit deutschem Namen, wurden die ersten Opfer der Vergeltungswelle, die dem gescheiterten Freiheitskampf folgte (Erdős 1978, 84-86, 128-130; Nagybákay 1971, 13; Demeter 1985, 88-89; 2007, 197-200).

Die Ergebnisse der bürgerlich-nationalen Entwicklung konnten allerdings auch nach dem niedergeschlagenen Freiheitskampf nicht annulliert werden. Im Jahre 1850 bekannten sich in Székesfehérvár nur 23 Bürger zum Deutschtum, ein Jahr später schrieb Elek Fényes wie folgt: „Die Bevölkerung von Székesfehérvár beträgt insgesamt 20.000 Seelen, sprachlich gesehen größtenteils Ungarn, doch gibt es auch Deutsche, die aber alle ungarisch können, ja, ihre Kinder sprechen sogar diese Sprache schon besser." (1851, II, 9.) Die Kinder des ungarisch gewordenen deutschstämmigen Bürgertums lernen in ungarischen Schulen, die Bürger werden Mitglieder der in stets wachsender Anzahl gegründeten ungarischen kulturellen Vereine. Am längsten blieb die deutsche Sprache in der kirchlichen Praxis erhalten: In der Kirche der Zisterzienser und der Oberen Stadt wurden bis 1885 auch „deutsche Messen" gelesen. Laut Angaben der Volkszählung von 1880 waren nur mehr 3 Prozent der Stadtbevölkerung deutsch. Am 10. November 1885 beantragte die Stadtverwaltung beim bischöflichen Ordinariat, den Gebrauch der deutschen Sprache in der kirchlichen Praxis einzustellen. Begründung: Die ungarische Sprache habe in sämtlichen Gesellschaftsschichten den ihr zustehenden Platz eingenommen und der Gebrauch der deutschen Sprache in der örtlichen kirchlichen Praxis beruhe nur auf Gewöhnung. Das Ordinariat bewilligte den Antrag, die letzte deutsche Messe fand in der Zisterzienserkirche an einem Adventsonntag 1885 statt. Anwesend war nur die Familie Wünsch, Anführer der ständig abnehmenden deutschen Bevölkerung. Auf die Frage des Geistlichen: „Herr Wünsch, wünschen Sie, dass ich deutsch predige?" erwiderte das befragte Familienoberhaupt: „Nein, Hochwürden, ich wünsche das nicht!" (Farkas 1978, 256-258; 192, 338-339).

Die über die ethnische, sprachliche und religiöse Zusammensetzung des Bürgertums von Székesfehérvár angeführten Angaben möchte ich im Folgenden zusammenfassen: Gegenüber dem ungarischsprachigen Bürgertum, vor allem aber gegenüber der gesamten Stadtbevölkerung, befand sich das deutschstämmige Bürgertum jederzeit in der Minderheit. Durch seine materielle Kraft spielte es seit Anfang des 18.

Jahrhunderts eine bedeutende Rolle im politischen Leben der Stadt und durch seine Bautätigkeit in der Gestaltung des Stadtbildes. Die gemeinsame römisch-katolische Religion war kein trennender Faktor zwischen dem ungarischen und dem deutschen Bürgertum. Zur raschen Magyarisierung des deutschen Bürgertums trugen die ungarische Bevölkerung der Umgebung, die Ideen der ungarischen nationalen Bewegung und nicht zuletzt auch die Urbanisierung in entscheidendem Maße bei.

Nachfolgend möchte ich von den Interessenvertretungen der Handwerker, den Zünften, sprechen. Das älteste schriftliche Denkmal dieser Art sind die Zunftstatuten der Metzger von Székesfehérvár, die sie 1652 von Ferdinand III. erhalten haben. Die meisten Zünfte der Stadt entstanden allerdings erst nach der Türkenzeit, in den Jahren 1692-95 und übernahmen vielfach die Zunftstatuten der königlichen Freistädte, die außerhalb des Besatzungsgebietes lagen (Győr–Raab, Sopron–Ödenburg, Pozsony–Pressburg, Nagyszombat–Tyrnau). Die Zunft der Stuhlweißenburger Maurer und Steinmetzen übernahm z.B. die Statuten der Pressburger Zunft im Jahre 1694. Zu Beginn des 18. Jahrhunderts kam es in einigen Industriezweigen auch zur organisatorischen Trennung der Meister, die für verschiedene Käuferkreise arbeiteten. Die Zünfte, die für die höheren Gesellschaftsklassen – Gutsbesitzer, Bürger – modegerechte Erzeugnisse herstellten, wurden *deutsche* Zünfte genannt, da die neue Mode aus deutschen Gebieten, durch Vermittlung deutscher Handwerker nach Ungarn gelangte. *Ungarische* Zünfte hießen hingegen jene, die für das Gemeinvolk, die Bauernschaft, einfachere, herkömmliche Produkte erzeugten. In Székesfehérvár gehörten 1784 der ungarischen Schuhmacherzunft 33, der deutschen 18 Meister an; dem Namen nach waren die Mitglieder der ungarischen Schuhmacherzunft größtenteils Ungarn und zum geringen Teil Südslawen, während der deutschen nur Deutsche angehörten (Varga 1968, 266-267). Im selben Jahr zählte die ungarische Schneiderzunft 23, die deutsche 11 Mitglieder. Die ersten hatten haputsächlich ungarische, zum geringeren Teil deutsche und südslawische Namen, die letzten waren ausnahmslos auch dem Namen nach deutsch. Anscheinend machten die Mitglieder beider Zünfte nur die gewohnten Produkte gerne, da der Stadtrat im Jahre 1716 unter Androhung von 24 Gulden Strafgeld anordnete, dass die ungarischen Schneider auch deutsche, die deutschen auch ungarische Arbeitsaufträge „ohne Streit" annehmen müssten (Kállay 1976, 184). Die deutschen Schneider nähten die in feinerer Ausführung, nach deutscher Mode zugeschnittenen Kleider, während die ungarischen schlichtere Kleidungsstücke nach ungarischem Schnitt lieferten; diese waren allerdings sehr dauerhaft. Als die Stadt 1783 ohne Garnison blieb, wurden die Heiducken des Rathauses als Torwache eingesetzt und bekamen Mäntel deutschen Schnittes, „Kaputh" genannt (Kállay 1971, 87). Die patriotische Aufflammung, die der josephinischen Ära folgte, veranlasste den Inneren Rat, im Jahre 1800 bei der ungarischen Schneiderzunft für die Angestellten des Rathauses Kleider nach ungarischem Schnitt zu bestellen (Juhász 1938, 90). Im Jahre 1784 hatten fast ausnahmslos alle Meister folgender Gewerbe deutsche Namen: Zimmermann, Tischler, Dreher, Glaser, Blaufärber, Kammacher. Seiler, Hutmacher, Strumpfwirker, Maurer, Messerschmied, Blechschmied, Handschuhmacher, Müller, Sattler, Uhrmacher, Fassbinder, Tuchscherer, Bäcker, Perückenmacher, Büchsenschmied, Siebmacher. Auch

Zunftaufgebotstafel der Tuchwalckerzunft in Székesfehérvár. König Sankt Stephan Museum. Inv.-Nr.: 13.1.1

die erhalten gebliebenen Schriften ihrer Zünfte sind größtenteils in deutscher Sprache verfasst. Ungarische und deutsche Namen hatten die Schmiede, Schlosser und Metzger, während die Stiefelmacher, Tuchwalker, Töpfer, Schnürmacher, ungarische Bauernmantelschneider und Weißgerber fast ausnahmslos ungarische Namen trugen. Auch die Schriften ihrer Zünfte sind ungarisch. Von überregionaler Bedeutung waren vor allem die Zünfte der Lederverarbeitung (Weißgerber, Stiefelmacher), der Tuchwalker, Bauernmantelschneider und Kürschner. 1840 betätigten sich 32 Zünfte in der Stadt, 1845 waren es 30 (Juhász 1931b, 11). Nach der Anzahl der Gewerbezweige (1841: 86, 1843: 83) stand Székesfehérvár unter den königlichen Freistädten an sechster Stelle (Eperjessy 1980, 18).

Die Zunftregeln der Loh- und Weißgerber wurden 1695 im Inneren Rat proklamiert. Die Zunftstatuten der Gerbergesellen wurden von der Veszprémer Zunft übernommen (1700). Die Bücher wurden in ungarischer Sprache geführt, und auch die Siegelumschrift aus dem Jahre 1694 war ungarisch. Die Lederverarbeitung war hier ein blühender Gewerbezweig, im 18. Jahrhundert war Székesfehérvár neben Veszprém und Pécs das größte Lederverarbeitungszentrum Transdanubiens. Die Zunftmitglieder waren durchwegs wohlhabend, laut Volksmund sind „drei Weißgerber soviel wie ein Graf". Aus dem Handwerkerregister 1784 erfahren wir, dass damals 519 Meister in 64 verschiedenen Gewerben arbeiteten, darunter sind 4 Lohgerber und 23 Weißgerber angeführt (Varga 1968, 266). Wegen des beabsichtigten Türkenkrieges befahl Joseph II. 1785 der städtischen Behörde, die zahlenmäßige Vermehrung der Lohgerber zu fördern und ihm einen Bericht über die Ledervorräte der Stadt zu unterbreiten. Aus diesem Anlass wurden 5 Lohgerber und 38 Weißgerber gemeldet. Im Jahre 1868, vier Jahre vor der Ausflösung der Zünfte, arbeiteten in Székesfehérvár noch 60 Weißgerbermeister mit 15 Gehilfen und 6 Lehrlingen (Drucker 1868, 21).

Die Stiefelmacher übernahmen 1692 das Privileg der Zunft von Győr. Die in ungarischer und lateinischer Sprache verfassten Statuten, die Zunftordnung sowie die Ausübung und das Erlernen des Handwerks regelten, wurden drei Jahre später im Stadtrat verkündet. Die Stiefelmachergesellen bildeten unter der Leitung der Zunft einen Gesellenverein, dessen Statuten in zwei Fassungen (von 1803 bzw. 1839) erhalten geblieben sind. Beide wurden von der Zunft formuliert und vom Rat der königlichen Freistadt gutgeheißen. Nach der Anzahl der Meister standen in Székesfehérvár jederzeit die Stiefelmacher an der Spitze der Gewerbezweige. 1715 betrug die Zahl der Meister 8, 1722 schon 22 und 1784 gar 73 (Juhász 1938, 21-22; 1931b, 11; Varga 1968, 263-265). Im 19. Jahrhundert galt die Zunft der Stuhlweißenburger Stiefelmacher in der Tat als eine der zahlenmäßig stärksten in ganz Transdanubien. Aus der Zeit des Zunftmeisters István Harsányi (1838) wissen wir von 130 Meistern; 1855 arbeiteten 200 Meister, 148 Gehilfen und 75 Lehrlinge (Baróti 1939, 192; Lukács 2014, 21-45; Drucker 1868, 20), 1868 208 Meister, 50 Gehilfen und 40 Lehrlinge, im selben Jahr erhielten 16 Stiefelmacher-Meister die Gewerbelizenz (Drucker, 1868, 20). Die Zahl der Meister war also weit höher als die der Gehilfen. Ihre Werkstätten befanden sich zumeist in der westlichen und der südlichen Vorstadt (Palotaváros bzw. Tóváros), das „Stiefelmacher-Viertel" genannt.

Die zahlreichen Stiefelmacher wurden mit Sohlen- und Oberleder von den örtlichen Loh- und Weißgerbermeistern und später von den hier gegründeten Lederfabriken versorgt. Die außer Bestellung angefertigten Stiefel wurden auf den Wochen- und Jahrmärkten von Székesfehérvár bzw. auf den Jahrmärkten der Umgegend (Pest, Szekszárd, Paks, Veszprém, Mór, Kisbér, Martonvásár, Bicske, Káloz, Enying) abgesetzt. Dazu ein Zitat aus der Feder des späteren Finanzministers und Ministerpräsidenten Sándor Wekerle d. Ä., der in den 1860er Jahren das Gymnasium von Székesfehérvár besuchte: „Manche Gewerbezweige weisen zwar, je nach der Größe des localen Bedarfes, eine gedeihlichere Entwicklung auf, so die Csismenmacher (Stiefel: ung. *csizma*) in Stuhlweißenburg, die auch auf Lager arbeiten und auf den Wochenmärkten mit ihren aufgeschlagenen Zelten förmliche Lager bilden, denen sich noch die Zelte der die Csismen beschlagenden Schlosser anreihen. Allein auch diese Industrie kann, wenn man nicht etwa die für die Armee gelieferten Fußbekleidungen einzelner Gewerbsleute ausnimmt, ebensowenig als das übrige Gewerbe sich über den Bedarfskreis der eigenen Gegend hinaus geltend machen." (1896, 538.) Hierzu sei noch erwähnt, dass die berühmteren Stiefelmacher (z. B. Ferenc Bellovits) auch nach der Zunft-Ära vertragliche Lieferanten der Armee, des Offizierskorps, der Gendarmerie und sogar der königlichen Leibwache waren.

In den Handwerkerregistern vom Ende des 18. Jahrhunderts finden wir die Namen von 38 Tuchwalkern, 11 Tuchscherern und 28 ungarischen Bauernmantelschneidern (Varga 1968, 265-266). Die Tuchwalker und Bauernmantelschneider hatten in dieser Zeit größtenteils ungarische, die Tuchscherer hauptsächlich deutsche Namen. Letztere kamen zur Hälfte aus den mährischen Textilzentren im ersten Drittel des 18. Jahrhunderts (Aranyné-Magyar 1979, 265-267). Ein halbes Jahrhundert später gab es in der Stadt „1.200 Handwerker, davon sind besonders die über 90 Tuchscherer und Kotzenmacher erwähnenswert; der Händler Csida besitzt auch

Stiefelmachermeister János Barát aus der Selyem Straße der Palotaer Vorstadt von Székesfehérvár mit seiner Frau Anna Bőhm und ihren Kindern vor dem Ersten Weltkrieg

eine Tuchmanufaktur" (Fényes 1847, 39). In ihrer geographischen Arbeit schrieben Károly Ballagi und Pál Király, viele der zahlreichen Handwerker der Stadt stellten Tuch, Kotzen, Leder und Taschenmesser her (1877, 76). 1855 arbeiteten im Tuchwalkergewerbe 35 Meister, 2 Gehilfen und 1 Lehrling, 1868 waren es 28, 10 bzw. 2 (Drucker 1868, 20). In der Palotaer Vorstadt erinnert der Name der Tuchwalkergasse (ung.: *Csapó utca*) an die hier ansässigen Tuchwalker.

Ihre Erzeugnisse wurden von den Bauernmantelschneidern verarbeitet, von denen es 1784 in der Stadt 28 Meister gab (Varga 1968, 266). Im Jahre 1855 betrug ihre Zahl 21, 1868 nur mehr 16 (Drucker 1868, 21). Laut István Györffy boten noch in den 1880er Jahren 28-30 Bauernmantelschneider auf den Märkten von Székesfehérvár ihre Waren feil und verkauften bei einer Gelegenheit 800-1.000 Bauernmäntel für 12-15 Gulden das Stück. Hier waren die Bauernmäntel von Veszprém und dem Komitat Somogy nicht gefragt, man trug die in der Tiefebene gebräuchliche Form (1930, 196).

Zwei, aus volkskundlicher Sicht beachtenswerte und einst hier blühende Gewerbe seien noch erwähnt: die der Messerschmiede und der Brotsackmacher. In den Jahren 1688-1848 wurden 11 Messerschmiede in das Bürgertum aufgenommen (Bonomi 1944/45, 349). Im Jahre 1784 arbeiteten hier zwei Messerschmiede: Georg Englarner und Michl Soller (Varga 1968, 265). Bis Mitte des 19. Jahrhunderts waren es schon mehr: 1855: 7 Meister, 6 Gehilfen und 2 Lehrlinge, 1868: 6 Meister und 3 Lehrlinge (Drucker 1868, 20). Aus dem Jahre 1865 sind uns die Messerschmiede namentlich bekannt: András Anlauf, Werkstatt in der Palotaer Vorstadt, Mihály Hám, Ádám Piccher und József Szalay, Werkstätten in der Innenstadt (Németh 1865, 126). Aus den 1860er Jahren wissen wir von einem Messerschmied Sebestyén Schubert, und auch sein ehemaliger Lehrling, Meister Rezső Lipp, arbeitete hier. Werkzeuge aus der Wekstatt von Károly König d. Ä., der gegen Ende des 19. Jahrhunderts nach Székesfehérvár kam, befinden sich in der volkskundlichen Sammlung des König Sankt Stephan-Museums zu Székesfehérvár. Die sog. Weißenburger Taschenmesser waren in ganz Transdanubien bekannt (Lukács 2012, 153-171). Die Stiele der einzelnen Typen wurden von den alten Meistern mit den rot-blauen Farben des Stadtbanners geschmückt. Es wurden verschiedene Messertypen hergestellt. Mit dem sog. stählernen Messer (ung: *acélos*) konnte man auch Funken schlagen, das mit einer Spezialklinge versehene Messer (ung.:

körmöző, etwa: Hufschäler) benützten die Schäfer, um Fußkrankheiten der Schafe zu heilen. Bereits in früheren Zeiten war das Weißenburger Messer in Transdanubien allgemein beliebt. Mihály Táncsics, der spätere Vorkämpfer der Revolution 1848, half noch zu Beginn des 19. Jahrhunderts als Rosstreiber seinem Vater beim Korndrusch. In seinem Buch „Mein Lebenslauf" schreibt er, dass er einmal, auf dem Heimweg vom Drusch, in Sárosd in der Schmiedewerkstatt, ein schönes Taschenmesser entwendete, welches in Transdanubien „Weißenburger Messer" genannt wird (1978, 21).

Der Székesfehérvárer Brotsackmachermeister Ferenc Lovászi Nagy mit seinem Spinnrad, 1931. Aufnahme von Sándor Ébner

Das Garn zum Weben der Brotsäcke spannen die Brotsackmacher aus Ziegenhaar, einem Nebenprodukt der Lederverarbeitung. Diesen Rohstoff lieferte das örtliche Ledergewerbe in Hülle und Fülle. Über die Zahl der Brotsackmacher wissen wir lediglich, dass in der Zeit von 1688 bis 1848 zwei Meister in das Stuhlweißenburger Bürgertum aufgenommen wurden (Bonomi 1944/45, 350). In früheren Zeiten stellten auch Tuchwalker und Strumpfwirker Brotsäcke her. Die Technologie des Brotsackmachens wurde in den 30er Jahren von Sándor Ébner an Hand der Arbeit des letzten Brotsackmachers von Székesfehérvár beschrieben (1931, 165-169).

Der Székesfehérvárer Brotsackmachermeister Ferenc Lovászi Nagy mit seinem Webstuhl, 1931. Aufnahme von Sándor Ébner

Hier nun Einiges über die Zunftgewohnheiten und Volksbräuche des gewerbetreibenden Bürgertums. Die Zunftversammlungen fanden gewöhnlich im Haus des Zunftmeisters statt. Nur die Stiefelmacher hatten ein eigenes Zunfthaus, wo sie seit 1844 ihre Versammlungen abhielten. Die Zunfttruhe wurde im Haus des Zunftmeisters aufbewahrt und nach der Wahl eines neuen Zunfmeisters mit Sang und Klang in dessen Haus getragen; auf dem Weg wurden unter dem Volk Bäckereien zerstreut. Zur Faschingszeit veranstalteten die Zünfte mit Genehmigung der Stadtbehörde festliche Umzüge mit Musikbegleitung, jede Zunft erschien in einem eigenen Wagen. Abends folgten dem Umzug Festmahl und Tanz (Juhász 1938, 16). Von den 1770er Jahren an bewilligte der Stadtrat den öffentlichen Tanz in den Gastwirtschaften, so etwa zu Fasching 1777 im Gasthof zum Schwarzen Adler oder 1778 im Kaffeehaus des Kaffesieders Lessitz. 1785 fanden in der Stadt 11 öffentliche Tanzunterhaltungen statt (Kállay 1971, 53, 57). Einmal

Der Messerschmied und Schleifer Sándor Szép arbeitet in seiner Werkstatt in der Székesfehérvárer Kossuth Str. Aus dem Fotoalbum von Györgyi Csukás

Grabmal von Steinmetz und Stadtratsmitglied Anton Walch im Csutora-Friedhof von Székesfehérvár, 1836. Aufnahme von László Lukács, 2007

im Jahr wurde auch im Haus des Zunftmesiters eine Gastlichkeit mit Musik und Tanz (ung: *lakozás*) veranstaltet. Die Weißgerber fanden sich aus diesem Anlass am Tag der Heiligen Drei Könige, die Kürschner und Lohgerber zu Mariä Lichtmess und die Tischler am Fronleichnamstag ein (Juhász 1938, 16).

Jede Zunft feierte den Tag ihres Schutzpatrons. Da die Hl. Jungfrau Maria Schutzpatron der Stiefelmacherzunft war, ließ diese zu Mariä Empfängnis (25. März) eine Messe lesen, der sämtliche Meister beiwohnten. Am Fronleichnamstag marschierte die Stiefelmacherzunft unter dem eigenen Banner auf. Die Stiefelmachergesellen ließen am Tag ihres Patrons, des Hl. Emmerich, eine Messe lesen, wo sie nicht nur erscheinen, sondern auch kommunizieren mussten (Lukács 1984, 255-256, 260). Die Fassbinder ließen bis zu den 1950er Jahren in der Basilika am St. Urbanstag (25. Mai) eine Messe zelebrieren. Aus der Kirche gingen sie geradewegs in den Handwerkerklub, wo sie mit ihrer Familie zu Mittag speisten. Am Nachmittag folgte das Kegelspiel. Waren die Aussichten der Weinlese schlecht, so tranken sie nur wenig, waren sie gut, so tranken sie auf die bevorstehende reiche Ernte. Ähnlich begingen auch die Fassbinder in süddeutschen Gebieten den Tag ihres Schutzpatrons (Grünn 1968, 53-57); Lühmann 1968; Bayer-Freckmann 1978, 64).

Zwei Angaben berichten vom „öffentlichen Baden", einer beschämenden Bestrafung der Müller für mindere Delikte. Im Jahre 1751 beschwerten sich die Bäcker über die Müller, die ihnen kein weißes Mehl lieferten und sie deshalb keine weißen Semmeln backen könnten. Der Stadtrat verpflichtete daraufhin die Müller unter Androhung von 50 Gulden Buße und dem „öffentlichen Baden", weißes Mehl zu mahlen (Kállay 1971, 78). In den Mühlen der Stadt durften die Müller auch für die Bäcker nur dann mahlen, wenn diese einen vom Wirtschaftsamt der Stadt beantragten Schein vorwiesen. Dadurch wurden die Einkünfte der Müller kontrolliert. Den Müller, der diese Verordnung missachtete und ohne Mahlschein mahlte, ließ der Innere Rat zum abschreckenden Beispiel im Kanal herumschwimmen (Juhász 1938, 82). Auch die Ödenburger deutschen Bäcker wurden mit dem öffentlichen Bad bestraft, falls das Gewicht oder die Qualität ihrer Waren nicht den Vorschriften entsprach. In Székesfehérvár standen die Zelte der Bäcker auf dem Platz vor dem Franziskanerkloster. Wenn der Marktrichter das Gewicht der Semmeln nicht in Ordnung fand, ließ er unverzüglich sämtliche Waren des Bäckers beschlagnahmen und in den unweiten Wassergraben werfen (Csitáry 1936, 71). Im Jahre 1771 wurde den Bäckern untersagt, den sog. „Heiligen Strietzel" für den Allerheiligentag zu backen (Juhász 1938, 84). Ein ähnliches Gebäck (*Allerheiligenstriezel, Seelwekken, Seelenlaibl*) wird in Österreich und Deutschland auch heute noch gebacken (Schmidt 1973, 270-271; Brugstaller 1970).

Arbeitsszene der Bildhauer-Steinmetze am Relief über dem Tor des ehemaligen Hauses (Bástya Str. 1) des Bildhauers Andreas Fligl, 1793. Aufnahme von László Lukács, 2007

Die wirkliche Schule zur gründlichen Aneignung des Handwerkes und zur Erwerbung vielfältiger beruflicher, kultureller und sprachlicher Kenntnisse war die Gesellenwalz. In Székesfehérvár konnte nur Meister werden, wer die verbindlich vorgeschriebene dreijährige Walz absolviert hat. Ein gegenständliches Denkmal dieses Brauches ist der „Stock im Eisen", ein mit Eisenblech bekleideter Baumstamm, der im 18. Jahrhundert am Palotaer Tor stand und heute in der ständigen volkskundlichen Ausstellung des König Sankt Stephan-Museums zu sehen ist. Vorbeigehende Meistergesellen schlugen zur Erinnerung einen Nagel hinein. Laut Überlieferung wurde die Kupfermünze mit der Jahreszahl 1842 vom Dichter Sándor Petőfi, damals Wanderschauspieler, angenagelt. In der zweiten Hälfte des 19. Jahrhunderts war der Eisenstock das Firmenzeichen eines Restaurants in der Innenstadt. Analogien sind in den ehemaligen Zunftzentren (Buda, Győr, Pozsony, Arad) zu finden; ihr Vorbild dürfte der Wiener Stock im Eisen gewesen sein, der auch heute noch nicht weit von der Stephanskirche steht (Dormuth 1938, 87-88). Der Traditionskreis wurde im Ersten Weltkrieg wieder aufgenommen: Vor dem Rathaus wurde die Figur eines geharnischten Kriegers augfestellt, und die Spender eines gewissen Betrages für Kriegswitwen und -waisen durften einen Nagel hineinschlagen.

Noch lange nach der Auflösung der Zünfte lebte die Erinnerung an die Gesellenwalz im Kreise der Stuhlweißenburger Handwerker weiter, über Jahrzehnte bewahrten sie die einschlägigen Traditionen. Ein gutes Beispiel dafür ist die symbolische Walz der Hutmacher-Gesellen, die diese am Tag der bestandenen Gesellenprüfung antraten. Der Hutmacher-Geselle Ferenc Smohay, ausgerüstet mit dem herkömmlichen Rucksack, begab sich aus der Werkstatt seines Meisters im Jahre 1912 auf den Weg, um die symbolische Wanderung innerhalb der Stadt zu absolvieren: „Ich musste entlang der Bäckergasse über die Tolnai Gasse bis zur Simorgasse gehen, und dort, am Liebfrauenplatz, umkehren. Das war die bildliche Walz. Ich habe den angegebenen Weg zurückgelegt, als ob ich in die Fremde ginge. In die Werkstatt heimgekehrt, grüßte ich: ‚Herr Gott, wiensch

Glück zu Handwerk!' und schlug auf den Arbeitstisch. Der dort arbeitende alte Geselle fragte daraufhin: ‚Hutmacher?' Der eintretende Geselle hat mit ‚Ja' zu antworten. Dann reichten sich die Beiden die Hand. Dieser Gruß bedeutete, dass die Gesellen den Neuling in ihren Kreis aufnehmen." (Varga 1956, 4). Der Geselle hatte also noch zu Beginn des 20. Jahrhunderts den Antrittsdialog in deutscher Sprache zu lernen, so wie einst, als er noch in die Länder des Habsburgerreiches auf die Walz ging.

Zum Schluss sei noch eine wertvolle Angabe über winterliche Volksbräuche im 18. Jahrhundert erwähnt. In seiner Resolution vom 7. Dezember 1770 drohte der Stadtrat von Székesfehérvár für die Praktizierung abergläubischer Bräuche verschiedene Strafen an. Der Beschluss wurde in ungarischer Sprache, in einem fast biblisch anmutenden, altertümlichen Stil protokolliert. Gemeint waren verschiedene Mummenspiele am Luzien- und St. Nikolaustag, oder die Gewohnheit, am Tag der unschuldigen Kinder mit Weidenruten von Haus zu Haus zu gehen und die Insassen „durchzupeitschen". Für derartige, „die rechtschaffenen Gläubigen skandalisierenden und das eigene Seelenheil gefährdenden Freveltaten" setzte der Rat bei Bürgern und Bürgerinnen ein Bußgeld von 17 Gulden, bei Hintersassen beiderlei Geschlechts Kerker sowie 32 Stock- oder Peitschenhiebe in Aussicht. Wiederholungstätern wurden zusätzliche, schwere Strafen angedroht (Protocollum Senatus Liberae Regiae Civitatis Alba Regalensis 7. Dez. 1770. Archiv der Freistadt Stuhlweißenburg).

Es erübrigt sich wohl zu sagen, daß diese weitverbreiteten Volkbräuche trotz allem Verbot bis zu dem 20. Jahrhundert erhalten geblieben sind.

[Die Studie ist in ungarischer, deutscher und englischer Sprache erschienen:
Lukács, László: *A székesfehérvári iparosok nyelvi-kulturális problémái a 18-19. században.* A magyar nyelv és kultúra a Duna völgyében I. Hg. von József Jankovics, László Kósa, Judit Nyerges, Wolfram Seider. 1989. 288-313. Budapest-Wien
Lukács, László: *Sprachlich-kulturelle Probleme der Handwerker von Székesfehérvár im 18.-19. Jahrhundert.* Zeitschrift für Balkanologie XXIII. 1987. 112-127. Wiesbaden
Lukács, László: *Multiethnic and Homogenous Periods in the History of Székesfehérvár. History and Situation of the German Minority.* Alba Regia XXXII. 2003. 43-56. Székesfehérvár]

Literatur

ARANYNÉ, Magyar Zsuzsanna
1979 *Beitrag zur zauberhaften Manipulierung im Tuchfärben.* Internationales Handwerksgeschichtliches Symposium. 346-352, Veszprém
BALLAGI, Károly - KIRÁLY, Pál
1877 *A Magyar Birodalom leírása* [Beschreibung des Ungarischen Reiches].Budapest
BARÓTI, Géza
1938 *Százesztendős a fehérvári csizmadiák czéhkönyve.* [Das Meisterbuch der Stuhlweißenburger Stiefelmacher ist hundert Jahre alt]. Székesfehérvár és Fejérvármegye ipara és kereskedelme Szent István évében. Hrsg. von SZABÓ, István. Székesfehérvár

BAYER, Gerd - FRECKMANN, Klaus
1978 *Küferhandwerk im Rheinland.* Schriftenreihe des Freilichtmuseums Soberheim 3. Köln
BÁCSKAI, Vera
1974 *Fehérvár fejlődése a XVIII. században és a XIX. század elején* [Die Entwicklung von Stuhlweißenburg im 18. Jahrundert und am Anfang des 19. Jahrhunderts]. Fejér Megyei Történeti Évkönyv, 8, 350-369, Székesfehérvár
BONOMI, Eugen
1943 *Siedlungskundliches aus den Kirchenbüchern der Stadt Stuhlweißenburg 1688/1743.* Südost-Forschungen, 8, 178-210, München
1944/45 *Bürgerrecht und Bürgertum in Stuhlweißenburg 1688-1848.* Südost-Forschungen, 9-10, 260-361, München
BURGSTALLER, Ernst
1970 *Das Allerseelenbrot.* Schriftenreihe des Institutes für Landeskunde von Oberösterreich, 22, Linz
CENNER, Mihály
1972 *Magyar színészet Székesfehérvárott és Fejér megyében* [Die ungarische Theatergeschichte in Stuhlweißenburg und Komitat Weißenburg]. Székesfehérvár
CSITÁRY G., Emil
1936 *Érdekességek városunk multjából* [Kuriositäten aus der Vergangenheit unserer Stadt]. Székesfehérvári Szemle, 6, 61-71, Székesfehérvár
CSOÓRI, Sándor
1982 *A félig bevalott élet* [Das halbwegs eingestandenes Leben]. Budapest
DEÁK, Ernő
1979 *Das Städtewesen der Länder der Ungarischen Krone 1780-1918.* Veröffentlichungen für Wirtschafts-, Sozial- und Stadtgeschichte, 3, Wien
DEMETER, Zsófia
1982 *Palotavárosi írások* [Schriften der Palotaer Vorstadt]. Az István Király Múzeum Közleményei, B, 34, Székesfehérvár
1985 *Fejér megye és Székesfehérvár 1848-49-ben* [Komitat Weißenburg und Stuhlweißenburg in den Jahren 1848-49]. Fejér Megyei Szemle 1985. 1, 83-89, Székesfehérvár
DORMUTH, Árpád
1936 *Székesfehérvár kulturális élete a XIX. században* [Das Kulturleben von Stuhlweißenburg im 19. Jahrhundert]. Székesfehérvári Szemle, 6, 13-27.
1937 *Adatok a városháza múltjához* [Angaben zur Vergangenheit des Rathauses]. Székesfehérvári Szemle, 7, 18-23.
1938 *A székesfehérvári vas tuskó* [Der Stock im Eisen in Stuhlweißenburg]. Székesfehérvári Szemle, 8, 87-88.
DRUCKER, József
1868 *Székesfehérvár 1868-ban* [Stuhlweißenburg in 1868]. Székesfehérvár

EPERJESSY, Géza
1981 *Az iparűzők számának megoszlása a reformkori szabad királyi városokban* [Die Verteilung der Zahl der Gewerbetreibenden in den königlichen Freistädten der Reformzeit]. IV. Kézművesipartörténeti Szimpózium. 16-18. Veszprém
ERDŐS, Ferenc
1978 *A polgári forradalom és a szabadságharc története Fejér megyében 1848-1849* [Die Geschichte der bürgerlichen Revolution und des Freiheitskampfes 1848-1849 in Komitat Weißenburg]. Fejér Megyei Történeti Évkönyv, 12, 7-152.
ÉBNER, Sándor
1931 *A szőrtarisznyás mesterség Dunántúlon* [Brotsachmacher-Gewerbe in Transdanubien]. Néprajzi Értesítő, 23, 165-169, Budapest
FARKAS, Gábor
1978 *Nemzetiségi viszonyok Fejér megyében 1848-1868 között* [Nationalitäten in Komitat Weißenburg 1848-1868]. Fejér Megyei Történeti Évkönyv, 12, 253-268.
1982 *Nemzetiségi viszonyok Fejér megyében a 19. század utolsó harmadában* [Nationalitäten in Komitat Weißenburg im letzten Drittel des 19. Jahrhunderts]. A Magyar Tudományos Akadémia Pécsi és Veszprémi Akadémiai Bizottságának Értesítője. A Dunántúl településtörténete IV, 336-346, Veszprém
FÉNYES, Elek
1847 *Magyarország leírása* [Ungarns Beschreibung]. Pest
1851 *Magyarország geographiai szótára* [Das geografische Wörterbuch Ungarns]. Pest
FITZ, Jenő – CSÁSZÁR, László – PAPP, Imre
1966 *Székesfehérvár* [Stuhlweißenburg]. Budapest
GRÜN, Helene
1968 *Faßbinder, Faßboden.* Niederösterreichische Volkskunde, 3, Wien
GYÖRFFY, István
1930 *A cifraszűr* [Der verzierte Tuchmantel]. Budapest
JENEI, Károly
1977 *Fejér megye a Rákóczi-szabadságharc idején* [Komitat Weißenburg in der Zeit des Rákóczi'schen Freiheitskampfes]. Fejér Megyei Történeti Évkönyv, 11, 50-20.
JUHÁSZ, Viktor
1931a *Közlemények Székesfehérvár 1848. év előtti közigazgatásából* [Mitteilungen aus der Verwaltung von Stuhlweißenburg vor 1848]. Fejérvármegye és Székesfehérvár szab. kir. város törvényhatóságainak almanachja. Hrsg. von B. SZABÓ, István, 147-241, Székesfehérvár
1931b *Adatok a székesfehérvári céhek életéhez a városi levéltárból* [Angaben zum Leben der Zünfte von Stuhlweißenburg aus dem Stadtarchiv]. Székesfehérvári Szemle I, 10-12, 6-11.
1938 *Adatok a székefehérvári ipari céhek múltjából* [Angaben aus der Vergangenheit der Gewerbezünfte von Stuhlweißenburg]. Székesfehérvár és Fejérvármegye ipara és kereskedelme Szent István évében. Hrsg. von B. Szabó, István, 9-98, Székesfehérvár

KARÁCSON, Imre
1908 *Evlia Cselebi török világutazó magyarországi utazásai 1664-1666* [Die Ungarnreise des türkischen Weltreisenden Evlia Tschelebi 1664-1666]. Budapest 1908.
KÁLLAY, István
1971 *Székesfehérvár haszonvételei 1688-1790 között* [Regalien von Stuhlweißenburg 1688-1790]. Fejér Megyei Történeti Évkönyv, 5, 45-102.
1972a *A székesfehérvári városi kormányzat szervei és személyei 1688-1790* [Die Organe und Personen der Stadtverwaltung von Stuhlweißenburg 1688-1790]. Fejér Megyei Történeti Évkönyv, 6, 107-149.
1972b *Hiemer Mihály.* Fejér Megyei Történeti Évkönyv, 6, 313-317.
1974 *Székesfehérvár kiváltságlevelei* [Die Privilegienurkunden von Stuhlweißenburg]. Fejér Megyei Történeti Évkönyv, 8, 149-200.
1976 *Német betelepülők Székefehérvárott 1688-1767* [Deutsche Einsiedler in Stuhlweißenburg 1688-1767]. A magyar Tudományos Akadémia Veszprémi Akadémiai Bizottságának Értresítője. A Dunántúl településtörténete I, 180-186. Veszprém
1977 *Székesfehérvár város német és szerb lakosságának asszimilációs folyamata* [Der Assimilationsvorgang der deutschen und serbischen Bevölkerung von Stuhlweißenburg]. A Magyar Tudományos Akadémia Pécsi és Veszprémi Akadémiai Bizottságának Értesítője. A Dunántúl településtörténete II, 2/1, 251-258, Veszprém
LUKÁCS, László
1983 *Beiträge zur Geschichte der Székesfehérvárer Stiefelmacherzunft.* II. Internationales Handwerksgeschichtliches Symposium, 2, 289-308, Veszprém
2007 *A tisztes ipar emlékei. Céhek, céhemlékek, az iparosok hagyományai Fejér megyében és Székesfehérváron* [Denkmäler des ehrbahren Gewerbes. Zünfte, Zunftdenkmäler, die Handwerkertraditionen in Komitat Weißenburg und Stuhlweißenburg]. Székesfehérvár
2012 *Tárgyak, életformák, népszokások. Tematikus néprajzi tanulmányok* [Objekte, Lebensformen, Volksbräuche. Thematische volkskundliche Abhandlungen]. Székesfehérvár
2014 *Új szerzeményünk: A székesfehérvári csizmadiacéh mesterkönyve (1838-1938)* [Unsere Neuerwerbung: Das Meisterbuch des Stuhlweißenburger Stiefelmacherzunftes (1838-1938)]. Alba Regia XLII. 21-45.
LÜHMANN, Werner
1978 *St. Urban. Beträge zur Vita und Legende, zum Brauchtum und zur Ikonographie.* Würzburg
NAGYBÁKAY, Péter
1971 *Céhek, céhemlékek Veszprém megyében* [Zünfte, Zunftdenkmäler in Komitat Veszprém]. Veszprém
NÉMETH, János
1965 *Székesfejérvári évkönyv 1865-re* [Stuhlweißenburger Jahrbuch 1865]. Székesfehérvár

NÉMETH, László

1977 *A katolikus élet megújulása Fejér megyében a török hódoltság után 1688-1777* [Die Erneuerung des katholischen Lebens in Komitat Weißenburg nach der Türkenherrschaft 1688-1777]. A székesfehérvári egyházmegye jubileumi névtára, 10-37, Székesfehérvár

PALUGYAY, Imre

1853 *Szabad királyi Városok leirása* [Beschreibung königlicher Freistädte]. Pest

PHILIP, István

1933 *Városunk múltjából. Lakosság. Palotaváros és Rácváros* [Aus der Vergangenheit unserer Stadt. Bevölkerung. Palotaer Vorstadt und Raizenstadt]. Székesfehérvári Szemle, 3, 8-11, 39-41.

SCHMIDT, Leopold

1972 *Volkskunde von Niederösterreich.* 2, Horn

SZABÓ, Péter

2013 *Cultural identity change of a royal Hungarian town, Székesfehérvár, in the 18th and 19th century.* Cental European Papers 2013. 2. 7-22. Opava

SZARKA, Géza

1930 *Székesfehérvár keresztmetszete* [Die Gesellschaftsstruktur von Stuhlweißenburg]. Magyar Szemle, 9, 227-235, Budapest

SZVORÉNYI, József

1851 *Székes-Fejérvár* [Stuhlweißenburg]. Uj Magyar Muzeum, 8, 405-430. Pest

TÁNCSICS, Mihály

1978 *Életpályám* [Mein Lebenslauf]. Budapest

VARGA, Marianna

1956 *Adatok a székesfehérvári kalapos mesterség történetéhez* [Angaben zur Geschichte des Stuhlweißenburger Hutmacher-Gewerbes]. König Stephan Museum Székesfehérvár, Volkskundliche Datensammlung, Inv.-Nr.: 56.3.

1968 *Mesteremberek Székesfehérvárott a XVIII. században* [Die Handwerker von Stuhlweißenburg im 18. Jahrhundert]. Alba Regia, 8-9, 263-267. Székesfehérvár

WEKERLE, Alexander

1896 *Das Weißenburger Comitat.* Die österreichisch-ungarische Monarchie in Wort und Bild. Ungarn IV. Band, 525-576, Wien

PROBLEME DER ETHNISCHEN IDENTITÄT DER MOLDAUER UNGARN

In Rumänien, in der ehemaligen Woiwodschaft Moldau östlich der Karpaten, leben heute ca. 243.000 römisch-katholische Gläubige. Diese römisch-katholische Bevölkerung war ursprünglich ungarischsprachig, und 60.000 von ihnen sprechen auch heute noch die ungarische Sprache. Der weitaus größte Teil der Rumänen bekennt sich zur griechisch-orthodoxen Religion. Eine größere Anzahl der Moldauer Ungarn wanderte im Mittelalter, noch vor Gründung der rumänischen Woiwodschaft, aus Ungarn und aus Siebenbürgen aus. Im 17. und 18. Jahrhundert verließ ein Teil der siebenbürgischen Szekler ihre Heimat und siedelte sich in der Moldau an. Die Siedlungen der Moldauer Ungarn finden wir in den Tälern der Flüsse Tatros/Trotuş, Tázló/Tazlău und Szeret/Siretul. In diesem Gebiet der Moldauer Ungarn habe ich im Mai 1994 eine volkskundliche Feldforschung durchgeführt.

Der deutsche Journalist Reinhard Olt berichtete über die Moldauer Ungarn und über Probleme der deutschen und ungarischen Minderheiten im heutigen Rumänien in drei Artikeln (Frankfurter Allgemeine Zeitung vom 7., 12. und 19. Juni 1993). Zu den inhaltsreichen Schilderungen von Olt äußerten zwei Rumänen, Prof. Dr. theol. Vladimir Peterca (Iaşi) und Dr. Ion Marcea (Zülpich, BRD) ihre Meinungen in Leserbriefen (Frankfurter Allgemeine Zeitung vom 7. und 20. August 1993). Im Anschluss dazu möchte ich über die nationale Identität der Moldauer Ungarn aus der Sicht der ungarischen Volkskunde einige Feststellungen beitragen.

Zwei wichtige Institutionen zur Bewahrung der nationalen Identität der Moldauer Ungarn (Csángó-Ungarn) sollten die ungarischsprachige Kirche und Schule sein. Vor der Türkenherrschaft wurde deren Seelsorge den ungarischen Franziskanermönchen in Bákó/Bacău anvertraut. Vom 18. Jahrhundert an betrachtete der Vatikan die Moldau als Missionsgebiet und schickte in die dortigen ungarischen Dörfer italienische Franziskaner. Als Italiener lernten sie schneller und besser die sprachverwandte rumänische als die eher fremde und schwierig zu erlernende ungarische Sprache ihrer Gläubigen. Seither ist für die Moldauer Ungarn die offizielle Sprache der heiligen Messe und die des Religions- und Volksschulunterrichts die rumänische Sprache.

Vladimir Peterca stellte fest: „Darüber hinaus kennt die Csángós-Sprache keine Schriftsprache. Es gibt deshalb keine liturgischen Bücher, es gibt keine Bibelübersetzung, und es gibt keine Literatur in der Csángós-Sprache." Diese Lage ist eine Folge des Mangels an ungarischem Schulunterricht. Aufgrund der Nationalitätenpolitik des Ministerpräsidenten Petru Groza 1947 wurden in der Moldau mehr als 100 ungarische Schulen mit 150 Lehrern eröffnet. Im Schuljahr 1952/53 wurde auch eine ungarischsprachige Abteilung der Lehrerbildungsanstalt in Bákó/Bacău eingerichtet. In diesem Schuljahr gab es in 13 Dörfern auch ungarische Kindergärten. 1955 wurden aber die ungarischen Schulen in der Moldau wieder geschlossen. Damit lässt sich erklären, weshalb nur ein kleiner Teil einer Generation der Moldauer Ungarn ungarisch lesen und schreiben kann.

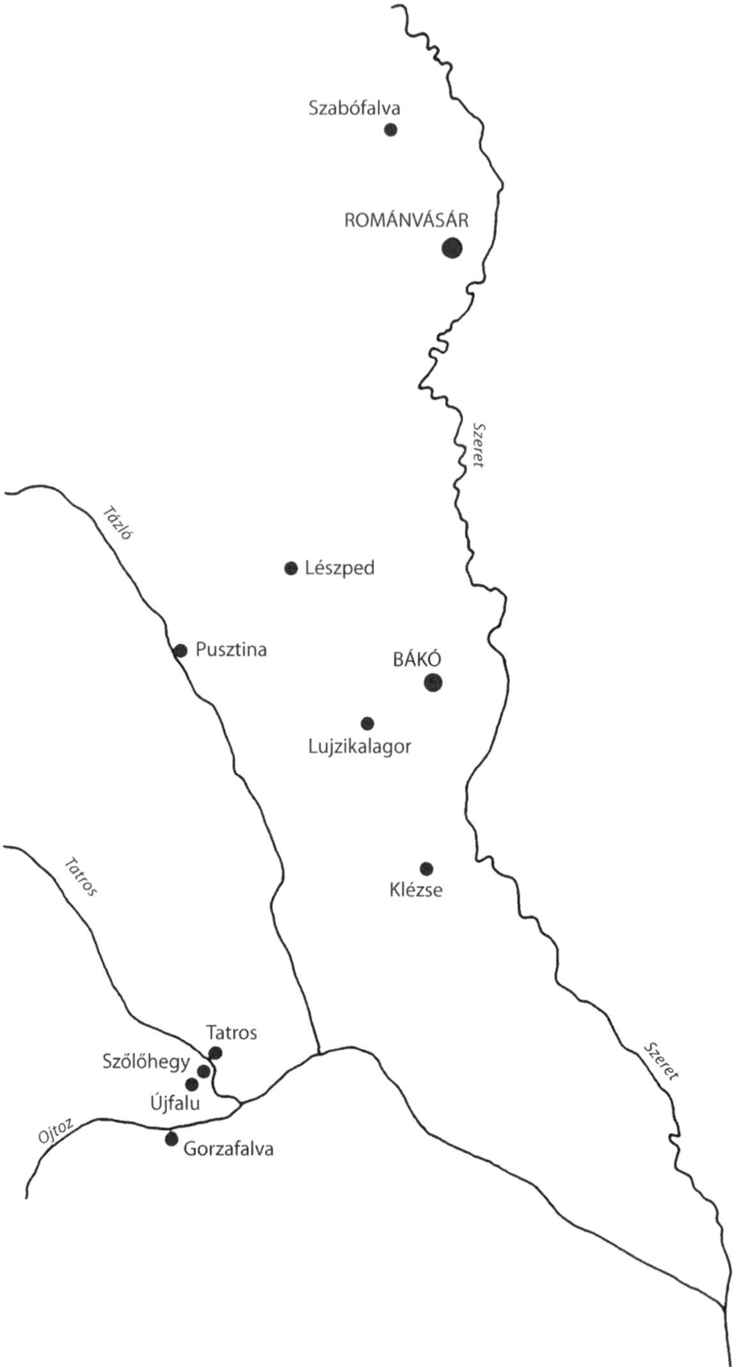

Die Orte der Forschungsreise in der Moldau, 1994

Seit den politischen Änderungen im Jahre 1989 unterrichtete ein Lehrer, Mihály Perka, die ungarische Sprache in der Schule von Szabófalva/Săbăoani. Seine Bemühungen haben die rumänischen Schulbehörden inzwischen wieder verboten. Dagegen unterrichtet in Lészped/Lespezi der pensionierte Malermeister, József Fazakas, die ungarische Sprache sowie Lesen und Schreiben, Singen und Beten in Ungarisch und außerdem vermittelt er ungarische Volkstänze. Sein Unterricht findet dreimal in der Woche, immer nur nachmittags, statt, im Sommer auf seinem eigenen Hof, im Winter in seiner Stube. Er lehrte auch im Schuljahr 1993/94 die ungarische Sprache, und zwar für 35 Kinder. Seine Schülerinnen und Schüler sind 10 bis 14 Jahre jung. Das Ungarische Ministerium für Kultur und Unterricht unterstützte die Bemühungen des Malermeister-Lehrers von Lészped mit einer Satellitenantenne, mit deren Hilfe er gemeinsam mit seinen Schülern die Sendungen des ungarischen Donau-Fernsehens verfolgen kann.

Péter Pál Domokos und sein Begleiter, der Universitätsstudent László Laczkó in Szabófalva bei der Bojarenfamilie von Antal Martinás, 1932

Es gibt nur eine einzige ungarische Sprache, aber sie hat mehrere Dialekte. Ein gebürtiger Ungar versteht problemlos alle diese Dialekte, darunter selbstverständlich auch die zwei, zur ungarischen Sprache gehörenden Dialekte der Moldauer-Csángós, welche von der großen Erneuerung der ungarischen Sprache im ersten Drittel des 19. Jahrhunderts unberührt geblieben sind. Wie wir Bücher ungarischer Schriftsteller, Dichter, Theologen und anderer Wissenschaftler des 17. und 18. Jahrhunderts verstehen, so verstehen wir auch die altertümliche Sprache der Moldauer Ungarn. Wiederum sind für die Moldauer Ungarn ungarische Predigten ohne jegliche Probleme verständlich. In großen Scharen pilgern sie zu Pfingsten zum Wallfahrtsort Csíksomlyó/Şumuleu im siebenbürgischen Szeklerlande, wo sie in ihrer Muttersprache beten und singen und bei Franziskanermönchen beichten können. In der Marienkirche von Csíksomlyó benützen die Mönche die in den siebenbürgischen Kirchen üblichen ungarischen liturgischen Bücher. In der Wallfahrtskirche von Csíksomlyó gibt es zu Pfingsten eine heilige Messe für die Moldauer Ungarn. Im Jahre 1994 pilgerten 300.000 ungarische Wallfahrer aus Siebenbürgen, Ungarn und aus der Moldau nach Csíksomlyó. Mit dieser Teilnehmerzahl ist diese Wallfahrt die größte Veranstaltung im gesamten ungarischen Sprachgebiet.

Die geäußerte Ansicht, dass keine Bibelübersetzungen angefertigt worden seien, stimmt nicht ganz, zumal gerade in der Moldau die erste Übersetzung der Bibel in ungarischer Sprache entstand. Die aus Ungarn vertriebenen und in der Moldau angesiedelten ungarischen Hussitenführer, Tamás Pécsi und Bálint Ujlaki, waren die Autoren dieser ersten Übersetzung der Bibel in die ungarische Sprache. Diese ungarische Hussitenbibel kam noch nicht zum Vorschein, aber ihre Abschriften kennen wir aus dem Wiener Kodex (um 1450), dem Apor-Kodex (1490-1500) und dem Münchener Kodex. Letzteren schrieb

Frau Simó singt in den Fonografen von Péter Pál Domokos in Lészped, 1932

Péter Pál Domokos während der Forschung in Trunk, 1933

Pferdekutsche auf dem Weg nach Szabófalva (Kom. Roman, Moldau). Aufnahme von László Lukács, 1994

Straßenbild in Pusztina. Aufnahme von Ágnes Varró, 1994

Deckeltor in Pusztina. Aufnahme von László Lukács, 1994

Kuhgespann in Pusztina. Aufnahme von László Lukács, 1994

György Németi im Jahre 1466 in der Woiwodschaft Moldau in der Stadt Tatros/Tîrgu Trotuş. Die Moldauer Hussitenbibel ist älter als die von Martin Luther (1534) für die Deutschen, die von Gáspár Károli (1590) für die ungarischen Kalvinisten und die von György Káldi (1626) für die ungarischen Katholiken angefertigten Bibelübersetzungen.

In Szabófalva lebte der Csángó-Dichter Demeter Lakatos (1911-1974). Die archaische Sprache seiner Gedichte ist den mittelalterlichen Sprachdenkmälern der altungarischen Sprache ähnlich. Ebenfalls in Szabófalva wirkte Péter Szeszka Erdős, Landwirt und Heimatkundler, der in den 1970er Jahren wertvolle volkskundliche Angaben über sein Dorf sammelte. Seit 1990 erscheint speziell für die Moldauer Ungarn eine Csángó-Zeitung (*Csángó Újság*) mit teils ungarischen und teils rumänischen Artikeln. Die Széklerland-Stiftung veröffentlicht in Csíkszereda (Siebenbürgen) seit 1991 die Zeitschrift *Moldvai Magyarság* (Das Moldauer Ungartum) in ungarischer Sprache.

Nach Olts Artikel erklärte ein Moldauer Dorfpfarrer einem Volkskundler über seine ungarischen Gläubigen: „Diese Idioten haben keine Volkskultur." Gegen diese falsche und übelgesinnte Äußerung mag aufgrund der volkskundlichen Feldforschungen und Veröffentlichungen festgestellt werden: Die Volkskultur der Moldauer Ungarn ist eine der lebendigsten, reichhaltigsten, altertümlichsten und wertvollsten des ganzen ungarischen Sprachgebietes. Peterca hat Recht mit der Feststellung, es sei „mehr über diese Csángós und ihre Geschichte zu forschen; das kann nur Wahrheit bringen." Die ungarischen Volkskundler in Ungarn und Siebenbürgen trugen zum Kennenlernen dieser vergessenen und unterdrückten Volksgruppe in den letzten Jahrzehnten mit gut fundierten Forschungen bei. Allein im Archiv des Folklore-Institutes in Klausenburg (Kolozsvár/Cluj-Napoca) wurden bis Ende 1995 4.310 Tonbandaufnahmen und in Noten niedergeschriebene Aufnahmen der moldau-ungarischen Volksmusik, Volkslieder und Balladen, dazu noch eine wertvolle, riesige Sammlung der Volksmärchen sowie Bräuche und Tänze in Form von Foto- und Filmaufnahmen zusammengetragen. Aufgrund ihrer ausgedehnten Forschungen veröffentlichten die siebenbürgisch-ungarischen Volkskundler in den 1970er und 1980er Jahren im Bukarester Kriterion-Verlag mehrere Bücher über Volkslieder, Balladen und Volkskunst der Moldauer Ungarn. Diese Bücher gehören zu den wertvollsten und wichtigsten Ergebnissen der ungarischen Volkskunde unserer Zeit.

Pusztinaer Frau auf dem Weg zum Maishacken (Kom. Bákó / Bacău, Moldau). Aufnahme von László Lukács, 1994

Gevatterinwahl mit Eiertausch am Weißen Sonntag in Lészped. Aufnahme von Zoltán Kallós, 1964

Die Forschung über die Ungarn in der Moldau war eines der beliebten Themen des Volkskundeprofessors der Universität Klausenburg und Debrecen, Béla Gunda. In seinen Studien suchte er an erster Stelle die Antwort auf den Ursprung der Moldauer Ungarn. Nach der Erscheinung des Buches von Károly Kós und seinen Kollegen *Die Csángó-Volkskunst der Moldau* hat er oftmals gesagt, dass das reiche Volkskunstmaterial in der Moldau nicht ein kleines Volksfragment repräsentieren könne.

Peterca schrieb, die Moldauer Csángós hätten keine direkten Beziehungen oder Verwandtschaftsgefühle mit den Ungarn in Siebenbürgen. Diese Feststellung gehört auch zur „teile und herrsche"-Methode der Behandlung nationaler Minderheiten. Wie

Schüler in der ungarischen Privatschule von József Fazakas in Lészped. Aufnahme von Ánges Varró, 1994

Ungarische Schreibübung auf dem Lészpeder Hof von József Fazakas. Aufnahme von Ágnes Varró, 1994

Weiden in Klézse. Aufnahme von László Lukács, 1994

Die römisch-katholische Pfarrkirche in Tatros. Aufnahme von László Lukács, 1994

Schafe hütende Kinder auf der Weide in Klézse. Aufnahme von Ánges Varró, 1994

Kirchweihfest am Pfingsttag in Csíksomlyó. Aufnahme von László Lukács, 1994

es eine einzige ungarische Sprache mit mehreren Dialekten gibt, so gibt es auch ein einziges ungarisches Volk mit mehreren Gruppen, welche unterschiedlich geschichtlich und geographisch geprägt worden sind. Zu diesen Gruppen des ungarischen Volkes gehören die Moldauer Ungarn, die Szekler Ungarn und die Siebenbürger Ungarn. Unter diesen drei ungarischen Volksgruppen gibt es seit Jahrhunderten starke wirtschaftliche und kulturelle Beziehungen. Seit dem Mittelalter übersiedelten oder flüchteten Gruppen der Szekler Ungarn in die Moldau und suchten neue Zufluchtsorte in den alten Csángó-Dörfern. Siebenbürger und Szekler Ungarn arbeiteten als landwirtschaftliche Saisonarbeiter in den großen Gutshöfen der Moldau. Die Szekler verkauften irdene Töpferwaren und ungarische Holzpflüge in den moldauischen Siedlungen oder tauschten sie gegen Wein oder Mais. Auch die Wallfahrten der Moldauer Ungarn seien hier noch erwähnt: 1823

Töpfer Rajmund Gábor in Gorzafalva. Aufnahme von László Lukács, 1994

Ungarnkönig Sankt Stephan Kirche in Pusztina. Aufnahme von László Lukács, 1994

Altarbild der Pusztinaer Kirche: Ungarnkönig Sankt Stephan offert sein Land der Heiligen Jungfrau. Aufnahme von Ágnes Varró, 1994

schenkten die Csángó-Wallfahrer der Csíksomlyóer Kirchengemeinde die Bálványos-Hochgebirgsweide und bekamen als Gegenleistung für alle Zeiten dreitägige kostenlose Unterkunft. Die Csángós erlernten von den Siebenbürger Ungarn seit 1920 beim rumänischen Militär die neuen ungarischen Volkslieder. Eine Gruppe der Moldauer Ungarn nahm 1938 gemeinsam mit den Moldauer Rumänen am Eucharistischen Weltkongress in Budapest teil. 1000 Vertreter der Moldauer Ungarn erschienen auch zu den Feierlichkeiten des Papstbesuches in Ungarn 1991. Eine Gruppe der Moldauer Ungarn nahm 1992 beim Begräbnis des Volkskundlers Péter Pál Domokos in Budapest teil. Außerdem nehmen mehrere Volkstanzgruppen, Volksmusiker und Sänger im jährlich in Jászberény (Ungarn, Komitat Jász-Nagykun-Szolnok) veranstalteten Moldauer Csángó-Treffen teil.

Seit 1990 arbeiten mehrere hundert Moldauer Csángó-Männer, insbesondere Zimmerleute, in Ungarn. Viele Moldauer Csángó-Kinder lernen in den ungarischsprachigen Mittelschulen und Gymnasien des siebenbürgischen Szeklerlandes. Seit ungefähr fünf Jahren studieren nun sogar einige Moldauer Csángó-Studenten an den Universitäten in Ungarn.

Lebendige Zeugnisse menschlicher Beziehungen zwischen den Moldauer und den Szekler Ungarn sind die sogenannten, „100 Lei-Ehefrauen". In den entlegenen, kollektivierten Hochgebirgsdörfern – ähnlich wie in den Alpenländern – bekamen die Szekler Bauernburschen nur sehr schwer Szekler Frauen zur Heirat. Die alten Junggesellen verschafften sich die Adresse der Moldauer Csángó-Frauen und in Begleitung einiger einladender Zeilen und eines Fotos schickten sie ihnen 100 Lei für die Fahrtkosten in einem Brief. Die Csángó-Frauen kamen in fast allen Fällen; die 100 Lei waren in der Regel nicht verloren. In Csíkszentdomonkos/Sindominic heirateten zwischen 1968 und 1980 72 „100 Lei-Ehefrauen" aus der Moldau. Die „100 Lei-Ehefrauen" hält man im Szekler-Lande für geschickte, fleißige und saubere Ehefrauen. Diese Ehen schaffen verwandtschaftliche Beziehungen zwischen Siebenbürgen und Moldau.

Bereits vor dem sowjetischen Einfall in der Moldau 1944 übersiedelten 973 Moldauer Ungarn nach Ungarn und wurden letzten Endes in den ehemaligen ungarndeutschen Siedlungen der Komitate Baranya und Tolna ansässig. Die Besuche dieser Ansiedler in ihrer Moldauer Heimat und alle übrigen hier erwähnten Beziehungen der Szekler und Siebenbürger Ungarn mit den Moldauer Ungarn bestärken immer wieder die ungarische Identität der Moldauer Csángó-Ungarn.

[Vortrag gehalten an dem 5. Finnisch-Ungarischen Volkskundlichen Symposium, 1994, Rauma, Finnland. Erschienen in Englisch und Deutsch:
Lukács, László: *Problems in the ethnic identity of the Moldovan Hungarians.* Studia Fennica. Ethnologica 3. 1995. 156-16. Helsinki
Lukács, László: *Probleme der ethnischen Identität der Moldauer Ungarn.* Österreichische Zeitschrift für Volkskunde XCIX.1996. 339-344. Wien]

Literatur

BALÁZS, Lajos
1982 *A párválasztás kritériumrendszere Csíkszentdomonkoson* [Kriterien der Ehepartnerwahl in Csíkszentdomonkos]. Korunk Évkönyv 1982, 147-160. Kolozsvár
1994 *Az én első tisztességes napom. Párválasztás és lakodalom Csíkszentdomonkoson* [Mein erster geehrter Tag. Ehepartnerwahl und Hochzeit in Csíkszentdomonkos]. Bukarest

BENKŐ, Levente
1994 *Csángó magyarok kálváriája Moldvában. Fehér Katalin magániskolája – Jegyzőkönyv és törvény* [Das Leid der Moldauer Ungarn. Die Privatschule von Katalin Fehér. Protokoll und Gesetz]. Magyarország XXXI. 28. 15. Juli 1994, 26. Budapest 1994

BERECZKI, András
1993 *Románia népességének alakulása 1930-1992 között* [Die Entwicklung der Bevölkerung Rumäniens zwischen 1930-1992]. Erdélyi Múzeum LV. 1-2. 76-98. Kolozsvár

BOSNYÁK, Sándor
1980 *A moldvai magyarok hitvilága* [Glaubenswelt der Moldauer Ungarn]. Folklór Archívum XII. Budapest

DOMOKOS, Pál Péter
1987 *A moldvai magyarság* [Das Moldauer Ungartum]. Budapest

GAZDA, József
1993 *Hát én hogyne siratnám. Csángók a sodró időben* [Ich beweine sie auch. Moldauer Ungarn in der rasenden Zeit]. Budapest
1994 *A nyelv és magyarságtudat szintjei a moldvai csángóknál* [Die Stufen der Sprache und des Ungarnbewusstseins bei den Moldauer Ungarn]. Néprajzi Látóhatár III. 269-281. Debrecen

GUNDA, Béla

1984 *A moldvai magyarok néprajzi kutatása* [Volkskundliche Erforschung der Moldauer Ungarn]. A határainkon kívüli magyar néprajzi kutatások. Hg. von Mária Szabó, 66-112. Budapest

1987 *Ursprung der Moldau-Ungarn.* Forschungen über Siebenbürgen und seine Nachbarn. Hg. von Kálmán Benda, Thomas von Bogyay, Horst Glassl und Zsolt Lengyel. 267-287. München 1987

1988 *A moldvai magyarok eredete* [Ursprung der Moldauer Ungarn]. Magyar Nyelv LXXXIV. S. 12-24. Budapest

1989 *A moldvai magyarok kutatásának újabb eredményei* [Neuere Ergebnisse der Erforschung der Moldauer Ungarn]. A határainkon kívüli magyar néprajzi kutatások II. Hg. von Tivadar Petercsák. S. 59-78. Budapest

1990 *A moldvai magyar népi műveltség jellegéhez: néprajzi gyűjtőúton a moldvai magyaroknál* [Zum Ckarakter der Volkskultur der Moldauer Ungarn: auf volkskundlicher Feldforschung bei den Moldauer Ungarn]. Népi Kultúra – Népi Társadalom XV. S. 37-87. Budapest

HALÁSZ, Péter

1994 *Eredmények és feladatok a moldvai csángók néprajzi kutatásában* [Ergebnisse und Aufgaben der volkskundlichen Forschung der Moldauer Ungarn]. Néprajzi Látóhatár III. 1-37. Debrecen

2004 *Nem lehet nyugtunk...! Esszék, gondolatok, útirajzok a moldvai magyarokról* [Wir können keine Ruhe haben...! Essays, Gedanke, Reiseberichte über die Moldauer Ungarn]. Budapest

2007 *A moldvai csángó magyarok hiedelmei* [Volksglauben der Moldauer Ungarn]. Budapest

2007 *A moldvai magyarok hagyományos állattartása* [Viehzucht der Moldauer Ungarn]. Budapest

HALÁSZ, Péter (Hg.):

1993 *„Megfog vala apóm szokcor kezemtül..." Tanulmányok Domokos Pál Péter emlékére* [„Mein Vater hatte mehrmals meine Hand gehalten..." Gedenkschrift für Péter Pál Domokos]. Budapest

KALLÓS, Zoltán

1973 *Balladák könyve. Élő erdélyi és moldvai magyar népballadák* [Buch der Balladen. Lebende siebenbürgische und moldauer-ungarische Volksballaden]. Budapest

1973 *Új guzsalyam mellett* [Volkslieder und Balladen einer ungarischen Frau in der Moldau]. Bukarest

1996 *Ez az utazólevelem. Balladák új könyve.* [Neues Balladenbuch]. Budapest

KÓS, Károly - SZENTIMREI, Judit - NAGY, Jenő

1981 *Moldvai csángó népművészet* [Volkskunst der Moldauer Ungarn] Bukarest

LENGYEL, Zsolt K.

1987 *Katholischer Glaube und ungarische Muttersprache. Zur Wallfahrt in Csíksomlyó.* Ungarn-Jahrbuch XV. 210-218. München

LUKÁCS, László

2009 *Moldvai gyűjtés* [Moldauer volkskundliche Sammlung]. Sárfőtől Mezőföldig. Táj- és népkutatás Fejér megyében. 393-436. Székesfehérvár

LÜKŐ, Gábor
1936 *A moldvai csángók. I. A csángók kapcsolatai az erdélyi magyarsággal* [Die Moldauer Ungarn. Ihre Beziehungen mit den Siebenbürger Ungarn]. Budapest

MIKECS, László
1941 *Csángók* [Moldauer Ungarn]. Budapest
1943 *Ursprung und Schicksal der Tschango-Ungarn.* Ungarische Jahrbücher XXIII. 247-280. Berlin

OLT, Reinhard
1993 *Vergessene Volksgruppe. Die Csángós wollen ihre nationale Identität zurückgewinnen.* Frankfurter Allgemeine Zeitung Nr. 129, 7. Juni 1993, 12.

PÁVAI, István
2005 *Zene, vallás, identitás a moldvai magyar népéletben* [Musik, Religion, Identität im Volksleben der Moldauer Ungarn]. Budapest

POZSONY, Ferenc
1994 *Szeret vize martján. Moldvai csángómagyar népköltészet* [Volksdichtung der Moldauer Ungarn] Kolozsvár
2005 *A moldvai csángó magyarok* [Die Moldauer Ungarn]. Budapest

SEBŐK, László
1992 *A romániai magyarok száma a népszámlálások és az egyéb statisztikák szerint* [Die Anzahl der Ungarn in Rumänien laut den Volkszählungen und sonstigen Statistiken]. Századok CXXVI. 383-402. Budapest

SZABÓ, T. Ádám
1993 *Die Katholiken in der Moldau.* Eurasian Studies Yearbook. LXV. 29-46. Berlin, Bloomington

SZEGŐ, Júlia
1988 *Ismeretlen moldvai nótafák. Csángó falvak énekközlőinek szöveg és dallamkincse* [Volksdichtung der Moldauer Ungarn]. Budapest

TÁNCZOS, Vilmos
1995 *Gyöngyökkel gyökereztél. Gyimesi és moldvai archaikus népi imádságok* [Archaische Volksgebete der Gyimeser und Moldauer Ungarn]. Csíkszereda
2001 *Moldvai csángók – moldvai katolikusok. Lélekszámuk alakulása a múltban és a jelenben* [Moldauer Ungarn – römisch-katholische Moldauer. Entwicklung ihrer Anzahl in der Vergangenheit und Gegenwart]. Ethnographia CXII. 2001. 149 – 178.

VERESS, Sándor
1989 *Moldvai gyűjtés* [Moldauer Sammlung]. Magyar Népköltési Gyűjtemény XVI. Budapest

WAGNER, Ernst
1980 *Ungarn (Csangonen) in der Moldau und in der Bukowina im Spiegel neuerer rumänischer Quelleneditionen.* Zeitschrift für Siebenbürgische Landeskunde 3. 27-47. Köln–Wien

ZOBEL, Valeria
1978 *Szekler (Csangonen) in der Moldau und in der Bukowina.* Zeitschrift für Siebenbürgische Landeskunde 1. 155-165. Köln–Wien

ZSUPOS, Zoltán
1992 *Reflexions sur les origines des hongrois-tschángos de Moldavie.* In: Ethnographica et Folkloristica Carpathica VII-VIII. 657-666. Debrecen

DIE ERFORSCHUNG DER ARKADENHÄUSER IN DER UNGARISCHEN VOLKSARCHITEKTUR

ZUR ÄSTHETISCHEN VOLKSKULTUR DER MITTEL- UND UNTERSCHICHTEN DER LANDBEVÖLKERUNG IN UNGARN

Als in Ungarn 1848 die feudalen Vorrechte des Adelsstandes abgeschafft wurden, waren fünf Prozent der Gesamtbevölkerung adeliger Herkunft. In ähnlicher Größenordnung war der Adel im damaligen Europa allein in Polen und Spanien vertreten. Im dreigeteilten Polen gehörten acht Prozent der Bevölkerung zur adeligen Schicht; in den fortgeschrittenen westeuropäischen Ländern nur etwa ein Prozent, auch während der Blütezeit der Feudalgesellschaft. In Frankreich vor 1789 gehörte ein halbes Prozent der Gesamtbevölkerung zum Adelsstand.[1]

Die Mehrheit der ungarischen Adeligen entstand während der langen Türkenkriege: Die erfolgreich kämpfenden ungarischen Soldaten bekamen Adelsbriefe von den Habsburgerkönigen. Im 18. Jahrhundert wurden auch besonders qualifizierte Leute, vor allem Beamte, geadelt. Die unteren Schichten der ungarischen Adeligen betrieben zum überwiegenden Teil die Lebensweise der Bauern oder Handwerker und sicherten ihren Lebensunterhalt durch eigene Arbeit. László Kósa in seinem *Abriß der ungarischen Volkskunde* charakterisiert diese doppelgesichtige Gesellschaftsgruppe wie folgt: „Besondere Aufmerksamkeit verdienen die ärmeren Adligen und ihre Nachfahren. Der ungarische Sprachgebrauch bezeichnete jene Adligen, die höchstens einen Fronbauern hatten, meist jedoch den Boden selbst bestellten oder ein Gewerbe betrieben, als *Kleinadel* (*kisnemes*). Auf dem Papier zählten sie zum gleichen Stand wie die Aristokraten und die vermögenderen adligen Grundbesitzer, in Wirklichkeit trennten sie jedoch von ihnen gewaltige Unterschiede, vor allem die Tatsache, daß sie von ihrer Hände Arbeit lebten. Von den zur gleichen Vermögenskategorie wie sie selbst gehörenden Fronbauern unterschied sie nicht ihre Lebensweise, wohl aber ihre rechtliche Sonderstellung... Der ungarische Kleinadel war eine doppelgesichtige Gesellschaftsschicht, einerseits konservativ eingestellt und auf Wahrung seiner Vorrechte bedacht, andererseits den kulturellen Einflüssen und Modeerscheinungen gegenüber zugänglicher als die Leibeigenen. Seine gesellschaftliche Beweglichkeit war weniger eingeschränkt, und wenn er es sich materiell leisten konnte, ließ er seine Söhne studieren. Aus dieser Situation ergaben sich für den Kleinadel zwei wichtige Missionen: Einerseits war er in der erwähnten Weise für die Bauern ein wichtiger Vermittler und ein kulturelles Vorbild. In der Kleidung, der Wohnungseinrichtung und der Bauweise, im Geschmack und im Verhalten konnte er die prachtvollste und farbigste Variante der Volkskultur sein eigen nennen. Andererseits hatte er im 19. Jahrhundert dadurch, daß er seine Kinder studieren ließ, einen bedeutenden Anteil am Nachwuchs der ungarischen Intelligenz. Viele namhaften Schriftsteller, Dichter und Wissenschaftler entstammen kleinadeligen Familien, und noch größer war die Zahl der aus dieser Gesellschaftsschicht hervorgegangenen Geistlichen, Lehrer und Beamten."[2]

Lange Zeit hindurch wurde die wissenschaftliche Forschung des ungarischen Kleinadels sowohl von der Sozialgeschichte als auch von der Volkskunde vernachlässigt.

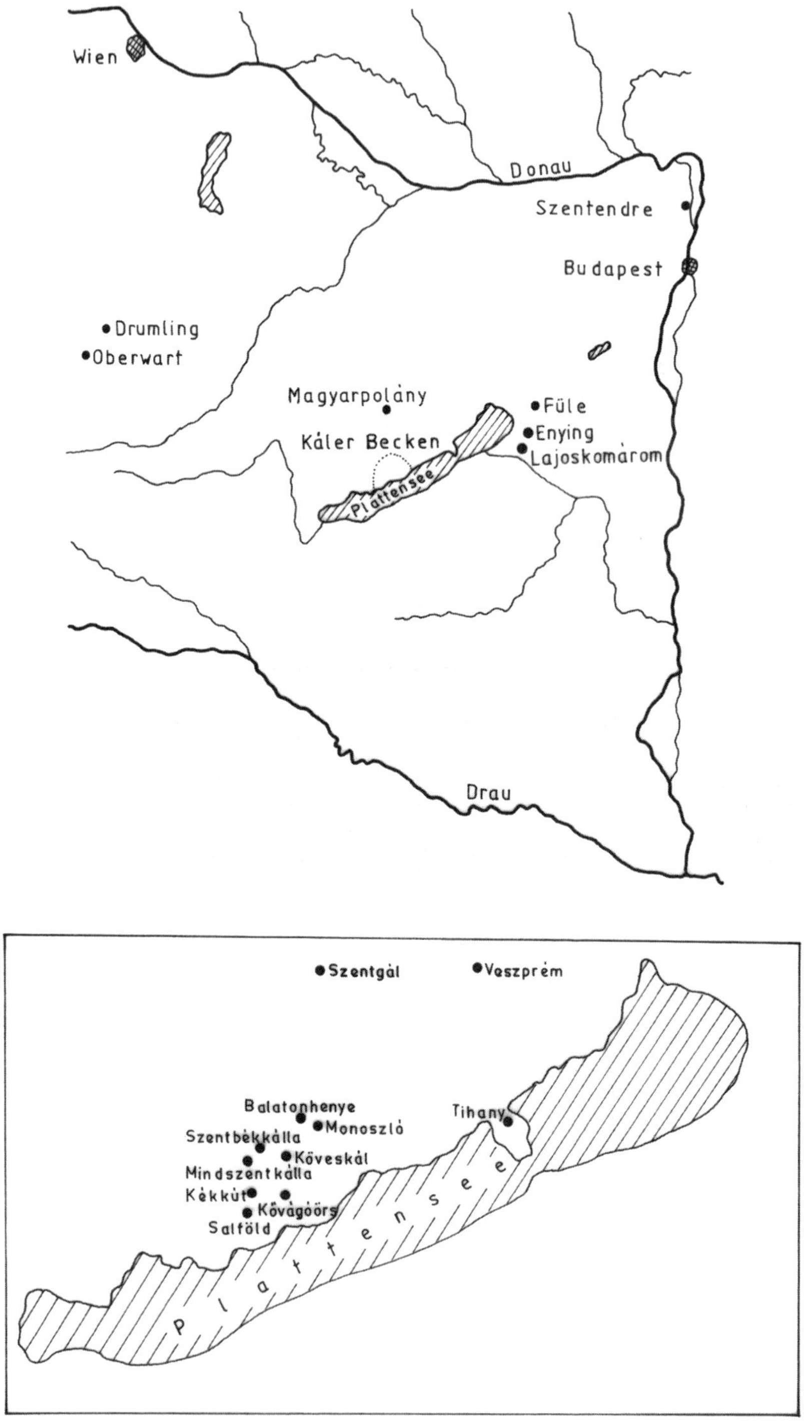

Das Forschungsgebiet

Die Geschichtswissenschaft befaßte sich eher mit der politischen Rolle und militärischen Bedeutung des wohlhabenden, begüterten Adels,[3] während die Volkskunde die Untersuchung der bäuerlichen Kultur als ihre Aufgabe betrachtete. Falls sie dennoch den Kleinadel oder dessen Abkommenschaft untersuchte, so tat sie es vor allem wegen seiner bäuerlichen Lebensweise, ohne seine sonstigen gesellschaftlichen Merkmale zu beachten. Infolgedessen ist es schwer zu rekonstruieren, welche kulturellen und gesellschaftlichen Wesenszüge die untere Schicht des Adels in den Jahrzehnten vor dem Verlust seiner Privilegien gekennzeichnet haben. Diese Frage ist schon deshalb nicht gleichgültig, weil es in der neuzeitlichen ungarischen Gesellschaft noch in der ersten Hälfte des 20. Jahrhunderts gewisse Erscheinungen gab, die auf die adelige Vergangenheit verwiesen.[4] Bemerkbar sind die adelige Abstammung und das starke Standesbewußtsein in den ehemaligen Trachten, in der bis heute wirkenden Zusammengehörigkeit, in der Namensgebung und der Anrede, in der Präsentation der Ahnen, in der Ernährung und in der Repräsentationslust.[5]

Feldforschungen in den kleinadeligen Dörfern, Gespräche mit Abkömmlingen des ehemaligen Adels, volkskundliche und ortsgeschichtliche Schriften sowie Archivalien, alte Familienurkunden und Baupläne aus den aufbewahrten privaten Sammlungen ermöglichen uns die Antwort auf die Frage nach der Herkunft der Arkadenhäuser, der Aufnahme von Neuerungen und Moden in der Bauweise und in der Wohnkultur der kleinadeligen Schicht.[6]

Nach der Befreiung von der Türkenherrschaft lebten in zwei westungarischen Komitaten (Veszprém, Zala) besonders viele kleinadelige Familien. Nach der josephinischen Volkszählung (1787) gehörten zehn Prozent der Bevölkerung des Komitats Veszprém zum privilegierten Adelsstand.[7] Eine Eigenart der ungarischen Siedlungsstruktur, die sich auf mittelalterliche Verhältnisse zurückführen läßt, ist der Umstand, daß die Mehrheit der kleinadeligen Familien in *Adelsdörfern*, sogenannten *kurialistischen Dörfern* neben den Leibeigenen- oder Bauerndörfern lebten. Im 18. und 19. Jahrhundert finden wir in den zwei Komitaten des Plattensee-Oberlandes (Veszprém, Zala) mehr als einhundertzwanzig Adelsdörfer. Durch die Ansiedlung von Bauern nach der Aufhebung der Leibeigenschaft (1848) wurde in den ehemaligen kurialistischen Dörfern zwar der Adel zur Minderheit, die tatsächliche wirtschaftliche, politische und kulturelle Macht hat er aber weiterhin ausgeübt. Der Kleinadel ließ sich von der Bauernschaft ohnehin nicht genau trennen. Reiche Bauern haben oft adelige Frauen geheiratet, wodurch ihr Gut steuerfrei wurde und sie und ihre Nachkommen eine freiere gesellschaftliche Stellung erreicht haben. Durch die Wechselwirkung der bäuerlichen und der kleinadeligen Kultur entstand eine eigenartige Volkskultur, die auf die Architektur dieser Dörfer nicht ohne Einfluß blieb. Die spätfeudale gesellschaftliche Hierarchie spiegelte sich auch in der erbauten Umwelt wider: Der Hochadel ließ sich mehrstöckige Schlösser errichten, der Landadel, die Reichen nachahmend, baute sich Herrenhäuser mit vielen Räumen im Erdgeschoß, und der Kleinadel richtete sich in ähnlichen Häusern ein wie die Bauern, mit Stube, Küche, Kammer, jedoch mit offenem Kamin in der Küche, Kachelofen in der Stube und Arkadenflur auf der Hofseite.[8]

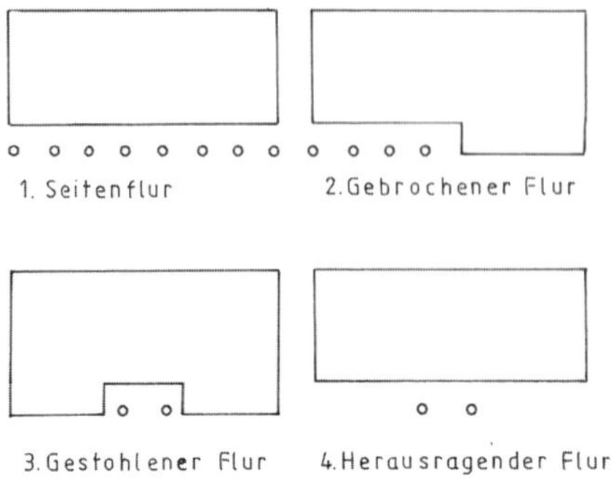

Die Flurtypen im Káler Becken

Das Tobak- oder Vicispán-Haus in Kővágóörs, Petőfi-Str. 20, mit zwei Varianten des Arkadenflurs; zum Hofflügel gehört auch ein herausragender Flur. Das Haus wurde nach 1949 enteignet und von der landwirtschaftlichen Produktionsgenossenschaft teilweise abgerissen. Aufnahme von Károly Tóth, 1936

Die Flure, die die Erscheinungen des Wohnhauses in der Bakonyerwald – Plattenseegegend ausschlaggebend bestimmen, im Hinblick auf die Baukonstruktion höchst bemerkenswert sind und die Einwirkung der verschiedenen Stilperioden, hauptsächlich der Renaissance und des Barocks, widerspiegeln, haben das Interesse ungarischer Volkskundler und Architekten schon sehr früh geweckt.[9] Ernő Foerk, Professor an der Ungarischen höheren Baugewerbeschule in Budapest, schrieb 1927: „Den schönsten, sozusagen monumentalsten Typ des ungarischen Bauernhauses haben wir in den Dorfhäusern mit Steinsäulen, Steingewölbe und Flur am Plattensee und in Transdanubien."[10] Foerk ließ sogar ein Flurhaus in Tihany von seinen Schülern vermessen. In der *Geschichte der ungarischen Architektur* betonte Virgil Bierbauer, der Flur diene vor allem einem praktischen Ziel, doch vergaß er auch seinen ästhetischen Wert nicht: „...dem gewölbten Flur wohnt die Möglichkeit eines künstlerischen Ausdrucks, ähnlich einer mehrstimmigen räumlichen Melodie, inne".[11] In bezug auf die gewölbten Fluren mit Säulen hob Jolán Balogh den Einfluß der Renaissance, Aurél Vajkai den Einfluß des Barockstils hervor.[12] László Vargha meinte, mit dieser konstruktionell-formellen Lösung habe der in bäuerlicher Lebensform lebende Kleinadel sein eigenes gesellschaftliches Selbstverständnis zum Ausdruck gebracht.[13]

In seiner Zusammenfassung über die Volksarchitektur der Plattenseegegend schilderte László Vargha die Arkadenhäuser des Plattensee-Oberlandes wie folgt: „Am Nordufer des Plattensees ist eine überaus abwechslungsreiche Gestaltung der Arkaden und Flure zu beobachten. Der viereckige, glatte Pfeiler, die mit Kapitellen geschmückte Säulenreihe, die durch große, halbkreisförmige Öffnungen gegliederten schattigen Flure, die bogenförmigen Girlanden über den weißen Säulenreihen – all dies ist mit seinem wechselvollen, ergreifenden Charme nachgerade beispiellos. Der schönste Typ der regionalen Architektur ist zweifellos der mit Säulen gestützte, gewölbte Flur. Der langsame Entwicklungsgang, die individuelle Gestaltung und die örtlichen Gegebenheiten führten zu den verschiedensten Lösungen. Der bedarfsgerechte, zielbewußte Gebrauch des Baustoffes erforderte die einfache Unterstüt-

Seitenflur mit Steinpfeilern, ohne Brüstung, des Rauchküchenhauses in Kékkút, Fő-Str. 55. Aufnahme von László Lukács, 1982

Seitenflur mit Steinpfeilern und Brüstung des Rauchküchenhauses in Kővágóörs, Rákóczi-Str. 10. Aufnahme von László Lukács, 1985

Flur mit Quergurtbogen, Pfeiler und Brüstung. Balatonhenye, Kossuth-Str. 105. Aufnahme von László Lukács, 1986

Säulenflur des Balogh-Hauses in Balatonhenye, Kossuth-Str. 45; in der Zeit der Forschung im Besitz der landwirtschaftlichen Produktionsgenossenschaft. Aufnahme von László Lukács, 1986

zungskonstruktion. In Kenntnis der örtlichen Traditionen wurden nach Abschaffung der adeligen Vorrechte auch die äußerlichen Merkmale der Lebensform des Adels allgemein gebräuchlich. Die adeligen Landsitze, die kirchlichen Bauten, die kleinen Dorfkirchen veranschaulichen mit ihren durch Säulen gestützten Arkaden und Fluren sowie den gewölbten Chören die späte, aber noch immer fruchtbare Wirkung des Barockstils."[14] Schon Virgil Bierbauer mahnte die Forscher, daß die Kenntnis der Verbreitung und Chronologie der einzelnen Typen zur Lösung der Flur-Frage notwendig sei.[15] Die Flurtypen des ungarischen Sprachgebietes wurden von Jenő Barabás und Nándor Gilyén typisiert.[16]

Der Autor selbst erforschte im Plattensee-Oberland in den Jahren 1981 bis 1989 die Volksarchitektur im Káler Becken.[17] Bereits Ferenc Mendele, Erforscher der Volksarchitektur im Plattensee-Oberland, hat darauf hingewiesen, daß hier die schönsten Beispiele der Flure mit Brüstung und Bogen zu finden seien.[18] Nachfolgend wird der Versuch unternommen, die im Káler Becken ermittelten Flure in dieses System einzuordnen und womöglich auch ihre Chronologie zu erörtern. Im Káler Bekken heißt der Flur auf ungarisch *gádor, gang.*[19] Sein praktischer Zweck ist die Sicherung des Verkehrs zwischen Stube und Küche in einem halbgeschlossenen Raum.

Säulenflur des Kenessey-Hauses in Balatonhenye, Kossuth-Str. 125. Aufnahme von László Lukács, 1986

Arkadenflur des Boross-Hauses in Kővágóörs, Ady-Str. 38. Aufnahme von László Lukács, 1985

Zwei alte Gewährsleute des Autors im gestohlenen Arkadenflur des Barla-Hauses in Kővágóörs, Dózsa-Str. 7. Aufnahme von László Lukács, 1982

Da es unter den Häusern mit freiem Kamin auch einige gibt, in denen die Türen der Stube und der Küche getrennt auf den Flur hinausführen, bestand dieser praktische Zweck nicht nur im Falle der Rauchküchenhäuser, sondern auch bei den Gebäuden mit freiem Kamin. Im hier behandelten Gebiet unterscheiden wir drei häufigere und einen selteneren Typ: ung.: *oldaltornác* (Seitenflur), *tört tornác* (gebrochener Flur), *kiugró tornác* (herausragender Flur) bzw. *lopott tornác* (gestohlener Flur).

Bei der einfacheren Form des Seitenflurs wird die Deckenbalken tragende Bodenpfette durch einen oder mehrere Steinpfeiler gestützt. Seine Form ohne Brüstung finden wir in Szentbékkálla am 1816 gebauten Rauchküchenhaus von Mária Lengyel. Ursprünglich ruhte hier die Bodenpfette auf einem einzigen dicken Pfeiler, der andere, dünnere, wurde erst später gebaut, als sich die Pfette zu biegen begann. Die flache Decke des Flurs ist aus Hartholz und durch den aus der Rauchküche über der Küchentür hervorquellenden Rauch auch heute noch rußgeschwärzt. Ohne Brüstung ist der Seitenflur in Köveskál am ehemaligen „Schweinehirtenhaus" (*kanászház*, Vásártér-Str. 5). Die Bodenpfette aus Hartholz ruht auf drei starken Steinpfeilern. Zwei solcher Pfeiler sehen wir im Flur des Rauchküchenhauses von Frau Kálmán Egyed in Kékkút (Fő-Str. 55). Im Milleniumsjahr 2000 wurde in diesem Rauchküchenhaus mit Seitenflur ein Heimatmuseum eröffnet.

In die Zwischenräume der Pfeiler wird meistens ein einen Meter hohes, mit Lehm oder Mörtel verputzte Brüstung aus Stein gebaut (ung.: *pódiumos gádor*). Im Pfarrhaus von Monoszló (Baujahr: 1765) ruht der mit Brüstung versehene Flur auf vier Steinpfeilern. Der Zwischenraum der beiden mittleren Pfeiler wurde 1918 zugemauert; damals ließ Pfarrer Imre Siskey aus der äußeren Hälfte der Küche mit freiem Kamin und aus dem Flurteil vor der Küche ein Vorzimmer bauen, das er als Büro benützte. In Balatonhenye wurde der Flur des Rauchküchenhauses von Frau József Székely mit Brüstung und drei Pfeilern gebaut; die Hartholzdecke ist oberhalb der Küchentür stark verrußt. In der Brüstung ist gegenüber der Stubentür ein Blindfenster zu sehen. In Kővágóörs hatte der Flur am Haus (bis 1923 mit Rauchküche) der Frau István Antal ursprünglich keine Brüstung, dafür aber fünf Pfeiler. Nach mehreren Umbauten wurde daraus ein „gebrochener Flur" mit Brüstung. An der Straßenfassade wurde sein offener Eingang neben dem ersten Pfeiler zugemauert. In die Zwischenräume der ersten vier Pfeiler vor der Stube, der Küche und der Bodentreppe wurde eine Brüstung gebaut, während man den Zwischenraum des vierten und fünften Pfeilers vollständig zugemauert hat. Dieser Flurabschnitt wurde zu einem Teil der Hinterstube und zu einer – zeitweilig als Stube benutzten – Kammer. So entstand der „gebrochene Flur". Trotz der Verbauung sieht man an der hinteren Hausecke auch heute ganz deutlich den fünften Pfeiler und daneben den ehemaligen hinteren Flurausgang. Die Hartholzdecke ist verrußt.

Seitenflur mit Steinpfeilern und Brüstung eines Rauchküchenhauses in Kővágóörs. Zeichnung aus dem Nachlaß von Ottó Herman (Museum für Volkskunde, Budapest, Ethnologische Datensammlung, Inv.-Nr.: EA. 5059)

Arkadenflur eines adeligen Landsitzes in Kővágóörs. Zeichnung aus dem Nachlaß von Ottó Herman (Museum für Volkskunde, Budapest, Ethnologische Datensammlung, Inv.-Nr.: EA. 5059)

In Kővágóörs wurde am Haus von Dr. Gábor Rohály der gebrochene Flur mit Brüstung und zwei Pfeilern gebaut. Der erste Steinpfeiler ist 45 x 56 cm dick, der zweite 60 x 65 cm. Die Höhe der dazwischen befindlichen Brüstung beträgt 75 cm, die Dicke 45 cm. Auf den beiden Pfeilern ruht die aus einem Stück gefertigte, auffallend dicke Bodenpfette. Die Flurdecke ist aus dickem, breitem, grob gearbeitetem Hartholz und vom Rauch der Rauchküche verrußt. Dicke Kalkschichten – Reste der Tünchungen – bedecken die Brüstung und die Pfeiler. In Köveskál ist am ehemaligen Haus von Lajos Kövesdi ein gebrochener Flur mit Brüstung zu sehen. Die Bodenpfette ruht hier vorn und in der Mitte auf je einem dicken Steinpfeiler. In Salföld finden wir am Rauchküchenhaus der Erben von Gyula Horváth einen einzigen dicken Flurpfeiler. Es handelt sich um einen kurzen „gestohlenen" Flur, rechts die Kammer, links die Hühnerstiege. Der Pfeiler ist mit 60 x 100 cm auffallend stark; darin befindet sich eine Blende mit einer Größe von 50 x 35 cm. Die 50 cm dicke und 80 cm hohe Brüstung ist aus Stein, die Decke aus breiten Fichtenbrettern, mit einem Loch für die Bodentreppe.

Arkadenflur des alten reformierten Pfarrhauses von Oberwart/Felsőőr, Burgenland. Aufnahme von László Lukács, 1981

Arkadenflur des Hauses in Oberwart/Felsőőr, Graf Erdődy-Str. 42. Aufnahme von László Lukács, 1981

Arkadenflur des Hauses in Kleinjabing/Kisjobbágyi, Nr. 28, erbaut 1798. Aufnahme von László Lukács, 1988

Die Flurvariante, bei welcher der Pfeiler mit der Hauptmauer des Hauses arkadenförmig verbunden ist, ist der Flur mit Quergurtbogen.[20] Kálmán Tóth beschrieb diese Variante aus Nemespécsely und Aszófő: „Die Tragpfeiler der Flure sind überaus abwechslungsreich angeordnet; dort, wo die Stuben gewölbt sind, wurden sie als Strebepfeiler ausgebildet und erwecken denselben Eindruck wie das enge Seitenschiff einer Kirche."[21] Im Káler Becken schloβ sich der Flur mit Quergurtbogen nicht den Gebäuden mit gewölbter Decke, sondern vielmehr den ehemaligen Rauchküchenhäusern mit flacher Hartholzdecke an. Eine Variante ohne Brüstung entdeckte der Autor in Mindszentkálla am Molnár-Haus (bis 1940 mit Rauchküche), wo die Bodenpfette auf zwei Steinpfeilern mit Quergurtbogen ruht. Im ehemaligen Rauchküchenhaus von Frau Csombó (Mindszentkálla) ruht die Bodenpfette auf einem einzigen mittleren dicken Steinpfeiler mit Quergurtbogen. Einen einzigen Pfeiler mit Quergurtbogen finden wir auch in Balatonhenye an einem im Dorfteil *Kütyü* photographierten Haus in einem Doppelhof - der Form nach ein „gestohlener" Flur. Am Haus des István Vasáros (Kővágóörs, Vörösmarty-Str. 10) fand der Autor die Variante mit Brüstung. Hier ruht die Bodenpfette in der Mitte und an beiden Enden des Flurs auf Steinpfeilern. Der erste und der dritte Pfeiler schlieβen an die Steinwand des Hauses durch einen Quergurtbogen an. Die Decke ist aus gezimmertem Hartholz (gebrochener Flur); am Ende führte früher eine Türe in die gewölbte Stube.

Hinsichtlich der äuβeren Erscheinung sind die Arkadenflure, die den Barockeinfluβ widerspiegeln, besonders wirkungsvoll. Diese erscheinen vor allem an den Wohnhäusern von Edelleuten und Honoratioren sowie an kirchlichen oder herrschaftlichen Gebäuden (in der Mehrheit mit freiem Kamin) im ersten Drittel des 19. Jahrhunderts. Die meisten Arkadenflure finden sich in Balatonhenye und Kő-

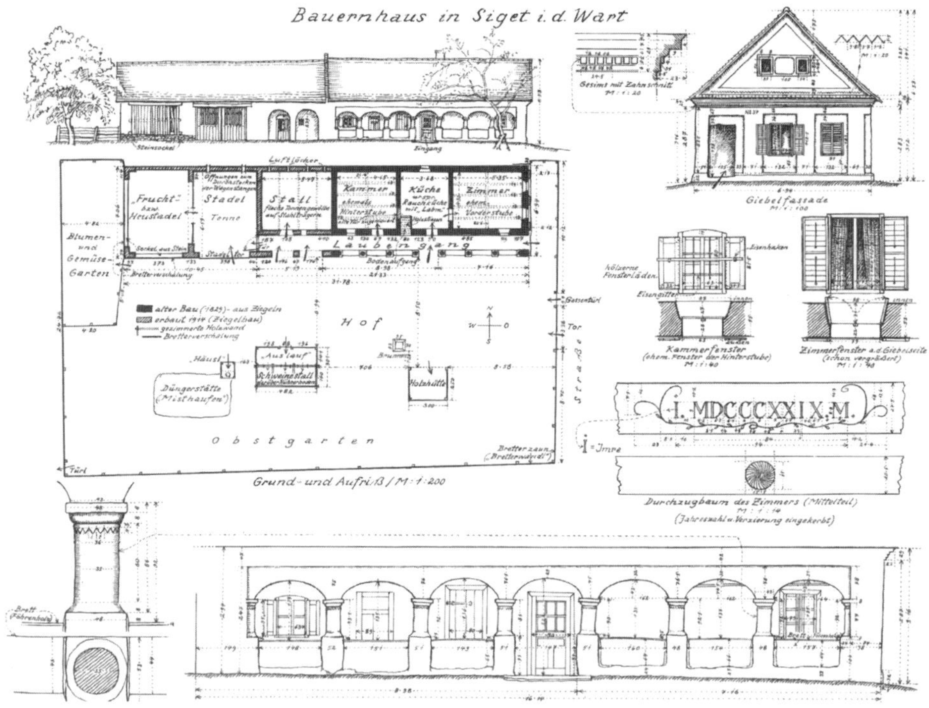

Vermessung eines Arkadenhauses in Siget i.d. Wart/Őrisziget, Nr. 37, Burgenland, erbaut 1829 (nach Franz Simon 1981, 97)

vágóörs. Aus Balatonhenye wird der Flur bereits im Jahre 1816 im Imkerbuch von Gábor Márton erwähnt: „In Balaton Henye hält der Schulmeister seine Bienen im Hausflur…“[22] Im Káler Becken sind zwei Formen des Arkadenflurs zu finden: Säulenflur, dazu Arkadenreihe mit Korbbogen, Brüstung; Flur ohne Pfeiler, Arkadenreihe mit Korbbogen, Brüstung. Die Arkadenreihe ist aus Stein gebaut, die Decke ist gewöhnlich ein Stein- oder Ziegelgewölbe.

In Kővágóörs sind am baufälligen Tobak-Haus (oder Vicispán-Haus) beide Flurformen zu finden. Zum Straßenflügel gehört ein Säulenflur, zum Hofflügel ein Flur mit Pfeilern, beide mit Arkadenreihe und Korbbogen sowie einer Brüstung.[23] Der Straßenflügel dürfte ein späterer Anbau sein.

Ein Säulenflur mit Arkadenreihe, Korbbogen und Brüstung ist in Balatonhenye am Balogh-Haus zu sehen, das einst dem wohlhabenden Edelmann Dezső Balogh gehörte (Kossuth-Str. 45.) Von ursprünglich sechs Bögen der Arkadenreihe wurde der erste vollständig, der zweite zur Hälfte zugemauert. Eine Tafel an der Giebelmauer trägt die Jahreszahl 1856. Der neue Besitzer, ein deutscher Staatsbürger, hat das arg beschädigte Arkadenhaus in den neunziger Jahren musterhaft restauriert. Die Arkadenreihe des Säulenflurs am Ágoston-Haus (Kossuth-Str. 91) und am Kenessey-Haus (Kossuth-Str. 125) besteht aus je drei Bögen. Im vorderen Flurteil des letzteren, 1844 gebauten Hauses wurde in den vierziger Jahren des 20. Jahrhunderts eine getrennte

Arkadenflur eines landwirtschaftlichen Knechtehauses auf dem Batthyány-Gutshof in Drumling/Drumoly, Burgenland. Aufnahme von László Lukács, 1988

Ungarndeutsches Heimathaus in einem Arkadenhaus, Magyarpolány, Komitat Veszprém. Aufnahme von László Lukács, 1997

Speisekammer eingerichtet. Ebenfalls drei Bögen bilden die Arkadenreihe des Säulenflurs am Neuperger-Haus in Szentbékkálla, das 1837 für einen herrschaftlichen Angestellten errichtet wurde. Die Flurdecke ist ein Ziegelgewölbe; in die Zwischenräume der Säulen kamen später Fenster und eine Türe. Aus vier Bögen besteht die Arkadenreihe des Säulenflurs des Hauses aus Mindszentkálla, Tanács-Passage 5, das im Freilichtmuseum von Szentendre wieder aufgebaut wurde. Erst bei der Abtragung stellte sich heraus, daβ zu dem Haus früher ein Flur mit Pfeilern und Quergurtbögen gehörte, der vermutlich in der zweiten Hälfte des 19. Jahrhunderts abgerissen und durch einen Säulenflur mit Korbbogen und Brüstung ersetzt wurde.[24] Vier Korbbögen bilden die Arkadenreihe in Kővágóörs am Säulenflur mit Brüstung des unter Denkmalschutz stehenden Salamon-Hauses (Petőfi-Str. 14).

In Balatonhenye gehört zu dem Körösényi-Haus, das vom reformierten Pfarrer Sándor Cseh gebaut wurde, ein Flur ohne Pfeiler, mit Arkadenreihe, Korbbogen und Brüstung (Kossuth-Str. 53). Die Arkadenreihe besteht aus sechs Bögen. Am ehemaligen Gesindehaus von Dénes Major besteht die Arkadenreihe des Flurs mit Brüstung aus drei Bögen. Da das Haus jetzt von seinem neuen Budapester Eigentümer als Sommerhaus umgebaut wird, konnte der Autor am unverputzten Haus die Bautechnik der aus flachen Steinen errichteten Korbbögen gründlich untersuchen. In Köveskál (Bozót-Str.) besteht die Arkadenreihe des Pálffy-Haueses – heute die Sommervilla des Budapester Ingenieurs László Gajdos – aus drei Bögen. In derselben Ortschaft fand der Autor am Vorderteil des Hauses von Károly Mohos (Kert-Str.) zwei Bögen, die 1939 vermauert wurden. Das letztere Haus wurde 1814 von der wohlhabenden Adelsfamilie Rédey gebaut. Am Flur mit Brüstung des Boross-Hauses (unter Denkmalschutz) besteht die Arkadenreihe aus vier Bögen (Kővágóörs, Ady-Str. 38), während die Arkadenreihe des ähnlichen Flurs am Gombos-Haus (Vörösmarty-Str. 10) drei Bögen hat. Auch am Flur des Hauses von Lajos Ács (Petőfi-Str. 44) bilden vier Bögen die Arkadenreihe. Hier wurde die Brüstung erst später zwischen die Pfeiler eingebaut. Zwei Bögen finden wir am Flur des 1821 gebauten Kernács-Hauses; einer davon wurde grob zugemauert (Petőfi-Str. 18). Nach der politischen Wende 1989/90 kam das Kernács-Haus in den Besitz der Gemeinde Kővágóörs, und es wurde hier nach der Restaurierung ein Dorfmuseum eingerichtet. Schließlich befindet sich ein kurzer, „gestohlener" Flur, bestehend aus einem einzigen Korbbogen nur in der Breite der Küche sowohl am Barla-Haus (Dózsa-Str. 7) als auch am Haus von Lajos Egyed (Ady-Str. 7).

Im Nachlaß von Ottó Herman (1835-1914), Bahnbrecher der ungarischen Sachvolkskunde, entdeckte ich die Zeichnungen von zwei Arkadenhäusern aus Kővágóörs. Die Zeichnung mit der Aufschrift *Kővágó Eörsi paraszt ház* (Bauernhaus von Kővágóörs) stellt ein Gebäude ohne Schornstein, mit zwei Steinpfeilern in der Mitte und einem Flur mit Brüstung dar. Das Bild mit der Aufschrift *Nemesi Curia Kővágó Eörsön* (adeliger Landsitz in Kővágóörs) stellt ein nach 1936 abgerissenes Haus dar, mit reicher Mörtelverzierung an der Straßenfassade, einem Flur mit Brüstung, bestehend aus fünf Korbbögen und mit einem schönen Schornsteinkopf.

Eine wesentliche Veränderung des Äußeren der Häuser mit Arkadenreihe und Brüstung am Flur bewirkte seit Ende des 19. Jahrhunderts die Vermauerung der ganzen Arkadenreihe oder einzelner Bögen. Wurde ein Ende des Flurs vermauert, um daraus eine kleine Stube oder Kammer zu machen, so entstand aus dem entlang der ganzen Hoffassade verlaufenden Seitenflur ein „gebrochener" Flur; erfolgte die Vermauerung vorne und hinten, so entstand ein kurzer „gestohlener" Flur. Schließlich wird auch dieser mit einer Tür verschlossen, und so wird aus dem Flur ein Vorzimmer oder ein Gang. In Köveskál ließ der reformierte Seelsorger Gábor Márton das Haus von Lajos Németh mit einem pfeilerlosen Flur, bestehend aus vier Korbbögen und einer Brüstung, erbauen (Henyei-Str. 1). An Stelle der Arkadenreihe kamen später drei Fenster und eine Türe. Am Mohos-Haus wurden die beiden Korbbögen des „gestohlenen" Flurs vor der Küche im Jahre 1939 zugemauert. In den Eingangsbogen gegenüber der Küchentür kam eine Türe, wodurch aus dem „gestohlenen" Flur ein Vorzimmer wurde. Am Flur des Csekő-Hauses sind zwei zugemauerte Korbbögen zu sehen. Am Haus der Frau Szabó (Óvoda-Str. 5) kam in den einzigen Korbbogen des „gestohlenen" Flurs eine Tür mit Fenstern an beiden Seiten. In Balatonhenye wurde die Arkadenreihe des Flurs am Madár-Haus im Jahre 1912 vermauert (Kossuth-Str. 49). In Szentbékkálla bestand der Flur des Hauses von Gyula Németh aus drei Bögen; in den mittleren kam eine Türe, in die beiden äußeren je ein schmales Fenster. Das Haus wurde von einem ungarischen Architekt aus München in den neunziger Jahren gekauft und restauriert. Als in Kővágóörs die Arkadenreihe des Hauses von Ferenc Szalay vermauert wurde, entstand ein geschlossener Gang (Jókai-Str. 18). In Kékkút, am ehemaligen „Hirtenhaus" des Ede Görcs, gab es einen Flur mit Brüstung und einem einzigen Korbbogen. Unter den Bogen wurde in der Zwischenkriegszeit eine Tür eingebaut und die Brüstung bis zur Decke erhöht, so daß an Stelle des Flurs ein geschlossenes Vorzimmer entstand.

In Bezug auf die territoriale Verbreitung des Arkadenflurs sei hier erwähnt, daß dieser Flurtyp westlich vom Káler Becken in der burgenländischen Oberen Wart erneut in beachtlicher Anzahl erscheint.[25] Das älteste Haus mit Arkadenflur ist hier das reformierte Pfarrhaus von Oberwart, Baujahr 1784. Die mit Arkadenreihen versehenen Häuser des ungarischen Kleinadels von Oberwart, Unterwart und Siget i. d. Wart

Arkadenhaus in Füle (Kom. Fejér) Széchenyi-Str. 107. Aufnahme von László Lukács, 2000

sowie Jabing wurden in der Zeit zwischen dem Beginn des 19. Jahrhunders und dem Ersten Weltkrieg gebaut.[26] Olaf Bockhorn hat in seinem Vortrag für die Übernahme und Verbreitung der Arkadenhäuser in der Oberen Wart die sozialgeschichtlichen Faktoren betont: „Die Errichtung von Häusern mit Arkaden war ab 1800 ein geeignetes Mittel, den untertänigen Bauern, die damals einen ersten Aufschwung erlebten, an die Unterschiede zwischen Adeligen und Abhängigen zu erinnern... Natürlich fand diese Bauweise in Bälde Nachahmung, was wegen des durch die Auswirkungen der Agrarrevolution bedingten wirtschaftlichen Aufschwunges und wegen der neuen, nun allgemein verwendeten Materialien weder auf wirtschaftliche noch technische Schwierigkeiten stieβ. In den kleinadeligen Dörfern der Wart saβen also die Innovatoren, und tatsächlich finden sich in den vier magyarischen Dörfern einige Beispiele für besonders 'lange' Arkaden, denen man die 'Prestige-Form' deutlich ansieht. Ansonsten dauerte es nicht lange, bis auβerhalb der kleinadeligen Ortschaften, parallel zur Einführung neuer Baumaterialien und zur weiteren Umbauung der Hofstellen, ebenfalls Arkaden errichtet wurden."[27]

Die Arkadenhäuser im Südburgenland sind aus den Büchern (mit vorzüglichen Vermessungen und Zeichnungen) von Franz Simon sowie aus dem Werk *Arkadenhäuser im Südburgenland* von Ludwig Josef Toth und Ludwig Volker Toth bekannt.[28] Wie auch vom Autorenpaar Toth betont, waren die herrschaftlichen und kirchlichen Gebäude die Vorbilder der in den Dörfern der Oberen Wart gegen Ende des 18. Jahrhunderts erscheinenden Arkadenhäuser des ungarischen Kleinadels, die aus Ziegeln gebaut wurden. Früher war mit den Holzbauten kein Arkadenflur verbunden.[29] In einem Arkadenhaus (gebaut um 1820) wurde 1973 das Unterwarter Heimathaus eröffnet.[30]

Laut Arthur Haberlandt dürfte die Verbreitung der Arkadenhäuser im pannonischen Raum auch den deutschen Maurern aus der Gegend von Lánzsér (Landsee, Kom. Sopron) zuzuschreiben sein.[31] Gleichzeitig hatte Zsigmond Bátky über die Auswirkung der in entfernten Gegenden arbeitenden deutschen Maurer folgendes festgestellt: „Die Satteldächer mit Brandmauer, mit geschlossenen Schornsteinen und mit gewölbtem Säulenflur usw. verbreiten sich infolge verschiedener Einwirkungen (Städte, kleinadelige Dörfer, aber besonders durch die deutschen Siedlungsdörfer und die Wandermaurer Westungarns)."[32] Auch aus der Oberen Wart arbeiteten viele Maurer und Zimmerleute im pannonischen Raum: Im Jahre 1910 betätigten sich 23 der 333 Einwohner von Őrisziget (Siget i. d. Wart) und 114 der 1280 Einwohner von Vasjobbágyi (Jabing) im Baugewerbe.[33] Im Káler Becken, in Balatonhenye und Köveskál, arbeiteten zugleich auch italienische Maurer.

Die Arkadenhäuser sind in den Dörfern des Plattensee-Oberlandes und des südlichen Bakonyerwaldes besonders intensiv verbreitet.[34] Im Bewuβtsein der

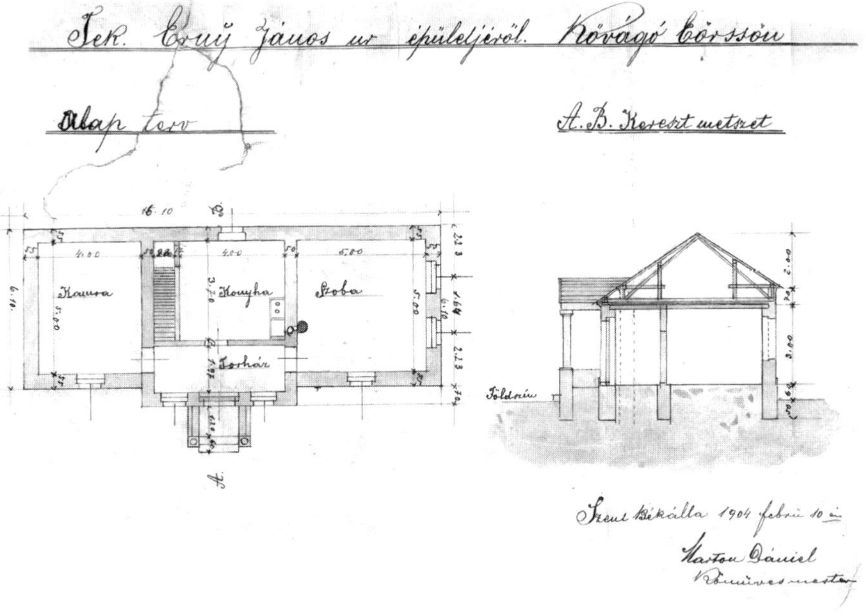

Haus mit herausragendem Flur für János Erny in Kővágóörs, Entwurf des Maurermeisters Dániel Marton, 1904

Adeligen von Szentgál in der Mitte des Bakonyerwaldes durfte der Arkadenflur bei keinem Gebäude fehlen. Nach dem Adeligen János Kovács, königlicher Jäger in Szentgál, wartete auch Kaiser Franz Joseph I. auf die Wildportion der Szentgáler im Arkadenflur der Wiener Hofburg.[35]

In den deutschen Siedlungen des Plattensee-Oberlandes und des Bakonyerwaldes waren die Wohnhäuser mit Arkadenflur am meisten verbreitet und beliebt. Über die Datierung dieser Häuser stellte Györgyi Csukás folgendes fest: „In diesen Dörfern stammen also die bis heute erhaltenen Arkadenhäuser aus der Zeit nach der Aufhebung der Leibeigenschaft. In den einstigen adeligen Dörfern hatte man damals schon mit dem Bau von Arkadenhäusern aufgehört. Die Arkadengänge, die im 18. und in der ersten Hälfte des 19. Jahrhunderts als baulicher Ausdruck der privilegierten Rechtstellung vorwiegend für die Häuser des Kleinadels, der Honoratioren und für Pfarrhäuser kennzeichnend waren, wurden in der zweiten Hälfte des 19. Jahrhunderts, nach der Aufhebung der Leibeigenschaft, auch in einstigen Leibeigenendörfern – in unserem Gebiet vor allem in Dörfern mit zahlreicher deutscher Bevölkerung – üblich."[36] Nach dieser Feststellung ist die Entstehung und Verbreitung der hiesigen Arkadenhäuser gleich mit der Entwicklung in der Oberen Wart.

Östlich vom Káler Becken, jenseits des Bakonyerwaldes und des Plattensee-Oberlandes finden wir vergleichbare Gebäude am westlichen Rand des Mezőföld-Gebietes in Füle, so in Enying und Lajoskomárom (Kom. Fejér).[37] Weiter östlich von diesen drei Siedlungen finden wir im Mezőföld-Gebiet vorwiegend Säulen- oder Pfeilerflure klassizistischen Charakters, mit Balken überbrückt.

Arkadenhäuser im Ungarischen Freilichtmuseum Szentendre, links aus Mindszentkálla, rechts aus Szentgál. Aufnahme von László Lukács, 2000

Der Einfluβ der klassizistischen Architektur, des Portikus der Landsitze, macht sich am stärksten an den herausragenden Fluren bemerkbar. Die meisten Häuser mit solchen Fluren finden wir in Köveskál, Szentbékkálla und Kővágóörs, doch kommen einige auch in Balatonhenye, Monoszló und Mindszentkálla vor. Ihre beiden Säulen, die Brüstung und Tympanon sind gewöhnlich aus Stein oder Ziegeln, doch können sich den Stein- oder Ziegelsäulen auch eine Brüstung und Tympanon aus gesägten, geschnitzten Brettern anschlieβen. Oft wird der ganze herausragende Flur aus Holz gebaut. Bezeichnend für das Alter dieses Flurtyps: In seinem Entwurf plante der Szentbékkállaer Maurermeister, Dániel Marton, noch im Jahre 1904 einen herausragenden Flur mit zwei Säulen, Brüstung und Tympanon für den „wohlgeborenen Herrn János Erny".

In Köveskál wurde am Haus des Lajos Szakál (Iskola-Str. 4) während der Rekonstruktion nach dem Groβbrand von 1895 der herausragende Flur mit zwei Säulen, einem Tympanon und einer Brüstung aus schön geschnitzten und gesägten Brettern gebaut. Vor dem Haus von Ferenc Csőkör (Iskola-Str. 7) wurde im Jahre 1975 der herausragende Flur mit Ziegel-Brüstung und zwei Ziegelsäulen abgetragen, und an der gleichen Stelle wurde ein Vorzimmer gebaut. In Balatonhenye befindet sich am Wohnhaus von Kálmán Kiss (Kossuth-Str. 56) ein herausragender Flur mit zwei Pfeilern sowie mit Brüstung und Tympanon aus Brettern. Das Kerkápoly-Haus in Monoszló (Hegyi-Str. 1) wurde mit einem groβen, herausragenden Flur mit zwei Säulen, einer Brüstung aus Stein und einem Tympanon aus Brettern gebaut. Ähnlich ist auch der herausragende Flur des Hauses von Gyula Molnár in Szentbékkálla, doch werden hier Tympanon und Dach nicht von Säulen, sondern von Pfeilern gestützt. In Kővágóörs ist am Tympanon aus gesägten Brettern des herausragenden Zwei-Säulen Flurs von Gábor Bárány unter den geschnitzten Tulpen und Rosetten die Jahreszahl 1912 zu lesen (Zrínyi-Str. 7). Ganz aus Holz ist der herausragende Flur in Szentbékkálla an der katholischen Pfarre und am Istvándy-Haus (Kossuth-Str. 9) sowie in Mindszentkálla am Haus der Gebrüder Hofmann (Tanács-Passage 9). In Balatonhenye haben die am Kirchenbau arbeitenden italienischen Maurer unter der Leitung von Péter Pauloni in den Jahren 1912/13 an das Madár-Haus (Kossuth-Str. 49) aus Beton einen vollständig geschlossenen, also als Vorzimmer dienenden herausragenden Flur von beträchtlicher Gröβe angebaut.

Im Zusammenhang mit dem herausragenden Flur sei hier folgendes erwähnt: Auf Empfehlung der von Erzherzog Johann im Jahre 1819 in der mit dem ungarischen Transdanubien benachbarten Steiermark gegründeten Landwirtschafts-Gesellschaft erschien in der Gegend von Graz und in der Untersteiermark (heute Teil von Slowenien) ein Bauernhaus neuen Typs. Es wurde aus Ziegelsteinen gebaut und hatte Küche und Sparherd statt der alten Rauchstube. Das Äuβere war durch den an die Straßenfassade vor den Eingang gebauten herausragenden Flur mit zwei bis sieben Säulen, Tympanon und Brüstung bestimmt. Bei der Untersuchung dieses Flurtyps betonen österreichische Forscher den Einfluß des Portikus der klassizistischen städtischen Häuser sowie des herausragenden Flurs (*Eßgangl*) des früheren, noch aus Holz gebauten weststeirischen Bauernhauses. Der Haustyp wurde nach dem Gründer und ersten Präsidenten der Landwirtschafts-Gesellschaft, Erzherzog Johann, der sich um die Verbesserung der Wohnungsverhältnisse der steirischen Bauernschaft bemüht hatte, auf den Vorschlag von Viktor Geramb „*Erzherzog-Johann-Haus*" genannt.[38] Nun ist der Flur des Erzherzog-Johann-Hauses identisch mit dem herausragenden Flur aus dem Káler Becken, den wir hier dargestellt haben und der aus der Bakonyerwald-Plattenseegegend sowie der ungarischen Unteren Wart schon früher bekannt war.[39] Auch unter den ungarischen Dorfschulen aus dem 19. Jahrhundert gab es Gebäude mit herausragendem Flur. Noch heute ist in der burgenländischen Oberen Wart das ehemalige evangelische Volksschulgebäude von Siget i. d. Wart (Baujahr 1836) so gestaltet.[40] Das Autorenpaar Toth publiziert aus Oberwart noch zwei ähnliche Häuser mit herausragendem Flur.[41]

Herausragender Flur des Kerkápoly-Hauses in Monoszló, Hegyi-Str. 1. Aufnahme von László Lukács, 1982

In den letzten Jahrzehnten kauften immer mehr Intellektuelle im Plattensee-Oberland, vor allem im Káler Becken, verlassene Bauernhäuser, die sich zwar in den meisten Fällen in einem sehr schlechten bautechnischen Zustand befanden, jedoch historischen und ästhetischen Wert besaßen. Außer der natürlichen Schönheit der Landschaft übten vor allem die im Káler Becken häufig vorkommenden Arkadenhäuser eine Anziehungskraft auf die Stadtbewohner aus. Die neuen Eigentümer, vor allem Budapester, Székesfehérvárer, Pécser Architekten, Denkmalpfleger, Filmleute, Schauspieler, Künstler, Ärzte, Ingenieure und Pädagogen, gestalteten ihr Wochenendhaus in den baufälligen Gebäuden, meistens unter Beachtung einer denkmalschutzorientierten Rekonstruktion. Zu ihnen gesellten sich seit der Wende 1989/90 immer mehr neue Besitzer aus Deutschland als Käufer und Wiederhersteller alter Bauernhäuser. Ihre erfolgreiche Tätigkeit wird nicht nur durch ihre restaurierten Häuser, sondern auch durch die positive Veränderung in der Beurteilung alter Gebäude seitens der örtlichen Bevölkerung bezeugt.

Die Arkadenhäuser sind ein beliebtes Thema ungarischer Freilichtmuseen. Im ethnographischen Dorf der Budapester Millenniumsausstellung wurde 1896 ein Arkadenhaus aus Szentgál (Kom. Veszprém) aufgebaut. Das ethnographische Dorf wurde im Budapester Stadtwäldchen 1897 leider abgetragen, und erst in der Zwischenkriegszeit wurde die Errichtung neuer Freilichtmuseen wieder beabsichtigt.[42] Im Park des Komitatmuseums Veszprém steht seit 1935 das sogenannte Bakonyer Haus, ein Arkadenhaus aus dem Dorf Öcs (Kom. Veszprém). Das Heimatmuseum in Tihany wurde 1965 in einem am Ende des 18. Jahrhunderts gebauten Arkadenhaus eröffnet.[43] Im Millenniumsjahr 2000 wurde im Ungarischen Freilichtmuseum Szentendre die Baugruppe Bakonyerwald, Plattensee-Oberland eingeweiht. Hier sieht man zwei Arkadenhäuser: eines aus dem Káler Becken (Mindszentkálla), das andere aus dem Bakonyerwald (Szentgál).[44] So wurde das Arkadenhaus, ein charakteristisches Baudenkmal ehemaliger ungarischer kleinadeliger Dörfer, in einigen ausgewählten und restaurierten Exemplaren wohl für eine lange Zeit gerettet.

[Die Studie ist sowohl in ungarischer als auch in deutscher Sprache erschienen:
Lukács, László: *A lakóház külső megjelenése a Káli-medencében.* A Balaton-felvidék népi építészete. Hg. von Miklós Cseri, Emőke Lackovits. 1997. 143-178. Szentendre–Veszprém
Lukács, László: *Die Erforschung der Arkadenhäuser in der ungarischen Volksarchitektur. Zur ästhetischen Volkskultur der Mittel- und Unterschichten der Landbevölkerung in Ungarn.* Ostbairische Grenzmarken XLIII. 2001. 137-154. Passau]

Anmerkungen

1 Károly VÖRÖS, *A magyarországi társadalom (1790-1848)* [Ungarns Sozialgeschichte (1790-1848)], Magyarország története [Ungarns Geschichte], V/1, Hrsg.: Gyula MÉREI, Budapest 1980, 486; – László KÓSA, *Abriß der ungarischen Volkskunde*, Budapest 1984, 39; – Attila PALÁDI-KOVÁCS, *Ethnic Traditions, Classes and Communities in Hungary*, Budapest 1996, 9.

2 László KÓSA, *Abriß der ungarischen Volkskunde*, Budapest 1984, 38-39.

3 Thomas von BOGYAY, *Grundzüge der Geschichte Ungarns*, Darmstadt 1990, 104; – József HUDI, *Veszprém vármegye nemessége 1812-ben* [Adelsstand des Komitats Veszprém im Jahre 1812], Mágnások, birtokosok, címerlevelesek [Magnaten, Gutsbesitzer, Briefadel], Hrsg.: Imre ÓDOR / Béla PÁLMÁNY / Péter TAKÁCS, Debrecen 1997, 219-227.

4 László KÓSA, *A kisnemesi kultúra és társadalmi magatartás meghatározó vonásai a XIX. században* [Wesenszüge der kleinadeligen Kultur und gesellschaftlichen Haltung im 19. Jahrhundert], Ethnographia 107 (1996) 426.

5 József GELENCSÉR, *A kisnemesi múlt emlékei a Káli-medencében* [Denkmäler kleinadeliger Vergangenheit im Káler Becken], Ethnographia 105 (1994) 612; – Judit KNÉZY, *Wechsel in der Ernährung der Kleinadeligen und Bauern im Plattensee-Oberland*, Acta Ethnographica Hungarica 40 (1995) 121-130; – József HUDI, *Kisnemesi birtokforgalom a Káli-medence falvaiban (1800-1850)* [Adeliger Gutsumsatz in den Dörfern des Káler-Beckens (1800-1850)], A kapcsolatok rendszere a Káli-medence falvaiban a 18. századtól a 20. századig [System der Beziehungen in den Dörfern des Káler-Beckens vom 18. bis 20. Jahrhundert], Hg.: Emőke LACKOVITS, Veszprém 1988, 19-47.

6 Miklós CSERI, *A kisnemesi építészet sajátosságai a Kárpát-medence északkeleti régiójában* [Besonderheiten kleinadeliger Architektur in der nordöstlichen Region des Karpatenbeckens], Népi építészet a Kárpát-medence északkeleti térségében [Volksarchitektur im nordöstlichen Raum des Karpatenbeckens], Hrsg.: Miklós CSERI / Iván M. BALASSA

/ Gyula VIGA, Miskolc-Szentendre 1989, 269-286; - Péter DOMINKOVITS, *Kisnemesi lakóházak, gazdasági épületek Győr megyében a 19. század első felében* [Wohnhäuser und Wirtschaftsgebäude des Kleinadels im Komitat Raab in der ersten Hälfte des 19. Jahrhunderts], A Kisalföld népi építészete [Volksarchitektur an der Kleinen Ungarischen Tiefebene], Hg.: Miklós CSERI / Gyula PERGER, Győr-Szentendre 1993, 283-298.

7 Attila PALÁDI-KOVÁCS, *Ethnic Traditions, Classes and Communities in Hungary*, Budapest 1996, 11; - László Tamás VIZI, *A magyarországi és erdélyi nemesség a XVIII-XIX. században* [Adelsstand in Ungarn und Siebenbürgen im 18. und 19. Jahrhundert], in: Magyarság, fehérvári polgárság [Ungartum, Weiβenburger Bürgertum], Hg.: Károly SZALAI, Székesfehérvár 1996, 15.

8 József HUDI, *Kisnemesi társadalom és építészet a Bakonyban és a Balaton-felvidéken* [Kleinadelige Gesellschaft und Architektur im Bakonyerwald und im Plattensee-Oberland], in: A Balaton-felvidék népi építészete [Volksarchitektur des Plattensee-Oberlandes], Hg.: Miklós CSERI / Emőke LACKOVITS, Szentendre-Veszprém 1997, 191; - Attila PALÁDI-KOVÁCS, *Ethnic Traditions, Classes and Communities in Hungary*, Budapest 1996, 19-30; - Mihály PRAZNOVSZKY, *A Nógrád megyei nemesség lakóviszonyai a XIX. század első felében* [Wohnverhältnisse des Adels im Komitat Nógrád in der ersten Hälfte des 19. Jahrhunderts], A Nógrád Megyei Múzeumok Évkönyve [Jahrbuch der Museen im Komitat Nógrád], VII, Salgótarján 1981, 123-146.

9 Johann JANKÓ, *Haus und Hof am Balaton*, Ethnologische Mitteilungen aus Ungarn VI. Heft 8-10, Budapest 1904, 31-41; - Dezső MALONYAY, *A magyar nép művészete* [Ungarische Volkskunst], Budapest 1912, 248-269; - Kálmán TÓTH / Miklós NÁSZAY / Jenő PADÁNYI GULYÁS, *A Balaton vidék népének építészete* [Volksarchitektur der Plattenseegegend], IV, Budapest 1936, 5-6.

10 Ernő FOERK, *A Budapesti Magy. Kir. Felső Építőipariskola 1918-25. évi szünidei felvételei* [Die Vermessungen der Budapester Ung. Königl. Staatl. Höheren Baugewerbeschule in den Ferien 1918-25], VII. Budapest 1927, 2.

11 Virgil BIERBAUER, *A magyar építészet története* [Geschichte der ungarischen Architektur], Budapest 1937, 185-186.

12 Jolán BALOGH, *Népművészet és történeti stílusok* [Volkskunst und historische Stilarten], Néprajzi Értesítő [Anzeiger des Museums für Volkskunde], XLIX, Budapest 1967, 88-119; - Aurél VAJKAI, *Balatonmellék* [Plattenseegegend], Budapest 1964, 163.

13 László VARGHA, *Történeti stílusok a magyar népi építészetben* [Historische Stilarten in der ungarischen Volksarchitektur], Az Építőipari és Közlekedési Műszaki Egyetem Tudományos Közleményei [Wissenschaftliche Mitteilungen der Technischen Universität], X. Budapest 1964, 158.

14 László VARGHA, *Építkezés* [Bauweise], A Balaton környék népművészete [Volkskunst der Plattenseegegend], Hg.: György DOMANOVSZKY, Balatoni Könyvek [Plattensee-Bücher], II. Budapest 1943, 24-25.

15 Virgil BIERBAUER, *A magyar építészet története* [Geschichte der ungarischen Architektur], Budapest 1937, 185.

16 Jenő BARABÁS / Nándor GILYÉN, *Vezérfonal népi építészetünk kutatásához* [Leitfaden zur Volksarchitekturforschung], Budapest 1979, 95-100; - Jenő BARABÁS / Nándor GILYÉN, *Magyar népi építészet* [Ungarische Volksarchitektur], Budapest 1987, 136.

17 László LUKÁCS, *Veränderungen der Volksarchitektur im Káler Becken im 18.-20. Jahrhundert*, Cultural Changes, Hg.: Ildikó LEHTINEN, Ethnos VI. Helsinki 1985, 145-187; -

László LUKÁCS, *A lakóház alaprajzi változatai a Káli-medencében* [Grundrissvarianten des Wohnhauses im Káler Becken], Veszprémi Történelmi Tár [Historische Sammlung von Veszprém], I. Veszprém 1990, 20-30; - László LUKÁCS, *Feuerstätten im Haus des Káler Beckens*, Acta Ethnographica Hungarica 40 (1995) 77-120; - László LUKÁCS, *Födémszerkezetek a Káli-medencében* [Deckenkonstruktionen im Káler Becken], Ház és Ember [Haus und Mensch]. X. Szentendre 1995, 69-92; - László LUKÁCS, *A lakóház külső megjelenése a Káli-medencében* [Die äuβere Erscheinung des Wohnhauses im Káler Becken], A Balaton-felvidék népi építészete [Volksarchitektur des Plattensee-Oberlandes], Hg.: Miklós CSERI / Emőke LACKOVITS, Szentendre-Veszprém 1997, 143-178. - László LUKÁCS, *Arkadenhäuser des Plattensee-Oberlandes in Ungarn*, Wissenschaftliche Arbeiten aus dem Burgenland. Heft 85, Eisenstadt 1990, 141-160; - László LUKÁCS, *Népi építészeti kutatások a Káli-medencében* [Forschungen der Volksarchitektur im Káler Becken], Hagyomány és változás. Tanulmányok a hatvan esztendős Dám László tiszteletére, Hg.: Sarolta SZABÓ. Nyíregyháza 2005, 231-247.

[18] Ferenc MENDELE, *A Balaton-vidék népi építészete, népi műemlékei* [Volksarchitektur und volkstümliche Baudenkmäler der Plattenseegegend], Balaton monográfia [Plattensee Monographie], Hg.: Kálmán TÓTH, Budapest 1974, 380.

[19] Jenő ÉDES, *A Balaton-felvidéki népnyelv* [Volkssprache des Plattensee-Oberlandes], Nyelvészeti Füzetek [Sprachwissenschaftliche Hefte]. XL. Budapest 1907, 35, 57.

[20] Emőke LACKOVITS, *Népi építészeti emlékek a Kál-völgy falvaiban* [Denkmäler der Volksarchitektur in den Dörfern des Káler Beckens], Művészet [Kunst]. XXI. Heft 2, Budapest 1980, 28; - Emőke LACKOVITS, *A Bakony és a Balaton-felvidék néprajzi képe* [Zur Volkskunde des Bakonyerwaldes und des Plattensee-Oberlandes], Bakony, Balaton-felvidék [Bakonyerwald, Plattensee-Oberland], Hg.: Gyula MÉSZÁROS, Budapest 1983, 146.

[21] Kálmán TÓTH / Miklós NÁSZAY / Jenő PADÁNYI GULYÁS, *A Balaton vidék népének építészete* [Volksarchitektur der Plattenseegegend], Budapest 1936, 5-6.

[22] Gábor MÁRTON, *Gazdaságos méhtartás* [Ökonomische Bienenzucht], Győr 1816, 110.

[23] Györgyi CSUKÁS, *Barokk vonások a Balaton-felvidék népi építészetében* [Barockelemente in der Volksarchitektur des Plattensee-Oberlandes], Néprajzi Értesítő [Anzeiger des Museums für Volkskunde], LXXV. Budapest 1993, 129, 132.

[24] Györgyi CSUKÁS, *A Bakony és a Balaton-felvidék népi építészete. A Szabadtéri Néprajzi Múzeum Közép-Dunántúl tájegysége* [Die Volksarchitektur des Bakonyerwaldes und des Plattensee-Oberlandes. Mitteltransdanubische Baugruppe des Ungarischen Freilichtmuseums], Ház és Ember [Haus und Mensch], II. Szentendre 1984, 33, 42, 45.

[25] János TÓTH, *Az Őrségek népi építészete* [Volksarchitektur in der Unteren und Oberen Wart], Budapest 1975, 45-60; - Olaf BOCKHORN, *Haus und Hof in der Oberen Wart*, Die Obere Wart, Hg.: Ladislaus TRIBER, Oberwart 1977, 360-362; - Wolfgang KOMZAK, *Traditionelles ländliches Bauen im Südburgenland*, Eisenstadt 1980; - Wolfgang KOMZAK, *Bauen im Burgenland. Gestern-Heute-Morgen*, Eisenstadt 1988; - Olaf BOCKHORN, *Anmerkungen zu Hausforschung und „Arkadenhäuser" im Burgenland*, Wissenschaftliche Arbeiten aus dem Burgenland, Heft 85, Eisenstadt 1990, 85-108; - László LUKÁCS, *Felső-őrségi gyűjtés* [Volkskundliche Feldforschung in der Oberen Wart], Néprajzi Látóhatár [Volkskundlicher Horizont]. IX. 3-4, Budapest-Miskolc 2000, 525-534.

[26] Olaf BOCKHORN, *Haus und Hof in der Oberen Wart*, Die Obere Wart. Hg.: Ladislaus TRIBER, Oberwart 1977, 361-362.

[27] Olaf BOCKHORN, *Anmerkungen zu Hausforschung und „Arkadenhäuser" im Burgenland*, Wissenschaftliche Arbeiten aus dem Burgenland, Heft 85, Eisenstadt 1990, 100-101. – Siehe dazu noch: Franz GRIESHOFER, *Gegenwärtige Probleme der Hausforschung in Österreich am Beispiel des Burgenlandes*, Gegenwärtige Probleme der Hausforschung in Österreich, Hg.: Kaus BEITL, Karl ILG. Wien 1982, 162-164.

[28] Franz SIMON, *Bäuerliche Bauten im Südburgenland*, Oberschützen 1974; – Franz SIMON, *Bäuerliche Bauten und Geräte im Südburgenland und Grenzgebieten*, Oberschützen 1981; – Ludwig Josef TOTH / Ludwig Volker TOTH, *Arkadenhäuser im Südburgenland*, Eisenstadt 1984.

[29] Ernő WALLNER, *A felsőőrvidéki magyarság települése* [Die ungarischen Siedlungen in der Oberen Wart], Földrajzi Közlemények [Geographische Mitteilungen], LIV. Budapest 1926, 27-29; – Olaf BOCKHORN, *„Anno 1757. Jahr, hab ich Michael Polster an gefangen zum Hauß Bauen". Der Bau eines Blockhauses in Oberwart/Felsőőr*, Ideen, Objekte und Lebensformen. Gedenkschrift für Zsigmond Bátky, Hg.: Béla GUNDA / László LUKÁCS / Attila PALÁDI-KOVÁCS, Székesfehérvár 1989, 27-40.

[30] Karl SEPER, *Unterwarter Heimatbuch. Geschichte, Kultur und Wirtschaft einer südburgenländischen Gemeinde*, Unterwart 1976, 97-108.

[31] Arthur HABERLANDT, *Kulturgeographische Aufgaben der Volksforschung im pannonischen Raum*, Wiener Zeitschrift für Volkskunde XLIII. Wien 1938, 84.

[32] Zsigmond BÁTKY, *Das ungarische Bauernhaus*, Ungarische Jahrbücher XVIII. Berlin 1938, 257.

[33] Ernő DEÁK, *A tehetetlenség állapota* [Zustand der Hilflosigkeit], Az idő rostájában [Im Sieb der Zeit], Hg.: Ákos DUNAI, Youngstown, Ohio 1980, 11.

[34] Aurél VAJKAI, *Veszprém megye népi építkezése* [Volksarchitektur des Komitats Veszprém], Néprajzi Értesítő [Anzeiger des Museums für Volkskunde], XXXII. Budapest 1940, 7, 13-15.

[35] Dezső MALONYAY: *A magyar nép művészete* [Ungarische Volkskunst]. IV. Budapest 1912, 24-25.

[36] Györgyi CSUKÁS, *Arkadenhäuser der Ungarndeutschen im Bakonyerwald und im Plattensee-Oberland*, Wissenschaftliche Arbeiten aus dem Burgenland, Heft 85, Eisenstadt 1990, 165.

[37] Zsófia DEMETER / László LUKÁCS, *A puszták népe, a Mezőföld története Das Volk der Pußta, Geschichte des Mezőföld Gebietes*, Székesfehérvár 1980, 118, 133; – László LUKÁCS, *Feuerstätten im ost-transdanubischen Haus*, Ideen, Objekte und Lebensformen. Gedenkschrift für Zsigmond Bátky, Hg.: Béla GUNDA / László LUKÁCS / Attila PALÁDI-KOVÁCS, Székesfehérvár 1989, 83-113.

[38] Maria KUNDEGRABER, *Das „Erzherzog Johann-Haus"*, Haus und Hof in Österreichs Landschaft. Notring Jahrbuch. Wien 1973, 127-129; – Viktor Herbert PÖTTLER, *Wohnen und Bauen auf dem Lande zur Zeit Erzherzog Johann*, Erzherzog Johann von Österreich. Beiträge zur Geschichte seiner Zeit, Hg.: Grete KLINGENSTEIN, Stainz 1982, 139-150.

[39] Kálmán TÓTH / Miklós NÁSZAY / Jenő PADÁNYI GULYÁS, *A Balaton vidék népének építészete* [Volksarchitektur der Plattenseegegend], Budapest 1936, 77-78; – János TÓTH, *Az Őrségek népi építészete* [Volksarchitektur in der Unteren und Oberen Wart], Budapest 1975, 45, 47; – Friderika BÍRÓ, *Die Veränderung der Haus- und Wohnungskultur am Ende des 19. Jahrhunderts in der Unteren Wart*, Wissenschaftliche Arbeiten aus dem Burgenland,

Heft 85, Eisenstadt 1990, 207-219; - Imre GRÁFIK, *Die Gebietsvarianten eines Bauelementes. Säulenvorgang-Gartenlaube-sogenannter Bettlerstand*, Wissenschaftliche Arbeiten aus dem Burgenland, Heft 85, Eisenstadt 1990, 111-140.

[40] Gustav REINGRABNER / Béla TELEKY, *Die evangelische Pfarrgemeinde A.B. Siget in der Wart*, Die Obere Wart, Hg.: Ladislaus TRIBER, Oberwart 1977, 468; - Ludwig Josef TOTH / Ludwig Volker TOTH; Arkadenhäuser im Südburgenland, Eisenstadt 1984, Abb. 200.

[41] Ludwig Josef TOTH / Ludwig Volker TOTH (wie Anm. 40.), Abb. 201-202.

[42] Julius LAURENCIC: *Das Tausendjährige Ungarn und die Millenniums-Ausstellung.* I-III. Budapest 1896; - János JANKÓ, *A millenniumi falu* [Das Millenniumsdorf]. Budapest 1989, 130; - Johann Reinhard BÜNKER, *Das ethnographische Dorf der ungarischen Millenniums-Landesausstellung Budapest*, Mitteilungen der Antropologischen Gesellschaft in Wien, XXVII. Wien 1897; - DERS., *Herde und Öfen in den Bauernhäuser des ethnographischen Dorfes des Millenniumsausstellung, in Budapest*, Zeitschrift des Vereins für Volkskunde VII. Berlin 1897, 11-31; - *Ungarisches Freilichtmuseum*. Hg. Miklós CSERI / Endre FÜZES, Szentendre 1997, 4.

[43] Aurél VAJKAI, *Szabadtéri néprajzi múzeumok Veszprém megyében. Veszprém* [Freilichtmuseen im Komitat Veszprém. Veszprém], Veszprém 1970; - DERS., *Szabadtéri néprajzi múzeumok Veszprém megyében. Tihany* [Freilichtmuseen im Komitat Veszprém. Tihany], Veszprém 1973.

[44] Györgyi CSUKÁS, *A Bakony, Balaton-felvidék tájegység* [Die Baugruppe Bakonyerwald, Plattensee-Oberland], Téka [Informationsheft des Ungarischen Freilichtmuseums Szentendre], Szentendre 2000, Nr. 1, 1-33.

Haus mit Arkadenflur, Enying (Kom. Fejér), Petőfi-Str. 59. Aufnahme von László Lukács, 1986

Arkadenflur des Hauses Enying (Kom. Fejér), Petőfi-Str. 59. Aufnahme von László Lukács, 1986

FEUERSTÄTTEN IM HAUS DES KÁLER BECKENS

Das Káler Becken war ursprünglich ein Verbeitungsgebiet der Feuerung mit Rauchküche und Kachelofen, in dem der offene Kamin schon im 18. Jahrhundert in Erscheinung trat. Hier bestanden die beiden Feuerungstypen im 18.-19. Jahrhundert nebeneinander. Offenbar war das altertümliche System mit Rauchküche und Kachelofen vor allem für die Wohnhäuser der Bauernschaft bezeichnend und den Häusern mit Rauchfang bis zu Beginn des 20. Jahrhunderts zahlenmäßig überlegen. Laut Schätzung des Maurers Ferenc Nyitrai (geb. 1905) hatten im Ort Szentbékkálla in den 1910er Jahren noch drei von vier Häusern eine Rauchküche, nur bei ¼ gab es einen offenen Kamin oder einen sog. Kletter-Rauchfang. Letzterer war vollständig geschlossen, maß 45-65 cm im Durchmesser und war aus Ziegelsteinen gebaut; er bezog seinen Namen davon, dass der Rauchfangkehrer innen hinaufklettern konnte, um den Ruß von den Seitenwänden abzukratzen.

In Mindszentkálla erinnerten sich Gewährsleute von Zsolt Csalog folgendermaßen an die Koexistenz der beiden Feuerungstypen in den 1920er Jahren: „Die Leute hielten das Freikamin-System für besser als die Rauchküche, dennoch gab es im Dorf nur wenige davon. Die Baukosten eines freien Kamins waren höher. Insgesamt gab es im Dorf nur etwa 6-8 Küchen mit freiem Kamin, die übrigen waren Rauchküchen."[1]

Unsere ältesten mit Bestimmtheit datierbaren Häuser haben einen offenen (freien) Kamin. All diese Häuser gehörten wolhabenden Edelleuten und Honoratioren oder waren kirchlicher bzw. herrschaftlicher Provenienz. Freilich konnten sie später in bäuerlichen Besitz gelangen. Mit offenem Kamin wurden gebaut: in Monoszló die reformierte Pfarre (1765), in Kővágóörs das Duchon-Haus (1771), das Herrenhaus Kernács (1821), das Barla-Haus (1824), in Szentbékkálla das Istvándi-Haus (1825) und das Neuperger-Haus (1837).

In Kővágóörs wurde den Juden 1789 die Schnapsbrennerei in Rauchküchen ohne Rauchfang verboten: „Nachdem die Küchen und Kammern der jüdischen Schnapsbrenner geprüft wurden, wird dem Juden Abraham, der im Hause der Hochgeborenen Herrschaft von Pápa wohnt und das Schnapsbrennen in einer gewölbten Küche mit Rauchfang betreibt, wo der Feuergefahr (mit gebührender Vorsicht) keine besondere Gelegenheit geboten wäre, die Schnapsbrennerei auch weiterhin gestattet, während den anderen „Schnapsjuden", namentlich Jonas, Matthias und Sörös, da sie den Schnaps in niedrigen, verrußten Küchen ohne Rauchfang brennen, die leicht Feuer fangen und dadurch anderen Schaden verursachen können, die Schnapsbrennerei voll und ganz verboten wird unter der Strafe, dass den Letztgenannten oder anderen, die dem Verbot zum Trotz auch weiterhin in niedrigen, verrußten Räumen Schnaps brennen würden, ihre Schnapsöfen von den Ortsvorstehern zerstört werden…"[2] Von den Juden in Kővágóörs wohnte demnach im letzten Drittel des 18. Jahrhunderts nur jener in einem Haus mit offenem Kamin, der das Gebäude von der Esterházy'schen Herrschaft gemietet hatte.

Im Nachlassinventar des wohlhabenden Edelmannes Imre Győrffi, gestorben 1803 in Köveskál, wird betont, dass dem Haus eine Küche mit Rauchfang angehöre.[3]

Höchst informativ in Bezug auf die Dörfer des Káler Beckens und des Plattensee-Oberlandes enthält das Buch *Gazdaságos méhtartás* (Ökonomische Bienenzucht) von Gábor Márton, reformierter Pfarrer von Köveskál, an zwei Stellen Andeutungen über das Feuerungssystem der Wohnhäuser. Der Verfasser empfiehlt, die Bienenkörbe im Winter auf den Dachboden einer Stube zu bringen, die im Winter geheizt wird, doch sollte es im Dachboden keinen Rauch geben, denn sonst gingen die Bienen zugrunde. Eine Delegation des Komitats Zala inspizierte am 9. Oktober 1815 die Bienenzucht, um einschlägige Erfahrungen zu sammeln. Im anschließenden Bericht heißt es: „In der Dorfmitte hat der ehrwürdige Herr Gábor Márton neben seiner Wohnung eine Bienenzucht in einem kleinen Garten aus Feldsteinen, sechs Klafter lang und vier Klafter breit. Zwei Schritte vor dem Bienenstand ist die Erde 1/2 Klafter tief ausgehoben, so dass man auf Treppen hinuntergeht; der Bienenstand ist geradeaus nach Süden gerichtet…. Vier Klafter ostwärts stehen das Pfarrhaus, sechs Klafter südwärts der Turm sowie die Kirche. Westwärts ist die Straße, jenseits derselben befinden sich die Rauchküchenhäuser ohne Rauchfang, die übrigens ringsherum verbreitet sind."[4] Die erste der angeführten Angaben lässt darauf schließen, dass schon zu Beginn des 19. Jahrhunderts Häuser mit offenem Kamin zu finden waren, wie etwa die Wohnung des Gábor Márton, das Pfarrhaus, umgeben von den vorherrschenden Rauchküchenhäusern. Auch das eigene Wohnhaus von Gábor Márton ist uns bekannt, welches er wahrscheinlich noch vor seiner Pensionierung in Köveskál bauen ließ: es ist ein Haus mit offenem Kamin aus der ersten Hälfte des 19. Jahrhunderts und gehört heute Lajos Németh (Henyei-Str. 1). Früher stand in der Hinterstube ein grüner Kachelofen. Der offene Kamin wurde nach dem Ersten Weltkrieg mit einer Bretterdecke abgeschlossen, mit einer Tür in der Mitte. Unter dem offenen Kamin befindet sich heute in der linken Hälfte der Küche ein Kessel. Ursprünglich gelangte man in die Küche und in die Stuben durch einen Flur mit Brüstung und einer Arkadenreihe mit Korbbögen. Die Arkadenreihe wurde später mit drei Fenstern und einer Tür verschlossen. Die Decke der Flur ist ein Tonnengewölbe aus Ziegelsteinen. Die Steinwände tragen einen Dachstuhl mit scherenförmigen Sparren und einer Pfette, bis zu den 1950er Jahren mit Schilfrohr überdacht.

Das letzte Haus mit Rauchküche in Köveskál, Bozót-Str. 12. Aufnahme von László Lukács, 1982

In Kővágóörs baute man im Jahre 1829 im sog. unteren Wirtshaus an Stelle des alten offenen Kamins einen neuen, ferner einen Backofen, einen Feuerherd und einen Kessel: „Ich, Jakob Klutsek, Maurermeister, wohnhaft in Keővágó Eörs, verpflichte mich, in der Küche des unteren Wirtshauses im Dorfteil Evangelica ein neues Gewölbe, einen neuen Kamin, verputzt, gereinigt, in der jetzt kommenden Woche für 30 Gulden zu errichten, den Backofen oder Herd in der Küchenmitte aufzustellen und einen kleinen Kessel zu errichten. Das Gewölbe abzureißen obliegt dem Herrn Dofrichter…"[5]

Von Rauchküchenhäusern können wir in einer Aufzeichnung von 1880 des reformierten Pastors Károly Raksányi von Balatonhenye lesen: „Das Dorf liegt in einem Tal und wird von einem kleinen Bach durchquert. Die ärmlichen, zumeist strohbedeckten Häuser… haben meistens Rauchküchen ohne Rauchfang."[6]

Ein Entwurf des Maurermeisters Dániel Marton (1858-1946) aus der Jarhundertwende zeigt noch einen offenen Kamin in der Küche, mit einem großen, viereckigen Backofen in deren Mitte. Für die beiden Stuben war je ein Kachelofen vorgesehen, offener Herd, offene Feuerbank und Kessel waren schon nicht mehr geplant. In einem anderen Entwurf (für das Haus des Herrn János Erny in Kövágóörs) aus dem Jahr 1904 ist für die Stube ein Ofen vorgesehen, mit Anschluss an den Zylinderrauchfang, eingebaut in die Wand zwischen Küche und Stube, während in der Küche ein Sparherd stehen sollte.

Im Laufe meiner Feldforschungen bemühte ich mich, möglichst viele Rauchküchenhäuser, Häuser mit offenem Kamin und hinsichtlich der Volksarchitektur auswertbaren Feuerstätten aufzuspüren und zu dokumentieren. In Köveskál gab es vor dem Ersten Weltkrieg selbst unter den Häusern der wohlhabenden Adelsfamilien Bauten mit Rauchküche. Solcher Art war beispielsweise bis 1905 das Haus von Kálmán Gyõffy (Fő-Str. 40), wo sich der Rauchküche eine Vorderstube mit grünem und eine Hinterstube mit gelbem Kachelofen anschlossen. Das 1827 errichtete Haus von Gábor Győrffy (Petőfi-Str. 4) hatte anlässlich einer Feldforschung und Vermessung im Jahre 1962 noch eine Rauchküche. Das Haus der Frau Hegyi (Bozót-Str. 12) hat bis heute eine Rauchküche, darin einen würfelförmiger Backofen aus Lehm; Höhe: 90 cm, Grundfläche: 110x120 cm, Wandstärke: 30 cm. Vier Laib Brot und ein Wecken können darin gleichzeitig gebacken werden. In die Hartholzdecke der Rauchküche wurde ein Rauchloch von 30x20 cm geschnitten, durch welches der Rauch in den Dachboden stieg. Vor dem abgeschlossenen Flur steht auch heute noch eine Doppeltür, deren obere und untere Hälfte getrennt geöffnet werden können. Im Haus der Frau Hajba (Fő-Str. 5; Baujahr: 1885) gab es eine Rauckküche und einen offenen Kamin. Der erste Raum diente als Schmiede, darüber erstreckte sich der offene Kamin, die Küche wurde jedoch bis 1959 als Rauchküche benützt, als eine Baubrigade der Landwirtschaftlichen Produktionsgenossenschaft (LPG) einen Kletter-Rauchfang einbaute. Frau Hajba erinnerte sich an die Rauchküche wie folgt: „Wir guckten oft hinein, unsere Augen brannten vom Rauch. Wenn der Wind blies, verjagte er den Rauch, wenn nicht, so blieb er schwebend in der Küche. Meine Schwiegermutter kochte auf offenem Feuer in einem rußigen Topf, an der linken Seite der Küche, neben der Stubenwand, am Backofen." Hinter diesem Haus steht ein älteres Gebäude, bestehend aus einer Stube und einer Rauchküche; heute wird es bereits als Wirt-

Halbierte Tür der Rauchküche in Köveskál. Aufnahme von László Lukács, 1982

schaftsgebäude benützt, doch der Eigentümer, Lajos Hajba, wurde 1900 noch hier geboren. Die ehemalige Rauchküche hat auch heute keinen Rauchfang.

In Balatonhenye war das Haus der Frau Böde (Kossuth-Str. 101) bis 1916 mit einer Rauchküche versehen; damals wurde der auch heute bestehende Kletter-Rauchfang gebaut. Die Großmutter der Frau Böde kochte noch in der Rauchküche: „...man arbeitete gebückt, damit der Rauch die Augen nicht beißt." Im Jahre 1938 kaufte József Böde ein Gesindehaus (Petőfi utca; *Kütyü*), aus der Rauchküche wurde der Rauch des Sparherds durch ein Ofenrohr in den Dachboden abgeführt. Ebenso wurde auch die Rauchküche im Haus des wohlhabenden Bauern Pál Szabó bis 1925 rauchfrei gehalten. Das Haus des József Harmat (Kossuth-Str. 133) hatte bis 1950 eine Rauchküche. Im Haus der Frau József Székely (Kossuth-Str. 78) ist auch heute noch die Rauchküche zu sehen. Der gegenwärtige Eigentümer kaufte es 1946. Ursprünglich gab es drei gemeinsame Höfe. Der erste Hausteil wurde vom Sohn umgebaut, die beiden anderen blieben unverändert. In der Rauchküche des zweiten Teiles wurde ein Zylinder-Rauchfang gebaut, während im dritten Teil die Rauchküche auch heute ohne Rauchfang funktioniert. Die gezimmerten Hartholzbalken und Deckenbretter der Rauchküche sind verraucht und rußig. Das Haus der Frau Gyula Székely (Kossuth-Str. 121) besteht aus zwei Teilen im gemeinsamen Hof. Im ersten Teil gab es eine Rauchküche bis 1925, im zweiten bis 1921. Zum Rauchabzug wurde in beiden Teilen ein Kletter-Rauchfang eingebaut.

Backofen aus Ton in der Rauchküche von Köveskál. Aufnahme von László Lukács, 1982

Rauchloch in der Decke der Rauchküche von Köveskál. Aufnahme von László Lukács, 1982

In Monoszló hatte das Haus des wohlhabenden Bauern Bálint Nagy noch in der Zwischenkriegszeit eine Rauchküche. In der Küche biss der Rauch in die Augen der Anwesenden, die junge Frau zankte mit ihrer Schwiegermutter wegen des fehlenden Rauchfanges.

In Szentbékkálla gab es im Dorfteil *Gatyaszalasztó* (Toldi-Str.) bis zu den 1950er Jahren gar manche Rauchküchenhäuser, in denen arme Taglöhner wohnten. Das Haus des József Horváth hatte noch in den 1940er Jahren eine Rauchküche. „Der Rauch frisst meine Augen!" – klagte die Frau. Nachdem die Rauchküche einen geschlossenen Rauchfang bekam, giftete der Mann: „Jetzt frisst er die meinen, denn ich muss den Rauchfang bezahlen!" Rauchküchen gab es im Haus der Frau Szigeti (Toldi-Str. 1) bis 1956 und in dem der Frau Rédei bis zur Gründung der LPG (1956). In das 1816 gebaute Rauchküchenhaus der Mária Lengyel (Zrínyi-Str. 5) wurde zwischen den beiden Weltkriegen ein Kletter-Rauchfang eingebaut: die Stube geht noch heute auf den Hausflur hinaus.

Das letzte Rauchküchenhaus in Mindszentkálla (Tanács-Passage 5) wurde 1969 vom Volkskundlichen Freilichtmuseum von Szentendre angekauft. Gemäß dem beim Abreißen dokumentierten Zustand wurde der Rauch des Sparherdes aus der Rauchküche durch eine Ofenröhre abgeleitet, die durch ein Loch in der Decke zum Dachboden führte. Früher zog der Rauch teils durch eine Öffnung in der Küchendecke auf den Dachboden und teils durch die doppelte Küchentür in den Hof ab.[7]

In Kővágóörs hat das als Sommervilla benützte Haus von Dr. Gábor Rohály (Rákóczi-Str. 10) auch heute noch eine Rauchküche, obwohl der ursprüngliche Eigentümer, József Kankó, ein Maurermeister war. Im Haus des Imre Bárány (Bem-Str. 14) wurde bis 1919-20 in der Rauchküche gekocht. Der Rauch verzog sich auf den Dachboden durch eine Öffnung in der rechten Ecke der Küchendecke sowie durch den Aufgang im Hausflur. Dazu die Erinnerungen von Imre Bárány (geb. 1905): „Im Hausflur gab es zwei Öffnungen, durch die man den Dachboden der Küche bzw. der Stube erreichen konnte. Die Hühner hielten sich im Dachboden der Küche auf, doch wenn man abends einheizte, musste man sie herunterholen, sonst wären sie im Rauch erstickt. Das geschah in den 1910er Jahren. Der Rauch zog auch durch die Öffnungen im Hausflur auf den Dachboden. Die beiden Dachbodenteile waren durch eine 'Spitzenwand' getrennt." In diesem Falle dürfte der Dachboden der Stube rauchfreier gewesen sein als der der Rauchküche und auch als Speicher besser geeignet; dort hingegen konnte man das Fleisch räuchern. Das Haus der Frau Antal (Petőfi-Str. 38) wurde vom Urgroßvater des István Antal, einem evangelischen Pastor, errichtet; in die Rauchküche wurde erst 1923 ein Kletter-Rauchfang gebaut.

In Kékkút (*Kütyü*, Fő-Str. 55) hat das unter Denkmalschutz stehende Wohnhaus der Frau Egyed auch heute noch eine Rauchküche. Im Jahre 1914 wurde auf dem Dachboden ein kleiner liegender Rauchfang aus Hohlziegeln eingebaut, dem sich auch heute noch die Röhre des eisernen Sparherds der Stube anschließt. Das Haus von Ede Görcs (Fő-Str. 18) war ursprünglich ein herrschaftliches Gesindehaus mit zwei Wohnungen und je einer Raucküche. Den ersten Teil kauften zwölf Bauern in der ersten Hälfte der 1920er Jahre von der Domäne des Piaristenordens, zusammen mit 48 Katastraljoch Feld, dessen Hälfte als Weideland benützt wurde. Im ersten Teil, dem Hirtenhaus, wohnte der Schweinehirt der zwölf Bauern. Nach dem Kauf ließen die neuen Eigentümer den noch heute bestehenden Kletter-Rauchfang einbauen. Die Stube geht auch heute auf den Hausflur hinaus. Den zweiten Teil des Hauses kaufte der Maurermeister József Keresztúri im Jahre 1910. Er wollte ihn abreißen und wieder aufbauen, ist aber 1916 an der russischen Front gefallen. So bekam die Rauchküche erst 1956 einen Rauchfang. Der Sohn von Ede Görcs ließ an die Rauchküche eine Stube anbauen, somit kam in die Wand der Rauchküche ein Zylinder-Rauchfang.

In Salföld hat das unbewohnte Haus der Erben von Gyula Horváth (Kossuth-Str. 38) noch heute eine Rauchküche; diese und die Stuben können vom Hausflur durch je eine Tür betreten werden. Die gezimmerten Deckenbalken sowie das Strohgarbendach sind angeräuchert und rußig. Auf dem Dachboden sind in der Nähe der vorderen Giebelwand Traghölzer zum Fleischräuchern angebracht.

Das letzte Haus mit Rauchküche in Kővágóörs: Rákóczi-Str. 10. heute Landhaus von Dr. Gábor Rohály. Aufnahme von László Lukács, 1984

Károly Viski kommentierte 1929 den zähen Fortbestand des Rauchküchenhauses wie folgt: „Dass diese Feuerungsmethode gerade unter dem relativ zivilisierteren Volk Transdanubiens auch heute noch besteht, obschon sich selbst die primitiveren Nationen eine mehr oder weniger perfekte Rauchableitung besorgen, können wir mit nichts anderem als dem konservativen Festhalten an denselben erklären."[8] In seiner grundlegenden Abhandlung betonte Zsigmond Bátky (1930), dass der Rauch aus der Rauchküche durch die Tür unter die Traufe strömt.[9] In seinem Aufsatz über die Enträucherung des Wohnhauses meint Jenő Barabás, die Luft der Rauchküche werde durch die Tür oder zu diesem Zweck dienende kleine Öffnungen ausgetauscht.[10]

Allerdings ist im Káler Becken neben dem (zwanghaften) Festhalten an der Rauchküche auch die Absicht zu beobachten, die Küche vom Rauch zu befreien. Die einfachste Methode besteht darin, in die Bretterdecke der Rauchküche ein oder mehrere Rauchlöcher zu schneiden, wo sich ein Teil des Rauches in den Dachboden verzieht. In der Rauchküche der Frau Hegyi ist das Rauchloch auch heute noch zu sehen. Früher gab es auch im Haus der Frau Hajba eine größere Öffnung (ca. 70 cm) in der Bretterdecke der Rauchküche. In Balatonhenye gab es in der Zwischenkriegszeit in der ehemaligen Rauchküche von Gábor Szalai in der Bretterdecke über der Feuerstätte ein Loch, durch das sich ein Teil des Rauches auf den Dachboden verzog. Frau Böde aus Balatonhenye erzählte Folgendes: „In der Decke war ein Loch, dort zog der Rauch hinauf. Später führte man den Rauch durch eine Röhre in den Dachboden." Wie bereits erwähnt, wurde die Rauchableitung auch im Gesindehaus der Familie Böde und bei Pál Szabó auf diese Weise durchgeführt. Auch in Monoszló hatte die Decke der Rauchküche von Bálint Nagy ein Rauchloch.

In der ehemaligen Rauchküche des Hauses von Mária Lengyel in Szentbékkálla hatte die Decke drei Löcher von je ca. 30x30 cm Größe: hinten knapp an der Wand in der linken Ecke und vorne in beiden Ecken der Küche. Nach Errichtung des noch heute bestehenden Kletter-Rauchfanges wurden die Rauchlöcher mit Ziegelsteinen zugemauert. Zur Rauchableitung des Wohnhauses von Mindszetkálla, welches ins Freilichtmuseum von Szentendre gebracht wurde, schreibt Györgyi Csukás: „...Auch die Veränderung der Feuerungsmethode ist als typisch anzusehen. Im Plattensee-Oberland ging die Verbreitung des Sparherdes um die Jahrhundertwende nicht immer mit der Modernisierung der Rauchableitung, der Errichtung eines geschlossenen Kamins, einher. Vielmehr kam es häufig vor, dass der Rauch des Sparherdes aus der Stube in die

Der von der Diele auf den Boden führende Aufgang dient auch als Rauchloch, Kővágóörs, Rákóczi-Str. 10. Aufnahme von László Lukács, 1984

Rauchküche abgeführt wurde. Auch der Rauch des Küchensparherdes entfernte sich oft durch ein in die Decke geschnittenes Loch über eine Ofenröhre in den Dachboden... Im Haus von Mindszentkálla, Tanács-Passage 5, wurde durch den Stuben- und Küchensparherd die Methode der Rauchableitung aus der Rauchküche ebenfalls nicht verändert."[11] In Mindszentkálla gab es im Haus des Pächters László Páhi (seit 1913 von József Dömötöri gemietet) in der Decke der Rauchküche ein 30 cm großes Loch, wo sich der Rauch auf den Dachboden verzog.

Das Rauchloch in der Decke der ehemaligen Rauchküche vom Haus des Imre Bárány in Kővágóörs wurde bereits erwähnt. Im Haus der Frau Antal befand sich das Rauchloch bis 1923 in der rechten vorderen Ecke der Küchendecke. Darauf stand ein aus Brettern zusammengenagelter Rauchfang; Innenabmessung: 25x30 cm, Höhe: 70-80 cm. Im Haus des István Vasáros (Vörösmarty-Str. 10) ließ der frühere Eigentümer, Gábor Por, um 1930 in der Rauchküche einen Kletter-Rauchfang errichten. In der Bretterdecke der Küche existiert auch heute das Rauchloch (30x65 cm), durch das sich der Rauch auf den Dachboden verzieht. Auch durch den Aufgang am Ende des Hausflurs konnte sich der Rauch der Rauchküche entfernen. Das Haus der Frau Egyed (Ady E.-Str. 7) hatte bis 1953 eine Rauchküche. Der Rauch des Sparherdes und des Backofens verzog sich auf den Dachboden durch ein Loch in der Küchendecke. Ein Teil des Rauches verzog sich durch die doppelte Küchentür in den Hausflur, bzw. durch den Aufgang (in der Flurdecke) auf den Dachboden. In der Sommervilla von Dr. Gábor Rohály entfernt sich der Rauch des Backofens aus der Rauchküche durch ein Rauchloch von nur 10 cm Durchmesser in der hinteren Küchenwand. Aus der Küche wurden die Kachelöfen der Vorder- und Hinterstube geheizt, auch deren Rauch strömte in die Rauchküche. Die Küche hatte kein Fenster. Die doppelte Küchentür besteht aus drei breiten Hartholzbrettern, die mit Holznägeln zusammengehalten werden. Der Rauch entfernt sich zum Teil durch die Küchentür in den Flur. In der Flurdecke gibt es zwei Aufgänge zum Dachboden, die auch als Rauchlöcher dienen, der erste (55x75 cm) führt auf den Dachboden der Vorderstube, der zweite (48x90 cm) auf den der Hinterstube und der Küche. Beide konnten mit einer Brettertür verschlossen werden. Im Dachboden waren die Dachbalken und Latten sowie das Schilfrohr ganz verrußt und teerig. In der Rauchküche steht rechts ein Sparherd, dessen Rauch durch eine Ofenröhre in den Dachboden abgeführt wird.

In Kékkút konnte ich in der Wohnstube des auch heute ohne Rauchfang bestehenden Hauses von Frau Egyed den aus Hohlziegeln gebauten, verputzten und getünchten kleinen liegenden Rauchfang fotografieren, der durch das Rauchloch der Decke in den Dachboden führt und dem sich die Ofenröhre des Sparherdes anschließt. Der liegende Rauchfang wurde einmal im Monat entrußt und der Ruß vom Dachboden entfernt. Das Haus der Frau Csuri (Fő-Str. 51) hat noch heute keinen Rauchfang, der Rauch des Stubenherdes wird durch eine Ofenröhre in den Dachboden geführt. In der hinteren Rauchküche von Ede Görcs entfernte sich der Rauch des Sparherdes bis 1956 in den Dachboden durch eine Ofenröhre, die durch ein 20x20 cm großes Rauchloch der Decke führte. Ebenso wurde auch der Rauch des Backofens aus der Küche abgeleitet. Über die Rauchlöcher baute man im Dachboden aus Ziegelsteinen einen verputzten Funkenfänger, der wie ein liegender Rauchfang aussah, und vor dessen Öffnung ein Drahtgitter befestigt war, damit der Luftzug die Funken nicht auf das Rohrdach trug. Nach Errichtung des Zylinder-Rauchfanges wurden die Rauchlöcher 1956 mit Blech vernagelt.

Backofen in der Rauchküche, Kővágóörs, Rákóczi-Str. 10. Aufnahme von László Lukács, 1984

Kachelofen, gebaut aus dem Material von mehreren alten Öfen, Kővágóörs, Rákóczi-Str. 10. Aufnahme von László Lukács, 1982

Die Gemeinden hatten auch feuerpolizeiliche Funktionen. Im Gemeindeprotokoll von Kővágóörs steht unter der Jahreszahl 1845: „Anlässlich dieser Versammlung wurde gemeldet, dass es in der Ortschaft mehrere Häuser gibt, durch die leicht Brandgefahr entstehen könnte. Daher werden die beiden Stellvertreter des Dorfschulzen angewiesen, die Eigentümer der Häuser, die infolge schlechter Rauchfänge und Dachböden feuergefährlich sind, in aller Strenge aufzufordern, ihre Häuser in Ordnung zu bringen; sollten sie aber dies bis zu dem vom Gemeindevorstand festgesetzten Termin versäumen, ist ihnen eine Geldbuße von 12 Silbergulden aufzuerlegen…"[12] Im Jahre 1847 beschloss die Gemeindeversammlung von Kővágóörs die Einladung des Rauchfangkehrers von Pápa: „Da am gestrigen Tage in der Ortschaft ein Kamin in Brand geriet und das Feuer nur Dank der heiligen Vorsehung und durch unverzüglichen, fleißigen Zugriff unterdrückt und das Dorf von der Brandgefahr gerettet werden konnte, wird hiermit beschlossen, dass sämtliche Rauchfänge und Kamine aufgeschrieben werden, das Verzeichnis derselben baldmöglichst dem Rauchfangkehrer-Meister von Pápa geschickt und dieser eingeladen wird zu einem jährlichen Entgelt von 1 Gulden je Rauchfang, welchen Betrag der Gemeinderat von den

Das letzte Haus mit Rauchküche in Salföld: Kossuth-Str. 38. Aufnahme von László Lukács, 1982

Verrußte Wände und Decke der Rauchküche, Salföld, Kossuth-Str. 38. Aufnahme von László Lukács, 1982

Rauchfangbesitzern anlässlich der Holzverteilung eintreiben wird..."[13] Schon früher ließ die Gemeinde Kővágóörs die Rauchfänge der in ihrem Besitz befindlichen Häuser von einem Rauchfangkehrer putzen: „4. Dez. 1843. Dem Rauchfangkehrer für die Reinigung des Rauchfanges des Metzgerhauses 15 Kreuzer."[14] Auch in Monoszló wurden die Rauchfänge der kommunalen und kirchlichen Gebäude vom Rauchfangkehrer geputzt: „12. Januar 1842, dem Rauchfangkehrer-Meister für den Rauchfang des Einkehrhauses des Adels gegeben 1 Gulden 30 Kreuzer."[15] Ebenfalls in der Gemeindetruhe von Monoszló befindet sich eine Quittung, die beweist, dass im Jahre 1843 die Gebäude der Gemeinde von Antal Bauer, Rauchfangkehrer-Meister in Sümeg, in Ordnung gehalten wurden.[16] In den Verrechnungen der Kirchengemeinde werden fast jedes Jahr Zahlungen für die Reinigung der Rauchfänge „parochialer Häuser" (Pfarrhaus, Wohnung des Schulmeisters) angeführt, z.B.: „24. Febr. 1846. Dem Rauchfangkehrer für die Reinigung des Rauchfanges parochialer Häuser gezahlt 3 Gulden."[17]

Mit der hohen Zahl der Häuser ohne Rauchfang, mit Rauchküche, Stroh- und Rohrdach, ist zu erklären, dass wir noch um die Jahrhundertwende im Dorfvorstand einen sog. Rußrichter finden. In bestimmten Zeitabständen hatte er die Rauchküchenhäuser zu inspizieren und auf die Instandhaltung und Reinheit der Feuerstätten zu achten. Laut akzeptierter Norm mussten die Feuerstätten und die Küchen zwei- bis dreimal im Jahr getüncht werden. Die innere Verputzung der Öfen oblag den alten Frauen. Der Rußrichter kotrollierte auch die Sauberkeit des Dachbodens. Da Rauch und Ruß durch das Rauchloch in den Dachboden ziehend sich dort auf die Stroh- oder Rohrverschalung, das Dachwerk oder den Lehmboden absetzten und dadurch erhöhte Brandgefahr verursachten, mussten die Hausbesitzer den Ruß von Zeit zu Zeit vom Dachboden abräumen. Falls der Rußrichter das Haus oder die Feuerungsanlage nicht in Ordung befand, verlangte oder nahm er ein Pfand. Das Pfandstück war gewöhnlich ein Gefäß oder ein sonstiges Stück der Kücheneinrichtung, wodurch gleichsam angedeutet wurde, dass an erster Stelle die Hausfrau für die Sauberkeit der Rauchküche verantwortlich sei. Erst nach Behebung der wahrgenommenen Regelwidrigkeit wurde das Pfandstück zurückgegeben; falls es aber

Verrußter Dachboden des Hauses mit Rauchküche, Salföld, Kossuth-Str. 38. Aufnahme von László Lukács, 1982

Küche mit Rauchfang in Kővágóörs. Zeichnung aus dem Nachlass von Ottó Herman (Museum für Volkskunde, Budapest, Ethnologische Datensammlung, Inv.-Nr.: EA. 5059)

innerhalb einer gewissen Frist nicht „eingelöst" wurde, konnte es von der Gemeinde verkauft werden. In der Verrechnung des Weinrichters von Köveskál aus dem angehenden 19. Jahrhundert wird bei zwei Gelegenheiten der den Rußrichtern gegebene Wein – 2 bzw. 3 Quart – angeführt.[18] In Monoszló, 1839: „Die Rußrichter erhoben Beschwerde gegen Frau János Pintér, nachdem sie im Backofen eine Handvoll Schäube und über dem Feuer trockene Hölzer fanden. Genannte Frau János Pintér wurde daher vorgeladen und nach Verwarnung straflos entlassen; die Bestrafung wurde bis auf wiederholten Verstoß verschoben."[19]

Der freie Kamin, meinte Zsigmond Bátky, sei „ein Rauchableitungssystem westlicher Provenienz", welches „aus deutschen Landen nach Ungarn kam, zunächst freilich nur auf die Herrensitze, später auch auf die Bauernhäuser."[20] Die Forschungen von Jenő Barabás lassen erkennen, dass das Hauptzentrum der frühzeitigen Verbreitung des freien Kamins die Kleine und Große Ungarische Tiefebene war, wo seine Anfänge in der Volksarchitektur bereits im 15.-16. Jahrhundert zu vermuten sind. Nach seiner allgemeinen Verbreitung drang er auch in die benachbarten Gebiete ein, wo es ursprünglich keinen freien Kamin gab.[21] Ebenfalls laut Jenő Barabás „erscheint im geschichtlichen Material der ungestörten Zone der Rauchküchenhäuser der Rauchfang nur auf den Herrenhäusern."[22] Diese Feststellung wird durch die mit freiem Kamin gebauten Wohnhäuser adeligen, kirchlichen oder herrschaftlichen Ursprungs des Káler Beckens bestätigt, die mit Bestimmtheit in die 2. Hälfte des 18. oder die 1. Hälfte des 19. Jahrhunderts datierbar sind.

In der ursprünglich mit freiem Kamin gebauten Küche der Frau Kövesdi (Köveskál) wurde um 1900 in der linken hinteren Ecke ein weiter Kletter-Rauchfang errichtet. Das Haus mit freiem Kamin ließ einst der herrschaftliche Gutsverwalter István Rédey bauen. Das Haus mit freiem Kamin des reformierten Pastors Gábor Márton wurde bereits erwähnt. Ebenso hatten auch die alte reformierte Schule und die Lehrerwohnung je einen freien Kamin, dem sich vorne das Rauchloch des Ofens der großen und der kleinen Stube, hinten des Lehrsaales (mit Tonnengewölbe) anschloss.

In Balatonhenye hatte das unter Denkmalschutz stehende Kenessey-Haus (Kossuth-Str. 125) bis 1937 einen freien Kamin. Es wurde 1844 vom wolhabenden Edelmann Mózes Darnay erbaut, auch sein Schwiegersohn, Károly Kenessey, galt als wohlhabend. Der Sohn des letzteren, Károly Kenessey jun. (1879-1969), ließ im Jahre 1937 unter das Gewölbe, welches den freien Kamin trug, eine Bretterdecke einbauen. Im Dachboden steht auch heute noch der freie Kamin, in den der Rauch des Backofens durch einen weiten, lehmgebauten Kletter-Rauchfang gelangt. Trotz dieser Rauchableitung gehen die Türen der Küche und der Stube in den Hausflur hinaus, zwischen Stube und Küche gibt es auch heute keine Tür. Auch im Haus der Frau Kántor (Kossuth-Str. 99) existiert noch der freie Kamin auf dem Dachboden. Das Körösényi-Haus (Kossuth-Str. 53) wurde vom reformieten Pastor Cseh ebenfalls mit freiem Kamin gebaut; später gehörte es dem Pastor Somogyi, von dem es 1916 der Landwirt Károly Mátyás gekauft hat. Vor dem Zweiten Weltkrieg kam es in den Besitz des Sodawasserherstellers Körösényi. Auch das Haus des Dr. Sándor Salkovits wurde mit freiem Kamin gebaut; 1852 wurde es vom wolhabenden Gutsbesitzer József Madár erworben. Den freien Kamin des Pfarrhauses ließ Pastor Károly Raksányi in den Jahren 1901-1902 abreißen und an seine Stelle einen Kletter-Rauchfang bauen. Dies war in dieser Ortschaft die erste Küche mit geschlossenem Kamin. Die Innovation gefiel József Madár, der um 1910 im eigenen Haus den freien Kamin ebenfalls durch einen Kletter-Rauchfang ersetzen ließ. Dem Beispiel der Beiden folgten alsbald auch andere. Das Egyed-Haus ließ István Egyed im Jahre 1826 mit freiem Kamin in der Küche erbauen. Mitte der 1960er Jahre wurde es von der Familie Károly Takács gekauft, die den freien Kamin abriss.

Backofen in der Küche im Anschluss an Kletter-Kamin, Köveskál, Városkút-Str. 27. Aufnahme von László Lukács, 1986

Backofen in der Küche, einst mit Rauchfang, heute mit Kletter-Kamin, Köveskál, Fő-Str. 24. Aufnahme von László Lukács, 1981

In der Küche des reformierten Pfarrhauses von Monoszló – ursprünglich ebenfalls mit freiem Kamin gebaut – ließ Pastor Imre Siskey im Jahre 1918 einen Kletter-Rauchfang errichten. Laut Angaben meines Gewährsmannes Lajos Tóth (geb. 1898) gab es um 1910 schon mehr Küchen mit freiem Kamin als Rauchküchen: „Freie Kamine gab es auch bei den wolhabenden Bauern. Doch wurden die später mit Balken und Brettern verschlossen, in der Mitte ließ man einen Ausgang offen, wo man das Fleisch zum Räuchern hinauftrug und wo auch der Rauchfangkehrer hinaufsteigen konnte. Geschlossene, breite Kletter-Rauchfänge gab es nur wenige."

In Szentbékkálla wurden in der ersten Hälfte des 19. Jarhunderts drei Nachbarhäuser mit freiem Kamin gebaut, namentlich die Häuser von Gyula Németh, Gyula Molnár und Frau Neuperger. Die beiden letzteren waren für herrschaftliche Angestellte bestimmt. Auf dem Dachboden des Neuperger-Hauses (Jókai-Str. 1) besteht noch heute der von unten verschlossene freie Kamin, dem sich von links ein und von rechts zwei Rauchröhren anschlossen. Das unter Denkmalschutz stehende Istvándi-Haus hatte bis 1918 einen freien Kamin. Damals bekam es nach einem Großbrand im Laufe des Umbaues einen Kletter-Rauchfang, der nach der Gründung der LPG durch einen Zylinder-Rauchfang ersetzt wurde. Der Bauherr, József Istvándi, war Landwirt mit vielen Feldern und Weingärten. Laut Lajos Kovács, Maurermeister in Szentbékkálla, hielt den freien Kamin ein Ziegelgewölbe über der inneren Hälfte der Küche, mit einer 120x120 cm großen Öffnung in der Mitte; von hier führte ein sich nach oben verjüngender Rauchfang in den Dachboden.

Schließlich hat auch das Haus von Flórián Cséri (Mindszentkálla, Jókai-Str. 9) einen freien Kamin, wo die Jahreszahl 1820 zulesen ist. Über die vordere und hintere Hälfte der Küche wölbt sich je eine böhmische Kappe; letzere trägt den freien Kamin.

Die meisten Häuser mit freiem Kamin fand ich in Kővágóörs. Der Kamin des unter Denkmalschutz stehenden Salamon-Hauses wurde 1914-15 mit einem Gewölbe unten abgeschlossen, das in der Mitte der Küche auf einer Eisenbahnschiene ruht. Im linken Gewölbeteil ließ man eine Öffnung frei, wo man in den auch weiterhin zum Fleischräuchern benützten Kamin hinaufsteigen konnte. Auch der Ruß wurde durch diese Öffnung entfernt. Da es zu diesem Zweck auch auf dem Dachboden eine Eisentür am Kamin gibt, wurde die Öffnung in der gewölbten Decke um 1925-30 zugemauert. Auf ähnliche Weise wurde in den 1930er Jahren der freie Kamin bei Károly Papp (Jókai-Str. 89) verschlossen. Hier ist an der Außenseite des Gewölbes (preußische Kappe) auch heute die Brettertür zu sehen, wo in den freien Kamin das Fleisch zum Räuchern aufgehängt wurde. Das Rauchrohr des auch heute noch bestehenden Backofens schließt sich auf dem Dachboden dem unten abgeschlossenen freien Kamin an. Im Haus des Imre Kurányi (Jókai-Str. 99) wurde der freie Kamin ebenfalls durch ein Gewölbe abgeschlossen, welches in der Mitte auf einem Eisenträger ruht. Der freie Kamin des Barla-Hauses wurde 1928, des Duchon-Hauses 1948 abgeschlossen. Auch das Gombos-Haus (Vörösmarty-Str. 12), heute Sommervilla des Budapester Professors László Gabay, hatte ursprünglich einen freien Kamin. Auch haben noch einen solchen die Häuser von Erzsébet Gellei und Ferenc Szalay, das Herrenhaus Kernács sowie die Sommervillen von György Szomjas und Dr. Attila Komjáthy. Das Haus von Erzsébet Gellei war ursprünglich ein Handelshaus, in der Kammer mit Tonnengewölbe wurde auch Flaschenwein verkauft. Die innere Hälfte der mit freiem Kamin versehenen Küche war von der äußeren durch eine Wand mit Tür getrennt. Innerhalb der Trennungswand kann man den auf einem Steingewölbe stehenden freien Kamin aus Ziegelsteinen, darunter den Backofen, das Feuerbänkchen und den Kessel noch immer einwandfrei untersuchen. Ebenso wurde auch die innere Küchenhälfte im Haus von Ferenc Szalay (auch dieses unter Denkmalschutz) abgeschlossen, wo unter dem freien Kamin ein Backofen und ein Kessel zu finden sind (Jókai-Str. 18). Das Haus gehörte ursprünglich der Herrschaft; es wurde für den gräflichen Paradekutscher gebaut und erst zu Beginn des 20. Jarhunderts veräußert. Die Sommervilla von György Szomjas (Petőfi-Str. 44) gehörte früher dem Lajos Ács. Errichtet von einem Schäfermeister namens Polgár, wurde das Haus in den 1890er Jahren von der Familie Ács gekauft. Dem Kauf folgte wahrscheinlich die äußere Verputzung des Hauses, da an der Firstwand die Jahreszahl 1897 zu lesen ist. Die Küche hat einen freien Kamin aus Ziegelsteinen, den ein Steingewölbe trägt. Den inneren Küchenteil unterhalb des freien Kamins ließ die Familie Ács vermauern und benützte ihn nur als Rauchfang. Hierher wurde der Rauch aus der Küche und den beiden Stuben abgeführt. Hinter der Vermauerung blieb der würfelförmige Backofen bestehen, rechts davon der Sparherd mit je zwei Bratröhren und Kochplatten, links die Feuerbank und hinten, in der linken Küchenecke, der Kessel. Der gegenwärtige Hausbesitzer ließ die Vermauerung ausbrechen. Die Sommervilla des Budapester Bauingenieurs Dr. Attila Komjáthy gehörte früher dem Lajos Boros (Ady E. Str. 38). In der Küche steht noch heute der freie Kamin, von einem schönen Tonnengewölbe getragen. Der Kamin ist aus Ziegelsteien. In Kővágóörs, im Haus von Dániel Ács, wird der freie Kamin aus Ziegelsteinen von einem steinernen Tonnengewölbe getragen. An der einen Seite, in der Küchenmitte, stützt sich das Gewölbe auf einen Hartholzbalken. Die Aufnahme des abgerissenen Tobak-Hauses zeigt in der vorderen Küche einen Kletter-Rauchfang mit zwei Rauchkanälen, in der hinteren einen freien Kamin. Dieser endet in einen schönen Schornsteinkopf mit drei Seitenöffnungen. Darunter, in der Mitte, standen der würfelförmige Backofen und in der linken Ecke der Kessel.

Backofen in der Küche mit Rauchfang, Kővágóörs Ady-Str. 12. Aufnahme von László Lukács, 1983

Rauchfang aus Ziegeln auf dem Dachboden, Balatonhenye, Kossuth-Str. 101. Aufnahme von László Lukács, 1986

Im Falle sowohl der Rauchküche als auch des freien Kamins ist im 20. Jahrhundert schon die unverkennbare Tendenz zu beobachten, die Küche vollständig rauchfrei zu bekommen. Dies wurde in beiden Fällen durch die Errichtung des geschlossenen Kletter-Rauchfangs erzielt. Die Entwicklungsrichtung wurde seit Ende des 19. und Beginn des 20. Jahrhunderts durch das Erscheinen des Kletter-Rauchfangs bestimmt. Seit Anfang des 20. Jahrhunderts sind bei beiden Feuerungssystemen Übergangsformen der Rauchableitung zu beobachten, so etwa die Ableitung des Rauches vom Sparherd, dem Backofen und dem Kessel aus der Rauchküche in den Dachboden mittels einer Ofenröhre. Im Falle einer Küche mit freiem Kamin wurde dieser Rauch durch eine Ofenröhre in den Rauchfang hinaufgeführt.

Eine weitere Übergangsform zur Förderung der Rauchlosigkeit der Küche besteht in der Errichtung der Feuerungsanlage in einem von der Küche getrennten Vorraum. Diese Lösung konnte ich am baufälligen Haus von Lajos Győrffy (Köveskál, Tobán-Str.) untersuchen. Hier wurde an der linken Küchenseite ein kleiner Vorraum abgetrennt, der der Breite des würfelförmigen Backofens entspricht. Der Ofen wurde in der äußeren Hälfte des Vorraumes aufgestellt, seine Heizöffnung geht auf die innere Hälfte hinaus. Die innere Hälfte des Vorraumes ist zugleich ein Durchgang von der Küche in die Speisekammer. Oberhalb der äußeren Hälfte – des Backofens also – ist ein freier Kamin, der außen in einem schönen gewölbten Schornsteinkopf endet. Die innere Hälfte des Vorraumes sowie der übrige Teil der Küche ist mit einem Tonnengewölbe überdacht. Das Rauchloch des Backofens befindet sich an der linken oberen Ecke desselben. Dem schließt sich auch der Rauchzug des in eine Wandnische des Vorraumes an den Backofen gebauten Kessels an. Der Kessel ist von der Küche aus zu heizen und ist durch die Nische aus der Küche erreichbar. Durch diese Lösung wurde die Küche fast völlig rauchfrei. Die Feuerungsanlagen mit ihren Rauchlöchern kamen in den getrennten Vorraum, darüber befand sich der freie Kamin. Mit dem Abschluss des freien Kamins entwickelte sich ebenfalls eine Übergangsform. Auf dem Dachboden blieb zwar der sich in Pyramidenform verjüngende freie Kamin erhalten, doch kam in der Küche ein Ziegelgewölbe mit Tür oder eine auf Balken ruhende Bretterdecke darunter. Eine neue Form bedeutete der geschlossene Kletter-Rauchfang. Im Falle einer Küche mit freiem Kamin ging dies mit der Demolierung des letzteren sowie des tragenden Gewölbes einher.

Im hier behandelten Gebiet ist der älteste bisher bekannte Kletter-Rauchfang in Köveskál, im Haus der Frau Bőczi (Fő-Str. 27) zu finden. An der Blechtür ist die Jahreszahl 1887 zu lesen; damals ließ ein Bäckermeister das Haus errichten. Dem Rauchfang schloss sich unten ein Backofen an, darüber wurde aus Ziegelsteinen ein Sparherd mit je zwei Bratröhren und Kochplatten eingebaut. Hinter dem neuen Gebäude blieb ein altes kleines Rauchküchenhaus erhalten, wo die Schusterwerkstatt des späteren Eigentümers, Lajos Győrffy, eingerichtet wurde. Auch das ehemalige Haus von Zsigmond Fábián wurde mit einem Kletter-Rauchfang gebaut (Henyei-Str. 58).

In Balatonhenye finden wir außer den genannten Häusern (Böde-, Madár-, Kenessey-Haus, das Haus der Frau Gyula Székely) auch in der Küche der Frau Bende einen Kletter-Rauchfang. Das Haus wurde um 1900 umgebaut, wahrscheinlich stammt auch der Rauchfang aus dieser Zeit. Im gemeinsamen Hof von Károly Takács und Károly Szöllőskei (Kossuth-Str. 141-143) hatten früher beide Hausteile eine Rauchküche, heute sind sie mit je einem Kletter-Rauchfang versehen. Das Haus von Frau Béla Papp (Kossuth-Str. 95) wurde ursprünglich mit einem freien Kamin gebaut,

Blechtür des Kletter-Kamins aus dem Jahr 1887, Köveskál, Fő-Str. 27. Aufnahme von László Lukács, 1983

Backofen im Vorraum, Köveskál, Tobán-Str. 2. Aufnahme von László Lukács, 1985

heute hat es einen Kletter-Rauchfang. In Mindszentkálla ist im ehemaligen Rauchküchenhaus von Csombó (Petőfi-Str. 6) heute ein weiter (80x64 cm) Kletter-Rauchfang zu finden. In Kővágóörs ist außer den aufgezählten Gebäuden (Salamon-, Duchon,- Gombos-, Barla-Haus) heute auch im Haus der Frau Szilágyi ein Kletter-Rauchfang zu finden. Das Haus gehörte bis 1913 einer alten evangelischen Pfarrersfrau und hatte schon damals einen Kletter-Rauchfang. Von den ehemaligen Rauchküchenhäusern hat das von Imre Bárány seit 1920, von Frau Antal seit 1923 und von Frau Egyed seit 1953 einen Kletter-Rauchfang. Im Haus des Kálmán Somogyi (Ady-Str. 26) wurde der freie Kamin um 1965 abgerissen und ein Kletter-Rauchfang gebaut.

In Kékkút ist ein gleicher Rauchfang – außer dem Haus von Ede Görcs – auch im Haus von Irma Mohos und Frau József Mohos zu sehen (Fő-Str. 57; Baujahr: 1901).

In Bezug auf die Feuerungsvorrichtung gab es zwischen den Rauchküchenhäusern und den Gebäuden mit freiem Kamin nur in der Rauchableitung einen wesentlichen Unterschied, sonst waren die Feuerungsanlagen in beiden Haupttypen gleich: offener Herd, großer und kleiner Backofen, Kessel, Kachelofen.

Das Kochen auf offenem Feuer fand auf dem Feuerungsbänkchen statt, welches aus Lehm gebaut wurde und an der Stubenwand der Küche, vor dem Heizloch des Kachelofens stand. Im allgemeinen war es 1 m hoch, 0,8 – 1 m breit und 2 m lang. Bei der Errichtung der Seitenwand wurden die Steine podiumartig aufgetragen, der Innenraum wurde mit Erde aufgefüllt oder einfach leer gelassen. Im letzteren Falle wurden dort im Frühling Hühnchen und Junggänse gehalten, im Herbst Gänse gemästet. Auf der Feuerstätte wurde in Tongefäßen auf heißer Glut gekocht. Man benützte auch den Feuerhund und den „Eisenfuß". Die Gefäße wurden mit der eisernen zweizackigen Heizgabel bewegt.[23] Die eine Zacke wurde in den Henkel eingehängt, mit der anderen stützte man die Seite des Gefäßes. In einer tönernen Pfanne konnte man auf der Glut auch Strudel backen. Hier wurde auch der sog. Prügelkrapfen gebacken. Der Teig wurde in einer Pfanne auf einem Ei-

Kessel im Vorraum, Köveskál, Tobán-Str. 2. Aufnahme von László Lukács, 1985

sengestell über der heißen Glut hin und her gedreht und unterdessen mit Schmalz begossen. Im Winter zog man die glühenden Kohlen oft aus dem Kachelofen auf die Feuerstätte, um darauf zu kochen.

In Balatonhenye kochte im Haus des Károly Mátyás die 1918 verehelichte Schwiegertochter, Vilma Somody, bis 1920 auf der offenen Feuerstätte in der Küche mit freiem Kamin: „Am Ende des Kessels stand in der Ecke eine Feuerstätte aus Lehm, 80 cm breit und 80 cm hoch. Darauf kochte man in Tongefäßen, die Töpfe mit flachem Boden stellte man auf den Eisenfuß, die aber keinen flachen Boden hatten, wurden neben die Glut gestellt. Die Mutter meiner Schwiegermutter, Frau Gyenis, kochte ihr ganzes Leben lang an der offenen Feuerstätte. Zwei Jahre lang kochte auch ich darauf, im Jahre 1920 ließen wir uns einen eisernen Sparherd machen."

Aus der Rauchküche der Witwe József Székely wurde die Feuerstätte nach 1946 entfernt. Im Frühling wurden im Hohlraum unter der Feuerstätte Hühnchen gehalten. Im Rauchküchenhaus von Mindszentkálla, Tanács-Passage 5, kochte man auf dem kleinen Steinbänkchen vor der Heizöffnung des in der Stube stehenden Kachelofens.[24] Im Kővágóörs ist in der Küche mit freiem Kamin von Erzsébet Gellei auch heute das aus Stein gebaute Feuerbänkchen zu sehen; darunter hielt man in einem gewölbten Hohlraum im Frühling Hühnchen und sonst Brennholz.

Im Kessel – errichtet aus demselben Baustoff wie die Feuerstätte – benützte man einen Kochkessel aus Eisen oder Messing. Im ersteren wurden Kartoffeln für die Schweine gekocht, aus Darmfett, sonstigen Fetten und Laugenstein wurde Seife gesotten. Im Messingkessel wärmte man das Wasser für die Wäsche auf, kochte beim Schweineschlachten Maisbrei für die Würste, brühte den Speck ab, kochte die Ingredienzien für die Presswurst, ließ das Fett aus; auch Obstmus und Tomaten wurden hier gekocht.

In Köveskál ist der Kessel in der Küche (ursprünglich mit freiem Kamin) von Lajos Németh noch heute zu sehen. In Balatonhenye wurde er aus der Küche der Frau Bende im Jahre 1936 entfernt. In Kővágóörs, im Haus von Erzsébet Gellei, wurde in das äußere Ende des Feuerbänkchens der heute trümmerhafte steinerne Kessel gebaut, mit einfacher Öffnung, ohne Tür und Aschengrube. Der würfelförmige Kessel bei Ferenc Szalay besteht aus Ziegelsteinen; Grundfläche: 90x69 cm, Höhe: 64 cm, Kesselöffnung: 38 cm Ø. Bei György Szomjas wurde der Kessel am Ende des linken Feuerbänkchens, in die linke Küchenecke gebaut, bei Dr. Attila Komjáthy in die rechte.

In der Küche des Pächterhauses von Blatonrendes wurde 1827 der Backofen mit Feuerstätte, „da schlecht", auf 5 Gulden geschätzt. Es muss eine Rauchküche gewesen sein, denn es wurden auch fünf Balken und die Bretterdecke geschätzt, während man für eine Küche mit freiem Kamin keine fünf Balken gebraucht hätte, da ja der Kamin auf einem Gewölbe ruhte. Die Küchentür wurde samt Pfosten, Blech und vier Winkeleisen mit 7 Gulden bewertet.[25] An vier Winkeleisen konnte sich nur die zweiteilige, sog. Doppeltür drehen, wo sich der Rauch durch den oberen Teil zum großen Teil verzog. Im Jahre 1873 wurde in der Győrffy-Mühle in Köveskál ein Backofen und ein Kessel eingebaut:[26]

„250 St. Lehmziegeln gekauft, aus Monoszló nach Hause transportiert	2 Gulden 50 Kreuzer
Für Errichtung eines neuen Backofens und Kessels	2 Gulden
Lehm für den Backofen	60 Kreuzer
2 Tagelöhne für Abreißung des schlechten und Errichtung des neuen Backofens	80 Kreuzer"

Demnach wurden dieser Backofen und dieser Kessel bereits aus Lehmziegeln gebaut. Den beschafften Lehm benützte man zur Herstellung des Lehmmörtels bzw. zur Verputzung des Ofens und des Kessels.

Der sog. große Backofen zum Brotbacken ist würfelförmig oder prismatisch, der erstere ist 0,9-1, der letztere 1,4-1,5 m hoch. Er stand an der hinteren Küchenwand in der einen Ecke, in der Rauchküche in der linken Ecke auf einem hohen, breiten Bänkchen. Von diesem Bänkchen wurde auch der Kachelofen der Stube geheizt. In den Küchen mit freiem Kamin stand der niedrigere Backofen – meistens ohne Bänkchen – in der Mitte. In den Küchen mit Kletter-Rauchfang stand er an der rechten oder linken Küchenseite, neben dem Kletter-Rauchfang oder unter dem weiten Schornstein. Freilich gab es auch Ausnahmen in dieser Anordnung. Der Backofen wurde aus Lehm, im 20. Jahrhundert schon aus Lehmziegeln und Ziegelsteinen gebaut. Bis 1920 stand in der Rauchküche von Imre Bárány (Kővágóörs) ein Backofen aus Lehm mit Holzgerüst: „Der stand in der linken Ecke und war aus Lehm. In der ganzen Küche stand ringsherum an der Wand ein Bänkchen, darauf links der Backofen. Holzreifen waren an dem Boden befestigt, die Zwischenräume mit Lehm ausgefüllt. Die Hölzer – 2-3 Zoll stark – waren 10-15 cm voneinander entfernt, darauf kam innen und außen der Lehmanwurf. Die Hölzer mussten in rohem Zustand benützt werden, damit sie sich in Halbkreisform biegen ließen. Die Lehmwand war eine Spanne breit, etwa 20-25 cm. Das Bänkchen war 80 cm hoch, aus Lehm und Stein gebaut, verputzt und getüncht. Aus der Csuk-Gegend am Plattensee (heute: Révfülöp) brachte man im Wagen weißen Feinsand, um die Wände der Rauchküche, den Backofen und die Feuerstätte zu scheuern. Die Seite des Backofens war nach außen gewölbt, das Dach war flach, darauf trocknete man die Kürbiskerne. Sechs Laib Brot hatten Platz im Backofen, den man mit 40-50 cm langen Scheithölzern heizte." In der Rauchküche der Frau Antal stand in der linken Ecke bis 1923 der aus einem Holzgerüst und Flechtwerk errichtete, innen und außen mit Lehm verputzte Backofen, der 11 Laib Brot fasste. Nachdem er abgerissen wurde, baute man im Hof einen neuen Backofen. In Mindszentkálla erzählte Károly Dömötöri (geb. 1896) von den alten Backöfen mit

Holzgerüst: „In der Mitte der Küche stand der Ofen zum Brotbacken. Das aus dünnen Hölzern zusammengestellte Gerüst wurde oben mit einem Draht zusammengebunden und sodann mit Lehm und Spreu 2,5 Zoll dick verschmiert. Beim ersten Brotbacken brannte der Ofen aus. Die Hölzer – ung. *csádé*, 4-5 cm dicke Äste von Eichen und Zerreichen – waren 7-8 cm voneinander entfernt. Der Ziegelboden des Ofens war etwa 40 cm hoch. In meiner Kindheit wurde der Backofen noch mit Holzgerüst von Männern gebaut. Das Dach war gewölbt, mit einer ebenen Fläche, groß genug, um beim Brotbacken einen 50-60 cm breiten Waschtopf draufzustellen. Der Ofen war 140 cm hoch. Der aus Ziegelsteinen gebaute Backofen hatte ein flaches Dach und war eckig. Wir kamen im Jahre 1913 aus Szent Imre-Meierhof ins Dorf, um im Pächterhaus des László Páhi zu wohnen. Dort stand in der Rauchküche noch ein alter Backofen mit Holzgerüst." In der Rauchküche des Hauses in Mindszentkálla, Tanács-Passage 5, stand in der rechten Ecke auf einem steinernen Fundament ein prismatischer Backofen aus Flechtwerk, mit einem Bänkchen an beiden Seiten.[27] Auch in der Rauchküche der Frau Egyed in Kékkút stand ein lehmgebauter Backofen in der rechten Ecke; das an beiden Seiten befindliche Bänkchen war 50 cm hoch und 46 cm breit; Breite des Ofens: 145 cm, Länge 175 cm, Höhe 83 cm, er verjüngt sich nach oben, das Dach ist nur 116 cm breit. Bis 1961 stand in der rechten Ecke des zweiten Hausteiles von Ede Görcs ein Backofen aus Lehm. Die 25-30 cm dicke Wand war aus Lehm und Spreu, das Dach hielten felgenförmige Eisenstücke, damit der Rohlehm vor dem Ausbrand nicht einstürzte. Höhe: 1,5-1,6 m. An beiden Seiten stand ein 40 cm breites und 60 cm hohes Bänkchen, wo man auch sitzen konnte. Noch heute besteht der lehmgebaute Backofen in der Rauchküche der Frau Hegyi in Köveskál; der würfelförmige Ofen steht in der Mitte der hinteren Küchenwand; Grundfläche: 110x120 cm, Höhe: 90 cm, Wandstärke: 30 cm, Fassungsraum: vier Laib Brot und ein sog. *pompos*, ein Brotwecken von etwa 1,5 kg, in den auch der vom Backtrog abgeschabte Teig hineingetan wurde.[28] Im Haus der Frau Sebestyén schließt sich in der rechten Küchenecke dem Kletter-Rauchfang ein prismatischer Ofen an. In Kővágóörs, in der Mitte der hinteren Küche des Tobak-Hauses, stand ein würfelförmiger Backofen, vor der Tür nur mit einer kurzen, schmalen Stütze für die Brotschaufel. Ebenso ist der Backofen in der Küche mit freiem Kamin im Haus Temető-Str. 1 angeordnet; Breite: 110 cm, Länge: 130 cm, Höhe: 100 cm, vorne ein schmales Bänkchen.

Vor dem niedrigen Backofen befand sich oft eine Grube, in der die Frau beim Heizen und Broteinschieben stand. Nach dem Brotbacken wurde die Grube mit einer Brettertür zugedeckt. Der Boden der höheren Backöfen lag 50-90 cm über dem Fußboden. Beim Ofenbau wurde als Fundament eine 50-90 cm hohe Steinmauer gebaut, der Innenraum mit Lehm und Steinchen ausgefüllt und mit Ziegelsteinen bedeckt. Mit einer ziegelbreiten Wand wurde das Fundament überwölbt, so dass jede Ziegelreihe ein wenig weiter einwärts zu liegen kam als die vorhergehende. Unten wurden die Ziegelsteine je nach Bedarf ausgemeißelt. Schließlich wurde das Ofendach mit einem unten zurechtgemeißelten Ziegelstein verkeilt. Die Seiten wurden bis zum Gewölbedach mit Ziegeln aufgemauert, die Zwischenräume mit Lehm und Ziegelbrocken ausgefüllt. Das Ofendach wurde mit Ziegelsteinen oder Lehmziegeln überdeckt.

Sparherd-Kombinat mit Öffnung zum Broteinschub vor dem Backofen, Mindszentkála, Rákóczi Platz 18. Aufnahme von László Lukács, 1983

Sparherd-Kombinat, Salföld, Kossuth-Str. 6. Aufnahme von László Lukács, 1982

Schließlich wurde der ganze Ofen außen verputzt; innen wurden die Fugen schon während des Bauens verkittet. Zum Ofenbau benütze man Ziegelsteine von guter Qualität, minderwertige Stücke worden nicht eingebaut, denn man meinte, dass sie schnell verbrennen. In Balatonhenye wurde dem Lehm zur Verschmierung des Ofenbodens Eisenschlacke beigemengt; man meinte, diese Mischung erhitze sich schneller und stärker.[29]

In Köveskál erzählte Lajos Hajba (geb. 1900) Folgendes über den Backofen, der in den 1930er Jahren in der Rauchküche seines Hauses benützt wurde: „Der Lehmofen zum Brotbacken war außen viereckig, innen gewölbt. Vorne stand ein 35-40 cm hohes Bänkchen. Der Ofenboden war eine Spanne dick mit Eisenschlacke verschmiert, sodann abgestampft und 4 Zoll dick mit Lehm und Spreu verschmiert. Vorne gab es zwei Löcher, dort kam der Rauch heraus. Fünf Laib Brot und ein Wecken hatten darin Platz." Györgyi Csukás erwähnt noch, dass man in Kővágóörs den vor Ort befindlichen „Salzstein" gerne in den Ofenboden einbaute, da darauf das Brot gut gebacken werden könne.[30]

In Köveskál steht in der Küche der Frau Kövesdi (ursprünglich eine Rauchküche) in der Ecke zur Hinterstube ein hoher, prismatischer Backofen, der in den Jahren vor dem Ersten Weltkrieg aus Ziegelsteinen gebaut wurde und gleichzeitig neun Laib Brot fassen konnte. In Balatonhenye ist der Backofen der Frau József Székely würfelförmig; Grundfläche: 112-150 cm, Höhe: 110 cm. Vor die Öffnung wurde lediglich ein 14 cm breites und 36 cm hohes Bänkchen gebaut, um beim Broteinschieben die Backschaufel zu halten. In Mindszentkálla wurde in der Küche mit freiem Kamin des Flórián Cséri in der Zwischenkriegszeit ein würfelförmiger Backofen aus Ziegelsteinen gebaut, wo neun Laib Brot Platz hatten. In der Küche der Geschwister Hofmann wurde aus den gelbglasierten Kacheln des in den 1880er Jahren errichteten Sparherdes in den 1930er Jahren ein würfelförmiger Backofen gebaut (Tanács-Passage 9). Den Ofen baute Ernő Nagy, Maurer in Mindszentkálla; das Innere ist ein Ziegelgewölbe, der Boden besteht aus Ziegelsteinen, die Außenfläche ist mit den Kacheln des alten Sparherdes bekleidet, Grundfäche: 122x144 cm, Höhe: 142 cm, Fassungsvermögen: 7-8 große Laib Brot (zu 3-4 kg). In Kővágóörs ist bei Erzsébet Gellei ein würfelförmiger Backofen aus Ziegelsteinen zu finden, darunter ein Hohl-

Kachelofen, Kővágóörs, Aufnahme von Kálmán Tóth, 1936

raum für Hühnchen und Junggänse. Ebenfalls aus Ziegelsteinen wurde der würfelförmige Backofen des Ferenc Szalay gebaut; Grundfläche: 120x149 cm, Höhe: 103 cm. Beachtenswert ist der erhaltene alte Backofen in der Küche der Sommervilla von Dr. Gábor Rohály. Der prismatische Ofen steht in der linken Ecke der Rauchküche; Grundfläche: 132x160 cm, Höhe: 157 cm. Vor dem Ofen steht ein Bänkchen, Breite: 35 cm, Höhe: 75 cm, Länge: 170 cm. Unmittelbar oberhalb des Ofenbodens befindet sich an der Seite das Rauchloch von 14 cm Durchmesser. Auch in der Küche mit freiem Kamin in der Sommervilla von György Szomjas wurde der würfelförmige Backofen beibehalten, wie auch in der rechten Ecke der – früher mit freiem Kamin versehenen – Küche von Károly Papp; der würfelförmige Backofen wurde aus Ziegelsteinen in den 1930er Jahren gebaut und kann gleichzeitig 5-6 Laib fassen. Bei Gábor Bárány wurde der Backofen in der Küche im Jahre 1948 abgerissen, ein würfelförmiger Ofen zum Brotbacken wurde 1952 an das Hausende angebaut. In Kékkút stand in der Mitte der Küche (ursprünglich mit freiem Kamin) der Rozália Borbély ein würfelförmiger Backofen, vor der Ofentür ein etwa 40 cm breites Bänkchen für die Backschaufel. Vor dem Bänkchen befand sich im Lehmboden der Küche eine Grube, darin kauerte die Person, die das Brot in den Ofen einschob.

Der in der Küche stehende Ofen zum Brotbacken wird auch großer Backofen genannt, im Unterschied zum kleinen Backofen, der daneben oder darüber stand. Im hier behandelten Gebiet wurden die letzteren im Allgemeinen bis Ende des 19. Jahrhuderts benützt, als die mit einer Backröhre versehenen Sparherde erschienen. Sie dienten vor allen zum Backen von Mehlspeisen, doch wenn man es eilig hatte, wurde gelegentlich auch Brot darin gebacken. Dieser Ofen hatte Platz für drei Laib Brot oder drei Pfannen Teig. Den hufeisenförmigen Kuchen buk man in einer großen Pfanne; sonst wurden Strudel, Blätterteig, Plätzchen, Guglhupf und süße Bretzeln gebacken.

Im Nachlass von Ottó Herman sind u. a. drei Zeichnungen aus Kővágóörs aus der Jahrhundertwende zu finden.[31] Die eine stellt eine Küche mit freiem Kamin dar. Links des in der Mitte stehenden großen Backofens sehen wir den kleinen Backofen, darunter einen Hohlraum, links am Ende des Feuerbänkchens den Kessel. Die Zeichnung eines großen und kleinen Backofens von ähnlicher Anordung und Form publizierte János Jankó 1902 aus einer Rauchküche von Kővágóörs.[32] In Köveskál erzählte Károly Mohos Folgendes über die Öfen seines Hauses, bis 1938 mit freiem Kamin: „In der Mitte stand der große Backofen, daneben der kleine. Im großen wurde Brot gebacken, im kleinen Mehlspeisen und Spanferkel." In der Rauchküche von Lajos Hajba stand links vom großen Backofen der kleine Backofen aus Lehmziegeln, darin buk man die Mehlspeisen. Im Kenessey-Haus in Balatonhenye stand bis 1937 in der inneren Küchenhälfte ein großer Backofen aus Ziegeln, in der rechten Ecke ein kleiner. Unter dem kleinen Ofen hielt man im Frühjahr in dem mit einer Lattentür verschlossenen „Hühnerloch" die Küken.

Kachelofen, Kővágóörs, Zrínyi-Str. 7. Aufnahme von László Lukács, 1982

Im Winter wurden Plätzchen, Maisfladen und Kartoffeln nicht nur im kleinen Backofen, sondern auch in der Backröhre des Kachelofens in der Stube gebacken. Die von der Küche aus heizbaren Stubenöfen wurden früher aus erhabenen, neuerdings aus flachen Kacheln von Hafnern aus Tapolca, Sümeg oder Kapolcs gebaut. In Köveskál nannte man diese Öfen *banyakálla* (*banya* = Hexe, *kálla* mundartl. = Ofen). Hierzu Károly Mohos (geb. 1901): „In der Stube stand der Hexenofen, den man durch das Feuerbänkchen heizte. Das war ein Kachelofen aus grünen, drappfarbigen, getupften und erhabenen Kacheln. Im runden oberen Teil gab es auch eine Backröhre. Im Haus der Frau Zalka steht in der Vorderstube ein Hexenofen. Diese Öfen wurden von Töpfern aus Sümeg und Tapolca gebaut." Aus den Ortsnamen Köveskálla. Szentbékkálla und Mindszentkálla sowie dem Ofennamen banyakálla entstand ein auch heute kursierendes Wortspiel: „Zwischen drei *kálla* ist ein Mann erfroren".[33] In dem von außen heizbaren grünen Kachelofen wurde auch gekocht: „In der Ofentür wurde das Feuer mit einem Luftzug belebt, dann schob man die Tongefäße in den Ofen (Szentbékkálla)". Auch hier benützte man die zweizackige Feuergabel, um die Gefäße zu bewegen. Im Jahre 1981 gelangte eine Feuergabel in das Bakonyer Museum Veszprém (heute Dezső Laczkó Museum). Im Kachelofen kochte man Gulasch, Bohnensuppe und gefülltes Kraut. Auf das Bänkchen vor der Heizöffnung zog man heiße Kohlen heraus, um auch darauf zu kochen, z. B. Einbrenne für die im Ofen kochende Suppe.

Im Pächterhaus von Balatonrendes wurde „in der Vorderstube der grüne Kachelofen mit Feuerstätte" auf 8 Gulden geschätzt.[34] In Köveskál verrechnete 1804 der Weinrichter 3 Quart Wein, als „der Ofen des Pfarrers gebaut" wurde.[35] In Kővágóörs, aus der Verrechnung des Dorfschulzen, 1827: „Im Haus des Kuhhirten ließ ich einen Ofen bauen, kostete 6 Gulden 59 Kreuzer."[36] In Monoszló zahlte 1845 János Kenyeres, Kurator der reformierten Kirchengemeinde, 14 Gulden und 45 Kreuzer „für einen neuen Ofen, die Reparatur von drei alten, und im Rektorhaus für einen kleinen". Demnach wurde in Monoszló in beiden kirchlichen Gebäuden, in der Pfarrerswohnung und im Rektorhaus, mit Kachelöfen geheizt.[37]

János Jankó schreibt über die Terminologie der „aus drei Teilen bestehenden, grünen und neuerdings, selten, auch gelben Kachelöfen... Der untere Teil (ung. *póczik*, etwa: Feuerbänkchen) wird gewöhnlich aus Zeigelsteinen gebaut, verputzt und getüncht..."[38]

Im Laufe meiner Feldforschungen konnte ich nur mehr die Erinnerungen an die Öfen aus erhabenen Kacheln antreffen. Kálmán Tóht publizierte 1936 aus Kővágóörs das Foto eines derartigen Ofens.[39]

Kachelofen im Haus von Gyula Németh, Szentbékkálla, Kossuth-Str. Aufnahme von László Lukács, 1981

Kachelofen im Csekő-Haus, Köveskál, Henyei-Str. 11. Aufnahme von László Lukács, 1985

Kachelofen in der vorderen Stube, Balatonhenye, Kossuth-Str. 103. Aufnahme von László Lukács, 1986

Im 20. Jahrhundert wurde der von außen heizbare Kachelofen mit erhabenen Kacheln durch den von innen heizbaren Kachelofen, den Sparherd, im Káler Becken merklich verdrängt. In Köveskál stand im Haus von Kálmán Győrffy in der Vorderstube ein grüner, in der Hinterstube ein gelber Kachelofen; beide wurden aus der Rauchküche geheizt. Der grüne Ofen wurde 1906 abgerissen, und aus den Kacheln in der Hinterstube wurde ein Sparherd gebaut. Im Haus von Lajos Németh benützte man in der Vorderstube bis in die 1920er Jahren einen grünen Kachelofen. In Köveskál wurde in der Hinterstube des Mohos-Hauses im Jahre 1938 der von außen heizbare grüne „Hexenofen" abgerissen. In der Vorderstube des Csekő-Hauses befindet sich ein innen heizbarer Ofen aus weißen, flachen Kacheln. Im Haus der Frau Zalka (Iskola-Str. 6) wurde der von der Küche aus heizbare grüne Kachelofen 1982 abgebaut. Im Szaller-Haus (Iskola-Str. 2), welches heute der Frau Lampért gehört, stand bis 1965 ein innen heizbarer brauner Kachelofen, mit Eichenblättern verziert. Lajos Hajba (geb. 1900) erinnert sich folgendermaßen an den Kachelofen: „In der Stube stand ein grüner Kachelofen, mit der Öffnung über dem Feuerbänkchen, aber wir haben ihn nicht benützt, er gefiel uns nicht, so trugen wir ihn ab. Im oberen Teil war eine Backröhre. Aber der Ofen gab nicht viel Wärme, so haben wir ihn 1930 abgerissen. Er nahm auch viel Platz in der Stube ein. Wir trugen ihn hinauf auf den Dachboden und benützten ihn teilweise als Hühnertränke. Stattdessen kauften wir einen eisernen Sparherd, der heizte das Zimmer besser als der Kachelofen. Zweige, Äste, Dornen wurden mit einer zweizackigen Eisengabel in den Kachelofen geschoben. Man musste oft nachlegen, solange das Feuer brannte. Wenn schon genug Glut drinnen war, legte man einen Holzklotz drauf. Nachdem dieser verbrannte, verstopfte man die Ofentür mit dem Astholz des nächsten Tages. Das trocknete dort." In Balatonhenye, im Haus von Dezső Ágoston, erwärmte ein von innen heizbarer Ofen aus braunen flachen Kacheln die Vorderstube und ein von außen heizbarer Ofen aus grünen erhabenen Kacheln die Hinterstube. Der grüne Ofen wurde 1932, der braune 1976 abgerissen. In der Stube des Kenessey-Hauses wurde der von außen heizbare Ofen aus grünen erhabenen Kacheln zu Beginn der 1940er Jahre abgebaut. Stattdessen errichtete der Ofenbauer Árpád Patonai aus Tapolca den auch heute noch bestehenden, von innen heizbaren Ofen aus flachen Kacheln. Aus Balatonhenye wurde 1981 aus dem Haus von Gábor Szalay eine grünglasierte Kachel, darauf eine Vogelfigur mit einem Blumenstrauß im Schnabel, in das Bakonyer Museum zu Veszprém eingeliefert.

Ein Ofen aus gleichen grünen Kacheln mit Vogelmotiv stand früher in der Vorderstube des Hauses von György Szomjas in Kővágóörs. Ein Stück der Krone dieses Ofens kam im Dachboden zum Vorschein. Der grüne Kachelofen, der an der Stelle des alten Ofens stand, wurde aus einem Kelterhaus am Weinberg hergebracht. Bei Károly Szöllőskei (Kossuth-Str. 143) befand sich in der Stube ein grüner Ofen aus erhabenen Kacheln, mit einer Backröhre im oberen Teil. Der Ofen wurde von der Küche aus beheizt und in den 1960er Jahren abgetragen. In der gewölbten Hinterstube der Frau Kántor (Kossuth-Str. 99) steht heute noch der Ofen aus braunen flachen Kacheln. Im Haus der Ágnes Gyurjács (Kossuth-Str. 123) ist in der Vorderstube ein von innen heizbarer Ofen zu sehen, den ein Ofenbauer aus Veszprém im Jahre 1924 aus meergrünen flachen Kacheln gebaut hat.

In der Vorderstube des Hauses von Gyula Németh in Szentbékkálla steht ein von außen heizbarer Ofen aus lichtgrauen flachen Kacheln, mit dem Wappen des Königreichs Ungarn am oberen Teil. In Minszentkálla fand ich im Haus von Gyula Hoffman (Rákóczi-Platz 18) zwei braunglasierte, mit Blumen verzierte Ofenkacheln. In der Stube des Hauses der Geschwister Hoffman (Tanács-Passage 9) wird ein von außen heizbarer Ofen aus braunen flachen Kacheln benützt. Einen ebensolchen Ofen konnte ich im Haus von Flórián Cséri im Jahre 1982 noch fotografieren. Im Haus Tanács-Passage 5 „gab es in der Stube beim Abbau einen Sparherd, doch ist aufgrund der entdeckten Heizöffnung, der gefundenen Ofenkacheln sowie der Erinnerungen der Nachbarn der aus der Küche heizbare Kachelofen zu rekonstruieren".[40] In Kővágóörs stand bei Gábor Bárány ursprünglich in beiden Stuben je ein Kachelofen. Der von außen heizbare Ofen der Hinterstube, aus grünen erhabenen Kacheln, wurde 1925 abgerissen, an dessen Stelle kam ein Sparherd aus Blech, mit einer Backröhre. Der bis 1948 von außen, sodann von innen heizbare Ofen der Vorderstube aus grauen flachen Kacheln wurde 1982 in die volkskundliche Sammlung des Bakonyer Museums aufgenommen. In Kékkút, im Haus der Rozália Borbély, stand in der Vorderstube ein von außen heizbarer grüner Kachelofen; an der rechten Küchenseite, vor der Heizöffnung des Ofens, befand sich ein 60-70 cm hohes und 50 cm breites Steinbänkchen; auch in der linken Küchenecke gab es ein ähnliches, welches in den 1920er Jahren nur mehr als Sitzgelegenheit benützt wurde. 1926 wurden die Bänkchen aus der Küche entfernt, ebenso auch der grüne Kachelofen aus der Stube. Stattdessen baute der Hafnermeister Patonai aus Tapolca einen von innen heizbaren braunen Kachelofen, der gegen Mitte der 1970er Jahre durch einen eisernen Zweischachtofen ersetzt wurde.

Unter den Feuerungsanlangen der alten Rauchküchenhäuser ist noch der Kessel zum Schnapsbrennen zu erwähnen. In Kővágóörs, im Haus des Imre Bárány, stand er vor 1919-20 in der rechten Ecke der Rauchküche, später kam ein anderer Kessel an seinen Platz. Dazu mein Gewährsmann Károly Mohos (geb. 1901): „Wir haben nie den neuen Schnaps getrunken, immer nur den alten… In der alten Welt war das Schnapsbrennen frei. Der Kessel stand drinnen in der Rauchküche."

Kachelofen in der hinteren Stube, Balatonhenye, Kossuth-Str. 99. Aufnahme von László Lukács, 1986

Jenő Barabás lenkte meine Aufmerksamkeit auf die Erforschung der Sparherde, die sich an geschlossene Kamine anschließen: „Auch als Baudenkmäler sind die aus Backofen, Backröhre und Herd zusammengebauten 'Kombinate' höchst bemerkenswert, die fast die halbe Küche ausfüllen und bis zur Decke reichen, und die sich zwar schon an geschlossene Kamine anschließen, doch mit ihren reichen Messing- und Stahlbeschlägen und Handgriffen typische und überaus eindrucksvolle Feuerungsgeräte des ausgehenden 19. Jahrhunderts im westlichen Transdanubien sind."[41] Diese Kombinate, bestehend aus Backofen, zwei Backröhren, Wasserwärmer, Sparherd und Kessel, sind auch im Káler Becken zu finden. Die um die Jahrhundertwende beginnenden Veränderungen im Zusammenhang mit der Rauchableitung und den Feuerstätten in Köveskál schilderte Frau Bőczy, Jolán Lampért (geb. 1900) wie folgt: „Wer schon ein wenig wohlhabend war, baute die Rauchküche um. Es wurde daraus eine schöne Küche mit Sparherd und Kletter-Rauchfang." Der Sparherd wurde aus Ziegelsteinen gebaut, der einfachere verputzt und getüncht, der teurere mit Ofenkacheln ähnlichen Fliesen bekleidet. Die Kochplatten waren aus Gusseisen, die Backröhren und der Wasserwärmer aus Blech, der Rand der Feuerstätte sowie die Verzierungen der Backröhren und des Wasserwärmers aus Messing und vernickeltem Stahl. Die Metallteile wurden in Tapolca im Geschäft gekauft.

In Köveskál, im Haus der Frau Károly Bőczy sen., schloss sich 1887 an den Kletter-Rauchfang ein Backofen an. Darüber stand ein Sparherd aus Ziegelsteinen mit zwei Backröhren. Die Eisentüren der Backröhren waren mit Messing verziert. Im Szakál-Haus (Iskola-Str. 4) wurde 1942 das „Küchenkombinat" abgetragen; seine Teile waren: in der rechten Küchenecke der Backofen für sechs Laib Brot, daneben links der Sparherd aus Ziegelsteinen mit je zwei Backröhren und Kochplatten, und der Kessel. Der weite Rauchfang, dem sich die Rauchzüge sämtlicher Feuerstätten anschlossen, stand auf dem Ofendach und führte den Rauch in den freien Kamin, der auf dem Dachboden gebaut wurde. Ein ähnliches Kombinat entfernte Sándor Lampert 1965 aus der Küche des Szaller-Hauses (Iskola-Str. 2). In Balatonhenye ließ der damalige Besitzer István Mátyás das

Körösényi-Haus im Jahre 1925 umbauen. Damals kam in die Küche ein mit Majolika bekleideter Sparherd mit zwei Backröhren und einem Wasserwärmer, deren Metallteile ebenfalls im Eisenwarengeschäft von Tapolca gekauft wurden. In der Küche der Frau Bende schlossen sich um 1900 an den Kletter-Rauchfang ein Backofen, ein Kessel und ein Sparherd mit zwei Backröhren an. Heute steht nur noch der Backofen, der Kessel wurde 1936, der Sparherd um 1950 abgebaut. In der Küche der Frau Gyula Székely kann man ein gleiches Feuerstätten-Kombinat (Baujahr: 1921) noch in Originalform sehen. Ein Maurer aus Vigántpetend hatte es aus Ziegelsteinen errichtet, die Metallteile wurden ebenfalls in Tapolca gekauft. Auf Metalltäfelchen der Backröhren sind Namen und Wohnort des Bestellers und des Herstellers zu lesen: „Imre Székely, B.HENYE", „Szabadalom /=Patent/ Zsigmond Steiner Tapolca". Im Backrohr haben sechs Laib Brot und ein Wecken Platz. Die gusseiserne große Kochplatte ist seit 1921 nur einmal durchgebrannt. An der Seite der Backröhre ist ein Metallgitter angebracht, wo der Teig in einer Schüssel oder Pfanne gärt. Hinten schließt sich an den Sparherd ein Kessel an. Über den Backröhren befindet sich ein Wasserwärmer aus Blech. In Mindszentkálla wurde das Haus von József Hofmann (Tanács-Passage 9) im Jahre 1886 gebaut. In der Küche schließt sich an den Kletter-Rauchfang ein mit gelben Kacheln bekleideter Backofen sowie ein Sparherd mit zwei Backröhren und einem Wasserwärmer an. Aus dem letzteren floss das Wasser aus einem Messinghahn, die Türen der Backröhren und des Wasserwärmers waren mit Messingbeschlägen verziert. Die Messingteile mussten während des Ersten Weltkrieges dem Staat eingeliefert werden, zusammen mit dem Messingkessel, in welchem im Keller Schnaps gebrannt worden war. Bis Ende der 1930er Jahre wurde der Herd ohne Wasserwärmer benützt und dann abgerissen; aus den Kacheln baute man einen Backofen. Im Haus von Gyula und László Hofmann (Rákócz-Platz 18) steht in der linken Ecke der Küche – ursprünglich mit freiem Kamin – das aus Ziegelsteinen errichtete Feuerstätten-Kombinat: neben dem Backofen ein Sparherd mit eisernen Kochplatten, darüber zwei Backröhren. Vor der Ofentür befindet sich eine 40x40 cm große und 70 cm tiefe Grube, die mit Brettern zugedeckt werden kann und in die sich die Frau beim Broteinschieben hineinstellte. Im ehemaligen Haus der Frau Fritz in Kővágóörs – heute die Sommervilla von Zoltán Gáspár aus Budapest – ist ein ebensolches Feuerstätten-Kombinat zu sehen (Jókai-Str. 88).

Kachelofen, Mindszentkálla, Jókai-Str. 9. Aufnahme von László Lukács, 1982

Schließlich baute der Maurer József Molnár aus Kékkút im Jahre 1926 in der Küche der Rozália Borbély in Salföld die noch heute existierende Feuerungsanlage, bestehend aus einem Backofen, einem Sparherd mit zwei Backröhren und einem Kessel. Die Eisenteile des Herdes sowie die aus vernickeltem Messing hergestellten Griffe der Backröhrentüren wurden im Eisenwarengeschäft Pauk in Tapolca gekauft.

[Die Studie ist in ungarischer und auch in deutscher Sprache erschienen:
Lukács, László: *Tűzhelyek a káli-medencei házban.* Ház és Ember VI. 1990. 103-124. Szentendre
Lukács, László: *Feuerstätten im Haus des Káler Beckens.* Acta Ethnographica Hungarica XL. 1995. 77-120. Budapest]

Anmerkungen

[1] Zsolt CSALOG: Népi építészeti gyűjtés, Mindszentkálla [Volksarchitektur in Mindszentkálla]. 1969. Datensammlung des Ungarischen Freilichtmuseums Szentendre Inv.-Nr.: 1445
[2] Archiv der Evangelischen Kirchengemeinde Kővágóörs. A községi elöljáróság határozatai a jó rend megóvása érdekében, 1789
[3] Archiv des Komitats Zala IV. 2. 18. d. 1824. november 29/46/1. Néhai nemes Győrffi Imre árvái ingó és ingatlan javainak összeírása.
[4] Gábor Márton 1816, 107, 232.
[5] Archiv der Evangelischen Kirchengemeinde Kővágóörs. Kővágó Eörsi Ágostai Vallást tartó Nemes Közönségnek Jegyzőkönyve 1828-dik Esztendőben kezdve.
[6] Emőke LACKOVITS 1979, 274.
[7] Györgyi CSUKÁS o. J. 2; 1984, 34.
[8] Károly VISKI 1929, 28.
[9] Zsigmond BÁTKY 1930, 129.
[10] Jenő BARABÁS 1970, 279.
[11] Györgyi CSUKÁS o. J. 2.
[12] Archiv der Evangelischen Kirchengemeinde Kővágóörs. Kővágó Eörsi Ágostai Vallást tartó Nemes Közönségnek Jegyzőkönyve, 1817-1874.
[13] Ebendort
[14] Archiv der Evangelischen Kirchengemeinde Kővágóörs. Kővágó Eörsi Ágostai Vallást tartó Nemes közönségnek Jegyzőkönyve és számadásai 1828-dik Esztendőben kezdve.
[15] Archiv des Komitats Zala. Monoszlói bíróláda iratai. Bevétel-Kiadási jegyzőkönyv 1836-1843.
[16] Archiv des Komitats Zala. Monoszlói bíróláda iratai. Nyugtató Bauer Antal sümegi kéményseprőmestertől, 1843. január 23.
[17] Archiv der Reformierten Kirchengemeinde Monoszló. A Monoszlói ref. Sz. Ekklésia Jövedelmét és költségét kimutató, s Számadói könyve.
[18] Borbírák számadáskönyve, Köveskál [Rechnungsprotokoll der Weinrichter, Köveskál]. 1804.
[19] Archiv des Komitats Zala. Monoszlói bíróláda iratai. Minden nemű gyűlési végzéseknek protokolluma 1839-től.
[20] Zsigmond BÁTKY o. J. 212.
[21] Jenő BARABÁS - Nándor GILYÉN 1979, 80-81.
[22] Jenő Barabás 1970, 284.
[23] Zsigmond BÁTKY o. J. 82. Die Benennung *Kuruglya* ist im Káler Becken nicht bekannt.
[24] Györgyi CSUKÁS o. J. 1.
[25] Datensammlung des Ungarischen Landwirtschaftlichen Museums Budapest, Inv.-Nr.: III. 7902/34.

[26] Archiv der Familie Győrffy Köveskál. Győrffy Család Malmának Jövedelmét és Kiadását mutató Laistrom.

[27] Györgyi Csukás o. J. 1.

[28] Über das Pompos-Brot im Komitat Somogy: Györgyi MIKE 1968, 9.

[29] Über das Brotbacken im Káler Becken: Jenő ÉDES 1907, 35.

[30] Györgyi CSUKÁS Kővágóörs. Datensammlung des Ungarischen Freilichtmuseums Szentendre. Inv.-Nr.: 1221.

[31] Ethnologische Datensammlung des Museum für Volkskunde Budapest. Nachlass von Ottó Herman. Inv.-Nr.: 5059. Zeichnung Nr. 6.

[32] János JANKÓ 1902, 211.

[33] Zsolt CSALOG: Népi építészeti gyűjtés, Mindszentkálla [Volksarchitektur in Mindszentkálla]. 1969. Datensammlung des Ungarischen Freilichtmuseums Szentendre. Inv.-Nr.: 1145.

[34] Datensammlung des Ungarischen Landwirtschaftlichen Museums Budapest. Inv.-Nr.: III. 7902/34.

[35] Borbírák számadáskönyve [Rechnungsprotokoll der Weinrichter], Köveskál, 1804

[36] Archiv der Evangelischen Kirchengemeinde Kővágóörs. Kővágó Eörsi Ágostai Vallást tartó Nemes Közönségnek Jegyzőkönyve és Számadásai.

[37] Archiv der Reformierten Kirchengemeinde Monoszló. A Monoszlói ref. Sz. Ekklésia Jövedelmét és Költségét kimutató, s Számadói könyve.

[38] János JANKÓ 1902, 210.

[39] Kálmán TÓTH–Miklós NÁSZAY–Jenő PADÁNYI GULYÁS 1936, 113.

[40] Györgyi CSUKÁS o. J. 1.

[41] Jenő BARABÁS - Nándor GILYÉN 1979, 75 - Die Abhandlung und das Buch von Tibor Sabján haben viel dazu beigetragen, diese Küchenfeuerstätten-Kombinate kennenzulernen: Tibor SABJÁN 2002, 115-132; 2004

Literatur

BARABÁS, Jenő

1970 *A lakóház füsttelenítéséről* [Über den Rauchabzug des Wohnhauses im ungarischen Sprachgebiet]. Ethnographia LXXXI. 276-287.

BARABÁS, Jenő–GILYÉN, Nándor

1979 *Vezérfonal népi építészetünk kutatásához* [Leitfaden zur Volksarchitektur-Forschung]. Budapest

BÁTKY, Zsigmond

1930 *Magyar tűzhelyek és háztípusok* [Ungarische Feuerstätten und Haustypen]. Néprajzi Értesítő XXII. 113-137.

o. J.(1933) *Építkezés* [Bauweise]. A Magyarság Néprajza I. 124-245. Budapest

o. J. (1933) *Táplálkozás* [Nahrung]. A Magyarság Néprajza I. 37-123. Budapest

CSUKÁS, Györgyi

o. J. *A mindszentkállai lakóház a szentendrei Szabadtéri Néprajzi Múzeumban* [Das Wohnhaus aus Mindszentkálla im Volkskundlichen Freilichtmuseum Szentendre]. Vervielfältigter Führer, 3 Seiten.

1984 *A Bakony és a Balaton-felvidék népi építészete. (A Szabadtéri Néprajzi Múzeum Közép-Dunántúl tájegysége.)* [Die Volksarchitektur des Bakonyerwaldes und des Plattensee-Oberlandes. Mitteltransdanubische Baugruppe des Ungarischen Freilichtmuseums]. Ház és Ember II. 211. Szentendre

ÉDES, Jenő

1907 *A balatonfelvidéki népnyelv* [Volkssprache des Plattensee-Oberlandes]. Nyelvészeti. Füzetek XL. Budapest

JANKÓ, János

1902 *A Balaton-melléki lakosság néprajza* [Volkskunde der Bevölkerung am Plattensee]. Budapest

1904 *Haus und Hof am Balaton.* Ethnologische Mitteilungen aus Ungarn VI, Heft 8-10, S. 1-76.

LUKÁCS, László

1985 *Veränderung der Volksarchitektur im Káler Becken im 18-20. Jahrhundert.* Cultural Changes. Ethnos 6. Hrsg. Ildikó LEHTINEN. 145-187. Helsinki

1990 *Arkadenhäuser des Plattensee-Oberlandes in Ungarn.* Arkadenhäuser. Bauformen, Wohnen und Dorferneuerung am Beispiel bäuerlicher Arkadenhäuser. Hrsg. Rudolf KROPF. Wissenschaftliche Arbeiten aus dem Burgenland, Heft 85. 141-160. Eisenstadt

SABJÁN, Tibor

2002 *Mászókémény, vindófli, kamin* [Kletter-Rauchfang, Ofen mit besteigbarem Schornstein]. Ház és Ember XV. 115-132. Szentendre

2004 *A mászókéményes konyha* [Küche mit Kletter-Rauchfang]. Budapest

TÓTH, Kálmán – NÁSZAY Miklós – PADÁNYI GULYÁS Jenő

1936 *A Balaton vidék népének építészete* [Volksarchitektur der Plattenseegegend]. Budapest

VISKI, Károly

1929 *A dunántúli parasztház* [Bauernhaus in Transdanubien]. Tér és Forma II. 24-29. Budapest

Ofenkachel, Balatonhenye (Kom. Veszprém). Dezső Laczkó-Museum Veszprém. Inv.-Nr.: 81.26.2.

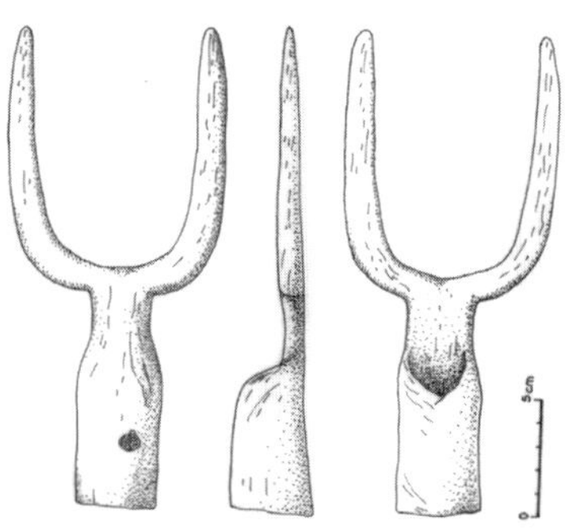

Feuergabel, Balatonhenye (Kom. Veszprém). Dezső Laczkó-Museum Veszprém. Inv.-Nr.: 81.26.1.

VOLKSARCHITEKTUR DER VORSTÄDTE VON SZÉKESFEHÉRVÁR

Der gefeierte Professor Pekka Leimu hat in seinem, 1997 auf dem VI. ungarisch-finnischen volkskundlichen Symposium in Pécsvárad gehaltenen Vortrag über die Veränderungen berichtet, die vom Institut für Volkskunde der Universität Turku ausgegangen sind und zur Modernisierung der Volkskunde in Finnland im letzten Drittel des vergangenen Jahrhunderts geführt haben (Leimu 1999, 12). Eine ähnliche Umgestaltung und Entwicklung prägten in diesen Jahrzehnten auch die ungarische Volkskunde, was eine langsame Modifikation, eine graduelle Umgestaltung unserer Ansichten über Gegenstand, Methode und Forschungstechniken unserer Wissenschaft bewirkt hat (Paládi-Kovács 2002, 81). All das hatte eine thematische Weitung, eine territoriale- und gesellschaftliche Ausdehnung unserer lokalen Forschungen zur Folge. Früher haben wir unsere Aufmerksamkeit vorwiegend dem Bauerntum, den Dörfern, den Einzelhöfen gewidmet. Heute untersuchen wir zahlreiche Gruppen der Unter- und Mittelschicht der ungarischen Gesellschaft, nicht nur in den Dörfern, sondern auch in den Städten.

Zu beachtlichen Ergebnissen kam es nicht nur in der volkskundlichen Untersuchung der für die Große Ungarische Tiefebene typischen Marktflecken, sondern auch in der der Vorstädte der größeren Komitatssitze und regionalen Zentren (Szilágyi 1980, Bálint 1976/80). Als erstes können wir die Forschung über die *Hóstáten* in Kolozsvár (Klausenburg, Cluj) erwähnen, die von den Mitarbeitern des Instituts für Volkskunde der Franz Joseph-Universität und des Siebenbürger Wissenschaftsinstituts in den 1940er Jahren durchgeführt wurde (Gunda 1996, 25, Kósa 1979, II, 584-585). Die Hóstátener sind die ungarischen Bewohner der sich außerhalb der mittelalterlichen Burgmauern von Kolozsvár befindenden Vorstädte, sie beschäftigen sich mit Landwirtschaft und Gärtnerei. Ihre Benennung entstand aus dem mittelhochdeutschen Wort *Hochstadt* (lateinisch *suburbia*). Die Hóstátener haben eine eigenartige, sich dem Markt der Stadt anpassende Kultur ausgebildet.

Bei der volkskundlichen Erforschung der ungarischen Städte und Vorstädte können uns Ergebnisse und praktische Erfahrungen der finnischen Kollegen behilflich sein. Die Bemerkung von Matti Räsänen können wir auch auf die Stadtforschung Ungarns beziehen: "In Finnland wurde die Stadt als ein Teilbereich der Volkskultur, als dynamisches System oder als Kleingemeinschaft erforscht." (Räsänen 1987, 90.) Bemerkens- und nachahmenswert finden wir die in Helsinki durchgeführten städtischen ethnographischen Untersuchungen, die sich auf das alltägliche Leben des Bürger- und Arbeitertums Anfang des 20. Jahrhunderts beziehen (Åström–Sundman Hrsg. 1990). Beispielhaft sind für uns auch die finnischen Ergebnisse zur Arbeiterkultur, sowie in Bezug auf die Dokumentierung und Analyse der einzelnen Industriezweige (Metsänkylä 1986, Metsänkylä–Suutari 1992, Metsänkylä–Carpelan Hrsg. 1994).

Selbst noch in der Neuzeit war die grundlegende Einkommensquelle der meisten Städte Ungarns mittelbar oder unmittelbar die Urproduktion: Ackerbau,

Weinbau und Viehzucht. Eine bedeutende Rolle spielte auch der Handel mit den Agrarprodukten auf den städtischen Märkten und Messen. Das Handwerk war lange weit weniger bedeutend: Sie erfüllte hauptsächlich die Ansprüche der lokalen Bewohner und derjenigen eines kleineren oder größeren Marktbezirks. Das Stadtnetz Ungarns wurde also von einem Übergewicht der agrarischen Städte geprägt. Die agrarische Ausrichtung hat nicht nur die wirtschaftlich-gesellschaftliche Struktur der Städte, sondern auch deren äußeres Erscheinungsbild von dem der westeuropäischen Städte abweichen lassen, indem die meisten dieser Siedlungen – von einem kleineren oder größeren städtischen Zentrum abgesehen – mit ihren ebenerdigen Häusern und großen Gärten an die Dörfer erinnerten. Das große Gewicht der Urproduktion im Stadtleben ist nicht allein eine ungarische Entwicklung. Vergleichbares kommt auch im übrigen Europa, besonders in Osteuropa und in den skandinavischen Ländern vor (Bácskai 2002, 18-19).

Wohnhäuser in der József Havranek-Straße, Székesfehérvár-Oberstadt, 1921

Rohrbedecktes Haus in der Oberen Vorstadt, Székesfehérvár, Malom-Str. Aufnahme von László Lukács, 1975

Rohrbedecktes Haus in der Oberen Vorstadt, Székesfehérvár, Malom-Str. Aufnahme von László Lukács, 1975

Zsigmond Bátky schrieb 1918 über das agrarische Gepräge der alten ungarischen königlichen Krönungsstadt Székesfehérvár: „Der Bevölkerungszahl nach ist sie heute immer noch die drittgrößte Stadt Transdanubiens, obwohl sie dem Gepräge nach von dem sie überholenden Pécs und Győr oder auch von dem nach ihr kommenden Sopron völlig abweicht. Worin, müssen wir gar nicht sagen. Nur so viel, dass diese drei Städte kaum mehr Urproduzenten haben als Székesfehérvár selbst. Székesfehérvár liegt in einem an Auswanderung leidenden, deshalb selten zunehmenden landwirtschaftlichen Gebiet, sie selbst ist die größte Agrarstadt Transdanubiens." (Bátky 1918, 212.) Selbst die Autoren des in den 1930er Jahren herausgegebenen ungarischen Geographie-Handbuches, Gyula Prinz und Graf Pál Teleki, erwähnten Székesfehérvár als eine große Bauernstadt (Prinz–Teleki o. J. II, 342).

Häuser der Raizenstraße in der Palotaer Vorstadt, Székesfehérvár. Aufnahme von László Lukács, 1982

Die Raizenstraße und die serbisch-orthodoxe Raizenkirche der Palotaer Vorstadt von Székesfehérvár vor dem Abriss der Vorstadt. Aufnahme von László Lukács, 1981

Straßenansicht des Wohnhauses von János Tőke, Raizenstraße 55. Aufnahme von László Lukács, 1982

Sándor Wekerle (1848-1921), geboren in Mór, einst ungarischer Finanzminister und Regierungschef, in der Jugend Schüler der hiesigen Zisterzienser, hatte vor mehr als hundert Jahren Folgendes über das äußere Erscheinungsbild von Székesfehérvár (Stuhlweißenburg) zu sagen: „Stuhlweißenburg gehört zu den elegantesten Provinzstädten Ungarns. Seine Vorstädte widerspiegeln zwar die einfache Lebensweise einer ackerbautreibenden Bevölkerung, doch sind auch in ihnen neuerdings schöne Straßen und Plätze entstanden." (Wekerle 1896, 544.)

Eine Generation später erinnerte sich der auch in Finnland bekannte Schriftsteller János Kodolányi (1899-1969) in seinen Memoiren so an das äußere Bild der Stadt seiner Schülerzeiten zurück: "Ich liebe Fehérvár. Ich fühle mich darin behaglich, wie in meinem Hausmantel. Mir gefällt das alte Barock-Bild der schlängelnden, engen Straßen der Innenstadt, die bäuerliche Stimmung, die matschige, schilfig-buschige Umgebung der äußeren Teile, das Hahnsprung-breite Flüsschen, das neben dem Schulgarten dahinfließt... Unweit von der Schule, über dem Flüsschen, in einer krummen, kleinstadtartigen, staubigen Gasse, in der Tobak (Weißgerber)-Gasse schlage ich mein Lager auf, um hier drei Jahre lang mein seltsam strömendes, manchmal echt überstiegenes Schülerleben zu leben." (Kodolányi 1979, 290.) Sein Schriftsteller-Genosse, einst auch Schüler in Fehérvár, Ferenc Jankovich (1907-1971), zeigt in seinem Buch *Regenbogen im Winter* die Häuser einer anderen Vorstadt, der mit der Oberen Vorstadt benachbarten Wasserstadt, in den Jahren des Ersten Weltkrieges. Er erinnerte sich auch daran, dass aus Székesfehérvár wegen der großen staatlichen Bauarbeiten (Bahnhof, Kasernen, Krankenhäuser, Justiz- und Finanzpalast, Post) Ende des 19. und Anfang des 20. Jahrhunderts ein Zentrum der Bauindustrie wurde, wo im Vergleich zu der Größe und den Beschäftigungsmöglichkeiten der Stadt viele Maurer und Zimmerleute lebten: "Die Häuser am Széna(Heu)-Platz sahen gleich aus. Sie gehen mit der Fassade auf die Straße, gehen rückwärts in die schlampigen Höfe, wie nebeneinander gelegte kleine Särge. Ihre Wände wurden einst aus Lehm gebaut; ihre zerzausten Dächer haben erst dann Rohrdecker gesehen, nachdem das Regenwasser durch sie hindurchgeflossen ist. Handwerker wohnten hier, meistens Maurer, Zimmerleute, aber es gab unter ihnen auch einige Fiaker. Solche nach oben strebende Hilfsarbeiter, die in Pest arbeiteten und nur übers Wochenende in ihre Familien nach Hause kamen." (Jankovich 1959, 5.)

In diesen Vorstädten – Felsőváros, Alsóváros, Palotaváros, Víziváros (Obere-, Untere-, Palotaer-Vorstadt, Wasserstadt) – konnten wir noch in den 1960er Jahren weiß getünchte, rohrbedeckte lange Häuser finden, doch ging ihre Zahl infolge der Abbrüche vor der Errichtung der großen Wohnsiedlungen (Tóváros, Víziváros, Palotaváros) sowie durch den kontinuierlichen Umbau (Felsőváros) erheblich zurück. In der sich in der Oberen Vorstadt befindenden Malom (Mühlen)- und Berényi-Straße haben einige geweißte, erdgemauerte und rohrbedeckte Häuser noch den Anfang unseres 21. Jahrhunderts erlebt. An der vorigen Jahrhundertwende prägten noch hauptsächlich diese Häuser das Straßenbild, wie es der führende städtische Architekt Tibor Molnár (1904-1990) im Jahre 1986 in Bezug auf die 1910er Jahre niederschrieb: „Nach Norden blickend, neben der zweitürmigen Kirche sehen wir die sich in die Hauptwindrichtung ausdehnenden breiten Straßen der Oberen Vorstadt, mit langen, seitenflurigen Bauernhäusern, die zu dieser Zeit noch mit ganz einheitlichen Giebelfassaden auf die Straße gingen, mit breiten Toren und Höfen. Die Leute in der Oberen Vorstadt haben Bäume nicht gemocht. Die baumlosen Höfe und die in die Hauptwindrichtung in Reihen aufgestellten rohrbedeckten Häuser hatten fürchterliche Feuerbrünste zu erleiden." (Molnár 1986/2003, 331.) Frau Erzsébet Sükösd-Schuller hat sich in ihrem Buch *Das Erbe der Oberen Vorstadt* an den Hausbau, an die Räume der Wohnungen und an die Wirtschaftsbauten erinnert: "Bei den alten traditionellen Bauten bestand das Haus aus einer *Erdmauer*. Zuerst grub man unter das Haus einen halben Meter tief das *Fundament*. Die ausgegrabene Erde wurde dann als mit Stroh vermischter tonartiger Schlamm gründlich in das Fundament zurückgestampft. Oft hat man ihn auch mit Pferden und Ochsen getreten. Der Schlammwall wurde mit Mistgabeln errichtet, die Plätze für die Fenster und Türen wurden ausgespart. Der Wohnraum der Häuser begann immer mit Zimmer–Küche, oder Zimmer–Küche–Zimmer Räumen. Das erste der zwei Zimmer wurde *die gute Stube* genannt. Die Landwirte gestalteten bei der Einteilung ihrer Häuser mehrere *Wohnräume* nacheinander, dann kamen die anderen Räume: *Kammer mit Dachbodenaufgang, Pferde-, Kühe-* und bis zu den 1940er Jahren auch noch *Ochsenstall…* Im Wirtschaftshof wurde der *Koben* für die Schweine und die *Steige* für das Geflügel errichtet. Aus Brettern baute man riesige *Kolbenmaisscheunen*. Der nur halbgedeckte *Schuppen* diente zur Aufbewahrung von Halmfutter, Wagen, Werkzeug und Feuerholz." (Sükösd-Schuller 2003, 141- 142.)

Der aus einem Volksnamen gebildete Namen der Rác (*Raizen*)-Straße stellt sowohl im Mittelalter wie auch in der Neuzeit eine recht häufige Form der Namensgebung dar. Die Rác-Straße war die Hauptstraße der Rácváros (*Raizenstadt*) im nördlichen Teil

Hofansicht des Hauses Raizenstraße 55. Aufnahme von László Lukács, 1982

der Palotaer Vorstadt. Hier konzentrierte sich seit der Türkenzeit (1543-1688) alles, was mit der hiesigen Geschichte der serbischen (*raizischen*) Nationalität in Verbindung gebracht werden kann: die serbisch-orthodoxe Kirche, die serbische Volksschule, die Pfarre, die Häuser der serbischen Ackerbauern, die Werkstätten der Handwerker und die Geschäfte der Händler (Jaksity 1962; Lauschmann 1998, 4, 131).

Offenes Herd in der hinteren Küche. Székesfehérvár, Raizenstraße 55. Aufnahme von László Lukács, 1982

Vom 18. bis zum 20. Jahrhunderten ergab die Ansiedlung einer Bevölkerung von Handwerkern, Händlern und Ackerbauern, ärmer als die Bewohner der beiden anderen Stadtteile, ein eigenartiges Gesellschaftsbild, welches sich auch in der äußeren Erscheinung, in den Straßen und Häusern widerspiegelte. In dieser Hinsicht ist allerdings die Palotaer Vorstadt von Székesfehérvár keineswegs einmalig in der ungarischen Städteentwicklung. Vielmehr kann man in den meisten Städten mittelalterlichen Ursprungs, so auch in Veszprém, Eger, Debrecen, Szeged, Kolozsvár beobachten, dass die weniger wohlhabende Schicht der Handwerker, Händler und Ackerbauern in irgendeiner Vorstadt angesiedelt war.

Im 19. und in der ersten Hälfte des 20. Jahrhunderts spiegelte sich in den Straßen und Gebäuden der Palotaer Vorstadt die Lebensweise der mit Landwirtschaft, Kleingewerbe und Einzelhandel beschäftigten Bevölkerung wider.

Gemeindenotar István Lukács, der 1900 in der Palotaer-Vorstadt geboren und aufgewachsen ist, erinnerte sich in seinem 1981 herausgegebenen Buch so an die gesellschaftliche Struktur, an die Wohnhäuser der Vorstadt seiner Kindheit und an die Arbeitsmöglichkeiten der hier Lebenden: „Die Bewohner der Palotaer-Vorstadt beschäftigten sich vorwiegend mit Landwirtschaft, aber wegen der Nähe des Marktplatzes gab es auch viele Handwerker und Händler unter ihnen. Die Bauern wohnten in einfachen, aber für die Landwirtschaft geeigneten Häusern. An den Stadträndern gab es auch noch Anfangs des Jahrhunderts viele rohrbedeckte Häuser unter ihnen. Es gab ärmere und reichere Landwirte, je nachdem wie viele Weizenfelder man hatte. Ein Weizenfeld in der Gemarkung war ca. 4000 Quadratklafter, das ist gleich zwei ein halb Katastraljoch. Wer nur ein zwei Weizenfelder hatte, ging mit den Ackerlosen zu den Großwirten arbeiten, oder gelegentlich arbeiten in die Felmayer-Blaufärberfabrik, in die Lederfabrik, in die Ziegelstein-Fabrik, in die Stein-, Kies- und Sandgruben oder in die naheliegenden Gutshöfe." (Lukács István 1981, 29.)

Aus der Sicht des Grundrisses konnten wir in der Palotaer Vorstadt drei Haustypen unterscheiden. Die ältesten Häuser, die wahrscheinlich schon im 18. Jahrhundert häufig gebaut wurden, stimmen mit dem sog. mittelungarischen Haustyp überein, der im Komitat Fejér (Weißenburg) allgemein üblich war. Es ist dies ein langgestrecktes Haus mit Satteldach, bestehend aus einer vorderen Stube, einer Küche mit freiem Rauchfang und einer hinteren Stube. Auch das Rauchloch des von außen heizbaren Kachelofens der Stube war an den freien Rauchfang der Küche angeschlossen. Bei diesen Häusern gab es gewöhnlich zwei kleine Fenster an der Straßenfront. Besonders viele Häuser dieses Typs sind in der Rác-Straße erhalten geblieben. Sämtliche Häuser wurden an der Straßenfront errichtet, im Unterschied zu den dörflichen Straßen, deren Häuser zwar demselben Typ angehörten, jedoch gewöhnlich einen Vorgarten hatten. Dieser Haustyp entsprach vorzüglich den hier lebenden Kleinbauern, da dem Hausende je nach Bedarf Kammern, Ställe oder Schuppen angebaut werden konnten. Diese Häuser wurden oft von Handwerkern oder Händlern bewohnt. In solchen Fällen befanden sich das Geschäft oder die Werkstatt an der Stelle der vorderen Stube, die dann nur ein Fenster hatte, während an der Stelle des anderen die Eingangstür eingebaut wurde.

Wohnhaus Raizenstraße 11, nach der Wiederherstellung (1988) Heimatmuseum der Palotaer Vorstadt. Aufnahme von László Lukács, 1989

Im Grundriss ist der andere Haustyp eine Variante des mittelungarischen Hauses. In den Dörfern des Komitats Fejér konnten wir allerdings solche Häuser nirgends finden. Hier schließt sich der vorderen Stube ein kleinerer Raum an, dessen kleines Fenster ebenfalls auf die Straße geht. Somit sind an der Straßenfront drei Fenster zu sehen. Auch diese Häuser haben ein Satteldach, die kleine Stube wurde nicht nachträglich angebaut. Gewöhnlich wohnte hier der unverheiratete Sohn der Familie. Der Raum war für zwei Personen zu klein. Zur Einrichtung gehörten ein Bett und eine Kommode. Der Grundriss dieses Hauses stimmt vollständig mit dem des Hauses Rác-Straße 11 überein, zu sehen im Freilichtmuseum der Palotaer Vorstadt. Zu diesem Haustyp gehörte das Haus des Gastwirts Imre Héjj in der Halász (Fischer)-Straße 6, welcher der Pächter des Ponty (Karpfen)-Wirtshauses auf dem Marktplatz war. Seine Enkelin, Valéria Héjj, stellte in ihrem 2000 herausgegebenen Buch auch das Haus des Großvaters vor: „Das alte Haus war nicht ausdrücklich schön, doch war es den Maßen nach gemütlich, geräumig und entsprach allen Forderungen, die eine, auch etwas Landwirtschaft ums Haus herum betreibende großindustrielle Familie an der 19./20. Jahrhundertwende nur stellen konnte. Das ca. 70 m lange, am Anfang 18 m, am Ende 19 m breite Grundstück teilte sich in längsseitiger Richtung in drei, ungefähr gleichlange Teile auf: Vorhof, Wirtschaftshof und Gemüse-Obstgarten. An der rechten Seite des ersten Teils erstreckte sich das Familienhaus. Ihm gegenüber stand ein kleines Häuschen, die Waschküche.

Zimmerinnere aus dem Wohnhaus Raizenstraße 11. Aufnahme von Ferenc Gelencsér, 1981

Zimmerinnere mit Bild des Hauspatrons Hl. Georg, Raizenstraße 11. Aufnahme von Ferenc Gelencsér, 1981

Im zweiten Teil stand rechts eine Zwei-Zimmerwohnung, hinter ihm ein Pferdestall für vier Pferde, links ein 4 ein halb Meter tiefer Pumpbrunnen mit Ziegelwand, dann weiter abwärts zum Garten hin sah man offene Schuppen und eine große Eisgrube. Dem Pferdestall folgte ein 13 m langer Stall für das aufgetriebene Vieh. Von dort konnte man über eine Holzleiter auf den Heu-Dachboden gelangen, dessen unförmiges Ladefenster auf den Hof ging und durch das man das Heu vom Wagen aus werfen konnte. In der Mitte des zweiten Teils waren die geschlossenen Schuppen für die Chaise, den Stadtschlitten, eine Holz- und Kohlenkammer, sowie ein riesiger Teil für die Geflügelsteigen und Hasenbauten. Der Schlitten, weil er selten benutzt wurde, teilte seinen Wohnraum mit der Wäscherolle… dann kamen die ausrangierten und neuen Wägen, die alte Kutsche und ein grob beschnitzter Bauernschlitten, womit man zu Zeiten der großen Schneefälle zum Weinabziehen fuhr." (Héjj 2000, 43- 45.)

Seit dem 19. Jahrhundert waren in den ungarischen Städten überall Bürgerhäuser zu finden, die aus einem größeren Straßentrakt und einem kleineren Hoftrakt bestanden. Diese Häuser standen parallel zur Straßenachse. Oft war die ganze Breite des Grundstückes bebaut, in diesem Falle erfolgte der Eingang durch das eingebaute große Tor. Im Straßentrakt befanden sich die Stuben. Im Falle von drei Stuben befand sich in der Mitte ein größerer Raum, gewöhnlich mit zwei Fenstern, zwischen zwei kleineren Räumen mit je einem Fenster. Im Hoftrakt sind die Küche, das Vorzimmer und die Kammer zu finden. Die wohlhabenden Handwerker und Geschäftsleute der Palotaer Vorstadt wohnten in solchen Häusern; das Geschäft bzw. die Werkstatt war in einem größeren Raum des Straßentraktes eingerichtet, der Eingang ging auf die Straße. Beim Abbruch der Häuser der Palotaer Vorstadt konnten wir beobachten, dass es in diesen Häusern noch im 19. Jahrhundert freie Rauchfänge gab: In der Küchenmauer sahen wir bei mehreren Häusern Ansätze von Wölbungen, auf denen der Rauchfang ruhte. Diesem Typ angehörende Häuser wurden auch nach dem Zweiten Weltkrieg in den Jahren des Wiederaufbaues in der Palotaer Vorstadt errichtet. Sehr oft wurde nur die vordere Stube und die Küche des alten Hauses abgerissen; hier entstand das neue Gebäude, dem sich der verbliebene Teil des alten Hauses anschloss. So geschehen bei einem Wohnhaus in der

Rác-Straße, dem sich im Hinterhof ein schilfbedecktes Gebäude mit Pfettendach – der verbliebene Teil des alten Hauses – anschloss. Aus letzterem Haustyp entstand nur am Marktplatz und in der Palotaer-Straße ein einheitliches Straßenbild. Hier finden sich auch einige einstöckige Häuser, entstanden aus umgebauten Häusern aus dem 20. Jahrhundert. In den übrigen Straßen des Stadtteils waren die erwähnten drei Haustypen am Straßenbild gleichermaßen beteiligt, während die Häuser des ersten und dritten Typs nur in der Rác-Straße überwogen.

Wohnhaus Halász-Str. 6, in der Palotaer Vorstadt, Székesfehérvár. Aufnahme von László Lukács, 1980

Die Hausmauern von Palotaváros wurden größtenteils aus Lehmziegeln gebaut, sogar manche größere Häuser, die dem dritten Typ angehörten. Zu Beginn des 20. Jahrhunderts wurden die Lehmziegeln auch von den Bauern auf dem eigenen Grundstück geschlagen. Nach dem Ersten Weltkrieg hörte diese Bauart auf, selbst zu Reparaturen von Lehmbauten wurden Ziegelsteine verschiedener Größe benützt, hergestellt in den örtlichen Ziegeleien (Man, Epinger, Szabó). Die Balken und Dachsparren der alten Häuser waren nicht aus Nadelholz, sondern aus Hartholz (Eiche, Buche) gefertigt und nicht gesägt, sondern behauen. In der Volkssprache hieß dieses Holz „Bakonyer Holz", während das neuerdings benützte Nadelholz „slowakische Tanne" genannt wurde. In beiden Fällen handelt es sich hierbei um die Bezeichnung des Herkunftsortes: Im 18. Jahrhundert kam das Holz aus den Bakonyer Laubwäldern und wurde im 19. Jahrhundert durch das Nadelholz ersetzt, das aus den nordwestlichen Karpaten auf der Waag und der Donau angeflößt wurde. In alten Häusern kamen an die behauenen Hartholzsparren nicht gesägte Latten, sondern armdicke, oft gespaltene Hartholzknüppel; an diese wurde das Schilfrohr nicht mit Draht, sondern mit Weidengerten befestigt. Das zur Verschalung benützte Schilf brachte man aus dem Pákozder See (heute: Velencer See), da es sich zu diesem Zweck am besten eignete, während das Schilf aus dem örtlichen Teich (Sóstó) rasch vermoderte und deshalb nur selten zum Hausbau benützt wurde. In der Palotaer Vorstadt gab es mehrere Rohrdecker, die für ihre Arbeit zwei- bis dreifachen Tagelohn erhielten. Bis zu den 1930er Jahren wurde neben dem Schilfrohr auch der Biberschwanz (Hakenziegel) benutzt. Dieser wurde den Falzziegeln vorgezogen, zum einen, weil die Doppeldeckung mit dem Biberschwanz den Schnee nicht durchließ, und zum anderen aus ästhetischen Gründen. In den Räumen der alten Häuser finden wir noch heute meistens eine Bretterdecke. Bis zum Zweiten Weltkrieg gab es in vielen Häusern auch den Hauptbalken. Als der freie Küchenrauchfang abgerissen wurde, kam der Hauptbalken auf den Dachboden, die Balken wurden dann mit großen Schrauben angeschraubt. Eine derartige Lösung konnten wir im Haus Rác-Straße 11 sehen. Unter den alten Häusern gab es auch Dachkonstruktionen mit Pfetten: Bis zum Abriss standen noch zwei solche Häuser

Häuser der Tobakstraße in der Palotaer Vorstadt, Székesfehérvár. Aufnahme von Tibor Molnár, Ende der 1930er Jahre

in der Rác-Straße. In den meisten Häusern fanden wir aber schon das Dachgebinde mit Sparren. An das ehemalige Vorhandensein alter Heizvorrichtungen erinnerten nur einige freie Rauchfänge in den Häusern Rác-Straße 15, 33 und 20. Laut Rückerinnerung des Eigentümers des Hauses Rác-Straße 11. schloss sich dem freien Küchenrauchfang der aus der Küche heizbare Kachelofen der vorderen Stube an. Diese wurde in den 1920er Jahren abgerissen, zusammen mit dem freien Rauchfang. In der hinteren Küche des Hauses Rác-Straße 55 konnten wir die offene Ofenbank noch photographieren. An die Kachelöfen im Zimmer erinnerte sich 1959 der Ofensetzer und Töpfermeister Ferenc Pósfai (geb. 1894), ihr einstiger Hersteller: „Die Bauern haben früher die mit einer Haube abschließenden, hohlrunden, gekachelten Öfen gemocht, denn ihre Heizfläche war viel größer als die der flachen. Im Allgemeinen wurden sie von außen, von der Küche aus mit Stroh, Rebenholz oder Maisstroh beheizt. Heute gibt es schon überall moderne Öfen, die Vorgänger sind schon verschwunden. In der Stadt gibt es keine von außen beheizte Öfen mehr. Die hohlrunden Ofenkacheln wurden früher auf Töpferscheiben angefertigt. Sie wurden viereckig geformt und sahen aus wie ein tieferer Schüssel." (Pesovár 1959, 7.)

In der Palotaer Vorstadt gehören die meisten Häuser der Rác-Straße zum ersten und zweiten der hier dargestellten drei Haustypen. In dieser Straße wurde das ehemalige Stadtbild am besten bewahrt, nur ganz wenige Häuser wurden gemäß der neueren Bauart errichtet. Ein sehr typisches serbisches Bauernhaus blieb bis heute in seiner ursprünglichen Form erhalten (Jáksity 1962; Gelencsér 1989). Seine Eigentümer, die Familie Csikós, vormals Szávity, beschäftigten sich hauptsächlich mit Viehzucht. Im Stadtgebiet besaßen sie vor allem Wiesen, den Ackerbau betrieben sie auf gepachteten Feldern (in den 1920er Jahren auf ca. 30 Morgen). Der Schutzpatron des Hauses war der Heilige Georg, dessen Bild bis 1981 in der vorderen Stube hing. Die Inneneinrichtung, die Möbel, Heiligenbilder und Familienbilder haben wir schon im Laufe der Forschung im Jahre 1981 vom letzten Eigentümer, Danica Csikós, für die volkskundliche Sammlung des König Sankt Stephan-Museums angekauft. Das Gebäude wurde 1986 nach dem Rekonstruktionsplan von Erzsébet Csuti-Schleer wiederhergestellt (Demeter 1982, 52-59; Demeter–Gelencsér–Lukács 1990, 131-147; Csuti-Schleer 1989). Bei der Rekonstruktion konnten wir sehen, dass die hintere Schlussmauer auf einem dicken Sohlenbalken aus Eichenholz errichtet worden war. Die vordere Stube und die Küche sind mit den ursprünglichen Möbelstücken eingerichtet, in der hinteren Stube arrangierten wir eine Ausstellung zur Geschichte und Volkskunde der Palotaer Vorstadt. Hier werden die traditionellen Gesellschaftsschichten, die Berufszweige der Vorstadt, sowie deren Lebensweise dargestellt wie auch die Werkzeuge und Zunftdenkmäler der mit der Palotaer Vorstadt verknüpften Handwerke (Weißgerber, Rotgerber, Schuster, Stiefelmacher, Sattler, Tuchwalker, Blaufärber, Schneider, Kürschner). Im vierten Raum der Ausstellung befindet sich die Einrichtung der Hutmacher-Werkstatt Dittrich (Lukács 1987, 139-150).

Die vor dem Abriss geretteten Baudenkmäler sind im Freilichtmuseum der Palotaer Vorstadt (eröffnet 1988) zu sehen.

[Die Studie ist im zu Ehren von Pekka Leimu veröffentlichten Festschrift erschienen: Lukács, László: *Volksarchitektur der Vorstädte von Székesfehérvár.* Meiltä ja maailmata / From Us and Abroad. Dedicated to Professor Pekka Leimu. Scripta Aboensia 2. Ethnologica. Hg. von Helena Routsala. 2003. 175-185. Turku]

Literatur

ÅSTRÖM, Anna Maria - SUNDMAN, Maud Hrsg.
1990 *Hemma bäst. Minnen frän barndomshem i Helsingsfors.*Helsingfors: Svenska litteratursällskapet i Finland

BÁCSKAI, Vera
2002 *Városok Magyarországon az iparosodás előtt* [Städte in Ungarn vor der Industrialisierung]. Budapest: Osiris Verlag

BÁLINT, Sándor
1976/1980 *A szögedi nemzet. A szegedi nagytáj népélete* [Die Szögeder Nation. Volksleben des Szegeder Großraums]. I-IV. Szeged: Ferenc Móra Museum

BÁTKY, Zsigmond
1918 *Székesfehérvár kialakulásának és földrajzi helyzetének vázlata* [Skizze der Entstehung und geografischen Lage von Stuhlweißenburg]. Földrajzi Közlemények XLVI. 198-212. Budapest: Ungarische Geographische Gesellschaft

DEMETER, Zsófia Hrsg.
1982 *Palotavárosi írások* [Schriften der Palotaer Vorstadt]. Székesfehérvár: König Sankt Stephan Museum

DEMETER, Zsófia - GELENCSÉR, József - LUKÁCS, László
1990 *Palotavárosi emlékek. Székesfehérvár-Palotaváros története és néprajza* [Andenken an die Palotaer Vorstadt. Geschichte und Volkskunde der Palotaer Vorstadt von Székesfehérvár/Stuhlweißenburg]. Székesfehérvár: König Sankt Stephan Museum

CSUTINÉ SCHLEER, Erzsébet
1989 *Székesfehérvár, Rác utca, Rác templom* [Stuhlweißenburg, Raizenstraße, Raizenkirche]. Tájak, korok, múzeumok kiskönyvtára 349. Budapest: Musealverein

GELENCSÉR, József
1989 *A székesfehérvári Rácváros és Rác utca* [Raizenstadt und Raizenstraße in Stuhlweißenburg]. Műemlékvédelem XXIII, 199-206. Budapest: Landesdenkmalamt

GUNDA, Béla
1996 *Unkarilaisesta kansankullttuurista.* Jyväskylä: Universität Jyväskylä

HÉJJ, Valéria

2000 *Emlékek kincsesháza* [Schatzkammer der Erinnerungen]. Székesfehérvár: Árgus Verlag

JAKSITY, Iván

1962 *Srbi u Stolnom Beogradu.* Novi Sad

JANKOVICH, Ferenc

1959 *Téli szivárvány* [Regenbogen im Winter]. Budapest: Táncsics Buchverlag

KODOLÁNYI, János

1979 *Süllyedő világ* [Eine versinkende Welt]. Budapest: Magvető Verlag

KÓSA, László

1979 *Hóstátiak* [Die Hochstädter]. Magyar Néprajzi Lexikon. II. 584-585. Budapest: Verlag der Ungarischen Akademie der Wissenschaften

LAUSCHMANN, Gyula

1998 *Székesfehérvár története 1-4* [Geschichte von Stuhlweißenburg]. Székesfehérvár: Stadtarchiv

LEUMU, Pekka

1999 *The new and the old Ethnology in Sweden and Finland.* Ethnic Communities, Ethnic Studies, Ethnic Costumes Today. Hg. von János KODOLÁNYI jun. 7-13. Budapest: Ungarische Ethnographische Gesellschaft

LUKÁCS, István

1981 *A székesfehérvári Palotai városrész* [Die Palotaer Vorstadt von Stuhlweißenburg]. Székesfehérvár

LUKÁCS, László

1987a *Sprachlich-kulturelle Probleme der Handwerker von Székesfehérvár im 18./19. Jahrhundert.* Zeitschrift für Balkanologie 23, 112-127. Wiesbaden: Harrassowitz Verlag

1987b *Volkskundliche Forschung in der Palotaer Vorstadt von Székesfehérvár.* Village and Town. Hg. von Attila PALÁDI–KOVÁCS, Zsuzsanna SZARVAS. 139-150. Budapest: Ungarische Ethnographische Gesellschaft

MÄTSÄNKYLÄ, Antti

1986 *Metallityön tallenus.* Helsinki: Museovirasto

METSÄNKYLÄ, Antti - CARPELAN, Anna Hrsg.

1994 *Museot je työväenkulttuuri. Seminaariraportti.* Helsinki: Museovirasto

METSÄNKYLÄ, Antti - SUUTARI, Pirkko

1992 *Työryhmä: verstakko. Raportti lasinpuhalluksesta Nuutajärven tehtaalla.* Helsinki: Museovirasto

MOLNÁR, Tibor

1986/2003 *Molnár Tibor építész, városi főmérnök emlékei az 1910-1980-as évek Székesfehérvárára* [Erinnerungen von Tibor Molnár, stadtischer Oberarchitekt von Stuhlweißenburg aus den Jahren 1910-1980]. Székesfehérvári Olvasókönyv. Hg. von Imre MAGONY. 327-331. Székesfehérvár: Árgus Verlag

PALÁDI-KOVÁCS, Attila

2002 *Tárgyunk az időben. Néprajzi kihívások és válaszok* [Unser Fach in der Zeit. Volkskundliche Herausforderungen und Antworten]. Debrecen: Ethnica Verlag

PESOVÁR, Ferenc

1959 *Kályhásmesterség* [Ofensetzerei]. Handschrift. König Sankt Stephan Museum Székesfehérvár. Volkskundliche Datensammlung. Inv.-Nr.: 59.4.

PETERCSÁK, Tivadar
2007 *Az egri hóstyák* [Die Vorstädte von Erlau]. Eger
PRINZ, Gyula - TELEKI, Pál
o.J. *Magyar földrajz* [Ungarische Geographie]. II. Budapest: Königliche Ungarische Universitätsdruckerei
RÄSÄNEN, Matti
1987 *Das Volk in der Stadt. Über die theoretisch-methodischen Annäherungsweisen der ethnologischen Stadtforschung.* Dorf- und Stadtkultur. Hrsg. von Bo LÖNNQVIST, Matti RÄSÄNEN, Ildikó LEHTINEN. 79-93. Helsinki: Suomalais-Ugrilainen Seura
SÜKÖSD-SCHULLER, Erzsébet
2003 *Székesfehérvár Felsőváros jussa. Székesfehérvár-Felsővárosrész múltja és szokásai az 1900-as évek közepéig* [Das Erbe der Oberen Vorstadt. Vergangenheit und Volksbräuche der Oberen Vorstadt von Stuhlweißenburg bis zur Mitte der 1900er Jahre]. Székesfehérvár: Alba Regia Tanzverein
SZILÁGYI, Miklós
1980 *Gemeinschaft der Marktflecken und Volkstradition.* Acta Ethnographica XXIX. 267-348. Budapest: Verlag der Ungarischen Akademie der Wissenschaften
WEKERLE, Alexander
1896 *Das Weißenburger Comitat.* Die österreichisch-ungarische Monarchie in Wort und Bild. Ungarn IV, 525-576. Wien: Verlag der k.u.k. Hof- und Staatsdruckerei

Die Raizenstraße (Rác-Str.) in der Palotaer Vorstadt, Székesfehérvár. Gemälde von Lajos Maksai Dimény, 1928. König Sankt Stephan-Museum

OBERHIRT SANKT WENDELIN, PATRON DES VIEHS...

Den Titel meiner Studie habe ich von dem blinden Sänger-Bettler aus Szomoróc (Kom. Vas), Vendel Németh übernommen, der sein Wendelin-Lied mit Akkordeonbegleitung sehr oft an den Wendelin-Kirchtagen in Transdanubien gesungen hat. Er hat das Lied von einer katholischen betenden Frau in Bak (Kom. Zala) lediglich dem Gehör nach gelernt.[1] Die dritte Strophe des Liedes lautet:

Oberhirt Sankt Wendelin, wir verehren dich,
Wir bitten dich, höre uns wegen unseres Viehes an.
Wir beten für deine heilige Verehrung aus unserem Herzen,
Wir bitten dich, schau herunter zur Erde wegen unseres Viehs.

Der Patron der Haustiere, Hirten und Viehzüchter wurde im Lied mit dem Titel *Oberhirt* benannt. Der spirituelle Leiter der Pester Priesterschule János Nogall, hat in seinem *Großen Ungarischen Offitium* von 1853 den 20. Oktober als den Tag *des Hirten Wendelin* bezeichnet. Im Buch *Vezérkönyv a Ker. Kath. Anyaszentegyházban tartani szokott Processziókhoz* [Leitbuch zu den Prozessionen in der Katholischen Kirche, erschienen in Eger 1850, herausgegeben von József B. Tárkányi] wendet sich der Pfarrer während der Prozession zur Statue oder zur Kapelle von Sankt Wendelin an den Patron mit folgender Bitte: *Bete für uns glorreicher Hirt Sankt Wendelin!* Eine alte Gewährsperson von Aurél Vajkai hat 1939 in Cserszegtomaj (Kom. Zala) erwähnt: „Sankt Wendelin ist der meist geliebte Hirte Gottes."[2]

Aus dem Protokoll der Kirchenvisitation des Veszprémer Bischofs Graf Domonkos Zichy von 1845–46 ergibt sich: In seiner Diözese war die Heilige Mutter Gottes die beliebteste Heilige, ihre Person wurde in Bildern und Statuen in jeder Kirche dargestellt. In dieser Hinsicht hat sie sogar ihren Sohn Jesus Christus überholt, er musste sich mit dem zweiten Platz begnügen. Nach ihnen kamen als beliebteste Heilige: Florian, Fabian, Sebastian, Wendelin, Johannes von Nepomuk, Anna und Maria Magdalena. Das gläubige Volk hatte eine besondere Vorliebe für die religiösen Denkmäler in den Wiesen, in den Bergen und entlang der Straßen; am Rande der Weiden und Wälder fanden sich besonders die Statuen von Sankt Wendelin, an den Bachufern und Brücken die von Johannes von Nepomuk, in den Zentren der Dörfer die von Sankt Florian, der vor dem Feuer schützte.[3] Die Stellung von Sankt Wendelin ist in diesem Kreise nicht überraschend, da seine Verehrung vom Veszprémer Bischof Márton Bíró Padányi (1696–1762) iniziiert wurde. Er hat über das Leben des Heiligen und über den Nutzen seiner Verehrung in seinem Buch 1763 Folgendes geschrieben: „Durch die Fürsorge Gottes kam die Hilfe und die Kraft des ruhmreichen Hirten Sankt Wendelin nach Ungarn, denn durch seine Würde und seine Gebete wurden unsere Länder und unser Vieh gesegnet, damit wir den Segen Gottes für Körper und Geist umso mehr genießen können."[4] Aufgrund der Initiative des Bischofs sind in seiner Diözese (die die Hälfte Transdanubiens überspannte) Statuen, Kirchen und Kapellen zu Ehren von Sankt Wendelin errichtet worden, denn der Bischof betrieb auch Landwirtschaft und er wählte Sankt Wendelin als Schutzpatron vor Viehseuchen für unser, in der Barockenzeit wieder belebtes Wirtschaftsleben. Er ließ

Statue des Sankt Wendelin. Várdomb, Kom. Tolna. Aufnahme von László Lukács, 2010

Die Kirche der Mariä Heimsuchung (1760) mit der dazugebauten Kapelle zu Sankt Wendelin (1790). Mernye, Kom. Somogy. Aufnahme von László Lukács, 2013

eine Kapelle für Sankt Wendelin in seinen Ländereien in Deáki und Nyirád (Kom. Zala) bauen, wohin er auch eine kirchliche Prozession gegen die Viehseuche am 20. Oktober 1755 anführte.[5] Über den Tag des Sankt Wendelin können wir auch in der Monografie des Komitates Somogy (das bis 1993 zur Veszprémer Diözese gehörte) am Anfang des 20. Jahrhunderts lesen: „Viele Dörfer haben *Gelöbnisfeiertage,* die wegen eines wichtigen Ereignisses entstanden sind. Solche Tage sind: der Antaltag in Kaposfüred und der Wendelinstag in Szulok, an dem das Vieh nicht arbeitet. Die Ahnen haben ein Gelöbnis zur Zeit einer großen Viehseuche abgelegt und halten es bis zur Gegenwart ein."[6]

Aus dem Buch *Somogy megye népművészete* [Volkskunst von Komitat Somogy] lässt sich ersehen, dass Sankt Wendelin, Patron der Hirten, viele Statuen im ganzen Komitat besitzt: in Bize, Buzsák, Nagyszakácsi, Ordacsehi, Somogyzsitfa, Szőkedencs und Ráksi. Die Ikonografie der Statuen ist überall fast identisch. Mária L. Imre hat bezüglich der architektonischen und gegenständischen Erinnerungen der sakralen Umgebung Folgendes geschrieben: „1897 hat eine Seuche die Haustiere von Mike dezimiert. Im darauf folgenden Jahr hat ein Ehepaar eine Wendelin-Statue zur Abwehr dieser Bedrohung in der deutschen Gasse aufgestellt. Die Inschrift lautet: „Errichtet von János Brandmüller und seiner Gattin Rozália Frank zu Ehren des heiligen Wendelin, 1898." Seitdem feiert die Dorfgemeinde jedes Jahr den Tag von Sankt Wendelin. Am Vorabend des Festes „*brannten Hunderte von Kerzen*" bei der Statue. Wegen des Gelöbnisses haben die Hirten am Wendelinstag (am 20. Oktober) die Tiere nicht auf die Weide getrieben. Abgesehen von kleineren Gartenarbeiten hat man keine Arbeit verrichtet. In der Kirche wurde eine Morgenmesse, danach Heiligtumsanbetung den ganzen über Tag abgehalten."[7]

Meine Mutter Mária Kéfesz (1916–1982) stammt aus Mernye (Kom. Somogy). Sie hat oft über den Kirchtag am Wendelinstag gesprochen. Auf dem Land des Székesfehérvárer Custodiaten in Mernye wurde 1760 eine Pfarrkirche zu Ehren der Mariä Heimsuchung auf einen mittelalterlichen Grundsatz gebaut. An der südlichen Seite der Kirche wurde die fast kirchengroße Wendelinskapelle mit einem eigenen Eingang an der westlichen Seite auf Drängen der sich ständig ausbreitenden Marktgemeinde gebaut. König Franz I. hat den Gutshof in Mernye 1807 dem Piaristenorden geschenkt, der hier seine zentrale Güterverwaltung eingerichtet hat.[8]

Altarbild der Kapelle zu Sankt Wendelin. Mernye, Kom. Somogy. Aufnahme von László Lukács, 1989

Die Wendelin-Kapelle in Mernye wurde von den Landwirten aufgrund eines Gelöbnisses nach einer Viehseuche erbaut. Sie haben auch das Altarbild in Auftrag gegeben. Auf dem Ölgemälde ist Sankt Wendelin, gekleidet als Mönch, vor einer Bildsäule am Straßenrand knieend zu sehen, vor ihm liegen ein Hirtenhut, ein Hirtenhacken, eine königliche Krone, über ihm sieht man auf einem Berg ein Kloster und zwei Engel im Himmel, der eine hält einen Hirtenstock, der andere eine Abthaube. Über die Verehrung des heiligen Wendelin in Mernye hat mir der Kirchenvater Dénes Bizderi (1938–2007) 1989 Folgendes erzählt: „Vor 1945 hat man zwei Kirchtage abgehalten. Am Tag Mariä Heimsuchung wurde eine Messe, am darauffolgenden Sonntag ein Kirchtag auf dem Platz vor der Kirche begangen. Am Wendelinstag (am 20. Oktober) fand eine Messe in der Kapelle statt, hier konnten sich nur Männer setzen, die Frauen blieben im Schiff der Kirche stehen. Seit die Kapelle steht, lassen die Landwirte, die Leute auf dem Gutshof und die Hirten an diesem Tag die Tiere nicht arbeiten. Die Hirten kamen auch zur Messe am Wendelinstag. Sie besuchten die Messe zweimal im Jahr: am Wendelinstag und bei der Mitternachtsmesse zu Weihnachten. Der Kirchtagmarkt fand eine Woche nach dem Wendelinstag auf dem Platz vor der Kirche statt. Dies war der größte Kirchtag, selbst die Verwandten kamen aus den Nachbardörfern. Der Piaristengutshof hat diesen Tag auch eingehalten, seine Knechte hatten frei und arbeiteten nicht mit den Tieren. Selbst die Dorfschäfer hatten frei, die Landwirte hielten 3-4, aber gelegentlich auch 10-12 Schafe. Nach 1945 blieb nur der Kirchtag am Wendelinstag übrig. Am Tag Mariä Heimsuchung (am 2. Juli) wird immer noch eine Messe abgehalten, aber ein Kirhtagmarkt wird nur nach dem Wendelinstag in Mernye organisiert. In der Nachbargemeinde von Szentgáloskér steht eine Wendelin-Statue am Straßenrand, aber es fehlt ihr der Kopf. Der Patron der Kirche von Kaposhomok ist Wendelin. Die Kirche von Attala wurde ebenfalls Sankt Wendelin gewidmet; an seinem Tag wurde dort vor 1945 ein Kirchtagmarkt abgehalten."

Die Monografie über das Komitat Somogy hat über den Viehbestand des Piaristengutshofes in Mernye am Anfang des 20. Jahrhunderts Folgendes berichtet: Unter den englischen Halbblutpferden gibt es 94 alte Stuten, 52 alte kastrierte Hengste, 15 vierjährige Stuten, 3 vierjährige kastrierte Hengste, 8 dreijährige Stuten, 6 dreijährige kastrierte Hengste, 63 Zweieinhalbjährige, 34 Fohlen. Sie werden im Gestüt von Taszár für militärische Zwecke gezüchtet. Rinderbestand: 667 Arbeitsochsen, 55 Kühe, 257 einjährige Jungochsen, 79 fünfjährige Jungochsen, 611 zwei, drei- oder vierjährige Jung-

Statue des Sankt Wendelin. Szentgáloskér, Kom. Somogy. Aufnahme von László Lukács, 2013

Statue von Sankt Wendelin. Ráksi, Kom. Somogy. Aufnahme von László Lukács, 2013

Statue des Sankt Wendelin. Igal, Kom. Somogy. Aufnahme von László Lukács, 2013

Statue des Sankt Wendelin, 1863. Buzsák, Kom. Somogy. Aufnahme von László Lukács, 2004

ochsen, 38 Kuhkälber, 159 Rinder in Herden, 28 Zuchtbullen. Schafbestand: 14.002 Merino-Negretti und französische Zuchtwidder. Schweinebestand: 305 Mutterschweine und deren Zucht, Mangalitzenschweine mit 43 Vaterschweinen. 1912 wurde der Gutshof auf die Zucht von Schweinen aus Lincolnshire im Vadé-Meierhof umgestellt. Die Milchwirtschaft ergibt 500 Liter pro Tag, die in Kaposvár verkauft werden."[9] Für den Schutz seines Viehbestandes hat der Gutshof um Hilfe von Sankt Wendelin gebetet.

In Mernye war der Vorname Vendel (Wendelin) im 19. und am Anfang des 20. Jahrhunderts sehr beliebt. Im Friedhof konnte ich 1989 den Namen an 6 Grabsteinen entdecken: Vendel Décsi starb den Heldentod 1917 (er war 39 Jahre alt); Vendel Javós starb mit 39 Jahren 1930; Vendel Gyergye starb mit 46 Jahren 1925; Vendel Kiss 1902–1953; Vendel Kovács 1902–1979. Letzterer hat das Betonkreuz rechts von der Leichenhalle, mit der Statue der Heiligen Maria unter dem Korpus, gestiftet. Die Inschrift lautet:

Zum Ruhm Gottes
Zu Ehren der Heiligen Maria
und
Zur Erinnerung von Péter Kovács
Aufgestellt von
Vendel Kovács und
Seiner Familie
1956

Vendel Kovács fand seine letzte Ruhestätte im Grab hinter dem Kreuz. Zur Zeit meiner Feldforschung 1989 lebte noch ein Mann namens Vendel in Mernye: der 1910 geborene Vendel Kéri (er hatte den Kosenamen Vendi).

Im zur Pfarrei von Mernye gehörenden Szentgáloskér schrieb man im Protokoll der Kirchenbesichtigung 1815 über die Wendelin-Statue Folgendes: „In der Gemeinde von Szentgáloskér steht die Statue des Heiligen Wendelin in der Nähe des Svastics-Hauses. Sie wurde von der verwitweten Frau Svastics aufgestellt, sie besteht aus Stein, sie ist neu und in gutem Zustand. Sie wurde von keiner Stiftung finanziert, ihre Imstandehaltung wird von der genannten Witwe und ihren Nachkommen getragen."[10] Die verwitwete Landwirtin hat die Statue links von dem Eingang des Gutshofes, in der Nähe der Ställe neben dem von den Haustieren benutzten Weg aufgestellt. Der heilige Hirte steht auf einem hohen Steinsockel, er hält einen Hirtenstock in der Hand und ein Rind steht an seiner rechten Seite. Die Landwirte in Szentgáloskér haben bis zur Organisation der Produktionsgenossenschaft Anfang der 1960er Jahre Kerzen und Blumen zum *Wendelinsbild* am Wendelinstag (am 20. Oktober) gebracht. Sein abgebrochener Kopf wurde 2000 von der örtlichen Selbstverwaltung auf Kosten der Landwirtsfamilie Hársházi ersetzt.

Ráksi (Kom. Somogy) war Besitz des Veszprémer Bischofs. Im Kirchengarten steht die bunt bemalte Steinstatue von Sankt Wendelin auf einem hohen Sockel. Er hat einen Umhang und Schnürstiefeln an. An seinem Fuß steht links ein Rind, rechts ein Schaf. Er stützt sich auf einen Hirtenstock, an seiner Seite hat er einen Hirtenranzen und eine Kürbisflasche. Die Inschrift lautet:

Zu Ehren
des Sankt Wendelin
Aufgestellt von Mihály Hasznovics
und seinem Sohn Ferenc
István Szemenyei
und seiner Gattin Anna Högye
János Benedek
und seine Familie
Vendel Kiss
Vendel Böröcz
János Kovács
István Högye
György Dezső.
1915.

Unter ihnen finden sich also zwei Männer mit dem Vornamen Vendel. Im selben Kriegsjahr hat die Familie Freitag ein Steinkruzifix links von der Kirche aufgestellt.

Ich habe in Igal (Kom. Somogy) 2004 zusammen mit dem Museumsleiter von Siófok, József Matyikó Sebestyén, 2013 aber alleine Forschungen durchgeführt. Die Statuen von Wendelin und Johannes von Nepomuk werden im Protokoll der Kirchenvisitation von 1815 erwähnt: „Statuae in Oppido Igal sunt duae; una in honorem S. Vendelini lapidea ante Ecclesiam; altera S. Johannis Nep. in fine Oppidi ad viam Sziliensem; neutra est dote provisora, sed ambae per Oppidanam Communitatem conservantur..." [In der Marktgemeinde

Statue des Sankt Wendelin in der Kirche von Törökkoppány, Kom. Somogy. Aufnahme von László Lukács, 2013

Igal gibt es zwei Statuen, die eine ist eine Steinstatue zu Ehren des Sankt Wendelin vor der Kriche, die andere zu Ehren des Johannes von Nepomuk am Ende der Marktgemeinde bei der Sziler Straße; beide werden vom Rat der Marktgemeinde imstande gehalten.] Der Pfarrer von Igal zwischen 1856 und 1872 József Balogh in seiner Hausgeschichte erwähnt Folgendes über diese Statuen: „Das Schicksal dieser Statuen zeigt, was man vom geistigen Zustand dieser Gemeinde halten kann. Die Statue des Johannes von Nepomuk, der neben der Brücke unter dem Rathaus stand, weshalb der dortige Brunnen bis heute Brunnen des Johannes von Nepomuk genannt wird, wurde noch in der Zeit von Hornók [der Pfarrer von Igal zwischen 1835 und 1855, Márton Hornók] zerstört; die Statue des heiligen Wendelin habe ich bei meiner Ankunft in vernachlässigtem Zustand vorgefunden. All meine Warnungen, Aufforderungen, Drohungen waren vergebens; die Gemeinde hatte nie Geld dafür übrig. Also habe ich die Statue in die Nähe der Kirche (wo sie jetzt steht) transferiert, sie auf einen Ziegelsockel gestellt, sie bemalt und sie umzäunt, ohne dass ich Geld oder Arbeitshilfe von der Gemeinde gefordert hätte."[11] Heute kann die Bemalung der Statue aus der Mitte des 19. Jahrhunderts nicht mehr entdeckt werden. Die Figur selber stellt Sankt Wendelin mit zum Himmel blickenden Augen und mit betenden Händen dar. An seinem nackten Fuß steht links sein Hund, rechts ein Rind, vor ihm auf dem Boden liegt die herzogliche Krone.

Wir haben 2004 in Buzsák (Kom. Somogy) geforscht, wo an der Fő Straße vor dem Heimatmuseum die Statue von Sankt Wendelin aus Sandstein zu sehen ist. Auf ihrem Sockel findet sich die Inschrift *Von der Gemeinde Buzsák 1863*. Sankt Wendelin stützt sich auf seinen Stock, er hält einen Rosenkranz in der Hand, er hat einen Ranzen an der Seite und einen breiten Hirtenhut auf dem Rücken. An seinem Fuß steht links ein Rind, rechts ein Schaf.

Die Nebenfiguren der Dreiheiligkeitsstatue: Der Heilige Josef mit dem Christkind, die Heilige Maria und Sankt Wendelin, 1905. Törökkoppány, Kom. Somogy. Aufnahme von László Lukács, 2013

Die Hälfte des Landes der Leibeigenen von Törökkoppány gehörte von 1726 an dem Veszprémer Bischof und dem Herzog Esterházy.[12] Ich war 2004 und 2013 in Törökkoppány, wo die erste bemalte Statue an der rechten Seite des Kirchenschiffes Sankt Wendelin mit betender Hand, mit Hirtenranzen an der Seite und mit einem Schaf an seinem Fuß darstellt. Er kommt auch als Nebenfigur auf der Dreifaltigkeitsstatue im Kirchhof neben der Heiligen Maria, dem Christkind und dem Heiligen Josef vor. Er hat einen Ranzen an der Seite, ein Schaf am Fuß, seine rechte Hand ist abgebrochen. Die Figur wurde von den Bewohnern von Törökkoppány aufgestellt, die nach Amerika ausgewandert sind. Die Inschrift:

Gestiftet 1905
Als Erinnerung aus Amerika
Mit der Unterstützung
des Pfarrers József Szabó

Am 20. Oktober werden in Törökkoppány Kerzen am Fuße der Wendelin-Statue angezündet und es wird das Wendelinslied gesungen, Nr. 217 der Liedersammlung *Du bist heilig, mein Herr!*:

An Sankt Wendelin

Wir flehen Dich an, barmherziger Gott!
In unseren Bitten, die wir deinen Heiligen aufgetragen haben.
Auf das Flehen des Sankt Wendelin
Schütze unser Vieh vor allerlei Gefahr.
Wir haben alles von dir genommen, Herr,
Du hast das Vieh zu unseren Diensten erschaffen!
Auf das Flehen…

Du bist die Quelle alles Guten,
Du gibst Kraft und Nahrung allen Tieren.
Auf das Flehen…

Behalte, was du gegeben hast, Herr,
Damit wir mit fleißiger Arbeit und mit deinem Segen unser Brot verdienen können.
Auf das Flehen…

Beschütze uns vor Hungersnot, vor Krieg,
Vor Dürre, vor Überschwemmungen und vor Seuchen.
Auf das Flehen…

Betrachte nicht unsere vielen Sünden, Herr,
Doch das Erbarmen deiner väterlichen Liebe.
Auf das Flehen…

Mache uns erneut würdig für deine Liebe,
Die wir um das Vergeben unserer Sünden flehen.
Auf das Flehen…

Wir bitten dich, großer Gott, im Namen deines heiligen Sohnes,
Wir vertrauen auf Deine unendlich großen Gnade.
Auf das Flehen…

Das Altarbild der in 1860 gebauten Kirche zu Sankt Wendelin in Pusztaszemes (Kom. Somogy), Hofrichter J. 1898. Aufnahme von Imre Sipos

Wendelinskappelle (1928) mit Kruzifix (1760). Gölle, Kom. Somogy. Aufnahme von László Lukács, 2013

Altarbild in der Sankt Wendelinskapelle von Gölle. A. Ébner, 1928. Aufnahme von László Lukács, 2013

Das Lied gelangte aus dem 1755 in Wien erschienenen Buch *Buzgó szívnek énekes fohászkodásai* [Die gesungenen Gebete des frommen Herzens] von László Amade unter die katholischen Volkslieder.

Bis 1945 war der Wendelinstag in Törökkoppány und Somogyegres ein Gelöbnisfest. Bis in die 1960er Jahre wurde an diesem Tag eine Messe abgehalten, und die Landwirte ließen die Tiere ruhen. Getreide, Heu und Stroh wurden schon am Vortag nach Hause gebracht. Am Wendelinstag wurde nicht gearbeitet.

Der Mönch und heute der spirituelle Leiter der Pfarrgemeinde Imre Sipos hat in seiner Monografie über Törökkoppány Folgendes geschrieben: „Die Gelöbnisfeste der Siedlung waren Feiertage. Laut dem Visitationsprotokoll von 1815 (als György Kurbély Bischof von Veszprém war) wurden in Törökkoppány die Tage des Johannes von Nepomuk, des Heiligen Antonius von Padua, Mariä Heimsuchung, von Sankt Donatus und Sankt Wendelin als Gelöbnisfeste betrachtet. An diesem Tag wurde eine Messe abgehalten, gebetet und nicht gearbeitet… Sankt Wendelin ist der Patron der Viehzüchter und der Hirten, insbesondere der Schäfer. Die Verehrung des irischen Heiligen aus dem 6. Jahrhundert gelangte zu uns erst im 18. Jahrhundert durch den Einfluss der süddeutschen barocken Frömmigkeit. Der Veszprémer Bischof Márton Bíró Padányi hat die Verehrung initiiert. Die Verehrung in Törökkoppány begann in den 1750er Jahren. In Transdanubien wird Wendel immer in rheinischer Bauernkleidung mit Ranzen und einem Schaf am Fuß dargestellt. So ist er auch an der schön bemalten Holzstatue der Kirche und als eine Nebenfigur der Dreifaltigkeitsstatue neben der Kirche zu sehen. Am 20. Oktober war es üblich, für die Haustiere eine Messe abzuhalten und Kerzen bei seiner Statue anzuzünden."[13]

In der kanonischen Visitation von Miklósi (Kom. Somogy) 1815 wird erwähnt, dass der Wendelinstag immer gefeiert wird. Wendelin ist auch hier als Nebenfigur an der 1900 aufgestellten Dreifaltigkeitsstatue vor der Kirche zu sehen: mit einem Ranzen an der Seite, das Gesicht zum Himmel gerichtet, mit betenden Händen und mit einem Lamm an seinen Füßen. In der ersten Hälfte des 18. Jahrhunderts wurden aus dem deutschen Schwaben, von Mainz und aus der Pfalz katholische Emigranten in Miklósi eingesiedelt, sie haben die Verehrung des heiligen Wendelin mitgebracht.[14]

Der Miklóser Kantor hat aus einem „alten Buch" ein Sankt Wendelinslied kopiert, das wahrscheinlich in den Dörfern in der Umgebung gesungen wurde:

Über Sankt Wendelin:
(20. Oktober)
Lied. Nach „Lobe, Du Mensch" usw.

Sankt Wendelin, Diener Gottes, Beispiel des Hirtenlebens
Wild geborenes und erzogenes sanftes Lamm!
Du bist ein Wunder am grünen Altar der Wiese.
Du bist auf die Wiese, auf die blühende Weide hinausgegangen,
Während die Herde auf der Erde graste, warst Du im Himmel.
Der barmherzige Himmel hat dich schon längst verlobt.
Du kennst die Bosheit und Sündhaftigkeit des Hirtenlebens nicht,
Obwohl tausend Deinesgleichen der Sünde verfallen:
Du wäschst die Füße Gottes mit deinen Tränen.
Nimm deine heiligen Augen nicht von uns, nimm unser Flehen an,
Bitte Gott, dass er uns Arme erhalten möge,
und unsere verstandlosen, doch unschuldigen Tiere.
Wenn der Herr uns mit Peitschen schlägt, beschwichtige ihn mit offenen Armen;
Nimm unsere Hand in deine heiligen Hände,
Sag deine heilige Bitte
zusammen mit unseren Bitten.
Komm auf diese trübselige Weide und begleite uns bis Mittag,
Hilfe uns mit deiner
Unterstützung, bis wir nach oben gelangen,
Belohne uns mit deinem Segen, um den wir dich bitten.

Aus dem Protokoll der Kirchenvisitation in Zics (Kom. Somogy) in 1815 wissen wir: „...die Gläubigen halten auch einige Gelöbnisfeste an den Arbeitstagen: die Feste des Sankt Florian, Sankt Wendelin und des heiligen Propheten Elias. An diesen Tagen wird nicht gearbeitet, sie nehmen an einer großen gesungenen Messe teil, die ihretwegen

Holzstatue von Sankt Wendelin in Gölle, aufgestellt in 2011. Aufnahme von László Lukács, 2013

Statue des Sankt Wendelin. Szulok, Kom. Somogy. Aufnahme von János Sási, 1978. Volkskundliches Fotoarchiv des Rippl-Rónai Museums Kaposvár. Inv.-Nr.: 22.780

Statue des Sankt Wendelin. Lad, Kom. Somogy. Aufnahme von János Sási, 1978. Volkskundliches Fotoarchiv des Rippl-Rónai Museums Kaposvár. Inv.-Nr.: 22.714

gehalten wird. Am Nachmittag hält der Pfarrer auch eine Gesangslitanei." Es ist bemerkenswert, dass die Feste auch von den Zicser Kalvinisten gehalten werden: „...sie halten die Feste, auch die Gelöbnisfeste dem Brauche nach zusammen mit den Katholiken."[15]

In der 1860 gebauten Kirche zu Sankt Wendelin in Pusztaszemes (Kom. Somogy) ist eine Reliquie des Heiligen zu finden. Deren Echtheit wird von einer lateinischen Urkunde bezeugt, deren Übersetzung lautet:

> KRISTÓF MIGAZZI VON WAAL UND SONNENTHURM, AUS GOTTES GNADE KARDINAL DER HEILIGEN RÖMISCHEN KIRCHE, ERZBISCHOF VON WIEN, HERZOG DES HEILIGEN RÖMISCHEN REICHES, VERWESER DES VÁCER BISTUMS, EIGENTÜMER DES GROSSEN RITTERKREUZES DES HEILIGEN STEFANSORDENS WIRKLICHER INNERER GEHEIMRAT SEINER KAISERLICHEN UND KÖNIGLICHEN MAJESTÄT usw.
> Bezeugt mit Glauben an alle Leser, dass diese Reliquie, ein Knochenstück des heiligen Wendelin in einer ovalen Silberbüchse, eine mit offiziellen Dokumenten und Siegeln bezeugte echte Reliquie ist. Die Vorderseite der Büchse besteht aus Kristallglas, sie ist gut abschließbar und mit einem roten Seidenfaden abgebunden, sie trägt unser rotes Wachssiegel.
> Diese Reliquie wird vergeben mit dem Recht des Eigentümers zur Behaltung, zur Verschenkung und zur Ausstellung in jeder beliebigen Kirche, Kapelle oder Oratorium.
> Um das zu bestätigen, geben wir unseren mit eigener Hand unterschriebenen und mit unserem Siegel versehenen Brief aus:

Wien, Palast des Erzbischofs, am 20. Januar 1777. Im Auftrag IHRER EMINENZ, DEM KARDINAL-ERZBISCHOF: *kardinal-erzbischöflicher Relquienbewahrer Antal Sauli.*

Auf der anderen Seite des Dokuments ist eine Handschrift:

Wir haben die Reliquie des *heiligen Wendelin* untersucht, und da sie in jeder Hinsicht der Beschreibung seiner Eminenz, des Waaler Grafen und Kardinals Kristóf Magazzi entspricht, bekennen wir sie als authentisch und erteilen mit diesem unserem Brief die Genehmigung, sie zur Schau zu stellen, damit die Christen beider Geschlechter sie öffentlich verehren können.

Am 4. März 1777. *Bischöfliches Consistorium in Szombathely.*

Das Altarbild der Kirche in Pusztaszemes ähnelt dem der Kirche in Mernye, doch ist es einfacher gestaltet: In einer Plattensee-Landschaft kniet Sankt Wendelin vor einer Bildsäule in Mönchskutte, neben ihm liegen ein Hirtenhut, ein Hirtenstab und eine weggeworfene Krone, hinter ihm eine Schafherde. An der rechten Seite unten sieht man die Signatur: „Hofrichter J. 1898". Der Kirchtag wird am ersten Sonntag nach dem 20. Oktober abgehalten.[16]

Im Friedhof von Balatonberény (Kom. Somogy) steht die Steinstatue des Sankt Wendelin aus dem Ende des 18. Jahrhunderts auf einer hohen Säule.[17]

Wendelinsbild auf dem Weg nach Andocs im Ságvárer Wald, patziert von den Székesfehérvárer Pilgern in 1930. Balatonendréd-Jabapuszta, Kom. Somogy. Aufnahme von János Sási, 1978. Volkskundliches Fotoarchiv des Rippl-Rónai Museums Kaposvár. Inv.-Nr.: 23.368

Aus der Vereinigung zweier kleinerer Gemeinden (Tótszentpál und Varjaskér) entstand die Gemeinde Somogyszentpál 1929 am südlichen Rande des Nagyberek-Waldes. Ihre Bewohner sind katholische Kroaten, ihre Kirche ist zu Ehren des Sankt Antonius von Padua 1776 gebaut worden. Der rechte Nebenaltar ist dem heiligen Wendelin geweiht. Vor der südlichen Kirchenmauer steht die mehrmals umbemalte Steinstatue von Sankt Wendelin. Er trägt eine breite Hose und einen breitkrempigen Hut, ist barfüßig, er hält einen Hirtenstab in der Hand, und ein Rind liegt zu seinen Füßen. Die Stiftung für die Statue wurde am 19. Juni 1906 vom Tótszentpáler Márton Rádó mit 100 Kronen gegründet.[18] In der Monografie über Somogyszentpál von József Hoss ist zu lesen: „20. Oktober, Sankt Wendelin: Patron der Hirten. Die Bewohner von

Szentpál haben nach der Viehseuche 1836 ein Gelöbnis zur Einhaltung seines Tages abgelegt. Das Gelöbnis war bis in die letzten Jahre in Kraft. Sie arbeiten mit ihren Tieren an diesem Tag nicht. Zur Beschreibung soll der folgende Vorfall dienen. Dessen Erinnerung lebt immer noch unter uns. Damals, als es noch keine Kaplanstelle in Szentpál gab, wurde der Pfarrer krank und der Kaplan von Buzsák wurde gebeten, die kirchlichen Dienste zu erledigen. Doch die Szentpáler gaben ihm keine Pferde für die Kutsche. So musste der Kaplan den Weg von der Szentpáler Grenze bis zu unserer Gemeinde zu Fuß machen. Bis zur Buzsáker Grenze und zurück konnte er eine Kutsche benutzen. Die Wirtinnen von Szentpál töteten kein Federvieh an diesem Tag, sondern lieferten Kerzen in die Kirche. Sie legten ihre Gaben (natürliche Gegenstände oder Geld) am Altar von Sankt Antonius nieder." József Hoss hat auch erwähnt, dass einige Landwirte in Kaposvár an diesem Tag mit ihren Tieren nicht arbeiteten, denn sie hielten Sankt Wendelin für den Patron der Tiere.[19]

Der Friedhof von Gölle (Kom. Somogy) hat schon zwei Kapellen zu Sankt Wendelin gehabt. Die erste wurde wahrscheinlich vom Pächter Ignác Hiemer gebaut, der auch das Sandsteinkreuz vor der Kapelle errichten ließ. Die Inschrift des Kreuzes:

Zu Ehren
Christi
nach der Viehseuche
in 1754
aufgestellt von
Ignác
Hiemer
Pächter
des Landes in Gölle
1760

Ignác Hiemer ist der Enkel des reichen Székesfehérvárer Metzger-Viehhändlers Mihály Hiemer. Der Großvater war mehrer Male Stadtrichter zwischen 1692–1724. Sein Sohn Sebestyén Hiemer hinterließ seinen fünf Kindern, darunter dem ältesten Ignác, das Hiemer Haus in der Innenstadt Székesfehérvárs, ein Haus in der Budaer Außenstadt und in Hidvég (Kom. Somogy), einen Weinberg in Medina (Kom. Tolna), Iszka (Kom. Fejér) und Fehérvár, 326 Ochsen, 226 Kühe, 34 Kälber, 40 Schweine, 45 Pferde und 10.000 Forint Bargeld. Sebestyén Hiemer, der das Göller Land vom Fehérvárer Custodiaten gepachtet hat, hatte also Einiges Sankt Wendelin anzuvertrauen.[20]

In der Mauer der alten Kapelle entstanden Risse, deshalb wurde sie abgerissen und an ihrem Platz 1928 eine neue Kapelle aufgebaut. Auf dem Altarbild an der Wand ist Sankt Wendelin zu sehen, der gerade ein Lamm segnet. Ein kleines Kalb reibt sich an die andere Seite des Heiligen. Im Vordergrund des Bildes sieht man Schafe, im Hintergrund Rinder. Die Signatur des Künstlers: „A. Ebner 1928". Der örtlichen Tradition nach wurden die Kosten des Wandbildes von der Chansonsängerin, Filmschauspielerin und Gesangslehrerin Vali Rácz getragen, die in Gölle geboren ist. Der Wendelinstag ist in Gölle ein Gelöbnisfest. Am 20. Oktober wird in der Kapelle eine Messe abgehalten, die Gläubigen stehen vor der Kapelle, der Pfarrer hält die Messe am Feldaltar vor der Kapelle. Ein Gastpfarrer hält die Predigt. Es ist eine Konzelebrationsmesse mit den Pfarrern aus Igal, Attala, Szentbalázs und Dombóvár. Die Messe wird mit dem Wendellied Nr. 217. (*Du bist Heilig, Herr*!) beendet.

Die weiterbestehende Lebendigkeit des Kultes wird durch die Holzstatue des Sankt Wendelin am Heldenplatz neben der Göller Kirche (aufgestellt in 2011) bestätigt. Hier wird Sankt Wendelin in Pelzmantel, mit Ranzen und Hirtenstab und mit einem Lamm zu seinen Füßen dargestellt. Die Inschrift lautet:

> Pastor Sankt Wendelin
> Eremit und Abt 554–617
>
> Prinz Wendelin stammte aus einer irisch-schottischen Sippe. Wir glauben, dass er der Sohn eines Stammführers war. Er vollbrachte Wunder hauptsächlich an den Opfern von Seuchen und an kranken Haustieren. – So handelten auch die Bewohner von Gölle zur Zeit der Pestseuche in 1754. Nach der Seuche haben sie eine Kapelle im Friedhof errichtet und ehren den Sankt Wendelinstag am 20. Oktober als ein Gelöbnisfest. Die Statue wurde im Namen der dankbaren Nachkommen von der Göller Selbstverwaltung aus öffentlichen Spende am 20. 10. 2011 errichtet.
>
> Geschnitzt von Károly Varga, Szentgáloskér.

Der Vorname Vendel war bis zur Wende des 19.-20. Jahrhunderts auch in Gölle beliebt. Unter den toten Helden am Denkmal des Ersten Weltkrieges sind fünf Vendels zu sehen, auf dem Denkmal des Zweiten Weltkrieges gibt es keine Vendels mehr.

Attala (Kom. Somogy) ist zusammen mit Mernye und Gölle auch Landeigentum des Fehérvárer Custodiaten und später der Piaristen. Die hier 1722 gebaute Kirche zu Johannes dem Täufer musste 1865 erweitert werden. Mit der Erlaubnis des Veszprémer Bischofs János Ranolder wurde Sankt Wendelin der neue Patron der umgebauten Kirche. Ihr Hauptaltarbild wurde von Gusztáv Kratzmann, dem Direktor der Esterházy-Pinakothek, gemalt: Auf dem Bild ist Sankt Wendelin mit seinen Schafen im Halbkreis zu sehen, wie er, gestützt auf seinen Hirtenstab, aus seinem Gebetsbuch zu uns schaut. Im Hintergrund ist eine Wiese im Flusstal einer hügeligen Landschaft zu sehen, die dem Kapos-Tal ähnelt. Die erweiterte Kirche wurde am Wendelinstag, dem 20. Oktober 1867, vom Sziler Dekan János Csutor eingeweiht. In Attala wird seitdem der Wendelinstag mit einem Kirchtagsmarkt und einem Hochamt gefeiert. Die Bewohner wenden sich an den Herren und bitten um Sankt Wendelins Unterstützung mit dem Lied Nr. 217 (*Du bist Heilig, Herr!*). Die folgenden Zeilen werden auch gesungen:

Du steuerst den ganzen Lauf der Zeit,
Bitte verschone uns vor dem harten Schlag deiner Wut.
Schütze uns vor Hungersnot, Krieg,
Dürre, Überschwemmung und Seuchen.
Auf das Flehen von Sankt Wendelin
Beschütze unser Vieh vor allen Gefahren.

Lad (Kom. Somogy) bestand bis 1950 aus dem römisch-katholischen Német-Lad (Deutsch-Lad) und dem kalvinistischen Magyar-Lad (Ungarisch-Lad). Hinter der römisch-katholischen Kirche steht die Statue von Sankt Wendelin; deren Inschrift lautet: *Zu Ehren des Sankt Wendelin aufgestellt von Mihály Sommer und seiner Gattin Katalin Gruber 1903.* Hier hat Wendelin lange Haare und einen gezwirbelten Schnurrbart, er hebt die Augen zum Himmel und faltet seine Hände. Er hat einen langen Umhang um die Schulter, einen Ranzen an der Seite und ein Lamm zu seinen Füßen.

Dem geografischen Wörterbuch von Elek Fényes nach war Szulok (Kom. Somogy) in der Mitte des 19. Jahrhunderts eine deutsche Marktgemeinde mit 1800 römisch-katholischen Bewohnern.[21] Die Statue von Sankt Wendelin steht an der Ecke der Kossuth Lajos und der Dózsa György Straße. Ihre Inschrift lautet: *St. Vendelin. Errichtet aus Liebe und Dankbarkeit zu Gott von Stefan Bauer und Gemahlin Elisabetha Hals 1905.* Die auf dem reich geschichteten Sockel knieende Hirtenfigur ist mit einem Eisenzaun eingefasst. Er faltet seine Hände und schaut zum Himmel. Er trägt einen breiten, gefalteten Umhang und eine Kürbisflasche, sowie einen Hirtenstab aus Eisen in der Hand.

Der berühmte Dombóvárer Hirte, Vendel Puszpán, rechnete in der ersten Hälfte des 20. Jahrhunderts auch mit der Hilfe von Sankt Wendelin. In seinem Hirtenlied singt er:

Komm, Vieh auf das Gras!
Grase weit von hier.
Ich werde mich um dich kümmern,
wenn mir mein Vendel hilft.[22]

Der Kult des heiligen Wendelin lebte auch in den ungarischen, deutschen und slowakischen Gemeinden des Bistums Székesfehérvár. Das Protokoll der Kirchenvisitation der Sankt Sebastian-Kirche im Felsőváros-Bezirk von Székesfehérvár (Oberstadt) berichtet 1818: „das Bild ist kein Künstlerprodukt – eine Ansammlung von angehäuften Gestalten – und da der aufsteigende Dunst es sowieso schon beschädigt hat, kann es in ein paar Jahren durch ein besseres Bild ersetzt werden."[23] Mit dem Austausch des Bildes ist die Sammlung der beliebten Heiligen aus der Sicht der Gläubigen im Felsőváros-Bezirk verschwunden. Sándor Bálint erwähnt das traurige Ereignis: Ihr wunderschönes Altarbild aus der Barockzeit, auf dem die Frömmigkeit des Zeitalters so gut darstellende Heiligen: Sebastian, Benedikt, Rochus, Wendelin, Florian und eine schwer zu erkennde Heilige, wahrscheinlich Rosalia zu sehen sind, wurde neulich durch ein völlig bedeutungsloses Bild ersetzt. Das Original ist verschwunden."[24] Im Felsőváros-Bezirk wurden eine Straße und eine Gasse nach Sankt Wendelin benannt. An der Ecke der Móri und der Szent Vendel Straße steht die Bildsäule zu Sankt Wendelin: Ein Ziegelgebäude mit Pilaster aus dem 19. Jahrhundert eingebaut im Zaun eines Wohnhauses, darinnen das Wendelinbild hinter einer Glastür.[25] Hier kniet Sankt Wendelin, faltet die Hände zusammen, schaut zum Himmel und betet. An seiner Schulter ruht der deutsche Hirtenstab mit schaufelförmigem Ende. Hinter ihm stehen auf der Sárréter Weide die wertvollen Tiere der örtlichen Landwirte: Schafe, ein Rind und ein Pferd, für die der Heilige betet. In der Ferne sieht man die flachen Bergrücken ähnlich denen des östlichen Bakonyerwaldes. Am Tag des Sankt Wendelin wird eine Litanei abgehalten, wo man mit Gesang um die Unterstützung des Heiligen fleht. Die hier gesungenen lithurgischen Texte sind im Buch *A buzgó bucsujáró hívek által Bucsujárás alkalmával használt énekek, imádságok és lytániák foglalatja* [Die von den frommen Wallfahrern bei Wallfahrten benutzten Lieder, Gebete und Litaneien] zu finden, das in der Druckerei des Bistums Székesfehérvár 1900 gedruckt wurde.

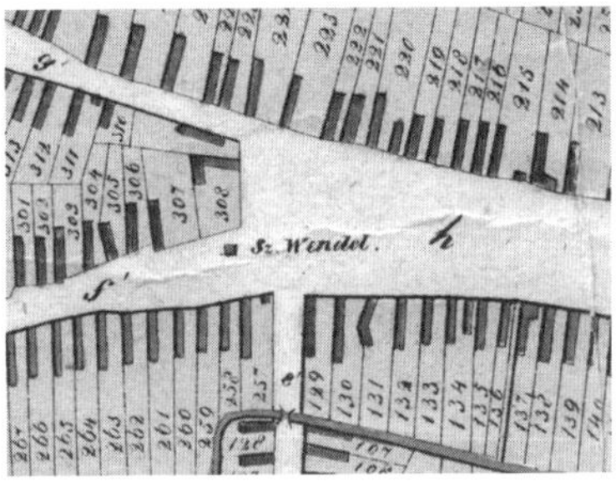

Bildsäule des Sankt Wendelin, Székesfehérvár-Oberstadt. Stadtplan von József Wüstinger, 1826

Pilgerfahrt zur Bildsäule des Sankt Wendelin am Emma-Tag. Szabadbattyán, Kom. Fejér, Emmaróza-Weinberg, 2011

Bildsäule des Sankt Wendelin, Székesfehérvár-Oberstadt, Móri Str. 3. Aufnahme von László Lukács, 2014

Gnadenbild der Bildsäule des Sankt Wendelin. Székesfehérvár-Oberstadt, Móri Str. 3. Aufnahme von Ferenc Gelencsér

Lied zu Sankt Wendelin

Wir, alle frommen Christen flehen
Dich, Großer Gott,
aus Herzensgrunde an,
Halte deine Peitsche fern von uns, behalte unser Rind,
Wegen unseren vielen Sünden
schlage unsere Grenzen nicht.
Wir wenden uns auch an dich,
glorreicher Sankt Wendelinus,
Gegen die wütende Seuche, denn du bist der große Patron,
Erhöre unsere Schreie, nimm unsere Gebete an,
damit Gott unser Vieh vor Seuchen schütze.
Der glorreiche Sankt Wendelin wurde vom Königtum zum Hirten erwählt,
In dem der große Gott solch große Gnade zeigte,
Dass er sein Vieh und seine ganze Herde vor der wütenden Seuche
und vom Unglück beschützte und rettete.
Wir wenden uns an dich,
ruhmreicher Sankt Wendelinus,
Gegen die wütende Seuche sei ein barmherziger Patron, Flehe Gott an,
bitte ihn um Gnade für uns,
Gewinne für uns, worum wir bitten bei dem großen Herren.

Am Wendelinstag

Heilige Mutter Gottes bete für uns,
Oh Maria, Mutter Gottes,
Wir bitten dich vor Gott unsere Fürsprecherin zu sein,
Zusammen mit dem Patron Sankt Wendelin unterstütze uns,
Damit er unser Vieh vor Krankheiten schütze,
Damit er seine hier versammelte
Armee betrachte,
Die eifrig um seine Hilfe bittet.

Litanei zu Sankt Wendelin

Herr vergib uns,
Jesus Christus sei gnädig mit uns,
Herr vergib uns,
Jesus Christus höre uns an,
Jesus Christus höre uns an.
Vater Gott im Himmel, vergib uns,

Erlösender Sohn Gottes, vergib uns,
Heiliger Geist Gottes, vergib uns,
Dreifaltiger Gott, vergib uns.

Heilige Maria,
Sankt Wendelin,
Du königlicher Prinz,
Du, der für Jesus Christus den königlichen Stab und die Krone zurückgewiesen hast,
Du edler Stein der Armut,
Du, eifriger Verfolger der Demut,
Du, Rose der Liebe Gottes,
Du, Lilie der Jungfräuligkeit,
Du, Behälter der Reinheit,
Du, Juwel der Ehre,
Du, Spiegel der Mäßigkeit
Du, Beispiel der Tugenden,
Du, Bild der Vollkommenheit,
Du, Licht des eifrigen Gebets,
Du, Betrachter der göttlichen Geheimnisse,
Du, Bewohner der Einsamkeit,
Du, Sieger über den Körper,
Du, der zum Ruhm Gottes beiträgt,
Du, eifriger Seelenhirte,
Du, von Gott erwählter Abt,
Du, Schmuck der katholischen Kirche,
Du, Ruhm des Ordens von Sankt Benedikt,
Du, Fürsprecher der Menschen und des Viehs für das Erlangen der Früchte der Erde,
Du, Fürsprecher des Schutzes der Tiere vor Krankheiten und Seuchen,
Du, Fürsprecher Jedem, der sich an dich wendet,
Du, gekrönter himmlischer König und Meister,
Flehe um uns.

Oh, sei gnädig,
Herr sei gnädig zu uns,
Oh, sei gnädig,
Herr, höre uns an.

Vor allen Bösen,
Vor allen Gefahren,
Vor Seuchen und Unfruchtbarkeit,
Durch die Fürsprache von Sankt Wendelin,

Durch seine brennende Liebe zu Gott,
Durch seine heilige Armut,
Durch seine engelhafte Reinheit,
Durch seine tiefe Demut,
Durch seine eifrigen Gebete,
Durch seine große Frömmigkeit und sein heiliges Nachdenken,
Durch sein rastloses Fasten und Wachen,
Durch seinen glorreichen Tod,
Rette uns, Gott.

Wir Sünder bitten Dich, höre uns an,
Auf dass Du denen, die sich in ihrer Not für die Unterstützung von Sankt Wendelin an dich wenden, zu helfen vermagst, wir bitten dich usw.
Auf dass Du unsere Wohnungen durch seine Unterstützung vor allen Gefahren beschützest, wir bitten dich usw.
Auf dass Du unser Vermögen und unser Vieh durch seine Unterstützung vor allem Schaden retten mögest, wir bitten dich usw.
Auf dass Du uns vor ansteckenden Krankheiten und Seuchen durch seine Unterstützung bewahren mögest, wir bitten dich usw.
Auf dass Du unsere Äcker und Wiesen durch seine Unterstützung segnest,
Auf dass Du uns und unsere Angehörigen durch sein Flehen vor Feuer, Blitz und Gewitter bewahrest,
Auf dass Du uns durch sein Flehen die Früchte der Erde gebest,
Auf dass Du den wahren und lebendigen katholischen Glauben in uns durch sein Flehen bewahrest, stärkest und vermehrest,
Auf dass alle Irrenden durch sein Flehen zur christlichen Wahrheit leitest,
Auf dass Du allen Sündern durch seine Unterstützung die Gnade der wahren Bekehrung gebest,
Auf dass Du uns durch sein Flehen einen glücklichen Tod bescherest,
Auf dass Du uns durch sein Flehen in den Ruhm des Himmels aufnehmest,
Bitte höre uns an.
Heiliger Sohn Gottes,
Gottes Lamm, das die Sünde der Welt wegnimmt,
Sei gnädig zu uns.
Gottes Lamm, das die Sünde der Welt wegnimmt,
Höre uns an,
Gottes Lamm, das die Sünde der Welt wegnimmt,
Hab Erbarmen mit uns, hab Erbarmen mit uns,
Christus höre uns an, Christus höre uns an,
Herr, hab Erbarmen mit uns,
Christus sei gnädig zu uns,
Herr hab Erbarmen mit uns,

Vater unser usw. Ave Maria usw.
Bete für uns Sankt Wendelin,
Auf dass wir würdig zum Versprechen Christi sein können.

Lasst uns flehen.

Oh glorreicher Sankt Wendelin! Bitte den Himmelsvater um die Gnade Jesu Christi, uns wahre Demut, den ehrlichen Hass der weltlichen Eitelkeit, den Herzenswunsch und den passende Eifer zu den himmlischen Reichtümern zu geben und uns in Geist und Körper zu helfen, unsere Wohnungen, Güter und unser Land vor allen Gefahren beschütze, seinen befruchtenden Segen auf unsere Äcker, Wiesen und Beete regnen lasse, uns im wahren Glauben stärke, das Land des Irrtums, des Unglaubens und der Sünde schwäche, das Land der Wahrheit erweitere und stärke, die katholische Kirche segne und allen Menschen gnädig sei, damit wir, nach der glücklichen Beendung unserer irdischen Dienste, nachdem wir den guten Kampf gekämpft haben, mit dankbarem Herzen für Güte, Erbarmen und Gnade Gottes endlich den Wohnort einnehmen können, den unser Herr und Retter Jesus Christus für die Seinen vorbereitet hat, der zusammen mit dem Vater und dem heiligen Geist lebt und regiert für alle Ewigkeit, Amen.

Diese lithurgischen Texte wurden vom Titulardomherrn von Stuhlweißenburg und Pázmánder Pfarrer József Szomolnoky in seinem Gebets- und Gesangsbuch (sechste Ausgabe in 1886) *Mennyei nefelelcs. Ima- és énekeskönyv, melyben az egész évre eső vasárnap és ünnepekre imák, litániák, énekek s a sz. keresztút járása szép új képekkel ellátva foglaltatnak* [Himmlisches Vergissmeinnicht. Gebets- und Gesangsbuch, in dem Gebete, Litaneien, Lieder und das Begehen der heiligen Stationen für alle Sonntage und Feiertage mit schönen Bildern enthalten sind].[26] Dieses Gesangsbuch beinhaltet ein Wendelingebet, das im Wallfahrts-Gebetsbuch 1900 nicht steht.

Gebet

Lieber Gott! Sei gnädig mit uns armen Sündern, damit wir deinen treuen Diener Sankt Wendelin nicht nur mit Worten, sondern auch durch das Taten unserer Tugenden in der Wahrheit ehren
können und somit dir, gnädiger himmlischer Herr, lieb sein können.
Durch unseren Herren Jesus Christus. Amen.

Bete für uns Sankt Wendelin!

Damit wir vor Jesus würdig sein können.

Bild der Bildsäule zu Sankt Wendelin. Szabadbattyán-Emmaróza. Aufnahme von László Lukács, 1994

Statue des Sankt Wendelin. Csór, Kom. Fejér. Aufnahme von László Lukács, 1980

Statue des Sankt Wendelin. Káloz, Kom. Fejér. Aufnahme von László Lukács, 2002

Statue des Sankt Wendelin. Káloz, Kom. Fejér. Aufnahme von Péter Kovács, 1977

Statue des Sankt Wendelin, Adony, Kom. Fejér. Aufnahme von László Lukács, 2015

Statue des Sankt Wendelin, Pázmánd, Kom. Fejér. Aufnahme von László Lukács, 2013

Sándor Bálint schrieb auch vom Kult des Sankt Wendelin unter den Bauerbürgern des Felsőváros-Bezirks von Székesfehérvár: „Im Felsőváros-Bezirk von Székesfehérvár, welcher einst der heilige Ort der Schafhirten vom Mezőföld am Sankt Michaelstag war, wird Wendelin bis zu diesem Tag stark verehrt. Jeder Tag des Jahres, an dem der Wendelinstag gefeiert wird, wird ihm gewidmet. An diesem Tag betet die Familie zusammen für die vierbeinigen Tiere *das Gebet zu Gott und zu Ehren des Sankt Wendelin*."[27] Sándor Bálint kam zum ersten Mal 1968 nach Székesfehérvár, als Gast seines Schülers, des Kaplans des Felsőváros-Bezirks und der Innenstadt Zoltán Szilárdfy, im Rahmen einer volkskundlichen Forschungsreise nach Székesfehérvár. Im Felsőváros

Hauptaltarbild von Sankt Wendelin. Gánt, Kom. Fejér. Aufnahme von László Lukács, 1993

Hauptaltarbild von Sankt Wendelin. Balinka, Kom. Fejér. Aufnahme von László Lukács, 2014

Deckengemäldve von Sankt Wendelin. Balinka, Kom. Fejér. Aufnahme von László Lukács, 2014

Statue von Sankt Wendelin. Várgesztes, Kom. Komárom. Aufnahme von László Lukács, 2014

Wandgämelde von Sankt Wendelin. Várgesztes, Kom. Komárom. Aufnahme von László Lukács, 2014

haben ihn István Peresztegi und seine Gattin Anna Pintér über den Wendelinkult informiert und ihm auch einen alten Druck über Sankt Wendelin gezeigt.

Den Kult des Sankt Wendelin haben die Székesfehérvárer Pilger bei der Wallfahrt nach Andocs jeden September mit sich gebracht: bei Balatonkiliti „...haben sie beim Kreuz am Dorfende die ausgebaute Straße verlassen. Sie gingen auf kleinen Wegen, Waldpfaden, im würgenden Staub, im klebenden Schlamm, durch Wald und Wiese weiter und haben sich oft nur auf den Orientierungssinn ihrer Anführer verlassen... Nach dem Ságvárer Wald fanden sie auf einer Wiese einen riesigen Eichenbaum, auf den sie 1930 ein *Wendelinbild* platzierten. Nach einer Rast und einem

Mädchen von Gánt mit in 1923 geborenen Rekruten am Wendelinskirchtag, 1943

Die Weihe der Gedenkstätte des Sankt Wendelin in Vérteskozma, Kom. Fejér am 28. September 2013. Aufnahme von Ágnes Varró

Gebet an den Heiligen haben sie Geld für die Wasserträger gesammelt, die sie auf dem ganzen Weg mit Wasser versorgten. Die nächste Station war Jabapuszta zwischen den Bäumen..."[28] Das Wendelinbild am Baum ist nicht mehr zu finden, aber das Foto von János Sási von 1978 wird im Fotoarchiv des Kaposvárer Rippl-Rónai Museums aufbewahrt. (Inv. Nr.: 23.368–23.372.) In der Mitte kniet Sankt Wendelin, links lehnt er sich auf seinen krummen Stock, mit der rechten Hand zeigt er auf die Schafe, für die er mit den Augen zum Himmel betet. In der linken Ecke ist die Inschrift: „SANKT WENDELIN, FLEHE FÜR UNS BEI DER ANDOCSER HEILIGEN JUNGFRAU, BESCHÜTZE UNSERE TIERE VOR ALLEN GEFAHREN. DIE PILGERER AUS SZÉKESFEHÉRVÁR AM 4. IX. 1930." Das fehlende Gemälde wurde mit einer bescheidenen Statue der Heiligen Maria ersetzt. Da der Baum auch ein Rastplatz der Wallfahrer von Ságvár war, hat die Gemeinschaft für Ságvár im Mai 2011 ein neues Gemälde an der alten Eiche platziert: das Bild der naiven Malerin Éva Molnár-Szolyák.

Der Weinberg Emmaróza in Szabadbattyán war vor der großen Filoxeraseuche am Ende des 19. Jahrhunderts eine Weide im Besitz der Gräfin Emma Róza Batthyány (1820–1893). In der zweiten Hälfte des 19. Jahrhunderts wurde ein Schafhirte hier von einer Giftschlange gebissen, man konnte sein Leben nicht retten. Die Gräfin errichtete zu seinem Andenken die Sankt Wendelin-Bildsäule, die von den Ortsbewohnern als Kapelle betrachtet wird. Hier wird Sankt Wendelin im Mönchumhang dargestellt, mit der linken Hand lehnt er sich auf seinen Hirtenstab, in der rechten Hand hält er ein Lamm, neben ihm sind zwei Schafe. Neben der Kapelle stand hier ein kleiner Glockenstuhl, der Berghüter hat hier bis zum Zweiten Weltkrieg zu Mittag geläutet. Nach der großen Filoxeraseuche wurde die Weide für Wein-Pflanzungen aufgeteilt, der Weinberg wurde nach der Gräfin Emmaróza genannt. Nicht nur die örtlichen Bewohner, sondern auch viele Leute aus Székesfehérvár betreiben hier Weinbau. Emmaróza wurde im lezten Drittel des

20. Jahrhunderts zu einem Muster für die Weinberge. Die Wendelin-Bildsäule wird auch gepflegt, sie wurde im 21. Jahrhundert schon zweimal renoviert: Das Bild wurde 2006 vom Maler-Restaurator Géza Bajkai Braun, 2011 vom Maler-Grafiker István Polyák restauriert. Am Wendelinstag von 2009 hat die römisch-katholische Pfarrgemeinde eine neue Glocke in der *Kapellengasse* aufgestellt. Das Kulturhaus von Szabadbattyán, sowie die katholische und die kalvinistische Pfarrgemeinde machen an jedem Emmatag (am 19. April) eine Pilgerfahrt zur Bildsäule von Sankt Wendelin. Der Vizedekan und Pfarrer László Mayer hält am Samstag eine Messe für die Weinwirte an der Bildsäule.

Relief der Gedenkstätte zu Sankt Wendelin in Vérteskozma, Kom. Fejér Werk von Mária Petrás, 2013. Aufnahme von László Lukács, 2014

Die oben erwähnte Pilgerfahrt wurde auch in der Tageszeitung von Komitat Fejér *(Fejér Megyei Hírlap)* am 12. April 2014 bekannt gemacht: *„Pilgerfahrt zur Kapelle. Szabadbattyán* – Das Kulturhaus sowie die katholische und die kalvinistische Kirchengemeinde hält eine Pilgerfahrt, Gedenksfest und einen ökumenischen Gottesdienst heute um 10 Uhr auf dem Emmaróza-Weinberg, bei der Sankt Wendelinskapelle. Die Pilgerfahrt erfolgt mit Autobus, dessen Strecke folgendermaßen aussieht: 9.15 – Úrhida, Gemeinschaftshaus; 9.45 – Szabadbattyán, Csíkvár Parkplatz–Kapellengasse." Im Rahmen eines ökumenischen Gottesdienstes sprach der Zisterzienserpfarrer Székesfehérvárs, Előd Ákos Brückner, sowie die kalvinistische Seelsorgerin Szabadbattyáns, Zsófia Koczó, zu den Pilgern am Erinnerungsfest unter freiem Himmel. Die Opernsängerin Anna Pánti, der Csíkvár-Volksliedkreis von Szabadbattyán, die kalvinistische Gesangsgruppe und der Rentnerchor von Úrhida haben auch mitgemacht.

In Csór (Kom. Fejér) steht eine Wendelinstatue im Garten der römisch-katholischen Kirche. Die weiße Kalksteinstatue stand ursprünglich gegenüber dem Eisentor des Szögyény Marich-Schlosses, denn laut der Tradition wurde sie von der Landeigentümerfamilie aufgestellt. Sie kam an ihren heutigen Platz vor den Kircheneingang nach 1945. Auf dem säulenartigen hohen Sockel steht der Hirte Sankt Wendelin im Umhang aus Tierhaut und barfüßig. Auf seinem Rücken ist sein Hut. Neben ihm liegt ein Schaf. Sein Hirtenstock aus Eisen, auf den er sich mit beiden Händen gestützt hat, ist in den 1970er Jahren verschwunden, in letzter Zeit wurde er ersetzt.

In Káloz (Kom. Fejér) finden wir die sitzende Steinstatue des Sankt Wendelin vor dem Haus in der Szent Wendel Straße 13. Seine Glorie und sein flacher Hirtenstock sind aus Eisen. Der Hirtenstock wurde aus seiner Hand ausgebrochen, aber er ist auf einem älteren Foto gut zu sehen. Die heute schon verfallene, mit Bäumen und Büschen umwachsene Statue war in der zweiten Hälfte des 18. Jahrhunderts noch in hervorragendem Zustand.[29] Laut dem Protokoll der Kirchenvisitation von Káloz 1788 wurde sie vom Grafen Ferenc Zichy (1749–1812) aufgestellt.

Die Viehzüchter von Sárosd (Kom. Fejér) haben sich mit dem folgenden Gebet an Sankt Wendelin gewendet:

Bittgebet zu Sankt Wendelin

Hilf uns Sankt Wendelin,
Denn jetzt gehen all unsere Tiere zur Weide.
Bring warmen Regen auf unsere ausgedörrten Wiesen,
damit das Gras gut wachsen kann.
Die Wiese soll im Sommer nicht ausdörren,
Die Weide soll immer grünen.
Beschütze sie vor Gewitter, Eishagel,
Stechenden Fliegen, tödlichen Seuchen,
und vor todbringenden Giftpflanzen.
Wir flehen dich an Sankt Wendelin, hilf uns,
Sei mit unserem Vieh, und Gott soll dich segnen.

Den Text des Bittgebetes hat Frau János Rapai (geb. 1898) in ihrer Erinnerung aufbewahrt. Man hat besonders im Frühling zu Sankt Wendelin gebetet, aber im Falle von Tierkrankheiten hat man sich auch an ihn gewendet. Die Tochter meiner Bezugsperson, Frau Károly Gyimesi Julianna Rapai hat 1984 erwähnt, dass man auch in ihrer Jugend auf die Unterstützung Sankt Wendelins vertraute: „Am Tag der Vögel und Bäume 1931 gab es in Sárosd einen so großen Eishagel, dass die Rinder mit blutigem Rücken von der Weide flohen, sogar die Hirten holten sich blutige Köpfe. Am nächsten Morgen weckte mich meine Großmutter auf, wir gingen zum Kreuz am Marktplatz, um Sankt Wendelin um Hilfe zu bitten." In der 1863–64 erbauten Kirche zur Mariä Heimsuchung von Hantos (Kom. Fejér) gibt es ein Bild von Sankt Wendelin aus dem 18. Jahrhundert. Das 180 x 120 cm große Ölgemälde stammt aus der früheren Kirche von Hantos, welche von der Jesuitenmission von Perkáta 1765 gebaut wurde.[30] Dasselbe ereignete sich auch in Mezőfalva (Kom. Fejér), wo das Nebenaltarbild des Sankt Wendelin aus dem 19. Jahrhundert in die heutige Kirche der Herrin Ungarns von der am Ende des 18. Jahrhunderts erbauten Kirche gelangte.[31]

Über den Wendelinkult in Adony (Kom. Fejér) schrieb der Probstpfarrer und Abt Zoltán Lendvay Folgendes: Wendelin wird in Adony seit dem Anfang des 19. Jahrhundert verehrt. Pfarrer Funtek (1801–25) hat seine Statue aufgestellt, der jenseits der Gemeindegrenze in Richtung des Weinberges schaute. Sein Torso ist auf dem Platz vor dem großen Friedhof zu sehen. Sein auf Blech gemaltes Bild, welches die Kirche schmückte, wurde schon gefunden, so wie auch sein Flaggenbild.[32] Statt der im Zweiten Weltkrieg beschädigten und dem Verfall überlassenen Statue wurde 2014 die neue Statue von Ferenc Richter aufgestellt.

Die Kreuzstationen in Pázmánd (Kom. Fejér) sowie die Wendelinstatue vor der Produktionsgenossenschaft wurden in den 1950er Jahren abgerissen. Am Sockel

Altar der Sankt Wendelinskapelle. Mór, Kom. Fejér. Aufnahme von László Lukács, 1984

Altarbild der Sankt Wendelinskapelle. Mór, Kom. Fejér. Aufnahme von László Lukács, 1984

Altarstatue der Sankt Wendelinskapelle. Mór, Kom. Fejér. Aufnahme von László Lukács, 1984

der Statue war zu lesen: S VENDELINE O PN 1794 [Sankt Wendelin, flehe für uns]. Die jahrzehntelang vernachlässigte und schadhafte Statue wurde 2011 von der Freundesgesellschaft des Pázmánder Weinbergs restauriert, sie wurde am 28. Oktober auf dem Weinberg wieder geweiht. Auf dem Natursteinsockel steht der langhaarige Hirte aus weißem Kalkstein. Mit seiner rechten Hand hält er seinen stark gefalteten Mantel, mit seiner Linken seinen Hirtenstock. Auf seinem Rücken ist sein breitkrempiger Hut, an seiner Seite seine Kürbisflasche. An seinem Sockel steht die Inschrift auf einer schwarzem Marmortafel: *St. Wendelin 1770. Renoviert von dem Freundeskreis des Weinberges 2011. Restauriert vom Bildhauer Ferenc Richter.*

In Bicske (Kom. Fejér) ist der Sankt Wendelin-Nebenaltar der Dreifaltigkeitskirche aus den 1770–80er Jahren zu sehen.[33]

Der Wendelinkult wurde in den Gemeinden der Diözese von Székesfehérvár, die im 18. Jahrhundert mit Deutschen besiedelt wurden, fest verwurzelt. Die Kirchen von Balinka, Gánt und Várgesztes tragen den Namen des heiligen Wendelin. Die Steinkirche der im 18. Jahrhundert besiedelten Gemeinde Balinka (Kom. Fejér) wurde 1776–78 zu Ehren von Sankt Wendelin gebaut, sie ist jedoch 1876 abgebrannt und 1883 neu erbaut worden. 1893 haben die Budapester Maler Zambach und Gavora das Hauptaltarbild des Sankt Wendelin gemalt.[34] Die erste Wendelinskirche von Gánt (Kom. Fejér) wurde 1777–78 gebaut, die gegenwärtige Kirche wurde auf einem neuen Platz 1839–41 errichtet.[35] Laut Protokoll der Kirchenvisitation von 1805, 1818 und 1845 ließ der Graf Antal Ferenc Lamberg die erste Kirche bauen: In der Kirche wurde ein Altar zu Ehren des Abtes Sankt Wendelin gewidmet. Er besteht aus Holz, über dem Tabernakel ist ein Gemälde von Sankt Wendelin zu sehen. Fünfzehn Schritte neben der Kirche hängen an einem Glockenstuhl zwei Glocken. Die größere Glocke war 165 Pfund schwer, sie ist zerbrochen und wurde 1811 durch eine andere Glocke aus Győr ersetzt, die Sankt Wendelin gewidmet wurde. Das Kupferostenso-

Die Statue des Sankt Wendelin an ihrem alten Platz, bei der ehemaligen Gutshofmeierei. Vértesboglár, Kom. Fejér. Aufnahme von László Lukács, 1981

Die Statue des Sankt Wendelin an ihrem neuen Platz, vor der Kirche. Vértesbogár, Kom. Fejér. Aufnahme von László Lukács, 1995

rium [Behälter] der echten Reliquie des Heiligen Wendelin wird an seinem Feiertag zum Küssen geöffnet. Die neue Kirche wurde am Wendelinstag von 1841 vom Székesfehérvárer Kustosen Imre Farkas geweiht. Die zwei alten Glocken wurden in den Kirchturm versetzt.[36] Im Protokoll der Kirchenvisitation von 1845 ist über die Ordnung der Gottesdienste Folgendes zu lesen: „Wenn der Sankt Wendelinstag, der Tag des Patrons der örtlichen Kirche, auf einen Werktag fällt, dann wird nach dem alten Brauch am Vormittag eine Gesangsmesse, am Nachmittag eine Litanei abgehalten, doch der Kirchtag wird immer auf den kommenden Sonntag übertragen; nach allen zwei Gottesdiensten wird die Reliquie von Sankt Wendelin von den frommen Gläubigern geküsst. Die Gemeinde hat außer den ordentlichen Festen der Kirche noch bestimmte Gelöbnisfeste: die Tage von Sankt Fabian und Sebastian, Sankt Florian und seit der letzten Kirchenvisitation auch Mariä Heimsuchung. An diesen Tagen wird nicht gearbeitet, und die Gläubigen gehen fleißig zur heiligen Messe. Diese Tage werden so tüchtig gefeiert, dass die Gläubigen bereit sind, sie auf den nächsten Werktag zu verschieben, sollte eines dieser Feste auf einen Sonntag oder auf einen anderen Festtag fallen."[37] Ihr Hauptaltarbild wurde in der Mitte des 19. Jahrhunderts gemalt: Der barfüßige Hirte Sankt Wendelin kniet, faltet seine Hände, sieht zum Himmel hinauf und lehnt seinen Hirtenstock an seine rechte Schulter. An seiner rechten Seite sind zwei Schafe, an seiner Linken sein Hund, vor ihm eine Krone am Boden. Zur Wallfahrt kommen Gläubige auch aus den Nachbargemeinden nach Gánt. Meine Mutter stammt aus Mernye, sie heiratete meinen Vater aus dem mit Székesfehérvár benachbarten Zámoly 1935. Einmal in den 1960er Jahren nahm sie mich zum Wendelinskirchtag im benachbarten Gánt mit. Ein Gastpfarrer hielt die Predigt. Die Kirche von Várgesztes (Kom. Komárom) ist nach Sankt Wendelin und nach dem Bischof Sankt Nikolaus benannt. Sein Kirchtag ist der 20. Oktober oder der darauf folgende Sonntag.[38] An der Gedenktafel rechts vom Eingang lässt sich lesen: „Graf Móric Esterházy hat mit Hilfe seiner Gattin, Herzögin Polixena von Lobkowitz die von seinem Vater Miklós hier gebaute Kirche zum Heiligen Nikolaus zu Ehren des Heiligen Nikolaus und Sankt Wendelin im Jahr 1872 renoviert. Die Tafel wurde von den Gläubigen 1991 aufgestellt."

Links vom Hauptaltar ist die vergoldete Statue von Sankt Wendelin, rechts die vom Heiligen Nikolaus zu sehen. Sankt Wendelin ist eine junge, gut aussehende Hirtenfigur, mit dem Hirtenhacken in der Hand und mit einem Ranzen an der Schulter, hinter ihm ist ein silberfarbenes Lamm. Über ihm an der Wand lehnt sich der Hirt Sankt Wendelin mit Glorie mit beiden Händen an seinen Hirtenhacken, an seiner Seite ist ein Ranzen, hinter ihm ist ein Lamm.

Holzstatue von Sankt Wendelin. Nadap, Kom. Fejér. Museum der Székesfehérvárer Diözese Inv.-Nr.: 74.123. Aufnahme von László Lukács, 2014

Holzstatue von Sankt Wendelin. Tinnye, Kom. Pest. Museum der Székesfehérvárer Diözese, Inv.-Nr.: 74.298. Aufnahme von László Lukács, 2014

Das Wandgemälde wurde von der Budapester Restauratorin Mária Hertai 1963 gemalt. Der Kirchtag der Kirche wird am ersten Sonntag nach dem 20. Oktober am Platz vor der Dorfhalle mit Messe und Zeltkirchtag abgehalten. Am, dem Tag des Heiligen Nikolaus (6. Dezember) folgenden Sonntag gibt es eine Messe, doch keinen Zeltkirchtag.

Statue des Sankt Wendelin, Werk von Balázs Pintér, 2006. Vértesacsa, Kom. Fejér. Aufnahme von László Lukács, 2013

In Vérteskozma (Kom. Fejér) wurde zu Anfang des 19. Jahrhunderts entlang des Weges nach Gesztes eine Wendelinstatue aus Holz aufgestellt, über die das Protokoll der Kirchenvisitation 1818 Folgendes schreibt: „Die Holzstatue des Sankt Wendelin steht im Mater (in der Mutterskirche) am Weg nach Gesztes, ob sie geweiht ist, und wenn ja, von wem, weiß Niemand, die Gemeinde sorgt für ihre Imstandehaltung." Das nächste Protokoll der Kirchenvisitation 1839 zeugt von der Absicht des Baus der Sankt Wendelin-Kapelle: „Für das Bild des Sankt Wendelin, welches bis jetzt auf einem Baum hing, möchte die Gemeinde jetzt eine Kapelle bauen."[39] 1839 hat die Pfarrgemeinde die mit Ziegeldach versehene Sankt Wendelin-Kapelle aus Stein und Ziegeln tatsächlich aufgebaut. Sie wird auch auf dem Stuhlweißenburg-Fragment der Militärkarte markiert (1892). Während der Kirchenvisitation 1869 wurde über sie geschrieben: „Am Weg nach Gesztes gibt es ein kleines Bildhaus mit dem auf Blech gemalten Bild von Sankt Wendelin; niemand weiß, wer es aufgestellt hat, es ist in gutem Zustand, es wird von der Gemeinde gepflegt."[40] Bis zum Zweiten Weltkrieg war hier der beliebte Treffpunkt der Jugendlichen aus den benachbarten deutschsprachigen Dörfern. Die Kapelle hat die dreimonatigen Kämpfe in ihrer Umgebung 1945 überstanden, doch 1969 ist ihre Wölbung eingestürtzt, und die Trümmer wurden von Wald bewachsen. Die Gesellschaft der Gemeindeschützer von Vérteskozma hat 2013 an der Stelle der ruinierten Kapelle eine Gedenkstätte zu Sankt Wendelin errichtet, das Relief an der Gedenkstätte ist das Werk von Mária Petrás. Das mit einem Satteldach und Kalksteinmauer ausgestattete Gebäude wurde von Mária Ollé-Horváth geplant. Es wurde am 28. September 2013 geweiht und ist Ausflugs- und Treffpunkt der Bewohner und ein Schauplatz des gesellschaftlichen Lebens.[41] Die Pfarrkirche von Vérteskozma wurde nach Sankt Wendelin benannt.

Die Sankt Wendelin-Kapelle in Mór (Kom. Fejér) steht am Schnittpunkt der Széchenyi und der Hunyadi Straße. Sie hat ein gerade schließendes Sanktuarium in der Form eines Rechtecks und einen mit Zink gehüllten Husarenturm. Sie wurde im Protokoll der Kirchenvisitation von Mór 1975 detailliert vorgestellt: „Wegen dem Gelöbnis von József Weber und seiner Gattin Katalin wurde in der Nähe des Lamberg-Gutshofes eine öffentliche Kapelle zu Ehren der Helfenden Mutter Gottes, des Sankt Leonhard und des Sankt Wendelin errichtet. Sie wurde am 1. November 1746 mit dem Bevollmächtigten des Veszprémer Bischofs Márton Bíró, nämlich vom Quardian P. Gondulpho, geweiht. Sie wurde mit der Unterstützung der Adelsfamilien Lamberg und Luzsénszky sowie der politischen Gemeinde gebaut. Sie wird durch die Spenden der Adelsfamilie und der Gläubiger instandgehalten. Die vom Wetter hart mitgenommene Kapelle wurde 1790 vom Maurermeister Ferdinánd Freising renoviert. Die Kosten der Renovierung wurden durch den Eifer des Schafhirten Mihály Lédermayer von den Gläubigern getragen. Das seit der Gründung bestehende Bild des Sankt Wendelin auf dem Hauptaltar ist noch zu sehen, aber das Bild des Sankt Leonhard ist verschwunden."[42] Meine Bezugsperson aus Mór, Frau Ferenc Schiffer, hat 1980 Folgendes erwähnt: „Erst war nur die Wendelinstatue, dann kam die Kapelle. Es war eine Glocke und eine Statue. Gegenüber der Statue waren die Ställe des Lamberg-Gutshofes." In der ungarischen Kirche von Mór stand auf der Seite der Männer ein Bild von Sankt Wendelin und dem Heiligen Evangelisten Johannes, sowie eine Statue von Sankt Florian und Sankt Sebastian, auf der Seite der Frauen war ein Bild von Sankt Wendelin und der Heiligen Maria.[43]

Links vor der Hauptfassade der 1813–18 gebauten, nach einem großen Erdbeben 1810 renovierten Kirche von Pusztavám (Kom. Fejér) zu Sankt Antonius von Padua steht die weiße Kalksteinstatue des Sankt Wendelin aus der zweiten Hälfte des 18. Jahrhunderts.[44]

Die Wendelinstatue in Vértesboglár (Kom. Fejér) wurde am Rande des Dorfes, in der Nähe des Stalls des Gutshofes an der linken Seite des Weges nach Bicske aufgestellt. Ich habe 1981 ein Foto von ihr gemacht, im Hintergrund ist die Tierrampe zu sehen. Sie wurde 1990 vom Gebiet der Produktionsgenossenschaft vor die Pfarrkirche

Die Statue des Sankt Wendelin ist in den 1950er Jahren einem barbarischen Angriff zum Opger gefallen, 1779. Etyek, Kom. Fejér. Aufnahme von László Lukács, 1986

Die renovierte Statue des Sankt Wendelin. Etyek, Kom. Fejér. Aufnahme von László Lukács, 2003

Die Statue des Sankt Wendelin. Sóskút, Kom. Pest. Aufnahme von László Lukács, 2014

Statue des Sankt Wendelin. Törökbálint, Kom. Pest. Aufnahme von László Lukács, 2013

Statue des Sankt Wendelin. Budaörs, Kom. Pest. Aufnahme von László Lukács, 2014

Statue von Sankt Wendelin (links) und Sankt Rochus in der Kirche von Budaörs, Kom. Pest. Aufnahme von Robert Michelberger, 2008

zu Sankt Franz von Assisi in der Mitte der Hauptstraße gestellt, wo sie jetzt zwischen Sankt Florian und Sankt Johannes von Nepomuk steht. Die Statue des Sankt Wendelin stammt aus der späten Barockzeit, vor seinen Füßen liegen ein Rind und ein Hund, auf seinen Schultern hält er ein Lamm, auf seinem Kopf ist ein breitkrempiger Hirtenhut.

Sankt Wendelin ist der zweite Patron der 1740 gebauten Kirche zu Sankt Rosalia in Nadap (Kom. Fejér).[45] Sie wurde während der Pest 1740 gebaut. 1765 wurde über sie

Relief des Sankt Wendelin am ehemaligen Hirtenhaus. Zsámbék, Kom. Pest. Aufnahme von László Lukács, 2013

Folgendes geschrieben: „Die Patronin der Kirche, Sankt Rosalia, wurde von den Bewohnern gewählt. Nebenpatrone sind: Sankt Rochus, Wendelin, Sebastian, ihre Feiertage werden von den Bewohnern gefeiert."[46] 1818: „An der Seite des Altars und über der Tür der Sakristei sind aus Holz geschnitzte Statuen zu sehen, die von Sankt Wendelin, Sebastian, Rochus und dem Heiligen Johannes von Nepomuk."[47] Die Wendelinstatue der Nadaper Kirche aus dem 18. Jahrhundert wird seit 1937 im Museum der Székesfehérvárer Diözese aufbewahrt (Inv. Nr.: 74.123.). Sie ist eine bemalte Holzstatue, stellt Wendelin als einen Schäfer mit breitkrempigem Hut, an seiner Seite mit riesigem Hirtenranzen und mit einem Lamm auf seinen Schultern dar. Im Fliederzaun des Nadaper Weinberges (der den Namen Csúcsoshegy/Spitzeberg trägt) steht eine kleine Wendelin-Kapelle aus Naturstein. Als ich von ihr 1975 ein Foto machte, war ihre Eisengittertür zu sehen, doch ihre Einrichtung (Bild, Statue) fehlte.[48]

Im Friedhof von Véresacsa (Kom. Fejér) stand ein Fragment der Wendelinstatue aus der späten Barockzeit.[49] Es war schon zur Zeit der Kirchenvisitation 1778 gefunden worden. Seine Instandehaltung fiel auf einen Bewohner namens Jásper. Wahrscheinlich wurde es von ihm aufgestellt. Den Personenstandsbüchern der Gemeinde nach war die Familie Jásper [Jasper] eine sehr große Familie nach der Besiedlung der Gemeinde 1723. Es kann sein, dass die Wendelinstatue von einem kinderlosen Ehepaar: Johann Jasper und seiner Frau Gertrud Noth aufgestellt worden war. Über sie wissen wir nur, dass sie 1760 in Acsa geheiratet haben.[50] Diese Figur wurde von der neuen Statue auf dem Szent Vendel Platz in der Nähe der Kirche ersetzt. Die Inschrift ihrer Bronzetafel spricht über die Umstände ihrer Geburt:

Werk von Balázs Pintér

Erstellt aus dem Honorar der Abgeordneten des Bürgerkreises und durch die Unterstützung des Kunstlektorates. Geweiht 2006, am Fest des Sankt Wendelin. Mit Ehre zur Vergangenheit und Hoffung in der Zukunft.

Der Mórer Bildhauer Balázs Pintér hat die Statue aus weißem Kalkstein gemeißelt. Sankt Wendelin ist in die Hirtentracht des Rheinlandes des 18. Jahrhunderts gekleidet, hinter ihm steht ein Rind, auf senen Schultern ruht ein Lamm. An der Seite trägt er einen riesigen Ranzen, am Kopf einen breitkrempigen Hut.

In der aus dem Mittelalter stammenden und von den Komáromer Jesuiten im 18. Jahrhundert restaurierten Kirche Mariä Heimsuchung in Etyek wurde ein

Nebenaltar zu Sankt Wendelin auf der Seite der Männer geweiht.[51] Die Kalksteinstatue des Sankt Wendelin wurde 1779 auf dem Kakukk-Berg unter die Weingärten aufgestellt. Sie wurde von der Gemeinde errichtet und instandgehalten. Im Protokoll der Kirchenvisitation 1818 können wir lesen: „Statua est Vendelini Lapidea infra vineas, erecta per communitatem per quam conservatur, benedicta per Emericum Plájer Parochum et VA Diaconum." [Wendelins Steinstatue steht unter den Weinbergen, sie wurde von der Gemeinde aufgestellt und instandegehalten, sie wurde vom Pfarrer und Vizedekan Imre Plájer geweiht.] 1825 wurde die rechte Stützmauer des Leidensweges hinter der Statue aufgestellt. Über sein Märtyrertum können wir in der Studie von Katalin Frigyik lesen: „Die sakralen Kleindenkmäler von Etyek sind 1950 einem barbarischen Angriff zum Opfer gefallen. In der Nacht des 17. Mai wurden die Statuen und die Stationen des Leidensweges aus politischen Gründen zerstört. Die Säulen der Stationen wurden mit Hilfe von Pferden abgerissen, nur die drei Kreuze und die Statue des Sankt Wendelin sind an ihrem urprünglichen Platz geblieben, wenn auch in gebrochenem Zustand. In derselben Nacht wurden die anderen religiösen Statuen geschändet, ihre Köpfe wurden abgeschlagen, die Kruzifixe wurden verstümmelt."[52] Ich habe die Wendelinstatue 1986 in verstümmeltem Zustand fotografiert: Ihr Kopf war abgebrochen, der Hirtenstock wurde aus der Hand herausgerissen, das Rind und das Schaf zu Füßen waren zerschlagen. Die Figur wurde durch die Spenden aus Etyek und Deutschland im Jahr 2000 von Péter Rákos und József Sütő restauriert. Katalin Frigyik beschrieb die Statue: Der Heilige steht auf einem schmalen Sockel mit zusammengefalteten Händen in Mönchskleidung. Auf seinem Kopf trägt er einen schmalkrempigen Hut, auf seiner Schulter einen Umhang, an seiner Taille einen Gürtel, davon hängt ein Ranzen ab. An seiner rechten Seite drückt er einen Hirtenstock aus Eisen zu sich, zu seine Füßen liegen ein Ochse und ein Lamm. An der Frontseite des Sockels sind ein Inschriftsfragment und zwei Jahreszahlen (wahrscheinlich die der Aufstellung und der Restauration) zu sehen:

1779
1885
[...] SRT[53]

Laut Protokoll der Kirchenvisitation von 1799 stand die Wendelinstatue von Sóskút (früher Kom. Fejér, heute Kom. Pest) an der Mühle.[54] Aus der Kirchenvisitation 1805 wissen wir, dass die Statue auf einer Steinsäule stand.[55] Ein bemerkenswerter Eintrag im Protokoll der Kirchenvisitation 1817 erklärt den Ursprung dieser Steinsäule: „Nördlich von Sóskút auf dem Gebiet der Pfarrgemeinde liegt die sog. Barátháza-Gutshof. Früher lebten hier Mönche, das steht auch im Namen des Ortes, doch hier gibt es keine Ruinen. 1000 Schritte südlich vom Dorf sehen wir jedoch die Spuren eines Fundaments, die Volkstradition nennt es Kirchenfundament, in der slawischen Sprache Pusti Kostol [Einödenkirche]. Außerdem sind in der Nähe der Sóskúter Mühle, in der Nachbarschaft des Barátháza-Gutshofes die Überreste eines Gebäudefundamentes zu sehen, hier wurden vor etwa 45 Jahren drei jeweils 1,5 Klafter hohe Säulen ausgegraben. Die erste der drei Säulen wurde für die naheliegende Statue des Sankt Wendelin, die zweite für das Kreuz mit Eisenkorpus vor der Kirche und die dritte für die Statue der trauernden Heiligen Maria in der Dorfmitte verwendet."[56] Die erste Wendelinstatue von Sóskút stand an den Ruinen der Kirche, aber jetzt ist sie verschwunden. An ihrer Stelle wurde eine beachtlich große Steinstatue an der Sandgrube aufgestellt. An ihr sind zwei Tafeln, deren Inschrift lautet: „Errichtet von András Reiner und seiner Gattin geb. Borbála Pettinger 1882." „Ihre Renovierung wurde von der Selbstverwaltung von Sóskút, sowie von örtlichen Unternehmen und Privatpersonen unterstützt. Sóskút 19. 10. 2008." Es handelt sich um eine Hirtengestalt, die auf einem hohen Sockel steht und mit einem Holzgeländer eingefasst ist. Sie hat einen Hirtenhacken in der Hand, einen Ranzen an der Schulter, ein Lamm an der rechten und einen Baumstamm an der linken Seite.

Die aus der ersten Hälfte des 19. Jahrhunderts stammende, aus Birnenholz geschnitzte, bemalte Statue des Sankt Wendelin gelangte 1938 aus der Kirche zur heiligen Anna in Tinnye (Kom. Pest) ins Museum der Diözese Székesfehérvár (Inv. Nr. 74.298). Die Hirtenfigur trägt einen breitkrempigen Hut, hält die riesige Keule der Kuhhirten in ihrer Hand, an ihrem Fuß ist ein Rind, das eines seiner Hörner verloren hat. Ein Foto von der Statue wurde in Band XVI. des *Ungarischen Katholischen Lexikons* ohne Ursprungs- und Aufbewahrungsort veröffentlicht.

Am Hirtenhaus von Zsámbék (Kom. Pest, Bicskei-Str. 12./A) ist ein Wendelinsrelief aus der späten Barockzeit zu sehen.[57] Das bemalte Natursteinrelief wurde an der Brandmauer des ehemaligen Hirtenhauses in einem gerahmten Feld platziert. In der Mitte drückt der Hirte Sankt Wendelin ein Buch an sich und stützt sich auf seinen schaufelförmigen Hirtenstab. Auf seinem Kopf trägt er einen Hut, an seiner Schulter einen Ranzen, er ist barfüßig. Vor ihm grast ein Lamm, ein anderes liegt auf dem Boden. Hinter ihm sind zwei Rinder. Das Relief ist reich geschmückt mit geschnitzter und gemalter Pflanzenornamentik und mit Blumen.

Über den Kult des Sankt Wendelin in den deutschen Gemeinden des Budaer Gebirges berichtet Jenő Bonomi [Eugen v. Bonomi].[58] Sankt Wendelin wurde hier bis zur Deportation der Deutschen nach dem Zweiten Weltkrieg verehrt. In Békásmegyer, Bia, Pilicsaba wurde eine Kapelle, in Budakeszi, Pesthidegkút, Pilisborosjenő eine Glocke zu seiner Ehre geweiht, in Budaörs, Csobánka, Torbágy und Törökbálint wurde seine Statue aufgestellt. Gedruckte Segen mit dem Bild des Viehpatrons wurden an vielen Stallwänden platziert. Die Inschrift am Sockel der Wendelinstatue in Törökbálint lautet nach Jenő Bonomi:

Heiliger Wendelin, bitt für uns,
Weide, guter Hirt, deine Herde,
Daß dir keines verloren werde. 1865

Ich habe am Sockel der schön restaurierten Statue (Munkácsy Mihály-Str. 1) eine ungarische Inschrift gesehen:

Der gute Hirte
Sankt Wendelin
1871
Restauriert von
der Gesellschat für die Verschönerung des Dorfes
2003
János R. Kis

Die deutsche Inschrift mit dem Datum 1865 hat in den 1950er Jahren schon gefehlt: die Statue wurde in der Topografie der Denkmäler vom Komitat Pest als *um* 1860 bezeichnet.[59] Sie stand zur Zeit der Kirchenvisitation von 1868 schon: „Am Ende des Dorfes, wo die Straße nach Buda führt, steht die neu aufgestellte und noch nicht geweihte Statue des Sankt Wendelin. Sie wurde von Mátyás Bünth aufgestellt und wird von der Gemeinde gepflegt."[60] Von den mir bekannten Wendelinstatuen hat die Statue in Törökbálint die größte Herde: links drei Lämmer, rechts einen Widder mit großen Hörnern und ein Lamm. Laut dem Protokoll der Kirchenvisitation 1793 wurden die Nebenaltäre der Kirche zur Vorstellung der Heiligen Jungfrau in Törökbálint zur Verehrung des Heiligen Wendelin und der Heiligen Notburga gewidmet.[61]

In Budaörs steht eine Wendelinstatue aus Stein im Kirchengarten. Die Inschrift auf ihrem Sockel lautet: *Heiliger Wendelin, bitt für uns.*[62] Heute ist dort die Inschrift SZT. VENDEL zu lesen. Am Fuß der Hirtengestalt ist links ein Rind, rechts sein Hut zu sehen. Sein Hirtenstock wurde aus der Hand gebrochen, seitdem wird er durch eine Rute aus Haselnuss ersetzt. Die Statue wird von einem schönen Eisenzaum an der Ecke des Templom Platzes umstellt, welcher von Kabelschildern überschüttet ist.

Das Protokoll der Kirchenvisitation 1738 erwähnt 8 Bilder im Sanktuarium der Budaörser Kirche: die von Sankt Sebastian, Sankt Florian, Sankt Antonius von Padua, Sankt Margarethe, Sankt Rochus, dem Märtyrer Sankt Peter, Sankt Wendelin und ein Bild von der Krippe des Herren bei seiner Geburt.[63] Heute steht auf dem Nebenaltar links vom Bild des Heiligen Sebastian die Statue des Sankt Wendelin, rechts von ihm die von Sankt Rochus. Beide Statuen wurden aus carrarischem Marmor gemeißelt.

In der Pfarrkirche zur Heiligen Mutter Gottes in Nagytétény (gebaut in 1754) stellt das vergoldete Relief an der Brüstung der Kanzel auf der linken Seite Sankt Wendelin dar.[64]

An der Grenze von Nagykovácsi (Kom. Pest) wurde in der Nähe des Schäferkreuzes eine Bildsäule zu Sankt Wendelin (*Wendelinusbildstock*) aufgestellt.[65]

In Biatorbágy (Kom. Pest) wurde Anfang des 19. Jahrhunderts die Sankt Wendelin-Grabkapelle der Familie Szily auf dem Iharos-Berghang gebaut. Sie wurde im Protokoll der Krichenvisitation in Torbágy 1817 schon erwähnt. Sie wurde im Zweiten Weltkrieg beschädigt und schnell renoviert, aber ihr Altar mit dem Wendelinsbild ist verschwunden.[66] In Torbágy steht eine Wendelinstatue auf einem niedrigen Sockel links von der katholischen Kirche in der Fő Straße. Er faltet die Hände zum Beten, trägt einen Hut auf dem Kopf und einen Hirtenranzen an der linken Schulter, vor seinem linken

Fuß sitzt ein Lamm. János Müllner gibt eine schöne Beschreibung über die Statue im Jubiläumsgedenkbuch der 300 Jahre alten Biatorbágyer Pfarrgemeinde: „Ursprünglich stand die Statue vor den Fenstern des alten Ohmüllner-Gasthauses in einer kleinen Kapelle. Das war kein guter Platz, also hat sie der Notar Jirka 1934 an ihren heutigen Platz vor dem damaligen Gemeindehaus stellen lassen. Der Platz wurde Szent-Vendel-Platz genannt, er war das Zentrum von Torbágy. Sankt Wendelin ist der Schutzpatron der Tiere, an seinem Namenstag wurden die vorgetriebenen Tiere vom Pfarrer gesegnet. Man kann nicht mehr genau sagen, wann diese Tradition beendet wurde. Sankt Wendelin war auch der verehrte Schutzpatron der Torbágyer Gläubigen. Die gut lesbare Inschrift der Statue: *Heiliger Wendelin bitt für uns, beschütze unsere Herden.* Sein Hirtenstock ist nicht mehr aus Kupfer, sondern aus Eisen. Die Figur wurde wahrscheinlich vom Zsámbéker Bildhauer Mihály Kahn gemacht, Ferenc Beck ließ sie 1863 aufgrund eines Gelöbnisses aufstellen und pflegen. Sie wurde vom Bicsker Dekan György Gózony geweiht.

Der Tag des Sankt Wendelin war ein kirchlicher Feiertag: In Békásmegyer, Budajenő, Budakalász, Budakeszi, Csobánka, Etyek, Pilisszentiván und Zsámbék gab es ein Hochamt, in Békásmegyer, Budajenő, Budakalász, Budakeszi, Etyek und Pilisszentiván gab es eine Abendlitanei. In Csobánka, Pilisborosjenő, Piliscsaba und Torbágy wurden die Tiere nach der Messe auf dem Kirchenplatz bei der Bildsäule oder Statue des Heiligen gesegnet. Die Gläubigen marschierten betend und singend unter kirchlichen Fahnen und unter Begleitung des Blasorchesters zum Schauplatz der Tiersegnung. Die Tiere, hauptsächlich die Pferde und Rinder, wurden mit Schleifen und Kränzen geschmückt. Das Protokoll der Kirchenvisitation von Budafok 1778 erwähnt die Tiersegnung: „In Festo Vendelini benedicuntur pecora." [Die Tiere werden am Fest des Sankt Wendelin gesegnet.][67]

Péliföldszentkereszt (Kom. Komárom) liegt im Erzbistum Esztergom (seit 1993 Erzbistum Esztergom–Budapest), wohin die deutsche und ungarische Bevölkerung von Csobánka, Solymár, Pilisvörösvár, Zsámbék, Pilisszántó, Pilisszentiván und deren Umgebung an drei Oktobersonntagen unter Musikbegleitung pilgerte, um für ihr Vieh zu bitten. In der Mitte dieser Tage liegt der Wendelinstag. An den Wendelinwallfahrten, Wendelinsonntagen haben sie Wachsvotive ihrer Haustiere (Pferde, Rinder, Schweine) gekauft und in der Kirche von Péliföldszentkereszt deponiert.[68] Nach der Feldforschung von Etelka Kövecses Varga: „Die Wendelinskapelle der Kirche von Péliföldszentkereszt war der Wallfahrtsort der Gegend... Laut Auskunft der volkskundlichen Sammlung hat diese Feier die frühere Herbstfeier (Fest der Kreuzerhöhung, 14. September) langsam ersetzt. Am Sankt Wendelinstag gab es einen großen Straßenmarkt in Péliföldszentkereszt. Hier haben die Bewohner der Gegend ihre Winterschuhe und Kleider gekauft. Die Leute von Bajót haben bei der Messe Salz gesegnet und es dann an ihre Tiere verfüttert (Lecksalz). Neben der Tür der Wendelinskapelle steht eine lebensgroße bemalte Holzstatue des Sankt Wendelin, die mit der Kirche gleichaltrig ist."[69] Péliföldszentkereszt war seit 1338 der Besitz des Erzbischofs von Esztergom. Der Gnadenort wird seit 1913 und 1992 von dem Salesianerorden betreut.

In Esztergom (Sitz des Erzbistums Esztergom–Budapest) wurden sogar zwei Wendelinstatuen aufgestellt. Neben der runden Kirche zu Sankt Anna steht die Statue des Sankt Wendelin auf einem plattengeschmückten Kalksteinsockel im korinthischen Stil, der Heilige ist in Hirtentracht gekleidet, er faltet seine Hände zum Beten, und ein Lamm liegt zu seinen Füßen. Auf seinem Kopf ist ein Hut, an seiner Seite ein Ranzen und eine Kürbisflasche, zwischen seinen Händen ein Hirtenhaken aus Eisen. Die Säule stammt ursprünglich von der Dreifaltigkeitsstatue, die 1723 auf dem Szentháromság/Dreifaltigkeits Platz aufgestellt und 1900 abgerissen wurde. Die Statue des Sankt Wendelin wurde 1820 von Lajos Kramás gemeißelt und 1853 auf ihren heutigen Platz gebracht. Auf dem heute nach dem Fürstprimas Sándor Rudnay benannten Platz wurde der größte Tiermarkt (der Wendelinsmarkt) der Gegend abgehalten. In Esztergom-Szentgyörgymező hat der örtliche Landwirt Ádám Erős die Statue des Sankt Wendelin im Jahr 1815 in der Szent Vendel (heute Földműves/Landwirt) Straße aufgestellt. Hier wurde der Wendelinstag nicht gefeiert, doch ab und zu brachte man Blumen zur Statue, auch die Hirten brachten frische Blumen, wenn sie die Herden hier vorbeiführten. Die Statue wurde am Tag der Kreuzauffindung (am 3. Mai) von den Pilgern aus Szentgyörgymező auf dem Weg zum *Fieberkreuz* mit Blumen beschmückt, man hat hier auch einen Vaterunser gebetet.[70] Die Wendelinstatue ist in Szentgyörgymező heute nicht mehr zu finden.

Im ehemaligen Esztergomer Domkapiteleigentum von Kesztölc (Kom. Esztergom) steht die Steinstatue des Sankt Wendelin an der Kreuzung der Petőfi und der Esztergomi Straße. An seiner Seite trägt er seinen Hut und seinen Hirtenstock, zu seinen Füßen liegen ein Lamm, ein Hund und die verlassenen Krone. Er faltet seine Hände und betet. Ein gefaltetes Blechdach mit Eisenrahmen schützt die Statue, vor ihr stehen drei Leuchter, die am 20. Oktober angezündet werden. Es wird erzählt, dass die Burschen einmal die Statue aus Mutwillen umgedreht, sie mit Rock und Rückenkorb versehnen haben. Das ist auch in anderen Gemeinden mit den Statuen des Sankt Wendelin oder des Johannes von Nepomuk geschehen.

Im anderen ehemaligen Esztergomer Domkapiteleigentum von Piliscsév (Kom. Esztergom) steht eine Statue des Sankt Wendelin an der Dorfgrenze neben dem Weg nach Kesztölc. Sie steht auf einer hohen und stämmigen ionischen Säule, die wahrscheinlich nur sekundär benutzt wird. In seinen Händen hält er ein Buch und einen Hirtenhaken aus Eisen, auf seinem Kopf ist ein Hut, an seiner Schulter ein Mantel, an seinem linken Fuß ein Lamm. Auf der schwarzen Marmortafel der Säule findet sich die Inschrift: *Statue des Sankt Wendelin. Sväty Vendelin. Renoviert 2013.*

In Szomor (Kom. Esztergom) steht die weiße Steinstatue des Sankt Wendelin im Vorgarten des Hauses in der Zsámbéki Str. 26. Auf seinem Kopf ist ein breitkrempiger Hut, an seiner Seite ein Ranzen und an seinem rechten Fuß ein Lamm. Ursprünglich stand sie auf dem Feld, das später mit Wohnhäusern bebaut wurde, doch die Statue blieb, wo sie war. „Sie sieht in Richtung Zsámbék, da die Räuber das gestohlene Vieh dorthin brachten. Sie brachten es aus der Richtung von Esztergom, Dorog, Máriahalom, Bajna und verkauften es auf dem Markt von Zsámbék."

Am Fest des Sankt Wendelin suchte man die Statue durch eine Prozession auf, dann feierte man in den Kellern. Man bat um Segen für die Weingärten an diesem Tag.[71]

Im Teil des Erzbistums Esztergom, der zur Tchechoslowakei kam, habe ich zum ersten Mal mit József Liszka 1983 den Kult des Sankt Wendelin studiert. Die Steinstatue des Sankt Wendelin in Köbölkút (Kom. Esztergom) steht auf dem ehemaligen, heute schon verbauten *Marktplatz.* Auf einer hohen Säule steht Wendelin in Hirtentracht, mit einem breitkrempigen Hut auf dem Kopf, mit Ranzen an seiner Seite und mit einer Kürbisflasche an seinem Gürtel. An seinem Fuß liegen links ein Rind, rechts ein Schaf. Er betet mit gefalteten Händen. An seinem Sockel wird an seinem Tag der gläserne Leuchter entzündet. Die Inschrift lautet:

Zu Ehren
des Sankt Wendelin
aufgestellt von
Ferencz Hogenbuch
und seiner Gattin
Anna Moravek
in 1911

Eine Steinstatue des Sankt Wendelin steht auch am Rande von Ógyalla (Kom. Komárom) in der Kertalja Straße. Er hat einen breitkrempigen Hut auf dem Kopf, einen Ranzen und ein Ochsenhorn an der Seite und einen langen Hirtenhaken in der Hand. Seine Schulter wird von einem Umhang bedeckt, zu seinen Füßen liegt ein Rind. Die Inschrift am Betonsockel lautet:

Sankt Wendelin
flehe für uns.
Aufgestellt von
Pál Zahorec
mit der Unterstützung
der freigebigen Gläubigen
1938

Wir haben einen Wendelin-Kirchtag in Martos (Kom. Komárom, ehemaliger Besitz des Erzbischofs von Esztergom) besucht. Das ist ein kalvinistisches Dorf, aber der Wendelin-Kirchtag wird auch heute eingehalten. Laut dem geografischen Wörterbuch von Elek Fényes: „Es gibt 24 Katholiken, 653 Kalvinisten und 7 Juden. Die Kalvinisten hatten schon vor der religiösen Toleranz eine eigene Kirche, die Katholiken haben eine Kapelle."[72] Meine Gewährsleute haben erzählt: Die Wendelin-Kapelle stand neben dem Weg nach Gyalla, doch sie wurde schon früher abgerissen. Die Statue des Sankt Wendelin wurde gestohlen. Bei dem Wendelin-Kirchtagsmarkt standen Zelte auf der Wiese, es gibt ein Foto von dem Martoser Kirchtag im Museum von Komárom. Im Ballraum des Ameisenbundes gab es auch einen Ball. Ich konnte 1983 das Handelszelt, das Karrussel und die Schießbude fotografieren. Mein Kollege József Liszka hat seine Forschungen über den Wendelin-Kult auf den nördlichen Teil der Kleinen Ungarischen Tiefebene ausgedehnt.[73] Während meiner Forschungsreise entlang des Nieder-Garam Flusses in den Jahren 1984–89 habe ich neben meinem Hauptthema (Lasttragen) auch auf den Kult des Sankt Wendelin geachtet.

In Kéménd (Kom. Esztergom, einstiges Dorf des Erzbischofs von Esztergom) steht eine Wendelinstatue neben der Kirche: Der örtliche Bildhauer Gyula Bartusz hat sie zusammen mit seinem Sohn György Bartusz (der in dieser Zeit die Kunsthochschule in Tschechien besuchte) nach 1945 gemacht. Ein tschechischer Bursche hat auch zur Vollendung der Statue beigetragen. Die Statue ist in Hirtentracht, Umhang und Ranzen gekleidet, sie hält einen Hut in den zum Gebet gefalteten Händen, an seinem Fuß ist ein Rind. In der Kirche von Kéménd gibt es eine Statue des guten Hirten Jesus über der Kanzel, die in ihrer Hand den gleichen schaufelförmigen Hirtenstock hält wie bei den zahlreichen Wendelinstatuen. Der gleiche Stock ist auch in den Händen des Jesusbildes auf dem farbigen Glasfenster der katholischen Kirche von Léva (Kom. Bars).

In Bart (Kom. Esztergom, auch einstiges Dorf des Erzbischofs von Esztergom) steht eine Wendelinstatue links von der Fő Straße neben dem Weg nach Kéménd unter vier Kastanienbäumen. Auf diesem Weg sind die Schweine- und Rinderherden auf die gemeinsame Weide hinaus getrieben worden. „Da er der Patron aller Tiere ist, sind alle Viecher vor ihm entlang gegangen." – so meine Bezugsperson. Die Statue wurde von einem kinderlosen Ehepaar 1928 aufgestellt. Ihre Inschrift lautet:

Zum Ruhm Gottes
Zur Ehre
Des Sankt Wendelin
Aufgestellt von
Vendel Morvai
und seiner Gattin
Erzsébet Puskás
1928
Hermina Szlatyina
1957

Es handelt sich um eine Hirtengestalt mit Ranzen, mit einem Stock in der Hand, neben ihm zwei Lämmer, vor ihm ein (verletztes) Lamm, auf dem Rücken ein Mantel. Hermina Szlatyina war die zweite Gattin von Vendel Morvai. An den dem Wendelinstag folgenden Sonntagen gab es bis 1945 immer eine Prozession mit Gesang nach der Litanei zur Statue. In den 1980er Jahren haben ältere Frauen am Allerheiligenabend einige Kerzen an der Wendelinstatue und am Kreuz entzündet.

Szimő (Kom. Komárom) war auch Eigentum des Erzbischofs von Esztergom. Der Fürstprimas György Széchenyi hat dem Dorf 1693 den Gúg-Gutshof geschenkt, in deren

Statue des Sankt Wendelin. Biatorbágy, Kom. Pest. Aufnahme von László Lukács, 2013

Statue des Sankt Wendelin. Kesztölc, Kom. Esztergom. Aufnahme von László Lukács, 2013

Statue des Sankt Wendelin. Esztergom. Aufnahme von László Lukács, 2013

Statue des Sankt Wendelin. Piliscsév, Kom. Esztergom. Aufnahme von László Lukács, 2013

Statue von Sankt Wendelin. Szomor, Kom. Esztergom. Aufnahme von László Lukács, 2014

Statue des Sankt Wendelin, 1814. Ipolytölgyes, Kom. Hont. Aufnahme von László Lukács, 2013

Sankt Wendelinskapelle ich zusammen mit József Liszka 1987 war. Die Kapelle wurde von den Gúger Adeligen gebaut und 1730 geweiht. Ihre Einrichtung wurde von József Liszka so vorgestellt: „In der Kapelle der kleinen Siedlung ist sowohl eine Holzstatue, als auch ein Bild des Heiligen zu sehen. Beide stellen den Heiligen als Hirten dar. Die Holzstatue am Altar hat einen Umhang an, er trägt einen Ranzen an der Schulter, einen Hut in seinem Gürtel und einen Stock in der linken Hand. Er streckt seine rechte Hand zum

Statue des Sankt Wendelin. Köbölkút, Kom. Esztergom. Aufnahme von László Lukács, 1983

Statue des Sankt Wendelin. Ógyalla, Kom. Komárom. Aufnahme von László Lukács, 1983

Statue des Sankt Wendelin, 1928. Bart, Kom. Esztergom. Aufnahme von László Lukács, 1985

Statue von Sankt Wendelin. Farkashida, Kom. Pozsony. Aufnahme von József Gelencsér, 1985

Statue von Sankt Wendelin. Vágszerdahely, Kom. Pozsony. Aufnahme von József Gelencsér, 1985

Statue des Sankt Wendelin, Gyula und György Bartusz, 1945. Kéménd, Kom. Esztergom. Aufnahme von László Lukács, 1984

Himmel herauf. Rechts an seiner Brust ist ein siebeneckiger Stern und ein Halbmond. Das Ölgemälde an der Seitenwand stellt den bärtigen Wendelin in Hut und Umhang dar. In seiner, ans Herz gelegten rechten Hand sind ein Hirtenhaken und ein Rosenkranz. Um ihn sind Schafe und Rinder. Das Bild wurde 1833 gemalt."[74]

In Gúg wird die Wallfahrt des Wendelinstages am Folgesonntag des 20. Oktobers gehalten. Am Vormittag hält der Szimőer Pfarrer das Hochamt, zu der die Szimőer mit dem Bus ankommen. Sie singen das Wendelinslied (Lied Nr. 217.) aus dem *Miatyánk imádságos és énekeskönyv keresztény katolikus hívek számára* [Vater-

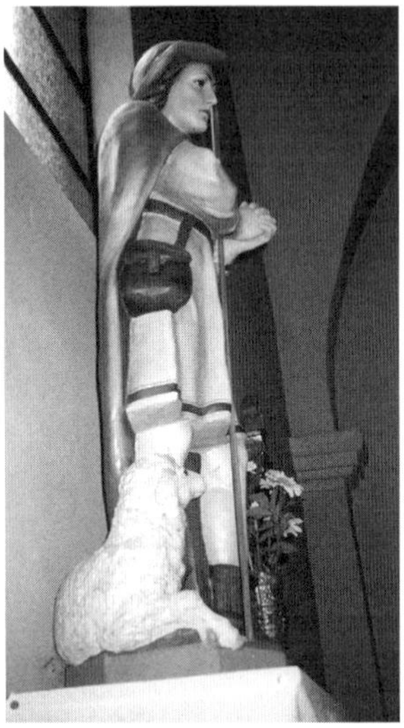

Statue des Sankt Wendelin in der Kirche von Ipolyvece. Kom. Hont. Aufnahme von László Lukács, 2003

Statue von Sankt Wendelin. Nagycsalomja, Kom. Hont. Aufnahme von László Lukács, 2014

Statue des Sankt Wendelin, 1846. Pereszlény, Kom. Hont. Aufnahme von László Lukács, 2013

unser. Gebet- und Gesangbuch für die römisch katholischen Gläubigen]. Das Lied ist mit Lied Nr. 217 des *Szent vagy, Uram!* identisch. Bis zu den 1970er Jahren haben die Händler an diesem Tag Süßigkeiten und Spielzeug verkauft.

Auf der westlichen Seite von Gúg gibt es zwei Weiden, die *Untere* und die *Obere (Gúger) Weide*, sowie *Rétlábok*. In der Registration von Szimő 1800 wurde festgestellt: „Diese Gemeinde hat genug Weiden, auf denen 382 Pferde, 178 Ochsen und 250 Kühe, außerdem die 2 Pferde und 10 Kühe des Pfarrers, die 2 Pferde und die 6 Kühe des Schulmeister-Notars, die zwei Kühe des Mesners, die 2 Kühe des Kneipenwirtes, die 2 Pferde und 10 Kühe des Metzgers sowie die 2 Kühe des Schmiedes genug Gras finden." Laut der Statistik am Anfang des 20. Jahrhunderts wurden in Szimő 746 Rinder, 415 Pferde und 455 Schweine registriert, die 360 Haustierinhaber der Gemeinde haben sie dem Schutz des Heiligen Wendelin anvertraut.[75]

Die 1755 gebaute Kirche von Keszegfalva (Kom. Komárom) wurde auch zu Ehren des Sankt Wendelin geweiht. Über ihr Altarbild schrieb József Liszka folgendes: „Das am Ende des 19. Jahrhunderts gemalte Altarbild der Kirche stellt Sankt Wendelin im Einsiedlerkleid dar: Er trägt einen Umhang, Sandalen, eine Flasche und einen Ranzen an der Seite und einen Rosenkranz am Gürtel. Über seiner Brust hält er mit gekreuzten Armen einen Hirtenhaken. Um ihn herum sind Schafe und Rinder."[76]

1985 habe ich an einem Studienausflug der Sommeruniversität von Bratislava im Oberland teilgenommen. Aus dem Bus habe ich gemerkt, dass rechts neben der Landstraße in Richtung Nagyszombat nach Szered, in der Nähe des den Dudvág-Fluss anzeigenden Schildes eine Wendelinstatue steht, die ich unbedingt fotografieren musste. József Gelencsér hat schon die Wendelinstatue des slowakischen Dorfes Farkashida (Kom. Pozsony, in der Nähe des Dudvág-Flusses) fotografiert. Er hat auch die Wendelinstatue von Vágszerdahely (Kom. Pozsony, neben Szered) fotografiert, über die József Liszka Folgendes schreibt: „Die Sandsteinstatue steht am Rande der Siedlung auf einem hohen Sockel, sie stellt den Heiligen in stilisierter Hirtentracht dar. An seiner Schulter ist ein Umhang, an seiner Seite ist ein Ranzen, sein schmalkrempiger Hut rutscht auf seinen Rücken. In seinen zum Gebet gefalteten Händen hält er einen eisernen Hirtenstock. An seinem Fuß sind Lämmer."[77] Vágszerdahely gehörte einst auch dem Erzbischof von Esztergom.

Statue von Sankt Wendelin. Ipolybalog, Kom. Hont. Aufnahme von László Lukács, 2014

Die Gemeinden des Ipolytales (Kom. Hont) gehörten früher zum Erzbistum Esztergom, 1993 gelangten sie zum Bistum Vác. Der Gutsherr von Drégelypalánk war der Erzbischof von Esztergom. Die bemalte Holzstatue des Sankt Wendelin wurde auch in der Kirche zur Heiligen Elisabeth des Arpaden-Hauses platziert. Er ist als junger Mann mit einem schönen Gesicht und langen Haaren dargestellt, an seiner Schulter ist ein Umhang, am Kopf ist ein breitkrempiger Hut, an seinen Füßen sind Stiefeln. Mit seinen zum Gebet gefalteten Händen lehnt er sich an seinen Hirtenhaken, an seinem Fuß ist ein Lamm. Vor der Statue ist in einer Vase eine frische Blume. Meine Bezugsperson, die Kirchendienerin Frau János Gaspari (geb. 1948), hat erwähnt: „Drei Tage lang tobte eine Seuche im Dorf. Als man zu Sankt Wendelin betete, hörte die Seuche auf. Das Volk des Dorfes schwor, am 20. Oktober eine ganztägige Heiligkeitsanbetung abzuhalten. Am Wendelinstag haben sie die Tiere nicht zur Weide hinausgetrieben, die Tiere ruhten. Das Volk, der Landwirt kam hierher um zu beten. Am Vormittag gibt es eine Messe und am ganzen Tag wird das Altarsakrament angebetet. Der Pfarrer Attila Kapás sagt, Wendelin sei der Sohn eines irischen Königs. Er hätte König sein können, doch er schwor, arm zu sein und Gott zu dienen. Er trat den Hirten am Hofe seines Vaters bei. Als Königssohn wurde er anders behandelt. Er verließ den Hof seines Vaters und wurde Hirte am Hofe eines Fremden in einem fernen Land. Dort wurde ihm klar, dass er als armer Hirte mit Gott leben wollte." In der Messe von Drégelypalánk wurde das Wendelinslied (Lied Nr. 217 des *Szent vagy, Uram!*) gesungen.

Eine, der bemalten Wendelinstatue von Drégelypalánk ähnelnde Wendelinstatue ist auch in der Kriche von Ipolyvece (Kom. Hont) zu sehen. In Nagycsalomja (Kom. Hont) steht im Garten der Kirche zur Herrin der Ungarn die farbige Statue des Sankt Wendelin auf dem mehrstufigen Haupt eines hohen, mehreckigen Sandsteinsockels. Auf dem Kopf der Hirtengestalt ist ein schwarzer Hut, sie trägt außerdem einen braunen Umhang, einen blauen Mantel und braune Stiefel. An seiner

Karussel und Schießbude am Wendelinskirchtag. Martos, Kom. Komárom. Aufnahme von László Lukács, 1983

Holzstatue von Sankt Wendelin. Szimő-Gúg. Kom. Komárom. Aufnahme von László Lukács, 1987

Bild zu Sankt Wendelin in der Gúger-Kapelle. Szimő-Gúg, Kom. Komárom. Aufnahme von László Lukács, 1987

Altarbild zu Sankt Wendelin der römisch-katholischen Kirche. Keszegfalva, Kom. Komárom. Aufnahme von József Liszka, 1993

Statue des Sankt Wendelin in der Kirche von Drégelypalánk. Kom. Hont. Aufnahme von László Lukács, 2013

Seite trägt sie einen Ranzen und eine Kürbisflasche, am rechten Arm ein krummer Eisenstock. Links an ihrem Fuß ist ein Schaf. Über der Statue ist ein Schutzdach aus Bronzenplatten. Die Inschrift des Sockels:

Zum Ruhm Gottes aufgestellt von
János Piliánszki
1913

Im Stiftungsregister der Pfarrgemeinde lässt sich lesen: „Statue des Sankt Wendelin an der Seite der Kirche in Nagycsalomja. Stiftung am 6. Mai 1913, genehmigt von János Piliánszki, Einwohner von Nagycsalomja am 10. Mai 1913 unter der Nummer 3273." Der Gründer wird als ein guter Wirt des Dorfes erwähnt. Sein Name ist an der Gedenktafel im Kirchengarten unter den 14 heldenhaften Toten von Nagycsalomja während des Ersten Weltkrieges zu lesen. Heute gibt es keine Familien mit einem solchen Namen in Nagycsalomja.[78]

In Ipolybalog (Kom. Hont) ist in der Mitte der Gemeinde eine Statue von drei Gestalten (Sankt Anton, Sankt Florian, Sankt Wendelin) zu sehen. Die drei Heiligen stehen auf einer Natursteinsäule auf Wolken. Wendelin betet mit gefalteten Händen. Über seinem Kopf ist eine Glorie. Sein krummer Eisenstock lehnt an seiner rechten Schulter. Das Schaf an seinem linken Fuß ist beschädigt, sein Kopf wurde abgebrochen. Die gemeinsame Erscheinung der Statuen der helfenden Heiligen kommt auch anderswo vor. In der Zelle an der 1795 aufgestellten Säule entlang der Straße in Balozsameggyes (Kom. Vas) wurden die Holzstatuen vom heiligen Florian, Donatus und Wendelin platziert.[79]

Pereszlény (Kom. Hont) war auch Eigentum des Erzbischofs von Esztergom. Die Steinstatue des Sankt Wendelin ist am Dorfrand an der Straße zum Friedhof und zur Weide zu sehen. Der Heilige steht auf einem hohen Sockel, er hält seinen schmalen Hut vor sich und hält seinen Umhang mit der anderen Hand zusammen. An seinem Fuß liegt links eine Krone, rechts eine Ochse, dessen Kopf abgebrochen wurde. Die Inschrift am Sockel lautet:

S. WENDELIN
ERSTELLT VON
ISTVÁNY
CSOMÓ
UND
FERENCZ
CSOMÓ
1846

Das Bauernfamilie Csomó aus Pereszlény hat die Statue als Erinnerung an die Viehseuche aufgestellt. Bis zu den 1950er Jahren hat der Pfarrer eine Prozession zur Statue am Wendelinstag angeführt. János Manga hat ein Foto von der Statue in seinem Buch *Magyar katolikus népélet képekben* [Das ungarische katholische Volksleben in Bildern] mitgeteilt.[80]

Ipolytölgyes (Kom. Hont) gehörte auch zum Esztergomer Stift. Die Statue des Sankt Wendelin aus Naturstein steht vor dem Haus in der Petőfi Str. 37. Der Hirte sieht zum Himmel hinauf und tritt mit seinem Stiefel auf die Krone. Neben ihm ist ein Lamm. Die Spuren der früheren Bemalung sind an der Statue noch zu sehen. An ihrem Sockel ist die Inschrift:

HAST DU VIECHER
PASS AUF
SIE AUF
UND WENN SIE NÜTZLICH SIND
SOLLEN SIE VERBLEIBEN.
AUS DANKBARKEIT
ANNO 1814

Die Statue des *Kleinen Wendelin* von Ipolytölgyes wurde von József Hála in seiner Dissertation über den Abbau und die Benutzung von Steinen des Börzsöny-Berges erwähnt und auch ein Foto über sie beigelegt.[81]

[Die Studie ist sowohl in ungarischer als auch in deutscher Sprache erschienen:
Lukács, László: *Szent Vendel tiszteletéről Somogyban.* A Kaposvári Rippl-Rónai Múzeum Közleményei 3. 2014. 235-246. Kaposvár
Lukács, László: *Szent Vendel tiszteletéről a Székesfehérvári Egyházmegyében.* Határjelek és hagyásfák. A hetvenedik életévébe lépő Bárth János tiszteletére írott tanulmányok. Hg. Kothencz, Kelemen. 656-672. Baja
Lukács, László: *Szent Vendel tisztelete az Esztergom–Budapesti Főegyházmegyében.* Vallásos kultúra és életmód a Kárpát-medencében. Konferencia Veszprémben, 2014. május 20-23. Hg. Pilipkó, Erzsébet. Veszprém, 2016.
Lukács, László: *Oberhirt Sankt Wendelin, Patron des Viehs...* Alba Regia XLIII. 2015. Székesfehérvár]

Anmerkungen

1 KÚN-MOLNÁR 1941, 96.
2 VAJKAI 1939, 188.
3 MESZLÉNYI 1941, 55., 73.
4 PADÁNYI BÍRÓ 1763; BÁLINT 1977, II. 386.
5 PADÁNYI BÍRÓ 1763; PEHM 1934, 138.; SZILÁRDFY 1985, 4.; TÜSKÉS–KNAPP 2001, 339.
6 ENDREI o. J. 208.
7 L. IMRE 2001, 402.
8 REISZIG–VENDE o. J. 108.
9 UJVÁRY o. J., 335–336. Vgl. TÓTH 1977, 211–273.
10 PUSKÁS 2006, 27.
11 Historia Domus Igal, im Archiv der Pfarrgemeinde.
12 REISZIG–VENDE o. J. 169.
13 SIPOS 2013, 342–344.
14 SIPOS–GALBAVY 1994, 19–20., 24–25., 29.
15 SIPOS–SZALAY 2003, 155–156.
16 SIPOS 1996, 6.
17 L. SZABÓ - SÁSI 1973, 49.
18 BOGDÁN 1987, 274.
19 HOSS 1948, 142.
20 KÁLLAY 1972, 313–316.
21 FÉNYES 1851, III. 4.
22 SIMON 1987, 43–44.
23 KUTHY o. J; LAUSCHMANN 1998, II. 48.
24 BÁLINT 1977, I. 184.
25 ENTZ 2009, 321.
26 SZOMOLNOKY, 1886. 260–264.

[27] BÁLINT 1977, II. 392.
[28] GELENCSÉR–LUKÁCS 1991, 59.
[29] ENTZ–SISA (hrsg.) 1998, 15., 89.
[30] GYIMESI 1989, 12.
[31] ENTZ–SISA (hrsg.) 1998, 101.
[32] LENDVAY 1996, 81–82.
[33] ENTZ–SISA 1998, 36.
[34] JUBILÄUMSREGISTER 1977, 174.; ENTZ–SISA 1998, 33.
[35] JUBILÄUMSREGISTER 1977, 188.
[36] Canonica Visitatio, Gánt 1805, 1818, 1845. SzfvPL. (Archiv der Diözese Székesfehérvár)
[37] Canonica Visitatio, Gánt 1845. SzfvPL.
[38] REGISTER 1998, 94.
[39] Canonica Visitatio, Vérteskozma, 1818, 1839, SzfvPL.
[40] Canonica Visitatio, Vérteskozma 1869. SzfvPL.
[41] HERKE 2011, 48–49., 90–93.; SZABÓ 2013, 3.
[42] Canonica Visitatio, Mór, 1975 SzfvPL; ENTZ–SISA 1998, 106.
[43] Canonica Visitatio, Mór 1818. SzfvPL.
[44] ENTZ–SISA 1998, 120–121.
[45] BÁLINT 1977, II. 387.
[46] Canonica Visitatio, Nadap 1765. SzfvPL.
[47] Canonica Visitatio, Nadap 1818. SzfvPL.
[48] LUKÁCS - AMBRUS - L. SIMON 2005, 34–35.
[49] ENTZ–SISA 1998, 160.
[50] STADER 1993, 96.
[51] Canonica Visitatio, Etyek 1763. SzfvPL.
[52] FRIGYIK 2009, 59., 62.
[53] FRIGYIK 2009, 62.
[54] Canonica Visitatio, Sóskút 1799. SzfvPL.
[55] Canonica Visitatio, Sóskút 1805. SzfvPL.
[56] Canonica Visitatio, Sóskút 1817. SzfvPL.
[57] LANTOS 1988, 137.
[58] BONOMI 1961, 148–150.
[59] DERCSÉNYI 1958, II. 226.
[60] Canonica Visitatio, Törökbálint 1868. SzfvPL.
[61] Canonica visitatio, Törökbálint 1793. SzfvPL.
[62] BONOMI 1961, 148.
[63] BUCSI 2002, 52.
[64] KOMÁRIK 1962, II. 660–661.
[65] GRESZL 1962, 101.
[66] DERCSÉNYI 1958, I. 257.
[67] Canonica Visitatio, Budafok 1718. SzfvPL.
[68] BONOMI 1958, 92.; 1961, 149.; 1971, 259–260.; 1941, 352.; BÁLINT 1977, II. 388.
[69] KÖVECSES VARGA 1995, 649.
[70] KÖVECSES VARGA 1995, 649.; TISOVSZKI 1987, 64.
[71] KÖVECSES VARGA 1995, 650.
[72] FÉNYES 1851, III. 73.

[73] LISZKA 1994, 101–127.; 1998, 50–58.; 2000a, 81–126.; 2000b, 275–304.; 2003, 356–361.
[74] LISZKA 2000, 107.
[75] SZAPU 1993, 28–31.
[76] LISZKA 2000, 93–94.
[77] LISZKA 2000, 112.
[78] CSÁKY 2011, 115.
[79] GULYÁS 2014, 6.
[80] MANGA 1948, 49.
[81] HÁLA 1987, 103., 225.

Literatur

A buzgó bucsújáró hívek által Bucsújárás alkalmával használt énekek, imádságok és lytániák foglalatja. [Die von den frommen Wallfahrern bei Wallfahrten benutzten Lieder, Gebete und Litaneien.] Egyházmegyei könyvnyomda. Székesfehérvár, 1900.
A Székesfehérvári Egyházmegye jubileumi névtára 1977. [Jubiläumsregister der Diözese von Székesfehérvár 1977.] Székesfehérvár, 1977.

BÁLINT, Sándor
1977 *Ünnepi kalendárium. A Mária-ünnepek és jelesebb napok hazai és közép-európai hagyományvilágából.* [Festkalender. Aus der ungarischen und mitteleuropäischen Traditionswelt der Marienfeste und der Festtage.] I–II. Budapest.
BOGDÁN, Tibor
1987 Templomok, kőkeresztek Somogyszentpálon. [Kirchen und Steinkreuze in Somogyszentpál.] *Műemlékvédelem,* XXXI. 270–274.
BONOMI, Eugen
1941 Wachsopfergaben und ihre Hersteller im Ofner Bergland. *Deutsche Forschungen in Ungarn,* VI. 352–362.
1958 Der Wallfahrtsort Heiligenkreuz bei Gran. *Südostdeutsche Vierteljahresblätter,* VII. München. 92–94.
1961 Die Viehpatrone und ihr Kult im Ofner Bergland/Ungarn. *Südostdeutsches Archiv,* IV. München. 148–150.
1971 Deutsche aus dem Ofner Bergland in Ungarn auf Wallfahrt. *Jahrbuch für ostdeutsche Volkskunde,* XIV. 239–277.
BUCSI, Lajos (übers.)
2002 *Egyházlátogatások Budaörsön. A Budaörsön 1397 és 1933 között megtörtént egyházlátogatások fennmaradt jegyzőkönyvei.* [Kirchenvisitationen in Budaörs. Die überbliebenen Protokolle der Kirchenvisitationen in Budaörs zwischen 1397 und 1933.] Budaörs.
CSÁKY, Károly
2011 *Nagycsalomja. Középkori egyházashely és a százéves Magyarok Nagyasszonya temploma.* [Nagycsalomja. Ein mittelalterlicher Kirchenort und die hundert Jahre alte Kirche zur Herrin der Ungarn.] Nagycsalomja.
DERCSÉNYI, Dezső (hrsg.)
1958 *Pest megye műemlékei.* [Kunstdenkmäler vom Komitat Pest.] I–II. Budapest.

ENDREI, Ákos
o. J. Somogy vármegye népe. [Das Volk von Komitat Somogy.] In Csánki Dezső hrsg.: *Somogy vármegye.* Budapest. 197–222.
ENTZ, Géza Antal (hrsg.)
2009 *Székesfehérvár.* Budapest. (Magyarország műemlékei/Kunstdenkmäler von Ungarn)
ENTZ, Géza - SISA, József (hrsg.)
1998 *Fejér megye művészeti emlékei.* [Kunstdenkmäler von Komitat Fejér.] Székesfehérvár.
FÉNYES, Elek
1851 *Magyarország geographiai szótára.* [Geografisches Wörterbuch Ungarns.] I–IV. Pest.
FRIGYIK, Katalin
2009 Etyek egykori és jelenleg látható szakrális kisemlékei. [Ehemalige und gegenwärtige sakrale Kleindenkmäler von Etyek.] *Alba Regia,* XXXVIII. Székesfehérvár. 57–79.
GELENCSÉR, József - LUKÁCS, László
1991 *Szép napunk támadt. A népszokások Fejér megyében.* [Unser schöner Tag ist entstanden. Volksbräuche im Komitat Fejér.] Székesfehérvár.
GRESZL, Franz
1962 *Groß-Kowatscher Heimatbuch.* Lahr.
GULYÁS, Éva
2014 Néhány gondolat a szőlővédőszentek jászberényi szoborcsoportjáról. [Gedanken über Jászberényer Statuengruppe der Weintraubenpatronen.] *Redemptio,* XXI. 3. Jászberény. 4–6.
GYIMESI, Károly
1989 Fejér megyei kunok a török időben. [Die Kumanen in Komitat Fejér in der Zeit der Türkenbesetzung.] *Közművelődés Fejér Megyében,* 1989. 1–2. Székesfehérvár. 11-12.
HÁLA, József
1987 *A Börzsöny-vidéki kőbányászat és kőhasznosítás a XIX–XX. században.* [Steinabbau und Steinbenutzung in der Börzsöny-Gegend im 19–20. Jahrhundert.] Budapest.
HERKE, Zsolt
2011 *Vérteskozma története napjainkig. Településtörténeti ismertető.* [Geschichte von Vérteskozma bis heute.] Gánt.
HOSS, József
o. J. *Somogyszentpál monográfiája.* [Monografie von Somogyszentpál.] Manuskript. Rippl Rónai Múzeum Néprajzi Adattára. Inv.-Nr.: NA-364.
1948 *A kaposvári plébánia története.* [Geschichte der Pfarrgemeinde von Kaposvár.] Veszprém.
KÁLLAY, István
1972 Hiemer Mihály. *Fejér Megyei Történeti Évkönyv,* VI. Székesfehérvár. 313–317.
KOMÁRIK, Dénes
1962 Nagytétény műemlékei. [Kunstdenkmäler von Nagytétény.] In Horler Miklós, Dercsényi Dezső hrsg.: *Budapest műemlékei.* II. Budapest. 628–638.
KÖVECSES VARGA, Etelka
1995 Szakrális emlékek és hagyományok Esztergomban és környékén. [Sakrale Kleindenkmäler und Traditionen in Esztergom und Umgebung.] *Ethnographia,* CVI. 639–672.

KUTHY, István

o. J. *Az 1818. évi canonica visitatio az ősi templomról.* [Die Canonica Visitatio des Jahres 1818 über die uralte Kirche.] Alba Regia extramuros. Székesfehérvár-Felsőváros. Templomtörténeti Adatok. Székesfehérvári Püspöki és Székeskáptalani Levéltár (SzfvPL). Manuskript.

KÚN-MOLNÁR, Sándor

1941 A dunántúli Szent Vendel-kultuszról. [Über den Kult des Sankt Wendelin in Transdanubien.] *Dunántúli Szemle,* VIII. 94–97. Szombathely

LANTOS, Maria

1988 Interethnische Charakteristiken der behauenen Steindenkmäler der Ungarndeutschen. *Beiträge zur Volkskunde der Ungarndeutschen,* VII. Budapest. 128–143.

LAUSCHMANN, Gyula

1998 *Székesfehérvár története.* [Geschichte von Székesfehérvár.] II. Székesfehérvár.

LENDVAY, Zoltán

1996 *Adony a történelemben.* [Adony in der Geschichte.] Adony.

L. IMRE, Mária

2001 A szakrális környezet építészeti és tárgyi emlékei. [Die architektonischen und gegenständlichen Erinnerungen der sakralen Umgebung.] In Kapitány Orsolya, Imrő Judit hrsg.: *Somogy megye népművészete.* Kaposvár. 373–412.

LISZKA, József

1994 Szent Vendel kultusza a kisalföldi néphagyományban. Egy kutatás részeredményei a köztéri szobrok tükrében. [Der Kult des Sankt Wendelin in der Volkstradition der Kleinen Ungarischen Tiefebene. Teilergebnisse einer Forschung im Spiegel der öffentlichen Statuen.] *Ethnographia,* CV. 101–127.

1998 Patrozinien und Kultstätten des hl. Wendelin in der Kleinen Ungarischen Tiefebene (Südwest-Slowakei). In *Heimatbuch des Landkreises St. Wendel,* XXVII. St. Wendel. 50–58.

2000a Szent Vendel tisztelete a kisalföldi néphagyományban. Patrocíniumok, köztéri szobrok és kapcsolódó kultusz. [Die Verehrung des Sankt Wendelin in der Volkstradition der Kleinen Ungarischen Tiefebene. Patrozinien, öffentliche Statuen und der daran anschließende Kult.] In Liszka József: *Állíttatott keresztínyi buzgóságbul. Tanulmányok a szlovákiai Kisalföld szakrális kisemlékeiről.* Dunaszerdahely. 81–126.

2000b Die Flurdenkmäler des hl. Wendelin im slowakischen Teil der Kleinen Ungarischen Tiefebene. *Ungarn-Jahrbuch. Zeitschrift für die Kunde Ungarns und verwandte Gebiete.* Band 24. München. 275–304.

2003 Sakrale Kleindenkmäler und Heiligenverehrung in der Südslowakei. In drsl. *Zwischen den Karpaten und der Ungarischen Tiefebene. Volkskunde der Ungarn in der Slowakei.* Passau: Lehrstuhl für Volkskunde. /Passauer Studien zur Volkskunde 22./ 327–361. (Darunter: Die Verehrung des hl. Wendelin. 356–361.)

L. SZABÓ, Tünde – SÁSI, János (zgest.)

1973 *Somogy megye műemlékjegyzéke.* [Denkmalsregister vom Komitat Somogy.] Budapest.

LUKÁCS, László – AMBRUS, Lajos – L. SIMON, László

2005 *Édes szőlő, tüzes bor. A Velencei-tó környékének szőlő- és borkultúrája. Süße Weintraube, feuriger Wein. Die Trauben- und Weinkultur der Umgebung des Velencer Sees.* Budapest–Pázmánd.

MANGA, János
1948 *Magyar katolikus népélet képekben.* [Das ungarische katholische Volksleben in Bildern.] Budapest.
MESZLÉNYI, Antal
1941 Grófi Zichy Domonkos veszprémi püspök (1842–1849) egyházlátogatása 1845–46-ban. [Die Kirchenvisitation des Veszprémer Bischofs Graf Domonkos Zichy (1842–1849) in 1845–46.] Veszprém.
MÓZESSY, Gergely (hrsg.)
1998 *A Székesfehérvári Egyházmegye névtára. 1998.* [Namensregister der Diözese Székesfehérvár. 1998.] Székesfehérvár.
MÜLLNER, János (hrsg.)
2014 Egyházközségünk emlékművei. [Die Denkmäler unserer Pfarrgemeinde.] In János Müllner hrsg.: *Jubilemi emlékkönyv 1714-2014. 300 éves az újraalapított Torbágyi Római Katolikus Egyházközség.* [Jubiläumsgedenkbuch. 1714–2014. Die neugegründete römisch-katholische Pfarrgemeinde von Torbágy ist 300 Jahre alt.] Biatorbágy. 167–176.
NOGÁLL, János
1853 *Magyar nagy officium avagy isten imádására, Nagyasszonyunk és minden szentek tiszteletére szánt különféle ájtatosságok gyakorlatai.* [Großes ungarisches Officium, oder die verschiedenen Übungen der Gottesanbetung und der Verehrung der Heiligen Maria und aller Heiligen.] Buda.
[PADÁNYI BÍRÓ, Márton]
1763 *Rövid summája Szent Wendelinus confessor életének.* [Kurze Zusammenfassung des Lebens des Confessoren Sankt Wendelin.] Kassa.
PEHM, József
1934 *Padányi Bíró Márton élete és kora.* [Leben und Zeitalter von Márton Bíró Padányi.] Zalaegerszeg.
PUSKÁS, Béla
2006 *Szentgáloskér. Községtörténeti tanulmányok.* [Szentgáloskér. Studien der Gemeindegeschichte.] Kaposvár
REISZIG, Ede - VENDE, Aladár
o. J. Somogy vármegye községei. [Gemeinden von Komitat Somogy.] In Csánki Dezső hrsg.: *Somogy vármegye.* Budapest. 30–179.
SIMON, Károly
1987 Tizenkét „ír királyfi" a Kapos-könyök vidékén. [Zwölf „irische Prinzen" im Kapos-Könyök Gebiet.] *Honismeret,* XV. 4. 38–44.
SIPOS, Imre
1996 Szent Vendel ereklyéje Pusztaszemesen. [Die Reliquie des Sankt Wendelin in Pusztaszemes.] *Magvetés,* VI. 1. 6.
2013 *Törökkoppány monográfiája.* [Monografie von Törökkoppány.] Miklósi–Törökkoppány.
SIPOS, Imre – GALBAVY, Jenő József
1994 *100 éves a miklósi templom. Miklósi története.* [Die Kirche von Miklósi ist 100 Jahre alt. Geschichte von Miklósi.] Balatonkenese.
SIPOS, Imre – SZALAY, János
2003 *Zics története.* [Geschichte von Zics.] Miklósi.

STADER, Stefan
1993 *Familienbuch der katholischen Pfarrgemeinde Atschau = Vértesacsa im Schildgebirge 1724–1800.* Sindelfingen.
SZABÓ, Zoltán
2013 Szent Vendel tiszteletére emelték. [Aufgestellt zu Ehren des Sankt Wendelin.] *Fejér Megyei Hírlap,* LVIII. 228. (30. September) 3.
SZAPU, Magda
1993 *Életmódvizsgálatok a Vág völgyében. Szimő.* [Analysen der Lebensweisen im Vág-Tal. Szímő.] Komárom.
SZILÁRDFY, Zoltán
1985 *„Népi szakrális emlékek" c. kiállítás megnyitója a veszprémi székesegyház altemplomában, 1985. május 24-én.* [Eröffnung der Ausstellung „Volkstümliche sakrale Erinnerungen" in der Unterkirche der Kathedrale von Veszprém.] Manuskript.
SZOMOLNOKY, József
1886 *Mennyei nefelejts. Ima- és énekes-könyv.* [Himmlisches Vergissmeinnicht. Gebets- und Gesangsbuch] Budapest.
TÁRKÁNYI B., József (hrsg.)
1916 *Vezérkönyv a Ker. Kath. Anyaszentegyházban tartani szokott Processziókhoz.* [Führungsbuch zu den Prozessionen der christlich katholischen Kirche.] Eger.
TISOVSZKI, Zsuzsanna
1987 Szentgyörgymezei népszokások. [Volksbräuche in Szentgyörgymező.] *Komárom Megyei Néprajzi Füzetek,* II. Tatabánya. 41–68.
TÓTH, Tibor
1977 *Nagybirtoktól a nagyüzemig. A mernyei uradalom gazdálkodása a jobbágyfelszabadítástól az első világháborúig.* [Vom Gutshof zum Großbetrieb. Die Wirtschaft des Gutshofes von Mernye von der Befreiung der Leibeigenen bis zum Ersten Weltkrieg.] Budapest.
TÜSKÉS, Gábor - KNAPP, Éva
2001 *Népi vallásosság Magyarországon a 17–18. században. Források, formák, közvetítők.* [Volkstümliche Religiosität im Ungarn des 17-18. Jahrhunderts. Quellen, Formen, Vermittler.] Budapest.
UJVÁRY, Imre
o. J. Mezőgazdaság, állattenyésztés, szőlőmívelés, erdészet. [Landwirtschaft, Viehzucht, Weinbau, Forstung.] In Csánki Dezső hrsg.: *Somogy vármegye.* Budapest. 301–343.
VAJKAI, Aurél
1939 Cserszegtomaj. Egy hegyközség élete. [Cserszegtomaj. Das Leben einer Berggemeinde.] *Néprajzi Értesítő,* XXXI. 170–204.

VOLKSTÜMLICHE MASKENSPIELE AM LUZIENTAG IN OST-TRANSDANUBIEN

Die alten Volkskundler aus dem Komitat Zala haben unvergänglich viel zur Kenntnis und Analyse der Volksbräuche am Luzientag geleistet. In seiner Abhandlung *Lucaszék* [Der Luzienstuhl] hat Gyula Sebestyén die Aufmerksamkeit auf den ersten Luzienstuhl des Ungarischen Nationalmuseums gelenkt. Dieser Luzeinstuhl (Sebestyén 1909, 314-315.) stammt aus Vál (Kom. Fejér). In seiner *Dunántúli gyűjtés* [Sammlung in Transdanubien] hat er über den Brauch des *tyúkkurkálás* (Hühnerhetzen) am Luzientag aus zwei Gemeinden im Komitat Fejér berichtet: „Am Luzientag, dem 13. Dezember versteckt sich die Hausherrin früh am Morgen im Hühnerstall, dort fuchtelt sie mit dem verbrannten Pfahl, womit die Schweine geröstet werden, zwischen den Hühnern herum und sagt dabei:

Brüte, Brüte, mein Hühnchen!
Lege Eier, lege Eier, mein Hühnchen!"
(Iszkaszentgyörgy)

„Am Abend des Luzientages geht man zu zweit mit einem Besen zum Hühnerstall, Einer hetzt die Hühner mit einem Stocher, der Andere schlägt auf ein Sieb und sagt dabei:

Leg Eier, Leg Eier! Gluck, gluck!
Leg so viele Eier wie viele Löcher auf diesem Sieb sind!"
(Gárdony)

(Sebestyén 1906, 599.)

In seiner klassischen volkskundlichen Landschaftsmonografie hat Ferenc Gönczi den Brauch des sog. *Kotyolás* aus Göcsej vorgestellt. Ziel dieses Maskenspiels am Luzientag ist, die Fruchtbarkeit und den Wohlstand zu fördern und dabei Spenden zu sammeln (Gönczi 1914, 259-262.).

Ein bei diesem Brauchs üblicher Spruch wurde zuerst von Imre Koronczy aus Kiskanizsa (Kom. Zala) 1879 in der Zeitschrift *Magyar Nyelvőr* [Ungarische Sprachwache], veröffentlicht (Koronczy 1879, 526.):

Gluck, gluck, gluck, gluck, gebe Gott uns viel Wein, viel Weizen, Pfirsich, rotschwänzige Schwein, unserem Karren Räder, unserem Glas einen Boden, aus dem wir genug trinken können.

Gluck, gluck, gluck, gluck, soll Ihrer Tochter ein so großer Busen wachsen wie ein quellender Krug.

Gluck, gluck, gluck, gluck, soll der Speck Ihres Schweins so groß sein wie die Tür.

Gluck, gluck, gluck, gluck, soll der Speck Ihres Schweins so dick sein, wie der Tragbalken.

Gluck, gluck, gluck, gluck, sollen Sie so viele Hühnchen haben, wie viele Sterne am Himmel und Grashalme auf der Erde sind.

István Szőts und Anna Raffay hat 1954 einen Film für das Museum für Volks-

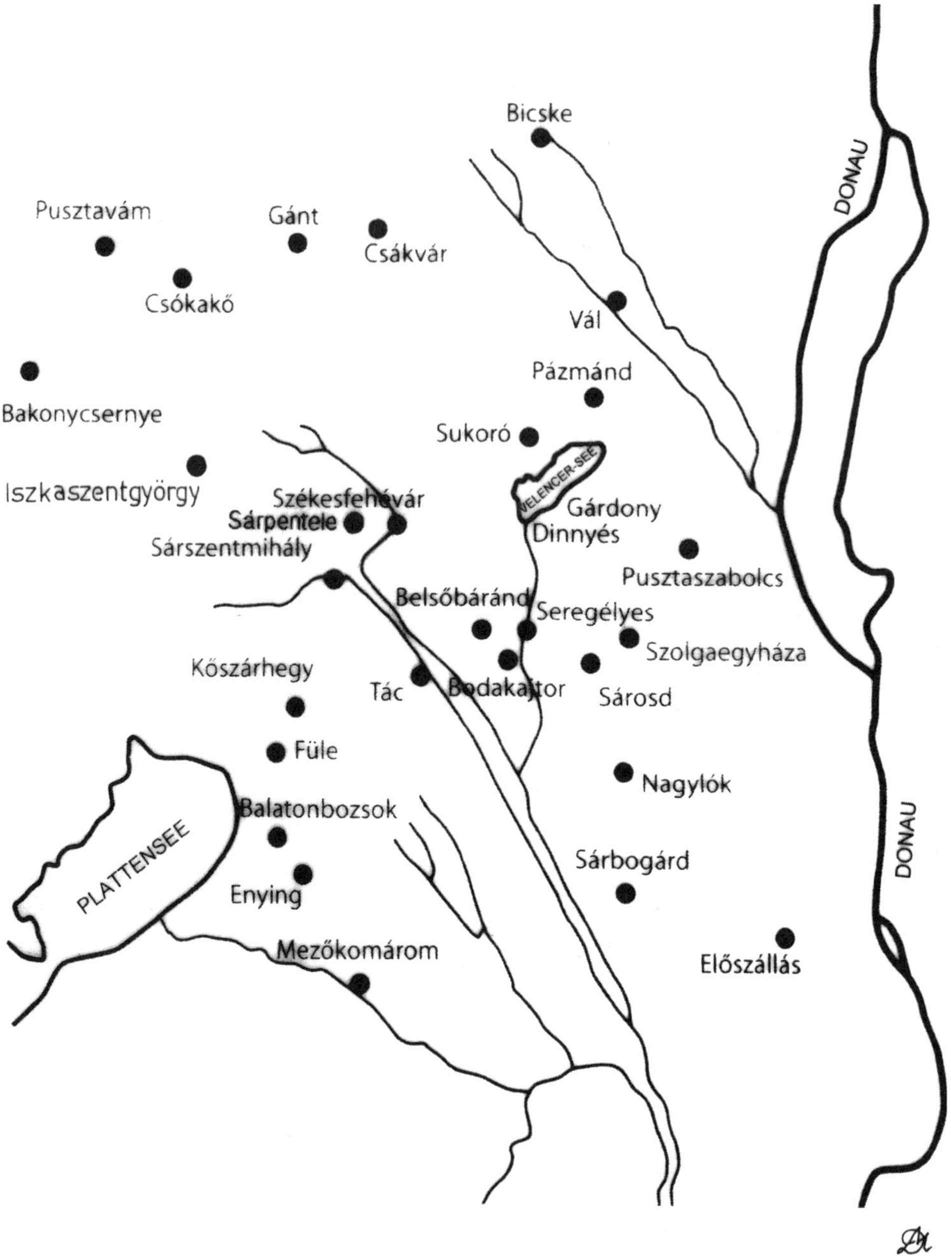

Karte des Untersuchungsgebietes

kunde Budapest über den *Luzienbrauch* in Zalaszentgyörgy gedreht. Diese Aufnahmen in Zalaszentgyörgy könnten auch die Illustration zu unserem Material aus Ost-Transdanubien darstellen, da hier kein Foto vom Kotyolás und Luzienbrauch gemacht wurde. Die intensive Verbreitung des Brauchs wird auch dadurch angezeigt, dass der II. Band des *Ungarischen Volksliedarchivs (Feiertage)* neun Texte zum Kotyolás und zum Luzienbrauch aus dem Komitat Zala mitteilt (Bartók – Kodály 1953, 369-376).

Die volkstümlichen Maskenspiele am Luzientag aus den am Komitat Zala angrenzenden Gebieten wurden von Leopold Kretzenbacher (Ost-Steiermark und Süd-Burgenland), Niko Kuret (Slowenien), Albert Halász (Ungarn des Übermurgebietes), Milovan Gavazzi (Kroatien), János Berze Nagy (Kom. Baranya), Lajos Király (Kom. Somogy) und von Emőke Lackovits (Kom. Veszprém) vorgestellt (Kretzenbacher 1959, 55-65; Kuret 1965; Halász 1999, 59-70; Gavazzi 1988, 117-121; Berze Nagy 1940, I. 3-15; Király 1995, 94-99; Lackovits 2000, 16-23; 2011, 225-234). Mit meiner Abhandlung über die volkstümlichen Maskenspiele von Ost-Transdanubien möchte ich mich ihnen anschließen.

Im östlichen Teil Transdanubiens (Kom. Fejér) wurden am Luzientag zwei Typen von maskierten Volksbräuchen praktiziert. Über die als Luzie verkleidete Figur konnte ich noch in einigen Dörfern Angaben sammeln. Von diesen ganz in „weiß" gekleideten Figuren ist im Jahrgang 1875 der Zeitschrift *Regélő* [Geschichtenerzähler] Folgendes zu lesen: „Da die H1. Luzie zeitlebens die frommen Frauen und Mädchen zuweilen überraschte, sie zum Guten anspornte und für Böses tadelte, d. h. im Volksmund 'bekalkte', verkleidet sich seit langer Zeit in manchen Orten eine oder die andere Frauensperson als Luzie, verhüllt sich in ein langes, weißes Tuch, nimmt einen Weißpinsel in die Hand und geht in den Abendstunden von Haus zu Haus, um die schlimmen Mädchen zu bekalken." (I. 214.) György Versényi hat in seiner, im Jahresbericht 1891/92 der Kremnitzer Staatlichen Hauptrealschule veröffentlichten Studie *Babonás napok* [Tage der Aberglauben], geschrieben: „Am Luzientag (13. Dez.) ziehen sie bei uns ein weißes Laken über sich, verstecken ihr Gesicht in weißen Kleidern, machen sich Ohren aus zwei Holzlöffeln, so gehen sie in die Häuser und wenn sie dort jemanden finden, verhauen sie diesen mit Löffeln oder Kalkkübeln." (Versényi 1892, 7-8.)

Im Großen Pallas-Lexikon schreibt Lajos Katona zum Stichwort Luca im Jahre 1895: „Am Luzientag geht eine in Tüchern verhüllte, mit einem Besen bewaffnete Figur in den Dörfern umher, um die Kinder und Weiber zu erschrecken." Aus den Forschungsergebnissen von Zoltán Ujváry ist uns bekannt, daß diese weiß gekleidete Frauenfigur am stärksten in den Traditionen des Luzientages der nordungarischen Ungarn und Slowaken auftrat, vereinzelt aber auch in anderen Teilen des ungarischen Volksgebietes, ja, sogar auch bei den Schokatzen des Komitats Baranya vorkam (Ujváry 1983-1988. I. 16-43, IV. 161-170).

In Esztergom-Szentgyörgymező kam Luzia wie der Weihnachtsmann, nur in Frauenkleidung. Über ihre Gestalt hat Frau József Szrogony (geb. 1902) an Zsuzsanna Tisovszki Folgendes weitergegeben: „Sie zog ein Laken und einen Unterrock an; sie bedeckte ihr Gesicht mit einem weißen Kopftuch oder weißer Spitze. Sie hatte einen weißen Kalkkübel in der Hand, damit streichelte Sie das Gesicht der Kinder, sie sagte nichts, sie zeigte nur an, dass wir beten sollten." Sie brachte auch Geschenke, wie der Weihnachtsmann. Die Kinder hatten Angst vor ihr, weil sie sie bekalken würde, wenn sie sich schlecht benahmen. In der Nacht, als die Leute schon schliefen, bekalkten die Luzien die Fenster (Tisovszki 1987, 43).

Einen anderen, auch im Komitat Fejér sehr populären Typ der am Luzientag aufgeführten Maskenspiele behandelte Tekla Dömötör: Anstatt einer personifizierten Luzie nahmen daran oft die in den Faschingsbräuchen üblichen maskierten Figuren teil (Dömötör 1979, 201). Im Komitat Fejér war darunter besonders ein als Bär maskierter Teilnehmer sehr beliebt. Laut Zoltán Ujváry waren übrigens die mit Bärenmasken aufgeführten Spiele im ganzen ungarischen Sprachgebiet bekannt (Ujváry 1989, 55-68, 239-254). In einigen Dörfern des Komitats Fejér erschien in der Gruppe der Maskenspieler auch Frau Luzie, mit dem Weißpinsel und dem Kalkkübel in der Hand, die beiden erwähnten Typen kamen also sozusagen in kombinierter Form vor. Außer den Maskenspielen war im Komitat Fejér bis Mitte des 20. Jahrhunderts der „Gruß am Luzientag“ (ung. *lucázás* oder *kotyolás*) ein allgemein verbreiteter Brauch. Am Abend oder am Morgen des Luzientages zogen Gruppen von Kindern und Burschen von Haus zu Haus und rezitierten verschiedene Zauberreime, in denen sie den Hausleuten Fruchtbarkeit und Wohlstand wünschten und gleichzeitig um Gaben baten. Die guten Wünsche bezogen sich vor allem auf die Vermehrung des Geflügels und der sonstigen Haustiere. In spassig-erotischen Details wurden auch die menschliche Fruchtbarkeit, die Manneskraft sowie die mit der Sexualität aufs engste verbundenen weiblichen Körperteile angesprochen; den letzteren wurde ein Wachstum gewünscht, was als „handgreifliches“ Zeichen der Fruchtbarkeit zu interpretieren ist. Diesen Reimen waren freilich auch obszöne Varianten nicht fremd.

Aus dem Verbot der Volksbräuche, erlassen am 7. Dezember 1770 von der Stadt Székesfehérvár, erfahren wir, daß sich Bürger und Kleinhäusler – sowohl Männer wie auch Frauen – am Luzientag verkleideten und von Haus zu Haus ziehend Maskenspiele trieben. Der Beschluss wurde mit dem folgenden Text ins Protokoll des Rates eingetragen: „Dem adeligen Magistrat wurde mit viel Schmerz berichtet, dass die Bewohner dieser königlichen Stadt vom Luzientag bis Weihnachten und dem Dreikönigstag allerlei Aberglauben gegenüber dem wahren katholischen Glauben der Bevölkerung treiben, nicht nur zur Empörung der christlichen Gläubigen, sondern auch zur Gefährdung ihrer eigenen Seele. Auch am Tage des Heiligen Nikolaus, am Tage der Unschuldigen Kinder und an anderen Feiertagen verkleiden sie sich oder nehmen geflochtene Ruten an sich und veranstalten allerlei Böses. Um Gottes Zorn wegen solcher Sünden von unserer Stadt abzuleiten, haben wir die folgenden Strafmaßnahmen für solche Taten beschlossen: Wenn irgend jemand solche Aberglauben begeht oder es wagt, am Abend oder in der Nacht des Heiligen Nikolaus, der Luzie oder der Unschuldigen Kinder Verkleidung anzuziehen und so Bosheiten zur Verdammnis der Seele zu begehen, wird er oder sie, sofern es sich um einen Bürger handelt, erstens auf eine Geldstrafe von 17 Forint, wenn es sich um einen Einlieger handelt, zu Gefängnis und 32 Rutenstreichen verurteilt. Wenn der Frevler oder die Frevlerin gegen dieses Gesetz des Magistrats erneut verstoßen, muss er oder sie unbedingt eine noch strengere Strafe erleiden." (Archiv der Freistadt Székesfehérvár, Ratsprotokoll, 7. Dezember 1770).

Im Dorf Sárszentmihály bei Székesfehérvár war der „Luziengruß" noch in den 1950er Jahren üblich. Früh morgens suchten die jungen Burschen, mit Schürhaken in der Hand, die Häuser der Verwandten und Bekannten auf. Nach einer bejahenden Antwort der Hausleute auf die Frage, ob sie den „Luziengruß" darbieten dürften, sagten sie etwa den folgenden Reim auf:

Luzia, Luzia, gluck, gluck,
Kriegste nichts, so nimmst halt etwas mit,
Wenn ihr keinen Speck uns gebet,
Bohren wir ein Loch in den Balken.
Der Hausherr soll so viel Geld haben
Wie Sterne dort am Himmel sind,
Und die Hausfrau so viele Hühner haben,
Wie Blumen auf der Wiese sind.
Luzia, Luzia, gluck, gluck.

Mädchen durften an diesen Umzügen nicht teilnehmen, denn sonst würden die Hühner keine Eier legen. Der Luzienreim lautete im Dorf Kőszárhegy ungefähr so (Diószegi 1963, 26):

Luzia, Luzia, gluck, gluck,
Weißdorn zwei und Weißdorn drei,
Gebet rasch den Schnaps herbei!
Eier legen sollen Eure Hühner,
Nicht nur gackern wie die von drüben.
Die Hausfrau soll so viele Hühner haben
Wie es Sterne gibt am Firmament,
Und Grashalme auf der Wiese.
Der Hausherr möge stets viel Glück haben,
Euer Schweinespeck so groß sein,
Wie der Dachbalken,
Und Eure Tochter so volle Busen haben,
Wie der Wasserkrug!

Emőke Lackovits hat den Brauch und den dazugehörigen fragmentierten Text des Reims aus Sárpentele notiert: „Mein Ehemann, Imre Sonnevend, hat 1959 und

1960 noch mit 11-12 Jahren den Luzienbrauch in Sárpentele, der damals 200 köpfigen Einöde in der Nachbarschaft von Sárszentmihály betrieben. Sie haben umgestülpte Mäntel und Pelzmützen angezogen, haben ihre Gesichter mit Ruß beschmiert und haben einen Stock mit einer Kette und Stroh mitgenommen. Während des Kotyolás hat einer von ihnen das Stroh unter den Tisch und unter das Bett gestreut, ihn sogar hinein gefegt. Meistens haben sie von den Hausbewohnern ein paar Pfennig dafür bekommen." (Lackovits 2011, 227, 234.) Der nur zum Teil erhaltene Text des Reims in Sárpentele lautet:

Luzia, Luzia, gluck, gluck,
Die Hähne legen Eier in der Scheune.
Gebt Ihr keinen Speck,
So schneide ich den Balken ab.
Luzia, Luzia, gluck, gluck.

Aus Füle erhielt Vilmos Diószegi (1962) auf einen Fragebogen folgenden Reim als Antwort (Diószegi, 1963, 25.):

Luzia, Luzia, gluck, gluck,
Die Hähne krähen in der Scheune.
Wenn Ihr uns keinen Speck gebt,
Schneiden wir den Balken ab.
Gluck, gluck.
Luzia, Luzia, gluck, gluck,
Eure Hühner und Gänse
Sollen so viel Eier legen
Wie Sterne sind am Himmel,
Gluck, gluck.
Eure Schweine sollen so lange Würste haben
Wie der Heubaum,
Eure Tochter so langes Haar
Wie der Rossschweif,
Euer Sohn so lange Ohren
Wie die Rille des Schleifsteins.
Euer Bohrer, Eure Axt
Sollen so fest im Stiel sitzen,
Wie meine Heuraufe.

In Csókakő wurde dieser Brauch hauptsächlich von Mädchen betrieben, die Jungen haben sie nur begleitet. Meistens sind zwei Mädchen, oder ein Mädchen und ihr Liebhaber, ihr zukünftiger Bräutigam, zusammen gegangen. Sie haben Kalkkübel, Federwische oder Kalkeimer mit sich gebracht. Sie haben die Straßen und Häuser von der Dämmerung bis Mitternacht heimgesucht. Sie haben jeden weiß angestrichen, dem sie begegnet sind, selbst die im Bett Liegenden. Einige von ihnen haben schweigend getüncht, andere haben während dem Bekalkens und Fegens der Zimmerecken die Würmer laut vertrieben: „Läuse, Flöhe, raus mit euch, geht zu den Nachbarn!" (Diószegi 1961, 7-9.). In der Mitte des 20. Jahrhunderts haben sich die Maskenspieler in weißen Männerhemden und bauschigen Unterröcken eingekleidet. Sie haben ihre Gesichter mit Masken verdeckt, sie haben nur ihre Augen frei gelassen. Ihren Kopf haben sie in ein weißes Kopftuch gewickelt. Dadurch sahen sie aus wie Babies. Sie waren immer zu zweit oder zu dritt, sowohl Jungen als auch Mädchen. Mit der Frage „Wird die Luzia hineingelassen?" haben sie um Eintritt gebeten. Sie haben die Bewohner mit der katholischen Grußform begrüßt, danach haben sie aber fast nichts gesagt. Sie haben die oberen vier Ecken des Zimmers gekalkt und dazu höchstens „Böswilligkeit, Krankheit sollen fortgehen, wir vertreiben sie!" gesagt. Manche Luzien haben auch die Fenster, die Tore und sogar den Hausherren und seine Frau weiß angestrichen. Manchmal haben sie auch den Hühnerstall und die Hühner gekalkt und gewünscht, dass sie viele Eier legten. An einigen Orten haben sie mit ihrer Erscheinung Angst verbreitet und wurden weggejagt. In Csókakő war der Brauch in den 1970er Jahren noch am Leben, aber er war schon deutlich am Aussterben (Gelencsér–Lukács 1991, 260-261).

Im Csákvár der 1940er Jahre haben zwei bis drei 15-17 Jahre alte Mädchen sich verkleidet Verkleidung oder schäbige Kleider angezogen. Sie haben ihren Kopf mit Masken aus Strümpfen bedeckt, damit sie nicht erkannt würden. So haben sie die Dorfbewohner erschreckt (Gelencsér–Lukács 1991, 261).

Im Dorf Bakonycsernye, deren Bewohner slowakischer Herkunft sind, zogen die maskierten Burschen am Luzientag mit der Harmonika von Haus zu Haus. Die Stuben wurden symbolisch mit Kalk „getüncht" damit sie das ganze Jahr hindurch sauber blieben (Kardos 1976, 29). Vilmos Diószegi erhielt 1962 von hier folgenden Reim (Diószegi 1963, 23-25):

Luzia, Luzia gluck, gluck.
Gebt Ihr, gluck, gluck,
Uns keinen Speck,
Schneide ich den Balken ab.

In Pusztavám, einem Dorf mit deutschstämmiger Bevölkerung, gingen die in weiße Tücher gehüllten Burschen am Luzientag in der Stube herum, um die Hausleute, hauptsächlich die Mädchen, zu erschrecken (Tafferner–Schell 1978, 135). Bei den Deutschen in Gánt ging eine Luzie von Haus zu Haus, erschreckte die Kinder und mahnte sie, brav zu sein, denn die schlimmen Kinder würde sie mitnehmen. Die Rolle der Luzie spielte ein normal gekleideter Bursche, der von der Hüfte aufwärts bis zur Achselhöhle mit einem *Strohband* umwickelt war. Auf dem Kopf trug er einen Hut mit einem Federwisch. Von den Maskenspielen der Burschen von Dinnyés erzählte 1958 Mihály Molnár, 70, Folgendes: "Am Luzientag haben wir uns verkleidet.

Wir haben Weißpinsel und Besen mitgenommen. Einer verkleidete sich als Bär. Der Bär trug eine Kette um den Hals und einen Strohsack auf dem Rücken. Ein anderer schlug mit einem Stock auf ihn ein und der Bär sang und tanzte und brummte in einem fort. Andere von uns musizierten mit Topfdudel (Stabreibtrommel) und Harmonika. Die Wohnungen bestreuten wir mit Stroh, auch in den Hühnerstall gaben wir Stroh. Wir tanzten mit den Mädchen und beschmierten sie mit Ruß." (VDKSM: Volkskundliche Datensammlung des König Sankt Stephan Museums, Inv.-Nr.: 58. 5; Pesovár 1958a). In Gárdony gingen am Morgen des Luzientages 4-5 Burschen im Dorf herum. In einem Korb trugen sie Stroh mit sich, von dem sie bei jedem Haus der Hausfrau ein Bündel reichten, damit diese es den Hühnern ins Nest legte: Davon sollten die Hühner im kommenden Jahr viele Eier legen. Mit einem Schürhaken stocherten sie im Hühnerstall herum und sagten: *Leget, leget, brütet, brütet!* An der Küchentür stehend schepperten sie mit dem Kettenstock und sagten einen Reim auf:

Luziens Sohn bin ich,
Im Ofen versteck' ich mich,
Den Rauch, den sauge ich so ein,
Als wär's aus Tokaj edler Wein.

Die Hausleute gaben den Luzienspielern Geld für ihre Aufführung (Pesovár 1958b). Im Dorf Sukoró war folgender Luzienreim üblich (Pesovár 1958c):

Luzia, Luzia, gluck, gluck,
Eure Hühner und Gänse mögen Eier legen
Und brav brüten.
Axt und Bohrer sollen scharf sein.
Eier sollt Ihr haben wie Sterne am Himmel,
Und Schmalz so viel wie Wasser im Brunnen.
Euer Speck soll so dick werden
Wie der Hauptbalken.
Luzia, Luzia, gluck, gluck,
Eure Hühner und Gänse mögen Eier legen!

In Pázmánd suchte eine Gruppe von Burschen, verkleidet als Bär, Gendarm und Frau Luzia, die Häuser mit heiratsfähigen Mädchen auf. Der Darsteller des Bären trug einen Pelzmantel, mit dem Futter nach außen gekehrt, und wurde an einer Kette geführt, die er um den Hals trug. Er ging auf allen Vieren und brummte dazu. Die Hauptfigur der Gruppe war der als Frau Luzia verkleidete Bursche, der einen Kalkkübel und einen Weißpinsel trug. Während der Bär die Hausleute erschreckte, bekalkte Frau Luzia die Wände, den Fußboden und die Möbel der Stube. Unterdessen versuchten die übrigen Gruppenmitglieder, aus der Küche Speise und Trank zu stehlen (Kresz 1964). Hier sei erwähnt, dass die Ortschaft Pázmánd, die den Jesuiten von Komárom gehörte, nach der Befreiung von der Türkenbesatzung mit Siedlern aus Nordungarn neu bevölkert wurde: 1720 lebten hier 29 ungarische und 6 slowakische Familien (Pesty 1977, 254). Wahrscheinlich brachten die Neusiedler die Figur der Frau Luzia aus ihrem ursprünglichen Wohnort in Nordungarn mit. In Vál zogen am Morgen des Luzientages die Jungen von Haus zu Haus. Sie brachten den Hausfrauen Stroh, welches diese den Hühnern ins Nest legten, um viele Eier zu erhalten. Für das Stroh bekamen die Jungen Geld (Szoboszlai 1951). In Bicske besuchten die Burschen am Morgen des Luzientages in Gruppen von 10-12 Mitgliedern die Häuser mit heiratsfähigen Mädchen. Sie trugen schlechte Kleider und zogen einen Strumpf über den Kopf. Der Führer der Gruppe war gewöhnlich als Bär maskiert, ging auf allen Vieren und wurde an einer Kette geführt. In den aufgesuchten Häusern zerstreuten die Burschen Spreu und Stroh, was von den Hausleuten zusammengekehrt und den Hühnern ins Nest gelegt wurde. Gelegentlich veranstaltete die Jugend eine kleine Tanzunterhaltung.

Frau Kállai, geborene Anna Szűcs (57), erinnerte sich 1964 in Seregélyes folgendermaßen an die Maskenspiele am Luzientag: "Nun, hab's gehört und weiß noch aus meiner Jugend, als das Luzienfest hier noch existierte, dass sich manche verkleideten und maskierten und mit Tanz und Musik von Haus zu Haus zogen. Dort gab man ihnen, was man eben konnte." (Balogh 1969, 148.). Auch in Seregélyes-Szőlőhegy wurde am Luzientag gefeiert: 3-4 maskierte Burschen gingen von Haus zu Haus, schepperten mit dem Kettenstock, streuten Spreu aus und sagten Reime auf. In Pusztaszabolcs zogen mehrere Gruppen von je 4-5 jungen Burschen (12-14jährig) herum; sie trugen Masken und Pelzmäntel, mit dem Futter nach außen gekehrt. Sie spielten auf dem Topfdudel (Stabreimtrommel) und der Harmonika. Fehlten diese Musikinstrumente, so wurde auf ausgedienten Töpfen gerasselt. Ein Bursche trug einen Korb mit Maiskörnern darin, ein anderer war als Bär verkleidet und trug einen Strohsack auf dem Rücken. Vor den Häusern mit heiratsfähigen Mädchen baten sie um Einlass; nach der zustimmenden Antwort betraten sie das Haus, wo sich der an einer Kette geführte Bär auf alle Viere niederließ. Der Bursche mit dem Maiskorb rezitierte den mit „Luzia, Luzia, gluck, gluck..." beginnenden Reim und legte dann eine Handvoll Maiskörner auf den Tisch. Am nächsten Morgen wurden diese den Hühnern gegeben, damit aus diesen gute Bruthennen würden. Anschließend wurde musiziert und getanzt. Der Bär trabte mit komischen Bewegungen auf allen Vieren herum. Nach dem Tanz schlug man mit Stöcken den Strohsack, den der Bär auf dem Rücken trug, dann zog die Hausfrau einige Strohhalme heraus und legte sie den Hühnern ins Nest, damit diese mehr Eier legten. Schließlich bekamen die Maskenspieler Geld, geräuchertes Fleisch oder Würste. Mihály Szente (geb. 1901) erwähnte, dass selbst in der Vorhalle des Herrschaftsschlosses gespielt wurde; die Burschen gingen gerne hin, denn sie erhielten 2-3 Pengő und wurden herzlichst willkommen geheißen. In Szolgaegyháza verkleideten sich die Burschen am Luzientag als Frauen, in der Hand trugen sie einen Weißpinsel und einen Korb. An den Hut steckten sie einen roten Fetzen und einen rußigen Federwisch. Sie zogen von Haus zu Haus und streuten Spreu im Hof und in der Küche. Gleichzeitig sagten sie folgenden Reim auf:

Luziens Sohn bin ich,
Im Ofen verstecke ich mich,
Verschlucke dort den Rauch,
Wie der Bauersmann den Wein.

Durch das Fenster riefen sie:

Unser Huhn soll Eier legen,
Und das eure weiter gackern!

Frau Csapó geb. Rozália Kovács (76), erinnerte sich 1961 an die Maskenspiele wie folgt: „Am Abend des Luzientages verkleideten sich die Burschen und Mädchen; die Burschen zogen Röcke, die Mädchen Hosen an, und sie beschmierten ihr Gesicht mit Ruß. Auf dem Rücken trugen sie ein Bündel Stroh, daraus zupften wir Frauen einige Halme heraus, die wir dann ins Hühnernest legten. Sie hatten auch einen Besen und kehrten damit die Stube auf. Sie zogen in Gruppen von 5-6 Personen herum, einer tünchte die Wand, zwei kehrten auf, drei tanzten und einer trug den Topfdudel, das geschah in den 30er Jahren." In Vastaghalom-puszta bei Szolgaegyháza (damals schon Szabadegyháza genannt) fanden Luzienspiele noch in den 1960er Jahren statt (VDKSM. 67.3; 65.13-14; Németh 1964; Diószegi 1965a; Diószegi 1965b). In Sárosd zogen die Burschen am Luzientag schlechte Kleider an und trugen eine Maske vor dem Gesicht. Einer war als Bär in einem Pelzmantel mit dem Pelz nach außen gekehrt, ein anderer als Bärenführer verkleidet, so gingen sie von Haus zu Haus. Um die Hüfte trugen sie eine dicke Kette, mit der sie rasselten, oder sie knallten mit einer Peitsche. Bei den Häusern wurde „gewaschen", „geweißelt", (mit Lehm) „verputzt", damit die Hühner frühzeitig brüten sollten. Die Mädchen wurden auch erschreckt, und dann tanzten sie zur Stabreimtrommel. In den Häusern mit heiratsfähigen Mädchen streuten die Luziengänger Stroh, dieses legten die Hausfrauen ins Hühnernest. Nachstehend die einschlägigen Erinnerungen von Frau Szakmán (geb. 1914): „Es gab die kleinen und die großen Luzienspieler. Die kleinen, das waren Schulkinder, die ließ man gerne herein, denn sie kamen nur, um die Hausleute zu begrüßen. Das war auch notwendig, damit die Hühner in dem Jahr viele Eier legten. Aber vor den erwachsenen Luzienspielern hatten die Leute Angst, denn sie beschmierten die Hauswände mit Lehm. Doch in der Woche vor Weihnachten wollte schon niemand mehr aufräumen, denn bis dahin war schon alles aufgeräumt und weißgetüncht. Die großen Luzienspieler kamen jedoch hinter den kleinen dennoch herein, da konnte man vor ihnen die Tür nicht mehr rechtzeitig schließen. Wenn man nicht aufpasste, beschmierten sie die Wand mit Kot. Einer der Hausleute mußte ständig auf der Hut sein, um herauszufinden, wer der Dieb in der Gruppe war, der nur auf die Gelegenheit wartete, etwas zu stehlen. Es gab unter den Luziengängern einen Bären, einen Bärenführer, Männer und Frauen – die waren verkehrt gekleidet –, sie trugen den Weißpinsel, eine Stabreibtrommel und eine Zither mit sich. Der Bär hatte auf dem Rücken einen großen Sack, vollgestopft mit Stroh, damit die Schläge das Stroh träfen und nicht ihn selbst; über dem Strohsack trug er einen großen Pelzmantel. Wer die Luzienspieler hereinließ, wurde beglückwünscht: „Ihre Hühner sollen viele Eier legen", sagten die Spieler. Ließ man sie nicht herein, so riefen sie von draußen: „Es mögen beim Haus zwei-drei Luder sein!" Waren sie einmal drinnen, streuten sie im Hof und in der Küche Spreu, welches die Frauen aufklaubten und unter die Hühner legten, damit diese frühzeitig brüteten. Die Spieler wurden zum Schluss mit Schinken, Wurst und Speck bewirtet und ließen es sich gut schmecken." (VDKSM. 64.4; Sergő 1964) In Sárosd rezitierten die Luzienspieler den mit „Luzia, Luzia, gluck, gluck / Der Tag bricht an, es dämmert bald…" beginnenden Reim. In Sárbogárd zogen am Luzientag 5-6 Burschen schlechte Kleider an und beschmierten ihr Gesicht mit Ruß. Einer war als Mädchen verkleidet. Sie zogen von Haus zu Haus, nahmen Spreu mit und streuten es dann in der Stube aus. In der Stube sagten sie einen Vers auf, tanzten und sangen.

In Erdőmajor bei Nagylók zogen am Luzientag verkleidete, maskierte Burschen herum. Bei den Häusern eiferten sie die Hühner mit Ausrufen zum Eierlegen und Brüten an, beschmierten die Hausleute mit Ruß und die Hauswand und den Zaun mit Kalk oder Ruß. In dem Weiler Róbertvölgy bei Előszállás gingen die verkleideten Schulkinder in Sechsergruppen in den 1940er Jahren von Haus zu Haus; am Abend des Luzientages wurde der Luzientanz vorgeführt. Von den Maskenspielern war einer als Mann, der andere als Frau verkleidet; der dritte, der Kalkstreicher, trug einen Weißpinsel in der Hand, der vierte, der Maisstreuer, war als Buckliger verkleidet. Der fünfte trug ein Bündel Stroh, der sechste die Stabreibtrommel. Außer der „Frau" hatten alle einen Schnurrbart aus Ruß oder Hanfwerg. Sie trugen einen schlechten Mantel und eine Pelzmütze, beide mit dem Inneren nach außen gekehrt. Um die Hüfte befestigten sie sich etwas Stroh. Sie suchten jedes Haus auf und wollten überall unerkannt bleiben. Ohne zu grüßen betraten sie das Haus, wo der „Mann" und die „Frau" gleich zu tanzen begannen. Der Topfdudler musizierte, der Kalkstreicher tünchte die Wand, die beiden anderen streuten Stroh bzw. Maiskörner auf den Stubenboden. Der Maissteuer ließ 10-15 Körner fallen und wiederholte in der Zwischenzeit: "*Die Hühner sollen Eier legen, die Hühner sollen brüten! Leget Eier, brütet!*" Schließlich tanzten und hüpften alle sechs gemeinsam herum. Unterdessen fiel auch Stroh von ihren Hüften auf den Boden. Zumeist gab ihnen der Hausherr 10-20 Heller, die der Maisstreuer in Empfang nahm. Die Hausfrau klaubte die Maiskörner zusammen und gab sie am nächsten Morgen den Hühnern, damit diese fleißig Eier legten; das Stroh legte sie ins Hühnernest, damit die Hühner brav brüten sollten. Wo die Maskenspieler nicht hereingelassen wurden, riefen sie von draußen: „*Die Hühner sollen keine Eier legen, die Hühner sollen nicht brüten!*" (VDKSM, 55. 20; Benedek 1955).

Auch in Fövenypuszta bei Tác gingen die Maskenspieler am Abend des Luzientages in Sechsergruppen herum: ein Bär, ein Zigeuner, ein buckliges Mädchen mit einem Korb am Arm, ein Topfdudler und ein junges Paar (ein Mädchen und ein Bursche), welches tanzte. Nach Bodakajtor kamen die Maskenspieler aus Belsőbáránd: acht bis zehn Burschen, in lumpigen Kleidern, einem Pelzmantel mit dem Inneren nach außen gekehrt, und mit Kettenstöcken. In den Dreißigerjahren kamen sie jedes Jahr. Ihr Sprüchlein sagten sie auch im Schloss auf, und der Gutsbesitzer Gyula Gräber gab ihnen 5 Pengő.

In Balatonbozsok gingen in den dreißiger Jahren am Luzientag 10-12jährige Kinder in der Orschaft herum. Sie trugen unter dem Arm Stroh mit sich und schlugen den Takt mit einem Kettenstock, während sie folgenden Reim hersagten:

Luzia, Luzia, gluck, gluck,
Früh morgens legen die Hähne
Eier in der Scheune.
Gebt Ihr keinen Speck,
So schneide ich den Balken ab.
Luzia, Luzia, gluck, gluck.

Von den Hausleuten bekamen sie Eier, Speck und Geld. Die Hausfrau kehrte in der Küche das zerstreute Stroh zusammen und legte es ins Hühnernest, damit die Hühner mehr Eier legen sollten. Aufgrund eigener Kindheitserinnerungen schilderte István Hajdú in seiner volkskundlichen Preisschrift die Luzienbräuche aus Enying wie folgt: „Am Vorabend des Luzientages gingen die Luzienspieler von Haus zu Haus. Sie befestigten eine Kette an dem Ende eines Knüppels und schlugen damit auf den Boden, wodurch ein Kettengeklirre entstand. Unterdessen sangen sie:

Luzia, Luzia, gluck, gluck,
Es dämmert bald, der Morgen graut,
Die Hähne krähen in der Scheune.
Wenn Ihr uns keinen Speck gebt,
Schneide ich die Dachbalken durch!
Gluck-gluck, gluck-gluck,
Weißdorn gluck, gluck.

Dann warfen sie eine Handvoll Spreu auf den Fußboden der Küche und sagten dazu: *Eure Hühner mögen viele Eier legen!* Die Spreu wurde von der Großmutter zusammengekehrt und in den Hühnerstall geworfen. Mit den Luzienstöcken berührten sie die Hühner, damit sie bald brüten sollten.“ (VDKSM 87.14; Hajdú 1987). In Mezőkomárom gingen Kinder und Burschen am Vorabend des Luzientages von Haus zu Haus, bliesen in ein Horn und ließen die Ketten klirren. Vor dem Gesicht trugen sie eine Maske, oder sie beschmierten ihr Gesicht mit Ruß und Mehl. Männer und Burschen verkleideten sich als Frauen: sie stopften ihr Kleid aus, als ob sie einen dicken Bauch hätten, machten sich Haare aus Hanfwerg, trugen auf dem Kopf ein großes Leinentuch und einen Korb am Arm. Manche verkleideten sich als Ziegen: aus steifem Papier machten sie sich lange Hörner und aus Watte einen weißen Pelz. Wenn die Ziege das Haus betrat, erhob sie sich auf zwei Beine und begann zu meckern. In den Häusern mit heiratsfähigen Mädchen sagten die Burschen spaßige Reime auf:

Luzia, Luzia, gluck, gluck,
Am Morgen krähen die Hähne in der Scheune.
Neben dem Ofen steht das Schaffel,
Der Gendarm ist reingefallen.
Komm, Freund, ziehen wir ihn raus,
Sonst trifft ihn noch die Schwerenot!
Luzia, Luzia, gluck, gluck,
Früh morgens, wenn es dämmert,
Krähen die Hähne in der Scheune.
Gebt Ihr uns keinen Speck,
So schneide ich den Dachbalken durch.
Gebt Ihr keine Nüsse,
So schlachte ich euer Mastschwein ab.
Gebt Ihr uns keine Linsen,
So schlachte ich die Ziege ab.
Gebt Ihr keine Bohnen,
So schlachte ich den Pfaffen ab.
Gebt Honig in den Becher und etwas Geld in meine Hand!
Luzia, Luzia, gluck, gluck,
Der Tag bricht an, es wird schon dämmerig.
Gebe Euch Gott hundert Koben und ein dreckiges Ferkel dazu.

Luzia, Luzia, gluck, gluck,
Der Tag bricht an, es wird schon dämmerig.
Dann soll aus dem Arsch Eurer Tochter
Hervorquellen der Furz wie der Rauch aus Nachbars Schornstein.
Luzia, Luzia, gluck, gluck,
Der Tag bricht an, es wird schon dämmerig.
Wie das Weinfass, so groß sei der Hintern Eurer Frau!
Luzia, Luzia, gluck, gluck,
Der Tag bricht an, es wird schon dämmerig.
Luzia, Luzia, gluck, gluck,
Die Hähne krähen in der Scheune.
Luzi-Anni geht auf der Straße,
Rote Äpfel wirft sie um sich.
Wer einen erhascht,
Dem gehört die Luzi-Anni.

Für ihre Darbietung bekamen die Burschen Lebensmittel, hauptsächlich Selchfleisch. Am Morgen des Luzientages wurde das Maskenspiel fortgesetzt, wodurch die Teilnehmer genug Lebensmittel für eine ganze Woche sammeln konnten (Stefanovics 1978, 53-54; Diószegi 1963, 254).

Anlässlich des IV. Internationalen Symposiums Ethnographia Pannonica rief Niko Kuret 1978 die Teilnehmer zur koordinierten Erforschung der Volksbräuche des Luzientages auf: „Einer der typischen Bräuche des pannonischen Raumes sind die Luzienumgänge... Das Luziengebiet ist, wie bekannt, nicht nur auf den pannonischen Raum begrenzt, obwohl dieser als sein Kerngebiet hervortritt... Die Volkskundler Bayerns, Böhmens und Mährens, der Slowakei, Österreichs, Sloweniens, Kroatiens und Ungarns waren nun aufgerufen, im Rahmen der Ethnographia Pannonica neue Bestandsaufnahmen in ihren Ländern durchzuführen... Unser Vorschlag geht nun dahin, in allen betreffenden Ländern derartige Bestandsaufnahmen, vorerst vielleicht nur auf die maskierten Luzienumgänge begrenzt, in Angriff zu nehmen." (Kuret 1981, 63-64.) Meine Bestandsaufnahme in Ost-Transdanubien bzgl. der maskierten Luzienumgänge wurde im Sinne dieses Aufrufes, im Geist der pannonischen volkskundlichen Zusammenarbeit, durchgeführt. Ich will damit Katalin Petánovics ehren, die ihr ganzen Lebenswerk der Volkskunde von Transdanubien und vom Komitat Zala gewidmet hat.

[Die Studie ist sowohl in ungarischer als auch in deutscher Sprache erschienen:
Lukács, László: *Luca napi alakoskodó népszokások Kelet-Dunántúlon.* Zalai Múzem XVIII. 2009. 195-202. Zalaegerszeg
Lukács, László: *Volkstümliche Maskenspiele am Luzientag in Ost-Transdanubien.* Műveltség és Hagyomány XXV-XXVI. 1992. 99-110. Debrecen]

Literatur

BALOGH, Lajos

1969 *Nyelvjárási szövegek* IV. *A Dunántúl középső része* [Dialekt-Texte IV. Mittel-Transdanubien]. Magyar Nyelvjárások XV. 143-156 Debrecen

BARTÓK, Béla – KODÁLY, Zoltán Hg.

1953 *A magyar népzene tára. II. Jeles napok* [Das ungarische Volksliedarchiv. II. Feiertage]. Veröffentlicht von György KERÉNYI. Budapest

BENEDEK, Sándor

1955 *Lucatánc* [Luzientanz]. Előszállás. VDKSM. Inv.-Nr.: 55.20.

BERZE NAGY, János

1940 *Baranyai magyar néphagyományok* [Ungarische Volksbräuche in Baranya]. I-III. Pécs

DIÓSZEGI, Vilmos

1961 *Csókakői gyűjtés* [Sammlung in Csókakő]. Manuskript. MVED. Inv.-Nr.: 7109.

1963 *Luca napi kotyoló szövegek* [Texte zum Kotyolás am Luzientag]. Néprajzi Közlemények VIII. 2-4. 3-360. Budapest

1965a *Néphit* [Volksglaube]. Szabadegyháza. Manuskript. VDKSM. Inv.-Nr.: 65.14.

1965b *Néphit* [Volksglaube]. Szabadegyháza-Hippolitpuszta. Manuskript. VDKSM. Inv. Nr.: 65.15.

DÖMÖTÖR, Tekla

1979 *Naptári ünnepek – népi színjátszás* [Kalenderfeste – volkstümliche Maskenspiele]. Budapest

GAVAZZI, Milovan
1988 *Godina dana hrvatskih narodnih običaja* [Feiertagsvolksbräuche in Kroatien]. Zagreb
GELENCSÉR, József – LUKÁCS, László
1991 *Szép napunk támadt. A népszokások Fejér megyében* [Unser schöner Tag ist entstanden. Volksbräuche im Komitat Fejér]. Fejér megye Néprajza III. Székesfehérvár
GÖNCZI, Ferenc
1914 *Göcsej s kapcsolatosan Hetés vidékének és népének összevontabb ismertetése* [Zusammenfassende Vorstellung des Volkes und des Gebietes Göcsej und dessen Umgebung]. Kaposvár
HAJDÚ, István
1987 *Népszokások* [Volksbräuche]. Enying. Manuskript. KSMVD. Inv.-Nr.: 87.14.
HALÁSZ, Albert
1999 *Jeles napok, népi ünnepek a Muravidéken* [Feiertage, Volksfeste im Murgebiet]. Lendva
KARDOS, László
1976 *Keresztény népi vallási tradíciók és népi hitvilág a Bakonyalján* [Christliche Volkstraditionen und volkstümliche Glaubenswelt im Bakonyerwald]. Életünk XXIII. 1. 22-38. Szombathely
KIRÁLY, Lajos
1995 *Kalendáriumi jeles napok népszokásai és hiedelmei Somogyban* [Volksbräuche und Volksglaube der Feiertage des Kalenderjahres in Somogy]. Kaposvár
KORONCZY, Imre
1879 *Miszterium-töredékek. Lucza-napkor* [Mysteriumsfragmente am Luzientag]. Magyar Nyelvőr VIII. 526.
KRESZ, Mária
1964 *Vegyes néprajzi gyűjtés* [Gemischte volkskundliche Sammlung]. Pázmánd. Manuskript. MVED. Inv.-Nr.: 7305.
KRETZENBACHER, Leopold
1959 *Santa Lucia und die Lutzelfrau. Volksglaube und Hochreligion im Spannungsfeld Mittel- und Südosteuropas.* München
KURET, Niko
1965 *Praznično leto slovencev.* I-II. Celje
1981 *Luzienbrauch im pannonischen Raum und seinen ostalpinen Grenzgebieten. Ein Forschungsvorhaben.* Minderheiten und Regionalkultur. Vorträge des 4. Internationalen Symposiums „Etnographia Pannonica" in Bernstein 1978. Hg.: Olaf BOCKHORN, Károly GAÁL, Irene ZUCKER. 63-64. Wien
LACKOVITS, Emőke
2000 *Az egyházi esztendő jeles napjai, ünnepi szokásai a bakonyi és Balaton-felvidéki falvakban* [Die Feiertage und Festbräuche des Kirchenjahres in den Dörfern des Bakonyerwaldes und des Plattenseeoberlandes]. Veszprém
2011 *Szent Luca és Luca napja a bakonyi, valamint a Balaton-felvidéki közösségekben* [Die Heilige Luzia und der Luzientag in den Gemeinden der Dörfer des Bakonyerwaldes und des Plattenseeoberlandes]. Alba Regia XL. 223-245. Székesfehérvár
LUKÁCS, László
2004 *Sebestyén Gyula és a budapesti Néprajzi Múzeum első lucaszéke* [Gyula Sebestyén und der erste Luzienstuhl des Budapester Museums für Volkskunde]. Ethnographia CXV. 195-203.

NÉMETH, Erzsébet
1967 *Babonás hiedelemtörténetek* [Abergläubische Geschichten]. Szabadegyháza. Manuskript. KSMVD. Inv.-Nr.: 67.3.
PESOVÁR, Ferenc
1958a *Vegyes néprajzi gyűjtés* [Gemischte volkskundliche Sammlung]. Dinnyés. Manuskript. KSMVD. Inv.-Nr.: 58.5.
1958b *Vegyes néprajzi gyűjtés* [Gemischte volkskundliche Sammlung]. Gárdony. Manuskript. KSMVD. Inv.-Nr.: 58.3.
1958c *Vegyes néprajzi gyűjtés* [Gemischte volkskundliche Sammlung]. Sukoró. Manuskript. KSMVD. Inv.-Nr.: 58.1.
PESTY, Frigyes
1977 *Helységnévtár Fejér megye* [Ortsregister Kom. Weißenburg]. Fejér Megyei Történeti Évkönyv XI. 161-305. Székesfehérvár
SEBESTYÉN, Gyula
1906 *Dunántúli gyűjtés* [Sammlung in Transdanubien]. Magyar Népköltési Gyűjtemény VIII. Budapest
1909 *Luczaszék* [Der Luzienstuhl]. Ethnographia XX. 314-15.
SERGŐ, Erzsébet
1964 *Luca napi szokások* [Volksbräuche am Luzientag]. Sárosd. KSMVD. Inv.-Nr.: 64.4.
STEFANOVICS, Katalin
1978 *Szokások és hiedelmek Mezőkomáromban* [Bräuche und Aberglauben in Mezőkomárom]. Néprajzi pályamunkák Fejér megyéből I. Hg.: LUKÁCS, László. 52-58. Székesfehérvár
SZOBOSZLAI, Istvánné
1951 *Szokások, babonák* [Bräuche, Aberglauben]. Vál. Manuskript. KSMVD. Inv.-Nr.: 51.1.
TAFFERNER, Anton – SCHELL, Franz
1978 *Heimatbuch von Pusztavám und Umgebung.* Geretsried
TISOVSZKI, Zsuzsanna
1987 *Szentgyörgymezei népszokások* [Volksbräuche in Szentgyörgymező]. Komárom Megyei Néprajzi Füzetek II. Hg.: KÖRMENDI, Géza. 41-68. Tatabánya
UJVÁRY, Zoltán
1964 *Luca-asszonyok Csallóközben és Nyitra környékén* [Luzienfrauen in der Großen Schüttinsel und in der Gegend von Nyitra]. Ethnographia LXX. 451-453.
1983-1988 *Játék és maszk* [Spiel und Maske]. I-IV. Debrecen
1989 *Állatmaszkok* [Tiermasken]. Debrecen
VERSÉNYI, György
1892 *Babonás napok* [Abergläubische Tage]. A Körmöczbányai M. Kir. Állami Főreáliskola huszonkettedik évi értesítője 1891/92. Hg.: SCHRÖDER, Károly. Budapest

Abkürzungen

MVED: Néprajzi Múzeum Ethnológiai Adattára [Ethnologische Datensammlung des Museums für Volkskunde], Budapest
KSMVD: A Szent István Király Múzeum Néprajzi Adattára [Volkskundliche Datensammlung des König Sankt Stephan Museums], Székesfehérvár

ZUR GESCHICHTE DER VERBREITUNG DES ADVENTSKRANZES

> Ich soll Dich suchen mit der Sehnsucht,
> Ich sehne mich nach Dir mit der Suche!
> Mit der Liebe soll ich Dich finden,
> Und ich soll Dich lieben mit dem Finden.

Die als Motto ausgewählten Zeilen des Gebetes vom Kirchenvater, dem Heiligen Anselmus von Canterbury (1033-1109), drücken das Warten zur Adventszeit, die Vorbereitung auf die Ankunft Christi aus, deren Hilfsmittel in Mitteleuropa der Adventskranz ist.

Der Anfang des liturgischen kirchlichen Jahres ist der Advent, der Volkssprache nach *ádvent, ádvint* (Kiskunfélegyháza). Das Wort stammt aus dem lateinischen *adventus Domini* (die Ankunft des Herrn). Der Kirche nach ist der Advent eine heilige Zeitspanne, im Mittelalter war er außerdem noch Zeit des Fastens als Vorbereitung auf Weihnachten (Bálint S. 2014, 12.; Gáncs P. – Szabó I. 2003.). In seinem 1757 erschienenen Buch *Der heilige Heortokrates, oder kurze Geschichte der christlichen Feste* hat Péter Bod (1712-1769), reformierter Prediger im siebenbürgischen Magyarigen, Folgendes geschrieben: „*Domenica Adventus*, Adventsonntag. So werden heute die vier Wochen vor Weinachten genannt. Früher waren es sechs Wochen, beginnend mit dem Tag des hl. Martinus (die griechische Kirchengemeinde beginnt ihr Fasten auch heute noch an diesem Tag), aber bei den Latinisierten wurde er auf vier Wochen gekürzt. Denn Christ hat vier Ankünfte: 1. Als er zu Fleisch und Blut wurde; 2. Als er in die Herzen hineinfliegt und den Mensch bekehrt; 3. Wenn er besucht den Menschen in seiner Todesstunde; 4. Wenn er zum Jüngsten Gericht kommt. Allgemein beginnt der Advent mit dem Tag des hl. Andreas, da diese Tage zum Nachdenken über die Verkörperlichung Christi, zum Anfang des Fastens da waren…" (Bod P. 1757, 31.). Deshalb wurde die Adventszeit in Szeged *kisbűt* (kleines Fasten), in Tápé *adventbűt* (adventliches Fasten) genannt. Mittwoch und Freitag gab es ein strenges Fasten, am Samstag musste man sich nur von den Fleischgerichten fernhalten (Bálint S. 2014, 12.; 1980, III. 214.). Zur Adventszeit gab es auch keine lauten Festlichkeiten, die 1907 geborene Mezőkövesder Gedingarbeiterin Margit Gari erinnert sich so: „Der Advent war für uns die Zeit der Erwartung von Christus, Vorläufer der Geburt des Christkinds. Wir haben gewartet, gebeten und haben uns gefreut, dass zu Weihnachten… Der Advent begann nach dem Andreastag, der die Musik einschloss. Wenn sich Andreas näherte, wussten wir, dass es leider vorbei mit der Freude ist. Am Andreastag gingen wir zur ersten Morgenmesse. Als der erste Adventstag anbrach, fertigten wir schon die Unterkunft an, aber nicht in unserem Haus, sondern in unseren Herzen." (Fél E. 1993, 239.; 1983, 298-299.)

Im 19. Jahrhundert ist im protestantischen Norddeutschland ein Brauch entstanden, der den wichtigsten Sinn des Advents ausdrückte: das Erwarten der Weihnachtszeit. In den 1870er Jahren hatte in Pommern ein evangelischer Pfarrer am ersten Adventssonntag in einer Kirche einen Weihnachtsbaum aufgestellt und an jedem neuen Sonntag eine zusätzliche Kerze daran angezündet. Später wurde der Baum durch einen aus grünen Zweigen gefertigten Kranz ersetzt. Andere frühere Daten besagen, dass im größten Waisenhaus in Berlin schon 1860 ein mit Kerzen geschmückter Tannenkranz erschienen ist. Seit Ende des 19. Jahrhunderts, aber hauptsächlich seit dem Ersten Weltkrieg hat sich der Adventskranz von den protestantischen norddeutschen Gebieten bis in die katholischen süddeutschen und österreichischen Gebiete verbreitet. In seiner Verbreitung spielten auch die Kirchen, Schulen und der Handel eine große Rolle.

In Österreich wurde er seit dem Ersten Weltkrieg zunächst hauptsächlich nur in den Städten und in den Familien der höheren gesellschaftlichen Schichten bekannt. Die Wiener machten im Jahr 1920 Bekanntschaft mit ihm, als ein Wiener Universitätsprofessor, aus Freiburg im Breisgau zurückkehrend, sich einen von einem Josefstädter Blumengeschäft anfertigen ließ. Dem Besitzer des Geschäftes gefiel das bisher unbekannte Ding, dass er einen zweiten Kranz ins Schaufenster hängte. Noch in jenem Advent wurden 30 Kränze verkauft. In Graz wurde er 1925 von der Jugendbewegung, in Linz nach dem Ersten Weltkrieg von aus Deutschland stammenden Familien bekannt gemacht.

In Tirol war er in der Zwischenkriegszeit noch kaum bekannt. Der aus Deutschland stammende Brauch hat sich zur Zeit des Anschlusses (1938–45) in ganz Österreich verbreitet (Wolfram R. 1959, 2-6; Galler W. 1977, 6-7).

Heutzutage gibt es kein österreichisches Dorf oder Haus, wo der Adventskranz unbekannt ist, selbst bei den Ungarn im Burgenland nicht (Seper K. 1976, 118.; Petrei B. 1972, 148-149). Auf den Weinachtsmärkten, in den Blumengeschäften und Warenhäusern ist er überall zu kaufen. Als Dekoration ist er nicht nur in den Geschäften der Großstädte (Innsbruck, Salzburg, Linz, Graz, Wien), sondern auch in den kleinen Alpendörfern zu sehen. Im Familienkreis ist er aber nicht nur eine Dekoration. Zu Hause wird er mit seinen lila Schleifen an die Decke gehängt oder auf den Tisch gelegt. Seine vier Kerzen deuten auf die vier Adventswochen hin. An jedem Sonntag wird im dunklen Zimmer eine zusätliche Kerze angezündet, so verstärkt sich sein Licht mit der Ankunft der Weinachtszeit. Am Heiligabend brennen schon all seine vier Kerzen zusammen mit denen des Weinachtsbaumes.

Neuerdings bekommen die Kinder mit dem Adventskranz auch einen sog. „Tagesfresser": An eine Schleife sind 24 Nüsse gebunden, die die Tage bis Weihnachten symbolisieren. Die versilberten Nüsse zeigen die Sonntage, die vergoldete Nuss zeigt Heiligabend an. Die Schleife wird an den Kranz gebunden, und die Kinder schneiden jeden Morgen oder Abend eine Nuss ab. In den Wochentage symbolisierenden Nüssen sind kleine Zettel mit Ratschlägen in Bezug auf das Benehmen und Lernen, in den versilberten und im vergoldeten sind Süßigkeiten oder Geld versteckt.

Der Adventskranz ist in Österreich so beliebt, dass er seit einigen Jahrzehnten, zusammen mit dem kleinen Weinachtsbaum auch an den Gräbern zu finden ist.

Im Lande Salzburg wird der Adventskranz am frohen Silvesterabend im Garten verbrannt. Auf den Fragebogen des in der Mitte der 1950er Jahre zusammengestellten *Österreichischen Volkskundeatlasses* hat eine Bauerstochter geantwortet: „Der Adventkranz ist erst seit kurzer Zeit bei uns Brauch. Es ist aber ein schöner Brauch, den man nicht mehr weglassen will." (Wolfram R. 1959. 7.).

Mit der geografischen Verbreitung des Adventskranzes haben sich sowohl die deutschen, als auch die österreichischen Volkskundeatlanten beschäftigt. Das Material der Karte Nr. 36 des *Atlasses der deutschen Volkskunde* wurde 1932 gesammelt. Die Karte zeigt, dass der Adventskranz in den hauptsächlich protestantischen (evangelischen) Gebieten Norddeutschlands stark verbreitet ist. Von seinem Stammgebiet ist er zu der Zeit noch nicht (oder nur sehr selten) in die katholischen südlichen, südöstlichen Gebiete Deutschlands und in Österreich eingedrungen. Die Grenze der Verbreitung kann bei den Sudetendeutschen sehr genau beobachtet werden: Bei ihren Nachbarn, im evangelischen Sachsen und Schlesien, ist der Adventskranz schon stark verbreitet, aber unter den katholischen Sudetendeutschen und in Oberschlesien war er noch fast unbekannt. Während der Sammlung für den Atlas hat sich auch herausgestellt, dass der Adventskranz an erster Stelle bei den evangelischen Familien in Erscheinung getreten ist. Es ist auch auffallend, dass er sich in den Großstädten, Industriegebieten und in deren Umgebung sehr schnell verbreitet hat. Hier hat er sogar die Konfessionsgrenzen überschritten, am stärksten im Rhein- und Ruhrgebiet. Zuerst ist er bei den wohlhabenden Familien, in den oberen Gesellschaftsschichten erschienen, davon ausgehend hat er sich verbreitet (Atlas der deutschen Volkskunde. 2. Lieferung, Karte Nr. 36).

Der deutsche Volkskundeatlas gibt auch Informationen über Österreich: Die Karte Nr. 36 zeigt, dass der Adventskranz im Jahre 1932 nur sehr spärlich verbreitet war. Von den 1148 Belegorten war er nur in 86 bekannt, darunter in 51 Orten nur bei einigen Häusern. In Südtirol war er völlig unbekannt, in Tirol gab es 2, in Niederösterreich 30, in Oberösterreich 18 und in der Steiermark 20 Belegorte, an denen er bekannt war (Wolfram R. 1959. 1).

Im *Österreichischen Volkskundeatlas* beschäftigen sich sogar zwei Karten mit dem Adventskranz, ihre Materialien wurden 1955/56 gesammelt. Als man 23 Jahre nach dem deutschen Vorgänger den Adventskranz beschrieben hat, konnte man ihn schon in 1804 Orten registrieren, nur in 13 Orten war er unbekannt. Das bedeutet, dass die Intensität des Brauchs schon 16mal größer war als früher. Die konfessionellen Unterschiede sind auch schon verschwunden: Die katholische Kirche hat den protestantischen Brauch völlig übernommen, und seit dem Zweiten Weltkrieg haben sogar Kranzweihen in katholischen Kirchen stattgefunden.

Der Adventskranz war in der Mitte des 20. Jahrhunderts trotzdem nicht so allgemein in Österreich anerkannt: Das zeigt, das er in 862 Belegorten nur in einigen Häusern bekannt war. Am stärksten verbreitet war er im in west-östlicher Richtung geöffneten Donautal, hauptsächlich in Oberösterreich, neben den wichtigen Verkehrswegen in den Flusstälern. Im nördlichen Teil von Niederösterreich, in zahlreichen Gebieten von Oststeiermark, Kärnten und Südtirol hingegen ist er nur sehr selten erschienen, oft nur in den Kirchen, Schulen oder bei einigen Häusern. Bei seiner Verbreitung spielten die Städte und die gebildeten führenden Schichten eine große Rolle. Die Bauern haben ihn nur langsam angenommen.

Die Kirche hat viel für seine Verbreitung getan: In 332 Belegorten hat ihn der Pfarrer, oder eine andere kirchliche Person eingeführt. Die Schule hat in 266, die Organisationen der NSDAP in 42 Orten eine Rolle bei seiner Verbreitung gespielt. In den übrigen 67 Orten haben die vor den Bombardierungen Fliehenden, die ausbombardierten deutschen Familien wie auch die aus Deutschland kommenden Gäste viel für die Verbreitung getan. Nicht zu übersehen sind die verschiedenen Zeitungsartikel, die vor Weihnachten Ratschläge zum Anfertigen von Adventskränzen gegeben haben.

Karte Nr. 8 im *Österreichischen Volkskundeatlas* zeigt, dass bei der österreichischen Verbreitung des Adventskranzes die Zeit des Anschlusses (1938-1945) eine sehr wichtige Rolle gespielt hat: Die Kontakte mit Deutschland waren intensiver, und der Brauch des Adventskranzes konnte leichter nach Österreich gelangen. Aus 186 Belegorten hat man mitgeteilt, das dieser Brauch bei ihnen nur nach 1945 erschienen ist (Wolfram R. 1959, 2, 5. Österreichischer Volkskundeatlas. 1. Lieferung, Bl. 7, 8, 9).

Nach der Erscheinung der beiden Volkskunde-Atlanten hat Hermann Bausinger eine Studie über den Adventskranz geschrieben, in der er neue, bislang unbekannte Daten über die Entstehung dieses Brauchs mitgeteilt hat. Von ihm wissen wir, dass den frühesten Adventskranz, von dem wir Aufzeichnungen finden können, der evangelische Priester und Gründer des Hamburger *Rauhen Hauses* (einer evangelischen Erziehungsanstalt), Johann Hinrich Wichern im Jahre 1833 angefertigt hat: Vor der ersten Adventsmesse wurden rund um die Orgel zahlreiche farbige Wachskerzen aufgestellt, und beim Lobspruch nacheinander angezündet. Später entstand der Brauch, dass von der ersten Adventsmesse an (in der Mitte des 19. Jahrhunderts am Mittag, seit den 1870er Jahren abends) jeden Tag eine neue Kerze am Leuchter des Gebetsraumes angezündet wurde. So waren die runde Form und die Kerzen des Adventskranzes nach Bausinger schon gegeben, später kamen die Tannenzweige dazu (Bausinger H. 1970, 12-14).

Im Jahr 1991 hat das Rauhe Haus ein Dokument herausgegeben, das die Entstehung des Adventskranzes so beschreibt: Der erste Adventskranz entstand im Jahre 1839, er war rund, aus Holz mit 23 Kerzen. Die Wände des Gebetsraumes waren von 1851 an mit Tannenzweigen geschmückt. Der wagenradgroße hölzerne Adventskranz, mit 18-24 dünnen, roten und 4 dicken, weißen Kerzen wurde zuerst 1860 mit Tannenzweigen verziert. Bis zum 24. Dezember wurde jeden Tag eine neue Kerze angezündet, das immer stärkere Licht hat die Ankunft Christi verkündet. Die dünnen roten Kerzen wurden werktags, die dicken weißen wurden sonntags angezündet. All das hat Johann Hinrich Wichern in seinem Tagebuch beschrieben, und die Hamburger Volkskundlerin Gisella Jaacks betont: „Meines Wissens ist der Brauch, einen Adventskranz als Symbol der Erwartung aufzustellen und mit Lichtern zu versehen, auf Johann Hinrich Wichern zurückzuführen. Jedenfalls ist es bei Wichern zum ersten Mal zu belegen. Er hat mit großer Wahrscheinlichkeit als erster im europäischen Raum den Adventskranz eingeführt und bekannt gemacht." (Mann von Velsen U. – Kohlmann W. hg. von 1991, 21-26.).

Der Adventskranz ist auch im Ersten Weltkrieg in den Lazaretten Norddeutschlands erschienen, wo ihn auch aus anderen deutschen Gebieten stammende Soldaten kennenlernen konnten, was auch zu seiner Verbreitung beigetragen hat (Bausinger H. 1970, 15).

In Niederösterreich werden die Adventskränze am Abend vor dem ersten Adventssonntag kirchlich geweiht, sie werden auf die Altartreppen oder auf einen, zu diesem Zweck aufgestellten Tisch gelegt. In Wolkersdorf legen die Gläubigen ihre Kränze vor sich auf die Bank, und der Pfarrer weiht jeden Kranz. In Prinzendorf an der Zaya werden sie vor den Nebenaltar halbkreisförmig aufgestellt (Galler W. 1977, 8). Ausserdem hängt man in Niederösterreich Weinachtssymbole (Apfel, Nuss oder Engelchen) an die bereits hängenden Kränze, so wird die Verwandtschaft zwischen Adventskranz und Weinhachtsbaum betont (Galler W. 1977, 8).

Bevor ich zur Erscheinung und Verbreitung des Adventskranzes in Ungarn übergehe, möchte ich in Bezug auf das vorher Gesagte aus Walter Hartingers Buch *Religion und Brauch* zitieren: „Dieser positiven Grundstimmung dürfte es zuzuschreiben sein, dass im ausgehenden 19. und beginnenden 20. Jahrhundert Neuerscheinungen, wie der Weinachtsbaum und der Adventskranz in den Kultraum integriert worden sind, obwohl ihnen damals durchweg der Geruch heidnischer Herkunft anhing. Mittlerweilen gleichen die Chorräume mancher Kirchen zur Weinachtszeit fast einem Lichterwald, eine eventuell vorhandene Krippe ist in den Hintergrund verdrängt, für die Adventskränze gibt es bereits kirchliche Segnungen." (Hartinger W. 1992, 68.) Das kann mit der Feststellung Leopold Schmidts verbunden werden: „Vereinzelt ist es heute auch üblich, die Adventkränze zu segnen, kirchlich zu benedizieren. Das ist besonders merkwürdig, weil die Christbäume, die vor etwa anderthalb Jahrhunderten in ähnlicher Form eingebürgert wurden, doch nie so nahe an kirchliches Ritual herangeführt worden sein dürften. Vermutlich hat da das für diese Adventskränze so bezeichnende Lichterwesen daran seinen Anteil, denn die Benediktion von Lichtern ist der Kirche seit langem geläufig und entspricht der von ihr selbst entwickelten Symbolik." (Schmidt L. 1966, 29.)

Das erstmals 1977 erschienene *Lexikon der ungarischen Volkskunde* erwähnt den Adventskranz unter dem Stichwort *Advent* nicht. Im 1993 erschienenden *Großen Ungarischen Lexikon* kommt es aber schon vor: „Der Adventskranz symbolisiert das Licht, das im Laufe des Jahres schwindet, dann wächst." (Das Große Ungarische Lexikon. Budapest, 1993. I. 167.) Im *Ungarischen Katholischen Lexikon* schreibt, auf Professor Bausingers Studie beruhend, Elek Bartha über den Adventskranz, aber daraus kann man nicht feststellen, dass der Kranz und sein Brauch sich auch in Ungarn verbreitet haben. (Das Ungarische Katholische Lexikon. Budapest, 1993. I. 61.) In ungarischen volkskundlichen Handbüchern wurde der Adventskranz erstmals im Jahr 1990, im siebten Band von *Ungarische Volkskunde,* von Zsuzsanna Tátrai erwähnt: „Der Adventskranz kann zu den, heutzutage an Popularität gewinnenden Weinachtssymbolen gezählt werden. Der wahrscheinlich vom deutschen Sprachgebiet stammende Brauch begann sich in der Zwischenkriegszeit in Österreich zu verbreiten. Die Blumengeschäfte Budapests stellen ihn in unzähligen Varianten, mit farbigen Kerzen und Schleifen geschmückt zusammen." (Tátrai Zs. 1990, I. 249.)

Ich selbst bin dem Adventskranz 1967 in Kápolnásnyék (Kom. Fejér) begegnet. Zu dieser Zeit kam der Pfarrer Alajos Milcsinszky von Ráckeve (Kom. Pest) zu uns, und er legte auf den linken Nebenaltar einen grünen Tannenkranz mit vier Kerzen.

Pfarrer Alajos Milcsinszky beim Anzünden der Kerzen am Adventskranz in der Zisterzienserkirche von Székesfehérvár. Aufnahme von László Lukács, 1985

Adventskränze im Székesfehérvárer Skála-Warenhaus. Aufnahme von László Lukács, 1982

Adventskranz in der Zisterzienserkirche von Székesfehérvár. Aufnahme von László Lukács, 2004

Am vierten Adventssonntag war das Anzünden der Kerzen besonders feierlich: Der Pfarrer hat für die Melodie eines populären Schlagers einen religiösen Text geschrieben, was dann vom Mädchenchor, mit meiner Gitarrenbegleitung, vorgetragen wurde. In den folgenden Jahren habe ich keine Adventskränze gesehen: Im Universitätsregiment von Hódmezővásárhely, an der Debrecener Universität und in unserer Mietwohnung in Debrecen gab es keine. Den Advent von 1978 habe ich als Herder-Stipendiat in Wien verbracht, wo ich dem Adventskranz sehr oft in Kirchen, an der Universität, in Blumengeschäften, in Schaufenstern und in den Sendungen des ORF begegnet bin. Im Institut für Volkskunde der Wiener Universität haben wir sogar die Vorlesungen von Professor Richard Wolfram besucht, der der Autor der Karten des Adventskranzes und deren Kommentaren im *Österreichischen Volkskundeatlas* war. So konnte ich bis zu meiner Rückkehr nach Székesfehérvár/Stuhlweißenburg sehr viel über den Adventskranz lernen, wovon ich auch bald Gebrauch machte.

Im Dezember 1980 habe ich im Schaufenster des Parfüm- und Geschenkgeschäftes *Opera* mehrere, mit vier Kerzen geschmückte grüne Kränze gesehen. Ich habe die Schaufensterdekorateurin gefragt, was sie davon wüsste. Sie hat gesagt, diese Kränze gehören irgendwie zu den Weinachtsfeierlichkeiten. Sie stammen aus der DDR und sind im Geschäft erhältlich. In diesem Schaufenster waren die Kränze auch vor Weinachten 1981 zu sehen. In den Adventswochen 1982 waren sie schon im *Warenhaus Fehérvár* zu sehen. Ich habe von ihnen Fotos gemacht. Die Kränze waren in einem Blumengeschäft in der Lenin- (heute Bischof Ottokár Prohászka) Straße erhältlich. 1983 war der Adventskranz eine Dekoration im *Domus-Warenhaus*, und er ist auch im *Ungarischen Fernsehen*, in der Sendung *Hét* (Die Woche) neben dem Moderator erschienen. Sein Sinn war aber damals noch nicht bekannt, weil alle vier Kerzen schon am zweiten Adventsonntag brannten. Wahrscheinlich hat man ihn aus dem österreichischen Fernsehen übernommen, wo mann ihn schon 1978/79 sehen konnte. Begeistert von der Erscheinung des Adventskranzes habe ich einen Artikel über ihn in den Zeitungen *Fejér Megyei Hírlap* (Weißenburger Nachrichten), *Múzeumi Kurír* (Kurier des Museums) und auf Deutsch in der *Neuen Zeitung* geschrieben (Lukács L. 1980; 1982; 1983). Die kleinen Mitteilungen können als erste Erwähnungen des Adventskranzes in der volkskundlichen Literatur Ungarns betrachtet werden.

Adventskranz im Zisterziensergymnasium Sankt Stephan Székesfehérvár. Aufnahme von László Lukács, 2004

Adventskranz in der römisch-katholischen Kirche des Budapester Bosnyák-Platzes. Aufnahme von László Lukács, 2004

Mein Kollege József Gelencsér hat in unserem gemeinsam geschriebenen Buch über die Volksbräuche des Komitats Weißenburg eine sehr frühe Erscheinungsperiode für den Adventskranz aus dem Mórer-Tal und dem Zámolyer-Becken erwähnt: „In Csákvár ist in der Zwischenkriegszeit bei einigen Familien der Adventskranz erschienen, wahrscheinlich mit deutscher Einwirkung. Er hat einen Durchmesser von ca. 20 cm, wurde aus Tannenzweigen angefertigt, er hatte vier Kerzen, die die vier Adventswochen symbolisieren und wurde auf die Kommode gestellt. Jeden Adventssonntag wurde während des Abendgebetes eine zusätzliche Kerze angezündet, so wurde sein Licht zu Weihnachten hin immer stärker. In Csókakő, Söréd und Bodajk werden in der Kirche schon seit langem Adventskränze benutzt, der Pfarrer zündet immer vor Beginn der Messe eine Kerze an. In den Wohnungen wird er aber nicht benutzt." (Gelencsér J. - Lukács L. 1991, 251.). In seinem späteren Artikel schrieb József Gelencsér, dass die große Verbreitung des Adventskranzes Ende der 1980er Jahre begonnen hat, nachdem er bei kirchlichen Ritualen Verwendung gefunden hatte. Der Stuhlweißenburger Domherr, heute Großpobst, János Kiss sagt, dass der Adventskranz schon seit langem (seit den 1950er Jahren) Teil der Liturgie gewesen war (Gelencsér J. 1996, 9.). Ignác János Sulyok, bischöflicher Bibliothekar und Archivar von Stuhlweißenburg, sagte in den 80er Jahren, die Behörde der Diözese hätte sich Ende der 1950er Jahren damit beschäftigt, ob der Adventskranz in die Kirche aufgenommen werden könne. Aus der Sammlung von Árpád Együd wissen wir, dass zur selben Zeit der Adventskranz im benachbarten Somogy akzeptiert worden war (Együd Á. - Szapu M. 1994. 9).

Anzünden der Kerzen am Adventskranz auf der Bühne am Rathausplatz, mit der Betlehemsflamme, die von den Pfadfindern von Wien nach Székesfehérvár gebracht wurde. Aufnahme von László Lukács, 2004

Adventskranz und Christbäume auf der Bühne auf dem Weihnachtsmarkt am Budapester Vörösmarty Platz. Aufnahme von László Lukács, 2004

Über seine Verbreitung im ungarischen Oberland (heute Südslowakei) gibt auf Grund des Fragebogens im Jahr 1999 die Studie von József Liszka Auskunft. Der Adventskranz begann sich Ende der 1990er Jahre im Oberland zu verbreiten, besonders in den Städten, bei den Intellektuellen, Unternehmern und bei der Kirche: In Komorn hat der Pfarrer am ersten Adventssonntag 1999 in der Hl. Rosalia-Kirche 20 Adventskränze geweiht, und alle drei Konfessionen pflegen den Brauch des Adventskranzes. In Köbölkút (Kom. Esztergom) hat sich auch eine Weihe der Adventskränze vollzogen, aber nur bei den Katholiken (Liszka J. 2000, 153-154).

Im Buch von Ferenc Pozsony können wir über die Erscheinung des Adventskranzes bei den Siebenbürger Sachsen lesen: „Bis zum Zweiten Weltkrieg hatten die Sachsen keine Adventkränze geflochten. Am Ende der 1960er Jahre erschienen die ersten Kränze in den städtischen Familien, woher sich der Brauch allmählich auch in den Dorfgemeinschaften verbreitete. In Großkopisch flochten die Mädchen die Adventkränze, worauf man vier Kerzen stellte. Jeden Sonntag wurde eine neue Kerze angezündet. In Großau kauften sich die Leute die fertigen Kränze bei einer Familie, die auch Totenkränze fertigte. Ein großer Kranz hing auch am Kronleuchter in der Kirche." (Pozsony F. 1999, 149.)

Anzünden der Kerze auf dem Freilicht-Adventskranz. Aba-Belsőbáránd, Kom. Fejér. Aufnahme von László Lukács, 2013

Die Verbreitung des Adventskranzes bei den Ungarn in Siebenbürgen hat Ferenc Pozsony mit dem Wirken der Sachsen erklärt, denn der Kranz ist in den sächsisch-ungarisch gemischten Familien zuerst erschienen. Die Sachsen, die nach dem Zweiten Weltkrieg nach Deutschland umgesiedelt sind, haben ihren in Siebenbürgen gebliebenen Angehörigen einen Adventskranz als Weihnachtsgeschenk mitgebracht. Die in die ehemaligen sächsischen Städte (Kronstadt, Reps, Schässburg) einziehenden Ungarn haben schon in den 1970er Jahren kleinere grüne Tannenkränze gemacht oder gekauft, die sie dann mit roten und weißen (also nationalfarbigen) Schleifen und Kerzen schmückten. Die Kirche, die Schule und der Handel haben auch hier bei der Verbreitung eine große Rolle gespielt (Pozsony F. 1998, 231-232). Auf dem sog. *Salzgebiet* im Szeklerlande haben die Kalvinisten den Brauch von den Katholiken übernommen: „Am Anfang des weihnachtlichen Fastens haben die Katholiken des Salzgebietes Tannenkränze mit vier Kerzen angefertigt und jede Woche eine Kerze angezündet. Sicher – klagten die Protestanten von Parajd und Korond – wir machen schon auch Kränze, allmählich werden wir ihnen ähnlich." (Madar I. 1998, 231-232.).

Der mit Adventskranz-Ansätzen geschmückter Christbaum für alle auf dem Weihnachtsmarkt am Budapester Vörösmarty-Platz. Aufnahme von László Lukács, 2004

In die Woiwodina kam der Adventskranz durch Ungarn in den 1990er Jahren. Bemerkenswert ist, dass die früher in Österreich und in Deutschland arbeitenden jugoslawischen Gastarbeiter nichts zu seiner Verbreitung beigetragen haben (Liszka J. 2000, 149).

In der Aula des Stuhlweißenburger Zisterzienser-Gymnasiums zündet das spirituelle Haupt, Alajos Milcsinszky, jeden Adventmontag Morgen eine neue Kerze am großen Adventskranz an. Die Lehrer, Schüler und der Schülerchor tragen auch zur Festlichkeit des begleitenden Gebetes bei. Ein Adventskranz kommt auch auf den Lehrertisch aller Klassenräume, dessen Kerzen zu den Religions- und Klassenleiterstunden angezündet werden. Als Pfarrer der Zisterzienserkirche hat Alajos Milcsinszky schon in den 1970er und 80er Jahren Adventskränze mitgebracht, eine Kerzenanzündung im Jahre 1985 konnte ich auch fotografieren. Heute zündet Pfarrer Ottó Újfalussy immer vor der Messe am Sonntag um 18 Uhr eine Kerze an. Der Kranz wird unter das Bild der Heiligen Familie auf einen kleinen Tisch auf der rechten Seite gelegt. In der Bischofskatedrale wird immer vor der samstägigen Abendmesse eine Kerze angezündet. In allen Kirchen der Stadt wird Weihnachten mit einem Adventskranz erwartet.

Auf dem Stuhlweißenburger Rathausplatz wird nicht nur Jedermanns Weinachtsbaum, sondern auch ein riesiger Adventskranz aufgestellt, dessen Kerzen sonntagabends vom Bischof und vom Bürgermeister angezündet werden. Bei der Feierlichkeit sind auch Schauspieler, Sänger, Musikgruppen, Chöre, Schüler und Kindergartenbesucher beteiligt. Ihr Programm wird auch von den Zeitungen und Flugblättern weitergegeben. Auf der Titelseite der Zeitung der Stuhlweißenburger Selbstverwaltung *Stuhlweißenburger Bürger* war im Dezember zweimal das Farbfoto des Adventskranzes zu sehen (1998, 2002). Im Jahr 2004 wurde ein Adventskranz über den Weinachtsgruß des Bürgermeisters und des Bischofs gedruckt. Seit 1997 hat auch die Stadt Komorn (Slowakei) einen öffentlichen Adventskranz: Vor das Rathaus am Klapka-Platz wird

Riesiger Adventskranz am Budapester Deák Platz. Aufnahme von Károly Lukács, 2014

in alle vier Ecken des Platzes ein riesiger Adventskranz mit vier Glühlampen aufgehängt (Liszka J. 2000, 150).

Laut József Gelencsér gibt es zwei Gründe, warum sich der Adventskranz so rasch verbreiten konnte: „Die freie Religionsausübung nach der Wende und das zunehmende Interesse für die Kirche gab ihm einen großen Aufschwung. Zweitens: Die im deutschen und österreichischen Besitz stehenden Warenhäuser haben immer eine große Vielfalt an Adventskränzen im Angebot, nicht nur im Schaufenster, sondern auch in den Prospekten und Katalogen." (Gelencsér J. 1996, 9.).

Ich selbst bin im Advent 1990 als Humboldt-Stipendiat dem Adventskranz in einem Prospekt begegnet. Ich habe die Handelsbeilage (Weinachts Journal) der Zeitung *Dachauer Rundschau* (Ausgabe: 22. November 1990) aufbewahrt, worin wir etwas über die selbstständige Herstellung des Adventskranzes lesen können. In den Handelsbeilagen (*Weinachtsangebot*) der *Weißenburger Nachrichten* 2001 und 2004 können wir über dasselbe Thema lesen.

Ich habe viele Prospekte von Handwerksgeschäften und Einkaufszentren gesammelt, die Adventskränze und Kerzen anbieten. In den letzten Jahren habe ich viele Postkarten zu Weihnachten mit einem Kranzbild erhalten, und auf den Fahrplan der Budapester Verkehrs AG von Weihnachten bis Neujahr 2002/2003 wurde auch ein Adventskranz gedruckt.

Im Internet kann man nicht nur von seiner Geschichte und Herstellung, sondern auch vom größten Adventskranz Ungarns lesen: Dieser wurde 2003 in Algyő (Kom. Csongrád) angefertigt, sein Durchmesser beträgt 6,6 Meter (www.rekordok.hu/advent.html).

Die deutsche und österreichische Fachliteratur meint, der Adventskranz wurde dem Weinachtsbaum bis zur Jahrtausendwende eine ernste Konkurrenz. Dieser Feststellung scheint zu entsprechen, dass an den Jedermanns Weinachtsbaum am Budapester Vörösmarty-Platz im Jahre 2004 Kränze aus Stroh als Christbaumschmuck angehängt wurden. Somit hat der Adventskranz den Weinachtsbaum nicht nur eingeholt, sondern auch erklommen. Die Frauen von Belsőbáránd (in der Nähe von Székesfehérvár) haben 2013 einen Adventskranz mit einem Durchmesser von 180 cm gemacht. Sie haben sechs Säcke zusammengenäht, sie mit Stroh ausgestopft, mit Tannenzweigen geschmückt und vier Kerzen darauf gestellt. Der öffentliche Adventskranz wurde an der Ecke der Seregélyesi und der Özséb Straße aufgestellt. Die Kerzen des Adventskranzes werden mit der gesegneten Kerze des Abaer Pfarrers Károly Bognár angezündet. Während der Anzündung der Kerzen hat Frau Jelinek einen Vortrag über den Advent, den Adventskranz und über den Adventskalender gehalten.

[Die Studie ist in ungarischer und in deutscher Sprache erschienen:
Lukács, László: *Az adventi koszorú elterjedésének történetéhez.* Az Alföld vonzásában. Tanulmányok a 60 esztendős Novák László Ferenc tiszteletére. Hg. von Zoltán Ujváry. 2007. 435-449. Nagykőrös–Debrecen
Lukács, László: *Zur Geschichte der Verbreitung des Adventskranzes.* Acta Ethnologica Danubiana. VII. 2005. 67-75. Komárom–Dunaszerdahely]

Literatur

BAUSINGER, Hermann

1970 *Der Adventskranz.* Württembergisches Jahrbuch für Volkskunde 1970. 9-31.

BÁLINT, Sándor

1980 *A szögedi nemzet, a szegedi nagytáj népélete* [Die Szögeder Nation, das Volksleben der Großlandschaft Szeged]. III. Szeged

2014 *Weihnachten, Ostern, Pfingsten. Aus der ungarischen und mitteleuropäischen Traditionswelt der großen Feste.* Szeged

BOD, Péter

1757 *Szent Heortokrátes. Avagy A' Keresztyének között elő-forduló innepeknek és a' rendes Kalendáriomban fel-jegyeztetett szenteknek rövid historiájok* [Sankt Heortokrates. Christlicher Festkalender und kurzes Legendarium]. Oppenheim

EGYÜD, Árpád - SZAPU, Magda

1994 *Téli jelesnapi szokások Somogyban* [Winterliche Festbräuche in Somogy]. Kaposvár

FÉL, Edit

1983 *Le vinarie et le fiel. La vie d'une paysanne hongroise.* Budapest: Corvina.

1993 *Advent Mezőkövesden* [Advent in Mezőkövesd]. Emlékezés Fél Editre. Hg. von Fülemile Ágnes - Stefány Judit. 239-243. Budapest

GALLER, Werner

1977 *Weihnachten in Niederösterreich.* Sankt Pölten - Wien

GÁNCS, Péter - SZABÓ, István

1980 *Megszületett a szeretet* [Die Liebe ist geboren]. Mindentudás Egyeteme, III. Semester. www.origo.hu/mindentudasegyeteme/gancs/index.html

GELENCSÉR, József

1996 *Adventi koszorúk* [Adventskränze]. Fehérvári Polgár II. 12. 9.

GELENCSÉR, József - LUKÁCS, László

1991 *Szép napunk támadt. A népszokások Fejér megyében* [Unser schöner Tag ist entstanden. Die Volksbräuche im Komitat Fejér]. Székesfehérvár

HARTINGER, Walter

1991 *Religion und Brauch.* Darmstadt

LISZKA, József

2000 *Az adventi koszorú. Egy felmérés előzetes eredménye* [Der Adventskranz. Vorläufige Ergebnisse einer Untersuchung]. Fórum Társadalomtudományi Közlemények II. 1. 147-156.

2003 *Der Adventskrantz: Verbreitung und Bedeutung eines neuen Brauchelements in der Südslowakei.* Volkskunde der Ungarn in der Slovakei. Passauer Studien zur Volkskunde Bd. 22. 415-435. Passau

LUKÁCS, László
1980 *A decemberi „kis bűt"* [Die „kleine Fastenzeit" im Dezember]. Fejér Megyei Hírlap XXXV. 216. 7. Székesfehérvár
1982 *Adventskranz.* Neue Zeitung XXVI. 48. 7. Budapest
1983 *Adventi koszorú* [Adventskranz]. Múzeumi Kurír 43. V. 3. 56-57. Debrecen
MADAR, Ilona
1998 *A sóvidéki vallásosságról* [Das religiöse Leben in Sóvidék im Széklerlande]. Marosvásárhely
MANN VAN VELSEN, Uwe - KOHLMANN, Willi Hg.
1991 *Der Adventskranz und seine Geschichte.* Hamburg
PETREI, Bertl
1972 *Lebendiges Brauchtum im Burgenland.* Eisenstadt
POZSONY, Ferenc
1998 *Szól a kakas már. Szász hatás az erdélyi magyar jeles napi szokásokban* [Der Hahn kräht schon. Sächsischer Einfluss in den Festbräuchen der Siebenbürger Ungarn]. Csíkszereda
1999 *Festbräuche der Siebenbürger Sachsen.* Miercurea–Ciuc
SCHMIDT, Leopold
1966 *Volksglaube und Volksbrauch. Gestalten, Gebilde, Gebärden.* Berlin
SEPER, Karl
1976 *Unterwarter Heimatbuch. Geschichte, Kultur und Wirtschaft einer südburgenländischen Gemeinde.* Unterwart
TÁTRAI, Zsuzsanna
1990 *Jeles napok - ünnepi szokások* [Festtage-Festbräuche]. Magyar Néprajz VII. Népszokás, néphit, népi vallásosság. Hg. von Dömötör, Tekla. 102-264. Budapest
WOLFRAM, Richard
1959 *Adventkranz.* Österreichischer Volkskundeatlas. 1. Lieferung, XI. Kommentar. Wien
WOLFRAM, Richard - KRETSCHMER, Ingrid Hg.
1959-1979 *Österreichischer Volkskundeatlas.* Graz - Wien - Köln

DER CHRISTBAUM IN DEN OBERRHEINISCHEN STÄDTEN DES 16./17. JAHRHUNDERTS

Im größten Teil Europas und in beinahe allen durch die europäische Kultur beeinflussten Kontinenten der Welt ist der Höhepunkt und das Symbol von Weihnachten der Christbaum, obwohl er in seiner heutigen Form nur kaum mehr als zweihundert Jahre alt ist. Der Ursprung seiner Entstehung ist das alemannische Gebiet des 16./17. Jahrhunderts, Elsass und Baden, also Gebiete am Oberrhein. Die deutschen Volkskundler haben in den dortigen Städten die frühesten Hinweise auf seinen unmittelbaren Vorläufer, den Maibaum (*Wintermai, Weihnachtsmai*) gefunden.

Unter Wintermai verstand man die Tannenzweige, mit denen im Oberrheingebiet während der Winterfeiertage Weihnachten und Neujahr die Wohnhäuser von innen und außen, das Wohnzimmer, die Wirtschaftsgebäude, die Zäune und der Brunnen geschmückt wurden. Aus pflanzengeografischer Sicht ist das Oberrheingebiet, sowie das Gebiet der Vogesen, Baden und der Breisgau (besonders der Schwarzwald) sehr reich an Nadelbaumwäldern. Die Tannenwälder des Schwarzwalds erstrecken sich auch in die Städte, wie zum Beispiel nach Freiburg hinein. Deshalb ist es natürlich, dass die frühesten Spuren des Wintermais in den Forstrechten des späten Mittelalters zu finden sind. Nach dem mittelalterlichen Recht im Oberelsass hatten die Bauern das Recht, am Heiligabend in den Wald zu gehen und ein Fuder Holz, hauptsächlich Tannenzweige und Äste, zu holen. Sie durften keine Bäume fällen, nur die Zweige auf dem Wagen stehend oder auf den Baum kletternd abbrechen. Aus dem mittelalterlichen Recht lässt sich nicht ableiten, wofür das Weihnachtsholz verwendet wurde: hat man es verbrannt, als Streu verwendet, als Futter den Tieren vorgeworfen oder zur Dekoration des Hauses gebraucht? Da ein Fuder (eine Ladung auf einem zweispännigen Wagen) ziemlich groß war, konnten die Äste zu allen vier Zwecken dienen. Die Tatsache, dass das Ästesammeln genau an Heiligabend passierte, verweist darauf, dass die Äste einen Zweck als schützende, magische Gegenstände der Fruchtbarkeit und des Wohlstandes bei der Hausdekoration zu Weihnachten hatten. Es sind forstrechtliche Bestimmungen aus dem Oberelsass, genauer aus Sundhofen (um 1300), Bergheim (1369) und Germar (14. Jahrhundert) erhalten, die das Ästesammeln zu Weihnachten schriftlich belegen.[1]

Zahlreiche Angaben beweisen, dass in zwei oberrheinischen Städten, in Straßburg und in Freiburg, die Häuser schon seit über fünfhundert Jahren zu Weihnachten und zu Neujahr mit immergrünen Zweigen und Bäumchen geschmückt werden. Ein Teil der Angaben bezieht sich auf Neujahr (*Neujahrsgrün*), aber im größten Teil Deutschlands, so auch im Straßburger Bistum, wurde im Mittelalter der Jahresbeginn zu Weihnachten (*Nativitätstil*) gefeiert, so wurde ein Teil der Neujahrsbräuche auf Weihnachten verschoben. Das Gebiet der Entstehung und schnellen Verbreitung des Christbaumes ist mit dem Gebiet derjenigen Bistümer und Erzbistümer identisch, die den weihnachtlichen Jahresbeginn gehalten haben und in denen die Dekoration mit grünen Zweigen zu Weihnachten aufgetaucht ist. Deshalb hat Krogmann den Christbaum als einen Ableger des Neujahrgrüns bezeichnet, der aber seine Ausgangsform weit überflügelt hat.[2]

Was waren das ursprüngliche Ziel, die Funktion und der geistliche Hintergrund der Aufstellung des Wintermais und später des Christbaumes, sowie des Verteilen von Geschenken zu Weihnachten? Der volkstümliche Glaube in Europa verleiht den immergrünen Bäumen und Ästen, die sich der Kälte des für die restlichen Pflanzen tödlichen Winters widersetzen, eine außergewöhnliche Lebenskraft. Die Menschen müssen die Lebenskraft dieser Bäume in der Zeit der winterlichen Sonnenwende für sich selbst nutzen. Wenn sie diese Äste und Bäume in oder um ihren Häusern herum aufstellen oder aufhängen, wird die starke Lebenskraft dieser Pflanzen auf die Umgebung, auf die Bewohner des Hauses ausströmen, sie wird Wohlstand und Segen bringen und jede Art von Not abwehren.[3]

Neujahrstanne am öffentlichen Stadtbrunnen in den Vogesen, Elsaß (Reinsberg-Düringsfeld 1898, 19.)

Der geistliche Hintergrund der Verteilung von Geschenken zu Weihnachten kann mit der Funktion des Festes als Jahresanfang erklärt werden. Nach dem allgemeinen menschlichen Glauben deutet jeder Anfang auf etwas Künftiges hin. Ein guter Anfang ist ein gutes Vorzeichen, deshalb versuchen wir am Jahresanfang uns um unsere Lieben mit Geschenken auch symbolisch zu kümmern, damit ihnen im neuen Jahr nichts fehle. Die Vermehrung der Güter zu Beginn des Jahres soll den Wohlstand im ganzen Jahr nach sich ziehen.[4]

Der Glaube der europäischen Völker an die sonderbare Wirkung der immergrünen Pflanzen und an das guten Vorzeichen des guten Anfangs wird am schönsten im Buch *Das Narrenschiff* (erschienen in Basel in 1457) des Straßburger deutschen Schriftstellers Sebastian Brant (1457 oder 1458-1521) zum Ausdruck gebracht[5]:

Und wer nit etwas Neues hätt
Und um das neu Jahr singen geht
Und grün Tannreis steckt in sein Haus,
der meint, er lebt das Jahr nit aus…
Desgleichen zu dem neuen Jahr:
wem man nit etwas schenken tut,
der meint, das Jahr wird nit gut…

Kurz danach, im Jahr 1508, hat der berühmte Straßburger Glaubensprediger Geiler von Kaisersberg (1445-1510) in seiner Predigt zur Fastenzeit die Weihnachtsbräuche seiner Zeit verspottet, er verglich sie mit den Neujahrsbräuchen der Heiden und wollte ihren Untergang: die Heiden hätten zu Neujahr Januar oder Janus verehrt, „ettliche mit Tanzen und Springen, andere mit Stechen, andere mit Tannenreisen in die Stuben legen, andere mit Bechten, andere, dass sie einander Gaben schicken, Lebkuchen, Wein."[6]

In der Weihnachtsausgabe der *Badischen Zeitung* von 1958 findet sich ein Artikel von Wolfgang Stolz mit dem Titel *Weihnachtsbräuche im alten Freiburg – Eine kleine Weihnachtshistorie aus alten Urkunden.* Aus dem Artikel wissen wir, dass vor fünfhundert Jahren auch in Freiburg grüne Tannenzweige in den Häusern aufgesteckt wurden (*ze wihenachten... gryn tannriß in sin hus zu stecken*). Die Dekoration mit grünen Zweigen brachte oft den Widerstand der Behörden mit sich: „die Dekoration mit Tannen- und Mispelzweigen wurde verboten." „Der weise Rat von Freiburg ist mit passender Ernsthaftigkeit gegen die als heidnisch betrachtete Sitte vorgegangen." Die Bevölkerung hingegen betrachtete den Brauch als einfaches Kinderspiel. Balthasar Tegelin von Winterbach, Bürgermeister von Freiburg am Anfang des 16. Jahrhunderts meinte, die Verbreitung des Brauchs sei unaufhaltbar, dieses Weihnachtssymbol werde regelmäßig zurückkehren und eine beständige Form gewinnen.[7] Eine wirklich beständige Form erhielt er im Christbaum.

Eine Rechnung über die Auszahlung von zwei Schilling ist aus dem Elsässer Schlettstadt erhalten geblieben: *„ferstern, die meyen am sand Thomastag zu hieten"*. Der Tag des Sankt Thomas (der 21. Dezember) ist der Tag der winterlichen Sonnenwende, seine Nacht ist die längste Nacht des Jahres, in der die Wälder vor den Weihnachtsbaum-Dieben besonders streng bewacht wurden. Die Bewohner von Schlettstadt waren in diesem Jahr, bis 1536 noch katholisch: Weihnachtsmaibäume wurden schon vor der Reformation gefällt.[8] Aufgrund einer gesetzlichen Richtlinie im Oberelsass des 14. Jahrhunderts ließ der Richter von Sankt Pilt den Wald vor und nach Weihnachten neun Tage lang bewachen. Daraus erwächst der Verdacht, dass Unbefugte nicht nur zu Weihnachten, sondern auch zu den anderen zwei großen Winterfesten (Neujahr und Dreikönigstag) versucht haben, Wintermaienbäume aus dem Wald zu stehlen. In Schlettstadt haben die Förster auch 1557 je zwei Schilling für das Bewachen und das Fällen von Weihnachtsmaibäumen bekommen. Demnach hat die Stadt das Fällen und den Verkauf der Christbäume in die eigene Hände genommen, was offensichtlich zu ihren Einkommen beigetragen hat. 1547 hat man drei Schilling für das Fällen der Bäume bezahlt. Laut einer Quittung von 1547: *„geben von den Meyen zu hawen uf weihnachten 11 Schilling."* Der Rat der Stadt Schlettstadt hat 1555 das selbständige Fällen von Weihnachtsmaibäumen unter Androhung einer strengen Strafe verboten: *„Niemand soll wyhenachtmayen hawen by daruff gesetzter straff."*[9] Das Verbot betraf die Tagelöhner und Hofgänger, die keinen Anteil am gemeinsamen Wald der Stadt hatten und so vom weihnachtlichen Holzsammeln (worauf die Hübner aufgrund des Elsässer Gesetzes ein Recht hatten) ausgeschlossen waren. Die Bewachung der Tannenwälder, das Verbot des unbefugten Holzfällens und das fachkundige Schneiden der Tannenzweige durch Förster deuten darauf hin, dass der winterliche Maibaum in den Familienheimen von Schlettstadt des 16. Jahrhunderts schon Wurzeln gefasst und breite Schichten der Gesellschaft betroffen hat, auch Familien, die kein Recht zum Holzsammeln im gemeinsamen Wald hatten und die das dazu notwendige Holz sogar durch Diebstahl erlangen wollten.

Die Elsässer Städte und Landbesitzer haben versucht, durch Edikte die Zahl und Größe der zu fällenden Weihnachtsmaibäume einzuschränken. 1611 hat die Stadt Türkheim verordnet, dass jeder, der mehr als einen Christbaum (*Weyhnachtsbaum*) fällt, eine Geldstrafe von 5 Schilling bezahlen muss. Deswegen wurde an den Stadttoren kontrolliert. In Ammerschweier wurde das Recht jedes Bürgers auf das Fällen eines Weihnachtsbaumes mit einer bestimmten Größe anerkannt. In der „schon seit langer Zeit bestehenden“ Forstordnung von Ammerschweier, die im Stadtbuch in 1448 und 1530 erneuert wurde, wurde vorgeschrieben, dass jeder Bürger nur einen Maibaum zu Weihnachten fällen darf, und dass der Baum nicht länger als 8 Fuß (2,5 Meter) sein darf: *„dann einen Meyen…, soll nit lenger sein, dan 8 Shuo lang.“* Nach einer gesetzlichen Richtlinie aus 1431 hat der kirchliche Grundherr in Adolsheim die Abgabe eines 7 Fuß langen Tannenbaumes erlaubt. Die Bürger von Kaysersberg haben sich in einem Prozess 1556 darauf berufen, dass sie die Genehmigung für das Fällen von drei Maibäumen und einem Pfurch zu Weihnachten schon seit langer Zeit haben. Der Pfurch wurde beim Abschleppen der Maibäume benutzt.[10] Die beträchtliche genehmigte Länge der Wintermaibäume lässt darauf schließen, dass es sich hier nicht mehr um Tannenzweige und kleine Bäumchen handelte, die das Zimmer schmückten und von der Decke herabhingen, sondern um große Christbäume, die im Haus oder im Freien aufgestellt wurden.

Leibung eines Rollenbrunnens aus rotem Kalkstein mit dem Datum 1569 auf einem Lehenhof. In seinen ersten Jahrhunderten wurde er wahrscheinlich noch für die Weihnachtsfeste mit Wintermai geschmückt. Endingen am Kaiserstuhl, Baden. Aufnahme von László Lukács, 2014

In Straßburg lässt sich der Handel mit Christbäumen seit 1539 beweisen. In diesem Jahr wurde in der Rechnungslegung des reichen Siechen-Hauses vermerkt, dass für einen Tannenbaum und Tannenzweige bezahlt wurde. Im selben Jahr wurde in der Kathedrale von Straßburg schon ein Christbaum aufgestellt.[11] Auch in den Rechnungen des Straßburger Gutleuthauses zur Roten Kirche (*Rotkirchenhof*-Krankenhaus) erscheint erstmalig 1539 und dann regelmäßig zu Weihnachten eine kleine Ausgabe (16 Pfennig) zur Beschaffung von ein paar *Tannenbäumen* und *Tannenreisig*.[12] Der frühere „Sankt Klausenmarkt“ von Straßburg wurde 1570 durch den „Christkindlesmarkt“ ersetzt, worin der lutheranische Prediger Flinner eine entscheidende Rolle spielte. Die Verteilung der Geschenke wurde vom Tag des heiligen Nikolaus auf Weihnachten verschoben. Im Manuskript *Memorabilia quaedem Argentorati observata* [Einige Denkwürdigkeiten aus Straßburg] von 1604 oder 1605 wird ein geschmückter Christbaum in einer Zunftstube beschrieben: „Auff Weihenachten richtett man Dannenbäum zu Straßburg in den Stuben auff daran hencket man roßen auß vielfarbigem papier geschnitten, Äpfel, Oblaten, Zischgold, Zucker etc. Man pflegt darum ein viereckent ramen zu machen…" Der Rahmen ist der Sockel, der Behälter des Christbaumes, in den der Baum gestellt wurde.[13] In seinem zwischen 1642-1646 erschienenen mehrbändigen Werk *Katechismusmilch* hat der Straßburger lutherische Prediger Konrad Dannhauer den Christbaum bereits wieder in Frage gestellt. Seine Predigt ist gleichzeitig das erste Dokument des Familienchristbaumes: „Unter anderen Lappalien, damit man die ganze Weihnachtszeit oft mehr als mit Gottes Wort und mit heiligen Übungen zubringt, ist auch der Weihnachts- oder Tannenbaum, den man zu Hause aufrichtet, denselben mit Puppen oder Zucker behänget, und ihn hiernach schütteln und abblümen läßt. Wo die Gewohnheit herkommt, weiß ich nicht. Es ist ein Kinderspiel doch besser als andere Fantasey, N.B. ja Abgötterey, so man mit dem Christkindlein eine solche Opinion beybringet, daß sie ihre inniglichen Gebätlein für den vermummten und vermeynten Christkindlein faßt abgöttischer Weise ablegen. Viel besser wäre es, man weihte die Kinder auf den geistlichen Cedernbaum Christum Jesum!"[14]

Im 16. Jahrhundert war der Christbaum auch in Freiburg weit verbreitet: Der Stadtrat musste 1554 gegen das verbotene Fällen von Maibäumen auftreten. Da das Fällen der Bäume in nicht zulässlicher Weise große Schäden anrichtete, musste es mit einer Geldstrafe von 10 Rappen verboten werden. Die Forstordnung von Freiburg 1550 hat das Fällen der grünen Tannen auch mit einer Geldstrafe verboten. Im Rahmen der Forstmeisterzahlung von 1561 wurden die Holzfäller des Freiburger Stadtwaldes beauftragt, die Bäume, die genauso groß oder kleiner sind als die weihnachtlichen Maibäume, nicht zu fällen.[15] In der Herrenstube des Freiburger Heiligen Geist-Spitals haben die Bäckerknechte einen großen Christbaum geschmückt, der bis zum neuen Jahr unberührt blieb. Dann haben sie unter der Führung ihres Fahnenträgers und der Musik eine große Bretzel in der Stadt herumgetragen, welche sie dem Armenvater übergaben; dann durfte der Altgeselle den riesigen Baum schütteln, und die Armen durften das heruntergefallene Backwerk und Obst aufsammeln. Es wurde sofort Wein angeboten und ein Tanz begonnen, den die Armenmutter anfing. Dieses Christbaumfest stammt wahrscheinlich aus dem 17. Jahrhundert, es wurde in einer Beschreibung aus dem Ende des 18. Jahrhunderts festgehalten. Die ursprüngliche Quelle wurde noch nicht entdeckt. Vielleicht hat der Autor der Beschreibung im 18. Jahrhundert von jemandem über dieses Fest gehört oder es auch selbst gesehen. Aus den Rechnungsbüchern des Heiligen Geist-Spitals stellt sich heraus, dass das Christbaumfest hier auf einer alten Tradition beruht: Es gab zwischen 1625 und 1773 regelmäßige Geldausgaben für die Christbaumdekoration. Die Übergabe der essbaren Dekorationen des Christbaumes, die festliche Übergabe der Bretzel, die Getränke und der Tanz sind alles Elemente und Zubehör der alten Zunftfeste.[16]

Paul Geiger hat die Stelle der Christbaum-Aufstellung, die Herrenstube, so erklärt: *Vereinigung vornehmer Bürger, geistlicher Herren und adeliger Ritter.*[17] Es war also eine Art Handwerkerkreis, Herrenkasino, Bürgerkreis oder Bürgerklub. Der *Armenvater* ist laut des Wörterbuches der Gebrüder Grimm: *Armenpfleger* ~ der Verwalter und Pfleger der Armen. Wahrscheinlich ist er zusammen mit der *Armenmutter* der Überwacher der Bettler im Armenhaus.[18]

Die vorgestellten geschichtlichen Daten zeigen, dass das Aufstellen von Christbäumen an beiden Seiten des Oberrheins im 16. Jahrhundert sowohl von den Katholiken als auch von den Protestanten als lebendiger Brauch erlebt wurde. Es gab keinen Unterschied zwischen den katholischen und den protestantisch gewordenen Gebieten. Die Quellen beziehen sich hauptsächlich auf die Städte, aber es lässt sich annehmen, dass Tannenzweige und -bäume auch in den Dörfern zumindest im Oberelsass als Weihnachtsdekoration benutzt wurden (es wurden zum Beispiel Christbäume an die Brunnen der Dörfer gestellt).

Marienbrunnen auf dem Freiburger Oberlinden Platz. In den Winterfeiertagen wurden die öffentlichen Brunnen mit Christbäumen geschmückt. Aufnahme von László Lukács, 2008

Der Christbaum wurde zuerst mit Äpfeln und anderen Früchten geschmückt. Die Wohlhabenden haben ihn seit dem 16. Jahrhundert, besonders in den Städten des Oberrheingebietes immer mehr geschmückt. Hier wurde es schon früh üblich, besonders in den Herrengemeinschaften, in den Lokalen der Ratsherren und Bürger und in den Zunftstuben, auf die Äste des Christbaumes goldene, bunte Papierflitter, Obst (Apfel, Birne, Nuss, Feige, Dattel) zu hängen und darunter Geschenke zu legen. Die ältesten Nachrichten von der Dekoration des Christbaumes stammen aus Türkheim (Oberelsass) wo im 16. Jahrhundert wohlhabende Händler, Weinbauern und Landwirte lebten. Hier wurden in den Stubenmeisterrechnungen zwischen 1597 und 1669 regelmäßig Einträge über Ausgaben für Äpfel, Waffeln, buntes Papier und Fäden gefunden, mit denen die weihnachtlichen Maibäume und Räume geschmückt wurden.[19] Ähnlich wie beim Christbaumfest der Freiburger Bäcker wurde auch ein Zunftbrauch, *das Dattelbaumschütteln*, in Bern seit 1570 organisiert.[20] Das Abschütteln des Berner Christbaumes (des *Dattelbaumes*) fand Mitte Januar statt, er wurde natürlich genau wie in Freiburg zu Weihnachten aufgestellt. In Basel sind die Schneidergesellen zu Weihnachten 1597 mit einem mit Äpfeln und Käse geschmückten Christbaum durch die Stadt marschiert, den sie dann in der Gesellenherberge aufgestellt und von seinen Dekorationen befreit haben. Die Erinnerung des Zunftchristbaumes ist auch in Bremen (Norddeutschland, fern vom Oberrheingebiet) lebendig. Eine Bremer Zunftchronik von 1570 berichtet von einem Dattelbaum, einem kleinen Tannenbaum der mit Äpfeln, Nüssen, Datteln, Bretzeln und Papierblumen geschmückt und in der Zunftstube aufgestellt wurde. An Weihnachten durften die Kinder der Zunftmitglieder den Baum abschütteln.[21] Die norddeutsche Angabe über den geschmückten Christbaum ist älter als die Angaben aus dem Oberrheingebiet, aber sie ist einzig und isoliert. Die Entdeckung ähnlicher Dateien sind von den Forschungen der Zunftgeschichte zu erwarten. Die Institution der Gesellenwanderung hat wahrscheinlich dazu beigetragen, dass sich die Zunftbräuche auf einem großen Gebiet verbreiten konnten.

Die älteste bekannte schriftliche Quelle über den Christbaum ist die Beck-Chronik von 1600, die das Christbaumfest der Schlettstädter Stubengesellschaft beschrieben hat. Es handelt sich um die Haus- und Stubenordnung der Herrengesellschaft, welche von ihrem Prokurator und Hauptkann Balthasar Beck im Jahr 1600/1601 geschrieben wurde. Beck kam in 1597 vom schwäbischen Heroldingen nach Schlettstadt zu seinem Gastwirt-Onkel, er stand im Dienste der Herrengesellschaft von 1600 bis 1609, er kannte also die örtlichen Verhältnisse sehr gut. Die Mitglieder der Schlettstädter Herrenstube oder Stubengesellschaft waren, genau wie in Freiburg, wohlhabende Stadtbürger, Ratsmitglieder, Geistliche, Zunftmeister und Adelige. Ihr Christbaumfest 1600/1601 sah nach der Beschreibung von Balthasar Beck so aus: "So man die Maien, d. h. Tannenbäume, aufrichtet am Christtagabend, bringen die Förster die Maien. Zu Nacht helfen die Stadtboten, Läuferboten und Söldner (reitende Boten) dem Schenke sie aufzurichten und mit Hostien und Äpfeln zu zieren. Was der Schenk um Äpfel und anderes ausgibt, zahlt man ihm auf dem Kaufpreis wiederum. Soll der Koch ihnen geben eine Flasche Wein und für sechs Pfennige Brot und Lichter. Bis die Mette anfängt, gehen die Boten für die Herrenhäuser Pechpfannen und Luzernen oder Laternen und begleiten dann die Herren Bürgermeister und des Rats aus der Mette." Des Weiteren informiert Beck über das *Bohnenfest* und das *Plündern* des Christbaumes am Dreikönigstag: „Am Abend zuvor so meine Herren auf Nacht wollen König machen, so ladet der Schenk die Stubengesellen, der Ratsbote meine Herren, nämlich die Bürgermeister und Ratsmitglieder, auf die Nacht zum Imbiß. Es gibt eine lange Tafel; an drei Nebenessen sitzen die Diener. Der Spitalpfister bringt einen langen Kuchen. Nach Aufhebung des Tischlakens macht der Schenk aus dem Kuchen so viel Stücke, als Herren und Stubengesellen gegenwärtig sind. Er legt sie dann in eine warme Zeine (Korb) und deckt alles mit einem Salvet (Serviette) zu. Den Korb stellt er oben bei den Herren Bürgermeistern auf den Tisch, greift unter das Salvet und nimmt ein Kuchenstück nach dem anderen heraus und langt es der Reihe nach über den Tisch. Wer die Bohne und die Erbse bekommt, ist König und Marschalk. Alsdann steht man von dem Tische auf. Der Schenk deckt ihn wiederum, der Koch backt Kücheln und holt aus der Apotheke allerlei Konfett, Zuckererbsen, Mandeln, Meertrauben (Rosinen), Feigen und Lebkücheln, die er auf den Tisch stellt. Da sollen der Herren und Stubengesellen Buben kommen, die Maien, d. h. die Weihnachtsbäume, zu schütteln. Man deckt auch ihnen den Tisch, so schreien die Buben. Was endlich in der Küche und Apotheke und in Wein und Brot aufgeht, bezahlen der König und der Marschalk."[22] Es ist bemerkenswert, dass Beck in beiden Erwähnungen im Plural über den Christbaum schrieb, es wurden also mehrere geschmückte Tannenbäume im Raum aufgestellt.

Die von städtischen Bürgern oder Herrengesellschaften und Zünften organisierten Christbaumfeste konnten die Beschenkung in der Familien nicht ersetzen, die wegen der Reformation vom Sankt Nikolaustag auf Weihnachten verschoben wurde und deren Mittelpunkt der geschmückte Christbaum wurde.[23] Die Beziehung zwischen den gemeinschaftlichen und den Familienfesten wird auch dadurch gezeigt, dass die Feste und Ereignisse der Familien bis zum 17. Jahrhundert im Rahmen der Gesellschaft, der Nachbarschaft oder der Zunft gefeiert wurden (Hochzeiten, Taufen, Beerdigungen). Eine Veränderung, in der die Reformation und der 30-jährige Krieg eine Rolle spielten, ist, dass die Familienfeste, so auch die weihnachtliche Verteilung von Geschenken seit der Mitte des 17. Jahrhunderts immer mehr in die Privatsphäre, in die Familien zurückfielen. Es ist sicher, dass die Wintermaibäume nicht nur von Stadtbürgern und Zunftmitgliedern, sondern auch von ganz breiten gesellschaftlichen Schichten benutzt wurden, doch der geschmückte Gesellschaftschristbaum spielte in der Gestaltung, Verwurzelung und Verbreitung der auf ihn bezogenen Zeremonien eine große Rolle. Die gegenüber gesellschaftlichen Fragen sehr empfindliche Ingeborg Weber-Kellermann schrieb über dieses Zeitalter, über die Rolle der Städte und der Handwerker: „Mit dem Beginn der Reformation und dem kulturellen Aufstieg der Handwerker wurde auf vielen Gebieten die neue bürgerliche Stadtkultur führend. Die Naturalhaushaltung ging in die Geldwirtschaft über; neben der traditionellen volkstümlichen Religiösität verbreitete sich die neue Lehre des Protestantismus. Nun waren es die Städte, die mancherlei Bräuche, Moden und andere Errungenschaften an die Bauern weitergaben.“[24]

Vom Oberrheingebiet muss noch über die Christbäume vor und in den Kirchen gesprochen werden. An alten Rechnungen lässt sich sehen, dass in der Kirche des Freiburger Krankenhauses am 24. Dezember 1669 „2 paar meyen“, also vier Christbäume aufgestellt wurden. Im Elsass verbreitete sich der Christbaum hauptsächlich in lutheranischen Kreisen trotz der Angriffe der Prediger. Der Christbaum ist auch in den lutherischen Kirchen erschienen, er wurde auch in den kirchlichen Kreisen des Elsass und später auch in anderen Ländern so akzeptiert, dass er später als protestantischer Weihnachtsbrauch erscheinen konnte. Mit ein bisschen Übertreibung wurde der Protestantismus mit dem Weihnachtsbaum identifiziert: Die *Schlettstädter Zeitung* hat am 4. August 1896 den Protestantismus *Tannenbaumreligion* genannt.[25] In den katholischen Gebieten wurde als Instrument der Gegenreformation die Weihnachtskrippe popularisiert und verschönert. In den Kirchen des Elsass hat man Christbäume neben sie gestellt, in den Familien wurden sie mit Tannenzweigen geschmückt.

Die Zerstörungen des 30-jährigen Krieges (1618-1648) haben die Abhaltung der Elässer Christbaumfeste für eine Weile behindert. In Schlettstadt wurden nach einer langen Pause 1655, 1656 und zuletzt in 1657 ein Christbaumfest organisiert. Selbst in Türkheim sind die Feste in den zerstörerischsten Jahren des Krieges unterblieben. Mit dem Westfälischen Frieden (1648) kam das Elsass vom Heiligen Römischen Reich zum Königreich Frankreich. Die Dynastenkriege in der zweiten Hälfte des 17. Jahrhunderts brachten große Schäden und politische Veränderungen für die einstigen Reichsstädte im Elsass. Mit dem größeren Einfluss der katholischen Kirche trat die Verteilung von Geschenken an die Kinder am Tag des Heiligen Nikolaus wieder in den Vordergrund, sie hat den Christbaum aus der Stadt zurückdrängt, wo er unverändert erhalten blieb. Das lutheranische Straßburg hielt jedoch stark zum Weihnachtsmarkt und zum Christbaum. In den französischen Memoiren der Gräfin Oberkirch aus Straßburg 1758 ist zu lesen: „Der große Tag ist gekommen, in allen Häusern wurde der Christbaum (*le Tannenbaum, le sapin*) vorbereitet, der Tannenbaum war mit Kerzen und Zucker belegt und stark beleuchtet (*grande illumination*).“[26] Laut dem Erforscher der Elsässer Ortsgeschichte Scherlen: „ist es sicher, das der Christbaum im Elsass sowohl unter den Katholiken, als auch unter den Protestanten schon vor 1870/71 Brauch war.“[27] Aufgrund der handschriftlichen Aufzeichnungen des Pfarrers Georg August Schaller von 1854 wird der Baum in Straßburg für die Kinder geschmückt, unter dem Baum stehen die Geschenke.[28] Laut Kronfeld war 1870 der Christbaum im Elsass fast völlig unbekannt, er wurde von der deutschen Armee wieder mitgebracht. Auf dem Landtag 1896 hat man dagegen protestiert, dass der Leiter des Landkreises Château-Salins in Lothringen den „deutschen“ Christbaum einzubürgern versuchte.[29]

Der Christbaum in Elsass: Stich in der Zeitung *Monde illustré*, 1858

Die verschiedenen, einander widersprechenden Meinungen zeigen, dass die Deutschen, Elsässer und die Franzosen verschiedene Urteile über den Christbaum gefällt haben. Das Gerücht, im Elsass hätte es keinen Christbaum vor 1870 gegeben, wird vom schönen Stich über den Elsässer Christbaum (*Arbe de Noël en Alsace*) in der Zeitung *Monde illustré* von 1858 widerlegt.[30] Dieser schön geschmückte Christbaum mit Kerzen, an dem nicht nur Süßigkeiten, sondern auch Spielzeug und Puppen hängen, wird von drei Generationen einer bürgerlichen Familie umgeben. Der Chronist der Zeitschrift *Journal de Rouen* schrieb 1858 über den Christbaum: „In der Mitte des Abends wurden beide Salontüren geöffnet: Ein mit wunderschönen bunten Lampen beleuchteter Christbaum (das ist das richtige Wort dafür) wurde von zwei Hunden auf einem Karren in die Mitte des Salons gezogen, als ob es sich um den Kastanienbaum des Börsenplatzes handele. Die Knechte haben die Hunde weggeführt, der Baum blieb bewegungslos. Die eingeladenen Jugendlichen haben die am Baum hängenden kleinen Gegenstände schon angeguckt: Puppenzubehör, die Zukunft versteckende goldene Nuß, die schönsten Zucker, neue Bücher, weinende Puppen, angezogene Puppen, alle Arten von Stehaufmännchen und Brummkreisel. Der Sohn der Madame… hat allen Gästen eine nummerierte Karte gegeben, zu der das entsprechende Geschenk gehörte, und bald nahmen die kleinen Hände Erinnerungen vom Baum."[31]

Nach vielversprechenden Anfängen im Oberrheingebiet des 16. und Anfang des 17. Jahrhunderts hören wir über ein Jahrhundert lang fast überhaupt nichts vom Christbaum, seiner Verbreitung und Aufstellung. Wir kennen nur einige Erwähnungen über ihn in dieser Zeit. Der in Dresden aufgewachsene Graf Dernath hat in seinem Ostholsteiner Gutshof beginnend mit 1691 einige Jahre lang einen Christbaum aufgestellt. Wir können auch auf das 1698 geschriebene Gedicht *Christ-Baum* des Danziger Lehrers Achiatus Filliborn verweisen, in dem er den auf dem Weihnachtsmarkt erhältlichen, mit fremden (Süd?) Früchten und Süßigkeiten geschmückten Baum beschrieb, den die Kinder bekommen und dann abreißen.[32] In ihren 1708 und 1711 aus dem Hof des Kurfürsten von Hannover geschriebenen Briefen erinnert sich Liselotte, Prinzessin von Rheinland-Pfalz, an mit Kerzen geschmückte Christbäume aus den 1660er Jahren. Zuletzt hören wir von einem Christbaum im Gutshof des sächsischen Zittau 1737. Der 30-jährige Krieg und die Zerstörung der darauf folgenden Kriege haben die Verbreitung des Christbaumes und des für Weihnachten geschmückten Tannenbaumes wie er in den Städten des Oberrheingebietes im 16. Jahrhundert entstanden ist, in Deutschland verhindert. Hundert Jahre lang ließen sich keine Spuren des Christbaumes, weder in den Archivdokumenten, noch in Büchern, Wörterbüchern und Försterordnungen, finden. Die allgemeine Verbreitung des Christbaumes kann also von der Mitte des 17. Jahrhunderts bis zur Mitte des 18. Jahrhunderts nicht bestätigt werden. Das schließt die Benutzung von immergrünen oder blühenden Ästen und Bäumchen in einigen deutschen Gebieten, die keine weitere Aufmerksamkeit und Erwähnung verdienten, nicht aus.[33]

[Die Studie ist sowohl in ungarischer als auch in deutscher Sprache erschienen:
Lukács, László: *A karácsonyfa a felső-rajnai városokban a 16-17. században.* Ethnographia CXXII. 2011. 74-87. Budapest
Lukács, László*: Der Christbaum in den oberrheinischen Städten des 16./17. Jahrhunderts.* Acta Ethnographia Hungarica LIX. 2014. 337-349. Budapest]

Anmerkungen

1 Mantel 1975: 5-6.
2 Krogman 1962/1963: 69-71.
3 Fehrle 1955: 39.
4 Fehrle 1955: 36.
5 Brant 1979: 183-184.
6 Kaisersberg 1516: 48/4; Gény 1902: 123.
7 Stolz 1958: 19.
8 Hoffman-Krayer – Bächtold-Stäubli 1927/28: 913; Lefftz – Pfleger 1941: 52-53; Döring 2006: 408.

[9] Mantel 1975: 8-9; Schenda 1964: 12; Lebrun 1983: 115.
[10] Lefftz – Pfleger 1941: 53; Mantel 1975: 9 Pinzl – Tögel 1968: 35 – 36; Schenda 1964: 12.
[11] Mantel 1975: 10, 180; Hoffmann-Krayer – Bächtold-Stäubli 1927/1928: 913.
[12] Wickelmann 1922: 146.
[13] Kronfeld 1906: 149.
[14] Pinzl–Tögel 1968: 37.
[15] Mantel 1975: 10.
[16] Hoffmann-Krayer – Bächtold-Stäubli 1927/1928: 911-912.
[17] Geiger 1939/1940: 231.
[18] Grimm 1854: I. 558.
[19] Mantel 1975: 11.
[20] Geiger 1939/1940: 236-237, 249.
[21] Weber-Kellermann 1978: 107.
[22] Kornfeld 1906: 150-151.
[23] Mezger 1993: 138-142.
[24] Weber-Kellermann 1978: 108.
[25] Kronfeld 1906: 151.
[26] Handschuh 1990: 222.
[27] Scherlen 1926: 20.
[28] Jacoby 1910: 570-571.
[29] Kronfeld 1906: 151.
[30] Lebrun 1983: 117.
[31] Lebrun 1983: 63-64.
[32] Lauffer 1935: 63-64.
[33] Mantel 1975: 19-20.

Literatur

BRANT, Sebastian
1979 *Das Narrenschiff*. Leipzig
DÖRING, Alois
2006 *Rheinische Bräuche durch das Jahr.* Köln
FEHRLE, Eugen
1955 *Feste und Volksbräuche im Jahreslauf europäischer Völker.* Kassel
GEIGER, PAUL
1939/1940 Weihnachtsfest und Weihnachtsbaum. *Schweizerisches Archiv für Volkskunde* XXXVI. 229-254.
GÉNY, JOS.
1902 *Altelsässische Weihnachtsbräuche.* Illustrierte Elsässische Rundschau IV. 120-128. Straßburg
GRIMM, Jacob und Wilhelm
1854 *Deutsches Wörterbuch.* I. Leipzig
HANDSCHUH, Gerhard
1990 Der Christbaum im fränkisch-thüringischen Raum. Aufkommen und Verbreitung eines weltweiten Brauchsymbols deutscher Weihnacht. *Schönere Heimat.* LXXIX. 219-228. München

HOFFMANN-KRAYER, Eduard – BÄCHTOLD-STÄUBLI, Hans
1927/1928 *Handwörterbuch des deutschen Aberglaubens.* Nachträge. Berlin–Leipzig
JACOBY, Adolf
1910 *Zur Geschichte des Weihnachtsbaums im Elsass.* Elsässische Monatsschrift für Geschichte und Volkskunde I. 570-571. Zabern
KAISERSBERG, Geiler von
1516 *Die Emeis.* Straßburg
KROGMANN, Willy
1962/1963 Die Wurzeln des Weihnachtsbaumes. *Rheinisches Jahrbuch für Volkskunde* XIII-XIV. 60-80. Bonn
KRONFELD, Ernst Moriz
1906 *Der Weihnachtsbaum. Botanik und Geschichte des Weihnachtsgrüns. Seine Beziehungen zu Volksglauben, Mythos, Kulturgeschichte, Sage, Sitte und Dichtung.* Oldenburg–Leipzig
LAUFFER, Otto
1935 Noch einmal der Weihnachtsbaum. *Zeitschrift für Volkskunde.* XLV. 60-64.
LEFFTZ, Joseph-PFLEGER, A.
1941 *Elsässische Weihnacht. Ein Heimatbuch.* Kolmar
LEBRUN, Françoise
1983 *Le livre de Noël.* Paris
MANTEL, Kurt
1975 *Geschichte des Weihnachtsbaumes und ähnlicher weihnachtlicher Formen. Eine kultur- und waldgeschichtliche Untersuchung.* Hannover
MEZGER, Werner
1993 *Sankt Nikolaus. Zwischen Kult und Klamauk. Zur Entstehung, Entwicklung und Veränderung der Brauchformen um einen populären Heiligen.* Ostfildern
PINZL, Richard – TÖGEL, Gustl
1968 *Der Christbaum.* München
SCHENDA, Rudolf
1963 *Die Geschichte des Weihnachtsbaumes.* Weihnachten in Vergangenheit und Gegenwart. Ausstellungskatalog des Ludwig-Uhland-Instituts. 12-15. Tübingen
SCHERLEN, A.
1926 *Der Weihnachtsbaum ist eine uralte elsässische Sitte.* Perles d'Alsace – Bilder der elsässischen Vergangenheit. 18-20. Mülhausen
STOLZ, Wolfgang
1958 Weihnachtsbräuche im alten Freiburg. Eine kleine Weihnachtshistorie aus alten Urkunden. *Badische Zeitung. Weihnachts-Ausgabe.* XIII. 296. 19. Freiburg im Breisgau
WEBER-KELLERMANN, Ingeborg
1978 *Das Weihnachtsfest. Eine Kultur-und Sozialgeschichte der Weihnachtszeit.* Luzern–Frankfurt a. M.
WINCKELMANN, Otto
1922 *Das Fürsorgewesen der Stadt Straßburg vor und nach der Reformation bis zum Ausgang des sechzehnten Jahrhunderts.* Leipzig

BEFUNDE UND BELEGE ZUR VERBREITUNG DES CHRISTBAUMS IM KARPATENBECKEN

Vorbemerkung

Das Aufstellen des Christbaums ist ein internationaler Brauch geworden, der für alle gesellschaftlichen Schichten charakteristisch ist, für die Familie, öffentliche Plätze und öffentliche Gebäude von der Kirche bis zum Kindergarten. Als Symbol, das in seiner Bedeutung weit über den eigentlich christlichen Gehalt des Weihnachtsfestes hinausreicht, ist er in unserem Bewusstsein zum Hauptelement des weihnachtlichen Brauchkomplexes geworden und hat seinen festen Platz in der Alltagswirklichkeit eingenommen – man denke nur an seine Dominanz in Massenmedien und Werbung. Ohne den Christbaum wäre die Weihnachtsfeier im größten Teil Europas, und so auch im Karpatenbecken, heute unvorstellbar.

Mit welchen Faktoren lässt sich diese „Karriere" des Christbaums erläutern und erklären? Wie hat sich diese Verbreitung historisch angebahnt? Wie hat dieser neue Brauch mit den lokalen Bräuchen interagiert? Welche Varianten gab und gibt es?

Um diese Fragen für die *Region des Karpatenbeckens* zu beantworten, wurden die verschiedensten Quellen - vor allem Kartenmaterial aus Atlas-Erhebungen, aber auch Tagebücher, Reiseberichte und Biographien - ausgewertet; diese Daten habe ich darüber hinaus durch Interviews mit Zeitzeugen zu verifizieren versucht. Ergebnisse dieser Untersuchungen sollen im folgenden Beitrag vorgestellt werden.

Ausgewählte frühe Belege von Christbäumen verschiedener Formen im Karpatenbecken:

(a) Ostösterreich und nordwestliches Pannonisches Tiefland; Adlige, Pfarrer und Bürger als Initiatoren

Der Schwerpunkt der frühen Erscheinung des Christbaumes befindet sich, nach den Angaben des Österreichischen Volkskundeatlas' (ÖVA), in Ostösterreich, wo sich die anzeigenden Belegsorte langsam aber sicher anhäufen, besonders nach der Mitte des 19. Jahrhunderts, und besonders in Wien und Umgebung. Hier hatte die aus Deutschland stammende Gemahlin des Erzherzogs Karl schon im Jahr 1816 einen Christbaum aufstellen lassen. In Graz war schon früher, 1813, dank der deutschen Flüchtlinge der napoleonischen Kriege (die zumeist evangelische Beamte waren), ein Christbaum zu finden. Damit wäre vielleicht auch die frühe Verbreitung des Christbaums in Südösterreich zu erklären. Von Wien aus konnte er sich schnell und leicht in Richtung Westen im Donautal bis zur Enns-Grenze, nach Korneuburg, Tulln, Krems, Melk, Amstetten verbreiten. Sehr schnell hat er sich auch im nördlichen Teil Niederösterreichs, im heutigen Burgenland, in der Oststeiermark, und in Ostkärnten (Wolfsberg und Umgebung) verbreitet. Im Burgenland können wir

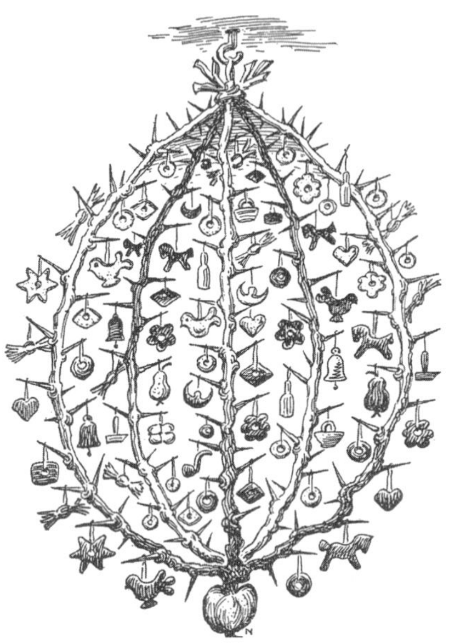

Schlehdorn-Christbaum, Hárspatak (Limbach, Burgenland) (Leopold Schmidt 1955, 181.)

den Einfluss einiger Hochadelsfamilien (der Eszterházys, Battyánys und Erdődys), aber auch an den Einfluss einer früheren Form des Weihnachtsbaumes denken: an den hier sehr populären, von der Decke hängenden Baum. Dieser hat sich unabhängig von dem von den oberen Gesellschaftsschichten übernommenen, *stehenden*, mit Kerzen beleuchteten Tannenbaum entwickelt.

In Buda und Pest ließen als erste die verwandtschaftlich-gesellschaftlich mit Wien verbundenen Aristokratenfamilien Ende der 1820er Jahre den Christbaum aufstellen. Im Jahrzehnt des Wiener Kongresses war es für die ungarischen Aristokratenfamilien (Eszterházy, Batthyány, Erdődy, Pálffy) noch üblich, den Winter in ihren Wiener Palais zu verbringen, so haben sie die Nachrichten von den ersten Wiener Christbäumen wohl mitbekommen. In Wien haben sie als eingeladene Gäste auch wahrscheinlich welche gesehen, vielleicht auch noch aufgestellt. In der Reformzeit (1825-1848) hat sich die Lage bereits verändert: Immer mehr Aristokratenfamilien ließen Palais im sich entwikkelnden Pest bauen, wo sie auch an der nationalen Erneuerungsbewegung Ungarns gesellschaftlich-politisch Anteil haben konnten. Die Gesellschaft der Stadt hat sich verändert, die angesiedelten Adeligen, Großbürger, Künstler, Schriftsteller, gebildete Intellektuelle haben den Christbaum in die Gesellschaft aufgenommen, wie sie es auch in Wien getan haben. Mehrere Personen und Familien konnten bei der Verbreitung des Christbaumes in Buda und Pest tätig gewesen sein. Die erste war Gräfin Therese Brunswick, die ihn in der Kindergartenbewegung in Wien kennengelernt und 1828 schon im Kindergarten von Christinenstadt in Buda aufgestellt hatte. Laut Baron Frigyes Podmaniczky wurde der Christbaum durch seine sächsische Mutter im Jahr 1828 eingeführt. Als dritte Initiatorin gilt die württembergische Prinzessin Maria Dorothea (Ehefrau von Palatin Joseph), die von einem Gebiet mit Christbaum 1819 nach Buda kam.[1] Im Jahr 1844 haben bedeutende Persönlichkeiten der ungarischen Literatur (Sándor Petőfi, Mihály Vörösmarty, József Bajza, János Erdélyi, Lajos Kuthy, Gábor Kazinczy) im Pester Haus des Redakteurs Sándor Vachott mit einem Christbaum gefeiert, wie wir es in den Memoiren der Gastgeberin lesen können:

„...Ich musste die Gesellschaft für eine Weile verlassen, erstens, weil ich fürs Abendessen dringend tischen musste, zweitens, um schön feierlich den Höhepunkt des Abends, den Christbaum vorzustellen... Die Vorstellung des Christbaumes erfolgte vor dem Abendessen – der Christbaum wurde mit großem Beifall begrüßt, an dem, von

Kerzlein beleuchtet für jeden ein kleines Geschenk hing, alle Werke von Kondor Kugler."[2] Wir wissen auch über frühere Christbäume auf dem Lande: In Fertőszentmiklós (Kom. Sopron) hat 1834 die Familie Bezerédy für ihre Tochter Flora, und für die Schulkinder hat 1855 der Pfarrer von Osli (Kom. Sopron) einen Christbaum aufgestellt.[3]

Die Ehefrau von Ferenc Pulszky (1848 Staatssekretär im Finanzministerium, später auswärtiger Staatssekretär), Therese Pulszky, war in Wien geboren und aufgewachsen, hat nur zwei Jahre in Ungarn gelebt. Dennoch bezeichnete sie sich im Titel ihrer 1850 in London erschienen Memoiren als eine ungarische Dame *(Memoirs of a Hungarian Lady).*[4] Eine einschlägige Erwähnung steht im Zusammenhang der Kriegslage im Dezember 1848: Die kaiserlichen Truppen näherten sich der Hauptstadt, und ihr Befehlshaber, Windisch-Grätz ließ aussagen, er würde alle Christbäume in Pest in Brand setzen.[5] Wenn er damit gedroht hat, sollten schon derzeit jede Menge Christbäume in der Hauptstadt Ungarns vorhanden gewesen sein.

In der Gegend von Eger kennen wir den Christbaum aus einer volkskundlichen Datensammlung von der Mitte des 19. Jahrhunderts an.[6] Im Szabadkaer Kindergarten hat als Erster Lajos Völgyi als frischgebackener Kindergärtner 1859 ein Weihnachtsbaumfest organisiert.[7] Zuletzt gibt es noch einen Zeitungsartikel vom Weihnachtsbaum der Gutshofknechte des Komitates Sáros aus dem Jahr 1862.[8]

Die frühesten kulturhistorischen Daten über die Verbreitung des Weihnachtsbaumes im Oberland beziehen sich auf die Kindergartenbewegung. Antal Rehlingen, früherer Mitarbeiter der Gräfin Therese Brunswick von Korompa, hat in 1832 im damaligen Kindergarten von Nagyszombat (Trnava/Tyrnau) einen Weihnachtsbaum aufgestellt, worüber er auch in seinem Tagebuch schrieb. Über das Christbaumfest des Tyrnauer Kindergartens hat im Januar 1836 auch die Pressburger Zeitung *Pressburger Aehrenlese* berichtet.[9] In der Mitte des 19. Jahrhunderts ist der Christbaum auch in den Schlössern des Oberlandes erschienen. Im Alsósztregovaer Schloss von Imre Madách (Kom. Nógrád) wurden – nach der Erinnerung des Neffen des Dichters – schon in der zweiten Hälfte der 1850er Jahre Christbäume aufgestellt.[10] In Albert Berzeviczys (1853-1936) Memoiren können wir über Berzevicze (Kom. Sáros), über sein altes Schloss und über den Weihnachtsbaum seiner Kindheit lesen.[11] Die Tatsache, dass auf dem Miskolcer Markt schon in den 1910er Jahren Christbäume verkauft wurden, zeugt auch von den Nord-Süd-Kontakten vor und während des Ersten Weltkriegs. Die Christbäume wurden von Sajóréde (Nordgömör) her auf die Märkte transportiert,[12] sie wurden in großen Ansätzen verkauft, mit ihnen wurde Handel betrieben, und so können wir annehmen, dass sie auch zu Hause aufgestellt wurden. Unsere Annahme wird vom Atlas der Slowakischen Volkskunde bestätigt: Am Belegort Nr. 167, Sajóréde/Rejdová (im heutigen Landkreis Rozsnyó) ist der Christbaum schon vor 1918 belegt.

Der Christbaum hat sich in der Hauptstadt und in den Städten Transdanubiens verhältnismäßig schnell, in den Dörfern jedoch viel langsamer verbreitet. Auf dem Platz vor dem alten Pester Rathaus hat man in den 1860ern regelmäßig große Tannenmärkte abgehalten. Am 21. Dezember 1861 hat die Zeitung *Szegeder Nachrichten* davon berichtet, dass „in den vergangenen Tagen drei Schiffe voller Christbäume

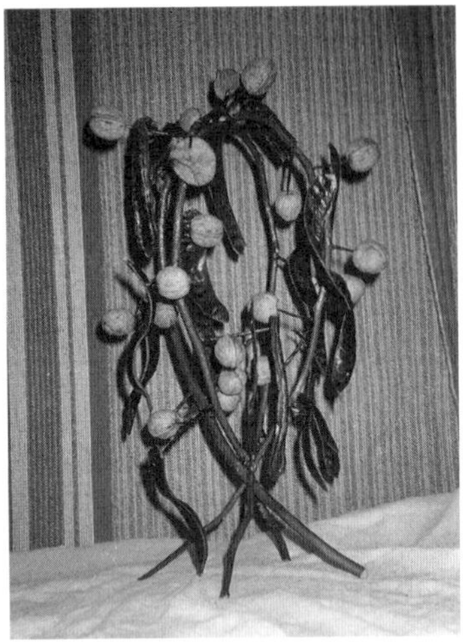

Stachelzweig-Christbaum, Topolya (Bačka Topola, Woiwodina). Museum für Volkskunde Budapest, Inv.-Nr.: 81.171.2. Aufnahme von László Lukács, 2004

„Turmchristbaum", Gabenständer, Topolya (Bačka Topola, Woiwodina). Museum für Volkskunde Budapest, Inv.-Nr.: 72.46.1. Aufnahme von László Lukács, 2004

nach Pest ankamen." Sobald die Eisenbahnlinien fertig wurden, hat man auch mit dem Zug Christbäume nach Pest transportiert. Im letzten Drittel des 19. Jahrhunderts war in den ungarischen Dörfern der Christbaum hauptsächlich unter den Familien der protestantischen Seelsorger, Lehrer, Notare und Gutshofangestellten verbreitet. Unter den Bürgern wurde er in der zweiten Hälfte des 19. Jahrhunderts durch die Schriftsteller und Zeichner der Kinderliteratur und illustrierten Zeitungen bekannt, aber auch die Weihnachtsanhänge der Zeitungen und die Weihnachtspostkarten haben eine Rolle in seiner Verbreitung gespielt.

Zsigmond Szendrey schrieb im Handbuch *Die Volkskunde des Ungartums* in Bezug auf den Anfang von 1930 er das Folgende: „Heutzutage werden die Geschenke bei Herren- und Bürgerhäusern auf den Christbaum gehängt oder darunter gestellt, das Volk jedoch mag selbst heute noch keine Christbäume stellen."[13] Vor dem Ersten Weltkrieg hat die Bevölkerung in mehreren Gemeinden des Komitats Fejér keinen Christbaum aufgestellt. In seinem 1890 erschienenen Buch *Vergangenheit und Gegenwart der reformierten Kirchengemeinde von Sárkeresztúr* hat Lajos Lévay erwähnt: „Der Christbaum ist hier noch unbekannt. Aber das Singen, Schießen und Klingel läuten ist immer noch üblich und beliebt."[14] In Sárkeresztes (ein Nachbardorf von Székesfehérvár/ Stuhlweißenburg) hat zuerst um 1900 die Familie des reformierten Seelsorgers und Schriftstellers Kálmán Babay (1862-1933) einen Weihnachtsbaum aufgestellt, unter den Bewohnern jedoch wurde er nur nach dem Ersten Weltkrieg beliebt. Den ersten Christbaum im Dorf konnte man ganz konkret mit den entsprechenden Personen und dem entsprechenden Jahr verbinden: „Mein älterer Bruder Ferenc (Juhász) ist 1895 geboren. Der mit ihm gleichaltrige Sohn des Priesters Babay, der Laci, hatte einen Christbaum, als er klein war. Zuerst hatten ja solche Priester und Notare einen. Man hielt ihn für einen katholischen Weiß-nicht-Was, später hat er sich aber verbreitet." Man vergleiche dazu die Äußerungen des reformierten Geistlichen Imre Kovács (geb. 1910) in seinen Kindheitserinnerungen: „Bei uns war der Christbaum nicht in Brauch, so wie auch der Weihnachtsschmuck, die Kerzen und die Sternspritzer auch nicht. Bei einigen „Herrenhäusern" und bei manchen Katholiken ja. Die katholischen Familien haben sich in irgendeiner Weise immer einige Tannenzweige aus dem Schlossgarten des Grafen angeeignet. Wir (Kalvinisten) durften das nicht, hatten aber auch keine solchen Ansprüche." (Seregélyes, Komitat Fejér).[15]

In Csókakő (Kom. Fejér) wurde er laut Aussagen erst später üblich: „Anscheinend hat ihn der Notar Heltay hereingebracht, er hatte zuerst einen, langsam hat man ihn aber übernommen." Imre Heltay war der Dorfnotar vom Ende des 19. Jahrhunderts bis 1913. Die allgemeineren Aussagen, die keinen konkreten Namen nennen, zeigen aber auch auf die schmale Oberschicht der Dorfgesellschaft, die das Meiste zur Verbreitung des Christbaumes beigetragen hat. In Moha (Kom. Fejér) hat man in Bezug auf den vorigen Jahrhundertbeginn erwähnt: „Zu meiner Jungferzeit gab es ihn bei Müllers- und Notarfamilien, also bei den Reichen, die Dienstmägde anstellten, bei den Ärmeren nicht. Bei den Katholiken gab es ihn öfter, als bei den Kalvinisten." Auch in Iszkaszentgyörgy (Kom. Fejér) haben ihn zuerst die Intellektuellen, dann die reicheren, später auch die ärmeren Bauern eingeführt. Auch hier wurde betont, dass die Katholiken ihn als Erste eingeführt haben, die Kalvinisten später. Trotzdem wurde die Aktivität der Katholiken in der früheren Verbreitung des Christbaumes im Komitat Fejér außer den oben erwähnten Orten nur in Seregélyes erwähnt.[16] Die Csákberényer Sammlung von József Gelencsér besagt: Es begann „bei der Notar- und Priesterfamilie, dann ging er von Jahr zu Jahr weiter", in den 1910er Jahren „war er nur hier und da, sehr selten zu finden." Das Beispiel der höheren Gesellschaftsschichten, der kirchlichen und schulischen Institutionen hat die Verbreitung des Weihnachtsbaumes und der Weihnachtsgeschenke beschleunigt.

(b) Siebenbürgen und die Sachsenstädte

Den Christbaum der Siebenbürger Sachsen kennen wir aus Ferenc Pozsonys Forschungen. Ihr Bürgertum hat den Christbaum an deutschen und österreichischen Beispielen kennen gelernt und verbreitet, obwohl es in Sibiu/Nagyszeben/Hermannstadt (1827) und in Braşov/Brassó/Kronstadt (1828) gerade ein dänischer Einwanderer war, der einen kleinen, mit Kerzen beschmückten Tannenbaum mitbrachte. Der Weihnachtsbaum erschien in der Mitte des 19. Jahrhunderts auch in den Kirchen, Schulen und davon ausgehend in den sächsischen Bauernfamilien. Attila T. Szabó hat im *Historischen Wörterbuch des siebenbürgisch-ungarischen Wortschatzes* erwähnt, dass der Christbaum in Siebenbürgen nur in der zweiten Hälfte des 19. Jahrhunderts begonnen hat, sich auf deutsches Beispiel zu verbreiten, und erst im 20. Jahrhundert allgemein bekannt wurde.[17] In der Mitte des 19. Jahrhunderts ist er auch in sächsischen evangelischen Kirchen und Schulen erschienen. Von den Schulen haben ihn auch die sächsischen Dörfer und Familien übernommen. In Nagykapus (Kopşa-Mare/Großkopisch, heute Kreis Sibiu) wurde 1837 in der Kirche ein Weihnachtsbaum aufgestellt. In Keresztényfalva (Cristian/Neustadt-Burzenland, heute im Kreis Braşov) haben die

Der an der Zimmerdecke hängende Christbaum. Nagybaracska (Kom. Bács-Kiskun). Aufnahme von József Franciscy, 1963. Fotothek des Museums für Volkskunde, Budapest. Inv.-Nr.: F. 181309

Schulkinder 1889 ihre Aufführung neben dem kirchlichen Christbaum gehalten. Anfang des 20. Jahrhunderts, besonders nach dem Ersten Weltkrieg, war er schon unter den Sachsenfamilien der Dörfer allgemein bekannt.[18] Seine Verbreitung, seine einfache, ungeschmückte Form ist auch im Bericht der Weihnachtsausgabe der *Kronstädter Zeitung* über das Dorf Jaad aus dem Jahr 1934 zu lesen: „Die kleinen, noch uneingeschulten Kinder bekommen nur selten ein kleines Bäumchen, das aber ungeschmückt und zuckerlos ist. Wie auch die anderen Gemeinden des Komitats Beszterce-Naszód ist Jaad bei seiner Überzeugung geblieben, Weihnachten (wie es früher auch anderswo üblich war) ohne Baum zu feiern, und den Heiligabend nicht als Familien- sondern als Gemeinschaftsfest zu betrachten."[19]

Ferenc Pozsony betont bei der siebenbürgischen Verbreitung des Christbaumes und des Adventskranzes die direkte sächsische Wirkung auf lokaler Ebene: „In den Nachbardörfern der Sachsen und den lutheranischen Ungarndörfern des Königslandes war der Christbaum ziemlich früh erschienen und verbreitet. ... In der ganzen Weihnachtsperiode lässt sich ein sächsischer Einfluss sowohl bei der Christbaumstellung, als auch beim Adventskranz erkennen. Diese Wirkungsmechanismen funktionierten hier in Siebenbürgen hauptsächlich auf lokaler Ebene. Die Begleitungsmechanismen der Verbürgerlichung hatten wahrscheinlich zu ihrer parallelen Verbreitung geführt. Hier sind besonders die Kirche, die Schulen und der Handel wichtig gewesen."[20] Die Sammlung von Géza Vámszer in Oltszakadát (Săcădate/ Sakadat, im Kreis Sibiu) erläutert: „Ein früherer Brauch war (schon um 1870), dass man einen großen geschmückten Weichnachtsbaum in der Schule aufstellt. Die Anwesenden singen und der Kaplan (heute der Seelsorger) teilt den Kindern Geschenke, meistens Bücher und Lehrmaterial aus. In den letzten Jahren wurde dieser Baum in der Kirche aufgestellt, selbst einige Familien schmücken einen Baum zu Hause, wie die Stadtleute."[21]

In Cluj/ Kolozsvár/ Klausenburg hat zuerst der baptistische János Rottmayer (1818-1901), Leiter der Siebenbürgischer Niederlassung des Schottischen Nationalbibelvereins, einen Weihnachtsbaum am Weihnachtsfest der Sonntagsschule anfangs der 1870er Jahre aufgestellt.[22] Ich habe Frau Éva Gunda-Sándor, deren Vater Lehrer des Reformierten Gymnasiums von Klausenburg war, nach ihren Weihnachtsbäumen aus den 1930ern gefragt, worauf sie in ihrem Brief (Debrecen, 08. 08. 2006) folgendes antwortete: „Die frisch gefällten Bäume wurden am Hauptplatz um die Sankt Michael-Kirche herum verkauft. Da gab es zwei Weihnachten, einmal das ‚ungarische', und einmal das orthodoxe, so wurden Tannenbäume nach Weihnachten wieder an die Rumänen verkauft. Der Baum und die Geschenke wurden von einem ‚Engel' gebracht und zu Epiphania wieder weggetragen. Wir hängten nur in rotes Papier gewickelte Salonzuckerl und rote Glaskugeln an den Baum. Das war allein unser Brauch, anderswo hängte man auch Honigkuchen und alle Arten von Bofel daran. Ich habe auch gehört, dass die Katholiken die frischen kleinen Bäume in der Vorhalle der Kirche mit dem Pfarrer segnen ließen. Zu Hause wurde er in die Zimmerecke gestellt, damit ein böser Geist ihn vor dem Engel nicht wegstehle."

Frühere Christbaumdarstellung im Buch „Kinderwelt", von Frau Mária Vachott aus 1861

Die in Csíkszereda (Szeklerland) veröffentlichte Wochenzeitung *Csíki Lapok* (Wochenzeitung für Gesellschaft, Wirtschaft und Belletristik) hat am 18. Dezember 1889 über eine Christbaumfeier im Kindergarten berichtet: „Aufgrund des Beschlusses des Komitees des Kindergartenvereins von Csíkszereda wird Kindergärtnerin Krisztina Nagy am 23. Dezember 1899 um 4 Uhr Nachmittag eine Christbaumfeier für die Kinder organisieren, worüber die sehr geehrten Eltern, Vormunde und andere Interessenten benachrichtigt werden." Für den Christbaum haben 26 Leute, hauptsächlich adelige Damen Geld, Orangen, Äpfel, Nüsse, Erdnüsse, Johannisbrot, Bonbons, Feigen, Spielpuppen, Spitzen und Schleifen gespendet. Eine Dame hat 50 Heiligenbilder gegeben, die unter den Kindern verteilt wurden.

Über Vadasd (Vădaş, ein Székler-Ort, heute Teilgemeinde von Neaua im Kreis Mureş) können wir im Buch von Ferenc Székely lesen: „Der Weihnachtsbaum ist ungefähr seit den 20-30er Jahren in Brauch, aber nur bei reicheren Familien. Allgemein hat er sich erst viel später verbreitet. Nach der Verstaatlichung der Wälder 1948 war das Baumfällen für einen solchen Zweck mit einer beträchtlichen Geldstrafe zu büßen, aber in Geschäften und Niederlassungen konnte man ‚Winterbäume' kaufen."[23]

In Makfalva (Ghindari, Kreis Mureş) hat zuerst der Apotheker Donáth einen Christbaum in seinem Haus in den 1920er Jahren aufgestellt. Auch in Havad (heute Teilgemeinde von Neaua, im heutigen Kreis Mureş) ist er in den 1920ern erschienen, verbreitet hat er sich allerdings erst in den 1930ern. Von da an durfte er in keiner Familie mit Kleinkindern fehlen.[23] Nach Mezőcsávás (Ceauşu de Cîmpie, Kreis Mureş) kam er erst nach 1940. Die Volkskundlerin Éva Demeter (Szeklerisches Nationalmuseum,

Weihnachtsabend. Zeichnung von Károly Markó, 1865

Sepsiszentgyörgy/Sfintu Gheorghe) hat mich in ihrem Brief vom 26. Januar 2006 aus über eine Neuerung des Christbaumes, über seine Motorisierung benachrichtigt: „Bei einer Ungarischlehrerin in Nyárádszereda habe ich einen Christbaum gesehen, der an ein Fahrräderrad montiert und von einem Motor langsam herumgedreht wird. Ich weiß jedoch nicht, wer diese Idee hatte und seit wann der Baum sich im Kreis herumdreht." In seiner Weihnachtsnovelle *Das Kind und das Feuer* beschreibt Lajos Zilahy (1891-1974) einen sich drehenden und musikmachenden Weihnachtsbaumständer aus dem bürgerlichen Milieu: „Im dritten Zimmer stand der Weihnachtsbaum. Er war ein schöner und großer Baum, der vom Boden bis zur Decke reichte. Sein Ständer ist ein teurer Mechanismus, der aus Opas Haus, vom Dachboden stammt. Im Ständer war eine Spieluhr mit wunderschöner Musik verborgen, und diese wundersame Maschine, wenn man sie aufdrehte, ließ den gesamten Baum langsam und feierlich hin- und herdrehen."[24]

In Szabéd (Săbed, Kreis Mureş) erinnerte man sich nicht an Christbäume am Anfang des 20. Jahrhunderts. In Szilágyerked (Archid, im heutigen Kreis Sălaj) und Magyardécse (Cireşoaia, Kreis Bistriţa-Năsăud) ist er in den 1930ern bei den reicheren Häusern schon eingeführt worden.[25] László Barabás erreichte ähnliche Ergebnisse in Bezug auf die Verbreitung und Chronologie des Christbaumes im Salzgebiet: „Im Salzgebiet hat man an der Jahrhundertwende sowie in den ersten Jahrzehnten unseres Jahrhunderts nur spärlich Christbäume aufgestellt. Er verbreitete sich durch den Einfluss der Städte und Bürger zuerst unter den Dorfnotaren, Lehrern, Händlern, später unter den reicheren Bauern (Korond, Parajd, Szováta). Die ärmeren Familien hatten in der Zwischenkriegszeit keinen Weihnachtsbaum. In Sóvárad hat nur ein einfacher, ungeschmückter Tannenzweig den Christbaum symbolisiert. Allgemein beliebt wurde er nur in den letzten 50 Jahren."[26]

Gewöhnlich haben die Fuhrmänner und Forstarbeiter aus dem Quellengebiet des Klein-Kükülló-Flusses 1-1,5 Meter hohe Tannenbäume für sich und die Nachbarschaft geholt. Ihre Kinder verkauften manchmal Tannenbäume auf dem Wochenmarkt. Hierzulande werden Weihnachtsbäume und Geschenke von Engeln gebracht. Der in die Zimmerecke des Hauses gestellte Weihnachtsbaum wurde mit selbstgemachten

Süßigkeiten und Kuchen geschmückt: „Aus Nüssen und Zucker kochten wir Weihnachtszucker. Wir buken den Teig, schnitten Formen daraus, diese Teigfiguren hängten wir dann an den Baum." – In Sóvárad kamen auch Äpfel, Nüsse, Kekse und Pogatschen an den Baum: „Mit Fingerhüten schrindeten wir den Teig, dann buken wir ihn und hängten die kleinen Pogatschen an den Baum." – In Atyha hat man auch Hobelspäne und Popcorn (was sie *Hahn* nannten) zum Baumschmücken benutzt. Manche Familien hängten Schleifen, die Katholiken Kerzen an den Baum."[27]

Weihnachtsmarkt in Pest. Zeichnung von L. Appelrath, 1871

In Korond (Corund) erinnerte sich István Tófalvi (Erdész), dass der Christbaum in den 1920ern in die Mode kam, und zwar unter den Intellektuellen, Beamten und Handelsleuten. Auch bei Ihnen, denn sein Vater war Forstmeister. Der Christbaum war von den 1940ern an allgemein beliebt.[29]

Zsuzsanna György aus Kolozs (Cojocna/ Salzgrub. Kreis Cluj), Gewährsfrau von Olga Nagy, hat bei den alten Weihnachtsbräuchen auch vom Christbaum gesprochen: „Sie waren überglücklich, als am Abend der Engel kam. Wir hatten keinen vom Boden bis zur Decke reichenden Riesenbaum, wie heutzutage in den städtischen Wohnblocks. Mein Gatte hat 6-8 Tannenzweige gesammelt und sie mit einem Draht an einen Baum befestigt, so dass am Ende auch ich gedacht habe, er sei ein echter Weihnachtsbaum. Einige Tage früher habe ich eigenhändig Zucker gekocht, habe ihn in eingeschnittenes Seidenpapier eingewickelt, und ihn dann so an den Christbaum gebunden. Ich habe Nüsse vergoldet, mein Gatte hat Erdnüsse und rote Äpfel gebracht, diese haben wir auch an den Baum gehängt, so sah der damalige Weihnachtsbaum aus. Wir haben einfache Wachskerzen angezündet, Sternspritzer sind überhaupt nicht in Frage gekommen."[30]

Balázs Csete erwähnte den Gesang und den Weihnachtsbaum aus Nyárszó (Nearşova, Kreis Cluj) aus dem Jahr 1942: „Am Weihnachtssamstag, am Heiligabend haben sich die Junggesellen des Dorfes versammelt, haben ihre Pelzmäntel genommen und sind zum Singen an alle Häuser gegangen. ... In den Fenstern schimmern die geschmückten Weihnachtsbäume bunt im Kerzenlicht...."[31]

Christbäume der Kinder von Erzherzog Friedrich in seinem Pressburger Palais, um 1902. Historisches Bildarchiv des Ungarischen Nationalmuseums, Budapest. Inv.-Nr.: 1183-1961

Befunde aus dem Magyar Néprajzi Atlasz von 1959

Der Magyar Néprajzi Atlasz [Atlas der Ungarischen Volkskultur] (MNA), herausgegeben von Jenő Barabás, ist zwischen 1987-1992 erschienen. Sein Material wurde von 1959 über ein Jahrzehnt lang gesammelt. Die 169. Fragegruppe seines Fragebogens bezieht sich auf den Weihnachtsbaum: *Wann wurden Weihnachtsbäume zuerst aufgestellt? Seit wann ist der Weihnachtsbaum im allgemeinen Gebrauch? Wie wurde er heimisch, wer hat ihn eingeführt (die lokalen Intellektuellen, die Handwerker, aus dem Nachbardorf, aus der Stadt usw.)? Was sagt man den Kindern, wer den Christbaum bringt (das Christkindl, ein Engel usw.)? Wie heißt der Weihnachtsbaum? Ist das Beschenken der Anderen am Heiligabend in Brauch; wer beschenkt wen und womit?* Die Antworten, die in insgesamt 410 Belegorten des ungarischen Sprachgebietes gesammelt wurden, dienten als Grundlage zur Erstellung von drei Karten, die sich mit dem Christbaum beschäftigen. Alle drei sind die Werke von Zsolt Csalog.

Karte Nr. VIII/ 533 des MNA zeigt die Verbreitung der *Formen vor dem stehenden Christbaum (z. B. Weihnachtsgrünzweige)*. Sie kann zusammen mit der schon untersuchten Karte Nr. 2/29 des österreichischen Altas' als ein Paar betrachtet werden. Im Ungarischen gibt es acht, im Österreichischen nur fünf Formen des Weihnachtszweiges. Die *vertrockneten Zweige*, die *Geranie*, die *Malve*, und der *Rosmarin* kommen als Weihnachtszweig zum Beispiel nur im Ungarischen vor, während die *hängende Tanne*, der *Wacholder*, der *Schlehdorn*, die *Mistel* und die *immergrünen Zweige* (ohne Tannen) in beiden Gebieten vorkommen. Es fällt auf den ersten Blick auf, dass die älteren Formen in Österreich auf einige gut umgrenzbare

Gebiete konzentriert sind, während sie in Ungarn das Zentralgebiet des ungarischen Volkes im Karpatenbecken ausfüllen. Im Osten (in Siebenbürgen und der Moldau) erscheinen sie nur sehr spärlich. In Transdanubien war die hängende Tanne oder der Tannenzweig dominant. Außer in einem kleineren Gebiet in den Komitaten Vas und Zala, sowie einer größeren Landschaft in den Komitaten Baranya und Somogy (wo keine Vorgänger des stehenden Tannenbaumes existierten) war in Transdanubien und in der Kleinen Ungarischen Tiefebene (auch in der Großen Schüttinsel zwischen den Flüssen Waag und Eipel) der herabhängende Christbaum charakteristisch, welchen wir schon aus dem österreichischen Atlas vom benachbarten Burgenland kennen. In ganz Transdanubien und in der ganzen Kleinen Ungarischen Tiefebene konnte seltener auch Wacholder als Christbaum benutzt werden. In dem an Tannenwäldern reicheren Westtransdanubien zeigt die Karte keinen Wacholder an.

Weihnachtsbaum im Zichy-Schloß um 1940. Vajta (Kom. Fejér). Fotoalbum von Anna Lujza Zichy

In Kaposkeresztúr (Kom. Somogy) und in Gyulaj (Kom. Tolna) sind der stehenden Tanne Schlehdorn, Hagedorn, oder andere Arten von stacheligen Zweigen vorausgegangen. In Ordacsehi (Kom. Somogy) waren neben dem Wacholder auch Schlehdorn, Hagedorn oder andere Arten von stacheligen Zweigen beliebt. In Mittel- und Osttransdanubien sowie in der Kleinen Ungarischen Tiefebene konnten auch seltener die Mistel, die Thuja, der Buchs, die Zeder, der Oleander, oder andere immergrüne Pflanzen außer der Tanne vorkommen. Das Nördliche-Mittelgebirge von der Eipel bis zur Hernád war vom Wacholder dominiert, der auch im Zwischenstromland Donau–Theiß und nördlich der Theiß zu finden war. Östlich des Hernáds, in den Komitaten Abaúj und Zemplén, im Zwischenstromland Theiß–Bodrog und in der Nyírgegend wird die Dominanz wieder von der hängenden Tanne oder dem Tannenzweig übernommen, die parallel zu der stehenden Tanne existierten. Seltener kann auch Schlehdorn, Hagedorn, andere stachelige Zweige, Mistel, die Thuja, der Buchs, die Zeder, der Oleander, oder andere immergrüne Pflanzen außer der Tanne vorkommen. Östlich von Pest ganz bis Tarnaméra (Kom. Heves) gab es an den sechs Belegorten in der Tiefebene kein Zeichen von Vorgängern der stehenden Tanne. Westlich von Buda dominierten jedoch die üblichen Vorgänger (Schlehdorn, Hagedorn, andere stachelige Zweige, Mistel, die Thuja, der Buchs, die Zeder, der Oleander, Geranie, Malve oder andere immergrüne Pflanzen außer der Tanne). Für die Große Ungarische Tiefebene ist die Vermischung, die Zerstreuung charakteris-

Christbaum bei einer Bürgerfamilie in Sátoraljaújhely. Aufnahme eines örtlichen Fotografen, 1921. Fotothek des Museums für Volkskunde, Budapest. Inv.-Nr.: F.25.250

Weihnachten unter dem geschmückten Christbaum einer armen Familie in Budapest. Aufnahme von Ö. Kapusi, 1909. Fotothek des Museums für Volkskunde, Budapest. Inv.-Nr.: F.10.360

tisch, wir sehen keine homogenen, kompakten Großgebiete auf der Karte. Im mittleren Teil war ausschließlich die stehende Tanne in Brauch. Entlang der Theiß und im Trans-Theiß-Gebiet waren die Thuja, der Buchs, die Zeder, der Oleander oder andere immergrüne Pflanzen außer der Tanne als Vorgänger bekannt, sowie auch eine hängende Tanne, oder ein Tannenzweig. Auf dem südlichen Teil der Tiefebene (Batschka, Banat) waren die trockenen Zweige, der Schlehdorn, der Hagedorn, oder andere Arten von stacheligen Zweigen beliebt, untergeordnet waren Thuja, Buchs, Zeder, Oleander (oder andere immergrüne Pflanzen außer der Tanne), sowie der Wacholder.

Aus *Siebenbürgen* schrieb der Schriftsteller und Herderpreisträger András Sütő in seinem Buch *Anyám könnyű álmot ígér* (Mutter verheißt leichten Schlaf) über seinen Geburtsort Pusztakamarás (Cămăraşu/ Kammerischdorf, Kreis Cluj): „Beim Herrn Kantor haben wir das Krippenspiel vor einen bis an die Decke reichenden wunderschön geschmückten Weihnachtsbaum gestellt.“[32] Das war die Zeit, in der der Autor selbst als Mittelschüler bei Krippenspielen in seinem Dorf mitmachte (1939-42).[33] In den 1950-60ern hat er über sein verarmtes Dorf geschrieben: „Der Christbaum: Nur ein verdürrter, verbogener Ast, der mit Stanniolpapier geschmückt ist, weil wir nichts anderes besaßen. Das war für ein kleines Enkelkind.“[34]

Karte Nr. VIII/535. des MNA wurde auf Grund der Frage *Wer regte die stehende Tanne als Weihnachtsbaum an?* gestaltet. Mit der Frage, zu welcher gesellschaftlichen, beruflichen und religiösen Gruppe die erste Person in der Ortschaft gehöre, die einen Christbaum aufgestellt hat, beschäftigte sich auch der schweizer und österreichische Atlas. Im MNA wurde all das auf Karten angezeigt und 15 initiatorische Gruppen wurden benannt: 1. Eingesiedelte Katholiken, 2. Lokale katholische Minderheit, 3. Katholische Soldaten, 4. Zurückkehrende Soldaten, 5. Der lokale

Gutshof, 6. Die Schule, 7. Die Kirche, 8. Die lokalen Fabrikarbeiter, 9. Das Eisenbahnpersonal, 10. Die lokalen Bauern, 11. Die lokalen Handwerker, 12. Die lokalen Bergleute, 13. Die lokalen Forstarbeiter, 14. Aus den nahe liegenden Städten kommende Leute, 15. Aus den nahe liegenden Gemeinden kommende Leute. Ich habe ein Zeichen der lokalen Forstarbeiter (der Gruppe 13) nirgends finden können, trotzdem ist das gesellschaftlich-beruflich-religiöse Milieu, das das Meiste zur Verwurzelung des Christbaumes in der Gesellschaft beigetragen hat, sehr vielfältig.

Bürgerfamilie vor Ihrem Christbaum, Kalocsa, 1939

Diese Karte hätte entsprechende Kommentare dringend nötig, denn aus den Antworten hätte man die Verbreitung des Christbaumes mit konkreten Personen, Namen, Familien und mit verhältnismäßig konkreten Zeitangaben verknüpfen können. Auch die Städte und Gemeinden, von denen aus sich der Christbaum verbreitete, hätten identifiziert werden können.

Auf Grund der an den ungarischen Belegorten der *Vojvodina* notierten Antworten schreibt Zsuzsanna Tátrai: »Aus den Atlasheften lassen sich einige konkrete Daten in Bezug auf den Import und allgemeine Verbreitung des Christbaumes erschließen. Zum Beispiel hatten in Bácskeresztes, Torda, Ürményháza, Hertelendyfalva, Csantavér, Pacsér, Martonos und Mohol zuerst die Großbauern einen Christbaum aufgestellt. In Torontálvásárhely (Debeljača) wurde seine Verbreitung mit den einziehenden Katholiken in Verbindung gebracht; nach Ürményháza kam der Brauch vielleicht aus den benachbarten deutschen Dörfern, was auch die deutsche Bezeichnung „Krisztkindl" beweist. Die lokalen Bauernmädchen haben vor ihrer Heirat in diesen deutschen Dörfern gedient. In Ittebe hat man den ersten Tannenweihnachtsbaum um 1900 in der Dorfschule aufgestellt, dennoch war der Christbaum nicht einmal in den 1960ern allgemein verbreitet. In Bácsfeketehegy (Feketić) begann seine Verbreitung im Kindergarten. In Kót hat der Lehrer, in Bácstopolya haben die Gräfin, dann die Intellektuellen die ersten Weihnachtsbäume aufgestellt.«[35]

In Transdanubien und im Zwischenstromland Donau–Theiß können wir an der Karte große leere Flecken sehen, wo keine Antworten auf die Fragen gekommen sind. Es ist ja ziemlich schwer zu sagen, wer als erster einen Weihnachtsbaum aufgestellt hat und wo der Christbaum schon seit etlicher Zeit in Brauch ist. In den ursprünglich reformierten Bauernsiedlungen Transdanubiens wurde der Christbaum durch ansiedelnde Katholiken etabliert. Die reformierten Einwohner haben anfangs auch entsprechende Abneigung gezeigt, wie auch der reformierte Seelsorger Imre Kovács (geb. 1910) in seinen Kindheitserinnerungen an den Christbaum in Seregélyes (Kom. Fejér/Weißenburg): „Bei uns war der Christbaum nicht in Brauch, so wie auch der Weihnachtsschmuck, die Kerzen und die Sternspritzer auch nicht. Bei einigen „Herrenhäusern" und bei manchen Katholiken ja. Die katholischen Familien haben sich in irgendeiner Weise immer einige Tannenzweige aus dem Schlossgarten des Grafen angeeignet. Wir (Kalvinisten) durften das nicht, hatten aber auch keine solchen Bedürfnisse."[36]

Weihnachtszweig, in einen Krug gestellt, mit Salonzuckerl geschmückt. Hosszúmező (Kom. Máramaros, Cimpulung la Tisa). Aufnahme von Oszkár Dincsér, 1941

Vetter unter dem Christbaum, Balassagyarmat, zweite Hälfte der 1950er Jahre. Aufnahme von János Demeter

Die Abneigung der Reformierten und die Aktivität der Katholiken in Bezug auf die Verbreitung des Christbaumes an der Jahrhundertwende wurde auch von den Gewährspersonen in den Gemeinden des Mórer-Tales (Sárkeresztes, Moha, Iszkaszentgyörgy) betont.[37] Die ungarischen Kalvinisten in den Szamosháter Dörfern (Kom. Szatmár) haben auch keinen Christbaum benutzt, weil sie ihn für einen katholischen Brauch hielten.[38] Auch in Beregdaróc spiegelte diese Meinung die ethnisch-religiöse Verschiedenheit der Bewohner wider. Die reformierten Alt-Einwohner des Dorfes benutzten den Weihnachtsbaum, die neuangesiedelten griechisch-katholischen Ruthenen (Karpato-Ukrainer) nicht. Sie benutzten Weihnachtsstroh.[39]

Katholische Ansiedler waren bei der Etablierung des Christbaumes auch außerhalb Transdanubiens in der Theißecke (Tiszazug) und zusammen mit den lokalen Katholiken im Zwischenstromland Theiß–Bodrog beteiligt. Die Vielzahl der Kartenzeichen besagt, dass die lokale katholische Minderheit eine entscheidende Rolle in der Verbreitung des Christbaumes in all unseren vier Großgebieten (Transdanubien, Große Ungarische Tiefebene, Oberland, Siebenbürgen), sowie in Andrásfalva (Măneuti, Bukovina) spielte. Im Moldauer Lészped (Lespezi) hat die (katholische) Kirche, in Tatros (Tîrgu Trotuş, Kreis Bacău) hat die lokale (katholische) wohlhabende Schicht den Christbaum heimisch gemacht. Diese Schicht scheint am aktivsten zu sein. An zwei Belegorten Siebenbürgens werden die katholischen Soldaten in dieser Rolle gesehen: Sie sind in Feketelak (Lucu) zusammen mit der Schule, in Réty (Reci, Kreis Covasna) zusammen mit der lokalen katholischen Minderheit als Verbreiter des Weihnachtsbaumes aufgeführt. Natürlich waren es nicht nur katholische und siebenbürgische Soldaten, die den Christbaum in den Kasernen der gemeinsamen kaiserlichen und königlichen Regimenter, oder in der ungarischen königlichen Honvedarmee (Landwehr) kennenlernten, und dann nach ihrer Abrüstung mit diesem Erlebnis heimkehrten. In Havad (Neaua, Kreis Mureş) hat Sándor Osváth sen. erzählt, dass er einen Christbaum zum ersten Mal an der Weihnachtsfeier in der Kaserne des 9. Husarenregiments von Marosvásárhely gesehen hat.[40] Heimkehrende Soldaten haben auch an den drei Belegorten des Zwischenstromlandes Bodrog, sowie in Tiszaeszlár (Kom. Szabolcs), und Panyola (Kom. Szatmár) zusammen mit der lokalen katholischen Minderheit die Verbreitung des Christbaumes initiiert; an drei Belegsorten (Ipolytölgyes, Kom. Hont; Parasznya, Kom. Borsod; Mikebuda, Kom. Pest) sind die Industriearbeiter, an einem (in Erdőkövesd, Kom. Heves) sind die Eisenbahner in dieser Hinsicht genannt. Bei Erdőkövesd ist der Vermerk wahrscheinlich am falschen Platz: Diese Siedlung wurde von den Eisenbahnlinien weit vermieden, so konnten dort nicht so viele Eisenbahnarbeiter leben, um in der Verbreitung des Christbaumes eine Rolle zu spielen. Die Belegsorte an großen Bahnzentralen (z. B. Hatvan) könnten eher wichtig sein, da hier viele bei den Ungarischen Staatseisenbahnen (MÁV) arbeiteten, sogar auch im Budapester Ostbahnhof, die von ihren zentral liegenden Arbeitsplätzen den Christbaum zu ihren Familien, Verwandten und Nachbarn gebracht haben.

Weihnachten bei einer slowakischen Familie, Terhely (Kom. Trencsén, Terchová). Aufnahme von László Földes, 1957. Fotothek des Museums für Volkskunde, Budapest. Inv.-Nr.: F.125.197

Das lokale Bauerntum spielte eine weit größere Rolle als erwartet bei seiner Verbreitung, besonders im Süden der Großen Ungarischen Tiefebene (Batschka, Banat), aber in geringerem Maße auch in Transdanubien, in der Kleinen Ungarischen Tiefebene, im Nordosten des Oberlandes, im Trans-Theiß-Gebiet und in Siebenbürgen, sogar auch in der Moldau. Einige wenige Initiatoren sind ebenso im ganzen ungarischen Sprachgebiet die lokalen Handwerker, die nicht nur zu Hause, sondern auch in den Handwerkerlesekreisen Christbäume aufgestellt haben könnten. Die lokalen Bergleute wurden in den Kohlenminen von Tatabánya (Bana, Kom. Komárom) und Salgótarján (Karancskeszi, Bárna, Kom. Nógrád) als Verbreiter des Weihnachtsbaumes erwähnt. In Csókakő (Kom. Fejér) haben die Holzknechte in den 1930ern vor Weihnachten immer einen Tannenzweig aus dem Wald mit nach Hause gebracht.[41] In Alsószentmárton (Kom. Baranya) haben sich die Arbeiter im Wald des Grafen Móritz Benyovszky immer einen Tannenchristbaum aus dem Wald geholt.[42] Zuletzt kam der Christbaum zu mehreren Belegsorten des MNA aus den nahe liegenden Städten und Gemeinden, meistens durch die in der Stadt dienenden, dann nach Hause zurückkehrenden Mädchen (Oroszlány, Kom. Komárom),[43] oder in der Stadt studierenden oder von dort aus verheirateten Mädchen, aber auch durch die im Dorf arbeitenden Kindergärtnerinnen, Lehrer und Lehrerinnen.

Formen, Vorformen und Sorten

Kartenblatt Nr. 2/29 des Österreichischen Volkskundeatlas' (ÖVA) stellt die *verschiedenen Formen der grünen Weihnachtszweige* vor. Zwischen ihnen und dem Christbaum gibt es große Ähnlichkeiten: Denn der Christbaum ist im Grunde nichts anderes, als eines der Pflanzensymbole, die alle Feiertagsbräuche begleiten. In Österreich sind diese Zweige meistens immergrün: Tanne, Weißtanne, Waldtanne, Wacholder, Stechpalme oder Mistel. Dazu kommen noch die im Haus künstlich gepflanzten Getreidesorten (zum Beispiel der Luzienweizen), oder Zweige von Obstbäumen (wie der Barbarazweig), die früher einmal als Weihnachtsbäume gedient haben. Mit den letzteren beschäftigt sich der ÖVA nicht. Die Karte zeigt die Verbreitung von fünf lokalen, früheren Formen, „Vorgängern" des im ersten Drittel des 19. Jahrhunderts erschienenen und sich rasch verbreitenden Christbaumes, an. Alle Formen zeigen eine gut umgrenzbare regionale Verbreitung in der südlichen und südöstlichen Hälfte Österreichs, sowie in den Alpen bis zur Landesgrenze von Salzburg und Tirol. Die ersten zwei Formen kommen nur im Burgenland vor:

Der Schlehdorn-Christbaum. Er wurde in 15 südburgenländischen Dörfern in den Landkreisen Güssing und Jennersdorf an der österreichisch-ungarisch-slowenischen Grenze dokumentiert. Westlich dieser Verbreitungszone in der Steiermark wird nur ein einziger in der Karte angezeigt. Er wurde im Verlauf der für den *Atlas der burgenländischen Volkskunde* (ABV) betriebenen Umfrageforschung im Jahr 1954 entdeckt (die Umfrage wurde 1958 während der Arbeiten am ÖVA noch ergänzt). Über seine Verbreitung im Burgenland hat Leopold Schmidt nach seiner Entdeckung eine Studie verfasst, und so kennen wir den Schlehdorn-Christbaum nicht nur aus Richard Wolframs Kommentaren.[44] Der Form und Platzierung nach gibt es zwei Varianten des Schlehdorn-Christbaumes: (A.) Er kann zitronenförmig sein und an der Zimmerdecke hängen. Die Zweige des herausgehackten Schlehdornbusches werden am oberen Ende zusammengebunden und an die Decke gehängt. An seinem Stamm wird ein Apfel, an seine Stacheln ebenso Äpfel, getrocknete Früchte, Kuchen in mehreren Formen (Vogel, Stern, Mond, Herz) und Lebkuchen gestochen oder gehängt. Auf den Fragebogen des ABV hat jemand in Inzenhof einen solchen Christbaum auch gezeichnet, von dessen Stacheln auch „Salonzuckerl" hängen, ein Hungaricum, ein typisch ungarischer Christbaumschmuck. (B.) Der Schlehdorn-Christbaum kann auch bogenförmig sein. Dazu muss man zwei Schleh-

Weihnachtsbaum einer ungarndeutschen Familie. Solymár (Kom. Pest), 1955. Fotoalbum von Éva Figura-Milbich

dornzweige in ein ausgebohrtes Brett oder in einen Haufen Rüben stechen, dann bogenförmig aneinander biegen und ihre Spitzen aneinander binden. Er wird genauso geschmückt wie die zitronenförmige Variante und wird ans Fenster gestellt. Im beantworteten Atlasfragebogen gibt es eine Zeichnung von einem bogenförmigen Schlehdorn-Christbaum aus Dobersdorf. Der Schlehdorn-Christbaum gilt als Vorfahre des Tannenchristbaums, er wurde schon vor dessen Verbreitung angefertigt und geschmückt. In Limbach, Oberbildein, Königsdorf und Dobersdorf war um 1900, in Urbersdorf um 1890, in Krobotek um 1914, in Heiligenkreuz im Lafnitztal in der zweiten Hälfte des 19. Jahrhunderts der Schlehdorn-Christbaum beliebter. In Gamischdorf und Rax-Dorf wurde er auch mit Kerzen geschmückt.[45] Sein Überleben kann auch damit erklärt werden, dass die lokalen Wälder im Besitz von Großgrundbesitzern waren, die sie zur Weihnachtszeit bewachen ließen. Die Bauern, die keinen Wald besaßen, mussten sich mit Schlehdornbuschen begnügen. Zur Zeit der Datensammlung (1957-58) haben in Rax-Dorf die älteren Leute oder Familien, die von niemandem Christbäume bekommen oder kaufen konnten, immer noch Schlehdorn-Christbäume benutzt. Die Gewährsperson der Sammlung in Jennersdorf betonte: „Bei den ganz armen Häusern ist der Christbaum heute noch im Grunde ein stacheliger Schlehdornzweig. In ganz armen Häusern wird als Weihnachtsbaum ein Schlehdornzweig verwendet, wie dies auch heute noch in der Umgebung üblich ist.“[46]

Aus Wacholder geflochtener Christbaum in Kővágóörs (Kom. Veszprém). Aufnahme von László Lukács, 1982

Luzienweizen unter dem Christbaum in Székesfehérvár-Öreghegy. Aufnahme von László Lukács, 1985

Im südlichen Teil der Großen Ungarischen Tiefebene und in einigen Orten der Vojvodina, u. a. in Szentfülöp (Bački Gračac, Filipowa) war auch der *Kronenchristbaum* oder *Stachelzweig-Christbaum* mit dem Schlehdorn-Christbaum identisch.[47] In Doroszló wurden nach dem Ersten Weltkrieg als Christbaum häufig Schlehdorn- oder Christusdornzweige benutzt. Leopold Schmidt hat die norddeutsche Parallele zum Schlehdorn-Christbaum erwähnt, seine Verbreitung im südlichen Teil der Großen Ungarischen Tiefebene und in der Vojvodina kannte er noch nicht.[48] Zehn Jahre später hat er den Schlehdorn-Christbaum mit dem Gabenständer verglichen, den die Siedler von den südwestlichen deutschen Gebieten bis nach Syrmien gebracht haben. Bei den Deutschen in Slawonien, in der Batschka, im Banat, in Tolna, Ba-

„Christbaum für Alle" vor dem Nationaltheater in Pressburg. Aufnahme von László Földes, 1957. Fotothek des Museums für Volkskunde, Budapest. Inv.-Nr.: F.125.206

ranya, Galizien, Bessararbien und in Südrussland wurde der Gabenständer am Fenster aufgestellt. Aus einem Stamm ragten Holzstümpfe heraus, worauf man Äpfel, Nüsse und getrocknete Pflaumen hängen konnte.[49] Wir kennen Gabenständer aus Topolya und Szentfülöp als sogenannte „Turmchristbäume".[50]

Der *an der Zimmerdecke hängende Christbaum* zeigt eine weit größere regionale Verbreitung in Südostösterreich als die ersten beiden Formen. Er ist charakteristisch für Burgenland, für den größten Teil der Steiermark (südlich der Mur–Mürz-Linie) und für Ostkärnten (Lavanttal). Einige Diasporen kommen in Kärnten und Osttirol vor. In der südöstlichen Hälfte Niederösterreichs (in der sogenannten „Buckligen Welt") ist noch der herabhängende Christbaum typisch, ebenso wie in der benachbarten Oststeiermark und Mittelburgenland. Einige Diasporen des herabhängenden Christbaums lassen sich in Niederösterreich nördlich der Donau finden. Hier wurde der kleine, geschmückte Tannenbaum oft mit der Spitze nach oben an einen Hackennagel im Hauptbalken oder im Dachbrett gehängt. Diese Art von Christbaum ist die ältere Form in Ostösterreich, von der man im Verlauf des 20. Jahrhunderts langsam auf den stehenden Christbaum umgewechselt hat. Dieser Vorgang dauerte auch während der Sammlung für den Atlas an: Es gab noch Ortschaften, wo nur herabhängende Christbäume zu finden waren, besonders in der Steiermark. Die Datensammler haben in Waldstein (Bezirk Graz) bei den Bergbauern hauptsächlich herabhängende, bei den im Tal lebenden Arbeiterfamilien stehende Christbäume gefunden. Im Burgenland gab es nur vier Belegorte, an denen ausschließlich herabhängende Christbäume zu finden waren, an den anderen hatte schon der Übergang eingesetzt oder war sogar schon abgeschlossen.[51]

„Christbaum für Alle" auf dem Veszprémer Altstadt-Platz. Aufnahme von László Lukács, 2004

Der herabhängende Christbaum wurde auch in den Fragebogen des ABV mit einbezogen, so wissen wir von ihm aus der Studie von Leopold Schmidt, die die Antworten aus den lokalen Belegorten aufarbeitet.[52] Im Bezirk Neusiedl am See (Nordburgenland) gab es nur drei Belegorte, an denen der herabhängende Christbaum schon früher vorkam. In den Bezirken Mattersburg und Eisenstadt gibt es schon mehrere Anzeichen, diese zeigen jedoch nur die frühere Existenz dieses Christbaumes an. Im Mittel- und Südburgenland gibt es noch mehr Zeichen, und nicht nur für die frühere Existenz, sondern auch für den selbst zur Zeit der Datensammlung (1953-54) lebenden Gebrauch dieses Christbaums, zum Beispiel im Bezirk Oberpullendorf oder in der Heanzerei. In den Bezirken Güssing und Jennersdorf wird der Stamm des herabhängenden Christbaums gespitzt und ein Apfel darauf gestochen. Im Burgenland hatten 150 Belegorte herabhängende Christbäume, davon wurde aber nur ein halbes Dutzend „verkehrt" aufgehängt (mit der Spitze nach unten).[53] Leopold Schmidt erwähnte, dass die derzeitige Illustration zu Johann Peter Hebels Gedicht *Die Mutter am Christabend* (1820) einen herabhängenden Christbaum darstellt.[54] Hier beschreibt Hebel nicht den herabhängenden Christbaum, sondern nur einen Baum, den die Mutter ins Zimmer bringt, auf dem Geschenke hängen. Über den herabhängenden Christbaum können wir in einem anderen seiner alemannischen Gedichte lesen:

„Christbaum für Alle" in Székesfehérvár am Rathausplatz. Aufnahme von László Lukács, 2011

Der Wienechtchindli-Baum verrothet bald,
wie alli Muetter sin im ganze Dorf.
Do hangt e Baum, nei lueg me doch und lueg!
In alle Näste nüt als Zuckerbrod.[55]

Das burgenländische Verbreitungsbild des herabhängenden Christbaums ist auch geeignet, die Richtung und die Zeit der Verbreitung des ihn ablösenden stehenden Christbaumes festzustellen. Von der Karte ist es zu lesen, dass der stehende Weihnachtsbaum im Burgenland von Norden nach Süden verbreitet wurde. Seine Verbreitung dauerte auch während der Datensammlung an, so war dieser Verlauf gut zu untersuchen und zu dokumentieren. Der herabhängende Weihnachtsbaum ist nicht nur in Ostösterreich, sondern auch in den mittleren und südwestlichen Regionen des deutschen Sprachgebiets (Egerland, Sachsen, Thüringen, Frankenland, Elsass, Baden, Pfalz) bekannt.[56] Wegen seiner Verbreitung in Ungarn und in der Slowakei beschäftigen sich auch die ungarischen und slowakischen Volkskundeatlanten mit ihm, so dass wir deren Karten neben die schon untersuchte österreichische Karte legen können.

„Salonzuckerl" und andere Ornament- und Geschenkapplikationen am Christbaum

Nach den 1930er Jahren ist das „Salonzuckerl" als unentbehrlicher Schmuck des Christbaumes und als lang ersehnte Weihnachtssüßigkeit der Kinder auch in die Bauernhäuser eingekehrt. Sparsame Mütter haben, anstatt Salonzuckerl in Läden zu kaufen, günstigere Lösungen gefunden. Oft haben sie halbierte Würfelzucker in Salonzuckerlpapier, oder an den Seiten eingeschnittenes Papier eingepackt. In den 1950-60er Jahren war immer noch (allerdings selten) unverpacktes Salonzuckerl zu kaufen. Wenn es möglich war, wurden sie in aufbewahrtes Salonzuckerlpapier eingewickelt. In Csákberény (Kom. Fejér) hat man mit dem Rösten und Kochen von Kristallzucker Salonzuckerl hergestellt. In Csókakő (Kom. Fejér) hat die Hausfrau den „Sirup der Zuckerrüben gekocht, bis er sich verdichtete." Man hat gemahlene Nüsse dazugegeben, die dichte Masse auf dem Brett gewalkt, und mit dem Messer aufgeteilt, wenn sie sich gefestigt hatte. Dann hat man sie in Papier eingewickelt. Frau Dr. Ecsedy, Gemahlin József Ecsedys, der zwischen 1919-1939 Vizegespan des Komitats Fejér war, hat vor der Weihnacht 1952 ihrer in Budapest lebenden Tochter geschrieben: „Vielleicht hab' ich schon geschrieben, dass wir aus 3 Kilogramm Zukker Salonzuckerl gekocht haben, und zwar mit Schokoladen-, Vanille-, und Kaffeegeschmack."[57] Der nach 1945 unschuldig entehrte und um seine Rente gebrachte Vizegespan hat in Szilsárkány (Kom. Sopron) Zuflucht gefunden; von dort schreibt sein Sohn in einem Brief vom 21. November 1946: „Wir haben zweimal halb Joch Zukkerrüben, von denen wir 25-28 Kilogramm Zucker erwarten, aber wie lange wir warten müssen, weiß ich nicht. Die Hälfte des Zuckers behalten wir, die andere Hälfte verkaufen wir, so werden wir für Weihnachten und für Neujahr hoffentlich Zucker und ein Bisschen Geld auftreiben können…".[58] In den 1940er und 50ern haben die Bauern für die Abgabe von Rüben an die Zuckerwerke etwas Zucker bekommen, so konnten sie selbst während der großen Armut et-

Christbaum in Székesfehérvár, im Gemeindesaal der reformieren Kirche in der Budaer Straße, Aufnahme von László Lukács, 1995

Weihnachtsbäume in der Székesfehérvárer Zisterzienserkirche. Aufnahme von László Lukács, 2004

was Zucker in die Weihnachtskuchen mischen und daraus Salonzuckerl kochen. Vielleicht ist es verwunderlich, dass die Gattin des ehemaligen Vizegespans eigenhändig Salonzuckerl gekocht hat. In seiner Erzählung *Das Weihnachtsgeschenk* berichtet Zsigmond Móricz von einem ähnlichen Fall in der Bischofsstadt Vác, wo die Bürgermeistersfrau dasselbe getan hat: „Am nächsten Morgen fingen sie sofort mit dem Zuckerlkochen an. Die Frau des Bürgermeisters bereitete mit ihren drei Töchtern eigenhändig das Seidenzuckerl zu, und packte es eigenhändig in das eigenhändig geschnittene Seidenpapier ein. So konnten sie eine riesige Schachtel mit Süßigkeiten füllen."[59] Das so zubereitete Salonzuckerl haben sie dann dem Bischof geschenkt, der in der Vorhalle des bischöflichen Palastes immer einen Weihnachtsbaum für die Armen aufgestellt hatte.

Besonderheiten im Komitat Fejér, Schildgebirge, Ofner Bergland, Budaörs

In Sárosd (Kom. Fejér) wurden schon in den 1880er Jahren Weihnachtsbäume aufgestellt. Die Tannenzweige wurden gestohlen, Kuchen darauf gehängt und an die Wand gehängt. Die Kinder bekamen Zucker, Nüsse und Kleidungsstücke geschenkt. In Sárbogárd (Kom. Fejér) gab es Christbäume schon seit Ende der 1880er Jahre. Zu Hause wurden sie mit herz-, oder sternförmigen Küchlein, Äpfel, Nüssen, Trauben, Lebkuchenfiguren beschmückt, und zu Epiphania (6. Januar) abgerissen. Auch in Sárszentmiklós kannte man schon in den 1890ern den Weihnachts-, und *Zederbaum*. Kinder bekamen Bäume aufgestellt, aber sonst nichts. In Tác (Kom. Fejér) wurden schon in den 1880ern Christbäume aufgestellt, allgemein verbreitet wurden sie aber erst in den 1900er Jahren. Sie wurden mit korb-, pantoffel-, oder erdbeerförmigen Kuchen aus Lebkuchenteig geschmückt. Meine 1984 103 Jahre alte Gewährsfrau, Frau Vajda (geb. Etelka Kiss 1881) hat mir erzählt, zu ihrer Kindheit gab es in Vereb (Kom. Fejér) bei ihrer Familie schon einen Christbaum. Ihre Mutter hat einen vogelförmigen Kuchen gebacken, um ihn dann an den Baum zu hängen. Dazu kamen noch einige Salonzuckerl, Äpfel, Nüsse und Trauben. Ihre Eltern hatten 18 Joch Land und sieben Kinder. In Vál (Kom. Fejér) war der Christbaum schon im letzten Drittel des 19. Jahrhunderts bekannt. Die Eltern haben ihren Kindern Äpfel, Nüsse und Zukker geschenkt. Frau János Ódor (geb. 1883) hat erwähnt, dass sie als Kind keinen Christbaum hatte, ihre Eltern hängten ihren Zucker an eine Geranie.

Weihnachtsbäume und Luzienweizen neben der Weihnachtskrippe in der Kirche Unserer Lieben Frau der Ungarn, Székesfehérvár-Öreghegy. Aufnahme von László Lukács, 2004

Nach Csór (Kom. Fejér) kam der Weihnachtsbaum erst Anfang des 20. Jahrhunderts, viele arme Leute konnten ihn sich nicht leis-

Weihnachtsbaum, darunter Krippe an der Abteilung für Chirurgie des Krankenhauses von Balassagyarmat, 1930er Jahre. Fotoalbum von Anna Lengyel

ten. Nur die Wohlhabenderen konnten sich einen Christbaum kaufen. Man hat sie nicht auf den Tisch gestellt, sondern mit der Spitze an den Hauptbalken gehängt.[60] In Enying tat man dasselbe und schmückte ihn mit Äpfeln, in Silberpapier gewickelten Nüssen, aufgefädeltem Popcorn, Salonzuckerl, Kuchen und Kerzen. Selbst unter den Slowaken in Bakonycsernye war in der Zwischenkriegszeit der Weihnachtsbaum nur ein auf den Hauptbalken gebundener Tannenzweig, der mit Nüssen, Äpfeln und hausgemachten Waffeln geschmückt wurde. Zu Weihnachten steckte man auch hinter die Wandteller kleine Tannenzweige.

Bei der deutschsprachigen Bevölkerung des Schildgebirgedorfes Gánt (Kom. Fejér) wurden die Christbäume Anfang des letzten Jahrhunderts mit hausgekochtem Salonzuckerl, Äpfel, mit gold-, oder silberbemalten Nüssen und Trauben geschmückt. Die Eltern haben auch Spielzeuge für ihre Kinder gebastelt. Für die Mädchen nähten sie Puppen: Ihr Oberkörper wurde mit Sägemehl gefüllt und mit Leinen zusammengenäht. Ihr Gesicht, worauf man ihre Augen, Nase und Mund nähte, bestand aus weißem Leinen. Sie bekam ein schönes Kleid genäht. Die Buben bekamen Husaren, aus Maisstangen gebastelte Tiere, aus Hagedorn geschnitzte Stöpselgewehre, oder Pfeifen. In Vértesboglár (Kom. Fejér) bestand der Christbaum vor dem Ersten Weltkrieg meistens aus Wacholder, in der Zwischenkriegszeit manchmal auch aus Fichte. Am Heiligabend trat das Maria spielende Mädchen des Christkindlspiels mit dem aufgeschmückten Weihnachtsbaum ins Zimmer und hat die die Geschenke erwartenden Kinder bestimmten Proben unterworfen (mit der Frage, *ob sie fleißig beten und singen).* Zuletzt stellte sie den Weihnachtsbaum auf den Tisch und hat mit ihrer mit bunten Schleifen gezierten Weidenrute allen Anwesenden ordentliche Hiebe verpasst. In Vértesboglár durfte man den Weihnachtsbaum bis zum Tage der Heiligen Drei Könige nicht anfassen.[61] Die ärmeren Familien in Pusztavám (Kom. Fejér) konnten manchmal nur Wacholder mit Salonzuckerl, Äpfeln und in Stanniolpapier gewickelte Nüsse als Schmuck verwenden. In der evangelischen Kirche standen immer zwei Christbäume an beiden Seiten des Altars, und während des Gottesdienstes am Heiligabend standen zwei Christkindl-Mädchen zwischen den Bäumen, um Gedichte vorzutragen.[62]

Die Weihnachtsbäume in Szár (Kom. Fejér) wurden mit roten Äpfeln, Nüssen, mit hausgemachten Backwaren, Popcorn, getrockneten Früchten, Trauben und Kerzen beschmückt. Manche ärmere Familien verwendeten statt Tanne Schlehestau als Christbaum.[63] Den Christbaum aus den 1930ern kennen wir aus der Beschreibung des Szárer Lehrers Ferenc Genczwein: „Am Heiligabend stand in jedem Haus die geschmückte Tanne. Der Christbaum war der Üblichste von den Weihnachtsbräuchen, selbst vor dem Zweiten Weltkrieg. Es gab wahrscheinlich kein Haus im Dorf, wo kein Christbaum stand. Die Fichte war die beliebteste Christbaumsorte, denn sie wurde - obwohl es schon damals verboten war - aus dem benachbarten Wald gebracht, kostete also kein Geld. Der Baum wurde mit den heute noch bekannten Salonzukkerl, Äpfeln, Nüssen, einigen bunten Schmuckstücken, Sternspritzern und Kerzen geschmückt. Die Kerzen wurden zuerst am Heiligabend, zuletzt zu Epiphania angezündet. Viele Familien kochten und verpackten ihre eigenen Salonzuckerl, besonders im Krieg, da sie keine kaufen konnten. Die Nüsse wurden mit silbriger Ofenfarbe geziert. Jede Familie schmückte ihr Baum auf ihre Weise. An einigen Orten machten das die Erwachsenen ohne die Kinder, zu denen sie sagten, den Baum würde das Christkindl bringen. Andere ließen den Baum mit den Krippenspielern hereinbringen, weil sie die Boten des Christkindls sind. Wieder anderswo schmückte die ganze Familie, wo die Kinder den Baum als das Geschenk Christi betrachteten. Das Warten auf den Christbaum war auf jeden Fall ein freudenfrohes und spannendes Ereignis. In der Familie bekamen meistens nur die Kinder Geschenke, Jeder bekam aber frohe Weihnachtswünsche."

Weihnachtsabend der Offiziere der I. Bataillons des königlich ungarischen Infantrieregiments Nr. 17 an der italienischen Front, 1915. Sammlung für neuere Geschichte des König Sankt Stephan Museums Székesfehérvár

In Budaörs ist der Weihnachtsbaum bei Familien mit Kindern seit der Jahrhundertwende unentbehrlich. Wer es konnte, brachte eine Fichte oder einen anderen Langnadelbaum aus dem eigenen Wald vom Sonnenberg. Der wurde dann bis Weihnachten in einem kalten Raum, im Keller, Presshaus oder Schuppen aufbewahrt.[64] Der nur bescheiden geschmückte Christbaum war selbst in Budaörs schon Anfang der 1930er Jahre vergessen: „Der Tannenbaum ist nur neuerdings und nicht bei allen Häusern in Brauch. Viele (besonders die armen) schmücken auch heutzutage einen Wacholderzweig *(Kraunaväitn)*. Der Christbaumschmuck hat sich im Laufe der Jahre auch verändert. Früher hat man vergoldete Nüsse, Äpfel, Feigen, aufgefädeltes Popcorn oder getrocknete Pflaumen an den Baum gehängt. Da sie keinen Kerzenständer besaßen, hat man das untere Ende der Kerzen gebogen und um den Zweig herum gedreht. Das war früher. Unter dem Baum können wir eine kleine Krippe mit einer Zelluloidpuppe und ein Blumentopf, oder Teller voll grünem Weizen" [für des Christkindls Esel]. „Dieser Weizen wird am Sankt Barbara-Tag gesät. In die Mitte kommt ein Ölleuchter."[65] In Nagykovácsi (Kom. Pest) wurden Wacholder,- oder Tannenchristbäume mit Salonzuckerl, versilberten Nüssen und selbstgemachtem

Gebäck geschmückt. Selbst nach ihrer Vertreibung nach Deutschland konnten sie diese einfache heimische Art des Schmückens in ihrem neuen Wohnort, in Erfeld/Baden-Württemberg, nicht ersetzen.[66]

Besonderheiten aus Siebenbürgen

„Für uns Kinder war es ein großes Erlebnis, als unsere Eltern uns um Mitternacht aufweckten und sagten, der Engel habe den Christbaum gebracht. Mutter ließ mich niederknien und wir sangen Weihnachtslieder" – so erinnerte sich Rozália Fekete an die Weihnachtsfeste der 1930er Jahre in Gyepece (kleine Siedlung der Moldauer Tschangos, rum. Pajistea, Kreis Bacău). Damals bekamen die Kinder zu dem Baum nur Zucker. Kleider brauchte man damals noch nicht zu kaufen, die wurden von den Frauen zu Hause genäht. Von den 40er Jahren an erhielten die Kinder auch Geschenke: Schuhe, Kleider, oder Spielzeug.[67] In Gyimes (Ghimeş im heutigen Kreis Harghita) stellten die Frauen aus Butterteig Kuchen her und formten aus dem Teig Figuren, mit denen sie den Baum beschmückten. Die Würfelzucker wurden mit heißem Eisen durchlöchert und an den Baum gebunden. Es wurden auch Äpfel, Nüsse und verschiedenförmige Zucker an den Baum gehängt.

In Volkány (Vulcan/ Wolkendorf, bei Sighişoara) haben die Presbyter den kirchlichen Tannenbaum aus dem Wald geholt, ihre Frauen haben ihn dann mit Äpfeln, Nüssen, Papierschleifen und Kerzen geschmückt. In Kaca (Caţa/ Katzendorf, Kreis Braşov) war es in der Zwischenkriegszeit dasselbe: In der Adventszeit hat der Frauenbund des Dorfes eine Sammlung veranstaltet, aus deren Ertrag sie Kuchen und Süßigkeiten gekauft und damit den Baum beschmückt haben. Für die Kinder der Kirchgemeinde haben sie unter den Baum Geschenke vorbereitet, die sie aber nur nach dem vom Seelsorger inszenierten Krippenspiel bekommen haben. Das Gleiche geschah in Szászpéntek (Pinticu/ Pintak-Tekendorf, Kreis Bistriţa-Năsăud), Kereszténysziget (Cristian/ Grossau, Kreis Sibiu) und in Petres (Petriş/ Petersdorf, Kreis Bistriţa-Năsăud).[68]

Übergreifende Schlussbemerkungen

In Mitteleuropa wird heute der Weihnachtszyklus von drei Gegenständen geprägt: der Weihnachtskrippe, dem Weihnachtsbaum und dem Adventskranz. Alle drei haben sich zu verschiedenen Zeitpunkten verbreitet und sind teilweise an verschiedenen Orten dominant oder untergeordnet gewesen. Im 20. Jahrhundert ist schon der Christbaum das Hauptmotiv, das an Heiligabend, am Höhepunkt des Festes, auftritt; so wird er zum wichtigsten Symbol für Weihnachten. Der stehende Christbaum wurde durch Diffusion von zwei Zentren aus zuerst im deutschen Sprachgebiet (Mitte des 18. Jahrhunderts), dann im 19. Jahrhundert in den anderen Ländern Mitteleuropas, so auch in Ungarn, sowie in Skandinavien, im Baltikum, in England, teilweise in Frankreich, etabliert. In Südeuropa war die Krippe, in Ost- und Südosteuropa waren der Weihnachtsklotz, Weihnachtstisch (Weihnachtskuchen) und „Weihnachtsstroh" sehr verbreitet. Zwischen diesen zwei Gebieten nördlich der Alpen ist der Christbaum erschienen. Während seiner Verbreitung hat er seine durch innere Entwicklung entstandenen Vorgänger entweder verdrängt (wie den Weihnachtsklotz oder das Stroh), oder sie zu seinen Subkomponenten gemacht (wie die Krippe, den Luzienweizen, den Barbaraweizen, Barbarazweig), mit denen er heutzutage gemeinsam auf dem Weihnachtstisch steht. Auf seine anderen regionalen, durch innere Entwicklung entstandenen Vorgänger (hängender Christbaum, Stachelzweig-Christbaum, Schlehdorn-Christbaum, Gabenständer) hat er auch seinen Einfluss ausgeübt: Sie wurden reichlicher geschmückt. Die Geschwindigkeit und Intensität seiner Verbreitung hing auch davon ab, in welchem Maß seine Vorgänger seine Einbürgerung behinderten. Während der Verbreitung haben seine Schmuckteile regionale Eigenschaften angenommen: Seine Schmuckteile können größtenteils am Weihnachtstisch verzehrt werden (Waffeln, Nüsse, Äpfel, Popcorn, Lebkuchen). Ein regional ungarisches „Schmuckstück" ist das „Salonzuckerl", das auch in den von Ungarn 1920 abgetrennten Gebieten charakteristisch und Teil der „Ungarnweihnacht" ist. In diesem Geiste wurde das Salonzuckerl im Zuge des hoffnungsfrohen Prozesses der Wende 1989/90 auch an die Christbäume der Moldauer Ungarn (Tschangos) gehängt.[69]

Fest der 1000 Weihnachtsbäume in der Redoute, aufgestellt von der Haupstadt Budapest, während des Ersten Weltkrieges. Bildarchiv der Ervin Szabó Bibliothek, Budapest

Für eine grundsätzliche Eigenschaft aller Feste hält man deren *Öffentlichkeit* im Gegensatz zum *Privaten* und *Persönlichen* des Alltags. Bei den Festen bewegt man sich von der persönlichen Sphäre auf die öffentliche Sphäre zu.[70] Beim Weihnachtsfest lässt sich jedoch eine umgekehrte Bewegung von den früheren öffentlichen Festigkeiten (Krippenspiel, Gesang, Gruß der Hirten, Hineinlegen von Puppen in die Krippe, Weihnachtswünsche an fremde Häuser adressieren) hin zu persönlichen, intimen Feierlichkeiten beobachten: Aus Weihnachten wurde ein Familienfest mit Christbaum, Geschenken und mit familiärem Abendessen. All das passiert in der Gegenwart des Christbaumes, der auch den kultischen Raum der Bauernstube umgestaltet hat: Am Weihnachtstisch spielt nun der

Für die verwundeten Soldaten geschmückte Christbäume im Lazarett in Székesfehérvár während des Zweiten Weltkrieges, 1943. Fotoalbum von Gizella Szombatfalvy

Schneiderwerkstatt mit Christbaum im Lager der ungarischen Kriegsgefangenen in Atipicha, jenseits des Baikalsees. Sammlung von György Mosonyi, Perkáta (Kom. Fejér).

Christbaum die Hauptrolle, er ist der Mittelpunkt des Kultes, besonders, nachdem er die früheren „Hauptdarsteller" sich selbst untergeordnet, sie zu Subkomponenten gemacht oder ihre frühere Funktion übernommen hat. Zum Beispiel in der Bukovina wurden die Geschenke früher im Weihnachtsstroh versteckt, jetzt liegen sie unter dem Baum. In Göcsej hat man das weihnachtliche Tischtuch bis Epiphania auf dem Tisch gelassen, so wie heute den Weihnachtsbaum.

Die Verbreitung ist ein Ereignis von Kulturdynamik.[71] Der Siegeszug des Christbaumes beweist, dass auch Traditionen, Volksbräuche sowie deren Elemente und Gegenstände Dynamik, Mobilität und Anpassung in neuen Umgebungen aufweisen.[72] All das wird auch von der geschichtlichen Entwicklung des behandelten Zeitraums, der regionalen Gliederung des Gebietes und von den interethnischen Beziehungen beeinflusst. Von den geschichtlichen Vorgängen und den europäischen geistlichen Strömungen sind die Reformation, der Dreißigjährige Krieg, die Aufklärung, die Romantik, die napoleonischen Kriege, die deutschen Einheitsbestrebungen, der deutsch-französische Krieg, die Verwandtschaften der Herrscherhäuser des 19. Jahrhunderts und die Wirkungen der beiden Weltkriege unbestreitbar wirksam in der Verbreitung des Christbaumes. Wir können aber auch die Migration nicht außer Acht lassen. Hierbei denke ich nicht an große Völkerwanderungen, an Umsiedlungen von Volksgruppen, sondern an die vor den napoleonischen Kriegen fliehenden deutschen Emigranten, an die ungarischen Emigranten von 1848/49, an die aus den „Christbaumgebieten" weggezogenen preußischen Offiziers-, und Beamtenfamilien, an die von Deutschland ins Ausland umgezogenen Künstler, Wissenschaftler und Flüchtlinge. Welche waren die bewegenden Kräfte dieser Diffusion? An vielen Orten waren es nur kleine Kreise, wie Fürstenhof, Herrenschloss, Zunft, Bürgerfamilie, oder Pfarrgemeinde und deren Institutionen (Kindergarten, Schule, Krankenhaus, Waisenhaus), die ihn aufgenommen haben. Er wurde nicht isoliert, sondern hat alle ethnischen, kulturellen, sprachlichen, religiösen, Landes-, und Kontinentsgrenzen überschritten und immer größeren Raum gewonnen. Schließlich hat er mehrere Schichten der Gesellschaft, die traditionswahrenden Bauern und auch die Arbeiter für sich gewonnen.

Auf geistiger Ebene hat der *Sturm und Drang*, der die Rechte der Gefühle und der Natur betonte, die Christbaumverbreitung in Bewegung gesetzt; so wurden in der allgemeinen Denkweise die Ideen, die den Wert der regionalen Eigenschaften und Traditionen betonten, verstärkt. Später in der Biedermeierzeit geriet das Familienleben in den Mittelpunkt und der Christbaum wurde ein beliebtes und geschätztes Mittel zum Beschenken der Kinder und Familienmitglieder. Die deutschen diplomatischen Siege beim Wiener Kongress, die Gründung des Deutschen Bundes und später der Zollunion haben nicht nur zur Zusammenarbeit der einzelnen deutschen Länder, sondern auch zu der Verstärkung der regionalen Kontakte des Bürgertums auf kultureller Ebene beigetragen, was dem Christbaum bei der Verbreitung sehr half. In den Städten war der geschmacksvoll geschmückte Christbaum Teil des Weihnachtsfestes der Bürgerfamilien. In den Städten und Fürstenhöfen des evangelischen Mittel-, und Norddeutschlands hat sich der Christbaum in der zweiten Hälfte des 18. Jahrhunderts schnell und früh verbreitet, in den katholischen Gebieten jedoch weniger (man nannte ihn dort den „Lutheranerchristbaum“). In diesen Gebieten, wie auch in Österreich wurde er von den Fürstenhöfen in die Häuser der Aristokraten und Bürger gebracht. Zu den Bauern kam er nur langsam, Ende des 19. Jahrhunderts, zurück.

Christbaum der ungarischen Offiziere im Kriegsgefangenenlager Uszmány (Sowjetunion), 1945. Insgeheim auf Zigarettenpapier gezeichnet vom Reserveleutnant und Juristen Dr. Béla Ürmös

In Ungarn wurde er zuerst in bürgerlichen und kirchlichen Kreisen beliebt, in Dorfgemeinden später. Die Initiatoren seiner Verbreitung waren die Kindergärten, Schulen, Waisenhäuser und Krankenhäuser, die bis Mitte des 20. Jahrhunderts meist in Kirchenbesitz waren und einen kirchlichen Charakter hatten. Die dort arbeitenden Lehrerinnen, Kindergärtnerinnen und Krankenschwestern waren auch hauptsächlich Kirchenleute, Mönche oder Nonnen.

In seiner ungarischen Verbreitung spielten auch die Emigranten von 1849 eine Rolle. Die Emigranten, politische, militärische Anführer des ungarischen Freiheitskrieges, bekamen in Deutschland und Belgien Zuflucht, wo der Christbaum in den höheren gesellschaftlichen Schichten schon früher Fuß gefasst hat. Die ungarischen Flüchtlinge haben fern von ihrer Heimat selbst auch Christbäume aufgestellt. Der Siebenbürger Baron Miklós Jósika schrieb im Jahr 1857 aus Brüssel einen Überseebrief an Miklós Fejérvári, in dem er berichtete, dass sie sich zu Weihnachten köstlich amüsiert und auch einen Weihnachtsbaum aufgestellt haben.[73] Nach der Amnestie im Jahr 1857 zurückgekehrt, wurde dieser Brauch übernommen und beibehalten.

Auch die Armee hat eine Rolle gespielt. Im Rahmen der allgemeinen Militärpflicht seit Mitte des 19. Jahrhunderts konnten sich die als Soldaten eingezogenen Bauerburschen mit dem zu Hause oft noch unbekannten Christbaum während der Weihnachtsfeiern in den Kasernen bekannt machen. Nach der Okkupation von Bosnien und Herzegowina im Jahr 1878 und später in den beiden Weltkriegen konnten die ungarischen Soldaten in den Kasernen, Schützengraben, in den Raststunden, Lazaretten, sogar auch in der Kriegsgefangenschaft mit Christbäumen Weihnachten feiern.

Im Gegensatz zu Bayern und Österreich haben ihn im Karpatenbecken zuerst die Katholiken aufgenommen, die Reformierten wiesen ihn vorerst ab, die Griechischkatholiken blieben eine lange Zeit über beim Weihnachtsstroh. Wie in Deutschland haben die ungarischen Juden auch einen Weihnachtsbaum aufgestellt und ihn auch in die Emigration (Frankreich, die Schweiz, in die Vereinigten Staaten), sowie später auch nach Israel mitgebracht.

Der Christbaum ist ein Integrationsmerkmal sowohl aus religiöser wie auch aus gesellschaftlicher Sicht. Seine Verbreitung ist ein äußerst vielschichtiger und komplexer Vorgang; die Übernahme hängt von einer Vielzahl von Faktoren, kulturellen und historischen Prozessen, dem Verhältnis von Tradition und Innovation, der wirtschaftlichen Lage und immer wieder dem engagierten Wirken einzelner Individuen ab. Dabei erfordern bestimmte Faktoren, wie die Religionszugehörigkeit oder die lokalen Weihnachtsbräuche, keineswegs immer die gleichen Konsequenzen wie langsamere oder schnellere Verbreitung, sondern gerade hier wird deutlich, dass erst die genaue Analyse aller Aspekte unter Heranziehung aller verfügbaren Daten ein Verständnis der Thematik und einen Nachvollzug der Vorgänge, die schließlich zum Siegeszug des Christbaumes führen sollten, ermöglicht.

[Vortrag gehalten an der vom Johannes-Künzig-Institut in 2008 in Freiburg organisierten Konferenz *Szenische Gestaltungen christlicher Feste*, er ist in ungarischer und auch in deutscher Sprache erschienen:
Lukács, László: *A karácsonyfa elterjedése a Kárpát-medencében.* Néprajzi Látóhatár XVII. 2008. 4. 5-42.
Lukács, László: *Befunde und Belege zur Verbreitung des Christbaumes im Karpatenbekken.* Szenische Gestaltungen christlicher Feste. Beiträge aus dem Karpatenbecken und aus Deutschland. Hg. von Michael Prosser-Schell. Schriftenreihe des Johannes-Künzig-Instituts Bd. 13. 2011. 29 - 74. Waxmann, Münster - New York - München - Berlin
Lukács, László: *Zur Geschichte und Verbreitung des Christbaumes in Ungarn.* Ethnologia Europae Centralis 9. 2009. 9 - 18. Brno - Cieszyn - Praha]

Anmerkungen

1 Solymossy, Sándor: A karácsonyfa története [Geschichte des Christbaumes]. In: Napkelet 8 (1930), S. 1113-1114. Budapest.
2 Ujváry Zoltán: Karácsony Petőfivel 1844-ben [Weihnachten mit Petőfi 1844]. Ethnica 3, Debrecen 2001, Nr. 4. S. 132.
3 Bálint, Sándor: Weihnachten, Ostern, Pfingsten. Szeged 2014, S. 38.
4 Pulszky, Terézia: Egy magyar hölgy emlékiratai [Erinnerungen einer ungarischen Dame]. Budapest 1986, S. 62.
5 Ebd., S. 284.

[6] Benedek, Katalin: A tengeri kisasszony. Ipolyi Arnold kéziratos folklórgyűjteménye egész Magyarországról 1846-1858 [Das Meerfräulein. Handschriftliche Volksdichtungssammlung aus allen Gebieten Ungarns von Arnold Ipolyi 1846-1858]. Budapest 2006, S. 916.

[7] Völgyi, Lajos: Karácsonyfa-ünnepély. Elemi iskolai, óvodai és családi használatra [Christbaumfest. Für Volksschulen, Kindergärten und Familien]. Budapest 1898, S. 5.

[8] Réső Ensel, Sándor: Sáros megyei tót cselédség karácsonyfája [Christbaum der Gutshofknechte im Komitat Sáros]. In: Nefelejts 3 (1862) Nr. 45, S. 527.

[9] Rehlingen, Antal: A nagyszombati óvoda első hónapjai [Die ersten Monate des Kindergartens in Tyrnau]. Őrláng 10, Martonvásár 2005, Nr. 3-4. S. 4.; Pressburger Aehrenlese 10 (1836) Nr. 4. S. 13-14.

[10] Balogh, Károly: Madách Imréről elfogultan. Elhangzott a Magyar Rádió Kossuth adóján 2001-ben [Von Imre Madách angetan. Gelesen im Kossuth Sender des Ungarischen Rundfunks, 2001].

[11] Berzeviczy, Albert: Régi emlékek. 1853-1870 [Memoiren. 1853-1870]. Budapest 1907, S. 82-84.

[12] Paládi-Kovács, Attila: Cseregyerekek. Népi kapcsolatok és nyelvtanulás a régi Gömörben [Tauschkinder. Interethnische Kontakte und Sprachaneignung im alten Komitat Gömör]. Kortárs 26, Budapest 1982, Nr. 2. S. 313.

[13] Szendrey, Zsigmond: Jeles napok [Denkwürdige Tage]. In: A magyarság néprajza [Volkskunde des Ungartums]. Budapest o. J., Bd. 4, S. 269-285.

[14] Lévay, Lajos: A sárkeresztúri református egyház múltja és jelene [Vergangenheit und Gegenwart der reformierten Pfarrgemeinde Sárkeresztúr]. Budapest 1890, S. 121.

[15] Kovács Imre: Népszokások egy Fejér megyei faluban. A karácsonyi ünnepkör Seregélyesen [Volksbräuche eines Dorfes im Komitat Weißenburg. Weihnachtsbräuche in Seregélyes]. Handschrift. König Sankt Stephan Museum Székesfehérvár, Volkskundliche Datensammlung 1984, Inv.-Nr.: 84.16.

[16] Gelencsér, József/Lukács, László: Szép napunk támadt. A népszokások Fejér megyében. [Ein schöner Tag ist uns entstanden. Die Volksbräuche im Komitat Weißenburg]. Székesfehérvár 1991, S. 267-269; Kovács Imre: Népszokások egy Fejér megyei faluban. A karácsonyi ünnepkör Seregélyesen [Volksbräuche eines Dorfes im Komitat Weißenburg. Weihnachtsbräuche in Seregélyes]. Handschrift. König Sankt Stephan Museum Székesfehérvár, Volkskundliche Datensammlung 1984, Inv.-Nr.: 84.16, S. 11.

[17] Szabó, T. Attila: Erdélyi Magyar Szótörténeti Tár [Historisches Wörterbuch des siebenbürgisch-ungarischen Wortschatzes]. Bd. 6. Budapest–Bukarest 1993, S. 173.

[18] Pozsony, Ferenc: Festbräuche der Siebenbürger Sachsen. Miercurea-Ciuc 1999. S. 156-157.

[19] Lauffer, Otto: Neue Beiträge zur Geschichte des Weihnachtsbaumes. In: Zeitschrift für Volkskunde 44 (1934), S. 238.

[20] Pozsony, Ferenc: Szól a kakas már. Szász hatás az erdélyi magyar jeles napi szokásokban [Sächsischer Einfluss in den siebenbürgisch-ungarischen Festbräuchen]. Csíkszereda 1998, S. 232.

[21] Vámszer, Géza: Szakadát. Egy Szeben megyei magyar szórvány [Szakadát. Eine ungarische Siedlung im Komitat Szeben]. Kolozsvár 1940, S. 119-120.

[22] Bretz, Vilmos: A vasárnapi iskolák emlékeiből [Aus den Erinnerungen an Sonntagsschulen]. In: Békehírnök v. 18. November 1938, S. 331; Bányai, Jenő: Az erdélyi és az alföldi baptista misszió kezdeti korszaka [Beginn der Baptistenmission in Siebenbürgen und an der Tiefebene]. In: Theológiai Szemle 9 (1966) Nr. 1-2, S. 26-37; Szigeti, Jenő: Az újpro-

testáns egyházak kialakulása a XIX. században Erdélyben és a Partiumban [Ausbildung neuprotestantischer Kirchengemeinden in Siebenbürgen und Partium im 19. Jahrhundert]. In: S. Lackovits, Emőke/Szőcsné Gazda, Enikő (Hg.): Népi vallásosság a Kárpát-medencében Bd. 7/1. Sepsiszentgyörgy–Veszprém 2007, S. 301-310.

[23] Székely, Ferenc: Jeles napok, ünnepek, szokások Vadasdon [Denkwürdige Tage, Festbräuche in Vadasd]. Székelyudvarhely 1999, S. 20.

[24] Nagy, Ödön: Jeles napok. Változó népi kultúra [Denkwürdige Tage. Sich verändernde Volkskultur]. In: Nagy, Olga (Hg.): Társadalomnéprajzi vizsgálat Havadon [Untersuchung der Sozialkultur in Havad]. Bukarest–Kolozsvár 2000, S. 325-326.

[25] Zilahy, Lajos: A gyermek és a tűz. Karácsonyi történet [Das Kind und das Feuer. Eine Weihnachtgeschichte]. In: Háy, János (Hg): Magyar írók novellái [Erzählungen ungarischer Schriftsteller]. Budapest o. J., S. 96.

[26] Makkai, Endre/Nagy, Ödön: Adatok téli néphagyományaink ismeretéhez [Angaben zur Kenntnis unserer winterlichen Volksüberlieferungen]. Magyar Népköltési Gyűjtemény [Sammlung Ungarischer Volksdichtung], Budapest 1993, Bd. 20 , S. 152, 165, 184, 227, 271, 290.

[27] Barabás, László: Forog az esztendő kereke. Sóvidéki népszokások [Volksbräuche von Sóvidék]. Marosvásárhely 1998, S. 124.

[28] Ebd., S. 124-125.

[29] István, Lajos: Jeles napok Korondon [Volksbräuche denkwürdiger Tage in Korond]. In: Népismereti Dolgozatok. Bukarest 1994, S. 247.

[30] Nagy, Olga: Asszonyok könyve. Népi elbeszélések [Frauenbuch. Erzählungen von siebenbürgischen Bäuerinnen]. Budapest 1988, S. 79-80.

[31] Csete, Balázs: Karácsonyi és újévi népszokások a kalotaszegi Nyárszón [Weihnachts- und Neujahrsbräuche in Nyárszó, Kalotaszeg]. In: Néprajzi Közlemények 5. Nr. 1, Budapest 1960, S. 122-134.

[32] Sütő, András: Anyám könnyű álmot ígér. Naplójegyzetek [Mutter verheißt leichten Schlaf. Tagebuchnotizen.]. Bukarest 1972, S. 193.

[33] Faragó, József: Betlehemezők és kántálók Pusztakamaráson [Krippenspieler und Weihnachtssänger in Pusztakamarás]. Kolozsvár 1947, S. 18.

[34] Sütő, András: Anyám könnyű álmot ígér. Naplójegyzetek [Mutter verheißt leichten Schlaf. Tagebuchnotizen.]. Bukarest 1972, S. 195.

[35] Tátrai, Zsuzsanna: Interetnikus kapcsolatok a jeles napi szokásokban [Interethnische Beziehungen in den Festbräuchen]. In: A Hungarológiai Intézet Tudományos Közleményei 17 (1985), S. 350.

[36] Kovács Imre: Népszokások egy Fejér megyei faluban. A karácsonyi ünnepkör Seregélyesen [Volksbräuche eines Dorfes im Komitat Weißenburg. Weihnachtsbräuche in Seregélyes]. Handschrift. König Sankt Stephan Museum Székesfehérvár, Volkskundliche Datensammlung 1984, Inv.-Nr.: 84.16.

[37] Gelencsér/Lukács: Szép napunk (wie Anm. 17), S. 267-269.

[38] Csűry, Bálint: Szamosháti szótár [Dialektwörterbuch der Szamoshátgegend]. Budapest, 1935, Bd. 1, S. 455.

[39] Papp, Zoltán Sándor: A beregdaróci emberek élete a századfordulón [Leben der Beregdarócer Leute an der Jahrhundertwende]. Budapest 1975, S. 273.

[40] Makkai/Nagy: Adatok (wie Anm. 27), S. 152.

[41] Gelencsér/Lukács: Szép napunk (wie Anm. 17), S. 268.

[42] Matovics, Mária: Karácsony az alsószentmártoni sokácoknál [Weihnachten bei den Kroaten in Alsószentmárton]. Handschrift. König Sankt Stephan Museum Székesfehérvár, Volkskundliche Datensammlung 1976, Inv.-Nr.: 76.17. S. 5-7.

[43] Végváriné Babirák, Ilona: Oroszlány. Egy magyarországi falu legendája és igaz története [Oroszlány. Legende und wahre Geschichte eines Dorfes in Ungarn]. Oroszlány 1999, S. 380.

[44] Schmidt, Leopold: Der weihnachtliche Schlehdorn im Burgenland. In: Bayerisches Jahrbuch für Volkskunde 1955. Regensburg 1955, S. 180-186; Wolfram, Richard: Christbaum und Weihnachtsgrün. In: Österreichischer Volkskundeatlas. 2. Lieferung. Wien 1965, S. 13-16.

[45] Schmidt: Der weihnachtliche Schlehdorn (wie Anm. 45), S. 181-183.

[46] Wolfram: Christbaum (wie Anm. 45), S. 14-16.

[47] Móra, István: Jeles napok [Denkwürdige Tage]. In: Néprajzi Értesítő 14 (1913), S. 88; Kovács, Endre: A karácsonyi ünnepkör népszokásai Doroszlón [Volksbräuche des weihnachtlichen Festkreises in Doroszló]. In: Cumania 14. Kecskemét 1997. S. 160; S. Kiss, Ágnes: Tüskeágú „karácsonyfa“ [Schlehdorn Christbaum]. Magyar Szó Hétvége v. 24. Dezember 2005, S. 2. Újvidék; Borús, Rózsa: Topolya népszokásai [Volksbräuche von Topolya]. Újvidék 1981, S. 80-81; Zöldy, Pál: Néprajzi apróságok Topolyán az 1900-as évek táján [Angaben zur Volkskunde von Topolya um 1900]. Handschrift. Museum für Volkskunde Budapest, Ethnologische Datensammlung, Inv.-Nr.: P. 303/1971; Zöldy, Pál: A szegényember karácsonyfája [Christbaum der armen Leute]. In: 7 Nap v. 21. Január 1972, Szabadka; Eichinger, Jakab: Weihnachtliche Sitten und Bräuche in Filipowa. In: Mesli, Paul/Schreiber, Franz/Wildmann, Georg (Hg.): Filipowa – Bild einer donauschwäbischer Gemeinde. Vierter Band: Brauchtum. Wien 1980, S. 9-10.

[48] Schmidt: Der weihnachtliche Schlehdorn (wie Anm. 45), S. 184.

[49] Wolfram: Christbaum (wie Anm. 45), S. 15.

[50] Borús, Rózsa: Topolya népszokásai [Volksbräuche von Topolya]. Újvidék/Novi Sad 1981, S. 80-81; Zöldy, Pál: Néprajzi apróságok Topolyán az 1900-as évek táján [Angaben zur Volkskunde von Topolya um 1900]. Handschrift. Museum für Volkskunde Budapest, Ethnologische Datensammlung, Inv.-Nr.: P. 303/1971, S. 53.

[51] Wolfram: Christbaum (wie Anm. 45), S. 17-18.

[52] Schmidt, Leopold: Der hängende Christbaum. Aus der Arbeit am Atlas der burgenländischen Volkskunde. In: Österreichische Zeitschrift für Volkskunde 66 (1963), S. 213-242.

[53] ebd, S. 236.

[54] ebd, S. 236.

[55] Hebel, Johann Peter: Die Mutter am Christabend. In: Ders.: Sämmtliche Werke. Erster Band: Alemannische Gedichte. Karlsruhe 1834. S. 90-94.

[56] Krogmann, Willy: Die Wurzeln des Weichnachtsbaumes. In: Rheinisches Jahrbuch für Volkskunde 13-14 (1962/1963), S. 66-68; Handschuh, Gerhard: Der Christbaum im fränkisch-thüringischen Raum. Aufkommen und Verbreitung eines weltweiten Brauchsymbols deutscher Weihnacht. In: Schönere Heimat 79 (1990) S. 219-228.

[57] Ecsedy, Judit: Levelek Szilsárkányból 1948-1956 [Briefe aus Szilsárkány 1948-1956]. Budapest 2005, S. 46.

[58] Ecsedy: Levelek (wie Anm. 58), S. 9; Demeter Zsófia: Dr. Ecsedy (Havranek) József töredékes visszaemlékezése [Fragmentarische Erinnerungen von Dr. József Ecsedy (Havranek)]. In: Alba Regia 36. Székesfehérvár 2005, S. 129.

[59] Móricz, Zsigmond: Karácsonyi ajándék [Weihnachtsgeschenk]. In: Háy, János (Hg.): Magyar írók novellái [Novellen ungarischer Schriftsteller]. Budapest o. J., S. 264.

[60] Kisari, Sándorné: Örökségünk. Adatok a csóri református egyház történetéhez és a gyülekezet vallási néprajza [Unser Erbe. Angaben zur Geschichte der reformierten Kirchengemeinde in Csór und die religiöse Volkskunde der Gemeinde]. Székesfehérvár 2000, S.135

[61] Tafferner, Anton: Vértesboglár. Egy hazai német település leírása [Vértesboglár. Eine deutsche Siedlung in Ungarn]. Budapest 1941, S. 99-107.

[62] Tafferner, Anton/Schell, Franz (Hg.): Heimatbuch von Pusztavám und Umgebung. Geretsried 1977, S. 136-137.

[63] Burghardt-Szekeres, Klára: Falutörténet és néphagyomány Száron [Ortsgeschichte und Volksüberlieferungen in Szár]. Szár, 1990, S. 197-199.

[64] Paulovits, Teréz: Népszokások és hagyományőrzés Budaörsön [Volksbräuche und Traditionsbewahrung in Budaörs]. Budaörs 2001, S. 61.

[65] Bonomi, Jenő: Az egyházi év Budaörs német község nyelvi és szokásanyagában [Das Kirchenjahr in Spruch und Brauch der deutschen Gemeinde Budaörs]. Budapest 1933, S. 33.

[66] Hensle, Robert: Weihnachts- und Osternbrauchtum der Heimatvertriebenen einst und heute. In: Assion, Peter (Hg.): Ländliche Kulturformen im deutschen Südwesten. Festschrift für Heiner Heimberger. Stuttgart 1971, S. 256.

[67] Karácsony Molnár, Erika: A karácsonyi ünnepkör szokásai Gyimesben [Weichnachtsbräuche in Gyimes]. In: A Wosinsky Mór Múzeum Évkönyve 25, Szekszárd 2002, S. 97.

[68] Pozsony: Az erdélyi szászok (wie Anm. 19), S. 238-239.

[69] Szacsvay, Éva: A karácsony-ünnep változásai [Veränderungen des Weihnachtsfestes]. In: Démonikus és szakrális világok határán [An der Grenze dämonischer und sakraler Welten]. Budapest 1999, S. 620.

[70] Verebélyi, Kincső: Szokásvilág [Welt der Bräuche]. Debrecen 2005, S. 101-102; Kríza, Ildikó: Változó karácsony [Sich verändernde Weihnachten]. In: A nyíregyházi Jósa András Múzeum Évkönyve 24-25 (1989), S. 181-186.

[71] Voigt, Vilmos: Az elterjedés fogalma. [Begriff der Verbreitung]. In: Magyar, magyarországi és nemzetközi. Történeti folklorisztikai tanulmányok [Ungarisch, ungarländisch und international. Studien zur historischen Folkloristik]. Budapest 2004, S. 69.

[72] Wolfram, Richard: Prinzipien und Probleme der Brauchtumsforschung. Wien 1972, S. 54-56.

[73] Jósika, Miklós: Mamselle Európa. Jósika Miklós és Fehérvári Miklós levelezése [Briefwechsel von Miklós Jósika und Miklós Fehérvári]. Gelesen im Kossuth Sender des Ungarischen Rundfunks am 19. Februar 2001.

CHRISTBAUM DER IRRUNGEN

Ich habe den Titel meiner Abhandlung von Shakespears *Comedy of Errors* ausgeborgt. Während meiner Forschungen habe ich die Irrtümer bezüglich des Christbaumes zusammengetragen. Einige Feststellungen der früheren Fachliteratur über den Christbaum sowie dessen Elemente und Dekorationen hätten mich leicht in die Irre führen können. Ich habe versucht, mich von diesen Erklärungen zu distanzieren und meine Interpretationen auf die von den Quellen gegebenen Möglichkeiten zu beschränken.[1] Besonders im Internet verbreiten sich viele Missverständnisse über den Christbaum. Hier werde ich diese Missverständnisse nicht ansprechen, sondern die Aufmerksamkeit auf die Irrtümer in der Fachliteratur lenken. Ich möchte betonen, dass es nicht mein Ziel ist, mit der Korrektur der Irrtümer die Ergebnisse unserer Forschungsvorgänger zu verkleinern oder abzuwerten. Während der Arbeit können selbstverständlich Irrtümer vorkommen, ihre Korrektur fördert und belebt meiner Meinung nach die wissenschafltiche Erkenntnis.

Im *Ungarisches Handwörterbuch mit Erläuterungen* wird der *Christbaum* als ein Tannenbaum bezeichnet, der traditionell zu Weihnachten aufgestellt wird.[2] Das *Historisch-etymologische Wörterbuch der ungarischen Sprache* datiert die erste Erscheinung des Wortes *Christbaum* auf 1846. Es besagt, das ungarische Wort *karácsonyfa* käme direkt aus dem deutschen Wort *Christbaum, Weihnachtsbaum.* Die Diffusion des Christbaumes wurde durch deutschen Einfluss von den oberen sozialen Schichten aus angeregt, in den Dörfern war sie nicht einmal in der jüngsten Vergangenheit allgemein. In der alten ungarischen Sprache stand das Wort *Weihnachtsholz* für das Holz, das aus dem gemeinsamen Wald stammt und dem Lehensherren als Weihnachtssteuer gereicht werden musste, es hat also mit dem beschmückten, kerzenbeleuchteten Weihnachtstannenbaum nichts zu tun.[3] Dieses Wort lässt sich auch in den Urbarien, die die Dienstleistungen der Leibeigenen festhalten, finden, zuerst in Hédervár (Kom. Győr) in 1554: „Alle Leibeigenen sind verpflichtet, zwei Klafter Holz zu fällen und einen Wagen Weihnachtsholz zu bringen"[4]. Der Klausenburger Sándor Bőhm (unter der Signatur S.V.) hat dieses Wort mit offensichtlicher Freude entdeckt und in seinem Artikel *Das alte ungarische Weihnachtsfest* (Vasárnapi Ujság / Sonntagszeitung 1898) veröffentlicht: „Eine allgemein verbreitete Meinung besagt, der Weihnachtsbaum sei in Ungarn nur in diesem Jahrhundert durch deutsche Tradition eingeführt worden. Dies ist aber ein offensichtlicher Irrtum, denn es lässt sich schon aus dem Statutum der Stadt Nagybánya (Großneustadt) von 1633 sehen, dass das Holzfällen im verbotenen Wald sogar dem Richter untersagt wurde und es die Aufgabe der Leibeigenen war, das *Weihnachtsholz* aus der Kahlenweide zu bringen. Es lässt sich also feststellen, dass der Weihnachtsbaum wenigstens in den ursprünglich von Deutschen bevölkerten Städten schon im 17. Jahrhundert bekannt war; später ging dieser Brauch vielleicht für eine Zeit verloren, nur um nach einiger Zeit durch einen fremden, aus Deutschland kommenden Einfluss wieder aufzuerstehen."[5] Seine Meinung kann nicht akzeptiert werden, da hier von der Holzsteuer für den Landesherren zu Weihnachten (*Weihnachtsholz*) die Rede ist.

Hängender Christbaum aus dem Großherzogtum Baden. Illustration zu der 1820er Ausgabe von Hebels alemannischen Gedichten

Fast ein Jahrhundert nach Sándor Bőhms Artikel hat das *Historische Wörterbuch des siebenbürgisch-ungarischen Wortschatzes* die Steuerarten der Leibeigenen zur Weihnachtszeit aufgezählt: *Weihnachtssteuer* (Geld), *-Hühnchen, -Huhn, -Ei, -Hafer, -Holz, -Geschenk* (Getreide). Das Wörterbuch hat das *Weihnachtsholz* aus Szentkirály (Kom. Hunyad, 1681) und Torockó (Kom. Torda-Aranyos, 1785) erwähnt. Aus Torockó: „Je mehr Pferde jemand hat, desto mehr Holz muss er zu Weihnachten liefern. Das Weihnachtsholz wird von zwei Pferden gebracht."[6] Das Weihnachtsholz kam nicht nur im Statutum von Nagybánya von 1633, sondern auch im Urbarium des Schatzkammergutshofes von Nagybánya von 1566 vor (*ligna Nativitatis Domini).* Weihnachtsholz wurde auch von den Leibeigenen von Oroszfalu und Tőkés gefordert.[7] Dem 1688 verfassten Urbar der Kammergüter, welche dem Nagybányaer Münzhaus zugeordnet waren, nach mussten die Landwirte von Surgyafalu, die Ochsen besaßen, einen Wagen Brennholz liefern (*Item quilibet habens boves pro Nativitate Christi domino terrestri unum plaustrum combustibilium advehere tenetur.*).[8] Das Urbar des Gutshofes von Szarvaskő hat 1687 für die Bewohner von Bátor, das Urbar des Gyulaer Gutshofes hat um 1560 für die Bewohner von Doboz, Bánkút und Pisk vorgeschrieben, Weihnachtsholz zu liefern.[9] Das *Weihnachtsholz* wurde auch von den Leibeigenen Transdanubiens verlangt. Graf István Zichy hat in seiner Siedlungsurkunde für das zum Palotaer Gutshof gehörende und von den Türken zerstörte Bakonycsernye 1724 von allen untertänigen Bauern einen Wagen *Weihnachstholz* gefordert.[10] Imre Csanádi (1920-1991) beschwört eine falsche historische Tiefe im Titel seines Gedichtes (*Weihnachtsholz*):

Weihnachten ist dann schön,
wenn man in den weißen Schnee tritt, –
nicht in Schlamm und Matsch…
Der Schnee knirscht unter dem Tritt.

Auf den Bergen grünen Tannen,
sind Raststätten für kleine Vögel,-
sie verabschieden sich von den Vögeln,
sie lassen die Rehe zurück.

Sie werden eingeholt
als schöne Weihnachtsbäume;
sie schütteln den Reif und den Schnee von sich,
sie stehen glänzend und funkelnd da.

Alle Glocken sollen läuten,
alle Kinder sollen sich freuen,
alle Kerzen sollen brennen,
in der Schönheit von Weihnachten.

Johann Peter Hebel (1760-1826) hat in dreien seiner im Dialekt seines südbadischen Geburtsortes geschriebenen alemannischen Gedichten (*Die Mutter am Christ-Abend; Eine Frage; Noch eine Frage*) den Christbaum geehrt. Man kann daraus entnehmen, dass in der alemannischen Umgebung von Basel um 1800 das Aufstellen des Christbaumes für alle guten Mütter eine Selbstverständlichkeit war. Das schönste dieser Gedichte, das am meisten über den Christbaum erzählt, ist *Die Mutter am Christ-Abend*, in der die Bauernmutter am Weihnachtsabend heimlich den Baum vor dem Bett ihres kleinen Kindes aufstellt. Ob der Baum eine Tanne oder eine andere Art von Grün ist, wird nicht klar, und Hebel erwähnt auch keine Kerzen an den Ästen. Zugleich hat der Dichter die Schmückung des Baumes erwähnt, wo die Mutter ihrem Kind immer nur das Beste von allem zu geben versucht hat. Er hat hauptsächlich essbare Dekorationen, praktische Geschenke und Spielzeug erwähnt, die an den Baum gehängt wurden: Honigkuchenfiguren, Holzziegen und -kühe, Blumen aus weißem, rotem und gelbem Zucker, den schönsten Rümmechrüüsliger Apfel, weiße und rote Taschentücher, ein Gebetsbuch und zuletzt eine Rute, die zur Züchtigung des ungehorsamen Kindes dient. Am Weihnachtsmorgen werden sie dem Kind sagen, dass all dies vom *Weihnachtskind* gebracht wurde. Das ganze Gedicht ist ein innerer Monolog der Mutter, die den Weihnachtsbaum schmückt und ihr Kind sehr liebt.

In seinem Gedicht *Eine Frage* geht Hebel in seinem Badener Dorf Hausen im Wiesental von Haus zu Haus und zeigt, wie der *Wienechtchindli-Baum* der verschiedenen sozialen Schichten aussieht. Er denkt, der Weihnachtsbaum verrät, wie sehr die Mütter im Dorf ihre Kinder lieben. Er erwähnt einen hängenden Weihnachtsbaum, dessen Äste mit Süßigkeiten geschmückt sind. Die Illustration zur Ausgabe der alemannischen Gedichte von 1820 zeigt auch einen, mit seiner Spitze an der Zimmerdecke hängenden Christbaum. Leopold Schmidt erwähnte, dass die seinerzeitige Illustration zu Hebels Gedicht *Die Mutter am Christabend* (1820) einen her-

Hängender Christbaum einer sudetendeutschen Familie. Weihnachtspostkarte von Gustav Zindel, Bodenbach, 1930er Jahre

abhängenden Christbaum darstellt.[11] Hier beschreibt Hebel nicht den hängenden Christbaum, sondern nur einen Baum, den die Mutter ins Zimmer bringt, auf dem Geschenke prangen. In einem seiner anderen alemannischen Gedichte (*Eine Frage*) können wir über den hängenden Christbaum lesen:

> Der Wienechtchindli-Baum verrothet bald,
> wie alli Muetter sin im ganze Dorf.
> Do hangt e Baum, nei lueg me doch und lueg!
> In alle Näste nüt als Zuckerbrod.

Es ist auffallend, wie früh und schnell sich der Weihnachtsbaum in den evangelischen deutschsprachigen Gebieten der zweiten Hälfte des 18. Jahrhunderts, in den Städten und Fürstenhöfen verbreitet hat. Vom Südwesten, von Straßburg her hat er bis zum Ende des 18. Jahrhunderts die evangelischen Gebiete in West- und Mitteldeutschland, Hamburg und Berlin erreicht. Die katholischen Gebiete Deutschlands haben den „lutheranischen Weihnachtsbaum" (wie er wegen seiner sagenhaften Abstammung von Martin Luther genannt wurde) viel langsamer und später übernommen. In den katholischen Ländern und Provinzen wurde der Weihnachtsbaum von den Fürstenhöfen aus unter den Aristokraten, den Adeligen und Bürgern verbreitet.

Unter den evangelischen Deutschen wurde der Christbaum auch durch die Stiche verbreitet, die Martin Luther samt seiner Familie mit einem Weihnachtsbaum

Schwerdgeburths Stich von 1843: *Luther mit seiner Familie am Christabend 1536 zu Wittenberg*

darstellen. Unter ihnen ist als erstes das 1843 gefertigte Werk *Luther mit seiner Familie am Christabend 1536 zu Wittenberg* vom herzöglichen Kupferstecher von Weimar, Carl August Schwerdgeburth, zu erwähnen, das bis zum Ersten Weltkrieg als Illustration von zahlreichen Luther-Biografien, Weihnachtsalben, Magazinen, Kalendern, sowie als Postkarte bei mehreren Verlagen in großer Zahl erschienen ist. Als gerahmter Druck war der Stich auch in evangelischen Familien, kirchlichen Schulen und Waisenhäusern sehr beliebt. Das Bild ist nur Fantasie: Es projiziert den Weimarer Weihnachtsbaum der ersten Hälfte des 19. Jahrhunderts ins Wittenberg des 16. Jahrhunderts, wo es damals noch keinen Weihnachtsbaum gegeben hat. Luther, seine Frau Katharina von Bora, ihre Kinder, ihr Freund Philipp Melanchton und Kantor Johannes Walter sitzen um den stehenden, geschmückten und mit Kerzen beleuchteten Tannenbaum. Links neben dem Kamin sitzt Magdalena von Bora, Verwandte von Frau Luther, mit der zusammen sie früher eine der Nonnen im Kloster von Nimbschen gewesen war. Luthers Familienbild mit Christbaum wurde auch vom Berliner Künstler Bernhard Plockhorst 1887 aufgegriffen. Die Reproduktionen seiner Bilder wurden in evangelischen Kreisen sehr beliebt. Diese Darstellungen begründeten die Annahme, dass der erste Christbaum in Luthers Familie aufgestellt worden sei.[12]

In Finnland ist der Christbaum in den Bauernhäusern in den 1870ern und 80ern aufgetaucht. Einige sporadische Erscheinungen sind schon aus dem Nordfinnland der 1850er Jahren bekannt. Zu seiner schnellen Verbreitung hat das beliebte Bild vom Weihnachtsbaum in Luthers Familie beigetragen. Dank seiner Wirkung wurde unter den evangelischen Finnen nicht nur Luthers Weihnachtslied (*Vom Himmel hoch, da komm ich her...*) sondern auch der Christbaum beliebt. Der Stich von Schwerdgeburth wurde von geschäftstüchtigen Verlagen gedruckt und in die Wohnungen der meisten finnischen Familien übernommen. Den Traditions-Grund für die schnelle Übernahme des Christbaumes in Finnland bildet die Namenstagstanne, an deren Äste Geschenke gehängt und der ans Bett der Kinder in der Nacht ihres Namenstages gestellt wurde. [13]

Der Tannenbaum auf dem Londoner Trafalgar Platz wird seit 1945 von Norwegen geschenkt. Unter dem Freundschaftsbaum singen und tanzen norwegische Volkstanzgruppen.[14] Deshalb wird der Weihnachtsbaum in England allgemein mit Norwegen identifiziert. Als ich im Sommer 2005 meinen Gastgeber Michael Dagless (geb. 1950) in dem neben Oxford liegenden Kidlington über den Christbaum befragt habe (*Seit wann gibt es in England Weihnachtsbäume? Wer hat sie hierhergebracht? Woher?*) hat er mir geantwortet: *Queen Victorian times. From Norway. Spouse from Norway.* (Aus der Zeit Königin Viktorias. Aus Norwegen. Ehepartner aus Norwegen.) Es ist allgemein bekannt, dass der Weihnachtsbaum in England von Prinz Albert von Sachsen-Coburg-Gotha, dem deutschstämmigen Ehemann Königin Viktorias verbreitet wurde, aber in der heutigen Massenkommunikation wird dies seltener erwähnt als Norwegens Geschenk, der Freundschaftsbaum.

In der heutigen englischen Alltagssprache ist der Ausdruck *Christmas tree* schon akzeptiert. In der Zeit von Prinz Albert, in den 1840er Jahren, wurde er noch von den englischen Zeitungen in Anführungszeichen gesetzt. So wurde seine Fremdheit, seine nur partielle Akzeptanz verdeutlicht.[15] In den englischen etymologischen und Erläuterungswörterbüchern steht er neben dem traditionellen *Christmas pudding* (Weihnachtspudding) mitsamt der Erklärung, dass er aus Deutschland übernommen wurde (*borrowed from Germany*).[16]

Zoltán Ujváry hat mit seiner Mitteilung zur Klarstellung der ungarischen Weihnachtsbaumgeschichte beigetragen. Der Fehler ist im Buch *A magyarság virágai* (*Die Blumen des Ungartums*) von Raymund Rapaics zu finden. Er schrieb sehr schön über den Christbaum, aber in seinem letzten langen Satz lassen sich gleich drei Fehler finden: „Wie langsam sich der Christbaum in Ungarn verbreitet hat lässt sich auch daran erkennen, dass Sándor Petőfi überhaupt nichts von ihm gehört hat, und er in der Literatur zuerst in der Weihnachtserzählung *Koldusfiú* (Der Bettlerjunge) von Mór Jókai im Jahr 1866 erschienen ist."[17] Aus der Mitteilung Ujvárys ergibt sich, dass Petőfi den Weihnachtsabend von 1844 mitsamt vielen berühmten Schriftstellern bei dem Pester Sándor Vachott verbracht hat. Dort hat die Gastgeberin den Höhepunkt des Abends, den geschmückten Christbaum, vorgestellt. Jókais Erzählung ist zuerst 1854 erschienen mit dem Titel *Koldusgyermek* (Das Bettlerkind).[18]

Der Christbaum wird sehr spät in der ungarischen Literatur zum ersten Mal erwähnt. Obwohl Baron József Eötvös in seiner in Ercsi geschriebenen Studie 1835 über die französische Literatur zur Zeit des Königs Ludwig des XIV. das Folgende schrieb: „Er ähnelt nicht starken Eichen, sondern eher den Bäumchen, an denen Kinder zu Weihnachten Geschenke hängen."[19] Im Jahr 1844 haben die bedeutenden Persönlichkeiten der ungarischen Literatur (Sándor Petőfi, Mihály Vörösmarty, József Bajza, János Erdélyi, Lajos Kuthy, Gábor Kazinczy) im Pester Haus des Redakteurs Sándor Vachott das Weihnachtsfest mit einem Christbaum gefeiert, wie wir es in den Memoiren der Gastgeberin lesen können: „Ich musste die Gesellschaft für eine Weile verlassen, erstens, weil ich fürs Abendessen dringend auftischen musste, zweitens, um schön feierlich den Höhepunkt des Abends, den Christbaum, vorzustellen… Die Vorstellung des Christbaumes erfolgte vor dem Abendessen, der Christbaum wurde mit großem Beifall begrüßt, an dem, von Kerzlein beleuchtet, für jeden ein kleines Geschenk hing, alle Werke vom Konditor Kugler…"[20]

Die Ehefrau von Ferenc Pulszky (im Jahr 1848 Staatssekretär im Finanzministerium, später auswärtiger Staatssekretär), Therese Pulszky, ist in Wien geboren und aufgezogen worden; sie hat nur zwei Jahre in Ungarn gelebt, dennoch bezeichnete sie sich im Titel ihrer in London 1850 erschienenen Memoiren als eine ungarische Dame (*Memoirs of a Hungarian Lady).* Sie hat zweimal ansatzweise über den Christbaum geschrieben. Zuerst hat sie bei der Vorstellung ihres Szécsényer Gutshofes (Kom. Nógrád) in Bezug auf den Mohnanbau am Beispiel der Mohnnudel und des Weihnachtsbaumes Ungarn mit Deutschland verglichen: „In Ungarn werden aus Mohn die berühmten und feinen Mohnnudeln zubereitet, die auf dem Weihnachtstisch immer präsent sind. So wie es in Deutschland kein Weihnachtsfest ohne Tannenbaum gibt, so wird in Ungarn nie ohne Mohnnudeln gefeiert."[21] Beim zweiten Mal konnte sie wahrscheinlich nicht in so einer fröhlichen Stimmung über den Christbaum schreiben, denn die Kriegslage im Dezember 1848 war für sie schlecht: Die kaiserlichen Truppen näherten sich der Hauptstadt, und ihr Befehlshaber, Windisch-Grätz ließ aussagen, er würde alle Christbäume in Pest in Brand setzen.[22] Wenn er mit so etwas drohen konnte, müssten bereits damals jede Menge Christbäume in der Hauptstadt Ungarns vorhanden gewesen sein.

In ihren Memoiren hat die Schauspielerin Róza Déry-Széppataki (Schenbach) geschrieben, dass bei ihrem Haus in Jászberény (Kom. Jász-Nagykun-Szolnok) schon an ihrem Geburtstag (24. Dezember 1793) ein Weihnachtsbaum aufgestellt wurde: „Die Alten begannen Karten zu spielen und die Kinder wurden auf ihr Zimmer geschickt, wo sie um den für sie aufgestellten Christkindl-Baum und die Krippe, die durch Mutters Hand mit zahllosen glitzernden Bilderchen und allerlei farbenprächtigen Sachen geschmückt worden war – hüpften, sich freuten, piepsten, lärmten wie ein Haufen kleiner Kobolde, am Ende verprügelten sie sich und gingen trotz aller Warnungen der Ammen schlafen."[23] Im Falle von Jászberény ist das ein ziemlich früher Zeitpunkt, 1793 gab es noch keinen Christbaum weder in Pest, noch in Wien. Der erste Weihnachtsbaum kann in Wien auf 1814, in Pest auf 1828 datiert werden. Der Vater der kleinen Róza Schenbach kam als Pharmakologe von Wien nach Jászberény. Wenn er aus einer größeren Stadt, von einem Fürstenhof oder aus aristokratischer oder großbürgerlicher Umgebung Deutschlands kommen würde, hätte

Frühe Darstellung eines Christbaumes aus dem Buch von József Benczur: *Sárga könyv. Ajándékul jó gyermekeknek, kik örömest tanulnának A B Cz után olvasni.* [Gelbes Buch. Als Geschenk für brave Kinder, die liebend gerne nach dem Alphabet lesen lernen möchten]. Das Buch ist in Eperjes 1841 erschienen

er im letzten Drittel des 18. Jahrhunderts den Brauch des Weihnachtsbaumes mit sich bringen können, aber nicht aus Wien. Frau Déry hat ihre Memoiren in den letzten drei Jahren ihres Lebens, zwischen 1869-1872 geschrieben. Wir müssen feststellen, dass sich niemand an die eigene Geburt, an deren Umstände erinnern kann. Frau Déry schreibt, dass sie sich, angefangen mit dem Tod ihres Vaters an alles erinnern könne, die früheren Ereignisse habe ihre Mutter erzählt: „Ich war damals fünf Jahre alt; aber ich kann mich an alles klar erinnern, was damals und danach geschehen ist. Die Ereignisse nach meiner Geburt hat mir meine Mutter oft erzählt..."[24] Ihre Mutter konnte im Jászberény von 1790 an für ihre sieben Kinder keinen Weihnachtsbaum aufstellen, nur eine Weihnachtskrippe. Nur darüber konnte sie erzählen. Der Beginn der Verbreitung des Christbaumes in Ungarn fiel in ihre Jugend. Diesen Prozess in ihrer Jugend hat sie dann zurückprojiziert.

Beim ersten Lesen kann es als ein Fehler von Zsigmond Móricz betrachtet werden, dass die Protagonistin seines 1941 erschienenen Romans, das neunjährige Waisenmädchen Árvácska, noch keinen Christbaum sehen konnte. Es ist bekannt, dass die Waisenhäuser viel zur Verbreitung des Christbaumes beigetragen haben, da sie schon in der zweiten Hälfte des 19. Jahrhunderts regelmäßig Weihnachtsbäume für die Waisen aufstellten. Die Zeitung *Budapesti Hírlap* [Budapester Nachrichten] teilte am 24. Dezember 1884 mit: »Im Mädchenwaisenhaus „Erzsébet" begann das Fest um 4 Uhr. Zwischen den entlang der großen Halle stehenden Tischen befand sich der riesige Christbaum, seine Spitze berührte die Decke, an ihm leuchteten Hunderte Wachskerzen und er strahlte nur so von Süßigkeiten. Die Tische waren voll mit leckeren Kuchen, schönen Büchern, Schreib- und Zeichenmitteln, Spielzeug und anderen nützlichen Sachen. Nach der feierlichen Rede und dem Lied des Chors fing die Verteilung der vielen Geschenke an.« Das kleine Waisenmädchen im Roman hat bis zu ihrem zweiten Lebensjahr im Waisenhaus gelebt, so konnte sie sich nicht mehr an die Weihnachtsfeier erinnern. Ihre ersten zwei Pflegeeltern waren Bauern, sie haben noch keinen Christbaum aufgestellt. Nur bei ihren dritten Pflegeeltern, einer Handwerkerfamilie, konnte sie zum ersten Mal einen Christbaum sehen. Sie hatte auch keine Erinnerungen über die Zeit vor ihrem zweiten Lebensjahr.

Ich kann auch einige Irrtümer erwähnen, die aus Übersetzungsfehlern stammen. Im Tagebuch der Erzherzogin Marie Valérie können wir über die Weihnachtsabende der kaiserlichen Familie in Wien lesen. Dann kommt der Eintrag aus ihrem Heiratsjahr 1890, in dem über die Weihnachtsfeier in ihrem Heim in Lichtenegg (Oberösterreich) das Folgende steht: „Wir hatten schon an den früheren Tagen den Christbaum geputzt. Nun wurde er in die Mitte von Franzens Schreibzimmer gerückt, darüber ein Engel an die Decke gehängt und vor den moosumlegten Fuß stellten wir die Krippe, die uns Mama nebst dem ganzen Weihnachtsschmuck geschickt hatte… Links drei Tische, welche Lederer und Maria richteten, mit Mamas Geschenken für uns beladen… Seit der Kindheit ist mir kein Weihnachtsbaum so schön erschienen, hat so echte Christfreude ins Herz gestrahlt… Die frohe Gemeinsamkeit (mit dem Dienstpersonal) machte den Heiligen Abend zu einem so glücklichen, wie ich ihn noch nie erlebt hatte. Welch ein Kontrast gegen die Christbescherungen in der Burg, wo alles so steif und peinlich war! Ach dürften doch auch wir nächste Weihnachten ein baby zum Baum tragen!"[25]

Die ungarische Übersetzung ist hier falsch. Der originale deutsche Text lautet: *Wir hatten schon an den früheren Tagen den Christbaum geputzt.*[26] Das Wort *putzen* bedeutet hier nicht *reinigen, säubern,* sondern *schmücken, dekorieren.* Im deutsch-ungarischen Wörterbuch von Béla Kelemen: *Putzen: 1. tisztogatni, fényesíteni, tisztítani (Synonym für reinigen); 2. díszíteni, felpiperézni (Synonym für schmücken).* Ebenda steht *aufputzen: díszíteni, felcicomázni (Syononym für schmücken).*[27] Im einsprachigen Wörterbuch von Wahrig: *putzen ~ reinigen, säubern, schmücken.* Ebenda steht: *aufputzen ~ (übermäßig) schmücken.*[28] In ihrem Tagebuch hat Marie Valérie das Wort *putzen* als Synonym für *schmücken* benutzt. Die ungarische Sprache hat das Wort übernommen: das Substantiv *pucc* bedeutet *dísz* (Schmuck), *díszítés* (Dekoration) und hängt mit dem Verb *putzen* (tisztítani – reinigen, díszíteni – dekorieren) zusammen.[29] Auch in unsere etymologischen (*pucc*) und erläuternden Wörterbücher (*puccparádé*) ist der Ausdruck eingedrungen.[30] Das ungarische Attribut *puccos* bedeutet auch *dekoriert, geschmückt: herausgeputzte Dame, ~* ung. *puccos dáma.* In Goethes *Das Leiden des jungen Werther* wird der Weihnachtsbaum *aufgeputzter Baum* genannt. Dem *Atlas der deutschen Volkskunde* nach wird der Christbaum in einigen deutschsprachigen Gebieten *Putzbaum* genannt. Im westlichen Winkel des ehemaligen sudetendeutschen Gebietes, an der tschechisch-sächsisch-bayerischen Grenze, wird er manchmal Putzbaum genannt. Im Licht dieser Beweise ist die ungarische Übersetzung des Tagebucheintrags: *Már korábban letisztogattuk (gesäubert) a karácsonyfát* falsch, die richtige Übersetzung wäre: *Már korábban feldíszítettük (geschmückt) a karácsonyfát.* Es wäre außerdem ziemlich falsch anzunehmen, eine erzherzögliche Familie eines Alpenlandes würde einen Weihnachtsbaum aus ihrem eigenen Wald bekommen, der noch zusätzlich von ihnen persönlich gereinigt werden müsste.

Leopold Schmidt hält den Schlehdorn-Christbaum im Südburgenland für ein Erbe aus dem Mittelalter vor der Reformation, dessen Dekoration wegen dem Einfluss des Christbaumes bereichert wurde.[31] Ich muss hier erwähnen, dass der Schlehdorn-Christbaum auch in der Batschka vorkommt, wo wir wegen der Zerstörungen der Befreiungskriege von der Türkenherrschaft von keiner Kontinuität der mittelalterlichen Bevölkerung sprechen können.[32]

Eine andere Feststellung von Leopold Schmidt: „Vereinzelt ist es heute noch üblich, die Adventskränze zu segnen, kirchlich zu benedizieren. Das ist besonders merkwürdig, weil die Christbäume, die vor etwa anderthalb Jahrhunderten in ähnlicher Form eingebürgert wurden, nie so nahe an ein kirchliches Ritual herangeführt worden sind. Vermutlich hat das für diese Adventskränze so bezeichnende Lichterwesen daran seinen Anteil, denn die Benediktion von Lichtern ist der Kirche seit langem geläufig und entspricht der von ihr selbst entwickelten Symbolik."[33] Ich kann erwähnen, dass der Christbaum gelegentlich auch gesegnet wurde. Daran knüpft die Abhandlung von Peter Bogatyrev an, deren Material über den Christbaum er in der Ostslowakei in den slowakischen und russniakischen Dörfern des Komitats Sáros Anfang der 1930er Jahre gesammelt hat.[34] Bogatyrev hat Daten zu den magischen, traditionellen Funktionen des Christbaumes gegeben. Im slowakischen Dorf Siroka (Široké) wurde der Christbaum am Dreikönigstag vom Priester geweiht, die Obstbäume wurden mit dem brennenden Christbaum geräuchert. In Lancsó (Lančov), das 1910 schon slowakisch wurde, bei Elek Fényes, in seinem 1851 erschienenen geografischen Wörterbuch, aber noch als „russniakisches Dorf" galt[35], wurden am Dreikönigstag die Kuchen von dem vom Priester geweihten Christbaum gegessen, der leere Baum wurde auf die Getreidedarre gelegt. Aus dem Baumstamm macht der Hauswirt einen Peitschenstil, und er benutzt den Stiel an seinem ersten Pflügetag, knallt damit und wirft ihn dann weg. [36] In ihrem Buch schreibt Emőke Lackovits, dass in Magyarpolány (Kom. Veszprém) die Hausweihe am Dreikönigstag immer vor dem Christbaum stattgefunden hat. Für diese Gelegenheit wurde in Kemenesszentpéter (Kom. Veszprém) ein Hausaltar mit weißem Tischtuch, Kerzen und einem Glas neuem Weihwasser vor den Christbaum gestellt. Nach der Hausweihe haben die Kinder alles Essbare vom Christbaum geschüttelt und gegessen.[37]

Der Christbaum war heilig auch ohne Weihe: am Weihnachtsabend, zur heiligen Zeit war der ganze Weihnachtstisch mit all seinen Gegenständen und Lebensmitteln heilig. Deshalb wurde der Christbaum aus magischen Schutzgründen an mehreren Orten auf das Stalldach geworfen, auf die Getreidedarre gelegt, in den Düngerhügel gestochen, oder die Obstbäume wurden mit ihm beräuchert. Nicht nur der Adventskranz hatte mehrere Kerzen an sich, sondern auch der geschmückte, stehende Weihnachtsbaum.

Der letzte Irrtum, den ich in Bezug auf den Weihnachtsbaum erwähne, ist im Atlaskommentar meines Wiener Lehrers Richard Wolfram zu finden. Er hat die Kartenblätter des Österreichischen Volkskundeatlasses herausgegeben, und hat auch die inhaltsreichen Kommentare über Christbaum und Weihnachtsgrün zu ihnen geschrieben. In diesen Kommentaren hat er, sich auf die freundliche Mitteilung von Jenő Barabás, Volkskundeprofessor an der Universität Budapest beziehend, erwähnt: „Die magyarische Forschung nennt den Grafen Moricz Benyovsky als Vermittler, der den Baum um 1830 von Österreich nach Ungarn brachte."[38] Das ist ein zweifacher Fehler, denn Moricz Benyovsky (1741-1786) war um 1830 nicht mehr am Leben, zu seiner Lebzeit gab es nicht einmal in Österreich Christbäume. Professor Wolfram hat wahrscheinlich Gräfin Therese Brunswick mit Graf Moricz Benyovsky verwechselt. Therese Brunswick hat den Christbaum in der Kindergartenbewegung in Wien kennengelernt und hat einen Weihnachtsbaum schon 1828 im Kindergarten der Christinenstadt von Buda aufgestellt.

[Die Studie ist sowohl in ungarischer als auch in deutscher Sprache erschienen:
Lukács, László: *Tévedések karácsonyfája.* Ethnographia CXXI. 2010. 105-118. Budapest
Lukács, László: *Christbaum der Irrungen.* Ungarn-Jahrbuch. Zeitschrift für interdisziplinäre Hungarologie XXXII. 2016. 277-292. Regensburg]

Anmerkungen

1 Lukács, László: *Der Weihnachtsbaum der österreichisch-ungarischen Nordpolexpedition aus dem Jahr 1873.* Österreichische Zeitschrift für Volkskunde, 110. Jg. Wien 2007, S. 429-435; Lukács, László: *Zur Geschichte und Verbreitung des Christbaumes in Ungarn.* Ethnologia Europae Centralis, 9. Jg. Brno–Cieszyn–Praha 2009, S. 9-18; Lukács, László: *Befunde und Belege zur Verbreitung des Christbaums im Karpatenbecken.* Szenische Gestaltungen christlicher Feste. Beiträge aus dem Karpatenbecken und aus Deutschland. Hg. von Michael Prosser-Schell. Münster–New York–München–Berlin 2011, S. 29-60.

2 Pusztai, Ferenc (Hg.): *Magyar értelmező kéziszótár* [Ungarisches Handwörterbuch mit Erläuterungen]. Budapest 2003, S. 45.

3 Benkő, Loránd (Hg.): *A magyar nyelv történeti-etimológiai szótára* [Historisch-etymologisches Wörterbuch der ungarischen Sprache]. Budapest 1970, 2. Bd. S.372.

4 Závodszky, Levente: *Nyelvtörténeti adatok* [Sprachgeschichtliche Daten]. Magyar Nyelv, 8. Jg. Budapest 1912, S. 331; Viski Károly: *Karácsonyfa* [Weihnachtsbaum]. Magyar Nyelvőr, 47. Jg. Budapest 1919, S. 71.

5 V. S. [Várnai Sándor=Bőhm, Sándor]: *Régi magyar karácsonyünneplés* [Das alte ungarische Weihnachtsfest]. Vasárnapi Ujság, 45. Jg. 52. Nr. Budapest 1898, S. 906; Olosz, Katalin: *Víz mentére elindultam. Tudománytörténeti, népismereti írások* [Ich bin am Wasser gegangen. Schriften zur Wissenschaftsgeschichte und Volkskunde]. Marosvásárhely 2003, S. 214.

6 Szabó, T. Attila (Hg.): *Erdélyi Magyar Szótörténeti Tár* [Historisches Wörterbuch des siebenbürgisch-ungarischen Wortschatzes]. Budapest–Bukarest 1993, 6. Bd. S. 171-172.

7 Maksay, Ferenc: *Urbáriumok. XVI-XVII. század* [Urbaricn. 16.-17. Jahrhunderte.] Budapest 1959, S. 623-624.

8 Maksay (wie Anm. 7), S. 631.

9 Maksay (wie Anm. 7), S. 788, 790-791.

[10] Heiczinger, János: *Bakonycsernye múltja a telepítéstől 1848-ig* [Die Vergangenheit von Bakonycsernye von der Ansiedlung bis 1848]. Bakonycsernye 1974, S.19; Varga, Ferenc: *Bakonycsernye 1848-2003*. Bakonycsernye 2004, S. 4.

[11] Schmidt, Leopold: *Der hängende Christbaum. Aus der Arbeit am Atlas der burgenländischen Volkskunde*. Österreichische Zeischrift für Volkskunde 66. Jg. Wien 1963, S. 236.

[12] Nagy, Sigrid: *Wie Luther im 19. Jahrhundert zum Weihnachtsbaum kam*. Jahrbuch für Volkskunde, 23. Jg. Würzburg–Innsbruck–Fribourg 2000, S. 11-50.

[13] Talve, Ilmar: *A finn népi kultúra* [Die finnische Volkskultur]. Debrecen 2000, S. 173, 189.

[14] Wolfram, Richard: *Christbaum und Weihnachtsgrün*. Österreichischer Volkskundeatlas. Kommentar. 2. Lieferung. Wien 1965, S. 54-55.

[15] Kronfeld, E. M.: *Der Weihnachstbaum. Botanik und Geschichte des Weihnachtsgrüns. Seine Beziehungen zu Volksglauben, Mythos, Kulturgeschichte, Sage, Sitte und Dichtung*. Oldenburg–Leipzig 1906, S. 210.

[16] Soanes, Catherine–Stevenson, Angus: *Oxford Dictionary of English*. Oxford 2003, S.308; Onions, C. T. (Hg.): *The Shorter Oxford Dictionary on Historical Principles*. Oxford 1950, 1. Bd. S. 309.

[17] Rapaics, Raymund: *A magyarság virágai* [Die Blumen des Ungartums]. Budapest 1932, S. 148.

[18] Ujváry, Zoltán: *Karácsony Petőfivel 1844-ben* [Weihnachten mit Petőfi 1844]. Ethnica, 3. Jg. Nr. 4. Debrecen 2001, S. 132.

[19] Eötvös József: *A franczia drámai literatura és Victor Hugo* [Die französische Dramenliteratur und Victor Hugo]. Összes Munkái [Gesamte Werke]. 12. Bd. Tanulmányok [Abhandlungen]. Budapest 1902, S. 221.

[20] Ujváry (wie Anm. 18), S. 132.

[21] Pulszky, Terézia: *Egy magyar hölgy emlékiratai* [Memoiren einer ungarischen Dame]. Budapest 1986, S. 62.

[22] Pulszky (wie Anm. 21), S. 284.

[23] Déryné Széppataki, Róza: *Emlékezései* [Memoiren]. Budapest 1955, 1. Bd. S. 49.

[24] Déryné (wie Anm. 23), S. 48.

[25] Schad, Horst & Martha (Hg.): *Mária Valéria főhercegnő, Erzsébet királyné kedvenc lányának naplója* [Erzherzogin Marie Valérie, das Tagebuch der Lieblingstochter von Königin Elisabeth]. Budapest 2001, S. 247-248.

[26] Schad, Horst & Martha (Hg.): *Marie Valérie von Österreich. Das Tagebuch der Lieblingstochter von Kaiserin Elisabeth 1878-1899*. München 1998, S. 244.

[27] Kelemen, Béla: *Német és magyar nagy kézi szótár tekintettel a két nyelv szólásaira* [Großes Handwörterbuch der deutschen und ungarischen Sprache mit besonderer Rücksicht auf die Phraseologie]. Budapest 1914, 2. Bd. S. 477, 54.

[28] Wahrig, Gerhard: *Deutsches Wörterbuch*. Gütersloh–München 2004, S. 1012, 206.

[29] Horváth, Mária: *Német elemek a 17. század magyar nyelvében* [Deutsche Elemente im Ungarisch des 17. Jahrhunderts]. Budapest 1978, S. 181.

[30] Benkő (wie Anm. 3.), 3. Bd. S. 300-301; Pusztai (wie Anm. 2.), S. 1107.

[31] Schmidt, Leopold: *Der weihnachtliche Schlehdorn im Burgenland*. Bayerisches Jahrbuch für Volkskunde, München 1955, S.185; Lukács, László: *A karácsonyfa a közép-európai néprajzi kartográfiában* [Der Weihnachtsbaum in der volkskundlichen Kartografie Mitteleuropas]. Ethnographia, Jg. 117, Budapest 2006, S. 230-232; Lukács 2011 (wie Anm. 1) S. 47-49.

[32] Lukács, László: *A karácsonyfa a Nagy Magyar Alföldön* [Der Weihnachtsbaum in der Großen Ungarischen Tiefebene]. Tisicum, 16. Bd. Szolnok 2007, S. 28-30, Lukács 2011 (wie Anm. 1) S. 48.

[33] Schmidt, Leopold: *Volksglaube und Volksbrauch. Gestalten, Gebilde, Gebärden.* Berlin 1966, S. 29.

[34] Bogatyrev, Peter: *Der Weihnachtsbaum in der Ost-Slowakei.* Germanoslavica, 2. Jg. Prag 1932/1933, S. 254-258.

[35] Lelkes, György (Hg.): *Magyar helységnév-azonosító szótár* [Identifikationswörterbuch der ungarischen Orts- und Ortschaftsnamen]. Budapest 1992, S. 235; Fényes, Elek: *Magyarország geográfiai szótára* [Geografisches Wörterbuch von Ungarn]. Pest 1851, 3. Bd. S. 4. In Österreich und Deutschland wird ein Küchengerät (*Quirl* oder *Sprudler*) aus den trockenen Christbaumspitzen hergestellt. Siehe dazu: *Witzmann, Nora: Als der Quirl noch ein Christbaum war.* Österreichische Zeitschrift für Volkskunde, 114. Jg. Wien 2011, S. 479–484.

[36] Lukács, László: *Észak-déli kapcsolatok. A karácsonyfa* [Nord–Süd Beziehungen: Der Weihnachtsbaum]. Eruditio–Educatio, 3. Jg. Nr. 4. Révkomárom 2008, S. 45. Im nordungarischen ehemaligen polnischen Siedlerdorf Derenk (Kom. Abaúj-Torna) wurde während des Zweiten Weltkrieges ein ärmlich geschmückter Weihnachtsbaum (*drewko*) in der Ecke der Küche oder im Reinzimmer aufgestellt oder an einen Haken an der Decke gehängt. Der *drewko* hing an der Decke bis zum Dreikönigstag, dann wurde er verbrannt, aus seinem Stiel wurde ein Quirl (*mutvica*) geschnitzt. Siehe dazu: Krasinska – Kantor, Ryszard: *Derenk és Istvánmajor. A lengyel telepesek utódainak története és kultúrája.* [Derenk und Istvánmajor. Geschiche und Kultur der Nachkommen der polnischen Siedler]. Miskolc 1988, S. 111-112. Am Anfang des 20. Jahrhunderts wurde der Weihnachtsbaum (*jõulupuu*) auch in Estland allgemein bekannt. Er hing bis zum Dreikönigstag in den Zimmern, dann wurde er zerhackt, verbrannt oder in den Schnee gestochen. An vielen Orten wurde er in den Wald zurückgebracht. Im Süden Estlands wurde aus seinem Stamm Quirlholz geschnitzt. Siehe dazu: Hiiemäe, Mall: *Der estnische Volkskalender.* FF Communications No. 268. Helsinki 1998, S. 282-284.

[37] Lackovits, Emőke: *Az egyházi esztendő jeles napjai, ünnepi szokásai a bakonyi és Balaton-felvidéki falvakban* [Festtage des Kirchenjahres in den Dörfern des Bakonyerwaldes und des Plattensee-Oberlandes]. Veszprém 2000, S. 26-27.

[38] Wolfram (wie Anm. 14) S. 30-31.

DER WEIHNACHTSBAUM DER ÖSTERREICHISCH-UNGARISCHEN NORDPOLEXPEDITION AUS DEM JAHR 1873

Kurt Mantel hat in seinem Buch *Geschichte des Weihnachtsbaumes und ähnlicher weihnachtlicher Formen* auch den sog. *hölzernen Weihnachtsbaum* vorgestellt. Dieser „Baum" besteht aus einer hölzernen Säule, in deren Seiten Löcher gebohrt und Bretter geschlagen wurden. Diese Bretter wurden nach oben hin immer kürzer, so hatte der hölzerne Weihnachtsbaum große gestaltliche Ähnlichkeit mit einem echten Tannenbaum. In Wald- und holzarmen Gebieten galt er als Ersatz des Tannenbaumes. Die Mannschaft der offene Meere durchstreifenden deutschen Schiffe und U-Boote stellte auch solche, sog. *Seemannsbäume* (Flensburg) oder *Schiffer-Weihnachtsbäume* (Kiel) auf. Sie wurden wie Tannenbäume mit Weihnachtsschmuck, Geschenken und Kerzen geschmückt.[1]

Dr. József Gelencsér, Jurist, Volkskundler und Kunstsammler ist im Jahr 2006 in einem Budapester Antiquariat auf einem Stich gestoßen, der am 19. Dezember 1874 in der Leipziger *Illustri[e]rten Zeitung* unter dem Titel: *Eine Weihnachtsbescherung in der Polarregion. Nach einer Skizze des Nordpolreisenden Karl Weyprecht* erschienen war. Autor des Begleitartikels war Dr. Julius Kepes, Schiffsarzt der österreichisch-ungarischen Nordpol-expedition.[2] Vor der Erklärung des Stiches sind einige Worte über diese Expedition generell angebracht.

Eine Weihnachtsbescherung in der Polarregion. Nach einer Skizze des Nordpolreisenden Karl Weyprecht.

Eine Weihnachtsbescherung in der Polarregion. Nach einer Skizze des Nordpolreisenden Karl Weihprecht
[Illustri(e)rte Zeitung, Leipzig, 19. Dezember 1874]

Ziel der österreichisch-ungarischen Nordpolexpedition (1872-1874) war es, mit der Umgehung von Nowaja Semlja über das Nordpolarmeer die Beringstaße zu erreichen und die Nord-Ostpassage vom Pazifischen zum Atlantischen Ozean zu erkunden. Dieser große Plan scheiterte schon kurz nach der Abfahrt aus dem norwegischen Hafen Tromsø, weil die *Tegetthoff* schon im August 1872 zwischen Eisblöcke geraten war, dort eingefroren ist und samt den Eisblöcken nördlich von Nowaja Semlja umhergetrieben wurde. Nach mehr als zwölf Monaten blieb man in der Nähe eines bisher unbekannten Landes stecken. Die Mannschaft verbrachte hier den zweiten Winter (1873), dessen Weihnachtsfeier dieser Stich darstellt. Im Frühling 1873 ging man an Land, erkundete die unbekannte Inselgruppe und benannte sie nach Kaiser Franz Josef I. als Franz-Josefs-Land. Danach holte man vom Schiff, das bereits auf einer Seite lag, die lebenswichtige Ausrüstung und Nahrung herunter, lud sie auf Schlitten, stellte die drei Rettungsboote auf Schlittenkufen, um gegebenenfalls auch zu Wasser Weiterkommen zu können, und machte sich in Richtung Süden auf. Nach drei Monaten erschöpfender Wanderung erreichte die Mannschaft das Ende des Eises und trieb in den Booten Richtung Nowaja Semlja. Hier begegneten sie russischen Fischern, die die schon am Ende ihrer Kraft befindliche Mannschaft an Bord nahmen und nach Vardø brachte.[3]

Das Offizierskorps und die Mannschaft der österreichisch-ungarischen Expedition widerspiegelte die nationale Vielfalt der Monarchie: Die Schiffsleute waren hauptsächlich dalmatinischer Abstammung, denn sie waren ohne Frage die besten Schiffer in der Monarchie. Wegen ihrer großen Anzahl ist der Passus im Schiffslogbuch: *doch ist italienisch die Schiffsprache*, nicht überraschend.[4] Jenő Cholnoky, Professor für Geografie an der Universität Budapest, stellte die Mannschaft der *Tegetthoff* in seinem Buch über die Geschichte der Polarexpeditionen folgendermaßen vor: „Die Hälfte der 24 köpfigen Besatzung des Schiffes war dalmatinischer Abstammung, die Offiziere waren Deutsch-Österreicher, der Maschinist war tschechisch, der Koch steirisch, außerdem gab es noch zwei Bergsteiger und Jäger aus Tirol. Der einzige Ungar war der Schiffsarzt Dr. Gyula Kepes, der hervorragende junge Arzt und Wissenschaftler."[5] Kapitän des Schiffes sowie Leiter der Expedition war Karl Weyprecht. Sein Stellvertreter und wissenschaftlicher Leiter der Expedition war Oberleutnant Julius Payer, der mit einer kleinen Gruppe als erster das Franz-Josefs-Land erkundet, untersucht und die Fahne Österreich-Ungarns darauf gepflanzt hatte.[6]

Von der Weihnachtsfeier der Mannschaft des Jahres 1873 hatte Kapitän Karl Weyprecht an Ort und Stelle eine Skizze angefertigt, auf der der Stich des berühmten österreichischen Grafikers der Zeit, Vinzenz Katzler (1823-1882), für die Leipziger *Illustri[e]rte Zeitung* basierte. Die Szene wurde vom Schiffsarzt Julius Kepes kommentiert, der den Weihnachtsbaum der Leute in ihrer ganz besonderen Lage vorstellte: „Fröhliche Lieder singend und einander aufmunternde Worte zurufend, legen dort, fünfzehn Schritte von der im Eis gefangen gehaltenen Tegethoff entfernt, Matrosen letzte Hand an einen Eispalast, den sie eigens zur Feier des Festes erbaut haben. Seit mehreren Tagen schon schnitten sie aus zusammengetragenen Eisstücken wohlge-

Der Segeldampfer Tegetthoff in einer Eispressung (Reinhard E. Petermann 1916, 377)

formte regelrechte Ziegel und bauten mit Hülfe wässerigen Schnees, der einen ganz vortrefflichen Mörtel abgab, das diamanten schimmernde und glitzernde Haus. Geheimnisvoll unter den Pelzen Päckchen verborgen haltend, huschen einzelne Gestalten durch die Pforten, kehren bald darauf zum Schiff zurück und kommen wieder, um ebenso mysteriös wieder von dannen zu eilen. Der Tag neigt seinem Ende zu. Die Matrosen kleiden sich in das Beste, was sie noch besitzen, und halten ihren feierlichten Einzug in den Palast. Punkt 7 Uhr betritt der Stab den Saal. Es ist ein wahrhaft märchenhafter Anblick, der sich ihm bietet. Die mit Fahnen, Flaggen und bunten Tüchern geschmückten und umrahmten Wände glitzern beim Lichte der seit Monaten zusammengesparten Kerzenstückchen und Oellämpchen wie riesige Edelsteine, die eine kundige Hand gefaßt. In der Mitte des Saals steht eine lange, mit blendend weißen Linnen bedeckte Täfel, in deren Centrum sich der Christbaum erhebt. Wohl fehlt diesem alles, was ihm das Recht geben würde, sich Baum zu nennen; nirgends auch nur die Spur einer Nadel der mit dem Fest so eng verknüpften hoffnungskündenden Tanne, aber die geschickten Decorateure haben es verstanden, die in Form eines Baums zusammengefügten Holzstücke so reich mit rothem, weißem, blauem und grünem Papier zu verkleiden, daß man mit Aufwand einiger Phantasie unter dem Flitter auch einen Tannenbaum vermuthen kann. An seinen dürren Zweigen hängen von hochherzigen Frauen Wiens und Polas eigens zu diesem Zweck gespendete Geschenke: Zigarrenbündel zu je 50 Stück, Würste aller Art und Chocolade. Rings um den Baum befinden sich 18 Gedecke mit Schinken und frischgebackenem Brot, und neben den Tellern liegen wiederum Geschenke: Meerschaumpfeifen, Zigarrenspitzen, Portemonnaies mit einigen Silbergulden gefüllt, Taschenuhren und in kleinen Flaschen diverse Schnapssorten, letztere von den Matrosen, die sich um den Tisch gruppirt hatten, als besonders willkommene Festgabe begrüßt. Mit Jubel von der Mannschaft empfangen, hält der Commandant eine auf die Feier bezügliche Ansprache, nach deren Beendigung die Geschenke verlost werden. Die Offiziere unterhalten sich noch einige Zeit mit den Matrosen und kehren dann zur Tegethoff zurück, um dort das Fest unter sich zu begehen."[7]

Verlassen des vom Eis umgeschlossenen Segeldampfers Tegetthoff (Reinhard E. Petermann 1916, 378)

Der Stich verewigte trefflich den hölzernen Notweihnachtsbaum im Eispalast. Eine hohe Säule von der Dicke eines Mastes wurde ins Eis gepflanzt und daran in fünf Reihen Bretter genagelt. An die Bretter wurden die Geschenke gehängt: Weinflaschen, Zigarrenbündel, Tabaktüten, Pfeifen und Taschenuhren (die in der monatelangen Dunkelheit sehr wichtig waren). Am Endre der Bretter brannte je eine Kerze. Unter den Baum auf den Tisch kamen ebenfalls reichlich Geschenke, eingepackt in Papierschachteln, sowie mehrere Flaschen Wein, darunter auch Tokajer Wein, den die Mannschaft auf Rat des Doktor Kepes gegen Skorbut trank. Die Skizze stellt den Moment dar, in dem Kapitän Weyprecht seinen Weihnachtsgruß an die den Baum umstehende Mannschaft spricht. Hinter ihm, um den Ofen herum, stehen die Offiziere, unter ihnen auch Doktor Kepes. Die Mannschaft reagiert auf Kapitän Weyprechts Rede durch Schwenken der Pelzmützen. Es War schon das zweite Weihnachten, das die Mitglieder der Expedition fern von ihrer Heimat, von ihren Familien verbrachten, und dementsprechend wichtig mußte ihnen die Feier mit Weihnachtsbaum in ihrer ruhen Lage gewesen sein.

Weyprechts und Payers offizielle Meldung für das Komitee der österreichisch-ungarischen Nordpolexpedition, geschrieben im September 1874 auf dem Heimweg am Bord des *Finnmarken*-Dampfers wurde schon im selben Jahr im *Földrajzi Közlemények* (Geografische Mitteilungen), der Zeitschrift der Geografischen Gesellschaft Ungarns veröffentlicht. Keiner von ihnen erwähnte den Weihnachtsbaum, obwohl beide ihre Erinnerungen über die Feierlichkeiten preisgaben. „Im November haben wir zwei Hütten aus Schnee gebaut, wo wir dann die astronomischen und den Magne-

Hölzerner Christbaum. Stich des Nürnberger Bilderbogens, 1820

tismus anzeigenden Instrumente aufstellten; später bauten wir noch eine dritte Hütte, wo wir die zweiten Weihnachten feierten." (Weyprecht) „Die Weihnachtsfeier konnten wir in unserer Schneehütte, auf Eisblöcken sitzend ungestört genießen." (Payer)[8]

In Wien wurden die Mitglieder der Expedition von der Präsidentschaft der Geografischen Gesellschaft Ungarns respektvoll empfangen und gebeten, von ihren Ergebnissen in Budapest bei einer Sitzung einen Vortrag zu halten. Dazu gesellte sich noch eine Einladung der Hauptstadt Budapest, und so kam es am 19. Oktober 1874 zum Vortrag von Dr. Gyula Kepes und Julius Payer im Festsaal der Budapester *Redoute*. Ihre Berichte wurden noch im selben Jahr im *Földrajzi Közlemények* (Geografische Mitteilungen) veröffentlicht. Gyula Kepes erzählte in seinem Vortrag auch von der Weihnachtsfeier und dem Weihnachtsbaum: „Am 22. Oktober haben wir von der Sonne zum zweiten Mal Abschied genommen, wissend, dass wir sie erst am 24. Februar wiedersehen werden. Aber dieser Winter war für uns viel angenehmer, als der letzte! Unsere Tage waren voller Freude; wir haben gefeiert, den Weihnachtsabend haben wir in einem wunderschönen Eispalast verbracht, der nach Plänen eines Wissenschaftlers gebaut wurde; wir haben größere Eisblöcke angehäuft und daraus Ziegelsteine gemacht; nasser Schnee gibt ausgezeichneten Mörtel – er lässt die Ziegelsteine zusammenfrieren; so wurde der Palast in zwei Tagen aufgebaut, sein Inneres wurde mit Fahnen geschmückt; an der Mitte eines langen Tisches stand der Christbaum, – er war nicht besonders grün, jedoch mit bunten Papieren geziert. An seine trockenen Äste wurden die Geschenke aufgehängt, die einige Damen aus Wien und Pola genau für diesen Zweck spendiert haben. Wir haben diese Weihnachtsnacht in diesem funkelnden Marmorraum so angenehm verbracht, dass, wenn jemand diese zufriedenen und glücklichen Gesichter gesehen hätte vielleicht gedacht hätte, diese Leute seien zufrieden mit ihrem Schicksal und zu glücklich gewesen."[9] Die geografische Zeitschrift *Földgömb* (Globus) hat diesen Vortrag mit Payers Illustrationen im Jahr 1999 zur 125. Jahreswende der Expedition erneut publiziert.[10]

Das Buch von Julius Payer über die österreichisch-ungarische Nordpolexpedition wurde in Wien vom kaiserlichen und königlichen Universitätsbuchverlag Alfred Hölder 1876 herausgegeben. Das Werk beinhaltet mehr als hundert Abbildungen, Weyprechts Zeichnung über den Christbaum im Eispalast fehlt jedoch. Payer hat in seinem Buch über beide Weihnachtsfeiern der Expedition geschrieben, daher ist bekannt, daß es im Jahr 1872 keinen Christbaum gegeben hat, sondern mit köstlichen Speisen, Getränken und Geschenken gefeiert wurde.[11] In seinem Buch beschreibt er als zuverlässiger Zeuge die zweite, in der Eiswelt mit Christbaum gefeierte Weihnacht im Jahr 1873: "Ende December kehrte auch für uns Bewohner des Eismeeres die Zeit jener Feste wieder, welche die gesamte christliche Welt in Bewegung bringen – Weihnachten und Neujahr. Um sie gemeinsam und würdig zu begehen, hatten wir ein Haus aus Schnee erbaut, sein Inneres mit Flaggen geschmückt und mit einem Christbaum, der eigentlich nur ein hölzerner Igel oder ein spanischer Reiter war. Um sechs Uhr Abends waren alle Vorbereitungen zu Ende; die Schiffsglocke, trostlos hallend in die finstere Nebelluft, rief uns hinaus auf das Eis in die blendende Pracht unserer Schneehöhle. Hier fand die Mannschaft einige jener Ueberraschungen, womit sie das gezogene Los bescherte: eine Partie Zigarren, Uhren, Messer, Holzpfeifen, etwas Rum u. dgl., Geschenke, welche wir Freunden aus Wien, Pola und Hamburg verdankten. Höher im Werthe als alles Andere stand ein Stückchen Seife; ihr Anblick war sehr selten geworden. Darauf folgte das Festmahl, wie im vorigen Jahre; doch es war sozusagen Niemand mehr recht bei der Sache, zu lange schon waren wir abwesend von der Heimat, nur unsere Leiber waren noch gegenwärtig, der Geist war aus ihnen entflohen und weilte unter den fernen Freunden."[12]

Früher, in der Biedermeier-Zeit war der hölzerne Christbaum noch allgemein verbreitet, wie zum Beispiel auf einem Stich eines *Nürnberger Bilderbogens* aus dem Jahr 1820 zu sehen ist.[13] Solche Bäume konnten aus Sparsamkeit mehrere Jahre lang benutzt werden, bis sie endgültig vom zum Symbol der Weihnacht werdenden Tannenbaum verdrängt wurden. Im letzten Drittel des 19. Jahrhunderts wurden hölzerne Christbäume nur mehr als Ersatz für Tannenbäume auf Schiffen benutzt.

[Die Studie ist sowohl in ungarischer als auch in deutscher Sprache erschienen:
Lukács, László: *Az osztrák-magyar északi-sarki expedíció karácsonyfája 1873-ból.* Ethnica X. 2008. 1. 22-24. Debrecen
Lukács, László: *Der Weihnachtsbaum der österreichisch-ungarischen Nordpolexpedition aus dem Jahr 1873.* Österreichische Zeitschrift für Volkskunde CX. 2007. 429-435. Wien]

Anmerkungen

1 Mantel, Kurt: Geschichte des Weihnachtbaumes und ähnlicher weihnachtlicher Formen. Eine kultur- und waldgeschichtliche Untersuchung. Hannover 1975, S. 149-150.

2 Gelencsér, József: Karácsony az Északi-sarkvidéken [Weihnachten am Nordpol]. Fehérvári Polgár, Székesfehérvár, 2006. 12. Jg., Nr. 12, S. 27; Kepes, Julius: Ein Weihnachtsabend in der Polarregion. In: Illustri[e]rte Zeitung. Leipzig, 19. Dezember 1874, Nr. 1642, S. 499-500.

3 Balázs, Dénes: Magyar utazók lexikona [Lexikon der ungarischen Reisenden]. Budapest 1993, S. 200-202, 290-292; von Havasné Bede, Piroska, Sándor Somogyi (Hg.): Magyar utazók, földrajzi felfedezők [Ungarische Reisende und Entdecker]. Budapest 1973, S. 113-114.

4 Szállási, Árpád: Kepes Gyula, az Arktisz magyar orvosvándora [Julius Kepes, ungarischer Arzt-Wanderer des Nordpol]. In: Földrajzi Múzeumi Tanulmányok, Érd. 1985. 1. Jg. , S. 51.

5 Cholnoky, Jenő: A jégvilág. A sarkkutatások története [Die Eiswelt. Geschichte der Polarforschungen]. Budapest 1930, S. 150; Bödök, Zsigmond: Világjáró magyarok [Weltreisende Ungarn]. Dunaszerdahely 2001, S. 119-120.

6 Weyprecht, Károly, Payer, Gyula: Jelentései az osztrák-magyar éjszaksarki expeditió bizottságához [Berichte für die Kommission der österreichisch-ungarischen Nordpolexpedition]. In: Földrajzi Közlemények, 2. Jg., Budapest 1874, S. 259.; Petermann, Reinhard E.: Wissenschaftliche Fahrten und Unternehmungen von Müller-Guttenbrunn, Adam (Hg.): Ruhmeshalle deutscher Arbeit in der österreichisch-ungarischen Monarchie. Stuttgart-Berlin 1916. S. 376-378.

7 Kepes, Julius: Ein Weihnachtsabend in der Polarregion. In: Illustri[e]rte Zeitung, 19. Dezember 1874, S. 499.

8 Weyprecht/Payer (wie Anm. 6), S. 238, 250.

9 Kepes Gyula és Payer Gyula felolvasása [Vorlesung von Julius Kepes und Julius Payer]. In: Földrajzi Közlemények, 2. Jg., Budapest 1874, S. 308.

10 Kepes Gyula: A Ferenc József-föld felfedezésének krónikája [Chronik der Entdeckung des Franz-Josefs-Landes]. In: Földgömb 1999. 1. Budapest, S. 40-46.

11 Payer, Julius: Die österreichisch-ungarische Nordpol-Expedition in den Jahren 1872-1874 nebst einer Skizze der zweiten deutschen Nordpol-Expedition 1869-70 und der Polar-Expedition von 1871. Wien 1876, S. 64-67.

12 Payer (wie Anm. 11), S. 180-181.

13 Weber-Kellermann, Ingeborg. Das Weihnachtsfest. Eine Kultur- und Sozialgeschichte der Weihnachtszeit. Luzer/Frankfurt am Main 1978, S. 112; Mantel (wie Anm. 1), S. 150, Abb. 46-47.

DER KULT DES HEILIGEN SEBASTIAN IN MITTEL-TRANSDANUBIEN

Du wirst dich nicht fürchten,
vor irgendeinem Schrecknis in der Nacht
Noch vor dem Pfeil, der bei Tag fliegt,
Noch vor der Pest, die im Dunkeln wandelt,
Noch vor der Vernichtung,
die zu Mittag lauert.

91, 5-6

Nach dem römisch-katholischen und dem protestantischen Kalender ist der 20. Januar der Tag von Fabian und Sebastian. Die Kirche feiert und erwähnt die zwei Märtyrer des antiken Christentums gemeinsam in der Litanei, obwohl sie wenig miteinander zu tun haben. Das einzig Gemeinsame ist, dass beide nach ihrem Märtyrertod in der römischen Katakombe von Callistus begraben wurden. Das *Römische Martyrologium* ist hinsichtlich der beiden ziemlich wortkarg und verrät über den heiligen Fabian nur, dass er im Jahr 250, während der Herrschaft des römischen Kaisers Decius und zur Zeit der ersten großen Christenverfolgung, als Papst von Rom starb und die Krone des Märtyrertums erlangte.[1] Der Heilige Sebastian erlitt im Jahr 298, unter der Herrschaft des Kaisers Diocletian, den Märtyrertod. „Er war der Befehlshaber der ersten Truppe der kaiserlichen Leibwache. Wegen seines christlichen Glaubens wurde er auf einem Feld an einen Baum gefesselt und mit Pfeilen beschossen; schließlich wurde er von den Soldaten so lange mit Knüppeln geschlagen, bis er starb."[2]

Die Kirche des Heiligen Sebastian, Székesfehérvár, Obere Vorstadt. Aufnahme von László Lukács, 1995

Alban Stolz schreibt in seinem Volksbuch *Legende oder der christliche Sternhimmel* (die sechste Ausgabe ist in 1870 im Herder Verlag in Freiburg erschienen) viel mehr über das Leben und den Märtyrertod des Heiligen Sebastian. Das schön illustrierte, 907 Seiten umfassende Buch erschien mit kirchlicher Zustimmung und der Genehmigung des Straßburger Bischofs Andreas und stellte das Leben der Heiligen auf populäre Weise vor. Sogar die Deutschen im Komitat Fejér (Weißenburg) nahmen es an Wintertagen und an den Nachmittagen der großen Feiertage in die Hand. Der Verfasser bekam ein Exemplar des Buches in seiner Studentenzeit von seinem Cousin in Zámoly.

Das Innere der Kirche des Heiligen Sebastian, Székesfehérvár. Aufnahme von Ferenc Gelencsér

Das Deckenfresko von Dezső Raksányi (1914/1915) im ersten Deckenfeld der Kirche des Heiligen Sebastian in Székesfehérvár stellt die gutmütigen Frauen dar, die die Pfeilwunden des heiligen Sebastian heilen. Aufnahme von László Lukács, 2002

Das zweite Deckenfresko stellt den schon geheilten Heiligen Sebastian vor dem Christenhasser Kaiser Diocletian dar. Aufnahme von László Lukács, 2002

Das dritte Deckenfresko stellt den Heiligen Sebastian dar, als er mit Knüppeln zu Tode geschlagen wird. Aufnahme von László Lukács, 2002

Das vierte Deckenfresko mit der Apotheose des Heiligen Sebastian. Aufnahme von László Lukács, 2002

Das während der Litaneien für den Heiligen Sebastian benutzte Antependium in der Kirche des Heiligen Sebastian, Székesfehérvár. Aufnahme von László Lukács, 2002

Das Hauptaltarbild der Kirche des Heiligen Sebastian, Székesfehérvár. Aufnahme von László Lukács, 2002

Das Volksbuch stellt den heiligen Sebastian als Beispiel für christlichen Mut, für Treue zum Glauben und für die Tapferkeit, für die gerechte Sache einzustehen, dar. Zur Zeit der Christenverfolgung durch Kaiser Diocletian wurden zwei adlige Brüder, Marcellinus und Marcus, wegen ihres neuen Glaubens verhaftet. Sie bekamen dreißig Tage Zeit, um das Christentum zu verleugnen und ihm zu entsagen. Wenn sie dies taten, würden sie nicht nur der Hinrichtung entkommen, sondern auch ihre Freiheit und ihr ganzes Vermögen zurück erhalten. Ihre Freunde, Eltern und Ehefrauen versuchten sie vom Christentum abzubringen, und die beiden Brüder begannen in ihrem Glauben zu schwanken, als ihnen Sebastian, der Oberbefehlshaber der kaiserlichen Leibwache, zu Hilfe eilte; er konnte nämlich das Gefängnis jederzeit betreten. Er bat die beiden Gefangenen, ihr ewiges Glück im Jenseits nicht für ihr kurzes Leben auf Erden zu verkaufen. Er forderte sogar die heidnische Verwandtschaft auf, das Christentum anzunehmen. Mit seinen Worten bekräftigte Sebastian nicht nur die zwei Brüder in ihrem Glauben und bereitete sie auf den Märtyrertod vor, sondern bekehrte auch ihre Verwandten und sogar den Gefängniswärter und seine Frau zum Christentum. Natürlich konnte es nicht lange verborgen bleiben, dass Sebastian ein Christ war und dass er auch andere in ihrem Glauben bekräftigte. Ein hochrangiger Beamter verriet Sebastian und verklagte ihn beim Kaiser. Auf dessen Befehl hin brachten Soldaten Sebastian auf ein Feld an der Grenze Roms, banden ihn an eine Säule und beschossen seinen Körper wie eine lebende Zielscheibe mit Pfeilen. Nachdem sie ihn für tot hielten, ließen sie ihn auf dem Feld zurück. Die Witwe eines anderen Märtyrers wollte ihn nachts heimlich begraben, fand ihn aber lebend vor, brachte ihn zu sich nach Hause und heilte ihn. Die Christen baten ihn, zu fliehen, aber stattdessen stellte er sich an jene Straße, auf welcher der Kaiser zum Heidentempel gelangen konnte. Als Diocletian kam, sprach ihn Sebastian an: „Die Götzenpriester bethören deine Seele durch ruchlose Betrügerei, verläumden die Christen, als seien sie Feinde des Reiches, da sie doch gar nicht aufhören, für den Fürsten und das Vaterland zu beten." Der Kaiser fragte: „Bist du nicht Sebastian, den wir vor Kurzem zum Pfeiltod verurteilt haben?" Sebastian antwortete mutig: „Deswegen hat mich mein Herr Jesus Christus wieder aufleben lassen, um dir vor allem Volke auszusprechen und zu bezeugen, dass du ungerechter Weise die Diener Christi verfolgen lassest." Diocletian ließ ihn dafür erneut verhaften, aus der Stadt führen und zu Tode prügeln. So fand Sebastian zweimal den Märtyrertod.[3]

Der Heilige Sebastian wurde bereits in mittelalterlichen Kirchen mit pfeildurchbohrtem Körper dargestellt. Seine Figur wurde auch mit Krankheiten und vor allem der damals schwersten Krankheit – der Pest – in Verbindung gebracht. Krankheit und Tod wurden in der Antike und im Mittelalter mit dem Pfeil verbunden. Im Alten Testament klagt der kranke Hiob: „Denn die Pfeile des Allmächtigen sind bei mir. Ihr Gift trinkt mein Geist. Die Schrecknisse von Gott stellen sich gegen mich auf." (6, 4)

Die Reliquie des Heiligen Sebastian in der Kirche des Heiligen Sebastian, Székesfehérvár. Aufnahme von László Lukács, 2002

Bereits im 7. Jahrhundert baten die Gläubigen den Heiligen Sebastian um Schutz vor den Pfeilen der Pest, dem schwarzen Tod, denn er ist einer der vierzehn Nothelfer: Seit der Pestseuche in Rom im Jahr 608 ist er der Patron der Pestkranken; außerdem ist er der Beschützer der Jäger, Jägergesellschaften, der Bogenschützenorganisationen, Soldaten, Gewehrhersteller, Schützen, Feuerwehrmänner, Zinngießer, Steinhauer, Gärtner, Polsterer, Eisenhändler, Weißgerber, Kreuzritter, Kriegskrüppel, Töpfer, Tuchmacher, der schwachen und kränklichen Kinder und der Sterbenden; außerdem schützt er vor religiösem Hass.[4] Seine Verehrung fand nach der Pestseuche von 1348 allgemeine Verbreitung, nachdem ein Viertel der Bevölkerung Europas gestorben war. Sein Kult fand im Barock neuen Auftrieb, was die im 18. Jahrhundert gebauten Kirchen, Kapellen und Säulen des Heiligen Sebastian beweisen.[5] Der Volkskundeprofessor Sándor Bálint (1904-1980) beschrieb in seinem „Festkalender" die Pfarrkirche im Stuhlweißenburger Bezirk Obere Vorstadt (*Székesfehérvár-Felsőváros*) folgendermaßen: „Die berühmteste Sebastiankirche des Landes ist im Stuhlweißenburger Bezirk Obere Vorstadt (*Felsőváros*) zu finden. Die Kirche ist auch ein Brennpunkt des sakralen Bauernlebens und der Zunftfrömmigkeit der Stadt. Am Wallfahrtstag zu Fasching wurde auch ein Sebastianball abgehalten. Die Kirche wird auch *Schäferkirche* genannt."[6]

Ein Organisator des sakralen Bauernlebens in der Stadt war die Stuhlweißenburger Landwirtschaftsgesellschaft. Sie organisierte am Neujahrstag und in den letzten Faschingstagen eine Sakramentanbetung in der bischöflichen Kathedrale. Auch heute findet jedes Jahr das *Knie-Ritual (Térbetülés-Ritual)* statt, bei dem jede Stuhlweißenburger Pfarrgemeinde eine Stunde für die Dreiheiligkeits-Rosenkranzlesung und für die eucharistische Litanei zugewiesen bekommt. Dieses Ritual findet für die Obere Vorstadt am Neujahrstag nach der bischöflichen Messe und am Faschingsdienstag zur Mittagszeit statt. Die Pfarrgemeinde des Bezirks gab 1926 und 1995 für dieses Ereignis das 16seitige Heft *„Die Gebete der Stuhlweißenburger Landwirtschaftsgesellschaft zur aller heiligsten Eucharistie am Neujahr und in den letzten Faschingstagen*" heraus. In einem der Lieder wird zu Jesus gebetet, er möge die Pest fernhalten: „Halte von uns Pest und Erdbeben fern, / Bitte beschütze uns vor Hunger und Krieg."

Die Prozession am Tage des Heiligen Sebastian, die in der Innenstadt von Székesfehérvár begann, biegt in die Straße der Kirche des Heiligen Sebastian in der Oberen Vorstadt ein. Aufnahme von László Lukács, 2002

Im Bezirk Obere Vorstadt galten nicht nur der letzte Faschingssonntag, sondern auch die zwei Sonntage davor als Feiertage. Das Sonntagsevangelium zwei Wochen vor Faschingssonntag war immer die Geschichte des Sämanns (Lk 8, 4-15). Deshalb wurde dieser Sonntag auch *Sonntag der Landwirte* genannt. An diesem Tag ließen die Landwirte des Bezirks Obere Vorstadt eine Gemeinschaftsmesse für eine erfolgreiche Ernte in der Sankt-Sebastian-Kirche abhalten. Eine Woche zuvor, ließen die Weinbauern dort eine Gemeinschaftsmesse abhalten, da die Predigt an jenem Sonntag von den Weinbergarbeiter handelte (Mt 20, 1-16). Die Bürger des Bezirks beteten zum Propheten Elia für Regen oder gutes Wetter und verehrten den Heiligen Isidor als Patron der Landwirte. Der Heilige Wendelin war der Schutzpatron der Haustiere, der heilige Donatus jener des Weinbaus. Im Bezirk Obere Vorstadt wurde eine Straße nach dem Heiligen Wendelin benannt. Am höchsten Punkt des Weinberges (Altberg) wurde 1733 die Kapelle des Heiligen Donatus erbaut.[7] Diese Traditionen stammten aus den süddeutschen Gebieten, erreichten im 18. Jahrhundert Stuhlweißenburg und wurden bis in die 1960er Jahre hinein von Generation zu Generation weitergegeben.

Die Stuhlweißenburger sind die aktivsten Wallfahrer Transdanubiens. Sie besuchten und besuchen heute noch die Wallfahrten von Bodajk, Csatka, Andocs, Celldömölk und Mariazell. Die Wallfahrt von Bodajk und Celldömölk wurde hauptsächlich von den Bürgern des Bezirks Obere Vorstadt besucht, zu den anderen Wallfahrtsorten gingen sie zusammen mit den Bürgern anderer Bezirke. Diese Aufteilung wurde besonders sichtbar, wenn die Menge nach Celldömölk und Bodajk immer von der Kirche Sankt Sebastian aus, nach Jásd, Andocs und Csatka jedoch von der Bischofskathedrale aus losmarschierte.[8]

Die Sankt-Sebastian-Kirche war der Ort der Zunftfrömmigkeit der Schafhirten, weshalb sie auch *Schäferkirche* genannt wurde. Bis zum Ersten Weltkrieg versammelten sich Schäfer aus dem Mezőföld-Gebiet, dem Schildgebirge, dem östlichen Teil des

Die Prozession, angeführt vom Diözesanbischof Nándor Takács und vom Domherrn Ferenc Brajnovits, erreicht die Kirche des Heiligen Sebastian. Aufnahme von László Lukács, 2002

Bakonyerwaldes und teilweise aus den Gebieten zwischen der Donau und der Theiß am Tag des Heiligen Michael (dem 29. September) in Stuhlweißenburg. Nach der Prozession unter ihrer eigenen Fahne hielten sie in der Sankt-Sebastian-Kirche eine Messe ab, über die der Stuhlweißenburger Domherr und Geschichtsschreiber des Komitats Fejér, János Károly, 1898 schrieb: »Auf den Schäferfesten genossen sie, die Zunftregel befolgend, ihr Festessen in den Gaststätten zum ›Lamm‹, zum ›Stern‹ und zum ›Goldenen Adler‹ und gingen dann unter ihren grünen Seidenfahnen in einer Prozession in die Kirche, wo sie der Pfarrer bereits mit einer Predigt erwartete. Das ›Offertorium‹ war reichlich. Summen im Werte von fünf Forint, alte Silbermünzen wurden auf das Tablett gelegt, selbst die Kinder gaben nicht weniger als einen Forint oder einen Zwanziger Mariengeld. – Während der Messe standen sie vor dem Altar mit der Fahne, die immer von einem Burschen aus derselben Familie gehalten wurde, links und rechts standen zwei Schäfermeister mit je einer dicken Wachskerze. Nach der Messe stellten sie die Fahne an ihren Platz und rührten sie bis zum nächsten St. Michaelstag nicht mehr an. Somit war für sie die spirituelle Tradition ihrer Urahnen erledigt.«[9] Nach der Messe machten sie mit der dreitägigen Schäferfeier in den genannten Gaststätten weiter. Die Schäfermeister konnten hier Schäfer zum Schutz der großen Gutsherden anwerben. Auf den Märkten konnten die Schäfer die Sachen kaufen, die sie über das ganze Jahr brauchten, wie Schäferausrüstung, Kleidung oder Schuhe. Die Schäfer brachten auch ihre Töchter mit, weshalb die Schäferfeier auch die Zeit der Liebeswerbung war, um die Endogamie in dieser Gruppe beizubehalten.[10]

Um die Pestseuche loszuwerden, gelobte die Bevölkerung von Stuhlweißenburg 1739 dem heiligen Sebastian auf ewig ein spezielles Fastens und eine Prozession; man stellte darüber eine Urkunde aus und verewigte das Gelöbnis auch im Protokoll

Probstpfarrer Benedek Lauber erwartet die Prozession am Eingang der Kirche. Aufnahme von László Lukács, 2002

des Inneren Rates. Die vier Punkte des Eides lauteten: »Erstens: Die in der Budaer Vorstadt zu Ehren des Heiligen Sebastian geweihte schäbige Kapelle soll zu Ehren des Heiligen Sebastian, des Heiligen Rochus, des Heiligen Franz Xaver, der Heiligen Rosalia, die besonders vor der Pest schützen, mit gebrannten Ziegelsteinen und Steinen so schnell wie möglich wieder aufgebaut, völlig renoviert und auf alle Zeit instand gehalten werden. Zweitens: Alle Bürger und Bewohner dieser Stadt, darunter auch die Kinder ab dem 7. Lebensjahr, sind verpflichtet, am Vorabend des Hl. Sebastianstages mit Brot und Wasser zu fasten, bis die Pest aus ganz Ungarn verschwunden ist. Drittens: Der Tag des Heiligen Sebastian (der 20. Januar) muss von allen Bewohnern der Stadt für alle Zeiten gefeiert werden. Die Bewohner müssen sich von jeder Art von Arbeit hüten, sonst müssen sie eine hohe Geldstrafe zahlen, die für heilige Zwecke verwendet werden muss. Viertens: Am Tag des Heiligen Sebastian wird jedes Jahr eine feierliche Prozession zur Hl. Sebastian-Kapelle und dort eine Gesangs- und zwei stille Messen stattfinden.«[11]

Im Sinne dieses Gelöbnisses wurde zwischen 1739 und 1741 die Hl-Sebastian-Kapelle gebaut, die 1800-1807 zu einer größeren Kirche umgestaltet wurde. Im Stuhlweißenburger Bezirk Obere Vorstadt wurde die Wallfahrt zum Hl. Sebastianstag von allen Familien gefeiert. Am Morgen ging man feierlich gekleidet in das bischöfliche Hochamt. Es wurde ein festliches Mittagessen zubereitet, wobei immer Fleischsuppe, Braten und Krapfen aufgetischt wurden. An diesem Tag wurde nicht gearbeitet, sondern es wurden Verwandte und Freunde besucht. Die Verwandten aus den Bezirken Untere Vorstadt (*Alsóváros*) und Wasserstadt (*Víziváros*) und der Palotaer Vorstadt *(Palotaváros)* wurden zu Mittag eingeladen, am Nachmittag unterhielt man sich beim Wein. Die Jugend tanzte auf dem *Sebastiansball.*

Der Vorgänger der Gelöbniskapelle zu Ehren des Heiligen Sebastian, des Heiligen Rochus von Montpellier, des Heiligen Franz Xaver und der Heiligen Rosalia wurde nach dem Stadtratsprotokoll um 1710 gebaut: „Zur Zeit der Pestseuche [...] fanden schon jedes Jahr Prozessionen zur Kapelle statt, wo für den Schutz vor der Pest gebetet wurde." Das Tagebuch des Stuhlweißenburger Jesuitenordens hält fest, dass der Grundstein der Kapelle 1703 gelegt wurde.[12] Die alte Kapelle stand ebenfalls unter dem Schutz des Heiligen Sebastian. Nach der Prozession am 20. Januar wurde hier eine Messe zu seinen Ehren und zum Schutz vor der Pest gehalten. Aus dem Tagebuch der Jesuiten geht hervor, dass nicht nur am Kirchtag, sondern auch am Samstagnachmittag vor dem Palmsonntag eine Prozession an der Pfarrkirche der Innenstadt begann, um die für die Weihe gepflückten Palmkätzchen des Bezirks Obere Vorstadt feierlich in die Innenstadt zu tragen. Die Kapelle gehörte anfangs noch zur Pfarrgemeinde der Innenstadt, über ihre Entwicklung zur selbständigen Pfarrkirche liest man im Protokoll des Kirchenbesuchs von 1818: „Traditionsgemäß wurden an jedem Adventstag Rorate-Messen, an großen Feiertagen Gesangsmessen in der Kapelle abgehalten. [...] 1778 wurde die Pfarrgemeinde im Bezirk Obere Vorstadt gegründet, und die 1739 gebaute Kapelle wurde zur Pfarrkirche erhoben. Da aber die Kirche für die Gläubigen der Gemeinde zu klein war, wurde sie 1778 durch ein rot gefärbtes Lehmgebäude erweitert. Die Pfarrgemeinde wuchs aber sehr schnell, und die Kirche wurde wieder zu klein für die Gläubigen. Im Jahr 1800 begann der Bau der neuen Kirche, die fast ganz aufgrund der Freigiebigkeit der Gläubigen angefangen und beendet wurde."[13]

Benedek Lauber begrüßt Bischof Nándor Takács und die Teilnehmer der Prozession im Namen der Pfarrgemeinde Székesfehérvár-Obere Vorstadt. Aufnahme von László Lukács, 2002

Der Bericht von 1818 beschreibt das Innere, die Bemalung, die Glocke und die Reliquien der Kirche: »Der Hauptaltar wurde zu Ehren von St. Sebastian und St. Florian geweiht. Das Hauptaltarbild hat einen schwarzen Marmorrahmen und zusätzlich einen schmalen inneren Holzrahmen. [...] Das Hauptaltarbild stellt die oben genannten Heiligen dar, aber es sind auch St. Benedikt, St. Rochus, St. Wendelin und St. Rosalia zu sehen. Sie werden sowohl vom Volk als auch von dem Maler sehr geehrt. [...] Letztes Jahr wurde die Kirche mit figuralen Bildern geschmückt. Das Gemälde an der Decke stellt den heiligen Sebastian dar, der – nachdem er die gefangenen Christen im Märtyrertod bekräftigt hatte – angeklagt und weggeschleppt wird. Das Kirchenschiff wurde erst vor kurzem bemalt. Die Bilder zeigen andere Episoden aus dem Leben des St. Sebastian [...]. Der Glockenstuhl ist neu. Das Gewicht seiner zwei größeren Glocken ist unbekannt. Diese zwei Glocken wurden schon in der alten Kapelle benutzt. An beiden ist St. Sebastian, St. Franz von Xaver, St. Rochus und St. Rosalia zu sehen. Folgende Inschrift ist an der Glocke zu lesen: „1742 In honorem Dei et S. Francisci Xaverii, S. Rosaliae, S. Sebastiani et Rochi. Joseph Steinstock gos Mich in Ofen" [Zu Ehren Gottes, des St. Franz von Xaver, St. Rosalia, St. Sebastian und St. Rochus. Josef Steinstock goss mich in Buda.] In der Kirche befindet sich die Reliquie des Heiligen Sebastian. Aus dem Jesuitentagebuch geht hervor, dass sie schon 1739 im Besitz der Jesuiten war; am 6. November jenes Jahres steht folgender Eintrag im Tagebuch: „Venit etiam theca Reliquiaria... monstrantiae pro reliquiis S. Sebastiani curata a Domino Judice Franc. Xaverio Florinus 33, exponenda in

Die Teilnehmer der Prozession gehen in die Kirche hinein. Aufnahme von László Lukács, 2002

Sacello S. Sebastiani suo tempore." [Es folgt die Reliquie des heiligen Sebastian in einem Behälter, für die der Herr Richter Franz Xavéri 33 Forint bezahlt hat, um sie zu gegebener Zeit in der Sankt-Sebastian-Kirche aufstellen zu können.] Am 20. Januar 1740 konnten die Gläubigen die Reliquie während des Credo-Teils der Gesangsmesse küssen. Der Eintrag zum 20. Januar 1741 hält fest: „Sub Credo osculo porrectum S. Sebastiani authenticum reliquiare." [Während des Glaubensbekenntnisses wurde die authentische Reliquie des Heiligen Sebastian zum Küssen herumgereicht.] Die Kapsel mit der Reliquie wurde von der Kapelle an die Kirche weitergegeben [...].«[14]

Die „Canonica Visitatio" von 1839 berichtet von der weiteren Vergrößerung der Sankt-Sebastian-Kirche: »1836 wurden zwei Türme gebaut. Der Glockenstuhl ist im guten Zustand. Es wurden zwei neue Glocken erworben. Die erste Glocke ist acht Zentner schwer und trägt die Bilder des Heiligen Sebastian, des Heiligen Joseph, Adam, Eva und der Heiligen Maria sowie folgende Inschrift: „József Szabó, hochverehrter Domherr von Székesfehérvár und einstiger erster Pfarrer der Vorstadt hat sie unter dem angesehenen Herren Bischof József Vurum anfertigen lassen. Sie wurde 1819 von Henrich Eberhart in der Gegenwart des hochverehrten Pfarrers und stellvertretenden Dechanten József Majer, des hochverehrten Richters István Say, des Bürgermeisters János Vass und des Kapitäns Máté Kiszling gegossen".«[15] Vom alten Hauptaltarbild berichtete schon das Protokoll des Kirchenbesuchs von 1818: „Das Gemälde ist nicht besonders schön – es ist eine Gruppe zusammengehäufter Gestalten – und ist vom heraufsteigenden Dunst sowieso schon beschädigt, nach einigen Jahren kann es durch ein besseres Bild ersetzt werden."[16] Mit diesem Austausch ist die Gruppe der seit dem 18. Jahrhundert beliebten Heiligen aus der Sicht der Gläubigen im Bezirk verschwunden. Sándor Bálint war deswegen auch betrübt: „Das wunderschöne barocke Altarbild, auf dem die für die Frömmigkeit des Zeitalters sehr charakteristischen Heiligen (St. Benedikt, St. Rochus, St. Wendelin, St. Florian und eine nur schwer erkennbare Frauengestalt, wahrscheinlich St. Rosalia) zu sehen waren, wurde durch ein völlig bedeutungsloses Bild ersetzt. Das ursprüngliche Bild ist verschwunden."[17] Das heutige Hauptaltarbild ist das Werk von János Kampis (1934), eines Malers aus Győr (Raab) und stellt den heiligen Sebastian als jungen Mann dar – an einen Baum gebunden, im Lendenschutz und mit Pfeilen im Körper. Über seinen Kopf halten Engel eine Krone, die das zweifache Märtyrertum symbolisiert, und einen Olivenzweig.[18] Das ist die erste Station seines Märtyrertums, die nächsten Stationen werden in den Dekkengemälden gezeigt, die 1914-1915 vom Kunstprofessor Dezső Raksányi gemalt wurden. An der ersten Station werden die Pfeilwunden des heiligen Sebastian von gutmütigen Frauen geheilt. An der zweiten Station steht der gesunde Sebastian vor dem Christenverfolger Diocletian, an der dritten wird er mit Knüppeln zu Tode geschlagen. An der letzten Station gelangt er mit zwei Pfeilen in der Hand in den Himmel, ins Heer der Märtyrer, vor das Lamm Gottes.

Über dem Sims zwischen den Türmen steht die Statue des Heiligen Sebastian. Sie wurde von einem Bildhauer aus Zirc, János Braun angefertigt und – nachdem der schwere Schaden infolge des Zweiten Weltkrieges beseitigt worden war – 1978 an ihren Platz gestellt.

Beim bischöflichen Hochamt des Gelöbnisfestes kann man zwei Lieder zu Ehren des Heiligen Sebastian hören:[19]

> Du hast deinen Ruhm mit großer heiliger Qual erlangt,
> Du hast deinen letzten Tropfen Blut für deinen Glauben gegeben.
> Unsere Stadt vertraut dir und fleht dich an,
>
> Lass aus ihrer Gegend die schreckliche Seuche verschwinden.
> Nach Gott hoffen wir auf dich Heiliger Sebastian,
> Lass unsere Bitte erhören.
> Doch zugleich schütze uns vor den Sünden,
> Damit wir denjenigen, der uns jetzt schon Gnade zeigt,
> bloß nie wieder beleidigen.
>
> Am Tag des Heiligen Sebastian singen gnädige Christen,
> Singen das frohe Lied.
> Segen, Frieden, Halleluja.

Zur Octav des Festes wird eine Litanei zum Heiligen Sebastian gehalten. Während der Octav (*octava*) wird die Reliquie des Heiligen Sebastian am ersten Nebenaltar an der rechten Seite auf einem breiten roten Antependium aufgestellt. Die Inschrift des Antependiums lautet: „Sankt Sebastian, bitte für uns!" In der Mitte stehen

Bischof Nándor Takács hält seine Predigt am Hochamt am Tag des Heiligen Sebastian, neben ihm sind die politischen Leiter der Stadt Székesfehérvár und des Komitats Fejér zu sehen. Aufnahme von László Lukács, 2002

eine Krone und Olivenzweige, die Attribute des heiligen Märtyrers. Vor der Reliquie hält der Pfarrer an acht aufeinanderfolgenden Tagen die Litanei des Heiligen Sebastian, wobei er dreimal sagt: „Heiliger Sebastian! Bitte für uns!" Nach der Inschrift der Reliquie, die in ein Meisterstück der Ziselierkunst eingebettet ist, wurde sie vom späteren Fürstprimas János Simor aus Rom in seine Geburtsstadt gebracht: „Particulam hanc ex ossibus S. Sebastiani M. Roma procuravit ac hui thekae inclusam Eccl. Alba Regal extra moenia donit Joannes Simor Abbas Canon et minist Consiliarius Anno 1855" [Dieser Knochenteil des römischen Märtyrers Sankt Sebastian wurde vom Abtdomherrn und Ministerialrat János Simor besorgt und in diesem Behälter der Pfarrgemeinde außerhalb der Stadtmauer Székesfehérvárs im Jahr 1855 gespendet.] Auch in der Litanei kann man das Sebastianslied hören: Am Anfang der Litanei wird die erste, am Ende die zweite Strophe gesungen.

Seit 1991 erinnert man nicht nur in der Kirche der Oberen Vorstadt, sondern auch in der naheliegenden Grundschule an den heiligen Sebastian, und an diesem Tag gibt es keinen Schulunterricht. Die Eltern und Großeltern backen den Schülern und Lehrern Faschingskrapfen. 1995 gab es für die größeren Schüler in den ersten beiden Unterrichtsstunden einen volkskundlichen Vortrag über den Kirchtag im Bezirk Obere Vorstadt, während die Kleineren kneten, zeichnen, malen und die Mädchen Kuchen backen konnten. Wer wollte, konnte mit den Eltern und Großeltern in die Messe gehen, die anderen sahen sich unterdessen in der Schule den Videofilm über die traditionsreiche Faschingshochzeit im Bezirk an. 2002 fiel dieser Feiertag auf einen Sonntag, weshalb Diözesanbischof Nándor Takács vor einer überaus großen Menschenmenge die Messe halten konnte.[20] Die Prozession der Gläubigen aus den Stuhlweißenburger Pfarrgemeinden ging singend unter Kruzifixen und Fahnen durch den Zichy-Hain zur Kirche in der Oberen Vorstadt, wo sie vom Probstpfarrer Benedek Lauber empfangen wurde. Nach dem bischöflichen Hochamt wurden die Teilnehmer auf Faschingskrapfen und Glühwein in das Kulturhaus des Bezirks eingeladen.

Das Diözesanmuseum von Stuhlweißenburg bewahrt eine Statue und ein Gemälde des heiligen Sebastian auf.[21] Die geschnitzte Holzstatue aus dem 18. Jahrhundert ist möglicherweise ein Werk des Karmeliten Lőrinc Hauser und gelangte aus der Stuhlweißenburger Seminarkirche (früher Karmelitenkirche) in die Sammlung (Inv. Nr.: Sz-74.121). Sie stellt den Heiligen Sebastian an einen Baum gebunden, mit Lendenschurz und pfeildurchbohrtem Körper dar. Das Ölgemälde stammt aus der ersten Hälfte des 19. Jahrhunderts. Es gelangte als Depositum der Stadt Stuhlweißenburg ins Museum und kann mit dem seit 1739 bestehenden Gelöbnis der Stadt in Verbindung gebracht werden. Es stellt den Heiligen Sebastian als einen Mann mit Glorie, an einen Laubbaum gebunden, mit weißem Lendenschurz, mit drei Pfeilen im Körper und mit roter Draperie zu den Füßen dar. Rechts im Hintergrund ist eine Stadt vor Hügeln zu sehen (Inv. Nr.: Sz-74.573).

Die um 1770 angefertigte Statue des Heiligen Sebastian in der barocken Statuen-Nische des Hiemer-Hauses (Székesfehérvár, Jókai Str. 1). Aufnahme von László Lukács, 2012

Im 18. Jahrhundert wurde eine Statue des Heiligen Sebastian auch auf der Fassade eines vornehmen Stuhlweißenburger Bürgerhauses angebracht, und zwar auf der Fassade des Hiemer-Hauses (Jókai Str. 1, früher Herrengasse), die auf den Rathausplatz gerichtet ist: In einer Mauernische steht die Steinstatue des an ein Baum gebundenen und pfeildurchbohrten Heiligen Sebastian. Die Familie Hiemer hatte im Laufe des 18. Jahrhunderts eine führende Rolle in der Geschichte Stuhlweißenburgs gespielt. Der Metzgermeister und Leiter der „deutschen Partei" von Stuhlweißenburg, Mihály Hiemer, war Stadtrichter in den Jahren 1692 und 1702 sowie 1714-1726.[22] Als erster Bürger der Stadt konnte er eine Heiligenstatue für sein Haus anfertigen lassen, um seine Familie und seine Stadt vor der Pest zu schützen. Sein Sohn und sein Urenkel wurden nach Sebastian getauft. Zeitgleich mit dem Gelöbnis von Stuhlweißenburg wurde in der Marktgemeinde Mór eine Säule im korinthischen Stil mit der Statue des Heiligen Sebastian zur Erinnerung an die grassierende Pest aufgestellt. Auf der Statue am oberen Ende des Kapuzinerplatzes steht die Inschrift „eXDeVotIone InCoLae nostrI teMpore LUIs ereXerVunt" [Aufgestellt von der Mórer Bevölkerung als gelobtes Geschenk in der Zeit der Seuche.]. Das Chronostichon der lateinischen Inschrift ergibt das Jahr 1739. Im „Historia Domus" der Mórer Kapuziner wurde festgehalten, dass die Mönche die Pestkranken im Nebengebäude des Ordenshauses – von den anderen Kranken isoliert – pflegten. Die mündliche Tradition erinnert an die Pestgrube im alten Mórer Friedhof, wo die Opfer der Seuche begraben wurden. Auf königliche Anordnung wurde im Dezember 1739 die Zentrale für Quarantäne-Maßnahmen in Mór eingerichtet.[23] Eines der Fronleichnamszelte wird jedes Jahr vor der Sebastianssäule aufgestellt.

Im benachbarten Bodajk waren am Fest des Heiligen Sebastian alle Waldarbeiten verboten. Wer dennoch in den Wald ging, um zu arbeiten, konnte leicht einen Unfall erleiden. Nach der deutschen Tradition glaubt man, dass der Kreislauf der Flüssigkeiten in den Bäumen an diesem Tag wieder beginnt.[24] Mit dem Verbot der Wald-

Die Pestsäule in Mór mit der Statue des Heiligen Sebastian von 1739. Aufnahme von László Lukács, 1996

arbeiten am Tag des Heiligen Sebastian schützte man auch die Natur im Frühling. Gleichzeitig mit dem Gelöbnis von Stuhlweißenburg flehten auch die Bewohner des benachbarten Csór und des naheliegenden Lovasberény zum Heiligen Sebastian. Das Protokoll des Csórer Kirchenbuchs von 1799 berichtet: „Trotz der Armut der Kirche ist der Hauptaltar ziemlich hübsch geschmückt, aber die zwei Nebenaltare, die zu Ehren der schmerzhaften Mutter Gottes und des Heiligen Sebastian gewidmet wurden, haben keinen Altarstein und müssen bei einer Renovierung entfernt werden. Die Kapelle steht einige Schritte entfernt vor der Kirche. Sie ist aus gutem Material gebaut, ihr Dach ist schon ziemlich alt. Die Kapelle wurde während der Pest zu Ehren des Heiligen Sebastian gebaut, da niemand an der Pest gestorben ist. Jetzt ist sie schon am Zerfallen und wird als Lagerhaus benutzt."[25] Die heutige römisch-katholische Pfarrkirche in Csór wurde 1801-1805 an der Stelle der mittelalterlichen Kirche gebaut. Das Bild des Nebenaltars aus dem 19. Jahrhundert stellt die zwei Pestheiligen Sebastian und Rochus dar.[26] Auf die Herkunft eines Teils der Bevölkerung verweist der Straßenname „Deutsche Straße" (*Német utca*).

Über die Kapellen von Lovasberény schreibt das Protokoll der „Canonica Visitatio" im Jahr 1805: „Die kleinere Kapelle wurde während der Pest von 1740 aufgrund eines Gelöbnisses von der katholischen Gemeinde zu Ehren von St. Rochus, St. Sebastian und St. Rosalia gebaut."[27] Auf der Fassade der Barockkapelle des Cziráky-Schlosses von Lovasberény steht in einer Wandnische die Steinstatue des heiligen Sebastian. Die Kapelle wurde 1708 auf Befehl des österreichischen Generals Siegbert Heister erbaut.[28]

Im Bistum Stuhlweißenburg ist in der katholischen Kirche von Budaörs an der linken Seite ein Nebenaltar zu Ehren des heiligen Sebastian geweiht. Die im 18. Jahrhundert nach Budaörs eingewanderten Deutschen hielten den heiligen Sebastian für den Schutzparton der Haustiere.[29] In Dunabogdány, das bis 1993 zum Bistum Stuhlweißenburg gehörte, steht die Kapelle der heiligen Rochus, Florian und Sebastian unter Denkmalschutz.[30]

In Nagykovácsi, bis 1993 ebenfalls dem Bistum Stuhlweißenburg zugehörig, wurde 1738 eine Sankt-Sebastian-Kapelle geweiht. Der Heilige Sebastian wurde unter den dortigen Deutschen auch als Schutzherr gegen die Pest verehrt. Die Kapelle wurde 1868 mit großem finanziellen Aufwand umgebaut, aber das steigende Grundwasser beschädigte sie. Sie wurde abgerissen und 1900 wurde aus den Spenden der

Gläubigen eine größere und schönere Kapelle erbaut. An vielen Feiertagen ging eine Prozession zur Kapelle, und am Pfingstmontag wurde hier ein Hochamt gehalten. Als im Februar 1945 die ungarischen Verteidiger Budapests aus der umzingelten Burg von Buda (Ofen) ausbrachen, benutzten die sowjetischen Soldaten die Kapelle als Dekkung und zerstörten den Altar. Das Altarbild wurde von der Familie, die die Kapelle gepflegt hatte, zuvor in Sicherheit gebracht. Nach dem Abzug der Roten Armee und bis zur Vertreibung der Deutschen aus Nagykovácsi benutzte die neu gegründete Polizei die Kapelle als Revier. Auf dem barocken Hauptaltar der Marienkirche von Nagykovácsi steht noch heute die Lindenstatue des Heiligen Sebastian.[31]

Die Statue des Heiligen Sebastian in der Mauernische der Schlosskapelle in Lovasberény (1708). Aufnahme von László Lukács, 1998

Die Gestalt des Heiligen Sebastian erscheint auch an den barocken Dreifaltigkeitssäulen, die gegen die Pestseuchen des 18. Jahrhunderts aufgestellt wurden. Die 1740 in Esztergom (Gran) aufgestellte Statue – die *Pestmadonna* stellt die Gestalt der Heiligen Maria dar, um sie die Pestheiligen, darunter auch der Heilige Sebastian.[32] In Veszprém (Wesprim) steht die Dreifaltigkeitssäule, die 1750 auf Befehl des Bischofs Márton Bíró aufgestellt wurde. Zur Statue wurde 1750 ein Steingeländer gebaut, auf dem die Statuen der Heiligen Sebastian, Rochus und Georg zu sehen sind.[33] Die deutsche Jugend von Bánd (Kom. Veszprém) veranstaltete am Tag des Heiligen Sebastian einen Faschingsumzug und einen Ball, den *Schützenball*.[34] Der Name des Balls verweist darauf, dass der Heilige Sebastian auch als Schutzpatron der Schützen verehrt wurde.

[Die Studie ist sowohl in ungarischer als auch in deutscher Sprache erschienen:
Lukács, László: *Szent Sebestyén kultusza Közép-Dunántúlon.* Népi vallásosság a Kárpát-medencében 6. Hg. Emőke Lackovits, Veronika Mészáros. 2004. I. 505-516. Veszprém
Lukács, László: *Der Kult des Heiligen Sebastian in Mittel-Transdanubien.* Ungarn-Jahrbuch. Zeitschrift für interdisziplinäre Hungarologie XXXI. 2014. 433-454. Regensburg]

Anmerkungen

1 *Római Martirologium. A legújabb latin nyelvű kiadás hiteles fordítása* [Römisches Martyrologium. Authentische Übersetzung der neuesten lateinischen Ausgabe]. Ins Ungarische übersetzt von Marián NÁDASDY. Székesfehérvár, 1928. 21.

2 Ebenda.

3 Alban STOLZ: *Legende oder der christliche Sternhimmel.* Freiburg im Breisgau, 1870. 43-45.

4 Clemens JÖCKLE: *Szentek lexikona* [Lexikon der Heiligen]. Budapest, 1994, 319.

5 Gustav GUGITZ: *Fest- und Brauchtumskalender für Österreich, Süddeutschland und die Schweiz.* Wien, 1955. 7-8;Gustav GUGITZ: *Das Jahr und seine Feste im Volksbrauch Öster-*

reichs. I. Wien, 1949. 49-55; Sándor BÁLINT: *Adalékok a hajdani pestisjárványok magyarországi hiedelemvilágához* [Beiträge zum Aberglauben der ehemaligen Pestseuchen in Ungarn]. Népi gyógyítás Magyarországon. Orvostörténeti Közlemények, Supplementum 7-8. Budapest, 1975. 226; Walter HARTINGER – Winfried HELM: *»Die laidige Sucht der Pestilenz.« Kleine Kulturgeschichte der Pest in Europa.* Passau, 1976; Péter G. TÓTH: *Félelem és rettegés a pestistől. Egyéni és kollektív szenvedéstörténetek* [Pest, Hexerei, Wunder. Individuelle und kollektive Krankheitserklärungen in den Behexungs- und Mirakelerzählungen]. Népi vallásosság a Kárpát-medencében. V/2. Hg. Emőke S. LACKOVITS, Veronika MÉSZÁROS. Veszprém, 2001. 381-388.

6 Sándor BÁLINT: *Ünnepi kalendárium. A Mária-ünnepek és jelesebb napok hazai és közép-európai hagyományvilágából* [Festkalender aus der ungarischen und mitteleuropäischen Traditionswelt der Marienfeste und der Festtage]. I. Budapest, 1977. 163.

7 László LUKÁCS: *Bő terméssel áldaná meg szölleinket... Szent Donát tisztelete* [Beschütze unser Obst, unsere Weinreben vor Eis, Plagen... Die Verehrung des Heiligen Donatus]. Millenniumi szőlős-boroskönyv. A szőlő és bor Magyarországon. Hg. Zsigmond CSOMA, István BALOGH. Budapest, 2000. 147-151.

8 Ágnes VARRÓ: *Székesfehérvár-Felsőváros katolikus népének gyalogos búcsújárása.* [Die Wallfahrten des katholischen Volkes von Stuhlweißenburg-Oberstadt]. Fejér Megyei Szemle 1989, I. 104; József GELENCSÉR – László LUKÁCS: *Szép napunk támadt. A népszokások Fejér megyében* [Unser schöne Tag ist entstanden. Die Volksbräuche im Komitat Weißenburg]. Székesfehérvár, 1991. 57-63, 364-369; Sándor SOÓS: *Székesfehérvár-Felsőváros népének gyalogos búcsújárása Kiscellbe (Celldömölkre)* [Die Wallfahrt des Volkes von Stuhlweißenburg-Oberstadt nach Celldömölk]. Szentendrei Múzeumi Füzetek. I. Szentendre, 1996

9 János KÁROLY: *Fejér vármegye története* [Geschichte des Komitats Weißenburg]. II. Székesfehérvár, 1898. 214.

10 Balázs GÉMES: *A juhászok ládái és a juhászcéh kérdése a Mezőföldön a XVIII-XIX. században* [Schäfertruhen und Schäferzunft in Mezőföld im 18-19. Jahrhundert]. Szekszárdi Béri Balogh Ádám Múzeum Évkönyve 6-7 (1975-1976) 173-196; Emőke LACKOVITS – László LUKÁCS: *A vásárok és az árucsere néprajza a Közép-Dunántúlon. Volkskunde der Märkte und des Warenaustausches in Mittel-Transdanubien.* Székesfehérvár, 1987. 214.

11 KÁROLY 211-212; Károly MOENICH: *A székesfehérvári felsővárosi templom* [Die Pfarrkirche von Stuhlweißenburg-Oberstadt]. A Fejérvármegyei és Székesfehérvár városi Történelmi s Régészeti Egylet Évkönyve. II. Székesfehérvár, 1893. 386-390.

12 Die „Canonica Visitatio“ [im Folgenden: CV] des Jahres 1818 über die uralte Kirche. Alba Regia extramuros. Székesfehérvár-Oberstadt. Kirchengeschichtliche Dateien. Signiert von István KUTHY, Sachbearbeiter für Kirchenkunst des Bistums Székesfehérvár. Diözesanarchiv Székesfehérvár; Gyula LAUSCHMANN: Székesfehérvár története [Geschichte von Stuhlweißenburg]. II. Székesfehérvár, 1998. 48.

13 CV.

14 Ebenda.

15 Ebenda.

16 Ebenda.

17 BÁLINT: *Ünnepi kalendárium* [Festkalender], 184.

18 JÖCKLE 319; Otto WIMMER: *Kennzeichen und Attribute der Heiligen.* Innsbruck-Wien, 1995. 41, 55, 187.

[19] Für das Abschreiben der zwei Liedertexte möchte ich mich beim Probstpfarrer Benedek Lauber bedanken. Éva J. MEZŐ hat mit ihm ein Interview geführt: *Szent Sebestyén napja. A város fogadalmi ünnepe* [Sebastianstag-Gelögnisfeiertag der Stadt]. Fejér Megyei Hírlap, 18. Januar 2003, 8. Ein früheres Interview zum Thema: (m. zs.): *Mi derül ki a Sebestyén-napi búcsúról?* [Über den Sebastianskirchtag]. Magyar Nemzet, 24. Juni 1985.

[20] Lajos SAITOS: *A város fogadalmi napja. Szent Sebestyén közbenjárását kérik a lelki pestis ellen...* [Gelöbnisfeiertag der Stadt. Man bittet um die Hilfe von Sankt Sebastian gegen die seelische Pest]. Fejér Megyei Hírlap, 21. Januar 2002, 4.

[21] Ich möchte mich bei Sammlungsdirektor Herrn Gergely Mózessy dafür bedanken, dass er mich auf diese zwei Gegenstände aufmerksam gemacht hat.

[22] Rafael MARSCHALL: *Székesfehérvári kalauz* [Stadführer von Stuhlweißenburg]. Székesfehérvár 1930, 50; István KÁLLAY: *Hiemer Mihály.* Fejér Megyei Történeti Évkönyv. VI. Székesfehérvár, 1972. 313-317; László LUKÁCS: *Sprachlich-kulturelle Probleme der Handwerker von Székesfehérvár im 18.-19. Jahrhundert.* Zeitschrift für Balkanologie 23 (1987) 115; László LUKÁCS: *Székesfehérvár XVII-XIX. századi etnikai viszonyai* [Ethnische Verhältnisse von Stuhlweißenburg im 17-19. Jahrhundert]. Ethnographia 109 (1998) 554.

[23] Géza VADÁSZ: *A község története a XVIII. században* [Geschichte der Gemeinde im 18. Jahrhundert]. Mór története. Hg. Gábor FARKAS. Székesfehérvár 1977, 95.

[24] GELENCSÉR - LUKÁCS 294; *Gugitz*: Das Jahr, 52, 54; *Ders.*: Fest- und Brauchstumkalender, 5.

[25] Csór. „Canonica Visitatio", 17. April 1799. Kirchengeschichtliche Daten. Signiert von István KUTHY, Sachbearbeiter der Kirchenkunst. Diözesanarchiv Székesfehérvár.

[26] *Fejér megye művészeti emlékei* [Kunstdenkmäler des Komitats Weißenburg]. Hg. Géza ENTZ, József SISA. Székesfehérvár, 1998. 57.

[27] Lovasberény. „Canonica Visitatio" 1805. Kirchengeschichtliche Daten. Signiert von István KUTHY, Sachbearbeiter der Kirchenkunst. Diözesanarchiv Székesfehérvár.

[28] Ferenc ERDŐS: *Lovasberény. Száz magyar falu könyvesháza* [Bücherei hundert ungarischer Dörfer]. Budapest [o. J.], 27-28.

[29] Teréz PAULOVICS: *Népszokások és hagyományőrzés Budaörsön* [Volksbräuche und Traditionsbewahrung in Budaörs]. Budaörs, 2001. 68.

[30] *A székesfehérvári Egyházmegye jubileumi névtára* [Jubiläums-Nameniregister des Bistums Stuhlweißenburg]. Székesfehérvár, 1977. 213.

[31] Franz GRESZL: *Groß-Kowatscher Heimatbuch. Geschichte und Schicksals einer ungarndeutschen Gemeinde.* Lahr, 1962. 90-91, 96-98.

[32] Dezső DERCSÉNYI - László ZOLNAY: *Esztergom.* Budapest, 1956. 84 und Abbildung 135.

[33] László BALASSA - Alán KRALOVÁNSZKY: *Veszprém.* Budapest, 1983. 69-70.

[34] BÁLINT: *Ünnepi kalendárium* [Festkalender]. 164.

DAS *HÜHNERSCHLAGEN* IN MOHA UND ANDERE TRADITIONELLE FASCHINGSUMZÜGE IN WESTUNGARN

Der Fasching ist auch im ungarischen Sprachgebiet die Hauptperiode der verschiedenen Mummenspiele und Heischebräuche der maskierten Umzüge. Schon Péter Bod, siebenbürgisch-kalvinischer Seelsorger, betrachtete diese Handlungen für den Fasching als besonders bezeichnend, als er in seinem Buch „Heiliger Heortokrates", einem 1757 erschienenen christlichen Festkalender, Folgendes schrieb: „Den Namen Farsang [Fasching] haben die Ungarn von den Deutschen übernommen, die mit mancherlei Narrenpossen und Spielen an diesem Tag und zu dieser Zeit begonnen hatten, sie waren zu Gast, rannten herum, so amüsierten sie sich [...]. Denn manche trugen Masken, zogen die Kleider verschiedener Geschlechter an und vollbrachten viel Unfug und Ungehörigkeiten: Einige verhüllten sich in Gewänder, darauf vielerlei Figuren, und präsentierten sich als Seelen, die aus der Hölle kamen; worauf gar viele sehr richtig sagten, es sei dies ein Teufelsfest." (Bod 1757, 52-53.) In seinem Buch „Spiel und Maske" betonte Zoltán Ujváry, im Kreis der Faschingstraditionen kämen fast alle Typen und Varianten der Masken- und Mummenspiele vor (Ujváry 1983, I. 53). Nachfolgend werden diese volkstümlichen Faschingsbräuche in Moha, einer elf Kilometer nördlich von Székesfehérvár (Stuhlweißenburg), im Komitat Fejér (Weißenburg) gelegenen Ortschaft, und ihre Parallelen in Westungarn geschildert.

Karte mit den im Text erwähnten Ortschaften

Umzug am Faschingsdienstag. Veranstaltet von der Feuerwehr Székesfehérvár, um 1900

Ein anschauliches Dokument von einem städtischen Faschingsumzug ist ein Foto, das im Jahre 1924 als Geschenk von József Lichtneckert in den Besitz des König Sankt Stephan Museums (Szent István Király Múzeum) in Stuhlweißenburg gelangte. Auf der Rückseite ist zu lesen: „Umzug am Faschingsdienstag. Veranstaltet von der Feuerwehr, um 1900.“ Das Foto wurde im Hof der Feuerwehrkaserne von Stuhlweißenburg nach erfolgter Maskierung und vor dem Start des Umzugs aufgenommen. Das recht unscharfe Bild zeigt 24 maskierte Figuren, darunter sitzen sechs hoch zu Ross, einer auf einem Eselsrücken, die übrigen stehen in Pferdewagen. Die auf dem Esel sitzende Figur trägt auf dem Kopf eine Eselsmaske. Auf dem linken Wagen steht der weiß gekleidete Tod mit einer Sense, links nebenan vielleicht eine als Bär maskierte Figur, hinten ein arabischer oder französischer Kolonialsoldat, in einen Burnus gekleidet und mit einem Tschako auf dem Kopf. Auf dem rechten Wagen steht eine schwarz gekleidete Figur mit einer Totenkopfmaske auf dem Kopf und einem Weinkrug in der Hand. Links daneben steht eine vielleicht als Löwe maskierte Figur mit einer Mähne. Drei berittene Figuren tragen kegelförmige Papiertschakos. Die auf dem Foto abgebildeten Figuren bestätigen die Feststellung von Richard Wolfram, die sich aus der komparativen Untersuchung der maskierten Teilnehmer an den Faschingsumzügen in Städten und Dörfern des deutschen Sprachgebietes ergab. Demnach tragen die städtischen Mummenspieler gewöhnlich häufig wechselnde, aufgrund persönlicher Entscheidungen angefertigte und auch auf aktuelle Figuren anspielende Kostüme, während die Kostüme, Masken und Handlungen bei den traditionellen dörflichen Umzügen mehr oder weniger konstant sind. Im letzteren Falle blieb auch der mit den Bräuchen verbundene einstige oder auch heute bestehende Volksglaube, also der Sinn des Brauches, erhalten (Wolfram 1972, 72).

Maskenspiel an der russischen Front im Erholungsheim „Königin Zita" des Infanterieregiments Nr. 17 von Székesfehérvár, 1917

Ein anderes Fotodokument von einem maskierten Faschingsspiel kam 1932 als Geschenk des städtischen Buchhalters István Juhász ins König Sankt Stephan Museum. Aufgenommen wurde es 1917 in Wogierszczy (Wolhynien) an der russischen Front, im militärischen Erholungsheim „Königin Zita" des Infanterieregiments Nr. 17 von Stuhlweißenburg. Es beweist, dass die Regimentsmitglieder am Fasching 1917 selbst fünf bis sechs Kilometer von der Frontlinie entfernt ein Maskenspiel für ihre im Heim ruhenden Kameraden aufführten. Auf dem Bild sind vier maskierte Figuren zu sehen, deren Spiel von der Mannschaft (rechts) und den Offizieren (links) anscheinend mit Gelächter belohnt wird.

Von den mit Heischen verbundenen Faschingsbräuchen im Komitat Weißenburg ist das »Hühnerschlagen« (*tikverőzés*) landesweit bekannt. Es wird im Dorf Moha am Faschingsdienstag von den Burschen veranstaltet. Die beiden jüngsten Burschen verkleiden sich als Mädchen, setzen eine Mädchenlarve auf, tragen vor dem Rock eine Schürze, binden sich ein rotes Kopftuch um und ziehen weiße Handschuhe an. Am Arm tragen sie je einen Korb für die zu sammelnden Eier. Sechs bis acht größere Burschen - die Gruppe der Faschingsnarren - begleiten die beiden *Mädchen*. Ihre Gesichtsmaske besteht aus schwarzem Hutfilz, der Schnurrbart beziehungsweise Bart aus Hanfwerg. An ihre ohnehin hässlichen Kleider nähen sie flatternde Stofffetzen. Auf dem Kopf tragen sie einen ramponierten Hut mit einem Federwisch, in der Hand einen Knüppel und in der Hosentasche haben sie Ruß. Ein Bursche ist als Rauchfangkehrer verkleidet. Die größte Heiterkeit verursacht der »Strohtürke« (*szalmatörök*). Dieser wird von den anderen Kameraden beim Stroh-

Die Gruppe der Hühnerschläger vor dem Start. Moha 1982. Aufnahme von László Lukács

Die Hühnerschläger und die Gäste. Moha 1974. Aufnahme von Ferenc Pesovár

schober hergerichtet: Seine weite weiße ungarische *Gatya*-Hose wird oberhalb der Knöchel, sein weitärmeliges Hemd bei der Hüfte und den Handgelenken zugebunden und dann mit Stroh ausgestopft. Er trägt eine aus Hutfilz ausgeschnittene Maske, in der Hand hält er ein Hirtenhorn und eine aus Maisblättern geflochtene Peitsche. Der Strohtürke hat den ganzen Tag hindurch 30 bis 40 Kilogramm Stroh unter dem Kleid zu schleppen, und so gibt es nicht jedes Jahr einen, der gewillt ist, diese Rolle zu spielen.

Die Hühnerschläger ziehen nun die Hauptstraße entlang und kehren in jedes Haus ein, wo sie die Hausleute, vor allem die Frauen und Mädchen, mit Ruß beschmieren. In jedem Haus bekommen sie fünf bis zehn Eier, die in den Körben der *Mädchen* gesammelt werden. Unterdessen versuchen andere, aus dem Hühnerstall noch weitere Eier zu ergattern: Mit einem Stock verjagen sie die Hühner vom Nest; daher stammt der Name des Brauches. Früher oblag es dem Rauchfangkehrer, aus der Selcherei eine Wurst oder ein Stück Speck zu holen. Das letzte Mitglied der Gruppe, der Strohtürke, sorgte mit seiner komischen Kleidung und seiner unbeholfenen Bewegung für allgemeine Heiterkeit. Die Frauen und Mädchen sprachen in geringschätzigem Ton mit ihm, insbesondere wenn er handgreiflich werden wollte; sie stießen ihn weg und lachten ihn aus. Beim Elternhaus eines der Akteure machte die Gruppe eine Pause. Die Masken wurden abgenommen, und die Hausfrau bewirtete die Hühnerschläger mit frisch gebackenen Faschingskrapfen sowie mit Schinken, Wurst, Braten und Wein.

Ein Faschingsnarr beschmiert mit Ruß die Reporterin des Ungarischen Rundfunks. Moha 1967. Aufnahme von Ferenc Gelencsér

Zwei Volkskundler aus dem König Sankt Stephan Museum. Stuhlweißenburg mit rußbeschmiertem Gesicht. Moha 1975. Aufnahme von Béla Hajdú

An diesem Dienstag hallte ganz Moha vom Gackern der aufgestöberten Hühner, vom Gebell der geärgerten Hunde und von den *Hu-Hu*-Rufen der *Hühnerschläger* wider. Bis zum Nachmittag hatten die *Mädchen* in der Regel mehrere hundert Eier in ihren Körben. Einen Teil dieser Beute bereitete die Mutter eines Burschen als Abendmahl zu. Früher endete der Fasching mit einem Ball, den ebenfalls die Hühnerschläger veranstalteten. Hier dürfte der Sinn des Brauches zu suchen sein: Die Burschen verkauften einen Teil der gesammelten Eier und bestritten aus dem Erlös die Ballkosten.

Bis Ende der 1980er Jahren wurden die Hühnerschläger nur von einer Gruppe begleitet, die meistens aus Experten bestand: Volkskundler, Fotografen, Filmemacher, Radioreporter, Leute vom Fernsehen. Seit den frühen 1990er Jahren wuchs das Interesse an diesem Brauch, und das Hühnerschlagen wurde als Erziehungsinstrument für Kindergartenkinder und Schüler der Unterstufe benutzt. Die Kinder, ihre Lehrer und Begleiter kommen am Faschingsdienstag mit Bussen nach Moha. Am Vormittag, zwischen neun und elf Uhr, begleiten sie die Hühnerschläger auf einem Teil der Hauptstraße. Sie kommen in erster Linie aus Stuhlweißenburg und aus den Gemeinden in der Nähe von Moha mit sechs bis acht Bussen. Der Besuch ist aber zeitlich begrenzt, weil die Kinder zum Mittagessen zur Schule oder zum Kinder-

Volkskundler, Kameramann und Photographen beim Hühnerschlagen in Moha 1970. Aufnahme von Ferenc Gelencsér

Ankleiden des Mädchens im Hof. Moha 1964. Aufnahme von Ferenc Pesovár

Ankleiden der Faschingsnarren im Hof des Gemeindehauses. Moha 1971. Aufnahme von Ferenc Pesovár

garten zurückkehren müssen. Neben ihnen haben von Jahr zu Jahr immer mehr Experten das Hühnerschlagen beobachtet und dokumentiert, so zum Beispiel 1990 der japanische Faschingsforscher Wakabayashi Kazuhiro, in den letzten Jahren Veronika Nagy, die ihre Dissertation über diesen Brauch geschrieben hat, und 2007 Michael Prosser vom Johannes-Künzig-Institut in Freiburg. Neben Journalisten und Fotographen der Tageszeitungen kommen auch zahlreiche Fernsehsender nach Moha, manche aus dem Ausland, zum Beispiel 2005 der Südwestrundfunk, geleitet von Jörg Holzwarth. Sie drehten den Film „Fastnacht in Europa" mit fachlicher Beratung von Werner Mezger, in dem auch das Hühnerschlagen in Moha vorkommt. Neben ihnen erschienen beim Hühnerschlagen auch Fremdenverkehrsexperten, für die es wichtig ist, dass in den kommenden Jahren noch mehr Gäste nach Moha reisen. Zu diesem Tag laden auch die Familien aus Moha und die am Brauch teilnehmenden Jugendlichen Gäste ein: Verwandte, Freunde, Kollegen, Schulkameraden. Unter ihnen sind auch Ausländer zu finden, 2007 etwa zwei japanische Damen, die von den Faschingsnarren ebenso mit Ruß beschmiert wurden wie die Einheimischen.

Der Brauch ist einzigartig, weil er bis heute erhalten geblieben ist und noch immer praktiziert wird (Nagy 2009, 191-204). Eine wichtige Rolle für seinen Fortbestand und sein Bekanntwerden hatte Ferenc Pesovár (1930-1983), der Leiter der Abteilung für Volkskunde im König Sankt Stephan Museum, der ihn über ein Vierteljahrhundert studiert und in zahlreichen Aufsätzen behandelt hat. Unter seiner Mitwirkung wurden auch mehrere volkskundliche Filme über das Hühnerschlagen von Moha gedreht (Pesovár 1983, 33-34; 2008, 107-108). Im Laufe der volkskundlichen Erhebungen, die in den vergangenen Jahrzehnten im Komitat durchgeführt wurden, zeigte es sich, dass ähnliche Faschingsbräuche früher auch in weiteren, ausgedehnten Gebieten – Moorer Tal, Zámolyer Becken, Gegend des Velencer-Sees, Váler Tal, Mezőföld-Gebiet – verbreitet waren.

Maske eines Faschingsnarren. Moha, Ende der 1960er Jahre. Aufnahme von Ferenc Pesovár

In den Dörfern des Moorer Tales wurde die Verbreitung des Brauches von József Gelencsér beschrieben (Gelencsér - Lukács 1991, 307-311). In Iszkaszentgyörgy wurde der Brauch noch in der ersten Hälfte des vorigen Jahrhunderts am Faschingsdienstag praktiziert. Um die Jahrhundertwende zogen die über 18jährigen Burschen schlechte Kleider an, beschmierten ihr Gesicht mit Ruß oder bedeckten es mit einer Maske. Manche zogen Frauenkleider an und trugen Körbe für die Krapfen, Eier und Würste, die man als Spende erwartete. Zwei oder drei Burschen hatten je einen Besen bei sich, die übrigen Rechen oder Stöcke. Die Hühnerschläger zogen von Haus zu Haus und sangen dabei ein Lied, in dem sie um Spenden, namentlich um Eier baten. Ihr Wunsch wurde fast überall erfüllt. Gelegentlich kamen auch Würste in den Korb. Außerdem wurden sie von den Hausleuten mit Faschingskrapfen bewirtet. Wo die Burschen nichts bekamen, klaubten sie selber die Eier im Hühnerstall zusammen, beschimpften

Eine Frau wird vom Faschingsnarren mit Ruß beschmiert. Moha 1982. Aufnahme von Ferenc Pesovár

Zwei als Mädchen verkleidete Burschen mit Korb. Moha 1964. Aufnahme von Ferenc Pesovár

Der Strohtürke. Moha, 1977. Aufnahme von Ferenc Pesovár

die Hausleute und schlugen sie sogar mit den Besen. Zum Schluss teilten die Hühnerschläger die erhaltenen Lebensmittel untereinander auf, verkauften die Eier und finanzierten mit dem Erlös die Ballnacht. Das letzte Hühnerschlagen fand in Iszkaszentgyörgy am Ende der 1940er Jahre statt; an ihm nahmen 14-18jährige Burschen teil.

In Fehérvárcsurgó hielt sich der Brauch nur bis zum Ersten Weltkrieg. Am Morgen des Aschermittwochs, nach dem Faschingsball, begannen die Burschen das Hühnerschlagen. Sie beschmierten ihre Stirn und das Kinn mit Ruß, zogen einen schäbigen Mantel an und nahmen einen Besen zum »Schlagen« (*botozni*) mit. Sie suchten vor allem die Familien mit heiratsfähigen Töchtern auf, denen sie spaßige Reime aufsagten, besonders wenn sie aufgrund ihres Alters bereits am vergangenen Fasching hätten heiraten können. Sie beschmierten die Frauen und Mädchen mit Ruß, klaubten im Hühnerstall die Eier zusammen, die sie sich dann zusammen mit den geschenkten Würsten und dem Selchfleisch als Eierspeise schmecken ließen. In Bodajk fand das Hühnerschlagen ebenfalls nach dem Faschingsball am Vormittag des Aschermittwochs statt. Einige Burschen zogen Frauenkleider an, die übrigen blieben in ihrer Ballkleidung, und nur die Pelzmütze wurde *verkehrt*, mit dem Futter nach außen, getragen. Die Burschen suchten in fünf- bis sechsköpfigen Gruppen die Häuser auf, wo es heiratsfähige Mädchen gab. Sie beschmierten die Frauen und Mädchen mit Ruß und sammelten in großen Körben Eier sowie Selchfleisch oder *verschafften* sich die Lebensmittel aus dem Hühnerstall beziehungsweise der Selcherei selbst. Wo sie nichts bekamen, benahmen sie sich besonders frech. Die Beute wurde anschließend im Wirtshaus zubereitet und gemeinsam verzehrt.

In Magyaralmás fand das Hühnerschlagen bis Ende der 1940er Jahre noch am Faschingsdienstag statt. Die Burschen zogen schlechte Kleider an, trugen eine Maske oder beschmierten das Gesicht mit Ruß; an die Maske klebten sie Bart und Schnurrbart aus Hanf und trugen eine umgekehrte Pelzmütze auf dem Kopf. In der Hand hielten sie einen Stock, einen Stocher, eine Sense, einen abgenützten Besen oder einen alten Säbel. In der Zwischenkriegszeit gab es Jahre, in denen bis zu fünf Gruppen zu je fünf bis sechs gleichaltrigen Burschen durch das Dorf zogen. Dazu József Gelencsér: „Eine bekannte Figur war der *Pfeifenmann*, er führte die *Frau*, die am Arm einen großen Korb für die Geschenke trug. In manchen Gruppen gab es ein oder gar zwei *irre Mädchen*. Auch der *Rauchfangkehrer* kam gelegentlich vor, andere zeichneten sich dadurch aus, dass sie sich ein *Geflecht* aus Maisblättern um die Hüfte banden, welches dann wie ein langer Schweif hinten herabhing. In der Gruppe der größeren Burschen begleitete einer den lauten Gesang der anderen mit der *Ziehharmonika*. Sobald sie den Hof betraten, führte ihr Weg zum Hühnerstall, wo sie die Hühner mit dem Stocher zum schnelleren Eierlegen anreizten. Mit rußigen Händen streichelten sie die Mädchen und jungen Frauen. Ab und zu wurde zu den Klängen der Ziehharmonika getanzt. Wo sie die erwarteten Gaben nicht erhielten, hatten die Hausleute das Nachsehen: Die weißen Wände wurden von den Burschen mit rußigen Besen beschmutzt, sie beschmierten alles mit Ruß, was sie nur vorfanden und kletterten in den offenen Kamin hinauf, um sich das Pökelfleisch zu holen. Ein Teil der gesammelten Eier wurde der Händlerin verkauft, aus dem Erlös veranstalteten sie bei einem Haus eine Unterhaltung, wo sie dann die übrigen Eier und die Fleischwaren zum Abendmahl verzehrten." (Gelencsér – Lukács 1991, 310.)

Die Faschingsnarren in der Kutsche sitzend. Moha 1965. Aufnahme von Ferenc Pesovár

Die Faschingsnarren in einem Pferdewagen sitzend. Moha, Beginn der 1960er Jahre. Aufnahme von Ferenc Pesovár

In Söréd beschmierten die Burschen die Mädchen am anbrechenden Aschermittwoch auf dem Heimweg vom Faschingsball mit Ruß, entweder noch auf der Straße oder schon im Elternhaus. Dies nannten sie *Hühnerschlagen*.

In Csókakő fand das Hühnerschlagen am Faschingsdienstag noch in den 1950er Jahren statt. Die Burschen zogen schäbige Kleider an und beschmierten ihr Gesicht mit Ruß. Einige verkleideten sich als Mädchen oder Zigeunerfrau. Laut lärmend zogen sie von Haus zu Haus, früher wurden auch Verse aufgesagt. Die Hausleute wurden mit Ruß oder schwarzer Schuhcreme beschmiert, die Hühner im Hühnerstall mit einem Besen *gestreichelt*. Mittlerweile nahmen sich die Hühnerschläger ziemlich alles, was sie vorfanden, etwa die Eier unter den Hühnern, oder sie brachen ein Stück von der Wurst ab, die im Kamin gerade geräuchert wurde. Alles landete im Ranzen oder im Korb, ebenso auch die Gaben der Hausleute

Ein Trabi wird von den Faschingsnarren gestoppt. Moha 1974. Aufnahme von Ferenc Pesovár

(Eier, Krapfen, Pökelfleisch). Am Ende wurde die gesamte Beute entsprechend zubereitet und verzehrt. Nachher gingen die Burschen auf den Ball.

Noch zu Beginn des vorigen Jahrhunderts war es in Csákvár im Zámolyer Becken üblich, dass sich die Burschen am letzten Faschingstag verkleideten und durch die Straßen zogen.

In Pákozd am Velencer-See erzählte der 71jährige Gábor Csontos 1975 über das Hühnerschlagen: „Hier fand das Hühnerschlagen am Faschingsdienstag statt. Ein als Mädchen verkleideter Junge trug einen Korb, in dem die Eier eingesammelt wurden. Der *Hundeschläger* war als Zigeuner verkleidet, er hatte an seinem Stock eine Kette, die er während des Tanzes klirren ließ. Es gab zwei Tänzer, der eine als Mann, der andere als Frau gekleidet. Der Harmonikaspieler war als Zigeuner verkleidet. Dieser spielte im Hof zum Tanz, die Tänzer tanzten, der Hundeschläger schepperte mit seinem Kettenstock, das *Mädchen* sammelte die Eier in den Korb. Am Ende wurden die Eier gebraten, was übrig blieb, wurde verkauft. Die Hausleute gaben ihnen auch Krapfen und Würste. Zum Schluss wurde alles aufgegessen. Wenn sie auch nach Meierhof Kisfalud zum Schloss gingen, bekamen sie dort 20 Pengő." (Eigene Sammlung, im Weiteren: e. S.) István Ács (geboren 1900) erinnerte sich 1977 noch daran, dass die Hühnerschläger von Pákozd auch die Dörfer und Meierhöfe der Umgebung aufsuchten: „Es gab einen Harmonikaspieler, einen mit dem Kettenstock, zwei, die tanzten, aber das waren auch Männer, nur war der eine als Frau verkleidet. Doch niemand hatte sagen können, wer das ist. Sie sprachen kein Wort. Der mit dem Kettenstock jagte die Hunde fort. Alle trugen zerlumpte Kleider und einen langen Hirtenmantel. Ihre Masken waren aus bemaltem Papier.

Sie bekamen Eier, Fleisch, Krapfen, am Arm trugen sie einen langen Korb. Im Hof begannen sie vor der Küchentür zu tanzen, ein Bursche und der andere, der als Mädchen verkleidet war, der Harmonikaspieler spielte dazu. Der mit dem Kettenstock schützte sie vor dem Haushund und ließ die Kette klirren. Die Kinder begleiteten sie auf der Straße. Vom 18. Lebensjahr an machten die Burschen mit. Die Eier wurden teils verkauft, teils als Eierspeise zubereitet. Diese Burschen gingen auch nach Börgönd, Dinnyés, Kisfalud, Ságimajor (Meierhöfe), nach Pátka und Lovasberény (Dörfer). Das Geld verteilten sie untereinander. Am Dienstag, dem letzten Faschingsabend, tanzten sie in einem Haus." (e. S.) Auf der Straße beschmierten die Hühnerschläger die Mädchen mit Ruß, streichelten sie mit rußigen Händen. Wo sie nichts bekamen, *tünchten* sie die weiße Hauswand oder das Fensterglas mit Kot oder rußigem Wasser. Der 1911 geborene János Láncos nahm in den 1920er Jahren mit seinen Freunden am Hühnerschlagen teil. Er selbst spielte die Braut, Imre Paksi war der Bräutigam, Gábor Noé Szabó der Hundeschläger, Lajos Hetényi der Harmonikaspieler, Gábor Márfi der Geigenspieler, während Sándor Budai den Korb für die Geschenke trug. Im Kelterhaus am Äußeren-Weinberg kleideten sie sich an und gingen von hier zunächst in die nahe Ortschaft Sukoró. Sie zogen durch das ganze Dorf, von Haus zu Haus. Im Hof begannen der Harmonika- und der Geigenspieler zu musizieren, der Bräutigam und die Braut zu tanzen. Der Korbträger stand in der Tür, um die Eiergaben zu empfangen, der Hundeschläger passte auf den Hund auf. Sämtliche Akteure trugen Masken, die sie in Stuhlweißenburg gekauft hatten. Alles, was sie in Sukoró gesammelt haben – Eier, Würste, Braten, Krapfen, Wein, Schnaps – deponierten sie auf dem Heimweg im Kelterhaus und zogen dann auch in Pákozd durch das Dorf. Schließlich gingen sie wieder auf den Weinberg, um die dort zurückgelassenen Gaben zu holen, verkauften die Eier einer Händlerin und verzechten den Erlös gemeinsam im Wirtshaus.

Ein Faschingnarr trachtet aus dem Hühnerstall noch weitere Eier zu ergattern. Moha 1964. Aufnahme von Ferenc Pesovár

In Dinnyés zogen am Faschingsdienstag fünf bis sechs verkleidete Burschen mit Harmonika und Stabreibtrommel durch das Dorf. Wo sie willkommen waren, tanzten sie im Hof und beschmierten die Mädchen mit Ruß und bekamen Krapfen von den Hausleuten. Wo man sie aber nicht hineinließ, beschmierten sie die Hauswand mit Kot.

In Gárdony setzte sich am Faschingsdienstag die Gruppe der Hühnerschläger aus zwei Räubern, zwei als Mädchen verkleideten Burschen sowie je einem Pferdehirten, Postboten, Bettler und Musiker (Harmonika- oder Zitherspieler) zusammen. Die Räuber hielten eine Pistole in der Hand, der Pferdehirt hatte eine Peitsche, der

Postbote eine Brieftasche und der Bettler einen Korb. Anstatt des Bettlers ging später ein als Bär verkleideter Bursche mit; er trug eine Maske vor dem Gesicht sowie eine Pelzjacke und eine pelzgefütterte Hose, beide mit dem Futter nach außen. Aus Stroh flocht man ihm einen langen Schweif. Der Postbote beförderte spaßige Faschingsbriefe der Burschen zu den Mädchen, die ihm dafür Geld gaben. Die Brieftexte waren oft auf das Benehmen der Adressatinnen gemünzt, zum Beispiel:

„Bist ja stolz wie der Pfau!
Gib Acht, sonst gibt es weh und au!"

„Flaumig außen, saftig innen
Ist der reife Pfirsich.
Kannst du's machen, schönes Mädl,
Mit dem Gänserich?"

Unter den Klängen der Musik (früher Zither und Stabreibtrommel, später Harmonika) zogen die Hühnerschläger durch das Dorf, kehrten überall ein und tanzten im Hof. Wenn es im Haus auch Mädchen oder eine junge Frau gab, wurden diese zum Tanz aufgefordert. Unterdessen sammelte der Bettler beziehungsweise später der Bär die Gaben – Eier, Würste, Speck –, die er in den Korb tat. Oft holte er auch aus dem Hühnerstall die Eier. Die Gruppe ging auch ins Nachbardorf Kápolnásnyék zum Hühnerschlagen. Das erhaltene Geld verteilten die Mitglieder untereinander, Eier, Speck und Würste wurden beim Haus des einen Burschen gebraten. Hierher kamen auch Mädchen, und am Abend wurde gemeinsam getanzt.

In Sukoró erzählte Mihály Czifra (geboren 1899) Folgendes: „Am Faschingsdienstag war das Hühnerschlagen. Die Burschen sagten einen Vers auf, im Hof schlugen sie den Topf und die Blechröhre, einer spielte auf der Stabreibtrommel. Sie hatten auch einen Kettenstock. Sie hüpften hin und her, ihr Bart reichte bis zu den Knien. Am Aschermittwoch folgte das Beschmieren mit Ruß. Auf der Straße streichelten die Burschen die Mädchen und die jungen Frauen mit rußiger Hand." (Sammlung von Ferenc Pesovár. König Sankt Stephan Museum, Székesfehérvár. Volkskundliche Datensammlung, Inv.-Nr. 58. 1.) Die 80jährige Frau Kiss, geborene Erzsébet Zólyomi, erinnerte sich an diesen Brauch 1961: „Die Burschen beschmierten die Mädchen, wo sie nur konnten. Mit Ruß… Frühmorgens gingen die Burschen zu den Mädchen, und wenn sie sie noch im Bett erwischten, beschmierten sie sie dort, wenn sie bereits auf der Straße waren, dann eben dort. Dann machten sich die Burschen mit lautem Gelächter über sie lustig. Nun, das war die Mode damals." (Hajdú – Kázmér 1974, 83-84.) Auch in Pátka fand das Hühnerschlagen am Faschingsdienstag statt. Die Burschen verkleideten sich und trugen Masken. Je einer war als Musiker, als Peitschenknaller, als Zigeunermädchen beziehungsweise als Postmann verkleidet. Mit Musik und Peitschenknallen zogen sie durch das Dorf und suchten alle Häuser auf. Im Hof tanzte der Peitschenknaller mit dem Zigeunermädchen. Der

Die Mädchen unterstreichen auch mit dieser Szene ihre Weiblichkeit: sie hocken nieder, ziehen den Rock hoch und pinkeln. Moha 1980. Aufnahme von László Lukács

Postmann überreichte der Haustochter einen ulkigen Brief, die den Hühnerschlägern dafür Eier gab. Auch in den Hühnerställen wurden die frisch gelegten Eier zusammengeklaubt. Abends wurde aus den gesammelten Eiern ein Festmahl zubereitet. In Kápolnásnyék wurde der Brauch ebenfalls am Faschingsdienstag praktiziert: Fünf bis neun Burschen, als Zigeunerfrauen und Mädchen verkleidet, zogen durch das Dorf zum Hühnerschlagen. In der Gegend des Velencer-Sees hörte das Hühnerschlagen am Faschingsdienstag in den Jahren nach dem Zweiten Weltkrieg auf.

Die 56jährige Frau Csontos erzählte 1951 in Kajászószentpéter (Váler Tal): „Am Aschermittwoch ziehen fünf [Burschen] einen schlechten Mantel und Frauenkleider an, dann ziehen sie durch das Dorf mit der Ziehharmonika. Wir nennen sie die Hühnerschläger. Sie erwischen bald das eine Mädchen, bald das andere zu einem Tanz." (König Sankt Stephan Museum, Székesfehérvár. Volkskundliche Datensammlung, Inv.-Nr. 51. 1.)

In Vál sprach Gyuláné Nagy (geboren 1886) von der *Faschingsnarretei*, die sich bis 1960 jedes Jahr abspielte. Am Faschingsdienstag zog eine Gruppe maskierter Burschen durch das Dorf. Sie waren als Frauen, Mädchen und zerlumpte Zigeuner verkleidet und beschmierten ihr Gesicht mit Ruß, um unerkannt zu bleiben. Der eine hatte die Hose mit Stroh ausgestopft, ein anderer spielte den Regenschirmmacher. Einer spielte auf der Ziehharmonika, die anderen tanzten dazu in den Höfen. Von den Hausleuten bekamen sie Eier, die der eine Faschingsnarr in einen Korb einsammelte. Ein anderer verkaufte *Zuckerln*: Für Geld bot er den Hausleuten Pfirsichkerne und trockene Beeren an. Manchmal dauerte das Treiben der Burschen bis Mitternacht. In Tordas wurde der Fasching ebenfalls von verkleideten Burschen ver-

Kinder im Faschingsumzug. Moha 2005. Aufnahme von László Lukács

Im Hof des Kulturhauses kocht man Kesselgulasch für die Ehrengäste. Moha 2007. Aufnahme von László Lukács

abschiedet. Am Faschingsdienstag verkleideten sich einige als Messerschleifer, Zigeuner oder Frauen. In einem Wagen sitzend zogen sie durch das Dorf, einer blies die Trompete, ein anderer schlug die Trommel. Die übrigen Burschen begleiteten sie hoch zu Ross, am Hut trugen sie eine Gänsefeder. Sie streuten Asche auf die Mädchen, am Hauptplatz oder vor den einzelnen Häusern forderten sie sie zum Tanz auf. In Gyúró zogen die Burschen am Faschingsdienstag auf Pferderücken oder im Wagen durch das Dorf; sie trugen zerlumpte Kleider oder waren als Frauen verkleidet, mit einem Tuch auf dem Kopf. Am Vormittag des Aschermittwochs beschmierten Burschen in Ráckeresztúr das Gesicht der Mädchen mit Schuhwichse und zeichneten ihnen ein Kreuzzeichen auf die Stirn.

In seiner preisgekrönten volkskundlichen Arbeit schilderte der kalvinische Seelsorger Imre Kovács (geboren 1910) aufgrund von Kindheitserinnerungen die Hühnerschläger von Seregélyes auf dem Mezőföld-Gebiet folgendermaßen: »Die Hühnerschläger, diese spaßigen, verkleideten Burschen, zogen am Faschingsdienstag durch das Dorf. Ihre Kostüme machten sie selbst aus schlechten Mänteln und Pelzmützen. Sie klebten sich Bart und Schnurrbart aus Hanfwerg an und beschmierten sich das Gesicht mit Ruß. Sie trugen große Armkörbe mit sich und schepperten mit schlechten Töpfen und Deckeln. Manche hatten einen langen Stocher oder einen schlechten Besen gegen die Hunde. Acht bis zehn solcher Gruppen zogen durch das Dorf, jede hatte fünf bis sechs Mitglieder. Die Gruppen teilten unter sich das Dorf ehrlich auf, damit auf jeden Teil des Dorfes nur eine Gruppe entfiel, um einander nicht zu stören und die Dorfbewohner nicht überflüssig zu belästigen. Sie traten nicht in das Haus ein, sondern blieben unter dem Fenster stehen und lärmten dort mit ihren Geräten. Dann rief ihr Wortführer durch das Fenster:

Wir tun Euch keinen Schaden
Wir schauen nur die Hühner an!

Es schickte sich nicht, dass die Hausleute hinausgingen, sie antworteten ebenfalls durch das Fenster: „Schaut sie nur an!" Nun gingen die Hühnerschläger mit großem Lärm in den Hinterhof, krochen in den Hühnerstall und durchsuchten auch im Viehstall die Stellen, wo die Hühner Eier gelegt haben könnten; sie klaubten alle Eier sorgfältig zusammen, denn an diesem Tag gebührte alles ihnen. Nach getaner *Arbeit* wurden sie in die Küche gebeten, wo sie mit Wein und Plätzchen bewirtet wurden. Wenn es auch eine Haustochter gab, hüpften und tanzten sie noch ein wenig, bevor sie weitergingen. Wo sie jedoch – allerdings höchst selten – nicht empfangen, das heißt, fortgejagt wurden, revanchierten sich die Hühnerschläger mit einem *passenden* Reim:

Das Glück soll fortan Euer Haus vermeiden,
Verschlossen der Arsch Euer Hühner bleiben!

Derartiges kam aber, wie gesagt, nur ganz selten vor. Das Dorf mochte den Spaß; viele glaubten sogar in allem Ernst, dass die Hühnerschläger nicht nur wegnehmen, sondern auch bringen, und zwar Glück und Gesundheit.« (Kovács 1983, 172-173.)

Eine beliebte Figur war auch der in einen umgekehrten Pelz gekleidete, auf allen Vieren gehende Bär. In Sárosd verkleideten sich vor 1930 am Faschingsdienstag die Burschen als Frauen und die Frauen als Männer; sie gingen von Haus zu Haus und sammelten Gaben. Am Aschermittwoch beschmierten die Burschen den Brunnen mit Ruß, damit die Mädchen rußig wurden, wenn sie Wasser holten.

Auch in Aba zogen die Faschingsnarren am Faschingsdienstag durch das Dorf. Zur Gruppe gehörten sechs bis acht verkleidete Burschen: das Mädchen, der Harmonikaspieler, der *csundis*, der Anführer, der Bräutigam und die Braut. Der Anführer war weiß gekleidet, trug eine Soldatenmütze und einen Holzsäbel und leitete die Gruppe von Haus zu Haus. In der Küchentür verstummten alle, nur das Mädchen hielt den Korb, um die Gaben (Eier, Krapfen, Mehl) zu empfangen. Wenn sie nichts bekamen, schlug der *csundis* mit seinem Gerät (*csundi*: langer Stocher mit Strick) in eine Pfütze, um möglichst viel kotiges Wasser an die weiß getünchte Wand zu spritzen. Auch allzu scharfe Hunde wehrte der *csundis* ab. Zu den Klängen der Ziehharmonika tanzte der Bräutigam mit der Braut im Hof. Die Hausleute wurden möglichst in den Tanz einbezogen. Außer dem Sammeln der Gaben und dem Tanz wurde im Hof fleißig *gearbeitet*: Einer richtete den Schober mit der Heugabel, ein anderer kehrte den Hof auf oder tünchte die Hauswand mit dem Mauerpinsel. Auch auf der Straße trieben sie allerlei Narreteien, mit viel Lärm und lauten Pfiffen. Abends erschienen die Faschingsnarren mit Masken am Faschingsball. Hier sei erwähnt, dass am Faschingsdienstag 1983 vier Burschen in Aba den Brauch in neuer Form wiederbelebten: Sie fuhren in einem Auto von Haus zu Haus, nahmen aber die angebotenen Eier nicht an. Sándorné Németh Julianna Csizmadia (geboren 1923) erinnerte sich 1986 an den ehemaligen Faschingsbrauch wie folgt: »Am Faschingsdienstag kamen die Faschingsnarren. Ihr

Die Gruppe der Hühnerschläger vor dem Start. Moha 2007. Aufnahme von László Lukács

Anführer trug eine weite weiße Hose, auf dem Kopf einen Tschako und in der Hand einen großen Holzsäbel. Ein Bursche war als Mädchen verkleidet: Am Arm trug er einen Korb, um den Kopf ein rotes, sogenanntes Wiener Tuch sowie einen Rock und eine Schürze. Alle trugen Papiermasken, das *Mädchen* eine Frauenmaske. Der Harmonikaspieler war als Krämer verkleidet, in *festlich* aussehenden Kleidern; auch er hatte eine Papiermaske an. Dann gab es den Mann mit der Heugabel, der hatte auf dem Rücken einen Buckel aus Stroh; rund um die Hüfte war sein Mantel mit einem Strick festgebunden, damit das Stroh nicht herausfallen konnte. Er spielte den Buckligen, ging langsam und schwerfällig im Hof herum und machte mit seiner Gabel *Ordnung* beim Schober. Auf dem Kopf trug er einen alten Hut mit einem Federwisch oder einer Feder. Der *csundis* trug einen zerfetzten Mantel und einen Hut, von dem hinten ein langer Fetzenstreifen herabhing. Er war die Nachhut der Gruppe und schützte sie vor den Hunden. Wo sie nicht gut empfangen wurden, oder das Mädchen oder ihre Mutter den Burschen nicht gefielen, schlug er mit dem *csundi* in eine Pfütze, um die Hauswand zu beschmutzen. Ein langer Stock, an einem Strick oder einer Kette gebunden, das war der *csundi*. Der Harmonikaspieler spielte vor der Küchentür, der Anführer bat das *Mädchen* zum Tanz. Der *csundis* verjagte die Hunde, der Mann mit der Heugabel ging in den Hinterhof, als hätte er dort etwas zu tun. Die Hausleute gaben ihnen Krapfen, Eier, Speck und Geld. Der Umzug dauerte bis zum späten Nachmittag. Es gab mehrere Gruppen, zuweilen wurde ein Haus nacheinander von drei bis vier Gruppen aufgesucht. Die Gaben wurden gebraten oder untereinander aufgeteilt. Abends gingen auch die Faschingsnarren zum Ball. Nach 1945 zogen die Burschen nicht mehr durch das Dorf. Im Jahre 1986 fuhren sie im Pferdewagen herum, Wein nahmen sie nicht an. Veranstalter war die Jugendorganisation.« (e. S.)

Außer den Faschingsnarren gab es in Aba am Faschingsdienstag auch andere Mummenspieler: Brautwerber, Dienstmagd, Setzlingshändler, Barbiergehilfe. Zwei Mädchen verkleideten sich, das eine als Bursche, das andere als alte Frau, und begaben sich als Brautwerber zu einem Haus mit einer heiratsfähigen Haustochter. Die *alte Frau* bat als Taufpatin des *Burschen* um ihre Hand. „Ihr kommt zu spät, der Fasching ist vorbei", erwiderten die Eltern, bewirteten aber die beiden mit Wein und Krapfen.

Die Kleinkinder werden schon beim Aussteigen aus dem Autobus von den Hühnerschlägern mit Ruß beschmiert. Moha 2007. Aufnahme von László Lukács

Zwei Burschen, der eine als Mädchen, der andere als alter Mann oder alte Frau verkleidet, erkundigten sich bei Bekannten und Verwandten, ob sie das *Mädchen* nicht als Dienstmagd anstellen wollten; sogar der Lohn wurde förmlich vereinbart. Die Hausleute, die die *Bewerber* mit Wein und Faschingskrapfen bewirteten, versuchten zum Schluss herauszufinden, wer die Beiden waren.

Zwei Burschen oder Mädchen verkleideten sich als Händler, die Setzlinge, kleine Bäumchen *verkauften*. Sie klebten oder zeichneten sich einen Schnurrbart unter die Nase. Unter dem Arm trugen sie ein Heft, den *Preiskatalog*. Von den Hausleuten nach ihrem Angebot befragt, nannten sie den Holunderstrauch oder sonstiges Unkraut.

Zwei andere Burschen verkleideten sich auf eine besonders originelle Weise. Sie gingen zum Barbier, wo sie sich als Barbiergehilfen vorstellten, die Arbeit suchten und auch ihre Arbeitsgeräte in der Tasche mitbrachten. Sie öffneten die Tasche, darin war ein grober Wandpinsel und ein Küchenmesser - zum großen Gaudium der Gäste, die für den am Abend fälligen Faschingsball sich die Haare schneiden und rasieren ließen.

Am Aschermittwoch steckten die Burschen von Aba ein verrußtes Tuch in die Hosentasche und beschmierten damit das Gesicht der nach dem Fasching ledig gebliebenen Mädchen. In Tác bewarfen die Burschen am Aschermittwoch die Mädchen mit Asche, die während der Faschingszeit nicht geheiratet hatten.

Am Faschingsdienstag zogen auch in Soponya maskierte Faschingsnarren durch das Dorf (Balogh 1969, 147). An einen ähnlichen Faschingsbrauch erinnerte sich in Sárbogárd János Huszár (geboren 1907): „Am Fastnachtstag verkleideten sich Burschen und junge, verheiratete Männer: Der Hampelmann war in Lumpen gekleidet, der Bär trug einen Pelzmantel, mit dem Futter nach außen, eine Kette um die Hüfte, und wurde von einem Burschen geführt. Er tanzte und brummte, erschreckte die Mädchen, und trug vor dem Gesicht eine Maske aus Hutfilz. Auch Lajos Huszár verkleidete sich um 1920 als Bär und hüpfte so viel, dass er vor Mü-

Die Kleinkinder werden vor dem Kulturhaus mit Faschingskrapfen und Tee bewirtet. Moha 2007. Aufnahme von László Lukács

digkeit eine Woche lang krank war. Sein Anführer war ebenfalls verkleidet und hatte das Gesicht mit Ruß oder schwarzer Schuhwichse beschmiert. Einer der Burschen trug einen Armkorb, in dem sie die Krapfen sammelten. Auch Geld und Pökelfleisch gab man ihnen und bewirtete sie mit Wein. Sie gingen von Haus zu Haus. Den Mädchen beschmierten sie das Gesicht mit schwarzer Schuhwichse. Was sie sammelten, verteilten sie untereinander." (e. S.) Auch in Sárbogárd kam der Rollentausch Mann–Frau häufig vor: Männer verkleideten sich als Frauen, und Frauen als Männer. Dazu Gergely Nagy jun. (geboren 1925): „Auch das Mädchen verkleidete sich am Faschingsdienstag als Bursche und trug Männerkleider. An den Hosenschlitz band es eine große gelbe Rübe. Die Mummenspieler gingen von einem Haus zum anderen, vor dem Gesicht hatten sie eine Maske, oder es war mit Ruß beschmiert. Um die Hüfte des Bären war eine Kette gebunden. Manchmal ging er auf allen Vieren, streckte die Zunge aus und brummte. Das Gesicht der Mädchen wurde mit Ruß beschmiert. Diese Bräuche existierten ungefähr bis 1948/1950." (e. S.) Laut 1963 erteilter Antworten auf den Fragebogen des *Atlas der ungarischen Volkskultur* bestand ein ähnliches Mummenspiel auch in Sárszentmiklós: „Am Faschingsdienstag verkleidete sich der Mann als Frau, die Frau als Mann. Andere verkleideten sich als Bär oder trugen Soldatenkleidung. Manche hatten eine Maske. Sie gingen von Haus zu Haus, um den Fasching zu begrüßen. Es gab auch Hornisten, Krämer und Rastelbinder. Eine Gruppe bestand aus sieben bis acht Personen. Sie sagten auch Verse auf. Von den Hausleuten bekamen sie einige Heller und Faschingskrapfen. Die Spenden wurden verzecht. Der Brauch ist zwischen den beiden Weltkriegen ausgestorben." (Sammlung von Erzsébet Sergő. Datensammlung des Instituts für Volkskunde der Ungarischen Akademie der Wissenschaften, Budapest)

Ähnliche Erinnerungen hat in Sárszentmiklós auch Jánosné Vincze Julianna Gráczer (geboren 1893): „In meiner Kindheit gab es sie noch, die Bärenführer. Die zogen sich allerlei Masken an und gingen so durch das Dorf [...]. Einer war mit einem Pelz als Bär verkleidet, ein Mann trug Frauenkleider, ein anderer Soldatenkleidung. Es gab auch einen Krämer, der Papierbänder verkaufte. Das war das Erlebnis am Faschingsdienstag." (Balogh 1969, 154.) Am Aschermittwoch bestreuten die Burschen auch in dieser Ortschaft die Mädchen mit Asche.

Auch beim »Affenspiel« (*majmozás*) in Alap war ein Teilnehmer als Bär verkleidet. Am Faschingsdienstag gingen die kostümierten Burschen von Haus zu Haus und trieben, begleitet von Harmonika-, Zither- und Stabreibtrommelmusik, allerhand Unfug. Als allgemein beliebte Szene galt der Bärentanz: Ein Bursche trug einen Pelz mit dem Futter nach außen, und um die Hüfte eine Kette, an der ihn ein anderer führte. Auch die Drehorgel-Szene wurde oft aufgeführt: Eine Kiste wurde auf einem Karren befestig und ein Harmonikaspieler hineingesetzt. Mit dieser *Drehorgel* zog man von Haus zu Haus, drehte zur Schau an einer Kurbel an der Seite der Kiste, worauf aus dem Inneren Musik ertönte. Die Spieler bekamen Geld und Krapfen, die ein als Zigeunerkind verkleideter Bursche einsammelte. In Alap starb der Brauch um 1940 aus.

Am Faschingsdienstag trafen die Burschen in Vajta bei einem Haus zusammen, wo sie sich insgeheim verkleideten: als Bräutigam, Braut, Brautführer, Kranzljungfrau, Hampelmann und Bär. Die komische Schar der *Hochzeitsgäste* zog zu den Klängen einer Ziehharmonika durch das Dorf, unterwegs küssten sich die Braut und der Bräutigam recht oft. Von Zeit zu Zeit hockte sich die Braut vor den Misthaufen, um – zum schallenden Gelächter der anderen – zum Schein ihre Notdurft zu verrichten. Dem in der Bärenrolle agierenden Burschen wurde ein Strohseil um die Hüfte gebunden, daran war eine Kette befestigt, an der er geführt wurde. Oft ging er auf allen Vieren. Die Hampelmänner trugen zerfetzte Kleider, hatten ihre Gesichter mit roter Farbe beschmiert und sprachen mit veränderter Stimme. Zwei Hampelmänner trugen am Arm einen Korb, in ihn wanderten die Eier, die sie bei Häusern mit heiratsfähigen Mädchen erhielten. Sie bekamen auch Würste, Krapfen und Wein, den sie in Korbflaschen einsammelten. Im Hof wurde mit der Haustochter getanzt.

In Előszállás verkleideten sich bis zum Zweiten Weltkrieg am Faschingsdienstag selbst verheiratete Männer als Faschingsnarren. In den 1950er Jahren waren nur mehr kleinere Kinder an diesem Tag am Maskenspiel beteiligt. Um 1920 erschien ein Mann in einem Strohkleid. Sogar die Wagenräder waren mit Stroh umflochten. Man spannte einen Gaul vor einen Handkarren in dem zwei maskierte Figuren saßen. Wenn der Strick riss, blieb der Wagen mit den beiden Narren zur lebhaften Erheiterung der übrigen zurück. Die *musikalische* Begleitung lieferten ein Stabreibtrommel-, ein Zither- und ein Harmonikaspieler sowie zwei weitere *Musikanten*: einer, der mit dem Kettenstock schepperte, und ein anderer, der alte Blechtöpfe aneinander schlug. Sie trugen einen umgekehrten Hirtenmantel und hatten Bart und Schnurrbart angeklebt. Der Bär trug einen schlechten Pelzmantel mit dem Futter nach außen sowie eine bemalte Maske aus Leinenstoff. Um die Hüfte hatte er zwei Ketten gebunden, je acht bis zehn Meter lang, an der ihn zwei Männer führten. Der eine hatte einen Stock, der andere eine Riemenpeitsche, damit schlugen sie abwechselnd auf den Bär ein, damit er tanzte. Auch als Zigeuner verschiedenen Geschlechts und Alters verkleidete Faschingsnarren saßen in den Wagen. Die *Kinder* rauchten Zigaretten oder Pfeife, die *Zigeunerin* sprang vom Wagen, um zu betteln. Bis zu sechs solcher Gruppen zogen durch das Dorf. Ein als Frau verkleideter Teilnehmer trug am Arm einen Korb, in den die Gaben der Hausleute – Eier, Speck, Wurst – getan wurden. Sie bekamen auch Geld. Im Hof tanzten sie mit den Mädchen und Frauen des Hauses. Die Drehorgel-Szene wurde auch in Előszállás vorgeführt. Hier musi-

Ein Mann bewirtet die Kleinkinder vor seinem Haus. Moha 2007. Aufnahme von László Lukács

zierte der Harmonikaspieler aus einem hausförmigen Hühnerstall, der auf Rädern von Haus zu Haus gezogen wurde. Am Abend wurde mit dem gesammelten Geld im Wirtshaus oder bei einem Haus eine Unterhaltung veranstaltet. „Der Faschingsdienstag galt als echter Feiertag", erinnerte sich István Ferenczi (geboren 1900). Auch die Burschen von Dunapentele verkleideten sich am Faschingsdienstag als Mädchen beziehungsweise Bär. Auf der Straße wurden sie mit Zithermusik begleitet. Die Musikanten banden sich hinten einen Federwisch an die Hose, der unterwegs, zur allgemeinen Heiterkeit, ständig wackelte.

In Enying suchten die reformierten Burschen in Gruppen von acht bis zehn Personen die Häuser mit heiratsfähigen Mädchen auf. In der Tasche oder einem Säckchen nahmen sie Asche mit und streuten sie auf die Köpfe der Mädchen. Anschließend gingen sie mit ihnen in den Weingarten, wo sie sich im Kelterhaus bis zum Abend unterhielten. In Lajoskomárom nahmen die Burschen am Aschermittwoch das Innere eines Stück Maisstrohs raus, füllten es mit Asche und bestreuten damit die Mädchen. Von den Faschingsbräuchen in Csór berichtete Kálmán Vakarcs anhand seiner Sammlung aus den Jahren 1951 bis 1952: „Bislang hielt das Volk den Faschingsdienstag für einen Narrentag. An diesem Tag haben die Frauen gewöhnlich Krapfen gebacken, die sie dann auf den Weinberg ins Kelterhaus trugen, wo auch sie das Faschingsende feierten. Am Aschermittwoch bestreuten die Burschen die Mädchen mit Asche, worauf sie dann bewirtet wurden." (Vakarcs 1953, 37.)

Aus Dunaföldvár, in dem zum Komitat Tolna gehörenden Teil des Mezőföld-Gebietes, ist das Aschestreuen der in Stroh und mit Fetzenschleifen umnähten, hausgemachten Leinenkleidern vermummten Gestalten am Faschingsdienstag aus der Zeit vor dem Ersten Weltkrieg bekannt (Szilágyi 1998, 60-63).

Im Komitat Weißenburg waren verschiedene Faschingsbräuche auch in den Dörfern mit deutscher oder slowakischer Bevölkerung üblich. In Isztimér, im Bakonyerwald, erinnerte sich Ferenc Müllner (geboren 1916) an die Umtriebe der deutschen Burschen und Mädchen am Faschingsdienstag beziehungsweise Aschermittwoch wie folgt: „Die Burschen zogen Frauenkleider, die Mädchen Männerkleider an. Sie trugen schlechte, zerlumpte Kleider, zogen sich einen Strumpf vor das Gesicht oder beschmierten es mit Ruß. Die als Frauen verkleideten Burschen trugen ein großes Wolltuch und eine Schürze, manche bastelten sich aus Fetzen sogar Busen zurecht. Man nannte sie die Faschingsnarren, sie waren 16 bis 20 Jahre alt. Am Faschingsdienstag gingen auch die Faschingsnarren zum Ball, wo sie die Mädchen zum Tanz aufforderten. Das als Bursche verkleidete Mädchen bat ein wirkliches Mädchen zum Tanz; das Mädchen lief davon. Im Wirtshaus wurde der Faschingsnarr erwischt, man zog ihm die Hose herunter, um zu prüfen, ob es ein Junge oder ein Mädchen war. Dabei wurde viel gelacht. Am Aschermittwoch gingen die Burschen zu Häusern mit heiratsfähigen Mädchen, um Eier zu sammeln. Sie wurden mit Wein und Krapfen bewirtet. Fünf bis sechs Burschen gingen auf einmal, zwei bis drei plauschten mit den Mädchen und Frauen des Hauses, die anderen gingen zum Hühnerstall und holten die frischen Eier. Sie holten sich so viel, um nachher von der Wirtin daraus eine Eierspeise und auch Wein zu bekommen." (e. S.) Es ist bemerkenswert, dass das Eiersammeln, das als eine Analogie des Hühnerschlagens in Moha anzusehen ist, auch bei der deutschen Bevölkerung von Isztimér üblich war. Allerdings war hier der Brauch auf zwei Tage aufgeteilt: Am Faschingsdienstag fand das Maskenspiel mit den Faschingsnarren statt, am Aschermittwoch das Eiersammeln. Als Erklärung des Eiersammelns erfuhr der Verfasser in Isztimér, dass die Mädchen auch hier kein Eintrittsgeld zum Faschingsball zahlen mussten. Mit den Eiern vom Aschermittwoch wollten die Mädchen und jungen Frauen den Burschen die Veranstaltungskosten des Balles erstatten.

Vor dem Zweiten Weltkrieg zogen die deutschen Burschen von Pusztavám am Morgen des Aschermittwochs verkleidet und mit verrußtem Gesicht als Faschingsnarren durch das Dorf. Vor ihnen marschierte das Blasorchester. Sie gingen in jedes Haus, wo es heiratsfähige Mädchen gab, und beschmierten diese mit Ruß. Die Mädchen steckten Krapfen auf die langen Stöcke der Faschingsnarren und bewirteten sie mit Speisen und Getränken. Die Musikanten bekamen bei jedem Haus Wein, den sie in Korbflaschen einsammelten. Die Faschingsnarren trieben auch auf der Straße allerlei Unfug, beschmierten die Mädchen mit Ruß und führten lustige Szenen auf. Ein tanzendes Puppenpaar – Hänsl und Gretl – wurde auf Wagenräder befestigt und so durch die Straße gezogen (Horák 1977, 171).

Im deutschen Dorf Gánt im Schildgebirge erinnerte sich Mária Molnár (geboren 1916) an die Faschingsnarren: „Am Faschingsmontag verkleideten sich die Burschen als Zigeuner, die Männer zogen Frauenkleider an, bemalten ihr Gesicht mit roter Farbe und trugen einen Korb am Arm. Die Begleitung gaben ein Trompeten- und ein Harmonikaspieler. Sie verkleideten sich auch als Zigeunerinnen und bestreuten ihr Gesicht mit Puder. Sie gingen zu Bekannten, wo es heiratsfähige Mädchen gab, sie sangen und tanzten. Die Hausleute bewirteten sie mit Krapfen, Sulz, Wurst." (e. S.) Die Faschingsnarren trieben auch manchen Schabernack. Da wurden die Beine eines Esels zusammengebunden und der Esel in einen Hühnerstall geschoben; das Dach des Hühnerstalles wurde entfernt, und der Esel guckte durch die Öffnung heraus. Alle lachten. In einem gemeinsamen Hof wurden etwa zwei benachbarte Küchentüren mit einem Strick fest zusammengebunden, so dass die Hausleute aus keiner Küche herauskommen konnten. Oder: Falls die Hausfrau nicht aufpasste, versteckten die Faschingsnarren in der Küche Gefäße, Küchengeräte und Lebensmittel. Die Hühner sperrten sie im Hühnerstall ein, so dass diese nach dem Eierlegen nicht herauskommen konnten.

Gäste mit rußbeschmiertem Gesicht. Moha 2007. Aufnahme von László Lukács

Auch in Szár zogen die verkleideten Faschingsnarren am Faschingsdienstag von Haus zu Haus, überall bekamen sie Würste, Presswurst, Krapfen und Wein. Die Krapfen steckten sie auf einen Spieß. Auch hier zogen sie die tanzenden Puppen, Hänsl und Gretl, auf Wagenrädern mit sich. Aus Újbarok, einem Dorf mit gleichfalls deutscher Bevölkerung, sind die ehemaligen Umtriebe der Faschingsnarren ebenfalls bekannt.

In Hercegfalva gingen die deutschen Burschen am Aschermittwoch zu den Häusern mit heiratsfähigen Mädchen. Sie nahmen schwarze Schuhwichse oder Ruß mit und beschmierten die Gesichter der Mädchen. Überall wurden sie mit Wein bewirtet.

In Bakonycsernye erzählte János Nyevrikel (geboren 1895) vom Aschestreuen (slowakisch *popelili*). Am Aschermittwoch zogen verkleidete Burschen durch das Dorf, mit einem rußigen Federwisch am Hut. In der Tasche trugen sie in einem Säckchen Asche und bestreuten damit die Passanten. Sie gingen zu Häusern mit heiratsfähigen Mädchen und streuten ihnen Asche auf den Kopf. Sie bekamen dafür Eier, Pökelfleisch und Würste. Die erhaltenen Lebensmittel wurden im Haus eines Burschen zubereitet und verzehrt. Man trank dazu und unterhielt sich. Über weitere Faschingsbräuche berichtete László Kardos Folgendes: „Am Aschermittwoch schleppten Burschen zuweilen auch einen Sack Spreu oder Asche mit sich und bestreuten den Pfad der Liebespaare vom Haus des Burschen bis zu dem des Mädchens – und dies mit besonderer Vorliebe, wenn der Pfad geheim war. Sie trieben allerlei Unfug: Sie hängten die kleine Eingangstür ab und trugen sie fort, sie banden einen Holzklotz an die Türklinke oder beförderten die Egge auf das Hausdach. Bei Tanzunterhaltungen streuten sie Ruß in die Musikinstrumente, entkleideten gelegentlich den jüdischen Greißler (Krämer), warfen als abgewiesene Liebhaber faule Eier an die Hauswand der kaltherzigen Geliebten und sangen gar weltliche Lieder auf der Straße. Manchmal stopften sie einen Pferdeschädel mit Stroh aus und taten ihn auf das Hausdach, so dass er am Faschingsdienstag und Aschermittwoch von dort herabgrinste." (Kardos 1976, 31.)

Über das Faschingseiersammeln der slowakischen Burschen in Oroszlány, im Komitat Komárom, berichtet in ihrer preisgekrönten Schrift Alíz Ugrik: „Am letzten Faschingsdienstag hatten die Jugendlichen eine große Feier. Am nächsten Tag – Aschermittwochmorgen – haben sich die Burschen, noch im mehr oder weniger illuminierten Zustand, in Kostüme verkleidet, ihr Gesicht mit Stier- oder Teufelsmasken verdeckt oder es mit Ruß beschmiert, ihre Schulter mit Röcken und Fetzen bedeckt oder sich als Schornsteinfeger ausgegeben. Dann sind sie mit Gesang, Zither-, Pfeifen- und Harmonikamusik die *Hühnerställe fegen* gegangen. Manche hatten einen Sack voll Asche bei sich, mit dem sie die Passanten bestäubten. Sie klopften an die Häuser mit Töchtern und sagten folgendes Gedicht auf:

Kocur sedi na slanine
Hibajte ho žehnat'.
Rezte, rezte, rezte,
Len sa ne porezte
Podšej mi kus masa odrezte.

[Ein Kater sitzt auf dem Speck,
geht und jagt ihn fort.
Schneidet, schneidet, schneidet
Das Fleisch, aber nicht euch selbst
Und gebt uns auch
Ein großes Stück Fleisch ab.]

Währenddessen herrschte im Haus großer Schreck. Die Hausbewohner mussten die Gruppe sofort mit Eiern, Speck, Wurst und Kuchen bedienen, sonst hätte diese *Hühnerräuberbande* mit gefiederten Hüten den Hühnerstall wirklich von Eiern, Hennen und allem Erreichbaren leergefegt. Die alkoholfrohen Burschen klauten manchmal sogar faule Eier oder den Schinken vom Räucherbrett; an diesem Tag hatten sie freie Bahn fürs Rauben. Das Transportieren der Speisen hatte auch seine Tradition. Dazu hatte man beim Schmied eine etwa einen oder eineinhalb Meter lange Eisenstange anfertigen lassen, das war das *Eisenrozsnyó*. Das eine Ende der Stange hatte eine herzförmige Spitze, das andere Ende war zu einem Griff gebogen. Darauf wurde Schinken und Speck aufgespießt und Wurst daran gehängt. Zuletzt hat man auch an das spitze Ende einen schalenartigen Griff montiert und das Essen so durch das Dorf transportiert. Vor ungefähr 40 Jahren lebte hier ein Bauer und Eselinhaber, der *Eseljanak*, in dessen Karren man früher die Körbe mit den Eiern und Kuchen gesammelt hatte. Nachdem die Burschen das ganze Dorf *geplündert* hatten, veranstalteten sie in der Kneipe zu Czermann ein großes Festmahl. Zutaten hatten sie reichlich, sie hatten ja 200-300 Eier gesammelt. Die Fröhlichkeiten dauerten oft auch am nächsten Tag an." (Ugrik 1965, 5-6.) Nach dem Zweiten Weltkrieg ist dieser Brauch infolge des Aufschwungs des Kohlenbergbaus und der Verwandlung zur Stadt verschwunden (Végváriné Babirák 1999, 381-382).

Ferenc Pavlik (geboren 1912) aus Sóskút erinnerte sich an die Maskenspiele der slowakischen Burschen: „Am Vormittag des Aschermittwochs gingen zwei Burschen – der eine als Mann, der andere als Frau gekleidet zu den Häusern mit heiratsfähigen Mädchen und forderten ihren Lohn für die Faschingstänze. Da kam es schon vor, dass man die Mutter beleidigte, weil ihre Töchter im Fasching nur

Zwei japanische Damen mit rußbeschmiertem Gesicht. Moha 2007. Aufnahme von László Lukács

selten oder überhaupt nicht zum Tanz gebeten worden waren, und daher war sie nicht gewillt, den Beiden Eier zu geben. Wo dies geschah, gingen einige Burschen während des Gesprächs mit Mutter und Tochter zum Hühnerstall und in die Speisekammer und holten Eier beziehungsweise Würste und Pökelfleisch. Gelegentlich nahmen sie mit den Eiern auch gleich die Henne mit. Die beiden Verkleideten trugen Masken vor dem Gesicht; beide hatten einen Stock, der *Bursche* trug den Korb. Unterwegs wurde das *Mädchen* - zum Schein freilich - geneckt und begrapscht. Wenn der Korb voll war, brachte ihn der *Bursche* ins Wirtshaus, wo die Eier gezählt wurden. Die anderen Burschen begleiteten die Verkleideten mit lautem Gesang. In jedem Haus wurden sie mit Wein und Schnaps bewirtet." (e. S.)

In zahlreichen westlichen und nördlichen Teilen des ungarischen Sprachgebietes (Plattensee-Oberland, Obere Wart im Burgenland, Große Schüttinsel, nördlicher Teil der Kleinen Ungarischen Tiefebene, Zobor-Gegend, Umgebung von Erlau [Eger]) sind verschiedene Faschingsbräuche bekannt (Gabensammlung, Mummenspiele, Beschmieren mit Ruß, Bestreuung mit Asche), die als Analogien der aus dem Komitat Weißenburg geschilderten Bräuche anzusehen sind und ursprünglich Fruchtbarkeit, Wohlstand, Gesundheit herbeizaubern sollten (Jókai 2001, 109-112; Liszka 1990, 105-126; Liszka 2003, 305-326; Marczell 1997, 23-26; Nagy 2006, 120-122; Paládi-Kovács 1968, 241-252; Ujváry 1975, 14-35; Ujváry 1983, I, 55-62; Ujváry 1990, 23-35; Verebélyi 1999, 697-705).

Das maskierte Umziehen und das Gabensammeln zu Fasching waren auch im Bakonyerwald und im Plattensee-Oberland verbreitet. In den Dörfern des Káler-Beckens im Komitat Veszprém haben die Burschen schon am Faschingsmontag die Häuser mit Mädchen besucht und Eier, Schinken für die Festlichkeiten am Faschingsdienstag gesammelt. In Nemesvámos und Nemesgörzsöny haben maskierte Burschen Wurst, Kuchen und Wein gesammelt. In Csíkvánd haben die maskierten Spendensammler die Faschingskrapfen aufgespießt. In Nagyvázsony wurden diese Spenden im Rahmen eines maskierten Umzugs gesammelt, welches in Gyulafirátót Hühnerschlagen (*tikverőzés*) genannt wurde, genauso wie in Moha (Lackovits 2000, 114). Im Kapitel zur Volkskunde ihrer Geschichtsmonografie über Csopak hat Emőke Lackovits auch das Hühnerschlagen erwähnt: „Am Faschingsdienstag schlugen sie die Hühner [...]. An diesem Tag haben sich zwei Burschen verkleidet, der eine als Mädchen, der andere als Bursche, so dass niemand sie erkennen konnte. Sie haben die Häuser besucht und die Hühner gefangen, wofür sie als Spende Eier

Maskierte Figuren am Faschingsdienstag (Völgyifalu, Kom. Zala, Dolina pri Lendavi)

bekamen, die sie im Korb am Arm des *Mädchens* sammelten. Sie waren immer zu zweit. Sie haben auch nette Reime aufgesagt, woran sich aber schon niemand mehr erinnerte. Aus den Eiern haben die Burschen dann Rührei gemacht, das sie dann gemeinsam zu Abend verspeisten. Die Sitte wurde auch anderswo im Plattensee-Oberlandgebiet praktiziert, zum Beispiel in Paloznak und Tótvázsony." (Lackovits 1997, 574-575.) Die Burschen in den von Deutschen bewohnten Dörfern des Komitats Veszprém (Pula, Vöröstó, Kolontár) haben die Spenden auch auf diese Weise gesammelt (Lackovits 2000, 114-116).

Zoltán Kepe, Mitarbeiter des Museums von Alsólendva hat mir ein schönes Archivfoto über die maskierten Figuren an Faschingsdienstag aus Völgyifalu (Kom. Zala, Dolina pri Lendavi) zugeschickt. In seinem Brief hat er folgendes über den Faschingsbrauch in Völgyifalu geschrieben: „In unserem Gebiet war die sog. Maskierung (ung. *maskurázás*) der meist verbreitete Faschingsbrauch. An diesem Tag haben sich am Vormittag die Kinder und Jugendliche, am Nachmittag die älteren Männer und Frauen maskiert und die Häuser besucht. Die maskierten Leute wurde Maskura genannt. Die beste Maskura war die Verkleidung, die die Identität ihres Trägers völlig verborgen hat und eher verblüffend, schreckhaft oder witzig war. Es war Brauch den Maskuren Krapfen und Wein anzubieten, doch sie passten beim Essen auf, sich nict erkennen zu lassen. Die ältesten traditionellen Maskuren in diesem Gebiet waren der Strohbär, der Drahtslowake, die Zigeunerin und die falschen Hochzeitspaare. Dieser Brauch hat sich in den 1970-80er Jahren verändert, die Mas-

Das Eiersammeln am Faschingmontag in Alsóőr/ Unterwart, 1982

kuren gingen nicht alleine oder in kleinen Gruppen von Haus zu Haus, sondern veranstalteten Faschingsumzüge und marschierten so über die Straßen der Dörfer."

In Mihályi im Komitat Sopron (Ödenburg) ist der Umzug der Burschen zu Faschingsdienstag noch heute Brauch. Dieser Umzug wird von zwei Burschen in traditioneller ungarischer Kleidung angeführt, gefolgt von dem sich als Mädchen ausgebenden Jungen, dem Bräutigam, der triefäugigen Hexe, dem slowakischen Rastelbinder, dem Burschen mit einem Sack voll Asche, dem Jungen mit Sack voll Ruß und zwei Faschingsnarren. Sie besuchen alle Häuser, tanzen in den Höfen und auf der Straße zur Harmonikamusik und beziehen auch die Damen der Häuser in den Tanz mit ein. Die Faschingsnarren jagen, die Sackleute schmieren die Kinder, die die Gruppe begleiten, mit Asche und Ruß ein. Bis zum Nachmittag besuchen sie alle Häuser und bekommen Krapfen und Geld dafür. Der Faschingsumzug in Mihályi wird mit dem Faschingsball am Abend abgeschlossen (Timaffy 1991, 172).

In dem zu Kőszeg gehörenden Kőszegfalva im Komitat Vas (Eisenburg) hat die deutsche Bevölkerung den Fasching bis Ende der 1960er Jahre in drei Altersgruppen gefeiert: Die *Mingen* umfassten die 13-15jährigen, die *Stazen* die 16-18jährigen, die *Krosen* die älteren Leute. Zwei Männer (Jungen) waren aus jeder Gruppe als Faschingsnarr verkleidet, während die anderen Mitglieder der Gruppen sie von Haus zu Haus begleiteten. Zwei von ihnen nahmen einen etwa anderthalb Meter langen Eisenspieß (den *Spiz*) mit, auf den das erhaltene Essen (Speck, Fleisch, Wurst) aufgespießt wurde. Die zwei Narren waren entweder als Mann oder als Frau verkleidet. Der Mann zog sich eine weiße ungarische *Gatya*-Hose, Hemd und Hut an. Seine zugeschnürten Hosenbeine wurden mit viel Stroh ausgestopft, an seinen Hintern wurde ein Schwanz aus Stroh gebunden, in den Händen hielt er einen Besen, und sein Gesicht wurde in Vorhangreste eingewickelt, die beim Mund und bei den Augen durchlöchert waren. Das *Mädchen* trug auch eine weiße Hose, weißes Hemd, weißen Rock sowie ein Kopftuch oder einen Frauenhut. Es hatte einen Busen aus Fetzen und einen weißen Vorhang vor dem Gesicht. Sie wurden mit Musik von einem Haus zum anderen begleitet, wo sie allerlei Schabernack trieben, den Hausbewohnern zutranken und mit dem geschenkten Selchfleisch davongingen. Auf der Straße hetzten sie die zuschauenden Kinder und Erwachsenen, warfen sogar mit dem Besen nach ihnen und unterhielten sie mit pikantem, witzigen Gebärdenspiel und ließen sie sogar an den Streichen teilnehmen. Ein Teil des Fleisches wurde gemeinsam verzehrt, der Rest gehörte den Musikanten. Der Fasching wurde auch in Kőszegfalva am Dienstag mit dem Faschingsball in der Kneipe beendet (Horváth 1985, 1-2).

Das Eiersammeln zu Fasching ist auch bei den Deutschen und Ungarn im Burgenland bis heute erhalten geblieben. Der österreichische Fernsehsender ORF hat 1969 mit wissenschaftlicher Beratung von Károly Gaál einen volkskundlichen Film über diesen Brauch im südburgenländischen Góborfalva (Goberling) aufgenommen. Hier sammeln die Burschen bei den Häusern nicht nur Eier, sondern auch Wurst, Speck, Selchfleisch und sogar Hühner, die sie dann an einem Spieß auf ihren Schultern tragen. Die im wahrsten Sinne des Wortes *Hühnerschlagen* genannte Szene kann im Film beobachtet werden: Die Burschen erschlagen eine Henne mit einem Stock, köpfen sie mit einer Axt und lassen sie von der Wirtin braten.

Das Eiersammeln der ungarischen Burschen in der Oberen Wart ist nicht so blutrünstig. In Alsóőr (Unterwart) werden die Faschingsfeierlichkeiten hauptsächlich von Burschen organisiert, die den Militärdienst schon absolviert haben. Sie werden *Heuer* genannt, weil sie den Faschingsball organisieren und dazu das Orchester anheuern. Am Faschingssonntag organisieren sie einen Ball im Gemeindewirtshaus, am Faschingsmontag gehen vier *Heuerburschen* mit ihren Körben von Haus zu Haus, um Eier, Krapfen und Selchfleisch zu sammeln. Sie tragen festliche Kleidung, weiße Schürzen und Hüte. Ihre Kleider, Axtstöcke und Körbe sind mit künstlichen Blumen geschmückt. Früher war das Schmücken eine Beschäftigung der Mädchen, der Geliebten der Heuer, aber in den 1970er Jahren wurde diese Aufgabe der alten Dame Rozália Csulok übertragen. Ihre Gruppe wurde von den zwei oder drei in Lumpen gekleideten, rußgesichtigen, Besen haltenden Vermummten, den *Szurvas* begleitet. Diese hatten oft eine Strumpfhosenmaske am Gesicht und ein Strohseil oder eine Kette um die Hüften. Einige von ihnen trugen zerlumpte Frauenkleider. Die *Szurvas* sind Faschingsnarren, die am Faschingsmontag alles dürfen: Sie dürfen mit dem Besen herumschlagen, die Frauen umarmen, betatschen, sogar küssen oder Eier aus den Hühnerställen und den Besen aus den Küchen klauen. Die Eiersammlergruppe der *Heuer* und *Szurvas* wurde vor dem Zweiten Weltkrieg von Zigeunermusikanten, später von einem *Ziehmusikanten* (Harmonikaspieler) begleitet. Am Faschingsmontag verließen sie das Gemeindewirtshaus, wo die *Heuer* von Faschingssonntag bis Aschermittwoch einen Tisch ganz für sich alleine gehabt hatten, um acht Uhr in der Früh und besuchten jedes Haus. Die *Heuer* tanzten eine Runde mit den Mädchen des Hauses zur Musik des *Ziehmusikanten*, während die *Szurvas* die Eier (auch aus den Hühnernestern) *abstaubten* und sie in den Korb des *Heuers* legten. Die Frauen haben mit fünf bis vierzig Eiern oder Geld ihre Teilnahme an der von den *Heuern* organisierten Feier am Faschingsdienstag bezahlt, denn nur Männer mussten wirklich Eintritt bezahlen. Die Eier wurden von Händlern gekauft, und die Burschen hatten den Erlös oft schon am Montagnachmittag in der Kneipe ausgegeben. Manchmal streiften zwei Gruppen gleichzeitig durch die Straßen, um früher fertig zu werden (Gaál 333-334; Lukács 1992, 51-53).

Das Eiersammeln am Faschingsmontag ist in Alsóőr noch heute Brauch. Von den Veränderungen in den letzten Jahrzehnten hat Géza Kós 1981 dem Verfasser Folgendes erzählt: „Der Fasching zu meiner Zeit ist mit dem der Gegenwart nicht zu vergleichen, denn früher waren wir Dorfleute immer zu Hause, während heutzutage die Jugend schon arbeiten geht. So werden die Faschingsfeierlichkeiten von Sonntag auf Samstag verschoben, weil die Jugend am Montag schon früh arbeiten geht. Vielleicht wird am Dienstag noch ein wenig gefeiert, aber nur die Kinder und alte Leute haben Zeit dazu, die Jugend geht ja arbeiten. Die Heuer sind heutzutage Fußballspieler, und die gehen noch immer Eiersammeln, bekommen aber eher Geld als Eier." Im Jahr 1982 sind auch die *Szurvas ausgestorben*: Auf einem damaligen Foto sind nur vier *Heuer* und der *Musikant* zu sehen.

In Őrsziget (Siget in der Wart, Kom. Vas) haben die Burschen in den 1930er Jahren von Faschingssonntag bis Aschermittwoch im Gasthof gefeiert. Am Aschermittwoch haben dann sieben bis zehn Burschen mit Musikbegleitung die Häuser aufgesucht, um Eier und Selchfleisch zu sammeln, mit den Frauen eine Runde zu tanzen und dafür mit Schnaps bewirtet zu werden. Die gesammelten Eier und der Speck wurden von der Wirtin den Burschen als Abendessen zubereitet. Der Brauch des Eiersammelns lebt in Őrsziget noch heute. 1981 wurden die sechs Eiersammler von Ernő Pathy, Kommandant der freiwilligen Feuerwehr, begleitet. Sie brauchten zwei Eisenspieße, um das viele Selchfleisch transportieren zu können. Das Fleisch und ein Teil der Eier wurden von der Wirtin gebraten. Die Eiersammler feierten und tanzten bis zum Nachmittag des Aschermittwochs in der Kneipe.

In Répcekethely (Mannersdorf an der Rabnitz, Kom. Sopron) veranstalten die Burschen das Eiersammeln heutzutage nicht mehr am Faschingsmontag und Aschermittwoch, sondern am darauffolgenden Donnerstag. Von den Mädchen bekommen sie nicht nur Eier, Krapfen oder Kuchen, sondern auch Fett und lebendige Hühner, die sie dann im Gasthaus während der abendlichen Feier verzehren (Schmidt 1969, 138; Petrei 1972, 41).

Die Spendensammelstimmung der burgenländischen Burschen zu Fasching wird in dem für die erste Klasse der burgenländischen ungarisch sprachigen Volksschulen 1953 herausgegebenen Lesebuch treu widergegeben: „Fasching ist angesagt! Ah, was für ein lustiges Fest der Fasching ist! Mutti bäckt Krapfen und allerlei Küchlein, einige schräg gekleidete Burschen mit langnasigen Masken im Gesicht gehen von Haus zu Haus, treiben Unfug und jedermann lacht über sie. Sie singen, musizieren und tanzen, bei jedem Haus erhalten sie Krapfen, Speck und Wurst. Viele Kinder rennen hinter ihnen her. Sie kommen nur am Abend nach Hause. Mit Ernő kann ich kein vernünftiges Wort reden, denn er imitiert ständig den Faschingsnarr." Diese Bräuche gehörten auch zum Brauchtum der benachbarten österreichisch-deutschen, slowenischen, kroatischen und slowakischen Sprachgebiete (Schmidt 1969, 133-171; Schmidt 1972, 187-188; Grieshofer 1974; Kuret 1965, 11-18; Gavazzi 1988, 11-22; Andrić 1994, 477-489; Horváthová 1986, 139-156). Erwähnt sei hier nur das Spendensammeln in der Steiermark, das große Ähnlichkeit mit dem Hühnerschlagen in Moha aufweist. Das maskierte Spendensammeln der Burschen zu Fasching existiert auch in der Oststeiermark, nur unter dem Namen *Fleischsammeln*, weil die Burschen Eier und Selchfleisch sammeln, das sie nach der Feier um Mitternacht verzehren. In seinem Buch über die festlichen Bräuche der Steiermark hat Sepp Walter ein Foto von einem sich als Frau ausgebenden Vermummten samt seinem Armkorb mit Eiern in Unterrohr (Bezirk Hartberg) veröffentlicht. In der Gemeinde Sparberegg (Bezirk Hartberg) ist immer ein Rauchfangkehrer bei der Spendensammlung dabei, der ein wenig Ruß vom Küchenofen nimmt und damit die Mädchen beschmiert. Ein anderes Mitglied der Gruppe ist als *Fuchs* verkleidet und jagt die Hennen auf dem Hof, weswegen er von der Hausfrau immer aus dem Haus befördert wird. Der sich als *Oaweibl* verkleidete Bursche bekommt aber ein halbes Dutzend Eier. Das 1963 in Lindegg (Bezirk Fürstenfeld) gemachte Foto zeigt, dass am Kleid des verkleideten Zigeuners genau solche Fetzenschleifen hängen wie am Kostüm des Faschingsnarren beim Hühnerschlagen in Moha (Walter 1997, 80-86).

[Die Studie ist sowohl in ungarischer als auch in deutscher Sprache erschienen:
Lukács, László: *A mohai tikverőzés. Farsangi alakoskodó, adománygyűjtő népszokások a Dunántúlon*. Alba Regia XXXVII. 2008. 93-106. Székesfehérvár
Lukács, László: *Das Hühnerschlagen in Moha und andere traditionelle Faschingsumzüge in Westungarn*. Ungarn-Jahrbuch. Zeitschrift für interdisziplinäre Hungarologie. XXX. 2011. 119-157. Regensburg]

Literatur

ANDRIĆ, Jasna
1994 *Busójárás, busók* [Buscholauf, Buscholäufer. Faschingskarneval der Kroaten]. Ethnographia CV. 477-489.
BALOGH, Lajos
1969 *Nyelvjárási szövegek* IV. *A Dunántúl középső része* [Dialekttexte aus Mittel-Transdanubien]. Magyar Nyelvjárások XV. 143-156.
BAUSINGER, Hermann
1983 *Für eine komplexere Fastnachtstheorie*. Jahrbuch für Volkskunde VI. 101-106.
BOD, Péter
1757 *Szent Heortokrátes avagy a' keresztyének között elő-forduló innepeknek és a' rendes kalendáriomban feljegyeztetett szenteknek rövid historiájok* [Sankt Heortokrates. Christlicher Festkalender und kurzes Legendarium]. Oppenheim
GAÁL, Károly
1977 *Zur Volkskultur der Magyaren in der Wart.* Die Obere Wart. Hg. Ladislaus TRIBER. 321-235. Oberwart
GELENCSÉR, József
1988 *Tikverőzés a Móri-árokban* [Hühnerschlagen im Moorer Tal]. Fejér Megyei Hírlap XLIV. 37. 7.
1991 *Busók a Dráva menti sokácoknál* [Buscholäufer bei den Schokazen (Kroaten) an der Drau]. A dunamenti népek hagyományos műveltsége. Tanulmányok Andrásfalvy Bertalan tiszteletére. Hg. Péter HALÁSZ. 429-434. Budapest

GELENCSÉR, József – LUKÁCS, László
1991 *Szép napunk támadt. A népszokások Fejér megyében* [Unser schöner Tag ist entstanden. Die Volksbräuche in Komitat Weißenburg]. Székesfehérvár
GRIESHOFER, Franz
1974 *Faschingsbrauchtum.* Österreichischer Volkskundeatlas. 5. Lieferung. Wien
HAJDÚ, Mihály – KÁZMÉR, Miklós
1974 *Magyar nyelvjárási olvasókönyv* [Ungarisches Dialektlesebuch]. Budapest
HARVOLK, Edgar
1983 *Zur Internationalität von Fastnachtsbräuchen.* Jahrbuch für Volkskunde VI. 85-87.
HORAK, Karl
1977 *Das deutsche Volksschauspiel in Mittelungarn.* Marburg
HORVÁTHOVÁ, Emília
1986 *Rock vo zvykoch nášho ľudu.* Bratislava
HORVÁTH, Sándor
1985 *Farsang Kőszegfalván* [Fasching in Kőszegfalva]. I-II. Savaria Museum, Szombathely. Volkskundliche Datensammlung, Inv.-Nr.. Nk-1445/I.
JÓKAI, Mária
2001 *András-naptól farsangig a Nyitra vidékén* [Festbräuche von Andreas bis Fasching an der Neutra-Gegend]. Dunaszerdahely
KARDOS, László
1976 *Keresztény népi vallási tradíciók és népi hitvilág a Bakonyalján* [Christliche religiöse Volkstraditionen und die volkstümliche Glaubenswelt im Bakonyerwald]. Életünk XXIII. 1. 22-38. Szombathely
KOVÁCS, Imre
1983 *Környék, falu, család. Seregélyes* [Umgebung, Dorf, Familie]. König Sankt Stephan Museum, Székesfehérvár. Volkskundliche Datensammlung, Inv.-Nr.: 83. 18.
KURET, Niko
1965 *Praznično leto slovencev.* I. Celje
LACKOVITS, Emőke
1997 *Népélet, néphagyományok, népi műveltség* [Volksleben, Volkstraditionen, Volkskultur]. Csopak története. Hg. András LICHTNECKERT. 461-595. Veszprém
2000 *Az egyházi esztendő jeles napjai, ünnepi szokásai a bakonyi és Balaton-felvidéki falvakban.* [Festtage, Festbräche des Kirchenjahres in den Dörfern des Bakonyerwaldes und Plattensee-Oberlandes]. Veszprém
LISZKA, József
1990 *Farsangvégi maszkos alakoskodó felvonulások a Kisalföld északi felén* [Faschingsumzug im nördlichen Teil der Kleinen Ungarischen Tiefebene]. Új Mindenes Gyűjtemény IX. 105-126.
2003 *Volkskunde der Ungarn in der Slowakei.* Passau
LUKÁCS, László
1992 *Farsangi népszokások Alsóőrben és Őrszigeten* [Faschingsbräuche in Unterwart und Sziget in der Wart]. Savaria XXI. 51-59.
MARCELL, Béla
1997 *Naptár és néphagyomány. Csallóközi népszokások* [Kalenderbräuche in der Großen Schüttinsel]. Dunaszerdahely

MATHEUS, Michael
1999 *Fastnacht/Karneval im europäischen Vergleich.* Hg. Michael MATHEUS. Stuttgart
MEZGER, Werner
1983 *Denkanstöße zur Bedeutungsforschung. Die Narrenfigur in der Fastnacht.* Jahrbuch für Volkskunde VI. 78-84.
2004 *Das große Buch der Rottweiler Fastnacht. Geschichte, Formen und Funktionen eines urbanen Brauchs.* Vöhrenbach
MOSER, Dietz-Rüdiger
1983 *Elf Thesen zur Fastnacht.* Jahrbuch für Volkskunde VI. 75-77.
1986 *Fastnacht – Fasching – Karneval. Das Fest der »verkehrten Welt«.* Graz
MOSER, Hans
1967 *Städtische Fastnacht des Mittelalters. Masken zwischen Spiel und Ernst.* 135-202. Tübingen
1982 *Kritisches zu neuen Hypothesen der Fastnachtforschung.* Jahrbuch für Volkskunde V. 9-50.
1984 *Zu Problematik und Methodik neuester Fastnachtforschung.* Zeitschrift für Volkskunde LXXX. 2-22.
NAGY, Veronika
2006 *A farsangi és lakodalmi tyúkverő földrajzi elterjedése a Kárpát-medencében* [Verbreitung des Faschings- und Hochzeitshühnerschlagens im Karpatenbecken]. Ethnographia CXVIII. 105-136.
2009 *A mohai tikverőzés fennmaradásának körülményei* [Umstände der Fortdauer des Hühnerschlagens in Moha]. Alba Regia XXVIII. 191-204.

PALÁDI-KOVÁCS, Attila
1968 *Farsangi »remélés« Eger vidékén* [Ein Faschingsbrauch in der Gegend von Eger]. Ethnographia LXXIX. 241-252.
PESOVÁR, Ferenc
1983 *A juhait kereső pásztor. Fejér megyei néptáncok* [Der Hirt sucht seine Schafe. Volkstänze im Komitat Weißenburg]. Fejér Megye Néprajza. II. Székesfehérvár
2008 *Die Beziehungen eines transdanubischen (Pannonien) Faschingvolksbrauches zu Südosteuropa.* Alba Regia XXXVII. 107-108.
PETREI, Bertl
1972 *Lebendiges Brauchtum im Burgenland.* Eisenstadt
PFAUNDLER, Wolfgang
1984 *Pfarrer und Fastnacht im 19. Jahrhundert.* Jahrbuch für Volkskunde VII. 59-66.
REMLING, Ludwig
1982 *Fastnacht und Gegenreformation in Münster.* Jahrbuch für Volkskunde V. 51-77.
1983 *Zur Bedeutung der Jesuiten für die Entwicklung der Fastnacht.* Jahrbuch für Volkskunde VI. 91-100.
SCHINDLER, Norbert
1984 *Karneval, Kirche und die verkehrte Welt.* Jahrbuch für Volkskunde VII. 9-57.
SCHMIDT, Leopold
1969 *Bauernfasching im Burgenland.* Österreichische Zeitschrift für Volkskunde XXIII. 133-171.
1972 *Volkskunde von Niederösterreich.* II. Horn

SZILÁGYI, Miklós
1998 *Szövegemlékek a dunaföldvári farsangról* [Texte über den Dunaföldvárer Fasching]. Új Dunatáj III. 2. 58-67. Szekszárd
SZOBOSZLAI, Istvánné
1951 *Népszokások, néphit. Kajászószentpéter, Vál, Tordas, Gyúró* [Volksbräuche, Volksglaube]. König Sankt Stephan Museum, Székesfehérvár. Volkskundliche Datensammlung, Inv.-Nr.: 51. 1.
TANKA, János
1983 *„Bolondosok" Abán* [Faschingsnarren in Aba]. Fejér Megyei Hírlap XXXIX. 47. 4.
TIMAFFY, László
1991 *Rábaköz és a Hanság* [Rábaköz und Hanság]. Győr
TRÜMPY, Hans
1983 *Kirchlicher Einfluss oder christliches System?* Jahrbuch für Volkskunde VI. 88-90.
UGRIK, Alíz
1965 *Népi élet, népviselet, népszokások a régi Oroszlányban* [Volksleben, Volkstracht, Volksbräuche in Oroszlány]. Museum für Volkskunde, Budapest. Ethnologische Datensammlung, Inv.-Nr.: 14. 478.
UJVÁRY, Zoltán
1975 *Varia folkloristica.* Debrecen
1983-1988 *Játék és maszk* [Spiel und Maske]. I-IV. Debrecen
1990 *Farsang* [Fasching]. Debrecen
VAKARCS, Kálmán
1953 *Csór község néprajzi leírása* [Volkskundliche Beschreibung des Dorfes Csór]. König Sankt Stephan Museum, Székesfehérvár. Volkskundliche Datensammlung, Inv.-Nr.: 53. 8.
VEREBÉLYI, Kincső
1999 *Dörfliche Fastnacht in Ungarn.* Europäische Ethnologie und Folklore im internationalen Kontext. Festschrift für Leander Petzold zum 65. Geburtstag. Hg. Ingo SCHNEIDER. 697-705. Frankfurt
VÉGVÁRINÉ BABIRÁK, Ilona
1999 *Oroszlány – egy magyarországi falu legendája és igaz története* [Legende und wahre Geschichte eines Dorfes in Ungarn]. Oroszlány
WALTER, Sepp
1997 *Steirische Bräuche im Laufe des Jahres.* Trautenfels
WIEGELMANN, Günther - ZENDER, Matthias - HEILFURTH, Gerhard
1977 *Volkskunde. Eine Einführung.* Berlin
WOLFRAM, Richard
1972 *Prinzipien und Probleme der Brauchtumsforschung.* Wien
WUNDERLIN, Dominik
2005/2006 *Gesichtslarven in der Basler Fasnacht. Zur Entstehung einer fasnächtlichen Besonderheit.* Rheinisches Jahrbuch für Volkskunde XXXVI. 229-250.

HAHNENSCHLAGEN IN WESTUNGARN

Das Hahnenschlagen erscheint in Europa bei romanischen, germanischen und westslawischen Völkern in Feiertags-, Hochzeits- und Erntebräuchen. Bei diesem Geschicklichkeitsspiel werden die Augen des Spielers zugebunden; man gibt ihm einen Säbel, eine Sense, einen Dreschflegel oder einen Stock in die Hand, womit er den Kopf des bis zum Hals eingegrabenen, unter ein Tongefäß gestellten, an eine Leiter, ein Gestell oder eine Stange gebundenen Hahnes mit einem Schlag abschneiden oder das Tier totschlagen soll. Der erfolgreiche Schlag bringt ihm einen Titel, einen Auftrag, Anerkennung, Gratulation oder ein Geschenk ein. Bei Hochzeiten diente das Hahnenschlagen des Bräutigams, der Braut oder der Brautführer ursprünglich dem Fruchtbarkeitszauber, später der Unterhaltung der Hochzeitsgäste. (Gennep 1947, I/3. 958; Fehrle 1920, 77-78; 1955, 176-177; Hoffmann-Krayer – Bächtold-Stäubli 1930/31. III. 1943; R. Beitl – K. Beitl 1974, 317-318; Haberlandt 1959, II. 49-50; Reinsberg-Düringsfeld 1861, 52-53, 61, 391, 415-416, 419; Horváthová 1972, 201; Komorovský 1976, 273-275; Ujváry 1979, II. 708-709).

Es beweist den mittelalterlichen Ursprung dieses Brauches, dass eine seiner Formen auch auf dem Gemälde „Kinderspiele" von Pieter Brueghel d. Ä. (1560) dargestellt wird. Im mittleren Teil des Bildes, welches im Wiener Kunsthistorischen Museum hängt, sehen wir zwei Knaben, die Topfschlagen spielen. Der eine, dessen Augen mit einer Kappe verdeckt sind, versucht mit einem Knüppel ein umgeworfenes, rußiges Tongefäß zu treffen, während der andere mit einer Messerklinge auf den Gefäßboden klopft, um seinem Spielkameraden durch die Richtung anzudeuten. Oft wurde ein lebender Hahn unter das Gefäß gesteckt, in diesem Fall sollte der Spieler mit einem einzigen Schlag den Topf zerschlagen und den Hahn töten (Hills 1957, 30). Das Spiel des Topfschlagens (*jeu au casse-pot*) kommt auch in „Gargantua" von François Rabelais (1534) vor (Rabelais o.J. 62). Dies ist schon deshalb bemerkenswert, weil Rabelais die Geschichte von Gargantua einem zeitgenössischen französischen Volksbuch entnommen hat. Das Werk von Rabelais wurde von Johann Fischart umgearbeitet und unter dem Titel „Geschichtsklitterung" in deutscher Sprache herausgegeben (1575); unter den Spielen von Gargantua wird das Topfschlagen auch in der erwähnten Form aufgeführt (*Brich den Hafen*) (Fischart 1969, I. 250). Auch im Nördlinger Spielgesetz aus dem Jahre 1426 wird das Topfschlagen genannt (*Hafen zu schlagen*) (Hills 1957, 30).

Aladár Kuncz verbrachte den Sommer 1914 mit seinem Freund und Lehrerkollegen, dem Schriftsteller Loránd Orbók, in einem kleinen bretonischen Dorf in der Bretagne: „An einem der letzten Tage im Juli... haben wir zwei Ungarn eine große bretonische Volksfeier am Marktplatz des Dorfes veranstaltet. Wir haben Preise für das schönste bretonische Lied und für den ältesten bretonischen Tanz verliehen. Unser Programm enthielt Topfschlagen, Fladenessen und andere, auf diesem Gebiet unbekannte Spektakel, die von den Badegästen und die aus fernen Gebieten gekommenen bretonischen Bauern, die den Marktplatz vollständig füllten, mit lärmendem Beifall betrachtet wurden." (Kuncz 1960, 30.)

Hahnenschlagen *(stínání kohouta)*. Die österreichisch-ungarische Monarchie in Wort und Bild. Böhmen. Bd. I. S. 453

In der Monografie über das Komitat Esztergom von 1908 gab Zsigmond Móricz einen detaillierten Bericht über das *Hahnenköpfen* ab Aschermittwoch: „Bei den Schwaben gibt es einen interessanten Brauch am Aschermittwoch, das *Hahnenköpfen*. Am Aschermittwoch kommen die Jugendlichen nach der kirchlichen Asche-Auflegung zusammen und gehen von Haus zu Haus, bis sie einen Hahn kriegen. Sie bekommen einen Hahn oft von einer scherzbereiten Hauswirtin, aber sie müssen oft auch einen um Geld kaufen. Wenn sie den Hahn haben, bringen sie ihn ans Ende des Dorfes auf einen freien Platz, und im Rahmen einer großen Feier graben sie ihn bis zum Hals in die Erde ein, so dass er nur noch sein Kopf heraus reckt. Dann stellen sich die Burschen im Kreis um den Hahn herum auf. Einer, der Leiter des Geschehens, ruft jemanden aus dem Kreis auf und führt ihn zum Hahn. Er bindet seine Augen mit einem Tuch zu, führt ihn 10-12 Schritte weg vom Hahn, dreht sich mit ihm dreimal um die eigene Achse, gibt ihm ein langes Schwert oder eine Sense und fordert ihn auf, den Hahn zu enthaupten. Der Bursche geht auf den Hahn zu, zählt seine Schritte und wenn er sich am Ziel wähnt, versucht er den Hahn zu köpfen. Wenn er die Richtung verfehlt oder nicht trifft, wird er ausgelacht und nach zwei-drei Versuchen muss er zahlen. So kommen alle Burschen der Reihe nach dran, bis irgendeiner von ihnen den Hahn trifft. Dann wird der Hahn ausgegraben, und mit großer Ehre in ein Privathaus oder die Kneipe gebracht, wo man ihn braten lässt und aus dem verdienten Geld eine große Feier veranstaltet, dessen Held der erfolgreiche Bursche ist. Dieser Brauch lebt so in allen deutschen Dörfern, in Dorog, Csolnok, Kirva, Leányvár." (Móricz 1908, 79.)

Im Karpatenbecken stammen die ersten Angaben über den Hahnenschlag aus dem ehemaligen Oberungarn, namentlich vom städtischen Bürgertum, welches hauptsächlich deutscher und slowakischer Muttersprache sowie evangelischen Glaubens war. Der Schulvorstand von Késmárk (Käsmark, Kežmarok) untersagte im Jahre 1596 das am Gallus-Tag übliche Hahnenschlagen der Schüler (16. Oktober), weil einerseits die Aufregungen der Vorbereitung die Jugend vom Lernen ablenkten und andererseits während des Hahnenschlagens den kleineren Kindern Unfälle drohten (Bálint 1977, II. 381). Das ebenfalls am Gallus-Tag fällige Hahnenschlagen der slowakischen Schuljugend von Besztercebánya (Neusohl, Banská Bystrica) wurde von Johann von Csaplovics im „Gemälde von Ungern“ (erschienen in Pest, 1829) sowie von Ján Kollár in „Národnie spievanky“ (Volkslieder), herausgegeben in Pest, 1835, beschrieben (Csaplovics 1829, II. 240-241; Kollár 1953, II. 107-108, 587-592).

In seinem in Budapest 1853 veröffentlichten Buch *A finom társalgó* [Der feine Salon] empfiehlt Ármin Geibel das Hahnenschlagen unter den lustigen Gesellschaftsspielen: „Krug- oder Hahnenköpfen. An einem Platz, zum Beispiel auf einem Rasen stellt man einen Krug oder einen ausgestopften Hahn auf, 20-25 Schritte gegenüber platziert man einen Stuhl. Ein unternehmungslustiger Spieler, der sein Glück versuchen will, setzt sich auf den Stuhl, er prägt sich die Richtung und die Entfernung des Kruges mit seinen Augen ein, dann werden seine Augen zugebunden und er bekommt einen Stab, auf ein Zeichen steht er auf, dreht sich an der Stelle dreimal um und geht in die Richtung, in der er den Krug vermutet. Wenn er glaubt, den Krug mit dem Stock treffen zu können, schlägt er dreimal in die betreffende Richtung; wer trifft, gewinnt den ausgelobten Preis. Dieses Spiel ist sehr amüsant.“ (Geibel 1853, 177-178.)

Gedeon Ács, der kalvinistische Seelsorger von Laskó (Kom. Baranya) und Kapitän der Nationalwache von 1848, schrieb in seinem, während seines zehnjährigen Exils entstandenen Tagebuch Folgendes: „In einigen Gebieten des Komitats Gömör und Borsod gibt es unter den Hochzeitsbräuchen einen sehr seltsamen und charakteristischen Brauch. Man bring einen Hahn ins Zimmer und enthauptet das ziemlich polygame Tier in der Gegenwart des Bräutigams, damit er aus dem furchterregenden Exempel lerne, seine Hahnengelüste zu zügeln und sich mit einem Huhn zufrieden zu geben…“ (Rédeyné Hoffmann 1926, 25.)

Vilmos Varga stellte das Hahnenschlagen bei den Hochzeiten der Felsőbányaer (Kom. Szatmár) Bergwerkarbeiter 1870 in der Zeitschrift *Magyarország képekben* [Ungarn in Bildern] vor (Varga 1870, 260).

Die nach den Türkenkriegen im 18. Jahrhundert in die transdanubischen Dörfer eingesiedelte deutsche und slowakische Bevölkerung brachte den Brauch des Hahnenschlagens von ihren Herkunftsländern mit. In einigen Dörfern wurde der Brauch noch in der ersten Hälfte des 20. Jahrhunderts praktiziert, in Mozsgó (Kom. Baranya) und Tát (Kom. Komárom) geschieht das sogar noch heute. Im Laufe meiner Feldforschungen vermochte ich das Hahnenschlagen in vielen Nationalitätengemeinden Westungarns zu entdecken: im slowakischen Sóskút (Kom. Pest) und im ungarisch-deutsch-kroatischen Mozsgó (Kom. Baranya) als Geschicklich-

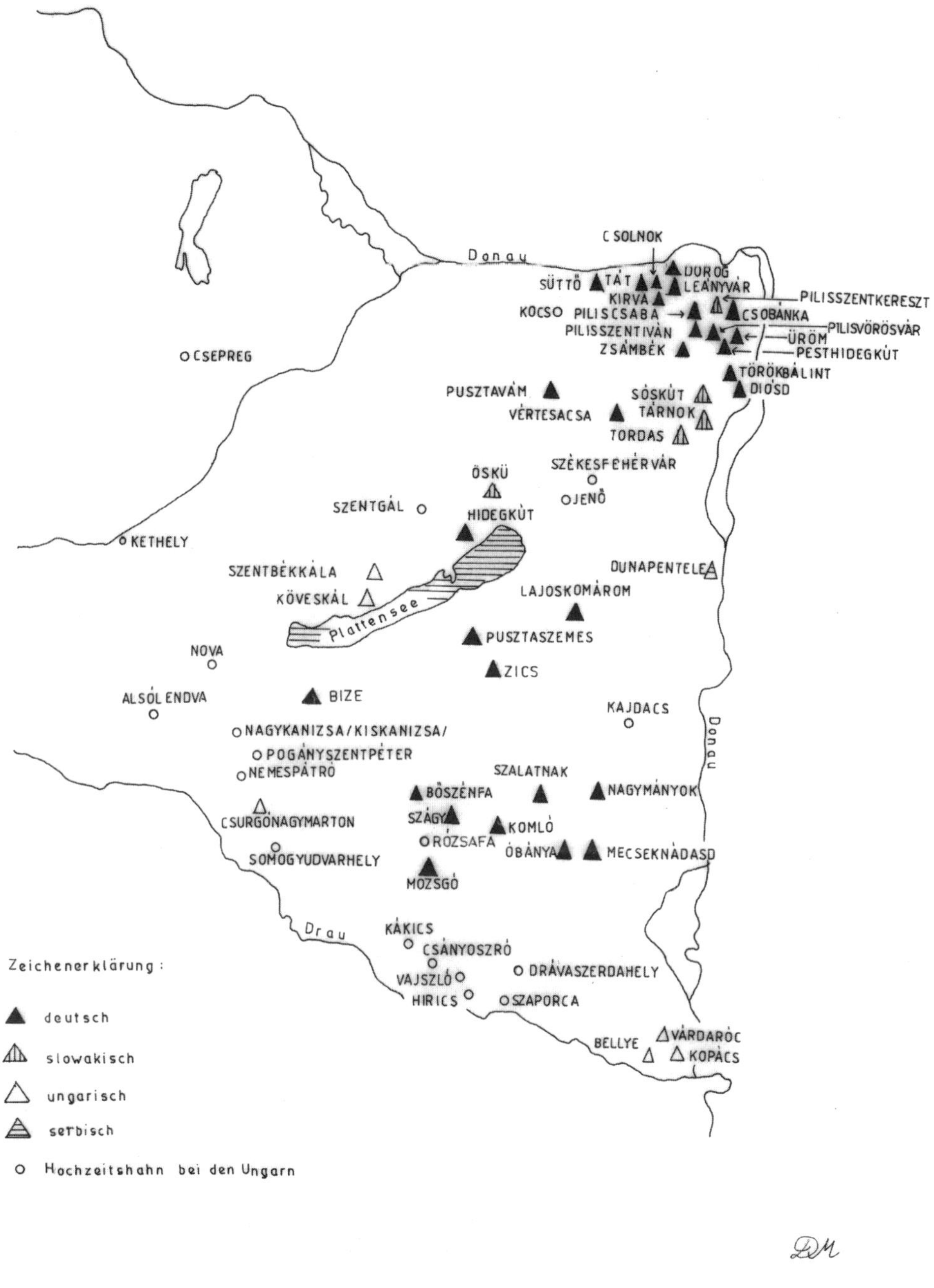

Verbreitungskarte des Hahnenschlagens in Westungarn

keitsspiel anlässlich der Burschenwahl am Aschermittwoch bzw. am Ostermontag, im deutsch-slowakisch-ungarischen Lajoskomárom (Kom. Fejér), im slowakischen Öskü (Kom. Veszprém) und Tárnok (Kom. Pest) sowie im ursprünglich slowakischen, madjarisierten Tordas (Kom. Fejér) als Hochzeitsbrauch. Im Komitat Veszprém führte mich die volkskundliche Erforschung des Káler-Beckens in Köveskál und Szentbékkálla auf die Spuren des Hahnenschlagens. In diesen ungarischen Dörfern war das Hahnenschlagen mit der Einweihung der Zigeunermusikanten am ersten Donnerstag Quadragesimä bzw. am Faschingssonntag verbunden.

In seinen Abhandlungen über das Hahnenschlagen in Ungarn und Europa beschrieb Zoltán Ujváry den Brauch bei der deutschsprachigen Bevölkerung der transdanubischen Komitate Baranya und Fejér. Außer den bisher bekannten Varianten des Hahnenschlagens, betonte der Verfasser, könnten noch weitere Varianten des Brauches zum Vorschein kommen (Ujváry 1961, 5-88; 1965, 277-301). In der vorliegenden Arbeit möchte ich diese Varianten an Hand meiner eigenen transdanubischen Sammlungen sowie von Angaben in der Fachliteratur schildern.

Hahnenschlagen an Festtagen

Am Aschermittwoch fand sich die deutsche Jugend des Dorfes Mecseknádasd (Kom. Baranya) im Hof des Wirtshauses ein. An einen eingegrabenen Pfahl wurde ein Hahn gebunden. Zwanzig Schritte vom Hahn entfernt wurden die Augen des Burschen zugebunden; man gab ihm einen Dreschflegel in die Hand, führte ihn einige Male um ein Fass herum und stellte ihn dann mit dem Gesicht zum Hahn hin. Seine Aufgabe bestand nun darin, zum Hahn zu gehen und ihn mit dem Dreschflegel zu erschlagen. Wer das „Kunststück" fertigbrachte, galt als Held des Tages. Nach einem erfolgreichen Schlag zogen die Burschen mit Sang und Klang ins Wirtshaus, ließen den Hahn zubereiten, verzehrten ihn und unterhielten sich (Réső Ensel 1866, 201; Wlislocki 1893, 45). Laut Statistiken aus dem 19. Jahrhundert war Mecseknádasd ein deutschsprachiges Dorf, dessen Einwohner im Jahre 1718 aus dem Rheinland, aus Hessen, Elsass-Lothringen und der Steiermark eingewandert waren (Fényes 1851, III. 125; Kollerffy - Jekelfalussy 1882, 573; Imre 1981, 1).

Imre Ferenczi stellte das Hahnenschlagen zu Fasching aus der Drauecke (Drávaköz) wiederholt vor (1982, 906, 909, 913). Das Hahnenschlagen der Burschen von Bellye, Várdaróc, Kopács (Kom. Baranya) am Fastelabend wurde auch von den Gewährsleuten als ein Brauch deutschen Ursprungs bezeichnet. Die Handlung des Brauchs gleicht dem aus Mecseknádasd. In den deutschen Gemeinden vom Komitat Baranya (Óbánya, Nagymányok, Bőszénfa, Szalatnak, Szágy) gehörte das Hahnenschlagen zum zweiten oder zum dritten Tag des Kirchweihfestes (Wild 1986, 660; 1988 62-68). In Óbánya findet das Hahnenschlagen auf dem Hof der Gaststätte am zweiten Kirchtag von St. Wendelin statt (Wild 1987, 227).

In Csurgónagymarton (Kom. Somogy) wurde das Hahnenschlagen in den 1950er Jahren von Ferenc Kiss, dem Präsidenten der örtlichen Produktionsgenossenschaft, eingeführt. Die Ausübung des Brauches zum Kirchtag (Dorftag) und seine Verbreitung wurde von József Hála in der Zeitschrift *Néprajzi Hírek* [Volkskundliche Nachrichten] dargestellt: »In der kleinen Siedlung des Komitats Somogy wird an jedem Jahresdorftag ein Hahn in die Erde eingegraben und ein Topf mit einem großen Loch über seinen Kopf gestülpt. Nach einer Einzahlung von hundert Forint konnte Jeder versuchen, den Kopf des Tieres mit zugebundenen Augen mit Hilfe eines Stocks oder eines Dreschflegels abzuschlagen. Der Ruf des erst kurz entstandenen, früher auch auf anderen Gebieten verbreiteten Brauchs gelangte auch zur weltberühmten Schauspielerin und bekannten Tierschützerin Brigitte Bardot, die den Bürgermeister des Dorfes, Zoltán Kakas (deutsch: Hahn!) in einem scharf formulierten Brief aufforderte, dem „grausame Gemetzel“ ein Ende zu bereiten. Der Bürgermeister versuchte den Brauch „auf europäisches Niveau zu zähmen“: er versuchte es mit einem Plastikhahn, aber sein Versuch ließ das Interesse erlahmen. Das Bündnis der ungarischen Tierschützer und Naturfreunde, das Fauna Bündnis und Stiftung, sowie das István Fekete Tierschützer Bündnis äußerten ebenfalls ihren Standpunkt zu diesem Thema. Wahrscheinlich war es das erste Mal, dass der Name von Csurgónagymarton so oft in den Zeitungen vorkam.« (Hála 1994, 153.)

Am 15. August 1999 wurde im Rahmen des Kirchtages, der Dorf- und Übergabenfeier des Komitatsbanners von Csurgónagymarton auf dem Hof des Gemeindehauses in der Gegenwart einer großen Menge wieder ein lebendiger Hahn geschlagen. Wegen dem am 1. Januar 1999 in Kraft getretenen Gesetzes zu Schutz und Schonung von Tieren gab es wieder einen großen Aufstand. Die Zeitung *Magyar Nemzet* [Ungarische Nation] und das Radiomagazin des Ungarischen Rundfunks *Tizenhat óra* [Sechzehn Stunden] beschäftigten sich auch mit dem Ereignis (g.j.a. 19999, 15). Die Radiosendung von *Tizenhat óra* auf dem Kossuth Rundfunk berichtete am 22. Januar 2000, dass die Staatsanwaltschaft des Komitats Somogy eine Klage gegen die Selbstverwaltung von Csurgónagymarton wegen des Verstoßes gegen Tierquälerei einleitete, mit dem Ziel, der Selbstverwaltung die Organisierung von weiterem Hahneschlagen zu verbieten.

Im Dorf Pusztaszemes (Kom. Somogy) kauften die Burschen am Aschermittwoch einen Hahn, den sie bis zum Hals in die Erde eingruben. Mit zugebundenen Augen versuchten sie, den Hahn mit einem langen Stock zu erschlagen. Wem es gelang, dem gehörte der Hahn (Endrei o. J., 208). In der statistischen Arbeit von Elek Fényes wird Pusztaszemes als deutsches, im Ortsverzeichnis aus dem Jahre 1882 als ungarisches Dorf angeführt (Fényes 1851, IV. 87; Kollerffy-Jekelfalussy 1882, 791). In Bezug auf die sprachliche Verteilung seiner Bewohner können wir die auf der Volkszählung des Jahres 1910 beruhenden Angaben einer Monographie über das Komitat Somogy anführen, welche vor dem Ersten Weltkrieg erschienen ist: „Zahl der Häuser: 65, Einwohnerzahl: 493, davon 140 ungarischer und 353 deutscher Sprache, zumeist römisch-katholischer Religion… Im Jahre 1677 erhielt György Széchenyi, Erzbischof von Kalocsa, die entvölkerte Ortschaft als Geschenk. Im Jahre 1733 war sie noch immer entvölkert und gehörte dem Grafen Zsigmond Széchenyi. Die ersten Bewohner der gegenwärtigen Ortschaft wurden 1778 von der gräflichen

Gutsverwaltung von Kőröshegy angesiedelt. Die ersten Siedler waren lauter Deutsche, deren Nachkommen zum Teil madjarisiert wurden." (Reiszig-Vende o. J., 133).

In der Studie von Lajos Király ist zu lesen: „In den deutschen Gemeinden vom Komitat Somogy beginnt das Hahnenschlagen mit Eiersammeln. In Bize nahmen die Burschen auf der *Koleda* (Spendesammlungszug) einen Spieß und einen Korb mit sich: auf den Stock spießten sie den Speck und die Krapfen auf, die sie in den Häusern bekamen, im Korb sammelten sie die Eier. Sie brachten alles in die Kneipe und aßen, bis eine andere Gruppe von Burschen mit einem gestohlenen Hahn auftauchte. Am Nachmittag veranstalteten sie das Hahnenschlagen auf dem Hof des Gasthauses. Sie stecken den Hahn in einen Kochtopf mit Loch, so dass sein Kopf herausragte. Sie haben die Augen der Wettbewerber zugebunden, ihnen einen Dreschflegel in die Hand gegeben und sie dreimal im Kreis gedreht. Für jeden Schlag musste man zahlen. Der getroffene Hahn wurde von der Frau des Gastwirtes gebraten, und mit diesem Festessen endete der Fasching... In Zics zogen die Burschen trommelnd durch die Gemeinde und luden die Bewohner zum Hahnenschlagen ein. Währenddessen gingen sie in die Häuser mit Mädchen hinein, sammelten Eier, die sie dann verkauften, und von dem Geld kauften sie einen Hahn. Sie gruben den Hahn auf der Wiese in die Erde ein, nur sein Kopf ragte heraus. Es gab einen Eintrittspreis zum Hahnenschlagen. Wer den Eintritt bezahlte, bekam eine lange Stange, ihm wurden die Augen zugebunden und er wurde herumgedreht, dann durfte er einen Schlag tun. Wer den Hahn traf, gewann ihn und konnte ihn nach Hause bringen." (Király 1999, 45.)

Das Hahenschlagen der deutschen Burschen von Hidegkút (Kom. Veszprém) wurde von Károly Herkely beschrieben (Herkely 1941, 48). Am Fastenabend kauften die deutschen Burschen von Hidegkút einen Hahn, ließen ihn am Aschermittwoch frei, hetzten ihn mit Stöcken durch das Dorf und erschlugen ihn zum Schluss. Mitte des 19. Jahrhunderts galt Hidegkút als deutsches, Ende des Jahrhunderts als deutsch-ungarisches Dorf (Fényes 1851, II. 108; Kollerffy - Jekelfalussy 1882, 318).

In ihrem Buch berichtete Katalin Kasó über das Hahnenschlagen in Vértesacsa (Kom. Fejér): „Der Fasching wurde am Aschermittwoch verabschiedet. Die Burschen kauften einen Hahn und begruben ihn so, dass nur sein Kopf aus dem Boden schaute. Dann haben sie seinen Kopf mit einer Sense abgeschnitten, und die Frau des Gastwirtes machte aus ihm Gulasch für die Burschen. Der Hahn war ihnen nicht genug, sie brachten auch 40-50 Stück Eier mit, daraus wurde Rührei gemacht. Jeder nahm sich davon, dann tanzte man weiter." (Kasó 1991, 100.) Vértesacsa war sowohl in der Mitte als auch am Ende des 19. Jahrhunderts ein gemischtes ungarisch-deutsches Dorf (Fényes 1851, I. 8; Kollerffy - Jekelfalussy 1882, II/3).

Eugen Bonomi nennt die folgenden zehn deutschen Gemeinden in den Ofner Bergen (Budai-hegység), wo das Hahnenschlagen zur Faschingszeit gegen Ende des 19. und zu Beginn des 20. Jahrhunderts noch praktiziert wurde: [*Hau(n)khäimfn*] (Leányvár, Csobánka, Piliscsaba, Pilisszentiván, Pilisvörösvár, Zsámbék, Üröm Pesthidegkút, Törökbálint, Diósd) (Bonomi 1937, 23-24, 54). In Leányvár (Kom. Komárom) wurde noch im Jahre 1937 ein Hahnenschlagen veranstaltet. Am Vormittag des Aschermittwochs wurde ein lebender Hahn neben dem Friedhof bis zum Kopf eingegraben. Ringsherum zog man einen Kreis von 4 m Durchmesser; die Zuschauer und Teilnehmer des Hahnenschlagens standen außerhalb des Kreises. Dem Burschen, der sich zum Hahnenschlagen meldete (Hahnkämpfer), wurden die Augen verbunden, und man gab ihm einen Säbel, eine Sense oder einen Stock in die Hand. Dann wurde ihm befohlen, sich dreimal um die eigene Achse zu drehen. Jeder Anwärter durfte drei Schläge versuchen, bei jedem Schlag trommelten die Musikanten und bliesen die Trompeten. Das Spiel dauerte solange, bis es jemandem gelang, den Hahn zu köpfen oder zu erschlagen. Aus dem Hahn und anderem Geflügelfleisch wurde im Wirtshaus ein Mittagmahl zubereitet, welches die Burschen gemeinsam verzehrten. Die Kosten des Mittagmahles wurden von den Burschen bestritten, die beim Hahnenschlagen erfolglos waren. In Pesthidegkút (früher Komitat Pest, heute an Budapest angegliedert) erfolgte das Hahnenschlagen bis Ende der 1920er Jahre im Wirtshaus. Der Hahn wurde geschlachtet und unter einen Topf gelegt, den die Anwärter mit einem Stock zu treffen hatten, nachdem man ihnen die Augen verbunden hatte. Wer danebenschlug, zahlte einen Liter Wein.

Der Lehrer György Hidas aus Pilisvörösvár erinnerte sich an den in seiner Kindheit noch lebenden Brauch folgendermaßen: „Am Aschermittwoch wunderten wir Kinder uns darüber, wie die Burschen den Kopf eines bis zum Halse eingegrabenen Hahnes abhackten. Jeder hatte eine Sense bei sich und ging mit zugebundenen Augen in die Richtung des Hahnes, um ihn zu köpfen. Jedermann lachte, denn es war sehr komisch, wie sie in die falsche Richtung gingen. Am Ende wurde der Hahn gebraten, und die Burschen aßen ihn an diesem strengen Fastentag."

In Süttő (Kom. Komárom) war das Hahnenschlagen zur Faschingszeit noch vor dem Ersten Weltkrieg üblich. Über den Brauch hat József Hála 1984 die folgenden Angaben gesammelt: »Das Hahnenschlagen wurde am *Faschingsdienstag, dem letzten Fasching* (dem letzten Faschingstag) immer am Nachmittag von jungen Burschen und von jungen verheirateten Männern für ein großes Publikum veranstaltet. Es wurden zwei Plätze als Schauplatz der Veranstaltung erwähnt: unter oder neben der 300 Jahre alten, heute unter Schutz stehenden Linde auf dem *Platzort*, oder in der *Paraszt Straße* (heute Dózsa György Straße, ihr alter Name kommt daher, dass hier nur Landwirte lebten - die Steinmetze lebten zerstreut im Dorf - das ist der Teil des Dorfes mit der Kirche als Zentrum, das ist der alte Kern der Siedlung). In der Nähe der Linde oder in der Mitte der Straße grub man eine Grube, in die man einen von einer Bäuerin gekauften Hahn legte, so dass nur sein Hals und Kopf heraus ragte. Jedes Jahr wurde zu diesem Zweck nur ein Hahn, der schönste, gekauft und vergraben. Von den jungen Männern meldeten sich die Teilnehmer, die versuchten, den Hahn mit zugebundenen Augen zu finden und zu köpfen. Die Teilnehmer mussten Eintritt bezahlen (nach meinem Gewährsmann waren es 20-30 Fillér), dann wurden ihnen bei dem vergrabenen Tier die Augen zugebunden. Nun musste jeder zehn Schritte in irgendeine Richtung gehen, danach musste er sich dreimal um seine Achse drehen. Die ehemaligen Soldaten drehten sich *wie im Militär* um, dennoch verfehlten sie oft die Richtung. Nach der dritten Drehung versuchten sie den Hahn zu finden. Jeder hatte eine Sense in der

Hand. Nach einigen erfolglosen Versuchen mussten sie den anderen Teilnehmern den Platz überlassen. Oft gab es 10-12 Teilnehmer, Einige haben sogar mehrmals bezahlt. Die anwesenden Zuschauer lachten und machten sich lustig über die erfolglosen Versuche. Sie durften nicht dazwischen reden oder den Teilnehmern helfen, noch sie lenken, nur unter einander durften sie solche Bemerkungen machen wie „Hu, der trifft gleich!", „Oh, jetzt, jetzt!", „Na, der wird gewinnen!". Der Gewinner war derjenige, der den Kopf des Hahnes abhacken konnte (es werden die Namen einiger Gewinner überliefert, zum Beispiel um 1900-1901 war es Albert Staudinger, 1906-1907 Ignác Mann), er gewann den Hahn, der gekocht wurde (nach mehreren Angaben in der Kneipe, nach meinem Gewährsmann im Haus des Gewinners) und verzehrt wurde. Das *Gulasch* wurde zusammen mit den Freunden verspeist. Das Schicksal des eingezahlten Geldes ist unklar. Einige meinen, davon sei der Hahn gekauft worden, andere hingegen sagen, aus dem Geld wurden für die Teilnehmer Getränke gekauft: „Ein Fass Bier wurde sofort gezapft." Die Ausübung des Brauches wurde vor dem Ersten Weltkrieg beendet (nach der Erinnerung der Gewährsmänner um 1910). Alle bestätigten, dass der Brauch von der Gendarmerie wegen Tierquälerei eingestellt wurde.« Süttő war im 20. Jahrhundert noch ein deutsches Dorf, doch in seinen berühmten Steingruben arbeiteten auch deutsche, italienische, ungarische und slowakische Bergwerkarbeiter und Steinmetze (Fényes 1851, IV. 48; Kollerffy - Jekelfalussy 1882, 763; Békefi 1978, 389). Am Kirchtag der Bergwerksarbeiter, am Borbála-Tag (3. Dezember), wurde in Komló auf dem Hof der Taller-Gastwirtschaft ein Hahnenschlagen veranstaltet. Wer den eingegrabenen Hahn mit zugebundenen Augen treffen konnte, bekam neben dem Hahn auch noch einige Kronen vom Eintrittspreis (D. Horváth 1991, 9).

Die Festlichkeiten zum 800. Jahrestag des Bestehens der Gemeinde Tát (Kom. Komárom) wurden am Faschingssonntag, dem 1. März 1981, mit Hahnenschlagen eröffnet. Beate Dohndorf berichtete über das Ereignis in der Wochenschrift der Ungarndeutschen: „Den Auftakt der Jubiläumsfeierlichkeiten bildete Anfang März das Winterbegräbnis mit einem Hahn sowie das Faschingsbegräbnis. An die tausend Neugierige hatten sich auf den Straßen versammelt, um mit diesem alten Volksbrauch Abschied vom Winter zu nehmen. Ein Bursche mit verbundenen Augen hatte nach einigen Umdrehungen um die eigene Achse mit einer Sense einem von ihm 16 Schritte entfernten, bis zum Kopf in die Erde eingegrabenen Hahn den Kopf abzuschlagen. Nach mehreren erfolglosen Versuchen ging schließlich Balázs Bugárdi als 'Bezwinger des Winters' hervor. Dem Ritus gemäß wird der geköpfte Hahn anschließend für den Sieger, der dem Frühling zu seinem Einzug in Tát verhalf, gebraten." (Dohndorf 1981, 5.) Das Hahnenschlagen in Tát wurde auch von Zoltán Láncos, Mitarbeiter des Budapester Museum für Volkskunde, in der Tageszeitung *Magyar Nemzet* [Ungarische Nation] beschrieben (Láncos 1981, 8). In seinem Beitrag schlug er die Wiederaufnahme der alten Bräuche vor: „Obwohl diese Volksbräuche auf Aberglauben beruhen, sind sie doch reizvoll und spiegeln die Glaubenswelt sowie die Denkart unserer Vorfahren wider. Nach dem Beispiel der Täter würde ihre Wiederaufnahme der heutigen Jugend und auch den Älteren eine fröhliche Unterhaltung bieten und sowohl den Gemeinschaftsgeist als auch das Gefühl der Zusammengehörigkeit stärken." Das Hahnenschlagen in Tát und erst recht der Vorschlag von Zoltán Láncos lösten aber die helle Empörung der Tierschützer aus. Ihren Protest gaben sie nicht nur in Briefen, sondern auch in Zeitungen kund: in den Spalten von *Magyar Nemzet*, der Literarischen Wochenschrift *Élet és Irodalom* [Leben und Literatur] und von *Dolgozók Lapja* [Zeitung der Werktätigen] wurde eine wahre Pressepolemik um das Táter Hahnenschlagen geführt (Fürjes 1981, 9; Pomogáts-Szekér 1981, 9). Die Diskussion wurde schließlich von Ferenc Kátai, Leiter des Zirkels für Heimatkunde in Tát, mit seinem Beitrag „Nachwort zu Tát" (Utószó Táthoz) in *Magyar Nemzet* abgeschlossen (Kátai 1981, 10). Kátai informiert die Leser u. a. über die Vergangenheit des inkriminierten Volksbrauches: Bis 1944 hätten die Burschen in Tát zu jeder Fastnacht das Hahnenschlagen veranstaltet. Tát war in der zweiten Hälfte des 19. und der ersten Hälfte des 20. Jahrhunderts eine Gemeinde mit deutscher und ungarischer Bevölkerung (Kollerffy-Jekelfalussy 1882, 867; Reiszig o. J., 38).

Der Bursche, der den ersten Hahnenschlag versuchte, mit dem Spielleiter. Tát, Kom. Komárom, 1983

Der Schlag des siegreichen Burschen. Tát, Kom. Komárom, 1981

Nach der Sammlung von Zsuzsanna Tisovszki in Dorog (Kom. Esztergom): „Am Aschermittwoch fand die Geschicklichkeitsprobe der Burschen, das *Hahnenköpfen* oder der *Hahnkampf* statt. Beim Morgengrauen kamen die Burschen zusammen, der Gastwirt (Perl oder Berberich – je nachdem es sich um Bergwerksarbeiter- oder Bauernburschen handelte) gab ihnen einen Hahn und ein Schwert, und so marschierte die Gruppe auf einen nahen Hügel... Der Hahn wurde bis zum Hals in die Erde eingegraben, nur sein Kopf ragte raus. Der Bursche, der den Hahn zum Schauplatz trug, konnte es als erster versuchen. Man band ihm die Augen zu, führte ihn weg vom Hahn und drehte ihn um, damit er sich schwerer orientieren konnte. Er durfte dreimal mit dem Schwert zuschlagen; wenn er erfolglos war, kam der nächste dran. Es kamen mindesten zwanzig bis dreißig Leute zusammen… Ferenc Kaisler war der letzte Sieger eines Hahnkampfes. Sie steckten den abgehackten Hahnenkopf auf das Schwert und gingen mit Gesang und Trommelbegleitung in die Gastwirtschaft, sie nahmen auch den Körper des Hahns mit. Währenddessen machte die Wirtin... aus einigen Hühnern und Küken Hühnereintopf mit Nockerln, und sobald die Burschen mit dem geköpften Hahn ankamen, verzehrten sie fröhlich das Mittagessen des Wirtes. Der Sieger des Hahnkampfes zahlte den anderen Burschen fünf Liter Wein. Der Wirt gab ihnen eine gewisse Menge Wein umsonst... Später kochte die Wirtin auch den Hahn, und alle Burschen bekamen ein Stück von ihm. Das Hahnenköpfen am Aschermittwoch wurde... vom Pfarrer Kálmán Trinkl verboten, der den Ruf eines strengen Mannes hatte." (Tisovszki o.J., 15.) Über das Hahnenköpfen in Dorog kann man auch in Viktor Szombathys Reiseführer von Vértes-Gerecse lesen (1960, 63). Im geografischen Wörterbuch von Elek Fényes ist Dorog ein deutsches Dorf (1851, I. 276).

Am Ende der Faschingszeit veranstalteten die slowakischen Burschen des Dorfes Sóskút (Kom. Pest) bis zum Zweiten Weltkrieg ein dreitägiges Tanzfest im Wirtshaus. Dem Ball und damit auch der ganzen Faschingszeit bereitete in der Fastnacht der Glockenschlag um 11 Uhr ein Ende. Am nächsten Tag, dem Vormittag des Aschermittwochs, zogen die Burschen aus dem Wirtshaus zum Maskenspiel. Zwei Burschen betätigten sich als Maskenspieler, der eine als Mädchen verkleidet. Beide trugen zerlumpte Kleider und je eine Maske. Um die Jahrhundertwende schmierten sie sich – anstatt der Maske – das Gesicht mit Ruß ein. Beide hielten in der Hand einen großen Stock, der als Bursche verkleidete trug einen Korb. Die Dorfburschen begleiteten die Maskenspieler mit Gesang durch das Dorf. Der als Mädchen verkleidete wurde unterwegs angefasst und geneckt. Die Gruppe kehrte in jedes Haus ein, wo es ein heiratsfähiges Mädchen gab, und verlangte von den Eltern den Lohn dafür, dass die Haustochter zum Ball mitgenommen wurde und die Burschen mit ihr getanzt haben. Die Eltern steckten einige Eier in den Korb und bewirteten die Burschen mit Wein und Schnaps. Nach dem Maskenspiel, gegen drei Uhr nachmittags, begaben sich die Burschen aus dem Wirtshaus zum Hahnenschlagen, wobei der Burschenführer gewählt wurde. Auf die Person des Burschenführers haben sich allerdings die Burschen schon im vorhinein geeinigt, es war immer einer der reichsten und angesehensten Burschen des Dorfes. Schauplatz des Hahnenschlagens war der Kirchplatz. Man grub einen lebenden Hahn oder eine leere Weinflasche in die Erde, so dass nur der Hals des Hahnes oder derjenige der Flasche zu sehen waren. Noch in den 1930er Jahren wurde ab und zu ein lebender Hahn eingegraben, später nur mehr eine Weinflasche, denn der neue Pfarrer des Dorfes hielt das Eingraben eines lebenden Tieres für Tierquälerei und verbot es. Nachdem der Hahn eingegraben wurde, setzte man aus einer Entfernung von etwa 50 m den ersten Burschen in Marsch; seine Augen waren mit einem Tuch verbunden, in der Hand hielt er eine Sense oder einen Stock. Bevor er sich in Bewegung setzte, wurde er zwei- bis dreimal im Kreis herumgedreht, damit er sich nicht orientieren konnte. Neben ihm gingen zwei oder drei Burschen, die ihn nach vorne oder hinten, nach rechts oder links lenkten. Wenn er endlich vor dem Hahn stand, hielten seine Begleiter einen dicken Knüppel vor das Tier, den er mit der Sense unweigerlich treffen musste, da ihm ja die Augen verbunden waren. Gewöhnlich versuchten 20 Burschen ihr Glück, und scheiterten, wie abgemacht, zum lebhaf-

Der Sieger, Balázs Bugárdi, der Spielleiter und der geköpfte Hahn. Tát, Kom. Komárom, 1981

ten Gaudium der Zuschauer. Nur den zum Burschenführer auserkorenen Anwärter lenkten seine Begleiter so, dass er mit der Sense den Hals des Hahnes oder mit dem Stock die Flasche treffen konnte. Ja, ihm ließ man sogar eine kleine Öffnung neben der Augenbinde, damit er nicht blindlings herumfuchtelte. Nachdem er solchermaßen den Hahn enthauptet hatte, trugen ihn seine Kameraden auf ihren Schultern ins Wirtshaus, wo sein Hut unverzüglich mit farbigen Bändern geschmückt wurde. Der neue Burschenführer bestellte nun allen anwesenden Burschen Wein und Schnaps und ließ sogar eigenen Wein eimerweise herbeischaffen. An diesem Tag konnten die Burschen aufs Konto des Burschenführers zechen, solange sie nur wollten. Kurz nach dem Hahnenschlagen lud er sie auch zu einem Gelage in den Weinkeller ein. Seine Aufgabe bestand in der Vorbereitung und Veranstaltung der Tanzfeste über das ganze Jahr hinweg. Er warb die Musikanten an und eröffnete den Tanz bei den Bällen. Aus den Einkünften bezahlte er die Musikkapelle und ergänzte das Geld aus eigener Tasche, falls es nicht reichte. Wenn aber der Ball Gewinn brachte, verteilte er das Geld unter den Veranstaltern, seinen Freunden, oder sie verjubelten es gemeinsam. Das Amt des Burschenführers dauerte bis zum nächsten Aschermittwoch, dann wurde sein Nachfolger wieder im Rahmen eines Hahnenschlages gewählt. In Sóskút erfolgte die letzte Wahl des Burschenführers mit Hahnenschlagen im Jahre 1935. Im Kalender der ungarländischen Slowaken erwähnte auch András Krupa das Hahnenschlagen in Sóskút (Krupa 1977, 220-222). Die slowakische Bevölkerung ist nach Sóskút in den ersten Jahrzehnten des 18. Jahrhunderts aus den Komitaten Esztergom (Gran), Komárom (Komorn) und Nyitra (Neutra) eingewandert (Pesty 1977, 272).

Márton Havra (geb. 1913), mein Gewährsmann in Pilisszentkereszt (Kom. Pest), erinnerte sich 1986 an die Spendensammlung und das Hahnenschlagen (*zráňaňi kokaša*) der Burschen am Aschermittwoch wie folgt: „Das Hahnenschlagen fand am Aschermittwoch um ein Uhr am Nachmittag statt. Am Vormittag zogen die Burschen in Verkleidung, in mit Papierbänden beschmückten Hüten und mit rußbeschmiertem Gesicht von Haus zu Haus. Sie waren zu dritt und hatten einen Korb bei sich. Sie gingen in jedes Haus hinein, sie bekamen Wurst, Speck und Eier. Wenn sie Dergleichen in den Häusern sahen, nahmen sie es auch an sich. Sie nahmen auch die Eier aus dem Hühnerstall mit. Sie brachten das gesammelte Essen in die Kneipe von István Klausz oder István Diószegi. Dort haben sie es gebraten und sie haben gefeiert. Um ein Uhr Nachmittag gruben sie eine Grube in der Mitte der Straße vor der Diószegi-Kneipe und steckten einen Hahn bis zum Hals hinein, den sie gestohlen oder gekauft hatten. Einer von ihnen hatte eine Trommel, die er vom Gemeindetrommler geborgt hatte. Viele Burschen standen um den Hahn herum. Einem Burschen wurden die Augen zugebunden, er folgte dem

Trommler mit einer Sense in der Hand, um den Hahn zu finden. Der Trommler ging unter den Leuten im Kreis herum. Einem Burschen wurden die Augen mit einem Tuch zugebunden, so suchte er den Hahn. Wenn er ihn fand, schlug er ihm den Kopf ab. Der Hahn wurde aus der Grube genommen und in die Kneipe gebracht. Nach dem Zweiten Weltkrieg wurde sowas nicht mehr gemacht." In der Mitte des 19. Jahrhunderts war Pilisszentkereszt noch ein slowakisch-deutsches Dorf (Fényes 1851, IV. 104). Seine deutsche Bevölkerung wurde bis zur Wende des 19./20. Jahrhunderts völlig slowakisiert (Kollerffy – Jekelfalussy 1882, 656).

In Köveskál (Kom. Veszprém) wurde am Donnerstag nach Aschermittwoch (erster Donnerstag Quadragesimä) des Jahres 1939 zur Einweihung des Zigeunerprimas László Szabó Réka ein Hahnenschlagen veranstaltet. Der örtliche Zigeunermusikant József Szabó Réka spielte mit seinen vier Söhnen in einer Kapelle – nun wurde der älteste Sohn zum Primas befördert. Das Hahnenschlagen, die Einweihung des Primas und den anschließenden Ball hatte die Dorfjugend schon im Voraus auf handgezeichneten Plakaten sowohl in Köveskál als auch in den Nachbardörfern angekündigt, so dass auch aus Balatonhenye, Monoszló und Szentbékkálla viele Gäste kamen. Das Ereignis spielte sich im Rahmen einer symbolischen Hochzeit ab, wo der zukünftige Primas die Rolle des Bräutigams spielte. Zur Braut wählte er für diese Gelegenheit Sára Győrffy, eine gute Tänzerin aus wohlhabender Familie, zum Taufpaten den Gastwirt József Meckler. Am besagten Donnerstag versammelte sich die Dorfjugend um zwei Uhr nachmittags im Wirtshaus, die Mädchen als Brautjungfern, die Burschen als Brautführer gekleidet. Jeder Brautführer wählte sich eine Brautjungfer, dann zogen 30 Paare zum Haus der auserkorenen Braut, um sie zum Versammlungsplatz zu führen. Außer der Réka-Kapelle fand sich noch je eine Musikkapelle aus den benachbarten Ortschaften Kapolcs und Tapolca ein. Vor dem Wirtshaus wartete die ganze Dorfbevölkerung auf den „Hochzeitszug". Unterdessen machten die Burschen einen Hahn mit in Schnaps getunktem Brot betrunken, dann banden sie das torkelnde Tier mit den Beinen an zwei lange, mit Bändern geschmückte Latten.

An der Spitze des Aufzuges gingen die Braut und der Bräutigam, ihnen folgte ein Paar, bestehend aus einer Brautjungfer und einem Brautführer. Sodann trugen vier Burschen den an die Latten festgebundenen Hahn, so wie man eine Totenbahre zu tragen pflegt. Hinterher kamen die übrigen Brautjungfern und Brautführer sowie die schaulustige Jugend. Im Aufzug marschierten auch die Musikanten mit Geige und Bassgeige.

Vor dem Wirtshaus des Gábor Molnár in der Henyei Straße blieb man stehen; auf dem Platz vor dem Wirtshaus sollte das Hahnenschlagen stattfinden. Dem „Bräutigam" wurde eine weiße Schürze vorgebunden, dann gab man ihm den Offizierssäbel des örtlichen reformierten Schullehrers in die Hand. Vor dem Wirtshaus sprach der alte Primas Begrüßungsworte und verkündete die bevorstehende Einweihung des neuen Primas. Darauf sagte der Taufpate: „Aber nur wenn er den Kopf des Hahnes mit einem Schlag abschneiden kann!" Der Primasanwärter zückte nun den Säbel und schlug dem Hahn mit einem einzigen Hieb den Kopf ab, worauf die Musikanten mit einem lautstarken Tusch reagierten. Zu Ehren des erfolgreichen Hahnenschlagens (ung. *kakasnyakvágás*, etwa: Hahnenhalsabschneidens) wurde umgehend ein Glas geleert, dann zog man weiter zum Meckler-Wirt in der Hauptstraße. Hier nahm man den enthaupteten Hahn von den Latten herunter und ließ ihn für die angereisten Musikanten kochen. Nach einem Trunk und einem Tanz im Wirtshaus gingen die Teilnehmer des Hahnenschlagens nach Hause zum Abendessen. Die Brautführer wurden von den Brautjungfern zum Essen geladen, die ihnen dafür den Eintritt zum anschließenden Ball zahlten. Um Mitternacht fand zum Rhythmus eines schnellen Tschardasch der Brauttanz statt, den sämtliche Ballteilnehmer mit der Wahlbraut tanzten. Das Geld, das die Tänzer für eine Runde zu entrichten hatten, bekam der neue Primas. Nach dem Brauttanz wurde der Ball bis in die Morgenstunden fortgesetzt. Im Jahre 1940 wiederholte sich das Hahnenschlagen in Köveskál zur Einweihung des Primas József Szabó Réka des Jüngeren; alles geschah ebenso wie ein Jahr zuvor. Die Braut war diesmal Jolán Varga.

In Szentbékkálla (Kom. Veszprém) wurde der neunzehnjährige Zigeunerbursche László Horváth am Faschingssonntag 1941 mit einem Hahnenschlagen als Bassgeiger in die Zigeunerkapelle von Kapolcs aufgenommen. Da diese Musikkapelle Jahrzehnte hindurch bei den Tanzfesten des katholischen Jugendvereins von Szentbékkálla gespielt hatte, beschloss man, das neue Mitglied auf diese Weise aufzunehmen. Die Braut war Mária Istvándi, der Taufpate Gyula Németh, Kassenwart des katholischen Jugendvereins. Als erster Brautführer fungierte Lajos Oltárczy, als erste Brautjungfer die Tochter des zweiten Geigers der Kapelle Réka aus Köveskál. Zehn Paare – je ein Brautführer und eine Brautjungfer – nahmen am Ereignis statt; die Brautführer waren lauter Burschen von 18 bis 20 Jahren, die demnächst assentiert werden sollten.

Die Teilnehmer versammelten sich am Nachmittag des Faschingssonntags im Wirtshaus des Jenő Lakosy und zogen von hier zum Kulturhaus des Jugendvereins. Vorne trugen zwei Burschen den an Latten gebundenen weißbunten Hahn, den der „Taufpate" spendiert hatte. Der „Bräutigam" ging mit der ersten Brautjungfer, die „Braut" mit dem ersten Brautführer. Ihnen folgten paarweise die übrigen Brautjungfern und Brautführer. Das Hahnenschlagen fand im Hof des Taufpaten statt, der gegenüber dem Kulturhaus wohnte. Hier hielt der Primas eine Begrüßungsansprache und erklärte, dass der junge Bursche heute zum Mitglied der Kapelle eingeweiht werden sollte. Der Taufpate erwiderte, dieser könne erst dann Mitglied werden, wenn er den Kopf des Hahnes mit einem Säbelhieb abschneiden könne. Den erfolgreichen Schlag des Burschen belohnte die Kapelle mit einem Tusch, die Anwesenden mit lauten Hochrufen. Sodann bewirtete der Taufpate die Teilnehmer des Hahnenschlagens mit einer Jause und mit Wein. Auch der Hahn wurde in seinem Haus für die Musikanten zubereitet. Dem Hahnenschlagen folgte im Kulturhaus des Jugendvereins ein Ball, bei dem schon das neue Mitglied mitspielte. Ihm gehörte der Erlös des Brauttanzes, der auch hier um Mitternacht begann.

Im Dorf Mozsgó (Zselicség Gebiet) wurde am Nachmittag des Ostermontags der Burschenführer mittels Hahnenschlagen gewählt. Die älteren Bauernburschen bereiteten sich schon vor Ostern auf das Ereignis vor. Sie bestimmten die Veranstalter des Spieles: die Hahnenkäufer, die Zigeuneranwerber (die die Musik besorgten), die Kassierer, den Augenzubinder, den Dreschflegelhalter und den Spielleiter. Sie kauften den schönsten

Das Publikum des Hahnenschlagens. Mozsgó, Kom. Baranya, 1973

Suche nach dem Hahn. Mozsgó, Kom. Baranya, 1973

Hahn des Dorfes. Am Ostersonntag gingen die beiden Kassierer im Dorf herum und boten in jedem Haus die Eintrittskarten zum großen Geschehnis des nächsten Tages an. Am Montagvormittag wurde der Kirchplatz zum Hahnenschlagen vorbereitet. In der Mitte eines Kreises von zehn Metern Durchmesser grub man eine Grube für den Hahn. Am frühen Nachmittag war schon die ganze Dorfbevölkerung auf dem Gelände außerhalb des Kreises versammelt. Auf einen Wink des Spielleiters spielte die Kapelle einen Tusch. „Man bringt den Hahn!" – rief das Publikum. In der Mitte der Straße brachten die Burschen den mit Papierbändern geschmückten Hahn, umringt von einer neugierigen Kinderschar. In der Mitte des Kreises wurde der Hahn in die Grube eingegraben, so dass nur der Hals und der Kopf zu sehen waren. Nun rief der Spielleiter: „Das Hahnenschlagen beginnt! Bitte, sich zum Schlagen melden! Auftrittsgebühr: 20 Fillér! Das Geld in den Hut legen!" Die unternehmungslustigen Burschen bekamen nummerierte Karten und konnten ihr Glück in der Reihenfolge der Zahlen versuchen. Die Augen des gerade auftretenden Burschen wurden mit einem hausgewobenen Brottuch verbunden. Man führte ihn im Kreis vor dem Publikum herum und drehte ihn inzwischen mehrere Male um. Der Dreschfelgelhalter überreichte ihm feierlich den Dreschflegel, den er sofort über seinem Kopf herum schwang. „Los!" – rief nun der Spielleiter. Der Bursche setzte sich in Bewegung und versuchte mit schlürfenden Schritten den Boden abzutasten. Manchmal wirbelte er den Dreschflegel herum, um das Publikum zu erschrecken – der Kreis wurde mal weiter, mal enger, denn ein zufälliger „Treffer" hätte denkwürdige blaue Flecken verursacht. Das Publikum zerfiel in Parteien: „Schlagen! Schlagen!" - „Nein, noch nicht!" - „Mir sollst du folgen, schlage nicht!" Schlagen durfte der Betreffende nur ein einziges Mal. Der Bursche, der den Hahnenkopf traf, hob die „Beute" triumphierend in die Höhe; er war der Held des Tages, der Gefeierte des Osterballes, der Burschenführer des Dorfes. Am Osterdienstag lud er seine Freunde in den Weinkeller seiner Familie ein, wo der Hahn als Gulasch zubereitet wurde.

Der Sieger mit dem Hahn. Mozsgó, Kom. Baranya, 1973

Die hier geschilderte Form des Hahnenschlagens von Mozsgó wurde im Laufe des 20. Jahrhunderts mehrmals verändert. Ende der 1930er Jahre wurde das Spiel mit einem lebenden Hahn vom Oberstuhlrichter als Tierquälerei bezichtigt und daher verboten. Laut Stichwort „Tierquälerei" im Polizeilexikon (erschienen vor dem Ersten Weltkrieg) ist mit Freiheitsentzug bis zu 8 Tagen oder einer Geldstrafe bis zu 200 Kronen zu belegen, wer Tiere quält oder grob misshandelt und dadurch öffentliches Ärgernis erregt (Rédey - Laky 1909, 39). Nach dem Verbot steckte man in Mozsgó den Hahn unter einen irdenen Topf, und die Wettbewerber hatten den Gefäßboden zu treffen, so dass der Topf zerbricht. Später wurde nur mehr ein leerer Blumentopf mit dem Boden nach oben in die Erde vergraben; das Zerbrechen des Topfes galt als Treffer. Während die Burschen ihr Glück versuchten, führte der Spielleiter den bebänderten Hahn an einer langen Schnur im Kreis herum. Während des Zweiten Weltkrieges und in den ersten Nachkriegsjahren fand kein Hahnenschlagen statt. Der Brauch wurde erst 1948 zur Zentenarfeier des Freiheitskrieges 1848/49 wieder aufgenommen; seither wird das Hahnenschlagen jedes Jahr veranstaltet, im letzten Jahrzehnt als Teil des Junifestes des Kulturhauses Mozsgó unter Mitwirkung des Jugendverbandes vom Landkreis Szigetvár (Lengyeltóti 1955; 1977, 80; 1981).

Hahnenschlagen. Mozsgó, Kom. Baranya, 1975

Nachdcm dic Gegend von Szigetvár von der Türkenbesatzung befreit worden war, haben die Grafen Batthyány, Gutsherren von Mozsgó, das Dorf mit ungarischen, deutschen und kroatischen Fronbauern neu bevölkert (Vargha 1977, 319, 321). Laut Elek Fényes war Mozsgó gegen Mitte des 19. Jahrhunderts „ein Marktflecken mit ungarisch - schokatzisch - deutscher Bevölkerung." (Fényes 1851, III. 117.) Bis zum 20. Jahrhundert war die nichtungarische Bevölkerung größtenteils madjarisiert oder durch Ehen in die von anderen Nationalitäten bewohnten Siedlungen der Umgegend integriert.

Das Hahnenschlagen, das die Deutschen im Komitat Baranya am Fastenabend und am Kirchtag veranstalteten, ist auch in einer Monographie über das Komitat beschrieben, welche im Jahre 1896 herausgegeben wurde (Várady 1896, I. 163). Im Vergleich zum Hahnenschlagen in Mecseknádasd und Mozsgó ist hier ein neuer Wesenszug zu entdecken: Das Hahnenschlagen fand auch am Kirchtag statt, erfolglose Teilnehmer zahlten dem Sieger einen Trunk.

Hahnenschlagen am Hochzeitstag

Um die Jahrhundertwende war es bei den Deutschen in Lajoskomárom (Kom. Fejér) Sitte, am frühen Morgen des Hochzeitstages einen Hahn mit Schnaps und Wein zu betrunken zu machen und in der Mitte der Stube unter einen umgekehrten Tonkrug zu stellen, der ein Loch im Boden hatte; durch dieses Loch schaute der Kopf des Hahnes hervor. Einem Burschen, der sich freiwillig angeboten hatte, wurden die Augen mit einem Tuch zugebunden und ein Stock in die Hand gegeben, dann führte man ihn in die Stube. Zur Belustigung der Hochzeitsgäste fuchtelte er zunächst mit dem Stock um den Topf herum, dann schob er den Verband von den Augen weg, zerschmetterte den Topf mit einem mächtigen Schlag und erschlug zugleich den darunter steckenden Hahn. Einer der Gäste sprang hin, packte das Tier und warf es unter die Anwesenden; wer damit getroffen wurde, hatte den anderen eine Runde Schnaps zu zahlen. Schließlich gab man den Hahn den Musikanten (Kurz 1890, 106).

Pál Wieland (geb. 1904), mein Gewährsmann in Lajoskomárom, erinnerte sich 1984 an das Hahnenschlagen bei Hochzeiten: „Mein Sohn heiratete 1954, bei seiner Hochzeit gab es noch Hahnenschlagen. Die Burschen fingen einen Hahn im Stall des Wirtes. Sie brachten einen schäbigen Kachel- oder Blechtopf mit. In der Mitte des Wagenweges bedeckten sie den Hahn mit dem Topf. Die Burschen hauten auf den Topf mit langen Keulen. Wer den Hahn erschlug, bekam ihn. Das ganze Hochzeitsvolk ging auf die Straße raus und schrie: Sehr gut, Franzlein, schlag zu! Komm schon Josef, schlag zu! Keine Hochzeit konnte ohne das Erschlagen eines Hahnes stattfinden. Der Bursche gab der Köchin den erschlagenen Hahn, aus dem Gulasch zum Mittagessen gemacht wurde, das hauptsächlich von den dagebliebenen jungen Leuten verzehrt wurde. Das Hahnenschlagen fand am Morgen nach der Hochzeit bei Tageslicht statt. Wenn sie den Topf zerschlugen, versuchte der Hahn zu fliehen, die Burschen rannten ihm nach und erschlugen ihn." Lajos Jobbágy (geb. 1930) erzählte auch vom Ende des Brauchs: „Die Hochzeit fand in der Gaststätte statt. Darauf stand geschrieben: *Pál Györkes Gaststätte zur Hölle.* Vor der Gaststätte auf der Straße fand das Hahnenschlagen statt, immer am frühen Morgen, wenn die Bauer die Milch in die Halle brachten. Sie hielten auch an, um das Ereignis mitzuerleben. 1950 rückten zwei Generationen, die 1929-30er ins Militär ein. Nur zwei Burschen verblieben in dem Dorf. Als sie 1952 entlassen wurden, gab es kein Hahnenschlagen mehr. Es ging zu Ende. Mátyás Mosberger und János Weiler waren die Hauptorganisatoren solcher Volksbräuche." Laut Fényes waren die auf Anregung von Lajos Batthyány im Jahre 1803 angesiedelten Einwohner von Lajoskomárom „fast zur Hälfte Deutsche, 3/10 Slowaken und 2/10 Ungarn." (Fényes 1851, II. 243.)

Die evangelischen Deutschen von Lajoskomárom sind zum Teil aus Pusztavám (Kom. Fejér) umgesiedelt (Závodszki 1968, 160). Die Einwohner der beiden Dörfer hielten noch im 20. Jahrhundert die verwandtschaftlichen Beziehungen und festigten sie sogar durch neuere Eheschließungen. Der Brauch des Hahnenschlagens am Hochzeitsfest war in Pusztavám bis nach dem Zweiten Weltkrieg üblich, als ein Teil der deutschen Bevölkerung ausgesiedelt wurde. Mein Gewährsmann Pál Unger (geb. 1907) schilderte den Brauch folgendermaßen: „Am Morgen nach dem Hochzeitstag, gegen sieben oder acht Uhr, fingen die Burschen den Hahn des Hauses der Brauteltern und banden ihm Füße und Flügel zusammen. Vor dem Haus, auf der Straße, verbanden sie dem ersten Brautführer die Augen mit einem Tuch und gaben ihm eine 3 bis 4 m lange Stange in die Hand. Den Hahn warfen sie auf den Boden, und der Brautführer erschlug ihn mit einem einzigen Schlag. Die Musikkapelle blies darauf einen Tusch. Den Hahn trug man rasch in die Küche schnitt ihm die Kehle durch und bereitete daraus ein Gulasch für die Jugendlichen und die Musikanten. Um diese Zeit war nur mehr Jugend anwesend; mit dem Hahnenschlagen war das Hochzeitsfest zu Ende." In der bayerischen Ortschaft Geretsried, wo die aus Pusztavám ausgesiedelten Deutschen heute leben, wurde 1978 ein Heimatbuch herausgegeben; demnach wurde am Morgen des Hochzeitsfestes der Brauch auch in der Form des Topfschlagens praktiziert. Ebenso wie in Lajoskomárom wurde der Hahn unter einen irdenen Topf gestellt. Dem Brautführer wurden die Augen verbunden und eine lange Stange wurde ihm in die Hand gegeben; wenn er den Topf auf den dritten Schlag zerbrechen konnte, wurde der Hahn gekocht, wenn nicht, so ließ man ihn laufen (Tafferner - Schell 1978, 130). Das Dorf Pusztavám hatte im 19. Jahrhundert noch eine gemischte ungarisch-deutsch-slowakische Bevölkerung, war aber in diesem Jahrhundert schon merklich germanisiert (Fényes 1851, III. 163; Kollerffy - Jekelfalussy 1882, 605).

Über das Hahnenschlagen in Öskü (Kom. Veszprém) ist im Jahrgang 1834 der „Wissenschaftlichen Sammlung" (*Tudományos Gyűjtemény*) aus der Feder von János Oláh in einem Balaton-Bericht Folgendes zu lesen: „Ich kann nicht umhin, einen seltsamen Hochzeitsbrauch der hier lebenden Slowaken zu erwähnen, dem ich bei einer Gelegenheit auch selbst beigewohnt habe. Der Brauch besteht aus Folgendem: Am Morgen nach dem Hochzeitsfest, da schon aller Lärm verstummte, geht die ganze Schar der Hochzeitsgäste in die Kirche und sodann zum Haus der Brautmutter, wo die Braut, bereits mit der Haube auf dem Kopf, ihr Brautgeschenk, einen schwarzen Hahn, entgegennimmt; der Trauzeuge, der die Schar der Burschen, Mädchen und Kinder anführt, hält den Hahn an einer Leine und lässt ihn beim Klang der Musik vor sich herflattern;

in gewissen Abständen bleibt aber das Volk stehen und beginnt zu tanzen. Schließlich erreichen sie alle einen kahlen Hügel außerhalb der Ortschaft, wo bereits ein Rad auf einen Pfahl gestellt war. Man band den Hahn an die Radnabe, seinen Kopf hielt der Brautführer an einer Schnur in der Hand, als wäre er der Henkersknecht. Nun trat würdevoll der Trauzeuge hervor und verlas in ungarischer Sprache die Sentenz von einem Kalenderblatt. Die Gäste hörten stillschweigend zu. Es kam nun der Henker in rotem Kleid mit einer Sense ohne Stiel, trank ein Glas Schnaps, um sich Mut einzuflößen und schlug nach dreimaligem Zielen dem Hahn den Kopf ab. Der Hahn wurde nun an eine Stange gebunden und mit Sang und Klang als Brautgeschenk zum Haus des Bräutigams getragen, wo ein üppiges Mittagsmahl zubereitet wurde." (Oláh 1834, 55-56).

Der Brauch des Hahnenschlagens am Hochzeitstag bestand in Öskü bis zu den 1920er Jahren. Am Morgen des Hochzeitstages stahlen die Brautführer im Dorf einen Hahn. Die Gäste zogen auf den Kirchplatz, wo ein Brautführer den Hahn an ein Karrenrad oder eine Doppelleiter band. Der Trauzeuge verkündete in einem slowakischen Reim das Todesurteil des Hahnes:

Tento kokaš tag robival,	Dieser Hahn war ein solcher,
aj susedom choďivával,	der oft auch zu den Nachbarn ging
aj plantičku kutrivával,	und dort auch die Pflänzlinge ausscharrte,
aj na maťer si lozivával,	und sogar die Mutter aufsuchte,
hoden je ten tedi smreťi	nun hat er den Tod verdient,
a ti braťe daj ti kosu,	und du, Freund, nimm die Sense
a odrež mu ti krki.	und schneide ihm den Hals durch.

Nach erfolgter „Urteilsverkündung" schnitt der Brautführer den Kopf des Hahnes mit einer schlechten Sense ab. Aus dem Hahn wurde beim Haus der Braut ein Mittagsmahl für das junge Paar, den Trauzeugen, die Brautführer und Brautjungfern zubereitet.

In Tordas (Kom. Fejér) ging das Hochzeitsfest am Sonntagmorgen mit dem Hahnenschlagen zu Ende. Vor dem Ersten Weltkrieg enthauptete ein alter Mann den Hahn, der vor dem Haus der Braut an eine Stange gebunden war. Auch die Musikkapelle rückte aus, die Hochzeitsgäste tanzten um den Hahn herum. An einem Tisch, den man vor das Haus auf die Straße stellte, verkündete ein älterer Mann in der Rolle des Richters die Verurteilung des Hahnes. Der Alte, der den Henker spielte, trank nun einen Liter Wein und schlug dann dem Hahn den Kopf mit einer Sense ohne Stiel ab. „Später machte man nur einen Jux daraus; nachdem der Alte gestorben war, wetteiferte man, wer in verkatertem Zustand, nach Trinken des Liter Weines den Kopf des Hahnes treffen könne. Auch ich habe an solchen Veranstaltungen teilgenommen, der Richter war ein gewisser István Gyuga, der mit zigeunerischem Akzent sprach. Mit dem Hahnenschlagen war das Hochzeitsfest zu Ende." Diese Beschreibung des Hahnenschlagens in der Zwischenkriegszeit verdanke ich meinem Gewährsmann aus Tordas, János Bradák (geb. 1902). Nach dem Zweiten Weltkrieg fand in Tordas nach der Hochzeit kein Hahnenschlagen mehr statt (Szoboszlai 1951).

In Tárnok (Kom. Pest) veranstaltete man das Hahnenschlagen (*kokašovi krki zeťat'*) am Morgen nach dem Hochzeitsfest. In der slowakischen Hochzeit in Tárnok galt jeder Bursche als Brautführer, sie organisierten das Hahnenschlagen. „Pome kokašovi krki zeťať!“ (Gehen wir dem Hahn den Kopf abhauen!) - sagten sie sich am frühen Morgen. Die Hochzeiten fanden gewöhnlich im Herbst, im September statt. Um diese Zeit gab es bei den Häusern noch mehrere Hähne, dennoch packten sie den schönsten Hahn der Bäuerin. „Jej, moj pekni kokaš!“ (Oh weh, mein schöner Hahn!) - jammerte diese, als sie sah, dass ihr Stammhahn das Opfer sein sollte. „Mama, mi zme sijich te luďi volaľi!“ (Mutter, wir haben ja diese Leute eingeladen!) - beschwichtigte sie der Bauer. Im Hof oder vor dem Haus auf der Straße gruben die Burschen einen ungefähr anderthalb Meter langen Weinpfahl in den Boden und banden den Hahn daran fest. Dem Burschen, der sich zum Schlagen angeboten hatte, wurden die Augen mit einem Tuch zugebunden, eine Sense ohne Stiel in die Hand gegeben und aus einer Entfernung von 3 bis 4 m wurde er in Richtung des Hahnes geführt. Wenn es ihm misslang, den Kopf des Hahnes abzuhauen, musste er Geld zahlen oder den anderen Wein kaufen. Die Hochzeitsgäste umringten neugierig die Anwärter. Diese versuchten ihr Glück solange, bis es einem gelang, dem Hahn den Kopf abzuhauen. Der Sieger trug den Hahn nach Hause, wo seine Mutter daraus einen Gulasch zubereitete, den die Burschen gemeinsam verzehrten. Auch den Wein, den sie für das angesammelte Geld kauften, tranken sie bei dieser Gelegenheit. In Tárnok meinte man, dass der enthauptete Hahn den Bräutigam personifiziert, der mit der Heirat seine Burschenfreiheit verliert.

Laut Elek Fényes war Öskü Mitte des 19. Jahrhunderts „ein slowakisches Dorf, im Begriff, madjarisiert zu werden“, während die Bevölkerung von Tordas und Tárnok slowakisch war (Fényes 1951, IV. 183, 211). Nach Öskü kamen die slowakischen Siedler im Jahre 1718 aus den Komitaten Zólyom, Nyitra und Pozsony, nach Tordas 1713 aus Pozsony, Nyitra und Turóc und nach Tárnok 1739 aus dem Komitat Trencsén (Ila – Kovacsics 1964, 307; Wünscher 1943, 47-49; Pesty 1977, 285, 287; Garády 1859, 538).

Der Hahn spielte auch in den südslawischen Hochzeiten Transdanubiens eine große Rolle. Laut der Beschreibung von György Sarosácz hatte er bei den Kroaten an der Drau und den Serben im Komitat Baranya die folgende Rolle: „Am ersten Tag nach der Hochzeit trieb der kroatische Rufer (*pozivač*) mit einer Peitsche in der Hand unter der Begleitung des Hochzeitsvolkes auf der Dorfstraße vom Haus des Bräutigams bis zum Haus der Braut einen Hahn vor sich her, der nach der Rückkehr zum Schauplatz der Hochzeit geschlachtet und gebraten wurde. Bei einer serbischen Hochzeit bekam der Rufer (*čavo, točaja*) einen Hahn als Geschenk. Dieser Hahn wurde in die Erde eingegraben, die Teilnehmer des Spiels mussten ihn mit einem Stock mit zugebundenen Augen treffen. Dann wurde der Hahn gebraten.“ (Sarosácz 1974, 287.) Über das *Hahnenbrennen* der serbischen Hochzeiten in Dunapentele (Kom. Fejér) sprach 1952 die 67jährige Jusztina Mihájlovics-Szávics folgenderweise: „Um zwölf Uhr wird ein Hahn angezündet. Das ist das *Hahnenbrennen*, ein Männeropfer. Der lebende Hahn wird mit Branntwein begossen und angezündet. Dann wird er losgelassen, bis er einmal um das Hochzeitsvolk herum fliegt. Dann wird er gefangen und zum Frühstück abgeschlachtet. Dafür muss die Braut zahlen.“ (G. Veress 1952).

Der Hochzeitshahn bei den Ungarn in Transdanubien

Wie vorangehend geschildert, hat die nach der Befreiung von der Türkenbesatzung in Transdanubien angesiedelte deutsche und slowakische Bevölkerung den von ihrem Herkunftsort mitgebrachten Brauch des Hahnenschlagens an Festtagen und Hochzeitsfesten hie und da noch in der ersten Hälfte des 20. Jahrhunderts praktiziert. Die Bevölkerung der in der Nachbarschaft der transdanubischen deutschen und slowakischen Dörfer befindlichen ungarischen Siedlungen hat diesen Brauch nicht übernommen, obwohl der Hahn auch in den Hochzeitsbräuchen der transdanubischen Ungarn eine bedeutende Rolle spielte. Nachstehend möchte ich diese Rolle erläutern. Zoltán Ujváry betonte, der Hochzeitshahn erfülle dieselbe oder eine ähnliche Funktion wie der Hahn des Hahnenschlagens am Hochzeitsfest (Ujváry 1961, 33).

Im Ormánság-Gebiet (Kom. Baranya) findet sich der Hahn unter den Verlobungsgeschenken des Bräutigams. Um 1827/28 beschrieb der reformierte Pastor von Vajszló, Sámuel Jeremiás, die Verlobungsgeschenke wie folgt: „Geld oder Kleid für die Braut, ein Paar Stiefel für ihren Vater, eine Schürze für ihre Mutter, Geld für den Blumenstrauß, ein Ohm Wein, ein Rippenstück vom Schwein, ein Hahn, ein Mutter-Kuchen." (Hoffmann - Jeremiás 1954, 519-520). Gegen Mitte des 19. Jahrhunderts war das Verlobungsgeschenk „eine Flasche Wein, um den Hals ein Riemen oder eine Schnur voller Bretzeln; ein Schinken und ein Hahn, Bett- und Torgeld gewöhnlich einundzwanzig Kreuzer." (Molnár 1855, 101.) Das Brautgeschenk wurde nach der kirchlichen Trauung von den Trauzeugen und Hochzeitsgästen des Bräutigams zum Haus der Braut gebracht. In Drávaszerdahely ging der junge Ehemann nach der Trauung zum Haus des *szörző* (etwa: Urheber). *Szörző* hieß der Mann, der die jungen Leute zusammengeführt hatte. Dieser ging nun mit dem Bräutigam und dessen Hochzeitsgästen zum Haus der Braut, als Brautgeschenk trug er einen lebenden Hahn, während ein anderer Mann auf einem Stock einen großen, runden Kuchen brachte. Bei den Brauteltern angekommen, überreichte ihnen der *szörző* den Hahn und den Kuchen mit folgenden Worten: „Da, nimm es! Das ist für die Braut!" (Berze Nagy 1940, III. 112). In Rózsafa gingen die Trauzeugen des Bräutigams nach der Trauung zur Braut, um sie zu holen. Sie trugen eine Weinflasche, mit Bretzeln geschmückt, sowie einen bebänderten Hahn (Berze Nagy 1940, III. 138). In Hirics brachten die Brautführer eine Woche vor der Hochzeit, als sie zum dritten Mal um die Hand der Braut anhielten, den Brauteltern einen großen Hahn und einen großen Kuchen, beide mit Bändern geschmückt (Berze Nagy 1940, II. 130). In Csányoszró war das Verlobungsgeschenk des Bräutigams dasselbe (Berze Nagy 1940, II. 137). Anschaulich beschrieb den Aufmarsch der Hochzeitsgäste Géza Kiss, Seelsorger von Kákics, in seinem Buch „Ormányság": „Vorne geht der Trauzeuge. An seinem Hals hängt ein riesiges Gebäck, welches ihm bis zu den Knien reicht: der Mutterkuchen, so genannt, weil er der Brautmutter gebührt. Auf dem Hut des Trauzeugen eine Krone aus Strohhalmen und gerösteten Maiskörnern. Von der Krone hängen mit Strohhalmen und gerösteten Maiskörnern geschmückte Schnüre bis zu den Stiefelfersen herab. Vor ihm schreitet ein Hahn an der Leine. Auch der gehört den Brauteltern. Nach der Hochzeit wird er zwei Wochen hindurch auf dem

Dachboden (ung. *hászé*) mit Mais gefüttert. Die Braut darf erst zwei Wochen nach der Hochzeit nach Hause gehen, aber niemals am *ersten* großen Feiertag nach der Hochzeit (Weihnachten, Ostern); dann wird ihr und ihrem Mann der Hahn zubereitet. Während der Trauzeuge den Hahn vor sich trieb, warf er ihn ab und zu in die Höhe, damit er schreit: *Die Braut soll kein stummes Kind kriegen.* Den abgemachten Teil des Schweines (ung. *hátur*) - d.h. Schwanz, Rücken mit Speck, Oberteil des Kopfes mit Ohren – trägt jemand hinter ihm. Weinkrüge werden geleert, bunte Tücher flattern, Pistolen knallen und die Baßgeige brummt." (Kiss 1937, 117.)

Trauzeugen mit dem Hahn. Szaporca, Kom. Baranya, um 1960. Nach Géza Kiss

In Nemespátró (ehemals Kom. Somogy, heute Zala) nahmen am Morgen nach der Hochzeit 3-4 Burschen ein Handtuch zu sich, packten den Bräutigam mit großem Lärm, wickelten ihm das Tuch um die Hüfte und hängten ihn am Hauptbalken auf. Er blieb so lange hängen, bis ihn seine Frau freikaufte. Zu diesem Zweck stellte die Brautmutter das Brautgeschenk bereit: einen gebratenen Hahn, Kleingebäck und Haselnüsse. Die junge Frau kaufte damit ihren Mann frei. Darauf fragte der Trauzeuge die Burschen: „Warum wolltet Ihr ihn aufhängen?" - „Weil er eine schwere Sünde begangen hat!" - „Was für eine Sünde?" - „Er hat die kleine Truhe aufgebrochen!" - „Welche denn?" - „Die kleine Truhe der Braut!" - Darauf fragte der Trauzeuge die junge Frau: „Stimmt das?" - „Jawohl, aber es tut ja nichts!" – erwiderte sie. Der Trauzeuge verteilte nun den gebratenen Hahn, das Gebäck und die Haselnüsse unter den Hochzeitsgästen (Seemayer 1936, 87).

In Somogyudvarhely und Pogányszentpéter (Kom. Somogy) wurde der Hochzeitskuchen (ung. *patkó* = Hufeisen) mit einem Vogel (*Hahn*) geschmückt (Knézy 1981, 462).

In Kiskanizsa (Kom. Zala) zogen die Gäste des Bräutigams am Abend des Hochzeitstages mit Sang und Klang zum Haus der Braut. Der Hochzeitslader (*pozovics*) trug einen lebenden Hahn, dem an einer Schnur ein Taschenmesser vom Hals herabhing (Banekovics 1896, 190). Einen ähnlichen Brauch beschreibt Ferenc Plánder, Pfarrer von Nova, im Jahrgang 1838 der „Wissenschaftlichen Sammlung" (*Tudományos Gyűjtemény*): „Am Hochzeitstag, um ein oder zwei Uhr nachmittags, erscheinen die Gäste beim Haus des Bräutigams und setzen sich sogleich zu Tisch. Nach dem Essen, wenn der Hochzeitslader vom Haus der Braut zurückgekehrt war und berichtete, wie viele Gäste dort empfangen werden, fuhr man im Wagen oder Schlitten zum Haus

Hahnenkopf am Hochzeitsfest. Szentgál, Kom. Veszprém, 1942. Aufnahme von Aurél Vajkai

der Braut; vor den Fuhrwerken gingen zwei festlich gekleidete, unverheiratete Burschen und trugen eine mit Bändern geschmückte Fahne aus Handtüchern. Wenn die Braut im selben Ort wohnt, gehen die Gäste des Bräutigams in zwei Reihen, vorne die Fahnenträger, dahinter die Männer, dann die Frauen und zum Schluss die Musikanten. Vor den Fahnenträgern treibt der Hochzeitslader einen lebenden Hahn an der Leine, der am Hals ein neues Taschenmesser an einem roten Band trägt. Am Haus der Braut angekommen, werden Hochzeitslader, Brautführer und Brautjungfer durch eine Nebentür hereingelassen, der Hochzeitslader trägt den Hahn unverzüglich in die Küche, überreicht ihn der Köchin, die das Tier mit dem am Hals hängenden Messer tötet, putzen lässt und brät. Der Braten wird aufgetischt, aber der Bräutigam und seine Gäste werden erst dann hereingelassen, wenn sie verschiedene Rätsel beantwortet haben…" (Plánder 1838, 15-16).

Der Brautführer bringt der Braut die mit dem Hahnenkopf geschmückte Schüssel. Székesfehérvár-Felsőváros, 1982. Aufnahme von László Lukács

In manchen Gegenden Transdanubiens ist das Reisfleisch aus Hühnerklein einer der Gänge des Hochzeitsmahles und wird vom Brautführer serviert, der dazu verschiedene Reime (mit Hinweis auf den Hahn) rezitiert:

Ich bringe Euch den Hahn mit seinem ganzen Kamm,
Gut gekocht, mit schmackhaftem Reisbrei,
Unser braver Hausherr dachte nicht an seine Hühner,
So verzehret halt die Speise mit gutem Appetit!
Alsólendva, ehemals Kom. Zala (Lendava, Slowenien)
(Szente 1898, 122.)

Ich brachte Euch den Hahn mit dem ganzen Kamm,
Mit weich gekochtem, gutem Reisbrei,
Seit dieses Amt von Herzen gern getragen,
Ist noch nichts Besseres durch die Gurgel gefahren,
Obschon die hundert Jahre bereits vorüber sind.
Csepreg, Kom. Vas
(Rajczy 1943, 84.)

Ich brachte Euch den Hahn mit seinem ganzen Kamm,
Zehn Finger und Nägel der Frau Köchin dazu,
Die Hände des Hahnes, die Beine des Huhns
Noch immer sich necken in dieser Schüssel!
Kajdacs, Kom. Tolna
(Szabó 1982)

In Kethely (Kom. Vas) wird das gebratene Huhn am Hochzeitstag vom Trauzeugen zerstückelt und unter den Hochzeitsgästen verteilt. Während er sich mit dem Braten plagt, werden die Gäste vom Hochzeitslader (*vidor*) unterhalten. Unbemerkt schleicht er sich hinter die Trauzeugen und klaut ein Stück Braten. Darauf verteilt der Trauzeuge die leckeren Bissen unter den Gästen, dem Hochzeitslader gibt er aber nur den Hühnerhals. Dieser nimmt das ihm angebotene Stück entgegen mit folgenden Worten: „Ich danke Euch für Eure Güte, aber ich werde nicht das Ganze essen, auch der Hund kriegt was davon!“ Dann nimmt er den Hühnerhals zum Mund und kräht wie ein Hahn (Békefy 1884, 68).

In Szentgál (Kom. Veszprém) stellte man vor den Bräutigam eine Reisschüssel auf den Tisch, mit einem gekochten Hahnenhals in der Mitte. Der Kopf mit Schnabel und Kamm „schaute“ auf den Bräutigam, der ihn verzehren musste, damit das erste Kind ein Junge wird. Im Jahre 1943 hat Aurél Vajkai einen zu diesem Zweck abgeschnittenen Hahnenkopf noch fotografieren können (Vajkai 1987, 74, Abb. 34).

In Székesfehérvár-Felsőváros serviert der Brautführer das Reisfleisch zum Hochzeitsmahl auch heute noch mit dem Reim, den wir aus Alsólendva zitiert haben. Die erste Schüssel, mit einem großen gekochten Hahnenkopf als Schmuck, wird vor die Braut gestellt. In Jenő (Kom. Fejér) wurde zum Hochzeitsmahl ein geschmückter, gebratener Hahn vor das junge Paar gestellt, mit einer brennenden Zigarette im Schnabel (Varga 1955, 4). Wenn sie einen Teil des Hahns nicht sofort abbrechen konnten, wurde der Hahn von den Brautführern weggetragen und nur gegen einem Pfand zurückgegeben (Varga 1983, 61).

In Kocs (Kom. Komárom) musste die Braut beim Hochzeitsmahl einen Hahnenkopf zerschneiden (Fél 1941, 98).

An den slowakischen Hochzeiten von Sárisáp (Kom. Esztergom) tischte der Brautführer dem Bräutigam statt Braten einen Hahnenkopf und Knochen in einem Teller auf. (Števáková 1978, 24).

Durch den Hochzeitshahn war in der Volkskultur der transdanubischen Ungarn die traditionelle und psychische Grundlage zur Übernahme des Hahnenschlagens gegeben, der Brauch wurde aber dennoch nicht übernommen, und zwar vor allem aus siedlungsgeschichtlichen Ursachen. Eingekeilt in der ungarischen Bevölkerung, hatten die Nationalitätendörfer zwar eine derart lebensfähige Volkskultur, dass althergebrachte Bräuche noch zwei Jahrhunderte nach der Ansiedlung erhalten blieben, doch war sie infolge der Isolierung und der Zerstreutheit nicht genügend expansiv, um durch Übergabe von Brauchelementen eine erhebliche Wirkung auf die Volkskultur des benachbarten, in großen Blöcken lebenden Ungartums ausüben zu können. Deshalb konnte ich die Spuren des Hahnenschlagens in Transdanubien nur in ursprünglich deutschen oder slowakischen Siedlungen entdecken. Das Hahnenschlagen bei der Musikantenweihe in den ungarischen Dörfern des Káler-Beckens gehört zu den Bräuchen eines Handwerks und ist als eine späte, isolierte Erscheinung zu betrachten. Trotzdem setzte es die ganze Bevölkerung der betreffenden Dörfer in Bewegung. Sein Fortbestand wurde vor allem durch den Zweiten Weltkrieg verhindert.

Es ist bemerkenswert, dass die in Transdanubien isoliert lebenden Nationalitäten den Brauch des Hahnenschlagens noch mehr als zwei Jahrhunderte nach ihrer Einwanderung bewahrt und als typisches Element ihres Brauchsystems noch in der ersten Hälfte des 20. Jahrhunderts, zur Zeit einer zügigen sprachlichen Assimilation praktiziert haben. Daraus ist zu schließen, dass gewisse Elemente der geistigen oder materiellen Kultur innerhalb einer Gruppe tiefer verwurzelt und zählebiger sind als die sprachlichen Elemente.

[Die Studie ist sowohl in ungarischer als auch in deutscher Sprache erschienen:
Lukács, László: *Kakas-ütés a Dunántúlon.* Alba Regia XXI. 1984. 209-220. Székesfehérvár
Lukács, László: *Hahnenschlagen in Westungarn.* Österreichische Zeitschrift für Volkskunde LXXXVIII. 1985. 1-24. Wien]

Literatur

BANEKOVICS, János
1896 *A kiskanizsai lakodalom* [Hochzeit in Kiskanizsa]. Ethnographia VII. 189-195.

BÁLINT, Sándor
1977 *Ünnepi kalendárium* [Festlicher Kalender]. II. Budapest

BÉKEFI, Antal
1978 *A kőfejtők dallamos munkarigmusai és jelzőkiáltásai* [Die musikalischen Arbeitsrheime und Zeichenrufe der Steinmetze]. Ethnographia LXXXIX. 388-425.

BÉKEFY, Remig
1884 *Kethely és környékének néprajza* [Volkskunde von Kethely und Umgebung]. Budapest

BEITL, Richard – BEITL, Klaus
1974 *Wörterbuch der deutschen Volkskunde.* Stuttgart

BERZE NAGY, János
1940 *Baranyai magyar néphagyományok* [Ungarische Volkstraditionen in Baranya]. III. Pécs

BONOMI, Eugen
1937 *Deutsches Burschenleben im Ofener Bergland.* Südostdeutsche Forschungen II. 1-56. München

CSAPLOVICS, Johann
1829 *Gemälde von Ungern.* II. Pest

D. HORVÁTH, Gábor
1991 *Borbála-napi rendezvény Komlón. Kopaszünnep* [Veranstaltung am Borbála-Tag in Komló. Kahlfest.]. Pesti Hírlap 5. Dezember 1991, 9.

DEMETER, Zsófia
2002 *Lajoskomárom, a „legelső rendes falu". Emléklapok Lajoskomárom telepítésének kétszázadik évfordulójára* [Lajoskomárom, das „erste ordentliche Dorf". Gedenkblätter zur 200. Jahreswende von Lajoskomároms Besiedlung]. Lajoskomárom

DOHNDORF, Beate
1981 *800jähriges Jubiläum für Tát.* Neue Zeitung XXV. 13. 5. Budapest

ENDREI, Ákos
o. J. *Somogy vármegye népe* [Das Volk vom Komitat Somogy]. Somogy vármegye. Hg. von: Csánki, Dezső. 197-222. Budapest

FEHRLE, Eugen
1920 *Deutsche Feste und Volksbräuche.* Leipzig–Berlin
1955 *Feste und Volksbräuche im Jahreslauf europäischer Völker.* Kassel
FERENCZI, Imre
1982 *Drávaszögi és szlavóniai népszokások* [Volksbräuche in der Drau-Gegend und in Slawonien]. Néprajzi tanulmányok Dankó Imre tiszteletére. Hg. von: Balassa, Iván, Ujváry Zoltán. 903-942. Debrecen
FÉL, Edit
1941 *Kocs 1936-ban* [Kocs in 1936]. Budapest
FÉNYES, Elek
1851 *Magyarország geographiai szótára* [Das Geographische Wörterbuch Ungarns]. I-IV. Pest
FISCHART, Johann
1969 *Geschichtsklitterung.* I-II. Halle/Saale
FÜRJES
1981 *Nyakazás* [Köpfen]. Élet és Irodalom XXV. 14. 9.
(g.j.a.)
1999 *Meg ne tudja B. B. Kakast ütöttek a búcsúban* [B.B. soll nicht wissen, dass ein Hahn am Kirchtag geschlagen wurde]. Magyar Nemzet 16. August 1999, 15.
G. VERESS, Éva
1952 *Dunapentelei néprajzi adatgyűjtés* [Volkskundliche Sammlung in Dunapentele]. Intercisa Museum Dunaújváros, Datensammlung. Manuskript. Inv.-Nr.: A. 9.
GARÁDY
1859 *Tordas megtelepítése* [Die Besiedlung von Tordas]. Új Magyar Múzeum IX. 538-540.
GEIBEL, Ármin
1853 *A finom társalgó* [Der feine Salon]. Pest
GENNEP, Arnold van
1947 *Manuel de folklore Français contemporain.* I. 23. Paris
GIESE, Wilhelm
1937 *Über Hahnenschlagen und Verwandtes.* Niederdeutsche Zeitschrift für Volkskunde XV. 198-201. Bremen
HABERLANDT, Arthur
1959 *Taschenwörterbuch der Volkskunde Österreichs.* II. Wien
HÁLA, József
1994 *Brigitte Bardot és a kakas-ütés* [Brigitte Bardot und das Hahnenschlagen]. Néprajzi Hírek XXIII. 3-4. 153.
HERKELY, Károly
1942 *A veszprémvármegyei múzeum néprajzi gyűjteménye* [Die volkskundliche Sammlung des Museums von Komitat Veszprém]. Veszprém
HILLS, Janet
1956 *Das Kinderspelbild von Pieter Brueghel d. Ä. (1560).* Veröffentlichungen des Österreichischen Museums für Volkskunde, X. Wien
HOFFMANN, Tamás – JEREMIÁS, Sámuel
1954 *A' Köz-nép' házasodásának módja Baranyában* [Die Hochzeiten des Volkes in Baranya]. Ethnographia LXV. 517-529.

HOFFMANN-KRAYER, Eduard - BÄCHTOLD-STÄUBLI, Hans
1930/31 *Handwörterbuch des deutschen Aberglaubens.* III. Berlin–Leipzig
HORVÁTHOVÁ, Emília
1972 *Das volkstümliche Brauchtum.* Die slowakische Volkskultur. Hg. von: Emília Horvátová, Viera Urbancová. 185-227. Bratislava
1975 *Zvykoslovie a povery.* Slovensko. Ľud II. Hg. von: Božena Filová, Ján Mjartán. 985-1030. Bratislava
ILA, Bálint - KOVACSICS, József
1964 *Veszprém megye helytörténeti lexikona* [Das ortsgeschichtliche Lexikon vom Komitat Veszprém]. Budapest
IMRE, Mária
1981 *Mecseknádasd.* Budapest
KASÓ, Katalin
1991 *Vértesacsa.* Vértesacsa
KÁTAI, Ferenc
1981 *Utószó Táthoz* [Nachwort zu Tát]. Magyar Nemzet XXXVII. 125. 10.
KISS, Géza
1937 *Ormányság* [Das Ormánság-Gebiet]. Budapest
KNÉZY, Judit
1981 *Babócsa és környéke népi táplálkozása* [Die volkstümliche Ernährung von Babócsa und Umgebung]. Ethnographia XCII. 459-470.
KOLLÁR, Ján
1953 *Národnie spievanký.* II. Bratislava
KOLLERFFY, Mihály - JEKELFALUSSY, József
1882 *A magyar korona országainak helységnévtára* [Das Ortsregister der Länder der ungarischen Krone]. Budapest
KOMOROVSKÝ, Ján
1975 *Tradičná svadba u slovanov.* Bratislava
KÖVECSES-VARGA, Etelka
2000 *Tát község a Volksbund és a sváb lakosság kollektív büntetésének éveiben* [Die Gemeinde Tát in den Jahren des Volksbundes und der kollektiven Bestrafung der schwäbischen Bevölkerung]. Tát története a kezdetektől 2000-ig. Hg. von: Bárdos, István. 224-239. Tát
KRUPA, András
1976 *A šóškutskom zvyku.* Náš kalendár. 220-222. Budapest
KUNCZ, Aladár
1960 *Fekete kolostor. Feljegyzések a francia internáltságból* [Das schwarze Kloster. Aufzeichnungen aus der französichen Internierung]. Budapest
KURZ, Sámuel
1890 *Lajos-komáromi népszokások* [Volksbräuche in Lajoskomárom]. Ethnographia VII. 103-107.
LAMI, Štefan
1984 *Vyročné zvyky a ľudové hry.* Budapest
LÁNCOS, Zoltán
1981 *Téltemetés Táton* [Die Beerdigung des Winters in Tát]. Magyar Nemzet XXXVII. 70. 8.

LENGYELTÓTI, János
1955 *Húsvéti kakasütés* [Das österliche Hahnenschlagen]. Janus Pannonius Múzeum. Néprajzi Adattár. Inv. Nr.: A 163.
1977 *A mozsgói Kazalicky Antal Művelődési Ház nyári munkája* [Die Sommerarbeit des Mozsgóer Antal Kazalicky Kulturhauses]. Baranyai Művelődés 4. 77-83. Pécs
1981 *A mozsgói kakasütés* [Das Hahnenschlagen in Mozsgó]. König Sankt Stephan Museum Székesfehérvár, Volkskundliche Datensammlung, Manuskript. Inv.-Nr.: 81.32.
MOLNÁR, István
1855 *Házassági népszokások a drávamelléki magyaroknál* [Hochzeitsbräuche bei den Ungarn in der Drau-Gegend]. Vasárnapi Ujság. II. 13. (1. April) 100-101.
MÓRICZ, Zsigmond
1908 *Esztergom vármegye népe* [Das Volk vom Komitat Esztergom]. Magyarország vármegyéi és városai. Esztergom vármegye. Hg. von: Borovszky, Samu. 76-87. Budapest
OLÁH, János
1834 *Balaton melléki tudósítások barátságos Levelekben* [Berichte von der Plattensee-Gegend in freundlichen Briefen]. Tudományos Gyűjtemény XVIII. 3. 51-96.
PESTY, Frigyes
1978 *Helységnévtár. Fejér megye* [Ortsregister. Komitat Fejér]. Fejér Megyei Történeti Évkönyv XI. 161-305. Székesfehérvár
PLÁNDER, Ferenc
1838 *Göcseinek esmérete* [Die Kenntnis von Göcsej]. Tudományos Gyűjtemény XXII. 6. 3-34.
POMOGÁTS, Béláné - SZEKÉR, Ernő
1981 *Ketten a téltemesről* [Zwei Leser über die Beerdigung des Winters]. Magyar Nemzet XXXVII. 88. 9.
RABELAIS, François
o.J. *Oevres. Tome premier. Gargantua.* Ed. Mignot, Paris
RAJCZY, Mária Mechtilda
1943 *Csepreg irodalmi múltja és népköltészeti hagyományai* [Csepregs literarische Vergangenheit und Traditionen der Volksdichtung]. Sopron
REINSBERG-DÜRINGSFELD, Otto
1860 *Fest-Kalender aus Böhmen.* Prag
REISZIG, Ede
1908 *Esztergom vármegye községei* [Die Gemeinden vom Komitat Esztergom]. Esztergom vármegye. Hg. von: Borovszky, Samu. 6-39. Budapest
REISZIG, Ede - VENDE, Aladár
o.J. *Somogy vármegye* [Komitat Somogy]. Hg. von: Csánki, Dezső 30-179. Budapest
RÉDEY, Miklós - LAKY, Endre
1909 *Rendőri Lexikon. Közrendészeti és büntetőjogi tudnivalók betűrendes kézikönyve* [Polizeilexikon. Alphabetisches Handbuch der ordnungspolizeilichen und strafrechtlichen Informationen]. Budapest
RÉDEYNÉ HOFFMANN, Mária
1926 *Egy bujdosó naplójából* [Aus dem Tagebuch eines Flüchtlings]. Ethnographia XXXVII. 20-28.

RÉSŐ ENSEL, Sándor
1866 *Magyarországi népszokások* [Ungarische Volksbräuche]. Pest
SAROSÁCZ, György
1974 *Baranyai délszláv népszokások. III. Karácsonyi és temetkezési szokások a horvátoknál és a szerbeknél* [Südslawische Volksbräuche aus Baranya. III. Bräuche zu Weihnachten und zu Beerdigungen bei den Kroaten und Serben]. A Janus Pannonius Múzeum Évkönyve XIV-XV. 283-296. Pécs
SEEMAYER, Vilmos
1936 *A régi lakodalom Nemespátrón* [Die alte Hochzeit in Nemespátró]. Ethnographia. XLVII. 72-90.
ŠTEVÁKOVÁ, Viera
1978 *Zo svadobného zvykoslovia slovákov v Maďarsku.* Vlastivedný spravodaj Tekovského múzea v Leviciach IX. 21-29. Léva
SZABÓ, Imréné
1982 *Lakodalmi szokások Kajdacson* [Hochzeitsbräuche in Kajdacs]. Museum für Volkskunde Budapest, Ethnologische Datensammlung. Manuskript. Inv.-Nr.: P.178/82.
SZENTE, Arnold
1897 *A Lendva-vidék néprajza* [Volkskunde des Lendva-Gebietes]. Ethnographia. IX. 118-128.
SZOBOSZLAI, Istvánné
1951 *Vegyes néprajzi gyűjtés* [Gemischte volkskundliche Sammlung]. König Sankt Stephan Museum Székesfehérvár, Volkskundliche Datensammlung. Manuskript. Inv.-Nr.: 51.1.
SZOMBATHY, Viktor
1960 *Vértes–Gerecse.* Budapest
TAFFERNER, Anton - SCHELL, Franz
1979 *Heimatbuch von Pusztavám und Umgebung.* Geretsried
TISOVSZKI, Zsuzsanna
o. J. *Dorogi néphagyományok* [Volkstraditionen in Dorog]. Dorogi Füzetek 2.
UJVÁRY, Zoltán
1960 *Az átadás, átvétel és a funkció kérdései egy népszokásban* [Fragen der Übertragung, Annahme und der Funktion in einem Volksbrauch]. Műveltség és Hagyomány III. 5-88. Debrecen
1965 *Hahnenschlagen und Hahnenschießen in Ungarn.* Acta Ethnographica XIV. 277-301.
1979 *Kakasütés* [Hahnenschlagen]. Magyar Néprajzi Lexikon II. 708-709. Budapest
1980 *A kakasütés szokásai és a kakaskultusz* [Die Bräuche des Hahnenschlagens und der Hahnkult]. Népszokás és népköltészet. 161-276. Debrecen
VAJKAI, Aurél
1987 *Szentgál. Egy bakonyi falu folklórja* [Szentgál. Folklore eines Bakonyer Dorfes]. Budapest
VARGA, Marianna
1954 *Jenő község lakodalmi szokásai* [Hochzeitsbräuche der Gemeinde Jenő]. Fejér Megyei Néplap X. 282. (1. Dezember) 4.
1983 *Lakodalom Jenő községben* [Hochzeit in der Gemeinde Jenő]. Fejér Megyei Szemle 1983. 2. 49-79.

VARGA, Vilmos
1870 *A kakasütés* [Das Hahnenschlagen]. Magyarország képekben. Honismertető album. Hg. von: Nagy, Miklós. 260. Pest
VARGHA, Károly
1977 *Adatok a zselici németek betelepedéséhez* [Zur Ansiedlung der Deutschen in Schelitz/Zselic]. A Magyar Tudományos Akadémia Pécsi és Veszprémi Akadémiai Bizottságának Értesítője. 315-326. Pécs
VARGHA, Karl
1978 *Zur Ansiedlung der Deutschen in Schelitz/Zselic.* Beiträge zur Volkskunde der Ungarndeutschen. II. 145-158. Budapest
VÁRADY, Ferenc
1896 *Baranya múltja és jelene.* [Die Vergangenheit und Gegewart von Baranya] I. Pécs
WILD, Katalin [Katarina]
1986 *Német búcsúnapi szokások Dél-Magyarországon* [Deutsche Kirmesbräche in Südungarn]. A III. Békéscsabai Nemzetközi Néprajzi Nemzetiségkutató Konferencia előadásai. Hg. von: Eperjessy, Ernő; Krupa, András. 659-665. Budapest – Békéscsaba
1987 *Das „Kickelschloge" in Südungarn.* Deutscher Kalender 1987. 225-227. Budapest
1988 *Deutsche Kirmesbräuche in Südungarn.* Beiträge zur Volkskunde der Ungarndeutschen VII. 53-80. Budapest
WLISLOCKI, Heinrich
1893 *Aus dem Volksleben der Magyaren.* München
WÜNSCHER, Frigyes
1943 *Tordas a Balogh Elemér szövetkezeti mintafalu* [Tordas, das Musterdorf der Elemér Balogh-Genossenschaft]. Budapest – Debrecen
ZÁVODSZKI, Jenő
1968 *Lajoskomárom telepítéséről* [Über die Besiedlung von Lajoskomárom]. Fejér Megyei Szemle V. 160-162.

ÖSTERLICHE RUTENZÜCHTIGUNGEN

Béla Gunda beschäftigte sich in seinen ein halbes Jahrhundert dauernden Forschungen bei den mitteleuropäischen und balkanischen Völkern mit den verschiedenen Fragen der Volkskultur der Westslawen (1942, 205-225; 1943, 249-253; 1956a, 157-162; 1956b. 116-125, 149-159; 1976, 33-38; 1979, 123-133). In tschechischen, mährischen und slowakischen Gebieten hat er öfter volkskundliche Feldforschungen durchgeführt. In seinem Bericht von der Forschungsreise in der Tschechoslowakei im Jahre 1955 erwähnte er das Stäupen der mährisch-Wallachen zu Ostern: „Am Ostermontag schlagen die Burschen die Mädchen, welches daraus besteht, dass sie sie mit aus Ruten geflochtenen Staupen schlagen. Dafür bekommen sie rote Eier, Kuchen, Schnaps. Das Stäupen zu Ostern gaben die Mädchen am Osterdienstag zurück: sie haben die Burschen mit Ruten geschlagen, damit sie nicht lausig werden sollten." (1956b, 156-157). Angeschlossen an die Forschungen von Béla Gunda in der mährischen Walachei werde ich den Brauch des Stäupens zu Ostern vorstellen, der in unserer volkskundlichen Literatur nur wenig bekannt ist. Meine Studie beginne ich mit der Beschreibung des Brauchmittels, der Brauchhandlung und der rituellen Texte; nach der Umgrenzung des Verbreitungsgebietes des Stäupens zu Ostern in Mitteleuropa schließe ich mit historischen Fragen, die damit in Bezug stehen.

Die Beschreibung des Brauches

Unter den Volksbräuchen des Frühlings ist das Stäupen zu Ostern gut abgrenzbar, es lebt in Ungarn in den mit Slowaken besiedelte Dörfern von Nordtransdanubien, in den Komitaten Komárom, Pest, Veszprém und Fejér auch heute noch. Sein wichtiges Mittel ist die aus Weidenruten geflochtene Staupe (*siba*), die formal gleich derjenigen am Tag der unschuldigen Kinder ist.[1]Meistens wurde die aus 8 Ruten gebundene viereckige Staupe (siba) oder die aus 9 Ruten hergestellte schlangenbucklige Staupe benutzt. In Tordas (Kom. Fejér) sind Staupen bekannt, die aus 4, 6, 8 oder 9 Ruten geflochten sind. Für die volkskundliche Sammlung des König Sankt Stephan Museums Székesfehérvár habe ich in Tordas alle Staupenformen flechten lassen. Die dünnste wird aus 4 Ruten hergestellt. Sie ist viereckig, mit grober Oberfläche, in der Regel nur für kleine Knaben gedacht. Bei der aus 8 Ruten geflochtenen Staupe ist eine Seite rund, die andere flach. Man hält die aus 6 Ruten geflochtene viereckige Staupe für die schönste, darum wird sie am häufigsten hergestellt. Aus 9 Ruten werden die runden oder schlangenbuckligen Staupen gemacht; um einen in der Mitte laufenden Leitfaden werden 8 Ruten geflochten. Vor dem Staupeflechten wird eine Rute an dem dickeren Ende eingeschnitten, dann mit der Fingernagel des Daumens aufgeschlitzt. Mit der Schneide des Messers kratzt man das Innere der aufgespalteten Rute heraus, um sie biegsamer zu machen. Dann werden die brauchbaren Ruten zum Flechten ausgewählt. Die oberen, dünnen Enden werden aneinandergefügt, die unteren, dickeren Enden werden auf gleiche Länge geschnitten und mit der gespalteten Rute umwickelt. Ein Kind oder Erwachsener hält die in Vorbereitung befindliche

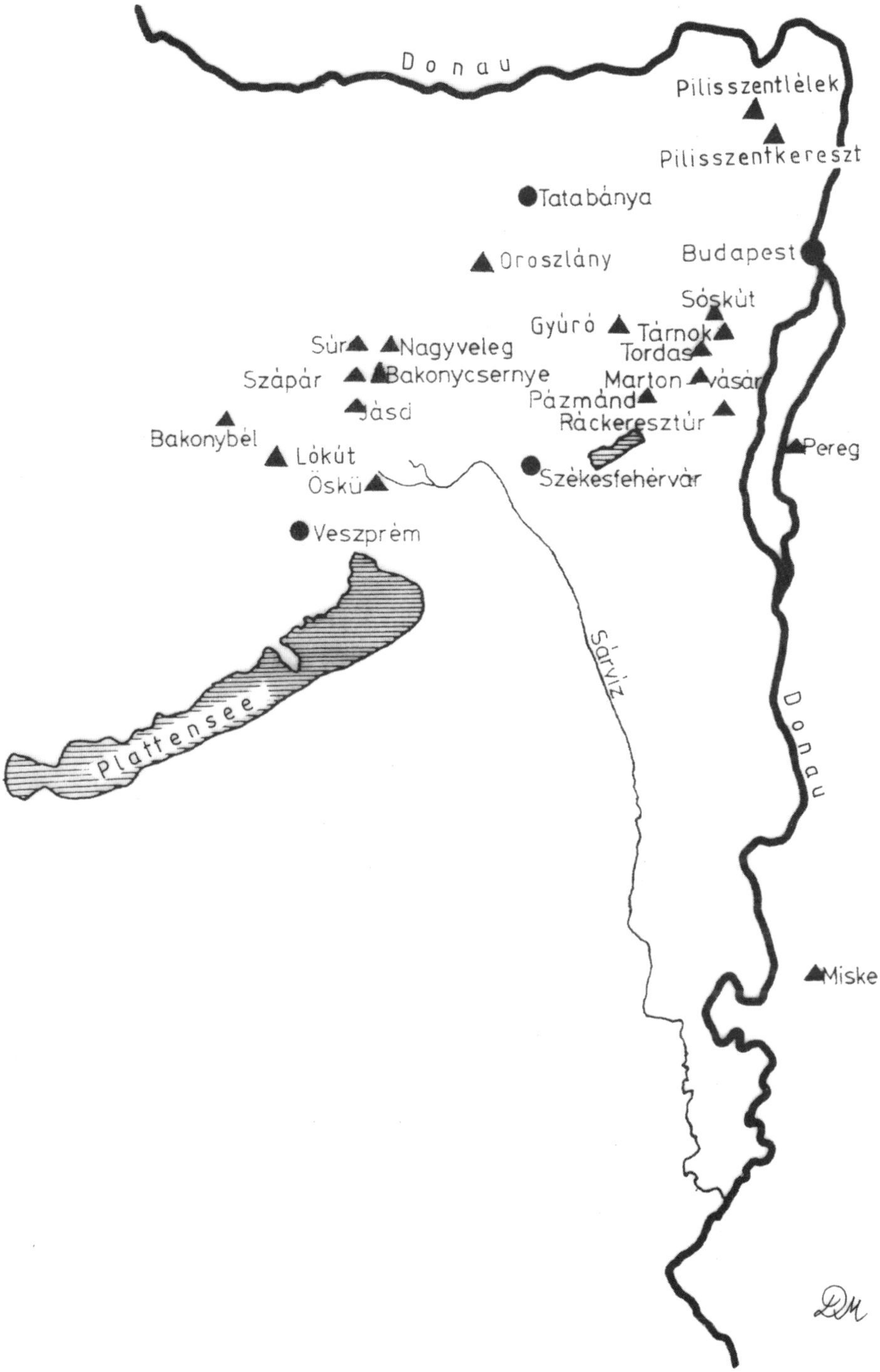

Die Verbreitung des Stäupens zu Ostern in Ungarn

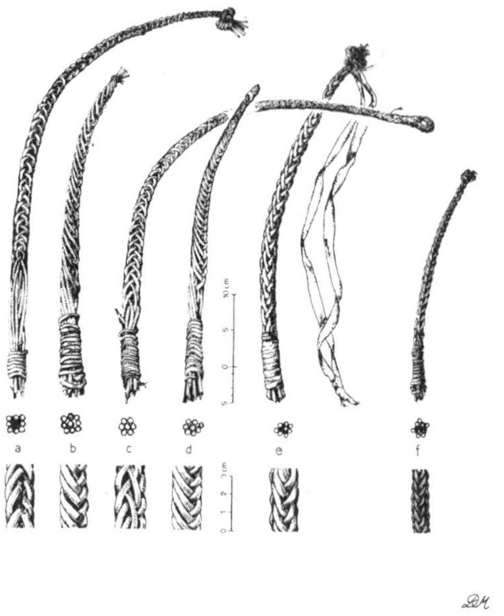

Osterstaupen aus der volkskundlichen Sammlung des König Sankt Stephan Museums Székesfehérvár. a: Pázmánd (Inv.-Nr.: 73.34.1), b: Pázmánd (Inv.-Nr.: 75.10.1.), c: Bakonycsernye (Inv.-Nr.: 76.77.1.), e: Tordas (Inv.-Nr.: 62.57.1.), f: Drösing, Niederösterreich (Inv.-Nr.: 80.5.1.).

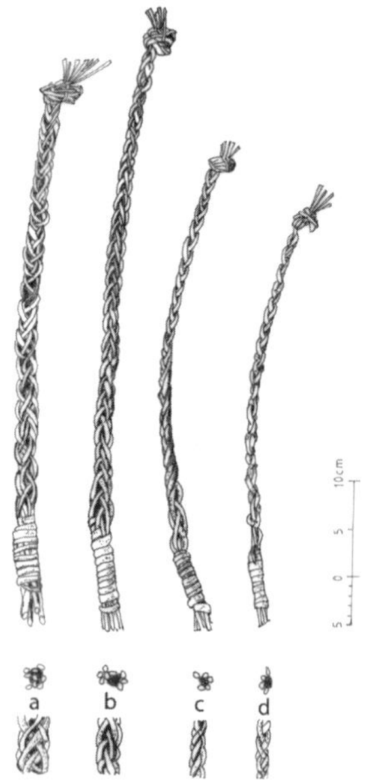

Osterstaupen von Tordas. a: aus 9 Ruten geflochtene schlangenbucklige oder runde Staupe *(siba)*, b: aus 8 Ruten wurde die viereckige Staupe *(siba)* gemacht, c: aus 6 Ruten gemachte, d: aus 4 Ruten gemachte Osterstaupe. Volkskundliche Sammlung des König Sankt Stephan Museums.

Staupe am dickeren Ende fest, der gegenüber Sitzende flicht sie zusammen. Zum Schluss bindet man einen Knoten um das obere Ende der Staupe. Der Staupenbinder hält den Knoten zwischen seinen Stiefeln oder Schuhen fest, dann zieht er die Staupe ganz fest an, damit der Knoten desto enger wird. Der Staupe bindende Mann probiert sein Objekt gleich am helfenden Kind oder an der helfenden Frau aus: Er schlägt spielerisch ein wenig auf sie ein. Die Burschen und größeren Jungen flechten die Staupe schon um Palmsonntag. Für die kleineren Jungen macht es der Vater oder Großvater. Wenn im Haus keiner das Staupenflechten versteht, dann besorgt man sie beim Korbflechter für eine Flasche Wein oder für Geld (Pázmánd, Ráckeresztúr, Tordas – Kom. Fejér). Der Korbflechter aus Ráckeresztúr bindet 30-40 Staupen zu jedem Ostern. In Pázmánd hat man vor dem Zweiten Weltkrieg ein Band in den Nationalfarben zwischen die Ruten geflochten. In Ráckeresztúr hat man die Rutenbündel ringförmig zusammengebunden, sie ca. eine halbe Stunde im Kessel gekocht, dann ca. 10 Minuten lang in eine mit kaltem Wasser gefüllte Waschmulde gestellt. So konnte man die Rinde leicht abschälen: mit den Fingernägeln aufreißen und abziehen.

Staupenflechten. Pázmánd (Kom. Fejér). Aufnahme von László Lukács, 1980

Die Ruten ohne Rinde hat man in einer Schüssel mit roter oder grüner Farbe 15-20 Minuten eingeweicht. Aus den so gefärbten Ruten hat man rot-weiß-grün farbige Staupen geflochten. In den 1970er Jahren hat man in Pázmánd sogar aus Kunstfasern und aus mit Kunststoff bezogenen Aluminiumdrähten hergestellte Staupen benutzt. Diese sind formal ganz gleich mit den aus Ruten geflochtenen Staupen. Die Staupen sind 60-80 Zentimeter lang.

Das Festziehen des Knotens, der am Ende der Staupe gebunden wurde. Tordas. Aufnahme von László Lukács, 1980

In Pázmánd gehen die Burschen am Ostermontag zwischen 5-6 Uhr früh zu den Häusern, in denen Mädchen wohnen.[2] Sie halten es für glückbringend, wenn sie die Mädchen aus dem Bett springen lassen. Heutzutage üben meistens die Jungen zwischen 10-15 Jahren diesen Brauch. Sie besuchen die Häuser in Gruppen zu 3-5 Personen. Bei den verwandten Mädchen, Nachbarn und Bekannten darf das Stäupen zu Ostern nicht ausfallen. Die Schüler besuchen und stäupen ihre Mitschülerinnen. Die kleinen Jungen mit 5-10 Jahren gehen alleine oder mit ihren Vätern zu den Verwandten und ggf. Nachbarn; Kinder bis 5 Jahren begleiten ihre Väter, Großväter zu den Verwandten und/oder Nachbarn. In Pázmánd beginnen bereits die Kinder, die schon laufen und sprechen können, mit 2-3 Jahren, das Stäupen. Sogar die Kinder im Kinderwagen halten in den Händen eine Staupe, wenn ihr Vater sie zu den Großeltern schiebt. Die 15-25 jährigen Burschen gehen auch in Gruppen zu den Häusern, in denen Mädchen sind. Manchmal hat die Gruppe bloß eine Staupe, diese geben sie untereinander beim Stäupen weiter. Die verheirateten Männer stäupen nur ihre Verwandten oder Nachbarn.

Staupenflechten. Tordas (Kom. Fejér). Aufnahme von László Lukács, 1980

Eine Gruppe geht bspw. in ein Haus mit Mädchen. Zuerst stäupt man das Mädchen. Die Burschen stellen sich hinter sie, und der erste Junge beginnt das Gstanzl:

Sibiribi tojásos	Sibiribi eitriges
Keléses bolhásos	Geschwür, voller Flöhe
Esztendőre friss légy,	In einem Jahr sollst du frisch sein,
Ne olyan lusta, mint most!	Nicht so faul, wie jetzt!

Burschen mit Osterstaupen. Pázmánd. Aufnahme von Ferenc Pesovár, 1961

„Auch die Oma wird gestäupt." Pázmánd. Aufnahme von Ferenc Pesovár, 1961

Stäupen zu Ostern (sibálás). Pázmánd. Aufnahme von Ferenc Pesovár, 1961

Die kleinen Jungen begleiten ihre Väter zu den Verwandten um zu stäupen. Pázmánd. Aufnahme von László Lukács, 1980

Das Stäupen zu Ostern. Pázmánd. Aufnahme von Ferenc Pesovár, 1961

Die älteren Männer stäupen auch die Verwandten und Nachbarn. Pázmánd. Aufnahme von László Lukács, 1980

Sie sagen den Text fast buchstabierend, halten zwischen den Wörtern eine kleine Pause und schlagen bei jeder Silbe einmal auf das Mädchen. Die Gruppenmitglieder folgen nacheinander im Verssagen und im Stäupen. Nach dem Mädchen stäupen sie in ähnlicher Weise die Mutter, die Großmutter, alle weiblichen Einwohner des Hauses. Wenn sie ein Mädchen stäupen, sagen sie noch zum Gstanzl: „Du sollst bald eine Braut werden!" Wenn sie eine Frau stäupen, sagen sie dazu: „Nach einem Jahr sollst du Hochzeitsmutter werden!“ Oder: „Sollen Sie viele Hühner haben!“ In den letzten Jahrzehnten sagten sie das Gstanzl schon auf ungarisch, aber wir kennen das Stäupengedicht von Pázmánd auch in slowakischer Sprache:[3]

Šibiribi masna ryby	Sibiribi fettige Fische
Davaj vajča od korbáča	Gebe Eier für die Staupe
Ešte tam to kus koláča	Und das Stück Kuchen
Na tom leši groš	Darauf liegt ein Groschen
Eště teho dost.	Und davon auch genügend.

In Pázmánd wird nach dem Stäupen heutzutage auch Kölnischwasser verspritzt. Am Anfang des 20. Jahrhunderts wurde zum Begießen Brunnenwasser verwendet. Nach dem Begießen werden für die Burschen Wein, Schnaps und Kuchen vom Mädchen oder von ihren Eltern angeboten.

Natürlich bekommen die Burschen vom Mädchen auch rote Eier. Vor dem Zweiten Weltkrieg band das Mädchen auf die Staupe des Burschen ein buntes Band. Die kleineren Jungen bekamen gefärbte Eier und Geld.

In Martonvásár und Ráckeresztúr (Kom. Fejér) können die Leute das Stäupengstanzl heute nur noch in ungarischer Sprache aufsagen. Ein in Martonvásár gesammelter Text besteht bloß aus drei Zeilen:

Sibiribi tojásos	Schibiribi eitriger
Keléses bolhásos ne legyél	Du sollst nicht geschwürig und flöhig sein
Esztendőre még frissebb legyél!	Zum Jahr sollst du noch frischer sein.

In Ráckeresztúr haben die Burschen vor dem Ersten Weltkrieg alle Töchterhäuser aufgesucht: Sie begossen und stäupten diese. Die Mädchen mussten der Burschengruppe nach dem Stäupen eine Krone geben. Das Geld hat der erste Bursche eingesammelt. Damit haben sie den Burschen honoriert, dass sie das ganze Jahr hindurch von ihnen zu den gemeinsamen Feten zugelassen waren. In Ráckeresztúr war das Stäupengedicht folgendes:

Sibiribi maszka ribi	Schibiribi Maske ribi
Tetves ne légy, bolhás ne légy	Du sollst nicht geschwürig, nicht flöhig sein
A vásárra jó friss légy	Bis zum Markt sollst du frisch sein
Fazekakba kárt ne tégy!	In den Töpfen mache keinen Schaden.

Denn im benachbarten Martonvásár hielt man den Markt gerade am nächsten Tag ab, am Osterdienstag, wohin man schon zeitig aufbrechen musste, wenn das Mädchen mit ihren Eltern mitgehen wollte. Die letzte Zeile des Gedichtes weist auf die Zerbrechlichkeit der Töpfe hin. Nach dem Begießen und dem Stäupen gab das Mädchen dem Burschen ein rotes Ei, an seiner Staupe befestigte sie ein Band. Dem ihr am nächsten stehenden Burschen steckte sie auf seinen Hut oder an seinen Mantel eine Blume. Der Bursche, dessen Hofmachung man nicht annehmen wollte, bekam eine rot bemalte, eierförmige Kartoffel.

In Tordas haben die Burschen nicht nur die Mädchen gestäupt, sondern auch die Frauen der jungverheirateten Männer.[4] Der Text beim Stäupen aufgesagter ungarischer Gstanzl ist folgender:

Keléses ne légy	Du sollst nicht geschwürig sein
Bolhásos ne légy	Du sollst nicht flöhig sein
Esztendőre még frissebb légy!	Zum Jahr sollst du noch frischer sein!

In Tordas bekamen die Stäupenjungen rote Eier, Nüsse oder Kuchen, die Burschen Wein, Schnaps, sowie bunte oder Schleifen in den Nationalfarben. Auf die Staupe ihres Hofmachers band das Mädchen eine rote und auf die der anderen Burschen eine andersfarbige Schleife. Es gab Burschen, auf derer Staupe zur Mittagszeit am Ostermontag schon 40-50 Schleifen flatterten.

Eine rudimentäre slowakische Variante des Stäupengstanzls konnte man in Tordas niederschreiben:

Šibi ribi masne ribi	Schibi ribi fettige Fische
Davaj, davaj kus kulači	Gebe, gebe ein Stück Kuchen
Ešte temu tri vajička.	Und dazu noch drei Eier.

In Martonvásár, Ráckeresztúr und Tordas üben den Brauch heute nur noch die kleinen Jungen. Auf die Staupe bindet man auch keine Schleifen mehr. In Tárnok (Kom. Pest) bekamen die Burschen außer den Schleifen auch eine Hyazinte von den Mädchen nach dem Stäupen. Der beim Stäupen vorgetragene Text des Gedichtes lautet:

Šibi ribi masne ribi	Schibi ribi fettige Fische
Kazal kalec aj kalecka	Befahl der Weber und die Weberin
Abi dala tri vajička	Daß sie drei Eier geben soll
Jedno bile dve červene	Ein weißes, zwei rote
Ešte temu kus kolačka	Dazu noch ein Stück Kuchen
Odmíňaj sa od korbačka.	Daß du dich von der Staupe befreien sollst.

Seit dem Zweiten Weltkrieg begießt man auch nach dem Stäupen. Zur Begießung gehörten nicht mehr slowakische, sondern bekannte ungarische Gedichte. So lebt der Brauch im mit Tárnok benachbarten Sóskút (Kom. Pest), wo der slowakische Text des Gstanzls wörtlich gleich ist. Ein Unterschied besteht nur darin, dass in Sóskút der erste Bursche (den man bis 1935 jedes Jahr am Nachmittag von Aschermittwoch beim Hahnenschlag gewählt hat) eine viel längere (1-1,5 Meter lange) Staupe hatte als die anderen Burschen. Diese hat man oft aus den Zweigen der Trauerweide geflochten, und der erste Bursche hat sie auf die Schultern gelegt getragen.

Den Brauch übt man heute sehr intensiv in Bakonycsernye (Kom. Fejér). Der Text des dabei verwendeten Gstanzls in slowakischer Sprache lautet:

Das Stäupen zu Ostern. Pázmánd. Aufnahme von László Lukács, 1975

Nach dem Mädchen wird auch die Großmutter gestäupt. Pázmánd, 1975

Das Stäupen zu Ostern. Pázmánd. Aufnahme von László Lukács, 1980

Das Stäupen zu Ostern. Pázmánd. Aufnahme von László Lukács, 1980

Šibi ribi masne ribi	Schibi ribi fettige Fische
Kazal kalec aj kalecka	Sagte der Weber und die Weberin
Abi dala tri vajička	Daß sie drei Eier geben soll
Ešte temu kus koláčka	Und ein Stück Kuchen
Jedno bile, tri červene	Ein weißes, drei rote
A kéť máťé ešte žuté.	Und wenn es noch gibt ein gelbes.

Die letzten zwei zeilen lassen sie oft weg oder ersetzen sie mit den folgenden:

Velki kus jáko dala čirná	Ein großes Stück, wie wenn es
Bilá masna hus.	Eine schwarz-weiße fette Gans gelegt hätte.

Neben dem slowakischen Stäupengstanzl ist in Bakonycsernye auch eine Variante in ungarischer Sprache bekannt:

Keléses ne légy	Du sollst nicht geschwürig sein
Egészséges légy	Du sollst gesund sein
Friss légy	Du sollst frisch sein
A kezeid jó dolgosak legyenek	Deine Hände sollen arbeiten
A szád jól tudjon gyorsan beszélni!	Dein Mund soll schnell sprechen können.

Die andere Variante des ungarischen Gstanzls hat in Bakonycsernye László Kardos gesammelt (1976, 32):

Ne legyen lopós a kezed,	Deine Hände sollen nicht stehlen
Jó futós legyen a lábad,	Deine Füßen sollen gut laufen
Ne legyen sokbeszédű a szád,	Deine Mund soll nicht vieles versprechen
Ne legyen keléses a hátad!	Dein Rücken soll nicht geschwürig sein!

Am Anfang des 20. Jahrhunderts haben die Burschen von Bakonycsernye noch 1-1,5 Meter lange Staupen geflochten, mit denen sie die nach der Messe aus der Kirche herauskommenden Mädchen gestäupt haben.

Heute lebt dieser Brauch nur bei den Kindern im benachbarten Nagyveleg (Kom. Fejér). Die ersten Zeilen des beim Stäupen vorgetragenen ungarischen Textes sind durch Verballhornung des slowakischen Gstanzls enstanden:

Sibiribi macska ribi	Schibiribi Katze ribi
Keléses ne légy	Du sollst nicht geschwürig sein
Egészséges légy	Du sollst gesund sein
Adsz-e piros tojást?	Gibst die roten Eier?

In Szápár (Kom. Veszprém) habe ich eine Variante des slowakischen Gstanzls aufgeschrieben:

Šibi ribi masne ribi	Schibi ribi fettige Fische
Kazal kalec aj kalecka	Befahl der Weber und die Weberin
Abi dala kus koláčka	Daß sie ein Stück Kuchen geben soll
Na cibulu grajcár	Auf roten Zwiebeln einen Groschen
Na cesnek dva.	Auf Knoblauch zwei.

In Öskü (Kom. Veszprém) lebte der Brauch bis zu dem Zweiten Weltkrieg. Aus 8 Weidenruten geflochtene Staupen nennt man *siba*. Je längere Ruten sie sich besorgen konnten, desto länger hat man es gebunden. Die Staupe der Burschen war 60-80, die der Jungen 30 Zentimeter lang. Am Ostermontag sind die Jungs alleine oder in Gruppen zu den Töchterhäusern des Dorfes gegangen. Während des Stäupens der Mädchen wurde ein Text vorgetragen, der dem slowakischen Gstanzl in Bakonycsernye ähnlich ist. Im Gegensatz zu den evangelischen Slowaken vollzog sich die sprachliche Assi-

Das Stäupen zu Ostern. Pázmánd. Aufnahme von László Lukács, 1980

Nach dem Stäupen werden den Männern Getränke angeboten. Pázmánd. Aufnahme von László Lukács, 1980

milation der katholischen Slowaken, die mit den einheimischen katholischen Ungarn und mit den Knechten der angrenzenden Gutshöfe eine Ehe schlossen, sehr schnell. Bei den katholischen Slowaken von Öskü lebte der Brauch noch im Zeitraum zwischen den beiden Weltkriegen, aber den dazu gehörenden Brauchtext haben sie schon ungarisch vorgetragen: „Du sollst nicht geschwürig sein! Zum Jahr sollst du noch frischer werden!“ Für das Stäupen haben die Jungen Ostereier bekommen. In Öskü sind die Burschen, um zu stäupen, nicht in die Töchterhäuser gegangen, sondern sie stäupten am Ostermontag die auf der Straße spazieren gehenden Mädchen. So haben sie für das Stäupen auch kein Geschenk bekommen. Die verheirateten Männer haben auch die weiblichen Mitglieder der Familie und die Nachbarsfrauen gestäupt.

In Súr (Kom. Komárom) lebte das österliche Stäupen bis Ende der 1930er Jahre. Bis dahin kannte man die Begießung mit Wasser zu Ostern überhaupt nicht. Man sagte den folgenden ungarischen Text, inzwischen schlug man auf die erwähnten Körperteile des Mädchens mit der Staupe:

Sibiriba maszne riba	Schibiriba maszne riba
Egészséges légy, keléses ne légy	Sollst gesund werden, sollst nicht geschwürig werden
A kezed jó dolgos legyen	Deine Hände sollen arbeiten können
A lábad jó futó (táncos) legyen	Deine Füße sollen gut laufen und tanzen
A hátad jó bugyros legyen	Dein Rücken soll gut Bündel tragen
A szemed jó látó legyen	Deine Augen sollen gut sehen
A füled jó halló legyen	Die Ohren sollen gut hören
A se..ed jó fi.gó legyen	Dein A…sch soll gut fu…zend sein
Sibiriba maszne riba	Schibiriba maszne riba
Egészséges légy!	Du sollst gesund werden!

Das im Text erwähnte Bündeltragen ist das dominante Mittel des Lastentragens bei der slowakischen Bevölkerung des Bakonyerwaldes. Ähnliche ungarische Stäupengstanzl erwähnt aus dem Bakonyerwalde – ohne Angabe des näheren Sammelortes – das *Lexikon der Ungarischen Volkskunde* (1979, II. 66):

Sidiridi jó légy,	Schidiridi sollst du brav werden,
Friss légy,	Sollst du frisch sein,
Keléses ne légy.	Geschwürig sollst du nicht sein.
Ha valahova küldenek, fuss!	Wenn du irgendwohin geschickt wirst, laufe!
A lábaid jó futók legynek (*lábára üt*)	Deine Füßen sollen gut laufen (*schlägt auf die Füße*)
Kezeid jó mosogatók legynek (*kezére üt*)	Deine Händen sollen gut abwaschen (*schlägt auf die Hände*)
A fejed ne fájjon (*fejére üt*)	Dein Kopf soll nicht weh tun (*schlägt auf den Kopf*)
Sidiridi váltsd ki magadat! (*a hátára üt és várja a tojást*).	Sidiridi erlöse dich! (*schlägt auf den Rücken und wartet auf die Eier*).

Als Sammelort des letzten Textes erwähnt Zsuzsanna Tátrai in einem späteren Artikel Bakonybél (Kom. Veszprém) (1978, 282). Man findet den Brauch auch in Jásd (Kom. Veszprém). Károly Herkely erwähnt in dem Katalog der volkskundlichen Sammlung des Museums von Veszprém ohne Angabe eines Sammelortes die Zeichnung einer Weidenstaupe (1941, Abb. 43). In der Brauchsammlung des Budapester Museums für Volkskunde bewahrt man 4 Stück Osterstaupen aus den heutigen Gegenden Ungarns auf. Von ihnen stammt je ein Stück von Pázmánd und Tárnok, zwei Stück stammen aus Pilisszentkereszt im Komitat Pest. Auf dem Beschreibungskarton der Staupe mit der Inventarnummer 68.76.3. bemerkt die Sammlerin Erzsébet Györgyi, dass die slowakischen Männer von Pilisszentkereszt am Ostermontag stäupen gehen, wofür die Frauen ihnen Schnaps anbieten.

Nach der Vorstellung des Brauchmittels, der Brauchhandlung und der rituellen Texte muss ich einiges zu terminologischen Fragen sagen. Der Name des Stäupens zu Ostern ist schon bei den ganz ungarisch sprechenden, slowakisch nicht beherrschenden Einwohnern von Pázmánd, Martonvásár, Ráckeresztúr, Tordas, Bakonybél: ‚sibálás'. Die Form des Infinitivs ist: ‚sibálni'. Der Name der Staupe ist hier: ‚siba'. In Súr benutzt man in der ungarischen Sprache ‚sibiribázás', besser gesagt, ‚sibiriba'. Slowakisch sprechende Leute von Bakonycsernye, Tárnok, Sóskút benutzen diese ungarisierten Formen selbst heute nicht. Es ist zu beobachten, dass sich zum Osterstäupen slowakische, zum Begießen ungarische Terminologie und Texte verknüpfen. „Ideme sibat" (Wir gehen stäupen) - sagt man in diesen Dörfern. Die Staupe heißt in der slowakischen Sprache: ‚šibák'. Im Dialekt von Bakonycsernye heißt die runde Staupe ‚okruhli šibák', die viereckige Staupe ‚štverhranati šibák'.

In Bezug zur Etymologie des Dialektwortes ‚siba' hat Lajos Kiss festgestellt, dass unsere Wörterbücher die Substantivform des Wortes nicht kennen. Zur Verbform (*sibál*) erwähnt das Ungarische Dialektwörterbuch eine Erwähnung von Zenta aus dem Jahre 1880 mit der Bedeutung: „Am Tag der unschuldigen Kinder schlägt man einander aus Spaß mit Rutenstaupen." Lajos Kiss stellt fest, dass ‚siba' vom serbokroatischen Wort 'siba' "Rute" übernommen wurde, dessen Verbform: ‚sibati' „stäupt" bedeutet. Hierzu kann ich sagen, dass im südtransdanubischen Ungarn das Wort ‚siba' aus der serbokroatischen Sprache übernommen wurde, in Nord-Transdanubien dagegen aus dem Slowakischen. Das Stäupen am Tag der unschuldigen Kinder der Schokazen des Komitates Baranya (*šibanje*) ist heute ein genauso lebender Brauch wie das erwähnte Stäupen zu Ostern (*sibálás*) in den slowakisch besiedelten Dörfern von Nordtransdanubien. Unser Dialektwort ‚siba' ist aus zwei unterschiedlichen slawischen Sprachen entstanden.

Das Verbreitungsgebiet des Brauches

Nach dem *Lexikon der Ungarischen Volkskunde* findet man das Stäupen zu Ostern in Transdanubien (im Bakonyerwald und im Komitat Fejér) (1979, 606). Tekla Dömötör erwähnt, dass sich statt der Begießung der Mädchen in einigen West- und Nordungarischen Dörfern zu Ostern das Stäupen findet (1972, 29). Bertl Petrei weist auch auf das Vorkommen des Brauches in Westungarn hin (1974, 192).

In den slowakischen Siedlungen zwischen Donau–Theiß habe ich keine Feldforschungen durchgeführt, ich habe nur versucht, mich zu orientieren. Nach meinen Daten wird der Brauch in Pereg im Komitat Pest geübt (f.j. 1954, 4).

Auch hier spricht man vom „Stäupen" (*sibálás*).[6] Bei der Durchführung sagen die Burschen: " Du sollst frisch sein, du sollst nicht geschwürig sein! Würmer und Flöhe, ihr sollt euch entfernen!" Die Mädchen banden auch hier früher eine Schleife an die Staupe. Wenn das Mädchen sich auf dem Abendfest von der Staupe ihres Tänzers entfernen konnte, hatte sie das Recht, ihrerseits den Burschen zu stäupen. In Miske (Kom. Bács-Kiskun) haben die Mädchen am Osterdienstag die Burschen mit Rosmarin geschlagen, von welchen sie am Vortag begossen worden waren.[7] Das Stäupen ist bei der slowakischen Bevölkerung von Dunaegyháza[8] (Kom. Bács-Kiskun) und Kisapostag (Kom. Fejér) unbekannt. Man findet im 18. Jahrhundert diesen Brauch zu Teilen oder im Ganzen in mit slowakischer Bevölkerung neubesiedelten ungarischen Dörfern in der Nachbarschaft der nordtransdanubischen Siedlungen nicht. Er fehlt auch aus dem Brauchsystem der Bevölkerung slowakischer Abstammung im südöstlichen Teil der Großen Ungarischen Tiefebene (Békéscsaba, Szarvas, Tótkomlós): aus den Untersuchungen von Békéscsaba von András Krupa und Tótkomlós von János Manga sind nur aus den Osterbräuchen die Begießung mit Wasser bekannt (Krupa o. J., 149-152; Manga 1974, 54). Genauso fehlt er in den slowakischen Dörfern des Ipoly-Tales (Manga 1968, 149). Ebenso wenig kennt man das Stäupen zu Ostern in den slowakischen Dörfern der Hegyköz von Abaúj-Zemplén (Petercsák 1978, 95-96).[8]

Die ersten Hinweise zur Verbreitung des Brauches findet man in dem Buch *Wald-, und Feldkulte* von Wilhelm Mannhardt, das im Jahre 1875 erschienen ist

Osterstaupen aus der Samlung des Bezirkmuseums Galánta. Felsőszeli (Kom. Pozsony). Aufnahme von László Lukács, 1980

(1904, 259). Danach werden die Mädchen in Ungarn am Ostermontag von den Burschen mit Wasser in den Komitaten Pozsony, Nyitra und Bars begossen. Bei den Adeligen wurde dieser Brauch zum Begießen mit Rosenwasser verfeinert. Wegen der Begießung rächten sich die Mädchen am Osterdienstag mit aus Ruten geflochtenen Staupen, mit denen sie die Männer, öfter auch geistliche Personen, stäupten. Der Name der Staupe ist ‚sibák', eine Ableitung aus dem slowakischen ‚sibat' - "stäupt", "karabätscht". An die aus 6-8 Weidenruten geflochtene Staupe werden bunte Schleifen gebunden.

In den ungarischen, slowakischen und deutschen volkskundlichen Hinweisen aus dem Oberland finden sich schon seit dem Ende des 19. Jahrhunderts ausführliche Beschreibungen des Brauches. Aus dem Bericht von János Sziklay erfahren wir, dass in Nyitraegerszeg die Burschen am Ostermontag das Mädchen auf den Hof tragen und mit ein paar Eimern Wasser begießen (1898, 191). Am nächsten Tag schlagen die Mädchen mit aus Weidenruten geflochtenen Staupen (*suprika*) die Burschen, und sie schlagen sie solange, bis sie sich mit Geld auslösten. In Érsekújvár (Nové Zámky) stäupen die Kinder neben der Begießung (Timkó 1904, 321). János Manga erwähnt, dass in Geszt (Kom. Nyitra) die Burschen am Osterdienstag mit aus acht Weidenruten geflochtenen Staupen nacheinander die Mädchen schlagen (1942, 81). Hier nennt man den Brauch ‚suhodás'. Zoltán Ujváry erwähnt viele Beispiele in seiner Sammlung von Zoboralja über die ungarischen Dörfer auch in dieser Hinsicht (1975, 25, 29, 31-32, 34). In Kolon (Koliňany) nennt man den zweiten Ostertag „Begießungsmontag“: Die Burschen haben an diesem Tag die Mädchen begossen. Der dritte Tag von Ostern heißt ‚suhodó'-Dienstag, weil die Mädchen an diesem Tag mit der aus acht Weidenruten geflochtenen Staupe, mit der ‚suhodó', die Burschen schlugen. Die kleinen Mädchen gehen zu den Jungen und schlagen diese im Haus. Die Jungen geben dafür den Mädchen Eier oder Geld. Die großen Mädchen stäupen die Burschen auf der Straße und sagen dabei Folgendes: "Weil ihr uns begossen habt, geschieht euch dieses jetzt!" In ähnlicher Art spielte sich der Brauch in Ghymes (Jelenec) ab, in der Nachbarschaft von Kolon. In Pográny (Pohranice) stäupen die Mädchen am Nachmittag des „Begießungsmontags“ und am dritten Ostertag die Burschen mit dem Ruf: "Habe es, habe es, damit du nicht geschwürig wirst!" In Nagycétény (Velký Cetín) haben die Burschen und Mädchen einander mit aus acht Weidenruten geflochtenen Staupen am Ostermontag geschlagen. Hier haben die Jungen die Mädchen sowohl begossen wie gestäupt.

Bei meiner Studienfahrt 1980 in der Südslowakei habe ich versucht, für die Verbreitung und Art des Stäupens in Mátyusföld Daten zu sammeln. In den mit Slowaken und Ungarn bevölkerten Dörfern von Mátyusföld übt man auch heute noch diesen Brauch. In den letzten Jahrzehnten verbreitet er sich ganz stark vom Norden in den Süden, aber er hat noch nicht die Linie der Kleinen-Donau erreicht. Bei der ungarischen Bevölkerung der am linken Ufer der Kleinen-Donau liegenden Orte Eperjes (Jahodna) und Nádszeg (Trstice, Kom. Pozsony) ist der Brauch noch nicht bekannt. In Csallóköz (Große Schüttinsel) fehlt er natürlich auch. In Diószeg (Sládkovičovo, Kom. Pozsony) stäupen die Männer heute, indem sie ein kleines Gedicht aufsagen. In Felső- und Alsó-Szeli (Horné-, Dolné-Saliby) wird der Brauch ebenfalls heute noch geübt. Aus Felső-Szeli bewahrt das Bezirksmuseum Galánta in seiner volkskundlichen Sammlung auch zwei Weidenstaupen (*subra*). In alle drei Siedlungen kamen zur ungarischen Urbevölkerung nach dem Zweiten Weltkrieg aus Tótkomlós und Pitvaros (Kom. Békés) Slowaken, die den Brauch ebenfalls übernahmen. In Galánta verbreitete sich das Stäupen zu Ostern in den letzten Jahrzehnten. In Vágsellye (Šaľa, Kom. Nyitra) stäupen die slowakischen Burschen am Ostermontag mit folgendem Gedicht:

Die große Staupe der Burschen. Magasmart (Brehy, Kom. Bars) Slowakei. Aus der Sammlung des Slowakischen Volkskundemuseums Martin (Inv.-Nr.: 31409). Aufnahme von Hanus

Šibiriby, mastné ryby,	Schibiribi fettige Fische
Kus koláčka do šibáčka,	Ein Stück Kuchen für das Stäupen,
Ešte temu groš	Daneben noch einen Groschen
Už je toho dost.	Und soviel reicht schon.

In Vágkirályfa (Kráľová nad Váhom, Kom. Nyitra) begießen die ungarischen Burschen zuerst, dann stäupen sie mit aus Weidenruten geflochtenen Staupen oder mit Rosen (*supra*). Bei der ungarischen und aus Békés stammenden slowakischen Bevölkerung von Vágvecse (Veče nad Váhom) und Vágfarkasd (Vlčany, Kom. Nyitra) verbreitete sich der Brauch seit dem Zweiten Weltkrieg.

Nördlich von Mátyusföld, in der Westlowakei, werden mehrere Arten des Stäupens zu Ostern intensiv geübt. Die Burschen begießen nur am Ostermontag in Čaka (Kom. Bars). Das Stäupen machen die Mädchen am Dienstag. In der Nähe von Pöstyén (Piesťany), in den Dörfern Kocurice und Trebatice (Kom. Nyitra), gehen die slowakischen Burschen in die Töchterhäuser mit 2-2,5 Meter langen Staupen, wo sie nach dem Stäupen eine Schleife ans Ende der großen Staupe gebunden bekommen. In der ständigen Ausstellung des Slowakischen Volkskundemuseums von Turócszentmárton (Martin) sind fünf mit Schleifen geschmückte Staupen zu sehen. Von denen muss man derjenigen eine besondere Aufmerksamkeit schenken, die in mehreren Ästen endet, mit Schleifen geschmückt ist und von der Burschengruppe aus Magasmart (Brehy, Kom. Bars) stammt. In Prag und Preßburg haben in der Karwoche die herumziehenden Krämer den Stadtleuten Osterstaupen angeboten. In den letzten Jahren verkauften auch in kleineren Städten, so in Galánta, die aus der Nordslowakei kommenden Hausierer auf der Straße solche Osterstaupen.

Die slowakischen Burschen von Széleskút (Šalgovik) in den Kleinen-Karpaten (Kom. Pozsony) suchen am Ostermontag unter Leitung des Burschenrichters die Frauen und die Mädchen auf und schlagen sie mit folgendem Gedicht (Timkó 1904, 320-321):

Aby tá hlava neoprašivela,	Daß dieser Kopf nicht schmutzig werden soll,
aby ty oči nezahledali.	daß deine Augen nicht blinzeln sollen.
A tá huba neodmluvala,	Daß dein Mund nicht wiedersprechen soll.
a ty ruki aby dobre robili,	Daß deine Hände gut arbeiten sollen,
a ty honi aby dobre utekali.	daß deine Füße gut laufen sollen.

Auch aus den Kleinen-Karpaten erwähnt György Valentényi diesen Brauch 1909 für die Umgebung von Modor (Modra) (1909, 41-42). In den slowakischen Dörfern der Gegend gehen die Burschen am zweiten Ostertag herum, begießen die Mädchen und schlagen sie mit aus Weidenruten oder aus Lakritzwurzeln (*Polypodium vulgare*) geflochtenen Staupen. Für das Stäupen bekommen die Jungen Kuchen, bemalte Eier, gelegentlich auch einige Groschen; man bietet ihnen auch Alkoholisches an. Das Stäupen begleiten sie mit dem folgenden Text:

Korbácsolok halacskát,	Ich stäupe Fischchen,
Nagy és zsíros halacskát,	Großes und fettiges Fischchen,
Ide a nagy kaláccsal,	Her mit den großen Kuchen,
Mely fölér a korbáccsal!	Welcher der Staupe wert ist!
S ha kalácsot nem adhatsz,	Und wenn du keinen Kuchen geben kannst,
Egy-két garast kiszúrhatsz.	Einen oder zwei Groschen kannst du geben.

Im Gebiet der Kleinen-Karpaten begießen und stäupen die Burschen am dritten Ostertag. In Fenyőkosztolány (Jedľové Kostoľany, Kom. Bars) folgt das Stäupen der Mädchen am Dienstag nach deren Begießung am Montag (Timkó 1904, 321). Vom Stäupen können sich die Burschen mit bemalten Eiern lösen. Sándor Beluleszkó berichtet uns in einem Artikel von 1905, dass statt der Begießung zu Ostern „das Stäupen Jesus" in Trencsén, Zólyom, Nógrád, Pozsony und in einigen anderen Komitaten des Oberlandes vollzogen wird (1905, 113). Die Burschen stäupen die Mädchen mit Staupen aus Weidenruten oder Birkenreiser, damit sie dafür bemalte Eier bekommen.

In die Sammlung des Museums für Volkskunde in Budapest wurden in den ersten zwei Jahrzehnten des 20. Jahrhunderts aus Széleskút (Kom. Pozsony) 14, aus Kisbélic (Kom. Nyitra) 1 und aus Csaca bei Trencsén 6 Osterstaupen gebracht.

In Németpróna (Kom. Nyitra) suchten die deutschen Burschen die Mädchen am Ostermontag früh mit aus Weidenruten geflochtenen Staupen und Rosenwasser auf. Nach der Begießung schlugen sie mit der Staupe ein- oder zweimal auf die Mädchen ein mit folgenden Worten: "Tzum Usten, schmeck Usten!" („Zu Ostern schmecke Ostern!"). Am Ende des vorigen Jahrhunderts übten nur noch die Kinder diesen Brauch (Richter 1898, 81; Gönczi 1902, 113). Helene Grünn hat für diesen Brauch Belege aus der Zeit nach dem Zweiten Weltkrieg für aus der Slowakei nach Oberösterreich übersiedelte Deutschen niedergeschrieben (1968, 92). Sie weist nach, dass der Brauch des Stäupens zu Ostern bei der deutschen Bevölkerung des Preßburger Weingebietes und der Mittelslowakei am Leben war.

Grußkarte zu Ostern aus der Slowakei Zeichnung von J. Kotouček, 1984. Aus der Sammlung des Verfassers

Nach der Behandlung der ungarischen, slowakischen und deutschen Daten aus dem Oberlande wollen wir unsere Aufmerksamkeit der Diffusion des Brauches aus Mitteleuropa in Richtung des westslawischen-ostdeutschen Gebietes widmen. Das Vorkommen des Stäupens zu Ostern auf diesem Gebiet hatten schon Jakob Grimm und Wilhelm Mannhardt erwähnt. Grimm schreibt in einer Bemerkung seiner *Deutschen Mythologie,* die 1835 herausgegeben wurde, dass die Burschen die Mädchen in Polen und Schlesien, vielleicht auch in einem Teil von Rußland, am zweiten Tag von Ostern mit Wasser begießen und jene Mädchen, die die frühe Messe verschlafen haben, mit einer Birkenrute schlagen (1875, 490). Mannhardt betont, dass der Brauch hauptsächlich bei den Slawen, besser gesagt bei den Slowaken, und nur durch die Germanisierung auch in den eingedeutschten Gebieten vorkommt (1904, 258-259). Rudolf Bednárik erwähnt in seiner Zusammenfassung über die slowakische Volkskultur neben der Osterbegießung auch das Stäupen (1943, 100-101).

Emília Horváthová schreibt in ihrem Forschungsbericht über slowakische Volksbräuche, dass die Burschen in der Slowakei am Ostermontag die Mädchen entweder begießen oder stäupen (1972, 217). Die Mädchen schenken dafür den Burschen bemalte Eier, bieten ihnen Schinken, Kuchen, Schnaps oder Wein an. Das geschenkte Ei war früher ungekocht und ungeschmückt. Am Osterdienstag begießen die Mädchen die Burschen. Der slowakischer Name der stäupenden Burschen ist *šibáči,* das *šibat'* stammt vom Verb 'stäupt', "peitscht".

Heute üben die Bewohner das Stäupen zu Ostern auf dem niederösterreichischen Marchfeld und im Weinviertel. In einige Siedlungen des Weinviertels (Rabensburg, Hohenau, Ringelsdorf, Waltersdorf, Sierndorf) siedelte sich slowakische Bevölkerung nach den Verwüstungen des Dreißigjährigen Krieges am Ende des 17. Jahrhunderts an (Schultes 1954, 9). Die Bevölkerung vom Weinviertel und March-

Ratschergruppe, in der Hand des ersten Jungen ist die Osterstaupe. Windischbaumgarten, Niederösterreich. Aufnahme von Werner Galler, 1968

Staupenflechten. Herrnbaumgarten. Aufnahme von Werner Galler, 1970

feld hatte bis Ende des Ersten Weltkrieges ziemlich starke Beziehungen zu den benachbarten Gebieten von Mähren und der heutigen Slowakei.[9] Diese wurden hergestellt durch landwirtschaftliche Arbeiter aus Mähren und der Slowakei (Knechte, Erntearbeiter, Drescher, Mägde), die auf den Gutshöfen und Bauernhöfen der beiden niederösterreichischen Gebiete gearbeitet haben. Seit der zweiten Hälfte des 19. Jahrhunderts bis zum Ende des Ersten Weltkrieges haben sich viele von den Landarbeitern in den Dörfern auf dem Marchfeld und im Weinviertel niedergelassen (Fielhauer 1978, 123-134). In Bezug zu unserem Brauch berichtet Robert Weißenhofer über dieses Gebiet im Niederösterreich-Band des „Kronprinzenwerkes“: »Im Marchfeld begegnet uns ein interessanter, sonst unter dem Namen "Schmeckostern" bekannter Brauch. Am Ostermontag nämlich karbatscht der slovakische Bursche sein Mädl mit Weidenruten, am Osterdienstag das Mädl den Burschen. Je inniger die Liebe, desto zahlreicher und ausgiebiger die Streiche. Dafür schenken sich beide gegenseitig ein Osterei.« (1888, 201.) Mit dem Vorkommen des Brauches in Niederösterreich beschäftigten sich Anton Schultes, Helmut Paul Fielhauer und Werner Galler in der österreichischen Volkskundeliteratur. Nach den Daten vom Marchfeld von Schultes stäupen die Jungen die Mädchen mit einer Weidenrute am Vormittag des Ostermontags (1954, 80). Für das Stäupen bekommen sie bemalte Eier. Am Ostersonntag stäupen die Mädchen die Burschen. Der Name der Staupe im Marchfeld ist „Karabatsch“. Fielhauer stellt den Brauch aus den Dörfern des nordöstlichen Weinviertels vor (1965, 27-28). Jungen und Burschen gehen am Ostermontag zu den Verwandten und Mädchen mit einer Staupe aus Weidenruten, stäupen diese und bekommen dafür Eier, Kuchen oder Geld. Sehr selten gehen auch Mädchen zu den Verwandten um zu stäupen. Der örtliche Name der Staupe ist: „Karabatsch“, „Karawatsch“.[10] Aus dem Buch von Galler *Ostern in Niederösterreich* erfahren wir, dass die Kinder in den Dörfern des Marchfelds am Ostermontag mit aus 6-8 Weidenruten geflochtenen Staupen herumgehen (1975, 29-30). In Herrnbaumgarten schlagen sie bloß mit der Staupe an die Tür und verlangen rote Eier. In Drösing, Waltersdorf bei March und Schrattenberg stäupen die Jungen die Hausfrau und die Mädchen. Der örtliche Name der geflochtenen Weidenstaupe: „Korbatsch", „Kowatsch" oder „Karawatsch". In den Dörfern des Marchfelds verstehen nur wenige Leute das Staupenflechten, die Kinder besorgen sich bei ihnen dieses wichtige Brauchmittel. In Bezug zur Staupe ist auch eine andere Angabe der Arbeit von Galler wichtig (1975, 29-30). In den Dörfern Windisch-Baumgarten und Waltersdorf ist die Weidenrutenstaupe das Herrschaftszeichen der Ratscherbuben in der Karwoche, das sie bei dem Stäupen am Ostermontag benutzen. In Waltersdorf ist diese Staupe ca. 60 Zentimeter lang, sie wird mit Papierblumen und Papierschleifen geschmückt. Der Vorratscher gibt damit den anderen das Zeichen für Beginn und Ende des Ratschens. Er hält damit Ordnung und Disziplin in der Ratschergruppe.[11]

Die stäupenden Kinder schlagen an die Tür des Hauses. Herrnbaumgarten, Niederösterreich. Aufnahme von Werner Galler, 1970

In Mähren und Oberschlesien ist das Stäupen zu Ostermontag (*mrskačka, slahačka*) allgemein verbreitet. Die Burschen staupen alle Mädchen und Frauen mit Weidenruten (*tatar, žila*) (Bartos 1897, 190). Auch die Buben gehen von Haus zu Haus: Spendelieder singend sammeln sie Ostereier. Die Staupe werfen sie entweder auf das Dach, weil sie diese für unkeusch halten, oder sie bewahren diese auf und an dem Tag, an dem der Hirt zum ersten Male das Vieh auf die Weide treibt, stäupen sie das Vieh.

In der im Jahre 1903 eröffneten ständigen Ausstellung des Museums für Volkskunde von Prag stellte man eine zwei Meter lange Staupe aus dem Dorf Velatice bei Brno aus (Černy o. J., 50-51). Aus dem Katalog des Museums erfahren wir, dass in Mähren die Mädchen den Burschen bunte Schleifen schenken, die sie auf die Weidenrutenstaupe binden. Außerdem bekommen die Burschen geräuchertes Fleisch oder Eier für das Stäupen. Während des Tanzens hängen die Burschen ihre Staupe an den Sturzbalken des Gasthauses. In der erwähnten Ausstellung des Museums für Volkskunde in Prag befand sich auch eine mehr als vier Meter lange, aus Stroh geflochtene Staupe aus dem Dorf Slapanice bei Brünn. Die lange Strohstaupe haben einige Burschen auf ihre Schulter gelegt, sie sind damit von Haus zu Haus gegangen, inzwischen stäupten die anderen mit Staupen aus Weidenruten die Mädchen und Frauen. Westlich von den Beskiden, auf dem von den Flüssen Bečva und Bystřice begrenzten Gebiet, bei den dort lebenden Zahoraken stäupt die Jugend mit aus 3-6 Weidenruten geflochtenem ‚tatar' (Prikryl 1895, 202). Bei den mährischen Walachen, die in der Berggegend des Tales zwischen Unter- und Oberbečva wohnen (der Gegend von Val. Meziřičí), schlagen die Burschen die Mädchen mit aus Weiden- oder Birkenruten gebundenen Staupen, wofür sie bemalte Eier bekommen; Kuchen und Schnaps werden ihnen zusätzlich angeboten (Václavek 1897, 246). Am Osterdienstag ist das Stäupen das Recht der Mädchen. "Der Heute ist unser!" – sagen die Mädchen. "Der Heute gehört dem, der aushält!" - antworten die Burschen. Zum Schluss schlagen sie einander, damit sie nicht krätzig werden sollen. Im Kreis von Znojmo in Südmähren suchen die Jungen am Ostermontag mit einer Staupe ihre Verwandten auf, von denen sie Eier, Obst, Kuchen und Geld bekommen (Vrbka 1897, 143).

Nach dem „Kronprinzenwerk" ist am Ostermontag bei den Deutschen in Mähren das Stäupen zu Ostern (*Schmeckostern*) üblich (Strzemcha 1897, 144). Am Montag früh schlagen die Burschen mit aus Lederriemen oder Weidenruten geflochtener Staupe die Mädchen, am Dienstag schlagen die Mädchen die Burschen. Zu vorletzten Jahrhundertwende suchten die ärmeren Kinder in den deutsch bevölkerten Gemeinden von Nordmähren mit einer Staupe die wohlhabenden Häuser auf, um Kuchen und Eier zu sammeln (Müller 1893, 263, 322). Auf dem Gebiet von Zwittau (Svitavy), Trübau (Mor. Třebová) und Müglitz (Mohelnice) sind die Jungen und Burschen mit aus Ruten und Lederriemen geflochtenen, öfters mit bunten Schleifen geschmückten Staupen (*Schmeckuster*) durch das Dorf gelaufen und haben zu einem Gedicht die Mädchen gestäupt. Der Text war in der Gegend von Schönhengst (Koclířov) folgender (Lehmann 1926, 143-145):

Mr kumme och schmackustern
Es sind die heiligen Ustern,
Dink mr o, dink mr o,
Um an Wazenkuchen, um a Ei,
Un a Kraizerle mittendrei!

Dann haben sie den Mädchen Likör (*Usterschnops*) angeboten, was sie mit bemalten Eiern entgolten bekamen. Am Osterdienstag stäupten die Mädchen die Burschen. Im Gebiet der Iglauer Sprachinsel (Südwestmähren, Jihlava) gingen die Jungen am Ostermontag früh zu den Mädchen mit Staupe aus Weidenrute geflochten, und unter lustigem Schlagen verlangten sie Ostereier (Piger 1896, 24):

Schmeck' Ostern, schmeck' Ostern
Gebt's rote Eier,
Habt's keine rote, gebt's weiße,
Habt's keine weiße, werden euch die Flöh'
Beiße.

Von Gründonnerstag bis Karsamstag ratschende Jungen haben nach dem Stäupen bei jedem Haus ihre Bezahlung für das Ratschen bekommen (Lehmann 1926, 143-145). Im Dorf Prussinowitz im Odergebirge (Nordmähren) haben die Jungen aus 6-8 Weidenruten Staupen gebunden, womit sie am Ostersonntag oder am Ostermontag früh beim Absagen folgenden Gedichtes die Hausbewohner gestäupt haben:

Engel, Dengel, Osterkuchen,
Daß dich nicht die Flöh besuchen,
Daß dich nicht die Mücken stechen,
Wann ar ward'n Hober rechen!

Für das Stäupen bekamen sie einige Groschen, vielleicht auch Kuchen. Bei den älteren Burschen war es keine Weidenstaupe, sondern eine Flasche Likör, die sie an ihre Geliebte oder Braut schenkten. Von den Mädchen haben sie als Entgelt bemalte Eier bekommen (Cammann 1978, 104-105). In der Umgebung von Brieg (Brzeg) in Oberschlesien, in der Gegend des Riesengebirges, sind die Burschen ganz zeitig früh in die Schlafkammer der Mädchen gegangen und haben sie aus dem Bett gestäupt. Bei der Ankunft in den Töchternhäusern haben sie Folgendes gesungen: "Glück zu, Glück zu Ostern; ich kum eier Techterla schmackustern!" Im Kreis von Oppeln (Opole) und Leobschütz (Głubczyce) haben die Burschen die Mädchen nicht nur gestäupt, sondern auch mit Wasser begossen, was die Mädchen am Dienstag in ähnlicher Weise entgolten haben. Für das Stäupen und Begießen haben die Burschen Äpfel und bemalte Eier bekommen. In der Umgebung von Glogau (Głogów) sind die Burschen am Tagesanbruch des Ostersonntags, mit geschmückter Rutenstaupe in den Händen, singend durch das Dorf marschiert. Sie haben bei jedem Haus Geld bekommen, wofür sie soviel Rutenstaupen gegeben haben, wieviele Personen zu der Familie gehörten. Die Staupe nannte man Schmackostern (Peuckert 1928, 100-101). Aus dem schlesischen Stäupentext ergibt sich, dass von oben nach unten alle Körperteile: der Kopf, der Rücken, die Ärmel, die Hände, die Unterbeine und die Oberfüße gestäupt wurden (Mannhardt 1904, 262-263):

Jetzt kommen wir zum lieben Ostern,
Laß das Töchterlein ein wenig schmackostern.
Dann, dann um den Kopf,
Daß du denkst, es ist ein Klösetopf;
Dann, dann um den Rücken,
Daß dich nicht die Bürden drücken;
Dann, dann um die Arme,
Daß du dich lernst der Leut erbarmen;
Dann, dann um die Hand,
Daß die Leute werden erkannt;
Dann, dann die Beine,
Daß du immer bleibst daheime;
Dann, dann um die Füße,
Daß du lernst die Alten grüßen;
Dann, dann daherum,
Die Fliegen laufen dorthinum;
Dann, dann dorthinum,
Die Fliegen laufen daherum.

In Lichten hat der Hirt um Ostermontag seine Schafe ebenfalls gestäupt (Hoffmann-Krayer – Bächtold-Stäubli 1935/1936, VII. 1234).

Eine große Datensammlung der Volksbräuche von Böhmen liefert der *Fest-Kalender aus Böhmen* von Otto Freiherr von Reinsberg-Düringsfeld. Die Arbeit ist im Jahre 1861 in Prag erschienen und gibt auch gründliche Informationen zu den Osterbräuchen der Böhmern und der Deutschen in Böhmen (1861, 162-167). Der tschechische Name des Stäupens am Ostermontag ist: *pomlázka*, der böhmisch-deutsche Name: *Schmeckostern*. In der Karwoche, oft sogar schon vor dem Palmsonntag, flechten die Jungen, Burschen und verheiratete Männer aus 3-4-8 Weidenruten Staupen (*pomlázka* oder *pomrhoda*). In Weinbaugebieten wird die Staupe aus Weinreben gemacht (*vinovačka*). An die Staupe binden sie bunte Schleifen. Am Ostermontag vor dem Sonnenaufgang gehen die Burschen in einigen Gegenden vor oder nach der Frühmesse, in anderen Dörfern nur nach dem Nachmittagsgottesdienst, los, um die Ostergeschenke einzusammeln. Das Ostergeschenk (auch *pomlázka*) besteht aus bemalten und beschriebenen Ostereiern. Nach Reinsberg-Düringsfeld schenken die kleinen Mädchen den Jungen, die Dienerinnen den Dienern, die Mädchen den Burschen, die verheirateten Frauen den Jünglingen 3-7 Eier für das Stäupen. Darum nennt man in Böhmen das Osterfest auch Eierfest (*svátky vaječné*). Die Burschen spielten am Nachmittag des Ostermontags mit den gesammelten Eiern Eierrollen. Im Spiel lädt der glücklichste Bursche, der die meisten Eier gewonnen hat, seine Freunde zum Eieressen ein, worauf sie die ganze Nacht hindurch essen, trinken, tanzen und singen. In der Umgebung von Mšeno (Nordböhmen) gibt das Mädchen den stäupenden Burschen nur ein bemaltes Ei mit folgenden Worten:

Komu vajičko daruju,	Wem das Ei ich schenken werde
Toho srdečne miluju.	Den lieb' ich aus vollem Herzen,
Komu to vajičko dám,	Wem das Eichen schenke ich,
Toho velmi ráda mám.	Den hab' lieb von Herzen ich.

In der Umgebung von Mělník (Nordböhmen) schenken die kleinen Mädchen und die Frauen den Stäupenden 3-3, die Mädchen 7-14 unbemalte oder bemalte Eier. Hier ist die Rutenstaupe mit Schleifen und Frühlingsblumen geschmückt. Beim Stäupen sagen sie folgende, Spenden verlangende Worte:

Hody, hody, do provody!	Festmahl, Festmahl zum Weißen Sonntag!
Dejte, pani matičko	Gebet uns, Frau Mütterlein,
Červené, vajičko	Rote Eierlein.
Nemáteli červené,	Habt ihr keine roten,
Dejte třebas bilé.	Gebet uns nur weiße.
Slepíčka vám zanese	Hühnchen wird euch legen
Za to zase jíné.	Dafür gleich ein and'res.
Již tam chodi po dvoře,	Dort geht sie schon auf dem Hofe,
Že ho snesla krákoře.	Und gackert, daß sie's legte.

In Polička und in seiner Umgebung (Ostböhmen) schlagen die Burschen und jung verheirateten Männer die Füße und Hände der Mädchen und Frauen mit aus kleinen, roten, weißen, grünen und gelben Lederriemen geflochtenen Peitschen so lange, bis sie von ihnen bemalte oder unbemalte Eier bekommen. Am Osterdienstag stäupen die Frauen die Männer, von denen sie als Entgelt Honigkuchen und Marzipan bekommen. Bei der deutschen Bevölkerung des Erzgebirges und des ehemaligen Saatzer Kreises (Žatec) ist der Name des Brauches *Eierlaufen* oder *Aufpeitschen*. Die Jungen gehen von Haus zu Haus mit Schleifengeschmückten Staupen, und für das Stäupen bekommen sie Geld oder Eier. Die Burschen gehen zu den Mädchen schon in der Nacht um zu stäupen. Der Bursche nimmt am nächsten Sonntag das Mädchen am fleißigsten zum Tanz, das ihm die meisten Eier am Ostermontag geschenkt hat. In der Umgebung von Komotau (Chomutov) und Saatz (Žatec) besorgte der Vater in den deutschen Dörfern schon in der Karwoche die Weidenruten, aus denen er für seine Söhne Staupen geflochten hat. Der Name der aus 6-8 Ruten geflochtenen, mit Seiden- oder Kartonschleifen geschmückten Staupe lautet *Osterschmück*. Mit Staupe bewaffnete Jungen sind mit folgendem Ruf vor der Tür der Töchternhäuser stehen geblieben: „Rote Eier heraus, oder ich peitsche die Mädeln aus!" Für das Stäupen haben die Jungen bemalte oder unbemalte Eier bekommen. Der *Fest-Kalender* erwähnt noch diesen Brauch aus den Orten Deutschbrod (Něm. Brod) von Ostböhmen, aus dem an der böhmisch-mährisch-schlesischen Grenze liegenden Grulich (Králíky) und aus Neuhaus (Hradec) in Südböhmen. Nach dem ostermontäglichen Stäupen der Männer haben die Frauen am Dienstag die Männer in Grulich geschlagen.

Der Böhmen-Band des „Kronprinzenwerkes" zeigt das Stäupen zu Ostern als allgemein verbreiteten, lebendigen Brauch bei den Böhmern (Sobotka 1894, 442-444). Der Band zeigt auch die Zeichnung „Das Schlagen mit der Ostergerte (pomlázka)" von Ludwig Marold. Peter Maixner hat im Jahre 1875 über den Brauch in Svetozar einen Stich verfertigt. Nach dem in den Bänden der *Český Lid* seit der vorletzten Jahrhundertwende erschienenen mehreren kleinen Datenmitteilungen (Vycpálka 1904, 319; Kubin 1908, 366-369; Karásek 1909, 330-332) hat Antonín Václavík von den tschechischen Volkskundlern das Stäupen zu Ostern in seinem Werk *Jahresbrauchtum und Volkskunst* vielseitig gezeigt. Hinsichtlich Verbreitung, Gelegenheit und Formen in der ehemaligen Tschechoslowakei beziehe ich mich auf die Ergebnisse von Václavík (1959, 228-246). Auf böhmischen, mährischen und slowakischen Gebieten hat man die Staupe zu Ostern aus jungen Trieben, am häufigsten aus denen der Weide, hergestellt, die die Burschen am Schwarzen Sonntag geflochten haben. Um sie geschmeidiger zu machen, ließen sie diese ein bisschen welken. Noch größere Elastizität konnte man erreichen, wenn man die Zweige in Pferdejauche ruhen ließ. Staupen aus gelben und/oder roten Ruten wurden für wertvoller erachtet. Wer nur eine graue oder farblose Staupe hatte oder eine, welche nur aus vier Zweigen geflochten war, dem hat man gesagt, dass er eine "Judenstaupe" habe, also ein wertloses Ding. In Valašsko flocht man die Staupe am Karsamstag früh aus Birkenreisern, dann legte man sie ins Wasser, damit sie noch besseren Zug haben sollte. In Jasenné glaubt man, "je größer die Staupe ist, desto größer ist die Ehre". Außer der Größe sind noch Geschmeidigkeit und die Anzahl der Einzelteile Kriterien für die Qualität. Die Länge beträgt im Allgemeinen 50-100 Zentimeter. Früher hat man auch kürzere Staupen verwendet, insgeheim versteckt in der Tasche, in den Ärmeln des Hemdes oder des Bauernmantels. Üblicher Termin für das Flechten der Staupe waren Karsamstag oder Ostermorgen. Der Käufer einer Staupe musste einige Schläge von dem Hersteller der Staupe über sich ergehen lassen. Beim Staupenflechten hat man passende Lieder gesungen, von denen ein Bruchstück aus Vizovsko überliefert ist:

Mrskačka, mrskačka, běda tom, běda tom, Kdo nemá korbáčka.	Mrskačka, mrskačka wehe den, wehe den, der keine Staupe hat.

Für einen kleinen Jungen hat sein Vater, Großvater, manchmal der ältere Bruder prisma- oder zopfförmige Staupen geflochten. Man hat „achter", „neuner", „sechzehner" Staupen unterschieden; in Zohř na Vysočine hat man sogar „vierundzwanziger" geflochten. Heutzutage flechten die Kinder nur dreiästige. Die zu der Staupe benutzten Ruten mussten fehlerfrei sein. Zuerst hat man alle Äste zusammengebunden und sie mit an dem dickeren Ende gespalteten Ästen zusammengeschraubt. Damit war der Griff fertig, der sogenannte *kladka* oder *ručka.* Zwischen die Ruten haben sie auch einige rote Wollenschleifen eingeflochten. Das wurde später reicher ausgeschmückt, z. B. mit roten, rosaroten oder gelben Schleifen. In einigen Orten wurden die Staupen so stark geschmückt, dass sie für ihre originale Funktion, für das Schlagen, nicht mehr geeignet waren. Auf dem Gebiet der Landschaft Slovácko in Mähren durfte man in den Häusern, in denen Hühner brüteten, keine Staupe flechten, weil sie „für den kleinen den Atem verschlagen hätte." Neben den kleinen Staupen erinnert man sich an die aus acht Ästen geflochtenen 2-5 Meter langen Staupen, in die man sehr viele Schleifen geflochten hat. Die letzteren haben die Burschen bei der Osterbegießung als ihr Wahrzeichen mit sich getragen. Später gehörten diese Staupen den Burschen, die nicht zur Armee gemustert waren, „damit sie es nicht bedauern sollten, dass sie keine Rekruten geworden sind". In Velké Pavlovice und in dessen Umgebung haben die Burschen an die Staupe rote und schwarze Schleifen gebunden. Die Mädchen mussten mit geschlossenen Augen bei den ihnen gereichten Staupen die Schleifen anfassen. Bekamen sie eine rote zu fassen, dann deutete das auf eine Hochzeit in Jahresfrist, eine schwarze aber auf den Tod. Den Beginn des Stäupens bereits am Abend des Ostersonntags nannte man in der Gegend von Slovácko *zapalovačka* (‚zapalit'~‚anzünden'). In der Umgebung von Mohelna haben die Jungen den Mädchen mit der Staupe schon dann *závdavek* (Vorschuss) gegeben. In Slovácko dauerte dieses "kleine Recht" (*málé právo*) zum Stäupen bis zum Erscheinen des ersten Sternes am Abend des Ostermontag. Dann haben sich die Burschen zusammengerufen und in die Fenster hineingeschrien: "Wir zünden

Das Stäupen zu Ostern. Zeichnung von Ludwig Marold. Die österreichisch-ungarische Monarchie in Wort und Bild. Böhmen. Bd. I. S. 445

schon die *šlahačka* (Staupe) an, komm heraus, Thomas!" Darauf sind die Burschen zusammengekommen und haben vereinbart, wann und wo sie das nächtliche Stäupen (*nočni sibačka*) beginnen wollten. Von Ostersonntag auf Ostermontag in der Nacht durften nur die keuschen Jungen stäupen. Um Mitternacht haben sie einander mit verschiedenen Liedern geweckt, z. B. in der Umgebung von Strážnice:

Stávaj, Juro, stávajíce	Stehe auf, Georg, aufstehender
obuj tlsté nohavice,	ziehe dicke Hosen an,
půjdeme šlahat děvčice.	Wir gehen die Mädchen stäupen.

Die gewöhnlich gleichaltrigen Burschen haben Gruppen von 6-12 Personen gebildet. Sie haben das Dorf untereinander aufgeteilt, hauptsächlich sind sie dort hingegangen, wo im Alter geeignete, ordentliche, den Burschen gefallende, anständige Mädchen wohnten. Die Tauf- oder Firmeltern haben darauf aufgepasst, dass die Burschen mit Heiratsabsicht zu ihrer Patentochter aus der Verwandtschaft gingen. Früher war es Brauch, dass die Burschen mit großem Lärm durch das Dorf gezogen sind, mit Liedern, mit Dudelsäcken, mit Harmonikaspielern und mit Schlagzeugern. Mit einer großen Staupe haben sie an Tür oder das Hoffenster angeklopft und haben hineingerufen: „Unserer bezahlt, eurer hält es!" Zu dem nächtlichen Stäupen haben die Burschen in der Umgebung von Blatnice einen alten Bauernmantel angezogen, ihr Taille haben sie mit einem Strohstrick umgewickelt. Bei Nacht haben sie eine Lampe mitgetragen, außerdem einen Korb, in den sie die bemalten und unbemalten Eier gelegt haben, die sie für das Stäupen bekommen haben. Sie hatten bei sich noch eine Flasche Wein oder *rosolky* (gewürzter Schnaps), welche ihnen zu Hause die Hausfrau vor dem Losgehen geben musste. Die Hausfrau haben sie vor dem Losgehen natürlich gestäupt.

Das Bild von Peter Maixner: Das Stäupen zu Ostern aus dem Jahre 1875 (Svetozor, Böhmen)

In der Gegend von Koryčansko und Kyjovsko haben sie eine zweiästige Gabel oder einen alten Soldatensäbel mitgenommen, darauf haben sie den für das Stäupen erhaltenen Speck gespießt. Im Hof des Töchterhauses angekommen, haben sie in das Fenster geleuchtet, mit der Staupe an das Fenster geklopft und gerufen: „Ihre Kuh soll glücklich kalben, ihre Stute Fohlen werfen, ihre Schweine ferkeln!" In Suchovo hat man noch dazugesagt: „...ihre Schafe und Bienen sollen sich vermehren!" Diese Sprüche sagen sie heutzutage nicht mehr als Glückwunsch, sondern als Spott: „Väterchen, ihre Stute wirft Fohlen, ihr Ziege kalbt ab!" Zur guten Moral der Mädchen gehörte es, dass sie vor den Burschen „sehr schamhaft sein" sollten, die Tür sollten sie bewachen, damit die Burschen nicht hineinkommen könnten. Es ist darum oft vorgekommen, dass die Burschen durch den Boden, Stall oder durch das Fenster in das Haus hineingekrochen sind. Die Burschen stäupten meistens die Hände und Füße der Mädchen und sagten dabei: „Schlüpfe nackt unter das Grünen, gebe Eier bemalte!" (Javorník) „Gott hat es befohlen, dass wir den Nackten bedecken sollen. Der sich nicht bedeckt, den schlagen wir!" (Kopaničář) „Stell die Staupe zu dem Hanfunterrock (*rubás*)!" (Tvarozna Lhota). Zum rechten Verhalten gehörte auch, dass das Mädchen bei den wirklich weh tuenden Schlägen nicht weinen sollte.

In Koryčansko haben die Mädchen bei der Übergabe der Eier gesagt: „Ich habe euch lieb, darum gebe ich mrskačka. Das gebe ich dir ganz lieb, dass deine Hände und Hintern nicht schmerzen sollen." In Podivin hat man gesagt: „Dieses bemalte Ei wurde aus Liebe geschenkt. Dem ich das gebe, den liebe ich." Ähnliche Sprüche hat man später auf die bemalten Eier geschrieben. Die Stäupenden mussten sich auch mit einem Spruch für das Geschenk und die Bewirtung bedanken.

Das Stäupen zu Ostern war auch im engeren Familienkreis ein allgemein geübter Brauch. Der Wirt hat nach dem Flechten der Staupe nie vergessen, die Wirtin zu stäupen. Am Ostersonntag haben alle männlichen Mitglieder die Frauen der Familie gestäupt, „sie haben ihren Rock ausgeklopft", damit ihnen keine Fremden zuvorkommen. Antonín Václavík liefert Informationen für die Umgebung von Boleslav, die Ostseegegend und für Großpolen (Wielkopolska): demnach haben die Eltern ihre Kinder am Karfreitag früh gestäupt. Bei dem Staupenflechten musste das Kind, welches das Ende der Staupe hielt, einige Schläge mit der neuen Staupe aushalten. Seit neuem gehen auch die Kleinkinder die Taufeltern, die Tanten und die Nachbarn stäupen. Die heranwachsenden Jungen durften nur während des Tages stäupen gehen. Sie haben vor allem die Häuser von Verwandten und Paten aufgesucht. Sie sind hauptsächlich dort hingegangen, wo sie ein Mädchen vermuteten, das bald heiraten würde. Am Morgen nach 6 Uhr gingen auch die Schuljungen in Gruppen stäupen, hauptsächlich zu den Verwandten. Die Jugend und auch die Alten von Slovácko und Valašsko drehten am Ostermontag die Staupe. Nicht nur der Hausherr, sondern auch der Großvater hat die Staupe von den Kindern ausgeliehen, damit er „den Rock der Nachbarin oder ehemaligen Tänzerin ausklopfen kann, damit dieser nicht staubig werde und jene lange leben soll." Sobald der erste Stern am Himmel erschien, wurde auf einmal alles still, und das Frauenrecht *(robské právo)*, das Stäupen der Mädchen, begann. Obwohl das Recht des Stäupens schon am Abend des Ostermontages den Frauen zugeflogen ist, haben sie nie an diesem Tag angefangen. Aber kaum krähte der Hahn Dienstag in der Früh, sind die Frauen in vorher abgesprochenen Gruppen losgezogen, um die Männer zu stäupen. Die Mädchen haben daran nur selten teilgenommen. Die Frauen haben hauptsächlich die Männer ausgesucht, die im vorigen Jahr spottlustig oder zanksüchtig waren. Sie haben auch wohlhabende Wirte aufgesucht, „wo man den Duft des Pflaumenschnapses riechen konnte". Bei den letzteren waren sie milder, aber wo man sie stolz empfangen oder scheel angesehen hat, „dort haben sie mit der Staupe zugedroschen wie auf unreifen Hafer." Sie haben nicht ohne Grund den Männern vorher versprochen: „Wir werden so stäupen, dass du nur so herumhüpfen wirst." In Horácko, Bojkovsko, aber auch in der Slowakei war es ein ungeschriebenes Gesetz, dass die Frauen unter dem Schutz des Stäupens die untreuen Männer kräftig durchprügeln durften. Das Stäupen der Frauen ist nach Václavík die abgenützte Form eines Frauengerichts. Heutzutage gehen die Schülerinnen stäupen.

Das Stäupen zu Ostern. Böhmen, 1889

Grußkarte zu Ostern aus Tschechien. Aufnahme von Ludvík Baran, 1996. Aus der Sammlung des Verfassers

Im Prager Museum für Volkskunde kann man in der ständigen Ausstellung acht Osterstaupen aus den verschiedenen Gebieten Böhmens und Mährens sehen.[12]

Von der böhmisch-sächsischen Grenze im Norden ist dieser Brauch nur in einigen Siedlungen zu finden: im Südteil der Oberlausitz in Sebnitz und in Cunewalde (Kube 1964, 66-67). Das den Namen bezeichnende Wort (*Schmeckoster, Schmackoster*) findet sich darum auch in dem Dialektwörterbuch der Oberlausitz, das 1839 von Karl Gottlieb Anton herausgegeben wurde (1839, 12. Band, 20). Nach der Beschreibung Antons wird in der Oberlausitz der Brauch des österlichen Stäupens in gleicher Art wie in den böhmischen Gebieten geübt. In dem Nordteil der Oberlausitz und in der Niederlausitz ist der Brauch völlig unbekannt (Kube 1964, 66-67).

Als Verbreitungsgebiet des Stäupens zu Ostern zählt Mannhardt folgende ostdeutsche Gebiete auf: Ostpreußen (Masuren, Samland, Litauen), Westpreußen, die Brandenburger Neumark und die Uckermark, das sächsische Vogtland (Mannhardt 1904, 259-261). Nach den Informationen von Brunner ist in der Prignitz (Brandenburg) und in Posen, nach den neuesten Forschungen von Siegfried Kube auch in dem Grenzgebiet von Pommern, der Mittelmark und der Uckermark dieser Brauch zu finden (Brunner 1925, 218; Kube 1964, 67). Von der österlichen Rutenzüchtigung im Gebiet des Hannoverschen Wendlandes (Niedersachsen, westlich der Prignitz und an der Elbe) hat Joachim Schwebe geschrieben: „Drei Wochen vor Ostern werden junge Birkenzweige in eine Vase gestellt, so daß sie zu Ostern anfangen zu grünen. Am Ostermorgen wird der Strauß zu einem Bündel zusammengebunden und der Langschläfer damit aus dem Bett „gestüpt". Dabei wird folgender Vers aufgesagt:

Stüp, stüp, Osterei.
Gibst du mir kein Osterei,
stüp ich dir das Hemd entzwei. (Schnega)

Eine andere Fassung lautet:

Tick, tick, Höinerai.
Givst du mie kein Höinerai,
schloa ick die dien Kleed entzwei. (Reddereitz)
(Schwebe 1960, 73.)

Auf dem Gebiet der Masuren galt es als eine besondere Aufmerksamkeit, wenn der Bursche das Mädchen am Ostermontag (vielleicht Ostersonntag) gestäupt oder begossen hat. Die Mädchen haben dies in ähnlicher Art zurückgegeben. Im Vogtland haben die Burschen am Ostersonntag früh, die Mädchen am Pfingstsonntag gestäupt. In Ostpreußen hat man öfters mit einer frisch gewachsenen Birkenrute gestäupt. Wenn im Freien die Birken noch keine Knospen hatten, hat man die Ruten im Zimmer lange Wochen zuvor in warmes Wasser in der Nähe des Ofens gestellt. Statt Birkenruten hat man öfters Weidenruten benutzt, welche man austreiben ließen. Aus den getriebenen Ruten haben sie Staupen geflochten (Mannhardt 1904, 259-261).

Auch heute noch üben die nach 1945 aus dem Ermland-Gebiet in Ostpreußen in das Eifel-Gebirge ausgesiedelten Deutschen das Stäupen zu Ostern aus (Tolksdorf 1967, 256-257). Über das Stäupen zu Ostern in den Siedlungen der Kurischen Nehrung berichtet Wanda Nimtz-Wendlandt Folgendes: »Den Kindern gehörte der Morgen des zweiten Feiertages, für den die zum Grünen gebrachten Birkenreiser bestimmt waren: Mit diesen wurden in aller Frühe zuerst die Hausgenossen, danach aber auch Verwandte und Bekannte geweckt und aus den Betten geholt, „geschmackostert", bis sich die so unsanft Geweckten mit Ostergaben freikauften. Dazu sang die kleine Meute:

Schmackoster! Jrönoster!
Jew Eier nd Speck,
sonst goh eck, sonst go eck,
sonst go eck nich weg!
Jew Eier un Flaode,
e Dittke öm Topp –
sonst hitsch eck, sonst pitsch eck
un heer noch nich op!

Weniger Kecke scheuten diesen frechen Bettelgesang und begnügten sich auf Grund elterlicher Mahnung mit artigem Knicks und dem Verschen:

Ich wünsch euch einen Guten Morgen!
Zum Schmackostern bin ich hergekommen,
euch zu pitschen und zu peitschen
daß die Flöhe nicht mehr beißen.

Mit dem erbeuteten Eiersegen wurde dann oft „Kullern" gespielt, wie es auch noch aus anderen Gegenden bekannt ist.« (1986, 71.)

Bei den Kaschuben von Ostpommern (Westpreußen)[13] haben am Ostermorgen die Jungen vor die Füße des Hauswirtes und der Hausfrau getriebene Ruten niedergelegt. Dann stäupten sie die anderen Mitglieder der Familie mit dieser Rute, was die Mädchen mit Eier und Kuchen honorierten[14] (Hoffmann-Krayer - Bächtold-Stäubli 1935-36, VII, 1234).

Karl Brunner betont, dass die Burschen im Ostgebiet Deutschlands hauptsächlich die Hände und Füße der Mädchen stäupen (Brunner 1925, 218-219). Für das Stäupen bekommene Geschenke sind auch im Text des Spruchs zu finden:

Schmackoster, bunt Oster
Dree Eier, Stück Speck,
Stück Floade, Glas Bramwin
Denn goh eck glick weg.
(Bezirk Pillkallen, Litauen, 1880).

Nach den Zusammenfassungen von Eugen Fehrle wird die Staupe zu Ostern in den ostdeutschen Gebieten aus neun Weidenruten geflochten und mit bunten Schleifen geschmückt (1920, 57; 1955, 130). In Gilgenburg (Dabrówno) schenken die Jungen bei jedem Haus den Bewohnern eine Staupe, welche Hausherr und Hausfrau nicht mit nackten Händen anfassen, sondern mit einem Tuch. Sie bewahren diese bis zum Frühling auf und treiben damit das Vieh dem Stall heraus. In einigen ostdeutschen Gebieten wurde das Vieh zu Ostern gestäupt (Beitl 1974, 625).

Siegfried Kube hat sich in mehreren Abhandlungen mit Anlass, Geschichte und Fragen der Verbreitung der Stäupenbräuche in Mitteleuropa beschäftigt (1961; 1964; 1965). Aus seinen Verbreitungskarten ist zu erkennen, dass bei den Jahresbräuchen in den westlichen deutschen Gebieten das Stäupen auf den Tag der Unschuldigen Kinder oder auf Fasching (Aschermittwoch) fällt, das Stäupen zu Ostern aber auf die deutschen, polnischen, litauischen, tschechischen und slowakischen Gebiete östlich der Linie Greifswald-Eger (Cheb) (Kube 1961, 134; 1964, 66-70). Man findet den Brauch in der Mitte zwischen Berlin und Zwickau in östlicher Richtung in einem breiten, zusammenhängenden Streif: in der Umgebung von Meissen, im Südteil von Brandenburg, in der Niederlausitz und in der Nordhälfte der Nordlausitz, in Unterschlesien [außer einem schmalen Streifen und in der Umgebung von Glogau (Głogów) - Grünberg (Zielona Góra)] nicht. Man sucht ihn auch in Großpolen (Wielkopolska) vergeblich (Burszta 1967).

Wenn man die mitteleuropäische Verbreitung des Stäupens zu Ostern analysiert, kann man verschiedene Varianten beobachten, aber Zeitpunkt, Zubehör, Handlung und Texte des Brauches lassen sich interpretieren als Parallele des Stäupens zu Ostern (*sibálás*), wie es sich in den slowakisch besiedelten Dörfern von Nordtransdanubien findet. Es ist aufschlussreich, wenn man die territoriale Verbreitung mit der Herkunft der Bevölkerung vergleicht. Erik Fügedi hat festgestellt, dass die slowakische Bevölkerung aus den im 18. Jahrhundert westlich der Linie Besztercebánya (Banská Bystrica) - Rózsahegy (Ružomberok) liegenden Oberlandgebieten in erster Linie nach Transdanubien, von dem nach Osten abfallenden Gebiet in die Große Ungarische Tiefebene eingesiedelt ist (1966, 317). János Manga hat das gleiche für die Linie Nyitra (Nitra) - Zsolna (Žilina) gefolgert (1973, 218). Das Kerngebiet der Gruppen slowakischer Herkunft von Nordtransdanubien muss man also in der westlichen Hälfte des ehemaligen Oberlandes suchen. In die Dörfern des Bakonygebirges (Bakonycsernye, Jásd, Öskü, Súr, Szápár) sind die Slowaken aus der Westslowakei eingesiedelt (Ila-Kovacsics 1964, 307). In das unter der Türkenherrschaft öd gewordene Bakonycsernye hat der Herr der Burgdomäne von Palota, Graf János Zichy, im Jahre 1724 aus dem Komitat Nyitra slowakische Leibeigene gebracht (Heiczinger 1974, 13-34). Nach Öskü, auf den anderen Einödhof der Burg Palota, sind Slowaken nach der großen Siedlungsaktion von Zichy im Jahre 1718 aus der Umgebung von Besztercebánya und aus den Komitaten Pozsony und Nyitra gekommen (Ila-Kovacsics 1964, 307). In der lateinischen Handschrift des evangelischen Pfarrers József Dérer aus Szápár von 1820 über Herkunft und Alltag kann man Folgendes lesen: „Die Herkunft des Dorfes kann man bis 1740 zurückverfolgen, als auf Befehl des Würdigen Graf Pál Szapáry neue Einwohner in das Dorf eingesiedelt wurden, weil die alte Bevölkerung vor zweihundert Jahren ganz ausgerottet worden war. Die neuen Siedler hatten slowakische Muttersprache, und ihre Geburtsheimat ist der mit Mähren benachbarte Teil und das Komitat Trencsén." (Faller 1934, 13.) Die Vorstandschaft des Dorfes Nagyveleg hat im Jahre 1865 Folgendes an Frigyes Pesty geschrieben: „Anfangs haben meistens Slowaken Veleg bewohnt, sie stammten aus den Komitaten Obernyitra und Trencsén, sie erwähnen Namen wie Csincsura und Válik, später haben es die ungarischen Familien Némedi, Ferenci und Tóth, Molnár, Szabó, Pap und Nagy besetzt, hauptsächlich aus der Gegend des Komitates Veszprém und Pápa, Szt. László und Varsány, jetzt gibt es hier im allgemein nur Ungarn." (Pesty 1977, 293.) Nach Martonvásár sind im Jahre 1763 aus den Komitaten Pozsony, Hont und Nyitra (Pesty 1977, 238); nach Tordas im Jahre 1713 aus den Komitaten Pozsony, Nyitra und Turóc (Wünscher 1943, 47-49; Pesty 1977, 287); nach Tárnok im Jahre 1739 aus dem Komitat Trencsén (Pesty 1977, 285); nach Sóskút aus den Komitaten Esztergom, Komárom und Nyitra (Pesty 1977, 272) Slowaken eingesiedelt. Die Bevölkerung dieser Dörfer stammt also aus den westlichen und mittleren Komitaten des ehemaligen ungarischen Oberlandes, diese Region - wie es von unserer Verbreitungskarte ablesbar ist - gehört zu dem südöstlichen Stammesgebiet des Stäupens zu Ostern. Von hier hat die umsiedelnde Bevölkerung den Brauch des Stäupens zu Ostern mitgebracht und übt ihn heute als charakteristisches Element ihrer Volkskultur und ihres Brauchsystems noch aus.

Die Bevölkerung dieser Dörfer bestand schon zum Zeitraum der Besiedelung während des 18. Jahrhunderts nicht nur aus Slowaken. Die Einsiedler des Oberlandes haben ihre Dörfer zusammen mit den Ungarn, die aus den verschiedenen Ecken des Landes gekommen sind, aufgebaut, haben ihre zur Tradition gewordene Volkskultur ausgestaltet. Im Laufe der Einigung ist eine Dorfkultur entstanden, deren einzelne Elemente ohne Rücksicht auf die Herkunftsorte der Bewohner zu einem Teil ihrer Volkskultur geworden sind. Im Brauchsystem dieser Dörfer ist ein besonderes Element das Stäupen zu Ostern. Bei der Entstehung einer einheitlichen Dorfkultur (nur wegen wirtschaftlich-gesellschaftlichen Unterschieden in sozialer Schichtung) haben diese integrierten Elemente für die Dorfbewohner eine große Rolle gespielt, die in der Reihe der theoretischen Fragen unserer Wissenschaft Béla Gunda für sehr wichtig hält.[15] Dieser Integrationsverlauf ist auch heutzutage zu beobachten. Als Resultat des Bevölkerungsaustausches zwischen Ungarn und der Tschechoslowakei nach dem Zweiten Weltkrieg sind nach Bakonycsernye aus den Komitaten Nógrád und Hont, aus der Umgebung von Ipolyság (Šahy) ungarische Familien gekommen, aus einer Gegend, wo das Stäupen zu Ostern innerhalb der Jahresbräuche fehlt. Heutzutage üben diesen Brauch alle, die eingesiedelten Ungarn aus der Gegend von Ipolyság in Bakonycsernye, wie auch die Bevölkerung des Dorfes mit slowakischer Herkunft. Das gleiche kann man von den Sinti und Roma feststellen, die sich in den letzten Jahrzehnten im Dorf angesiedelt haben.

Die in der Nachbarschaft wohnende Bevölkerung der ungarischen Siedlungen hat den Brauch der slowakischen Dörfer von Nordtransdanubien nicht übernommen. In der Zoborgegend des Komitates Nyitra wird der Brauch des Stäupens zu Ostern in den seit der Arpadenzeit von Ungarn bewohnten Dörfern ausgeübt. Hier hat das Jahrhunderte lange Zusammenleben der Ungarn und Slowaken zu der Übernahme der Brauchelemente zwischen den einzelnen Völkern geführt.

Historische Fragen

Das Stäupen zu Ostern haben die aus ihrem Stammgebiet in den ersten Jahrzehnten des 18. Jahrhunderts nach Nordtransdanubien eingesiedelten Slowaken mitgebracht, also hat in den Ursprungsgebieten schon zum Zeitpunkt der Ansiedlung der Brauch in der heutigen Form gelebt. Auf der Grundlage von schriftlichen Quellen kann man bis ins Mittelalter vordringen. In dem um 1160 entstandenen *Rationale divinorum officiorum* des Pariser Theologen Johannes Beleth findet man die ersten einschlägigen Daten (Mannhardt 1904, 261). Beleth berichtet darüber, dass in bestimmten Gegenden nach Ostern am zweiten Tag die Frauen ihre Männer, am dritten Tag die Männer ihre Frauen stäupen. Das täten sie darum, um einander zu warnen, dass sexuelles Eheleben in dem Zeitraum des österlichen Beichtens verboten sei.

Kube hat darauf gewiesen, dass nach Beschluss der unter Leitung des Papstes Sylvester II. (999-1003) zusammengetretenen Synode von Ely der Beichtende drei Tage vor und drei Tage nach der Beichte sexuell enthaltsam sein müsse (1964, 72). Beleths Hinweise werden bestätigt durch die lateinische Predigt des Prager Priesters Konrad Waldhauser, der im Jahre 1369 gestorben ist (Zibrt 1889, 78; Karasek 1909, 331-332): „Auch sollen an diesen hochheiligen Tagen die Menschen enthaltsam und keusch sein, auch die Eheleute: darum schlagen in einigen bestimmten Gegenden am zweiten Tag nach Ostern die Frauen die Ehemänner. Am dritten Tage aber schlagen die Ehemänner die Ehefrauen, und das schon gleich früh im Bett mit Ruten oder mit den Händen, damit sie sich züchtigen. So machen sie sich ihre Pflicht bewusst, sich gegenseitig im Zaume zu halten und nicht schon in dieser Zeit einer vom anderen ehelichen Verkehr zu fordern. Und indem sie schlagen, sagen sie zu dem anderen: Smech ostren, was soviel bedeutet, wie: merk auf, es ist österliche und heilige Zeit und du sollst jetzt nicht ehelichen Verkehr haben wollen."

Das zeitweilige Verbot des Ehelebens basiert auf dem ersten Brief des Apostels

Paulus an die Korinther, in dem er über die christliche Ehe schreibt: „Entzieht [es] einander nicht, außer mit gegenseitiger Einwilligung für eine bestimmte Zeit, damit ihr dem Gebet Zeit widmen und wieder zusammenkommen könnt, so dass der Satan euch nicht wegen eures Mangels an Selbstbeherrschung beständig versuche." (1. Korinther 7,5)[16]

Ein deutscher Minorit hat am Anfang des 14. Jahrhunderts in seiner Predigt am Ostermontag schon diesen Brauch verpönt (Franz 1907, 152; Kube 1964, 74): „Wir dürfen uns nicht über Eitelkeiten freuen, wie es viele tun, die darum heute fröhlich sind, weil sie die Erbsen (die Speise der Fastenzeit) hinter sich gelassen haben und verschiedenerlei Fleisch verzehrten und ihr Mütchen mit Herumlaufen, mit Schlagen auf den Straßen kühlen."

In der Bibliothek der Augustiner von Breslau erschließt sich aus einer Handschrift vom Anfang des 15. Jahrhunderts, dass kirchliche Würdenträger das Stäupen zu Ostern für nicht gut angesehen haben, das bei den Jugendlichen in Mode war (Kube 1964, 75): „Jeder Mensch geht am Ostersonntag beichten, der Papst hat den Ehemann und der Ehefrau befohlen, dass nachdem sie das Abendmahl zu sich genommen haben, sollen sie eine Rute zwischen ihnen legen, und für den Ehemann am ersten Tag, für die Ehefrau am zweiten Tag hat er Macht gegeben, den anderen zurechtzuweisen. Für die Mädchen, was das Stäupen betrifft, hat er nichts befohlen, darum muss man das verhindern. Darum möchte ich mit zum Himmel erhobenen Mund flehen: wenn es tausend Teufel wären, diese müsste man samt einem mit der Staupe laufenden Menschen wegjagen". Hipolyt Guarinonius, der Sohn eines Arztes des Prager Kaiserhofes, erwähnt im Jahre 1610 in seinem in Ingolstadt herausgegebenen Werk *Die Grewel der Verwüstung menschlichen Geschlechts* bei dem Vorstellen des Brauches schon die aus Ruten geflochtene Staupe (1610, 1257; Kube 1964, 75; Karásek 1909, 332). Er schreibt, dass in Prag leichtsinnige Menschen jährlich in der Osterzeit lange, geflochtene Rutenstaupen kaufen, diese in den Händen halten, wie die Wahnsinnigen ihren Kolben, auf die Straßen und Plätze gehen. Wenn sie Mädchen oder adlige Frauen antreffen, schlagen sie deren Hände und Füße, um Ostereier zu bekommen. Am Karfreitag stäupen aber die Mädchen die Burschen für Ostereier. Aus der Beschreibung von Guarinonius sehen wir, dass in Prag schon am Anfang des 17. Jahrhunderts selbst bis zu den kleinsten Teilen der Brauch in der Form gelebt hat, wie wir ihn aus der Literatur innerhalb unseres Beobachtungsgebietes kennengelernt haben.

[Die Studie ist in ungarischer, deutscher, englischer und slowakischer Sprache erschienen:
Lukács, László: *Húsvéti korbácsolás.* Ethnographia XCII. 1981. 374-399. Budapest
Lukács, László: *Das Stäupen zu Ostern.* Alba Regia XIX. 1982. 259-278. Székesfehérvár
Lukács, László: *Easter Whipping – A Festive Custom in Central Europe.* International Folkore Review III. 1983. 106-119. London
Lukács, László: *Veľkonočná šibačka.* Národopis Slovákov v Maďarsku VI. 1986. 77-118. Budapest]

Namensregister der Siedlungen und Gegenden, die auf der europäischen Verbreitungskarte zu finden sind. Die auf der Landkarte befindlichen kleineren schwarzen Kreise bezeichnen die Siedlungen, die größeren, leeren Kreise bezeichnen die Gegenden. Die letzteren haben wir in den Mittelpunkt der bezeichneten Gegend gestellt.

Ungarn (H)
1. Bakonybél
2. Jásd
3. Szápár
4. Súr
5. Nagyveleg
6. Bakonycsernye
7. Öskü
8. Pázmánd
9. Tordas
10. Sóskút
11. Pilisszentkereszt
11a. Oroszlány
12. Ráckeresztúr
13. Martonvásár
14. Tárnok
15. Pereg
16. Miske

Slowakei (SK)
17. Bratislava
18. Šalgovik
19. Modra
20. Sladkovičovo
21. Horné-, Dolné-Saliby
22. Galanta
23. Kráľova n. Váhom
24. Šaľa
25. Vlčany
26. Veče n. Váhom
27. Nové Zámky
28. Jelšovce
29. Pohraníce
30. Velký Cetín
31. Hostová
32. Kolíňany
33. Jelenec
34. Trebatice
35. Kocurice
36. Jedľové Kostoľany
37. Malé Bielice
38. Nitrianake Pravno
39. Čadca

Tschechien (CZ)
40. Stražnice
41. Val. Meziřiči
42. Prussinowitz
43. Šlapanice
44. Znojmo
45. Jihlava
46. Hradec
47. Německý Brod
48. Polička
49. Svitavy
50. Koclirov
51. Mor. Trebová
52. Mohlenice
53. Králiky
54. Osoblaha
55. Praha
56. Mělnik
57. Mšeno
58. Žatec
59. Chomútov

Österreich (A)
60. Asparn a.d. Zaya
61. Mistelbach
62. Herrnbaumgarten
63. Waltersdorf
64. Drösing
65. Hohenau a.d. March
66. Alt-Lichtenwart
67. Drasenhofen
68. Schrattenberg

Deutschland (D)
69. Vogtland
70. Priegnitz
71. Mittelmark
72. Uckermark
73. Sebnitz
74. Cunewalde

Polen (PL)
75. Głubczyce
76. Głogów
77. Brzeg
78. Zielona Góra
79. Opole
80. Neumark
81. Posnań
82. Pomorze
83. Kaschub-Seeküste
84. Gdańsk
85. Dabrównó
86. Mazuria

Rußland (RUS)
87 Kaliningrader Gebiet

Litauen (LT)
88. Litauen
89. Pillkallen

Finnland (FIN)
90. Karjala
91. Savo

Verbreitungskarte des Stäupens zu Ostern

Anmerkungen

1 In der Sammlung des König Sankt Stephan Museums Székesfehérvár sind insgesamt 24 Osterstaupen (*siba*) zu finden. Unter ihnen stammen 2 Stück aus Bakonycsernye (Inv.-Nr.: 76.77.1., 78.11.1.), 11 Stück aus Pázmánd (Inv.-Nr.: 59.4.1., 61.7.1., 61.8.1., 61.9.1., 61.10.1., 73.33.1., 73.34.1., 75.10.1., 80.1.1., 80.2.1., 80.3.1.,), 1 Stück aus Martonvásár (Inv. -Nr.: 36.2.1.), 8 Stück aus Tordas (Inv.-Nr.: 62.56.1., 62.57.1., 62.58.1., 62.59.1., 80.6.1., 80.7.1., 80.8.1., 80.9.1.), 1 Stück aus Ráckeresztúr (Inv-Nr.: 80.4.1.), 1 Stück aus Drösing Niederösterreich (Inv.-Nr.: 80.5.1.).

2 Die Vorführung des Brauches erlebte ich in Pázmánd (1975, 1980), in Bakonycsernye (1975, 1976, 1978, 1979), in Nagyveleg, Martonvásár, Ráckeresztúr (1980), Komitat Fejér, in Szápár (1979), Öskü (1980) im Komitat Veszprém, in Súr (1980) im Komitat Komárom, in Sóskút und Tárnok (1980) im Komitat Pest und in der Slowakei (1980) während meiner volkskundlichen Feldforschung. Von dem Brauch wurde zu Ostern 1980 in Pázmánd auch eine Filmaufnahme gemacht. Das gesammelte Material ist in der Volkskundlichen Datensammlung des König Sankt Stephan Museums (IKMNA) in Székesfehérvár zu finden (Inv.-Nr.: 75.9., 75.40., 78.12., 79.5., 80.1., 80.4., 80.6).

3 Den slowakischen Text des Stäupenspruchss hat József Lencsés (geb. Pázmánd 1902), der pensionierte Restaurator des König Sankt Stephan Museums, von seinem Großvater von György Kovács (geb. Pázmánd, 1823) gelernt. Den Text hat Géza Sebők abgeschrieben. IKMNA Inv.-Nr.: 73.14.

4 Sammlung von Péter Éri. IKMNA Inv.-Nr.: 76.18.

5 Die Daten der Artikel in der Tageszeitung *Népszabadság* [Volksfreiheit] hat János Bárth (Károly Viski Museum, Kalocsa) briefliche Datenmitteilung (20. März 1980) bestätigt.

6 Mitteilung von János Bárth

7 Mitteilung von Emília Tóth (Demokratischer Verband der Slowaken in Ungarn)

8 Im Jahre 1979 habe ich im von Slowaken bewohnten Nagyhuta im Komitat Borsod-Abaúj-Zemplén nach dem Brauch gefragt, aber niemand hat ihn gekannt.

9 Nach den Daten der Volkszählung vom Jahre 1910 ist die Bevölkerung des Kreises Marchegg zu 12,2% slawischer Herkunft. Der Anteil der Slawen beträgt in den Kreisen Gänsendorf 8,1%, Groß-Enzersdorf 8,6%, Zisterdorf 6%.

10 Nach den Daten von Fielhauer wird der Brauch in den folgenden Dörfern geübt: Drösing, Scharndorf, Hohenau a. d. March, Schrattenberg, Alt-Lichtenwart, Asparn a. d. Z., Bernhardstal, Mistelbach, Ringelsdorf, Sierndorf a. d. March, Zwerndorf. Nach der Sammlung von Fielhauer wurde in dem Österreichischen Volkskundeatlas auf dem Kartenblatt, in dem das Stäupen zum Fest der Unschuldigen Kinder angezeigt wird, auch das Vorkommen des Stäupens zu Ostern in Niederösterreich gezeigt. Das Kartenblatt zeigt auch noch in der nördlichsten Spitze des Burgenlandes an zwei Belegsorten zwischen der Leitha und Donau das Stäupen zu Ostern (Österreichischer Volkskundeatlas. II. Lieferung, 1965. 30.).

11 Galler zählt außer von den von Fielhauer erwähnten Siedlungen noch die folgenden Ortschaften als Belegsorte des Brauches auf: Untersiebenbrunn, Voitelsbrunn, Drasenhofen, Katzelsdorf, Rabensburg, Hausbrunn. Galler beschäftigt sich auch in einer neueren Arbeit mit dem Vorkommen des Stäupens zu Ostern in Niederösterreich: Galler 1979, 60-62.

12 Briefliche Mitteilung von Alena Plessingerová (Museum für Volkskunde, Prag). Die Ableitung der Staupen: Týnec nad Vltavou, Cerhenice bei Kolín, Hořín bei Mělník, die Umgebung von Domažlice (Böhmen), Kobylí, Velkých Povlovic, Velatice bei Brno, die Umge-

bung von Olomouc, Velká nad Veličkou (Mähren).

[13] Kaschuben: westslawische Volksgruppe, ihre Sprache ist die mit dem Polnischen verwandte kaschubische Sprache.

[14] Nach Siegfried Kube 1964, 70 ist der Brauch auch in Malbork und in der Umgebung von Golub-Dobrzyń (Nordpolen) zu finden.

[15] Béla Gunda 1963, 7. schreibt Folgendes: „Nach meiner Meinung wird der besondere Bau und Stil der Kultur sich desto besser auswölben, je erfolgreicher in ihm die integrierenden Kräfte und Faktoren zur Geltung kommen. Ohne Integrierung ist keine Kultur." Bei der Gestaltung der Volkskultur der Nationalitätendörfer hat die Bedeutung des Integrationsverlaufs auch András Krupa betont: „Nach uns bildete der Integrationsverlauf der hierher kommenden Siedler von verschiedenen Territorien eine solche eigenartig neue ethnische Einheit, in der die Gesellschaft der neuen Heimat sich die Kennzeichen und Elemente der ursprünglichen Wohnorte sich organisch einbetten, und es entsteht eine ganz neue Struktur ."(Krupa 1973, 331.)

[16] Ähnliche Bestrebung ist auch in den späteren Jahrhunderten in der Geschichte der Kirche zu beobachten. In den letzten Jahrzehnten des 15. Jahrhunderts hat in Italien der Prior des Klosters San Marco in Florenz gegen die verweltlichte Anschauung der Kirche gekämpft, für die Bürger der Stadt hat er in der Fastenzeit auch das Eheleben verboten.

Literatur

ANTILLA, Veikko – TALVE, Ilmar

1980 *Finnische Volkskunde. Materielle und gesellschaftliche Kultur.* Hamburg

ANTON GOTTLIEB, Karl

1839 *Alphabetisches Verzeichniß mehrerer in der Oberlausitz üblichen, ihr zum Theil eigenthümlichen Wörter und Redensarten.* Görlitz

BARTOŠ, Franz

1897 *Volksleben der Slawen.* Die österreichisch-ungarische Monarchie in Wort und Bild. XVIII. Mähren und Schlesien. 177-220. Wien

BEDNÁRIK, Rudolf

1943 *Slowakische Volkskultur.* Bratislava–Pressburg

BELULESZKÓ, Sándor

1905 *Magyar hímes tojások* [Ungarische bemalte Eier]. Néprajzi Értesítő VI. 112-120.

B. LŐRINCZY, Éva Hg.

2002 *Új Magyar Tájszótár* [Das Neue Dialektwörterbuch Ungarns]. IV. Budapest

BRAUN, Hermann

1988 *Sitte und Brauchtum im Jahreskreis.* Eger und das Egerland. Volkskunst und Brauchtum. Hg. von: Lorenz Schreiner. 371-395. München

BRUNNER, Karl

1925 *Ostdeutsche Volkskunde.* Leipzig

BURSZTA, Józef

1967 *Kultura ludowa Wielkopolski.* Poznań

CAMMANN, Alfred
1978 *Prussinowitz. Eine Beispiel schlesisch-mährischer Nachbarschaft.* Jahrbuch für ostdeutsche Volkskunde XXI. 78-146.
1985 *Heimat Wolhynien.* Marburg
ČERNÝ, Adolf
o.J. *Führer durch das Böhmisch-slawische Ethnographische Museum.* Prag
DÖMÖTÖR, Tekla
1972 *Magyar népszokások* [Ungarische Volksbräuche]. Budapest
1974 *A népszokások költészete* [Die Dichtung der Volksbräuche]. Budapest
DUGAČEK, Michal - GÁLIK, Ján Hg.
1985 *Myjava.* Bratislava
FALLER, Jenő
1934 *Szápár község monográfiája* [Monografie der Gemeinde Szápár]. Zirc
FEHRLE, Eugen
1920 *Deutsche Feste und Volksbräuche.* Leipzig–Berlin
1955 *Feste und Volksbräuche im Jahreslauf europäischer Völker.* Kassel
FIELHAUER, Helmut Paul
1965 *Das Korbatschn - ein Osterbrauch im Weinviertel.* Kulturberichte aus Niederösterreich. Beilage der Amtlichen Nachrichten der N. Ö. Landesregierung. Folge 4. 27-28. Wien
1978 *Das Ende einer Minderheit. Zuwanderung und Eingliederung slowakischer Landarbeiter in einer niederösterreichischen Grenzgemeinde.* Rheinisches Jahrbuch für Volkskunde. XXII. 97-151.
(f.j.)
1957 *Húsvéti népszokások* [Österliche Volksbräuche]. Népszabadság, 21. April. 4.
FRANZ, Adolph
1907 *Drei deutsche Minoritenprediger aus dem XIII. und XIV. Jahrundert.* Freiburg
FROLCOVÁ, Věra
2001 *Velikonoce v české lidové kultuře.* Praha
FÜGEDI, Erik
1966 *Agrár jellegű szlovák település a török alól felszabadult területen* [Slowakische Agrarsiedlung in dem türkenbefreiten Gebiet]. Agrártörténeti Szemle VIII. 313-331.
GALLER, Werner
1975 *Ostern in Niederösterreich.* Wissenschaftliche Schriftenreihe Niederösterreich 9. St. Pölten–Wien
1979 *Die Osterzeit im Weinviertler Burschenbrauch.* Wissenschaftliche Mitteilungen aus dem Niederösterreichischen Landesmuseum 1. 53-62. Wien
GRIMM, Jakob
1875 *Deutsche Mythologie.* Gütersloh
GRÜNN, Helene
1968 *Volkskunde der Heimatvertriebenen Deutschen im Raum von Linz.* Veröffentlichungen des Österreichischen Museums für Volkskunde XIII. Wien
GUARINONIUS, Hippolyt
1610 *Die Grewel der Verwüstung Menschlichen Geschlechts.* Ingolstadt

GUDMONNÉ FÜLÖP, Ilona
1990 *Veľkonočné zvyky v Bešeňove. Húsvéti szokások Zsitvabesenyőn* [Osterbräuche in Zsitvabesenyő]. Castrum Novum IV. 126-133. Érsekújvár
GUNDA, Béla
1942 *Magyar–szláv néprajzi kapcsolatok* [Ungarisch-slawische volkskundliche Beziehungen]. A magyarság és a szlávok. Hg. von Gyula Szekfű. 205-225. Budapest
1943 *Wanderer Karpaten-Europas*. Ungarn IV. 249-253.
1955 *Ľudovy transport v Žakarovciah*. Slovenský národopis III. 150-212.
1956a *Poznámky k studiu čepov a obilnych truhiel u Slovákov*. Slovenský národopis IV. 157-162.
1956b *Néprajzi gyűjtőúton* [Auf volkskundlicher Feldforschung]. Debrecen
1963 *A kultúra integrációja és az etnikai csoportok alakulása* [Die Integration der Kultur und die Entwicklung der ethnischen Gruppen]. Műveltség és Hagyomány V. 3-24.
1976 *A zempléni szlovák falvak néprajzi jellege* [Volkskunde der Zempléner slowakischen Dörfer]. Nemzetközi néprajzi nemzetiségkutató konferencia. Hg. von László Kósa, András Krupa. 33-38. Békéscsaba
1979 *Mýtické bytosti v poverách Slovákov žijúcich v Bukovom pohori*. Národopis Slovákov v Maďarsku II. 123-133. Budapest
HAJNAL, Ignácz
1910 *Legénybíróságok a Körmöczbányát környező német falvakban* [Burschengerichte in den deutschen Dörfern in der Umgebung von Körmöczbánya]. Néprajzi Értesítő XI. 67-92.
HEGYI, Imre
1978 *A népi erdőkiélés történeti formái. Az Északkeleti-Bakony erdőgazdálkodása az utolsó kétszáz évben* [Geschichtliche Formen der volkstümlichen Forstwirtschaft. Forstwirtschaft des nordöstlichen Bakonyerwaldes in den letzten zweihundert Jahren]. Budapest
HEICZINGER, János
1974 *Bakonycsernye múltja a telepítéstől 1848-ig* [Vergangenheit von Bakonycsernye von der Besiedlung bis 1848]. Bakonycsernye
HERKELY, Károly
1941 *A Veszprém vármegyei múzeum néprajzi gyűjteménye* [Volkskundliche Sammlung des Komitatsmuseums Veszprém]. Veszprémvármegyei füzetek 6. Veszprém
HOLICOVÁ, Viera
1985 *Súčasné výročné zvyky v okolí Trnavy*. Národopisné informacie 1985. 1. 124-129. Bratislava
HORVÁTHOVÁ, Emília
1972 *Das volkstümliche Brauchtum*. Die slowakische Volkskultur. Hg. von Emília Horváthová, Viera Urbancová. 185-227. Bratislava
1986 *Rok vo zvykoch našho ľudu*. Bratislava
ILA, Bálint - KOVACSICS, József
1964 *Veszprém megye helytörténeti lexikona* [Das ortshistorische Lexikon des Komitats Veszprém]. Budapest
JOACHIM, Erich
1896 *Das Marienburger Treßlerbuch der Jahre 1399-1409*. Königsberg

JOHN, Alois

1924 *Sitte, Brauch und Volksglaube im deutschen Westböhmen.* Beiträge zur deutsch-böhmischen Volkskunde. IV. Reichenberg

KARÁSEK, F.

1909 *Pomlázka.* Český Lid XVIII. 330-332.

KARDOS, László

1976 *Keresztény népi vallási tradíciók és népi hitvilág a Bakonyalján* [Christliche religiöse Vokstraditionen und die volkstümliche Glaubenswelt im Bakonyerwald]. Életünk 1. 22-38. Szombathely

KELECSÉNY, József

1853 *Nyitrai népszokások. I. Koloni népszokások* [Nyitraer Volksbräuche. I. Koloner Volksbräuche]. Magyarország és Erdély képekben III. 26-32. Pest

KISS, Lajos

1959 *Szláv eredetű tájszavainkhoz* [Zu unseren Dialektwörtern slawischen Ursprungs]. Magyar Nyelvjárások V. 147-151.

KÖHLER, Johann August Ernst

1867 *Volksbrauch, Aberglauben, Sagen und andere alte Ueberlieferung im Vogtlande.* Leipzig

KRUPA, András

1973 *Jegyzetek a Békés megyei szlovák lakosok szokásai és hiedelmei kutatásának néhány problémájáról* [Notizen über einige Probleme der Erforschung der Bräuche und des Glaubens der slowakischen Einwohner vom Komitat Békés]. Békési Élet. 315-333. Békéscsaba

1974 *Hiedelmek-varázslatok-boszorkányok* [Aberglauben-Zaubereien-Hexen]. Békéscsaba

o. J. *Jeles napok a Békéscsabán és környékén élő szlovákoknál* [Festtage bei den Slowaken in Békéscsaba und Umgebung]. o. O.

KUBE, Siegfried

1961 *Rufe, Namen und Heischeverse zu westsächsischen Fastnachts- und Aschermittwochsbräuchen.* Deutsches Jahrbuch für Volkskunde VII. 121-140.

1964 *Die Lausitzer zwischen Stiep-Rute und Schmeckoster.* Letopis 1963-64. Reihe C, 65-77. Bautzen

1965 *Frisches Grün! Langes Leben!* Deutsches Jahrbuch für Volkskunde XI. 108-122.

KUBIN, Josef

1908 *Dynovačky a lítovačky Čechů kladských.* Český Lid XVII. 366-369.

LAMI, Štefan

1984 *Výročné zvyky a ľudové hry.* Budapest

LEHMANN, Emil

1926 *Sudetendeutsche Volkskunde.* Leipzig

LELKES, György

1992 *Magyar helységnév-azonosító szótár* [Das Ungarische Wörterbuch der Ortsnamen]. Budapest

LEMKE, Elisabeth

1884 *Volkstümliches in Ostpreußen.* Mohrungen

MANGA, János

1942 *Ünnepi szokások a Nyitra megyei Menyhén* [Festtagsbräuche in Menyhe, Kom. Nyitra]. Budapest

1973 *Magyarországi szlovákok* [Die Slowaken von Ungarn]. Népi Kultúra–Népi Társadalom VII. 211-249.

1974 *Szokások Tótkomlóson* [Bräuche in Tótkomlós]. Néprajzi tanulmányok Tótkomlósról. A Békés megyei Múzeumok Közleményei 3. 3-61. Békéscsaba

1976 *Virágvasárnapi zöldág-hordás a magyar és a szlovák nyelvterületen* [Tragen von Grünzweigen zu Palmsonntag im ungarischen und im slowakischen Sprachgebiet]. Nemzetközi néprajzi nemzetiségkutató konferencia. Hg. von László Kósa, András Krupa. 145-168. Békéscsaba

MANNHARDT, Wilhelm

1904 *Wald- und Feldkulte*. Berlin

MRÁZOVÁ-FALŤANOVÁ, Ľubica

1999 *Výročné zvyky v Jarovciach a Čunove*. Chorvátska národnosť na Slovensku. História, onomastika, národopis. Hg. von Ján Botík. 108-122. Bratislava

MÜLLER, Willibald

1893 *Beiträge zur Volkskunde der Deutschen in Mähren*. Wien–Olmütz

NIMITZ-WENDLANDT, Wanda

1986 *Nehringer Volkstum-Brauchtum-Volksglaube auf der Kurischen Nehrung*. Marburg

PÁPAY, Samu

o.J. *Pozsony vármegye népe* [Das Volk im Komitat Pozsony]. Pozsony vármegye. Hg. von Samu Borovszky. 229-249. Budapest

PESTY, Frigyes

1977 *Helységnévtár, Fejér megye* [Ortsregister, Komitat Fejér]. Fejér Megyei Történeti Évkönyv XI. 161-305. Székesfehérvár

PETERCSÁK, Tivadar

1978 *Hegyköz*. Borsodi Kismonográfiák 6. Miskolc

PETREI, Bertl

1974 *A Duna és a Lajta között. Szokástranszformációs kutatások Pannóniában* [Zwischen der Donau und der Leitha. Forschungen der Brauchtransformation in Pannonien]. Paraszti társadalom és műveltség a 18-20. században. Hg. von Tamás Hofer, Eszter Kisbán, Gyula Kaposvári. Budapest–Szolnok

PEUCKERT, Will-Erich

1928 *Schlesische Volkskunde*. Leipzig

PIGER, Franz Paul

1896 *Das Osterei in der Iglauer Sprachinsel*. Zeitschrift für österreichische Volkskunde II. 23-30.

PŘIKRYL, Franz

1895 *Die Bevökerung am „Záhori" in Mähren*. Zeitschrift für österreichische Volkskunde I. 193-204.

REINSBERG DÜRENGSFELD, Otto

1861 *Fest-Kalender aus Böhmen. Ein Beitrag zur Kenntniss des Volkslebens und Volksglaubens in Böhmen*. Prag

RICHTER M., István

1898 *Évi szokások és babonák Német-Prónán és vidékén* [Bräuche und Aberglauben des Jahres in Német-Próna und Umgebung]. Ethnographia IX. 75-85.

RÓHEIM, Géza

1925 *Magyar néphit és népszokások* [Der ungarische Volksglaube und die Volksbräuche]. Budapest

SALLINEN-GIMPL, Pirkko

1987 *Elävä karjalaisuus* [Lebendige Volkskultur der Karelier]. Helsinki

SCHMELZEISEN, Volker

1973 *Schmackostern. Wort, Brauch und Volksglaube.* Jahrbuch für ostdeutsche Volkskunde XVI. 104-136. Marburg

SCHULTES, Anton

1954 *Die Nachbarschaft der Deutschen und Slawen an der March.* Veröffentlichungen des Österreichischen Museums für Volkskunde IV. Wien

SCHWEBE, Joachim

1960 *Volksglaube und Volksbrauch im Hannoverschen Wendland.* Köln-Graz

SIMONIDES, Dorota

1990 *Frühlingsbräuche in Polen.* Volkskultur–Geschichte–Region. Festschift für Wolfgang Brückner zum 60. Geburtstag. Hg. von Dieter Harmening, Erich Wimmer. 705-714. Würzburg

SIRÁCKY, Ján

1971 *Sťahovanie Slovákov na Dolnú zem v 18. a 19. storoči.* Martin

1985 *Dlhé hľadanie domova.* Martin

ŠKOVIEROVÁ, Zita

1985 *Výročné obyčaje v primestkej obci Bratislavy v Devinskej Novej Vsi.* Slovenský národopis XXXIII. 165-178. Bratislava

SOBOTKA, Primus

1894 *Feste und Bräuche der Slawen.* Die österreichisch-ungarische Monarchie in Wort und Bild. Böhmen I. 438-459. Wien

STRZEMCHA, Paul

1897 Volksleben der Deutschen. Die österreichisch-ungarische Monarchie in Wort und Bild XIV. Mähren und Schlesien. 130-164.Wien

SZIKLAY, János

1898 *Nyitra vármegye lakossága* [Die Bevölkerung von Komitat Nyitra]. Magyarország vármegyéi és városai. Nyitravármegye. 169-215. Budapest

SZTANCSEK, József

1909 *Privigye vidékén gyűjtött babonák* [Im Gebiet von Privigye gesammelte Aberglauben]. Ethnographia XX. 357-362.

TALVE, Ilmar

2000 *A finn népkultúra* [Die finnische Volkskultur]. Debrecen

TÁTRAI, Zsuzsanna

1978 *Húsvét* [Ostern]. Kis magyar néprajz a rádióban. Hg. von Kata Jávor, Imola Küllős, Zsuzsanna Tátrai. 278-283. Budapest

TIMKÓ, György

1904 *Szigetközi leánykorbácsolás és legénycímer* [Rutenzüchtigung und Burschenwahrzeichen in der Kleinen Schüttinsel]. Néprajzi Értesítő V. 316-323.

TOLKSDORF, Ulrich
1967 *Volksleben in den Ermländersiedlungen der Eifel.* Schriftenreihe der Komission für ostdeutsche Volkskunde 4. Marburg
TURZOVÁ, Marta
1985 *Rodinné a výročné običaje.* Myjava. Hg. von Michal Dugáček, Ján Gálik. 393-403. Bratislava
UGRIK, Alíz
1963 *Oroszlány város és a hozzá tartozó Majk puszta monográfiája* [Monografie von Oroszlány und der dazugehörigen Majk-Einöde]. Manuskript. Städtische Bibliothek Oroszlány. Inv.-Nr.: K/33.
UJVÁRY, Zoltán
1975 *Szokások, hiedelmek Csallóközből és Nyitra környékéről* [Bräuche und Aberglauben aus der Großen Schüttinsel und aus der Gegend von Nyitra]. Varia Folkloristica. Hajdú-Bihar Megyei Múzeumok Közleményei 25. 14-35. Debrecen
VÁCLAVEK, Mathias
1896 *Land und Volk in der mährischen Walachei.* Zeitschrift für österreichische Volkskunde II. 40-53, 236-250.
VALENTÉNYI, György
1909 *A kiskárpáti tót nép élete, viselete és szokásai* [Das Leben, Tracht und Bräuche der Slowaken in den Kleinen-Karpaten]. Ethnographia XX. 36-47, 106-162.
VÁCLAVÍK, Antonín
1925 *Podunajská dedina v Československu.* Bratislava
1959 *Výroční obyčeje a lidové umění.* Praha
VERNALEKEN, Theodor
1859 *Mythen und Bräuche des Volkes in Oesterreich. Als Beitrag zur deutschen Mythologie, Volksdichtung und Sittenkunde.* Wien
VERSÉNYI, György
1892 *Babonás napok* [Abergläubische Tage]. A Körmöczbányai m. kir. Állami Főreáliskola Értesítője 1891/92. Hg. von Károly Schrőder. 3-45. Budapest
VRBKA, Anton
1896 *Sitten und Gebräuche im südwestlichen Mähren.* Zeitschrift für österreichische Volkskunde II. 308-319.
VYCPÁLKA, J.
1904 *Pomlázka z Táborska.* Český Lid XIII. 319.
WEISSENHOFER, Robert
1888 *Das Jahr.* Die österreichisch-ungarische Monarchie in Wort und Bild. Wien und Niederösterreich. 2. Abteilung: Niederösterreich. 189-218. Wien
WÜNSCHER, Frigyes
1943 *Tordas a Balogh Elemér szövetkezeti mintafalu.* [Tordas, das Musterdorf der Elemér Balogh-Genossenschaft] Budapest–Debrecen
ZIBRT, Čeněk
1889 *Staročeské výroční obyčeje Pověry, Slavnosti a Zábavy.* Praha

WEINBERGFESTE DES HEILIGEN URBAN IM UNGARN DER JAHRTAUSENDWENDE

Am Anfang meiner Forschungen im Velencer Weinberg begegnete ich etlichen Besitzern aus Budapest und Székesfehérvár (Stuhlweißenburg). Viele von ihnen lernte ich näher kennen, z. B. Ottó Tőkés, den neuen Besitzer des ehemaligen Zehntkellers auf dem Benceberg. Als Sekretariatsleiter des Vorsitzenden der Ungarischen Akademie der Wissenschaften kannte Ottó Tőkés meinen Professor, Béla Gunda aus Debrecen, sehr gut. Professor Gunda hatte mir als Diplomarbeitsthema die Erforschung der hiesigen Presshäuser und Keller empfohlen. Bei unseren Treffen auf dem Benceberg wurden wir von Ottó Tőkés darin bestärkt, dass wir mit unseren Forschungen der Sache Ungarns dienten. Zur Zeit der Beendigung meiner Diplomarbeit, hauptsächlich aber in der zweiten Hälfte der siebziger und ersten Hälfte der achtziger Jahre, hatte der Benceberg durch die neuen städtischen Eigentümer eine spektakuläre Entwicklung durchlaufen. Anstelle der alten Gebäude waren viele neue gebaut worden, die seither als Ferien- und Wochenendhäuser dienen. Im Weinberg wurde Elektrizität und eine aufsehenerregende öffentliche Beleuchtung installiert: Die Leuchtröhrenschlange der Panoramastraße ist sogar am Südufer des Velencer Sees gut sichtbar. Neue Asphaltstraßen und Parkplätze für Kraftwagen wurden gebaut. Das Leitungswassersystem und die Kanalisation wurden ausgebaut. All dies konnte durch die Opferbereitschaft und Zusammenarbeit der neuen und alten Weinbergbesitzer (ung.: „hegyiek", Weinberg-Anwohner) verwirklicht werden. Der Dichter Imre Takács (1926-2000) lenkte 1972 in seinem „Brief über den Weinberg" (ung.: „Levél a szőlőhegyről") die Aufmerksamkeit auf die Bestrebungen und ehrenwerten Absichten der Bergbewohner:

> „Seitdem die Städter hier angekommen sind, ist der Wert des Berges nicht nur in Geld, sondern auch in lokalpatriotischen Gefühlen verfünffacht worden, für den Wert des Landes wird wieder Sorge getragen. Zu den zwanzig bis vierzig Winzern aus der Gegend kamen neue hinzu. Obwohl sie in der Pflege nicht konkurrenzfähig sind, sind sie mit ihren rührigen Erfindungen und innovativen Unternehmungen nicht weniger bedeutsam. Wir sollten jedoch darüber nachdenken, auf welcher Art und Weise wir den Geist des Berges bewahren könnten."[1]

Nach einem gut gelungenen Straßeneinweihungsfest entstand 1983 bei den Anwohnern das Bedürfnis, ein Weinbergfest zu veranstalten und es gegebenenfalls jährlich zu wiederholen. 1984 informierten und erkundigten sie sich bei mir zu diesem Thema. Ich habe zu ihren Initiativen den folgenden Brief von ihrem ehrwürdigen Weinbergrichter, Dr. Ferenc Révész, Institut für Weiterbildung beim Finanzministerium, erhalten:

„Budapest, den 15. März 1984
Sehr geehrter Herr Lukács!

Auf den Rat von Frau Dr. Melinda Égető, verheiratete Gurszky, der wissenschaftlichen Mitarbeiterin der Forschungsgruppe für Volkskunde der Ungarischen Akademie der Wissenschaften, richte ich meine Bitte an Sie. Auf dem Benceberg im Urlaubsgebiet Velence haben die Eigentümer die hiesige ausgestorbene Weinkultur in großem Umfang wieder aufgebaut. Beweis dafür ist die Rekonstruktion des 1786 gebauten, abgebrannten Höhr Presshauses, der alten Kellerreihe und der Kellerreihe von Sárgaföldes, die noch im Gange ist. Auf die Initiative der Urlauber hin, haben wir vor, in diesem Jahr im Sárgaföldes Weg eine Statue für einen der Schutzheiligen der Winzer, St. Urban, aufzustellen. In diesem Zusammenhang beabsichtigen wir, falls es möglich ist, die Volksbräuche am Urbanstag wiederzubeleben. Frau Gurszky hat uns mit interessanten Forschungsmaterialien von Ágoston Ambrózy und Sándor Bálint versorgt. Sie hat uns darüber benachrichtigt, dass Sie, Herr Lukács, tiefgreifende Forschungen über den alten Weinbau im Gebiet am Velencer See betreiben.
Es wäre eine große Hilfe, wenn Sie, falls Ihre Forschungen auf diese Frage Antwort geben, uns Informationen oder schriftliche Materialien über die Volksbräuche, Spiele und Sprüchlein am Urbanstag zur Verfügung stellen könnten.
Ich bedanke mich schon im Voraus,
Hochachtungsvoll
Dr. Ferenc Révész
VIB (Verwaltungsausschuss des Velencer Sees) Velence Benceberg Gemeinderat".

Ich habe Ferenc Révész meinen veröffentlichten Aufsatz über die Presshäuser und Keller im Velencer Weinberggebiet und über die Verehrung des St. Urban zugeschickt. Ich habe für ihn schriftliches Material über die Orte der Verehrung von St. Urban im Komitat Fejér (Weißenburg), jetzt ergänzt mit Daten aus Etyek (Edeck), Kajászószentpéter und dem Moorer Tal zusammengestellt, da man in diesem Themenbereich mittlerweile viele neue Gebiete erschließen konnte.

In Mitteleuropa ist der Heilige Urban der am meisten verbreitete Schutzpatron des Weinbaus. Sein Kult kam vermutlich durch die Vermittlung deutscher Siedler nach Ungarn. Nach einem ausgewiesenen Kenner des Urban-Kultes, Werner Lühmann, war der Heilige Urban wahrscheinlich seit der Mitte des 13. Jahrhunderts im deutschen Sprachgebiet Schutzpatron der Weinbauern.[2] Im Buch „Zeremonien und Riten der Heiligen Kirche" (ung.: „Anya-Szent-Egyháznak Ceremóniái és Szertartásai"), 1779 in Eger (Erlau) erschienen, fragt ein Konvertit den Theologen in Bezug auf den Urbanstag das Folgende: „Am St. Urbanstag habe ich gesehen, dass das Bild des Heiligen mit Weinblättern geschmückt und auf diese Weise in der Prozession getragen wurde. Warum tut man das?" Die Antwort des Theologen darauf:

> „Man tut es deswegen, weil die Weingärten in der Zeit um den St. Urbanstag den größten Gefahren ausgesetzt sind und vor allem von schlechtem Wetter oder von Insekten oder sonstigen winzigen Tieren Schaden erleiden können. Daher wählten die alten Deutschen den Heiligen Urban zum Schutzpatron des Weines. Manche behaupten sogar, er sei auch selbst ein Weinbauer gewesen oder jedenfalls einer Weinbauernsippe entsprungen. Henschenius behauptet allerdings, dass er ein römischer Edelmann gewesen sei. Was die Übergriffe anbelangt, die an diesem Tage üblich sind, ist unbestreitbar, dass die weisen und gottesfürchtigen Bischöfe und Pfarrer denselben jederzeit widersprachen, sie zu tilgen trachteten und auf jede Weise verboten."[3]

György Komáromi Csipkés, reformierter Prediger, verurteilt in seinem Buch „Neues von den Papisten" (ung.: „Pápistaság újsága"), 1671 in Kolozsvár (Klausenburg) erschienen, die „Übergriffe" am Urbanstag und das unwürdige Feiern: „Der Tag des Papstes Urban wird am 25. Mai gefeiert. Hie und da wird sein Holzbildnis in einer Prozession getragen; wenn das Wetter schön ist, bleibt das Bild trocken, wenn es aber regnet, wird es durch den Schlamm gezogen, eine solche Feierlichkeit kann nicht zu den alten Festen gehören, die man feiern sollte."[4] Péter Bod, siebenbürgischer reformierter Prediger aus Magyarigen, schreibt in dem Buch „St. Heortokrates", erschienen in Oppenheim im Jahre 1757, über die christlichen Feste, dass die Bräuche des Urbanstages aus dem Elsass stammen:

> „Diesen Tag halten sie für Dies Criticus, aus dem die Unwissenden weissagten. Wenn die Sonne scheint, gibt es gute Ernte, wenn es regnet, Not. Dementsprechend gab es einen Brauch im Elsass: bei Sonnenschein wurde das Holzbildnis des Heiligen mit Freude und Gesang durch die Straßen getragen, wenn es aber regnete, banden sie eine Schnur um seinen Hals und zogen es durch den Schlamm."[5]

Der Urbanstag (25. Mai) ist der letzte der von Frost gefährdeten Tage im Mai. Von der an diesem Tag herrschenden Witterung zieht man Schlüsse auf die voraussichtliche Ernte. In dem ungarndeutschen Dorf Hajós (Batschka) wird der Urbanstag heute noch als ein Tag betrachtet, an dem man die Weinlese vorhersagen kann: „Der Orban ischt dr letscht Gfriartag [ung.: Orbán az utolsó fagyosszent]. Wenn's en Orban reanged, faulid d Trauba, bis sie raifed [Ha Orbán napján esik, elrothad a szőlő, egészen az érésig]. Orban naß, abid (nehmen ab) d Trauba bis ens Faß [Ha Orbán nedves, a szőlő egyre kevesebb lesz, amíg a hordóba kerül]."[6] Im Banat schenkten die Werschetzer Deutschen dem Wetter im Mai große Aufmerksamkeit. Sie fassten ihre Erfahrungen in diesem Zusammenhang in gewisse Bauernregeln:

„Pankrätz und Urban ohne Regen,
Bringt dem Weine großen Segen.
Scheint die Sonne am Urbanitag,
Wächst gut Wein, nach alter Sag.“[7]

Wer war nun dieser Urban und wie kam er mit dem Weinbau in Verbindung? Urban I. war nach dem Eintrag des „Liber pontificalis“ seit dem Jahre 223 Bischof von Rom; der Legende nach starb er 230 den Märtyrertod. Die Kirche bestimmte den 25. Mai zu seinem Gedenktag. Begründungen, warum er mit dem Weinbau, und im Weiteren mit dem Fassbinderhandwerk und dem Beruf der Wirte in Mitteleuropa besonders verbunden ist, gibt es im Wesentlichen drei: 1. Nach jahrhundertelangen Beobachtungen wurde festgestellt, dass in der gemäßigten Weinbauzone Europas um den Urbanstag (25. Mai) der letzte frostgefährdete Termin liegt, der für die dann bereits ausgetriebenen Weinreben in gesteigertem Maße gefährlich ist; an diesem Tag waren also Fürbitten für das Gedeihen der Pflanzen an den Tages-Schutzheiligen besonders dringlich. 2. Die Legende besagt, dass Papst Urban I. verordnet habe, Messkelche und Patenen aus Gold oder Silber herzustellen, weshalb er oft mit einem Kelch – einem Gefäß zum Weintrunk – und einer Weintraube dargestellt wurde. 3. Aufgrund einer Namensverwechslung im Spätmittelalter soll das aus Burgund bekannte Wein- und Winzerpatronat des gleichnamigen Heiligen Bischofs Urban von Langres auf den Papst Urban I. übergegangen sein.[8]

Ihm zu Ehren wurden auf den Weinbergen Statuen und Kapellen errichtet, sein Bildnis wurde in Fassböden und Pressbäume geschnitzt oder aufgemalt. Die Gebeine des Papstes St. Urban I. ruhten zunächst in Rom, später scheint ein Teil davon nach Kloster Erstein im elsässischen Weingebiet transferiert worden zu sein.[9] Reliquien St. Urbans (darunter das Haupt) übertrug Papst Klemens XIV. an Graf István Andrássy im Jahre 1777; noch heute sind sie am alten Stammsitz der Familie in Monok (Komitat Zemplén) zu finden.[10] Zunächst waren sie in der Kapelle des Andrássy-Schlosses ausgestellt, gegenwärtig steht der Reliquienbehälter in der Pfarrkirche von Monok.

Auch auf den Weinbergen der Marktflecken Mór und Adony im Komitat Fejér findet man Urbankapellen. Beide Orte wurden im 18. Jahrhundert zum Teil mit Deutschen neu besiedelt. In Mór (Moor) wurde die Kapelle im Jahre 1794, in Adony 1811 gebaut. Dazu findet sich in einer handgeschriebenen Chronik in Mór folgendes: „Im Jahre 1794 schenkte Graf Philipp Lamberg dem Kapuzinerpater Hositius Ziegelsteine, woraus dieser auf dem Kecskehegy (Lerchenfeld) die Urban-Kapelle errichtete.“[11]

Relief von Papst Heiliger Urban an der Straßenfaßade eines Bürgerhauses, gebaut 1671, in der Weinstadt Roufach, Elsaß. Aufnahme von László Lukács, 1988

Frauen mit am Sankt Urbanstag geweihten Blumen auf dem Weinberg von Adony (Kom. Fejér). Aufnahme von László Lukács, 1975

Vor Beginn der Bauarbeiten erteilte der Graf dem Wirtschaftsamt seines Gutes die folgende Anweisung: „Da wir den Kapuzinern die Ziegelsteine und den Kalk zur Errichtung der kleinen Kapelle auf dem Lerchenfeld versprochen haben, soll das Wirtschaftsamt die erforderliche Menge an Ziegelsteinen und Kalk gegen Quittung des Paters Hositius ausfolgen."[12]

Jedes Jahr fand in Mór und Adony das Kirchweihfest der Urban-Kapellen im Weinberg statt. Folgendes lässt sich dazu im Protokoll der Adonyer Kirchengemeinde lesen:

> „Infolge der kanonischen Visitation des Jahres 1805 wurde auf Wunsch des Bischofs Milassin im Weinberg eine St. Urban-Kapelle erbaut. Am Tag des Heiligen begaben sich nämlich zahlreiche Prozessionen auf den Weinberg, wo nach althergebrachtem Brauch die Heilige Messe in einem aus Ästen zusammengestellten Chor gelesen wurde. Damit nun während der Messe nichts Unwürdiges durch den Wind oder Regen geschehe, haben die frommen Gläubigen im Jahre 1811 die oben erwähnte Kapelle erbaut und sorgen auch für deren Instandhaltung."[13]

Das Altarbild in der Urban-Kapelle von Adony stellt den heiligen Papst Urban mit der Tiara und dem Apostelkreuz, in seiner Rechten mit einem Schwert, dem Symbol seines Märtyrertums, dar.

In den Kult des Heiligen Urban fanden im Kreise der Bauern solche Elemente des Volksglaubens Eingang, die nicht zum offiziellen Ritus der katholischen Kirche gehörten. Dennoch vollzogen die Adonyer Weinbergbauern am Urbanstag auch die von der Kirche akzeptierten und geleiteten Zeremonien. Im 19. Jahrhundert ertönte die erste Morgenglocke an diesem Tag um fünf Uhr in der Kirche, zur stillen Messe wurde um halb sechs geläutet. Nach der Messe pilgerte die Prozession auf den Weinberg. Hier wurde erneut eine Messe gelesen; bis 1811 in einem Laubzelt beim Kreuzbild und seit 1811 in der mit grünen Zweigen und Blumen geschmückten Urban-Kapelle. Nach der Messe versuchten viele Besucher, einige der Blumen, mit denen man das Laubzelt bzw. die Kapelle geschmückt hatte, ins eigene Presshaus mitzunehmen. Diese Blumen, die ins Presshaus getragen und während des ganzen Jahres aufbewahrt wurden, hielt man für heilig. Nach Adonyer Volksglauben sollten die am Urbanstag geweihten und zwischen die Sparren oder das Schilfrohrdach gesteckten Blumen das Gebäude vor Blitzschlag schützen.

Im 20. Jahrhundert fand der Kirchweihtag auf dem Adonyer Weinberg an dem zum Urbanstag nächstliegenden Sonntag statt. Burschen und verheiratete Männer schmückten schon am Vorabend die Kapelle mit grünen Zweigen und Ästen, die einst mit der Genehmigung des Gutsherrn Graf Aladár Zichy auf der Donauinsel gepflückt und mit einem Pferdefuhrwerk auf den Weinberg gebracht worden waren. Nicht nur der Eingang und die Fenster der Kapelle wurden mit grünen Zweigen und Blumen dekoriert, sondern auch das vor der Kapelle aufgestellte Laubzelt. Bis in die Jahre nach dem Zweiten Weltkrieg zog nach dem Hochamt, welches am Sonntag um zehn Uhr begann, die Prozession zur Kapelle auf den Weinberg. Auch die Händler und Lebzelter (ung.: márcos, siflis) stellten ihre Zelte dort auf. Das Mittagsmahl wurde bereits am Samstag zubereitet – Gulasch, Fischsuppe, paniertes Fleisch, Kochschinken – und im Korb ins Presshaus getragen. An diesem Tag spielte auch die Blechmusik; auch nahmen manche ihre Ziehharmonika mit und spielten im Presshaus.

In den letzten Jahren findet die Litanei bei der mit grünen Zweigen und Blumen geschmückten Urban-Kapelle in Adony am Nachmittag jenes Sonntags statt, der dem Tag des Heiligen am nächsten ist. Während der Litanei stehen oder sitzen die Gläubigen ringsherum im Gras. Am Ende nehmen sie aus ihren Gebetbüchern ein handgeschriebenes, vergilbtes Blatt hervor und singen im Chor das folgende Urban-Lied:

Adonyer Weinbauern vor der Sankt-Urban-Kapelle bei der Messe am Urbanstag. Aufnahme von László Lukács, 23. Mai 1982

Mórer Weinbauern unter der großen Linde bei der Litanei am Urbanstag. Aufnahme von László Lukács, 1980

Resultatsverkündung des Urbantags-Weinwettbewerbes, Velence. Aufnahme von László Lukács, 1992

„Kommt Gläubige mit inbrünstigem Herzen und lobet den Herrn,
fallt kniend zu Boden vor dem heiligen Himmelsthron desjenigen,
der den Bischof Urban in seiner Heiligkeit als Märtyrer hochgepriesen
und ihn im Himmelsreich mit Freude und Ehre bescherte.

Ehrwürdiger Urban, nach Dir strebt unser Herz.
Schau herunter auf uns, unser Schirmherr, und flehe für uns.
Verstoße und hasse uns nicht wegen unserer Unwürdigkeit und Sündhaftigkeit,
erbarme Dich, Schirmherr unseres Schicksals und erinnere Dich unser.

Behüte uns stetig, unser Vater, und bewahre uns vor den Sünden,
vor den zerstörenden Feinden in unserem Leib und unserer Seele,
beschütze unsere Weinberge und die vom Hagel zerstörten Gegenden.
Lass den schädlichen Regen durch Deine Bitte weiterziehen.

Wir bitten Dich, uns beizustehen jetzt und immerdar,
unser Fürbitter, der Du für alle Sünder und Armen flehst.
Lass uns alle, die Dich ehren und über Deine Herrlichkeit nachsinnen
im Himmelsreich uns mit Dir in Glück zusammen freuen."

Nach dem Urbanlied wünscht der Pfarrer allen Anwesenden einen frohen Festtag. Man nimmt von den Blumen, die die Kapelle schmücken, einen Strauß mit zu den Presshäusern, unterwegs wird ein altes Marienlied (ung.: „Boldogasszony anyánk…") gesungen. An diesem Nachmittag versammelt sich die ganze Familie beim Presshaus, auch Gäste werden dazu eingeladen. Aus den Körben kommen die besten Leckerbissen, alle essen, trinken und feiern gemeinsam. Am 23. Mai 1982 trafen sich zweihundert Menschen im Weinberg zum Urbansfest. In einem Presshaus wurde sogar in einem Kessel Fischsuppe gekocht und zu den Klängen einer Ziehharmonika getanzt. Das Feiern und Singen am Urbanstag dauerte bis zum Abend.

Die Statue von Heiligen Urban auf ihrem neuen Platz, Velence. Aufnahme von László Lukács, 2004

In Mór findet die Litanei an dem dem Urbanstag nächstliegenden Montagnachmittag in der Urban-Kapelle auf dem Lerchenfeld statt. Während der Zeremonie stehen die Weinbauern unter einer mächtigen Linde vor der schönen Barockkapelle, deren Altarbild die beiden Wetterheiligen Urban und Medardus darstellt. Urban wird auch von den Fassbindern von Mór und Székesfehérvár als Schutzpatron verehrt. Deshalb beobachteten die Mórer Fassbinder an den Lostagen ängstlich das Wetter. „Taut es am Vinzenzitag (22. Januar), so wird der Keller voll", hieß es. Auch den für die jungen Triebe gefährlichen Eisheiligen im Mai wurde große Aufmerksamkeit geschenkt. War der letzte Termin, der Tag des Heiligen Urban, ohne Frostschaden vorübergegangen, dann meinte man auch hier, sich eine reiche Weinlese und viele Bestellungen erhoffen zu können. Sogar die Mórer Fassbinder nahmen an der Litanei bei der Urban-Kapelle teil. An einem Fassboden im Keller des Mórer Kapuzinerklosters ist das geschnitzte Bildnis des Heiligen Urban zu sehen. Laut Inschrift wurde das 53-Ohm-Fass im Jahre 1839 hergestellt. An seinem Fassboden ist das geschnitzte Bildnis (80 cm hoch und 66 cm breit) des Heiligen Urban mit Bischofshut und Hirtenstab zu sehen.[14] Bis in die fünfziger Jahre ließen auch die Fassbinder von Székesfehérvár am Urbanstag in der bischöflichen Basilika eine Messe lesen. Von dort begaben sie sich ins Vereinshaus des Handwerkervereines und aßen mit ihren Familien zu Mittag; am Nachmittag wurde gekegelt. Je nachdem, ob die Weinernte gut oder schlecht zu werden versprach, wurde mehr oder weniger getrunken.[15]

Die Statue von 1816 am Öreghegy *(Altberg)* in Etyek. In den 1950er Jahren wurde wegen politischen Gründen an der Statue der Kopf abgeschlagen. Aufnahme von László Lukács, 1986

Die deutschen Weinbauern von Bakonykúti (Kuti) zogen unter der Leitung ihres Geistlichen am Tag Urbani in einer Prozession singend zum Holzkreuz in den Weingärten auf dem Bogárberg (Käferberg), um dort zu beten und sich für den Schutz der Weinreben zu bedanken. Fiel der Urbanstag nicht auf einen Sonntag, so fand die Prozession erst am darauffolgenden Sonntag statt.[16]

In Etyek (Edeck), einer Ortschaft mit deutschstämmiger Bevölkerung, stehen heute drei Urbanstatuen in den Weinbergen. Auf dem Altberg entdeckte ich 1986 eine verstümmelte Urbanstatue ohne Kopf und Hände mit folgender deutschsprachiger Inschrift: „Zur Ehre des allerhöchsten Gottes und seines getreuen Dieners heiligen Urbanus gewidmet durch Anton Szeitzam und seine Nachgenger A. 1816."[17] Dazu findet sich in der Pfarrgemeinde von

Die Statue von 1816 am Öreghegy *(Altberg)* in Etyek. Erneuert im Jahre 2000. Aufnahme von Károly Lukács, 2016

Etyek folgende Eintragung im lateinischen Protokoll über die canonica visitatio des Jahres 1818: „Statue est S. Urbani Pontificis lapidae, in vinea Antonii Szeitzam Anno 1816. erecta, per quem et consecratur, benedicta per Rmum Franc. Spetykó VA-diaconum" [Steinbild des heiligen Papstes Urban im Weingarten des Anton Szeitzam, errichtet im Jahre 1816, eingeweiht und gesegnet vom Hochwürdigen Vizedechant Franz Spetykó].

Im Flurteil Vérti steht eine andere, ähnliche Statue, deren Tafel aus rotem Marmor eine unlesbare, deutschsprachige Inschrift trägt. Aus der historia domus der Pfarrgemeinde Etyek erfahren wir darüber folgendes:

> „An Kreuzgangstagen pflegten die Gläubigen von Etyek in einer Prozession zur St. Urbanstatue im Flurteil Vérti zu gehen und den Heiligen um seine Fürbitte zu ersuchen. Da Etyek ein Weinhauerdorf ist, war der Wein die wichtigste Quelle des Lebensunterhaltes. In früheren Zeiten hatte sogar der Bettler ½ Joch Weingarten. In den 1950er Jahren wurde auch diese Urbanstatue enthauptet. Antal Veréb, wohnhaft in Etyek, Alcsúterstraße 5, beschloss, die Statue restaurieren und vor seinem Presshaus am Újhegy (Neuberg) aufstellen zu lassen. Der frühere Standort der Statue war derart weit entfernt, dass ihn ältere Leute nicht mehr erreichen konnten. Die Statue befand sich auf dem Gebiet des Staatlichen Weingutes, welches die Verbringung in das Dorf nicht bewilligte, sondern den Heiligen vom örtlichen Bildhauer Lajos Csákvári Nagy rekonstruieren ließ."

Laut Gewährsleuten aus Etyek zog die Prozession vor dem Zweiten Weltkrieg während der Kreuzgangstage abwechselnd in einem Jahr zur Urbanstatue auf dem Altberg, im anderen zum Standbild des Heiligen im Flurteil Vérti. Wenn die Reben um den Urbanstag Frostschäden erlitten, dann urinierten die Männer vor lauter Wut an die Urbanstatue. Wenn es aber keinen Frost gab, feierten sie das glückliche Omen nicht nur mit einem Umtrunk, sondern begossen auch die Statue mit Wein.

Béla Czanik, kalvinistischer Seelsorger aus Kajászószentpéter, berichtet in seinem Brief vom 14. Juni 1989 über die Vergeltungen im Falle eines Frostes um den Urbanstag:

> „József Pintér, Glockenläuter aus Kajászó (geb. in Érd, getauft in Baracska 1888 – gestorben am 19. Januar 1955 in Kajászó) hat sich in seinem Leben herumgetrieben und diente sogar als Knecht bei römisch-katholischen und schwäbischen Familien aus Etyek. In einem Jahr gab es Frost am Urbanstag – am 27.!-28.! Mai 1952 –, die Schwaben aus Etyek, erzählte er lachend, haben die Urbanstatue mit Pfosten geschlagen und sie nicht, wie in den guten Jahren mit Wein, sondern mit ihrem Urin begossen und mit Mist beworfen. ‚Trink, Urban!' – haben sie währenddessen gebrüllt. Er erzählte auf meine Frage, dass sie sich dafür sehr schämten und ihre Tat abstritten, aber sie hatten es ge-

tan. – Er diente auch in Vál und ich fragte ihn, ob die Ungarn dort auch so verfuhren? Er gab mir eine ausweichende Antwort: Dort gibt es doch keine Urbanstatue auf dem Berg..."

Die dritte Urbanstatue aus Etyek ist ganz neu. Antal Veréb ließ sie von einem Budapester Bildhauer herstellen und sodann vor seinem eigenen Presshaus am Neuberg unweit des Dorfes errichten. Sie wurde am 24. Mai 1981 gesegnet. Der abgehauene Kopf der Urbanstatue im Flurstück Vérti wurde durch ein Haupt mit Bischofshut ersetzt, während das soeben erwähnte Standbild am Neuberg Papst Urban mit Tiara und Apostelkreuz darstellt. Hier wird jedes Jahr am Sonntag nach dem Urbanstag nachmittags die Allerheiligen-Litanei abgehalten. Nach dem Segen wird das Kirchenlied Nr. 217 „Heilig bist Du mein Herr" (ung.: „Szent vagy, Uram") aus dem Gesangbuch gesungen, welches zwar dem Hl. Wendelin gewidmet ist, doch bei dieser Gelegenheit auf Urbanus umgeändert wird.

Die vierte Darstellung Urbans in Etyek ist das Deckengemälde der Dorfkirche. Gemalt von Ferenc Lohr im Jahre 1935 in al-secco-Technik, stellt das Gemälde die auf einer Wolke kniende Gestalt des Papstes Urban über der Kirche dar.

Auch in den deutschstämmigen Dörfern des Vértes-Berges (Schildgebirge) wird im Zusammenhang mit dem Wetter oft der Heilige Urban erwähnt. Wenn es um den Urbanstag kalt war, sagte man in Vértesboglár (Boglar): „Urban sitzt noch immer auf der Ofenplatte(n), geh herab, sonst schlag ich dich herab!"[18]

Laut Auskunft von Frau Grim (geb. 1912) sagte man in Vértesacsa (Atschau): „Der Urban, der steht noch bevor, der kann den Wein noch gefrieren lassen!"[19] In Gánt (Gant) wurden die Weinstöcke nicht vor dem Tag St. Hugo (1. April) geschnitten, weil man Angst davor hatte, dass die Eisheiligen die Triebe der früh geschnittenen Reben erfrieren lassen. Laut Frau Maria Molnár (geb. 1916) sagte man häufig: „Der Urban, der stieg noch nicht herunter, er sitzt noch am Ewel (Ofen)!"[20]

In Hercegfalva (Herzogendorf, heute Mezőfalva) steht am Óantaler-Berg ein Steinkreuz; dorthin zog die Prozession mit dem Pfarrer am Urbanstag in den Jahren nach dem Zweiten Weltkrieg. Manche gossen Wein neben das Kreuz und sagten: „Trink, Urban! Trink, Urban!" Auf dem Rückweg zogen die Gläubigen in einer Prozession zur Kirche. Dort wurde gebetet, dann gingen die Versammelten auseinander.[21]

Im Velencer Gebirge, auf dem Weinberg von Sukoró, wird im Mai bei Frostwetter nicht gehackt, denn man meint, die frisch behackten Weinstökke seien frostempfindlicher. Falls es um den Urbanstag Frost gab, der den voraussichtlichen Weinertrag schmälerte, sagten die Weinbauern: „Der Urban hat

Die Mitglieder der Weinorden auf dem Velencer Urbansfest. Aufnahme von László Lukács, 1998

ihn getrunken!“ Gab es keinen Frost um diese Zeit, so tranken sie darauf mit Freude Wein, schütteten ein wenig davon aus dem Krug auf den Boden und sagten: „Trink, Urban!“[22]

In Martonvásár wird der Weinberg auch heute noch Urbansberg genannt.

In der Ethnologischen Datensammlung des Budapester Volkskundemuseums entdeckte ich im Nachlass von Gyula Sebestyén eine Aufzeichnung von Béla Szabó vom Beginn des 20. Jahrhunderts (Inv.-Nr.: 1369). Demnach wurden Volksbräuche um den Urbanstag nicht nur in den deutschen, sondern auch in den ungarischen Dörfern des Komitats Fejér praktiziert: „Ich hörte von alten Leuten, dass die Einwohner der Dörfer Sár-Aba und Sár-Keresztúr aus dem Komitat Fejér am Urbanstag auf dem Weinberg aus Weinreben ein Feuer machen, welches sie mit Wein begießen. Aber nur, falls die Weinstöcke in der Nacht zum Urbanstag nicht durch Frost geschädigt worden sind.“ In Fehérvárcsurgó erinnerte sich Frau Lajos Kiss, Julianna Zámbó (geb. 1894), an Urban im Zusammenhang mit dem Weinberg:

> „Falls es kalt war am Urbanstag, gingen wir den Weinberg räuchern. Wir machten Feuer neben dem Weingarten, damit der Rauch in den Weingarten geht und die Kälte wegdrückt, damit die Triebe nicht erfrieren. Auch wir haben das getan. Auch wir sind Feuer legen gegangen. Mein Schwiegervater besuchte in den 1910er Jahren Häuser von Bekannten, deren Reben im Falle eines Frostes am Morgen des Urbanstages erfroren waren und sagte: ‚Tring Urban, tring Urban! Die Reben sind erfroren.‘“[23]

In Fehérvárcsurgó ging der Spruch so: „Wenn der Urbanstag klar ist, trinkt das ganze Volk den Wein.“[24] In Sárkeresztes warnten die vorsichtigen Alten die Jungen: „Warte noch, jetzt kommt erst noch Urban!“ Die Söréder hielten Urban für den Kältesten, denjenigen, der oft erntet. Die Leute aus Csákberény warteten sehnsüchtig darauf, dass der Urbanstag vorbei gehe und das Ende der Eisheiligen komme. Die Leute aus Csókakő meinten, dass „der Fassbinder mit besserer Laune seine Fässer verfertigte“, wenn es am Urbanstag keinen Frost gab, weil er wusste, dass seine Fässer bei guter Ernte Käufer finden.[25]

Der Umzug des Weinordens Sankt Benedictus zur Urban-Statue in Velence am 31. Mai 2003. Aufnahme von László Lukács

Trotz der an Urban gerichteten Fürbitten kam und kommt es oft im Frühling zu Frostschäden in den Weingärten. So etwa im Jahre 1866, als die große Kälte um den Urbanstag sowohl die Weingärten als auch die Getreidesaaten zugrunde richtete. Die Folge war, dass es im Dorf Hercegfalva (Herzogendorf) nichts zu Essen gab. Für die Armen wurde eine Gemeinschaftsküche eingerichtet, wo sie einmal täglich warmes Essen bekamen. In Vértesacsa (Atschau) erinnerte sich János Isinger (geb. 1907), dass 1915 noch vom siebten auf den achten Juni die in den Niederungen liegenden Weingärten vom Frost in Mitleidenschaft gezogen worden waren. In privaten Wetteraufzeichnungen wird oft über den Maifrost geklagt. So notierte Ferenc Naszádos, Töpfermeister in Csákvár, in seinem Tagebuch über den Maifrost: „Am Sonntagmorgen, den 21. Mai 1876, sind die Weingärten erfroren." József Janoczki, Glockenläuter aus Kajászószentpéter, notierte in seinen regelmäßig geführten Wetteraufzeichnungen über das Jahr 1911 das Folgende: „Am 22. Mai gab es so starken Frost, dass die Reben und Bohnen und teils auch der Mais erfroren waren. Das kalte, windige Wetter mit Sprühregen dauerte vom 23. bis zum 25. Mai."

Aus meiner Bestandsaufnahme wird klar, dass die Verehrung des Heiligen Urban in den Weinbaugemeinden des Komitats Fejér unter den deutschstämmigen Einwohnern lebendiger war als unter den ungarischen. Im Velencer Gebirge konnte ich nur in Sukoró die Spuren des Urban-Kultes finden.

Nach meiner Mitteilung auf die oben genannte Anfrage von Dr. Ferenc Révész, habe ich dann die folgende Antwort von ihm erhalten:

„Budapest, den 9. April 1984
László Lukács
Székesfehérvár
König Stephan Museum

Lieber Freund,

Ihr am 29. März geschriebener Brief beschenkte uns alle, die bis jetzt als einzige an die Bräuche des Weinberges glaubten, mit ungeteilt großer Freude. Jetzt wissen wir, dass es sich gelohnt hat, jahrelang für den Fortbestand der primitiven Gewölbekeller im Sárgaföldes Weg zu kämpfen. Aus diesen Kellern werden hoffentlich in kurzer Zeit Keller mit Steineingang im Barockstil entstehen. Die Errichtung der Urbanstatue und die Wiederbelebung der Weinbaubräuche wird auch nicht vergeblich sein. Aufgrund der zur Verfügung stehenden Materialien verbreitet sich nach unserer Kenntnis der lokalpatriotische Stolz im Benceberg auf das ganze Gebiet am See.
Für diese Gewissheit schicke ich Ihnen meinen Dank und hoffe, dass ich diesen noch vor dem Urbanstag – bei Ihrem Besuch – persönlich ausrichten kann. Seitdem ist vieles passiert: an diesem Wochenende wurde das Natursteinfundament der Statue fertig und in zwei-drei Wochen wird sie aufgestellt. Zur Zeit gewöhnt sich die Statue an das Wetter im Garten von Ferenc Richter, Steinmetz und Bildhauer in Velence.

Ich vertrete die Interessen Aller wenn ich Sie darum bitte,
- dass Sie uns noch vor der Einweihung der Statue im Weinberg besuchen,
- dass Sie die Verfassung eines kurzen Rückblickes und einer Einweihungsrede für unsere kleine Hausfeier übernehmen.
Im Rahmen des ersten Treffens wollen wir, außer dem gegenseitigen Kennenlernen, die Einzelheiten der Einweihung mit Ihnen besprechen. Ich bin an fast allen Wochenenden im Benceberg [...]
Wir hoffen, dass Sie uns ebenso gerne aufsuchen werden, wie Sie dazu beigetragen haben, dass wir unsere Tradition besser kennenlernen.
Unbekannt grüße ich Sie herzlich,
Dr. Révész".

Auf die Aufforderung der Anwohner des Benceberges von Velence hin haben wir im Flurteil Sárgaföldes die St.-Urban-Statue, das Kunstwerk des Velencer Steinmetzes Ferenc Richter, am 26. Mai 1984 eingeweiht. Weil es in jenem Jahr keine Frostschäden im Weingarten gab, wurde die Statue mit gutem Weißwein begossen. Das Gedicht „Die Legende des Weins" (ung.: „A bor legendája") von Géza Gárdonyi wurde vorgetragen. In den Sockel wurde die „Gründungsweininschrift" mit einer Flasche aus gutem Velencer Sekt und den damals im Umlauf befindlichen Münzen eingelassen. An dem am Urbanstag ausgeschriebenen Benceberger Weinwettbewerbs wurden zwei Preise vergeben: der St. Urban Wanderpreis für den besten Wein und der „Orr-bán-Preis" (d. h. Preis für den „*Nasenbanus*". Wortspiel mit Orbán/Urban: *orr* „Nase" und *bán*, „Banus, mittelalterlicher Würdenträger") für den am wenigsten gelungenen Wein. Der erstgenannte Preis ist eine schöne St.-Urban-Holzstatue, die der beste Winzer bis zum Ende des Jahres in seinem Weinkeller aufbewahren darf; der letztere ein Holzrelief, das den Kopf eines Winzers mit langer Nase darstellt. Diesen Preis muss derjenige Winzer während des Weinbergfestes an einer Kette um seinen Hals tragen, der den größten Fehlgriff mit seinen Weinen getan hat. Aus den Weinen, die an dem Weinwettbewerb teilnahmen, wurde eine Weinverkostung in den Kellern der Winzer im Flurteil Sárgaföldes am Benceberg veranstaltet. Das St.-Urban- und Benceberg-Fest endete mit einem bis in die Nacht gehenden Straßenball. Aus meinen früheren Veröffentlichungen über den Velencer Weinberg und über die Verehrung des Heiligen Urbans hat Ferenc Révész ein Heft mit dem Titel „Der Benceberg erinnert sich" (ung.: „Bence-hegy emlékezik") in der Hausdruckerei des Instituts für Weiterbildung des Finanzministeriums drucken lassen. Damit wurden die Gäste des Festes beschenkt. Nur wenige der mehr als hundert Teilnehmer der fröhlichen Veranstaltung wussten, dass Ferenc Révész für die Errichtung und Einweihung der Statue und für das St.-Urban-Weinfest einen regelrechten Kampf gegen die Gemeindemitglieder führte. Der Bürgermeister und der Ratssekretär wurden von ihm auf das Fest eingeladen, doch sie lehnten die Einladung bereits im Voraus ab. In einem dreiseitigen Brief vom 4. Mai 1984 benachrichtigte Ferenc Révész den Ratssekretär, mit dem er an vielen Entwicklungsprojekten am Benceberg zusammengearbeitet hatte, über die Initiativen der Anwohner vom Benceberg. Davon wurde auch mir eine Kopie überreicht, damit ich für die Verteidigung über rechtlich fundiertes Material verfügen sollte. Aus dem langen Brief Révész' werde ich nur diejenigen Passagen zitieren, die die Auseinandersetzung und die erzwungenen Lösungen erhellen:

> „Ursprünglich wollten wir, dass das ‚Weinbergfest' keine öffentliche Veranstaltung wird. Den Bürgermeister und Dich haben wir nicht deswegen aufgesucht, weil wir ein öffentliches ‚Fest' veranstalten wollten. Unsere Absicht war, dem Rat die Möglichkeit anzubieten, der Öffentlichkeit, den die Tradition bewahrenden und schätzenden Einwohnern und den in- und ausländischen Besuchern des Velencer Sees im Rahmen eines öffentlichen Festes einen Eindruck vom Andenken an unsere jahrhundertealte, zu den Besten gehörende und heute allmählich aussterbende Weintradition und den damit in Verbindung stehenden Bräuchen zu geben [...]
> Aus Deinem Brief habe ich erfahren, dass die Gemeinde mit diesen Möglichkeiten nichts zu tun haben möchte, nicht einmal wenn die Bergbewohner die Organisationsarbeiten unentgeltlich durchführen würden [...]
>
> Aufgrund Eurer Entscheidung sind wir gezwungen, auf unsere ursprüngliche Vorstellung zurückzugreifen und die auf dem Benceberg vernichtete Urbanstatue auf Privatbesitz einzuweihen und dort im engen Freundeskreis ein Einweihungsfest mit Weinverkostung zu veranstalten.
> In Bezug auf Deine Informationen lenke ich Deine Aufmerksamkeit auf das Folgende:1. Es ist kein Gesetzesverstoß, wenn der Winzer seine Freunde in seinen Keller entweder zu einem Weinfest oder zu einer Weinverkostung einlädt. Jeder ist dazu berechtigt in der Druckerei hergestellte Einladungskarten für Familienfeste zu verteilen. Auf diese Art und Weise verfahren auch die Kellerbesitzer im Sárgaföldes Weg.
> 2. Der Aufsatz über die Volksbauten des Benceberges wurde dem Presserecht entsprechend vom König-Stephan-Museum veröffentlicht. Jeder ist dazu berechtigt, aus dieser legalen Veröffentlichung ein ‚Programmheft' – mit der vorherigen Zustimmung des Autors – auf eigene Kosten entweder zu vervielfältigen, oder in der Druckerei herstellen zu lassen und seinen Privatgästen anzubieten, solange es nicht in öffentlichen Verkehr gerät.
> 3. Jeder Grundbesitzer ist – entweder nach dem Baugesetz oder nach der Rechtsverordnung für Werke der bildenden Künste – dazu berechtigt, ohne Bau- oder Errichtungsgenehmigung vom Lektorat für Bildende Künste, sogar einen Gartenzwerg in seinem Garten aufzustellen, ungeachtet der Tatsache, ob es dort einen Zaun gibt oder nicht oder ob er von einem öffentlichen Platz oder Weg aus gut sichtbar ist. Es gibt nur eine Einschränkung, nämlich dass

das aufgestellte Kunstwerk nicht gegen die guten Sitten, den allgemeinen Geschmack und die Gesellschaftsordnung verstoßen darf.
4. [...] Der geplante Ort der Aufstellung ist ein Privatgrundstück, das für die Öffentlichkeit nicht zugänglich ist. Jeder, der dieses Grundstück betritt (nicht aber wenn er nur hineinschaut) verstößt gegen die Rechtsordnung.
5. [...] Den Ort der Statue haben wir bei einer gemeinsamen Begehung mit der zuständigen Baubehörde auf einem in Privatbesitz stehenden Grundstück im Sárgaföldes Weg festgelegt.
Ich hoffe, dass unsere Initiative mit einem dem Straßeneinweihungsfest ähnlichen Erfolg gekürt wird und sich in Zukunft in den öffentlichen Programmen des Velencer Sommers wiederfindet. Ich hoffe, dass wir wegen unseres Privattreffens nicht aufgehängt werden, um so mehr, weil diese Strecke des Sárgaföldes Weges auf eigene Kosten und durch gemeinsame Arbeit der Gastgeber in Ordnung gebracht wurde: Blumen wurden eingepflanzt, die Eingänge der Keller wurden mit Stein ausgemauert und so wurde der Weg einer der schönsten Spazierwege des Weinberges."

Die Hoffnung von Ferenc Révész wurde bestätigt: das erste Benceberg Urbansfest ist gut gelungen, wie Péter Deák, der Mitarbeiter des Filmstudios im Kulturzentrum des Komitates Fejér, in seinem Film „Das Fest" (ung.: „Ünnep"), sowie in einer Sendung im Dorfrundfunk berichtete. Hieran schließt der undatierte, an mich gerichtete Brief von Ferenc Révész an:

„Mein lieber Laci!

Ich habe Deine Nachricht erhalten. Leider hat mich der Herr ins Land berufen, so dass wir uns nicht persönlich treffen können. Deswegen berichte ich Dir schriftlich über alles, was ich mit Dir gerne persönlich besprochen hätte [...]
Die Fragen:
1. Sind Péter und seine Mitarbeiter mit dem Kurzfilm über den Urbanstag fertig geworden?
2. Kann man Exemplare von dem Film bekommen, oder zu welchen Bedingungen kann man ein Exemplar für unseren Bedarf kopieren? Könnten wir gegebenenfalls ein Exemplar ausleihen, damit wir eine Kopie machen können?
3. Wann könnte man den Film für den Sárgaföldes Weg abspielen lassen? An diesem Termin könnten wir eine kleine Familienfilmvorführung organisieren. Außerdem ist die Tonbandaufnahme von der Einweihung fertig, die vom Dorfrundfunkprogramm bis zu den Schlussakkorden – außer dem Mittagessen – alle Begebenheiten beinhaltet. Inzwischen habe ich erfahren, dass der Parteisekretär aus Gárdony, Genosse M., die Ratsmitglieder durch ein Machtwort mit einem Verbot belegt hat. Deswegen schicke ich ihm im Namen der Bergbewohner mit einem Brief eine Kopie von der Aufnahme.

Ansonsten ist die Statue sehr beliebt. Langsam wird sie ein Wallfahrtsort und eine touristische Sehenswürdigkeit. Gott, der Hocherhabene, hat auch geholfen, denn als es im Dorf vor drei Wochen Hagel gab, blieb der Benceberg verschont. Die Leute in der Gemeinde schreiben dieses Ereignis der Urbanstatue zu.
Der Rat aus Martonvásár soll Feri Richter aufgesucht haben, weil sie auch eine Urbanstatue haben wollen. Wir haben mitgeteilt, dass wir die Einweihung im Rahmen von Überstunden gegen gutes Geld gerne für sie organisieren.
Wir sind an jedem Wochenende, ab 20. Juni sogar für drei Wochen, in Velence. Wenn Du Zeit hast, besuche uns.

Mit herzlichen Grüßen,
bis bald,
Feri".

Der nächste Brief belegt, dass die Freiluftfilmvorführung am Benceberg am 28. Juli 1984 abends vor großem Publikum stattfand. Zwei Monate danach durften die begeisterten Bergbewohner ihr Urbansfest erneut auf der Leinwand sehen. Der Film hat im darauffolgenden Jahr auf dem Ethnographischen Landesfilmwettbewerb in Székesfehérvár den dritten Platz gewonnen.

Die Urbansfeste wurden von den *Bergbewohnern* weiterhin 1985 und 1986 an dem dem 25. Mai nächstliegenden Samstagnachmittag vor der Statue mit Weinwettbewerb und Weinverkostung organisiert. Die Beteiligung der Vereine wird daran deutlich, dass die Veranstalter zwischen 1987 und 1990 der Gartenfreundeskreis Benceberg aus Velence sowie der Bencebergerger Trauben- und Naturschutzverein waren. Das Programm beinhaltete die Urteilsverkündung über Urban, die Übergabe der Weinwettbewerbspreise, Weinverkostung, Platzmusik, den Umzug von Gespannen und Husaren, Krämermarkt und Straßenfest. Das alles ab zwei Uhr nachmittags bis in die Nacht im Flurteil Sárgaföldes. Das Ansehen des Urbansfestes wurde von Ferenc Révész dadurch erhöht, dass er für die Bekanntgabe und Übergabe der Weinwettbewerbsergebnisse, -preise, -medaillen und -urkunden ungarische Prominente eingeladen hatte, die entweder als Ferienhausbesitzer oder aufgrund ihrer Arbeit mit dem Velence-See und seiner Umgebung verbunden waren: Károly Kovalik, der Vorsitzende des Ungarischen Rundfunks, Jenő Váncsa, Minister, Miklós Villányi, stellvertretender Minister aus dem Landwirtschafts- und Ernährungsministerium und Ferenc Springer, als Vorsitzender in Vertretung des Verwaltungsausschusses „Velencer See". Einmal wurde der Weinbergwächter auf dem Urbansfest vom Landwirtschaftsministerium für seine jahrzehntelange Arbeit ausgezeichnet.

Nach ihrer Gründung schloss sich die Gemeindeselbstverwaltung von Velence 1991 den Veranstaltern des Urbansfestes an. Aufgrund des großen Interesses fand die Veranstaltung an zwei Plätzen statt: auf dem großen Panoramaparkplatz die Platzmusik, die Eröffnungsrede des Bürgermeisters József Gulyás aus Velence, dann der Auftritt des Frauenchors aus Pázmánd und der Volkstanzgruppe ‚Ikarus' aus Székesfehérvár. In dem engen Flurteil Sárgaföldes segnete der Pfarrer aus Velence die seit sieben Jahren dort stehende St. Urbanstatue öffentlich. (Im engen Kreis der Anwohner war die Statue schon einmal im Sommer 1984 heimlich gesegnet worden.) Darauf folgte die Ergebnisverkündung des Weinwettbewerbes, die Preisverleihung, Weinverkostung und die Tombola bei der Statue. Auf dem Parkplatz gab es am Abend Schrammelmusik, Tanz und spät abends Disco. Die Gäste wurden zum Kunsthandwerkermarkt, zum kalten Büffet und warmen Speisen auf den Parkplatz eingeladen. Die Keller in der Kellerreihe im Sárgaföldes Weg erwarteten die Gäste mit ihren Weinen. Das Benceberg Urbansfest wurde so in seinem siebten Jahr nach der Wende aus einer geduldeten zu einer allgemein akzeptierten Veranstaltung. An seinem Siegeszug konnte ich wegen eines Humboldt-Stipendiums in Deutschland nicht teilnehmen. Ich habe aber eine Einladung mit umfangreichem Programm und ein Paar Zeilen auf der Visitenkarte von Ferenc Révész bekommen, die mich über unseren nächsten Plan, die Verwirklichung eines Fischerhauses und dessen Erfolg, benachrichtigten: „Mein lieber Laci! Die Früchte unserer Arbeit wurden doch reif! Das Fischerhaus hat schon ein neues Dach. Bis Ende Juni wird seine Sanierung von außen fertig sein. Wann kommst Du? Es gibt Arbeit für Dich. Ich umarme Dich, Feri."

Zum ersten Mal erschien auf der Einladungskarte die Zeichnung der Urbanstatue, die auf den späteren Einladungskarten zu sehen ist. Auf der Einladungskarte des Jahres 1992 stand das Gedicht „Die Legende des Weines" (ung.: „A bor legendája") von Géza Gárdonyi, das uns seit vielen Jahren von der letzten Seite der Einladungskarte grüßt. In diesem Jahr waren der Benceberg Trauben- und Naturschutzverein aus Velence und die Gemeindeverwaltung Mitorganisatoren. Ihr Platz wurde von dem neu gegründeten St. Benedictus Weinorden am zehnten Benceberg Urbanstag im Jahre 1993 übernommen, der sich auf dem Panoramaparkplatz den Gästen der Feier vorstellte. Weihung und Gelübde der ersten Ritter fand bei der St.-Urban-Statue statt. Seit 1994 nehmen neben dem St. Benedictus Weinorden andere von ihnen eingeladene Weinorden an der Urbaniprozession teil und ihre Zeremonien werden als Teil des Urbansfestes durchgeführt. Der Flurteil Sárgaföldes hat sich angesichts der großen Anzahl von Gästen, Beteiligten an der Prozession und Darstellern (der Musik- und Volkstanzgruppen) als zu eng erwiesen. Im Frühling 1998 wurde die Urbanstatue an den Rand des Panoramaparkplatzes vor den im Jahre 1781 gebauten Zehntkeller versetzt. Auf ihren alten Sockel wurde „Der alte Weinbauer" (ung.: „Vén borász"), eine Statue von Ferenc Richter, gestellt. Über die Versetzung wurde in der Zeitung *Fejér Megyei Hírlap* (Komitatszeitung) in der Ausgabe vom 2. Juni 1998 das Folgende geschrieben:

> „Die Gemeindeverwaltung hat gemeinsam mit dem St. Benedictus Weinorden am 30. Mai das Urbansfest auf dem Benceberg veranstaltet. Das traditionelle Treffen ist im Laufe der Jahre unter den Einwohnern und den von ihnen eingeladenen Verwandten, Freunden und aus anderen Siedlungen angereisten Gästen so populär geworden, dass das Fest wortwörtlich aus seinem

Rahmen gefallen ist. Die Menschenmenge hatte einfach keinen Platz mehr vor der auf ihrem alten Platz stehenden Statue. Deswegen entschieden sich die Veranstalter, die Urbanstatue, die am Samstagnachmittag in feierlichem Rahmen eingeweiht und gesegnet wurde, ‚umzusiedeln'. Das Programm fing schon gegen Mittag an, so konnten die Besucher zwischen den aufgestellten Zelten der eingeladenen Marktleute auf beiden Seiten des Panoramaweges spazieren und einkaufen. Vor den Weinzelten konnte man die in dem Weinwettbewerb nominierten Weine kosten, auf der Bühne – die in diesem Jahr im Interesse der Gäste ebenfalls umgestellt worden ist – wurde gesungen und die Tänzer brachten die Gäste dazu, Beifall zu spenden. Die Weihe der Weinordensmitglieder wurde, wie jedesmal, neben den anderen Veranstaltungen des Urbanstages, auch in diesem Jahr mit großem Interesse verfolgt."

In diesem Jahr haben Dr. Béla Katona, der Vorsitzende des Landesfremdenverkehrsausschusses, im Jahr 2000 Dr. Miklós Kállay, der Leiter der Weinfakultät an der St.-Stephan-Universität und der Vorsitzende der Ungarischen Weinakademie die Schirmherrschaft des Benceberg Urbansfestes übernommen. Seit 2000 ist der dritte Organisator, der an der Vorbereitung und Abwicklung des Programms teilnimmt, die Weinberggemeinde von Pázmánd und Umgebung. Damals wurde das Finale des ersten Velencer Trinkliedwettbewerbs beim Vörösmarty-Keller durchgeführt. 2001 nahmen nicht nur die hiesigen Weine am Benceberg Urbansfest teil: In Velence wurde der Weinwettbewerb des Komitats Fejér veranstaltet, an dem von 165 nominierten Weinprobeflaschen 126 Auszeichnungen, Medaillen oder Urkunden erhielten.

Die erfolgreiche Velencer Initiative aus den 1980er und 1990er Jahren wurde beispielgebend für andere Weinbaugemeinden im Komitat Fejér. Wo der Brauch der Verehrung des St. Urban schon früher lebte, dort wurde er verstärkt oder gewann neue Ausdrucksformen. In Adony wurde die St.-Urban-Kapelle im Weinberg saniert, eine Gedenkstatue für Urban aufgestellt und an seinem Tag ein Weinwettbewerb und Winzerball veranstaltet. In Etyek wurden die beiden alten Urbanstatuen restauriert. Zum Urbanstag wird von der Weinberggemeinde Etyek ein Weinwettbewerb veranstaltet, in dem die nominierten Weine im Urbankeller der Hungarovin AG versammelt werden.

Auf den Einfluss von Velence hin wurde die Verehrung des St. Urban auch an solchen Orten belebt, die diesen Brauch früher nicht pflegten. Seit den 1990er Jahren wurden im Komitat Fejér in den Weinbergen von Martonvásár, Tordas, Csákvár, Csákberény, Soponya, Káloz und Mezőkomárom, im Komitat Pest in Tárnok und in Monor Urbanstatuen aufgestellt und Urbansfeste am Tag des Heiligen veranstaltet. Der Heilige Urban wird sogar in solchen Siedlungen verehrt, wo früher traditionell ein anderer Schutzheiliger, St. Donatus, verehrt wurde. Csókakő bietet hierfür ein Beispiel: Am Tag des Schutzheiligen der Pfarrkirche St. Donatus (7. August), der bis heute als Lostag angesehen wird, wird eine zwei Tage dauernde Kirmes (Donát-búcsú) gefeiert. Auf dem Altberg in Csókakő stand einmal ein Donatus-Kreuz. Im letzten Jahrhun-

Die Statue von Heiligen Urban im Kellerdorf Hajós (Kom. Bács-Kiskun). Aufnahme von László Lukács, 2009

dert versuchte man sich mit Gewitterkanonen gegen Hagel zu schützen. Die auf dem Magyalos Weinberg aufgestellte Gewitterkanone wurde nach St. Donatus benannt. Aus dem Ort dieser Donatus-Tradition wurde in der Komitatszeitung *(Fejér Megyei Hírlap)*, Ausgabe vom 27. Mai 1997, über das folgende Ereignis berichtet: „Der Weinwettbewerb in Csókakő. Am Urbanstag wurden von den Winzern 32 Weine in den Weinwettbewerb der Gemeinde Csókakő geschickt. Sechs Gold-, vierzehn Silber-, neun Bronzemedaillen und drei Urkunden wurden verteilt. Nach der Gesamtbewertung wurde Donát Végh der Gesamtsieger, der neben einer Goldmedaille von einem Sponsor mit zwanzigtausend Forint belohnt wurde."[26]

In Hajós (Kom. Bács-Kiskun) wurde im Jahre 1982 im Kellerdorf die Holzstatue des St. Urban (Werk von Csaba Vass) aufgestellt. Seitdem werden dort Urbansfeste gehalten. Die Initiative kam von Albert Alföldi, dem Direktor des Hajóser Kulturhauses; seine Idee wurde auch von der Gemeinde Hajós, vom Komitat und auch vom Hosszúhegyer Landwirtschafts-Kombinat, das ein Großbetrieb in der Weinproduktion war, unterstützt. Alföldi war mit seiner Idee im Gegensatz zu Ferenc Révész nicht alleine, denn seine Initiative wurde von der damaligen Staatspartei nicht so heftig angegriffen. In ihrem soziologischen Werk „Hajósország" (Land von Hajosch) stellten Tamás T. Kiss und Timea Tibori das Hajóser Urban-Fest im Jahre 1988 folgendermaßen vor:

> „Die ganze Gemeinde versammelt sich jeden Mai zum Weinfest, jeder zieht ins Kellerdorf. Zum Weinfest kommen auch Verwandte, Freunde und interessierte Fremde. Insgesamt nehmen etwa 20-25 tausend Personen an der ganztägigen Veranstaltung teil [...] Am Hauptplatz des Kellerdorfes wird der Urbanstag feierlich eröffnet [...] Höhepunkt der Eröffnung ist die Ergebnisverkündigung des Weinwettbewerbes, bei dem die Preisgekrönten ihre ‚Diplome' erhalten. Das Ritual, in dessen Rahmen der Sieger die Urbanstatue mit Wein begießt, wurde zur Tradition. Der Eröffnung folgen verschiedene kulturelle Programme. Volkstanzgruppen, Sängerchöre, Musikgruppen unterhalten abwechselnd das Publikum. Am Hauptplatz des Kellerdorfes, am Platz des Cabernet-Gasthauses, bieten Händler ihre Waren an [...] In den Presshäusern wird von morgens bis spät in die Nacht gefeiert. Der Gastgeber, dem das Presshaus gehört, bietet den Gästen, Verwandten und den engeren Freunden Essen und Trinken, den zufällig eintretenden Fremden gewöhnlich Wein an."[27]

Der Verlauf des Urbansfestes in Hajós und Velence zeigt mehrere Ähnlichkeiten. Einige Weinberganwohner von Velence nahmen im Jahre 1983 an der Veranstaltung in Hajós teil und sammelten Erfahrungen und Ideen zu ihrem eigenen Fest. Die Gemeinde Hajós, wo das Urbansfest zwei Jahre früher stattfand, hat offensichtlich sehr viele Motive an Velence weitergegeben.

Als Vermittlerin könnte noch die Volkskundlerin Mária Kresz erwähnt werden, deren Schwiegersohn die Hajóser Urbanstatue angefertigt hatte. Sie selbst besaß sowohl ein Ferienhaus als auch einen Weingarten in Velence. Mária Kresz nahm in der ersten Hälfte der 1980er Jahre nur am Urbansfest von Hajós teil, deshalb konnte sie bei der Vorbereitung des Velencer Urbansfestes keine Vermittlerrolle einnehmen. Mit den Anwohnern vom Benceberg nahm sie jedoch nach 1985 Kontakt auf, nachdem sie bereits am Urbanstag in Velence anwesend gewesen war.

Im Verlauf des Urbanstages ähneln sich Hajós und Velence sehr: Den Weinwettbewerb, die Begießung der Urban-Statue mit Wein oder Wasser, die Gelöbnisablegung der neuen Mitglieder des Weinordens, die kulturellen Programme, den Jahrmarkt und die Kellerfeste gibt es in beiden Siedlungen, sowie auch die Verleihung des bereits erwähnten „Orr-bán-Preises" (Preis für den „*Nasenbanus*"). In Hajós wird dieser „Preis" dem Mann mit der längsten Nase, in Velence für den schlimmsten Wein verliehen. In Hajós gibt es aber noch andere Programme: Den Schnurrbartwettbewerb, den der Mann mit dem größten Schnurrbart gewinnt; das Fassheben und Rauminhalt-Einschätzung, sowie die Wahl der Weinkönigin. Während der letzten zwanzig Jahre wurde das Programm in beiden Siedlungen immer reicher, besonders mit den Zeremonien des Weinordens, die oben erwähnten gemeinsamen Merkmale tragen aber bis zum heutigen Tag das Meiste zur Stimmung des Festes bei. Über die Mitarbeit eines Pfarrers oder kirchlichen Ritualen am Hajóser Urbansfest haben wir keine Informationen, weder aus den Zeitungsartikeln über den Urbanstag, noch von Albert Alföldi. Der Verlauf des Urbanstages sieht schon seit langem gleich aus. Die Sieger des Weinwettbewerbs begießen die Urban-Statue mit dem besten Weiß- und Rotwein, dann schwören sie vor den Mitgliedern des Weinritter-Ordens, dass sie kein Wasser verschwenden, solange es Wein in den Kellern von Hajós gibt. Auch das Fassheben, die Rauminhalt-Einschätzung und die Orr-bán-Wahl ruft großes Interesse hervor. Bei den Festlichkeiten erhalten viele Künstlergruppen die Möglichkeit, aufzutreten.[28] Diese Programme, wie auch der Jahrmarkt für Volkskunst, haben sich also während der Jahre nicht verändert. Das Weinfest von Hajós hat einen landesweiten Ruf.[29]

In den Jahren 1994 und 1995 hatten Volkskunde-Studenten der Johannes-Gutenberg-Universität Mainz eine Feldforschung in Hajós durchgeführt. Als Ergebnis dieses Feldforschungsprojekts wurde ein Buch unter dem Titel „Hajós, ein ungarndeutsches Dorf im Umbruch" über das Alltagsleben nach der Wende veröffentlicht.[30] Gertraud Kloos schreibt in ihrem Beitrag „Tourismus in Hajós" über unser Thema folgendes:

„Das Urbansfest im Mai und das Knappenfest im September zählen zu den festlichen Höhepunkten in Hajós. Das Urbansfest wurde Anfang der achtziger Jahre zur Förderung des Weinbaus und des Fremdenverkehrs im Bereich des Kellerdorfes etabliert. Initiator dieser Veranstaltung war Albert Alföldi. Die Organisatoren sind die Gemeinde, unterstützt vom Komitat, wobei von der Gemeinde vor Ort alle notwendigen Tätigkeiten, z.B. das Aufräumen, zu erledigen sind. Der Besucherdrang wuchs in den vergangenen Jahren bis auf ca. 20.000 Menschen. Dies schafft einerseits organisatorische Probleme, andererseits gilt das Fest als Wirtschaftsfaktor für den Ort. Es findet jeweils im Mai am Sonntag nach St. Urban im Kellerdorf statt. Nach den Schilderungen der Einwohner entwickelte es den Charakter eines großen Volksfestes mit Weinausschank, Gulasch kochen, Wurst und Speck grillen, Eisbuden, Ständen mit Keramik, Bildern, Leder- und Stickwaren, Körben usw.: ‚Ist schlimm…, so viele Leute', hieß es gar in einem Urteil einer älteren Informantin. Eine Mutter befürchtete sogar in dieser Menschenansammlung (Drogen-) Probleme, importiert durch Jugendliche aus Budapest und seiner Umgebung, die im Verlauf der Veranstaltung in der Nähe des Kellerdorfes Lagerplätze suchen. Diese gäben kein gutes Beispiel für die Hajóser Jugend."

Trotz solcher Einschränkung wird das Fest im Allgemeinen als schön empfunden, als eines der wirklich großen Ereignisse im Dorfleben, und gerne erinnerten sich die Informanten an die Anfangsjahre der Veranstaltung zurück. Auch heute, wenn Gäste zum Fest erwartet werden, trifft man entsprechende private Vorbereitungen: „Dann hab ich zu Hause schon alles hergerichtet, am Tag davor, und Salzkuchen gemacht, dass man einen Tisch stellen kann, wenn die Leute kommen. Dann hab' ich Gulasch gekocht und noch Fleischküchle, die hab' ich ganz frisch gemacht und draußen gebraten."

Am Urbansfest wird trotz des großen Andrangs relativ wenig Wein verkauft, denn an Freunde, Bekannte, aber auch an sonstige Gäste wird freigebig ausgeschenkt. Frau S. berichtete von ihrem Mann: „Er verlangt keinen Pfennig dafür, denn das ist ihr Fest, sie sollen trinken!"[31]

Die Arbeitsgemeinschaft der Donauländer ließ neulich durch eine Firma für internationale Tourismusberatung eine Analyse über die Möglichkeiten und Entwicklung des Hajóser Kellerdorfes durchführen. In diesem Werk wird das seit über zwanzig Jahren tausende Besucher anziehende Urbansfest nicht einmal erwähnt. Auf der beigelegten Ideenskizze, die Ideen über die Entwicklungsmöglichkeiten des Kellerdorfes beinhaltet, wird die Urban-Statue überhaupt nicht markiert. Auf das weitentfernte Velence 1984, und in den 1990er Jahren auf die Urbansfeste vieler anderer Weinproduktionsgemeinden Ungarns hat Hajós jedoch unbestreitbar eine große Wirkung ausgeübt.

[Vortrag in Freiburg 2005 an der Tagung *Fest, Brauch, Identität–Ungarisch-deutsche Kontaktfelder* im Johannes-Künzig-Institut für ostdeutsche Volkskunde (heute Institut für Volkskunde der Deutschen des östlichen Europa). Die ersten Versionen sind in ungarischer, deutscher und tschechischer Sprache erschienen:
Lukács, László: *Szent Orbán kultuszának emlékei a Székesfehérvári Egyházmegyében.* A Szé-

kesfehérvári Egyházmegye Ünnepi Névtára 1038+1688+1988. Hg. von Ignác János Sulyok. 1988, 99-113. Székesfehérvár
Lukács, László: *Szőlőhegyi Szent Orbán ünnepek.* Tisicum XVIII. 2009. 503-515. Szolnok
Lukács, László: *Weinbergfeste des Heiligen Urban im Ungarn der Jahrtausendwende.* Fest-Brauch-Identität. Ungarisch-deutsche Kontaktfelder. Hg. von Schell, Csilla-Prosser, Michael. Schriftenreihe des Johannes-Künzig-Instituts. Bd. 9. 2008. 151-181. Freiburg
Lukács, László: *Staré a nové vinařské svátky Svateho Urbana ve východním Podunají.* Slavností v moderní společnosti. 1991. 5-13. Stražnice.]

Anmerkungen

1 Takács, Imre: Levél a szőlőhegyről [Brief über den Weinberg]. In: Poeta benedictus. Kisprózai írások [Kleinprosa]. Budapest 1989, S. 49.

2 Lühmann, Werner: St. Urban. Beiträge zur Vita und Legende, zum Brauchtum und zur Ikonographie. Würzburg 1968, S. 57. Vgl. bei Prosser, Michael: Das Fest Sancti Urbani. Neue Befunde unter besonderer Berücksichtigung Ungarns. In: Jahrbuch für Europäische Ethnologie, 3. Folge 1 (2006), S. 29-58. Prosser-Schell, Michael: Vom „dies sancti Urbani“ zum „Orbán-napi Borünnep in Hajós. Geschichte und Transformationen des Urbanfestes aus volkskundlicher Perspektive. Freiburg 2009, S. 40-63.

3 Vgl. bei Lukács, László: Die Verehrung des Heiligen Urban im Gebiet des Bistums Székesfehérvár (Stuhlweissenburg). In: Jahrbuch für ostdeutsche Volkskunde 32 (1989), S. 247-266, hier S. 247.

4 Komáromi Csipkés, György: Pápistaság újsága [Neues von den Papisten]. Kolozsvár 1671, S. 418.

5 Bod, Péter: Szent Heortokrátes. Oppenheim 1757, S. 96.

6 Schön, Mária: Hajósi sváb népi elbeszélések – Schwäbisches Erzählgut aus Hajós. Kecskemét 2005, S. 372.

7 Silling, István: Vallási néphagyomány. Írások a vajdasági népi vallásosság köréből [Religiöse Volkstradition. Schriften aus dem Umkreis der Volksfrömmigkeit in der Woiwodina]. Újvidék [Novi Sad] 2002, S. 135-136.

8 Woschek, Heinz-Gert: Der Wein. Geschichte und Geschichten über Jahrtausende. München 1972, S. 142.

9 Pfleger, Luzian: Die elsässischen Weinpatrone. In: Volk und Volkstum. Jahrbuch für Volkskunde 2 (1937), S. 223-238; Burg, Andreas M.: Erstein. In: LThK., 2. Aufl., hier Tb. Ausg., 3. Bd. Freiburg 1986, Sp. 1052.

10 Szikora, András: A májusi fagyok és az Orbán kultusz [Die Maifröste und der Urbankult]. Agrártörténeti Szemle 25 (1983), S. 94.

11 Kállay, István: Mór mezőváros története a 18. század végétől 1848-ig [Geschichte der Marktgemeinde Moor vom Ende des 18. Jahrhunderts bis 1848]. In: Farkas, Gábor (Hg.): Mór története [Geschichte von Moor]. Mór 1977, S. 232.

12 Ebd.

13 Das Archiv der römisch-katholischen Pfarrgemeinde in Adony, Protocollum, Adony II. S. 253.

14 Schindele, Ildikó: A móri kádárok élete és munkája [Leben und Arbeit der Moorer Faßbinder]. In: Lukács, László (Hg.): Néprajzi pályamunkák Fejér megyéből [Volkskundliche Wettbewerbsschriften aus dem Komitat Weißenburg]. Bd. 1. Székesfehérvár 1978, S. 25.

[15] S. hierzu auch: Lukács, László: Sprachlich-kulturelle Probleme der Handwerker von Székesfehérvár im 18.-19. Jahrhundert. In: Zeitschrift für Balkanologie XXII (1987), S. 112-127; ders.: Szent Orbán kultuszának emlékei a székesfehérvári egyházmegyében. A székesfehérvári egyházmegye ünnepi névtára 1038 + 1688 + 1988. Hg. von: Ignác János Sulyok. Székesfehérvár [Stuhlweissenburg] 1988, S. 101-113.

[16] Eigene Sammlung in Bakonykúti, 1975.

[17] Abbildung s. bei Lukács, László: Die Verehrung des Heiligen Urban (wie Anm. 3), S. 253. Heute ist die Statue wieder restauriert (s.u.).

[18] Tafferner, Antal: Vértesboglár. Egy hazai német település leírása [Eine deutsche Siedlung in Ungarn]. Budapest 1941, S. 119.

[19] Eigene Sammlung in Vértesacsa, 1986.

[20] Eigene Sammlung in Gánt, 1986.

[21] Eigene Sammlung in Mezőfalva, 1986.

[22] Zámbó, István: Sukoró szőlőtermelése [Der Weinbau von Sukoró]. Handschrift, Volkskundliche Datensammlung des König Sankt Stephan Museums Székesfehérvár, Inv.-Nr. 71. 3. S. 7.

[23] Sammlung von József Gelencsér, Székesfehérvár.

[24] Vargha, László Gyula: Néprajz és földrajzi név mozaikok Fehérvárcsurgóról [Volkskundliche und geografische Namensmosaike aus Fehérvárcsurgó]. Handschrift. Volkskundliche Datensammlung des König Sankt Stephan Museum Székesfehérvár. Inv.-Nr.: 75. 22.

[25] Gelencsér, József/Lukács, László: Szép napunk támadt. A népszokások Fejér megyében [Unser schöner Tag ist entstanden. Die Volksbräuche im Komitat Weißenburg]. Székesfehérvár 1991, S. 350.

[26] Lukács, László:„Bő terméssel áldaná meg szölleinket..." Szent Donát tisztelete [„Unsere Weingärten seien mit reicher Ernte gesegnet..." Die Verehrung des Heiligen Donatus]. In: Csoma, Zsigmond/Balogh, István (Hg.): Millenniumi szőlős-boroskönyv: a szőlő és bor Magyarországon [Millenniumsbuch zu Trauben und Wein]. Budapest 2000, S. 149; Lukács, László: Óvjad jégtől, csapásoktól gyümölcsünket, szőlőnket... Szent Donát tisztelete. [Bewahre unser Obst und Trauben vor Eis, Page... Die Verehrung des Heiligen Donatus]. Agria, az egri Dobó István Vármúzeum Évkönyve [Jahrbuch des István Dobó Burgmuseums Eger] XLIII. Eger 2007, S. 309-325; Lukács, László: *Beschütze unser Obst, unsere Weinreben vor Eis, Plagen... Die Verehrung des Heiligen Donatus.* Acta Ethnographica Hungarica LVIII. 2013. 229-346. Budapest]

[27] Kiss, Tamás T./Tibori, Tímea: Hajósország [Land von Hajosch]. Budapest 1988, S. 124-126.

[28] Urbán, Orbán – Hajóson [Urban in Hajosch]. Szabad Föld v. 30. Mai 1982, S. 13; Márkus, Zsuzsa: Hajósi borünnep Orbán tiszteletére [Weinfest in Hajosch zur Verehrung Urbans]; Petőfi Népe v. 27. Mai 1995, S. 1-2; [n.n.] Segner: Urban-Tag mit Hokuspokus. Weinfest in Hajosch. Neue Zeitung v. 12. Juni 1995, S. 6; Schellack, Fritz (Hg.): Hajós – ein ungarndeutsches Dorf im Umbruch. Beiträge zum Alltagsleben nach der politischen Wende. Mainz 1996, S. 182, 196-197; Pulai, Sára: Borünnep a hajósi pincefaluban [Weinfest im Hajoscher Kellerdorf]. Petőfi Népe v. 26. Mai 1997, S. 2; Váradi, Ilona: 30 ezer látogató a bor ünnepén [Dreißigtausend Besucher beim Weinfest]. Alföldi Lapok v. 29. Mai 1997, S. 4; Páncsics, Hajnalka: Orbán-napi mulatság [Unterhaltung am Urbanstag]. Petőfi Népe v. 29. Mai 2000, S. 5; Kubatovics, Tamás: Ismét megtelt a Pincefalu [Das Kellerdorf ist wieder voll]. Petőfi Népe v. 28. Mai 2001, S. 5; Alföldi Lapok v. 29. Mai 2003, S. 12.

[29] Alföldi Lapok v. 31. Mai 2001, S. 5.

[30] Schellack: Hajós (wie Anm. 28.).

[31] Kloos, Gertraud: Tourismus in Hajós. In: Schellack: Hajós (wie Anm. 28), S. 196-197.

BESCHÜTZE UNSER OBST, UNSERE WEINTRAUBEN VOR EIS, PLAGEN... DIE VEREHRUNG DES HEILIGEN DONATUS

Der besonders in Transdanubien, im Oberland und in Siebenbürgen beliebte Patron der Weinbauern und Weinberge ist der Hl. Donatus, der als Bischof von Arezzo (Mittelitalien) im Jahr 362 den Märtyrertod erlitten hat. Ursprung seiner Verehrung ist das barocke Deutschland. Als seine Reliquien 1652 von Rom nach Münstereifel (Rheinland) gebracht wurden, hat den begleitenden Pfarrer ein Blitz getroffen, ohne dass ihm etwas passiert ist. Dieses Wunder wurde mit seiner Fürsprache erklärt. Seine Verehrung hat sich in der Weinlandschaft des Rheinlandes rasch verbreitet.[1] Seit dem 18. Jahrhundert wurde er auch in Österreich und Ungarn gegen Plagen, Blitz und Hagel um Hilfe angerufen. An seinem Tag (7. August) wurden auch Prozessionen zu seinen Ehren abgehalten.[2]

Das Bergbuch von Csepreg (Kom. Sopron) aus dem Jahre 1676 hat den Weinbauern verboten, sich am Fest des Hl. Donatus in den Weinbergen aufzuhalten.[3] Nach der Interpretation von Sándor Bálint musste dieses Verbot eingeführt werden, um wegen der Trinkgelage nicht die Gunst des Hl. Donatus zu verlieren.[4] Während des Baues der Donatus-Kapelle in Kőszeg/Güns haben die Gläubigen zwei sich kreuzende Ziegelsteine für die Maurer auf den Kalvarienberg hinaufgetragen.[5] Der barocke Donatusaltar steht in der Kalvarienkirche. Die Donatus-Brückenskulptur am oberen Tor in Kőszeg kam in eine Mauernische in der Rajnisstraße 12.[6] Auch die Kappelle auf dem Weinberg in Németkeresztes (Kom. Vas) ist ihm gewidmet worden.[7] Eine seiner Statuen befand sich bis 1945 vor der Margareten-Kapelle des Somlóberges, dann wurde sie in der Kapelle aufgestellt.[8] Auf einigen Weinbergen des Plattensee-Oberlandes wurden Donatus-Kapellen gebaut (Badacsony, Gyulakeszi, Szentgyörgyhegy, Lesencenémetfalu)[9], und der Badacsonyberg wird auch Donatusberg genannt. Hier wurde die erste Donatus-Kapelle im Jahr 1778 neben der oberen Straße von Tomaj nach Badacsony gebaut. Sie wurde in den 1890er Jahren abgerissen, an ihrer Stelle steht jetzt die vom Pester Seidenhändler Antal Laczkovicz gebaute neugotische Kapelle mit Gruft. An Bußtagen ziehen die Leute von Tomaj zum Postkreuz und zur Donatus-Kapelle[10] (zur Kapelle aber nur, weil ein Kreuz davor steht).

Die im Zweiten Weltkrieg zerstörte Székesfehérvárer Kapelle des Hl. Donatus. Aufnahme von Károly Tóth, aus den 1930ern

Die Donatus-Kapelle von Csobánc (Badacsonyer Weinlandschaft) wurde mit gemeinschaftlichen Spenden gebaut. József Aczél, der Pfarrer von Gyulakeszi, hat darüber geschrieben: „Nach meiner Predigt und der Mahnung

Das Innere der Székesfehérvárer Kapelle des Hl. Donatus. Aufnahme von Tibor Molnár, 1940

Die Prozession am Tag des Hl. Donatus kommt von der Stadt an der Kapelle an. Aufnahme von Tibor Molnár, 1940

an die Gläubigen, die Kapelle in gutem Zustand zu erhalten, wurde sie vom Domherrn, Dechanten und Pfarrer von Tapolcza Gottfried Hagen am 21. August 1859 geweiht." Das Gewicht ihrer kleinen Glocke beträgt 28 kg. Auf der Glocke steht: *Mögen die Gebete des Hl. Donatus unsere Weintrauben schützen.*[11] Das ist in Csobánc-Berg schon die zweite Donatus-Kapelle, denn die Leibeigenen von Gyulakeszi haben schon in der Mitte des 18. Jahrhunderts für eine Messe in der ersten Kapelle gezahlt. Der letzte Punkt der urbarialen Beschwerden der Leibeigenen von Gyulakeszi 1765 besagt: „Unser Pfarrer hat versprochen, eine heilige Messe zur Ehre des Donatus zu halten, man hat einen Forint für die heilige Messe gegeben, doch nur das heilige Evangelium wurde gelesen, also wurde nur eine Predigt abgehalten."[12]

In Csopak hat man in den 1990er Jahren versucht, den Donatus-Kult wieder zu beleben, doch mit wenig Erfolg. Auf Initiative von György Steinhaus wird in Csopak die bis jetzt unbekannt gewesene Weinweihe abgehalten.[13] In Závod (Kom. Baranya, Diözese Pécs/Fünfkirchen) wurde eine Statue zu Ehren des Hl. Donatus errichtet, in Tolna ist er auf der Dreifaltigkeitssäule zu sehen.[14] In Máriakéménd (Kom. Baranya) hat man Donatus im Falle schlechten Wetters geschändet: man hat auf seine Statue uriniert.[15] Die Weinbauern von Pécs haben am ersten Sonntag des August eine Prozession zur um 1736 gebauten Donatus-Kapelle im Mecsek-Gebirge veranstaltet. Die Zeitung *Pécsi Hírlap* (Pécser Nachrichten) beschreibt in einem Artikel am 11. August 1887 die Festlichkeiten in den Kelterhäusern nach der Messe: „Nach dem Gottesdienst begannen die Festlichkeiten. Mann konnte es auf dem ganzen Berg hören, man konnte den Rauch der Schornsteine und der Feuerplätze vor den Kelterhäusern sehen, alle hatten viel zu tun. Die gerissenen Kneipeninhaber der Stadt haben große Einnahmen vom verkauften Bier, Wein, Meerrettichwürstchen und anderen Speisen gemacht, auch die Lebzelter haben ihre üblichen Plätze eingenommen, die Lebkuchen und das beliebte Kindergetränk, der *Márcz* (Honigwasser) wurden alle verkauft." Die Wallfahrer der Donatus-Kapelle haben an diesem Tag die Quelle *Brunnen Gottes* auf dem Berg über Magyarürög aufgesucht, deren Umgebung ein beliebtes Ausflugsziel der Pécser am Ende des 19. Jahrhunderts war.[16]

Wallfahrt am Tag des Hl. Donatus an der Kapelle auf dem Székesfehérvárer Altberg. Aufnahme von Tibor Molnár, 1940

Die Verehrung des Hl. Donatus in Székesfehérvár/Stuhlweißenburg stammt ebenfalls aus dem 18. Jahrhundert Die Donatus-Kapelle steht hier auf dem höchtsen Punkt des Altberges, des schon seit dem Mittelalter bearbeiteten Weinberges der Stadt. Sie wurde 1733 auf Bitte der Bürger gebaut.[17] Die größere von ihren zwei Glokken ließ das Mitglied des Stadtrates Ferenc Korherr 1741 gießen. Die Glocke schmükken ein Bild von Donatus, das Symbol des Heiligen Geistes (eine Taube) und das Bild des über Maria und das Christkind eine Krone haltenden Hl. Joseph. Eine ihre zwei Inschriften besagt: „Gestiftet von Ferenc Korherr zum Zwecke des Gottesdienstes für den Hl. Donatus." Die andere Inschrift lautet: "Heiliger Donatus, hilf uns im Sturm." Diese Glocke musste im Ersten Weltkrieg von der Kirche abgeliefert werden, sie wurde eingeschmolzen und zur Munitionsherstellung verwendet.[18]

Die Donatus-Kapelle wurde von einem auf dem Weinberg lebenden Einsiedler gepflegt. Der Einsiedler hat täglich Messen gelesen und morgens, mittags und abends die Glocke geläutet. Auf bischöfliches Gebot hin hat er monatlich eine Messe um gute Weinlese zelebriert. Bei Sturm musste er nicht nur läuten, sondern auch um den Schutz der Stadt beten. Die Einsiedler haben bis 1782 im Einsiedlerhaus neben der Kapelle gelebt. Dann hat Joseph II. das Einsiedlerleben verboten.[19] Die Diözese von Székesfehérvár hat sich in ihrem Jubiläums-Namensregister in lateinischer Sprache an sie erinnert: „*Capellae:* …ad *S. Donatum* in Promontorio, ubi, usque tempora Josephi II. eremicolae constantem habuerunt mansionem, ultimus eorum fuit Malakovszky."[20] (*Kapellen:* …*Der hl. Donatus* auf dem Weinberg, wo bis zur Zeit Josephs II. die Einsiedler ihre ständige Unterkunft hatten, der letzte von ihnen war Malakovszky.) Ihre Erinnerung bewahrt der *Einsiedlerkeller* auf dem Altberg. Die Kapelle des Hl. Donatus gehörte bis 1939 zum Pfarrbezirk der Oberstadt, danach zum Pfarrbezirk des Altberges.

Von 1740 bis zum Zweiten Weltkrieg wurde eine Prozession von den Kirchen der Stadt zur Kapelle auf dem Weinberg am auf den 7. August (Tag des Hl. Donatus) folgenden Sonntag veranstaltet. Der Zeitpunkt der Prozession wurde auch in den städtischen Zeitungen bekannt gegeben. In einem Artikel der Zeitung *Fejér Megyei Napló* vom 5. August 1921 lesen wir: „Weihfest des Weinbergs. Das Kirchweihfest der Donatus-Kapelle findet am Sonntag dem 7. August statt. Die Prozession geht von den Kir-

Die neugebaute Kapelle des Hl. Donatus wird geweiht.
Aufnahme von László Lukács, 1994

chen der Innen- und Oberstadt aus, gleich nach Ende der 6 Uhr-Messe, um die Gläubigen vor der großen Hitze zu schützen." Im Bericht der Zeitung *Új Fehérvár* vom 2. August 1936 heißt es: „Das Kirchweihfest der Donatus-Kapelle findet am Sonntag, dem 2. August statt... Die Prozession geht um 8 Uhr früh von der Seminar- und Oberstadtkirche aus, die Gläubigen des *Wasserstadt*-Bezirks schließen sich um dreiviertel neun vor der Herz-Jesu-Kirche an. Die Gläubigen am Weinberg warten vor der Schulkapelle an der Aranybulla-Straße und schließen sich dort an. Primiziant Antal Kisteleki wird eine Predigt halten, dann beginnt das Hochamt... Das Kirchweihfest wird mit einer Anbetungsstunde um 3 Uhr abgeschlossen."

Der Wallfahrtsführer von Székesfehérvár-Felsőváros (Stuhlweißenburg-Oberstadt) György Horváth (1908-1990) erinnert, dass die Prozession in der Zwischenkriegszeit die Donatus-Kapelle auf dem Altberg durch Berényi Straße, Széna-Platz, Nieder-Königsreihe, Budai Straße, Aranybulla-Straße und Donát-Straße erreicht habe. An der Ecke Rákóczi- und Gáz-Straße haben sich die Gläubigen der Seminar- und Herz-Jesu-Kirche angeschlossen. Auf dem Weg wurden Kirchenlieder und Lieder für den Hl. Donatus gesungen und der Rosenkranz wurde gebetet.[21] Bei der Kapelle hat man auch Lieder für Maria und den Hl. Donatus gesungen:

Am Tage des Hl. Donatus

Flehe für uns Heilige Mutter Gottes,
O Maria, Mutter Jesu
Wir bitten Dich,
Sei unsere Fürsprecherin vor Gott,
Sei unsere Vermittlerin samt dem Heiligen Donatus,
Dass er unsere Weinberge vor Hagel schütze,
Vor Reif, vor Frost, vor allerlei bösen Gefahren,
Dass er gutes Wetter beschwöre,
Unsere Weinberge mit gutem Wuchs erfreue,
Möge er auf die hier versammelte Schar herunterschauen,
die eifrig um seine Hilfe betet.

Der Text des Liedes ist auch in einem Székesfehérvárer Gebetbuch erschienen, das mit Erlaubnis des Bischofs Fülöp Steiner herausgegeben wurde (*A buzgó búcsújáró hívek által búcsújárás alkalmával használt énekek, imádságok és litániák foglalatja.* Sammlung von Liedern, Gebeten und Litaneien, die bei Wallfahrten von den frommen Prozessions-Teilnehmern gesungen werden. Druckerei der Diözese, Stuhlweißenburg, 1900).

In den Zelten bei der Kapelle hat man Gnadengegenstände, Lebkuchen und Süßigkeiten verkauft. Am Nachmittag führte die Prozession auf demselben Weg, auf dem sie gekommen war, wieder zurück in die Stadt. Einige Männer sind nicht mit der Prozession zurückgegangen, sondern haben in Kellern oder Kelterhäusern auf das Fest getrunken. Die Gläubigen der Oberstadt sind in ihre St.-Sebastian-Kirche zurückgekehrt und haben ein *Te Deum* gesungen, und damit war das Fest für sie zu Ende. Die letzte Donatus-Wallfahrt in Székesfehérvár im Zweiten Weltkrieg wurde im August 1944 abgehalten. In der Zwischenkriegszeit haben die auf dem Altberg arbeitenden Leute die Donatus-Kapelle oft für ein kurzes Gebet aufgesucht. Die Kapelle ist das älteste Gebäude des Altbergs gewesen, doch die dort gelagerte Munition ist im Frühjahr 1945 explodiert, und die Kapelle wurde völlig zerstört. Bis in die 1990er Jahre stand an ihrem Platz nur ein Steinkreuz und ein Glockenstuhl ohne Glocke. Die Fotos von der Kapelle des Fotografen Károly Tóth (1930er Jahre) und des Architekten Tibor Molnár (1940) wurden im König Sankt Stephan Museum aufbewahrt. Bis zum Wiederaufbau der Kapelle 1993-94 erinnerte nur die Donát-Straße auf dem Altberg an die über zweihundertjährige Verehrung des Hl. Donatus in Székesfehérvár. Die vom Architekten István Schultz geplante Donatus-Kapelle wurde am 7. August 1994 vom Székesfehérvárer Diözesanbischof Dr. Nándor Takács geweiht. Seitdem wurde die Kirchweihe der Kapelle jedes Jahr unter der Führung des Altberger Pfarrers Dr. Ervin Glósz (†2010) veranstaltet. In der neuen Kapelle zelebriert der Diözesanbischof zusammen mit den anderen Pfarrern eine Messe, in der Predigt wird auch des Hl. Donatus, Bischofs und Märtyrers, des Beschützers der Weinberge vor Sturm, Blitz und Hagel gedacht. Nach der Messe gibt die Pfarrgemeinde des Altberges auf dem sakralen Platz vor der Unterkirche einen kleinen Empfang. Seit ihrer Wiedereinführung 1994 geht die Prozession vom *Bányató* (Grubensee) aus. 2004 hat sich auch der Sankt Stephan-Weinorden des Noahberges der Prozession angeschlossen. Heutzutage ist *Öreghegy* (Altberg) der größte Grünwohnbezirk von Székesfehérvár geworden, und dadurch wurde die neugebaute Donatus-Kapelle auch mehr als eine Weinbergskapelle: Jeden Samstag werden hier Messen gefeiert, die für die Bewohner der Umgebung die Sonntagsmesse ersetzen. Das Namensregister der Diözese von 1998 hat die Donatus-Kapelle noch nicht registriert. Im Jahre 2001 bezeichnet es die Kapelle als Messort der Pfarrgemeinde Stuhl-

Die neugebaute Kapelle des Hl. Donatus auf dem Székesfehérvárer Altberg. Aufnahme von László Lukács, 2016

Statue des Hl. Donatus vor der Donatuskirche von Csókakő (Kom. Fejér). Aufnahme von László Lukács, 2009

weißenburg-Altberg.[22] Die Lindenholzstatue des Hl. Donatus vom Bildhauer Gyula Révay aus Csókakő wurde am 2. August 2009 in der Kapelle aufgestellt.

Früher gab es auch eine Prozession am ersten Mai zu der Kapelle.[23] Die Bitten an den Hl. Donatus am ersten Mai wurden auch anderswo aufgezeichnet. Im Tagebuch von Sándor Károlyi (1726) heißt es über Erdőd (Kom. Szatmár): „In der dem hl. Donatus neulich gewidmeten Kapelle soll am Hl. Gregoriustag zu Beginn der Weinbergarbeiten, am Hl. Donatustag zur Wuchszeit der Weintrauben und zur Weinlesezeit Dank gesagt werden…"[24]

Viele Weinbauern von Székesfehérvár waren Mitglieder der Beerdigungsgesellschaft zum Hl. Donatus: Sie haben den Migliedspreis bezahlt und haben Messen lesen lassen.

Der Hl. Donatus ist auch der Patron der 1772-73 gebauten und 1863-66 renovierten Kirche von Csókakő (Mórer Weingebiet). Die Kirche ist während der großen Kämpfe des Zweiten Weltkrieges völlig abgebrannt. Ihr Altarbild, auf dem der Hl. Donatus seine Hände segnend und schützend über schöne Reben legt, ist ganz neu, es wurde 1986 vom Maler István Takács aus Mezőkövesd gemalt. In Csókakő dauert die Donatus-Kirchweih heute noch zwei Tage: Am Sonntag nach dem 7. August findet die Kirchweih der *Provinzler* statt, mit großer Messe und Festessen für die eingeladenen Gäste. Am *Kirchweihmontag* findet die Kirchweih der *Csókaer,* die Kirchweih des Dorfes, statt. Das ist ein Festtag für die Dorfbewohner, sie arbeiten nicht, sondern nehmen sich frei.[25]

Das Fest des Hl. Donatus war ein Tag, an dem das Wetter vorhergesagt werden konnte: „Zur Zeit der Kirchweih kommt schon der Regen! In der Woche des Donatus kam immer ein Gewitter auf Csóka, entweder Hagel oder großer Regen. In der Woche der Kirchweih immer. Die Dorfbewohner sagen immer, wenn der Regen nicht am Kirchweihsamstag kommt, kommt er einen Monat lang nicht!" „Die Wallfahrt in Csóka hat immer Regen gebracht. In dieser Woche gab es manchmal ein so großes Gewitter, dass das Wasser aus den Bergen Steine auf die Straße herunterschwemmte. Die Alten haben da immer geweihte Palmkätzchen ins Feuer geworfen. Sie haben bei heiligem Kerzenlicht gebetet. Am Kirchweihmontag mussten die Traubenreihen gereinigt werden. Am Montagmorgen sind die Leute in den Weinberg gegangen und haben die Weinreben von den dahingesäten Bohnen gereinigt. Wegen der Festlichkeiten am Vortag konnten viele kaum aufstehen, aber gehen musste man. Am Nachmittag konnte das Fest fortgesetzt werden. Im Dorf gab es immer Leute mit dem Namen Donát." So haben sich 1990 die Ehefrauen von István Kalocsai (77 Jahre), Ferenc Végh (67 Jahre) und Donát Végh (63 Jahre), Bewohnerinnen von Csókakő, an die Kirchweih zurückerinnert. Sie haben die folgenden zwei Donatus-Lieder auf Kassette gesungen:

1.

O, Heiliger Donatus, wir grüßen dich mit eifrigem Herzen,
Wir widmen dieses Fest deinem Sieg,
Du, der für den heiligen Glauben Jesu dein Leben opfertest,
Gewannest dafür die Krone der Märtyrer.

2.

Unser Patron, wir bitten dich demütig an deinem Fest,
Bitte Gott ständig um seinen Segen für uns.
Hüte unser Obst, unsere Weintrauben vor Hagel, Plagen,
Und wir schwören, unser sündiges Leben zu bessern.

O, Heiliger Donatus, bitte Gott, uns zu gnädig zu sein,
Um unsere Seelen von allerlei Sünden zu reinigen,
Und wir so würdig werden, den himmlischen Segen zu empfangen,
Dass er auf unsere harte Arbeit reichhaltig falle.

Auf dem Altberg in Csókakő stand einst ein *Donatus-Kreuz.* An der vorletzten Jahrhundertwende versuchte man den Hagel mit Sturmkanonen zu bekämpfen. Die Kanone auf dem Magyalos-Weinberg in Csókakő erhielt den Namen des Hl. Donatus. Die Selbstverwaltung von Csókakő ließ eine lebensgroße Holzstatue des Donatus im Zentrum der Gemeinde aufstellen. Das Werk des Székesfehérvárer Bildhauers und Malers Dénes Bujdosó wurde am 6. August 2006 geweiht. In der Székesfehérvárer Diözese hatte noch Dunabogdány eine Donatus-Kapelle.[26]

Die Donatus-Kapelle in Várpalota (Kom. Veszprém) wurde seit Jahrzenten nicht mehr benutzt, ihre Einrichtung und ihr Altarbild sind zerstört. Auf dem Sturz ihres steinernen Türrahmens errinert die von der Mitte nach links und rechts verlaufende Weinrebe mit Blättern an die Zeit, in der man auch hier für eine gute Weinlese gebeten hat.[27] Über die verlassene Kapelle habe ich im Brief der Lehrerin Csilla Pálinkás gute Nachrichten gelesen: „Die Donatus-Kapelle in Várpalota wurde schön renoviert. Sie hat ein neues Ziegeldach bekommen, wurde weiß gestrichen, und auf dem neuen Bürgersteigs kann man um sie herumgehen. Man kann die Weintrauben an der Vorderseite schön sehen."

Ein Donatus-Kreuz steht auch auf dem Weinberg von Simontornya (Kom. Tolna), zur Zeit der Prozession war es immer mit Blumen geschmückt. Buda/Ofen hat Donatus 1724 als Patron der Stadt gegen Blitzschlag gewählt. Sein Tag wurde von der Budaer Bevölkerung jährlich mit einem großen Fest gefeiert.[28] In seinem historischen Weinkalender hat sich Zsigmond Csoma an das steinerne Bild des Hl. Donatus erinnert: „Auf der von Deutschen bevölkerten Budaer Seite, an der Grenze von Nagytétény und der Gábor Baross-Siedlung, über der Béla-Bartók-Straße und den ehemaligen Weinkellern steht eine weiß gestrichene Erinnerungssäule. In deren Nische sieht man das Relief des Hl. Donatus. Die Statue wurde wahrscheinlich an der Wende des 18. zum 19. Jahrhundert geschaffen und in den vergangenen Jahren erneuert. Vor dem Kalksteinrelief und der Säule werden heute noch am 14. Juli Messen im Freien gehalten."[29] Die Donatus-Statue von Esztergom-Szentgyörgymező wurde in den 1950er Jahren zerstört. Die Erinnerung an sie wird nur von der Beschreibung des Archäologen László Zolnay bewahrt: „Man hat ihn um Regen und gegen Hagel angerufen. War er hilfreich, wurde seine Statue von den guten Leuten von Szentgyörgymező mit Blumen geschmückt. Doch wenn es hagelte, wurde seine Statue mit faulen Tomaten beworfen."[30]

Die Berggemeinde von Gerecsehát hat ihre Donatus-Statue (Werk des Bildhauers Ferenc Keil) 2003 in der Gemarkung von Nyergesújfalu (Kom. Esztergom) an der Kreuzung der Németvölgyi, Szénásvölgyi und Héregi Straße aufgestellt. Sie wurde vom Vácer Diözesanbischof Miklós Beer geweiht und von den reformierten Seelsorgern Valéria Darányi-Csonka und Gábor Zsoldos (dem reformierten Dekan von Tata) gesegnet. Über das erste Donatus Trauben- und Weinfest von Nyergesújfalu wurde ich im Internet so informiert: „Die Berggemeinde von Gerecsehát hat am 7. August, am Tag des Hl. Donatus, zum ersten Mal das Trauben- und Weinfest von Gerecsehát organisiert. Ort des Festes waren der neue aus gemeinschaftlichen Spenden geschaffene Platz der Statue des Hl. Donatus und das Szénásvölgy (Heutal). Die Bevölkerung der Region hat während des halbtägigen Festes beispielhaft zusammengearbeitet. Das Blasorchester von Tát hat die Besucher empfangen, nach der festlichen Messe fand der Weinleseaufmarsch der Gäste statt. Nach der offiziellen Eröffnung des Weinfestes begann das kulturelle Programm, an dem die Gesangs- und Tanzgruppen von Tát, Bajót, Lábatlan, Nyergesújfalu und Esztergom/Gran teilnahmen. Die Gesangs- und Tanzgruppen sowie Zitherorchester der Siedlungen Kéménd, Ebed und Kürt aus der Slowakei haben sich ebenfalls präsentiert. Das Fest wurde mit Weinproben sowie mit dem Trauben- und Weinball abgerundet."[31] Die erneute Verehrung des Hl. Donatus wird auch dadurch angezeigt, dass der Vorsitzende der Berggemeinde von Gerecsehát vom österreichischen Kellerinhaber des Német-Tales ein Bild des Hl. Donatus als Geschenk erhielt.

In der Csallóköz/Große Schüttinsel und Mátyusföld (West-Oberland) hat der Volkskundler József Liszka bisher fünf Statuen des Hl. Donatus gefunden: in Pered, Gútor, Nagymácséd (Kom. Pozsony) und Alsószőlős (Kom. Nyitra), in der Gemarkung von Sáró (Kom. Bars) befindet sich eine ihm gewidmete Bildsäule.[32]

In Eger (Erlau) hat Bischof Gábor Erdődy im Jahr 1716 eine Donatus-Statue im Cigléder Weingebiet aufstellen lassen. Auf dem Sockel steht das Gebet des Mose in lateinischer Sprache: *Ich strecke meine Hand aus zum Herren, so wird der Donner aufhören und kein Hagel mehr fallen.* Früher wurde seine Statue am Donatus-Tag (2. Sonntag im August) im Rahmen einer Prozession der Bewohner von Eger und Umgebung aufgesucht. Diese Prozession wurde von den Leuten der Umgebung *Donatuswallfahrt* genannt.

Nach Verlassen der Stadt haben die Wallfahrer die *Allerheiligen-Litanei* gesungen. Bei der Statue auf dem Weinberg wurden Messe und Predigt gehalten.

Dann wurde die *Herz-Jesu-Litanei* mit allen Gebeten und dem folgenden Text gesprochen: „*Bitte für uns, St. Donatus, Bischof und Märtyrer! Möge Donner und Blitz von uns fern bleiben. Lasset uns beten! – Barmherziger, ewiger Herr Gott! In dessen Hand die Elemente und alle Geschöpfe sind und Du über sie nach Belieben verfügst, wir bitten dich voll großer Demut: Löse die schädlichen Mächte der Wolken auf durch das Flehen des Märtyrers Hl. Donatus, halte den gefährlichen Donner, die Blitze und allerlei schädliches Gewitter gnädig fern und bewahre mit deinem himmlischen Schutz uns, unsere Häuser, Äcker, Weinberge, Wiesen und Gärten. Mögen wir durch das Flehen des Hl. Märtyrers Donatus von Blitzschlag, Hagel, Wirbelwind und von allen Gefahren der Gewitter befreit, in erwünschter Stille und Ruhe leben, um deinen heiligen Namen zu loben und zu preisen. Im Namen unseres Herrn Jesus Christus. Amen.*" Den Rückweg hat die Prozession mit dem Lied *Vater, Sohn und heiliger Geist* begonnen. Im 18. Jahrhundert ist die Prozession mit Begleitung von Pfeifen, Trompeten und Trommeln zur Statue gegangen. 1755 hat der Oberrichter von Eger den Musikanten 36 *Halbe* Wein pro Kopf als Endabrechnung ausgeteilt, außerdem hat man noch einen Toast getrunken. In der ersten Hälfte des 20. Jahrhunderts gab es am Tage der *Donatus-Wallfahrt* in der Nähe der Statue allerlei Souvenirs, Lebkuchen und Andachtsgegenstände zu kaufen. Die Bewohner von Eger haben die Prozession in den 1950er Jahren „weggelassen".[33]

Die neue Statue des Hl. Donatus in Eger wird geweiht. Aufnahme von Irén Császi, 1999

Die neue Statue des Hl. Donatus in Eger. Aufnahme von István Fejér

Nach über 40 Jahren Pause wurde die Donatus-Feier in Eger wiederbelebt. Das Programmangebot im Internet schreibt 2002 darüber: »2002 wird die Veranstaltung „Fest des Stierblutes von Eger" am Tag des Hl. Donatus zum 6. Mal stattfinden. Die Expertensitzung leitet das Fest ein, in deren Rahmen die Preise „Für die Trauben- und Weinkultur Eger", „Der Weinberg des Jahres", „Winzerei des Jahres" sowie „Weingastronom des Jahres" verliehen werden. Hier werden auch die Preise des Weinwettbewerbs der Weinregion übergeben. Auf dem Dobó-Platz stellen die Winzer und Restaurants mit der geschmackvollsten Darstellung der Gastronomie den kultivierten Weinkonsum vor und zeigen so die vielfältige, jedoch im Grunde einheitliche Geschmacksharmonie des Stierblutes von Eger. Zu der Veranstaltung sind 20-25 000 Besucher zu erwarten. Das Fest wird am 14. August mit der Feier bei der seit kurzem aufgestellten Donatus-Statue in der Donát-Flur abgeschlossen.«

Die neue Statue des Hl. Donatus in Eger. Aufnahme von István Fejér

Inschrift an der Statue des Hl. Donatus in Eger. Aufnahme von István Fejér

Über das erneuerte Donatus-Fest in Eger hat mich meine Volkskundler-Kollegin Irén Császi benachrichtigt: »Die jetztige Statue des Hl. Donatus wurde in Anlehnung an die frühere Statue 1999 vom Bildhauer Szilveszter Oláh aus Dazit-Tuffstein angefertigt und in der Donát-Flur aufgestellt. Auf ihrem Sockel steht: „Gewidmet dem Heiligen Donatus, anstelle seiner früheren Statue, die von bösen Händen zerstört wurde. Dem heiligen Patron gewidmet, von den Weinbauern Egers aufgestellt, die den Hl. Donatus im 1999. Jahr des Herren bitten, sie und ihre Weingärten zu schützen." Heutzutage wird die in der Donát-Flur stehende Statue am Wochenede um den Donatus-Tag (7. Juli) im Rahmen des „Festes des Stierblutes von Eger am Tag des Hl. Donatus" (Weinfest und gastronomische Präsentation) wieder aufgesucht. Die Berggemeinde von Eger hat mit den Winzern und Gastgebern 1997 beschlossen, für das Stierblut von Eger im Rahmen festlicher Programme zu werben. So ist das Fest des Stierblutes von Eger und die Speisevorstellung „Ein Stierblut von Eger – Eine Speise von Eger" entstanden. Auf dem Dobó-Platz bieten 25-30 Winzerbetriebe von Eger ihr Stierblut mit den Speisen eines berühmten Restaurants von Eger an. Zum Abschluss der Festlichkeiten ziehen die Viertelmeister, die Zunft der Winzer von Eger, die Gemeinschaft der Weinliebhaberinnen von Eger und andere Gäste zur Donatus-Statue. Am 9. Juli 2009 hat Zoltán Mándi, erzbischöflicher Vikar und Pfarrer der Basilika, um gute Weinlese und um hagelfreies schönes Wetter gebetet.«

In Gyöngyös-Szurdokpart wurde in der südöstlichen Ecke des Sárhegy-Berges 1759 eine Donatus-Statue aufgestellt. Auf dem quadratischen Sockel sind ein Relief und eine eingemeißelte Inschrift zu sehen. Das Relief stellt den um Schutz vor Sturm und Hagel flehenden Patron, den heiligen Donatus, dar. Die Schrift lautet: S. DONATE 1759. Auf dem Sockel steht eine walzenförmige glatte ionische Säule mit dem heiligen Donatus in römischer Legionärskleidung. An seiner Statue wurde gegen Weinkrankheiten, Frost, Hagel und Sturm gebetet. Wenn die Frost dennoch die Trauben verdarb, wurden Donatus Weinreben auf den Rücken gebunden und verbrannt. Eine Kopie der Statue wurde im volkskundlichen Freilichtmuseum von Szentendre/Sankt Andrä, in der 2006 eröffneten Gebäudegruppe der Wein anbauenden Marktflecken des Oberlandes aufgestellt.[34]

Auf dem Neszűrer Weinberg in Jászberény wurde 2009 die 1749 geschaffene Statuengruppe der Weinbergpatrone (die Heiligen Donatus, Urban und Medard) an der rechten Seite der Nagykátaer Straße renoviert. Die lateinische Inschrift lautet: „St. Orbane, Donate, Medarde orate pro nobis. Ne nobis noceat tempestas, fulmine, grando."[35] (St. Urban, Donatus, Medardus betet für uns. Möge Sturm, Blitz und Hagel von uns fern bleiben.)

Auf dem Weinberg von Kolozsvár (Cluj Napoca/Klausenburg) steht die steinerne Statue des Hl. Donatus, deren Kopf vor einigen Jahren abgebrochen wurde. In Kolozsvár gibt es folgende Sage über die Statue: Über den Weinbergen und unter dem Hója-Wald steht ein alter Steinmensch. Er heißt Dónát. Vor langer, langer Zeit war dieser Dónát ein Hirte. Er ließ seine Schafe am Waldrand grasen. Eines Nachts sieht er beim Mondlicht, dass die Türken den Berg entzweischneiden, um den Szamos-Fluss von der Stadt weg in den Nádas-Fluss abzuleiten und so die Stadt des Trinkwassers zu berauben. Wie der Wind rennt er in die Stadt. Er klopft am Münstertor und rennt geradewegs zum Rathaus. Kaum hatte er gesagt, was er sah, ist er tot umgefallen. Aber Dank seiner konnten die Soldaten den Feind schnell verscheuchen. Um Dónát zu danken, hat man sein Steinbild gemeißelt und auf dem Berg an den Waldrand gestellt. Dieser Steinmensch geht jede Nacht in die Stadt, sieht sich um, damit der geliebten Stadt nichts zustößt. Dann füllt er seinen Krug im Szamos-Fluss und kehrt an seinen Platz zurück. Der entzwei geschnittene Berg wird seit jenem Tag „Törökvágás" (Türkenschnitt) genannt.[36]

Bemerkenswert ist, dass der Hl. Donatus zu verschiedenen Zeitpunkten geehrt wird: In Székesfehérvár und Csókakő ist sein Tag der 7. August, in Budafok jedoch der 14. Juli, in Eger der zweite Julisonntag. Diese verschiedenen Zeitpunkte werden durch das *Römische Martyrologium* erklärt. Der 7. August ist der Tag des Märtyriums des Hl. Donatus. Der Mönch Hilarinus hat jedoch die Märtyrerkrone zusammen mit ihm erlangt, dessen Überreste am 16. Juli in die Stadt Ostia gebracht wurden. Wegen ihres gemeinsamen Märtyriums gedenkt man an diesem Tag auch des Hl. Donatus.[37]

[Die erste Version der Studie ist sowohl in ungarischer als auch in deutscher Sprache erschienen:
Lukács, László: *Óvjad jégtől, csapásoktól gyümölcsünket, szőlőnket… Szent Donát tisztelete.* Agria XLIII. 2007. 309-325. Eger
Lukács, László: *Beschütze unser Obst, unsere Weinreben vor Eis, Plagen… Die Verehrung des Heiligen Donatus.* Acta Ethnographica Hungarica LVIII. 2013. 229-346. Budapest]

Anmerkungen

1 Wimmer 1959, 174; 1995, 105; Weinhold 1975, 103; Plück 1981, 112-126.
2 Gugitz 1955, 76; Kühnel 1985, 20; Zach-Kiesling 2007, 309-321; Ambrózy 1933, 8; Bálint 1977, II. 165.
3 Rajczy 1943, 30.
4 Bálint 1977, II. 165.
5 Bálint 1977, II. 165.
6 C. Harrach–Kiss 1983, 186.

[7] Horváth 1996, 373.
[8] Csoma 1986, 83; 1993, 48.
[9] Vajkai 1958, 12; Horváth 1996, 373.
[10] Kalmár 2006, 1-2; Lichtneckert 2007; 46.
[11] Illés 1992, 41.
[12] Lichtneckert 2007, 15-16.
[13] Lackovits 1997, 566; 2000, 214.
[14] Lantosné 2002, 156.
[15] Csoma 1999, 31.
[16] Szőnyi o.J., 90-91.
[17] Siklósi 1991, 54.
[18] Kuthy 1938, 4.
[19] Kuthy 1938, 4, 3; Kállay 1988, 361-362; Lauschmann 1910, 1; 1998, II. 153-157.
[20] Pauer 1877, 408.
[21] Varga 1988, 37. Mehr über die Tätigkeiten Horváths als Prozessionsleiter: Varró 1998, 227-232.
[22] Mózessy 2001, 107.
[23] Lauschmann 1998, II. 153.
[24] Csefkó 1931: 152.
[25] Gelencsér–Lukács 1991, 361-362; Béni 1999, 102-104.
[26] Pauer 1877, 490.
[27] Ich bedanke mich bei meinem Soproner Kollegen Attila Csiszár für die Angaben aus Várpalota und einen Teil der Angaben aus Csókakő.
[28] Bálint 1977, II. 165.
[29] Csoma 1999, 159-160.
[30] Zolnay 1986, 601.
[31] http://www.amti.hu/kezd/borverseny/szobor/index.html
[32] Liszka 1995, 113-116; 2000, 137-142.
[33] Fajcsák 1990: 48-50; 1992, 249-257.
[34] Kecskés 2001, 7-8.
[35] Goda 2009, 5-6.
[36] Versényi 1901, 126.
[37] Nádasdy 1928, 158, 142.

Literatur

AMBRÓZY, Ágoston
1933 *Szőlőhegyek védőszentjei. Különös tekintettel a Tokaj-hegyaljai nagy magyar borvidékre és a szentévre* [Patrone der Weinberge. Mit besonderer Berücksichtigung des Weingebietes von Tokaj-Hegyalja und des heiligen Jahres]. Budapest

BÁLINT, Sándor
1977 *Ünnepi kalendárium* [Festkalender]. I-II. Budapest

BÉNI, Kornél (Hg.)
1999 *A 700 éves Csókakő* [Das 700 Jahre alte Csókakő]. Csókakő

C. HARRACH, Erzsébet - KISS, Gyula
1983 *Vasi műemlékek. Településtörténet, építészettörténet, művelődéstörténet* [Kunstdenkmäler des Komitats Vas. Siedlungsgeschichte, Architekturgeschichte, Kulturgeschichte]. Szombathely

CSEFKÓ, Gyula
1996 *Régi feljegyzések a méltatlan ünneplésről* [Alte Aufzeichnungen über das unwürdige Feiern]. Ethnographia XLII. 150-153.
CSOMA, Zsigmond
1986 *Nászéjszakák bora: a somlai* [Wein der Hochzeitsnächte: der Schomlauer]. Budapest
1993 *Uradalmi és jobbágy-paraszti szőlő-, bortermelés Somlón* [Traubenanbau und Weinherstellung in den Gutshöfen und Leibeigenen-Bauernhöfen in Somló]. Debrecen
1999 *Szent Vincétől Szent János poharáig. Magyar történeti borkalendárium örökidőkre.* [Vom Hl. Vinzenz bis zum Glas des Hl. Johannes. Ungarischer historischer Weinkalender für alle Ewigkeit]. Budapest
o. N.
1887 *Donatus ünnepe* [Fest des Donatus]. Pécsi Hírlap 11. August 1887. 4.
FAJCSÁK, Attila
1990 *Az egri szőlőművelés szokásai és hiedelmei* [Bräuche und Aberglauben des Weinanbaus in Eger]. Eger.
1992 *Szent Donát kultusza Egerben* [Kult des Hl. Donatus in Eger] *Kultúra és tradíció* [Kultur und Tradition]. I. Hg. von: Gyula VIGA. 249-257. Miskolc
GELENCSÉR, József - LUKÁCS, László
1991 *Szép napunk támadt. A népszokások Fejér megyében* [Unser schöne Tag ist entstanden. Volksbräuche im Komitat Fejér]. Székesfehérvár
GODA, Zoltán
2009 *Szőlőskertek védőszentjei Jászberény határában* [Patrone der Weingärten in der Gemarkung von Jászberény]. Redemptio XVI. 4. 5-7. Jászberény
GUGITZ, Gustav
1955 *Fest- und Brauchtumskalender für Österreich, Süddeutschland und die Schweiz.*Wien
HORVÁTH, Gyula
1999 *A délnyugat-dunántúli szőlőhegyek szakrális építményeinek gazdaság-, és kultúrtörténeti vonatkozásai* [Wirtschafts-, und Kulturhistorische Beziehungen der sakralen Gebäude der Weinberge in Südwest-Transdanubien]. *Nyugat-Dunántúl népi építészete.* [Volksarchitektur in West-Transdanubien]. Hg. von Miklós CSERI. 363-380. Szentendre – Velem
ILLÉS, Mária
1992 *Gyulakeszi története a legrégebbi időktől 1945-ig.* A Lakitelek Alapítvány 1992. évi honismereti pályázatára készült kézirat [Geschichte von Gyulakeszi von den Anfängen bis 1945. Handschrift für den Heimatkundewettbewerb der Stiftung Lakitelek im Jahr 1992].
KALMÁR, László
2006 *Fejezetek a Szent Donát-kápolna történetéből* [Kapitel aus der Geschichte der Hl. Donatus-Kapelle]. Badacsonyi Újság XV. 2.
KÁLLAY, István
1988 *Fehérvár regimentuma 1688-1849. A város mindennapjai* [Stuhlweißenburgs Verwaltung 1688-1848. Alltag der Stadt.] Székesfehérvár
KECSKÉS, Péter
2000 *Szent Donát szobra a Szabadtéri Néprajzi Múzeumban* [Statue des Hl. Donatus im Volkskundlichen Freilichtmuseum]. Téka 2001/2. 7-8. Szentendre

KUTHY, István
1938 *A fehérvári Szent Donát kápolna és a szöllőhegyi remeték* [Die Stuhlweißenburger Hl. Donatus-Kapelle und die Einsiedler auf dem Weinberg]. Új Fehérvár 1938. 17. Juli 4; 24. Juli 3. Székesfehérvár
KÜHNEL, Harry
1985 *Historisches Museum und Weinbaumuseum Krems a.d. Donau.* Schnell Kunstführer Nr. 1557. München - Zürich
LACKOVITS, Emőke
2002 *Népélet, néphagyományok, népi műveltség. Csopak története* [Volksleben, Volksbräuche, Volkskultur. Geschichte von Csopak] Hg. von András LICHTNECKERT. 461-595. Veszprém
2000 *Az egyházi esztendő jeles napjai, ünnepi szokásai a bakonyi és a Balaton-felvidéki falvakban* [Festtage und Festbräuche des Kirchenjahres in den Dörfern des Bakonyerwaldes und des Plattensee-Oberlandes]. Veszprém
LANTOSNÉ IMRE, Mária
2002 *Szakrális táj és kultusz a pécsi egyházmegyében IV. Szentháromság emlékek és útmenti szobrok* [Sakrales Gebiet und Kult in der Diözese von Pécs IV. Erinnerungen an die Dreifaltigkeit und Statuen am Straßenrand]. A Janus Pannonius Múzeum Évkönyve [Jahrbuch des Janus Pannonius Museums] XLIV-XLV. 151-163. Pécs
LAUSCHMANN, Gyula
1910 *A szőlőhegyi kápolna* [Die Kapelle auf dem Weinberg]. Székesfehérvári Hírlap XV. 143. (27. November) 1; 144. (30. November) 1-2. 146. (4. Dezember) 1-2.
1998 *Székesfehérvár története.* I-IV. [Geschichte von Stuhlweißenburg I-IV]. Székesfehérvár
LICHTNECKERT, András
2007 *Borászok titkai - titkok gazdái. Források és szemelvények szőlészetünk és borászatunk múltjából 1700-1871* [Geheimnisse der Winzer - Hüter der Geheimnisse. Quellen und Auswahl aus der Vergangenheit unseres Trauben- und Weinanbaus 1700-1871]. Balatonfüred
2008 *Az arácsi szőlőhegy és szőlőhegyi önkormányzat története* [Geschichte des Weinberges und dessen Selbstverwaltung in Arács]. Balatonfüred
LISZKA, József
1995 *„Szent képek tisztelete." Dolgozatok a népi vallásosság köréből* [„Verehrung von heiligen Bildern." Studien zur Volksfrömmigkeit]. Dunaszerdahely
2000 *Állíttatott keresztínyi buzgóságbul. Tanulmányok a szlovákiai Kisalföld szakrális kisemlékeiről* [Aus christlicher Frömmigkeit aufgestellt. Abhandlungen zu den sakralen Kleindenkmälern der Kisalföld-Region der Slowakei]. Dunaszerdahely
MÓZESSY, Gergely (Hg.)
2001 *A Székesfehérvári Egyházmegye ünnepi névtára 2001* [Festliches Namensregister der Diözese von Stuhlweißenburg 2001]. Székesfehérvár
NÁDASDY, Marián (übers.)
1928 *Római martirologium* [Römisches Märtyrologium]. Székesfehérvár
NÉMETH, László
1977 *A katolikus egyházi élet megindulása Fejér megyében a török hódoltság után* [Wiederbelebung des Lebens der katholischen Kirche im Kom. Fejér nach der Türkenherrschaft]. A Székesfehérvári Egyházmegye jubileumi névtára [Jubiläums-Namensregister der Diözese von Stuhlweißenburg]. 10-37. Székesfehérvár

PAUER, Joannes
1877 *Historia dioecesis Alba-Regalensis.* Alba Regia
PLÜCK, Beate
1981 *Der Kult des Katakombenheiligen Donatus von Münstereifel.* Jahrbuch für Volkskunde IV. 12-126. Würzburg, Innsbruck, Fribourg
RAJCZY, Mária Mechtilda
1943 *Csepreg irodalmi múltja és népköltészeti hagyományai* [Literarische Vergangenheit und Traditionen der Volksdichtung in Csepreg]. Sopron
SIKLÓSI, Gyula
1991 *Kara Murtesa pasa tornya és a Szent Donát kápolna Székesfehérváron* [Der Turm des Pascha Kara Murtesa und die Kapelle des Heiligen Donatus in Stuhlweißenburg]. Magyar Egyháztörténeti Vázlatok III. [Skizzen der Ungarischen Kirchengeschichte III]. 53-64. Budapest
SZŐNYI Ottó
o.J. *Pécs. Útmutató a városban és környékén* [Pécs. Wegweiser in der Stadt und in der Umgebung]. (Danubia Verlag)
VAJKAI, Aurél
1958 *Balaton melléki présházak* [Presshäuser am Plattensee]. Budapest
VARGA, Jenő
1988 *A székesfehérvári Öreghegy és a Donát-búcsú* [Der Altberg von Stuhlweißenburg und die Donatus-Kirchweih]. Közművelődés Fejér megyében [Allgemeinbildung im Komitat Fejér]. 1988. 1-2. 29-38. Székesfehérvár
VARRÓ, Ágnes
2003 *Horváth György (1908-1991) Székesfehérvár-Felsőváros búcsúvezetője* [György Horváth {1908-1991} Wallfahrtsleiter von Stuhlweißenburg-Oberstadt]. Szentemberek – a vallásos élet szervező egyéniségei [Heilige Menschen – Organisatoren des religiösen Lebens]. Hg. von Gábor BARNA. 227-232. Szeged – Budapest
VERSÉNYI, György
1901 *Erdélyi népmondák* [Volkssagen aus Siebenbürgen]. Ethnographia XII. 125-127.
WEINHOLD, Rudolf
1975 *Vivat Bacchus. Eine Kulturgeschichte des Weines und des Weinbaus.* Leipzig
WIMMER, Otto
1959 *Handbuch der Namen und Heiligen.* Innsbruck – Wien – München
1995 *Kennzeichen und Attribute der Heiligen.* Innsbruck – Wien
ZACH-KIESLING, Walter
2007 *Der heilige Donatus von Münstereifel – ein fast vergessener Wetter- und Bauernheiliger.* Das Waldviertel LVI. 309-321. Horn
ZOLNAY, László
1986 *Hírünk és hamvunk* [Unser Ruf und unsere Asche]. Budapest

SYSTEM DES WEINHÜTENS IN DER MOORER WEINGEGEND

Die Weinberge von Mór (Moor) arbeiteten sich um die Jahrhundertwende unter die selbständigen qualitativen Weingegenden Ungarns empor (Ungarn, Kom. Fejér / Weißenburg). Im letzten Jahrzehnt des 19. Jahrhunderts war das Gebiet im Weinregister noch als Teil des benachbarten Weingebietes von Neszmély angeführt.[1] Im Jahre 1900 beantragte die Gemeinde Mór bei dem Komitat Fejér und der Regierung die Selbständigkeit der Moorer Weingegend.[2] Im Weingesetz des Jahres 1924 wurde der Antrag mit der Deklarierung der selbständigen Moorer Weingegend endgültig bewilligt. Eine Gesamtfläche von 1993 ha in den Dörfern Mór, Bodajk, Csókakő, Csákberény, Nagyveleg, Pusztavám (Kom. Fejér) und Császár (Kom. Komárom) gehörte dazu.[3] Die Dörfer Mór (Moor) und Pusztavám (Pußtawahn) hatten deutsche Bevölkerung.

Die Moorer Weingärten lagen an den südlichen und südwestlichen Hängen des Vértes (Schildgebirge) und trugen folgende Namen: Csókahegy, Pohárhegy (Häferlweingarten), Látóhegy, Kecskehegy (Lerchenfeld), Vénhegy (Oberweingarten), Cserhát, Árpádhegy, Táborhegy, Terézhegy (Reselweingarten), Koronahegy, Örömhegy, Reményhegy (ung. *hegy* = Berg). Vom Frühjahr bis zum Herbst wurden die Weingärten auf den größeren Bergen von je zwei, auf den kleineren von je einem Bergmeister gehütet. Für die Berge Csókahegy, Kecskehegy, Vénhegy und Táborhegy wurden demnach je 2, für die anderen Berge je ein Weinhüter geheuert.

Seit der Jahrhundertwende wurde das Leben auf den Weinbergen von der Berggemeinde (ung. hegyközség) geleitet, der ein Bergrichter vorstand. Um die Jahrhundertwende wurde in Moor drei Berggemeinden organisiert: Árpád Hegyközség (1897), Rácz Sándor Hegyközség (1901) und Táborhegyi Szőlőhegy (1902).[4] Der Vor-

Mórer Burschen mit dem „Kranefederhut", mit der Musikkapelle vor der Messe am St. Martinstag, 1930er Jahre

Bergmeister und Hirtenburschen. Mór, 1910er Jahre

Kranefederhut. Mór, Eigentum von József Hübler

stand und die Mitglieder der Berggemeinden versammelten sich jedes Jahr im März im Gemeindehaus und wählten die Bergmeister; als Anwärter kamen ältere, verheiratete Männer in Betracht. Außer den Bergmeistern, die wie gesagt, vom Frühjahr bis zum Herbst Dienst leisteten, stellte die Berggemeinde für die Reifezeit auch unverheiratete Hirtenbuben (Flurhüter) im Alter von 18-21 Jahren an. In diesem Jahrhundert waren dies schon zumeist Kinder von besitzlosen Taglöhnern. Da sie nach den Sommerarbeiten und vor der Weinlese keine Taglöhnerarbeit bekamen, verheuerten sie sich als Flurhüter. Ihre Dienstzeit war nicht genau bestimmt: sie begaben sich auf den Berg in der zweiten Augusthälfte, als die Trauben zu reifen begannen. Auf jeden Berg wurden zwei Hirtenbuben eingeteilt.

Am Tag, da der Bursche seiner Hüterdienst antrat, machte ihm seine Braut mit ihren Freundinnen einen sog. Hirtenkranz von etwa 60 cm Durchmesser aus Tannenzweigen, grünen Weintrieben und -blättern sowie Herbstastern. Der Kranz wurde mit einer herabhängenden Masche aus roten und blauen Seidenbändern geschmückt. Zum Mittagmahl bereitete sie eine Hühnersuppe, einen Braten sowie Gebäck *(Kwirzedl, Linzer, Katzenpratzl)* zu. Am Morgen des Dienstantrittes trugen der Hirtenjunge und sein Braut, in Festtracht gekleidet, mit ihren Freunden und Freundinnen den Kranz und die Speisen auf den Berg zur Hütte. Der Kranz wurde auf ein 3-4-m hohes „Hirtestangl" befestigt, welches neben der Hütte in die Erde eingegraben wurde. Das aufgestellte Hirtestangl gab dem ganzen Berg bekannt, daß die Hirtenbuben ihren Hüterdienst angetreten hatten. Die Hütte wurde mit Weintrauben, Äpfeln und Birnen geschmückt; sodann wurde das Mittagmahl mit dem Bergmeister und den anwesenden Freunden und Freundinnen verzehrt, es wurde Wein getrunken und gesungen. Gelegentlich spielte einer der Burschen auf der Harmonika und die Anwesenden tanzten vor der Hütte.

An diesem Tag waren die Hirtenjungen festlich gekleidet, sie trugen einen Jacke und eine Stiefelhose aus feinem schwarzem Tuch, Stiefel, Weste, weißes Hemd und einen mit Kranichfeder geschmückten Hut („Kranefederhut"). Eine Kranichfeder und ein gesticktes Band schmückten auch den Hut der Moorer Burschen, wenn sie auf den Ball gingen. Den Hutschmuck erhielt der Bursche von seiner Braut, die die Kranichfeder, die breiten weißen, rosafarbenen oder hellblauen Bänder sowie die künstlichen Blumen im Geschäft kaufte. Die Kranichfeder, die Rosmarinblüte sowie Asparatus und die Kunstblumen wurden hinter das in voller Breite gestickte Band auf den Hut gesteckt. Die Hirtenbuben hielten in der Hand ihr Machtzeichen, das „Hirtenhackl" (ung. *csőszfokos*), gewöhnlich ein halbkreis- oder halbmondförmiges schmiedeeisernes Beil mit gravierten Verzierungen. Auch der 70-90 cm lange Stiel aus Hartholz war meistens mit geschnitzter Blütenornamentik verziert. An das untere Ende des Stiels wurde ein langer, breiter Lederriemen gebunden, eine höchst dekorative Sattlerarbeit: der Riemen bestand aus Lederstücken von verschiedener Farbe, die mit Aufsatz und mit Messingknöpfen geschmückt waren. An diesem Riemen hing das Hirtenhackl am Arm oder an der Schulter des Besitzers. Die Hacke gehörte zur Ausrüstung der Hirtenbuben, während der Bergmeister nur einen krummen Stock trug. Die Tracht der Bergmeister und Hirtenjungen wird auf einer Photographie vom Beginn des 20. Jahrhunderts veranschaulicht, welche ich im Jahre 1980 in Mór entdeckt habe. In der Mitte sitzt der ältere Bergmeister mit dem krummen Stock, rechts der eine Hirtenbursche in festlicher Tracht, mit voller Ausrüstung: auf dem Kopf der mit der Kranichfeder geschmückte Hut, in der Linken ein schönes Hirtenhackl, in der Rechten eine Pistole (Revolver). Der links stehende Bursche hält in der einen Hand eine Pistole, in der anderen eine Zigarette. Nur die Ochsenhorntute und das Fernrohr (Gucker) fehlen.

In Mór fand ich 1976 bei József Hübler einen „Kranefederhut" und ein Hirtenhackl. Das Beil hatte 1908 ein Schmied, den Stiel ein Tischler und den Riemen ein Stattler, alle aus Mór, gemacht. Das schön geformte, unverzierte Beil ist aus Schmiedeeisen, in den Stiel aus Hartholz ist eine Pflanzenranke eingeschnitzt. Der Riemen ist mit rot-schwarz-gelben Lederauflagen, Messing- und Porzellanknöpfen und Messingkronen geschmückt. Der Stiel ist 87 cm lang, das Beil 13 cm breit. Das Hirtenhackl hatte der Vater des gegenwärtigen Eigentümers, Ferenc Hübler (geb.1888) benützt, als er in den Jahren 1908-1909 in den Weingärten am Táborhegy und Örömhegy als Hirtenbursche diente.

Unter den Hirtenhackln der Volkskundlichen Sammlung im König Sankt Stephan Museum zu Székesfehérvár ist besonders beachtenswert ein Hackl aus dem Jahre 1837, welches in Pusztavám anläßlich der Sammlung zur volkskundlichen Ausstellung der deutschen Nationalität im Jahre 1980 zum Vorschein kam (Inv.-Nr.: 80.67.1). Das schmiedeeiserne Beil mit gravierter Verzierung trägt die Jahreszahl 1837 und Monogramm MIL. In Mór und Pusztavám war es üblich, daß der Schmied die Anfangsbuchstaben des Namens des Bestellers am Beil verewigte. Später konnte das Hackl auch anderen Burschen ausgeliehen oder von den Nachkommen geerbt werden. Die späteren Benützer schnitzten oft ihr Monogramm in den Stiel ein. Der Stiel des Pusztavámer Hackls ist aus Akazienholz und wurde mit einer geschnitzten Pflanzenranke verziert, das Loch am einen Ende bezeugt, daß ursprünglich ein Riemen dazugehört hatte. Länge des Stiels: 93 cm, Breite des Beils: 13,5 cm. Als Geschenk des Polizeikommissars János

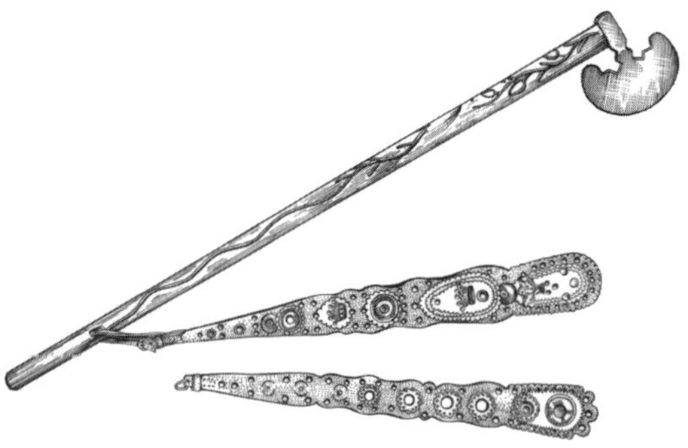

Hirtenhackl. Mór, Eigentum von József Hübler

Mirkva gelangte im Jahre 1910 ein Hirtenhackl aus Mór in den Besitz des Museums, mit folgender Eintragung im Invertar: „Benützt von den Mórer Weinhirten." (Inv.-Nr.: 1124). Am Stiel sind die Monogramme von mehreren Benützern zu sehen. Länge des Stiels: 76 cm, Breite des Beiles: 15 cm. Aus Pusztavám kaufte das Museum im Jahre 1912 ein Hirtenhackl mit gravierter Verzierung (Inv.-Nr.:44.51.1. In der Mitte ist ein Herz, an den beiden Seiten das Monogramm L I, von vier Rosmarinzweigen umringt, zu sehen. Anschheinend wurde vom Stiel ein Stück abgesägt, denn er ist nur 75 cm lang. Breite des Beiles: 14 cm. Im König Sankt Stephan Museum wird auch aus Pákozd ein halbkreisförmiges, schmiedeeisernes Hirtenhackl mit geschnitztem Hartholzstiel und einem mit Messingknöpfen besetzten Riemen gehütet (Inv.-Nr.: 56.250.1). Da dieses System des Weinhütens in Pákozd unbekannt ist, möchte ich annehmen, daß das Hirtenhackl aus der Mórer Weingegend oder dem deutschen Nachbardorf Nadap nach Pákozd gelangt ist.

Die hier geschilderten Hirtenhackl gehören zum halbkreis- oder halbmondförmigen Typ. Da diese Form am meisten verbreitet ist und auch unser ältestes Stück ihr angehört, dürften die in Mór und Pusztavám angesiedelten Deutschen sie aus ihrem ursprünglichen Wohnort mitgebracht haben. Selten finden sich auch Hirtenhackln von anderer Form, so etwa das axtförmige schmiedeeiserne Stück im Besitz von Márton Négele in Mór. Ebenfalls in Mór fand ich im Kelterhaus von György Pisch ein kleines pickelförmiges Hirtenhackl.

Die Bergmeister hielten sich vom April bis zur Ende der Weinlese, die Hirtenburschen vom August ebenfalls bis Ende der Weinlese Tag und Nacht auf dem Berg auf und wohnten in der Hirtenhütte. Die Errichtung der Hirtenhütten stellte auch eine Aufgabe der Berggemeinde dar. Diese Bauten bestanden aus einem einzigen Raum; die Mauern waren aus Backstein oder Lehmziegeln, das Dach aus Dachziegeln oder Stroh. In Mór, im nördlichen Teil der Gemeinde, standen die Kelterhäuser und Weinkeller in der Hársfa-(Linden-) und Pince- (Keller-) Gasse in schön geordneten Reihen. Auf dem Berg hatte niemand einen Keller oder ein Preßhaus, deshalb wurden in diesem Jahrhundert schon in etlichen Weingärten eigene, den Hirtenhütten ähnliche Häuschen gebaut, die bei Regen als Obdach dienten. Auch die Weinhüter konnten hier Zuflucht finden, falls sie unterwegs von einem Gewitter oder Platzregen überrascht wurden. Auf den größeren Weinbergen gab es gewöhnlich zwei Hirtenhütten, immer an den höchsten Punkten des Berges, wo die Berghüter eine Aussicht auf ihr ganzes Gebiet hatten. Falls man ihnen das Essen nicht aus dem Dorf brachte, kochten sie für sich selbst in der Hütte.

Die Bergmeister wurden vom Bergrichter kontrolliert. Ihre wichtigste Aufgabe bestand darin, das ihnen anvertraute Weingebiet vor menschlichen und tierischen Schädlingen zu schützen. Sie trachteten die Stare mit Schreckpistolen von den heranreifenden Trauben fernzuhalten. Wenn sie jemanden beim Diebstahl ertappten, führte sie ihn ins Gemeindehaus vor den Bergrichter, der den Dieb vermahnte oder ihm eine Buße auferlegte. Die Bergmeister und Hirtenburschen gaben einander mit Hornsignalen bekannt, wo sie sich gerade aufhielten. Oft riefen sie einander mit Horn- oder Pfeifensignalen und trafen sich an der Grenze zwischen zwei Weinbergen zu einem Plausch. Sie warnten einander mit einem Hornsignal, wenn eine fremde, unbefugte Person auf den Weinberg kam. Wenn die Trauben reiften, gingen sie auch nachts auf dem Berg herum und schliefen abwechselnd. Täglich läutete ein Bergmeister oder ein Hirtenbursche die Mittagsglocke in der St. Urban-Kapelle auf dem Lerchenfeld (Kecskehegy). Am Samstag bedeutete die Mittagsglocke auch das Ende der wöchentlichen Arbeiten in den Weingärten; die Schranken wurden am Ende der Feldwege herabgelassen, am Samstag nachmittag und am Sonntag durfte sich niemand auf dem Weinberg aufhalten, sonst wurde er vom Bergmeister verjagt. Nach dem 20. August war der Zugang zum Weinberg abgesperrt, außer den Weinhütern durfte praktisch niemand das Gelände betreten. Die Schranken wurden mit einem Schloß verschlossen; wenn ein Weinbauer z.B. eine Fuhre Dünger in seinen Weingarten bringen wollte, machte ihm der Bergmeister die Schranke auf.

Hirtenhackl. Pusztavám. König Sankt Stephan Museum, Inv.-Nr. 80.67.1. Foto: Ferenc Gelencsér

Nach den Statuten der Mórer Berggemeinden hatte der Bergmeister auch die Tätigkeit der Winzer und Arbeiter zu beaufsichtigen. In den Statuten der Berggemeinde „Árpád" aus dem Jahre 1897 steht etwa folgendes: „Der Bergmeister ist verpflichtet, über die Einhaltung der Arbeitsordnung zu wachen und den unordentlichen Winzer oder solche Arbeiter dem Bergrichter anzuzeigen."[5] Nach den 1902 in Kraft gesetzten Statuten „...Mittags beginnen und beenden die Arbeiter auf das vom Bergmeister gegebene Glockensignal die Arbeit..."[6]

Aus dem Protokoll der Gemeinderatssitzung in Mór vom 9. Juni 1900 erfahren wir folgendes: „Der Gemeindevorstand meldet, daß die örtlichen

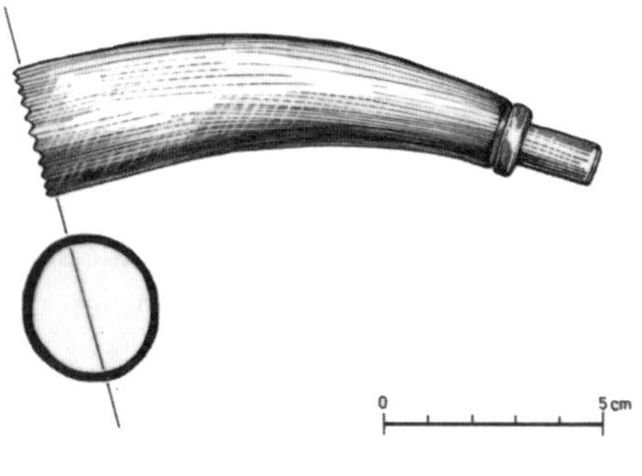

Hirtenhorn. Pusztavám. Eigentum von Dr. János Gaál.

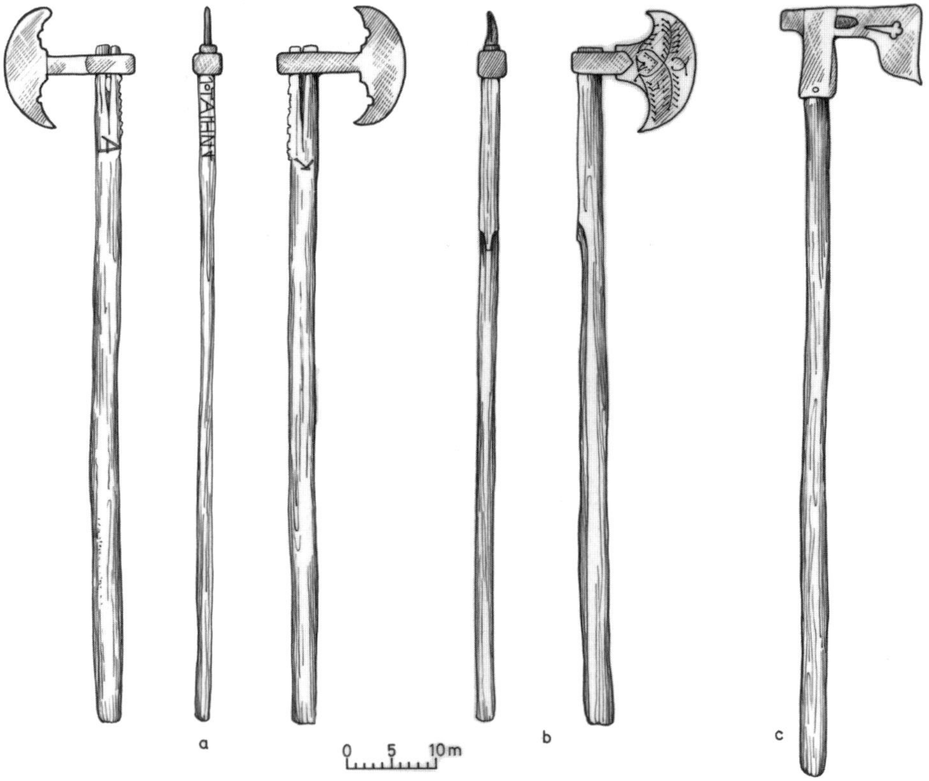

Hirtenhackln. a: Mór. König Sankt Stephan Museum, Inv.-Nr.: 1124;
b: Pusztavám. König Sankt Stephan Museum, Inv.-Nr.: 44.51.1;
c: Mór. Eigentum von Márton Négele

Berggemeinden zum Schutz vor Hagel 43 Wetterkanonen beschaffen."[7] Auch die Bedienung der Wetterkanonen oblag den Bergmeistern. Nach den Statuten der Berggemeinde „Árpád" aus dem Jahre 1902: „Der Bergmeister ist aus dem Dienst unverzüglich zu entlassen, wenn er die ihm anvertraute Wetterkanone fahrlässig bedient."[8]

Ihre Pflicht war es ferner, im Sommer, nach einem Gewitter, die Feldwege am Weinberg zu reparieren, damit die Weingärtner mit dem Wagen verkehren können. Falls die Wege vom Regen ganz arg zugerichtet wurden, bekamen sie Hilfe von der Berggemeinde, die ihnen dann einige Tagelöhner zur Verfügung stellte. In solchem Fall hatte jeder Weingärtner 15-20 Garben Weinreben zu geben, mit denen die Löcher auf denWegen zugefüllt und die sodann verschüttet wurden. Die Weinhüter hatten schließlich das Gras an den Wegrändern abzumähen; das Heu gehörte ihnen.

Ihre Barbezüge erhielten die Weinhüter von der Bergemeinde. Dieses Geld entrichteten die Weinbauern als Teil der Berggemeindesteuer. In Mór war das Gehalt eines Bergmeisters weniger als ein Taglohn. Die Hirtenburschen bekamen gewöhnlich die Hälfte dieser Summe. Zur Weinlese bekamen die Bergmeister und

Hirtenburschen von den Weingärtnern je eine Flasche Wein und ein wenig Trinkgeld. Diese Prämien erhielten sie gewöhnlich, wenn sie die Weinleser und -leserinnen mit Pistolen- und Flintengeknall gründlich erschreckt haben.

Nach der Weinlese lief das Mandat der Weinhüter ab. In Mór feierten die Hirtenburschen das Ende des Weinhütens in einem der Wirtshäuser (Steger, Stoffer oder Turják) mit einem Hirtenball, an dem auch ihre Bräute und Freunde teilnahmen. Zu den Klängen der Blechmusik wurden die verschiedenen Tänze (Schmied, Tralili, Walzer, Polstertanz, Altweibertanz, Tschardasch) getanzt. In Mór wurden zuletzt im Jahre 1935 Hirtenburschen angeheuert und auch der letzte Hirtenball fand in dem Jahr statt. Unabhängig vom Hirtenball wurde alljährlich auch das Winzerfest mit Umzug veranstaltet, an dem auch die Hirtenburschen teilnahmen.

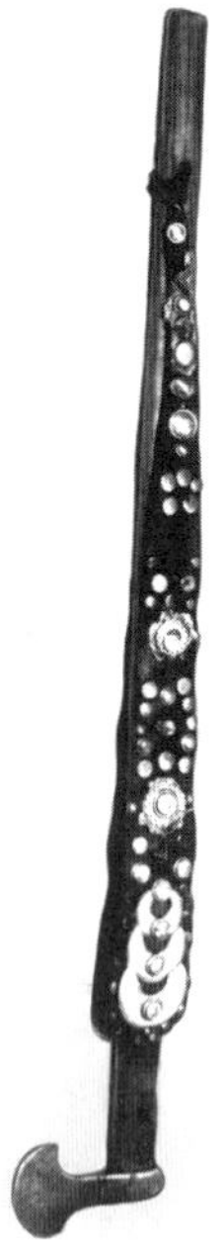

Hirtenhackl. Fundort: Pákozd. König Sankt Stephan Museum, Inv.-Nr. 56.250.1. Foto: Ferenc Gelencsér

Die Weinbauer von Pusztavám hatten ihre Weingärten am Márkushegy (Markus), Szőkehegy (Weißberg), Homokszőlő (Sandweingarten), Urasági szőlők (Herrschaftswiesen) sowie in der Gemeinde Császár (Szigetszőlő und Kopaszhegy). Zu jeden Weinberg wurden zwei Weinhüter (Bergleute) angestellt, die bis zum Ende des Ersten Weltkrieges vom Frühjahr bis zum Herbst in der Hütte wohnten. Nach dem Ersten Weltkrieg hielten sie sich nur vom frühen Morgen bis zum Spätabend auf dem Berg auf. Ebenso wie in Mór wurden auch hier zuverlässige, verheiratete Männer von der Geminde angeworben. Ihr Gehalt bezogen sie von den Weingärtnern; nach der Weinlese gingen sie von Haus und kassierten das je nach Größe des Weingartens ihnen gebührende Geld.

Vor dem Ersten Weltkrieg wurden auch in Pusztavám während der Traubenreife Hirtenburschen angestellt, und zwar je zwei auf jeden Berg. Diese hatten ein mit Rosmarin und Bändern geschmücktes Hirtenhackl sowie eine Tute aus Ochsenhorn. Von der letzteren ist aus der ganzen Mórer Weingegend bis heute nur mehr ein einziges Stück erhalten geblieben. Die aus der Spitze eines Kuhhorns angefertigte, 13 cm lange Tute befindet sich im Besitz von Dr. János Gaál, Mittelschullehrer in Székesfehérvár und wurde von dessen Vater, Pál Gaál, vor dem Ersten Weltkrieg 2-3 Jahre lang auf dem Pusztavámer Weißberg (Szőkehegy) benützt, wo er mit Márton Hungler als Hirtenbursche diente. Das Horn hatte er noch von seinem Vater geerbt. Das Mundstück war ursprünglich eine eingeschlitzte Gänsefeder, das Horn hing an einem verzierten Riemen mit Lederaufsatz auf der Schulter des Burschen. Zur Weinlese wurde an jenem Teil des Weinberges, wo die meisten Leute Weinlese hielten, ein mit Bändern geschmückter Maibaum aufgestellt.

In seinem Buch über den Weinbau in Pusztavám schildert Wendel Hambuch auch die Hirtenburschen: „Die Hüterburschen machten diese Arbeit mehr aus Pas-

Der Mödlinger Weinberg mit Weinhütern, Hütte und Hüterstangen. Stich aus der Mitte des 17. Jahrhunderts, Bezirksmuseum Mödling

„Weinhüter und Mädchen", Gemälde von J. M. Ranftl, um 1830

Perchtoldsdorfer Weinhüter im blauen Schurz, mit Hüterhacke, Hüterhorn, auf dem Tisch die verzierten Hüte. Gußkarte, 1907

sion, da sie von den Bergleuten nur eine geringe Zahlung erhielten. Sie trieben draußen in den Weinbergen mit den Leuten viel Spaß, erschreckten mit Schießen die Mädchen und Weiber. Oft wurden ihnen Wein und Zigarren angetragen. Und bei der Weinlese zogen sie sich ganz festlich an, setzten einen Hut mit Bandl und Rosmarin auf."[9] Die Tätigkeit der Hirtenburschen wurde auch im Heimatbuch ähnlich geschildert, das die nach 1945 aus Pusztavám nach Deutschland ausgesiedelten Deutschen herausgegeben haben.[10]

Da das in Mór und Pusztavám geschilderte System des Weinhütens in den ungarischen Dörfern der Mórer Weingegend unbekannt ist, stellt sich zwangsläufig die Frage nach der deutschen Herkunft. Zur Klarstellung dieser Frage muß zunächst der Herkunftsort der Mórer und Pusztavámer Deutschen festgestellt und sodann untersucht werden, ob dort das hier erhalten gebliebene System des Weinhütens bekannt ist.

Aus siedlungsgeschichtlichen Forschungen ist uns bekannt, daß die Ansiedelung der Deutschen in Mór nach dem Befreiungskrieg gegen die Türken, im Jahre 1698 vom neuen Gutsherrn, Johann Hochburg, begonnen wurde. Dieser war während der Türkenkriege Verpflegsoffizier in Ungarisch-Altenburg und pachtete im Komitat Moson (Wieselburg) ein ärarisches Gut. Ende des 17. und Anfang des 18. Jahrhunderts kamen deutsche Siedler aus der Gegend von Ungarisch-Altenburg, aus Hochburgs dortigen Gütern, nach Mór. Viele sind in den ersten Jahrzehnten des 18. Jahrhunderts nach Pusztavám umgesiedelt.[11] Den damaligen Mórer Pfarrbüchern ist zu entnehmen, daß die Siedler aus zahlreichen Ländern und Städten des Deutsch-Römischen Reiches gekommen waren, besonders viele aus Österreich – namentlich aus Niederösterreich und Wien–, aber manche auch aus Sachsen.[12] In Pusztavám wurden außer den Mórer Umsiedlern auch Deutsche aus dem ungarisch-österreichischen Grenzgebiet, aus Niederösterreich angesiedelt. Im Dorf selbst wird behauptet, die ersten deutschen Einwohner seien aus Miklósfalu (Nickelsdorf) und Rajka (Ragendorf), Komitat Moson gekommen. Auch Schwarzwald wird als Herkunftsort erwähnt, doch ist hier wahrscheinlich nicht Schwarzwald in Baden, sondern das Dorf Feketeerdő (Schwarzwald) im Komitat Moson gemeint. Obwohl der Ort sowohl im geographischen wörterbuch von Elek Fényes (1851) als auch im Ortslexikon aus dem Jahre 1873 als ungarisches Dorf angeführt wird, ist in beiden Werken auch der deutsche Ortsname (Schwarzwald) angegeben.[13]

Weinhüter vor der Hütte, mit Hüterhacke und Hüterhorn. Perchtoldsdorf, Niederösterreich, 1912

Aus der österreichischen volkskundlichen Literatur ist uns das System des Weinhütens im nördlichen Burgenland und Niederösterreich bekannt.[14] Eine vorbildliche einschlägige Ausstellung wurde im Herbst 1979 im Wiener Niederösterreichischen Landesmuseum von Werner Galler veranstaltet, der dazu einen inhaltsreichen Katalog schrieb und das Thema seither in zwei Abhandlungen erörterte.[15]

Im nördlichen Burgenland begann das Weinhüten erst in der Reifezeit, am Jakobstag (25. Juli) oder am Laurenztag (10. August). Als Weinhüter wurden meistens dazu geeignete Bauernburschen angestellt, für die dieser Posten den ersten öffentlichen Auftrag von seiten der Gemeinde bedeutete. An Ihren Hut steckten sie einen Blumenstrauß (Wermut) oder einen Starflügel. Mit der Hüterhacke (im Dialekt der Dörfer nordöstlich vom Neusiedler See: *Hiatahack'l*) in der Hand begingen sie den Weinberg. Zu ihrer Ausrüstung gehörte noch das *Pfeiferl* oder das *Horn*. Bei Dienstantritt stellten sie an einer deutlich sichtbaren Stelle des ihnen anvertrauten Gebietes einen Hüterbaum (*Hiatapam*) oder eine Hüterstange (*Hiatastanga*) auf; dies war gewöhnlich ein abgeästeter Baum (Birke, Eiche, Buche oder Tanne). In den Dörfern nördlich vom Neusiedler See wurden an die Spitze der Hüterstange 2-3 Wermutssträuße *(Arthemisia absynthium)*, in den Ortschaften nordöstlich vom See ein Blumenstock *(Feldmannstreu, Eryngium campestre)* befestigt. In Mörbisch (Fertőmeggyes), Oslip (Oszlop) und St. Margarethen (Szentmargitbánya) wurden am Gipfel des Hüterbaumes einige grüne Zweige übriggelassen und mit farbigen Bändern geschmückt. Im nördlichen Burgenland ist das Aufstellen der Hüterstange eine althergebrachte Tradition: In einer Kameralabrechnung von Ruszt aus dem Jahre 1750 werden die Kosten für die Aufstellung von drei Hüterstangen verrechnet. Nach der Weinlese wurde auch im nördlichen Burgenland ein Hütertanz (*Hiata-*

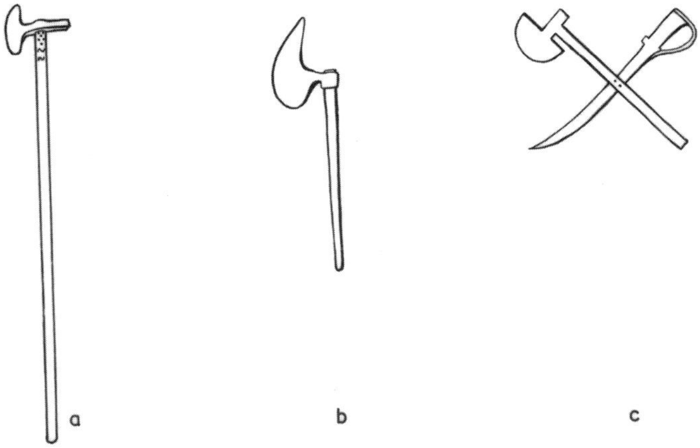

Halbkreis-und halbmondförmige Hüterhacken aus Niederösterreich.
a: Hautzendorf; b: Münichstal; c: Hüterwehr, Hautzendorf. Nach W. Galler

tanz) veranstaltet. Zu Beginn des 19. Jahrhunderts gaben die Weinhüter in Ruszt das Ende der Weinlese den Einwohnern der umliegenden Dörfer mit Flintenschüssen bekannt, die sie vom Hügel oberhalb des oberen Stadttors abfeuerten; sodann begaben sie sich mit Sang und Klang zum Hüterball. In manchen Dörfern fand der Hüterball acht Tage nach Beendigung der Weinlese im Wirtshaus statt. Schon einige Tage vorher gingen die Weinhüter von Haus zu Haus, um Wein oder Most für die Veranstaltung zu sammeln, deren reiner Erlös ihnen gebührte.[16]

Auch in Niederösterreich wurden die Weinhüter nur während der Traubenreife angestellt. Man heuerte stets Dorfburschen an, die im Jahre 1670 in Altmannsdorf und Lainz „Hüterbuben" genannt wurden.[17] Im Weinviertel meldeten sich zu dieser Arbeit die Söhne von Leibeigenen, Junge Tagelöhner oder Armbauern.[18] Bemerkenswert ist die Vielfalt des Hutschmuckes. Auf früheren Abbildungen sehen wir Federn, einen Blumenstrauß und Bänder als Hutschmuck. Zwei Federn sind an den Hut eines Hüterburschen gesteckt, der im Bezirksmuseum Mödling auf einem Stich aus der Mitte des 17. Jahrhunderts abgebildet ist. Das Bild stellt den Weinberg von Mödling (Niederösterreich) dar.[19] Blumensträuße und Bänder schmücken auch die Hüte der Hüterburschen auf dem Stich „Weinhüter und Mädchen" von J.M. Ranftl (um 1830).[20] In diesem Jahrhundert wurden in der Wachau Wermutblüten, im Weinviertel ein Feldblumenstrauß oder Federn als Hutschmuck benützt.[21]

Die „Hiatahackln" sind in Niederösterreich ebenfalls zu finden, vorwiegend in der östlichen Hälfte des Landes, im Weinviertel, im Marchfeld, südlich von Wien zwischen Perchtoldsdorf und Mödling sowie in der Gegend von Hainburg und Bruck an der Leitha. Aus dem Weinviertel sind uns zwei halbkreis- oder halbmondförmige Hüterhackln bekannt, die der Form nach als Analogien der Mórer und Pusztavámer Hirtenhackln angesehn werden können.[22] Der Umstand, daß diese Form der Hüterhacke auch als Hüterwehr auf den Hüterstangen zu finden ist, beweist, daß es sich in Niederösterreich um eine althergebrachte Form handelt. Aus dem Dorf Hautzendorf (Weinviertel) gelangte im Jahre 1920 in das Weinbaumuseum Krems eine holzgeschnitzte Hüterwehr, die aus einem halbkreisförmigen Hüterhackl und einem Säbel besteht, welche sich kreuzen.[23] Auf dem erwähnten Mödlinger Stich halten zwei Weinhüter je eine Hüterhacke in der Hand, die eine sieht einem Fleischhackerbeil ähnlich, die andere ist halbmondförmig, beide haben einen ganz kurzen Stiel. Es fragt sich nun, warum diese alten Hackenformen in Niederösterreich nicht erhalten geblieben sind. Unter den zahlreichen Hüterhackln, die aus einem umfangreichen Gebiet publiziert wurden, gehören nur zwei (aus Hautzendorf und Münichstal) dem altertümlichen halbkreis- oder halbmondförmigen Typ an. Der Umstand, daß gerade Form bei den Ende des 17. und Anfang des 18. Jahrhunderts in Ungarn angesiedelten Deutschen erhalten blieb beweist ebenfalls ihre Antiquität. Warum sie in Niederösterreich fehlt, dürfte eine Bemerkung von Leopold Schmidt erklären. Demnach wurde der Gebrauch des Hüterhackls als einer zu gefährlichen Waffe, womit die Weinhüter oft auch Menschen töteten, in Niederösterreich wiederholt verboten.[24] Möglicherweise ging das Verbot mit der Einlieferung oder gar Vernichtung der Hüterkacken einher.

Details aus der Litographie von Moritz Retzsch. Hoflößnitz (Sachsen) 1840. a: Bursche mit Hüterhacke („Preßbeilträger"), b: Burschen mit Wachthörnern aus Ochsenhorn unter den Umzugsteilnehmern. Nach R. Weinhold

In der Wachau, im Weinviertel, in der Gegend von Klosterneuburg, Mödling und Hainburg benützten die Weinhüter das größere Hüterhorn aus Ochsenhorn oder kleinere Pfeifen (*Hüterpforzl, Hüterpfeiferl*).[25] Auch auf dem Nödlinger Stich sieht man einen Weinhüter ins Ochsenhorn blasen.

Zahlreiche Varianten des Hüterbaumes (*Hüterstange*) finden sich in Niederösterrich. Werner Galler unterscheidet zwei Gruppen: 1. Der Hüterbaum mit Gipfel, der am meisten an den Maibaum erinnert und gewöhnlich aus einer Tanne, einer Birke, einer Esche oder einer Akazie angefertigt wird. Der Gipfel wird mit Bändern geschmückt. Diese Form kommt im Weinviertel, im Weinbaugebiet nördlich und südlich von Wien (Gegend von Klosterneuburg; Südbahnweingebiet) und bei Bruck an der Leitha vor. 2. Die Hüterstange, an deren Spitze verschiedene Gewächse (meistens Disteln oder Wermut) befestigt werden. Diese Form ist bezeichnend für den nördlichen Streifen des Landes zwischen Pernersdorf und Altlichtenwarth, kommt aber auch im Südosten bei Hainburg vor. Im Westen sind beide Formen zu finden.[26] Außer den beiden Hauptformen kommen noch viele Varianten vor, die als Analogien der Mórer Hirtenstangln anzusehen sind. Diese kennen wir hauptsächlich aus der Gegend von Wagram. In Hadersdorf am Kamp und in Gneixendorf wird auf dem Gipfel der als Hüterbaum aufgestellten Tanne ein Wermutkranz gehängt,[27] in

Niederrußbach wird dieser Kranz aus Birkenzweigen geflochten und mit Birnen, Äpfeln und Weintrauben geschmückt.[28] Auf dem Mödlinger Stich sehen wir auf der *Hutsäule* eine Hüterstange der 2. Gruppe.

Nach der Weinlese wurde in den niederösterreichischen Weindörfern der Hütereinzug oder Hüterumzug veranstaltet, der mit einem Ball (*Hütermusi*) endete. Die Hauptakteure sowohl des Umzuges wie auch des Balles waren die in voller Rüstung auftretenden Weinhüter; in manchen Ortschaften gebührte ihnen auch der Erlös des Balles.[29]

Über das Weinhüten in Sachsen informiert uns eine Litographie von Moritz Retsch, Professor an der Dresdner Kunstakademie, der den Umzug der Weinhüter im Jahre 1840 auf dem königlichen Weingut bei Hoflößnitz (nordwestlich von Dresden) abbildet. Aus volkskundlicher Sicht wurde die Lithographie von Rudolf Weinhold analysiert.[30] Beachtenswert für unser Thema sind unter den Teilnehmern des Umzuges ein *Preßbeilträger* und eine *Gruppe von Burschen mit Wachthörnern.*

Abschließend kann festgestellt werden, daß sich in den deutschen Dörfern des Moorer Weingebietes zahlreiche Elemente im System des Weinhütens erhalten haben, die aus den Herkunftsorten der Bevölkerung stammen. Von der Tracht der Weinhüter gehört der „Kranefederhut" in diese Kategorie, von ihrer Ausrüstung das „Hirtenhackl" und die Ochshorn-Tute. Aus dem Herkunftsort mitgebrachte Gewohnheitselemente sind das Aufstellen der Hirtenstange zu Beginn des Weinhütens, der Hirtenball nach der Weinlese sowie die Beteiligung der Weinhüter am Umzug.

Es ist als eine Einwirkung der ungarischen Verwaltung und Gemeindeorganisation anzusehen, daß der Weinberg ebenso wie die anderen Flurteile vom Frühling bis zum Herbst vom Bergmeister gehütet wurde, während die Anwerbung der Hirtenburschen für die Reifezeit meines Erachtens aus dem System des Weinhütens des Herkunftsortes beibehalten wurde.

Eine bemerkenswerte Tatsache immerhin, daß dieses größtenteils aus mitgebrachten Elementen bestehende System des Weinhütens bei der deutschstämmigen Bevölkerung des Moorer Weingebietes über zwei Jahrhunderte nach ihrer Ansiedelung bis zur ersten Hälfte des 20. Jahrhunderts erhalten geblieben ist.

Das hier vorgestellte System des Weinhütens wurde unter den ungarischen Gemeinden des Moorer Weingebietes nur von Csókakő übernommen. Wahrscheinlich ist, dass der Grund dafür die gutgelegenen Weinberge in dem mit Moor benachbarten Csókakő sind, auf denen viele Moorer Weinbauer Weingärten erworben haben. Das Weinhüten von Csókakő wurde aufgrund der Regelung der Berggemeinde von 1902 und seiner eigenen Feldforschung von József Gelencsér so zusammengefasst: „ Der sog. *hegyőr* oder *csősz* (Berghüter) wachte im ganzen Jahr über die Berggemeinde. Selbst im ruhigen Stand passt er auf das Gebiet auf… Seine Arbeitszeit dauerte nicht von morgens bis abends, sondern nur 8 Stunden – außerhalb deren verrichtete er seine eigene Wirtschaft – deshalb bekam er entsprechend nur 70-80% des damaligen Tagelohns. Er wirkte bei der Reinigung der Quellen und Brunnen, sowie bei der Reparatur der wegen dem Wetter beschädigten Straßen und Wassergraben persönlich mit... Der Berghüter musste ein Mann mit Militärausbildung und Waffenkenntnis sein, damit er die *Weinhüter* befehligen konnte. Diese wurden von dem Berghüter von der Weintraubenreife (1. August) bis zur Weinlese (15. Oktober, *Theresientag*, das Reifedatum der meistverbreiteten Traubenart *Ezerjó*) angeheuert, manchmal auch bis zum Ende der Weinlese (1. November, *Allerheiligentag*). Jeder der 5-6 Weinhüter durchstreifte ein Teil des Weinberges, alle passten Tag und Nacht bewaffnet auf die Fechsung auf. Sie bekamen einen 50% höheren Tagelohn... Sie konnten nur einige Stunden Ruhe in der *Hirtenhütte* finden, wenn sie keine verdächtigen Bewegungen bemerkten... Der Berghüter gab ihnen mit einem *Tülök* (Horn) aus Rindhorn Zeichen und Befehle."[31]

[Die Studie ist sowohl in ungarischer als auch in deutscher Sprache erschienen:
Lukács, László: *A szőlőőrzés rendje a móri borvidéken.* Népi Kultúra – Népi Társadalom XV. 1990. 297-315. Budapest
Lukács, László: *System des Weinhütens in der Moorer Weingegend.* Jahrbuch für ostdeutsche Volkskunde XXVII. 1984. 179-201. Marburg]

Anmerkungen

1 Piroska FEYÉR 1970, 338.
2 Gábor FARKAS 1977, 275.
3 Piroska FEYÉR 1970, 330-331.
4 Gábor FARKAS 1977, 275-276.
5 Statuten der Moorer Árpád-Berggemeinde 1897, 12. Archiv des Komitats Weißenburg, Stuhlweißenburg
6 Statuten der Moorer Árpád-Berggemeinde 1902, 19. Archiv des Komitats Weißenburg, Stuhlweißenburg
7 Protokoll der Gemeinderatssitzung Moor, 9. Juni 1902. Archiv des Komitats Weißenburg, Stuhlweißenburg
8 Statuten der Moorer Árpád-Berggemeinde 1902, 19. Archiv des Komitats Weißenburg, Stuhlweißenburg
9 Wendel HAMBUCH 1981, 72.
10 Anton TAFFENER – Franz SCHELL 1978, 153.
11 Károly JENEI 1977, 73; Gábor FARKAS 1976; 167-168.
12 Géza VADÁSZ 1977, 93-94.
13 Elek FÉNYES 1851, II. 11; *A magyar korona országainak helységnévtára* [Ortsnamenregister der Länder der ungarischen Krone]. Budapest, 1873. 346.
14 Franz THIEL 1933; Hans PÖCKINGER 1940; 1947-48; Martha BAUER 1954, 123-145; Franz SCHUNKO 1963, 154-167; Leopold SCHMIDT 1966, 117-122; Johannes MAYERHOFER – Karl KLIER 1969, 62-63; Elfriede LIES 1972, 188-201.
15 Werner GALLER 1979a; 1979b; 1982
16 Martha BAUER 1954, 123-132, 144-145.
17 Leopold SCHMIDT 1966, 118.

[18] Werner GALLER 1979a, 26.
[19] Werner GALLER 1979a, 52-53.
[20] Leopold SCHMIDT 1966, Abb. 2
[21] Werner GALLER 1979a, 30-32.
[22] Hans PLÖCKINGER 1940, I. Taf, m; Werner GALLER 1979a, 33; 1979b, 135, I. Taf. 5.
[23] Hans PLÖCKINGER 1940, 4, I. Taf. q.
[24] Leopold SCHMIDT 1966, 118.
[25] Werner GALLER 1979a, 43-44.
[26] Werner GALLER 1979a, 45-51; Werner GALLER 1982, 120.
[27] Hans PLÖCKINGER 1940, 4; 1947-48, 143; Werner GALLER 1979a. 48.
[28] Werner GALLER 1979a, 48.
[29] Johannes MAYERHOFER – Karl KLIER 1969, 62-63; Werner GALLER 1979a, 70-76.
[30] Rudolf WEINHOLD 1965, 192-205.
[31] József GELENCSÉR 1988, 51.

Literatur

BAUER, Martha

1954 *Der Weinbau des Nordburgenlandes in volkskundlicher Betrachtung.* Wissenschaftliche Arbeiten aus dem Burgenland I. Eisenstadt

FARKAS, Gábor

1976 *A német lakosság betelepítésének kérdései Fejér megyében* [Die Fragen der Einsiedlung der deutschen Bevölkerung im Komitat Fejér]. A Magyar Tudományos Akadémia Veszprémi Akadémiai Bizottságának Értesítője II. 166-179. Veszprém

1977 *Mór története a kapitalizmus korában (1850-1918)* [Geschichte von Moor im Zeitalter des Kapitalismus (1850-1918)]. Mór története. Hg.: Farkas, Gábor 259-310. Mór

FEYÉR, Piroska

1970 *Szőlő- és borgazdaságunk történetének alapjai* [Die Grundsätze der Geschichte unserer Trauben- und Weinwirtschaft]. Budapest

GALLER, Werner

1979a *Weingartenhüter. Ausstellung der volkskundlichen Sammlung des NÖ Landesmuseums.* Wien

1979b *Hüterhackln, Hüterstecken, Hütergoassln. Zur Ausrüstung der niederösterreichischen Weingartenhüter.* Sammeln und Sichten. Beiträge zur Sachvolkskunde. Festschrift für Franz Maresch zum 75. Geburtstag. Hg.: Martischnig, Michael. 119-137. Wien

1982 *Hauerburschen, Kellerpensionisten, Saurier und Stixenkreuter. Ein Beitrag zur Kleinstadtvolkskunde des Weinviertels.* Kulturelles Erbe und Aneignung. Festschrift für Richard Wolfram zum 80. Geburtstag. Hg.: Bockhorn, Olaf – Fielhauer, H. Paul. Veröffentlichungen des Instituts für Volkskunde der Universität Wien. IX. 115-130. Wien

GELENCSÉR, József

1988 *Szőlőhegyi élet a Móri-völgyben* [Weinbergleben im Moorer-Tal]. Honismeret XVI. 1. 48-53.

HAGENAUER, Johann

1985 *Bekannt durch die edelsten Weine. Zur Geschichte des Weinbaus in Gumpoldskirchen. Begleitheft zur Ausstellung des NÖ Landesmuseums.* Wien

HAMBUCH, Wendel
1981 *Der Weinbau von Pusztavám.* Ungarndeutsche Studien I. Budapest
JENEI, Károly
1977 *Mór a török kiűzésétől a szatmári békéig (1687-1711)* [Moor von der Türkenbefreiung bis zum Frieden von Szatmár]. Mór története. 69-76. Mór
LIES, Elfriede
1972 *Einiges über rezente Weinhüterbräuche im Winer Weingebirge.* Volkskunde, Fakten und Analysen. Festgabe für Leopold Schmidt zum sechzigsten Geburtstag. Hg.: Beitl, Klaus. 188-201. Wien.
1984 *Weinkultur im Weinviertel. Begleitheft zur gleichnamigen Ausstellung im Schloß Wolkersdorf im Weinviertel.* Wolkersdorf
MAYERHOFER, Johannes - KLIER, Karl
1969 *Volksleben im Land um Wien.* Niederösterreichische Volkskunde IV. Wien
PLÖCKINGER, Hans
1940 *Volkskunst und Brauchtum der Winzer in Niederdonau.* Niederdonau. Natur und Kultur. 3. Wien - Leipzig
1947-48 *Unser Weinhüter.* Der Winzer. III. 142-144. IV. 10-12. Baden bei Wein
SCHEMPF, Herbert
2013 *Hüterbaum und Trogestecken rechtsarchäologische Zeugnisse des Weinbaus.* Acta Ethnographica Hungarica LVIII. 441-454. Budapest
SCHMIDT, Leopold
1966 *Volkskunde von Niederösterreich.* I. Horn
SCHUNKO, Franz
1963 *Von den Weinhütern in Perchtoldsdorf.* Österreichische Zeitschrift für Volkskunde LXVI. 154-167.
THIEL, Franz
1933 *Der Weinhüter.* Deutsche Heimat. XXVIII. Wien
TAFFERNER, Anton - SCHELL, Franz
1978 *Heimatbuch von Pusztavám und Umgebung.* Geretsried
TRÜBSWASSER, Walter
1999 *Hiatabaum, riegelt's eich..." Der Perchtoldsdorfer Weinhütereinzug.* Perchtoldsdorf
VADÁSZ, Géza
1977 *A község története a XVIII. században* [Geschichte der Gemeinde im 18. Jahrhundert]. Mór története. 77-192. Mór
WEINHOLD, Rudolf
1964 *Winzeraufzüge. Repräsentationsformen im sächsischen Weinbau vom 16. bis zum 19. Jahrhundert.* Deutsches Jahrbuch für Volkskunde XI. 192-205. Berlin

VOLKSTÜMLICHE ERKLÄRUNGEN DER GLOCKENKLÄNGE
VOLKSTÜMLICHE ANGABEN ZUM PHÄNOMEN DER AKUSTISCHEN DEUTUNG AUS DEM SÜDOSTEUROPÄISCHEN RAUM

Das Phänomen der sprachlichen Deutung erweckte die Aufmerksamkeit mancher Volkskundler, die im Laufe ihrer Feldforschung volkstümliche Erklärungen zu zahlreichen Angaben und Beobachtungen über Tierstimmen und den Glockenklang festhalten konnten. In seiner Abhandlung definierte der ungarische Linguist Endre Rácz das Phänomen der sprachlichen Hineindeutung wie folgt:

> „Diese Hineindeutung unterscheidet sich von der Klangnachahmung darin, dass wir mit ihrer Hilfe keine neuen Wörter schöpfen. Die Klangerscheinungen unserer Umwelt werden vielmehr mit Hilfe bereits vorhandener, verständlicher Wörter oder mit ihren sinnigen Verbindungen nähergebracht; den Tönen der Umwelt meinen wir verständliche Wörter, Wortverbindungen oder Sätze zu entnehmen, anders ausgedrückt: es werden in diese Töne verständliche Wörter, Wortverbindungen oder Sätze hineingedeutet." (1989, 426.)

Nachstehend möchte ich an Hand eigener Sammlungen und Feldforschungen sowie aufgrund von Fachliteratur und einschlägigen Zitaten aus der Belletristik ein umfangreiches Gebiet der Hineindeutung, die volkstümlichen Erklärungen der Glockenstimme, erläutern.

Ottó Herman, Begründer der ungarischen Sachvolkskunde, publizierte 1891 volkstümliche Sprüche, die das Glockengeläut – die Glockensprache – deuten und erklären. In diesen Erklärungen spiegeln sich in meist humorvoller Form die Gegensätze der verschiedenen Gemeinden, Konfessionen und Gesellschaftsschichten. Ottó Herman zur Wirkung des Glockengeläuts:

> „Die Sturmglocke verursacht Erschütterung und Schreck; doch ganz anders wirkt die Stimme derselben Glocke, wenn sie zu Mittag läutet, anders auch, wenn sie den Toten verabschiedet oder den feierlichen Einzug eines Großen begrüßt. Ganz gewiss braucht der gebildete Mensch, der sich der Wirkung der Glockensprache entziehen will, ein starkes und diszipliniertes Nervensystem." (1891, 324.)

Schöne Erklärungen der Glockensprache finden sich in Volksliedern und Balladen, so etwa in einem Räuberlied aus Zalahaláp (Békefi 1977, 342):

„Szépen szól a csabrendeki nagyharang, Huzza aztat tizenhárom bus galamb.	Schön läutet die große Glocke im Kirchturm, In Csabrendek läuten dreizehn traurige Tauben.
Csak azt veri mind a két oldalára. Rab leszöl te, Savanyó, nemsokára!"	Gleiches klingt von beiden Seiten immerfort: Bevor's noch schneit, findest du dich am kühlen Ort!

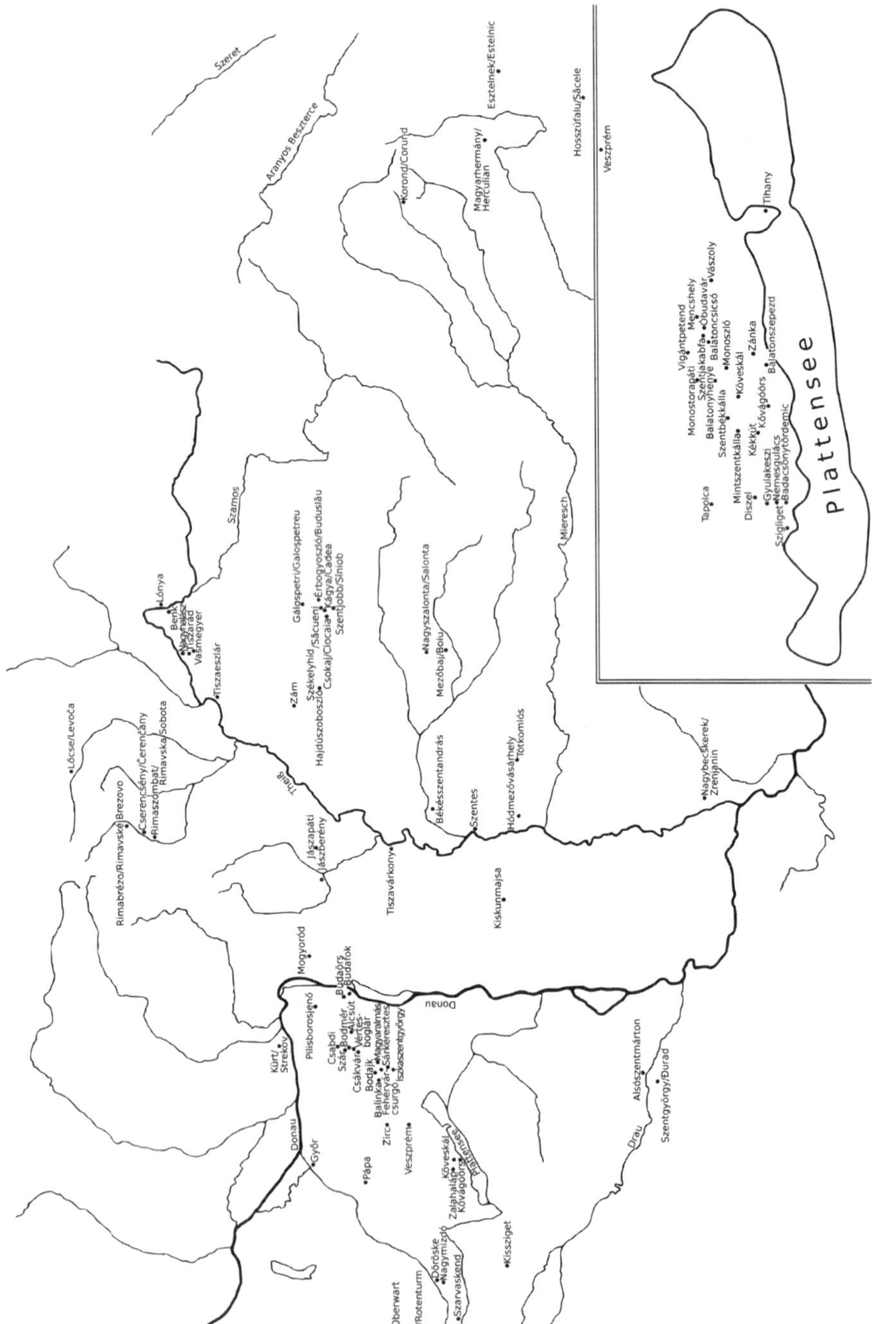

Karte des Untersuchungsgebietes

Der Glockenklang konnte ebenso bezeichnend für eine Siedlung oder eine ganze Gegend sein wie die Volkslieder oder die Volkstracht. Dichter, Schriftsteller und Reisende horchten oft auf den Ton der Glocken. In seiner Novelle *Die erste Messe des Alois Tiček* schreibt Miroslav Krleža über die Agramer Glocken aus der Zeit vor dem Ersten Weltkrieg:

> „...die Hausmauern der Bischofsburg standen hier wie zusammenschwingende Blechwände, die eine warf eine ganze Garbe von Tönen an die andere zurück, so dass die von hüben und drüben widerhallende Musik der Glocken, durch das Echo vervielfacht, so klang wie der aus der Ferne grollende Kanonendonner..." (1979, 65.)

In seinem Buch *A tiszeszlári Solymosi Eszter* schreibt Gyula Krúdy:

> „Es hat schon zu Mittag geläutet im Kirchturm von Eszlár, doch auch vom jenseitigen Theißufer bringt der Wind den Klang der Glocken hierher, die immerfort nur klagten: *„Nincsen kenyér..." „Itt sincs, itt sincs!"* (Kein Brot, kein Brot! – Auch hier keines! Auch hier keines!) Wie eben die Türme der Dörfer an der Theiß einander gewöhnlich antworten." (1975, 462.)

Der Herder-Preisträger Sándor Csoóri, eine bedeutende Persönlichkeit der ungarischen Gegenwartsliteratur, nennt in seinem Buch *Das halb eingestandene Leben* die einst berühmte protestantische Schulstadt Pápa „Stadt der Glocken, der Regenfälle und der weitblickenden Vergangenheit." (1982, 280.) Auch Zuzsa Rab ließ sich in ihrem Gedicht *Die sich dahinschleppenden Sonntage* von Pápa inspirieren (1980, 27):

„A város dermedt üllejére	Auf dem erstarrten Amboss der Stadt
harangszó döndül bronzpöröllyel.	Erklingt wie ein Hammerschlag der eherne Ton
Mintha megállna minden óra.	Der Glocken, und alle Uhren stehen wie still.
Vasárnap. Ősz van. Három óra."	Ein Sonntag. Es herbstet. Drei Uhr ist die Zeit.

Im Balatoner Oberland liegen winzige Bergdörfer dicht nebeneinander. Vom Glockenklang dieser Gegend schreibt Kálmán Babay in seinem Erzählband *Balaton-meléki történetek:*

> „Viele schmucke Dörfer strecken ihre Türme hoch hinauf, und wenn man in der Abenddämmerung an einer Stelle des romantischen Seeufers stehenbleibt, hört man den Glockenklang von fünf, sechs Dörfern in das süße Rauschen vermischt, das das große Wasser auch ohne jeden Wind von sich gibt. Bleibst du, geneigter Leser, unter dem Szepezder Bad stehen, so bekommst du die Glocken von Kővágó-Eörs, Köveskálla, Zánka, Szepezd und Monoszló zu hören." (1892, 130-131.)

In seinem Buch *Reise um den Balaton* schildert Károly Eötvös das Lesence-Tal und erwähnt dabei auch das Glockengeläut, das in den Abendstunden aus allen Kirchtürmen der kleinen Dörfer am Sankt Georgsberg herüberklingt: In der tiefen Stille bringt mir der sanfte Ostwind den Glockenklang von sechsunddreißig Dörfern. (1982, 382-383.)

Vier Dörfer dieser Gegend – Mencshely, Vászoly, Óbudavár und Szentjakabfa – befinden sich fast in Rufweite voneinander. Kein Wunder, dass laut Volksmund auch die Glocken dieser Dörfer einander etwas zurufen. Abends ertönt der hohe Glockenklang aus Mencshely: *Men – cs'el' – ments meg!* (Rette mich!). Darauf der tiefere Ton aus Vászoly: *Vá – szol' Válts meg!* (Erlöse mich!). Die Ortschaften Óbudavár und Szentjakabfa lagen so nahe beieinander, dass es gelegentlich zu einer Zankerei zwischen ihren Glocken kam: *Budavári, Jakabfa, Ördög – buj'ka – nyakad-ba!* (...der Teufel kriecht dir aufs Genick...) (Trencsény 1891, 94.)

In den Dörfern des Káler Beckens (Kom. Veszprém) entdeckte ich eine scherzhafte Klangnachahmung im Zusammenhang mit der Mittagsglocke. In Köveskál will man wissen, dass die Glocke des Ortes Mittags *Tá(l) mellé! Tá(l) mellé!* (Zur Schüssel!...) sagt. Vor dem Zweiten Weltkrieg rief die zweite Glocke von Mindszentkálla: *Kintaller! Kintaller!* Worauf die große Glocke von Szentbékkálla erwiderte: *Tál mellé! Tál mellé!* (Heute findet dieser Dialog der Glocken nicht mehr statt, denn diese zweite Glocke von Mindszentkálla wurde während des Krieges eingeschmolzen.) Kintaller ist die auch heute gebräuchliche Verballhornung des deutschen Familiennamens Grünthaller. So hieß ein armer Taglöhner aus Mindszentkálla, ihn sollen die Glocken der beiden Nachbardörfer zum Mittagessen gerufen haben. Auch die Kuhhirten am Kopasz-Berg, auf der Wiese von Sásdikálla, die Gänsejungen am Zsibagyöp oder die Gutsarbeiter in der Szent-Imre (Sanyaru)-Puszta des Bistums von Veszprém erwarteten den Klang der Mittagsglocke.

In Kékkút klingt die Aufforderung *Tál mellé! Tál mellé!* aus dem Glockengeläut von Mindszentkálla heraus. In Köveskál behauptet man hingegen, dass die Mittagsglocke in jedem Dorf zum Mittagessen ruft. Auch die in den Herrschaftsgütern im Komitat Somogy arbeitenden Hofgänger aus Köveskál sagten, als sie die Mittagsglocke hörten: „Jetzt gehen wir essen, denn man läutet: Zur Schüssel! (*Tál mellé!*)."

In Balatonhenye und Monoszló konnte ich ebenfalls eine scherzhafte Erklärung des Glockenklanges vom Veszprémer Dom aufzeichnen. Laut der deutschsprachigen Variante beginnt die kleine Glocke: *Kind geboren! – Kind geboren!* Darauf fragt die mittlere: Wer ist der Vater? – Wer ist der Vater? Schließlich erwidert die große Glocke: *Ein Domherr! – Ein Domherr!*

Diese Erklärung hörte Lajos Hegyi, protestantischer Lehrer in Balatonhenye, in den 1930er Jahren von Dániel Győrffy aus Köveskál, Oberstuhlrichter des Bezirks Zirc. Die ungarischsprachige Variante stammt von Kálmán Szilassy, protestantischer Pastor von Monoszló.

Beginnt die kleine Glocke:

Jó reggelt, jó reggelt! *Mi újság, mi újság?*	*Guten Morgen, guten Morgen!* *Was Gibt's Neues, was gibt's Neues?*

Antwortet eine gröβere:

Gyerek született! *Gyerek született!*	*Kind geboren!* *Kind geboren!*

Fragt eine noch gröβere:

Ki az apja? *Ki az apja?*	*Wer ist der Vater?* *Wer ist der Vater?*

Tönt die groβe Glocke:

A kanonok! *A kanonok!*	*Der Domherr!* *Der Domherr!*

Die deutschsprachige Variante dürfte spätestens in der ersten Hälfte des 19. Jahrhunderts entstanden sein, als ein Teil des Bürgertums der transdanubischen Städte noch deutsch sprach. Auch Ottó Herman publizierte eine ähnliche deutschsprachige Glockenklang-Erklärung (1891, 324). Entstanden in den 1840er Jahren, hat der Text einen unverkennbar gesellschaftskritischen Unterton, bezeichnend für das Reformzeitalter 1825-1848: Schelle: *Was wollen sie?* Kleine Glocke: *Essen und trinken!* Gröβere Glocke: *Wer wird das zahlen?* Groβe Glocke: *Bürger und Bauer!*

Aus dem fernen Glockenklang versuchte man auf das Wetter zu schlieβen. Hörte man in Köveskál die Glocke von Balatoncsicsó, so konnte man Kälte und Ostwind erwarten. In derselben Ortschaft bedeutete der Glockenklang aus Vigántpetend einen Wettersturz mit Kälte und Nordwind. Mildes Wetter wurde vorhergesagt, wenn man die Glocke von Kővágóörs hörte, während der Glockenklang aus Szentbékkálla, Mindszentkálla oder Káptalantóti Westwind mit Regen nach Köveskál brachte. Die Wetteränderung erfolgte stets am dritten Tag, nachdem der entfernte Glockenklang gehört worden war.

In Balatonhenye machte man die Beobachtung, dass der Glockenklang von Vigántpetend kaltes, stürmisches Wetter ankündigt, die Glocke von Monostorapáti Regen (im Winter Schnee) und die von Köveskál warme, feuchte Luft. Die Glocke von Monoszló oder Balatoncsicsó lieβ einen kalten Ostwind erwarten, den man „kalvinistischen-" oder „Maifisch-treibenden" Wind oder Tihanyer Wind nannte. Kalvinistisch deshalb, weil er von Osten, von den Dörfern mit vorwiegend protestantischer Stammbevölkerung her in die Richtung der rein katholischen Dörfer (Monostorapáti, Szentbékkálla, Mindszentkálla, Kékkút, Diszel, Gyulakeszi, Nemesgulács, Badacsonytördemic, Szigliget) wehte. In Balatonhenye veränderte sich das Wetter schon einen Tag, nachdem der ferne Glockenklang zu hören gewesen war.

Aus den meteorologischen Beobachtungen, die mit dem entfernten Glockenklang verknüpft waren, ist festzustellen, dass den Dörfern des Káler Beckens die nördliche und östliche Luftströmung Kälte, die westliche hingegen mildes Wetter und Niederschlag brachte.

Im Káler Becken begegnete ich vielen Menschen, die das Alter, die Größe und den Klang der Glocken ihrer Dorfkirchen ebenso kannten wie die Häuser, Gassen und die Flur des Dorfes. In Kővágóörs gab es ehemals in beiden Kirchen je drei Glocken, jetzt nur mehr je zwei. In der evangelischen Kirche ist die große Glocke erhalten geblieben, die 1771 in Győr gegossen wurde, sowie die kleine Glocke. Die mittlere wurde im Zweiten Weltkrieg weggenommen. Auch aus der katholischen Kirche nahm man die mittlere Glocke weg; sie war gesprungen, weil der Glöckner sie in betrunkenem Zustand immer nur an einer Seite hatte läuten lassen. Die große Glocke hat einen ehernen, lauten Klang, die kleine Glocke klingt wie eine Schelle.

Frau István Mátyás, Vilma Somodi (geb. 1895) verglich den Glockenklang ihres Dorfes Balatonhenye mit dem Glockengeläut von Pápa, als sie ihren Sohn besuchte, der dort lernte:

> „Die Schwester der großen Glocke von Balatonhenye befindet sich in Pápa, in der evangelischen Kirche… Ihr Klang ist so, daß ich glaubte, zu Hause zu sein, als ich in Pápa war."

Erklärungen des Glockenklanges gab es im gesamten ungarischen Volksgebiet, auch bei den Ungarndeutschen und Slowaken. Aus dem Glockenklang mancher Siedlungen wollte man Armut oder Lebensmittelknappheit heraushören. In Felsőőr (Oberwart, Burgenland) ertönte morgens zuerst die Glocke der katholischen Kirche: *Nincs kenyér, nincs kenyér…* (Kein Brot, kein Brot…). Darauf die der kalvinistischen Kirche: *Ád az Isten, ád az Isten…* (Gott wird schon geben, Gott wird schon geben…). Zum Schluss zweifelte dies die Glocke der evangelischen Kirche an: *Tudja fene, ád-e, nem-e?* (Weiß der Teufel, ob er gibt…).

In Mogyoród (Kom. Pest) hatten die größte Glocke die Katholiken, dieser folgte die der Lutheraner, und die kleinste Glocke gehörte der kalvinistischen Kirche. Die katholische Glocke sagte laut: *Nincs kenyerünk, nincs kenyerünk!* (Wir haben kein Brot, wir haben kein Brot!). Darauf antwortete die der Lutheraner etwas höher: *Majd ád az Isten, majd ád az Isten!* (Gott wird bald geben!). Am Ende erklang die Glocke der kalvinistischen Kirche, schnell, mit dünner Stimme: *Nem t'om mikó, Nem t'om mikó!* (Ich weiß nicht, ob, wann; ich weiß nicht ob, wann!) (Farkas 1988, 200). Ebenso „äußerten" sich zur Brotfrage die Glocken der katholischen, der reformierten und der griechisch-orthodoxen Kirche in Makó (Herman 1891, 326).

Der Glockenklang wird je nach Konfession im Roman *A lőcsei fehér asszony* von Mór Jókai gekennzeichnet:

„Die katholische Glocke tönt: >*Booldog Isten, hoonnan élünk?*< (Großer Gott, wovon sollen wir leben?), darauf die kalvinistische: >*Nincsen kenyér minálunk!*< (Kein Brot bei uns!), und die lutheranische erklingt: >*Innen élnek szegények! Innen élnek szegények*< (Hiervon leben die Armen! Hiervon leben die Armen!)" (1892, 199).

Im Göcsej-Gebiet, Westungarn, war bis zum Beginn des 20. Jahrhunderts die Linse eines der wichtigsten Nahrungsmittel des Volkes. Daran mag auch die Glocke von Kissziget (Kom. Zala) gedacht haben:

Besüni, füőzz lencsit,	*Frau Belső, koche Linsen,*
Ha nincsen, kiérgy mástu,	*Hast keine, so bitt' um welche,*
Ha nem ád, üsd hátbo!	*Wer keine gibt, den schlag' in den Rücken!*
	(Gönczi 1914, 518)

Auch in drei Dörfern der Hegyhát-Gegend (Kom. Vas) hängt der Klang der Mittagsglocke mit den Linsen zusammen. In Nagymizdó lebten die besten Landwirte, die viel arbeiteten – kein Wunder also, dass sie gegen Mittag hungrig wurden und den Glockenklang folgendermaßen zu verstehen meinten: *Tál lencse, tál lencse!* (Schüssel Linsen, Schüssel Linsen!). Langsam erwiderte darauf die Glocke von Szarvaskend: *Kalányozom, kalányozom!* (Ich löffle schon, ich löffle schon!). In Döröske, wo viele arme Leute lebten, ertönte flink der hohe Glockenklang: *Fődöntöm, fődöntöm!* (Umgeschmissen, umgeschmissen!) (1892, 66.)

Im Jászság-Gebiet (Kom. Jász-Nagykun-Szolnok) sprach die Glocke der wohlhabenden Ortschaft Jászapáti schön langsam die Worte *Túrós derelye, túrós derelye* (Topfentaschkerl, Topfentaschkerl). Die Glocke von Jászbarény wiederholte hingegen schnell und hastig: *Krumpli van az asztalfiókban* (Kartoffeln im Schubfach).

Ein Stolz des alten Marktes von Rimaszombat (Rimavska Sobota, Slowakei) war leichtes, schneeweißes Brot, gebacken aus Weizenmehl und auch verkauft von den ungarischen Brotbäckerinnen (Herman 1891, 325-326). Nördlich von Rimaszombat verlief die Grenze nicht nur zwischen dem ungarischen und slowakischen Sprachgebiet, sondern klimatisch bedingt auch zwischen den Weizen- und Roggenkulturen. Diese ethnische und pflanzengeographische Grenze spiegelt sich auch in den hiesigen volkstümlichen Deutungen des Glockenklanges wider. Die große Glocke von Rimaszombat sagte z.B. auf ungarisch: *Búzakenyér! Búzakenyér!* (Weizenbrot! Weizenbrot!). Weiter nördlich, in Cserencsény (Čerenčany) wohnten schon Slowaken. Hier wurde eher Roggen angebaut, und so wiederholte die kleine Glocke der evangelischen Kirche immer wieder: *Žitni chleb! Žitni chleb!* (Roggenbrot! Roggenbrot!). Noch weiter nördlich im Rimatal, in Rimabrézó (Rimavské Brezovo), war auch der Roggen schon recht spärlich, weshalb die Ortsbewohner hauptsächlich im Bergbau und im Hüttenwesen arbeiteten. Was das Brot anbelangt, konnten sie nicht wählerisch sein, wie dies auch dem Geläut der kleinen Glocke ihrer evangelischen Kirche zu entnehmen ist: *Chodzi jaki len bi bolo!* (Einerlei, wie es ist, nur vorhanden sein soll es!).

In der Region der Oberen Theiβ war Hab und Gut der Bevölkerung oft durch Überschwemmungen gefährdet. Dann tönte die Glocke von Lónya:

Lónyán nincs kenyér, *Lónyán nincs kenyér!*	*Kein Brot in Lónya,* *Kein Brot in Lónya!*

Am jenseitigen Theiβufer erklang die Antwort der Glocke von Benk:

Benken – sincsen, *Benken – sincsen!*	*In Benk – auch keines,* *In Benk – auch keines!*

Daraufhin klagte die groβe Glocke von Mezőkaszony:

Boldog Isten, mivel élünk, *Boldog Isten, mivel élünk?*	*Groβer Gott, was soll'n wir essen,* *Groβer Gott, was soll'n wir essen?*

Unverzüglich kam die Antwort aus dem Geklingel der kleinen Glocke:

Csíkkal – hallal, *Csíkkal – hallal!*	*Schmerlen – Fische,* *Schmerlen – Fische!*

(Babus 1955, 150, 153; Borsai-Kovács 1975, 116)

Auch im Rétköz-Gebiet kam es öfters vor, dass das Brotgetreide alle war; da gaben selbst die Kirchenglocken Klagetöne von sich. Aus der kleinsten Siedlung der Gegend, in Tiszarád (Kom. Szabolcs), klang es: *Nincsen kenyér Rádon* (Kein Brot in Rád); aus Vasmegyer (Kom. Szabolcs) kam darauf die Antwort: *Megyeren sincs, Megyeren sincs* (In Megyer auch nichts, in Megyer auch nichts!). Selbst aus dem gröβten Dorf der Gegend, aus Nagyhalász (Kom. Szabolcs), tönte der tiefe Klang der Glocke: *Már Halászban sincs kenyér* (Kein Laib Brot in Halász) (Kiss 1961, 250). In Tiszarád war die Not jedoch nicht immer so groβ: Die Dorfflur bestand nämlich zu fünf Sechsteln aus feuchtem Wiesenland, wo viel Schilf wuchs; das abgeschnittene Schilfrohr wurde verkauft und für den Erlös wurden Lebensmittel erworben. Dann klingelte die Glocke fröhlich weiter:

Nincsen kenyér Rádon, *Majd vesznek a nádon!*	*Kein Brot in Rád,* *Fürs Schilf kommt's nach!*

(Kiss 1961, 383)

Die Erklärungen des Glockenklanges aus dem Rétköz-Gebiet wurden übrigens auch vom Schriftsteller Gyula Krúdy in seine Erzählung *Az eljegyzés* (Die Verlobung) eingefügt (1964, 520).

Brotknappheit ist auch das Thema des Glockenklanges von drei ostungarischen Dörfern, die während der Türkenzeit zerstört wurden. Zám ist heute ein Teil der Puszta Hortobágy, während die ehemaligen benachbarten Ortschaften Angyalháza und Sziget-puszta zur Stadt Hajdúszoboszló gehören. Bis zur Verwüstung im Jahre 1660 waren alle drei dicht bevölkert, heute kennt man nur noch ihre Namen und die nachstehende Erklärung des Glockenklanges. Zuerst ertönte die Glocke von Zám, langsam, mit tiefem Klang: *Nincs ke-nyér Zám-ba! Nincsen ke-nyér Zám-ba!* (Gar kein Brot in Zám! Gar kein Brot in Zám!). Darauf die Glocke von Angyalháza, etwas schneller und höher: *Hogy lehetnek a nélkül?* (Wie könnt ihr leben ohne es? Wie könnt ihr leben ohne es?). Zum Schluss ertönte der noch höhere rasche Glokkenklang aus Sziget: *Innen élnek szegények!* (Hiervon leben die Armen! Hiervon leben die Armen!). Übrigens war die Klage aus Zám ebenso wohlbegründet wie die Prahlerei aus Sziget, wo der Boden auch heute sehr fruchtbar ist, während in Zám vorwiegend magere Böden zu finden sind, die bestenfalls als Viehweide genutzt werden können (Szivos 1890, 109-110).

Im Unterschied zur Brotknappheit in diesen Dörfern brachte der fruchtbare schwarze Boden um Hódmezővásárhely (Kom. Csongrád) jederzeit eine reiche Weizenernte. Dementsprechend tönte auch der eherne Klang der großen Kirchenglocke: *Van búza, jó búza – van búza, jó búza.* (Viel Korn, guter Weizen – viel Korn, guter Weizen.) (Kiss 1964, 72). Auch in Nagyszalonta (Salonta, Kom. Bihar) verkündete der Glockenklang ähnliche Fülle: *Bűvön van minden, bűvön van minden!* (Alles im Überfluss, alles im Überfluss!). Die Glocken von Mezőbaj (Boju, Kom. Bihar) unterhielten sich gleichfalls über Üppigkeit. Auf die Frage der kleinen Glocke: *Kása, málé, puliszka?* (Sterz, Polenta, Hirsebrei?) antwortete die große: *Van minden, van minden* (Alles ist da, alles ist da).

Auch das Geld kam in den „Gesprächen" der Glocken verschiedener Dörfer oder auch verschiedener Kirchen innerhalb einer Ortschaft des Komitats Bihar zur Sprache. Den Grundton gibt die Glocke von Kágya (Cadea) an: *Nincs pénz, nincs pénz* (Kein Geld, kein Geld). Darauf ertönt aus Csokaly (Ciocaia): *Van a bankban, van a bankban* (In der Bank schon, in der Bank schon). Der „rettende" Vorschlag kommt aus Székelyhíd (Sacueni): *El kéne lopni, el kéne lopni* (Stehlen müsst' man's, stehlen müsst' man's). In Gálospetri (Galoşpetreu) erklingt die hohe Stimme der griechisch-orthodoxen Glocke: *Nincs píz, nincs píz* (Kein Geld, kein Geld). Die reformierte erwidert im Brummbass: *Van a bankban, van a bankban* (In der Bank schon, in der Bank schon). Schließlich meint die katholische mit ganz hoher Stimme: *Ki kell venni, ki kell venni!* (Schnell rausnehmen, schnell rausnehmen!) (Faragó – Fábián 1982, 189-190).

Das berühmteste Töpferdorf des siebenbürgischen Szeklerlandes ist Korond (Corund, Kom. Udvarhely). Die Waren der Koronder Töpfer waren in ganz Siebenbürgen, in der zweiten Hälfte des 19. Jahrhunderts sogar auch jenseits der siebenbürgischen Grenzen sehr gefragt. Die Töpfer des kleinen Bergdorfes tauschten ihre Tongefäße gegen Getreide. Darüber unterhielten sich auch die Glocken von Korond;

ängstlich sagte die eine Glocke: *Korondon nincsen búza! Korondon nincsen búza!* (Kein Weizen in Korond! Kein Weizen in Korond!). Die andere erwiderte beruhigend: *Ha nincs búza, vagyon fazék! Adnak azért!* (Hast kein' Weizen, haste Töpfe, dafür kriegste!). Mein Gewährsmann aus Korond, Sándor Tófalvi (geb. 1898), fügte folgende Erklärung dem Koronder Glockenklang bei:

> „Als damals, in alten Zeiten, die Glocken in Korond läuteten, war die Sache mit dem Brot auch nicht leicht. Das Wirtschaftsleben war noch unterentwikkelt, aber Brot brauchte man auch damals… Man bestellte die Felder mit hölzernen Pflügen und Eggen, auch die Wagen waren aus Holz, kein bisschen Eisen… Der Koronder Mensch machte seine Töpfe, verlud sie auf den Wagen und brachte sie in Siebenbürgen überall hin. Er nahm auch seine Werkzeuge mit…, reparierte den Wagen, wenn er Schaden erlitt, und fuhr dann weiter. Das Gefäß gab er für Getreide, nicht einmal, sondern zweimal gefüllt. Das Getreide brachte er seiner Familie…"

Vor der Abschaffung der Leibeigenschaft (1848) deutete in Ungarn auch die Kleidung die Zugehörigkeit zu den verschiedenen Gesellschaftsschichten an, und die Glocken „erwähnten" häufig die für die einzelnen Gesellschaftsschichten bezeichnenden Kleidungsstücke. In Tiszavárkony (Kom. Jász-Nagykun-Szolnok) sagte die große Glocke gemächlich, in tiefem Ton: *Úri bunda! Úri bunda!* (Herren-Mantel! Herren-Mantel!), die kleinere Glocke tönte im Staccato: *E-züs-tös gom-bok-kal! E-züs-tös gom-bok-kal!* (Mit silbernen Knöpfen! Mit silbernen Knöpfen!). Die kleine Glocke wiederholte hastig: *Amilyen olyan, csak volna!* (Einerlei welchen, nur hätt' ich bloß einen!). Schließlich rief die kleinste Glocke in hohem Ton: *Ringy-rongy-ringy-rongy!* (Fetzen – Lumpen! Fetzen – Lumpen!). Laut Erklärung von Ottó Herman gehörte der Herrenmantel zum Hochadel, der Mantel mit versilberten Knöpfen zum Landadel; dem gewerbetreibenden Bürger war es „einerlei, welchen" Mantel er trug, während den Leibeigenen die Fetzen und Lumpen übrig blieben (1891, 324-325).

Die wohlhabende protestantische Stammbevölkerung von Szentes verachtete die ärmeren zugewanderten Katholiken. Dementsprechend erinnerte die große Glocke der protestantischen Kirche – langsam und majestätisch – an die Kleidung der Reichen: *Suba – bunda! Suba – bunda"* (Pelz und Mantel! Pelz und Mantel!), während die kleine Glocke der katholischen Kirche die Armen ansprechen sollte: *Ing-gatya! Ing-gatya!* (Hemd und Hose! Hemd und Hose!).

Auch in Békésszentandrás spielte der Glockenklang der reformierten Kirche auf die Kleidung der Wohlhabenden an: *Bim-bam! Selyem lajbi, arany gombbal! Bim-bam! Bim-bam!* (Seidenleiberl, mit Goldknöpfen! Bim-bam!). (Sammlung von Béla Gunda.)

In Kürt (Strekov, Kom. Esztergom) klang die Totenglocke für den Reichen: *Selyem-bársony, selyem-bársony* (Samt und Seide, Samt und Seide), für den Armen: *Ringy-rongy, ringy-rongy* (Lumpen-Fetzen, Lumpen-Fetzen) (Liszka 1987, 11). In Pilisborosjenő lautet die deutschsprachige Erklärung des Glockenklanges folgendermaßen: Beim Reichen: *Sammet und Seiden! Sammet und Seiden!* Beim Armen: *Lumpen und Fetzchen! Lumpen und Fetzchen!* (Bonomi 1942, 35). Auch bei den Ungarn im Komitat Bihar „sprach" die Totenglocke unterschiedlich, je nachdem, ob der Verstorbene wohlhabend oder mittellos war. In Szentjobb (Sîniob): *Van itt minden, van itt minden!* (Da ist ja alles, da ist ja alles!) bzw. *Ringy-rongy, ringy-rongy!* (Fetzen-Lumpen, Fetzen-Lumpen!). In Érbogyoszló (Buduslău) galt der Glockenklang dem Totenhemd, bei Reichen: *Selyemben, bársonyban, selyemben bársonyban* (In Samt und Seide, in Samt und Seide), bei Armen: *Ringyben, rongyban, ringyben rongyban* (In Fetzen und Lumpen, in Fetzen und Lumpen) (Faragó – Fábián 1982, 190).

In Siebenbürgen gab die Totenglocke die Unterschiede zwischen der Bekleidung und der Nahrung von Arm und Reich bekannt. In Magyarhemány (Herculian, Kom. Udvarhely) war die Tracht der Reichen aus *Bíbor – bársony, bíbor – bársony* (Samt und Purpur, Samt und Purpur), die der Armen aus *Ringy – rongy, ringy – rongy* (Lumpen – Fetzen, Lumpen – Fetzen) (Borsai-Kovács 1975, 118).

Auch in Esztelnek (Estelnic, Kom. Háromszék) wurde die materielle Lage des Verstorbenen verkündet: *Gazdagot temetünk, gazdagot temetünk* (Ein Reicher steigt zu Grabe, ein Reicher steigt zu Grabe). Beim Begräbnis eines Armen drückte sich die Glocke ganz knapp aus: *Ringy-rongy! Ringy-rongy!* (Fetzen-Lumpen! Fetzen-Lumpen) (Gazda 1980, 181).

In Hosszúfalu (Săcele, Kom. Brassó) dürfte dem Glockengeläute ein kurzer Blick in die Speisekammer vorausgehen: Bei den Reichen gibt es *Háj, szalonna, zsír – háj, szalonna, zsír* (Schmalz, Speck, Fett – Schmalz, Speck, Fett), bei den Armen *Hagyma, retek, olaj – hagyma, retek, olaj* (Zwiebel, Rettich, Öl – Zwiebel, Rettich, Öl) (Borsai-Kovács 1975, 118).

Mit dem Klang der Sterbeglocke wurde die materielle Lage des Verstorbenen angedeutet. In Sárkeresztes bei Székesfehérvár soll die gleiche Glocke bei Wohlhabenden anders geklungen haben als bei Armen. Beim Reichen tönte die Glocke: *Ómárium, granárium!* (ómárium = almárium = Kredenz; granárium = Kornkammer); es wurden also die Symbole bäuerlichen Wohlstandes genannt, die der Tote zurücklassen musste. Bei der Beerdigung des Armen spottete die Glocke *Ringyem, rongyom, cifitem, cafatom!* (ungefähr: Fetzen, Lumpen!) und verkündete so, dass nach dem Tod eines Besitzlosen nur wertloses Zeug zurückbleibt (Gelencsér 1985, 5). Auch in Kiskunmajsa verriet der Glockenklang die materielle Lage des Toten: Der Arme wurde mit der kleinen, der Reiche mit der großen Glocke verabschiedet (Csík 1986, 44). In hohem Ton läutete die kleine Glocke *Inge – gatyája! Inge – gatyája!* (Hemd, Unter-Hose! Hemd, Unter-Hose!), während der tiefe Klang der großen Glocke die Reichtümer des Verstorbenen verkündete: *Földje – tanyája! Barma – gulyája!* (Feld und Hof! Vieh und Herde!).

Auch in den deutschsprachigen Siedlungen in der Gegend von Ofen (Buda) gab bei einem Begräbnis der Glockenklang den Vermögenszustand des Verstorbenen bekannt. In Budaörs sprach die Totenglocke bei Reichen: *Fünfer Banknoten, fünfer Banknoten!*, bei Armen: *Sechserlein, Sechserlein!* In Budafok klang es bei Reichen: *Taller, Dukaten, Taller Dukaten!*, bei Armen: *Kreuzer, Filler, Kreuzer, Filler!*

In Szentes klang die große Glocke in langsamem, gedehntem Ton, wenn der Tote ein reicher Mann gewesen war: *Meg – halt az úr! Meg – halt az úr!* (Gestorben der Herr! Gestorben der Herr!). Etwas schneller klang die mittlere Glocke, wenn die materielle Lage des Verstorbenen nur mittelmäßig war: *Kár – érte! Kár – érte!* (Schade um ihn! Schade um ihn!). Der Nachruf, den die kleine Glocke dem armen Mann gönnte, lautete: *Ördög vigye! Ördög vigye!* (Der Teufel hol' ihn! Der Teufel hol' ihn!) (Farkas 1890, 204-205). Ähnliche Erklärungen des Glockenklanges sind in Tótkomlós (Kom. Békés) in slowakischer Sprache bekannt; beim Reichen: *Zomrev pán! Zomrev pán!* (Der Herr ist gestorben! Der Herr ist gestorben!), beim Armen: *Tavo s nim! Tavo s nim!* (Raus mit ihm! Raus mit ihm!).

In der Woiwodina ertönten die Glocken von Nagybecskerek (Zrenjanin, Kom. Torontál) auf ungarisch und auch auf deutsch (Majtényi o. J., 178-179). Am Sonntagmorgen spornte die kleine Glocke die Gläubigen zum Kirchgang an:

Ébredjetek, ébredjetek,	Wachet wacht,
A templomba siessetek,	In die Kirche eilet,
Szaporán, szaporán!	Flink, flink, flink!

Sonntag abends, wenn die deutsche Frauen zur Vesper gingen, begleitete sie der tiefe, majestätische Klang der großen Glocke: *Bim-baum, bim-baum – Apfelbaum und Birnbaum.*

Die Rolle des Glockenklanges als meteorologisches „Frühwarnsystem" ist ebenfalls in zahlreichen ungarischen und fremdstämmigen Siedlungen bekannt. Wenn man in Alsóőr (Unterwart, Burgenland) den Glockenklang aus Vasvörösvár (Rotenturm a.d. Pinka) hören konnte, so hieß dies, dass es bald regnen werde. Gewöhnlich kam der Regen am nächsten Tag. In Fehérvárcsurgó (Kom. Fejér) wurde beobachtet, dass es regnen wird, wenn man die Glocke von Balinka hört; Wind steht bevor, wenn die Glocke von Bodajk zu hören ist; der Glockenklang von Iszkaszentgyörgy prognostiziert mildes Wetter, der von Magyaralmás hingegen Kälte. In Kiskunmajsa war der ortseigene Glockenklang maßgebend: Wenn die Glocke rein und deutlich klang, so konnte man schönes Wetter, im Winter trockene Kälte erwarten; hörte sie sich aber dumpf an, so konnte man auf Regen und Nebel gefasst sein (Csík 1986, 44). In Alsószentmárton an der Drau (Kom. Baranya) meinten die Kroaten, dass ein Witterungsumschlag zu erwarten sei, wenn man den Glockenklang aus dem slawonischen Dorf Szentgyörgy (Đurad) jenseits der Drau höre (Gelencsér 1985, 5).

Im Vértes-Gebirge versuchten die ungarischen Dorfbewohner von Bodmér (Kom. Fejér) aus dem Glockenklang der Nachbardörfer das Wetter der kommenden Tage vorherzusagen. Mein Informant, Ferenc Kiss (geb. 1919), konnte Folgendes beobachten: Kann man in Bodmér die Morgenglocke der reformierten Kirche von Bicske hören, wird es sehr kalt; Glockenklang aus Alcsút oder Vértesboglár deutet baldigen Regen an, Glockenklang aus Szár jedoch Nordwind. Man versuchte auch, den Glockenklang in Worte zu fassen; laut Ferenc Kiss sagte die Glocke der evangelischen Kirche von Csabdi: *Majd így lesz, majd jobb lesz!* (So wird's sein, besser wird's werden!). Daher sagt man in Bodmér von einem allzu optimistischen Menschen: *Úgy beszélsz, mint a csabdi harang!* „Du redest ja wie die Glocke von Csabdi!". István Csónaki (geb. 1914) erinnerte sich auch an den Dialog zwischen den Glocken der Kirchen verschiedener Konfessionen, konnte aber nicht sagen, um welche Ortschaften es sich handelte. Möglich wäre Csabdi ebenso wie Csákvár, denn hier leben nebeneinander Katholiken, Reformierte und Evangelische. Mit der Tiefsten Stimme ertönt die Glocke der reformierten Kirche:

Egy az Isten!	Ein ist unser Gott!
Egy az Isten!	Ein ist unser Gott!

In höherem Ton und schneller antwortet die Glocke der katholischen Kirche:

Üdvöz légy Mária!	Gegrüßet seist du Maria!
Üdvöz légy Mária!	Gegrüßet seist du Maria!

Den Schlusspunkt setzt die kleinste der drei Glocken aus der evangelischen Kirche, die in scharfem Ton zweifelt:

Tudja Isten, van-e Isten!	Weiß Gott, ob es einen Gott gibt!
Tudja Isten, van-e Isten!	Weiß Gott, ob es einen Gott gibt!

Ähnliche Deutungen des Glockenklanges sind uns auch aus deutschen, schwedischen und finnischen Volksüberlieferungen bekannt (Sartori 1932, 135-163; Schütte 1899, 440; Bartsch-Buchholz 1903, 136-140; Schütte 1905, 342-344; Bügener 1930, 47-52; Zangler 1951, 58-61, Brunner 1958; Bringéus 1958; Kotilainen 1986).

In den letzten Jahrzehnten wurde durch die Elektrifizierung des Geläutes auch der Glockenklang manchenorts verändert und vereinfacht. Die vielfachen Geräusche und sonstigen Schallquellen lenken heute unsere Aufmerksamkeit oft vom Glockenklang ab, doch soll seine ehemalige Bedeutung auch durch die hier geschilderten volkstümlichen Erklärungen der Glockensprache festgehalten werden. Heutzutage sind allerdings die mit dem Glockenklang zusammenhängenden volkstümlichen Erklärungen im Verschwinden begriffen. Ihre Sammlung und Kategorisierung stellen im gesamten südosteuropäischen Raum eine dringende Aufgabe der Volkskunde dar.

[Die erste Version der Studie ist sowohl in ungarischer als auch in deutscher Sprache erschienen:
Lukács, László: *Népi harangszó-magyarázatok. Néprajzi adatok a belehallás jelenségéhez.* Magyar Nyelvőr CXXV. 2001. 56-68. Budapest
Lukács, László: *Volkstümliche Erklärungen der Glockenklänge. Ethnographische Angaben zum Phänomen der akustischen Hineindeutung aus dem südosteuropäischen Raum.* Zeitschrift für Balkanologie XXXI. 1995. 5-17. Wiesbaden]

Literatur

BABAY, Kálmán

1892 *Balaton-melléki történetek* [Geschichten aus der Plattensee-Gegend]. Veszprém

BABUS, Jolán

1955 *Tiszaháti falucsúfolók* [Ortsneckereien von Tiszahát]. In: Népünk hagyományaiból. Hg. von: IGAZ, Mária, MORVAY, Péter, SIMON, Józsefné. S. 149-154. Budapest

BARTSCH-BUCHHOLZ

1903 *Glockensprache.* Mittheilungen des Vereins für sächsiche Volkskunde III. S. 136-140. Dresden

BEJCZI, Károly

1985 *A harangozás, a haranglábak és a harangtornyok Vas megyében* [Das Glockenläuten, Glockenstühle und Glockentürme im Komitat Eisenburg]. Museum für Volkskunde Budapest, Ethnologische Datensammlung. Inv.-Nr.: P.388/85-Fn.

BÉKEFI, Antal

1977 *Bakonyi népdalok* [Volkslieder des Bakonyerwaldes]. Veszprém

BONOMI, Eugen

1938 *Tierstimmendeutungen aus dem Ofner Bergland.* Das deutsche Volkslied XL. S. 139-141. Wien

1942 *Die Glocken im Leben des deutschen Volkes im Ofner Bergland.* Deutsche Forschungen in Ungarn VII. S. 51-63. Budapest

BORSAI, Ilona – KOVÁCS, Ágnes

1975 *Cinege, cinege, kismadár* [Meise, Meise, kleines Vögelchen]. Budapest

BRINGÉUS, Nils-Arvid

1958 *Klockringningsseden i Sverige.* Lund

BRUNNER, Barbara

1958 *Münchner Sagen.* München

BÜGENER, Heine

1930 *Glockensprüche aus dem Münsterlande.* Zeitschrift des Vereins für rheinische und westfälische Volkskunde XXVII. S. 47-52. Elberfeld

CSÍK, Antal

1986 *Majsai harangok és harangozók* [Glocken und Glöckner in Majsa]. Honismeret XIV. Heft 3, S. 43-44. Budapest

CSOÓRI, Sándor

1982 *A félig bevallott élet* [Das halb eingestandene Leben]. Budapest

EÖTVÖS, Károly

1982 *Balatoni utazás* [Reise um den Plattensee]. I-II. Budapest

FARAGÓ, József – FÁBIÁN, Imre

1982 *Bihari gyermekmondókák* [Kinderreime aus Bihar]. Bukarest

FARKAS, Sándor

1890 *Gúnyos hangutánzás a XVII-ik századból* [Spöttische Stimmennachahmung aus dem 17. Jahrhundert]. Ethnographia I. S. 204-205. Budapest

FARKAS, György

1988 *Gidres-gödrös Mogyoród* [Heimatkunde von Mogyoród]. Mogyoród

GAZDA, Klára

1980 *Gyermekvilág Esztelneken* [Kinderwelt in Esztelnek]. Bukarest

GELENCSÉR, József

1985 *Miről szól még a harang?* [Worüber spricht noch die Glocke?] Fejér Megyei Hírlap XLI. Nr. 150, S. 5. Székesfehérvár

GÖNCZI, Ferenc

1914 *Göcsej s kapcsolatosan Hetés vidékének és népének összevontabb ismertetése* [Die Beschreibung des Landes und Volkes von Göcsej und Hetés]. Kaposvár

HERMAN, Ottó

1891 *A harangok szava és még valami* [Glockenklänge und noch etwas]. Ethnographia II. S. 323-330.

JÓKAI, Mór

1982 *A lőcsei fehér asszony* [Die weiße Frau von Lőcse]. Budapest

JUNG, Károly

2004 *Miről beszélnek a délvidéki harangok? Magyar, szerb és német folklóradatok* [Worüber sprechen die südländischen Glocken? Ungarische, serbische und deutsche Angaben]. Elbeszélés és éneklés. Újabb magyar és egybevető magyar folklorisztikai tanulmányok. S. 114-133. Újvidék

KISS, Lajos

1961 *A régi Rétköz* [Das alte Rétköz]. Budapest

1964 *Vásárhelyi kistükör* [Das Spieglein von Vásárhely]. Budapest

KOTILAINEN, Kari

1986 *Ruokakello.* Jyväskylän yliopisti, etnologian laitos. Tutkimuksia 20. Jyväskylä

KRLEŽA, Miroslav

1979 *Ezeregy halál. Válogatott elbeszélések* [Tausend und ein Tod. Ausgewählte Erzählungen]. Budapest

KRÚDY, Gyula

1964 *A madárijesztő szeretője* [Die Geliebte der Vogelscheuche]. Budapest

1975 *A tiszaeszlári Solymosi Eszter* [Eszter Solymosi von Tiszaeszlár]. Budapest

LISZKA, József

1987 *Miről beszélnek a harangok?* [Worüber sprechen die Glocken]. Hét XXXII. Nr. 4, S. 11. Pozsony

MAJTÉNYI, Mihály

o. J. *Onuc Péter harangjai* [Die Glocken von Péter Onuc]. In: A diófa árnyékában. Délvidéki elbeszélők. Hg. von: HERCZEG, János. S. 177-185. Budapest

NAGY, József

1892 *Hegyhát vidéki hangutánzók, mondák és babonák* [Stimmennachahmungen, Sagen und Aberglauben der Hegyhát-Gegend]. Ethnographia II. S. 64-73.

RAB, Zsuzsa

1980 *Kő és madár* [Stein und Vogel]. Budapest

RÁCZ, Endre

1989 *A belehallás jelenségéről* [Über das Phänomen der akustischen Hineindeutung]. Magyar Nyelvőr CXVIII. S. 426-435. Budapest

SARTORI, Paul

1932 *Das Buch von deutschen Glocken.* Berlin – Leipzig

SCHÜTTE, Otto
1899 *Aus dem Herzogtum Braunschweig.* Zeitschrift des Vereins für Volkskunde IX. S. 438-441. Berlin
1905 *Glockensprache und Geräterufe.* Zeitschrift des Vereins für Volkskunde XV. S. 342-344.
SZIVOS, Béla
1890 *Tréfás hangutánzás a XVII-ik századból* [Witzige Stimmennachahmung aus dem 17. Jahrhundert]. Ethnographia I. S. 109-110.
TRENCSÉNY, Károly
1891 *Harangok utánzása* [Nachahmung der Glocken]. Ethnographia II. S. 94.
VOIGT, Vilmos
2004 *Harangok szava Európában* [Glockensprache in Europa]. Magyar, magyarországi, nemzetközi. Történeti folklorisztikai tanulmányok. S. 336-342. Budapest
2011 *Miről szólnak a harangok?* [Worüber sprechen die Glocken?] Alba Regia XL. S. 185-190. Székesfehérvár
ZANGERL, Franz
1951 *Tiroler Sprüche und Redensarten von der Glocke.* Tiroler Heimatblätter XXVI. Heft 1-6, S. 58-61. Innsbruck

Für die Ausgabe verantwortlich: Mihály Kulcsár Museumsdirektor
Druck: ALTO Druckerei, Székesfehérvár, 2016
Verantwortlicher Leiter: Tibor Vass
Erschienen in 1000 Exemplaren, in 37 Bögen.
Printed in Hungary